Le Rou

Toscane, Ombrie

Cofondateurs : Philippe GLOAGUEN et Michel DUVAL

Directeur de collection et auteur
Philippe GLOAGUEN

Rédaction
**Isabelle AL SUBAIHI
Mathilde de BOISGROLLIER
Thierry BROUARD**

Rédacteurs en chef a~~djoints~~
**Amanda KERAVEL
et Benoît LUCCHINI**

REJETÉ
DISCA~~RD~~

**Marie BURIN des ROZIERS
Véronique de CHARDON
Fiona DEBRABANDER
Anne-Caroline DUMAS**

Directrice de la coo~~rdination~~
Florence CHARMETANT

**Géraldine LEMAUF-BEAUVOIS
Olivier PAGE
Alain PALLIER
Anne POINSOT**

Directrice administrative
Bénédicte GLOAGUEN

André PONCELET

Directeur ~~...~~
Gavin's CL~~...~~

Direction e~~...~~
Catherine ~~...~~

2017

hachette

TABLE DES MATIÈRES

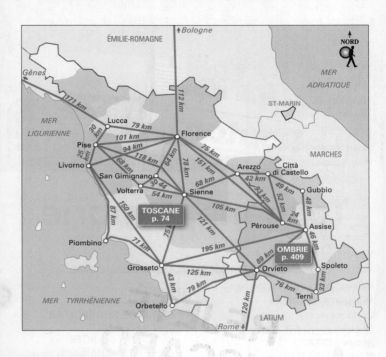

LA TOSCANE 74

☎ **112** : c'est le numéro d'urgence commun à la France et à tous les pays de l'UE, à composer en cas d'accident, agression ou détresse. Il permet de se faire localiser et aider en français, tout en améliorant les délais d'intervention des services de secours.

Important : dernière minute

Sauf rares exceptions, le *Routard* bénéficie d'une parution annuelle à date fixe. Entre deux dates, des événements fortuits (formalités, taux de change, catastrophes naturelles, conditions d'accès aux sites, fermetures inopinées, etc.) peuvent modifier vos projets de voyage. Pour éviter les déconvenues, nous vous recommandons de consulter la rubrique « Guide » par pays de notre site • *routard.com* • et plus particulièrement les dernières *Actus voyageurs.*

Recommandation à ceux qui souhaitent profiter des réductions et avantages proposés dans le *Routard* par les hôteliers et les restaurateurs.

À l'hôtel, pensez à les demander au moment de la réservation ou, si vous n'avez pas réservé, **à l'arrivée.** Ils ne sont valables que pour les réservations en direct et ne sont pas cumulables avec d'autres offres promotionnelles (notamment sur Internet). Au restaurant, parlez-en **au moment** de la commande et surtout **avant** que l'addition soit établie. Poser votre *Routard* sur la table ne suffit pas : le personnel de salle n'est pas toujours au courant et une fois le ticket de caisse imprimé, il est souvent difficile de modifier le total. En cas de doute, montrez la notice relative à l'établissement dans le *Routard* de l'année et, bien sûr, ne manquez pas de nous faire part de toute difficulté rencontrée.

© Tondini Domenico/hemis.fr

Le Ponte Vecchio, à Florence

LA RÉDACTION DU ROUTARD

(sans oublier nos 50 enquêteurs, aussi sur le terrain)

© R. Delalande et E. Dessons

Thierry, Anne-Caroline, Éléonore, Olivier, Pierre, Benoît, Alain, Fiona, Gavin's, André, Véronique, Bénédicte, Jean-Sébastien, Mathilde, Amanda, Isabelle, Géraldine, Marie, Carole, Philippe, Florence, Anne.

La saga du *Routard* : en 1971, deux étudiants, Philippe et Michel, avaient une furieuse envie de découvrir le monde. De retour du Népal germe l'idée d'un guide différent qui regrouperait tuyaux malins et itinéraires sympas, destiné aux jeunes fauchés en quête de liberté. 1973. Après 19 refus d'éditeurs et la faillite de leur première maison d'édition, l'aventure commence vraiment avec Hachette. Aujourd'hui, le *Routard*, c'est plus d'une cinquantaine d'enquêteurs impliqués et sincères. Ils parcourent le monde toute l'année dans l'anonymat et s'acharnent à restituer leurs coups de cœur avec passion.

Merci à tous les Routards qui partagent nos convictions : liberté et indépendance d'esprit ; découverte et partage ; sincérité, tolérance et respect des autres.

NOS SPÉCIALISTES TOSCANE, OMBRIE

Géraldine Lemauf-Beauvois : ch'ti et fière de sa région natale vers laquelle elle revient toujours, elle est dotée d'une curiosité qui l'a poussée à voyager aux quatre coins du monde. Géraldine est passionnée d'histoire et d'art, auxquels elle a consacré ses études. Son œil aiguisé, son appétit pour les belles et bonnes choses font d'elle une routarde qui aime partager ses découvertes culinaires et culturelles.

Grégory Dalex : engagé avec le *Routard* depuis plus de 15 ans, il a choisi le voyage en solo et en immersion totale. Le moyen d'être au plus près de son sujet en privilégiant les rencontres humaines… et leurs bonnes adresses ! Une immersion jusque dans la mer, l'autre passion de sa vie, qu'il brûle en travaillant aussi dans l'archéologie sous-marine.

Gérard Bouchu : bourguignon d'origine, donc volontiers sédentaire, devenu par hasard journaliste spécialisé dans les voyages et la gastronomie. Il a ajouté en 1995 un sac à dos à ses sacs isothermes, pour pouvoir travailler tout en gardant le goût des pays visités. Trekkeur urbain plus que voyageur solitaire, il a toujours aussi soif et faim de nouveautés.

UN GRAND MERCI À NOS AMI(E)S SUR PLACE ET EN FRANCE

Pour cette nouvelle édition, nous remercions particulièrement :

- **Valerio Scoyni,** directeur de l'ENIT à Paris, pour son soutien sans faille ;
- **Anne Lefèvre,** chargée des relations avec la presse à l'ENIT, pour son dynamisme et son grand professionnalisme ;
- **Federica Galbesi** et **Antonella Botta,** service marketing à l'ENIT, toujours professionnelles et souriantes ;
- **Laurence Aventin,** pour son aide précieuse et ses connaissances extraordinaires sur Florence ;
- **Caroline Yon-Raoux,** pour son dynamisme et son efficacité ;
- **Carla Galardi,** notre guide à Sienne, avec les petits secrets de sa ville ;
- **Paolo Bresci,** à l'office de tourisme de Pistoia ;
- les offices de tourisme de Lucca, Pise, San Gimignano, Volterra et Colle di Val d'Elsa.

Pictogrammes du Routard

Établissements

- 🏠 Hôtel, auberge, chambre d'hôtes
- ⛺ Camping
- 🍽 Restaurant
- 🍕 Pizzeria
- 🥪 Boulangerie, sandwicherie
- 🍦 Glacier
- ☕ Café, salon de thé
- 🍷 Café, bar
- 🎵 Bar musical
- 🎶 Club, boîte de nuit
- ∞ Salle de spectacle
- ℹ Office de tourisme
- ✉ Poste
- 🛍 Boutique, magasin, marché
- @ Accès Internet
- ➕ Hôpital, urgences

Sites

- 🏖 Plage
- 🤿 Site de plongée
- 🚲 Piste cyclable, parcours à vélo

Transports

- ✈ Aéroport
- 🚉 Gare ferroviaire
- 🚏 Gare routière, arrêt de bus
- Ⓜ Station de métro
- Ⓣ Station de tramway
- 🅿 Parking
- 🚕 Taxi
- 🚐 Taxi collectif
- ⛴ Bateau
- 🚢 Bateau fluvial

Attraits et équipements

- 👤 Présente un intérêt touristique
- 👨‍👧 Recommandé pour les enfants
- ♿ Adapté aux personnes handicapées
- 🖥 Ordinateur à disposition
- 📶 Connexion wifi
- 🌐 Inscrit au Patrimoine mondial de l'Unesco

Tout au long de ce guide, découvrez toutes les photos de la destination sur • *routard.com* • Attention au coût de connexion à l'étranger, assurez-vous d'être en wifi !

© HACHETTE LIVRE (Hachette Tourisme), 2017

Le *Routard* est imprimé sur un papier issu de forêts gérées.

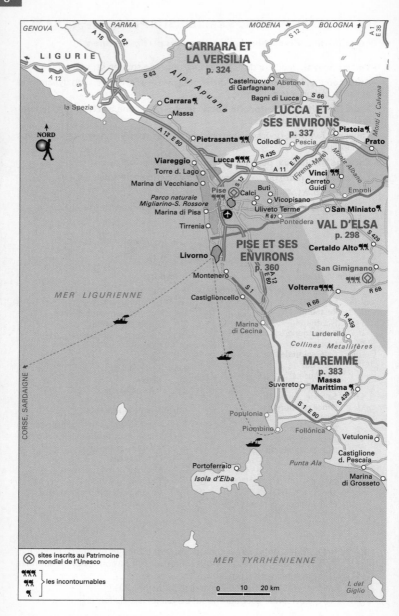

CARRARA ET LA VERSILIA p. 324

LUCCA ET SES ENVIRONS p. 337

VAL D'ELSA p. 298

PISE ET SES ENVIRONS p. 360

MAREMME p. 383

GENOVA PARMA MODENA BOLOGNA

LIGURIE

la Spezia

Carrara

Massa

Pietrasanta

Viareggio

Torre d. Lago

Marina di Vecchiano

Marina di Pisa

Tirrenia

Livorno

Montenero

Castiglioncello

Marina di Cecina

Suvereto

Populonia

Piombino

Portoferraio

Isola d'Elba

Castelnuovo di Garfagnana

Abetone

Bagni di Lucca

Collodi Pescia

Pistoia

Prato

Lucca

Vinci

Cerreto Guidi

Empoli

San Miniato

Certaldo Alto

San Gimignano

Volterra

Larderello

Massa Marittima

Follónica

Vetulonia

Castiglione d. Pescaia

Marina di Grosseto

Calci

Buti

Vicopisano

Uliveto Terme

Pontedera

Pise

Parco naturale Migliarino-S. Rossore

Alpi Apuane

Monti d. Calvana

Monte Albano

Collines Metallifères

Punta Ala

MER LIGURIENNE

MER TYRRHÉNIENNE

CORSE, SARDAIGNE

NORD

sites inscrits au Patrimoine mondial de l'Unesco

les incontournables

0 10 20 km

I. del Giglio

LA TOSCANE

© Jon Arnold Images/hemis.fr

Les huiles d'olive italiennes

L'OMBRIE

> « – En tant qu'Italien, tu préfères les femmes,
> le football ou les spaghetti ?
> – Le mieux, c'est encore une femme qui joue
> au foot et mange des spaghetti. »
> *Roberto Benigni*

La Toscane ! Un mot magique qui donne envie de s'évader, voire de s'exiler... Des bosquets de cyprès disposés parcimonieusement sur les collines et les interfluves. Les vieilles fermes du Chianti plongées dans une marée de chênes verts, avec le chant des cigales et la pesanteur zénithale du soleil. La Maremme fiévreuse et son arrière-pays étrusque truffé de catacombes à ciel ouvert. Les chemins de terre poussiéreux bordés de murs de pierres sèches et d'oliviers. Le décor (somptueux) a beau être planté, il lui faut encore des artistes pour lui donner son vrai visage, le magnifier et l'interpréter. Or, la Toscane n'en a jamais manqué, notamment à la Renaissance, avec des peintres qui ont su capter et mettre en valeur l'essence des paysages. Florence, Sienne, Pise ne sont que les exemples les plus éclatants d'un art toscan florissant entre le Moyen Âge et la Renaissance. Bien d'autres villes laisseront le visiteur enchanté et émerveillé : San Gimignano, Volterra, Lucca ou Massa Marittima. Peu d'endroits au monde peuvent se vanter d'une concentration aussi dense de chefs-d'œuvre et de génie : Giotto, Michel-Ange, Botticelli, Dante, Machiavel et tant d'autres. Et que dire de sa paisible voisine,

l'Ombrie ? Elle mérite bien son appellation de « poumon vert » de l'Italie. Elle est certainement plus secrète et authentique que sa voisine toscane. Au centre domine la belle Assise, berceau de saint François, patron de l'écologie, qui prêchait aux oiseaux et communiait avec les loups. À l'est, la sorcière Sibylle détournait les croisés des chemins de Jérusalem à leur passage dans les Apennins, du côté de Nursie. D'autres sanctuaires plus populaires attirent les pèlerins du monde entier : celui de sainte Rita à Cascia et celui de saint Valentin à Terni. Un paradis pour amateurs d'art religieux, dont la douceur et les charmes des paysages inspirèrent maints artistes, tels Giotto, Signorelli et même Raphaël, élève du Pérugin. Ceux-ci en saisirent l'essence pour mieux la célébrer au travers de grandes fresques, comme celles du magnifique Duomo d'Orvieto ou de la basilique Saint-François d'Assise. Les Ombriens sont attachés à leur patrimoine tant naturel que culturel et à leurs traditions. Ici, le passé, on en vit. On le revit même chaque année, au travers de fêtes ancestrales et autres reconstitutions médiévales. Dans ces décors de vieilles pierres et de venelles en escaliers, on s'y croit tout à fait.

Pâtes florentines

© Javier Larrea/easyFotostock/
Age fotostock

NOS COUPS DE CŒUR

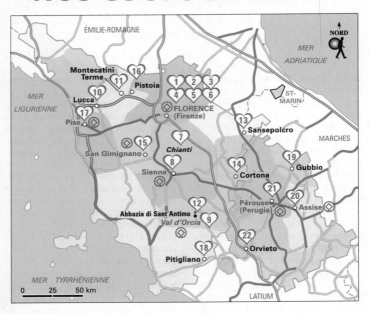

À FLORENCE

♡ **Arpenter la piazza della Signoria, cœur palpitant de la cité et véritable musée à ciel ouvert.**
D'un côté, elle est dominée par le majestueux Palazzo Vecchio et, de l'autre, par la Loggia dei Lanzi, dont les statues en font un vrai musée en plein air. Ne manquez pas non plus d'admirer la fontaine de Neptune. *p. 103*

© Johanna Huber/Sime/Photononstop

Grimper en haut de la coupole du Duomo réalisée par Brunelleschi et admirer la gigantesque fresque du *Jugement dernier*.
La coupole est l'œuvre de Filippo Brunelleschi, qui a eu l'ingénieuse idée de construire un dôme de forme ovoïde de 45 m de diamètre, sans armature, en créant une double voûte séparée de 2 m dans laquelle des chaînages intérieurs assurent la stabilité de l'édifice. Pour y accéder, il vous faudra monter 463 marches. À l'intérieur, admirez la fresque de 3 600 m² du *Jugement dernier* pensée par Vasari mais réalisée sous le contrôle de Federico Zuccari et Bandinelli. *p. 93*

3 Parcourir la galerie des Offices et découvrir les grands peintres tels Giotto, Léonard de Vinci, Botticelli, Titien, Piero della Francesca et tant d'autres…

La galerie des Offices est le fleuron des musées florentins, mais surtout c'est l'un des plus anciens et des plus beaux musées du monde. Des primitifs toscans au Caravage *(Tête de Méduse)*, en passant par Botticelli *(Naissance de Vénus* et *Le Printemps)*, Léonard de Vinci, le Pérugin, Michel-Ange, Chardin, Goya, Vélazquez, Raphaël, Titien…, vous allez en prendre plein les yeux (et les jambes), à travers pas moins de 93 salles. *p. 96*

© René Mattes

4 Visiter les cellules des moines **peintes par Fra Angelico, au museo di San Marco.**

On accède d'abord au cloître décoré de fresques des XVIᵉ et XVIIᵉ s. De là, on visite les réfectoires et la salle du Chapitre puis, au 1ᵉʳ étage, les cellules des moines. Toutes les cellules ont été décorées de scènes des Évangiles par Fra Angelico (ou par ses élèves sur un dessin du maître). Il en résulte une œuvre plutôt sobre et pleine de béatitude, dont il retirera d'ailleurs le surnom de Beato Angelico. *p. 126*

© Massimo Borchi/Sime/Photononstop

© Michael Brooks/Alamy/Hemis

⑤ Contempler le coucher du soleil **au belvédère de San Miniato al Monte.**
Il vous faudra d'abord traverser l'Arno pour rejoindre le quartier tranquille de San Niccolò. Depuis le ponte alle Grazie, montez par le jardin des Roses ; n'hésitez pas ensuite à grimper les marches jusqu'à la chiesa San Miniato al Monte qui surplombe la ville. Un panorama à couper le souffle vous attend. Y aller en fin d'après-midi et admirer le coucher de soleil sur tout Florence. *p. 165*

© Stefano Cellai/Sime/Photononstop

⑥ Se balader dans le magnifique giardino Bardini **dans l'Oltrarno.**
On emprunte le superbe escalier baroque pour rejoindre le belvédère. De là, une vue spectaculaire sur la ville. Des fontaines glouglougloutantes, des variétés de fleurs par centaines et de plantes qui font de ce jardin l'un des plus beaux de Florence, sans compter la magnifique pergola de glycines, les bosquets à l'anglaise, l'allée d'hortensias, les diverses plantations… Une explosion d'odeurs et de couleurs à découvrir absolument. *p. 160*
Bon à savoir : si vous aimez les jardins, ne manquez pas non plus le giardino delle Rose dans l'Oltrarno, avec sa magnifique vue sur Florence…

EN TOSCANE…

Déguster du vin chez les vignerons du Chianti, magnifique région viticole ondoyante entre Florence et Sienne, produisant des vins parmi les plus prestigieux du pays !

L'appellation historique *chianti classico* DOCG – identifiable au coq noir sur la bouteille – est l'une des plus renommées. Elle concerne près de 600 vignerons qui se partagent 7 000 ha, élaborant leurs vins à majorité de *sangiovese,* le cépage phare. Ensuite, la mention « *riserva* » indique un temps de vieillissement plus long, alors que la *gran selezione,* encore un cran au-dessus, est élaborée avec les meilleures grappes. Et avant de descendre les ballons, ne plaisantez pas avec la question : « c'est ki ki conduit ?! » *p. 182*

© SeBuKi/Alamy/Hemis

© Colin Matthieu/hemis.fr

8 Perchée à la jonction de trois collines, **Sienne est une étape obligée de vos vacances toscanes.**
Dotée de palais et d'églises, cette bourgade a un riche passé historique et architectural, sans compter ses contrades, ces quartiers aux doux noms d'animaux qui font la fierté des habitants. Et puis surtout le palio, la célèbre course de chevaux, unique au monde puisqu'elle se déroule en plein cœur de la ville. *p. 215*

© Jon Arnold Images/hemis.fr

9 Être ému aux larmes (et par surprise !) devant les sublimes collines agricoles du Val d'Orcia, **classées au Patrimoine mondial de l'Unesco.**
Célébré par les peintres de l'école siennoise et porté à la lumière du monde moderne par le cinéma, cet environnement rural fut aménagé au cours des XIVe-XVe s et reflète l'esthétisme Renaissance ! Oliveraies, vignobles et parcelles céréalières – aux belles nuances de vert et de jaune – sont bordés de liserés de végétation et s'enchevêtrent à la perfection avec des bosquets et des chemins soulignés de cyprès, conduisant à de vieilles fermes perchées. Une harmonie formidable à la lumière de l'aube et du crépuscule ! *p. 256*

⑩ **À Lucca,** dormir dans un palais du XIVᵉ s avec son décor vieux de 600 ans et visiter la remarquable villa Torrigiani, **le plus beau château de la campagne lucquoise. On se croirait dans un film de Visconti !**

Entourée de plusieurs kilomètres de murailles et de bastions de brique rouge du XVIIᵉ s, Lucca a conservé sa structure romano-médiévale, ses placettes et ses rues piétonnes, à l'ombre de ses vieilles églises, de belles demeures et de tours verdoyantes au faîte desquelles des jardins suspendus étaient aménagés. *p. 352*

Bon à savoir : si vous aimez Puccini, allez visiter sa maison, mais surtout ne manquez pas le concert chaque soir, toute l'année, à 19h à l'église de San Giovanni.

© Maurizio Rellini/Sime/Photononstop

⑪ **Prendre un thé aux Tettuccio de Montecatini Terme et se laisser bercer par la mélodie du pianiste.**

Cette ville d'eau accueille des curistes de tous âges, et c'est ce qui fait une partie de son charme. Dîner à Montecatini Alto, auquel on accède par un étonnant funiculaire datant de la fin du XIXᵉ s, est sans doute pour eux le moment le plus agréable, après une journée de soins dans ce décor somptueux qui évoque les thermes romains : galeries à colonnes et portiques antiques, balustrades et rotondes sculptées, fresques… *p. 356*

© Claudio Ciabochi/Age Fotostock

© Robert Harding/hemis.fr

12 Jouir de l'environnement calme et verdoyant de l'adorable et intime abbazia di Sant'Antimo, **dans les environs de Montalcino.**
Fondée par Charlemagne aux VIIIe-IXe s, elle devient au XIe s un lieu de pèlerinage sur la via Francigena. Son église du XIIe s affiche une élégante et sobre architecture romano-cistercienne, aux détails sculptés insolites. À l'intérieur, grand vaisseau d'une harmonieuse ampleur et d'une rigoureuse solennité. Belle Vierge de Sant'Antimo (XIIIe s), et autour de l'autel : déambulatoire et absidioles à colonnettes à la belle sobriété, avec délicats chapiteaux historiés. Messes avec chants grégoriens par les chanoines, ambiance ! *p. 268*

© Bertolissio Giovanni/hemis.fr

13 Admirer certaines des plus belles œuvres de Piero della Francesca **dans le Museo civico de Sansepolcro, sa ville natale.**
Véritable visionnaire, il réalise des tableaux d'une modernité surprenante : lumière pâle, perspectives rigides, regard des personnages perdu dans le vide. Sa *Résurrection* montre un Christ déterminé, en porte-étendard, à peine égratigné sur fond d'arbres morts. Notez les soldats endormis à ses pieds ; celui qui est de face, c'est un autoportrait de l'artiste ! Également un superbe polyptyque, la *Madone de la Miséricorde,* où le peintre se représente aux pieds de la Vierge avec un col rouge… Des chefs-d'œuvre absolus ! *p. 296*

© Zoonar/Petr Jilek em/Zoonar GmbH RF/Age fotostock

(14) **Pousser jusqu'à Cortona, une cité charmante encore méconnue des visiteurs, qui est pourtant un petit bijou, situé entre le lac Trasimène et les montagnes siennoises.**

On la découvre de préférence à pied, pour mieux admirer ses églises et ses musées, dont le Museo diocesano, qui abrite deux magnifiques tableaux de Fra Angelico. *p. 278*

© imageBROKER/Alamy/Hemis

(15) **S'émerveiller de la vue imprenable sur la campagne toscane depuis les remparts de San Gimignano.**

Cette remarquable cité hérissée de tours médiévales se dresse au sommet d'une colline comme une vigie surveillant la campagne et les collines de Toscane. La ville est restée quasiment identique à ce qu'elle était en 1300 ! San Gimignano est encore plus séduisante en automne, lorsque la couleur de ses palais passe du brun au doré et que la déferlante touristique s'émousse un peu. *p. 310*

Bon à savoir : si vous aimez la campagne plus que la foule, réservez dans un des nombreux B & B qui ont poussé tout autour de la ville, prenez un forfait pour les musées, visitez le matin et revenez dîner à la fraîche, quand la ville a retrouvé son calme.

(16) Découvrir Pistoia, la moins connue et pourtant l'une des plus fascinantes petites cités de Toscane, élue « **ville italienne de la culture** » pour 2017.

Située au pied des Appenins, Pistoia a conservé intacte sa belle vieille ville riche d'églises romanes, célèbres pour leurs façades à bandes bicolores, vert et blanc. Il suffit de se promener à l'heure sacro-sainte de l'*aperitivo* pour se laisser baigner par l'ambiance douce d'une cité consciente de son charme et de ses avantages. Et la nuit la rend encore plus magique. *p. 356*

Bon à savoir : l'office de tourisme organise des visites insolites souterraines de la ville, et en français.

© Matteo Carassale/Sime/Photononstop

(17) Se promener seul le soir sur la piazza dei Miracoli à Pise pour un **tête-à-tête avec la tour penchée.**

Mais Pise a « plus d'une tour » dans son sac. Ses remparts, ses « *palazzi* », ses églises, ses petites places où il fait bon se poser en terrasse, tout cela crée une atmosphère très particulière, de jour comme de nuit. Le charme nonchalant et provincial de ses ruelles et l'Arno qui coule en son milieu vont vous donner envie de prolonger la halte, d'autant que les petites adresses originales pour avaler une *pasta* ou une *cecina* ne manquent pas. *p. 370*

Bon à savoir : ne pas hésiter à passer le pont sur l'Arno pour découvrir une Pise étudiante, plutôt cool, avec ses placettes cachées, ses bars sympas…

© Funkystock/Age fotostock

© Stéfano Ravera/Alamy/Hemis

(18) **Faire une halte gastronomique à Pitigliano, et flâner dans ses vieilles ruelles chargées d'histoire.**

C'est la Maremme toscane encore méconnue, où il faut prendre le temps de vivre, sur la route ou dans des villages perchés. Pitigliano offre le visage admirable d'une cité médiévale idéale, avec ses rues pavées et tortueuses, son palais et ses demeures anciennes patinées par les siècles, ses petits passages couverts et son aqueduc du XVIe s. La falaise est truffée de caves, parfois installées dans d'anciennes tombes étrusques. Elles s'étagent souvent sur près de trois niveaux sous les maisons. *p. 404*

… ET EN OMBRIE

⑲ Assister à la fête des Cierges *(festa dei Ceri)* à Gubbio.

Après avoir revêtu un pantalon blanc et une chemise de couleur selon le saint, voilà les porteurs de cierge dans une course folle qui s'ensuit dans les rues de la ville pour le plus grand bonheur des habitants, qui accueillent avec une énorme ferveur ce rite annuel, un mélange troublant de mysticisme religieux et de rites païens. *p. 450*

Bon à savoir : la fête a lieu le 15 mai. Il est conseillé d'arriver la veille. Pour plus d'infos,
• ceri.it •

© Maurizio Rellini/Sime/Photononstop

⑳ De passage à Assise, ne pas manquer sa célèbre basilique construite au XIIIᵉ s.

C'est le premier lieu de culte dévoué à saint François d'Assise. Située sur une colline qu'on appelle *colle d'inferno* (« colline d'enfer ») car on y exécutait les condamnés à mort. Depuis que saint François y est enterré, elle a été renommée « colline du Paradis ». On vient surtout admirer la fresque peinte par Giotto de saint François parlant aux oiseaux, un chef-d'œuvre absolu de la Renaissance. Au centre de la nef, par un petit escalier, on accède à la crypte découverte en 1818 dans laquelle est enterré le saint. *p. 461*

© Bertolissio Giovanni /hemis.fr

㉑ À **Pérouse, déambuler dans les rues souterraines du quartier médiéval de la Rocca Paolina.**

Édifiée en 1540 par le pape Paul III, elle fut pendant un temps oubliée et même en partie détruite lors de l'unité italienne, symbole alors de l'absolutisme pontifical. Aujourd'hui, la forteresse est de nouveau dégagée depuis les années 1930, offrant ainsi aux visiteurs un bel ensemble labyrinthique constitué de rues avec voûtes et maisons médiévales reliées par des arches. *p. 424*

© John G. Wilbanks/Alamy/Hemis

㉒ **Admirer sous toutes ses coutures le superbe Duomo à Orvieto, en soirée, quand ses mosaïques chatoient.**

Le Duomo est sans conteste le plus beau de toute l'Ombrie. Quelque 300 architectes, sculpteurs, peintres et mosaïstes ont travaillé aux XIIIe et XIVe s à ce fabuleux joyau de l'art gothique italien. De la façade travaillée avec sa rosace, ses mosaïques et ses bas-reliefs aux murs latéraux alternant travertin blanc et basalte gris-bleu, en passant par la cappella di San Brizio où Fra Angelico et Benozzo Gozzoli ont peint la voûte et Luca Signorelli les murs : une composition particulièrement saisissante et étonnamment moderne. Tout est réuni pour éblouir les voyageurs de passage. *p. 516*

© Juergen Richter/Look/Age fotostock

Lu sur routard.com

L'île d'Elbe, le souvenir de l'empereur
(tiré du carnet de voyage de Claude Hervé-Bazin)

Tout le monde connaît son nom, mais rares sont ceux qui y sont allés. Flottant au large de la belle Toscane, face à la Corse, la grande île d'Elbe (224 km²) est entrée dans l'Histoire lorsque Napoléon y fut exilé en mai 1814. L'empereur déchu passa tout juste dix mois dans ce royaume miniature, taillé à sa mesure nouvelle, avant de s'enfuir, le 26 février 1815, pour tenter de reconquérir le monde…

Là-haut, comme jadis, le Forte Stella ferme obstinément ses portes aux visiteurs. Premier gardien de la cité, il répond au Forte Falcone, plus haut et plus massif encore, qui épouse la crête enserrant Portoferraio. En partie restauré, celui-ci offre une belle balade au fil des remparts, révélant des panoramas de toute beauté sur le port, la ville, les falaises auxquelles elle s'adosse et la mer à leur pied. Nichée entre les deux bastions, une demeure citron semble déjà voguer sur le bleu de la Méditerranée. C'est ici, à la Villa dei Mulini, que vécut Napoléon, avec vue imprenable sur le large, par-delà un beau jardin en terrasse planté de pins. Quelques cactées y croissent aussi, des palmiers petits et grands, des statues de marbre blanc et un fier blason à l'aigle impérial. Réaménagée autour de deux anciens moulins, la demeure mêle le modeste au grandiloquent, les sols de terre cuite aux dorures Empire, les lustres de cristal et les meubles en acajou aux murs lépreux. Dans un coin, le lit de camp de l'Empereur a été conservé. Ici bourdonnait un essaim de partisans, d'officiers en exil, de courtisanes menées par Pauline, la sœur de Sa Majesté, reine des fêtes et des bals, que l'époque décréta aussi belle que

Vénus (elle lui prêta souvent ses traits en sculpture).

Aux portes de Portoferraio, la Villa di San Martino, résidence d'été de l'Empereur, s'annonce par une prestigieuse galerie néoclassique devenue musée d'art. Surprise : elle ne doit rien à Napoléon, mais au mari de sa nièce Mathilde, un noble russe qui la fit bâtir en 1851 en souvenir du grand homme. La vraie villa, posée au-dessus, joue une carte autrement plus discrète, avec ses pièces petites, presque campagnardes. Seuls vrais rehauts : des murs peints en trompe-l'œil et, tout de même, l'élégante Salle égyptienne, peinte de (faux) hiéroglyphes et fleurie de papyrus nichés dans un bassin octogonal. Si les souvenirs napoléoniens rassemblés au Centro de Laugier (à Portoferraio) n'attirent plus foule, l'ombre de l'Empereur plane toujours. Chaque année, le 4 mai, les Elbois rejouent le débarquement de la Petite Armée en costumes d'époque et, le lendemain, une messe est célébrée en l'honneur de Napoléon à l'église de la Miséricorde.

Le pèlerinage s'achève à l'ouest de l'île, au sommet granitique du monte Capanne, son point culminant (1 019 m), d'où l'Empereur, venu inspecter son étroit royaume, aurait proféré cette sentence sans appel : « Cette île est tout de même bien petite ».

Retrouvez l'intégralité de cet article sur

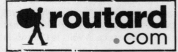

Et découvrez plein d'autres récits et infos

ITINÉRAIRES CONSEILLÉS

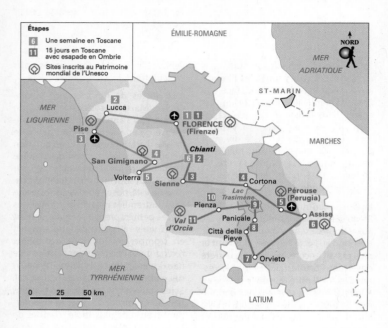

Une semaine en Toscane

– 2 jours à *Florence (1)* : ne ratez pas l'incontournable trio architectural formé par le Duomo, le baptistère et le campanile. Ainsi que la Galleria dell'Accademia pour apprécier le fameux *David* de Michel-Ange. La Galleria degli Uffizi s'impose pour les plus belles peintures italiennes : Botticelli, Léonard de Vinci, Michel-Ange, Raphaël… ainsi que le Museo del Bargello.

– 1 journée à *Lucca (2)* : cette ville aux origines romaines (son amphithéâtre) permet aussi d'apprécier les charmes de la Renaissance. À voir : le Duomo, la torre dei Guinigi, la piazza San Michele et son église.

– 1 journée à *Pise (3)* : le point fort de la visite reste la piazza dei Miracoli, avec le baptistère, la fameuse tour penchée et le Duomo.

– 2 jours à San Gimignano et Volterra : le centre de *San Gimignano (4)* se prête parfaitement à la marche ; prenez les rues qui vous conduisent à la Collegiata, à la piazza del Duomo et à la piazza della Cisterna. À *Volterra (5),* voir le musée étrusque Guarnacci pour son étonnante sculpture *L'Ombra della Sera* et le théâtre romain.

– Une dernière journée dans le *Chianti (6)* : étape œno-gastronomique géniale ! Flânez dans cette superbe région entre Florence et Sienne, et appréciez les paysages envoûtants de Greve, Radda, Castellina ou Gaiole.

15 jours en Toscane avec une escapade en Ombrie

1er et 2e jours à *Florence (1)* pour son centre-ville : le Duomo, la galerie des Offices, la galerie de l'Académie avec le sculptural *David,* les fresques de Fra Angelico au musée San Marco. 3e et 4e jours dans la région du *Chianti (2),* terre de prédilection des amateurs de bon vin, avec ses vignes et ses collines aux petits villages perchés. Puis *Sienne (3)* mérite deux bonnes journées de visite. À ne manquer sous aucun prétexte. Le 7e jour, c'est *Cortona (4),* une belle cité médiévale à taille humaine, un peu à l'écart des sentiers touristiques et qui recèle des musées intéressants et des ruelles piétonnes adorables. De là, poussez jusqu'en Ombrie à *Pérouse (5),* le chef-lieu de la région (il faudra une bonne journée pour le visiter en l'appréciant à sa juste valeur). À voir dans la ville : le palazzo dei Priori abritant l'incontournable Galerie nationale de l'Ombrie,

sans oublier l'étonnante petite ville souterraine que constitue la Rocca Paolina. Le 9e jour, *Assise (6)* pour sa basilique San Francesco, qui mérite absolument votre visite. 10e jour : *Orvieto (7)* pour sa mémoire étrusque avec la nécropole du Crucifix du Tuf, le Duomo et le pozzo San Patrizio. Remontez vers le nord pour visiter en une journée les bourgades médiévales de *Panicale* et *Città della Pieve (8).* Pour la 13e journée, étape « détente » au *lac Trasimène (9),* où vous pourrez profiter de la plage, du farniente et de jolies excursions sur les îles. Pour la 13e journée, retour en Toscane à *Pienza (10),* classée Patrimoine culturel de l'Unesco, une adorable petite cité avec son Duomo et son Palazzo Piccolomini, résidence d'été du pape. Pour les deux derniers jours, profitez des paysages du *Val d'Orcia (11),* célébré par de nombreux artistes, avec ses bourgs médiévaux (Montalcino, San Quirico d'Orcia) et ses magnifiques abbayes (l'abbazia di Monte Oliveto Maggiore et l'abbazia de San Galgano).

Le **Teatro Romano,** *Volterra, Toscane*

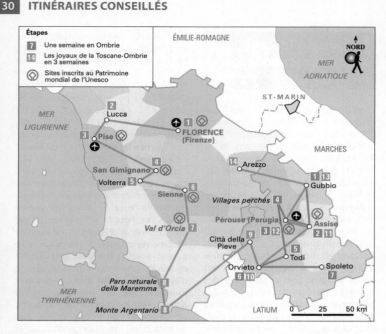

Une semaine en Ombrie

Commencez dès le 1er jour par la ville de *Gubbio (1)* et dirigez-vous le 2e jour vers *Assise (2)* en vous arrêtant à l'eremo delle Carceri si vous ressentez une forte envolée mystique. Le voyage continue le 3e jour sur *Pérouse (3)* et le 4e avec les petits villages perchés de la *vallée ombrienne (4).* Le 5e jour : *Todi (5).* Petite promenade dans les ruelles, offrant au voyageur les attraits de leurs vieilles maisons. Pour les accros : le Duomo, le tempio San Fortunato et son campanile, et enfin la chiesa Santa Maria della Consolazione. On adore ! Le 6e jour : *Orvieto (6),* perchée sur son rocher volcanique. Visitez son merveilleux Duomo et l'ensemble de sites qui constituent le museo dell'Opera del Duomo, sans oublier le fameux pozzo San Patrizio. Le 7e jour : *Spolète (7).* La ville a su concilier son passé médiéval et une architecture plus contemporaine. À voir : les églises

San Salvatore et San Ponziano, le ponte delle Due Torri, le Duomo et le Musée diocésain incorporant la surprenante chiesa Sant'Eufemia.

Les joyaux de la Toscane-Ombrie en 3 semaines

Consacrez cinq bons jours à *Florence (1)* pour vous donner un bon aperçu de la ville sans vous presser, puis une journée à *Lucca (2),* ceinte de murailles abritant de très beaux palais et son Duomo, richement sculpté. Ne manquez pas de passer une journée à *Pise (3),* avec sa tour penchée, et ce malgré le flot touristique. *San Gimignano (4)* et ses tours médiévales méritent le détour. Et ne ratez pas tout à côté *Volterra (5),* terre d'albâtre mais aussi l'un des berceaux des plus anciennes cités étrusques. L'incontournable *Sienne (6)* possède l'une des plus belles places au monde (et fierté des Siennois) : la piazza del Campo, un enchantement ! Au sud de Sienne, sillonnez les paysages du *Val d'Orcia (7),* classé Patrimoine mondial de l'humanité, un vrai coup de cœur, et puis faites un tour en Maremme avec le *parco naturale* et le *Monte Argentario (8),* promontoire sauvage en bord de mer. Vers l'est, l'Ombrie est le poumon vert de l'Italie avec l'adorable petite ville de *Città della Pieve (9),* perchée à plus de 500 m d'altitude.

La belle *Orvieto (10)* trône sur son rocher et possède l'un des plus beaux *duomo. Assise (11)* abrite la magnifique basilique San Francesco et des ruelles médiévales. Enfin *Pérouse (12),* célèbre pour son festival annuel de jazz et son riche patrimoine, *Gubbio (13),* semblant sortie tout droit du Moyen Âge, et *Arezzo (14),* pour les fresques de la Sainte Croix par Piero della Francesca, le Duomo et la magnifique chiesa Santa Maria della Pieve.

SI VOUS ÊTES...

En famille : Florence et son centre historique – le Palazzo Davanzati, le Ponte Vecchio, le Museo Galileo, le Palazzo Vecchio et la Torre di Arnolfo pour la vue, le Giardino delle Rose, le Giardino Bardini, les macchine di Leonardo da Vinci, les marchés couverts de San Lorenzo et Sant'Ambrogio ; Sienne pour ses fontaines en forme d'animaux dissimulées dans les différentes *contrade* de la ville ; Pise pour sa tour penchée. Parcourir à vélo le val di Chiana en empruntant le sentiero della Bonifica entre Arezzo et Chiusi. Et pour initier les enfants à la sculpture, il giardino dei Tarocchi, de Niki de Saint Phalle, à Garavicchio.

Féru de peinture et de vieilles pierres : à Florence, la Galleria degli Uffizi, le museo San Marco, le Palazzo Pitti, la cappella Brancacci, le Palazzo Medici Riccardi. Partez à la découverte des témoignages laissés par Piero della Francesca dans la basilique San Francesco d'Arezzo, à Sansepolcro ou à Monterchi, avant de poursuivre sur les traces du truculent Sodoma en essayant de déchiffrer ce qui se cache derrière les œuvres qu'il a laissées dans l'abbatiale de Monte Oliveto Maggiore, par exemple. Ou pourquoi pas un petit détour en Ombrie, à Città della Pieve pour admirer les œuvres du Pérugin ? Sans compter les musées d'art de Sienne ou de Cortone, Pise, sa fameuse tour penchée et la piazza dei Miracoli, Lucques (Lucca ; torre Guinigi, Palazzo Pfanner, cattedrale San Martino), Volterra (Pinacoteca du palazzo Minucci Solaini et museo etrusco Guarnacci), Pietrasanta (museo dei Bozzetti pour voir des Botero ou un beau César). Sans oublier la Toscane médiévale des places fortes d'Anghiari, de Montepulciano, d'Arezzo, de Pise (Duomo, Campo Santo et Battistero), Lucques (Lucca), San Gimignano (Duomo), Pitigliano et Pietrasanta pour leurs romantiques ruelles, ou encore l'abbatiale de San Gargano aux confins de la Maremme… Enfin, les Étrusques à Murlo avec l'étonnante architecture de leurs rites funéraires, à Chiusi, dans leurs catacombes, ou encore à Cortone, dans le MAEC qui regroupe une incroyable collection de terres cuites et de bronzes.

Gastronome et œnophile : Florence pour ses bonnes petites *trattorie* et sa *bistecca,* le Chianti Classico pour ses vignes et ses dégustations dans les *aziende,* Sienne pour ses pâtisseries-confiseries gourmandes… et toute la Toscane-Ombrie pour ses glaces et ses pâtes bien sûr ! Un peu plus au sud-ouest, Pitigliano et les villages perchés voisins, les spécialités culinaires de la Maremme des collines à base de sanglier. Mention spéciale en Ombrie pour les délicieuses charcuteries de Nurcie. Pour la truffe noire, c'est encore à Nurcie que ça se passe, mais aussi autour de Spolète. Et pour la truffe blanche et les cèpes *(funghi porcini),* vous traînerez vos guêtres jusque dans la région de Gubbio. Quant aux amoureux du rouge et du blanc, Montefalco pour déguster son *sagrantino* ou sa version douce, le *sagrantino passito.* Les amateurs de blanc, eux, privilégieront Orvieto et le lac Trasimène.

Amoureux de la nature : la Toscane, c'est aussi le sud de Sienne et les forêts profondes de la Montagnola et du val de Merse, à parcourir à VTT ou sac au dos, avant de revenir sur la Francigena et de longer le val d'Arbia. Le parc naturel de la Maremme au sud et les carrières de marbre de Carrare au nord de la Toscane sont aussi des sites parfaits pour de belles balades… Côté Ombrie, le parc naturel du Monte Cucco, le parc régional du Monte Subasio, le parc national des monts. Pour les plus courageux, partir sur les traces de saint François en arpentant le sentiero francescano della Pace (le chemin franciscain de la Paix).

© Guiziou Franck/hemis.fr

Le parc naturel de la Maremme, Toscane

LES QUESTIONS QU'ON SE POSE AVANT LE DÉPART

➢ Quels sont les documents nécessaires pour aller en Italie ?

Pour les ressortissants de l'Union européenne et de la Suisse, la carte nationale d'identité ou le passeport en cours de validité suffit pour entrer sur le territoire italien.

Pour les mineurs voyageant seuls, une carte nationale d'identité (ou un passeport) et une lettre manuscrite signée des parents sont nécessaires. Attention cependant à un projet de loi visant à renforcer la législation sur la sortie du territoire. Pour plus d'infos : ● *service-public.fr* ●

➢ Quelle est la meilleure saison ?

Le printemps et le début de l'été (mai-juin) ainsi que l'automne (septembre-octobre) sont désormais les mois de la pleine saison. Le temps y est agréable sans être trop chaud. Attention, de nombreuses adresses ferment pour congés annuels aux alentours du 15 août.

➢ Quel budget prévoir ?

En Toscane, la vie est plus chère que dans le reste de l'Italie, cela est particulièrement vrai pour l'hébergement, dans une moindre mesure pour la restauration. Rassurez-vous, on mange facilement sur le pouce pour trois fois rien (*panini,* parts de pizza...). Mêmes remarques pour l'Ombrie, où le coût de l'hébergement est toutefois beaucoup plus raisonnable. Côté culture, la plupart des villes ont mis en place des systèmes de *passes* ou billets combinant l'entrée de plusieurs musées. C'est notamment le cas de Florence, Sienne, Pise, Assise, Orvieto et Pérouse.

➢ Comment se déplacer ?

Même si le stationnement est un vrai casse-tête dans les grandes villes et l'essence chère, la voiture reste le moyen le plus souple pour voyager si vous souhaitez sortir des sentiers battus, car toutes les petites villes ne sont pas desservies par le train ou les bus (ou alors, l'attente peut s'éterniser).

➢ Y a-t-il des problèmes de sécurité ?

Pas particulièrement, c'est une région tranquille. Assurez-vous tout de même de ne rien laisser dans votre voiture, les effractions sont assez fréquentes, surtout dans les hauts lieux touristiques.

➢ Y a-t-il un décalage horaire ?

Non, été comme hiver, la France et l'Italie affichent la même heure, car les passages heure d'été/heure d'hiver se font aux mêmes dates.

➢ Quel est le temps de vol ?

Compter 2h pour un Paris-Pise ou un Paris-Florence.

➢ Côté santé, quelles précautions ?

Pas de précautions particulières : être à jour des vaccins traditionnels et, en été, prévoir de la crème solaire. Et puis c'est l'Europe, donc penser à emporter sa Carte européenne d'assurance maladie (CEAM).

➢ Peut-on y aller avec des enfants ?

Bien sûr ! Cependant, le riche patrimoine italien (surtout dans les grandes villes culturelles comme Florence, Sienne, Pise ou Assise) risque d'épuiser vos chérubins. Pensez à alterner les balades et les visites de musées. Et, question nourriture, c'est le top ! Pizza, pâtes, glaces... Repérez nos meilleurs sites grâce au symbole 𝍄.

➤ Quel est le taux de change ? Comment payer sur place ?

La monnaie est l'euro, ce qui est bien pratique pour les Français. Pour nos amis canadiens et suisses, le taux de change est d'environ 1 € = 1,46 \$Ca = 1,1 Fs. Sur place, nombreux distributeurs de billets, change aisé, et on peut régler à peu près partout avec une carte de paiement, hormis dans certaines petites pensions ou dans les bars.

➤ Quelle langue parle-t-on ?

Quelques notions d'italien sont toujours utiles et facilitent les échanges. Les jeunes communiquent de plus en plus en anglais.

COMMENT Y ALLER ?

EN AVION

▲ AIR FRANCE

Rens et résas au ☎ 36-54 (0,34 €/mn ; tlj 6h30-22h), sur ● airfrance.fr ●, dans les agences Air France (fermées dim) et dans ttes les agences de voyages.
➤ Dessert Florence avec 5 vols directs/j. au départ de Paris-Roissy-Charles-de-Gaulle, aérogare 2.
Air France propose des tarifs attractifs toute l'année. Pour consulter les meilleurs tarifs du moment, allez directement sur la page « Nos meilleurs tarifs » sur ● airfrance.fr ●
Flying Blue, le programme de fidélité gratuit d'Air France, permet de gagner des *Miles* en voyageant sur les vols Air France, KLM, Hop et les compagnies membres de *Skyteam,* mais aussi auprès des nombreux partenaires non aériens *Flying Blue.* Les *Miles* peuvent ensuite être échangés contre des billets d'avion ou des services (surclassement, bagage supplémentaire, accès salon...) ainsi qu'auprès des partenaires. Pour en savoir plus, rendez-vous sur ● flyingblue.com ●

▲ HOP!

Rens et résas sur ● hop.fr ●, via les canaux de ventes Air France, dans ttes les agences de voyages et au centre d'appel ☎ 0892-70-22-22 (0,35 €/mn ; tlj tte l'année).
➤ Vols réguliers depuis les principales villes de France vers Florence. HOP! propose des tarifs attractifs toute l'année. Possibilité de consulter les meilleurs tarifs du moment sur ● hop.fr ●

▲ ALITALIA

Rens et résas : ☎ 0892-655-655 (0,34 €/mn) ou ☎ 89-20-10 (en Italie) ; lun-ven 8h-20h, w-e 9h-19h. ● alitalia. fr ●
➤ Plusieurs vols/j. vers Florence et Pise au départ de Bruxelles, Marseille, Montpellier, Nice, Paris et Toulouse avec correspondance à Rome.

▲ BRUSSELS AIRLINES

Rens et résas : ☎ 0892-64-00-30 (0,33 €/mn) ou ☎ 0902-51-600 (en Belgique ; 0,75 €/mn) ; lun-sam 9h-19h (17h sam). ● brusselsairlines.com ●
➤ Fin mars-mi-nov, 1-2 vols/j. depuis Bruxelles vers Florence.

Les compagnies *low-cost*

Plus vous réserverez vos billets à l'avance, plus vous aurez des chances d'avoir des tarifs avantageux. En outre, les pénalités en cas de changement de vols sont assez importantes. Il faut aussi rappeler que plusieurs compagnies facturent maintenant les bagages en soute et limitent leur poids. En cabine également, le nombre de bagages est strictement limité (attention : même le plus petit sac à main est compté comme un bagage à part entière). À bord, c'est service minimal et tous les services sont payants (boissons, journaux). Attention également au moment de la résa par Internet à décocher certaines options qui sont automatiquement cochées (assurances, etc.). Au final, même si les prix de base restent très attractifs, il convient de prendre en compte les frais annexes pour calculer le plus justement son budget.

▲ EASYJET

Rens et résas : ● easyjet.com ●
➤ Vols quotidiens de Paris-Orly à Pise. Navettes pour rejoindre Florence.

▲ RYANAIR

Rens et résas : ● ryanair.com ●
➤ Vols quotidiens de Paris-Beauvais à Pise. Navettes pour rejoindre Florence.

▲ VUELING

Résas : ● vueling.com ●
➤ Vols quotidiens directs de Paris-Orly à Florence et avec escale pour Pise.

LES ORGANISMES DE VOYAGES

En France

▲ COMPTOIR DE L'ITALIE ET DE LA CROATIE

● *comptoir.fr* ●
– *Paris* : 2-18, rue Saint-Victor, 75005. ☎ 01-53-10-30-15. Ⓜ *Maubert-Mutualité*. Lun-sam 9h30 (10h sam)-18h30.
– *Lyon* : 10, quai Tilsitt, 69002. ☎ 04-72-44-13-40. Ⓜ *Bellecour*. Lun-sam 9h30-18h30.
– *Marseille* : 12, rue Breteuil, 13001. ☎ 04-84-25-21-80. Ⓜ *Estrangin*. Lun-sam 9h30-18h30.
– *Toulouse* : 43, rue Peyrolières, 31000. ☎ 05-62-30-15-00. Ⓜ *Esquirol*. Lun-sam 9h30-18h30.
– *Bordeaux* : 26, cours du Chapeau-Rouge, 33800.
– *Lille* : 76, rue Nationale, 59160. Ouverture prévue en 2017.

Comptoir s'impose comme une référence incontournable dans le voyage sur mesure, avec 80 destinations couvrant les 5 continents. Ses voyages s'adressent à tous ceux qui souhaitent vivre un pays de façon simple en s'y sentant accueilli. Les conseillers privilégient des hébergements typiques, des moyens de transport locaux et des expériences authentiques pour favoriser l'immersion dans la vie locale. Comptoir vous offre aussi la possibilité de rencontrer des francophones habitant dans le monde entier, des *greeters,* qui vous donneront, le temps d'un café, les clés de leur ville ou de leur pays. Comptoir des Voyages propose aussi une large gamme de services : échanges par visioconférence, devis web et carnet de voyage personnalisés, assistance téléphonique 24h/24 et tous les jours pendant votre voyage.

▲ ITALIE & CO

– *Courbevoie* : 169, bd Saint-Denis, 92400. 🖩 06-85-56-30-62. ● *ita lieandco.fr* ● *Sur rdv ou à domicile.*
Italie & Co est une agence dynamique d'un genre nouveau, fondée par deux professionnels italiens partageant la même passion pour leur pays d'origine. Ils sont à votre disposition par mail ou par téléphone pour vous aider à organiser le voyage de vos rêves et pour vous assister tout au long de votre séjour. Seul ou en famille, pour vos loisirs ou pour votre travail, Italie & Co vous propose des offres sélectionnées et testées par l'agence. Une soirée à la Scala de Milan, à la Fenice de Venise ou aux Arènes de Vérone, un cours de cuisine à l'école Barilla ou juste du farniente sur une belle plage en Sardaigne, Italie & Co offre son carnet d'adresses de charme pour faire de votre voyage une véritable expérience. Offre spéciale lecteurs *Routard* : un accueil VIP ou un cadeau surprise en donnant la référence « routard » au moment de la réservation.

▲ JEUNESSE ET RECONSTRUCTION

– *Paris* : 8-10, rue de Trévise, 75009. ☎ 01-47-70-15-88. ● *volontariat.org* ● Ⓜ *Cadet ou Grands-Boulevards.* Lun-ven 10h-13h, 14h-18h.
Jeunesse et Reconstruction propose des activités dont le but est l'échange culturel dans le cadre d'un engagement volontaire. Chaque année, des centaines de jeunes bénévoles âgés de 17 à 30 ans participent à des chantiers internationaux en France ou à l'étranger (Europe, Asie, Afrique et Amérique) et s'engagent dans un programme de volontariat à long terme (6 mois ou 1 an). Dans le cadre des chantiers internationaux, les volontaires se retrouvent autour d'un projet d'intérêt collectif (1 à 4 semaines) et participent à la restauration du patrimoine bâti, à la protection de l'environnement, à l'organisation logistique d'un festival ou à l'animation et l'aide à la vie quotidienne auprès d'enfants ou de personnes handicapées.

▲ TERRES LOINTAINES

● *terres-lointaines.com* ●
– *Issy-les-Moulineaux* : 2, rue Maurice-Hartmann, 92130. *Sur rdv slt* ou ☎ 01-75-60-63-50. Lun-ven 9h-19h, sam 10h-18h.
– *Bordeaux* : 4, rue Esprit-des-Lois, 33000. ☎ 05-33-09-09-10.
Terres Lointaines est le dernier-né des acteurs du Net qui comptent dans le monde du tourisme avec pour conviction : « Un voyage réussi est un voyage qui dépasse les attentes du client. » Son

COMPTOIR
DES VOYAGES

TOSCANE OMBRIE

Découvrez Florence au plus près de ses habitants en suivant les bons conseils de votre hôte florentin et en faisant comme lui provision de charcuteries et fromages au marché San Lorenzo. Vivez une Ombrie romantique et bucolique depuis votre château du xve siècle ouvrant sur Assise. Parcourez Lucques à vélo, et, avec un guide, percez les secrets les mieux gardés de Sienne.

BORDEAUX • LILLE • LYON • MARSEILLE • PARIS • TOULOUSE
www.comptoir.fr - 01 53 10 34 43

ambition est clairement affichée : démocratiser le voyage sur mesure au prix le plus juste. En individuel ou en petit groupe, entre raffinement et excellence, Terres Lointaines met le monde à votre portée. Europe, Amériques, Afrique, Asie, Océanie, la palette de destinations programmées est vaste, toutes proposées par des conseillers-spécialistes à l'écoute des envies du client. Grâce à une sélection rigoureuse de prestataires locaux, Terres Lointaines crée des voyages de qualité, qui laissent de merveilleux souvenirs.

▲ **TUI**

Rens et résas au ☎ 0825-000-825 (0,20 €/mn + prix appel) ● tui.fr ● dans les agences de voyages TUI présentes dans toute la France.

TUI, numéro 1 mondial du voyage, propose tous les circuits Nouvelles Frontières, ainsi que les clubs Marmara et un choix infini de vacances pour une expérience unique. TUI propose des offres et services personnalisés tout au long de vos vacances, avant, pendant et après le voyage.

Un circuit accompagné dans une destination de rêves, un séjour détente au soleil sur l'une des plus belles plages du monde, un voyage sur mesure façonné pour vous, ou encore des vacances dans un hôtel ou dans un club, les conseillers TUI peuvent créer avec vous le voyage idéal adapté à vos envies. Ambiance découverte, familiale, romantique, dynamique, zen, chic... TUI propose des voyages à deux, en famille, seul ou entre amis, parmi plus de 180 destinations à quelques heures de chez vous ou à l'autre bout du monde.

▲ **VOYAGEURS DU MONDE EN ITALIE**

● voyageursdumonde.com ●
– Paris : La Cité des Voyageurs, 55, rue Sainte-Anne, 75002. ☎ 01-42-86-17-20. Ⓜ Opéra ou Pyramides. Lun-sam 9h30-19h. Avec une librairie spécialisée sur les voyages.
– Également des agences à Bordeaux, Grenoble, Lille, Lyon, Marseille, Montpellier, Nantes, Nice, Rennes, Rouen, Strasbourg, Toulouse, Bruxelles et Genève.
Parce que chaque voyageur est différent, et que chacun a ses rêves et ses idées pour les réaliser, Voyageurs du Monde conçoit, depuis plus de 30 ans, des projets sur mesure. Les séjours proposés sur 120 destinations sont élaborés par leurs 180 conseillers voyageurs. Spécialistes par pays et même par régions, ils vous aideront à personnaliser les voyages présentés à travers une trentaine de brochures d'un nouveau type, et sur le site internet, où vous pourrez également découvrir les hébergements exclusifs et consulter votre espace personnalisé. Au cours de votre séjour, vous bénéficiez des services personnalisés Voyageurs du Monde, dont la possibilité de modifier à tout moment votre voyage, l'assistance d'un concierge local, la mise en place de rencontres et de visites privées, et l'accès à votre carnet de voyage via une application iPhone et Android. Voyageurs du Monde est membre de l'association ATR (Agir pour un tourisme responsable) et a obtenu sa certification Tourisme responsable AFAQ AFNOR.

Comment aller à Roissy et à Orly ?
Toutes les infos sur notre site ● *routard.com* ● à l'adresse suivante : ● *bit.ly/aeroports-routard* ●

En Belgique

▲ **AIRSTOP**

Pour ttes les adresses Airstop, un seul numéro de téléphone : ☎ 070-233-188. ● airstop.be ● Lun-ven 9h-18h30, sam 10h-17h.
– Anvers : Jezusstraat, 16, 2000.
– Gand : Maria Hendrikaplein, 65, 9000.
– Louvain : Mgr. Ladeuzeplein, 33, 3000.
Airstop offre une large gamme de prestations, du vol sec au séjour tout compris à travers le monde.

▲ **CONNECTIONS**

Rens et résas : ☎ 070-233-313 (lun-ven 9h-19h, sam 10h-17h). ● connections.be ●
Fort d'une expérience de plus de 20 ans dans le domaine du voyage, Connections dispose d'un réseau de 30 *travel shops,* dont un à Brussels Airport. Connections propose des vols dans le monde entier à des tarifs avantageux et des voyages destinés à ceux désireux

Plaisir N° 12

Dites au chef que
c'est parfait !

2400 hôtels, restaurants
et autres hébergements *en Europe*

logishotels.com

de découvrir la planète de façon auto-nome. Connections propose une gamme complète de produits : vols, héberge-ments, location de voitures, autotours, vacances sportives, excursions...

▲ SERVICE VOYAGES ULB

● *servicevoyages.be* ● *25 agences dont 12 à Bruxelles.*
– *Bruxelles : campus ULB, av. Paul-Héger, 22, CP 166, 1000.* ☎ *02-650-40-20.*
– *Bruxelles : pl. Saint-Lambert, 1200.* ☎ *02-742-28-80.*
– *Bruxelles : chaussée d'Alsemberg, 815, 1180.* ☎ *02-332-29-60.*
Service Voyages ULB, c'est le voyage à l'université. Billets d'avion sur vols charters et sur compagnies régulières à des prix compétitifs.

▲ TAXISTOP

Pour ttes les adresses Taxistop : ☎ *070-222-292.* ● *taxistop.be* ●
– *Bruxelles : rue Thérésienne, 7 A, 1000.*
– *Gent : Maria Hendrikaplein, 65, 9000.*
– *Ottignies : bd Martin, 27, 1340.*
Taxistop propose un système de covoi-turage, ainsi que d'autres services comme l'échange de maisons ou le gardiennage.

▲ TUI

● *tui.be* ●
– *Nombreuses agences dans le pays, dont Bruxelles, Charleroi, Liège, Mons, Namur, Waterloo, Wavre, et au Luxembourg.*
Voir texte dans la partie « En France ».

▲ VOYAGEURS DU MONDE

– *Bruxelles : 23, chaussée de Charleroi, 1060.* ☎ *02-543-93-50.* ● *voyageurs dumonde.com* ●
Le spécialiste du voyage en individuel sur mesure.
Voir texte dans la partie « En France ».

En Suisse

▲ STA TRAVEL

☎ *058-450-49-49.* ● *statravel.ch* ●

– *Fribourg : rue de Lausanne, 24, 1701.* ☎ *058-450-49-80.*
– *Genève : rue Pierre-Fatio, 19, 1204.* ☎ *058-450-48-00.*
– *Genève : rue Vignier, 3, 1205.* ☎ *058-450-48-30.*
– *Lausanne : bd de Grancy, 20, 1006.* ☎ *058-450-48-50.*
– *Lausanne : à l'université, Anthropole, 1015.* ☎ *058-450-49-20.*
Agences spécialisées notamment dans les voyages pour jeunes et étudiants. 150 bureaux STA et plus de 700 agents du même groupe répartis dans le monde entier sont là pour donner un coup de main *(Travel Help)*.
STA propose des tarifs avantageux : vols secs *(Blue Ticket),* hôtels, écoles de langues, *work & travel,* circuits d'aventure, voitures de location, etc. Délivre la carte internationale d'étu-diant et la carte *Jeune.*

▲ TUI

– *Genève : rue Chantepoulet, 25, 1201.* ☎ *022-716-15-70.*
– *Lausanne : bd de Grancy, 19, 1006.* ☎ *021-616-88-91.*
Voir texte dans la partie « En France ».

Au Québec

▲ TOURS CHANTECLERC

● *tourschanteclerc.com* ●
Tours Chanteclerc est un tour-opéra-teur qui publie différentes brochures de voyages : Europe, Amérique du Nord, Amérique du Sud, Asie et Paci-fique sud, Afrique et le Bassin médi-terranéen en circuits ou en séjours. Il s'adresse aux voyageurs indépen-dants qui réservent un billet d'avion, un hébergement (dans toute l'Europe), des excursions ou une location de voi-ture. Également spécialiste de Paris, le tour-opérateur offre un vaste sélec-tion d'hôtels et d'appartements dans la Ville Lumière.

EN TRAIN

➤ *Société italienne Thello au départ de Paris-gare de Lyon ou de Dijon :* un train part tous les soirs de Paris-gare de Lyon et de Dijon pour Milan (Stazione Centrale). Même fréquence pour le trajet retour. Puis, à Milan, train rapide

CAPITALES BALTES
(avril 2017)

Tallinn, Riga, Vilnius, trois capitales si proches et pourtant si surprenantes. Elles mêlent leurs racines entre des mondes disparates : scandinave, slave et germanique. Estonie, Lettonie, Lituanie, on les mélange souvent, mais très vite, on distingue leurs particularismes. Tallinn, secrète et magique, a gardé le charme d'une cité médiévale. La vieille ville, et son lacis de rues dominées par ses clochers, est classée au Patrimoine mondial de l'Unesco. Même reconnaissance pour le centre historique de Riga, où se mêlent un superbe noyau médiéval à un centre-ville Art nouveau. Après les musées, savourez sa vie nocturne, la plus folle des trois pays. À Vilnius, la baroque au coeur de collines boisées, découvrez le labyrinthe de ruelles étroites et la végétation lui donnant des airs de village. Malgré les 50 ans de présence soviétique, vous serez surpris par la modernité et le dynamisme qui anime leurs habitants.

(Frecciarossa) qui relie Florence en 1h40.

– Point de vente à Paris-gare de Lyon : espace Esterel-galerie des Fresques, pl. Louis-Armand, 75571 Paris Cedex 12. ☎ 01-83-82-00-00. Tlj 10h-20h.

Les avantages européens avec la SNCF

– Rens au ☎ 36-35 (0,40 €/mn hors surcoût éventuel de votre opérateur). ● tgv.com ● voyages-sncf.com ● thello. com ● interrailnet.com ●
Avec les **Pass InterRail,** les résidents européens peuvent voyager dans 30 pays d'Europe, dont l'**Italie.** Plusieurs formules et autant de tarifs, en fonction de la destination et de l'âge.

À noter que le *Pass InterRail* n'est pas valable dans votre pays de résidence (cependant l'*InterRail Global Pass* offre une réduction de 50 % de votre point de départ jusqu'au point frontière en France). *● interrailnet.eu ●*
– Pour les grands voyageurs, l'**InterRail Global Pass** est valable dans l'ensemble des 30 pays européens concernés, intéressant si vous comptez parcourir plusieurs pays au cours du même périple. Il se présente sous 7 formes au choix. 4 formules flexibles : utilisable 5 jours sur une période de validité de 15 jours et jusqu'à 15 jours sur une période de validité de 1 mois (200-463 € selon âge et formule). 3 formules « continues » : *pass* 15 jours, 22 jours et 1 mois (338-626 € selon âge et formule). Ces formules existent aussi en version 1re classe ! Les voyageurs de plus de 60 ans bénéficient d'une réduction sur le tarif de l'*InterRail Global Pass* en 1re et 2de classes (tarif senior). Également des tarifs enfants 4-12 ans et 12-26 ans.

– Si vous ne parcourez que l'**Italie,** le **One Country Pass** vous suffira. D'une période de validité de 1 mois et utilisable, selon les formules, 3, 4, 6 ou 8 jours en discontinu : compter 87-239 € selon formule. Là encore, ces formules se déclinent en version 1re classe (mais ce n'est pas le même prix, bien sûr). Pour voyager dans 2 pays, vous pouvez combiner 2 *One Country Pass.* Au-delà, il est préférable de prendre le *Global Pass.*
InterRail offre également la possibilité d'obtenir des réductions ou avantages à travers toute l'Europe avec ses partenaires bonus (musées, chemins de fer privés, hôtels, etc.).
Tous ces prix ne sont qu'indicatifs.
– Il existe aussi l'*Interrail Italie Premium Pass,* qui permet de réserver gratuitement les trains. Également des avantages supplémentaires. À partir de 122 €. Pour plus de renseignements, adressez-vous à la gare ou boutique SNCF la plus proche de chez vous.

Pour préparer votre voyage autrement

▲ TRAINLINE

Une nouvelle façon simple et rapide d'acheter vos billets de train sur le Web, mobile et tablette. Réservez vos billets pour voyager en France et dans plus de 20 pays européens. Consultez les tarifs et les horaires dans une interface claire et sans publicités. Trainline compare les prix de plusieurs transporteurs européens pour vous garantir le meilleur tarif.
– Réservations et paiements en France sur *● trainline.fr ●,* et sur mobiles avec l'application « Trainline » pour iPhone et Android.
– Et pour répondre à vos questions : *● guichet@trainline.fr ●*

EN VOITURE

Covoiturage

Le principe est économique, écologique et convivial. Il s'agit de mettre en relation un chauffeur et des passagers afin de partager le trajet et les frais, que ce soit de manière régulière ou de manière exceptionnelle (pour les vacances, par exemple). Les conducteurs sont invités à proposer leurs places libres sur BlaBlaCar. *● covoiturage.fr ●* (disponible sur Web et sur mobile). L'inscription est gratuite.

LE MEILLEUR DU
ROUTARD
POUR VOS IDÉES
VOYAGES !
#EXPERIENCEROUTARD

DÉCOUVREZ EN PHOTOS
NOS PLUS BEAUX COUPS DE CŒUR
DU + CLASSIQUE AU + DÉCALÉ

Itinéraires

➤ **À partir de Paris :** prendre l'A 6 (en direction de Lyon) jusqu'à Mâcon. Puis Bourg-en-Bresse et Bellegarde. Autoroute vers Chamonix (A 6-E 15). Suivre l'A 40-E 21 direction Milan, puis prendre l'A 40-E 25 direction Annecy. Traverser le tunnel du Mont-Blanc (compter 44 € la traversée ; 55 € l'A/R ; attention : le retour doit se faire 8 jours après la date d'émission du ticket). Arrivé en Italie, prendre ensuite la direction de Turin (A 5-E 25), Alessandria (A 26-E 25) et Gênes (A 10-E 80), puis rejoindre l'autoroute jusqu'à Pise (toujours l'A 12) et prendre l'A 11-E 76 pour Florence. Compter 11h de trajet, sans les pauses.

➤ **Par l'autoroute du Sud :** de Marseille (A 7-E 712), prendre la direction d'Aix-en-Provence (A 8-E 80), puis Nice (A 10-E 80) et la frontière italienne, Menton et Vintimille. Le voyage se poursuit sur les autoroutes à péage italiennes via Gênes (A 10-E 80) en longeant la côte ligure (San Remo, Imperia, Savona). À Gênes, prendre l'A 12 jusqu'à Lucques (Lucca), puis l'A 11 jusqu'à Florence. Compter 7h de trajet, sans les pauses.

➤ **Par le tunnel du Fréjus :** autoroute du Sud jusqu'à Lyon, autoroute A 43 Lyon-Chambéry-Montmélian, puis la vallée de la Maurienne jusqu'à Modane. Péage pour le tunnel : compter environ 54 € l'A/R (valable 7 jours), puis direction Turin, Gênes et Florence. À prendre en compte : 40 € (vignette annuelle) en Suisse.

➤ **Ceux qui habitent l'est ou le nord de la France** ont intérêt à prendre l'autoroute en Suisse **à partir de Bâle.** Passer par Lucerne et le tunnel du Gothard, puis direction Milan, Bologne et Florence. À prendre en compte : 40 € (vignette annuelle) en Suisse.

Attention : en Italie, sur autoroute, les panneaux indicateurs sont de couleur verte ; les bleus concernent les autres routes, notamment les nationales ou les routes secondaires. Par ailleurs, les feux de code sont également obligatoires le jour sur les routes italiennes... sous peine d'amende.

EN BUS

▲ CLUB ALLIANCE

– Paris : 33, rue de Fleurus, 75006. ☎ 01-45-48-89-53. ● cluballiance voyages.com ● Ⓜ Rennes, Saint-Placide ou Notre-Dame-des-Champs. Lun-sam 11h (14h sam)-19h.

Spécialiste des week-ends et des ponts de 3 ou 4 jours (Rome, Venise, Florence, lac Majeur, lac de Garde...). Circuits économiques de 1 à 16 jours en Italie, dont un circuit combiné de 6 jours Florence-Rome-Venise ou encore la randonnée en Toscane du Sud de 6 jours.

▲ EUROLINES

☎ 0892-89-90-91 (0,34 €/mn + prix appel ; lun-sam 8h-21h, dim 10h-18h). ● eurolines.fr ●
– Paris : 55, rue Saint-Jacques, 75005. N° d'urgence : ☎ 01-49-72-51-57. Lun-ven 9h30-18h30, sam 10h-13h, 14h-17h.

Vous trouverez également les services d'Eurolines sur ● routard.com ● Eurolines propose 10 % de réduc pour les jeunes (12-25 ans) et les seniors. 2 bagages gratuits/pers en Europe et 40 kg gratuits pour le Maroc.
– Gare routière internationale à Paris : 28, av. du Général-de-Gaulle, 93541 Bagnolet Cedex. Ⓜ Gallieni.

Première low-cost par bus en Europe, Eurolines permet de voyager vers plus de 600 destinations en Europe et au Maroc avec des départs quotidiens depuis 90 villes françaises. Eurolines propose également des hébergements à petits prix sur les destinations desservies.
– Pass Europe : pour un prix fixe, valable 15 ou 30 jours, vous voyagez autant que vous le désirez sur le réseau entre 51 villes européennes. Également un minipass pour visiter 2 capitales européennes (7 combinés possibles).

TOSCANE, OMBRIE UTILE

ABC de l'Italie

- ❑ **Superficie :** 302 000 km², avec deux États indépendants enclavés, le Vatican et Saint-Marin.
- ❑ **Population :** 60 800 000 hab.
- ❑ **Capitale :** Rome.
- ❑ **Langue officielle :** italien.
- ❑ **Régime :** démocratie parlementaire.
- ❑ **Président de la République :** Sergio Mattarella (depuis le 3 février 2015).
- ❑ **Président du Conseil :** Paolo Gentiloni depuis décembre 2016.
- ❑ **Indice de développement humain :** 0,873 (27ᵉ rang mondial).

AVANT LE DÉPART

Adresses utiles

En France

🛈 **Office national italien de tourisme (ENIT) :** 23, rue de la Paix, 75002 Paris. ☎ 01-42-66-03-96. ● infoitalie.paris@enit.it ● enit.it ● (site très complet à consulter absolument avt de partir). Ⓜ Opéra. RER A : Auber. Lun-ven 11h-16h45. Pas d'infos par courrier postal, uniquement par mail.

■ **Consulats d'Italie en France :**
– Paris : 5, bd Émile-Augier, 75016. ☎ 01-44-30-47-00 (lun-ven 9h-17h ; standard automatique qui oriente en fonction de la demande). ● segreteria.parigi@esteri.it ● consparigi.esteri.it ● Ⓜ La Muette. RER C : Boulainvilliers. Lun-ven 9h-12h, plus mer 14h30-16h30.
– Consulats honoraires et correspondants consulaires à Lyon, Marseille et Metz.

■ **Institut culturel italien** (hôtel de Gallifet) **:** 50, rue de Varenne, 75007 Paris. ☎ 01-44-39-49-39. ● iicparigi.esteri.it ● Ⓜ Varenne, Rue-du-Bac ou Sèvres-Babylone. Lun-ven 10h-13h, 15h-18h. Bibliothèque de consultation : ☎ 01-44-39-49-25. Mêmes horaires sf lun mat. Fermée de mi-juil à début sept.

■ **Ambassade d'Italie :** 51, rue de Varenne, 75007 Paris. ☎ 01-49-54-03-00. ● ambasciata.parigi@esteri.it ● ambparigi.esteri.it ● Ⓜ Rue-du-Bac, Varenne ou Sèvres-Babylone. Superbe hôtel particulier ouvert au public uniquement lors des Journées du patrimoine en septembre.

En Belgique

🛈 **Office de tourisme :** pl. de la Liberté, 12, Bruxelles 1000. ☎ 02-647-11-54. ● brussels@enit.it ● enit.it ● Lun-ven 11h-16h.

■ **Ambassade d'Italie :** rue Émile-Claus, 28, Bruxelles 1050. ☎ 02-643-38-50. ● ambbruxelles.esteri.it ●

■ **Consulat d'Italie :** rue de Livourne, 38, Bruxelles 1000. ☎ 02-543-15-50. ● segreteria.bruxelles@esteri.

it ● consbruxelles.esteri.it ● Lun-ven 9h-12h30, plus lun et mer 14h30-16h.

En Suisse

🛈 **Office de tourisme :** Zurich Gare Centrale. ☎ 041-44-215-40-00. ● zue rich.com ● Lun-sam 8h-20h30, dim 8h30-18h30.
■ **Ambassade d'Italie :** Elfenstrasse, 14, 3006 Berne. ☎ 031-350-07-77. Fax : 031-350-07-11. ● ambasciata. berna@esteri.it ● ambberna.esteri.it ● Lun-jeu 9h-13h, 14h-17h ; ven 8h30-13h, 13h30-16h30.
■ **Consulats d'Italie :**
– Lausanne : rue du Petit-Chêne, 29, 1003. ☎ 021-341-12-91. ● segreteria. losanna@esteri.it ● conslosanna.esteri. it ● Ⓜ Lausanne-CFF. Téléphoner pour prendre rdv.
– Genève : rue Charles-Galland, 14,

1206. ☎ 022-839-67-44. ● consolato. ginevra@esteri.it ● consginevra.esteri. it ● Lun, mer et ven 9h-12h30, mar-jeu 14h-17h.
– Autres consulats à Bâle, Lugano, Neufchâtel, Sion, Saint-Gall, Wertigen et Zurich.

Au Canada

🛈 **Office italien du tourisme :** 69 Yonge St, suite 1404, Toronto (Ontario) M5E-1K3. ☎ (416) 925-4882. ● italian tourism.com ● toronto@enit.it ● enit. it ● Lun-ven 9h-17h.
■ **Ambassade d'Italie :** 275 Slater St, 21st Floor, Ottawa (Ontario) K1P-5H9. ☎ (1-613) 232-2401. ● ambasciata. ottawa@esteri.it ● ambottawa.esteri.it ● Lun-ven 9h-12h ; mer 9h-12h, 14h-16h.

Formalités d'entrée

Pas de contrôle aux frontières, car l'Italie fait partie de l'espace Schengen. Néanmoins, quelques précautions d'usage.
➤ **Pour un séjour de moins de 3 mois :** pour les ressortissants de l'Union européenne et les Suisses, carte d'identité en cours de validité ou passeport. Pour les ressortissants canadiens, passeport en cours de validité.
➤ **Pour les mineurs non accompagnés de leurs parents,** quel que soit l'âge, ils doivent impérativement posséder une carte nationale d'identité (ou un passeport) à leur nom et une lettre manuscrite signée des parents. Attention cependant à un projet de loi visant à renforcer la législation sur la sortie du territoire. Pour plus d'infos : ● service-public.fr ●
➤ **Pour une voiture :** permis de conduire, carte grise et carte verte d'assurance internationale. Se munir d'une procuration si vous n'êtes pas propriétaire du véhicule.

Pensez à scanner passeport, visa, carte de paiement, billet d'avion et vouchers d'hôtel. Ensuite, adressez-les-vous par e-mail, en pièces jointes. En cas de perte ou de vol, rien de plus facile pour les récupérer dans un cybercafé.

Assurances voyage

■ **Routard Assurance :** c/o AVI International, 40-44, rue de Washington, 75008 Paris. ☎ 01-44-63-51-00. ● avi-international.com ● Ⓜ George-V. Depuis 20 ans, Routard Assurance, en collaboration avec AVI International, spécialiste de l'assurance voyage, propose aux voyageurs un contrat d'assurance complet à la semaine qui inclut le rapatriement, l'hospitalisation, les frais médicaux, le retour anticipé et les bagages. Ce contrat se décline en différentes formules : individuel, senior, famille, light et annulation. Pour les séjours longs (de 2 mois à 1 an), consultez notre site. L'inscription se fait en ligne et vous recevrez, dès la souscription, tous vos documents d'assurance par e-mail.

■ **AVA :** *25, rue de Maubeuge, 75009 Paris.* ☎ *01-53-20-44-20.* ● *ava.fr* ● Ⓜ *Cadet.* Un autre courtier fiable pour ceux qui souhaitent s'assurer en cas de décès-invalidité-accident lors d'un voyage à l'étranger, mais surtout pour bénéficier d'une assistance rapatriement, perte de bagages et annulation. Attention, franchises pour leurs contrats d'assurance voyage.

■ **Pixel Assur :** *18, rue des Plantes, BP 35, 78601 Maisons-Laffitte.* ☎ *01-39-62-28-63.* ● *pixel-assur.com* ● *RER A : Maisons-Laffitte.* Assurance de matériel photo et vidéo tous risques (casse, vol, immersion) dans le monde entier. Devis en ligne basé sur le prix d'achat de votre matériel. Avantage : garantie à l'année.

Carte internationale d'étudiant (carte ISIC)

Elle prouve le statut d'étudiant dans le monde entier et permet de bénéficier de tous les avantages, services et réductions dans les domaines du transport, de l'hébergement, de la culture, des loisirs, du shopping... C'est la clé de la mobilité étudiante ! La carte ISIC permet aussi d'accéder à des avantages exclusifs sur le voyage (billets d'avion spécial étudiants, hôtels et auberges de jeunesse, assurances, cartes SIM internationales, location de voitures...).

Renseignements et inscriptions

– **En France :** ● *isic.fr* ● 13 € pour 1 année scolaire.
– **En Belgique :** ● *isic.be* ●
– **En Suisse :** ● *isic.ch* ●
– **Au Canada :** ● *isiccanada.com* ●

Carte d'adhésion internationale aux auberges de jeunesse (carte FUAJ)

Cette carte vous ouvre les portes des 4 000 auberges de jeunesse du réseau *HI – Hostelling International* en France et dans le monde. Vous pouvez ainsi parcourir 90 pays à des prix avantageux et bénéficier de tarifs préférentiels avec les partenaires des auberges de jeunesse *HI*. Enfin, vous intégrez une communauté mondiale de voyageurs partageant les mêmes valeurs : plaisir de la rencontre, respect des différences et échange dans un esprit convivial. Il n'y a pas de limite d'âge pour séjourner en auberge de jeunesse. Il faut simplement être adhérent.

Renseignements et inscriptions

– **En France :** ● *hifrance.org* ●
– **En Belgique :** ● *lesaubergesdejeunesse.be* ●
– **En Suisse :** ● *youthhostel.ch* ●
– **Au Canada :** ● *hihostels.ca* ●

Si vous prévoyez un séjour itinérant, vous pouvez réserver plusieurs auberges en une seule fois en France et dans le monde : ● *hihostels.com* ●

ARGENT, BANQUES, CHANGE

Banques

Les banques sont généralement ouvertes du lundi au vendredi de 8h30 à 13h30 et de 14h45 à 15h30-16h. Elles disposent toutes d'un distributeur de billets en façade. Dans les endroits les plus touristiques, on trouve aussi des bureaux de change : en général ouverts tous les jours, même fériés.

Cartes de paiement

Afin d'éviter d'être limité, vous pouvez demander à votre banque de relever votre plafond de carte de paiement pendant votre déplacement. Utile surtout avec les cautions pour les locations de voitures et les garanties dans les hôtels. Pensez aussi à relever le plafond de retrait aux distributeurs et pour les paiements par carte, quitte à le faire rebaisser à votre retour.

L'immense majorité des restaurants, hôtels et stations-service les accepte. Nous vous signalons, dans la mesure du possible, les adresses qui les refusent.

En cas d'urgence – Dépannage

En cas de perte, de vol ou de fraude, quelle que soit la carte que vous possédez, chaque banque gère elle-même le processus d'opposition et le numéro de téléphone correspondant.

> Avant de partir, notez donc bien le numéro d'opposition propre à votre banque (il figure souvent au dos des tickets de retrait, sur votre contrat ou à côté des distributeurs de billets), ainsi que le numéro à 16 chiffres de votre carte. Bien entendu, conservez ces informations en lieu sûr et séparément de votre carte.

Par ailleurs, l'assistance médicale se limite aux 90 premiers jours du voyage et l'assistance véhicule aux cartes haut de gamme (renseignez-vous auprès de votre banque). Et surtout, n'oubliez pas aussi de VÉRIFIER LA DATE D'EXPIRATION DE VOTRE CARTE BANCAIRE avant votre départ !

Western Union Money Transfer

En cas de besoin urgent d'argent liquide (perte ou vol de billets, de chèques de voyage, de carte de paiement), vous pouvez être dépanné en quelques minutes grâce au système *Western Union Money Transfer.* Pour cela, demandez à quelqu'un de vous déposer de l'argent en euros dans l'un des bureaux *Western Union.* Liste sur ● *westernunion.fr* ● L'argent vous est transféré en moins de 15 mn. La commission, assez élevée, est payée par l'expéditeur. Possibilité d'effectuer un transfert en ligne 24h/24 par carte de paiement (*Visa* ou *MasterCard* émise en France). ● *westernunion.com* ●

ACHATS

Beaucoup de magasins sont fermés entre 13h et 15h30 (voire 16h), ainsi que le dimanche et les jours fériés. L'usage veut que la fermeture hebdomadaire soit le lundi pour les boutiques de luxe et le mercredi après-midi pour les magasins d'alimentation.

Quelques idées

– *La maroquinerie :* vêtements, ceintures, sacs, porte-monnaie, chaussures. Pour un beau cadeau, tapez dans Raspini, Ferragamo (un peu moins cher qu'à Paris !), Tod's, Beltrami. Pour des cuirs moins chers : Furla, Gabs, Mywalit...

– *Les céramiques :* à Deruta, Gubbio et Orvieto. Pots, vases, assiettes peintes à la main avec des motifs Renaissance ou modernes.

– *La papeterie de luxe :* cartes de vœux, cahiers, agendas, tout en papier marbré, spécialité de Florence.

– *Le vin :* le *Chianti Classico* bien sûr, mais aussi l'excellent *Brunello di Montalcino,* le *Nobile di Montepulciano,* sans oublier – en Ombrie – le *Sagrantino di Montefalco...* Si vous êtes venu en avion, sachez que les producteurs expédient en France. Ce n'est pas forcément cher, et c'est toujours plus intéressant que d'acheter un vin italien à côté de chez vous.

– *Les terracotte :* nombreux objets décoratifs, grandes jarres, cruches... en terre cuite, spécialité d'Impruneta. Nombreux ateliers d'artisans dans le village et ses environs.

– *Les produits alimentaires locaux :* huile d'olive de première qualité, truffes noires et blanches, cèpes *(funghi porcini)* séchés, excellentes charcuteries de Nursie (Norcia, au sud-est de l'Ombrie), fromages de la Valnerina (Ombrie), succulent *pecorino* (fromage de brebis) de Pienza, *panforte* (pâtisserie) de Sienne, différents types de miel, etc.

– *Les tissus et dentelle :* superbes jacquards à Montefalco, dentelle à Orvieto (les plus belles reproduisent les motifs de la façade du Duomo !).

– *Les statuettes* en marbre de Carrare (voir la rubrique « Marbre » dans « Hommes, culture, environnement ») ou en albâtre (Volterra).

– *Les bijoux :* Gherardi (corail), Piccini, Settepasi Faraone (sur le Ponte Vecchio à Florence).

> *Bon plan : les magasins d'usine* (outlet). On en trouve plusieurs dans le nord de l'Italie, et plus particulièrement aux alentours de Florence et d'Arezzo, facilement accessibles en voiture car toujours situés à proximité d'une sortie d'autoroute. Généralement ouverts tous les jours, ils sont voués au commerce des grandes marques de la mode vestimentaire italienne et internationale. Les prix, de 30 à 70 % inférieurs aux boutiques classiques – et très souvent plus intéressants que sur Internet – , valent vraiment le déplacement. Nous les indiquons dans nos pages.

Les tailles

Sachez qu'il existe une différence (de taille !) entre les étiquettes du prêt-à-porter français et italien.

Tailles en France	34	36	38	40	42	44	46	48	50
Tailles en Italie	38	40	42	44	46	48	50	52	54

Pour les chaussures, la pointure française taille une unité de plus que l'italienne, ce qui donne :

France	36	37	38	39	40	41	42	43	44
Italie	35	36	37	38	39	40	41	42	43

BUDGET

Hébergement

> **Recommandation à ceux qui souhaitent profiter des réductions et des avantages proposés dans le *Routard* par les hôteliers et les restaurateurs**
>
> À l'hôtel, pensez à les demander au moment de la réservation ou, si vous n'avez pas réservé, *à l'arrivée.* Ils ne sont valables que pour les réservations en direct et demeurent non cumulables avec d'autres offres promotionnelles (notamment sur Internet). Au restaurant, parlez-en *au moment de la commande* et surtout *avant* que l'addition ne soit établie. Poser votre *Routard* sur la table ne suffit pas : le personnel de salle n'est pas toujours au courant, et une fois le ticket de caisse imprimé, il est souvent difficile d'en modifier le total. En cas de doute, montrez la notice relative à l'établissement dans le *Routard* de l'année, et, bien sûr, ne manquez pas de nous faire part de toute difficulté rencontrée.

L'hébergement risque de plomber votre budget, la Toscane étant *l'une des régions les plus chères d'Italie* ! L'Ombrie, quant à elle, demeure plus raisonnable, mais, pour qui cherche un peu de confort, de charme ou d'intimité, les tarifs grimpent aussi très vite. Précisons également que les prix varient beaucoup selon les saisons. Et le problème, c'est que les saisons varient selon les lieux ! Dans les grandes villes comme Florence, Pise ou Sienne, la haute saison correspond plutôt au printemps et à l'automne. En juillet et août, les hôteliers y pratiquent des prix plus intéressants pour remplir leurs chambres... Idem pour l'Ombrie : juillet et août ne sont pas forcément les mois de haute saison, surtout dans les villes, car il y fait très chaud et la mer n'est pas à côté...

Alors que *sur la côte toscane,* justement, et même dans certaines campagnes touristiques, les prix s'emballent en été. Idem à la Semaine sainte, pour la période de Noël et du Nouvel An, pendant les nombreux festivals ou les fêtes locales (dispersés toute l'année)...

Globalement, on peut dire que *la basse saison s'étale de novembre à mars.* Tout devient alors plus raisonnable... sauf dans des régions hyper touristiques comme le Chianti ou les Crete senesi, où les hébergements affichent le prix fort !

Quelques remarques et conseils :

– les personnes voyageant seules sont désavantagées : le prix des chambres simples est souvent toujours identique à celui des doubles ; sauf évidemment dans les auberges de jeunesse, les campings ou dans certains monastères ou autres hébergements en communautés religieuses ;

– *réservez votre hébergement le plus tôt possible.* C'est plus sûr et cela permet souvent, dans les villes notamment, si vous réservez par Internet, de profiter de réductions non négligeables ;

– méfiez-vous des réservations faites par téléphone (surtout de celles faites très à l'avance), confirmez-les toujours par e-mail ou par courrier, et demandez un accusé de réception, c'est plus sûr ;

– enfin, sachez que le petit déjeuner est majoritairement inclus dans les prix des *B & B,* hôtels et pensions : nous l'indiquons donc uniquement pour celles de nos adresses qui ne le proposent pas ou qui demandent un supplément.

Pour les routards à petits budgets, il reste les AJ, dont la plupart proposent des chambres doubles, les monastères (même si, désormais, beaucoup pratiquent des prix proches des hôtels !) et les campings, dont certains mettent à disposition des bungalows à un tarif inférieur à celui d'une chambre d'hôtel.

Ajoutons que, comme bien souvent, la classification ne correspond pas vraiment à celle que nous connaissons en France : un 3-étoiles *(tre stelle)* italien équivaut à un 2-étoiles français. Ce décalage est valable pour toutes les catégories.

Pour une chambre double en haute saison :

– *Bon marché :* moins de 70 €.
– *Prix moyens :* de 70 à 120 €.
– *Chic :* de 120 à 190 €.
– *Très chic :* plus de 190 €, avec des établissements exceptionnels aux tarifs très élevés, que nous citons surtout pour leur renommée et leur charme.

Restaurants

– Avant toute chose, demandez toujours s'il y a un menu et/ou qu'on vous apporte la carte. Attention, un restaurant qui affiche un menu à 15-20 € le midi (fréquent) peut doubler son prix le soir !

– Si on ne vous propose pas de carte en arrivant dans un resto, exigez-la ! Car si vous décidez de faire confiance au patron pour le choix des plats, l'addition peut faire mal ! Nombre de nos lecteurs ont eu ainsi l'impression de se faire avoir...

– Il n'est pas rare que les poissons et la viande (comme la *bistecca alla fiorentina*) soient facturés au poids en fonction du prix du marché.

– *Pour un repas complet* (entrée, plat, dessert, pain et couverts), prévoir environ 30 €, mais plus personne ne vous oblige à faire la totale.

– *Un plan sympa le midi* consiste à aller dans un *alimentari* (petit magasin d'alimentation) pour se faire préparer un *panino* en puisant dans la vitrine réfrigérée. Également de bonnes parts de *pizze, focacce,* tartes sucrées et salées, et autres petits gâteaux secs concoctés dans les boulangeries-pâtisseries *(panificio-pasticceria).*
– Sinon, on peut aussi **faire son marché,** où les prix sont en revanche beaucoup moins élevés qu'en France.
Voici ci-dessous nos fourchettes ; les prix s'entendent par personne, boisson non comprise.
– **Sur le pouce :** moins de 10 €.
– **Très bon marché :** moins de 15 €.
– **Bon marché :** de 15 à 25 €.
– **Prix moyens :** de 25 à 35 €.
– **Chic :** de 35 à 45 €.
– **Très chic :** plus de 45 €.

Pourboire, service et couvert

– Dans les restos, le pourboire est normalement à la discrétion du client, comme en France. Il arrive cependant, mais c'est rare, qu'on vous facture le service (10 à 15 %). Les Français ont une telle réputation de radinerie qu'un petit geste fera peut-être changer cette image qu'ils se trimballent depuis des lustres !
– Ne vous étonnez pas de voir votre addition majorée du traditionnel **pane e coperto** (pain et couvert ; appliqué dans la majorité des restos). Il varie entre 2-3 €, et peut même atteindre plus de 4 € dans les lieux chic (mais cela signifie qu'il y a une contrepartie : pains maison, beurre aromatisé...) ou très touristiques (et c'est de l'arnaque !). Ajoutez à cela une bouteille d'eau minérale (autour de 2 €), et vous comprendrez rapidement pourquoi l'addition grimpe si vite !
Dans tous les cas, n'oubliez pas de bien vérifier l'addition avant de payer, car certains établissements ont la virgule distraite.

Visites des sites et musées

L'entrée des églises est gratuite la plupart du temps – sauf les accès aux sacristies, salles capitulaires ou cryptes recelant le *tesoro* (trésor).
Selon l'importance du site, **compter entre 6 et 20 €.** Pour les musées ou sites les plus courus, pensez à réserver à l'avance (même avant de partir, par Internet par exemple) ; notamment à Florence et Sienne. La réservation coûte en général 3-4 € de plus par personne, mais elle vous fait gagner un temps précieux.
Les musées secondaires présentent généralement des tarifs de 3 à 8 € (variant selon les mêmes conditions)...
– Les grandes villes toscanes et ombriennes, telles que Florence, Sienne, Pise, Assise, Pérouse, Orvieto, etc., proposent des **pass** ou des **cartes** pour faciliter l'accès aux musées ; réductions non négligeables à la clé.
– Pour ceux qui préfèrent acheter leurs entrées au cas par cas, sachez que les professeurs et les étudiants de moins de 25 ans ont souvent droit à une réduction de 50 %. Les étudiants en architecture et en histoire de l'art, ainsi que tous les guides touristiques de l'Union européenne, bénéficient de la gratuité dans les musées d'État seulement. Munissez-vous donc de votre carte d'identité et de votre carte d'étudiant le cas échéant. Les musées n'acceptent pas toujours les cartes de paiement ; prévoir des espèces !
– **Gratuité pour les moins de 18 ans** et réductions jusqu'à 25 ans. **Gratuité le 1er dimanche de chaque mois pour tous.** Elle s'applique à tous les lieux de culture nationaux (et non municipaux) : monuments, musées, galeries, sites archéologiques, parcs. *Notte al Museo,* Nuit au musée, à 1 €, deux fois par an.
– **Tous les musées sont fermés le 1er mai, le jour de Noël et pratiquement tous le Jour de l'an.**
– Enfin, prévoyez de la monnaie pour l'éclairage des plus belles œuvres d'art de certaines églises (1-2 €).

CLIMAT

La Toscane est une région de transition entre le Nord et le climat méditerranéen du Mezzogiorno. La topographie de Florence et de Sienne fait qu'en été il peut y faire très, très chaud... comme on peut craindre par ailleurs des pluies diluviennes (surtout au mois d'août). Pas étonnant que les Florentins, les Siennois et même les Milanais fortunés se réfugient en été dans leurs maisons de campagne sur les hauteurs toscanes. De leur côté, les montagnettes préapennines de l'Ombrie souffrent d'un climat relativement humide et assez rigoureux en hiver ; les étés étant souvent orageux et chauds.

Les meilleures saisons demeurent le printemps (mai-juin) et l'automne, avec des températures agréables (autour de 25 °C) et des lumières caressantes du plus bel effet !

DANGERS ET ENQUIQUINEMENTS

Mise en garde

Comme partout, le risque de vol existe. Quelques petits rappels...
– Ne portez jamais de sac sur l'épaule mais toujours en bandoulière.
– Ne laissez jamais rien dans vos poches, surtout arrière, trop facilement accessibles.
– Si vous avez une voiture, ne mettez rien en évidence et laissez le moins de temps possible vos bagages dans le coffre.
– En cas de perte ou de vol (passeport, permis de conduire, papiers, argent, objets divers...), rendez-vous immédiatement au poste des *carabinieri* (la gendarmerie italienne) le plus proche. Ils établiront un constat en italien que vous ferez ensuite valoir auprès de votre compagnie d'assurances, ou de l'administration française. Adressez-vous à l'antenne du consulat français uniquement en cas de vol ou de perte des papiers d'identité (passeport ou carte d'identité).

Contrefaçons

Beaucoup de vendeurs à la sauvette sont dans les rues des grandes villes, tout autour des sites touristiques (Florence avec le Ponte Vecchio et le Duomo, ou Pise avec sa célèbre tour...). En rentrant chez vous, si vous êtes pris la main dans le sac, vous risquez une forte amende, et même une peine d'emprisonnement.

Amendes

Si vous devez payer une amende (PV) après avoir été verbalisé (excès de vitesse, mauvais stationnement, infraction au code de la route...), faites-le ! Ne quittez pas l'Italie sans avoir payé votre amende. Car la police italienne vous rattrapera, même en France, et vous devrez payer le double ou même le triple du montant initial ! Et cela concerne aussi les voitures de location, hélas.

ÉLECTRICITÉ

Tension électrique : 220 V, 50 Hz, les prises sont différentes mais en général les rasoirs et les chargeurs d'appareil photo ou de téléphone portable ne posent pas de problème. Ce sont les prises rondes (celles des ordinateurs portables ou de certains sèche-cheveux, par exemple) qui ne sont pas compatibles quand les installations électriques datent un peu (ce qui n'est pas rare !). Les *adaptateurs,* peu encombrants, sont néanmoins assez faciles à trouver.

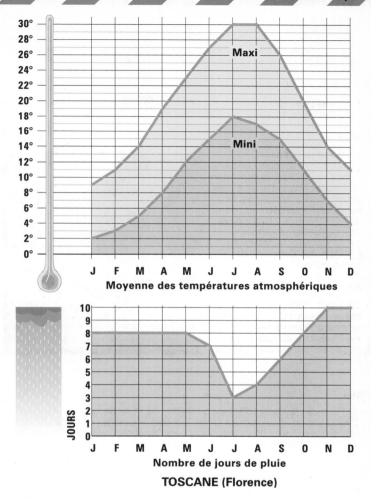

Moyenne des températures atmosphériques

Nombre de jours de pluie

TOSCANE (Florence)

FÊTES ET JOURS FÉRIÉS

FÊTES ET FESTIVALS

Pays de traditions, la Toscane et l'Ombrie ont toujours eu le goût de la fête !
Les festivités liées aux fêtes religieuses y tiennent, bien sûr, la première place.
Chaque localité a son saint patron et ne manque pas de l'honorer avec faste ;
chaque quartier a son saint protecteur et chaque église son saint dédicataire.
L'Ombrie regorge de saints et de sanctuaires : saint François, sainte Claire,
saint Damien à Assise ; sainte Rita à Cascia ; saint Benoît à Norcia ; saint Valentin à Terni... Mais il y a aussi les fêtes profanes, comme les célèbres carnavals.

Vous verrez (surtout en période estivale) de nombreuses manifestations dédiées aux reconstitutions historiques, comme le *Calcio storico* de Florence, le *Palio* de Sienne, la *Festa dei Ceri* de Gubbio, la *Quintana* de Foligno et le superbe *Mercato delle Gaite* de Bevagna. Ajoutons aussi les nombreux festivals, notamment le *Festival dei Due Mondi* à Spolète ou encore l'*Umbria Jazz* à Pérouse...

En Toscane

Pour avoir les manifestations et événements toscans, rien de mieux que de consulter le site ● *manifestazionitoscana.it* ●

Mars

– À Viareggio : *carnaval*.
– À Florence : *Scoppio del carro* (explosion du char). Le dimanche de Pâques. Feux d'artifice tirés depuis un char conduit par deux bœufs se dirigeant vers les portes de la cathédrale. Un feu réussi annonce de bonnes récoltes.
– À San Miniato : *festa degli Aquiloni* (fête des Cerfs-volants). Le 1er dimanche après Pâques.

Avril

– À Lucca : *Sagra musicale lucchese* (concerts de musiques sacrées) dans les églises de la ville.
– À Florence : *Mostra internazionale dell'Artigianato* (fête des Artisans d'Europe). ● *mostraartigianato.it* ●

> ## FIGURES DE CARÊME, TÊTES DE CARNAVAL
>
> *Cette fête vient des cultes païens romains et fut récupérée par le christianisme. D'ailleurs, son étymologie est latine :* carnis levare, *qui signifie « ôter, retirer la viande », et qui annonce les 40 jours de jeûne avant Pâques. Durant le carnaval, les codes sont inversés. Pendant cette période, on conteste les autorités religieuses et royales. On nomme un roi de fantaisie, souvent simple d'esprit. Un âne, symbole de Satan, est vêtu des habits épiscopaux. On porte un masque pour préserver l'anonymat.*

Mai

– À Florence : *festa del Grillo* (fête du Grillon). Le 1er dimanche après l'Ascension. C'est la fête du printemps, qui se déroule dans le parc de l'ouest de la ville. Les enfants libèrent les grillons achetés la veille. Symbole de liberté et de bonheur. *Maggio musicale* (festival de Musique classique). Très renommé. *Infos et vente des billets :* ☎ 055-277-93-09 (mar-sam 10h-13h). Vente de billets : *call center,* ● *operadifirenze.it* ●

Juin

– À Pise : le *Luminara* (16 juin), avec illumination des palais au bord de l'Arno et de la piazza dei Miracoli ; *regate di San Ranieri* (régates sur l'Arno) en costumes d'époque (17 juin), suivies du *gioco del Ponte* (joutes sur le pont ; dernier dimanche de juin). Également *Musica sotto la Torre,* festival de musique jazz et classique au pied de la tour penchée.
– À Florence : *Calcio in costume,* qui rappelle le rugby et oppose quatre équipes, chacune représentant un quartier de Florence. Le 24 juin pour la fête de San Giovanni, sur la piazza Santa Croce.

Juillet

– À Sienne : célèbre *Palio* (2 juillet). *Settimana musicale,* concerts de musique de chambre.

– À Pistoia : festival de musique *Pistoia blues.* Le Woodstock toscan.
– À Lucca : *Summer Festival,* grand festival de musique rock et pop réunissant les stars de la scène nationale et internationale.

Août

– À Cortona : *Sagra della Bistecca* (fête du bifteck). Les 14 et 15 août.
– À Sienne : 2e édition annuelle du *Palio.* Le 16 août.
– À Volterra : *Volterra 1398.* Les 3e et 4e dimanches d'août. Importante fête médiévale.

Septembre

– À Arezzo : *giostra del Saracino* (joute du Sarrasin). Le 1er dimanche du mois.
– À Lucca : *Luminare di Santa Croce* (13 septembre), et nombreuses autres fêtes tout le mois en l'honneur des saints patrons de la ville.
– À Pise : *Anima Mundi,* festival de musique sacrée avec concerts dans le Duomo.

Novembre

– À Florence : *festival dei Popoli* (festival du Cinéma), au palais des congrès. Nombreux films en v.o.
– À Lucca : *Lucca Comics & Games,* un des plus grands festivals de B.D.

En Ombrie

Mai

– À Assise : *Festa del Calendimaggio.* Trois jours début mai. Grande reconstitution historique de l'époque médiévale. Cortèges, spectacles de danse, représentations théâtrales, chants...
– À Gubbio : *Festa dei Ceri* et *Palio della Balestra.* Le 15 et le dernier dimanche du mois. Incontournables fêtes populaires. Courses de rues et concours de tir à l'arbalète en costume.
– À Orvieto : *Palio dell'Oca.* En fin de mois (ou début juin). Querelles de clocher entre quartiers rivaux de la ville.

Juin

– À Spolète : *festival dei Due Mondi.* Deux semaines à la fin du mois ou au début du mois de juillet. Musique classique, jazz, opéra et spectacles de danse, devant le Duomo notamment.
– À Castelluccio : *La Fiorita.* De fin mai à début juin, voire mi-juin. Lorsque les fleurs éclosent sur la plaine de Castelluccio, les foules accourent pour assister à ce magnifique spectacle.

Juillet

– À Pérouse : *Umbria Jazz.* Les dates varient d'une année à l'autre. Les plus grands noms du jazz animent les rues de la ville.

Août

– À Assise : *Palio di San Rufino.* En fin de mois. Spectacle de tir à l'arbalète. Cortèges historiques.

Septembre

– À Foligno : *Giostra della Quintana.* Se déroule tout le mois de juin et de septembre. Reconstitutions médiévales de joutes. Spectaculaire.

Octobre

– À Pérouse : le festival *Eurochocolate.* Renommée pour ses chocolats, les *Baci*, la ville se transforme en gigantesque pâtisserie pendant 10 jours.
– À Assise : *San Francesco Patrono d'Italia.* En début de mois. Célébration solennelle de saint François qui draine les foules (encore plus que d'habitude, c'est dire !).

Novembre

– À Città di Castello : *Mostra del Tartufo.* Au début du mois. Une fête autour de la truffe blanche et des produits de sous-bois. Marché et dégustations.

JOURS FÉRIÉS

Attention aux faux amis : *giorno feriale* signifie « jour ouvrable », soit du lundi au samedi. *Giorno festivo* correspond aux dimanches et jours fériés. Les jours fériés et chômés sont à peu près identiques aux nôtres, même si moins nombreux (l'Ascension et la Pentecôte, par exemple, ne sont pas des jours fériés).
– *1er janvier :* Primo dell'Anno ou Capodanno.
– *6 janvier :* Epifania.
– *Lundi de Pâques :* Pasquetta (petites Pâques).
– *25 avril :* liberazione del 1945.
– *1er mai :* festa del Lavoro (fête du Travail).
– *2 juin :* festa della proclamazione della Repubblica.
– *15 août :* festa dell'Assunta, Ferragosto.
– *1er novembre :* Ognissanti.
– *8 décembre :* Immacolata Concezione.
– *25 et 26 décembre :* Natale et Santo Stefano.

> ## SORCIÈRE D'UN JOUR
>
> *Pour tous les Italiens, l'Épiphanie est le jour de la Befana, une gentille sorcière qui circule à califourchon sur son balai de paille. Elle rend visite aux enfants : aux pas sages, elle dépose du charbon dans la chaussette suspendue à la cheminée ; aux gentils, des confiseries et des cadeaux. Ah ! qu'il est loin le bon temps de l'enfance...*

Sont aussi considérés comme des jours semi-fériés les *14 août, 24 et 31 décembre (Capodanno).* Certaines fêtes, comme celle du 15 août, peuvent durer plusieurs jours et paralyser une grande partie de la vie économique. Attention aux fermetures des banques notamment.

HÉBERGEMENT

Ainsi que l'indique notre rubrique « Budget », le gros des dépenses est consacré à l'hébergement. Il est souvent indispensable de réserver longtemps à l'avance pour un séjour en période de fêtes (à Florence, Sienne et Pérouse notamment), de festivals locaux, de salons ou de foires. Avis aux amoureux : lorsque vous demandez une chambre double, précisez « *matrimoniale* » si vous souhaitez un grand lit, car sinon vous risquez de vous retrouver avec deux lits séparés !

La location d'appartements et de maisons depuis la France

■ *Casa d'Arno :* 36, rue de la Roquette, 75011 Paris. ☎ 01-44-64-86-00. ● *info@casadarno.com* ● *casadarno.com* ● Ⓜ *Bastille.* Location d'appartements de standing à Florence et dans le reste de la Toscane et de l'Ombrie. Également une sélection de *B & B* pour un séjour de plus courte durée. Accueil et conseils par une Italienne qui connaît parfaitement bien son pays ; il est préférable de téléphoner pour prendre rendez-vous.

■ *Loc'appart :* *75, rue de la Fontaine-au-Roi, 75011 Paris.* ☎ *01-45-27-56-41.* ● *locappart.com* ● *Accueil téléphonique assuré à Paris par des responsables de destinations ayant une bonne connaissance de l'Italie, lun-ven 10h30 (9h30 ven)-13h, 14h-19h (18h ven).* Loc'appart propose la location d'appartements et de maisons à Florence, en Toscane et en Ombrie, pour un minimum de 3 nuits, à partir du jour d'arrivée de votre choix. Dossiers suivis par des chargés de destinations à Paris et accueil assuré par des spécialistes sur place qui interviennent en cas de besoin. Une agence sympathique et sérieuse que nous recommandons volontiers. Service d'appartements également proposé dans le reste de l'Italie (Venise, Milan, Rome, Naples, la Côte amalfitaine, les Pouilles et Palerme), ainsi que des hébergements en agritourismes et *Bed & Breakfast* dans les différentes villes et régions italiennes (voir aussi la rubrique « Les *Bed & Breakfast* »).

Les campings

Dans ce domaine, *l'Ombrie diffère totalement de la Toscane* (et de l'Italie en général). Si, dans la Botte, de plus en plus de campings ont en effet tendance à consacrer une grande partie de leur terrain à l'accueil des camping-cars, voire à l'exploitation quasi exclusive et autrement plus lucrative de bungalows ou mobile homes, l'Ombrie fait figure d'exception. Elle abrite encore un certain nombre de jolis sites, en pleine campagne, où les tentes ont encore leur mot à dire. Le prix moyen dans cette région tourne autour de 20-25 € selon la saison pour deux personnes et une voiture, avec quelques pics autour de 30 € en haute saison au bord du lac Trasimène, à Assise et à Pérouse.

La Toscane, en revanche, n'est pas une région où il fait bon camper. Les sites sont rares, pas donnés, mais souvent situés dans des paysages campagnards magnifiques. Quant aux villages-campings du littoral, ils sont surpeuplés aux beaux jours.

– *Les campings sont généralement ouverts d'avril à octobre.* Certains, cependant, restent ouverts toute l'année, notamment ceux qui louent des structures en dur.

– Il existe souvent un tarif « spécial *bambini* » pour les moins de 12 ans.

– *De nombreux campings disposent d'une piscine.* Il arrive que celle-ci soit payante et le bonnet de bain exigé. Quasi tous les campings sont équipés du wifi. Vous pourrez vous procurer la *Guida ai Campeggi,* une brochure avec la liste complète des terrains de camping éditée par la *Confédération italienne de camping,* dans des librairies de la péninsule, ou avant le départ à l'adresse suivante :

■ *Fédération française des campeurs, caravaniers et camping-caristes :* *78, rue de Rivoli, 75004 Paris.* ☎ *01-42-72-84-08.* ● *info@ffcc.fr* ● *ffcc.fr* ● *Hôtel-de-Ville. Lun-ven 9h-12h30, 13h30-17h30 (17h ven).* Possibilité d'acheter la *Carte FFCC Multi-avantages,* qui permet de bénéficier d'assurances spécifiques, dont l'assurance annulation/interruption de séjour, ainsi que de nombreuses réductions chez quelque 1 500 partenaires. La *Carte FFCC* comprend également la *Camping Card International,* qui vous permettra d'obtenir de multiples réductions dans les campings d'Europe, dont ceux d'Italie.

Les auberges de jeunesse

Bonne nouvelle : les auberges de jeunesse *(ostello della gioventù)* sont assez nombreuses en Italie, et on en compte une dizaine en Toscane et autant en Ombrie. Parfois situées dans de beaux bâtiments historiques restaurés (monastères, palais...), elles sont bien tenues et dotées d'une cuisine commune. Il est souvent possible d'y manger dans un réfectoire, à prix doux. La carte internationale des AJ y est obligatoire. Vous pouvez vous la procurer en France auprès de *Hostelling International*, représenté à Paris par la *Fédération unie des auberges de jeunesse (FUAJ)*. Coordonnées plus haut dans la rubrique « Avant le départ ». On peut aussi acheter la carte sur place, mais, bien sûr, c'est plus cher ! On peut également se la procurer sur Internet.

– En haute saison, il est conseillé de ***réserver par e-mail*** (c'est la meilleure solution, car vous gardez une trace) ou éventuellement par téléphone ou Internet sur
● *hihostels.it* ●

– On peut aussi s'adresser au central de réservation des auberges de jeunesse italiennes pour plus d'informations :

■ ***AIG-Associazione italiana alberghi per la gioventù :*** ☎ *06-487-11-52.* | ● *info@aighostels.it* ● *aighostels.it* ●

– Également des ***auberges de jeunesse privées*** *(ostello)* permettant de compenser le manque de lits « officiels » et proposant le même type d'hébergement en dortoirs : elles pratiquent d'ordinaire les mêmes tarifs et sont bien mieux situées.

Le logement dans les communautés religieuses

– Ce type d'hébergements est encore très fréquent en Ombrie, terre de pèlerinage par excellence. Pour être hébergé dans les monastères, il n'est pas nécessaire d'être pratiquant. L'essentiel est de se montrer respectueux des lieux et de la culture religieuse catholique romaine. Toutefois, les couples non mariés se renseigneront avant ! Certaines communautés n'acceptent pas les couples, d'autres refusent la mixité...

– Les chambres et dortoirs sont en général assez simples mais fonctionnels et très propres. Prévoir parfois un couvre-feu (vers 23h). Les offices de tourisme disposent des listes de ces hébergements ; sinon, voir le site très bien fait et illustré
● *monasterystays.com* ●

Les agritourismes *(agriturismo)* et gîtes ruraux

C'est en Toscane et en Ombrie que le tourisme vert italien a percé ! Les agritourismes se trouvent à la campagne et sont tenus par des exploitants agricoles ou vinicoles. Bien souvent, cependant, les hébergements se trouvent à l'écart des bâtiments agricoles de l'exploitation, qu'on ne remarque même pas... C'est à notre avis **LA plus belle façon de découvrir** ces régions et leurs habitants, même si certaines de ces adresses ressemblent davantage à des petites structures hôtelières à la campagne qu'à de vraies chambres d'hôtes authentiques et intimes. À noter qu'il n'est pas rare qu'un séjour de minimum 2-3 nuits soit demandé. Quant aux gîtes (ou appartements), ils se louent parfois à la nuitée hors saison, mais quasi **toujours à la semaine en haute saison.**

Pour plus d'infos, se procurer le *Guida dell'ospitalità rurale, agriturismo e vacanze verdi*, auprès d'*Agriturist (corso Vittorio Emanuele II, 101c, 00186 Roma ;* ☎ *066-852-245 ;* ● *agriturist.it* ●*).* Voir aussi le très populaire site internet ● *agriturismo. it* ● Les adresses y sont classées par régions et pourvues d'une description assez détaillée : situation, nombre de chambres, commodités, catégories de confort et de prix... Adressez-vous aussi aux offices de tourisme de Florence, qui ont un bel éventail d'adresses.

Les *Bed & Breakfast*

Souvent situés en plein *centro storico,* on les trouve aussi à la campagne... Il arrive fréquemment que le propriétaire n'y habite pas. Dans ce cas, on conseille de fixer un rendez-vous avec lui par téléphone pour préciser votre heure d'arrivée.

En revanche, contrairement à l'hôtel, ***il arrive qu'un séjour de 2-3 nuits minimum soit exigé*** (et il est courant que les prix soient plus doux quand le séjour se prolonge).

Par ailleurs, si le petit déjeuner est systématiquement inclus dans le prix, il n'est pas forcément maison et frais pour autant : eh oui, en Italie, le petit déj sous vide (biscottes, brioches, biscuits ou gâteaux en sachet, confitures et beurre en portions) tend malheureusement à devenir roi... Certains hébergements choisissent aussi de vous donner un bon pour un petit déj à l'italienne (café-croissant) dans un bar voisin !

■ *Loc'appart : 75, rue de la Fontaine-au-Roi, 75011 Paris.* ☎ *01-45-27-56-41.* ● *locappart.com* ● *Accueil téléphonique assuré à Paris par des responsables de destinations ayant une bonne connaissance de l'Italie, lun-ven 10h30 (9h30 ven)-13h, 14h-19h (18h ven).* Après les appartements dans les grandes villes d'art italiennes, *Loc'appart* propose aujourd'hui des hébergements dans des agritourismes et des *Bed & Breakfast* de charme, en ville comme à la campagne. Chacun de ces logements a été soigneusement sélectionné par l'équipe de *Loc'appart* (avec une ou plusieurs visites sur place), qui continue d'enrichir son offre en Toscane et en Ombrie ainsi que dans le reste de l'Italie. À partir du jour d'arrivée de votre choix. Accueil professionnel.

Les hôtels

Ils sont classés en cinq catégories (L pour luxe et de 5 étoiles à 1 étoile pour les plus simples). Attention, on le redit, un 3-étoiles italien est plus proche au niveau du confort et des prestations d'un 2-étoiles français (et ce décalage est valable pour toutes les catégories) ; en revanche, les prix sont bien ceux d'un 3-étoiles français ! La loi exige que les prix soient affichés dans les chambres ; ils sont indicatifs et correspondent rarement à ceux donnés à la réception ou sur Internet (où ils sont en général beaucoup moins élevés). Si vous choisissez de loger en hôtel, réserver sur Internet permet souvent d'obtenir des prix beaucoup plus intéressants dans les catégories un peu chic (voir la rubrique « Budget »). Quant aux petits déjeuners, ils sont souvent du genre « frugal », alors préférez les bars-*pasticcerie,* où l'on sert de vrais cafés italiens et de bonnes pâtisseries pour un prix moindre !

L'échange d'appartements et de maisons

Une formule de vacances de plus en plus appréciée, pour les propriétaires d'une maison, d'un appartement ou d'un studio. On échange son logement contre celui d'un adhérent du même organisme, dans le pays de son choix, pendant la période des vacances. Cette formule est avantageuse, en particulier pour les jeunes couples avec enfants. Voici deux agences qui ont fait leurs preuves :

■ *Homelink : 19, cours des Arts-et-Métiers, 13100 Aix-en-Provence.* ☎ *04-42-27-14-14 ou 01-44-61-03-23.* ● *info@homelink.fr* ● *homelink.fr* ● *Lun-ven 9h-12h, 14h-18h. Adhésion annuelle : 125 € avec diffusion d'annonce sur Internet.*

■ *Intervac France : 230, bd Voltaire, 75011 Paris.* ☎ *05-46-66-52-76.* ● *info@intervac.fr* ● *intervac.fr* ● *Adhésion annuelle internationale et nationale avec diffusion d'annonce sur Internet : 135 €.*

HORAIRES

Les horaires sont souvent très variables en Italie, voire quelquefois pas respectés du tout alors qu'ils sont affichés. En premier lieu, adressez-vous à l'office de tourisme dès votre arrivée pour vérifier si les horaires que nous indiquons – pourtant actualisés régulièrement – sont encore en vigueur.

– *Banques :* du lundi au vendredi de 8h30 à 13h30 et de 14h45 à 15h30-16h. Certaines sont ouvertes le samedi matin, mais rarement en Ombrie, où il faut d'ailleurs prévoir une fermeture à 15h30 en semaine.

– **Bureaux de poste :** du lundi au vendredi, approximativement de 8h à 13h30 ; le samedi ainsi que le dernier jour du mois de 8h30 à 13h. Dans les grandes villes, la poste centrale est ouverte l'après-midi.

– **Bureaux et administrations :** ouverts le matin seulement.

– **Magasins :** en règle générale, de 9h à 13h et de 16h à 19h30-20h ; toujours fermés le dimanche et une demi-journée par semaine (souvent le lundi matin, à l'exception des magasins d'alimentation, qui ferment le mercredi après-midi). Fermeture fréquente le samedi après-midi en été.

LANGUE

L'italien est une langue latine, donc relativement facile pour les francophones, même si de nombreux dialectes sont parlés à travers tout le pays, ce qui complique un peu l'apprentissage ! En peu de temps, vous pourrez apprendre quelques rudiments suffisants pour vous débrouiller, mais n'oubliez pas notre *Guide de conversation du routard en italien.*

PARLER AVEC LES MAINS

Voilà une spécificité locale. Plus les Italiens sont excités, plus les mains s'agitent. Autre constatation : les gestes augmentent dès que l'on descend dans le Sud. Attention, chaque mouvement est très codifié et précis. Une explication : l'unité italienne ayant été tardive (1861), peu de gens parlaient l'italien mais leur propre dialecte.

Linguistique

Le toscan, langue des Italiens ?

Dès le XIIe s, Florence se distingue par son dynamisme politique, économique et commercial, et va imposer sa langue par le biais de sa littérature florissante, notamment au XIVe s (Dante, Boccace et Pétrarque). Supplantant petit à petit le latin, le toscan s'étendra dans la Botte, avant d'être consacré par les grammairiens au XVIe s. Sur le

CIAO !

Le mot le plus utilisé en Italie vient de sciavo, *qui signifie « esclave ». En effet, cette interjection signifie : « Je suis votre esclave », ce qui est une façon un peu appuyée de dire : « Je suis à votre service. »*

papier, le toscan aurait dû s'imposer dans tout le pays. Mais ce ne fut pas le cas. Morcelée de l'Antiquité jusqu'à sa réunification en 1871, l'Italie n'ayant cessé d'être envahie, ses territoires ont subi de nombreuses influences linguistiques. Ce morcellement a engendré des traditions, des coutumes, des rivalités, notamment dans les villes proches, comme Florence et Sienne, Pise et Livourne... Dans certaines régions, les dialectes sont encore fréquemment parlés.

Quelques éléments de base

Politesse

Bonjour	*Buongiorno*
Bonsoir	*Buonasera*
Bonne nuit	*Buonanotte*
Excusez-moi	*Scusi*
S'il vous plaît	*Per favore*
Merci	*Grazie*

Expressions courantes

Parlez-vous français ? anglais ?	*Parla francese ? inglese ?*
Je ne comprends pas	*Non capisco*
Parlez lentement	*Parli lentamente*
Pouvez-vous me dire ?	*Può dirmi ?*
Combien ça coûte ?	*Quanto costa ?*
C'est trop cher	*È troppo caro*
L'addition, s'il vous plaît	*Il conto, per favore*

Le temps

Lundi	*Lunedì*
Mardi	*Martedì*
Mercredi	*Mercoledì*
Jeudi	*Giovedì*
Vendredi	*Venerdì*
Samedi	*Sabato*
Dimanche	*Domenica*
Aujourd'hui	*Oggi*
Hier	*Ieri*
Demain	*Domani*
Lundi au samedi	*Feriale*
Dimanche et jours fériés	*Festivo*

Les nombres

Un	*Uno*
Deux	*Due*
Trois	*Tre*
Quatre	*Quattro*
Cinq	*Cinque*
Six	*Sei*
Sept	*Sette*
Huit	*Otto*
Neuf	*Nove*
Dix	*Dieci*
Quinze	*Quindici*
Cinquante	*Cinquanta*
Cent	*Cento*

Transports

Un billet pour...	*Un biglietto per...*
À quelle heure part... ?	*A che ora parte... ?*
À quelle heure arrive... ?	*A che ora arriva... ?*
Gare	*Stazione*
Horaire	*Orario*

À l'hôtel

Hôtel	*Albergo*
Pension de famille	*Pensione familiare*
Je désire une chambre	*Vorrei una camera*
À un lit (double)	*Con letto (matrimoniale)*
À deux lits	*Con due letti*

LIVRES DE ROUTE

– **Histoire de l'Italie** (2003), Catherine Brice. Perrin, coll. « Tempus ». L'histoire de l'Italie ou « des Italies » est retracée de la fin de l'âge du bronze à aujourd'hui. Ce livre est notre « botte » secrète pour comprendre tous les aspects du caractère contrasté et bouillonnant des Italiens. Et tout ça en moins de 500 pages, abordable donc (même pour les plus pressés) !

– *Place de Sienne, côté ombre* (1983), Carlo Fruttero et Franco Lucentini. Le Seuil, coll. « Points-Roman », 2010. La ville de Sienne célèbre chaque année la fête du *Palio,* dont le fleuron est une spectaculaire course de chevaux. À cette occasion, tous les coups sont permis. Une mort suspecte, un jockey fantôme et une mystérieuse famille sont autant d'énigmes à résoudre dans un roman où la petite ville médiévale joue un rôle essentiel.

– *Le Clan des Médicis,* Jacques Heers. Perrin, coll. « Tempus », 2012. Un portrait juste de la famille Médicis, son ascension, sa grandeur et sa faillite. Un livre qui va à l'encontre des idées reçues et nous permet d'approfondir l'histoire unique d'une famille qui a fait d'une ville son territoire personnel.

– *Le Dernier des Médicis,* Dominique Fernandez. Grasset, 1994. Une peinture impitoyable de la dégénérescence d'un grand-duc toscan, dernier descendant d'une bien illustre famille, dans une Florence tiraillée entre les factions politiques rivales.

– *L'Art italien,* André Chastel. Flammarion, coll. « Tout l'Art », 2015. Panorama complet de l'art italien jusqu'au XXᵉ s par celui qui fut le spécialiste en la matière. Incontournable.

– *Avec vue sur l'Arno* (1970), E. M. Forster. Robert Laffont, coll. « Pavillons poche », 2014. Un roman initiatique dans le plus pur esprit british, dont la première partie se déroule à Florence et dans le Chianti. Entre bienséance et amour véritable, le cœur de la jeune Lucy Honeychurch balance... Roman à l'origine du film *Chambre avec vue,* de James Ivory.

– *Chroniques italiennes* (1837-1839), Stendhal. Gallimard, coll. « Folio », nᵒ 392, 2001. Recueil de nouvelles. En fouillant les archives de Civitavecchia, Stendhal se constitua une étonnante collection de procès-verbaux relatant des faits divers qui ensanglantèrent certaines grandes familles italiennes du XVIᵉ s : on complote, on aime, on tue avec cette fièvre et cette exaltation latines qui, même en Italie, ont disparu depuis longtemps. Du même auteur et dans la même collection, lire aussi *Promenades dans Rome* et *Rome, Naples, Florence* (essai).

– *Voyage en Italie* (1954), Jean Giono. Gallimard, coll. « Folio », nᵒ 1143, 1979. Loin de sa Provence, Giono est perdu. Dès lors, la découverte de l'Italie en 1953 par ce vieux jeune homme de près de 60 ans est un heureux hasard pour la littérature. Cette escapade de quelques semaines dans une guimbarde, sur les routes de Toscane et de la plaine du Pô, Giono la vit comme une renaissance et un éblouissement.

– *Le Décaméron* (1350-1353), Giovanni Boccaccio, dit Boccace. Gallimard, coll. « Folio classique », nᵒ 4352, 2006. Lors de la grande peste de 1348 à Florence, sept femmes et trois hommes, réfugiés à la campagne, décident que chacun racontera, chaque jour, 10 histoires aux autres. Texte classique par excellence, les 100 nouvelles du *Décaméron* composent un tableau haut en couleur, comique, licencieux, sentimental, tragique et pathétique aussi, de l'Italie du XIVᵉ s.

– *Le Menteur d'Ombrie,* Bjarne Reuter. Actes Sud, coll. « Babel », 2007. Giuseppe Pagamino, herboriste et menteur comme un arracheur de dent, traverse l'Ombrie pour trouver une rognure d'ongle du Diable (rien que ça !) afin de fabriquer une potion d'immortalité. Mais ce défi comporte des risques, et Pagamino n'est pas au bout de ses peines !

– *La Saga des Médicis,* Sarah Frydman. LGF, Le Livre de Poche, 2006. Récit en trois tomes qui retrace la dynastie des Médicis, LA riche famille florentine qui a fait la gloire de la ville durant trois siècles.

– *D'acier* (2012), Silvia Avallone. Éditions 84, coll. « J'ai lu roman », 2013. Un roman situé sur la côte toscane, à Piombino, où l'auteur décrit avec justesse les désenchantements d'une jeunesse promise à un avenir incertain.

– *La Passion Lippi* (2004), Sophie Chauveau. Gallimard, coll. « Folio », 2006. Biographie romancée de Filippo Lippi, l'un des peintres les plus célèbres du

Quattrocento. Remarqué par Cosme de Médicis, ce peintre-moine (élève de Fra Angelico) a défrayé la chronique par son libertinage et sa manière de peindre. Dans la même veine, *Le Rêve de Botticelli,* Gallimard, coll. « Folio », 2007, et *L'Obsession Vinci,* Gallimard, coll. « Folio », 2009, du même auteur.

– Sans oublier la saga consacrée dans les années 1980 par Magdalen Nabb à l'adjudant Guarnaccia, le Maigret florentin, à découvrir d'occasion ou sur commande. *Le Gentleman florentin* et les autres polars de la série ont été publiés dans la collection « Grands Détectives » chez 10/18.

PERSONNES HANDICAPÉES

De nombreux hébergements sont équipés d'au moins une chambre adéquate (mais pas les pensions, souvent situées au 2e ou au 3e étage sans ascenseur et dans des rues en forte pente ou truffées d'escaliers !). Le plus sage est d'appeler avant de réserver. N'hésitez pas à appeler pour vous renseigner, même si le symbole ⚥ ne figure pas dans nos adresses.

Dans la plupart des musées des grandes villes, les personnes à mobilité réduite, sur présentation d'une pièce d'identité, peuvent bénéficier d'un fauteuil roulant pour faciliter la visite.

POSTE

– Les bureaux de poste sont ouverts en général du lundi au vendredi de 8h à 13h30 et le samedi de 8h30 à 13h. Dans les grandes villes, la poste centrale est ouverte l'après-midi. Fermés les dimanche et jours fériés.

– La poste italienne a mis en circulation un timbre avec la mention *Posta prioritaria,* obligatoire sur le territoire national mais aussi vers les pays européens ; le timbre à 1 € permet d'envoyer une lettre en 2-3 jours pour l'étranger, et celui à 0,95 € en 1 journée pour l'Italie.

– Vous pouvez acheter vos timbres *(francobolli)* à la poste centrale ou dans certains bureaux de tabac signalés par un grand « T » blanc sur fond noir (mais tous n'en ont pas). Les boîtes aux lettres, de couleur rouge, sont disséminées un peu partout dans les villes. C'est la poste officielle. D'autres systèmes d'acheminement de lettres ont vu le jour, mais ce n'est pas toujours fiable. En effet, certains timbres sont réservés uniquement aux cartes postales et il faut alors déposer celles-ci dans de petites boîtes blanches installées dans divers magasins et kiosques. Enfin, d'autres lettres timbrées avec d'autres timbres sont à mettre dans des boîtes noires *(black box).* Un troisième réseau parallèle à la poste officielle italienne s'appelle *World Post Mail.* Les boîtes aux lettres sont jaunes *(yellow box),* les cartes et les timbres s'achètent dans les boutiques de souvenirs. Dans tous les cas, que la boîte soit rouge, noire ou jaune, *que le réseau soit étatique ou privé, le système d'acheminement du courrier déposé dans les boîtes fonctionne mal.* Une carte postale peut mettre au moins 10 jours pour arriver à destination au départ de Milan. Parfois, elle n'arrive pas du tout !

– *Notre conseil malin :* étant donné ce problème d'acheminement du courrier, évitez les boîtes aux lettres dans la rue ! Allez directement au bureau de poste pour déposer vos cartes postales. C'est plus sûr.

SANTÉ

Carte européenne d'assurance maladie

Pour un séjour de courte durée en Italie, pensez à vous procurer la Carte européenne d'assurance maladie. Il vous suffit d'appeler le ☎ *36-46,* de vous connecter par Internet sur votre compte Ameli ou d'en faire la demande sur une borne de votre centre de Sécu. Vous la recevrez sous une quinzaine de jours. C'est une carte plastifiée bleue du même format que la carte Vitale. Elle est valable 2 ans, gratuite et personnelle (chaque membre de la famille doit avoir la sienne, y compris les enfants). Conservez bien toutes les factures pour obtenir les remboursements au retour.

Vaccins

Aucun n'est obligatoire, mais il est préférable d'avoir son rappel antitétanique à jour, surtout si l'on fait du camping. Nous vous recommandons chaudement un répulsif antimoustiques (ces charmantes petites bêtes étant très virulentes en période estivale, en particulier sur la côte toscane).

SITES INTERNET

Sur l'Italie

● *routard.com* ● Le site de voyage n° 1 avec 750 000 membres et des millions d'internautes chaque mois. Partagez vos expériences avec la communauté de voyageurs : forums de discussions, avis, bons plans et photos. Pour s'inspirer et s'organiser, plus de 250 fiches pays actualisées avec les infos pratiques, les incontournables et les dernières actualités, ainsi que des reportages terrains et des carnets de voyage. Enfin, vous trouverez tout pour vos vols, hébergements, activités et voitures pour réserver votre voyage au meilleur prix. Routard.com, votre voyage de A à Z !

● *enit.it* ● En français. Site de l'office de tourisme, très riche en informations. À parcourir avant de partir en vacances.

● *italia.it* ● Aussi en français. Vous trouverez de nombreuses rubriques pratiques qui vous aideront à préparer votre séjour. Permet également de faire un tour d'horizon complet de la culture italienne.

● *ambafrance-it.org* ● Le site français en Italie avec la liste complète des ambassades, consulats, centres culturels et alliances françaises, ainsi qu'un dossier sur les rapports économiques franco-italiens. Infos intéressantes pour les étudiants qui veulent y séjourner.

● *alliancefr.it* ● Site de l'Alliance française en Italie. Pas mal pour les étudiants/familles qui s'installent en Italie. Un bon moyen de renforcer le lien entre les deux cultures et de promouvoir la culture française en Italie.

● *regioni-italiane.com* ● En italien. Plein d'infos sur les différentes régions d'Italie. Calendrier des événements, les nouvelles régionales, les foires et des idées d'itinéraires touristiques.

● *italieaparis.net* ● Un site qui ne conseille que des adresses parisiennes, mais les infos culturelles profiteront à tout le monde !

Sur la Renaissance italienne

● *renaissance-amboise.com* ● Onglet « Les dossiers Renaissance ». Site assez complet avec photos, pour ceux qui veulent une approche basique de la Renaissance. Bons dossiers sur la peinture italienne (Quattrocento à Florence, Renaissance...).

● *aparences.net* ● Ce site à la richesse encyclopédique détaille parfaitement l'âge d'or de la peinture florentine. Le site propose également des dossiers sur les grands hommes de cette époque, ainsi que des tableaux de maîtres commentés.

Sur la cuisine et les vins italiens

● *lacucinaitaliana.it* ● En italien. Un site bien conçu et très exhaustif ! Des recettes à foison (de la plus traditionnelle à la plus inventive) classées par types de plats, de régions ou de produits. Articles sur l'actualité de la gastronomie italienne.

● *vinsditalie.com* ● Amateurs de vins, voici un site à consulter. Il permet de découvrir l'Italie à travers ses vins : des infos sur les appellations, la liste des vins par régions, le classement du *Gambero Rosso* (ouvrage de référence), des recommandations...

● *gelatoartigianale.it* ● En italien. Le site de la très sérieuse *Accademia del Gelato.* Spécialement conçu pour les gélatophiles avertis !

Sur la Toscane et sur l'Ombrie

● *turismo.intoscana.it* ● Site officiel de la région, très clair et très bien documenté.

● *toscanacultura.it* ● Site uniquement consacré à la culture toscane, comme son nom l'indique.

● *toscane-toscana.org* ● Site sur la région, en français, avec cartes interactives « cliquables » donnant des infos pratiques, culturelles et gastronomiques.

● *polomuseale.firenze.it* ● Site donnant une foule de renseignements (tarifs, horaires...) sur tous les musées, les expos et toutes les bibliothèques de la ville de Florence.

● *terresiena.it* ● Site officiel donnant une foule de renseignements (tarifs, horaires des musées, etc.) sur toutes les terres de Sienne.

● *ma-toscane.com* ● Blog en français avec des recettes locales, on y évoque aussi la culture et certaines traditions.

● *casa-italia.locappart.com* ● Le blog de la Casa Italia. Invitations au voyage, découverte des régions, rencontres avec des artistes, coups de cœur littéraires, ficelles culinaires, revue de presse, infos et bons plans. Pour les amoureux de l'Italie. Casa Italia est une marque de Loc'appart, spécialiste de l'hébergement sur l'Italie.

Sur l'Ombrie

● *regioneumbria.eu* ● Site officiel de la région, très bien documenté.

TABAC

En Italie, *la cigarette est interdite dans TOUS les lieux publics* (restaurants, cafés, bars, discothèques et trains). En cas d'infraction, une grosse amende vous attend à la moindre cigarette allumée (quelques centaines d'euros s'il y a des enfants ou des femmes enceintes à proximité).

Le soir, lorsqu'ils ferment, les *tabacchi* laissent place à un distributeur automatique qui n'est pas toujours bien approvisionné.

TÉLÉPHONE – INTERNET

Téléphone

Avertissement : ne vous étonnez pas de trouver des numéros de téléphone dont le nombre de chiffres varie (généralement de 8 à 10), c'est normal !

Le téléphone portable en voyage

Le routard peut utiliser son propre téléphone portable en Italie avec l'option « Europe ».

– *À savoir :* pour être sûr que votre appareil est compatible avec votre destination, renseignez-vous auprès de votre opérateur.

– *Activer l'option « international » :* pour les abonnés récents, elle est en général activée par défaut. En revanche, si vous avez souscrit à un contrat depuis plus de 3 ans, pensez à contacter votre opérateur pour souscrire à l'option (gratuite). Attention toutefois à le faire au moins 48h avant le départ.

– **Le « roaming » :** c'est un système d'accords internationaux entre opérateurs. Concrètement, cela signifie que lorsque vous arrivez dans un pays, au bout de quelques minutes, le nouveau réseau s'affiche automatiquement sur l'écran de votre téléphone.

– Vous recevez alors rapidement un SMS de votre opérateur, qui propose un **pack voyageurs** plus ou moins avantageux, incluant un forfait limité de consommations téléphoniques, de SMS et de connexion internet. À vous de voir...

– **Tarifs :** ils sont propres à chaque opérateur et varient en fonction des pays (le globe étant en plusieurs zones tarifaires). **N'oubliez pas qu'à l'international vous êtes facturé aussi bien pour les appels sortants que pour les appels entrants (moins chers).** Ne papotez donc pas des heures en imaginant que c'est votre interlocuteur qui paie ! Le mieux étant de se faire appeler pour ne pas trop plomber la facture.

– **Internet mobile :** utiliser le wifi à l'étranger et non les réseaux 3G ou 4G. Sinon on peut faire exploser les compteurs, avec au retour de voyage des factures de plusieurs centaines d'euros ! Le plus sage consiste à **désactiver la connexion** « Données à l'étranger » (dans « Réseau cellulaire »). Il faut également penser à **supprimer la mise à jour automatique de votre messagerie,** qui consomme elle aussi des octets sans vous avertir (option « Push mail »). Opter pour le mode manuel. Cependant, la majorité des fournisseurs de téléphonie mobile offrent aujourd'hui des **journées incluses dans le forfait,** avec appels téléphoniques, SMS, voire MMS et connexion internet en 3G limitée. Les destinations incluses dans votre forfait évoluant sans cesse, ne manquez pas de consulter le site de votre fournisseur. Noter que l'Union européenne impose aux opérateurs un coût maximal de 0,20 €/Mo (HT) jusqu'en 2017, ce qui permet de surfer plus sereinement et à prix réduit.

Bons plans pour utiliser son téléphone à l'étranger

– **Acheter une carte SIM/puce sur place :** c'est une option avantageuse. Il suffit d'acheter à l'arrivée une carte SIM locale prépayée chez l'un des opérateurs *(Vodafone, Tim, Wind)* représentés dans les boutiques de téléphonie mobile des principales villes du pays et aussi parfois dans les aéroports. On vous attribue alors un numéro de téléphone local et un petit crédit de communication. Avant de signer le contrat et de payer, essayez donc, si possible, la carte SIM du vendeur dans votre téléphone – préalablement débloqué – afin de vérifier si celui-ci est compatible. Ensuite, les cartes permettant de recharger votre crédit de communication s'achètent facilement en Italie.

– **Se connecter sur les réseaux wifi** est le meilleur moyen d'avoir accès au Web gratuitement ou à moindre coût. De plus en plus d'hôtels, restos et bars disposent d'un réseau, le plus souvent gratuit. Certaines villes offrent également une connexion gratuite dans leur hypercentre avec quelques *hotspots.* Cela ne fonctionne pas toujours et surtout certaines limitent encore l'accès aux abonnés italiens (voir plus bas).

– Une fois connecté grâce au wifi, à vous les joies de la **téléphonie par Internet** ! Le logiciel **Skype,** le plus répandu, vous permet d'appeler vos correspondants gratuitement s'ils sont eux aussi connectés, ou à coût très réduit si vous voulez les joindre sur leur téléphone. Autre application qui connaît un succès international, **Whatsapp,** qui permet d'appeler et d'envoyer des SMS, des photos et des vidéos aux quatre coins de la planète, sans frais. Il suffit de télécharger – gratuitement – l'appli sur son smartphone, celle-ci se synchronise avec votre liste de contacts et détecte automatiquement ceux qui ont téléchargé l'appli. Même principe pour **Viber...**

Urgence : en cas de perte ou de vol de votre téléphone portable

Suspendre aussitôt sa ligne permet d'éviter de douloureuses surprises au retour du voyage ! Voici les numéros des quatre opérateurs français, accessibles depuis la France et l'étranger :

– **SFR :** *depuis la France,* ☎ *1023 ; depuis l'étranger,* 📱 *+ 33-6-1000-1023.*
– **Bouygues Télécom :** *depuis la France comme depuis l'étranger,* ☎ *0800-29-1000 ; depuis l'étranger,* ☎ *+ 33-1-46-10-86-86.*

– **Orange :** *depuis la France comme depuis l'étranger,* 📱 *+ 33-6-07-62-64-64.*
– **Free :** *depuis la France,* ☎ *32-44 ; depuis l'étranger,* ☎ *+ 33-1-78-56-95-60.*

Appels nationaux et internationaux

– **Renseignements :** ☎ *12 (gratuit).*
– Pour un appel d'**urgence,** composez le ☎ *112.*
– **Italie ➞ Italie :** pour les numéros de téléphone fixe, il faut impérativement composer le numéro de votre correspondant précédé du « 0 » et de l'indicatif de la ville.
– **France ➞ Italie :** composez le 00 + 39 + indicatif de la ville (précédé du 0) + n° du correspondant. Pour les portables, 00 + 39 + numéro à 10 chiffres. Tarification selon votre opérateur.
– **Italie ➞ France :** 00 + 33 + numéro à neuf chiffres de votre correspondant (c'est-à-dire le numéro à 10 chiffres sans le 0).
– **Italie ➞ Belgique :** le code pays est le 32.
– **Italie ➞ Suisse :** code 41.
– **Italie ➞ Canada :** code 1.
– **Italie ➞ Luxembourg :** code 352.

Internet, wifi

Quasiment tous les hébergements proposent un accès wifi, très souvent gratuit. De plus en plus, nombre de bars et restaurants offrent aussi le wifi gratuitement à leurs clients. Certaines villes sont même connectées au tout-wifi ; se renseigner auprès des offices de tourisme pour connaître les différents *hot spots* urbains, pas toujours fonctionnels, malheureusement. Enfin, du fait de l'augmentation de l'offre wifi, les cybercafés – généralement présents dans les grandes villes – ferment les uns après les autres... Enfin, certains offices de tourisme et bibliothèques municipales permettent de se connecter gratuitement (prévoir une pièce d'identité).

TRANSPORTS INTÉRIEURS

L'avion

Florence, Pise et Pérouse ont des aéroports accueillant des vols nationaux et internationaux, opérés par des compagnies aussi bien régulières que *low-cost,* parfois directement depuis la France, la Belgique...

Le train

Réservations et informations

L'essentiel des trains en Italie est géré par la compagnie **Trenitalia.** Pour toutes les infos, un numéro et un site (traduit en anglais), avec possibilité de réserver en ligne : ☎ *89-20-21.* ● *trenitalia.it* ●
En Ombrie, il existe une compagnie régionale, la *Ferrovia Centrale Umbra (FCU),* qui relie le nord de l'Ombrie (Città di Castello) au sud (Todi, Terni...) via Pérouse. Certaines gares ne sont desservies que par *FCU,* d'autres par *FCU* et *Trenitalia.*
☎ *075-963-70-01.* ● *umbriamobilita.it* ●

Horaires

– Retards rares sur les grandes lignes mais fréquents sur les petites (prévoir large pour les correspondances). Si votre train a un retard de plus de 30 mn, vous pouvez demander une indemnisation, sous forme d'avoir.

Quelques remarques

– Les trains **Diretto, Regionali, Interregionali** relient les différentes gares de Toscane et d'Ombrie ainsi que les villes limitrophes.
– Pour rejoindre plus rapidement et plus confortablement les villes de moyenne importance aussi bien que les plus grandes villes de toute l'Italie, vous utiliserez l'**Intercity.**
– Enfin, les routards pressés et plus aisés emprunteront les trains à grande vitesse, les **Frecce,** qui relient les grandes villes entre elles (Naples, Rome, Florence, Bologne, Venise, Milan ou Turin). Réservation automatique à l'émission du billet et donc obligatoire. Le mieux, question rapidité et confort, mais aussi le plus cher.
– Comme chez nous, les billets de train se compostent aux oblitérateurs jaunes avant le départ (en cas d'oubli ou de manque de temps, partez à la recherche du contrôleur après être monté dans le train).

Le bus

Sur les grands axes ferroviaires (Livourne, Pise, Lucques, Florence, Pérouse), autant privilégier le train, plus rapide et pas forcément plus cher. Sinon, le bus fonctionne surtout en semaine (bien moins le week-end). Pour les courts séjours hors des grandes villes, vous constaterez rapidement que louer une voiture facilite grandement la vie, car elle permet de rejoindre les petits villages isolés et autres lieux que les compagnies de bus ne desservent pas. Inconvénients du bus : ils sont moins nombreux, voire inexistants à rouler le week-end ou les jours fériés.
En l'absence de guichet, ce sont souvent les bars-tabacs qui font office de billetterie ; sinon, on achète les billets directement dans le bus.

Le vélo

Un moyen de transport très répandu, notamment dans les villes, où la circulation automobile est réglementée (Florence, Pise, Lucques, Sienne...). Un seul problème (et pas le moindre), ça monte (sauf à Pise et à Lucques) ! Pour les cyclotouristes, reste le Chianti et le fameux itinéraire **L'Eroica** (● eroica.it ●), sorte de Woodstock du *bici* vintage (les vieilles bicyclettes) avec des routes et des sentiers balisés pour s'époumoner à loisir (ça grimpe sec parfois !), une superbe façon de découvrir cette région (plan-dépliant en français dans les offices de tourisme concernés). Également la brochure en français **Terredisiena in bici,** qui décrit une dizaine d'itinéraires à travers la région, avec le degré de difficulté, le nombre de kilomètres, le type de route et un bref commentaire sur les villages, *castelli* et églises rencontrés en cours de route.
Pour les familles (c'est plat, et tranquille pour les gosses !), il y a aussi le **Sentiero della Bonifica,** qui part d'Arezzo et descend le val di Chiana. ● sentierodella bonifica.it ●
Voici quelques références pour les aficionados de la petite reine :
– **Toscana in Mountain Bike** (vol. I et II), de S. Grillo et C. Pezzani, éd. Ediciclo. Une trentaine d'itinéraires à travers les merveilleux paysages du Chianti et des collines métallifères. Dans la même collection existe aussi un guide de l'Ombrie à VTT : **Ombria in Mountain Bike.** Disponible en librairie ou directement chez l'éditeur (☎ 042-17-44-75 ; ● ediciclo.it ●) ;
– **Guide cyclotouristique du Chianti,** de Fabio Masotti, Nuova Immagine Editrice. Des itinéraires et des cartes très précises pour Radda, Gaiole, Castellina et Greve. *Disponible auprès de l'office de tourisme de Sienne ou à l'association du*

parc cycliste du Chianti à Gaiole : ☎ 0577-74-94-11 ; ou encore sur l'excellent site ● terresiena.it/bici ●
D'autres parcours sur les chemins verdoyants de la Valnerina, au sud-est de l'Ombrie.

Le taxi

Il a mauvaise réputation, et ce n'est pas totalement injustifié. Ne prendre que des taxis officiels, généralement de couleur blanche ou jaune. Des suppléments peuvent être exigés pour des bagages, des services de nuit ou les jours de fête. En cas d'absence de compteur, n'oubliez pas de bien fixer le prix de la course avant de partir, à l'aide de la liste tarifaire qui doit normalement être suspendue derrière le siège du chauffeur ; sinon, changez de taxi !

La voiture

La *macchina* donne une autonomie totale au routard, car elle permet de s'affranchir des éventuels retards des transports en commun. Le seul problème, c'est le stationnement et la circulation dans les grandes villes.

Quelques infos pratiques

– Il est **obligatoire de rouler avec ses feux de croisement allumés le jour** sur les autoroutes et les voies rapides du réseau national, sous peine d'amende.
– Les **stations-service** sont fréquentes sur les autoroutes, où elles ne ferment pratiquement jamais.
– Les stations-service en ville ou hors autoroute sont généralement fermées le dimanche et entre 12h30 et 15h30. Quand c'est le cas, on peut toujours régler en espèces (les distributeurs automatiques fonctionnent souvent avec des billets de 20 €). En revanche, toutes les machines n'acceptent pas les cartes de paiement étrangères, c'est pourquoi il est préférable de faire le plein d'essence de son véhicule pendant les heures d'ouverture. En plus, dans les pompes automatiques, il faut parfois choisir le montant d'essence souhaité pour que la machine se déclenche, ce qui n'est pas toujours simple quand on veut juste faire le plein avant de rendre son véhicule à l'agence de location...

Location de voitures

Il est beaucoup plus avantageux de retenir votre voiture depuis la France dans le cadre d'un forfait « avion + voiture », car les prix pratiqués sont meilleur marché que sur place. Il y a parfois aussi des différences d'un loueur à l'autre. Ne pas hésiter à lire entièrement le contrat, à passer la voiture en revue, surtout lorsqu'il s'agit de petits loueurs locaux, et à réclamer un horodateur *(disco orario)*. Comme partout, le loueur conserve une empreinte de votre carte de paiement en guise de caution (même si votre voyagiste a tout réglé d'avance, pensez à vérifier sa date de validité avant de partir).

■ **BSP Auto :** ☎ 01-43-46-20-74 *(tlj)*. ● bsp-auto.com ● Les prix proposés sont attractifs et comprennent le kilométrage illimité et les assurances. *BSP Auto* propose exclusivement les grandes compagnies de location sur place, assurant un très bon niveau de service. Les plus : vous ne payez votre location que 5 jours avant le départ. Remise spéciale de 5 % aux lecteurs de ce guide avec le code « ROUTARD17 ».
■ Et aussi : *Hertz,* ☎ 0825-861-861 *(0,15 €/mn)* ; ● hertz.com ● *Europcar,* ☎ 0825-358-358 *(0,15 €/mn)* ; ● europcar.fr ● *Avis,* ☎ 0821-230-760 *(0,12 €/mn)* ; ● avis.fr ●

Les routes

– Le **réseau routier** est moins dense qu'en France mais bien entretenu dans l'ensemble. Avec plus de 6 000 km d'autoroutes, l'Italie se place au deuxième rang européen. À quelques exceptions près, les autoroutes sont payantes mais moins chères qu'en France. Tout sur le réseau routier italien sur ● *bellitalie.org* ●

– Les autorités ont créé la *Viacard* pour les péages. Fonctionne suivant le même principe que les cartes téléphoniques. À chaque péage, la valeur du trajet effectué est débitée de la valeur de la carte. Vous pouvez vous la procurer en France, dans les bureaux de l'Automobile Club de votre région (coordonnées auprès de la *Fédération française des Automobiles Clubs* : ☎ *01-53-30-89-30,* ● *automobileclub. org* ●) ; et en Italie, dans les bureaux *ACI* et *TCI,* les Autogrills, les principales stations autoroutières et dans de nombreux bureaux de tabac. Les autres cartes de paiement sont également acceptées.

– *La signalisation :* avant toute chose, sachez que *l'autoroute est signalée en vert et les routes nationales en bleu* (le contraire de la France). Ensuite, le matraquage de panneaux publicitaires au bord des routes à l'approche des villes, ainsi que le foisonnement de panonceaux indiquant les directions des hôtels, restos, monuments, sites, etc., n'aident pas toujours à se repérer.

– Attention au *code de la route* des Italiens. Il arrive que le feu rouge ne s'éteigne jamais et qu'apparaisse simultanément la flèche verte ! Attention aussi aux ronds-points sans cédez-le-passage, qui ont encore la priorité à droite... Par ailleurs, la conduite italienne reste plus nerveuse que la nôtre (mais c'est surtout valable pour les grandes villes, où il vaut mieux avoir les nerfs solides), les distances de sécurité sont rarement respectées et le stationnement en double voire triple file est plus que fréquent (y compris dans les endroits où cela se révèle particulièrement dangereux), tout comme se faire doubler par la droite.

– *Le croisement se fait par devant,* comme aux États-Unis.

– Les *excès de vitesse et autres infractions* sont sanctionnés essentiellement par des amendes qui coûtent un tiers moins cher si on les règle tout de suite. Mais attention, si vous vous trouvez dans l'incapacité de régler votre amende, faute d'argent, votre permis peut vous être confisqué sur-le-champ ! Attention aussi à l'état de vos feux, les *carabinieri* sont assez pointilleux là-dessus. Ne quittez pas l'Italie sans avoir payé votre amende, car les autorités italiennes vous retrouveront même chez vous.

Pour les amateurs de *spritz* à l'apéro et de chianti durant le repas, petite info en passant : le *taux maximal d'alcoolémie* autorisé est de 0,5 g d'alcool par litre de sang.

Les cartes routières

En plus des cartes de l'Italie, il est utile, si vous allez visiter les villages de la Maremme des collines notamment, d'avoir une carte détaillée, à moins d'avoir un bon GPS ; le bon plan : acheter une puce locale à insérer dans votre smartphone. Sinon, la meilleure carte, c'est-à-dire la plus détaillée, est la carte *Toscane-Florence* au 1/150 000, éditée par l'allemand Freytag & Berndt. En outre, les offices de tourisme offrent une carte routière de la Toscane à l'échelle 1/275 000 provenant de l'ENIT *(ministero del Turismo),* mais elle n'est pas assez détaillée pour qu'on se retrouve sur le terrain. Elle offre quand même l'avantage supplémentaire de présenter au dos tous les plans des principales villes. Les offices de tourisme de l'Ombrie possèdent aussi une excellente documentation avec des cartes très détaillées (souvent gratuites).

Le stationnement

Voilà un vrai casse-tête en Toscane et en Ombrie, comme dans la totalité de l'Italie. Le centre des villes est presque toujours interdit aux voitures de tourisme par une *ZTL (Zona Traffico Limitato).* Les véhicules ne peuvent circuler que selon certaines règles, voire être strictement interdits. Ne soyez pas surpris qu'on vous demande d'indiquer votre numéro de plaque d'immatriculation, parfois, ça vous évitera d'être verbalisé si votre voiture doit passer la nuit dans le secteur sauvegardé. Le panneau avec le cercle rouge sur fond blanc indique que seuls les résidents peuvent y pénétrer et parfois se garer. La circulation des véhicules de

VOLTERRA	SPOLETO	SIENNE	SAN GIMIGNANO	PISE	PÉROUSE	ORVIETO	MASSA MARITTIMA	LUCCA	GREVE IN CHIANTI	FLORENCE	CITTÀ DI CASTELLO	ASSISE	AREZZO	Distances en km
118	153	68	122	173	93	109	129	151	71	75	42	115	-	AREZZO
180	46	126	169	269	24	91	189	244	167	171	65	-	115	ASSISE
83	211	78	64	101	151	166	126	79	30	-	117	171	75	FLORENCE
114	204	75	114	157	174	125	47	182	116	149	171	195	133	GROSSETO
75	284	141	78	30	224	239	154	-	189	79	190	244	151	LUCCA
65	228	64	83	130	168	187	-	154	106	126	184	189	129	MASSA MARITTIMA
175	103	121	164	263	77	-	187	239	161	166	125	91	109	ORVIETO
160	62	105	148	248	-	79	168	224	146	151	52	24	93	PÉROUSE
68	310	118	76	-	248	263	130	30	127	101	216	269	173	PISE
30	210	44	-	76	148	164	83	78	39	64	160	169	122	SAN GIMIGNANO
54	164	-	44	118	105	121	64	141	68	78	120	126	68	SIENNE
219	-	164	210	310	62	103	228	284	206	211	104	46	153	SPOLETO
-	219	54	30	68	160	175	65	75	62	83	182	180	118	VOLTERRA

tourisme non résidents est limitée aux déchargement et chargement devant l'hôtel (prévenir la réception avant) ou la chambre d'hôtes.

Dans la plupart des villes, de **grands parcs de stationnement** ont été installés en dehors du centre historique, auquel chacun est relié par un *percorso meccanizzato* constitué d'ascenseurs, de tapis roulants ou d'escaliers mécaniques, comme à Sienne, Arezzo, Pérouse, Assise, voire d'un funiculaire comme à Orvieto. La plupart de **ces parkings sont payants.** Bien entendu, plus ils sont éloignés, moins ils sont chers, et même souvent gratuits !

– **Types de stationnement dans la rue :** les **lignes blanches** marquent un stationnement gratuit mais parfois limité dans le temps (placer un disque de stationnement derrière le pare-brise) ; les **emplacements bleus** sont payants ; et les **marquages jaunes** sont réservés aux seuls résidents...

En Toscane et en Ombrie, le **parcmètre** a une place privilégiée par rapport aux cartes de stationnement (à gratter genre loto et à acheter dans les débits de tabac). *Attention :* à la différence de la France, ce ne sont pas des contractuelles qui vérifient votre situation, mais des gardiens permanents et zélés, affectés à une zone délimitée. Parfois, même en l'absence de machine, c'est à eux que vous devrez vous adresser pour payer.

Quant aux **panneaux indicatifs des stationnements,** c'est une véritable jungle. Les paiements s'effectuent en fonction des jours ouvrables ou fériés, des heures de la journée ou même de la nuit, et des événements (marché, travaux, nettoyage de la rue...) prévus. Signification des sigles : les deux marteaux croisés signifient jours ouvrables ; la croix signifie dimanche et jours fériés. Presque toujours, le stationnement autorisé et payant est limité dans le temps : cela va de 10 mn à 2h, rarement plus ; même pour un parking de supermarché. Lorsqu'il devient gratuit, il faut souvent apposer son disque de stationnement *(disco orario)* sur le pare-brise. Car, même dans ce cas-là, le stationnement est limité en temps.

Les pannes et réparations

Sur les autoroutes, utiliser les bornes d'appel SOS. Sur le reste du réseau routier, les touristes circulant avec une voiture immatriculée à l'étranger peuvent bénéficier des secours routiers gratuits et illimités sur tout le territoire italien de l'*Automobile Club Italia* en composant le ☎ 803-116. ● *aci.it* ● Ils seront reliés à un standard multilingue. Les touristes circulant à bord d'une voiture de location doivent appeler leur loueur, sauf sur les autoroutes, où ils utilisent la borne SOS.

Il est obligatoire d'avoir dans le coffre de sa voiture un gilet de sécurité fluorescent et un triangle de présignalisation (toutes les voitures de location italiennes en sont équipées).

Les bureaux de sécurité routière mettent à votre disposition des informations sur bandes sonores : ☎ *0643-63-21-21* ; ☎ *89-25-25* ; *infos route* ● *autostrade.it* ● ; *radio 103.3 FM.*

URGENCES

On ne vous demande pas de les apprendre par cœur, mais c'est bon à savoir au cas où...

☎ **112 :** c'est le numéro d'urgence commun à la France et à tous les pays de l'UE, à composer en cas d'accident, d'agression ou de détresse. Il permet de se faire localiser et aider en français, tout en améliorant les délais d'intervention des services de secours.

■ **Pompiers pour les incendies de forêt :** ☎ *1515.*

■ **Assistance routière :** ☎ *803-803.*
■ **Croce rossa italiana** (CRI) **:** ☎ *118.*

■ **Police :** ☎ 113. On vous communiquera l'adresse du commissariat *(questura)* le plus proche de l'endroit où vous êtes.
■ **Pompiers** *(Vigili del Fuoco) :* ☎ 115.

■ **Automobile Club Italia :** ☎ 803-116 *(avec répondeur).*
■ **Dépannage routier (ACI) :** ☎ 80-31-16.

Perte/vol des cartes de paiement

– **Carte Visa :** *numéro d'urgence* (Europe Assistance), ☎ *(00-33) 1-41-85-85-85 (24h/24). ● visa.fr ●*
– **Carte MasterCard :** *assistance médicale incluse ; numéro d'urgence :* ☎ *(00-33) 1-45-16-65-65. ● mastercardfrance.com ●*
– **Carte American Express :**

téléphonez en cas de pépin au ☎ *(00-33) 1-47-77-72-00. ● americanexpress.com ●*
– **Pour toutes les cartes émises par La Banque Postale :** *composez le* ☎ *(00-33) 5-55-42-51-96 depuis l'Italie. ● labanquepostale.fr ●*

Perte/vol des téléphones portables

Avant de partir, notez (ailleurs que dans votre téléphone portable !) votre numéro IMEI, utile pour bloquer à distance l'accès à votre téléphone en cas de perte ou de vol. Comment avoir ce numéro ? Tapez *#06# sur votre clavier, puis reportez vous au site ● *mobilevole-mobilebloque.fr* ● Vous pourrez suspendre aussitôt votre ligne pour éviter de douloureuses surprises au retour du voyage ! Lire aussi le rubrique « Téléphone – Internet ».

LA TOSCANE

● Carte p. 8-9

ABC de la Toscane

- ❏ **Superficie :** 22 993 km^2.
- ❏ **Densité :** 162 hab./km^2.
- ❏ **Population** : 3 734 355 hab.
- ❏ **Divisions administratives :** 9 provinces ; capitale de région : Florence.
- ❏ **Principales ressources** : tourisme, vin, cuir, terre cuite, textile, marbre.
- ❏ **Tourisme** : 11 millions de visiteurs par an.

La Toscane ! Un mot magique qui donne envie de s'évader, voire de s'exiler... Des bosquets de cyprès disposés parcimonieusement sur les collines et les interfluves. Les vieilles fermes du Chianti plongées dans une marée de chênes verts, avec comme son et lumière le chant des cigales et le pesanteur zénithale du soleil. La Maremme fiévreuse et son arrière-pays étrusque truffé de catacombes à ciel ouvert. Les chapelles romanes et les hameaux coiffés de leur pigeonnier carré. Les chemins de terre poussiéreux bordés de murs de pierres sèches et d'oliviers. Nourricière, enchanteresse, authentique,

cette région parle autant à l'esprit qu'au corps. Mais le décor (magnifique) a beau être planté, il lui faut encore des artistes pour lui donner son vrai visage, le magnifier et l'interpréter. Or, la Toscane n'a jamais manqué d'artistes, notamment à la Renaissance, avec des peintres qui ont su capter et mettre en valeur l'essence des paysages, comme Piero della Francesca. On peut croire qu'ils ont été bien inspirés puisque, avant eux, les éléments de la nature, lorsqu'ils étaient représentés, étaient purement et simplement d'origine biblique. Les peintres du Quattrocento, quant à eux, ont montré (et même médiatisé) le pays. Pour ce faire, ils ont utilisé la *veduta* : une fenêtre ouverte sur la campagne, qui, malgré son format réduit, donne une profondeur au tableau. Le genre était né. Pour la première fois, des peintres plantaient le décor.

Il faut musarder dans cette campagne, symbole de douceur de vivre. Se créer son parcours imaginaire n'est pas bien difficile. Et l'extraordinaire richesse artistique de la région est là pour vous y aider ! Florence, Sienne, Pise ne sont que les exemples les plus éclatants d'un art toscan florissant entre le Moyen Âge et la Renaissance. Bien d'autres villes laisseront le visiteur enchanté et émerveillé : San Gimignano, Volterra, Lucca ou Massa Marittima. *Small is beautiful,* les petits villages médiévaux ne démentent pas la formule. Peu d'endroits au monde peuvent se vanter d'une concentration aussi dense de chefs-d'œuvre. Peu d'endroits au monde ont vu naître autant de génies : Giotto, Michel-Ange, Botticelli, Dante, Machiavel et tant d'autres.

En outre, toute la Toscane est truffée d'agrotourismes de très grande qualité (donc parfois un peu chers), et nul ne s'en plaindra, car voilà bien le mode d'hébergement idéal pour profiter de cette célèbre campagne.

FLORENCE ET SES ENVIRONS

FLORENCE (FIRENZE)   (50100)   361 600 hab.

• Pour se repérer, se reporter aux plans de Florence sur le plan détachable en fin de guide. • Plan Palazzo Pitti *p. 158-159* • Plan Jardins de Boboli *p. 161* • Plan Escapade pédestre dans le sud florentin *p. 167* • Carte Les environs de Florence *p. 169*

Florence est sans conteste l'une des plus belles villes d'Italie. À elle seule, elle rassemble 25 % d'œuvres du patrimoine artistique italien ! On ne peut pas parler de Florence sans évoquer la famille Médicis, qui a régné en maîtresse pendant toute la Renaissance. De cette dynastie et de son riche passé, elle conserve jalousement tous les attraits. En effet, cette célèbre famille toscane a fait évoluer la ville en intervenant sur la culture, l'économie et la politique. Et, par un heureux hasard, la ville n'a jamais manqué de personnalités (artistes, politiques) à cette période clé de l'histoire de la Toscane. Florence a aussi su préserver son charme durant des siècles. Elle est entourée d'une campagne verdoyante. Dans un rayon d'une dizaine de kilomètres, on admire de superbes villas médicéennes (pour certaines classées au Patrimoine mondial de l'Unesco), repaires estivaux de Florentins fortunés, installés depuis des siècles. Il suffit de prendre un peu de hauteur (de la Torre di Arnolfo du Palazzo Vecchio ou de la chiesa San Miniato dans l'Oltrarno) pour apercevoir collines et cyprès à perte de vue. Enchanteur !

Florence n'est pas seulement une ville-musée, c'est aussi (méfiez-vous des apparences) une ville qui bouge et qui s'amuse. Laissez-vous gagner par sa magie en vous perdant au gré des venelles, c'est le meilleur moyen de la connaître... Promenez-vous en début de soirée, à l'heure de l'*aperitivo,* dans l'Oltrarno du côté de San Frediano et de la piazza Santo Spirito. Les bars et les *enoteche* sont légion et ne demandent qu'à vous faire partager des moments de convivialité.

Et puis on peut aussi apprécier une certaine solitude en prenant le chemin des écoliers et en découvrant des endroits insolites, bien loin de la foule de visiteurs. Tout alors devient calme et volupté...

Arriver – Quitter

En avion

✈ **Aeroporto Amerigo-Vespucci** (hors plan détachable par B1) : via del Termine, 11 (Peretola). Aéroport situé à 5 km au nord-ouest du centre de Florence. ☎ 055-30-615 (infos 8h-23h30). Rens sur les vols : ☎ 055-30-61-300 (24h/24). ● aeroporto.firenze.it ●

🛈 **Office de tourisme :** comptoir situé au terminal des arrivées tlj 9h-19h (14h dim et j. fériés). ☎ 055-31-58-74. ● infoaeroporto@commune.fi.it ●

■ **Location de voitures :** le parking de location se trouve à 5 mn de l'aéroport, accessible par une navette ttes les 20 mn env. **Avis**, ☎ 055-31-55-88 (tlj 8h-23h) ; **Hertz**, ☎ 055-30-73-70 (lun-ven 8h30-22h30, w-e 9h30-22h30) ; **Europcar**, ☎ 055-31-86-09 (tlj 9h-23h) ; **Maggiore/National**, ☎ 055-31-12-56 (tlj 8h30-22h40).

■ **Assistance bagages et objets perdus :** ☎ 055-30-61-302 (tlj 8h30-20h).

■ **Distributeur Bancomat :** dans le hall des départs.

Pour aller de l'aéroport Amerigo-Vespucci au centre-ville

➤ **En bus :** la navette Volainbus se trouve près des taxis (à droite en sortant de l'aéroport). Elle vous emmène en env 30 mn en plein centre-ville, à la gare ferroviaire Santa Maria Novella (plan détachable B-C2). Départ ttes les 30 mn 5h30-20h30, puis à 20h30, 22h, 23h45 et 0h30. Dans l'autre sens, 1er départ au centre de BusItalia, situé via San Caterina da Siena, 17, à droite en sortant de la gare. Ttes les 30 mn 5h-20h, puis à 21h, 22h et 23h. Le billet (6 € ; 10 € l'A/R) est à acheter dans le bus. Rens auprès de BusItalia-Sita Nord : ☎ 800-37-37-60. ● fsbusitalia.it ●

➤ **En taxi :** compter 15 mn pour rejoindre le centre-ville. Prix fixe : 20 € (majoré la nuit 22h-6h et j. fériés : 23 et 22 €). Compter un supplément de 1 €/bagage. ☎ 055-42-42, 055-43-90, 055-47-98 ou 055-200-13-26.

✈ **Aeroporto Galileo-Galilei de Pise :** situé à 80 km de Florence.

☎ 050-84-93-00 (infos sur les vols). ● pisa-airport.com ●

➤ Liaisons également avec la compagnie de bus Terravision, qui relie les 2 aéroports en passant par la gare Santa Maria Novella. Une quinzaine de liaisons/j. Compter 1h10 de trajet. Ticket : 5 € l'aller, 10 € l'A/R (à acheter à l'aéroport de Pise ou dans le bus). ● terravision.eu ●

➤ La navette automatique PisaMover relie l'aéroport de Pise à la gare de Pise en 5 mn 6h-minuit. Pratique quand on doit prendre le train pour Florence.

En train

🚆 **Stazione Centrale Santa Maria Novella** (plan détachable B-C2) : la gare principale de Florence se trouve en plein centre-ville. Un seul et unique n° pour tte l'Italie : ☎ 89-20-21. Pour les horaires et les résas : ● ferroviedellostato.it ●

■ **Consigne à bagages** (deposito bagagli a mano) : gare centrale, le long du quai n° 16. ☎ 055-235-21-90. Tlj 6h-23h. Compter 5 € pour 5h, puis 0,70 € de la 6e heure à la 11e, 0,30 € à partir de la 12e...

■ **Objets trouvés à la gare et dans les trains** (oggetti smarriti) : gare centrale. Même endroit (et mêmes horaires) que la consigne à bagages manuelle...

– **Autres services :** poste (lun-ven 8h-19h), Bancomat (à côté de la consigne), change, pharmacie, toilettes (au niveau du quai n° 5 ; payant).

🚆 **Stazione F. S. Campo di Marte** (plan détachable G2) : via Mannelli, 12. 2e gare de Florence, située à l'est, à quelques km du centre historique.

➤ Utile pour ceux qui veulent prendre un train direct pour **Rome.** Compter 1h20 de trajet. On peut également, de cette gare, rejoindre la petite ville de **Fiesole** au nord de Florence.

➤ De la gare, vous pouvez rejoindre le centre avec les bus nos 12, 13 et 33, ou en train pour la **gare Santa Maria Novella** (8 mn de trajet). Attention, pas de consigne à bagages.

En bus

Pour le transport dans Florence

■ **Ataf-Sita :** ● ataf.net ● Compagnie du **transport par bus dans Florence.**
■ **Point Ataf** (achat de billets et renseignements) dans la gare ferroviaire Santa Maria Novella, guichets 8 et 9 (lun-sam 6h45-20h).

Pour le transport dans la province de Toscane (le Chianti surtout) et au-delà

■ **BusItalia Sita Nord :** via S. Caterina da Siena, 17 r. ☎ 800-37-37-60. ● fsbusitalia.it ● Société de bus qui gère les nombreuses liaisons intervilles en Toscane.

Informations touristiques

Offices de tourisme

Le site internet de l'office de tourisme de Florence fourmille de renseignements pratiques (en italien et en anglais) : ● firenzeturismo.it ● À consulter avant de partir.

🆔 **Ufficio informazioni turistiche – APT** (plan détachable D2-3) : via Cavour, 1 r. ☎ 055-29-08-32 ou 33. ● infoturismo@ cittametropolitana.fi.it ● Lun-ven 9h-13h. Fermé le w-e (!). Accueil multilingue, dont le français. Indispensable pour le plan de la ville, le plan des lignes de bus, ainsi que la liste mensuelle mise à jour des ouvertures et des tarifs des musées et des sites. Démarche quasi obligatoire pour pouvoir jongler avec les horaires et les prix très variables des musées. Également des renseignements sur la Toscane en général et sur les manifestations culturelles et festives de la province.
– **Aeroporto** (hall des arrivées) : ☎ 055-31-58-74. ● infoaeroporto@ firenzeturismo.com ● Tlj 9h-19h (14h dim et j. fériés).
– **Stazione** (plan détachable C3) : piazza della Stazione, 5. ☎ 055-21-22-45. ● turismo3@comune.fi.it ● Tlj 9h-19h (14h dim et j. fériés).
– **Loggia del Bigallo** (zoom détachable D3) : piazza San Giovanni, 1 (Duomo). ☎ 055-28-84-96. ● bigallo@comune. fi.it ● Tlj 9h-19h (14h dim et j. fériés).
– **Parco delle Cascine, piazzale delle Cascine** (hors plan détachable par A2) : ☎ 055-2768806. ● centrovisite delparco@comune.fi.it ● Tlj 9h-19h.

Firenze Card

La **Firenze Card** coûte **72 €** et est **valable 72h** (3 jours à partir de l'oblitération du premier ticket d'entrée). Avec cette carte, on bénéficie d'entrées dans 72 sites, comme l'incontournable galerie des Offices, l'Accademia ou le palais Pitti. Les églises Santa Croce et Santa Novella, dont les entrées sont payantes, font aussi partie de la carte. Le tout sans faire de réservation préalable. Elle est intéressante à condition d'enchaîner les visites non-stop pendant votre séjour ! Pour les « muséivores » seulement ! Disponible dans les offices de tourisme, au Palazzo Pitti, au Palazzo Vecchio, au museo Stefano Bardini, à la cappella Brancacci, au museo Nazionale del Bargello et à la galleria degli Uffizi. Pour les moins de 18 ans qui accompagnent un des parents détenteurs de la carte, c'est gratuit. Pour plus de renseignements : ● firenzecard.it ●

Agendas culturels

– **Firenze Spettacolo :** en vente à 2 € dans ts les kiosques ou sur ● firenzes pettacolo.it ● Le magazine mensuel le plus complet pour connaître les programmes des spectacles, concerts (classiques, variétés, pop, rock, jazz), expos, ainsi que les nouveaux restos gastros et branchés de la capitale toscane et des environs...
– **Florence & Tuscany News :** un mensuel petit format publié par l'office de tourisme qui donne un calendrier exhaustif des expos, des concerts, des foires... à Florence et dans sa région. Également des infos pratiques ainsi qu'un plan utile de la ville.

Découvrir Florence autrement : visites guidées en français

Faire appel à un guide est une solution économique, pratique et originale si vous visitez la ville en famille ou en petit

TOSCANE

TOSCANE

groupe. Il vous est certainement arrivé d'avoir envie d'approfondir vos visites d'un musée, d'un quartier, et d'avoir un guide rien que pour vous.

– *Laurence Aventin :* 🖥 *0039-328-912-40-21. Il est préférable de lui envoyer un e-mail avt votre arrivée (surtout en pleine saison) :* ● *laurence@visite florence.com* ● *visiteflorence.com* ● *À partir de 140 € (2h de visite).* Guide-conférencière agréée, Laurence est dotée d'une solide culture en histoire de l'art, tout particulièrement sur l'histoire de Florence qu'elle connaît sur le bout des ongles ! Vous appréhenderez la ville sous un autre angle, à la fois insolite et instructif... Visites classiques (la galerie des Offices, le Palazzo Pitti, le Palazzo Vecchio), mais aussi des parcours thématiques et originaux à travers la ville : « Florence au féminin », « Florence littéraire », « Parfums de Florence »... Laurence s'adapte selon les appétits culturels de chacun.

Wifi

La municipalité de Florence a mis en place une connexion facile et gratuite 2h/j. dans les endroits stratégiques de la ville : piazza della Signoria, piazzale Michelangelo, Santa Croce, Santo Spirito, S.S. Annunziata, Libertà, Alberti, Bambini di Beslan, via Canova, Cascine, Parco di S. Donato... *Plus d'infos au* ☎ *055-055 (lun-sam 8h-20h).* ● *info-wifi@comune.fi.it* ●

Pour ceux qui possèdent la *Firenze Card,* connexion gratuite pendant 72h. Pour info, on peut se connecter gratuitement en wifi dans certains endroits de la ville, autres que les cafés, restaurants et hôtels, comme le *cortile* du Palazzo Strozzi, par exemple.

Représentations diplomatiques et françaises

■ *Consulat de France (plan détachable B3, 1) :* Palazzo Lenti, piazza Ognissanti, 2. ☎ 055-230-25-56. ● *consul. honoraire-florence@diplomatie.gouv. fr* ● Lun-ven 9h-13h ; l'ap-m slt sur rdv 14h-17h.
■ *Consulat de Belgique (plan détachable E3) :* via dei Servi, 28. ☎ 055-57-70-97. ● *consubel.firenze@tiscali. it* ● Lun-ven 9h-12h.
■ *Consulat de Suisse :* piazzale Galileo, 5. ☎ 055-22-24-31. ● *cons. suisse.firenze@fol.it* ● Mar et ven 16h-17h. Sinon, il délivre tlj, en sem, ttes les infos utiles par tél.
■ *Institut français de Florence (plan détachable B3, 1) :* Palazzo Lenti, piazza Ognissanti, 2. ☎ 055-271-881.

● *institutfrancais-firenze.com* ● À l'intérieur du consulat. Lun-sam 10h-18h30 (13h sam). Possibilité de visites guidées sur réservation (☎ 055-271-88-17). L'institut dispose d'une bibliothèque (accessible aux membres lun-ven 14h30-18h30) et organise des conférences. En plus des cours de français qui y sont donnés, rencontres, concerts et projection de films français.
■ *Librairie française de Florence (plan détachable B3, 1) :* piazza Ognissanti, 1 r. ☎ 055-281-813. ● *libreria francesefirenze.it* ● Lun 15h30-19h, mar-sam 10h-19h (fermé sam juil-août). Propose la plus grande sélection de livres francophones de Toscane.

Services : poste, santé et toilettes publiques

Poste

✉ *Poste centrale (zoom détachable D4) :* via Pellicceria, 3 ; juste à côté de la piazza della Repubblica.

☎ *055-273-64-81. Lun-sam 8h15-19h.* D'autres bureaux de poste un peu partout dans la ville, qui ont tous, sauf indication contraire, les mêmes horaires (lun-sam 8h15-13h30 (12h30 sam) :

– *via Pietrapiana, 53 (plan détachable E3).* ☎ *055-26-74-21. Lun-sam 8h15-19h (12h30 sam) ;*
– *via Cavour, 71/a (plan détachable E1).* ☎ *055-46-35-01 ;*
– *galerie des Offices : mar-dim 8h15-18h45 ;*
– *et encore via Barbadori, 37 r ; piazza Brunelleschi, via Alamanni, 18 r ; piazza della Libertà, 40 r ; via Magenta, 13 r.*

Santé

■ *Farmacia AFAM : à la gare Santa Maria Novella (dans la galleria di Testa).* ☎ *055-21-67-61. 24h/24.*
■ *Farmacia All'Insegna del Moro (zoom détachable D3, 15) :* piazza San Giovanni, 20 r. ☎ *055-21-13-43. Tlj 8h-23h45.*
✚ *Ospedale pediatrico Meyer (hôpital pour enfants ; hors plan détachable par*

D1) : *viale Pieraccini, 24.* ☎ *055-566-21. Au nord de la ville.*
✚ *Ospedale Santa Maria Nuova (plan détachable E3) :* piazza s/ Maria Nuova, 1. ☎ *055-693-81. Bus nᵒˢ 14 ou 23.*
■ *Ambulances :* ☎ *055-21-22-22 ou 055-21-55-55.*

Toilettes publiques

Elles sont disséminées dans des endroits stratégiques de la ville et accessibles aux personnes à mobilité réduite : *porte San Miniato al Monte, piazza Stazione (face au quai nᵒ 5), via Filippina (quartier San Lorenzo), via della Stufa (quartier San Lorenzo), piazza dei Ciompi, borgo Allegri. Égale-ment sur la piazza San Giovanni, devant le baptistère au Centro Arte e Cultura qui dépend de la gestion de Santa Maria del Fiore (Duomo). Tlj 8h-20h. Compter 1 €.*

TOSCANE

Transports intra-muros

Bus

• Pour se repérer, se reporter au plan du réseau de bus sur le plan détachable en fin de guide.

Le meilleur moyen de locomotion (hor-mis vos pieds !) reste sans hésitation le bus. La voiture étant *persona non grata* à Florence, mieux vaut profiter du bus.

Location de vélos

■ *Florence by Bike (plan détachable D2, 3) :* via San Zanobi, 54 r (parallèle à la piazza dell'Indipendenza). ☎ *055-48-89-92.* • *florencebybike.it* • *Avr-nov, tlj ; oct-mars, tlj sf dim. Compter 15 €/j. pour un vélo de ville.* Propose des tours accompagnés à vélo dans Florence et ses proches environs notamment (2-3h), et dans le Chianti (une journée), pique-nique et décou-verte des vignobles inclus.
■ *Alinari (plan détachable D2, 4) :* via San Zanobi, 40 r. ☎ *055-28-05-00.* • *alinarirental.com* • *À côté de la pré-cédente. Tlj sf dim ap-m. Compter à la journée 12-18 € pour un vélo, 45-55 €*

pour un scooter. Balades à vélo à tra-vers la ville (mer-ven départ à 10h de l'agence ; réserver à l'avance ; 2h30 de balade).

Location de voitures

La location de voiture est intéressante quand on veut visiter les environs... À Florence, ça n'a aucun intérêt : avec les ZTL, c'est fortement déconseillé, voire interdit. En revanche, pratique pour découvrir les collines du Chianti avoisinantes. Les agences sont toutes regroupées dans la même rue :

■ *Avis (plan détachable B3, 6) :* borgo Ognissanti, 128 r. ☎ *055-21-36-29.*
■ *Europcar (plan détachable B3, 7) :* borgo Ognissanti, 53-55 r. ☎ *055-29-04-38.*
■ *Hertz (plan détachable B3, 8) :* borgo Ognissanti, 137 r. ☎ *055-239-82-05.*

Parkings publics

Pour tt rens : ☎ *055-50-30-21.* • *firen zeparcheggi.it* •
Il existe une dizaine de parkings publics à Florence. Compter en général 2-3 €/h.

TOSCANE

□ **Parcheggio del Parterre** (plan détachable E1) : piazza della Libertà (entrée via Madonna della Tosse, 9). 24h/24.
□ **Parcheggio Oltrarno** (plan détachable B5) : porta Romana (entrée piazza della Calza). 24h/24.
□ **Parcheggio Stazione Santa Novella** (plan détachable C2-3) : piazza della Stazione. 24h/24.
□ **Parcheggio S. Ambrogio** (plan détachable F3-4) : piazza Lorenzo Ghiberti. 24h/24.
□ **Parcheggio Piazza Beccaria** (plan détachable F-G3) : piazza Cesare Beccaria. 24h/24.
□ **Parcheggio Fortezza Fiera** (plan détachable B1) : piazzale Caduti nei Lager. 24h/24.
– Petite astuce : la piazzale Michelangelo (plan détachable E-F5) dispose d'un nombre important d'emplacements gratuits, sans limitation dans le temps. Éviter simplement certaines dates en été, lorsque la place accueille des concerts.

Urgences

Pour toute plainte ou déclaration à faire à la police, adressez-vous à l'un des **commissariats** suivants :

■ **Police d'État** (plan détachable E3) : via Pietrapiana, 50 r. ☎ 055-20-39-11 (standard) ou ☎ 055-203-912-27 et 055-203-912-21 (agent francophone). Lun-sam 8h30-19h30 (13h30 sam).
■ **Carabinieri** (plan détachable B3) : borgo Ognissanti, 48. ☎ 055-248-11. Ouv 24h/24.

Shopping

La capitale toscane rayonne non seulement par la beauté de ses monuments et de ses palais, mais aussi par la mode, dont la réputation n'est plus à faire. D'ailleurs, ce n'est pas rien si Florence accueille chaque année l'un des plus grands événements de la planète mode avec son célèbre Pitti Uomo, rendez-vous mondial des fashionistas. Et pour ceux qui préfèrent des joies plus simples mais ô combien gourmandes, subsistent quelques belles boutiques gastronomiques et enoteche traditionnelles. Un petit vin bio par-ci, une bonne huile d'olive par-là, ou encore d'excellentes salaisons comme le salame con cinghiale, provenant des sangliers en liberté dans les collines du Chianti, à quelques kilomètres de Florence. Fuyez les boutiques autour des grands sites touristiques qui vendent des produits prétendument typiquement toscans et qui sont fabriqués... en Europe de l'Est. Écartez-vous et vous découvrirez, au hasard de vos balades, un bon caviste (enoteca), une boutique de fruits et légumes, un producteur d'huile d'olive... Cherchez bien ! La qualité existe encore !

Et l'artisanat ? Pendant longtemps, il a été le fer de lance de Florence. Beaucoup ont malheureusement baissé le rideau (dans l'Oltrarno surtout) pour laisser place à des magasins chinois sans aucun intérêt. Malgré des actions « coups de poing » pour interpeller la mairie, les artisans ont bien du mal à faire valoir leur savoir-faire. Réputés pour leur travail soigné, dans le domaine du cuir surtout, mais aussi dans l'ébénisterie, la marqueterie, ils ne ménagent pas leurs efforts. Le centre renferme encore quelques ateliers de maroquinerie de qualité. Attention cependant à la contrefaçon. Chaque jour, le grand marché touristique au cuir de San Lorenzo qui a pris ses aises tout autour du mercato centrale propose sacs, ceintures, blousons... Attention cependant... on ne distingue pas toujours le vrai du faux ! Voici une liste non exhaustive de petites adresses dégottées au gré de nos envies !

Plaisirs de bouche

Le vin
🍷 Les amateurs de vin trouveront leur bonheur dans les adresses

« *Enotecche* » que nous citons dans les différents quartiers... Florence regorge en effet de caves où l'amateur trouvera une sélection de rêve de flacons précieux ! Attention toutefois à ne pas tomber sur des lieux attrape-touristes. Pour vous y retrouver, voici une petite sélection parmi les plus sympas et les plus sérieuses *(ttes fermées dim)* : **Casa del Vino** *(plan détachable D2, 143 ; via dell'Ariento, 16 r ;* ☎ *055-21-56-09)* ; **Le Volpi e l'Uva** *(plan détachable C-D4, 146 ; piazza dei Rossi, 1 ;* ☎ *055-239-81-32)* ; **Enoteca-bar Fuori Porta** *(plan détachable E5, 147 ; via del Monte alle Croci, 10 r ;* ☎ *055-234-24-83)* ; **Fratelli Zanobini** *(plan détachable C-D2, 141 ; via Sant'Antonino, 47 r ;* ☎ *055-239-68-50)* ; **Galleria del Chianti** *(zoom détachable D3, 156 ; via del Corso, 41 ;* ☎ *055-29-14-40)*.

L'huile, les charcutailles et autres gourmandises

☸ |●| 🍽🍽 **Eataly** *(zoom détachable D3, 233) : via dei Martelli, 2.* ☎ *055-015-36-01.* ● *eatalyfirenze@italy.it* ● *Tlj 10h-22h30.* Cette enseigne célèbre pour ses produits estampillés made in Italy est installée à deux pas du Duomo. À vous les rayonnages aussi alléchants les uns que les autres ! Difficile de résister ! Sans compter d'agréables petits comptoirs pour grignoter sur place ou à emporter (pizzas, *panini*, glaces...). Voir plus loin « Où manger ? » dans le quartier du Duomo. On a bien du mal à repartir les mains vides.

☸ 🍽 **Botteghina** *(plan détachable C5, 300) : piazza Pitti, 9 (juste en face du Palazzo Pitti).* ☎ *055-21-43-23. Tlj 11h-18h.* Petite épicerie fine spécialisée dans la truffe (même proprio que le *Caffè Pitti*). Vendue nature en bocaux ou incorporée à toutes sortes de préparations : terrines, crèmes, pâtes, huile... la truffe vous tend les bras. La maison propose également une belle sélection d'huiles d'olive et de charcuteries. D'ailleurs, on peut vous confectionner un *panino* avec les produits en vente.

☸ **La Bottega del Chianti** *(zoom détachable C4, 340) : via Borgo Sant'Apostoli, 41 r.* ☎ *055-28-34-10.* ● *sandra@labottegadelchianti.it* ● *Tlj sf*

dim 8h-19h. Les boutiques alimentaires sont légion à Florence. Avec son étal de fruits et légumes, ses rayonnages d'huiles d'olive, de bocaux et de fromages du coin, c'est un véritable festival de couleurs et d'odeurs qui vous chatouillent les narines en franchissant la porte. Sandra Fancelli, la sympathique propriétaire, confectionne même de délicieux *panini* à votre convenance.

☸ **La Bottega dell'Olio** *(zoom détachable C4, 301) : piazza del Limbo, 2 r (à côté de l'église S.S. Apostoli).* ☎ *055-267-04-68. Tlj sf lun mat et dim 10h-13h, 14-19h.* L'huile d'olive dans tous ses états ! La maison la décline sous forme d'huiles extra-vierges provenant des meilleurs producteurs (possibilité de déguster) et d'huiles aromatiques. Gourmands, élégants et bons vivants y trouveront leur compte.

☸ **Pegna** *(zoom détachable D3, 302) : via dello Studio, 26 r.* ☎ *055-28-27-01. À deux pas du Duomo. Lun-sam 10h-19h30, dim 11h-19h.* Petit supermarché de luxe qui a le mérite d'offrir un large éventail de bons produits toscans. Les vins de la région ne manquent pas, et le joli comptoir en bois à l'ancienne avec bonbons et moult friandises ne vous laissera pas insensible... Une adresse bien connue des Florentins gourmets.

☸ **Olio & Convivium** *(plan détachable C4, 133) : via di Santo Spirito, 4 r.* ☎ *055-265-81-98. Tlj sf dim. Voir « Où manger ? » dans le quartier de Santo Spirito.*

☸ **Enoteca Obsequium** *(zoom détachable C4, 313) : borgo San Jacopo, 17-39 r.* ☎ *055-21-68-49.* ● *info@obsequium.it* ● Boutique chic proposant un large choix de produits régionaux, vins compris. Moult bocaux aux préparations typiquement toscanes auront raison de vos papilles. On y a même installé tables et chaises entre les rayonnages pour vous régaler de charcutailles et fromages du pays accompagnés d'un bon verre de vin *(à partir de 10 €)*.

Mode italienne

Créateurs florentins et boutiques vintage

☸ **Boutique Nadine** *(zoom détachable E4, 329) : via dei Benci, 32 r.*

TOSCANE

☎ *055-247-82-74. Lun 14h30-19h30, mar-sam 10h30-20h, dim 12h-19h.* À deux pas de Santa Croce, voici une boutique vintage qui ne manque pas de cachet avec son beau plancher ciré, sa lumière tamisée et son côté « *home sweet home* ». Alors on hésite entre la valse des portants où des vêtements griffés sont en bonne place *(Saint Laurent, Gucci, Valentino, Pierre Cardin)* et des « babioles » disposées joliment sur d'antiques commodes. On peut même acheter du mobilier, le tout en excellent état... *Autre adresse : lungarno Acciaiuoli, 22 r.*

❀ *Angela Caputi (plan détachable C4, 312) : via di Santo Spirito, 58 r.* ☎ *055-21-29-72.* ● *angelacaputi. com* ● *Mar-sam 10h-13h, 15h30-19h30.* La créatrice Angela Caputi fabrique des bijoux en perles de résine colorée du plus bel effet : colliers, broches, boucles d'oreilles... Une petite fantaisie à s'offrir (pas donné quand même). On aime beaucoup cette adresse très prisée des Florentines. *Autre adresse : borgo S. Apostoli, 44-46 ;* ☎ *055-29-29-93.*

❀ *Flo Concept Store (plan détachable C4, 322) : lungarno Corsini, 30 r.* ☎ *055-537-05-68. Lun-sam 10h (15h lun)-19h.* Large éventail de vêtements de marques essentiellement italiennes pour toute la famille et pour tous les goûts. Ici, on met les jeunes talents en avant tout en gardant une « éthique artisanale ». Le coin destiné aux enfants est craquant. Conçu comme un endroit cosy et chaleureux, *Flo Concept Store* ravira les « shoppeuses addict » !

❀ *Grevi (zoom détachable C3, 335) : via della Spada, 11/13 r.* ☎ *055-26-41-39.* ● *info@grevi.com* ● *Tlj sf dim.* Issue d'une longue tradition familiale toscane (la fabrique est à 15 km de Florence), cette boutique intéressera les têtes à chapeau. Le produit phare : le chapeau de paille. Décliné aussi en velours, en feutre, en organdi et même en agneau de Toscane. Ce n'est pas donné, mais, en cherchant bien, on peut trouver quelques jolis modèles à des prix raisonnables.

❀ *Quelle Tre (plan détachable C4, 319) : via di Santo Spirito, 42 r.* ☎ *055-21-93-74. Mar-sam 10h30-14h,* 15h-19h30. Nées dans une famille de couturiers, trois sœurs se sont associées pour mettre en valeur leurs créations : accessoires (sacs, chapeaux, colliers) et robes trapèzes sobres... très tendance. La plupart des pièces sont uniques et réalisées avec de la laine bouillie ou du velours.

❀ *Aprosio & Co (zoom détachable C3, 320) : via del Moro, 75/77 r.* ☎ *055-265-40-77. Lun-ven 10h30-19h30, sam 10h30-13h30. Congés : 15 j. en août.* La dynamique créatrice Ornella Aprosio a le don de mettre en valeur perles et cristaux. Des modèles, façon petites bébêtes (coccinelles, abeilles, insectes divers) et fleurs, délicatement sertis sur des colliers, bracelets ou boucles d'oreilles. C'est joli, ça brille et c'est de très bon goût.

❀ *Pesci che Volano (plan détachable E3, 327) : borgo Pinti, 3 r. Lun-jeu et sam 10h-13h, 15h-19h.* Créations originales uniques de petits bijoux fabriqués en bronze, en bois ou en argent (bracelets, boucles d'oreilles, colliers). Également un rayon dédié aux enfants.

❀ *Bramada (zoom détachable D4, 344) : via del Proconsolo, 12.* ☎ *055-239-99-82. Tlj sf dim 11h-19h30.* Une boutique originale et bien située. Vêtements, foulards et bijoux confectionnés par les artisans de la région. Également de la vaisselle, des plaids et quelques objets de décoration. Ravissant, mais un peu cher tout de même.

❀ *Falsi Gioielli (zoom détachable D4, 333) : via dei Tavolini, 5 r.* ☎ *055-29-32-96. Tlj sf dim et lun mat 10h-19h30.* Bijoux en plexi aux couleurs toniques et aux formes géométriques originales. Ces « faux joyaux » sont déclinés en pendentifs, boucles d'oreilles, broches, bagues... Un concentré de fantaisie et de gaieté à des prix abordables. *Autre boutique : via de' Ginori, 34 r (plan détachable D2).*

❀ *Borsalino (zoom détachable D4, 318) : via Porta Rossa, 40.* ☎ *055-21-82-75. Tlj sf dim.* Le mythique Borsalino a une belle boutique rien que pour lui à deux pas de la loggia del Mercato Nuovo. Pas donné, mais, à ce prix-là, on a l'original ! Pour la petite histoire, Giuseppe Borsalino, avant de lancer sa première collection de chapeaux en Italie, avait appris le métier de chapelier à... Paris !

Achats dégriffés (outlets)

Les grandes marques ont implanté, pour la plupart, leurs magasins d'usine au sud-est de Florence. Judicieusement situés près d'une sortie d'autoroute, ces magasins démarquent leurs stocks et collections des années précédentes à 50 %. Évidemment, ces marques prestigieuses sont excessivement chères à l'origine, mais, en fouillant bien, on peut vraiment faire de bonnes affaires. Le plus intéressant, c'est de s'y rendre au moment des soldes (en janvier et en juillet).

Pour plus de renseignements, on peut aussi consulter le site (très bien fait) : ● outlet-firenze.com ●

❀ *Sotto Sotto (plan détachable E3, 345) : via Pietrapiana. Lun-sam 10h (15h lun)-19h, et l'ap-m du 1er dim du mois.* Une adresse dissimulée par des vitres fumées, mais une fois à l'intérieur c'est la caverne d'Ali Baba, à condition de bien fouiller. On peut y trouver la perle rare selon l'arrivage à - 50 %, - 70 % *(Dolce & Gabbana, Prada, Gucci).*

❀ *The Mall (Outlet Centre) : via Europa, 8, Leccio Regello, 50060.* ☎ *055-865-77-75.* ● *themall.it* ● *Pour s'y rendre, prendre l'autoroute A 1 Florence-Rome, sortie Incisa-Reggello, puis la SS 69 en direction de Pontassieve ; traverser le village ainsi que celui de Leccio ; à la sortie de celui-ci, tourner à gauche (fléché). Vous pouvez aussi prendre le train à la gare Santa Maria Novella à Florence jusqu'à Incisa Val d'Arno. Il existe également un service de navette qui relie Florence au Mall (tlj 10h-19h ; 35 €/ pers l'A/R). Solution encore plus économique : prendre un bus (liaison à partir de 8h50) de la compagnie Sita, direction Firenze-Leccio ; env 50 mn pour 5 €. Tlj 10h-19h (20h juin-août).* Grandes marques prestigieuses à prix intéressants : *Emanuel Ungaro, Fendi, Ermenegildo Zegna, Armani Jean's, Gucci, Valentino, Tom Ford, Salvatore Ferragamo, Stella MacCartney, Roberto Cavalli, Burberry, Montclerc, Tod's et Hogan.*

❀ *Dolce & Gabbana Outlet : località Santa Maria Maddalena.* ☎ *055-833-13-00. À deux pas du* Mall, *à Rignano*

Sull'Arno. Tlj 9h (15h dim)-19h. La collection de la saison précédente à des prix pouvant atteindre 50 % de réduction.

❀ *Prada : località Levanella, 52025 Montevarchi.* ☎ *055-91-901. Au sud des 2 adresses précédentes. Prendre l'autoroute A 1 ; sortir à Montevarchi. Assez mal indiqué (bien suivre les panneaux). Tlj 10h-19h.* Le stock de la célèbre marque italienne à des prix défiant toute concurrence.

❀ *Roberto Cavalli : via Volturno, 3, Sesto Fiorentino, 50019.* ☎ *055-31-77-54. Lun-sam 10h-19h (fermé sam en hiver).* Toute la collection de l'année précédente à prix sacrifiés ! On peut vraiment y faire de bonnes affaires.

Cuir

❀ *Scuola del Cuoio (plan détachable E4, 304) : via San Giuseppe, 5 r.* ☎ *055-24-45-33. Attenante à la basilique Santa Croce, mais l'entrée se fait par la porte latérale est. Tlj 10h-18h (fermé dim en hiver).* Fondée il y a des siècles par les moines franciscains, l'école du Cuir continue à confectionner des accessoires de qualité. On peut regarder le travail de quelques artisans (et aussi des élèves venus des quatre coins du monde apprendre leur savoir-faire).

❀ *Antica Cuoieria (zoom détachable D3, 311) : via del Corso, 48 r.* ☎ *055-23-81-653. Tlj 9h30 (10h dim)-19h30.* Un des derniers bastions du cuir florentin. Tradition et savoir-faire sont les principes de cette belle boutique à l'ancienne. Des chaussures de qualité et à des prix encore raisonnables, surtout les nu-pieds.

❀ *Kara Van Petrol (zoom détachable D4, 342) : borgo S.S. Apostoli, 6/8. À l'angle de la via Por Santa Maria. Tlj 11h (15h dim)-20h.* Née à Florence à la fin des années 1970 (même si le nom ne semble pas l'indiquer), cette marque 100 % italienne offre un bon choix de sacs en tout genre ainsi que des accessoires (ceintures, porte-monnaie). Ce n'est pas donné, mais le cuir est vraiment de qualité.

❀ *Mywalit (zoom détachable D3, 332) : via degli Speziali, 10/12.*

TOSCANE

☎ 055-21-16-68. Tlj. Enseigne toscane spécialisée dans le cuir, créée à Lucques dans les années 2000 (mais les usines de fabrication sont en Asie). L'enseigne au petit éléphant multicolore a désormais un *flagship* dans l'une des rues les plus passantes de Florence. Toute une maroquinerie déclinée dans des couleurs gaies. Et ce n'est pas non plus le coup de bambou niveau prix. *Autre adresse (plus petite) : via della Condotta, 30 r, à deux pas, vendant les collections des années précédentes, donc moins chères.*

🌸 *Sermoneta (zoom détachable C3, 317) :* via della Vigna Nuova, 28 r. ☎ 055-28-53-05. Tlj sf dim et lun mat. Cette enseigne est née dans les années 1960 d'un gantier romain, Giorgio Sermoneta. Il a su faire évoluer le gant longtemps réservé à une certaine classe sociale en un accessoire pratique, beau et à un prix tout à fait démocratique. Conseils avisés et disponibilité de rigueur dans cette jolie boutique.

Artisanat : céramique, mosaïque et papiers marbrés

🌸 *Sbigoli Terrecotte (plan détachable E3, 309) :* via Sant'Egidio, 4 r ; face à la piazza G. Salvemini. ☎ 055-247-97-13. Lun-sam 9h-13h, 15h-19h. 35 ans de métier et toujours autant de passion. Voilà qui résume l'histoire de cette petite affaire familiale, où le père tourne lui-même ses collections de pots, de vases ou de vaisselle classique, avant de les décorer à la main, aidé de sa femme et de sa fille. Et si quelques pièces ne sortent pas de ses propres fours, il s'agit toujours d'une sélection du meilleur de la production florentine, notamment de la célèbre fabrique d'Impruneta, à 10 km au sud de Florence.

🌸 *I Mosaici di Lastrucci (plan détachable E-F4, 306) :* via dei Macci, 9. ☎ 055-24-16-53. Tlj 9h-13h, 15h-19h (fermé dim en hiver). Entrée libre. Lorsque Bruno Lastrucci et son fils esquissent une nouvelle œuvre, ils ne savent jamais à quel moment ils en viendront à bout. Qu'importe. La technique de la pierre dure est un art exigeant, qui requiert autant d'habileté que de patience dans la

découpe des pierres naturelles, comme le porphyre, le marbre ou l'agate, soigneusement taillées en biseau avant d'être assemblées avec de la cire d'abeille. En poussant les portes de cet ancien couvent, vous découvrirez d'abord l'atelier, où l'on vous expliquera en détail ces techniques, avant d'admirer les « peintures éternelles » exposées dans la galerie. Évidemment, tout ça a un prix !

🌸 *Fabriano Boutique (zoom détachable D3, 315) :* via del Corso, 59 r. ☎ 055-28-51-94. Tlj 10h-20h. Cette fabrique de papier, située à Fabriano, dans les Marches, était le principal centre européen de papier depuis le... XIIe s. Ensuite, les ateliers sont passés entre plusieurs mains, et depuis les années 2000 les boutiques *Fabriano* se sont offert un relooking avec un éventail original et varié de papeterie aux couleurs flashy, alliant savoir-faire et modernité. Une belle idée de cadeau !

🌸 *Angela Salamone (plan détachable F4, 334) :* piazza Ghiberti, 16 r. ☎ 055-234-68-11. Tlj sf lun et sam ap-m 10h-13h, 16h30-19h. Voilà déjà quelques années que cette créatrice a posé ses feuilles de papier dans cette petite boutique de Sant'Ambrogio. Alliant modernité et tradition, elle façonne de ravissants porte-cartes, porte-photos, blocs, etc. Vous pouvez même la regarder travailler en direct ! Création sur demande (compter 4-5 jours de délai).

🌸 *Giulio Giannini (plan détachable C4, 310) :* piazza dei Pitti, 37 r. ☎ 055-239-96-57. Lun-sam (parfois fermé sam) 9h30-12h30, 15h-18h. Paysages et scènes animalières sont les sujets de prédilection de la famille Giannini (depuis 1856). Carnets, albums photos ou jolies boîtes, à des prix encore raisonnables. De grands couturiers viennent même s'inspirer de ses motifs pour leurs futures collections ! C'est beau mais pas donné.

🌸 *Il Torchio (plan détachable D4, 326) :* via dei Bardi, 17. ☎ 055-23-28-62. Lun-ven 9h30-13h30, 14h30-19h ; sam 9h-13h. Albums photos et papiers traditionnels fabriqués selon un procédé du XVIIe s, un savoir-faire qu'on ne manquera pas de vous expliquer. Possibilité de passer commande si vous êtes dans la région quelques jours.

🌸 *L'Ippogrifo (plan détachable C4,*

328) : via Santo Spirito, 5 r. ☎ *055-21-32-55.* Gianni Raffaelli est un véritable artiste, qui manie la même technique de l'aquarelle qu'il y a 500 ans. On peut le voir ainsi créer ses œuvres (son atelier et la boutique ne font qu'un) : natures mortes et portraits. Possibilité d'en réaliser sur commande à condition d'en faire la demande quelques jours avant.

Enfants

❀ 🚶‍♂️ *Bartolucci (zoom détachable D4, 307) : via della Condotta, 12 r.* ☎ *055-21-17-73. Tlj 9h30-19h30.* Jolie boutique à l'ancienne ressuscitant le monde merveilleux des jouets en bois. On y trouve de tout, à tous les prix, du cheval à bascule aux petites horloges en passant par les toupies, les boîtes à musique... à l'effigie de Pinocchio, évidemment !

❀ 🚶‍♂️ *Letizia Fiorini (zoom détachable C4, 314) : via del Parione, 60 r.* ☎ *055-21-65-04.* Minuscule boutique où la créatrice propose de jolies marionnettes toutes personnalisées et faites à la main. Farfadets en feutrine ou encore adorables pantins peints en bois, qui amuseront les plus petits.

❀ 🚶‍♂️ *La Bottega di Gepetto (plan détachable C4, 328) : via Santo Spirito, 16 r.* La vitrine surtout fera le bonheur des enfants. À l'intérieur, un vrai bric-à-brac dédié entièrement au fils de Gepetto. Nul doute que cette boutique minuscule comblera petits et grands.

❀ 🚶‍♂️ *Città del Sole (zoom détachable D3, 330) : via dello Studio, 23.* ☎ *055-277-63-72.* ● *cittadelsolefirenze.it* ● *Tlj 10h (10h30 dim)-19h30.* Un immense magasin de jouets entièrement dédié aux univers divers et variés de vos chérubins, classé par thèmes et par âges. Bonne sélection de livres, puzzles, coin poupées et même un immense train en bois pour occuper vos têtes blondes pendant vos achats. Pour les plus grands, jeux pour faire des expériences scientifiques ou des tours de magie, équipements de plein air... Bref, de quoi faire rêver petits et grands...

❀ 🚶‍♂️ *Le 18 Lune (plan détachable C5, 316) : via Romana, 18 r.* ☎ *055-512-03-06.* Boutique grande comme un mouchoir de poche où crayons, papiers, blocs-notes et divers petits objets de

déco ont une place de choix. Également de jolies aquarelles exposées (et à vendre !) : l'atelier de l'artiste Stefano Ramunno est juste à côté.

Thé ou tisane ?

❀ *La Via del Tè (zoom détachable D4, 331) : via della Condotta, 26-28 r.* ☎ *055-234-49-67. Tlj 10h-19h30 (13h30 lun).* Envie de thé au royaume de l'*espresso* ? Cette adresse est pour vous ! Voilà une jolie boutique située dans la très commerçante via della Condotta. Plus de 250 mélanges soigneusement sélectionnés, venus du Japon, d'Afrique, d'Inde ou de Chine. Le choix est difficile ? Vous pouvez humer ces délicieuses senteurs grâce à l'*Aromateca,* bouteille en verre qui conserve tous ses arômes. Le salon de thé du même nom se situe sur la piazza Ghiberti, quartier Sant'Ambrogio *(plan détachable F4).* Et ils ont franchi l'Arno en installant un 3e magasin-salon de thé via Santo Spirito *(plan détachable C4).* Accueil sympathique et professionnel. Intarissables sur l'histoire du thé.

❀ *Bizzarri (zoom détachable D4, 337) : via della Condotta, 32 r.* ☎ *055-21-15-80. Lun-ven 9h30-13h, 16h-19h30 ; sam mat slt. Congés : août.* Un magasin d'herboristerie et d'essences naturelles qui a pignon sur rue depuis 1842. La boutique vaut la visite à elle toute seule, avec ses petits flacons et ses bocaux alignés sur des étagères séculaires. Si vous restez un peu de temps à Florence, demandez qu'on vous concocte une tisane avec les herbes de votre choix. Conseils avisés et accueil pro.

Parfums

❀ *Aquaflor (zoom détachable E4, 324) : via borgo Santa Croce, 6.* ☎ *055-9234-34-71.* ● *florenceparfum.com* ● *Tlj sf dim et lun mat.* Une adresse à l'enseigne discrète (presque secrète) à deux pas de la basilique Santa Croce. Ambiance feutrée, où il fait bon renifler moult senteurs dans des flacons joliment présentés. Sans compter les savons, les bougies, les crèmes et les parfums d'ambiance qui ont eux aussi une place de choix. Sileno Cheloni, maître parfumeur, peut

TOSCANE

vous concocter, après une étude très précise sur vos goûts et votre caractère, un parfum rien que pour vous !

⚜ *Lorenzo Villoresi (plan détachable D5, 303) : via dei Bardi, 12.* ● *lorenzovillaresi.it* ● *Lun-sam 10h-19h.* Le célèbre parfumeur florentin a ouvert sa boutique dans l'Oltrarno pour le plus grand plaisir de ses clientes. Celle-ci est conçue comme un écrin où l'on prend le temps d'humer un des nectars du célèbre parfumeur. Cher, certes, mais la qualité n'a pas de prix, n'est-ce pas ?

⚜ *Erbario Toscano (zoom détachable D3, 343) : via del Corso, 38 r.* ☎ *055-26-40-36.* Pour ceux et (surtout) celles qui aiment les fragrances fraîches et fleuries, vous retrouverez ici toutes les odeurs chères à la Toscane : la rose, le raisin, sans oublier l'olive... déclinées en huile, crème, savon, etc.

⚜ *Olfattorio (zoom détachable C4, 321) : via de Tornabuoni, 6.* ☎ *055-28-69-25. Lun-sam 10h30-19h30.* Un bar à parfums qui plaira aux coquettes de passage. Au fond du magasin, minuscule exposition de poudriers de toutes sortes et de toutes marques (il faut demander à la vendeuse d'ouvrir la salle). Pour les nostalgiques, on y trouve également des marques françaises tendance *(Diptyque, L'Artisan Parfumeur).*

⚜ *Dr Vranjes (zoom détachable C3, 336) : via della Spada, 9 r.* ☎ *055-28-87-96.* ● *info@drvranjes.it* ● *Tlj sf dim-lun mat.* Voici 30 ans que Paolo Vranjes sélectionne avec soin ses fragrances, une passion héritée de son grand-père, grand voyageur. Une jolie boutique-écrin avec des parfums délicats présentés dans des flacons en verre de Murano, ainsi qu'une ligne pour le corps, des parfums d'intérieur, des bougies parfumées... *Autres adresses : via San Gallo, 63 r, et borgo La Croce, 44 r (plan détachable D2 et F3, 336).*

⚜ *Officina Profumo Farmaceutica di Santa Maria Novella (plan détachable C3) : via della Scala, 16.* ☎ *055-21-62-76. Tlj 9h30-19h30.* Un lieu incontournable à Florence. Depuis plus de 400 ans, elle est célèbre pour ses herbes officinales cultivées autrefois par ses moines. L'enseigne historique est aujourd'hui à la tête d'une grande entreprise commerciale, implantée dans le monde entier. Évidemment, on craque sur les crèmes, les eaux florales, les savons joliment emballés de façon rétro (vieilles étiquettes, écriture manuscrite). N'oubliez pas de demander les prix avant de passer commande, sinon, c'est le coup de bambou assuré ! Accueil commercial, bien sûr... Se reporter aussi à la rubrique « À voir » du quartier Santa Maria Novella pour la partie historique.

Divers

⚜ *Mario Luca Giusti (plan détachable C3, 341) : via della Vigna Nuova, 88 r.* ☎ *055-239-95-27. Tlj sf dim.* Originaire de Florence, ce designer a eu la bonne idée de faire du verre précieux des répliques en... plastique. Un concept original qui fait son chemin depuis 10 ans. Inspiré par ses voyages, Mario Luca Giusti a su créer des objets du quotidien déclinés dans des couleurs toniques (assiettes, verres à pied, candélabres, pichets) qui font sacrément de l'effet. Ses collections ont largement dépassé les frontières de la Botte. Prix encore raisonnables. *Autre adresse : via della Spada, 20 r.*

⚜ *Mio (zoom détachable C3, 346) : via della Spada, 34 r.* ☎ *055-264-55-43.* ● *mio-concept.com* ● *Tlj sf lun mat et dim.* Un concept-store qui concentre le meilleur de la production toscane ! Objets recyclés, bijoux, papeterie, vaisselle, mobiliers, déco, écharpes... tout est réalisé par des artistes locaux. Des idées à tous les prix. Vous y trouverez certainement votre bonheur. Et, en plus, l'accueil est charmant.

QUARTIER DU DUOMO

Véritable musée à ciel ouvert, le centre historique concentre un nombre impressionnant d'œuvres au mètre carré ! On y trouve le Duomo et sa coupole, le baptistère et les célèbres portes de Ghiberti, la galerie des Offices aux mille chefs-d'œuvre : Botticelli, Raphaël, Michel-Ange, Titien, Véronèse... le Palazzo Vecchio et la piazza della Signoria, que les Florentins affectionnent particulièrement, sans oublier le Ponte Vecchio, l'emblème de la ville. Ouf ! La piazza della Repubblica, majestueuse avec ses vieux cafés historiques, est aussi un des centres névralgiques de la cité. Tout le quartier est désormais piétonnier. Un bonheur !

Où dormir ?

Bon marché

🛏 **Hotel Por Santa Maria** (zoom détachable D4, **23**) : via Calimaruzza, 3. ☎ 055-21-63-70. ● info@hotelpor santamaria.com ● hotelporsantama ria.com ● Doubles avec sdb 40-95 € (moins cher avec sdb à l'étage) ; petit déj non inclus. Une petite adresse sans prétention qui a le mérite d'être très centrale. 8 chambres proprettes et bien tenues qui peuvent dépanner. Accueil prévenant des jeunes proprios disponibles pour vous aider.

De prix moyens à chic

🛏 **Hotel Canada** (zoom détachable D3, **58**) : borgo S. Lorenzo, 14. ☎ 055-21-00-74. ● info@pensionecanada. com ● pensionecanada.com ● Au 2e étage sans ascenseur. Doubles sans ou avec sdb et w-c privés 90-100 €. Idéalement situé, à 50 m du baptistère, ce petit hôtel tenu par un couple motivé dispose d'une poignée de chambres simples mais spacieuses et confortables. Un petit coin salon vient même compléter le tout ! Propreté irréprochable et accueil dynamique.

🍴 **La Casa del Garbo** (zoom détachable D4, **18**) : piazza della Signoria, 8. ☎ 055-293366. ● casadelgarbo.it ● Doubles 95-180 € ; apparts 3-5 pers 105-230 €. 📶 Un lieu insoupçonné qui ravira les visiteurs voulant profiter au maximum des musées. En effet, difficile de faire plus près ! Les chambres et les appartements sont hyper fonctionnels et bien insonorisés. Plafond à caissons et fresques murales pour la déco, gentillesse et disponibilité pour l'accueil. Prix imbattable pour le quartier. Attention cependant, l'hôtel est sur 3 niveaux sans ascenseur et ne convient pas à des personnes à mobilité réduite.

🛏 **Hotel Maxim** (zoom détachable D3, **66**) : via dei Calzaiuoli, 11. ☎ 055-21-74-74. ● reservation@hotelmaxim firenze.it ● hotelmaximfirenze.it ● ♿ Doubles avec sanitaires privés 70-130 €. Parking payant. 📶 Dans une artère piétonne à quelques pas de la place du Duomo, on ne peut plus central. Hôtel coquet aux poutres apparentes, à l'accueil personnalisé et chaleureux. Petit patio fleuri. Les chambres propres et confortables se répartissent sur 2 étages. À chaque étage, une salle de petit déjeuner et un veilleur de nuit.

🛏 **Hotel Axial** (zoom détachable D3, **66**) : même adresse et mêmes proprios que le précédent. ☎ 055-21-89-84. ● info@ hotelaxial.it ● hotelaxial.it ● ♿ Doubles 90-169 €. Parking payant. 📶 Situé à l'étage juste en dessous, c'est la même gestion mais c'est un poil plus cher. Rassurez-vous, l'accueil y est toujours chaleureux et le lieu très propre. Personnel très disponible.

🛏 **Albergo Firenze** (zoom détachable D3, **64**) : piazza Donati, 4 (via del Corso). ☎ 055-21-33-11. ● info@ albergofirenze.net ● albergofirenze. org ● ♿ Très bien situé, à deux pas du Duomo. Selon période, 85-115 € pour 2 avec sdb. Parking payant. 📶 Situé dans une tour médiévale de 5 étages où habitait autrefois la riche famille florentine Donati. Une cinquantaine de chambres fonctionnelles, globalement confortables et très propres. Double vitrage côté rue. Certaines chambres ont été redécorées ; demander celles-ci de préférence à la réservation.

De chic à très chic

🛏 **Hotel Bigallo** (zoom détachable D3, **71**) : vicolo degli Adimari. ☎ 055-21-60-86. ● info@hotelbigallo.it ● hotelbigallo. it ● Doubles 90-150 €. 📶 Nous n'avons pas trouvé mieux comme situation avec vue directe de la majorité des chambres

TOSCANE

TOSCANE

sur le Duomo ! Toutes très confortables et d'un très bon rapport qualité-prix, vous en profiterez encore mieux à la basse saison quand les prix chutent ! Également tout un éventail de services (navette aéroport, laverie...). Accueil professionnel et avec le sourire !

🏠 *Hotel Hermitage (zoom détachable D4, 80)* : piazza del Pesce, vicolo Marzio, 1. ☎ 055-28-72-16. ● florence@ hermitagehotel.com ● hermitagehotel. com ● *Chambres 120-200 € selon saison (plus cher pour celles avec jacuzzi). Parking payant.* 📶 À deux pas du Ponte Vecchio, hôtel de charme à la déco patinée. Pour peu, on se croirait à l'époque des Médicis (avec le confort en plus, *of course !).* Ambiance chaleureuse et cosy. Les quelques chambres ayant une petite vue sur l'Arno nous ont particulièrement plu. Et le petit déj sur la terrasse donnant sur le fleuve s'avère être un petit moment délicieux.

🏠 *Hotel degli Orafi (zoom détachable D4, 19)* : lungarno Archibusieri, 4. ☎ 055-26-62-22. ● info@hoteldegliorafi.it ● hoteldegliorafi.it ● *Doubles à partir de 160 €. Parking payant.* 📶 Hôtel à l'emplacement idéal avec vue sur l'Arno (qui se paie, forcément !). Les chambres sont confortables, à la hauteur du lieu. Des détails architecturaux qui font la différence, comme les fresques d'origine, les plafonds en bois à caissons ou encore le lustre en cristal du XIXe s dans la salle du petit déjeuner. Non négligeable, une belle terrasse pour buller. Vous pouvez aussi rejouer la scène du film aux 3 oscars *Chambre avec vue,* de James Ivory, qui a été tournée ici même (chambre nº 414 au 4e étage, réservée des mois à l'avance !). Les chambres sur l'Arno sont les plus chères, mais ce sont aussi les plus agréables. Également une aile restaurée, plus moderne, pour des familles ou des séjours longs (mais moins bien). C'est le repaire des Américains qui veulent être transposés durant leur séjour dans le

XIXe s du réalisateur américain ! Accueil très pro et personnel disponible.

Très chic

🏠 *Hotel Brunelleschi (zoom détachable D3, 136)* : piazza Sant'Elisabetta, 3. ● info@hotelbrunelleschi.fr ● hotelbru nelleschi.it ● *À partir de 180 € en basse saison.* On aime beaucoup cet hôtel (luxueux certes) à la déco raffinée et discrète, à l'image du personnel qui se met en quatre pour rendre votre séjour agréable. En plein centre de la ville, c'est l'assemblage de 3 palais. Avec près de 100 chambres, il propose un large éventail d'offres et de prix. Nous, on a eu un petit faible pour la suite « Pagliazza », nichée dans la tour byzantine, mais on se voyait bien aussi dans la suite nº 502 avec sa vue panoramique, ou dans la « Pool Suite » avec jacuzzi à l'extérieur sur la terrasse, qui nous a bien fait rêver. Rassurez-vous, il y a aussi des chambres standard à un prix beaucoup plus abordable. Le petit déjeuner-buffet est copieux et délicieux, servi au 1er étage tout à côté du restaurant réputé qui dépend de l'hôtel, l'*Osteria Pagliazza.* Personnel soucieux de notre bien-être. La classe, quoi !

🏠 *Gallery Art Hotel (zoom détachable D4, 83)* : vicolo dell'Oro, 5 r. ☎ 055-272-63. ● gallery@lungarno collection.com ● lungarnocollection. com ● *À partir de 300 € la nuit.* 📶 Ce boutique-hôtel est idéal pour les amateurs de confort, de luxe et d'art contemporain, à condition d'y mettre le prix ! Ambiance raffinée, chambres grandes et lumineuses. De belles expos temporaires dans le hall. Quant au *roof top,* il est dément avec ses grandes banquettes blanches et sa vue panoramique sur l'Arno. Évidemment, cet écrin de calme et de volupté à deux pas du Ponte Vecchio nous a conquis.

Où manger ?

Sur le pouce

🥪 *Il Cernacchino (zoom détachable D4, 102)* : via della Condotta, 38 r. ☎ 055-129-41-19. ● lecer nacchhie@tin.it ● *Tlj sf dim. Congés : 1 sem en août.* Panini à partir de 5 €. Petite sandwicherie sur 2 niveaux idéalement placée, qui propose un large choix de *panini* d'une grande fraîcheur ainsi que des plats de pâtes tout à fait corrects. Pratique pour les petits budgets et les grosses faims. Possibilité de s'asseoir (attention, les places sont chères le midi !). Idéal en même temps pour reposer les gambettes. Accueil très gentil et en français.

Gusta Trippa (*zoom détachable D3, 136*) : *via Santa Elisabetta, 7.* 339-742-56-92. *Tlj 8h-20h (restreint en basse saison).* Panini 3-4,50 € ; *plateau 7 €.* Ce minuscule local remporte un beau succès avec ses sandwichs aux tripes, spécialité de la cuisine florentine. Un bout de comptoir avec un verre de vin *(1,50 €),* et le tour est joué !

INO (*zoom détachable D4, 184*) : *via dei Georgofili, 3 r-7 r.* 055-21-92-08. • *info@ino-firenze.com* • *À deux pas des Offices.* Tlj 11h30-16h30. Panini *à partir de 8 € ; assiette toscane 12 €.* Dans la 1re salle, pour une pause déjeuner chic et agréable, on est accoudé à un long comptoir. La 2e salle est plus invitante avec ses fûts géants en guise de tables, et plus intime. On déguste entre 2 visites une assiette toscane accompagnée d'un verre de vin local, ou un *panino.* On vous l'accorde, c'est cher pour des *panini,* mais la fraîcheur des produits est garantie.

Bon marché

La Gabbia Matta (*zoom détachable D3, 168*) : *via de Pucci, 4 a.* 055-285407. *Lun-ven 12h-15h, w-e sur résa slt.* Repas env 20 €. Voilà une petite *osteria* populaire nichée au sous-sol du Palazzo Pucci. Cette « cage folle» (traduction littérale) vous invite à piocher dans une courte carte où les pâtes faites maison et les plats locaux sont à l'honneur. L'accueil souriant et jovial d'Alessandro vous fera passer un agréable moment sans vous ruiner. Attention, pas de réservation possible, arrivez tôt !

Hostaria Il Desco (*zoom détachable D4, 106*) : *via delle Terme, 23 r.* 055-294882. • *hostariaildesco@yaoo.it* • *Repas complet env 20 €.* Une aubaine à deux pas des Offices ! Cette petite *trattoria* à gestion familiale propose tous les midis un menu à 18 € fort honorable. La *nonna* est en cuisine, tandis que la petite-fille prend les commandes... Une affaire qui roule !

Osteria I Buongustai (*zoom détachable D4, 103*) : *via de Cerchi, 15 r.* 055-291-304. • *ibuongustai@libero.it* • *Lun-sam 12h-15h30 (22h ven-sam). Congés : août. Résa conseillée. Repas env 12 €.* Un petit bout de vitrine et un étroit couloir en guise de devanture : c'est l'une des cantines des travailleurs du quartier, qui s'y pressent chaque midi. Service efficace mais, comme toute cantine qui se respecte, c'est bruyant. On s'installe là pour de fameux *antipasti,* une généreuse platée de pâtes ou une salade composée, accompagnés d'un verre de vin maison. Fait aussi des sandwichs à emporter. Et basta !

Trattoria Antico Fattore (*zoom détachable D4, 230*) : *via Lambertesca, 1/3 r.* 055-288975. • *info@antico fattore.it* • *Tlj sf dim. Résa conseillée (toujours plein). Compter 20-25 €.* Une adresse bien dans son jus, qui a connu des générations de Florentins venus se régaler d'une bonne *bistecca,* l'incontournable de la maison. Une ambiance bien typique et une cuisine qui ne décevra pas les amateurs de viande.

La Bussola (*zoom détachable C4, 118*) : *via Porta Rossa, 58 r.* 055-29-33-76. • *info@labussola firenze.it* • *Repas 15-40 €.* Cette adresse a pignon sur rue depuis 40 ans. Ce n'est pas un hasard si les Florentins y viennent pour ses pizzas, parmi les meilleures de la ville, paraît-il ! Il faut voir le pizzaiolo s'activer à préparer des pizzas généreuses et fondantes. Également de bons *piatti* joliment présentés. Beaucoup de monde, arrivez tôt... ou tard !

Coquinarius (*zoom détachable D3, 105*) : *via dell'Oche, 11 r.* 055-230-21-53. • *coquinarius@gmail. com* • *Tlj sf dim juin-août. Résa* vivement conseillée. Repas 25-30 €. Grand espace avec une belle hauteur de plafond, déco chaleureuse. Côté cuisine, spécialités toscanes revisitées, *pasta* et salades sont à l'honneur. Courte mais bonne sélection de desserts également. Quant au vin, belle carte et petite sélection au verre. Service survolté au moment du coup de feu mais toujours dans la bonne humeur.

📧 🚢 🚢 **Eataly** (zoom détachable D3, **233**) : via dei Martelli, 2. ☎ 055-015-36-01. ● eatalyfirenze@italy.it ● Tlj 10h-22h30. Mis à part une tripotée d'excellents produits locaux (voir plus haut la rubrique « Shopping »), on y trouve des petits comptoirs de pain, poissons, viandes, charcuterie, pizzas... où tout est préparé devant vos yeux. Attention : à l'heure du déjeuner et du dîner, mieux vaut arriver tôt car les places sont chères ! Un endroit propice pour déguster un bon aperçu de la cuisine italienne.

Chic

📧 🍷 **Gucci Caffè & Restaurant** (zoom détachable D4, **130**) : piazza della Signoria. À l'intérieur du musée Gucci. Tlj 9h-23h. Repas complet 35 € le midi. Un bel endroit, chic comme il se doit, tout à côté du Palazzo Vecchio. La carte le midi est tout à fait correcte avec des classiques (pâtes, risotto...). Le soir, elle change et les prix montent, évidemment. Accueil extrêmement courtois et prévenant, comme l'exige l'illustre maison... Aux beaux jours, la terrasse est extra avec vue sur les fesses de Neptune.

📧 **Buca dell'Orafo** (zoom détachable D4, **84**) : via dei Girolami, 28 r. ☎ 055-21-36-19. ● info@bucadellorafo.com ● Ouv le soir slt sf dim. Résa conseillée car il y a très peu de places. Repas 35-40 €. Un repaire classique dans l'itinéraire culinaire florentin pour les habitués, qui viennent y savourer des plats typiques (bistecca, tripes). Les adresses comme celle-ci se comptent sur les doigts d'une main dans la ville. Sa particularité ? Située en sous-sol, elle est très typique. Produits frais et service attentif. Attention, ça peut parfois paraître bruyant...

Très chic

📧 **Ora d'Aria** (zoom détachable D4, **219**) : via dei Georgofili, 11. ☎ 055-200-16-99. ● prenotazioni@oradariaristorante.com ● Tlj sf dim et lun midi. Congés : 15 j. en août. Résa vivement conseillée (le soir surtout). Compter 60 € le midi, le double le soir ! Menu dégustation 90 € (6 plats). Marco Stabile est un jeune chef à la créativité débordante. À deux pas de la galerie des Offices, dans un décor élégant et sobre aux tons gris et blancs, le voici aux commandes d'une cuisine légère et savoureuse qu'il accommode d'herbes fraîches et d'épices. Quelques associations inattendues mais excellentes enchanteront les papilles les plus réfractaires à la modernité culinaire. Et l'accueil ? Attentionné, comme il se doit... Alors ? Cassez sans hésiter la tirelire pour un dîner en amoureux...

Bars à vins (vinai, enoteche)

Bon marché

🍷 🚢 **I Fratellini** (zoom détachable D4, **140**) : via dei Cimatori, 38 r. ☎ 055-239-60-96. ● ifratellini@gmail.com ● ♿ Tlj sf dim 8h-20h30. Congés : fév et nov. Un endroit bien dans son jus qui propose un verre de vin et un panino à consommer debout dans la rue. Une vraie relique, tenue avec amour par deux frères, l'un préparant les sandwichs à la commande (à partir de 4 €), l'autre s'occupant de remplir les ballons de chianti ou même de brunello. Accueil chaleureux.

All'Antico Vinaio *(zoom détachable D4, 142)* **:** *via dei Neri, 65 r.* Tlj 8h-21h. Panino 5 €. Ici, tout est dans l'atmosphère : à la bonne franquette, comme en témoignent ces bouteilles disposées autour de rangs serrés de verres que les amateurs remplissent eux-mêmes (le patron vous a tout de même à l'œil !). Et à ras bord, s'il vous plaît ! Pour accompagner le chianti, *panini* et *crostini* garnis de bons ingrédients, frais et variés. Également plat de pâtes et *focaccia*. Le tout se livre pour une poignée d'euros et se déguste au comptoir, perché sur un tabouret haut. Qui dit mieux ?

Galleria del Chianti *(zoom détachable D3, 156)* **:** *via del Corso, 41.* ☎ 055-29-14-40. Tlj 10h (11h dim)-20h. Une belle *enoteca* à l'ancienne où le patron prodigue moult conseils. Possibilité aussi de grignoter quelques plats typiques du coin, accompagnés d'un ballon de rouge, comme il se doit ! À la vôtre !

De prix moyens à chic

Cantinetta da Verrazzano *(zoom détachable D3-4, 144)* **:** *via dei Tavolini, 18-20 r.* ☎ 055-26-85-90. Lun-sam 8h-21h, dim 10h-16h30. Le « temple » de Verrazzano, un fameux producteur de vins du Chianti dont on parlait déjà au XIIe s ! On y vient bien sûr pour les vins du domaine, au verre ou à la bouteille, mais aussi pour ses délicieuses *focacce* cuites au four à bois, ses charcuteries artisanales et ses desserts (délicieuse tarte aux pignons). Les pressés s'accouderont au comptoir le temps d'une dégustation sauvage, les autres s'attarderont dans l'une des 2 salles cossues tapissées de belles boiseries sombres ou s'attableront en terrasse, prise d'assaut à l'heure de l'*aperitivo.* L'un des incontournables de la tournée des bars à vins.

TOSCANE

Où déguster une glace ? Où acheter du chocolat et des friandises ?

Perchè No *(zoom détachable D4, 211)* **:** *via dei Tavolini, 19 r.* ☎ 055-239-89-69. Tlj jusque... tard. Depuis 1939, cette *gelateria* émoustille nos papilles avec un vaste choix de sorbets, glaces traditionnelles et glaces sans crème (un peu plus light). Notre must : la chocolat (pas le sorbet, plus fade), la café aux pépites de chocolat ou encore la caramel. Mais il y en a tant d'autres, comme celles aux amandes et au thé vert, que chacun y trouvera forcément son compte.

Grom *(zoom détachable D3, 160)* **:** *via del Campanile, 2 (à l'angle de la via dell'Oche).* ☎ 055-21-61-58. Tlj 10h30-minuit (23h en hiver). Désormais célèbre, cette enseigne turinoise ne déroge pas à la règle ici avec ses glaces bio. La carte des parfums change tous les mois (saison oblige !). Accueil pro mais pas toujours avec le sourire... Dommage.

Edoardo *(zoom détachable D3, 172)* **:** *piazza del Duomo, 45 r.* ☎ 055-281055. Tlj 11h30-23h30. Un glacier tout bio, du cornet fait artisanalement aux parfums soigneusement sélectionnés. Notre préférée, la Gianduia, celle aux noisettes et au chocolat. Idéalement placé (derrière le Duomo), il faut parfois s'armer de patience pour accéder au Saint-Graal !

Migone *(zoom détachable D3, 303)* **:** *via Calzaiuoli, 87 r (303).* Une adresse incontournable dans le cœur des Florentins. En effet, cette boutique à la devanture ancienne régale petits et grands depuis des générations. Du chocolat, des friandises en veux-tu en voilà, des biscuits aux amandes, les spécialités toscanes. On peut aussi avoir plein d'idées pour des petits cadeaux à offrir à son retour. Accueil réservé mais très poli.

Où siroter en terrasse ? Où boire un chocolat ?

Serre Torrigiani in Piazzetta *(zoom détachable D3, 208)* **:** *piazza dei Tre* Re. ● info@serretorrigianiinpiazzetta. it ● Tlj 10h-minuit en hte saison. Un amour d'endroit envahi de chlorophylle, à l'abri des regards et à deux pas du Duomo. Une chance ! Ce jardin urbain est né d'une idée de la famille Torregiani, qui possède ses propres serres dans l'Oltrarno. Voici cet ex-petit endroit desaffecté totalement transformé : projections de cinéma, organisation de petits festivals de musiques classiques, concerts... On peut même s'y sustenter de *panini,* salades ou *crostini* à toute heure de la journée – et boire l'apéro bien sûr !

Caffetteria Le Terrazze della Rinascente *(zoom détachable D3,* **189**) : *piazza della Repubblica, 1. Au dernier étage de ce grand magasin. Lun-sam 9h-21h, dim 10h30-20h.* On vient surtout pour la vue sublime sur Florence et les collines toscanes, et non pour le cappuccino à 6 € ! Mais quelle vue !

Chiaroscuro *(zoom détachable D3,* **182**) : *via del Corso, 36 r.* ☎ *055-21-42-47.* • *info@chiaroscuro.it* • *Tlj 8h (9h sam, 15h dim)-21h30. Congés : 3e sem d'août.* Cette maison du café, connue pour sa sélection de cafés, de thés et de chocolats, a glissé dans la petite restauration en proposant désormais des petits plats le midi. Les gourmands ne rateront pas le rituel du café agrémenté de cannelle, du thé millésimé ou du chocolat enrichi de piment mexicain pour en exhaler les arômes. N'hésitez pas à accompagner votre breuvage de délicieuses pâtisseries.

Giubbe Rosse *(zoom détachable D3,* **187**) : *piazza della Repubblica, 13 r.* ☎ *055-21-22-80.* • *info@giubberosse.it* • ♿ *Tlj 10h-1h.* 🛜 Brasserie littéraire historique idéalement située. Au début du XXe s, c'était le lieu de rencontre des poètes, artistes et écrivains. André Gide et même Lénine y seraient venus. Les plafonds voûtés en brique, les grosses poutres en bois, les ventilos et les vieux lustres contribuent au charme nostalgique de l'endroit. Parfait pour un *espresso* (pas donné) sur la terrasse en suivant des yeux l'animation de la *piazza.*

Rivoire *(zoom détachable D4,* **188**) : *piazza della Signoria.* ☎ *055-21-44-12.* • *rivoire.firenze@rivoire.it* • *Tlj sf lun 7h-0h30 (21h en hiver).* Institution florentine, stratégiquement située en face du Palazzo Vecchio, mais sachez simplement que son fameux chocolat se négocie au prix du champagne (ou presque) !

Où sortir ? Où écouter de la musique ?

YAB *(zoom détachable C4,* **205**) : *via dei Sassetti, 5 r.* ☎ *055-21-51-60.* • *yab@yab.it* • *Tlj sf mar et dim. Entrée payante.* Boîte de nuit sympathique où on vient danser jusqu'à l'aube. Lundi soirée hip-hop, mercredi universitaire, jeudi disco, vendredi aussi, et samedi, c'est plutôt destiné aux moins de 30 ans. Une boîte commerciale pour jeunes de style smart avec un décor sobre aux lumières bleutées.

À voir

Piazza del Duomo *(zoom détachable D3) :* elle comprend en fait trois œuvres architecturales : la *cattedrale Santa Maria del Fiore* ou *Duomo,* le *campanile di Giotto* et le *battistero* (baptistère). Pour les lève-tôt, visiter le Duomo très tôt, quand les éboueurs, les boutiques et les marchands ambulants s'activent.
Conseil : il existe désormais un billet unique (15 €) utilisable pendant 48h qui permet l'accès aux cinq monuments de la place. Il s'agit de la *cattedrale* (qui se visite indépendamment et gratuitement), de la *cupola,* du *battistero,* du *Campanile di Giotto,* de la *cripta di Santa Reparata* et du *Museo dell'Opera del Duomo (Galleria d'Arte).* Pour plus de renseignements : • *operaduomo.firenze.it* • *La billetterie est située piazza San Giovanni, 7 (en face de l'entrée de la porte nord du baptistère).*

Campanile di Giotto *(zoom détachable D3) : tlj 8h30-19h30 (fermeture 40 mn avt).*
Haut de 84 m, commencé par Giotto, c'est sûrement l'un des plus beaux d'Italie. L'alternance des marbres polychromes dans le style florentin et les ouvertures de

fenêtres qui assouplissent l'ensemble en font un chef-d'œuvre. Observer également l'intérieur du campanile, parfaitement gothique. Le contraste architectural entre l'intérieur et l'extérieur est étonnant.

Si vous avez le courage de gravir les quelque 400 marches qui conduisent au dernier étage, vous ne le regretterez pas : panorama superbe. Pas trop difficile jusqu'au 1er étage, ensuite la cage d'escalier tournicote et rétrécit. Claustrophobes, s'abstenir.

🕸🕸🕸 🏃 **Cattedrale Santa Maria del Fiore** ou **Duomo** *(zoom détachable D3) :* ☎ *055-230-28-85. Lun-sam 10h-17h (16h45 sam), dim 13h30-16h45. Entrée libre. Visites guidées gratuites en français, en italien et en anglais. Attention, shorts interdits. La visite se fait de façon circulaire, en commençant par la gauche de la cathédrale. On ne peut plus pénétrer dans le chœur. Audioguide : 5 € (8 € les 2).*

La façade originelle était l'œuvre du grand sculpteur et architecte florentin Arnolfo di Cambio. À l'origine, l'église était préparée à accueillir les dépouilles de personnes célèbres. En effet, en 1296, la République florentine a fini de construire la plus grande église d'Europe, 7 ans après la victoire des guelfes, pour appuyer son pouvoir. L'église est construite pour remercier Dieu d'avoir gagné, et elle est dédiée à Maria del Fiore (Marie des Fleurs), patronne de la ville – Florence étant la terre des fleurs...

Jusqu'au XVe s, de grands artistes se succédèrent pour compléter cette façade en conservant l'esprit d'origine. Malheureusement, elle fut détruite au XVIe s et resta en brique jusqu'au XIXe s. On retrouve aujourd'hui au Nuovo Museo dell'Opera di Santa Maria del Fiore les originaux du XIVe et ceux du XVe s. Sa façade actuelle, du XIXe s, construite « à l'ancienne », témoigne de la richesse de l'époque : rosaces, nombreuses sculptures, niches, marbres polychromes, etc.

L'intérieur de la cathédrale est d'une grande simplicité. En entrant à droite, magnifique tombeau sculpté par Tino di Camaino, grand artiste siennois du Trecento. En se retournant, au-dessus du portail d'entrée, superbe mosaïque représentant le couronnement de la Vierge, attribuée à Gaddi, avec de chaque côté une belle fresque d'anges musiciens. Également une horloge peinte par Uccello (1440-1443) et enfin, sur le vitrail, l'Ascension de la Vierge, de Lorenzo Ghiberti. De nouveau les yeux tournés vers la nef, remarquez les deux fresques, à gauche de la nef, représentant chacune un cavalier. D'un côté (vert), une œuvre de Paolo Uccello, traitée à fresque monochrome et figurant l'aventurier anglais sir John Hawkwood (regardez l'idée de perspective), et, de l'autre, réalisé 20 ans plus tard (1456), le *Cavalier blanc* (Niccolò da Tolentino) d'Andrea del Castagno, qui lui, ne voulant pas copier Ucello, amorce d'une certaine façon le début de la Renaissance. Ces portraits commémoratifs sont à rapprocher des statues équestres qui se développèrent à la même époque (notamment à Venise et à Padoue). Un peu plus loin, le tableau de la *Divine Comédie* peint en 1465. On y observe les damnés conduits par le diable et le purgatoire avec des gradins correspondant chacun à une faute. S'ils n'expiaient pas leur péché, ils ne pouvaient atteindre le Ciel. Le paradis est d'ailleurs représenté par la ville de Florence. La *Pietà* réalisée par Michel-Ange se trouve au Museo dell'Opera di Santa Maria del Fiore. Brunelleschi éleva ce dôme en se passant d'échafaudages, ce qui força l'admiration générale. Michel-Ange lui-même, un siècle plus tard, ira travailler au Vatican en emportant le souvenir du dôme de Florence.

🏃 **Cripta di Santa Reparata :** *à l'intérieur du Duomo. Lun-sam 10h-17h (16h en hiver, 16h45 sam).* Après la visite du Duomo, juste avant la sortie, un escalier souterrain mène à la crypte. On y découvre que l'actuel Duomo a été bâti sur les vestiges d'une église romane du IXe s. Remarquer quelques beaux pavements en mosaïque. Elle accueille également les tombeaux des papes Étienne IX et Nicolas II, ainsi que celui de Filippo Brunelleschi.

🕸🕸🕸 **Cupola del Brunelleschi** *(zoom détachable D3) :* l'entrée se fait par la porta della Mandorla du Duomo. Lun-sam 8h30-19h (17h40 sam), dim 13h-16h ; fermeture 40 mn avt. Outre les j. traditionnels de fermeture, également fermé les Jeudi, Vendredi et Samedi saints, 24 juin (Saint-Jean-Baptiste), 8 sept (nativité de

TOSCANE

TOSCANE

la Vierge) et 8 déc (Immaculée Conception). Attention, désormais la réservation est obligatoire pour y accéder. Déconseillé aux personnes sujettes au vertige.

Plusieurs tentatives furent effectuées (y compris par Botticelli) et tout manqua plusieurs fois de s'écrouler. La coupole, toujours imitée mais jamais égalée, est l'œuvre de Filippo Brunelleschi, un sculpteur qui s'intéressait à l'architecture et qui a eu l'ingénieuse idée de construire un dôme de forme ovoïde de 45 m de diamètre, sans armature en créant une double voûte séparée de 2 m dans laquelle des chaînages intérieurs assurent la stabilité de l'édifice. On le croit fou, mais, pour lui, la résistance des matériaux et les poussées qui entraient en jeu pouvaient être calculées. Ses plans, maintes fois remaniés et refusés, furent enfin acceptés 2 ans après le projet, en 1420. Malheureusement, l'architecte ne verra pas son œuvre achevée (1434), il mourut en 1466. Il fallut attendre 1466 pour qu'Andrea del Verocchio surmonte la coupole d'une croix dorée avec une boule contenant des reliques. Jamais une coupole de cette envergure n'avait été construite jusque-là. Michel-Ange, plus d'un siècle et demi après, reprit l'idée de Brunelleschi pour réaliser celle du Vatican...

Pour y accéder, il vous faudra monter 463 marches (pas d'ascenseur possible). À l'intérieur, admirez la fresque de 3 600 m² du *Jugement dernier* pensée par Vasari mais réalisée sous le contrôle de Federico Zuccari et Bandinelli. Au départ, la fresque devait être en mosaïque. De nombreux artisans et artistes ont participé à son élaboration. L'iconographie est disposée en huit rangées concentriques qui se rejoignent autour du Christ en majesté (il fait plus de 8 m). Dans la partie supérieure, ce sont les ordres célestes, et dans la partie inférieure, des scènes de la Genèse et des épisodes de la vie du Christ. Sur les côtés, quelques scènes isolées du Jugement dernier.

🏃🏃🏃 *Battistero* (baptistère ; zoom détachable D3) : ☎ 055-230-28-85. Lun-sam 8h15-19h (8h30-14h 1er sam du mois), dim et j. fériés 8h30-14h. Fermé 1er janv, dim de Pâques et Noël.

Au XVe s, les non-baptisés n'avaient pas le droit de pénétrer dans les églises. Voilà pourquoi les baptistères étaient souvent construits à l'extérieur (on voit la même chose à Pise).

Ghiberti, avant d'être sculpteur, était orfèvre, ce qui explique les véritables chefs-d'œuvre qu'il réalisa. Le travail est d'une précision et d'un réalisme extraordinaires. La fameuse porte principale est décorée de scènes de la Bible. Observer, notamment, ces foules reproduites sur des espaces réduits, un peu à la façon des peintures du Moyen Âge. L'art de la perspective et du trompe-l'œil acquièrent ici ses premières lettres de noblesse. Pas étonnant que Ghiberti ait mis 27 ans pour réaliser cette œuvre ! À noter que les originaux de la

LES CLÉS DU PARADIS

Un concours fut organisé en 1401 pour la réalisation de la nouvelle porte (côté nord). Ghiberti l'emporta devant Brunelleschi. Puis il fut de nouveau sollicité pour réaliser la porte principale (côté est), pour laquelle il fit preuve d'une grande innovation technique. Fier de son œuvre, il se représenta sur un des médaillons qui la décorent. C'est Michel-Ange, pourtant si avare de compliments, qui la surnomma un siècle plus tard « la porte du Paradis ».

porte du Paradis sont actuellement visibles au Nuovo Museo dell'Opera di Santa Maria del Fiore. Tandis qu'au musée du Bargello on peut voir, au 1er étage, les deux médaillons originaux de Brunelleschi et Ghiberti réalisés pour le concours de 1401. À l'intérieur du baptistère, on trouve une admirable mosaïque du XIIIe s. Noter, en bas, à droite du Christ, la scène classique du Jugement dernier, avec les monstres et autres diables dégustant les méchants.

🏃🏃🏃 *Nuovo Museo dell'Opera di Santa Maria del Fiore* (zoom détachable D3) : piazza del Duomo, 9. ☎ 055-230-28-85. Tlj sf 1er mar du mois 9h-19h (21h sam). Fermé à Pâques et à Noël. Audioguide en français 5 €. Fait partie du billet commun à ts les monuments de la piazza del Duomo : 15 €.

Le musée, totalement rénové, rassemble la majorité des œuvres qui ornaient autrefois le Duomo, le baptistère et le campanile. Sa surface a été multipliée par 2. Voici 700 m² de chefs-d'œuvres médiévaux répartis sur 3 niveaux parmi 28 salles. Son extension a permis d'enrichir le musée de plus de 700 œuvres. Le plus grand défi architectural a été de recréer la façade du Duomo imaginée par Arnolfo Cambio. Ici, elle a été reconstituée au tiers de ses dimensions originales.

Rez-de-chaussée
– La salle du Paradis : la plus belle du musée. On y retrouve la façade du Duomo reconstituée et l'originale de la porte nord (dorée à l'or fin) du baptistère sur la piazza del Duomo. Appelée **porte du Paradis,** elle fut réalisée par Lorenzo Ghiberti suite à un concours gagné à la barbe de son concurrent Brunelleschi (tellement vexé d'avoir perdu qu'il quitta Florence). Il y consacra 27 ans de sa vie ! On raconte que c'est Michel-Ange qui l'a baptisée ainsi quand il l'a vue pour la première fois, estimant qu'elle était si belle qu'elle ne pouvait qu'être aux portes du... Paradis. Cette fameuse porte a survécu à la Seconde Guerre mondiale (elle a été cachée pour échapper aux Allemands et aux bombardements) mais elle n'a pas échappé à la crue de 1966. Remplacée par une copie depuis 1990, la voici ici enfin resplendissante et entièrement restaurée. Réalisée en bronze et en or, elle est haute de 5 m, large de 3 m, et pèse près de... 8 t. Chaque panneau évoque plusieurs épisodes bibliques. La partie haute (la plus belle) a été réalisée par Lorenzo Ghiberti lui-même. Ghiberti s'est d'ailleurs représenté dans l'un des médaillons. L'avez-vous reconnu ? Il est situé au niveau du troisième panneau en partant du bas au milieu. La partie basse a été conçue par son fils, qui a façonné les scènes de Goliath et celles avec le roi Salomon. Ne manquez pas de passer devant la troublante *Vierge aux yeux de verre.*
– Salle 8 : arrêtez-vous devant la célèbre *Madeleine en pénitence* en bois et recouverte d'or, vieillissante et pathétique, de Donatello (conçue pour le baptistère). Également des tableaux de Biondo dont *Saint Catherine d'Alexandrie* et de Daddi.
– Salle 10 : La Pietà aux quatre figures de Michel-Ange (attention, ne pas confondre avec celle de Saint-Pierre à Rome). Réalisée sur le tard (à presque 70 ans), la *Pietà* était destinée au propre tombeau de l'artiste, car son désir était d'être enterré à Rome dans la basilique Sainte-Marie-Majeur. Le destin en a décidé autrement et c'est dans la basilique Santa Croce à Florence qu'il fut enterré (voir plus loin « Le quartier de Santa Croce »). Pour la petite histoire, on a volé son corps pour l'emmener en charrette à Florence. Dans cette sculpture, il s'est probablement représenté sous les traits de Nicodème, le vieillard soutenant le corps du Christ. Regardez la douleur exprimée sur le visage du vieillard. Michel-Ange est l'un des premiers artistes à manifester sa douleur à travers sa sculpture, un avant-goût du maniérisme... L'œuvre ne fut jamais terminée car Michel-Ange, excédé par la longueur du travail et la friabilité du marbre, prit un beau jour son marteau pour l'achever... à sa manière (en la faisant voler en éclats), selon les écrits de Vasari. L'œuvre a été terminée par Tiberio Calcagni, un de ses élèves, en 1555. D'ailleurs, vous remarquerez que le personnage de Marie-Madeleine est un ajout tardif qui jure quelque peu avec le génie du reste de la composition. La statue avait été installée à l'origine par Côme III de Médicis à la chiesa San Lorenzo (à Florence), avant finalement d'atterrir ici à l'ouverture du musée au XIXᵉ s.

1ᵉʳ étage
– Imposante galerie du Campanile (salle 14) avec ses 16 statues installées à la base du Campanile. Celles-ci représentent des personnages de l'Ancien Testament. Admirez en particulier l'*Habacuc* et le *Jérémie* de Donatello, ainsi que de remarquables panneaux (attribués en partie à Andrea Pisano et Luca della Robbia), figurant l'évolution de l'homme depuis la création jusqu'aux voies spirituelles. Ils racontent la Genèse et illustrent les planètes, les vertus, les arts, les sciences... Les reliefs représentent les métiers sont absolument extraordinaires de détails et de fraîcheur.
– Vous découvrirez également tout au long du parcours d'autres œuvres tout aussi intéressantes comme les nombreuses sculptures d'Arnolfo di Cambio, de Donatello, ainsi que celles de Tino di Camaino, grand sculpteur siennois dont on peut admirer

TOSCANE

le talent à travers le magnifique *Christ bénissant*. On remarquera, entre autres, la *Madonna della Natività*, dans une pose bien lascive, et la statue du pape Boniface VIII, pape détesté par Dante, qui lui fit visiter l'Enfer dans sa *Divine Comédie* (cette statue fut restituée à la cathédrale par l'un de ses descendants après que celui-ci l'eut rachetée à un antiquaire). Intéressante série des *Évangélistes*, mais ce sont évidemment le *Saint Jean* de Donatello et le *Saint Luc* de Nanni di Banco qui retiennent l'attention.

– Ne manquez pas l'étonnant et célèbre *Martyre de saint Sébastien* attribué à Giovanni del Biondo, ainsi que de magnifiques bas-reliefs en marbre issus de l'enceinte du chœur de la cathédrale. Également une collection de reliquaires (dont le doigt de saint Jean), quelques pièces d'orfèvrerie religieuse du XVe s, une belle Vierge de Bernardo Daddi et de belles terres cuites des Della Robbia. Admirez aussi dans la **salle des Tribunes** les deux *cantorie* (ces tribunes d'église où se produisent les chantres), chefs-d'œuvre absolus de la Renaissance florentine. L'une est signée Luca Della Robbia, l'autre Donatello. L'occasion de comparer deux styles contemporains (plusieurs panneaux de composition plus riche, plus classique pour le premier, une grande fresque plus dynamique pour le second).

Dans la **salle du Trésor** (salle 25), vous ne pourrez pas éviter le somptueux autel de Saint-Jean en argent (pour lequel plus de 400 kg du précieux métal furent nécessaires !). C'est un des chefs-d'œuvre de l'orfèvrerie du XVe s. Prendre le temps d'admirer le *Saint Jean-Baptiste* de Michelozzo au centre et les panneaux latéraux du bas (à gauche, la *Naissance de saint Jean* par Antonio del Pollaiolo et à droite la *Décollation de saint Jean* par Verrochio). Voir aussi le *Baptême du Christ* par Sansovino. Reste de beaux manuscrits enluminés et des broderies sur la vie de saint Jean.

2e étage

La **galerie des maquettes** : les visiteurs découvrent la maquette de Brunelleschi réalisée en 1430. Vous pouvez même voir son masque mortuaire tout à côté. Exposition des outils utilisés par les ouvriers de Brunelleschi, l'échafaudage particulier (dont le bois vient de la région proche du Casentino) qu'avait mis au point l'architecte avec un système habile de poulies, ainsi qu'une série de maquettes en bois représentant les différents projets pour la façade de la cathédrale.

🏹🏹🏹 Galleria degli Uffizi (galerie des Offices ; zoom détachable D4) : *piazzale degli Uffizi, 6.* ☎ *055-29-48-83.* ● *www.b-ticket.com/b-ticket/uffizi/* ● *Attention, pour toute résa, il existe un seul site officiel de vente de billets des musées d'État à Florence. Tlj sf lun 8h15-18h50. Nocturne le mardi de fin mai à fin sept jusqu'à 22h. Fermé à Noël, 1er janv, 1er mai. Entrée : 8 € sans l'expo temporaire, 12,50 € avec. À cela s'ajoutent les 4 € de résa conseillée quand on ne prend pas la Firenze Card. Audioguide en français 5,50 € (8 € pour 2). Demander le plan gratuit du musée à l'entrée. Parcours tactiles pour les non-voyants.*

C'est le fleuron des musées florentins, mais surtout l'un des plus anciens et des plus beaux musées du monde. « Incontournable » est un faible mot...

– **Attention :** la direction du musée mène depuis plusieurs années le projet « Nouveaux Offices », une vaste campagne de travaux d'agrandissement (passant de 6 000 à 13 000 m²) pour présenter aux visiteurs de plus en plus nombreux les richesses inestimables qui sommeillent encore dans les dépôts. Mais les travaux s'éternisent... Certaines œuvres décrites ci-dessous n'auront peut-être pas encore trouvé leur place définitive lors de la parution du guide. Certaines salles sont fermées momentanément au public. Sachez toutefois que toutes les peintures majeures, même déplacées, restent visibles, pour ne pas décevoir les visiteurs. Se renseigner lors de la visite (souvent indiqué sur le site internet du musée). Demander à l'accueil le plan (gratuit) du musée : sommaire mais pratique.

– En haute saison, attendez-vous à des queues de 2h à 4h ! **Réservez** pour y échapper, même si le délai d'attente peut être de plusieurs jours, voire de plusieurs semaines. Sinon, n'hésitez pas à vous présenter 15 à 20 mn avant l'ouverture des portes. Et même mieux, pour les détenteurs de la *Firenze Card*, il n'y a pas de queue à faire... normalement !

Pour la petite histoire

L'histoire de cet incroyable musée est indissociable de celle des Médicis. Dès le XVe s, Cosme l'Ancien, sous des dehors sévères et avares, se montra généreux envers les arts et encouragea des talents comme Donatello ou Filippo Lippi. C'était le début d'une longue tradition de mécénat, qui connut son apogée avec le fin politique Cosme Ier, puis l'esthète François Ier. Le premier confia à Vasari la création de l'académie de dessin et la construction du palais des Offices, le second transforma en musée (1581) les galeries de cet immense bâtiment administratif. Réservée au départ à une élite, la galerie des Offices ne fut ouverte officiellement qu'en 1765.

LA VOIE PRINCIÈRE

Les Médicis habitaient au Palazzo Pitti, de l'autre côté de l'Arno, mais se rendaient chaque jour au Palazzo Vecchio et au palais des Offices où ils avaient concentré leurs administrations. Cosme Ier fit construire par Vasari un long couloir suspendu entre les deux sites. Pour égayer la promenade, les Médicis eurent bientôt l'idée d'y accrocher des peintures. Endommagé par les ravages de la Seconde Guerre mondiale et par un attentat terroriste en 1993, cet ensemble remarquable a désormais recouvré l'essentiel de son faste, mais il est malheureusement fermé au public...

TOSCANE

Sans être exhaustif, voici les plus belles œuvres des Offices.

Second étage (début de la visite)

Galerie Est

En arrivant au second étage, avant d'entamer la visite à proprement parler, admirer les deux magnifiques chiens, puis, à droite, les quelques belles pièces archéologiques (en particulier une frise romaine en provenance du forum d'Auguste et une tête de César). Portraits des Médicis au mur. Remarquer aussi le couple funéraire inséré sous une statue d'Hercule combattant un centaure. Fresques décoratives d'origine datant de 1560-1580. Vasari a dirigé le chantier et fut aidé par des Flamands dont on reconnaît la main dans les panneaux de paysages.

Au mur, le long de la galerie, levez la tête et regardez dans la frise sous le plafond orné de grotesques la série de peintures de rois et de princes italiens.

Passons maintenant à la visite des salles de la galerie Est ; une visite qui nous a semblé très didactique, car à la fois chronologique et par école.

Salle 2 : le Duecento (XIIIe s)

Les primitifs toscans, avec notamment les peintures des trois monstres sacrés du *Duecento* et du début du *Trecento* : la *Madone* de Cimabue, puis celle de Duccio (un Siennois) et enfin la *Madone d'Ognissanti* de Giotto, qui s'affranchit là du style byzantin ; toujours le fond or, mais les traits prennent vie (noter les touches de rouge sur les joues de Marie et la poitrine qui affleure sous le fin tissu). Ces trois tableaux restaurés forment un ensemble unique de cette période de l'art italien. Les voir ensemble permet d'appréhender l'émancipation progressive des peintres de cette époque vis-à-vis des codes picturaux immémoriaux de la manière byzantine. C'est un des fleurons des Offices.

Salle 3 : le Trecento siennois

XIVe s siennois. Superbe *Annonciation* de Simone Martini (remarquer le salut de l'Ange) et œuvres des frères Lorenzetti, Ambrogio et Pietro. En particulier, un des chefs-d'œuvre d'Ambrogio, la *Présentation au Temple*. Les figures sont toutes au même niveau : on peut dire qu'il a été l'un des précurseurs de la Renaissance, avec cet effet de perspective, et le bébé qui suce son doigt.

TOSCANE

Salle 4 : le Trecento florentin

Le XIVᵉ s toujours, mais à Florence avec les suiveurs de Giotto, parfois répétitifs (ce n'est toutefois pas vraiment le cas des œuvres présentées ici), à savoir Bernardo Daddi, Andrea Orcagna et Taddeo Gaddi. Observer le grand retable d'Andrea Orcagna sur la vie de saint Matthieu, arrondi pour épouser la forme d'un pilier (celui d'Orsanmichele), et la fantastique *Pietà* de Giottino (il s'appelait en fait Giotto di Maestro Stefano, mais on l'a surnommé ainsi pour le distinguer de Giotto), un chef-d'œuvre de sensibilité et de mise en scène. On retrouve ici Ambrogio Lorenzetti avec les panneaux du retable de la bienheureuse humilité et ceux sur la vie de Nicolas de Pietro.

Salles 5 et 6 : le gothique international et Lorenzo Monaco

Retable monumental magnifique aux couleurs admirables de Lorenzo Monaco, *Le Couronnement de la Vierge*.

Une mode de l'époque consistait pour les peintres à se représenter dans leurs œuvres. Pour les repérer, c'est assez simple : c'est toujours le personnage qui vous regarde droit dans les yeux ! Admirable *Couronnement de la Vierge* de Monaco réalisé par Monaco pour son propre monastère.

Salle 7 : la première moitié du Quattrocento et Gentile da Fabriano

Salle du début de la Renaissance. On introduisit derrière les personnages des paysages minutieusement peints, avec souvent plein de détails intéressants, en particulier les scènes retraçant la vie dans les villes au Moyen Âge. C'est le cas de Gentile da Fabriano qui, dans son *Adoration des Mages*, se fit représenter derrière le 3ᵉ mage (l'homme avec le chapeau en velours rouge). Cette commande réalisée pour les Strozzi, une famille de banquiers très influente à Florence, fut traitée comme une miniature, avec une remarquable utilisation des ors : certains détails (préciosité des tissus) apparaissent même en relief pour souligner l'aisance et la générosité du mécène. Observez également le travail minutieux effectué sur *La thébaïde* de Fra Angelico Étonnante *Madonna dell'Umiltà* de Masolino qui donne le sein.

Salle 8 : Filippo Lippi

Principalement des œuvres de Filippo Lippi, le maître de Botticelli, dont on peut admirer *Madone, Enfant et deux anges* et le *Couronnement de la Vierge,* où les essais de perspective ont fini par aplatir un peu la tête des anges ! Également un *Couronnement de la Vierge,* œuvre véritablement « rayonnante » de Fra Angelico (dit *il Beato*), qui reste fidèle aux fonds d'or tout en s'adaptant au nouveau style de l'époque. Une œuvre capitale : *La Bataille de San Romano,* de Paolo Uccello, décrivant la victoire de Florence sur Sienne en 1432. Triptyque dont les autres parties sont au Louvre et à la National Gallery de Londres. Dommage que les trois ne soient pas réunis ! Observer le fantastique jeu de lignes et de perspective. Voir aussi *Sainte Anne et la Vierge à l'Enfant,* exécuté à deux mains par Masolino et Masaccio.

Salle 9 : les frères Pollaiolo

Superbes *Federico da Montefeltro* et *Battista Sforza* de Piero della Francesca (on dit que les cheveux blonds étaient très prisés à la Renaissance et que pour la teinture rien ne valait... l'urine). Ces portraits figurent, sans doute, parmi les dix chefs-d'œuvre des Offices. Les vertus présentées sont l'œuvre des Pollaiolo (d'autres vertus comme la Force de Botticelli, qui faisait parti de cette série sont actuellement en réserve). Les frères Pollaiolo, artistes polyvalents, étaient aussi des sculpteurs, ce qui se ressent. Également une série de portraits, en entrant.

Salles 10 et 11

Elles sont consacrées à **Botticelli,** avec les célèbres *Naissance de Vénus* et *Le Printemps. Le Printemps* lui tend un manteau. Ici, quasiment pas de profondeur. On est fasciné par les lignes voluptueuses des drapés, des courbes du manteau, la finesse ondoyante des cheveux. Composition dépourvue de perspective pour mieux mettre en valeur le rythme quasi musical des lignes et des couleurs.

On n'avait jusqu'à présent jamais poussé aussi loin le raffinement pictural. Botticelli utilisa à fond la technique de son maître, Filippo Lippi, dans la recherche de la beauté idéale. En particulier dans le personnage de Flore distribuant ses fleurs et dans l'éblouissante technique du drapé des trois Grâces. Seule l'ondulation du tissu léger suggère le mouvement.

Également une fresque provenant de San Martino della Scala ; une *Annonciation* superbe. Remarquez la grâce exquise du mouvement de la Vierge.

Dans *La Naissance de Vénus* (salle 11), dont le thème est la naissance d'une nouvelle humanité, Zéphyr souffle sur la coquille portant une Vénus frêle et diaphane. *La Calomnie* est une œuvre tardive de Botticelli, qui va, à cette époque, vers des proportions plus réduites et peint des sujets dramatiques sous l'influence de Savonarole, qui prônait un retour à une religion pure et dure (il a fini sur le bûcher !). Un chef-d'œuvre de Botticelli : *La Melagrana*. Également deux peintures sur bois où le peintre excelle dans la miniature, avec un beau portrait de Cosme l'Ancien, *La Madone des roses* et *L'Annonciation*.

Salle 12
À voir : le *Triptyque Portinari* d'Hugo Van der Goes, dont l'arrivée en Italie fut un choc pour les peintres du XVe s, qui découvrirent grâce à lui la peinture flamande et l'observation des détails réalistes (paysages, enfants, paysans) qui n'était pas, jusqu'alors, de tradition florentine.

Salle 18 : la tribune, les maniéristes
Après d'importants travaux de rénovation, on peut de nouveau admirer cette tribune de forme octogonale conçue par Buontalenti en 1582 pour le duc François Ier de Médicis. On ne peut plus y entrer, mais les œuvres sont bien visibles des ouvertures extérieures. Voulue par les Médicis, cette salle rassemblait la plus belle collection du musée, un cabinet secret... Cette salle magnifique a, d'ailleurs, toujours été considérée comme la plus belle du palais. Suite à de grands travaux, on retrouve des siècles après, cet écrin toujours préservé et mis en valeur, même si le

> ## UNE BEAUTÉ... IRRÉSISTIBLE
>
> *Les statues antiques de la salle 18 sont d'une qualité remarquable, en particulier la fameuse* Vénus Médicis, *la pièce la plus importante de la collection des Médicis, original grec du IIe s av. J.-C. Elle symbolisait tellement la beauté parfaite que Napoléon la fit enlever pour l'exposer dans son projet de musée Napoléon à Paris. Après tout, pourquoi se gêner ! L'Histoire cependant en décida autrement, puisque, à la suite de sa défaite à Waterloo, ce dernier s'engagea dans le traité de paix à la remettre à sa place.*

contenu a presque disparu. Les quatre éléments y sont représentés : le sol symbolise donc la terre ; les murs rouges, le feu ; les décorations nacrées et bleues, l'eau ; et les sortes de bulles sous la coupole (magnifique) qui sont en fait 6 000 coquillages venus de Naples, l'air. Superbe *Vénus des Médicis,* une des sculptures antiques, achetée à l'origine au XVIIe s par la famille Médicis pour leur villa à Rome. C'est Cosme III qui la rapatria aux offices dans les années 1670. Voir également *Les Lutteurs,* remarquables dans leur représentation anatomique et leur mouvement, et le petit *Apollon.*

– Juste après la Tribune, admirez la *Madone à l'Enfant* d'Antonello da Messina ou encore l'*Histoire de la vie du Christ,* par Andrea Mantegna.

Salles 19 à 23 : Renaissance italienne avec le Quattrocento vénitien et lombard
De Mantegna (salle 20), un triptyque sur *L'Adoration des Mages* avec un extraordinaire panneau central. Ceux qui connaissent ce tableau d'après des reproductions seront étonnés de sa petite taille (ce qui témoigne de la qualité de l'œuvre). Le côté minéral de l'œuvre de Mantegna est toujours étonnant ! Un magnifique *Compianto di Cristo* de Giovanni Bellini (en noir et blanc) et une *Allégorie* sacrée dont le sujet

énigmatique n'est pas encore élucidé à ce jour. Cette pièce est l'occasion d'apprécier toute la singularité de l'école vénitienne (lumière chaude et dorée, paysages doux, beauté des femmes...)

Salle 21
Admirez la *Madonna col Bambino* de Giovanni Battista. Et pour la petite histoire, remarquez le paysage de grotesques dans cette salle. En effet, en 1944, suite à l'endommagement d'une partie des Offices, les restaurateurs ont réalisé un « faux » paysage en montrant le quartier en ruine aux abords du Ponte Vecchio, après les destructions allemandes de 1944.

Salle 22 : Quattrocento emilano-romagna
Beau portrait de Francesco Raibolini surnommé Il Francia.

Salle 23 : Quattrocento lombardo
Alessandro Araldi avec un beau portrait réussi de Beatrice d'Este avec sa coiffe (remarquez sa tresse qui est un postiche) et ses bijoux.

Salle 24 : dite « des miniatures »
Abrite des médaillons qu'on aperçoit au loin car on ne peut pas accéder à la salle (barre métallique à l'entrée), ce qui en limite l'intérêt.

Galerie Ouest
De la loge, belle vue sur Florence, sur l'Arno et bien sûr le Ponte Vecchio. Et au loin, la chiesa san Miniato qui veille sur la ville.

Salle 25
L'Annonciation délicate de Baldovinetti, où l'ange semble littéralement voler. Également de belles œuvres de Ghirlandaio dont un tondo pour la famille Tornabuoni datant de 1487. Aussi une très belle *Madone à l'enfant*.

Salles 26 à 32
Du Pérugin, le fameux *Francesco delle Opere,* de facture très moderne ; de Piero di Cosimo, *Andromède délivrée par Persée,* typique de ce peintre un peu hors norme et excentrique. Et puis Lorenzo di Credi, Lorenzo Costa, Francesco Francia, Filippino Lippi et Luca Signorelli avec la *Madone et Enfant*.

Le corridor Vasari
Prenez le temps d'admirer la vue sur l'Arno et le Ponte Vecchio. Le fameux corridor Vasari se trouve à gauche au début de la galerie Ouest. Il traverse l'Arno et permettait aux Médicis de rejoindre tranquillement leur demeure privée du Palazzo Pitti (il contient une célèbre collection de portraits et d'autoportraits qui ne se visite qu'exceptionnellement, et sur réservation : la demande est à faire auprès de la direction des *Firenze Musei*). Belle vue également sur les collines environnantes avec au loin l'église de San Miniato. Un tel panorama nous rappelle que le bâtiment des Offices a été conçu, notamment, pour contrôler la vue sur le fleuve.

Salle 33
Portraits grecs : collection des grands-ducs avec ces portraits de philosophes, d'athlètes, d'orateurs qui sont d'excellentes répliques de la période républicaine et impériale.

Salle 34
Le jardin de San Marco et les collections antiques. Dans ce jardin, Laurent le Magnifique avait rassemblé de célèbres statues antiques (impossible de savoir aujourd'hui quelles étaient les statues conservées dans ce jardin fréquenté par les jeunes artistes de l'époque, dont Michelangelo). Il s'agit ici d'une évocation. À noter, les frises de l'Ara Pacis (calques que Ferdinand de Médicis avait fait réaliser pour sa villa romaine).

Salle 35 : Michel-Ange et l'école florentine

Les peintures de **Michel-Ange.** Les visages sont moins figés, les femmes arborent quelques timides sourires. De Michel-Ange, *La Sainte Famille (Tondo Doni)* : là aussi, le sommet dans la perfection. Ce sont déjà les couleurs de la chapelle Sixtine. On y décèle la rigueur de Michel-Ange et son sens de la composition. Elle est organisée en plusieurs plans, allant vers la profondeur (au fond, les corps nus, presque flous, des hommes du temps du péché originel), tout en s'articulant autour d'un mouvement en spirale. À noter enfin qu'il s'agit de l'unique tableau de Michel-Ange exposé en dehors du Vatican. Offert aux Doni en cadeau de mariage, il fut racheté par les Médicis et exposé aux Offices dès 1580 !

Vestibulo di uscita (vestibule de sortie)

Belle *Hermaphrodite endormie* au fond de la pièce.

Salle 41 : fermée

Salle 42 : salle de Niobé

Salle du nom du groupe de sculptures de statues antiques retrouvé près de Rome. Ce groupe évoque un épisode de la mythologie quand Arthémis et Apolon ont tué les sept filles et les sept fils de Niobé. Beaux effets de drapé.

Salle 43 : fermée

Salle 45

Portraits de Memling, *Adam et Ève* de Cranach, les deux *Vedute* de Venise, de Canaletto.
Ici s'achève la visite du second étage. Au fond du corridor, l'imposant *Porcellino* (porcelet) de Tacca, dont il existe une copie à la *Loggia del Mercato*.

|●| *Cafétéria :* déco et mobilier contemporains pour un service rapide de boissons et *panini*. Une halte qui vaut surtout pour la superbe terrasse en surplomb avec vue sur le campanile, le Duomo, le Palazzo Vecchio et, au loin, la colline de Fiesole.

Premier étage

Salles bleues (sale blu) *: salles 46 à 55*

Salles dédiées aux peintres étrangers du XVIe au XVIIIe s, on y retrouve notamment les peintres flamands, hollandais, espagnols et français. Admirer le bel autoportrait de Jean-Étienne Lyotard. De Chardin, *Jeune fille tenant un volant et une raquette* ou encore son *Petit joueur de carte.* Côté espagnol, deux portraits par Goya, une nature morte de Vélazquez ou son autoportrait le mettant bien en valeur ! Et, côté hollandais, un bel autoportrait de Rembrandt ainsi que des portraits de Van Dick.

Salle 56 : marbres grecs (marmi ellenistici)

Les œuvres exposées offrent un bon aperçu de la sculpture du IVe au IIe s av. J.-C., dont la fameuse statue du petit garçon à l'épine *(Spinario),* réplique de la statue en bronze conservée au Capitole à Rome. On trouve aussi une copie au Palazzo Vecchio.

Salles rouges (sale rosse del Cinquecento) *consacrées au XVIe s florentin : salles 57 à 66*

Dernières salles ouvertes au public consacrées aux artistes toscans de renom comme Andrea del Sarto, Bacchiacca, Rosso Fiorentino, Pontormo, Bronzino (un des plus grands portraitistes de l'histoire de la peinture), Rafaello (Raphaël) regroupant plus de 50 tableaux et une dizaine de sculptures. Admirer une belle *Madone aux harpies,* d'Andrea del Sarto (salle 58), qui doit son nom aux sculptures visibles sur le piédestal de la Vierge. Au sujet de ce peintre, on disait qu'il ne connaissait pas l'erreur. Entre maniérisme et académisme (il fut le maître des grands maniéristes florentins, Pontormo et Rosso) : perfection de la composition et, outre le jeu complexe des courbes, on notera aussi celui des couleurs. Tranchant avec la sobriété générale, éclatent le rouge et le jaune de la robe de la Vierge et le rouge du manteau de saint Jean. Dans la salle 62 (souvent fermée), portrait célèbre de Laurent de Médicis par Vasari. Portraits de Pontormo (salle 61) dont celui de Côme l'ancien de Médicis, qui fut, donc, l'élève d'Andrea del Sarto. Admirer également le talent de son compère Rosso Fiorentino dans la *Vierge à l'Enfant entourée de saints.* Superbe Beccafumi *(Sainte Famille),* le troisième grand maniériste, moins connu car siennois et non florentin...

De Raphaël : *Autoportrait, La Madonna del Cardellino* (au chardonneret), *Léon X, Jules II...* Intéressant de noter, dans le portrait de Léon X, cette diagonale figurée par le bord de la table, puis le bras du pape, relayé par la main du cardinal de droite. Cela donne au tableau une dynamique très moderne. Également un portrait du nain Morgante de Bronzino, un tableau à double facette, pour évoquer toute l'épaisseur de la chair.

Salles 74 à 78 : peinture vénitienne

On y trouve la célèbre *Vierge au long cou* du **Parmesan.** Il y travailla 6 ans. Chef-d'œuvre du maniérisme italien : trait précieux, teint de peau artificiel, coiffures recherchées, composition et poses élégantes, silhouettes étirées... Mais l'œuvre est restée inachevée ! À droite du tableau, à côté de saint Jérôme tenant un rouleau, on aperçoit le pied isolé d'un saint qui n'a jamais été peint. **Œuvres vénitiennes** du XVIe s dont *L'Annonciation, Sainte Famille avec sainte Barbe* et *Martyre de sainte Justine de Véronèse.* Portraits de Jacopo Tintoretto (dit « le Tintoret ») et *Le Concert* de Bassano.

Salle 79 : Léonard de Vinci

Œuvres de **Léonard de Vinci** dont on découvre *L'Adoration des Mages.* Cette toile est très intéressante : comme elle est inachevée, on saisit la façon de travailler de l'artiste et on apprend comment les volumes s'intègrent les uns aux autres. Également de Léonard de Vinci, la très célèbre *Annonciation.* Penser qu'il n'avait que 17 ans quand il exécuta ce chef-d'œuvre ! Noter l'utilisation géniale de la lumière sur les visages et les chevelures. On dit que son maître, Andrea del Verrochio, aurait renoncé à la peinture après avoir constaté son talent. Le *Baptême du Christ,* œuvre de Verrocchio et Léonard de Vinci, permet d'apprécier la main de Léonard dans les deux anges et le paysage du fond où l'on commence à voir ce que sera le célèbre *sfumato* de Vinci. Admirables *Pietà* et *Crucifixion* du Pérugin, le maître de Raphaël. De Luca Signorelli, *Crucifixion* et une *Trinité.*

Salle 83 : salle Titien

Orgie d'œuvres de **Titien,** dont la *Vénus d'Urbino,* d'un érotisme troublant. La femme est belle et ce n'est plus un péché de la peindre nue. L'étau de la religion commence à se relâcher. Remarquer l'opulence et les couleurs chaudes des fleurs. Et également des portraits dont un cavalier de Malte, le pape Sixte IV ou encore ceux des ducs d'Urbino, les parents du commanditaire de la Vénus.

Avant d'accéder aux salles du Caravage, prendre le temps d'admirer *Le Vase Médicis.* Il s'agit d'un vase venant de la propriété des Médicis à Rome. Plusieurs fois abîmé et recollé. Il a été restauré en 1993 après l'attentat à la bombe des Offices et en 2012. Également un beau bronze d'Ammannati.

Salles jaunes (pas très réussies) consacrées au Caravage et à ses disciples : salles 90 à 93

Les dernières salles accueillent les chefs-d'œuvre du Caravage, comme la célèbre *Tête de Méduse,* peinte sur un bouclier et représentée le regard baissé puisqu'elle a le pouvoir de pétrifier qui la fixe dans les yeux, ou le fameux *Bacchus* à la sensualité à fleur de peau. L'artiste, à peine âgé de 20 ans, n'avait pas craint de scandaliser ses pairs avec l'attitude équivoque du jeune dieu. Moins ambiguë mais éprouvante, la scène du *Sacrifice d'Isaac* bouleversé par le réalisme des visages d'Abraham et de son fils, fidèles reflets de l'angoisse et de l'horreur. Admirer le travail des ombres dans *Le Concert,* où le Caravage emploie sa fameuse technique du clair-obscur. Superbe utilisation de la lumière artificielle (souvent une bougie) également chez Gherardo delle Notti.

★★★ 🏃 *Piazza della Signoria (zoom détachable D4) :* c'était le cœur palpitant de la cité. Toute l'histoire de Florence se résume en cette place. Elle fut le lieu des rassemblements populaires, des révolutions, le cadre des supplices, le décor de fêtes somptueuses. D'un côté, elle est dominée par le majestueux Palazzo Vecchio et, de l'autre, par la Loggia dei Lanzi.

– *La Loggia dei Lanzi :* plusieurs statues d'un intérêt majeur en font un véritable musée en plein air. On y découvre, entre autres, le fantastique *Persée*, en bronze, de Benvenuto Cellini, et l'*Enlèvement d'une Sabine* de Giambologna (Jean de Bologne, grand sculpteur du XVIIᵉ s), œuvre maniériste qui préfigure déjà le baroque. Admirer la délicate représentation des mains sur les fesses de la Sabine. Remarquer

SOUS ÉTROITE SURVEILLANCE

Lanzi *vient de* lanzichenecchi. *Les lansquenets étaient des soldats allemands employés par les Médicis pour surveiller le Palazzo Vecchio, l'équivalent en quelque sorte des gardes suisses du Vatican à Rome. Quand les grands-ducs se sentirent en sécurité, ils renvoyèrent les soldats et remplirent la Loggia de statues !*

aussi les deux lions, de part et d'autre de l'entrée de la loggia : celui de droite, quand vous faites face à la loggia, est un original antique, celui de gauche est une copie de la Renaissance.

De gauche à droite en faisant face au Palazzo Vecchio :

– *La statue équestre de Cosme Iᵉʳ de Médicis* (réalisée entre 1587 et 1594). Encore une œuvre de Giambologna. Impressionnante par ses mesures parfaites.

– *Judith et Holopherne de Donatello :* l'original est à l'intérieur du Palazzo Vecchio. Ce fut la seconde statue mise en place devant le palazzo par Savonarole, qui l'emprunta à la collection privée des Médicis. Il considéra à l'époque que Judith libérant le peuple juif du tyran Holopherne symbolisait le peuple florentin se libérant du joug des Médicis.

– *La fontaine de Neptune :* on doit le *Neptune* à Ammannati et la fontaine, avec ses nymphes, à Giambologna (encore lui !). L'ensemble fut réalisé dans les années 1560. Déjà, les peintres n'hésitaient pas à chanter les louanges du corps humain, mais leurs œuvres étaient réservées à quelques privilégiés. Là, pour la première fois, la nudité descend dans la rue. C'est aussi le cas avec la fontaine de Jacopo della Quercia sur la place de Sienne, un ensemble sculptural novateur qui sera en partie à l'origine de la représentation classique des fontaines italiennes (Trevi à Rome, par exemple). En revanche, si l'ensemble est harmonieux, la représentation de Neptune fut, à l'époque, considérée comme très médiocre. Ammannati essuya les sarcasmes de Michel-Ange qui, chaque fois qu'il passait devant, soupirait : « Quel gâchis de beau marbre ! »

– *Le Marzocco de Donatello :* l'original est au musée du Bargello. Ce lion symbolise le courage des Florentins face à l'ennemi. Remarquer sous sa patte droite le blason de Florence avec sa fleur de lys rouge.

– *David de Michel-Ange :* ce marbre est encore une copie (décidément !). Ses dimensions sont d'ailleurs réduites. Les plus curieux ne manqueront pas d'aller admirer l'original à la Galleria dell'Accademia.

– *Hercule et Cacus de Bandinelli* (XVIᵉ s) : devant l'entrée du Palazzo Vecchio. Représente avec une certaine brutalité Hercule tuant Cacus.

Le soir, la piazza est particulièrement agréable avec son animation et les lumières jouant sur la pierre jaune.

★★★ 🏃 *Palazzo Vecchio et son musée (zoom détachable D4) :* piazza della Signoria. ☎ 055-276-82-24. Avr-sept, tlj 9h-23h (14h jeu) ; oct-mars, tlj 9h-19h (14h jeu). Entrée : 10 € (14 € avec la torre di Arnolfo).

Ce palais-forteresse sévère, édifié à la fin du XIIIᵉ s sur les ruines des demeures gibelines rasées par les guelfes, servit dans un premier temps de siège au gouvernement des prieurs, avant que les Médicis n'y emménagent. Il devint le siège du pouvoir florentin quand Cosme de Médicis vint s'y installer avec Eleonore de Tolède ; ils en firent leur résidence principale. Ils en furent toutefois dépossédés un temps par Savonarole, qui s'en empara pour y installer le siège de son éphémère république florentine.

LE PREMIER TAG ?

Cherchez sur le mur du Palazzo, juste derrière Hercule et Cacus, un graffiti représentant une tête de profil. Il s'agirait d'un graffiti original du XVe ou du XVIe s qui, selon la petite histoire, serait de la main de Michel-Ange, mais réalisé de dos... Quel talent !

Au XVIe s, lorsque les Médicis s'installèrent au « nouveau » Palazzo Pitti, l'édifice prit le surnom de *Palazzo Vecchio* (palais Vieux). Bien plus tard, au moment de l'unification italienne (1865-1871), le palais servit un court moment de siège à la Chambre des députés. À l'intérieur, très belle cour à arcades ornées de stucs, avec la fontaine décorée du petit génie ailé de Verrocchio.

– Sous-sol : ***Scavi del Teatro Romano*** *(possibilité de le visiter sans le Palazzo Vecchio : 4 €)*. Ouvert depuis peu ; les archéologues ont découvert toute une zone remontant à l'époque romaine. Il s'agit ici des fondations du théâtre de l'ancien palais.

– La visite débute par la ***sala dei Cinquecento,*** salle immense avec un extraordinaire plafond à caissons peints. Créée à l'origine par Savonarole pour accueillir le Conseil de la République, elle fut utilisée par la suite comme salle d'audience par les Médicis. C'est pourquoi tous les thèmes choisis pour la décoration glorifient les Médicis (sur le médaillon du plafond, Cosme s'est même fait représenter en empereur romain !). Aux murs, fresques de Vasari racontant l'histoire de la ville et très belles statues du XVIe s représentant les travaux d'Hercule. Seule celle de la *Victoire sur Sienne* (en face de l'entrée) est de Michel-Ange (admirable mouvement du personnage principal, le « Génie » dominant la force brutale). À droite en entrant dans la salle, jeter un coup d'œil au *studiolo* de François Ier de Médicis : superbes fresques de Vasari et de ses collaborateurs, mais surtout magnifiques petits bronzes dans les niches (malheureusement difficiles à voir) par Jean de Bologne et Ammannati, notamment.

Avant de monter à l'étage, observer les très beaux plafonds des appartements de Léon X et les fresques.

– Ensuite, succession de salles et appartements aux plafonds et parois richement ornés de peintures maniéristes, et présentant de nombreuses œuvres (on ne sait plus quoi regarder, des salles ou des couloirs !) : sculptures sur bois polychromes, primitifs religieux dont la *Madonna dell'Umiltà* de Rossello di Jacopo Franchi. Petites sculptures d'Andrea Della Robbia, adorable *Madonna e Bambino* de Masaccio et magnifique *Nativité* d'Antoniazzo Romano (XVe s).

Une fois à l'étage, vers la gauche, les salles ont moins d'intérêt (on passe toutefois devant un adorable *Chérubin au dauphin,* de Verrochio) ; néanmoins, depuis la terrasse dite « de Saturne », belle vue sur l'église de San Miniato et les collines environnantes.

On repasse alors au-dessus de la *sala dei Cinquecento* qu'on peut admirer à loisir pour visiter l'autre partie des appartements beaucoup plus intéressante (sur la droite).

Parmi les salles les plus marquantes :

– ***Chapelle d'Eleonore,*** ornée de fresques de Bronzino, réalisées à l'origine pour des cadeaux officiels. Magnifique *Déposition* de belle facture maniériste ! Orgie de plafonds peints et dorés, notamment dans la salle qui porte l'inscription « Florentia ».

– Les trois salles suivantes (Sabines, Esther et Pénélope) valent surtout pour leurs plafonds.

– ***Chapelle des Prieurs,*** décorée de peintures en fausse mosaïque. C'est là que Savonarole passa sa dernière nuit avant d'être supplicié.

– ***Sala delle Udienze*** *(salle des audiences) :* les prieurs y recevaient les citoyens de la ville. Plafond assez outrageusement chargé. Fresques admirables d'une fraîcheur éclatante par Francesco Salviati, à notre avis un maniériste de plus grand talent que Vasari (notamment celle de la *Pesée des trésors de guerre*).

– *Salle du Lys :* juste en entrant, remarquable porte de marbre sculptée par Benedetto da Maiano (notamment le délicat *Saint Jean-Baptiste*) ; la salle abrite aussi l'une des plus grandes œuvres de Florence, le groupe *Judith et Holopherne*, sculpture en bronze de Donatello. Celle-ci trôna de 1494 à 1980 devant le Palazzo Vecchio, avant de partir en restauration, sérieusement victime des ravages du temps. Aux murs, à l'opposé de la porte de marbre, magnifiques fresques de Ghirlandaio. De cette salle également, belle vue sur le campanile, le Duomo et l'église de la Badia.

– *Salle des Cartes* avec des globes terrestres impressionnants.

– On termine par plusieurs salles abritant la collection Loeser. Vaut surtout pour la deuxième pièce avec un bel ange de Tino di Camaino, une superbe *Vierge à l'Enfant* de Pietro Lorenzetti et une *Madone à l'Enfant* d'Alonso Berruguete. Dans la dernière salle également, belle série de panneaux du Pontormo.

🎭🎭 ***Torre di Arnolfo*** *(zoom détachable D4) : entrée 4 € (14 € avec la visite du Palazzo Vecchio, mêmes horaires pour les 2 musées). Attention, nombre de visiteurs limité et visite annulée en cas de pluie.* Elle permet une vue panoramique à 360° sur la ville et la campagne avoisinante. Les escaliers sont assez faciles et larges d'accès.

🎭🎭 ***Museo Gucci*** *(zoom détachable D4) : piazza della Signoria, 10.* ☎ *055-29-00-17.* ● *gucci.com* ● *Tlj 10h-20h. Entrée : 7 €.*
Situé sur la piazza della Signoria, le musée ne pouvait rêver rien de mieux que cette place emblématique ! Installé dans le sobre Palazzo della Mercanzia, il laisse apparaître les vestiges d'un vieux palais Renaissance. Également une boutique, un bar-restaurant et une librairie. *À savoir :* les salles sont renouvelées tous les 6 mois environ, mais on retrouve à chaque fois les thèmes évoqués, seuls les objets changent. On a l'impression de visiter une boutique plutôt qu'un musée, mais cet endroit nous a agréablement surpris par le personnel accueillant et professionnel. Si vous avez un peu (beaucoup !) d'économies, une petite boutique destinée à la vente de sacs et de ceintures se trouve au rez-de-chaussée du palais.
À l'origine, Guccio Gucci n'était que simple groom dans un hôtel chic de Londres. Côtoyant la jeune bourgeoisie du début du XXᵉ s, il eut l'idée en rentrant en Italie de créer une première série d'articles de voyages... On connaît la suite !
Sur deux étages, le musée invite les visiteurs à parcourir huit salles thématiques, symboles de la marque Gucci. On retrouve, par exemple, la première valise datant de 1938 (originale et en excellent état), les ceintures en forme de fer à cheval (l'équitation étant la grande passion de Gucci), les créations de robes de soirée, le thème « Flora » cher à la princesse Grace Kelly, pour qui Guccio Gucci avait fait créer expressément un foulard à motifs floraux lors de sa venue dans la boutique de Milan : c'est devenu un must de la maison. Et, bien sûr, les sacs, grandes vedettes de la maison, tous fabriqués en Italie (les usines sont situées dans les environs de Florence).
D'autre part, vous y trouverez deux salles réservées aux expos temporaires (qui changent elles aussi tous les 6 mois) de la collection de François Pinault (qui possède la maison Gucci).

🎭🎭 ***Orsanmichele*** *(zoom détachable D4) : via Arte della Lana, entre la piazza della Repubblica et la piazza della Signoria. Tlj 10h-17h. Le 1ᵉʳ étage est ouv lun ap-m et permet de voir les sculptures originales exposées (celles qui ornent actuellement l'église à l'extérieur sont des copies). Entrée libre.*
Orsanmichele est une abréviation d'*Orto di San Michele,* signifiant le « potager de saint Michel ». À l'origine, c'était la halle au blé, ce qui explique que le pavement n'est ni en marbre ni en matière précieuse. Les arcades étaient à l'époque ouvertes : l'architecte Arnolfo di Cambio avait construit une couverture en bois et en brique pour abriter les étals du marché des céréales. Un incendie détruisit partiellement le bâtiment et la légende raconte qu'il ne resta qu'un pilier sur lequel figurait une peinture de la Vierge. Les Florentins crurent à un miracle et s'arrêtèrent

dans ce bâtiment pour prier. Le lieu connut un tel succès qu'il fallut consacrer le bâtiment au XIVe s... Ce qui explique la forme peu habituelle de cette église (à deux nefs !). En revanche, une fois l'église consacrée au rez-de-chaussée, l'étage supérieur resta dédié au stockage du grain !

À l'extérieur, on perça des niches tout autour, ornées de statues réalisées par les plus grands artistes de l'époque et commandées par les grandes corporations. Chaque guilde de la ville avait été chargée de la réalisation d'une statue de son saint patron, si bien que ce bâtiment présente

LA HALLE AUX MIRACLES

Lors de la peste de 1348, les Florentins se réunirent au marché et implorèrent la Vierge de faire cesser l'épidémie... ce qui arriva ! Pour la remercier, ils commandèrent à Bernardo Daddi, élève de Giotto, un magnifique retable représentant la Vierge à l'Enfant en majesté. Les fidèles furent de plus en plus nombreux à remplir l'église d'ex-voto, rendant inaccessible l'accès à l'étage. On construisit alors un passage surélevé entre l'ancien grenier à blé et le Palazzo dell'Arte di Lana, toujours visible aujourd'hui.

l'un des ensembles sculpturaux les plus importants et surtout les plus représentatifs de l'évolution stylistique. Via dei Calzaiuoli, on peut voir *Saint Jean-Baptiste* de Ghiberti (celui du baptistère), *Saint Thomas* (patron du tribunal des marchands) de Verrocchio, *Saint Luc* (patron des juges) de Jean de Bologne. Via Orsanmichele, on trouve *Saint Pierre* (protecteur des bouchers) et *Saint Marc* (patron des drapiers) de Donatello. Via dell'Arte della Lana, superbe représentation dans le marbre du labeur des maréchaux-ferrants par Nanni di Banco.

À l'intérieur, les peintures du plafond ont conservé leurs couleurs éclatantes. Admirable ciborium-retable d'Andrea Orcagna, du XIVe s. Les vitraux, représentant les miracles de la Vierge, sont intacts et comptent parmi les plus anciens de la ville. Un détail intéressant : les trous situés dans les colonnes de gauche permettaient la livraison du blé directement du 1er étage au consommateur. Il est probable que le fait d'avoir consacré le rez-de-chaussée permettait de limiter les convoitises et la fraude...

🐾🐾 🐾 ***Ponte Vecchio*** *(zoom détachable D4) :* il porte bien son nom, c'est le plus ancien de la ville (il existait déjà avant le Xe s). Pas difficile, cela dit, puisque l'armée allemande a fait sauter tous les autres le 4 août 1944 pour de nébuleuses questions stratégiques. Il est resté, à peu de chose près, tel qu'il était en 1345, date à laquelle il fut reconstruit et enrichi de boutiques et de maisons qui lui donnent son caractère bien particulier. À cette époque, bouchers et poissonniers occupaient les lieux, mais la famille Médicis, ne supportant plus l'odeur insoutenable de ces commerces, les fit partir pour laisser place aux bijoutiers qui sont encore là aujourd'hui. Les maisonnettes étaient louées par l'État, qui en récoltait une coquette somme. Le corridor audessus des maisons, qui relie les Offices au palais Pitti, date en revanche du XVIe s. Si vous voulez bien le voir, passez-y le matin tôt (vers 7h-8h) ou le soir pour éviter la foule. Dans la journée, on le voit beaucoup mieux des autres ponts !

🐾🐾 ***Chiesa Badia Fiorentina*** *(église de la Badia Fiorentina ; zoom détachable D4) :* près du Bargello. L'entrée se fait sur le côté, via Dante Alighieri. Horaires très restreints : *lun 15h-18h slt. Entrée : 3 €.* À gauche en entrant, un sublime chef-d'œuvre de Filippino Lippi, *L'Apparition de la Vierge à saint Bernard.* La scène est proche d'un tableau de Botticelli avec l'élégance de l'enfant (regarder ses mains...). Sculptures du plafond splendides. Il a fallu 27 ans pour le réaliser. Œuvres sculptées de Mino da Fiesole (1464-1470). Les fresques du chœur, en trompe l'œil, sont de G. D. Ferretti (1733-1734). Demandez gentiment à la personne de l'entrée si vous pouvez pousser la porte de droite à côté de l'autel. Vous découvrirez un petit cloître charmant, le « cloître des orangers », qui faisait partie autrefois d'un couvent bénédictin. Vous pouvez admirer (mais la majeure partie est abîmée) les fresques de la vie de saint Benoît.

★ ★ Chiesa Santa Maria dei Ricci *(zoom détachable D3) : via del Corso.* ☎ *055-28-93-67. Concerts classiques presque tlj à 21h15 ; concert d'orgue sam à 18h. La vente des billets commence 1h avt le début du concert.* Voici un excellent moyen de profiter de la beauté de cet amour de petite église qui cultive une mise en lumière géniale. Ce qui marque d'abord, c'est l'absence de retable. À la place, un délire baroque où des angelots plus dorés les uns que les autres nagent dans une mer de nuages argentés. On sent vraiment que quelqu'un s'est ingénié à mettre en valeur la décoration. Ici, un rai de lumière fend la pénombre pour atterrir sur une statuette timide ; là, dans son alcôve damassée de velours bordeaux, un christ fait de l'œil à un gisant d'une blancheur luisante. Remarquer d'ailleurs les proportions étranges de ce dernier : ses membres inférieurs et sa tête sont manifestement disproportionnés par rapport au thorax.

★ ★ ⚘ Loggia del Mercato Nuovo *(zoom détachable D4) : via Porta Rossa.* Édifiée au XVIe s, avec hautes arcades et pilastres d'angle. Célèbre pour sa *fontaine du Porcelet (del Porcellino)* de Pietro Tacca, un artiste du XVIIe s, sanglier de bronze très expressif. Lui caresser le groin porte bonheur, paraît-il ! Et mieux encore, si vous voulez revenir un jour à Florence, il vous suffit de glisser une pièce sur sa langue et qu'elle retombe dans les rainures de la fontaine. Une reproduction en bronze est également conservée aux Offices.

★ ★ ⚘ Museo Galileo *(musée Galilée ; zoom détachable D4) : piazza dei Giudici, 1.* ☎ *055-26-53-11. ● museogalileo.it ● Tlj 9h30-18h (13h mar). Entrée : 9 €.* Installé depuis 1930 dans l'un des plus vieux édifices de Florence (le *Palazzo Castellani*), ce musée (anciennement *Museo di Storia della Scienza*) a été rénové en 2010 et abrite désormais l'une des plus riches collections d'instruments scientifiques du monde. La qualité des pièces témoigne de la passion des grands de Florence pour le monde des sciences, en particulier sous le règne du grand-duc Ferdinand au XVIIe s. Protecteur de Galilée, cet érudit atypique en était même arrivé à négliger les affaires courantes de l'État !
Pas moins de 1 500 pièces datées du XVe au XIXe s sont exposées de manière didactique, réparties par thèmes. On y voit, par exemple, la lentille du télescope avec lequel Galilée découvrit les satellites de Jupiter, ainsi qu'un globe de verre contenant... un doigt de l'illustre savant. Un peu plus loin, amusez-vous avec ce portrait d'homme qui, réfléchi dans un miroir, vous montre une femme ! Et toutes sortes d'instruments savants délicatement ciselés jalonnent le parcours, sérieux comme ces beaux compas et ces cadrans solaires, surprenants comme cette lunette en ivoire pour dame... assortie d'un poudrier ! Les remarquables globes terrestres et les subtils mécanismes à mesurer le temps précèdent quelques salles plus éprouvantes, consacrées à la chirurgie et à l'obstétrique.
– *Meridiana Monumentale :* située sur la piazza dei Giudici et visible de tous, elle a été conçue en 2007 par les designers Luise Schnabel et Filippo Camerota. L'ombre projetée par la boule en verre indique à la fois l'heure réelle de la journée et la période de l'année, et la ligne transversale définit la course du soleil dans l'année. Belle réussite associant verre et alliage, et se mariant très bien avec le Palazzo Castellani.

★ ★ Oratorio dei Buonomini di San Martino *(zoom détachable D4) : en face de la Casa di Dante. Tlj sf dim et ven ap-m 10h-12h, 15h-17h.* Fondé en 1441 par la confrérie des *Buonomini* (les « hommes bons »), dirigée par San Martino, qui venait en aide aux « démunis mais dignes ». Lorsque l'ordre manquait cruellement d'argent, une bougie était allumée devant la porte, signifiant « nous en sommes réduits à cette petite lueur ». La charité du voisinage jouait alors son rôle. On les aidait en leur donnant de l'argent, à manger, en leur prodiguant les soins dont ils avaient besoin. Fresques d'origine du XVe s, remarquablement conservées, représentant la vie de San Martino (dont on voit le portrait au-dessus de la porte extérieure).

QUARTIER DE SANTA CROCE

Un vieux quartier historique (encore un !) avec ses petites rues entrelacées, ses petits commerces de proximité et surtout sa magnifique basilique. La *basilica di Santa Croce* renferme des trésors, notamment les tombeaux des personnages qui ont illustré l'histoire artistique et politique italiennes : Michel-Ange, Ghiberti, Machiavel, Rossini, Galilée... Un quartier aux multiples facettes qu'il faut découvrir en prenant son temps. N'hésitez pas à faire un saut au *Museo del Bargello,* un musée aux collections incroyables de sculptures, encore trop méconnu. Il suffit de vous aventurer (et de vous perdre) dans les ruelles de ce quartier populaire pour tomber sous le charme.

Où dormir ?

TOSCANE

Prix moyens

🏠 *Hotel Dali (zoom détachable E3, 63) :* via dell'Oriuolo, 17. ☎ 055-234-07-06. ● hoteldali@tin.it ● hoteldali. com ● *Congés : 2 sem en janv. Doubles sans ou avec salle d'eau 60-90 €. Parking.* 📶 *Réduc de 10 % janv-fév sur présentation de ce guide.* On aime cette petite pension sans histoire tenue par un couple charmant. Une dizaine de chambres agréables, bien tenues dans l'ensemble. L'atout de l'endroit ? C'est évidemment le parking privé gratuit dans la cour de l'immeuble. Une aubaine à Florence ! Accueil souriant.

🏠 *Hotel Bavaria (zoom détachable E3, 68) :* borgo degli Albizi, 26. ☎ 055-234-03-13. ● info@hotelbavariafirenze.it ● hotelbavariafirenze.it ● *Doubles sans ou avec salle d'eau privée 78-95 €.* Les impressionnantes hauteurs sous plafond, les traces de fresques émergeant ici ou là, du crépi et la taille atypique des chambres entretiennent l'atmosphère Renaissance du Palazzo Ramirez datant du XVIᵉ s. Beaucoup de caractère, mais si l'établissement est dans l'ensemble bien tenu, on aimerait que les équipements (tuyauteries notamment) soient rénovés...

De chic à plus chic

🏠 *Hotel Balestri (zoom détachable D4, 35) :* piazza Mentana, 7. ☎ 055-21-47-43. ● info@hotel-balestri.it ● hotelbalestri.it ● *Doubles à partir de 110 €. Parking.* 📶 📶 Bel et imposant édifice du XIXᵉ s, bénéficiant d'une situation privilégiée sur les berges de l'Arno. Les chambres (une cinquantaine), dont une bonne partie ont été rénovées, sont confortables et lumineuses. Celles donnant sur le fleuve avec les balcons sont évidemment un poil plus chères... mais tellement plus agréables ! Accueil professionnel.

🏠 *Residenza d'Epoca Verdi (plan détachable E4, 69) :* via Giuseppe Verdi, 5. ☎ 055-23-47-962. ● info@residenzaepocaverdi.it ● residenzaepocaverdi.it ● *Interphone sur rue, escalier en pierre, puis, au 1ᵉʳ étage, ascenseur jusqu'au 3ᵉ. Résa indispensable en hte saison. Doubles avec douche et w-c ou bains 100-120 €.* 🛏 8 chambres seulement, à la déco chaleureuse (mobilier peint, épais rideaux, sols en terre cuite, tissus de choix sur les lits) et aux jolies salles de bains modernes. Préférez celles donnant sur l'arrière du théâtre, plus calmes et à la déco plus typique. L'accueil, s'il est discret, est éminemment gentil. On s'y sent bien, comme dans une maison d'hôtes. Une adresse vraiment charmante.

🏠 *B & B Le Stanze di Santa Croce (plan détachable E4, 75) :* via delle Pinzochere, 6. 🖳 347-25-93-010. ● info@lestanzedisantacroce.com ● lestanzedisantacroce.com ● *Double 160 €, avec petit déj. Parking 21-29 €/j.* 📶 Maria Angela, originaire des Pouilles, a posé ses valises à deux pas de la piazza Santa Croce dans cette belle maison qu'elle a entièrement rénovée depuis. Les chambres sont gaies et colorées, à l'image de la joyeuse propriétaire. Le petit déjeuner (fait maison), servi sur la terrasse fleurie, est vraiment copieux. Excellente cuisinière, Maria Angela propose également des cours de cuisine (elle adore ça !), et même de faire le marché avec elle ! Plus qu'un *B & B,* une atmosphère unique. Une de nos adresses préférées dans le quartier.

Où manger ?

Sur le pouce
et très bon marché

〰️ 🗺️ **Pizzicheria Guadagni** (*zoom détachable E4, 222*) : *via Isola delle Stinche, 4 r.* ☎ *055-239-86-42. Tlj sf dim 8h-20h. Panino 5 €.* Petite épicerie familiale qui tient bon malgré les restos hyper touristiques du quartier. Pour un *panino,* il suffit de demander qu'on vous le prépare à votre goût. Vous choisissez parmi les bocaux d'*antipasti,* les fromages parfumés et les jambons appétissants, tranchés sous vos yeux. Accueil serviable. Une bonne petite adresse pas chère et rapide.

|●| 〰️ **Salumeria Verdi – Pino's Sandwiches** (*plan détachable E4, 109*) : *via Giuseppe Verdi, 36 r.* ☎ *055-24-45-17.* ● *info@pozzodivino.com* ● ♿ *Tlj sf dim jeu 9h-21h. Congés : août. Repas 7-9 €.* 📶 *Réduc de 10 % sur l'achat d'une bouteille de vin sur présentation de ce guide.* Idéal pour les petits budgets (c'est le repaire des étudiants de la ville), cette traditionnelle charcuterie-fromagerie plus connue sous le prénom de son sympathique propriétaire, Pino, propose *primi* (les lasagnes sont excellentes), *secondi* et *panini* à des prix défiant toute concurrence. Parfait pour une pause à n'importe quel moment de la journée, mais attention à l'attente à l'heure du déjeuner.

|●| **Vespé Café** (*plan détachable E4, 200*) : *via Ghibellina, 76.* ☎ *055-388-0062. Tlj 9h (10h w-e)-15h ; brunch dim. Congés : août.* Un lieu voulu par deux copines, l'une italienne, l'autre canadienne. Ça donne quoi ? Un endroit très sympathique et très agréable à tous moments de la journée, du petit déjeuner hyper *healthy* et vitaminé aux plats vegan et salades itou le midi. Et l'accueil ? Extra !

De bon marché
à prix moyens

|●| **Fishing Lab Alle Murate** (*zoom détachable D3-4, 121*) : *via del Proconsolo, 16 r.* ☎ *055-24-06-18.* ● *info@ fischinglab.it* ● *Tlj 11h-minuit. Compter 25 €.* Un lieu original tout dédié au poisson dans l'ancien restaurant chic de la ville (d'ailleurs, vous pouvez toujours admirer au 1er étage le plafond voûté avec les fresques représentant Dante). Ici, le poisson est dans tous ses états : cru, cuit, cuisiné dans la tradition ou version « *street fish* », au comptoir ou à table, le tout servi par une équipe jeune et dynamique. La reconversion du très chic *Alle Murate* a bien pris ! Bonne pêche !

|●| 〰️ **Ristorante-pizzeria I Ghibellini** (*plan détachable E3, 112*) : *piazza San Pier Maggiore, 8-10 r (angle borgo degli Albizi et via Palmieri).* ☎ *055-21-44-24. Tlj sf dim. Plats 6-10 € ; repas env 20 €.* Difficile de rater cette grosse pizzeria de quartier qui a pris ses aises sur une bonne partie de la place. Sa terrasse aux beaux jours est très appréciée. Pour les grosses chaleurs, un grand espace rafraîchissant au sous-sol. Ce n'est pas un grand rendez-vous culinaire mais les pizzas croustillantes à pâte fine (une cinquantaine) ou quelques plats classiques auront raison de votre estomac affamé.

|●| **Osteria de' Pazzi** (*plan détachable E4, 235*) : *via dei Lavatoi, 3 r (à l'angle de la via Verdi).* ☎ *055-23-44-880.* ● *oste riadeipazzi@legalmail.it* ● *Tlj. Repas 20-25 € ; le midi, menu 16 €.* Une *osteria* populaire où les gens du quartier se retrouvent à la bonne franquette autour d'une succulente *bistecca* ou d'un copieux plat de pâtes. La déco ne vaut pas tripette, le service peut parfois être un peu rude. Le principal ? C'est qu'on y mange drôlement bien !

|●| **Il Gatto e la Volpe** (*zoom détachable E4, 110*) : *via Ghibellina, 151 r.* ☎ *055-28-92-64.* ● *osteriadelgattoela volpe@yahoo.it* ● *Tlj 12h-23h30. Repas 10-25 €.* 📶 *Digestif offert sur présentation de ce guide.* Dans une *trattoria* de quartier animée par les nombreux étudiants qui s'y aiment, copieux plats de pâtes pour caler les gros appétits. Idéal pour faire des rencontres, dîner entre amis, avec un niveau sonore généralement élevé. Accueil jeune et souriant.

|●| ⦿ **Libreria Brac** (*zoom détachable D4, 220*) : *via dei Vagellai, 18 r.*

TOSCANE

☎ 055-094-48-77. ● info@libreriabrac. net ● *Dans une petite rue très discrète non loin de la basilica Santa Croce. Tlj 12h-20h ; brunch dim. Fermé à Noël. Résa conseillée pour le dîner. Repas 12-20 €.* 🖵 📶 Ambiance zen, même dans le service (stressés s'abstenir). Aux beaux jours, on s'assoit dans les fauteuils moelleux du patio ou on pioche un livre d'art dans l'espace librairie tout en sirotant un thé. Pour les adeptes de la cuisine bio et végétarienne, chacun y trouvera son compte. Une bonne petite adresse au cadre relaxant.

Chic

|●| ***Ristorante Gastone*** (*zoom détachable E4, 237*) : *via Matteo Palmieri, 24.* ☎ *055-26-38-763.* ● *info@gas tonefirenze.it* ● *Tlj sf dim 12h-15h, 19h-23h. Compter 15 € le midi, 35 € le soir.* Un cadre élégant, un brin chic, pour passer un bon moment sans pour autant vider votre portefeuille. Le midi, on se régale de belles salades mélangées ou de carpaccios. Le soir, c'est plus cher : la carte prend une tournure gastro avec un beau (et bon) choix de poissons. Belle carte des vins aussi. Service agréable et efficace.

|●| ***Osteria del Caffè Italiano*** (*zoom détachable E4, 223*) : *via Isola delle Stinche, 11 r.* ☎ *055-29-90-80.* ● *edoardo@caffeitaliano.it* ● *Tlj sf lun. Repas complet env 30 € ; menu dégustation 50 €.* 📶 *Apéritif maison offert sur présentation de ce guide.* Une institution florentine bien dans son jus avec son carrelage d'époque et ses belles boiseries. On s'y attable pour de solides plats traditionnels typiquement toscans comme la salade de tripes, la *pappa alla pomodoro*, les *fagioli bianchi* ou encore la *bistecca alla fiorentina*. Cohabitent également une pizzeria qui propose quelques pizzas napolitaines et le *Ristorante Sud*, donnant sur la via della Vigna Vecchia, qui fait une large place à la cuisine de la Campanie. Bref, un resto « trois-en-un » ! Attention à ne pas vous tromper de porte !

Où boire un bon café ? Où manger des pâtisseries ?

🍵 |●| ***Ditta Artigianale*** (*zoom détachable D-E4, 161*) : *via dei Neri, 33.* ☎ *055-274-15-41.* ● *info@dittaartigianale.it* ● *Tlj 8h-22h (minuit ven-sam).* Le meilleur café de la ville est ici ! Le chef s'est illustré dans une diatribe violente contre les cafetiers italiens ! Ici, il est fait dans les règles de l'art... un vrai délice. Dans une déco épurée et *arty*-vintage, on peut aussi déjeuner le midi. Et en plus, l'accueil est chaleureux. Que demander de plus ? *Autre adresse : juste à côté du Ponte Vecchio, via dello Sprone, 5 r.*

🍽 🍷 ☚ **Biobistro Miso di Riso** (*zoom détachable, E3, 107*) : *borgo degli Albizi, 54 r.* ☎ *055-265-40-94. Tlj sf lun-mar. Congés : 3 sem en janv et 2 sem en nov. Réduc de 10 % nov-mars sur présentation de ce guide.* Un endroit comme beaucoup d'autres qui fleurissent en ce moment à Florence. Un concept bio-végéto culinaire entouré de chlorophylle, de mobilier coloré et dépareillé. Ateliers couture ou cuisine (c'est selon), de la déco à vendre et, accessoirement, de quoi se sustenter. Bien pour une pause thé entre deux visites.

Où déguster une glace ?

🍦 ☚ ***Vestri*** (*plan détachable E3, 163*) : *borgo degli Albizi, 11 r.* ☎ *055-234-03-74. Lun-sam 10h30-20h. Congés : août.* Petite maison du chocolat qui a eu la bonne idée d'adapter ses recettes aux glaces artisanales : peu de parfums mais souvent originaux (celui au piment est divin) et toujours délicieux. Celle au chocolat à l'orange est succulente, mais les habitués en basse saison viennent aussi faire la queue pour y siroter le chocolat chaud maison, un vrai nectar concentré.

🍦 ***Rivareno*** (*zoom détachable E3, 176*) : *via Borgo degli Albizi, 46 r.* ☎ *055-011-80-39.* ● *info@riverano.com* ● *Tlj 11h-22h.* Cette chaîne de glacier née près de Turin certifie sans colorant artificiel et sans graisses hydrogénées la fabrication de ses glaces. On y découvre des parfums raffinés comme la noisette de Cuneo, la pistache sicilienne ou encore le sublimissime *gianduja-bacio* ! Pour les plus téméraires, tentez les glaces du mois aux associations parfois farfelues.

Où boire un verre ? Où sortir ?

🍸 *Dondino (plan détachable E4, 108) :* *piazza Santa Croce, 6 r.* ☎ *055-234-26-10.* Un petit bar qui d'extérieur ne paie pas de mine, mais une fois à l'intérieur on est conquis par l'ambiance et la gentillesse des serveurs. Et en plus les cocktails sont fameux.

🍸 *Moyo (zoom détachable E4, 190) :* *via dei Benci, 23 r.* ☎ *055-247-97-38.* ● *info@moyo.it* ● *Tlj 8h30-3h.* Aperitivo 10 €. Ce vaste bar qui s'anime dès la fin de l'après-midi propose un *aperitivo* copieux. Sièges à hauts dossiers formant un « M », chandeliers et lustre de style. Et quand le trop-plein déborde largement sur la placette, l'ambiance festive, jusqu'à une heure avancée de la nuit, plaira aux oiseaux de nuits. Les DJs aux platines y sont probablement pour quelque chose !

À voir

🎭🎭🎭 *Museo del Bargello (zoom détachable D4) : via del Proconsolo, 4.* ☎ *055-238-86-06. Tlj 8h15-17h. Fermé 1er, 3e et 5e lun du mois, ainsi que 2e et 4e dim du mois. Salle des petits bronzes (fermeture temporaire) et salle d'armes fermées l'ap-m. Entrée : 4 € (7 € lors d'expos temporaires) ; réduc.*
Le Musée national de sculpture est installé depuis 1865 dans un très beau palais (appelé aussi *Palazzo del Podestà*). Édifice à l'aspect sévère du début du XIIIe s, dominé par une tour crénelée de près de 60 m de haut. D'abord palais du Podestat (qui garantissait la liberté du peuple), il devint tribunal, prison et lieu de tortures au crépuscule de la démocratie florentine (fin XVIe s). C'est une des visites les plus agréables de Florence et les chefs-d'œuvre y sont nombreux. C'est l'occasion de parcourir et de comprendre l'évolution de la sculpture florentine.

Cour du rez-de-chaussée
Dans la cour, à l'élégante architecture, œuvres de Bartolomeo Ammannati et adorable *Petit Pêcheur* en bronze (1877) de Vincenzo Gemito. *Canon de San Paolo* (1638) très ouvragé et orné de la tête de saint Paul, presque une œuvre d'art. Il faut s'imaginer que, aux XIIIe et XIVe s, la cour était dévolue aux exécutions. Regardez dans l'angle de l'escalier les anneaux qui servaient aux pendaisons. D'ailleurs, Léonard de Vinci les a immortalisés lors de la conjuration des Pazzi (événement majeur qui opposa cette famille aux Médicis), où Francesco di Pazzi fut pendu nu.

La visite commence par le 1er étage, de manière chronologique
– *Salle Donatello :* c'est, avec la salle dédiée à Michel-Ange, le must du Bargello : superbe volume pour des œuvres majeures de Donatello en particulier, dont le célèbre *David,* en bronze. C'est la première sculpture nue en ronde bosse. Elle a été commandée par Cosme de Médicis en 1140 pour décorer son palais. Il se dégage une féminité incroyable (on pourrait penser que le bassin est celui d'une jeune fille). La restauration en 2007 de la statue a fait apparaître de l'or. Certaines parties du corps en étaient pourvues (cheveux). Quant au *David* en marbre (une œuvre de jeunesse), il devait être placé sur les contreforts du Duomo, mais il n'était pas assez colossal pour le clergé. Vous trouverez aussi l'original du *Saint Georges* d'Orsanmichele, avec son fameux bas-relief où saint Georges délivre la princesse et terrasse le dragon (effet de relief écrasé, *stiacciato*). Attardez-vous sur l'*Amore-Attis* de Donatello, souvent oublié. Remarquez sa ceinture, ornée de pavots (emblème de la famille Bartolini) recouverts de minuscules fragments d'or. Et, enfin, le *Marzocco* (l'original) de Donatello, la copie étant sur la piazza della Signora, au pied du Palazzo Vecchio. C'est l'emblème de la ville.
– Également, les panneaux de bronze qui servirent au concours pour les portes du baptistère, par Ghiberti et Brunelleschi : la vivacité, la fluidité et la qualité de la

TOSCANE

mise en scène de Ghiberti sautent aux yeux, le *Sacrifice d'Isaac* de Brunelleschi a une interprétation plus forte, plus rigide... Magnifiques coffres peints. Dans cette salle également, les sculptures des Florentins de la première moitié du Quattrocento valent le détour (Michelozzo, Della Robbia, Agostino di Duccio...). Et de belles sculptures siennoises, par Vecchietta notamment.

– *Salle Carrand :* elle rassemble la collection éclectique d'un riche donateur français de Lyon. Petites peintures flamandes du XVᵉ s., dont de remarquables miniatures de Koffermans rappelant un peu les créatures fantastiques de Jérôme Bosch. Sinon, bel éventail de bijoux, émaux, merveilles de l'art limousin, serrures et marteaux de porte ouvragés, ou encore cette *Annonciation* et *Présentation au Temple* du maître de la légende de sainte Catherine, les *Grotesques* d'Alessandro Allori et des objets religieux. Avant de quitter la salle, profitez-en pour jeter un coup d'œil à l'ancienne chapelle, dont les fresques admirables de Giotto datent du milieu du XIVᵉ s. C'est ici qu'on faisait méditer les condamnés à mort. On pouvait même payer sa place pour les voir !

– La visite continue en principe par la *salle des ivoires* : remarquable collection de petits ivoires ciselés (superbes diptyques), reliquaires, crosses d'évêque, coffrets sculptés. Prendre le temps de découvrir la qualité extrême de ces pièces pour la plupart d'origine française. Également statuaire de bois polychrome : *Madone de la Miséricorde* (XIVᵉ s), art de l'Ombrie.

– *Salle de la céramique polychrome et des beaux objets,* dite aussi *salle islamique* : olifant en ivoire sicilien du XIᵉ s, tapis et tissus anciens, casques turcs du XVᵉ s. Lever la tête pour découvrir le plafond à caissons.

– *Salle du Trecento :* art florentin des XIIIᵉ et XIVᵉ s. Surtout Tino di Camaino, dont on remarquera *La Vierge et l'Enfant* (au torticolis). Également des œuvres de Simone di Francesco Talenti et une belle Madone de la Miséricorde avec le peuple se protégeant sous Marie.

– Les salles de sculpture médiévale contiennent théoriquement de magnifiques œuvres de Tino di Camaino, Arnolfo di Cambio... Elles sont le plus souvent dédiées aux expositions temporaires et les œuvres sont alors transférées au 1ᵉʳ étage (salle du Trecento).

Deuxième étage (ouvert slt lors d'expo temporaire)

– *Salle de Luca et Andrea Della Robbia,* ainsi que *de Buglioni,* qui furent les grands représentants de la terre cuite émaillée. Explosion de couleurs et de charme !

– Splendide *salle d'armes (fermée l'ap-m)* : selles en os et ivoire ciselés, mousquets et arbalètes incrustés de nacre, or et ivoire. Armures, armes perses et turques du XVᵉ au XVIIᵉ s.

– *Salle Verrocchio :* on y admire le superbe *David* de Verrocchio, dont la moue amusée due à la jeunesse le différencie du *David* de Donatello (au 1ᵉʳ étage), plus pensif, accomplissant sa tâche sans gloriole. À voir aussi, de Verrocchio, la magnifique et sobre *Dame au bouquet*. Également des œuvres charmantes de Mino de Fiesole, Agostino di Duccio, Benedetto da Maiano...

– *Salle des petits bronzes (fermée l'ap-m) :* la présentation est un peu surchargée. On y trouve pourtant de magnifiques bronzes d'artistes célèbres (Jean de Bologne, Pollaiolo...), qui méritent le détour mais dont on ne profite malheureusement pas, car ils sont noyés dans la masse.

– *Loggia :* nombre d'œuvres du bestiaire à plumes de Giambologna et le *Jason* de Pietro Francavilla, d'une grande finesse. Dans les salles de la verrerie et de la céramique : *Madone à l'Enfant* de Sansovino. Intéressante série de faïences de Castelli du XVIᵉ s, avec des bleus remarquables.

Après la visite de l'étage, descendre au rez-de-chaussée

– *Salle du Cinquecento* (absolument magnifique mais à découvrir en dernier, après la visite de l'étage, pour des raisons chronologiques) : on y découvre des œuvres de jeunesse de Michel-Ange, dont *Bacchus,* sa première sculpture importante qu'il n'a pas terminée. En effet, il s'est rendu compte qu'il travaillait pour l'ennemi des Médicis, le cardinal Ridolfi. *Madone avec Jésus et saint Jean,* mais aussi des compositions plus tardives comme *David,* ou le buste de *Brutus.* Également un buste de *Cosme Ier* de Benvenuto Cellini (œuvre extrêmement maîtrisée), *Mercure* de Giambologna (Jean de Bologne) et des sculptures de Bandinelli, Ammannati, Vincenzo Danti, Tribolo, Jacopo Sansovino (le *Bacchus,* en particulier), Francavilla, Rustici.

🏃🏃 *Piazza di Santa Croce (plan détachable E4) :* vaste place très caractéristique de la ville, bordée de palais aux élégants encorbellements, et au fond de laquelle s'élève le plus intéressant des édifices religieux de Florence, la *basilica di Santa Croce.* L'un des palais de cet ensemble remarquable, le *Palazzo dell'Antella,* présente des traces de jolies fresques.

À l'époque médiévale, c'est dans cet espace, alors hors les murs, que les Florentins se rassemblaient pour écouter les prédicateurs franciscains, participer aux fêtes populaires et assister aux différentes joutes princières. On y jouait notamment au fameux *calcio,* jeu de ballon local des plus viril, qui oppose les quatre quartiers d'origine de la cité depuis le XVIe s. Et comme les Transalpins avaient déjà la passion du ballon rond, le siège de Charles Quint en 1530 n'empêcha pas les équipes de s'affronter sous la mitraille !

🏃🏃🏃 🧑‍🦯 *Basilica di Santa Croce e Museo dell'Opera (plan détachable E4) :* piazza di Santa Croce, 16. ☎ 055-246-61-05. Tlj 9h30 *(14h dim et j. fériés)-17h30. Entrée : 8 €. Audioguide en français : 4 €. Plan en français disponible à l'accueil. Tenue décente obligatoire. Le mat, arrivez avt l'arrivée massive des touristes en visite organisée.*

Santa Croce fut construite pour l'ordre des Franciscains à la fin du XIIIe s, mais la façade en marbre blanc de style néogothique (totalement rajeunie pour le jubilé) date du XIXe s. Santa Croce doit également son immense célébrité aux nombreux personnages illustres qui y sont enterrés et en font un véritable panthéon toscan, voire italien.

À l'intérieur, entrer par la porte latérale de l'église et démarrer la visite par le portail principal pour mieux apprécier les volumes. L'église est très large, de style simple et rigoureux, et coiffée d'une magnifique charpente de bois pour se conformer à la tradition des ordres mendiants. Dès l'entrée, l'une des deux statues qui, dit-on, inspirèrent à Bartholdi sa statue de la Liberté de New York. Au sol, nombreuses belles dalles funéraires en marbre, protégées par des cordons du piétinement des visiteurs. Dans le bas-côté droit (face au chœur), on rencontre d'abord le tombeau de Michel-Ange (par Vasari, qui a sculpté le buste de l'artiste à partir de son masque mortuaire), puis le cénotaphe de Dante (il est enterré à Ravenne). On trouve ensuite le tombeau du poète Alfieri (par Canova), la belle chaire du XVe s sculptée par Benedetto da Maiano, le tombeau de Machiavel et celui de Rossini. Le bas-côté gauche abrite pour sa part celui de Galilée (belles fresques du XIVe s autour), de Marconi, l'inventeur de la radio, la pierre funéraire de Lorenzo Ghiberti (auteur des portes du baptistère) et les plaques commémoratives de Léonard de Vinci (enterré à Amboise). Toujours dans ce bas-côté gauche, un beau monument funéraire de Carlo Marsuppini par Desiderio da Settignano.

– Le *transept gauche* est réservé à la prière, donc difficilement accessible. Belles fresques d'inspiration de Giotto par Bernardo Daddi dans la chapelle tout avant. Enfin, remarquer l'*Assomption* de Giotto et l'intéressant retable en terre cuite émaillée de Giovanni Della Robbia (quelle famille !). Sur l'autel du *chœur principal :* grand polyptyque du XIVe s représentant la Vierge, les saints et les pères de l'Église, immense crucifix peint par le maître de Figline (élève de Giotto, encore un !). Superbes fresques du chœur, illustrant le cycle de la croix d'après la *Légende dorée* de Jacques de Voragine, par Agnolo Gaddi (fils de Taddeo).

– Le *transept droit :* tout de suite à droite du chœur, les célèbres chapelles Bardi et Peruzzi, couvertes de fresques de Giotto. Dans la première chapelle, *Scènes de la vie de saint François.* Noter comme les personnages prennent du relief. Sur la voûte, les symboliques de la Pauvreté, de la Chasteté et de l'Obéissance, vertus qui caractérisent l'ordre franciscain. Dans la chapelle voisine, *Scènes de la vie de saint Jean-Baptiste* (toujours par Giotto).

TOSCANE

Au fond, à droite du transept droit, *chapelle Castellani* (scènes de la vie de plusieurs saints par Agnolo Gaddi) *et Baroncelli-Giugni* (fresques superbes de la *Vie de la Vierge* par Taddeo Gaddi en 1332, un des élèves les plus doués de Giotto). Au fond du transept droit, un couloir mène au corridor. Dans la sacristie, superbe *Crucifixion* suspendue de Cimabue et les *Scènes de la vie de la Vierge* par Giovanni da Milano dans la petite chapelle Rinuccini. À côté, vous pouvez aussi visiter l'*école du Cuir*, où l'on peut encore voir les artisans travailler, et la chapelle Bardi. À noter, au fond du couloir de l'école, une délicieuse *Annonciation* à fresque.

Depuis la nef, un autre passage débouche sur un *cloître* du XIVe s flanqué de la fameuse et somptueuse *chapelle des Pazzi*, de style Renaissance, construite par Brunelleschi (l'auteur du dôme de la cathédrale). Intérieur d'une très grande austérité, décoré de médaillons en terre cuite de Luca Della Robbia figurant les apôtres et les évangélistes. Élégance, sobriété, force et équilibre, cette chapelle incarne parfaitement le miracle du Quattrocento florentin.

À gauche en sortant de la chapelle, un autre *cloître*, dessiné également par Brunelleschi. Enfin, l'ancien réfectoire abrite le *Museo dell'Opera*. On y trouve nombre d'œuvres qui décorèrent autrefois l'église. Dans les salles de gauche, quelques sculptures d'un des plus grands sculpteurs du XIVe s, le Siennois Tino di Camaino. On entre ensuite dans la **salle des vitraux.** Juste en entrant, une superbe *Vierge allaitante* (anonyme – mais quel talent !) et, au fond de la salle, le célèbre triptyque *Baroncelli* de Giotto. Dans la salle suivante, belle fresque de Domenico Veneziano représentant saint François et saint Jean-Baptiste. Magnifique *Saint Louis de Toulouse* par Donatello. Enfin, au fond, vestiges d'une fresque d'Orcagna évoquant *L'Enfer et le Triomphe de la mort,* et immense *Arbre de vie* et la *Cène* de Taddeo Gaddi.

🏃🏃 *Museo della Fondazione Horne* (zoom détachable E4) : via dei Benci, 6. ☎ 055-24-46-61. *Tlj sf dim et j. fériés 9h-13h (vente des billets jusqu'à 12h). Entrée : 7 €.*

Les œuvres sont décrites de haut en bas et de gauche à droite en entrant dans les pièces. Pour vous faciliter la visite, nous vous indiquons les numéros des œuvres que nous avons particulièrement remarquées.

Occupe le petit *Palazzo degli Alberti*, une belle demeure patricienne caractéristique de la première Renaissance florentine, construite au XVe s pour des riches marchands d'étoffes. Ensuite, il est passé entre les mains de la famille Corsini pendant la Renaissance, avant d'être racheté en 1911 par un esthète londonien installé à Florence, Herbert Percy Horne. À la fois dessinateur, lettré, historien d'art, il rachète les œuvres de Bardini (voir plus loin dans le quartier de Santo Spirito). Il achète principalement des objets du quotidien qui pourraient prendre place dans son palais. Il veut surtout reconstruire une histoire sociale. Il est mort juste avant de s'installer dans ce palais. Ce musée méconnu présente une collection qui regroupe de magnifiques peintures, œuvres des meilleurs maîtres italiens.

– Au 1er étage, dans la grande salle, remarquer, parmi les œuvres exposées, la petite *Sainte Catherine d'Alexandrie* (n° 51) de Luca Signorelli, une *Sainte Famille* siennoise, de belles petites crucifixions dans l'armoire en verre, un beau berceau en bois marquetée, ainsi qu'un *Saint Jérôme* (n° 31) par Piero di Cosimo et trois saints par Lorenzetti. Également un retable de Carnesecchi qui relate la vie (assez horrible) de saint Julien. Dans la petite salle à droite en entrant, magnifique *tondo* (sorte de tableau de forme circulaire généralement placé au-dessus d'une cheminée) de Beccafumi ainsi qu'un magnifique coffre de mariage peint qui représente le thème du Grand Pardon, très apprécié dans les chambres à coucher ! Dans la petite salle du fond à droite, le superbe *Saint Stéphane* (n° 52) de Giotto, tableau devenu l'emblème du musée. On y trouve aussi, entre autres œuvres remarquables, *La Femme de Loth* (n° 7), de Francesco Furini, une *Sainte Famille* de Lorenzo di Credi, un buste de Giambologna en terre cuite sur la table, représentant Vénus au bain (celle en bronze est au musée du Bargello), un superbe Beccafumi (n° 79) entouré de deux très beaux christs de Boccacano et d'Orioli. Enfin, un beau buste d'une Vierge en bois du XVe s.

– Au 2ᵉ étage, dans la petite salle, juste à droite en entrant, des instruments de calcul et des couverts d'époque. Dans la salle de gauche, sur le mur de droite en entrant, *Tobias, Raphaël et saint Jérôme,* de Neri di Bicci, et une copie du portrait du duc Federico da Montefeltre (n° 87) par Piero della Francesca (l'original est aux Offices). Dans la salle principale, ne pas rater le petit Christ de Filippo Lippi (caché dans une vitrine d'angle au fond à gauche, avec juste en dessous un petit coffre pour collectionneur de pièces) et l'admirable diptyque de Simone Martini (très belle *Vierge à l'Enfant* sous verre). Toujours de Lippi, *La Reine Vasti quittant le Palais* (n° 41), tout à fait admirable. Avant de quitter la maison, admirez les belles portes en bois achetées par le propriétaire en Ombrie et regardez les élégants chapiteaux sculptés de la cour intérieure. Une visite reposante, loin des foules...

🏃 **Casa Vasari** *(zoom détachable E4) : borgo Santa Croce, 8.* ☎ *055-24-46-61. Visite sur résa (en collaboration avec la Fondazione Horne).* À l'occasion des 500 ans de la naissance de Vasari, la ville de Florence a ouvert au public la maison de Vasari où il a vécu et où il est mort. Ensuite, le palais a été abandonné. Seule la grande salle qui lui servait d'atelier est encore visible. Hormis la partie basse datant du XIXᵉ s, tout est resté d'origine. Les héritiers ont tout emporté, ne laissant que la cheminée ! D'ailleurs, au-dessus, portrait de Vasari avec les emblèmes de sa famille. Aux quatre coins de la pièce, allégorie des arts majeurs avec la peinture, la poésie, la sculpture et l'architecture. Vous pouvez voir la représentation de Vasari sur le mur de droite en entrant, on le voit derrière son tableau. Sur les murs, série de médaillons avec tous les artistes de l'époque. À vous de deviner ! Michel-Ange, Léonard de Vinci, Masaccio, Cimabue, Giotto, Raphaël, Donatello, Rosso...

🏃 **Museo di casa Buonarroti** *(plan détachable E4) : via Ghibellina, 70.* ☎ *055-24-17-52. Tlj sf mar 10h-17h. Fermé 1ᵉʳ janv, dim de Pâques et Noël. Entrée : 6,50 €.* Il s'agit de la maison de Michel-Ange, ou plutôt de celle qu'il avait achetée, car il n'y résida guère. Au XVIIᵉ s, son petit-neveu, Michel-Ange le Jeune, décida de la dédier au génie de son grand-oncle. On y trouve des œuvres de jeunesse de l'artiste, dont la célèbre *Vierge à l'escalier* et la *Bataille des centaures.* La maison expose aussi, par roulement, quelques-uns de ses croquis. À ce propos, Vasari raconte que Michel-Ange, peu avant sa mort, détruisit bon nombre de ses ébauches et brouillons, de peur que la postérité ne découvrît que son geste n'était pas toujours... parfait.

QUARTIER DE SANT'AMBROGIO

La charmante église a donné son nom au quartier et au marché de la piazza Ghiberti. Ce dernier, qu'on appelle familièrement le *mercato Sant'Ambrogio,* fait saliver devant profusion de saucissons, fromages, fruits, fleurs, viandes, bocaux de légumes séchés sans oublier les poissons (pêchés du jour dans la mer Ligure toute proche). Qui résisterait ? Moins connu que son grand rival, le mercato San Lorenzo. C'est cependant le rendez-vous des Florentins avisés et des visiteurs gourmets.
Le quartier se transforme à la tombée de la nuit en un lieu branché et festif... allez donc musarder du côté de la piazza Sant'Ambrogio où quelques cafés font l'animation du coin. Et que dire de ces petites adresses, situées à deux pas du centre, qu'on se transmet de bouche à oreille... on y mange divinement bien !

Où dormir ?

Institution religieuse

🏠 **Istituto Oblate dell'Assunzione** *(plan détachable E3, 22) : borgo Pinti, 15.* ☎ *055-248-05-82.* ● *sroblatebor gopinti@virgilio.it* ● ☾ *Couvre-feu à minuit. Résa indispensable car minuscule. Double avec bains 90 € ; chambres 1-4 pers. CB refusées.* Derrière une entrée discrète, un couvent tout à fait recommandable : belles chambres, très propres (salle d'eau impeccable) et équipées du téléphone et d'un poste Internet. Certaines donnent sur un grand jardin intérieur accessible aux résidents. Évidemment, atmosphère très tranquille, à l'inverse de la rue souvent bruyante... Accueil en toute simplicité et gentillesse.

De prix moyens à chic

🛏 *Hotel Bodoni* (plan détachable E3, **16**) : *via Martini del Popolo, 27.* ☎ *055-24-07-41.* ● *hotelbodoni.it* ● *Doubles 75-117 €.* 🛜 *Réduc de 10 % sur le prix de la chambre sur présentation de ce guide.* Un de nos meilleurs rapports qualité-prix du quartier. Situé au dernier étage d'un immeuble moderne, on est tout de suite conquis par l'accueil chaleureux du personnel ainsi que par la terrasse (qui se transforme en solarium l'été) avec sa vue magnifique sur la ville. Et, pour couronner le tout, un solide petit déjeuner (compris) ! Les chambres sont très simples, mais c'est propre et fonctionnel. Un bon plan, vraiment.

🛏 *Hotel Cardinal of Florence* (plan détachable E3, **67**) : *borgo Pinti, 5.* ☎ *055-246-64-50.* ● *helpdesk@hotel cardinaloflorence.com* ● *hotelcar dinaloflorence.com* ● *Doubles à partir de 80 €.* 🛜 Un hôtel bien situé, au 3e étage, très propre et fonctionnel. Toutes les chambres sont climatisées et certaines bénéficient même de la vue sur le Duomo. Accueil pro et en français.

🛏 *B & B Palazzo Galletti* (plan détachable E3, **73**) : *via Sant'Egidio, 12.* ☎ *055-390-57-50.* ● *info@palazzo galletti.it* ● *palazzogalletti.it* ● *Doubles 100-170 € ; suites 170-230 €.* 🛜 Situé au 1er étage d'un ancien palais restauré, ce B & B porte le label *Residenza d'Epoca*, avec une dizaine de chambres dont 4 suites (ne confondez pas avec la structure pour étudiants au 3e étage, qui n'a strictement rien à voir). Aménagées avec goût, elles mixent judicieusement modernité et meubles anciens, fresques d'origine (surtout celles des suites « Cerere » et « Giove »), sols en *terracotta*. Aux murs, accrochage de peintures contemporaines. Toutes bénéficient de la clim et d'un petit balcon donnant sur une cour intérieure paisible. Petit

déj servi dans une jolie salle voûtée du XVIe s ! Le petit plus : le délicieux spa au sous-sol du palais (indépendant de l'hôtel mais accessible aux clients) ; idéal après avoir arpenté le pavé florentin toute une journée. Accueil dynamique de la pétillante Francesca.

🛏 *Firenze Suite* (plan détachable E3, **14**) : *via Nuova De Caccini, 25 (à l'angle de la via della Pergola).* ☎ *055-20-01-730.* ● *info@suite.firenze.it* ● *suite. firenze.it* ● *Doubles 100-140 € selon saison ; suite 200 €.* 🛜 Un peu de tranquillité et de luxe à prix raisonnable ? L'accueil adorable du jeune couple aura raison de votre choix. Ils ont rénové cet ancien palais pour le rendre cosy et chaleureux. C'est charmant. Les chambres sont immenses, toutes décorées différemment et avec goût ! Pas de salle de petit déj mais on vous l'apporte dans votre chambre. Également 2 suites avec petite terrasse et kitchenette qui conviendront aux familles. Une très belle adresse de charme.

Plus chic

🛏 *The J and J Historic House Hotel* (plan détachable F3, **82**) : *via di Mezzo, 20.* ☎ *055-26-312.* ● *info@jandjhotel. net* ● *jandjhotel.net* ● *Doubles 210-280 €, voire plus pour les suites (à partir de 160 € en basse saison). Possibilité de parking sur demande.* Historique, cet hôtel l'est bien, puisqu'il est installé dans un couvent construit au XVIe s. Mais si l'architecture d'ensemble, les quelques fresques d'origine et le cloître intérieur laissent clairement entrevoir ce riche passé, les chambres, elles, n'ont rien de monacal. Plus ou moins vastes (tout est question de prix !) et richement et subtilement meublées, aux éclairages savamment étudiés, elles sont dotées de tout le confort moderne. Certaines bénéficient même d'une terrasse privative et d'un mobilier en fer forgé. Salle du petit déjeuner très jolie avec son plafond en ogive. Ici règne un calme parfait. Une adresse idéale pour convoler.

🛏 *Hotel Mona Lisa* (plan détachable E3, **84**) : *borgo Pinti, 27.* ☎ *055-247-97-51.* ● *info@monalisa.it* ● *mona lisa.it* ● *Doubles à partir de 160 €.* Ce magnifique hôtel niché dans un beau palais du XVe s conviendra aux clients soucieux de leur confort. Belles chambres douillettes dans un bel écrin de verdure, le tout à une enjambée du Duomo. Un charme discret certain, mais à un certain prix tout de même...

Où manger ?

Marché

|●| **Mercato Sant'Ambrogio** (plan détachable F4) : piazza Ghiberti. Lun-sam 7h-14h. Au nord-est de Santa Croce, un quartier animé et plein de charme. Marché populaire très complet, dont les étals débordent largement une petite halle du XIXe s. Alimentari, frutta, verdura, fiori... et tutti quanti ! Plus intime et nettement plus florentin que son grand rival de San Lorenzo. À la sortie, pause espresso recommandée à la terrasse du Cibreo Caffè.

Supermarché

⊛ **Supermercato Conad** (plan détachable E3) : via Pietrapiana. En face de la poste principale (angle avec la via dei Martiri del Popolo). Tlj 8h-21h (20h dim). L'un des plus grands et des plus pratiques supermarchés du centre de Florence. On vous l'indique car c'est un bon plan pour ne pas trop se ruiner. Le rayon traiteur propose un large éventail de charcuteries toscanes, de fromages et d'antipasti. Bien pratique pour préparer un pique-nique improvisé. Vous pouvez leur demander de vous les emballer sous vide, ce qui les rend plus facilement transportables.

Sur le pouce

➤ **Semel** (plan détachable F3, 213) : piazza Lorenzo Ghiberti, 44 r. Lun-sam 12h-15h. Panino 5 €. Grand comme un mouchoir de poche, Semel met à l'honneur la Semela, petit pain rond que Marco accommode de plusieurs façons. Les plus téméraires avaleront des panini aux viandes de sanglier, de cerf ou encore de lapin. Les timides se rabattront sur le panino végétarien (pecorino, miel et céleri) ou sur celui aux anchois marinés. Pour se ravitailler, Marco n'a qu'à traverser la rue : ils proviennent du marché Sant'Ambrogio, juste en face.

➤ **La Divina Pizza** (plan détachable E-F4, 241) : via Borgo Allegri, 50 r. ☎ 055-234-74-98. ● divina@ladivinapizza.it ● Tlj sf dim 11h-23h30. Un local exigu et quelques tabourets pour déguster des pizzas déclinées à (presque) l'infini qui ont empiété désormais le trottoir avec un comptoir et 3 chaises ! Servie al taglio ou entière, la pâte à pizza est épaisse grâce à une levure naturelle que Graziano laisse reposer 24h. Les garnitures changent en fonction des saisons (encore un bon point !).

Très bon marché

|●| **Da Rocco** (plan détachable F4, 108) : sous la halle du mercato Sant'Ambrogio. Tlj sf dim jusqu'à 14h30. Congés : 15 j. en août. Plat env 4 € ; repas complet env 15 €. Une tranche de vie pour le prix d'un plat de pâtes ! Chez ce petit traiteur escorté de quelques tables, les habitués viennent autant pour le spectacle du marché que pour les assiettes bien pleines. Cuisine toute simple de bistrot (lasagne, panna cotta), sans tambour ni trompette, mais qui nourrit son homme et dont le menu change tous les jours. Et puis c'est communautaire... Il manque un ingrédient ? On interpelle l'étalage voisin. Parfait pour tâter l'atmosphère florentine à moindres frais.

➤ **Acasamia** (plan détachable F4, 212) : piazza Ghiberti, 5 r. ☎ 055-263-82-23. ● info@pizzaecarboneacasamia.it ● Tlj. Pizzas à partir de 4 € (le soir slt). On vient pour les excellentes pizzas fines et croustillantes, déclinées en quelques dizaines de variétés. Repaire de Florentins avec une salle tout en longueur et de grandes tablées pour sympathiser avec ses voisins. Certes, c'est bruyant, mais que les pizzas sont bonnes ! Également des pizzas à emporter. Le soir, c'est souvent plein comme un œuf, armez-vous de patience. Minuscule terrasse. Service survolté et accueil jovial.

TOSCANE

TOSCANE

≋ **Il Pizzaiuolo** (plan détachable F3, **111**) : via dei Macci, 113 r. ☎ 055-29-46-77. ♿ Tlj sf dim. Congés : 1 sem en août et période de Noël. Pizzas 6-10 €. 🌐 Le royaume de la pizza ! Le ton est donné : dialecte local et carte des vins n'alignant que des flacons du sud de la Botte, et on se régale de pizzas à pâte épaisse, façon napolitaine. Service bourru, mais, à voir les files d'attente, ce n'est pas vraiment un obstacle à sa popularité.

Prix moyens

|●| **Acquacotta** (plan détachable E3, **119**) : via dei Pilastri, 51. ☎ 055-24-29-07. ● acquacottafirenze@gmail.com ● Tlj sf lun. Repas 25-30 €. Ne vous fiez pas aux épais rideaux des vitrines, c'est l'une des meilleures adresses typiques du quartier, tenue par des femmes ! Son nom vient d'une spécialité toscane : l'acquacotta, soupe de légumes servie avec du pain grillé et un œuf poché. Dans l'assiette, d'excellents plats élaborés avec des produits locaux de première qualité. Tout est fait maison, même le pain. Conseils avisés et accueil tout en gentillesse. Une très bonne adresse.

≋ **Santarpia** (plan détachable F4, **251**) : largo Pietro-Annigoni 9/C. ☎ 055-24-58-29. ● info@santarpia. biz ● Ts les soirs sf mar. Résa plus que conseillée. Pizzas à partir de 9 €. Compter 20-25 € pour un repas complet. La dernière pizzeria en vue qui fait courir les Florentins jusqu'ici, dans ce coin excentré du quartier Sant'Ambrogio. Vous dégusterez la pizza napolitaine, la vraie ! Giovanni Santarpia travaille avec le sourire et avec agilité sa pâte à pizza qu'il agrémente de produits AOC et bio en direct de la Campanie, le royaume des pizzas. Pizzas savoureuses et accueil extra. Courez-y !

|●| ≋ **Ristorante Le Carceri** (plan détachable F4, **125**) : piazza Madonna della Neve, 3. ☎ 055-247-93-27. ● info@ristorantelecarceri.it ● Pizzas à partir de 8 € (le soir slt). Dans les anciennes prisons de Florence entièrement réhabilitées se cache une adresse insoupçonnable, celle d'un ristorante aux pizzas généreuses et aux pâtes savoureuses, accommodées de mille manières... Service rapide et charmant.

Idéal avec des enfants qui peuvent galoper sans danger dans la cour.

De chic à plus chic

|●| **Teatro del Sale** (plan détachable F3, **114**) : via dei Macci, 111 r. ☎ 055-200-14-92. ● info@teatrodelsale.com ● Tlj sf dim-lun. Congés : août. Résa conseillée le soir. Après s'être acquitté de la carte de membre valable 1 an (5 €), le petit déj (5,50 €), le déj (25 €) et le dîner (35 €) sont déclinés sous forme de buffet (boissons comprises). Le dernier-né de Cibreo (le 4e du nom) fait dans le conceptuel. Un ancien garage à motos transformé en une épicerie fine, un resto et une salle de spectacle. Buffet excellent et copieux. L'épicerie aligne une sélection des meilleurs anchois, huiles d'olive ou miels du marché. Tous les soirs, un spectacle (une pièce de théâtre, un concert, des lectures). Attention, il faut impérativement arriver tôt le soir (avant 19h30 pour dîner), car le spectacle commence à 21h30. À partir de cette heure, le buffet n'est plus servi.

|●| **Touch Ristorante** (plan détachable E3, **227**) : via Fiesolana, 18 r. ☎ 055-24-66-150. ● info@touchflorence. com ● Tlj sf dim. Repas env 30 €. Voici une adresse originale et surtout très tendance avec un menu interactif à l'aide d'une tablette. Un serveur vient quand même prendre commande (un peu d'humanité tout de même !). Une adresse pour les clients adeptes de la cuisine fusion. Jolie présentation des plats, mais on aimerait en avoir un peu plus dans l'assiette. Accueil cordial.

|●| **Trattoria Il Cibreo** (plan détachable F3, **111**) : via dei Macci, 122 r. ☎ 055-234-11-00. ● cibreo.fi@tin.it ● Tlj sf dim-lun. Congés : 1re sem de janv et août. Pas de résa : venir tôt ou tard. Repas env 35 €. À ne pas confondre avec le resto du même nom (voir plus loin), beaucoup plus cher. Toutefois, ce bistrot classique estampillé slow food bénéficie des mêmes cuisines que son illustre voisin ! Qualité et fraîcheur des produits garanties, pour une cuisine de terroir de bon ton privilégiant les spécialités toscanes. Très bons desserts. Assez cher et service peu aimable qui n'aide malheureusement pas à faire passer la douloureuse.

Très chic

|●| **Ristorante Il Cibreo** (plan détachable F3, 111) : via Andrea del Verrocchio, 8 r. ☎ 055-234-11-00. ● cibreo. fi@tin.it ● Tlj sf dim-lun. Congés : 1re sem de janv et août. Repas complet env 75 € (sans le vin). L'un des grands classiques du circuit gastronomique florentin. Tables espacées et meubles anciens en bois vernis confèrent à la salle une atmosphère intime, idéale pour apprécier les spécialités du pays transcendées par le talent du chef. Belle carte des vins, avec quelques incursions parmi les domaines français et même du Nouveau Monde.

Où déguster une glace ou une bonne pâtisserie ?

♦ **Gelateria Il Gallo Ghiottone** (plan détachable F4, 167) : via dei Macci, 75 r. Minuscule boutique, mais excellentes glaces aux parfums classiques. Réputé dans le quartier. D'ailleurs, il n'y a qu'à voir la queue aux beaux jours...

🍰 **Dolci e Dolcezze** (plan détachable F4, 170) : piazza Cesare Beccaria, 8 r. ☎ 055-234-54-58. À l'est du quartier de Sant'Ambrogio. Mar-sam 8h30-19h30, dim 9h-13h. Congés : août. Cette coquette boutique vaut le déplacement à elle seule. Elle figure en bonne place sur le carnet d'adresses des becs sucrés florentins, c'est l'une des meilleures pâtisseries en ville, qui fournit d'excellentes tartes au chocolat. Dommage qu'elle soit si excentrée.

Où boire un verre ? Où écouter de la musique ?

🍷 |●| **Caffè Sant'Ambrogio** (plan détachable F3, 194) : piazza Sant' Ambrogio, 7 r. ☎ 055-247-72-77. ● caffesantambrogio@libero.it ● Tranquille dans la journée, on peut se sustenter d'une salade ou d'un plat de pâtes en terrasse. Le soir, après un aperitivo de choc, chaude ambiance sur fond de musique trendy. Le flot d'oiseaux de nuit déborde alors sur la mignonne petite place de Sant'Ambrogio... jusque très tard dans la nuit.

🍷 ♪ |●| **Caffé Letterario Le Murate** (plan détachable F4, 236) : piazza delle Murate. ☎ 055-23-46-872. ● caffeletterario@lemurate.it ● Tlj 9h (11h dim)-1h ; brunch dim et j. fériés 11h-15h. Aperitivo (18h30-21h30) 7,50 €. Un café littéraire reconnu qui accueille régulièrement des débats thématiques ou philosophiques ainsi que des émissions radio. Il se transforme aussi en lieu de concerts de musique live et bar pour étudiants. Ne ratez pas le copieux aperitivo... fameux ! La terrasse au milieu de l'ancienne prison est très agréable à l'heure estivale. Accueil jeune et parfois débordé.

🍷 **Plaz** (plan détachable F3, 238) : via Pietrapiana, 36/38 r. ☎ 055-24-20-81. Tlj 7h30-2h. Aperitivo (11h-23h) 8-10 €. Couvert et apéritif offerts sur présentation de ce guide. Cette adresse nous a surtout plu pour son emplacement. Quel bonheur de siroter son apéro à l'ombre des arcades de la piazza Ciompi désormais piétonne ! Petite collation pour dépanner. Quelques concerts de musique live de temps en temps.

🍷 **Cibreo Caffè** (plan détachable F3-4, 181) : via Andrea del Verrocchio, 5 r. ☎ 055-234-58-53. Mar-dim 8h-minuit. Congés : août. 📶 Autrefois, c'était une pharmacie, d'où le magnifique comptoir en bois. Le reste des boiseries et le plafond à caissons proviennent d'églises. Une réussite esthétique qui confère à ce tout petit café beaucoup de chaleur, d'autant plus que l'endroit est généralement bondé... mais la terrasse en saison permet de doubler sa superficie ! Pour boire un verre ou picorer parmi les mets délicats des cuisines du Cibreo (attention, presque aussi cher que le Ristorante).

🍷 ♪ **Jazz Club** (plan détachable E3, 196) : via Nuova de' Caccini, 3 r (à l'angle du borgo Pinti). ☎ 055-247-97-00. ● casinomarchese@hotmail.com ● Tlj sf dim 21h30-1h30 ; concert vers 22h30. Entrée : 10 € (prix de la carte de membre valable 1 an). Cette adresse bien cachée, à l'abri des regards, en sous-sol, réunit dans sa petite salle conviviale tous les amateurs de jazz du canton depuis

TOSCANE

une vingtaine d'années. Concerts de bonne tenue tous les soirs, jam-session le mardi.

♼ ♪ Rex *(plan détachable E3, 197) :* via Fiesolana, 23-25 r. ☎ 055-248-03-31. • info@rexcafe.it • De mi-sept à mi-mai, tlj 17h-3h. Un feu d'artifice de couleurs vives, reflétées par des mosaïques de verre ou de céramique, le tout rythmé de luminaires design. Très *bohemian chic* tout ça ! Bons cocktails qui délient les langues d'une clientèle jeune, bruyante et cosmopolite. Plantureux *aperitivo*. Concerts certains soirs.

À voir

♦♦ Sinagoga e Museo di Storia e Arte Ebraici *(synagogue et musée d'Histoire et d'Art hébraïques ; plan détachable F3) :* via Luigi-Carlo Farini, 6. ☎ 055-234-66-54. Dim-ven 10h-17h30 (15h ven). Fermé sam et j. fériés. Entrée : 6,50 €. C'est la plus grande synagogue d'Italie et l'une des plus belles, construite à la fin du XIXe s dans une sorte de style mozarabe, avec des lignes élégantes. Belle façade où alternent marbres blanc, rose et rouge (que l'on retrouve au sol à l'intérieur), surmontée d'un dôme de couleur verte, le cuivre d'origine ayant viré de couleur, qui tranche bien sur l'ensemble. L'intérieur entièrement peint, avec une coupole superbe, rappelle les formes et les volumes byzantins. Un guide pourra vous expliquer (gratuitement) les traditions hébraïques, avec pièces à l'appui, dans le petit musée à l'étage.

♦ Chiesa Sant'Ambrogio *(plan détachable F3) :* piazza Sant'Ambrogio. Un des sites les plus anciens de la ville, situé à deux pas du marché Sant'Ambrogio. Un premier édifice remonterait au VIIe s, érigé à la place d'une chapelle d'un ancien couvent. Plusieurs fois reconstruite à partir du XVe s, l'église a sa forme définitive depuis la fin du XIXe s. Sa façade, elle aussi maintes fois remaniée, ne présente pas grand intérêt. Les fidèles sont particulièrement attachés à cette église : un miracle sauva la ville de la peste de 1340 grâce à un mystérieux calice rempli de sang séché. À l'intérieur, elle se présente sous une forme rectangulaire, avec une seule nef. Dans la **chapelle du Miracle,** beau tabernacle en marbre réalisé par le sculpteur Mino da Fiesole, qui repose ici, ainsi que Verrocchio, un des maîtres de Léonard de Vinci. Dans cette même chapelle, superbe fresque de Cosimo Rosselli qui retrace le miracle du calice.

QUARTIER DE SAN MARCO

C'est un quartier à la fois central et étonnamment tranquille, loin du brouhaha du centre tout proche. C'est aussi ici que se nichent quelques merveilles de l'art toscan. On découvre avec ravissement le couvent de San Marco et ses fresques merveilleuses de Fra Angelico, on se presse à l'*Accademia* pour admirer le sculptural *David* de Michel-Ange. Également un petit bijou : le *Palazzo Medici Riccardi,* qui renferme deux trésors, la fresque du *Cortège des Rois mages* de Gozzoli et la *Vierge à l'Enfant* de Lippi. Et puis, surtout, promenez-vous le nez en l'air, vous tomberez forcément sous le charme d'un détail architectural, d'une statue antique, d'un palais décrépi d'une riche famille florentine. Un quartier qu'on apprend à connaître... et où l'on revient... forcément !

Où dormir ?

Auberge de jeunesse

⌂ Ostello della gioventù Villa Camerata *(hors plan détachable par G1, 66) :* viale Augusto Righi, 4. ☎ 055-60-14-51. • hihostels.com • Bus nº 17 (direction Coverciano) depuis la gare S. M. Novella ou la pl. du Duomo (l'auberge est à 4 km au nord-est). Tlj 7h-minuit (couvre-feu négociable pour les petits groupes). Chambres fermées 10h-14h. Résa indispensable et carte des AJ requise (ou prévoir un petit supplément). Nuit en dortoir 4-10 lits 20 €, double 35 €, petit déj compris. CB refusées. 🖥 La plus grande AJ de la ville, avec près de 350 places. Excentrée mais située dans un immense jardin à l'italienne planté d'espèces rares et de quelques vignes. Le bâtiment vaut le détour à lui tout seul avec sa façade ocre du XVe s et son vaste portique... Beaucoup de charme, même si les dortoirs se révèlent sans surprise et d'une simplicité toute fonctionnelle.

Bon marché

🛏 **Ostello Gallo d'Oro** (plan détachable E1, 25) : via Cavour, 104. ☎ 055-552-29-64. • info@ostellogallodoro.com • ostellogallodoro.com • Au 1er étage. Lit en dortoir env 30 € ; doubles avec douche et w-c 55-85 €. 🖥 📶 Petite structure conviviale parfaitement tenue. Des chambres avec sanitaires propres, une salle à manger où l'on peut se préparer quelques petits plats. L'esprit d'une AJ, mais le confort d'un petit hôtel ! En été, apéro festif 4 fois par semaine sur la terrasse ou dans le salon de l'auberge. Sans doute l'un des meilleurs rapports qualité-prix du centre-ville, à une vingtaine de minutes à pied du Duomo.

Prix moyens

🛏 **B & B Il Giglio d'Oro** (hors plan détachable par G1, 65) : via Pacinotti, 11. ☎ 055-011-27-39. 📱 347-484-30-98. • info@ilgigliodoro.eu • ilgigliodoro.eu • Au nord-est du centre-ville. Doubles 70-130 € selon saison. 📶 Un havre de tranquillité joliment arrangé par Edo et Célia. Petit jardin d'intérieur où il fait bon prendre son petit déj aux beaux jours ou se reposer après une journée de visite (les chaises longues sont si tentantes, ma foi !). Bonne literie et déco cosy (boutis, carrelage d'époque, rocking-chairs). C'est propre, et l'accueil des proprios saura rendre votre séjour agréable. B & B excentré, certes, mais très agréable.

🛏 **Hotel Europa** (plan détachable D2, 61) : via Cavour, 14. ☎ 055-239-67-15. • firenze@webhoteleuropa.com • webhoteleuropa.com • En face de l'office de tourisme. Doubles 80-160 € selon confort et saison ; suites 100-150 € selon période. Parking payant (cher). 🖥 L'Hotel Europa cumule pratique le deux en un ! Au 2e étage, des chambres récentes joliment décorées et donnant, pour la plupart, sur de charmants petits jardins verdoyants à l'arrière. Certaines sont pourvues de terrasse privative vue sur le Duomo. Au 1er étage, les suites dans la grande tradition florentine : hauts plafonds, tentures, portes épaisses, meubles peints, peintures à fresque du XVIIIe s... le tout donnant sur un jardin intérieur et le Duomo. Jolie salle de lecture. Une bien belle adresse, calme et centrale. Pour la petite anecdote, elle était aussi, il y a bien longtemps, la demeure du compositeur Franz Liszt...

De prix moyens à plus chic

🛏 **Residenza Johlea** (plan détachable E1, 36) : via San Gallo, 76. ☎ 055-463-32-92 (préciser le nom de l'hôtel, car 4 autres hôtels font partie du même groupe). • johlea@johanna.it • johanna.it • Pas très loin de la piazza della Libertà. Réception 8h30-20h. Doubles 90-120 €. Cette adresse intime a tout de la chambre d'hôtes : intérieur cossu, déco raffinée et atmosphère chaleureuse. Petits gâteaux et thé servis à toute heure de la journée. Un des meilleurs rapports qualité-prix et un accueil des plus charmant complètent ce tableau idyllique.

🛏 **Antica Dimora Johlea** (plan détachable E1, 36) : via San Gallo, 80. ☎ 055-463-32-92. • anticajohlea@johanna.it • johanna.it • Superbes doubles 100-180 €. 🖥 📶 Gérée par le même propriétaire que la précédente adresse, mais avec des chambres d'une gamme supérieure. Au dernier étage d'un palais du XIXe s, cette délicieuse demeure florentine offre de belles chambres avec de beaux espaces, dont certaines avec lit à baldaquin. Le privilège de cette adresse : la très jolie terrasse sur le toit, où l'on peut prendre le petit déjeuner en profitant de la vue sur la coupole du Duomo. L'ambiance cosy et l'accueil affable incitent à y revenir. Excellent rapport qualité-prix.

🛏 **Antica Dimora Firenze** (plan détachable D-E1-2, 37) : via San Gallo, 72.

TOSCANE

☎ 055-462-72-96. ● info@anticadi morafirenze.it ● johanna.it ● Chambres 90-160 €. 🖫 🛜 Même direction que les 2 précédentes adresses et autant de charme. Avec ses lits à baldaquin et ses meubles de style, cette adresse discrète promet à ses hôtes un séjour de charme à la florentine. Rien n'est laissé au hasard, à l'image du thé servi dans le petit salon au retour d'une promenade. Luxe, calme et volupté...

🛏 **Mr My Resort** (plan détachable D1, 59) : via delle Ruote, 14 a. ☎ 055-28-39-55. ● info@mrflorence.it ● mrflo rence.it ● Doubles 80-140 € selon saison. 🖫 🛜 Un repaire pour les adeptes du confort et du chic. Les 5 chambres sont toutes aussi mignonnes les unes que les autres (avec une petite préférence pour « Il Chiostro » avec son petit bout de terrasse). Tout a été pensé par Giuseppe et Cristina, les maîtres des lieux. Le top : le spa au sous-sol. Idéal pour découvrir Florence à 2. Les proprios ont aussi le Relais Grand Tour (voir plus loin la rubrique « Où dormir ? » dans le quartier de San Lorenzo). Les petits déjeuners (compris) se prennent au bar Nabucco, tout à côté. Une adresse pour amoureux exclusivement !

🛏 **Hotel Royal** (plan détachable D1, 41) : via delle Ruote, 50-54. ☎ 055-48-32-87. ● info@hotelroyalfirenze.it ● hotelroyalfirenze.com ● Doubles 160-250 €. Parking. 🖫 Un véritable havre de paix non loin du bouillonnant quartier de la gare. Cet îlot résidentiel réjouira les amateurs de calme et de tranquillité. Magnifique endroit où le temps semble s'être arrêté. Jardin séculaire et piscine. Les chambres confortables et spacieuses ont été décorées avec goût et respect de la tradition toscane. On regrette seulement que l'accès à la piscine soit payant (8 €/j.). Accueil professionnel.

Très chic

🛏 **Hotel California** (plan détachable D3, 72) : via Ricasoli, 28-30. ☎ 055-28-27-53 ou 055-28-34-99. ● hotelca lifornia@inwind.it ● californiaflorence. it ● ♿ À partir de 80-350 € (ça grimpe très vite en hte saison !) selon confort et saison, petit déj-buffet inclus. Possibilité de parking payant (25-38 €/24h). 🖫 🛜 (payants). Apéritif offert et réduc de 10 % sur présentation de ce guide (non cumulable avec d'autres offres). Un hôtel aux parties communes très « Renaissance » avec fresques, bas-reliefs et tutti quanti ! Les chambres, même si elles sont coquettes – certaines disposent même d'un jacuzzi et ont un balcon avec vue sur le dôme du Duomo (les nᵒˢ 122 et 123) –, n'ont pas le lustre des parties communes. La cerise sur le gâteau, c'est sans conteste sa terrasse très calme dissimulée parmi les toits, idéale pour le petit déj.

Où manger ?

Sur le pouce

🥪 **Vecchio Forno** (plan détachable D2, 116) : à l'angle de la via Gallo et de la via Guelfa. ☎ 055-265-40-69. ● vecchiofornofirenze@gmail.com ● Ouv lun-sam 7h30-20h. Titillé par la bonne odeur du pain chaud, vous succomberez aux variétés de pains, mais aussi aux délicieux panini et pizze à la coupe. Goûtez au pan de rameirino (le pain des Rameaux, mais qu'on boulotte toute l'année). Idéal quand on ne veut pas perdre trop de temps à la pause déjeuner.

🥪 **SandwiChic** (plan détachable D2, 116) : via san Gallo, 3 r. Tlj 11h-21h. ● info@sandwichic.it ● Ici tous les produits sont estampillés « locavore », plutôt un bon signe. D'ailleurs, ça ne trompe pas. De nombreux habitués viennent rejoindre la file le midi pour savourer un panino de leur choix et bien fourni avec fromage, jambon et tutti quanti ! Un comptoir et quelques tabourets pour les plus chanceux. Un bon plan tout à côté de l'Accademia.

🥪 **Pugi** (plan détachable D-E2, 214) : piazza San Marco, 9 b. ☎ 055-28-09-81. ● info@focacceria-pugi.it ● ♿ Lun-sam 7h45-20h. Congés : 3 sem en août. 🛜 Cette institution florentine a pignon sur rue depuis 1925. Les focacce sont délicieuses et les parts de pizza déclinées en une vingtaine de variétés régalent les habitués depuis des générations. Les ingrédients varient selon les saisons, c'est plutôt bon signe. Le midi, il faudra pousser du coude pour dégotter un bout de table. Spécialité : le *Pugine,* pain à base de fruits secs et d'abricots. Accueil enjoué et service rapide. Autres adresses un peu partout dans Florence.

➢ ⬛ *Bar Brunellesco* (plan détachable E3, **155**) : via degli Alfani, 69 r. Lunsam 7h-19h. Un petit bar qui ne paie pas de mine, mais pratique, à deux pas du centre. On peut y déjeuner d'un plat de pâtes ou, pour les pressés, d'un *panino* le midi, mais aussi boire un petit café ou un jus de fruits frais à toute heure, accoudé au comptoir ou sur la petite terrasse. Pratique, sympa et pas cher.

Bon marché

|●| *Trattoria Tibero* (plan détachable D1, **226**) : via delle Ruote, 26. ☎ 055-384-12-66. Tlj sf dim. Plat du jour 8 €, plat de pâtes 7 € le midi slt. Une *trattoria* qui plaît beaucoup à ceux qui travaillent dans le quartier. Jolie terrasse à l'abri des regards où il fait bon

se relaxer en avalant le menu du jour. Cuisine typique où l'on retrouve toutes les spécialités toscanes. Le soir, c'est nettement plus cher. Service agréable et attentif.

|●| *Il Vegetariano* (plan détachable D1, **92**) : via delle Ruote, 30 r. ☎ 055-47-50-30. ● ilvegetariano@gmail.com ● ♿ À 2 mn de la piazza dell'Indipendenza, en remontant la via San Zanobi. Ouv le midi mar-ven et le soir mar-dim. Congés : Pâques, août et Noël. Carte 15-25 €. CB refusées. Une fois passé les vitraux, on découvre une petite salle façon bistrot, qui donne dans une salle conviviale avec tables en bois, vitrines chargées de bocaux remplis d'épices, grosses poutres en bois et fresque sur l'un des murs, le tout débouchant dans une petite cour ombragée, charmante dès le printemps venu. Sur le tableau noir, les plats du jour : tartes aux légumes, couscous végétariens, pâtes, aubergines farcies, soufflés, quiches, soupes traditionnelles... Très bon pain et savoureuses pâtisseries. Sans aucun doute, le meilleur végétarien de la ville !

TOSCANE

Bars à vins *(enoteche)*

🍷 ⊛ *Fratelli Zanobini* (plan détachable C-D2, **141**) : via Sant'Antonino, 47 r. ☎ 055-239-68-50. Tlj sf dim 8h-14h, 15h30-20h. Caviste réputé, avec un petit comptoir pour les dégustations, usé par des générations de connaisseurs. C'est d'ailleurs un des plus anciens magasins de la ville, avec 3 000 étiquettes (en comptant les mousseux, les spiritueux et les vins français !). Vous y trouverez à coup sûr les crus que vous avez goûtés au restaurant et que vous souhaitez rapporter chez vous. Bons conseils. On s'y désaltère, mais, pour caler une petite faim, il faudra repasser !

|●| 🍷 *La Mescita* (plan détachable E2, **104**) : via degli Alfani, 70 r. ☎ 338-992-26-40. Tlj 11h-15h30. Congés : 3 sem en août. Plat env 16 €. CB refusées. Minuscule débit de boissons à l'ancienne (depuis 1927 !) laissé dans son jus avec du carrelage aux murs et quelques tables en bois. Idéal pour se sustenter d'une petite restauration ou du plat toscan du jour (tripes le lundi, *lampredotto* le mardi, *porchetta* le mercredi, etc.), et, surtout, pour boire un petit coup ! L'endroit est vite envahi par les nombreux étudiants des facs voisines, il faut savoir jouer des coudes ! Accueil convivial des patrons.

Où déguster une glace ?

🍦 🍨 *Arà* (plan détachable D2, **162**) : via degli Alfani. Tlj 10h-22h (horaires restreints en hiver). À deux pas de l'Accademia, ce glacier sicilien est une vraie bonne nouvelle. Gentillesse de l'accueil et délicats parfums, voilà les points

forts de cet excellent glacier, sans compter les *cannoli,* ces petits gâteaux typiquement siciliens (faits maison aussi)... un délice ! *Autre adresse : au 1er étage du marché central.*

🍦 *Le Parigine* (plan détachable D3,

174) *: via dei Servi, 41 r.* ☎ *055-239-84-70. Tlj 11h-23h. Les Parisiennes* est une spécialité de biscuit fourré de crème glacée, l'ancêtre de la gaufrette en quelque sorte... Pour ceux qui préfèrent les glaces classiques, pas de crainte, il suffit de piocher parmi les fruits de saison et les parfums naturels (chocolat, pistache, vanille).

Où boire un verre en écoutant de la musique ?

🍷 🎵 **Kitsch 2** *(plan détachable D2,* **203**) *: via Antonio Gramsci, 1.* ☎ *055-234-38-90. • info@kitsch.it • Tlj 18h30-23h. Aperitivo 10 €.* Serveurs dynamiques, programmation de concerts de musique, clientèle jeune et active... on retrouve ici tous les bons ingrédients pour passer une excellente soirée. À commencer par le plantureux buffet de l'*aperitivo* (vraiment excellent), où la jeunesse florentine et quelques touristes égarés se pressent... Enfin un endroit animé dans un quartier plutôt calme.

À voir

🎥🎥🎥 **Palazzo Medici Riccardi** *(plan détachable D3) : via Cavour, 3.* ☎ *055-276-03-40. Tlj sf mer 8h30-19h. Entrée : 7 € ; réduc. Attention, visite de la chapelle par groupe de 7 pers max, pour une durée de 10 mn.*
Aujourd'hui palais provincial, voué à un rôle administratif, cet édifice construit pour les Médicis au XVe s (puis vendu aux Riccardi) abrite une splendeur méconnue, la fresque du **Cortège des Rois mages** par Benozzo Gozzoli, cachée à l'étage dans la chapelle comme pour se protéger des regards extérieurs. Joyau de la peinture italienne réalisé à partir de 1459, cette composition éclatante de couleurs illustre le cheminement des Rois mages vers la grotte de Bethléem ; elle subit dès la fin du XVIIe s une première altération : vous remarquerez le décrochement du mur ouest, qui coupe les fresques de Balthazar et Melchior.
Cosme l'Ancien a choisi ce thème parce qu'il parrainait la confrérie des Mages, lesquels symbolisaient à l'époque « les parfaits vassaux du Grand Roi », c'est-à-dire de Dieu. Ils étaient également vénérés comme saints patrons des rois et des chevaliers : se placer sous leur protection n'était donc pas un acte anodin... D'autant moins que l'une des curiosités de la fresque, outre sa beauté, est de reprendre la symbolique des trois âges des rois, qui se lit le dos tourné à l'autel : sur votre gauche, Gaspar, le mage enfant ; face à l'autel, Balthazar, le mage adulte ; et sur votre droite, Melchior, le vieux mage. Ces âges rappellent aussi l'histoire de la famille de Médicis : on reconnaît dans la suite de Gaspar les portraits de Piero et Carlo, fils de Cosme, mais aussi Cosme lui-même âgé, ainsi que le très jeune Lorenzo (futur Laurent le Magnifique)... L'artiste s'est également plu à faire figurer des Florentins contemporains du commanditaire dans la procession : noter la finesse et la précision de ces visages, comparés au modelé beaucoup plus classique (mais tout aussi délicat) des visages des anges en adoration, représentés sur les murs de l'abside. Les détails fourmillent, mais, pour en savoir plus, un ingénieux système vidéo (le système *Point At*) installé au rez-de-chaussée livre tous les secrets de cette œuvre remarquable. Il s'agit pour le visiteur de choisir la langue désirée et ensuite de pointer le doigt sur la représentation des fresques de la chapelle des Mages. On choisit le personnage désiré et on écoute le commentaire (clair et explicatif) sur l'interprétation dudit personnage.
À voir également, au 2e étage du palais, la très délicate **Vierge à l'Enfant** de Filippo Lippi. Passer derrière le tableau, la tête d'homme dessinée à l'arrière est également attribuée à Lippi. Mais aussi : la salle des Quatre Saisons, tendue de tapisseries, où se réunit le Conseil provincial. Ensuite, la galerie baroque décorée avec l'**Apothéose des Médicis** par Luca Giordano, un chef-d'œuvre qui fourmille de détails et de scènes mythologiques. Admirer également les glaces peintes ornées de putti (angelots) et la bibliothèque *Riccardiana* (qui abrite de belles boiseries et qui est toujours en activité).

♥♥♥ Galleria dell'Accademia *(galerie de l'Académie ; plan détachable D-E2) : via Ricasoli, 60. ☎ 055-29-48-83. Au nord du Duomo. Tlj sf lun 8h15-18h50. Fermé 1er janv, 1er mai et 25 déc. Résa conseillée (+ 4 €). Entrée : 8 € (12,50 € avec l'expo temporaire) ; réduc. Loc d'audioguide en français : 5,50 € (8 € les 2).*

L'un des incontournables du circuit artistique florentin. Dans la première salle, qui présente au centre une copie en plâtre de l'*Enlèvement d'une Sabine* de Jean de Bologne (visible dans la Loggia de la piazza della Signoria), l'éclairage est franchement décevant, mais on y découvre de superbes peintures.

Sur le mur de droite, en entrant dans la première salle, deux grands tableaux du Pérugin, une *Assomption* et une *Descente de Croix,* un touchant diptyque de Lippi représentant Marie-Madeleine et saint Jean-Baptiste vieillissants, et deux beaux prophètes de Fra Bartolomeo. Sur le mur du fond, un grand tableau de Giovanni Antonio Sogliani avec des *Dottore* de l'Église discutant pour savoir si la Vierge est exempte du péché originel. Également un magnifique *tondo* représentant une *Vierge à l'Enfant* par Franciabigio. Des toiles florentines du XVe s. Sur le mur d'entrée (il faut se retourner, donc), deux tableaux attribués à Botticelli tout à fait charmants (*Madone de la mer* et *Vierge à l'Enfant et saints*) et deux *Annonciation* intéressantes par le Pérugin et Bicci. Si vous aimez la musique, poussez jusqu'à la salle à l'extrême gauche : il s'agit du petit **museo degli Instrumenti Musicali,** avec des violoncelles, des violons ainsi qu'un piano d'Anton Gabbiani. Ici est rassemblée toute la collection lorraine, grande influence musicale à Florence après la fin de la dynastie Médicis. Un peu partout des écrans tactiles pour vous sensibiliser à la musique. Puis revenez sur vos pas et vous entrez alors dans la salle abritant des œuvres majeures de Michel-Ange. Ne ratez pas les statues inachevées des *Captifs* ou *Esclaves,* et une belle *Pietà* d'Andrea del Sarto, où le Christ est très touchant dans la mort. Juste avant le *David,* à gauche, se trouve la *Vénus et l'Amour* de Pontormo (vers 1532), peint sur un dessin préparatoire de Michel-Ange.

Mais, bien sûr, le célèbre **David** reste l'œuvre-phare qui justifie les longues heures d'attente. Ce formidable athlète de 5,5 t et de 5,17 m de haut subjugue le visiteur par l'intensité de son regard et ses proportions apparemment parfaites. En réalité, Michel-Ange s'est permis des libertés avec l'anatomie réelle afin, et c'est là tout le paradoxe, de mieux rendre compte de la réalité : regarder les mains, énormes mais pourtant parfaites... C'est d'ailleurs en partie l'essence même du mouvement maniériste qui reproduisit sans fin les postures inventées par Michel-Ange (notamment à la chapelle Sixtine du Vatican). Regarder le réalisme des dessins de la peau : on distingue même les veines sur les pieds. On ne peut résister à vous encourager à tourner autour de ce *David* pour voir ses fesses ! Il ornait autrefois la piazza della Signoria jusqu'en 1873, où il est aujourd'hui remplacé par une copie. Avec *Judith et Holopherne* de Donatello, le *David* symbolisait le combat perpétuel contre la tyrannie et pour la liberté, combat que la petite cité-État de Florence mena à de nombreuses reprises. Mais ce *David*-là, avec son air calme et détendu (il n'a pas, comme souvent, le pied posé, triomphant, sur la tête coupée de Goliath), montre plus encore la victoire de l'intelligence sur la brutalité.

À droite du *David,* des tableaux maniéristes avec *Allegoria della Fortezza* de Maso da San Friano. À gauche du *David,* on a surtout aimé la *Déposition* du Bronzino et celle de Pieri.

Au fond, la salle des statues de plâtre du XIXe s, destinées à l'étude (d'où les nombreux trous pour le calcul des lignes et perspectives). On passe alors dans trois salles dédiées aux primitifs (fin XIIe-début XIVe s) : dans la salle du *Duecento,* un *Arbre de Vie* de Pacino di Bonaguida, dont il faut s'approcher pour admirer tous les détails, ainsi qu'une *Crucifixion* d'un peintre florentin où la position du Christ est inhabituelle ; dans la salle des disciples de Giotto, quelques belles pièces de Bernardo Daddi (*Crucifixion* remarquable et *Couronnement de la Vierge*) et de Taddeo Gaddi (*Histoire du Christ* et *saint François* d'Assise). Enfin, dans la salle Orcagna, admirer un triptyque de la *Trinité* de Nardo di Cione, et le *Couronnement de la Vierge* de Jacopo di Cione ; un triptyque montre la *Vision de saint Bernard* par le maître de la chapelle Rinucini, Matteo di Pacino.

À l'étage, quatre salles. Dans la première, un fabuleux *Christ en pitié* de Giovanni da Milano. Dans la deuxième, un ensemble exceptionnel de tableaux florentins des XIVe et XVe s avec un polyptyque de Giovanni del Biondo *(Annonciation),* tandis qu'un groupe d'œuvres de Lorenzo Monaco, dont un *Crucifix,* un *Christ avec les instruments de la Passion* et une *Annonciation,* peuvent être vues dans la troisième salle. La dernière abrite, entre autres, des peintures en provenance du tabernacle du couvent de Santa Lucia.

🎭🎭🎭 🏃 *Museo di San Marco (plan détachable D-E2) :* piazza San Marco, 1. ☎ 055-238-86-08. Tlj 8h15-13h50 (16h50 w-e et j. fériés). Fermé 1er, 3e et 5e dim et 2e et 4e lun de chaque mois. Entrée : 4 € (7 € avec l'expo temporaire).

Fra Angelico, de son vrai nom Guidolino di Pietro, commença à peindre au couvent de San Marco vers 1440, sur la demande de Cosme de Médicis. Ce moine utilisait son art pour traduire sa foi, à l'abri du monde extérieur. Il en résulte une œuvre plutôt sobre mais pleine de lumière et de béatitude, dont il retirera d'ailleurs le surnom de Beato Angelico. Ses anges en particulier sont remarquables par leur légèreté. Le pape Jean-Paul II l'a canonisé en 1984 : il est ainsi devenu le saint patron des artistes.

On y trouve la majeure partie des œuvres de Fra Angelico, ce moine qui exécuta des fresques dans tout le monastère pour exprimer son amour de Dieu. Il s'agit en fait d'un ancien couvent dominicain du XIIIe s, reconstruit en 1438 sur décision de Cosme l'Ancien. Celui-ci en confia l'architecture à Michelozzo (voir notamment la bibliothèque au 1er étage), qui travailla en si étroite collaboration avec Fra Angelico que, à peine les murs construits, le peintre commença les fresques. On en compte à peu près une centaine. Outre Fra Angelico, Savonarole, saint Antonin et Fra Bartolomeo y résidèrent.

On accède d'abord au cloître du couvent, décoré de fresques des XVIe et XVIIe s. De là, on visite les différentes salles.

Rez-de-chaussée

On commence à droite par l'*Hospice des pèlerins* : une profusion de chefs-d'œuvre de Fra Angelico, un régal pour les yeux ! Très belle *Déposition,* dégageant une grande sérénité (en contraste d'ailleurs avec l'événement). Équilibre de la composition, douceur des tons, extrême finesse de la chevelure de Marie-Madeleine. L'homme au bonnet bleu, à gauche de Jésus, n'est autre que Michelozzo, l'architecte du couvent. Dans *Le Jugement dernier,* on découvre plutôt un manichéisme sublime : à gauche, les anges font la ronde dans un délicieux jardin nimbé de lumière, où les bons se congratulent, tandis qu'à droite les méchants mijotent dans des chaudrons (certains en sont même réduits à avaler des crapauds et des scorpions).

Nombreux et somptueux retables. Un remarquable cycle sur le thème de la vie du Christ. Ravissant petit *Couronnement de la Vierge* pour le tabernacle de Santa Maria Novella. Sur celui de Linaioli (1433), *Adoration des Mages* et *Martyre de saint Marc.*
– *Le Grand Réfectoire et la salle de Fra Bartolomeo :* dans le Grand Réfectoire (à droite), au fond, *Cène miraculeuse de saint Dominique* par Sogliani (XVIe s) et, sur les murs, des peintures inégales. Noter la *Déposition* de Suor Plautilla Nelli (regarder également le réalisme des yeux rougis !) et *Vierge trônant et saints* et *Vierge à l'Enfant* par Fra Paolino. Dans la salle de gauche, uniquement des œuvres de Fra Bartolomeo, disciple de Savonarole, d'un classicisme qui influencera Raphaël, *Visages* et *Madone et Enfant avec sainte Anne* (œuvre inachevée).
– *La salle du Chapitre :* superbe *Crucifixion,* où Fra Angelico a réussi à exprimer l'idée d'expiation et de rédemption.
– En allant vers le Petit Réfectoire et l'escalier qui monte au 1er étage, quelques belles toiles caravagesques.

– *Le Petit Réfectoire (Cenacolo) : Cène* exécutée par Ghirlandaio (en face de la petite librairie). La présence du chat dans ce tableau montre une symbolique négative. Étonnant également ce saint Jean qui dort sur la table. *Pietà* de Luca Della Robbia. Dans le corridor des cellules, petite expo lapidaire et plusieurs consoles en bois.

Premier étage
Toutes les cellules ont été décorées de scènes des Évangiles par Fra Angelico (ou par ses élèves sur un dessin du maître). Peintes de 1437 à 1445, comme s'il y avait représenté aussi son âme. En haut de l'escalier, le premier choc, une très belle *Annonciation* (attention au syndrome de Stendhal !). Commencer par la gauche. Vous entrez dans le premier couloir. Sur la gauche, le must, les cellules peintes de la main du maître (on aime surtout les cellules n°s 1, 3, 5, 7, 9 et 10) ; sur la droite, les cellules peintes par ses disciples. Dans quelques cellules (n°s 17 ou 22), vous pouvez apercevoir, sous le niveau du sol, par des jeux de miroir, des fresques du XIVe s du couvent précédent recouvertes par la construction actuelle de Michelozzo.
Au fond à droite, le couloir des novices, des cellules de moindre intérêt.
En continuant, on trouve les trois pièces utilisées par Savonarole (oratoire, cabinet de travail et cellule). Ce moine, dénonçant les mœurs dissolues des Médicis, réussit à les chasser de la ville. Il instaura un régime tellement dur que le peuple s'insurgea, le pendit, puis le brûla sur la piazza della Signoria. On y trouve de belles petites fresques du XVIe s et, surtout, un tableau illustrant le supplice de Savonarole où l'on peut voir que les seules statues présentes à l'époque devant le Palazzo Vecchio étaient le *Marzocco* (lion assis) et *Judith et Holopherne,* de Donatello.
On retourne sur nos pas jusqu'à l'escalier pour voir les cellules de droite dites « du troisième couloir ». Elles sont plus tardives, plus narratives. En particulier, au fond à droite, remarquable *Adoration des Mages* par Benozzo Gozzoli, le plus talentueux des disciples de Fra Angelico, dans la cellule qu'occupa Cosme de Médicis (noter qu'il bénéficiait d'un duplex...).
Dans la bibliothèque réalisée par Michelozzo, sur la droite, double rangée de colonnes et arcades. Grands psautiers enluminés.

🕯 ***Chiesa San Marco*** *(plan détachable D-E2) : à côté du couvent. Tlj 7h30-12h30, 16h-18h30.* Date du XIIIe s mais fut souvent remaniée. Façade du XVIIIe s. Chœur abondamment couvert de fresques. Jolie mosaïque. Momie de San Antonino Pierozzi, fondateur du couvent (1389-1459), réformateur de l'ordre des Dominicains et archevêque de Florence.

🕯 ***Piazza della Santissima Annunziata*** *(plan détachable E2) : à deux pas de San Marco.* Très jolie place dessinée par Brunelleschi. Bordée par le *Spedale degli Innocenti* (hôpital des Innocents) de Brunelleschi avec son élégant portique et les médaillons d'Andrea Della Robbia, l'église Santissima Annunziata et la loge des Servites, de l'autre côté de la place par rapport à l'hôpital, réalisées par Antonio da Sangallo et Baccio d'Agnolo. Au centre, la statue de Ferdinand Ier de Médicis, œuvre tardive de Jean de Bologne (1608), aidé par Tacca, qui réalisa également les fontaines baroques.

🕯🕯 🚶 ***Museo dello Spedale degli Innocenti*** *(plan détachable E2-3) : piazza della Santissima Annunziata, 12.* ☎ *055-203-73-08. Tlj 10h-19h. Entrée : 7 € (10 € avec l'audioguide anglais/italien) ; réduc.*
Le musée a subi un sérieux lifting permettant ainsi l'ouverture de salles existantes mais non visitables et des activités pour les enfants. 1 500 m^2 répartis sur trois niveaux. De quoi vous occuper facilement quelques heures. La restauration a permis aussi celle de la façade avec la dizaine de médaillons aux putti (ange-lots) de l'artiste Andrea Della Robbia (1463), avec leur fameux fond bleu en terre

TOSCANE

cuite émaillée. Ils représentent pour la plupart de jeunes enfants. Très belle cour intérieure avec, comme symbole répétitif, une échelle représentant l'hôpital (on retrouve ce signe pour l'hôpital Santa Maria della Scala à Sienne, qui s'occupait d'enfants aussi).

L'hôpital des Innocents est à proprement parler le premier édifice Renaissance de Florence. Construit à partir de 1419 par Brunelleschi, il était destiné à recueillir les enfants abandonnés. En 1421, c'est le premier orphelinat en Europe à ouvrir ses portes. L'architecte y a emprunté à la fois des éléments romans et des éléments antiques.

À l'entrée de l'hôpital, les mamans pouvaient abandonner leurs enfants et les déposer dans une roue entre les statues de Marie et Joseph. Au préalable, elles prenaient soin de couper une moitié de la médaille (alors accrochée au cou de leur petit), qu'elles gardaient précieusement, et l'autre moitié était récupérée par les sœurs autour du cou de l'enfant. La maman, en cas de remords, pouvait récupérer son enfant avec sa moitié de médaille facilement reconnaissable. Dans le parcours actuel, vitrine avec une émouvante série de médaillons, ainsi que certains témoignages de nourrices. À l'entresol, expo sur l'individualité et quelques réflexions sur l'enfance à l'époque (sur le travail des enfants, par exemple). À voir surtout, l'extraordinaire *Adoration des Mages* de Ghirlandaio, qui mit 4 ans à la réaliser (1480-1484) ; les rouges y sont sublimes. À l'arrière-plan, *Le Massacre des innocents* et de ravissants paysages. D'autres œuvres intéressantes, une *Vierge de la miséricorde* du Pontormo et une *Crucifixion* maniériste de Poppi dans un magnifique cadre. Également un *Couronnement de la Vierge* de Lorenzo Monaco, un autre de Neri di Bicci, qui réalisa également *L'Annonciation.* Superbe *Vierge à l'Enfant* de Filippo Lippi et Botticelli.

☛ Le musée abrite également le café littéraire *Caffe del Verone,* avec sa belle terrasse dominant la ville.

🎋🎋 *Chiesa Santissima Annunziata* *(plan détachable E2) :* piazza della Santissima Annunziata. ☎ 055-26-61-81. 16h-17h15. GRATUIT.

L'une des plus chères au cœur des Florentins. Œuvre de Michelozzo (qui reconstruisit également le couvent San Marco) en 1441. Ne pas manquer le cloître des vœux qui précède l'entrée dans l'église. Il contient des fresques importantes, certaines en mauvais état, d'un groupe de peintres florentins de la fin du XVe au début du XVIe s ; elles illustrent le travail et le cheminement de l'art pictural entre le sommet du trio Vinci, Michel-Ange, Raphaël et le maniérisme. À gauche de l'entrée se trouvent les fresques de la première époque ; en face, une *Nativité* fin XVe s d'Alesso Baldovinetti, puis une fresque de Cosme Rosselli (également fin XVe s, les autres sont d'Andrea del Sarto, 24 ans à l'époque !).

En entrant, à gauche également, sous les centaines d'ex-voto, on distingue une *Annonciation* (du XIVe s), dont la légende dit que le visage de la Vierge fut terminé par des anges en 1252. Les fidèles lui vouent encore un culte, tant et si bien que les offices se déroulent souvent en direction de cette dernière et non vers le chœur. À droite, des fresques plus tardives : *Assomption* du Rosso, *Visitation* de Pontormo, *Mariage* de Franciabigio, le reste par Andrea del Sarto. C'est à partir du cloître des vœux qu'on accède au cloître des morts (le plus souvent fermé au public), où se trouvent d'autres fresques qui racontent l'histoire de l'église. Mais une seule est vraiment digne d'intérêt : *La Vierge au sac* d'Andrea del Sarto (qui est d'ailleurs enterré dans cette église, comme Jean de Bologne ou Benvenuto Cellini). À l'intérieur, l'un des décors baroques les plus fous qu'on connaisse. Plafond or et argent outrageusement chargé, décor grandiloquent, fresques.

Au fond de cette chapelle, à droite, un beau christ d'Andrea del Sarto. Les chapelles de la nef et du transept sont inégales. Quelques beaux tableaux et fresques. À noter, un beau christ de Sangallo dans la seconde nef de droite et, dans le transept droit, une puissante *Pietà* de Bandinelli, qui s'est représenté dans les traits du vieillard soutenant le Christ. La sacristie et les absides derrière le chœur (qui contiennent quelques belles peintures) sont en général fermées au public.

Le réfectoire de Santa Apollonia peut également se visiter *(horaires d'ouverture aléatoires)*. On peut y admirer de magnifiques fresques, et en particulier une *Cène* et une *Crucifixion* par Andrea del Castagno, peintre typique du Quattrocento florentin (dessin précis, personnages sculpturaux, couleurs acidulées).

🐾 *Museo dell'Opificio delle Pietre dure (musée de la Manufacture des pierres dures ; plan détachable D-E2) :* via degli Alfani, 78. ☎ 055-26-51-11. *Lun-sam 8h15-14h. Entrée : 4 €.* Le travail des pierres dures *(pietre dure)* est un art d'une grande finesse qui rappelle la marqueterie sur bois. On l'appelle aussi la « mosaïque florentine ». Des pierres semi-précieuses comme l'onyx, l'obsidienne, la cornaline, l'agate ou le porphyre sont découpées, taillées puis incrustées dans des compositions aussi colorées que variées (bouquet de fleurs, nature morte, etc.). Pendant trois siècles, les artisans de l'*Opificio delle Pietre dure* eurent comme objectif de décorer les palais et les églises de Florence, en particulier le caveau des Médicis et la chapelle des Princes de l'église San Lorenzo. À présent, l'atelier est voué à la restauration, ainsi qu'au travail de la marqueterie de bois et de la majolique. Ce petit musée d'une dizaine de salles permet d'admirer quelques magnifiques exemples de composition de pierres dures, d'un étonnant réalisme et d'une remarquable finesse. Sur la mezzanine, présentation des outils et des sortes de pierres (ou d'essences pétrifiées) utilisés pour réaliser ces chefs-d'œuvre.

🐾 *Museo archeologico (plan détachable E2) :* piazza della Santissima Annunziata, 9. ☎ 055-235-75. *Tlj 8h30-19h (14h sam-lun). Fermé les 2ᵉ et 4ᵉ dim de juil-août. Jardin abritant des tombes étrusques ouv sam slt. Entrée : 4 €.* À l'entrée de la plupart des pièces, feuilles explicatives en français, indispensables pour éclairer votre lanterne. Un grand musée à la disposition aérée, qui présente de belles pièces, notamment étrusques, de l'âge du bronze à la période hellénistique. Collection de petites statuettes en bronze, sarcophages égyptiens, poteries, pierres sculptées, hiéroglyphes très bien conservés, vases grecs, statues romaines, etc. Parcours pas toujours très clair.

🐾🐾 🚶 *Museo Leonardo da Vinci (plan détachable D-E3) :* via dei Servi, 66/68 r. ☎ 055-28-29-66. ● mostredileonardo.com ● *Tlj 10h-19h (18h nov-mars). Entrée : 7 €.* Encore un musée sur Léonard, nous direz-vous ? Certes, mais celui-ci diffère quelque peu des autres : didactique, il est divisé en cinq thèmes, cinq salles pour l'eau, l'air, la terre, les mécanismes et le feu. Présentation des principales créations du maître. On a aimé le prototype du deltaplane ou encore la barque à pédales ! Au fond du musée,

ON A VOLÉ LA JOCONDE !

1911. Coup de tonnerre. Aussitôt, on arrêta Apollinaire, et Picasso fut longuement interrogé. On retrouva le chef-d'œuvre rue du Vert-Bois, avec la signature de l'artiste. Les enquêteurs mirent un certain temps à se rendre compte que Léonard n'avait jamais signé son tableau. On retrouva l'authentique en 1913, dans un hôtel de Florence, volé par un vitrier italien qui travaillait dans le musée. Depuis, l'hôtel s'appelle Gioconda.

une petite salle présente les copies des tableaux les plus célèbres de Vinci *(La Joconde, La Cène, L'Annonciation...)*. Un bon moment pour petits et grands.

🐾 *Cenacolo di Sant'Apollonia (plan détachable D2) :* via XXVII Aprile, 1. ☎ 055-238-86-07. *Tlj 8h15-13h50. Fermé 2ᵉ et 4ᵉ lun du mois, 1ᵉʳ, 3ᵉ et 5ᵉ dim du mois, 1ᵉʳ janv, 1ᵉʳ mai et 25 déc.* Couvent fondé au XIVᵉ s, il fut consacré à sainte Apolline, chrétienne martyre morte en 236 qui se jeta dans les flammes pour échapper à ses bourreaux. On retiendra dans ce réfectoire l'œuvre la plus importante : la fresque d'Andrea del Castagno représentant la Cène (représentation commune à tous les réfectoires des monastères). Détail amusant : les deux fenêtres (réelles celles-ci) qui se fondent dans la fresque. Admirer également le décor entourant le dernier repas du Christ : le plafond aux formes géométriques, les tuiles rouges et les pavements muraux qui donnent de la profondeur à la fresque. La nappe blanche, quant à elle, donne plutôt l'impression d'un immense rectangle blanc et n'offre aucune perspective.

🎋 👫 Giardini dei Semplici – Orto botanico (plan détachable E2) : entrée par la via Pier Antonio Micheli, 3. Tlj sf mer 10h-19h (17h en hiver). Entrée : 6 € ; gratuit avec la Firenze Card. Le jardin botanique, de plus de 2 ha, est une belle halte pour ceux que la botanique intéresse. Évidemment, l'entrée pour un jardin public semble chère, mais on y trouve plus de 9 000 variétés de plantes et une jolie fontaine centrale. Il fait partie du musée d'Histoire naturelle de Florence. C'est sous la houlette de Cosme Ier de Médicis que le jardin fut créé, en 1545. C'est à cette époque qu'il connut toute sa splendeur avec Giuseppe Casabona, qui fit apporter du monde entier des plantes rares. Au XVIIIe s, le botaniste Pier Antonio Micheli en fit son jardin d'études. Il fut enfin ouvert au public en 1864. Aujourd'hui, on peut toujours admirer les serres qui renferment de belles variétés de plantes exotiques (bananiers, caféiers, arbres du voyageur, un plan d'eau bordé de lierre et tout un parterre destiné aux plantes médicinales).

QUARTIER DE SAN LORENZO

San Lorenzo, c'est avant tout son marché central à deux pas de la gare, grouillant et coloré avec ses maraîchers et ses marchands de fruits qui s'interpellent, où les Florentins et les touristes aiment venir remplir leurs paniers de denrées alimentaires de toutes sortes. San Lorenzo, c'est aussi son église édifiée par Brunelleschi, l'une des plus importantes de Florence, les chapelles construites par Michel-Ange, qui renferment les tombeaux de la famille Médicis. San Lorenzo, c'est encore sa place avec son marché de peaux et cuirs, où le pire côtoie le meilleur et où le marchandage devient un art ! Certes, les amoureux de Florence peuvent trouver le quartier trop touristique à leur goût, mais ce dernier mérite tout de même qu'on y passe un peu de temps pour l'apprécier à sa juste valeur.

Où dormir ?

Auberge de jeunesse

🏠 **Plus Florence** (plan détachable D1, **62**) : via Santa Caterina d'Alessandra, 15-17. ☎ 055-46-289-34. ● info@plusflorence.com ● plushostels.com ● Compter 24 €/pers en dortoir et à partir de 45 € pour une chambre 2-4 lits. 🖥 📶 Une AJ privée très fonctionnelle et d'une propreté irréprochable. Chambres spacieuses et joliment colorées (avec une mention spéciale pour celles des filles, aux murs parme). Ici, les *backpackers* de tous pays se retrouvent dans une ambiance conviviale, n'hésitant pas à se refiler moult conseils et bonnes petites adresses. Soirées thématiques. Bar, piscine intérieure et agréable terrasse sur le toit de l'immeuble, avec une vue imprenable sur la ville. Que demander de mieux ?

Prix moyens

🏠 **Hotel Lorena** (plan détachable C3, **34**) : via Faenza, 1 (angle piazza Madonna). ☎ 055-28-27-85. ● info@hotellorena.com ● hotellorena.com ● Fermeture 2h-6h (fêtards, passez votre chemin !). Doubles avec sdb 40-100 € selon affluence et saison ; petit déj 5 €. 📶 Très bien situé, ce petit hôtel familial n'a rien d'extraordinaire mais il dispose de chambres confortables (TV, double vitrage...), sans charme. Quelques privilégiées (les n°s 42 et 43) bénéficient d'une belle vue sur la piazza Madonna.

🏠 **Hotel Accademia** (plan détachable C3, **46**) : via Faenza, 7. ☎ 055-29-34-51. ● info@hotelaccademiafirenze.com ● hotelaccademiafirenze.com ● Doubles avec sdb 65-130 €. 🖥 L'entrée fait bonne impression, avec son escalier tout de velours rouge revêtu. Les chambres (TV, AC...), reliées par un dédale de couloirs, sont confortables. Petite cour intérieure, salle pour le petit déj et espaces communs conviviaux (jeux de dames et d'échecs).

🛏 **Hotel Giada** (plan détachable D3, **43**) **:** via del Canto dei Nelli, 2. ☎ 055-21-53-17 ou 79-80. ● info@hotelgiada. com ● hotelgiada.com ● Doubles avec sdb 70-130 €. Au cœur du marché San Lorenzo, un hôtel sans surprise qui a l'avantage d'être bien placé. Des chambres soignées avec tout le confort possible : que demander de plus ?

🛏 **Tourist House Liberty** (plan détachable D2, **60**) **:** via XXVII Aprile, 9. ☎ 055-47-17-59. ● libertyhouse@iol. it ● touristhouseliberty.it ● Doubles avec sanitaires privés 60-130 € (pour les plus grandes). En hte saison, séjour de 2 nuits min exigé. Cet endroit confortable propose des chambres très agréables, lumineuses, bien arrangées (mobilier de style, tons chauds et harmonieux, jolies tentures, parquet...). Propreté irréprochable. Une bonne adresse.

🛏 **Hotel Casci** (plan détachable D2, **70**) **:** via Cavour, 13. ☎ 055-21-16-86. ● info@hotelcasci.com ● hotelcasci. com ● ♿ Au 2e étage (ascenseur). Doubles 75-150 € selon saison. Parking payant (22-27 €/j.). 📺 📶 Hôtel familial situé dans un palais du XVe s où vécut le compositeur Rossini. 2 chambres donnent sur un jardin et sont destinées en priorité aux jeunes couples en voyage de noces ! Accueil courtois (et en français) et chambres tout confort.

De chic à plus chic

🛏 **Hotel Cellai** (plan détachable D2, **24**) **:** via XXVII Aprile, 14. ☎ 055-48-92-91. ● hotelcellai.it ● Doubles à partir de 140 €. 📶 Ici, on a le souci du détail et de l'authenticité, même dans les chambres. Les parties communes sont chaleureuses, l'atmosphère intime et conviviale, avec des objets et des meubles chinés avec passion. On a l'impression de voyager au XIXe. Une adresse où tout n'est que calme, luxe et volupté... avec un accueil tout en gentillesse.

🛏 **Hotel Burchianti** (zoom détachable C3, **38**) **:** via del Giglio, 8. ☎ 055-12-17-96. ● info@hotelburchianti.it ● hotelburchianti.it ● Doubles 120-150 € selon saison. Cette petite pension de charme, à l'abri des regards, occupe l'une de ces vieilles demeures qui fleurent bon la Florence d'antan, à peine la lourde porte entrouverte. Des meubles de style agrémentent les vastes chambres, toutes couvertes de fresques du XVIIe s (celle réservée aux jeunes mariés en lune de miel est particulièrement jolie). De quoi faire de beaux rêves ! En revanche, le confort est bien du XXIe s. Une escapade romantique ? Cette adresse est pour vous. Accueil en français, de surcroît.

🛏 **Hotel dei Macchiaioli** (plan détachable D2, **39**) **:** via Cavour, 21. ☎ 055-264-81-53. ● info@hoteldei macchiaioli.com ● hoteldeimacchiaioli. com ● Double env 120 € (mais prix très fluctuant selon remplissage). Parking payant. 📶 Hôtel de standing niché dans le Palazzo Morrochi. Chambres spacieuses, décorées avec goût et avec tout le confort nécessaire. Coup de cœur pour la salle du petit déj décorée de fresques (autrefois le salon des peintres avant-gardistes toscans dans les années 1840, les fameux Macchiaioli). Idéalement placé et calme malgré la proximité de la via Cavour. Accueil serviable et personnel aux petits soins.

Très chic

🛏 **Hotel Il Guelfo Bianco** (plan détachable D2, **74**) **:** via Cavour, 29. ☎ 055-28-83-30. ● info@ilguelfobianco.it ● ilguelfobianco.it ● ♿ Doubles à partir de 99 € et pouvant aller jusqu'à... 250 € selon taille et saison, prima colazione comprise ; apparts 4 pers à partir de 150 €. Offres parfois plus intéressantes en réservant par Internet. 📺 📶 Un lieu de bon goût, qui restitue l'atmosphère médicéenne. Essai réussi pour les chambres supérieures, coiffées de plafonds à caissons ou de voûtes rustiques et pourvues de beaux tapis et de mobilier de style. Évidemment équipées comme il se doit (coffre, minibar, salles de bains irréprochables...). En revanche, les chambres premier prix,

TOSCANE

bien que cossues et joliment décorées, ne se démarquent pas du classicisme bon teint des hôtels de standing. Pour les insomniaques, les chambres situées à l'arrière profitent d'une jolie vue sur les toits et échappent à toute nuisance sonore. Un mariage réussi de luxe et de charme...

🛏 *Relais Grand Tour* (plan détachable D2, *44*) : via Santa Reparata, 2. ☎ 055-28-39-55. ● info@florencegrandtour. com ● florence.grandtour.com ● Doubles à partir de 140 €. CB refusées. 🛜 Petite adresse douillette

nichée dans un ancien théâtre du XVIIIe s. Les propriétaires ont su mettre en valeur les fresques, le carrelage ancien ou encore le plafond à caissons. Les noms attribués aux chambres s'inspirent évidemment du théâtre (« il Musicista », « la Cantante », « la Ballerina »...). Coup de cœur pour le patio mignon tout plein avec ses plantes vertes et son mobilier de jardin. Pour ceux qui recherchent le calme et la volupté, c'est l'adresse idéale ! Les proprios, très fiers de leur ville, n'hésiteront pas à vous donner moult conseils.

Où manger ?

Marché

– 🏃 *Mercato centrale di San Lorenzo* (plan détachable C-D2) : via dell'Ariento. ● mercatocentrale. it ● *Lun-sam 7h-14h.* Halles du XIXe s abritées par une charpente métallique. Un marché idéal comme introduction à la gastronomie locale. Au rez-de-chaussée, marché traditionnel avec charcuteries, boucheries, triperies, crèmeries et épiceries à profusion. C'est très touristique et assez cher au demeurant, mais la qualité des produits n'a pas baissé et le choix est immense. Au 1er étage (entrée par la via dell'Ariento ; tlj 10h-minuit), multiples comptoirs qui font le bonheur des petits et des grands ; il y en a pour tous les goûts ! Pizzas, poissons, glaces, *foccace*, vegan, viande, *enoteca...* Tous ces petits stands sont joliment présentés sous l'immense verrière du marché couvert. On n'y va pas pour un dîner en amoureux (bruyant), mais c'est bien pratique, assez rapide et pas trop cher. Idéal pour les familles. Également un comptoir *Eataly* (voir plus haut la rubrique « Où manger ? » dans le quartier du Duomo).

Sur le pouce

🥪 *SandwiChic* (plan détachable D2, *116*) : via San Gallo, 3 r. ● info@sandwichic.it ● *Tlj 11h-21h.* Ici, tous les produits sont estampillés « locavore », plutôt un bon signe. D'ailleurs, ça ne

trompe pas. De nombreux habitués viennent rejoindre la file le midi pour savourer un *panino* de leur choix et bien fourni avec fromage, jambon et tutti quanti ! Un comptoir et quelques tabourets pour les plus chanceux. Un bon plan.

🥪 *Focaccine Bondi* (plan détachable C2, *229*) : via dell'Ariento, 85 r. Panino 4 €. Une adresse connue comme le loup blanc depuis des générations de Florentins. Ici pas de chichis, on commande sur l'ardoise les ingrédients qu'on veut intégrer dans son sandwich, et on repart avec son *panino.* Et basta ! Rapide, pas cher et très bon.

🥪 *Pescheria Ultima Spiaggia* (plan détachable D2, *90*) : au rdc du marché de San Lorenzo. Mêmes horaires que le marché. Cornet de friture à partir de 7 €. Allez voir ces poissonniers au travail : ça chante fort, ça parle haut. Le client choisit parmi les petits poissons de l'étal et, en moins de temps qu'il ne faut pour le dire, les voici jetés dans la friture. 5 mn après, c'est plié : on se régale d'un cornet de friture de poisson. C'est divinement bon, sauf que tout le monde a la même idée ! Arrivez donc tôt !

Bon marché

🍴 *Trattoria da Nerbone* (plan détachable D2, *90*) : à l'intérieur du mercato centrale di San Lorenzo. ☎ 339-648-02-51. 🍴 *Lun-sam 8h-15h slt. Congés : janv et 15 j. en août.* Repas complet 10-15 €. Indéboulonnable depuis 1872, cette gargote très populaire accueille les vieux habitués et les nombreux touristes sur quelques mètres carrés de comptoir et une poignée de tables en marbre. Côté plats, la maison propose de savoureuses spécialités (également à emporter). On y vient surtout pour ses tripes ou son *lampredo* (intestin de veau bouilli dans son jus et saupoudré de poivre). Et, pour faire passer le tout, un chianti au verre e *poi, il conto e basta !*

|●| Osteria Pepò *(plan détachable D2, 122)* : *via Rosina, 6 r.* ☎ *055-28-32-59.* ● *info@pepo.it* ● ♿ *Juste à côté du mercato centrale. Repas 20-25 €.* 📶 *Apéritif offert sur présentation de ce guide.* Rustique et dépouillée à la fois, cette adresse nous a plu pour le service discret mais disponible, pour son choix de pâtes et ses délicieux desserts faits maison (*panna cotta*, crème caramel, *torta al cioccolato* et la *schiacciata con l'uva*, sorte de *focaccia* sucrée).

|●| Trattoria Sergio Gozzi *(plan détachable D3, 98)* : *piazza San Lorenzo, 8 r.* ☎ *055-28-19-41.* ● *trattoriaser giogozzi@tiscali.it* ● ♿ *Ouv le midi slt. Congés : août. Repas env 20 €.* Pas facile de dénicher cette *trattoria* familiale, dont l'entrée n'est guère visible. Joyeuse assemblée d'habitués et de touristes en goguette qui se mélangent dans un brouhaha bon enfant. Côté cuisine, c'est de la bonne tambouille toscane... à commencer par la copieuse *ribollita* (soupe de légumes et de pain), la *pappa al pomodoro* ou la *trippa alla fiorentina*. Et, pour finir, une petite trempette de *biscottini di Prato* à manger dans un verre de *vino santo* suffira amplement. Accueil bousculé mais toujours dans la bonne humeur.

|●| 🏊 🍸 La Cocotte *(plan détachable C-D2, 96)* : *via Nazionale, 112 r.* ☎ *055-28-31-14. Tlj 8h-minuit (1h ven-sam).* 📶 À toute heure, on vient ici boire un café et savourer quelques viennoiseries, passer en coup de vent pour un plat à emporter ou s'asseoir au milieu des rayonnages de vins et d'épicerie fine, déguster un thé et quelques macarons à l'heure du goûter... Une adresse aux intonations françaises.

|●| Trattoria Palle d'Oro *(plan*

détachable C2, 216) : *via Sant'Antonino, 43-45 r.* ☎ *055-28-83-83.* ● *trattoriapalledoro@gmail.com* ● *Tlj sf dim et j. fériés. Congés : 3 sem en août. Repas 15-30 €. Digestif offert sur présentation de ce guide.* Cette institution florentine a pignon sur rue depuis 1860... Touristes et Florentins s'y côtoient dans une atmosphère conviviale (quoiqu'un peu bruyante) et se régalent de solides plats toscans comme la *ribollita*, la *panzanella* ou encore les *ravioli al tartufo*. Pour les amateurs de tripes, petit stand de *panini* le midi à l'entrée du resto (attention, il y a souvent la queue). Service rapide et efficace.

Prix moyens

|●| 🍸 ⊛ La Ménagère *(plan détachable D2, 228)* : *via dei Ginori, 8 r.* ☎ *055-075-06-00.* ● *info@lamenagere. it* ● *Tlj 7h-minuit (resto 12h-23h).* Un bel endroit qui a gardé le nom de l'ancien établissement, un magasin où on vendait tout pour la cuisine ! Aujourd'hui, place au mobilier de bois et de béton, aux pierres apparentes et aux grands espaces laissant passer la lumière. Également un fleuriste et quelques objets déco à acheter. Côté papilles, on opte pour le bistrot le midi et pour la version plus chic sous la verrière avec des plats plus élaborés le soir.

|●| Ristorante Le Fonticine *(plan détachable C2, 250)* : *via Nazionale, 79 r.* ☎ *055-282-21-06.* ● *info@lefonticine. com* ● La maison s'est fait connaître pour ses pâtes fraîches, sa viande grillée et sa bonne cave. Grande salle donnant sur le *corte* très sympa avec son sol pavé et les céramiques aux murs. Malgré un changement de main, la qualité et la bonne humeur sont toujours de mise et font de cette adresse une bonne étape culinaire dans le quartier.

|●| Cipolla Rossa *(zoom détachable D3, 99)* : *via dei Conti, 53 r.* ☎ *055-21-42-10.* ● *info@osteriacipolla rossa.com* ● *Tlj midi et soir. Compter 25-30 €.* 📶 *Apéritif maison offert sur présentation de ce guide.* Un établissement tout en longueur avec son mobilier en bois et ses murs colorés, qui propose une cuisine de qualité.

TOSCANE

Dans l'assiette, pâtes maison, savoureuse *bistecca alla fiorentina*... Une bonne adresse dans ce quartier peu fourni dans cette gamme de prix.

|●| **Ristorante Le Fate** (plan détachable D1, **234**) : via San Zanobi, 26 r. ☎ 055-384-19-98. ● *ristorantelefate@gmail.com* ● Tlj sf dim. Compter 30-35 € ; menu 25 €. Pour ceux qui veulent vivre une expérience astrologico-gustative. Les menus sont élaborés selon une étude qui fait le parallèle entre son alimentation et son signe astrologique. Évidemment, ce qui est amusant, c'est de prendre le plat qui correspond à chacun ! Ambiance détente avec des murs bleu profond et au plafond un ciel étoilé. À la fin du repas, si vous en avez envie, la patronne astrologue peut analyser votre choix gustatif.

Bar à vins *(enoteca)*

🍷 |●| 🕸 **Casa del Vino** (plan détachable D2, **143**) : via dell'Ariento, 16 r. ☎ 055-21-56-09. Lun-ven 9h30-19h, sam 10h-15h (fermé sam mai-juil). Minuscule bar à vins qui donne sur le marché central où l'on déguste debout (2 chaises et une table pour ceux qui auront de la chance !) un choix de charcuteries, *crostini* et *panini* du jour.

Où déguster une glace ou de bons *cantucci* ?

🍦 **Le Botteghe di Leonardo** (plan détachable D3, **165**) : via dei Ginori, 21 r. ☎ 055-28-50-52. ● *firenzeginori@lebotteghedileonardo.it* ● Tlj 12h-23h. Encore une adresse de *gelateria*, nous diriez-vous ? Oui, mais celle-ci assure des glaces sans conservateurs, 100 % bio et avec des ingrédients soigneusement sélectionnés : variétés au chocolat Domori, noix du Piémont, citron d'Amalfi. Voilà les maîtres mots de ce glacier ! Les glaces au chocolat sont tout simplement divines.

🍧 🕸 **Il Cantuccio di San Lorenzo** (plan détachable C2, **171**) : via Sant'Antonino, 23 r. ● *info@ilcantucciodisanlorenzo.it* ● Tlj sf dim. Une minuscule boutique dont l'odeur de biscuit chaud nous attire déjà depuis le bout de la rue ! Ici, tout est fait maison ; la famille Marini, d'une longue tradition de boulangers (depuis 1950), propose ses fameux *cantuccini*, les meilleurs de la ville à notre avis ! Également de délicieuses pâtisseries de tradition toscane. Rien ne vous empêche de vous faire une petite réserve dans vos valises...

À voir

🚶 **Chiesa San Lorenzo** (plan détachable D3) : piazza San Lorenzo. ☎ 055-21-66-34. Lun-sam 10h-17h, dim et j. fériés 13h30-17h30 (fermé dim oct-mars). Entrée : 5 €. Billet combiné avec la bibliothèque Laurentienne : 7,50 €.

L'une des églises les plus importantes de Florence, avec un décor intérieur à ne pas manquer. Édifiée en 1425 par Brunelleschi, l'auteur du dôme de la cathédrale (il faut dire que le commanditaire n'était autre que la famille Médicis). À sa mort, on prit d'autres architectes pour achever la façade (dont Michel-Ange), mais les problèmes techniques et les difficultés d'approvisionnement en marbre les arrêtèrent. À l'intérieur, plan de basilique à trois nefs. Décor de marbre froid et élégant tout à la fois, et impression d'équilibre et d'harmonie car toutes les proportions furent calculées mathématiquement.

– Dans la nef en entrant à droite, dans la seconde chapelle, un superbe *Mariage de la Vierge* par Rosso Fiorentino. Au centre de la nef, les deux ambons en bronze de Donatello (à gauche l'ambon de la Passion et à droite celui de la Résurrection). Surtout, prenez le temps de regarder les détails, c'est fantastique. Il s'agit d'une œuvre majeure de la sculpture italienne, sorte de testament artistique d'un Donatello âgé et malade. Superbe fresque de Bronzino à gauche, juste avant le transept, figurant le *Martyre de saint Laurent.*

– *L'ancienne sacristie :* au fond du transept gauche. À ne pas rater. Association des immenses talents de Brunelleschi (architecte) et de Donatello (décorateur-sculpteur), c'est l'un des plus grands chefs-d'œuvre de la Renaissance. Admirables panneaux de bronze des portes de la sacristie. Tout de suite à gauche de l'entrée, sarcophage des fils de Cosme l'Ancien. Joli travail en porphyre et bronze de Verrocchio. Ce sarcophage est peint par Léonard de Vinci sur son *Annonciation* à la galerie des Offices. Au milieu de la sacristie, sarcophage en marbre blanc des parents de Cosme l'Ancien. Tout le reste est l'œuvre de Donatello : le petit lavabo dans la chapelle de gauche, la frise de chérubins, les médaillons qui cernent la coupole, les évangélistes dans les tympans, les bas-reliefs en terre cuite au-dessus des portes de bronze, le buste sur le meuble à droite de l'entrée. Entre les portes de bronze, constellations qui représenteraient le ciel de Florence lors de l'arrivée de Renato d'Anjou dans la ville en 1427.

– Dans le transept, la première chapelle à gauche (dos au chœur) contient un autre chef-d'œuvre, l'*Annonciation* par Filippo Lippi, tandis que la première chapelle de droite (toujours dos au chœur) abrite une *Annonciation* sculptée en perspective avec un superbe *Christ mort* en dessous par Desiderio da Settignano (1461).

– Le *cloître* est en accès libre directement de l'extérieur, sur le côté de l'église. Par le cloître, accès à la *crypte* en entrant à droite ; Donatello y est enterré à côté de Cosme de Médicis, dont il était très proche. Au fond, petite salle où on peut voir sur des panneaux en bois de peuplier des dessins non terminés par Pontormo vers 1556. Pour ceux que ça intéresse, salle de reliquaires. Même entrée que la bibliothèque Laurentienne.

🎨🎨 **Biblioteca medicae Laurenziana** *(bibliothèque Laurentienne ; plan détachable D3) :* piazza San Lorenzo, 9. Tlj sf dim 9h30-13h30. Entrée : 3 €. Billet combiné avec la chiesa San Lorenzo : 7,50 €. Accueille désormais des expos temporaires. Créée par Cosme l'Ancien et enrichie par Laurent le Magnifique. Hors expos, on peut admirer le vestibule dessiné par Michel-Ange et achevé par Ammannati. À l'intérieur, des manuscrits de Virgile, des écrits de Pétrarque, des autographes de Léonard de Vinci, qui malheureusement ne se consultent pas.

🎨🎨 **Cappelle Medicee** *(chapelles des Médicis ; plan détachable D3) :* piazza Madonna degli Aldobrandini (derrière l'église San Lorenzo). ☎ 055-238-86-02. Lun-ven 8h15-17h. Fermé 1er, 3e et 5e lun du mois, ainsi que 2e et 4e dim du mois. Entrée : 6 € ; 8 € avec l'expo temporaire (franchement cher, vu les travaux à l'intérieur). Audioguide : env 4 €.
Cette vaste chapelle abrite de nombreux tombeaux de la famille des Médicis. Sous une coupole, les sarcophages des grands-ducs (Ferdinand II et III, Cosme III et IV) en granit égyptien constituent un décor vraiment grandiose, d'un aspect funèbre impressionnant. Somptueux autel en marbre avec un travail minutieux de marqueterie. Quelques reliques dans la petite salle à gauche de l'autel.
Près de la sortie, un couloir mène à la chapelle funéraire qui abrite les tombeaux de Laurent et Julien de Médicis. Ils sont chacun représentés dans une niche au-dessus de leur tombeau. Ceux-ci sont ornés de statues couchées, personnifiant les différents moments du jour : l'Aurore et le Crépuscule pour Laurent, le Jour et la Nuit pour Julien. Réalisées à partir de 1525, ces œuvres font partie des plus beaux chefs-d'œuvre de Michel-Ange.

TOSCANE

TOSCANE

– Sous l'abside de l'*antica sacrestia* (ancienne sacristie), on a découvert en 1975 des dessins secrets de Michel-Ange. Le local ne se visite pas (l'humidité associée aux visiteurs dégraderait les esquisses), mais on peut regarder une vidéo intéressante située derrière le petit autel qui retrace le processus de restauration. Privé de son atelier car fâché avec les Médicis, Michel-Ange est accueilli en 1530 par le vicaire de l'église, qui l'autorisa à s'y réfugier quelques semaines... jusqu'à son retour sur la scène artistique, rappelé par le pape Clément VII. À son départ, on recouvrit la cave de crépi.

LA CACHETTE DE MICHEL-ANGE

Le peuple chassa les Médicis en 1527 et Michel-Ange soutint cette révolte. Quand ils revinrent en 1530, l'artiste se cacha 3 mois. Ce n'est qu'en 1975 (!) qu'on découvrit que son lieu secret était sous la sacrestia antica *de San Lorenzo (entrée derrière l'autel, sur la gauche). On y décela des esquisses au fusain dont il s'inspira pour la chapelle Sixtine. Vu la fragilité des dessins, on édifia une reproduction de la cachette, à côté.*

AUTOUR DE LA VIA DEI TORNABUONI

La via dei Tornabuoni est, avec ses magasins de luxe de créateurs italiens et internationaux, la rue chic par excellence. On se prend à rêver devant les vitrines installées dans des palais centenaires qui rivalisent de beauté par leur dimension et leur majesté, mais les prix vous ramèneront vite à la réalité ! Les calcéophiles pourront visiter le musée Ferragamo, installé dans le palais familial, le *Palazzo Spini Ferroni*. Les amateurs de vieilles pierres visiteront quant à eux le *Palazzo Davanzati*, à deux pas, bel exemple pour se rendre compte de la vie quotidienne d'une famille florentine florissante à la Renaissance. La via dei Tornabuoni est une promenade agréable d'autant que la rue piétonne permet de faire les vitrines en toute tranquillité ! Et elle vous permet surtout de rejoindre rapidement l'Oltrarno par le ponte Santa Trinità.

Où dormir ?

De prix moyens à chic

🏠 **Hotel Abaco** (zoom détachable C3, **32**) : via dei Banchi, 1. ☎ 055-238-19-19. • abacohotel@tin.it • hotelabaco. it • Au 3ᵉ étage sans ascenseur. Double avec douche 85 € ; petit déj 5 €, inclus si paiement comptant. 🖥 📶 Outre l'accueil de Bruno, le charmant propriétaire, on découvre des chambres pleines de personnalité, décorées avec goût et étonnamment confortables pour le prix (excellent double vitrage). Également un petit bar et un coin petit déj en vieux bois très convivial (dommage qu'il soit servi un peu tard). Plus qu'un hôtel, un lieu de séjour avec un personnel extra. Un bon rapport qualité-prix pour le quartier.
🏠 **Hotel Cestelli** (zoom détachable C4,

56) : borgo S.S. Apostoli, 25. ☎ 055-21-42-13. • info@hotelcestelli.com • hotelcestelli.com • Congés : 3 sem en janv et en août. Doubles 50-100 € selon saison ; pas de petit déj. 📶 Au 1ᵉʳ étage d'un vieux palais, l'hôtel est idéalement situé, à deux pas de la piazza Santa Trinità. Il propose une petite dizaine de chambres hyper propres et bien aménagées. Certaines sont plus spacieuses que d'autres, n'hésitez pas à les demander lors de votre réservation. L'accueil d'Alessio, qui n'est pas avare de conseils sur sa ville, rendra votre séjour d'autant plus agréable. Un bon rapport qualité-prix si près du centre.
🏠 **Hotel Davanzati** (zoom détachable D4, **54**) : via Porta Rossa, 5. ☎ 055-286-66-66. • info@hoteldavanzati.it •

hoteldavanzati.com ● *Doubles 120-200 €.* 🖵 📶 Un hôtel familial d'une vingtaine de chambres tout confort. Le seul hic, ce sont les 25 marches à grimper pour arriver à la réception. À l'accueil, le petit-fils est charmant, comme tout le reste du personnel. Vu la situation, le rapport qualité-prix est imbattable !

🛏 *Hotel Scoti (zoom détachable C4, 51) : via dei Tornabuoni, 7.* ☎ 055-29-21-28. ● *hotelscoti@hotmail.com* ● *hotelscoti.com* ● *Doubles avec bains 105-115 € ; familiales 130-155 € ; petit déj 5 €.* Niché dans un vaste palais du XVIe s, le *Scoti* se divise en 2 structures d'à peine une dizaine de chambres. D'une part, l'*albergo,* avec des chambres parfaitement calmes, adaptées et avantageuses pour les familles. D'autre part, des chambres classées « *Residenza d'Epoca* », côté avenue, à la déco assez sobre, impeccables, spacieuses, parfaitement équipées et indépendantes. Un ensemble avec beaucoup de caractère et, en prime, un accueil absolument charmant.

🛏 *Hotel Bretagna (zoom détachable C4, 53) : lungarno Corsini, 6.* ☎ 055-28-96-18. ● *info@hotelbretagna.net* ● *hotelbretagna.net* ● *Doubles sans ou avec sdb 75-150 €, petit déj compris.* Sur les bords de l'Arno, un hôtel de taille moyenne, situé dans le Palazzo Gianfigliazzi (ancienne habitation de Louis Bonaparte). Les parties communes ont conservé le cachet de l'ancien, et les chambres confortables sont dotées de meubles chinés, certaines

même avec jacuzzi. Demandez celles avec vue sur l'Arno.

Très chic

🛏 *Floroom1 (zoom détachable C3, 17) : via del Sole, 2.* ☎ 355-21-66-74. ● *floroom.com* ● *Doubles à partir de 150 €.* 📶 Un appartement familial chic plutôt qu'un *B & B* classique. Une entrée discrète, à l'image des propriétaires, 5 belles chambres cosy, un style épuré dans les tons blancs et gris. Les familles ou les couples d'amis apprécieront ce petit cocon design. Pas donné au total, mais les prestations sont de qualité. *Également un autre* B & B Floroom1, *situé dans l'Oltrarno, via del Pavone, 7.*

🛏 *Antica Torre di Via dei Tornabuoni nº 1 (zoom détachable C4, 40) : via dei Tornabuoni, 1.* ☎ 055-265-81-61. ● *info@tornabuoni1.com* ● *tornabuoni1.com* ● *Doubles 180-350 € (pour celle avec vue panoramique et terrasse privée). Parking payant.* 📶 Le Palazzo Gianfigliazzi est une maison-tour médiévale, l'une des dernières de la ville à être encore debout. Les 22 chambres ont été restaurées avec des matériaux nobles et possèdent bien sûr tout le confort du XXIe s ! Et que dire du toit-terrasse où l'on prend son petit déj ou un verre à toute heure de la journée ? Magique ! Les clients au portefeuille bien garni s'offriront la suite panoramique avec une vue imprenable à 360º sur la ville. Accueil très agréable. L'emplacement est idéal pour parcourir la ville. Un bel endroit, vraiment.

TOSCANE

Où manger ?

Sur le pouce

🥖 *Leopoldo Procacci (zoom détachable C3, 85) : via dei Tornabuoni, 64 r.* ☎ 055-21-16-56. *Lun-sam 10h-21h. Congés : août.* Cette boutique créée en 1885 a subi un lifting... et même si certains regrettent le carrelage à l'ancienne et les antiques étagères cirées, la sélection de produits est toujours excellente ! Perché sur un tabouret, on y consomme des mini-*panini (tartufati, salmone con salsa di rucola...)*

avec un verre de vin. Résolument chic, comme les boutiques du quartier.

🥖 🍴 *Amblé (zoom détachable C-D4, 113) : chiasso dei del Bene.* ☎ 055-26-85-28. ● *info@amble.it* ● *Tlj 10h (17h dim)-22h.* Non loin du Ponte Vecchio, dans un petit recoin, c'est ici qu'il vous faut venir faire préparer sous vos yeux un bon gros *panino* à votre convenance. On choisit son pain, ses ingrédients, on commande, et hop, vous voilà prêt à avaler votre sandwich ! Petite boutique vintage attenante, même le mobilier est à vendre. Aux beaux jours, on s'étale sur la petite place piétonne pour un verre.

🍞 *Boulangerie del Rifrullo* *(zoom détachable C3, 217) : via de' Rondinelli, 24 r.* ☎ 055-28-16-58. ● boulangerie@ilrifrullo.com ● *Lun-ven 8h-20h, dim 12h-16h. Panino 5 €, salades à partir de 7 € ; brunch dim (12h30-15h30) 25 €.* À deux pas de la via dei Tornabuoni, ce simili-café new-yorkais mâtiné d'une *French touch* style néobistrot propose un bon choix de viennoiseries et de petits plats rapides. Pratique aussi pour avaler une salade entre deux visites.

Prix moyens

🍽 *Ristorante La Spada* *(plan détachable C3, 97) : via della Spada, 62 r.* ☎ *055-21-87-57.* ● laspadaitalia@gmail.com ● *Tlj. Congés : sem de Noël. Menus 11 € le midi, 23-35 € le soir ; carte 30-35 €. Digestif offert ce de guide.* Rôtisserie à l'origine, c'est maintenant une *trattoria* avec ses 2 belles salles (la plus petite pour les amoureux ?) aux plats toscans roboratifs et bien ficelés. Côté via del Sole, la petite rôtisserie propose toujours de la vente à emporter avec ses poulets embrochés, ses légumes rissolés et ses plats de traiteur qui laissent présager de la qualité de la cuisine. Accueil souriant et personnel chaleureux. Une bonne adresse.

🍽 *Il Borro Tuscan Bistro* *(zoom détachable C4, 100) : Lungarno Acciaiuoli, 80 r.* ☎ *055-29-04-23.* ● firenze@ilborrotuscanbistro.it ● *Tlj 10h-22h. Repas 25-30 €.* À deux pas de la chic via Tornabuoni, ce bistrot chic est né sous les auspices de la famille Ferragamo. Après le luxe, la restauration ! C'est plutôt bien réussi ! Les plats sont joliment présentés, mettant à l'honneur les produits du terroir toscan. Propose également à la vente huile et vins de leur exploitation située dans les collines toscanes. Accueil pas du tout guindé, comme on pourrait le croire.

🍽 *Mangiafoco* *(zoom détachable C4, 101) : borgo S.S. Apostoli, 26 r.* ☎ *055-265-81-70.* ● mangiafococaffe@yahoo.it ● *Tlj sf dim. Repas env 25 €.* Ici,

produits de qualité riment avec service attentionné ! C'est plutôt rare dans le quartier, et ça vaut la peine d'être souligné. On y retrouve les grands classiques de la Toscane à des prix doux. Une bonne adresse.

🍽 *Obicà Mozzarella Bar* *(zoom détachable C3, 91) : Palazzo Tornabuoni, via dei Tornabuoni, 16.* ☎ *055-277-35-26.* ● firenze@obika.it ● *Tlj 10h-23h ; brunch dim. Repas complet 25-30 €.* Littéralement, *Obicà* signifie en napolitain « on est là » ! Cette adresse, en effet, est bien là, nichée dans un magnifique palais florentin. La déco résolument design et volontairement épurée (acier trempé, verre poli) tranche avec les moelleuses et rondes mozzarellas, accommodées de mille façons. Évidemment, la *campana DOP* est fameuse, mais notre préférée, c'est la *stracciatella di burrata,* maxi calories mais extra ! Très agréable *cortile* aux beaux jours.

Chic

🍽 *Bistro del Mare* *(plan détachable C4, 172) : lungarno Corsini, 4 r.* ☎ *055-239-92-24.* ● info@bistrodelmare.it ● *Tlj sf lun. Repas env 35 €.* Un resto entièrement tourné vers la mer, qui change de la traditionnelle *bistecca* ! Murs blancs, mobilier épuré rehaussé de quelques tableaux rouges aux murs, accueil courtois et attentionné, voilà pour l'ambiance. Et l'assiette dans tout ça ? Des pâtes bien accommodées, du poisson pêché du jour et des desserts succulents... Une adresse marine au bord de l'Arno que nous avons particulièrement appréciée.

🍽 *Trattoria Gargani* *(plan détachable C3, 89) : via del Moro, 48 r.* ☎ *055-239-88-98. Ouv ts les soirs. Congés : 2 sem fin août. Repas complet 35-40 €.* Derrière cette façade quelconque se trouve l'un des bons restos de viande de la ville. Les habitués viennent pour la *bistecca,* réputée tendre et savoureuse. La déco peut surprendre : l'un des fils, qui a repris l'affaire après le décès de son père, a gardé en état les pans des murs des 3 salles, toutes décorées par son père, peintre à ses heures.

TOSCANE

Bar à vins *(enoteca)*

♈ |●| **Cantinetta Antinori** *(zoom détachable C3, 145) : Palazzo Antinori, piazza Antinori, 3.* ☎ 055-29-22-34. ● *cantinetta@antinori.it* ● *Tlj sf sam et dim midi. Congés : août et Noël.* Antipasti et primi 20-25 €, secondi 25-30 €. La maison *Antinori*, nichée dans le palais du comte, se démarque par la qualité et la grande régularité de ses vins. Son savoir-faire est immense, héritage de générations d'œnologues en poste depuis 1385.

Son gigantesque domaine (dans le Chianti) produit aujourd'hui pas moins de 10 rouges : du Tignanello au Santa Cristina (entrée de gamme), en passant par le Tenute del Marchese, le Badia a Passignano ou le Villa Antinori. Une dégustation à la *Cantinetta* fait partie des grands classiques florentins. Cuisine à l'avenant, à la fois traditionnelle et élégante, un peu chère tout de même. Service impeccable.

Où boire un verre ?

♈ **Caffè Giacosa – Roberto Cavalli** *(zoom détachable C3, 207) : via della Spada, 10 r.* ☎ 055-277-63-28. ● *info@caffegiacosa.it* ● *Tlj 7h30-20h30 ; brunch dim.* Café historique repris par le créateur florentin Roberto Cavalli. Il a ajouté sa touche perso avec ses célèbres imprimés animaliers, tout en gardant l'esprit du lieu. Petite restauration que l'on savoure le plus souvent debout (assis si on a de la chance !) ou à emporter. Quelques tables en terrasse avec chaises façon peaux de bête (léopard, guépard, zèbre : au choix !) pour boire un thé ou un cappuccino. Petite terrasse très prisée aux beaux jours. Chic et pas (trop) cher au final.

♈ |●| **Rivalta Café** *(zoom détachable C4, 191) : lungarno Corsini, 14 r.* ☎ *055-28-98-10.* ● *info@rivaltacafe.it* ● *Tlj 11h-3h.* Un lieu agréable à la déco minimaliste. On aime surtout sa petite terrasse donnant sur l'Arno, l'excellent rapport qualité-prix de l'*aperitivo* et son buffet gargantuesque. Le midi, on se régale de bons burgers ou d'une grosse salade. Très animé aux beaux jours quand le soleil se couche sur l'Arno...

♈ **Colle Bereto** *(zoom détachable C3, 183) : piazza degli Strozzi, 5 r.* ☎ *055-28-31-56. Tlj 8h30-2h.* 📶 Les Florentins jeunes et moins jeunes viennent à l'heure de l'*aperitivo* profiter du plantureux buffet juste en face du Palazzo Strozzi. La musique s'intensifie au fur et à mesure de la soirée. Ambiance festive pour un melting-pot de tous âges. Bien plus calme en journée pour prendre un café...

À voir

🎭 **Museo Marino Marini e Capella Rucellai** *(plan détachable C3) : piazza San Pancrazio.* ☎ *055-21-94-32.* ♿ *Tlj sf mar, dim et j. fériés 10h-17h. Fermé en août. Entrée : 6 €.*
Situé dans l'ancienne église de San Pancrazio, ce musée, éloigné des circuits touristiques, étonne par sa muséographie, réalisée par les architectes Bruno Sacchi et Lorenzo Papi. On prend plaisir à admirer ces œuvres agréablement mises en valeur dans un espace clair et aéré, à la manière d'une promenade architecturale. À la mort de Marino Marini, en 1980, sa femme, Marina, a légué à la Ville de Florence la majorité de ses créations (dont la collection représente plus de 180 œuvres). Elles sont regroupées par thèmes et non par ordre chronologique, selon le souhait de l'artiste. Les architectes ont privilégié la lumière naturelle et l'espace. Belle mise en valeur des statues, qui devaient à l'origine être exposées en plein air.

TOSCANE

Au centre du musée (dans l'ancienne abside), on peut admirer sa création la plus célèbre : *Il Cavaliere*, sculpté en 1957-1958. Certaines de ses sculptures se rapprochent de l'art étrusque. Il suffit de regarder les cavaliers et les statues réalisés dans les années 1950 pour s'en rendre compte. Les jongleurs font partie aussi de l'univers de Marini (admirer celui de l'escalier permettant d'accéder à la mezzanine). Quelques beaux portraits de peintures jalonnent également la visite. Un musée qui gagnerait à être connu.

– **Chapelle Rucellai :** *attenante au musée. Visite limitée à 25 pers.* Tombeau d'une famille noble avec l'emblème des Médicis. Notez l'encorbellement en marbre avec les insignes de Pierre et de Laurent de Médicis. À l'intérieur, scène de l'Annonciation avec deux anges agenouillés faisant le geste de la foi.

⚡⚡ 🏃 Museo di Palazzo Davanzati – Museo dell'Antica Casa *(zoom détachable C-D4) :* via Porta Rossa, 13. ☎ 055-238-86-10. *Tlj 8h15-13h50. Fermé 1er, 3e et 5e lun du mois, ainsi que 2e et 4e dim du mois. Possibilité de visiter sur résa les 2e et 3e étage (le 1er étage est en visite libre). Entrée : 2 €.* Un bel exemple de demeure bourgeoise du XIVe s, à l'aspect sévère avec ses trois étages et sa loggia qu'on peut admirer de l'extérieur. Superbe *salla dei Pappagalli* avec ses rideaux en trompe l'œil. La *camera dei Pavoni* n'est pas en reste avec son magnifique plafond peint et sa fresque d'écussons représentant les familles Davizzi et Strozzi. Une petite salle est également consacrée à la dentelle (les propriétaires possédaient une manufacture). Mobilier, tapisserie, peinture : tout est d'époque. Une visite s'impose.

⚡⚡ Palazzo Strozzi *(zoom détachable C3) : entre la piazza degli Strozzi et la via dei Tornabuoni. Tlj 9h-20h. Abrite des expos temporaires, prix selon expo.* 📶 *(dans le cortile).* Exemple typique de la puissance montante de certains Florentins qui voulaient, au XVe s, rivaliser avec les Médicis. Façade à bossages massifs. Très belle corniche. Sympa aussi pour se reposer les gambettes entre deux visites de la ville. Un beau *cortile* où l'on peut s'asseoir.

⚡ Piazza Santa Trinità *(zoom détachable C4) :* ensemble architectural assez rare comprenant une colonne provenant des thermes de Caracalla (au centre de la place), puis l'église baroque *Santa Trinità,* le *Palazzo Bartolini-Salimbeni* du XVIe s (y pointent déjà des éléments de l'époque baroque), le *Palazzo Ferroni* (du XIIIe s, à l'allure de forteresse) et le *Palazzo Gianfigliazzi* (à côté de l'église).

⚡ Chiesa Santa Trinità *(zoom détachable C4) :* ☎ *055-21-69-12. Tlj 8h-12h, 16h-18h.* Très agréable et reposante. L'éclairage des œuvres est gratuit (à l'exception des fresques de Ghirlandaio). On entre dans l'église par le transept droit. À droite en entrant, les magnifiques fresques de Ghirlandaio. À gauche en entrant, magnifiques fresques également de Lorenzo Monaco. Traverser l'église vers le transept gauche. Dans la chapelle de droite, le tombeau de Federighi (lui-même sculpteur) par Luca Della Robbia et, à gauche, une belle *Marie-Madeleine* par Desiderio da Settignano. Les chapelles à gauche de la nef (quand on fait face au chœur) contiennent de très belles fresques et peintures.

⚡⚡ Museo Salvatore Ferragamo *(zoom détachable C4) : piazza Santa Trinità, 5.* ☎ *055-336-04-56. Situé dans le sous-sol du Palazzo Ferroni. Tlj 10h-19h30. Entrée : 6 € (audioguide fourni gratuitement et en français). Petites expos temporaires.* Voici un musée pour les aficionados de chaussures made in Italy ! Ici, on retrace la vie et le travail du célèbre chausseur napolitain. À l'origine, il était parti rejoindre sa famille installée à Los Angeles, qui fabriquait à l'époque des... santiags ! Ces bottes ne lui plaisant guère, il commença alors à créer ses propres modèles. Par un heureux hasard, on eut besoin de lui sur un plateau de tournage ; ce fut Greta Garbo, et la grande saga de l'histoire Ferragamo débuta ! Toutes les vedettes devinrent ses clientes (Audrey Hepburn, Ava Gardner...). Il déposa plus de 100 brevets. Quand il revint en Italie, c'est à Florence qu'il choisit de s'installer car c'est une ville qui reflète l'image de la beauté et, surtout, qui se trouve à proximité de tanneries. Ici sont exposés ses nombreux modèles phares portés par les vedettes d'Hollywood. L'invention de la célèbre chaussure compensée, en liège, c'est lui ! Brevetée en 1936 et copiée depuis dans le monde entier, sa fabrication n'aura plus de secret pour vous. Les chaussures, exposées par roulement, sont choisies parmi les 10 000 paires que conserve jalousement la famille Ferragamo (et on la comprend !). Le magasin se trouve juste au-dessus, donnant sur la luxueuse via dei Tornabuoni *(via dei Tornabuoni, 14 r ; ☎ 055-29-21-23 ; lun-sam 10h-19h30).* Tout le monde n'a pas les moyens de s'offrir les services du bottier des stars d'Hollywood, mais vous pouvez toujours y jeter un œil...

QUARTIER DE SANTA MARIA NOVELLA

On l'imagine grouillant et bruyant (Florence est l'un des axes ferroviaires les plus importants en Italie). Certes, il est populaire, mais certaines rues et places sont pleines de charme et de simplicité. La piazza Santa Maria Novella en est un bel exemple, surtout depuis qu'elle est interdite aux voitures et qu'elle a été entièrement repensée ! Les promeneurs prennent le temps de lézarder sur les bancs et d'admirer les palais qui bordent la place. À deux pas, visitez l'une des plus anciennes parfumeries du monde, fondée en 1612, l'*Officina Profumo Farmaceutica di Santa Maria Novella.* Le quartier est, avec sa large gamme d'hôtels toutes catégories, un endroit agréable et stratégique pour poser ses valises et rayonner dans la ville.

TOSCANE

Où dormir ?

Auberge de jeunesse

🛏 *Archi Rossi Hostel (plan détachable C2, 26) :* via Faenza, 94 r. ☎ 055-29-08-04. ● info@hostelarchirossi.com ● hostelarchirossi.com ● À 200 m de la gare ferroviaire. Réception 24h/24. Nuit en dortoir 4-9 lits 21-28 €, petit déj léger compris ; doubles 60-100 € selon saison. 🖥 📶 Une AJ hyper active, envahie de groupes de jeunes occupés à refaire le monde ou à jouer aux cartes. Dortoirs basiques mais nickel. Des petits « plus » : lave-linge, énorme télé-vidéo et consigne gratuite. Également frigo et micro-ondes à disposition, petite restauration le soir (sauf le samedi). Terrasse, jardin. Bref, que du bon...

Bon marché

🛏 *Il Ghiro Guesthouse (plan détachable C2, 33) :* via Faenza, 63. ☎ 055-28-20-86. ● info@ilghiro.it ● ilghiro.it ● Réception 9h-18h. Compter 45-60 € avec douche et w-c communs, 70 € avec sdb privée ; triples. Parking (payant). 🖥 📶 Cette petite adresse

dégage un on-ne-sait-quoi de vaguement rebelle et anticonformiste avec ses affiches pour le forum international. Rien de révolutionnaire toutefois, mais une *guesthouse* fraternelle tenue par des jeunes, avec une cuisine équipée pour partager ses spécialités ! Chambres très fréquentables et propres (elles ne sont que 2 à se partager une salle d'eau commune). Accueil joyeux.

🛏 *Albergo Paola (plan détachable C2, 31) :* via Faenza, 56. ☎ 055-21-36-82. ● infoalbergo@paola.com ● albergopaola.com ● Au 3ᵉ étage. Nuit en chambre de 6 pers 20 € ; double avec douche 70 €. 🖥 📶 Un endroit qui tend plus vers l'AJ que vers l'hôtel. Il aligne une poignée de chambres au 3ᵉ étage (sans ascenseur) d'un immeuble très central. Les toilettes sont en commun, mais le niveau de confort est honnête. Mobilier gai et coloré. Une bonne option à prix doux, à deux pas du centre.

Prix moyens

🛏 *Albergo Merlini (plan détachable C2, 31) :* via Faenza, 56. ☎ 055-21-28-48. ● info@hotelmerlini.it ● hotelmerlini.

it ● Au 3ᵉ étage sans ascenseur du Palazzo Barbera. Fermeture des portes à 1h. Congés : août. Doubles à partir de 80 € selon saison ; petit déj 6 €. 🖳 Pension propre et bien tenue, située dans un palais du XVIIIᵉ s, avec un brin de caractère pour les chambres avec vue sur le Duomo, le campanile et la chapelle médicéenne. Belle salle à manger. Les propriétaires sont hyper disponibles pour vous donner des infos pratiques sur la ville.

🏠 **Hotel Pensione Elite** (plan détachable C3, **55**) : via della Scala, 12. ☎ 055-21-53-95. ● hotelelitefi@libero. it ● Au 2ᵉ étage. Doubles avec douche (w-c sur le palier) 75 €, avec sdb privée 90 €. Sur 2 étages, une pension de taille moyenne sans prétention (qui porte donc assez mal son nom) mais qui propose des chambres tout à fait convenables et très bien tenues. Pas de fantaisie dans la déco, mais ce n'est pas pour ça qu'on est là. Accueil souriant et humour (communicatif) de la patronne.

🏠 **Residenza Castiglioni** (zoom détachable C3, **38**) : via del Giglio, 8. ☎ 055-239-60-13. ● info@residenzacastiglioni. com ● residenzacastiglioni.com ● Au 2ᵉ étage (ascenseur). Chambres 100-200 €. 📶 Réduc de 10 % sur le prix de la chambre sur présentation de ce guide. La différence de prix se justifie par la présence ou l'absence de fresques peintes dans la chambre. À l'étage de la réception, chambres supérieures avec déco florentine plutôt réussie (bémol pour le carrelage pas raccord avec le reste). Au 3ᵉ étage, chambres plus modernes mais toutes avec un très bon confort. Coin salon-bar pour papoter avec les autres résidents ou avec l'intarissable patron. Une bonne adresse idéalement située.

🏠 **Hotel Azzi** (plan détachable C2, **31**) : via Faenza, 56-58 r. ☎ 055-21-38-06. ● info@hotelazzi.it ● Doubles 80-120 € selon saison et standing, petit déj inclus ; également suite avec jacuzzi. Possibilité de parking. 🖳 Possède un cachet certain avec ses chambres meublées à l'ancienne, sa vue sur les toits, son atmosphère confinée. Matériaux écolos, belle bibliothèque fournie, salon avec cheminée, terrasse et petit sauna. Tranquillité et emplacement sont les 2 avantages de ce lieu.

🏠 **Tourist House** (plan détachable C3, **50**) : via della Scala, 1. ☎ 055-26-86-75. ● info@touristhouse.com ● touristhouse.com ● Doubles avec bains 50-120 €, petit déj compris. Petite structure bien située, dont les chambres sont concentrées sur l'arrière du bâtiment ou autour d'une petite cour intérieure. Les durs de la feuille pourront toujours choisir une chambre côté rue pour profiter à plein de l'animation de la piazza di Santa Maria Novella ! Pour le reste : propre et sobre, et AC pour tout le monde.

🏠 **Hotel Cosimo de Medici** (plan détachable C2, **45**) : largo Fratelli Alinari, 15. ☎ 055-21-10-66. ● info@cosimodemedici.com ● cosimodemedici.com ● Au rdc à gauche dans le hall d'entrée de l'immeuble. Congés : déc. Doubles avec sdb à partir de 70 € (mais prohibitif lors de manifestations). Parking privé payant. 📶 Accueil professionnel (et francophone). Les chambres avec leurs belles tentures, le mobilier design, les lumières tamisées... ont tout le confort adéquat. Petite cour intérieure en été pour le petit déj. Ambiance décontractée.

🏠 **Bellevue House** (plan détachable C3, **52**) : via della Scala, 21. ☎ 055-260-89-32. ● info@bellevuehouse. it ● bellevuehouse.it ● Doubles avec douche et w-c 80-150 € ; triples, sans petit déj. Parking payant. 🖳 📶 Réduc de 10 % sur le prix de la chambre (min 2 nuits) sur présentation de ce guide. Chambres situées au 3ᵉ et dernier étage. En cas d'arrivée fortuite, sonnez au 1ᵉʳ, où Antonio, le propriétaire, habite. Il s'agit d'un ancien palais, comme en témoigne la fresque tapissant la voûte de la cage d'escalier. Déco soignée, claire et accueillante pour quelques chambres confortables. Accueil sympathique, et en français de surcroît !

De chic à très chic

🏠 **Casa Howard Guest House** (plan détachable C3, **57**) : via della Scala, 18. ☎ 06-69-92-45-55 (à Rome). ● info@casahoward.com ● casahoward.com ● Doubles 160-190 €. 📶 Maison de charme ! Et quel charme... Massimiliano, le patron, a aménagé, avec son épouse, dans cette somptueuse demeure héritée de sa tante, une maison d'hôtes de 14 chambres à la déco de très bon goût mais pour le moins (d)étonnante. Subtil et audacieux mélange : lavabos en inox et fauteuils imitation zèbre côtoient rideaux en toile de Jouy et autres tissus baroques. On a un faible pour la « Terrace Room », dotée d'une terrasse privative ! La « Library Room », avec ses étagères remplies de livres, n'est pas mal non plus ! Parties communes (salon et terrasse intérieure) très agréables. Une adresse hors du commun où l'on résiderait volontiers plusieurs nuits...

🏠 **Grand Hotel Minerva** (plan détachable C3, 48) : piazza di Santa Maria Novella, 16. ☎ 055-272-30. • info@ grandhotelminerva.com • grandho telminerva.com • Doubles à partir de 200 €. Remise intéressante selon remplissage. 🖥 📶 Idéalement situé, à deux pas du cœur historique, cet hôtel imposant aligne des chambres élégantes et sobres dans les tons crème, et propose évidemment la panoplie complète des services attendus dans ce genre d'endroit... L'atout indéniable qui le différencie de ses homologues, c'est la piscine et la terrasse sur le toit avec un panorama sur le Duomo et le campanile.

🏠 **J.K. Place** (plan détachable C3, 47) : piazza di Santa Maria Novella, 7. ☎ 055-264-51-81. • jkplace@jkplace. com • jkplace.com • Chambres à partir de 300 € et jusqu'à... 1 000 € en hte saison pour une (superbe) suite. 🖥 Magnifique palais florentin à la déco résolument moderne, avec au final un résultat... bluffant. Chaque meuble a été pensé avec soin, les pièces communes sont chaleureuses, et le personnel est aux petits soins. Au dernier étage, somptueuse terrasse, idéal pour prendre un dernier verre. Pour les routards amoureux aux portefeuilles bien fournis.

🏠 **Hotel Santa Maria Novella** (plan détachable C3, 49) : sur la place du même nom, au n° 1. ☎ 055-27-18-40. • info@hotelsantamarianovella.it • hotelsantamarianovella.it • Compter 200-280 € pour 2. 🖥 📶 Belles chambres joliment classiques et décorées dans un style florentin revisité. Salles de bains majestueuses en marbre, beaucoup de classe et confort douillet. Belle terrasse panoramique pour admirer les toits rouges de la ville et les plus beaux monuments. Sauna. Centre de fitness. Accueil très pro.

TOSCANE

Où manger ?

Marché

– **Mercato delle Cascine** (hors plan détachable par A2) : viale Lincoln. Bus n° 17 c. Mar 8h-14h. Le long de l'Arno, une profusion de stands proposant, entre autres, de l'alimentation et des vêtements. Un peu excentré mais ça vaut vraiment le coup. Beaucoup de Florentins s'y retrouvent pour faire de bonnes affaires.

De bon marché à prix moyens

|●| **I Due G.** (plan détachable C2, 93) : via B. Cennini, 6 r. ☎ 055-21-86-23. • abuba@libero.it • Tlj sf dim et j. fériés. Repas complet max 20 €. Cantine de quartier qui se distingue par ses belles spécialités florentines (signalées clairement sur le menu) à prix doux et par ses desserts maison. L'accueil, quant à lui, pourrait être plus chaleureux.

|●| **Trattoria Guelfa** (plan détachable C2, 94) : via Guelfa, 103 r. ☎ 055-21-33-06. Tlj midi et soir. Congés : août et Noël. Menus 15 € le midi, 20-25 € le soir. 📶 Apéritif offert sur présentation de ce guide. Cadre plutôt hétéroclite : murs agrémentés de croquis humoristiques, bouteilles, vieilles marmites et calebasses. En travers de la pièce, une barre de bois où se cramponne un nounours sur une balançoire. Laissez-vous donc tenter par les penne aux cèpes, à la crème de truffe et au jambon toscan. Sinon, les sympathiques patrons prendront le temps de commenter (en français) la carte et de vous guider dans le choix des vins. Que du bon, on vous le dit !

|●| **Trattoria 13 Gobbi** (plan détachable

TOSCANE

C3, 225) *: via del Porcellana, 9 r.* ☎ *055-28-40-15. Repas 20-25 €.* Une adresse qui a pignon sur rue depuis des années. Une bonne grosse tambouille, que les habitués et les nombreux touristes viennent déguster ici dans une atmosphère festive et bon enfant. On y retrouve les plats traditionnels toscans, notamment la *bistecca alla fiorentina.* Patron jovial et serveurs attentifs.

🍴 *Pizzeria Centopoveri (plan détachable C3, 224) : via Palazzuolo, 31 r.* ☎ *055-21-88-46.* ● *info@centopoveri. it* ● ♿ *Fermé pour les fêtes de Noël. Résa conseillé le soir. Repas complet 20-25 €.* 📶 *Café offert sur présentation de ce guide.* Une grande pizzeria de quartier où les autochtones ne se trompent pas en s'attablant régulièrement

autour de pizzas croustillantes. Mention spéciale pour la pizza napolitaine, bien épaisse et savoureuse. Également l'*osteria* (plus chère) du même nom juste à côté (c'est le même proprio), qui propose des plats typiquement toscans.

🍴 *Trattoria Sostanza (plan détachable C3, 95) : via del Porcellana, 35 r.* ☎ *055-21-26-91. Compter 20-25 €. CB refusées.* Devanture discrète et l'impression que rien n'a changé depuis des lustres : carrelage blanc et tables communes en marbre. Il vous faudra cependant réserver pour accéder à cette table typiquement florentine. Une référence où les habitués viennent déguster de la bonne tambouille dans une ambiance sans chichis ni tralala.

Où boire un verre ?

🍸 *Reale piazza Stazione (plan détachable C2, 239) : 50, via Valfonda (le long de la voie 16).* ☎ *055-264-51-14.* ● *info@realefirenze.it* ● *Tlj 8h-1h.* Ce lieu a été entièrement rénové après des années de travaux pour en faire un bar branché et ouvert à tous et à toute heure de la journée (il est accessible de la place de la gare mais aussi de

l'intérieur). La journée, il accueille les voyageurs de passage et le soir, avec son comptoir doré et ses tabourets hauts, il invite les Florentins et touristes en quête d'originalité à boire un verre (de préférence une bière artisanale) lors de l'*aperitivo* bien fourni (tapas, salades). Aux beaux jours, on profite du *cortile* juste à côté.

Où déguster une glace ou une bonne pâtisserie ?

🍦 *B-Ice (plan détachable B3, 179) : via Borgo Ognissanti, 150. Tlj 11h-minuit.* Glacier un peu excentré mais qui nous a emballés pour ses glaces artisanales aux parfums subtils et naturels (la fraise est excellente, tout comme le sorbet au chocolat).

🥐 *Forno Becagli (plan détachable B3, 164) : via Borgo Ognissanti, 92.*

☎ *055-21-50-65. Lun-sam 8h-19h30.* Une boulangerie grande comme un mouchoir de poche, bien connue des habitants du quartier. Pains et viennoiseries italiennes régaleront les bouches sucrées et les petites faims. Et cette odeur qui vient vous chatouiller les narines...

Où danser ?

🎵 *Tenax : via Pratese, 46.* ☎ *055-30-81-60 (infoline) ou 055-63-29-58.* ● *tenax.org* ● *Dans le secteur de l'aéroport. Juin-sept, tlj 22h-4h ; oct-mai, jeu-dim et lors de concerts à partir de 22h30. Prix de l'entrée variable selon notoriété des artistes mais assez élevé dans l'ensemble.* Une des boîtes les plus chic (il faut passer l'épreuve de

la porte d'entrée !). Sa réputation a largement dépassé les frontières toscanes et draine une faune étudiante et post-étudiante qui vibre à l'unisson au rythme de la house et de la techno. Les DJs les plus célèbres s'y produisent régulièrement.

🎵 *Space Electronic (plan détachable B3, 206) : via Palazzuolo, 37.*

☎ 055-29-30-82. *À deux pas de la piazza della Stazione. Tlj sf dim 22h-3h (4h sam).* Grosse boîte (la plus grande de Florence, pouvant accueillir jusqu'à 800 personnes) sur 2 niveaux, où afflue une clientèle très jeune, principalement anglo-saxonne, qui ingurgite avidement la musique commerciale, *house* et hip-hop, assénée sans modération par les DJs. Karaoké au 1er niveau et *dancefloor* avec laser et écran vidéo à l'étage.

À voir

🏛🏛 *Chiesa Santa Maria Novella (plan détachable C3) :* piazza di Santa Maria Novella. ☎ 055-264-51-84. *Avr-sept, lun-ven 9h (11h ven)-19h, sam 9h-17h30, dim 13h-17h30 ; oct-mars, lun-ven 9h (11h ven)-17h30 ; la billetterie ferme 45 mn avt. Entrée : 5 € (avec le musée ci-après).*
– *On entre par le cloître des morts, puis la chapelle de l'Annonciation avec l'emblème de Filippo Strozzi (sa veuve a payé ts les décors et les tombes des grandes familles présentes). Les détenteurs de la* Firenze Card *peuvent également entrer par la pl. de la Gare, au niveau de l'office de tourisme.*
– *Vous pouvez également visiter le grand cloître le 1er dim du mois.*
Église édifiée par les Dominicains à partir du XIIIe s. Remarquable façade en marbre polychrome réalisée en 1470 par Alberti sous la demande de Rucellai. Sur la droite, l'ancien cimetière de la noblesse florentine. À l'intérieur de la chapelle Rucellai, dans le transept gauche, fresques du *Jugement dernier* inspirées de *La Divine Comédie* de Dante. Dans la nef centrale, au-dessus de l'entrée, une *Nativité* à fresque de Botticelli. Au milieu, un crucifix suspendu peint par Giotto. Dans la nef à gauche (juste après la chaire en marbre peint magnifiquement sculptée), la *Sainte Trinité* de Masaccio (1424-1425), où l'artiste introduit un effet de trompe-l'œil (plafond à caissons, cadre en arc de triomphe) qui rappelle la structure intérieure de l'église elle-même. Les deux personnages agenouillés et priant, au premier plan, sont le commanditaire de l'œuvre et sa femme. Derrière le maître-autel, extraordinaires fresques de Domenico Ghirlandaio sur la vie de la Vierge et saint Jean-Baptiste. Sur le panneau en bas à gauche, c'est Ghirlandaio lui-même qui se montre (le doigt). Scènes d'extérieur et d'intérieur d'une fraîcheur réaliste, plongée unique dans le quotidien du XVe s florentin. À droite, chapelle de Filippo Strozzi et fresques de Filippino Lippi (finies en 1502), qui comptent parmi les plus étonnantes de l'artiste (*Vie de saint Philippe* à droite et *Vie de saint Jean l'Évangéliste* à gauche). À gauche du chœur, la chapelle Gondi avec un magnifique *Christ en croix* par Brunelleschi.
Dans la sacristie (vers le fond, à droite) : un lavabo tout en couleurs de Giovanni Della Robbia.

🏛 *Museo di Santa Maria Novella (plan détachable C3) :* piazza della Stazione. ☎ 055-28-21-87. *Mêmes horaires que l'église ci-dessus.*
On pénètre dans le *cloître vert* (ainsi nommé à cause des nuances vertes des terres de Sienne utilisées). Découvrir, à droite, la remarquable **chapelle des Espagnols,** recouverte de fresques au XIVe s par le Florentin Andrea Buonaiuto. C'est Éléonore, reine de Tolède, qui a choisi cette chapelle pour ses offices (qu'on célébrait... en espagnol). La *Crucifixion* est à voir.
Les fresques restaurées sur le Déluge, désormais exposées dans le réfectoire, sont attribuées à Paolo Uccello. On y admire plusieurs scènes, dont celle avec la création d'animaux ou encore la création d'Ève.
Petit musée situé dans le réfectoire. Immense fresque à droite représentant la société civile d'un côté et les religieux de l'autre (Dominicains). Au plafond, prédication de saint Pierre de Vérone (premier martyr de l'ordre des Dominicains). Bustes-reliquaires (du XIVe s), tapisserie florentine très ancienne, fragments de fresques d'Andrea Orcagna, belle orfèvrerie religieuse, *Cène* d'Alessandro Allori, etc.

TOSCANE

TOSCANE

🎋 *Museo del Novecento* (plan détachable C3) : piazza di Santa Maria Novella, 10. ● museonovecento.it ● *Avr-sept, sam-mer 9h-18h, jeu 10h-14h, ven 10h-23h ; oct-mars, tlj 9h-18h (14h jeu). Entrée : 8,50 € (10 € avec l'expo temporaire).* Dans l'ex-couvent Léopoldine, on a installé plus de 300 œuvres, représentant l'art italien du XXᵉ s, divisées en quatre sections. Elles proviennent d'un fonds de la ville (institutions surtout) et du fonds privé Rosai (collectionneur toscan). Les œuvres (peintures et sculptures) sont réparties sur deux niveaux dans 15 salles thématiques. Elles sont présentées par rotation. C'est la raison pour laquelle nous n'indiquons pas d'œuvres précises. On y voit notamment celles d'Alberto Moretti, d'Emilio Vedova, d'Alberto Magnelli et du spécialiste de la lumière, Lucio Fontana. Au 2ᵉ niveau, les salles sont consacrées à la mode et au Maggio Musicale Fiorentino (incontournable festival de musique à Florence) ; on peut y écouter des morceaux d'opéras, de chants et autres sur des tablettes. Le parcours se termine avec une section consacrée au cinéma à Florence, avec des extraits de tournages et lieux de films. D'ailleurs, on peut regarder une vidéo (20 mn) retraçant l'histoire des principaux films. C'est aussi un espace initiatique à l'art contemporain italien avec un espace multimédia et une salle de conférences.

🎋🎋🎋 ⛪ *Officina Profumo Farmaceutica di Santa Maria Novella* (plan détachable C3) : *via della Scala, 16 n.* ☎ *055-21-62-76. Tlj 9h-20h.*

C'est l'une des plus anciennes pharmacies du monde, fondée par les pères dominicains. Dès 1221, année de leur arrivée à Florence, ils cultivaient dans leur potager des herbes médicinales pour la pharmacie du couvent. En 1612, on décida de l'ouvrir au grand public. Très vite, on reconnut les bienfaits des formules des frères pharmaciens jusqu'en Russie et aux Indes. En 1866, le gouvernement italien confisqua les biens de l'Église mais autorisa toutefois le neveu du dernier frère directeur à lui rétrocéder la pharmacie.

C'est maintenant dans une usine située au nord de Florence (Reginaldo Giuliani) que sont fabriquées toutes les préparations présentées à l'Officina Profumo. Les savons sont encore fabriqués avec les machines du XIXᵉ s et emballés à la main ! On peut rester néanmoins sceptique sur l'efficacité réelle de certains remèdes, comme l'*aceto dei sette Ladri*, une potion contre l'évanouissement... ou encore l'eau anti-hystérique, appelée plus communément *Acqua di Santa Maria Novella*... La tentation est grande, mais les prix sont évidemment très élevés. Les vitrines en noyer du XVIᵉ s, les voûtes ornées de fresques et les statues veillant sur les rangées de pots pharmaceutiques hors d'âge ensorcèlent néanmoins les visiteurs, qui repartent en grande majorité avec un savon ou un flacon à la senteur délicate...

> ## L'EAU DE FLORENCE... À COLOGNE
>
> *À la suite d'une commande de Catherine de Médicis, Giovanni Paolo Feminis, qui œuvrait à l'Officina di Santa Maria Novella, mit par écrit la recette d'une eau citronnée, à la fois parfumée et curative (elle soignait même... les maux d'amour). Lorsque la reine quitta l'Italie pour la France, elle emmena avec elle son parfumeur, et le breuvage (à l'époque, on en mettait jusque dans la soupe) prit le nom d'Eau de la Reine. Ce n'est qu'en 1725 que la mystérieuse formule prit le nom de la ville qui accueillit Feminis lorsqu'il quitta la Cour : l'eau de Cologne.*

🎋🎋 *Chiesa di Ognissanti* (plan détachable B3) : piazza Ognissanti, le long de l'Arno. *Lun-sam 9h-12h, 16h-17h30 ; dim et j. fériés 16h-17h30. La sacristie de l'église est fermée au public. Visite du cloître tlj sf mer (sam-dim et j. fériés 9h-17h ; lun jusqu'à 13h) ; entrée indépendante à gauche du portail principal.*
En entrant, vous pouvez apercevoir la présence des Médicis à leur blason en marbre, au sol. Belles orgues ainsi qu'une chaire magnifiquement sculptée. Jolie

église, un peu chargée, au décor plutôt baroque. Beau plafond peint en trompe-l'œil. Dans la nef, sur la gauche, belle fresque du XVIe s ; sur la droite en entrant, une admirable *Pietà* réaliste (d'inspiration flamande) par Ghirlandaio. Mais surtout, au-dessus de la *Vierge de la Miséricorde,* au milieu de la nef, à droite, le célèbre *Saint Augustin* de Botticelli et en face à gauche le non moins célèbre *Saint Jérôme* de Ghirlandaio. À gauche dans la chapelle, le magnifique crucifix de Giotto. Enfin, à droite au fond du transept droit, la pierre tombale de Sandro Botticelli.

Dans le cloître, vous apercevrez en entrant à droite l'indication du niveau de la crue de novembre 1844, puis celle de novembre 1966. Cela explique en grande partie la disparition presque totale des fresques de la partie inférieure des murs du cloître. Celles-ci racontent la vie de saint François. On peut admirer dans le réfectoire une magnifique *Cène* de Ghirlandaio. Petit détail, la nappe ne couvre pas les pieds des apôtres et le troisième personnage (en partant de la gauche) ne semble pas bien convaincu... Accueille aussi des expos temporaires contemporaines.

QUARTIER DE SAN FREDIANO

Suivant le cours de l'Arno, vous traverserez le ponte alla Carraia et vous échouerez sur les rivages du borgo San Frediano, coincé entre la via dei Serragli à l'est, le giardino Torrigiani au sud, les murailles à l'ouest et le fleuve au nord. C'est une tout autre ambiance ici que le centre historique ! La piazza del Carmine est le point névralgique du quartier. D'ailleurs, des jeunes (et moins jeunes) viennent y faire la fête. Elle renferme également un joyau de la Renaissance, la *chapelle Brancacci* avec les fresques somptueuses de Masolino, Masaccio et Lippi. Il faut surtout déambuler dans les ruelles, sans but précis, pour profiter de ce quartier oublié des touristes.

Où dormir ?

Auberges de jeunesse

🛏 **Ostello Tasso** (plan détachable A4-5, 86) **:** via Villani, 15. ☎ 055-06-02-087. ● info@tassohostelflorence.com ● ostellotassofirenze.it ● Congés : janv-mars sf quelques j. à Noël et 1er janv. Compter 25-35 €/pers en dortoir ; doubles 68-90 €. Aperitivo et musique live tlj sf w-e. Cuisine à dispo. 🌐 Installée dans une ancienne école rénovée, cette AJ est une aubaine pour les *backpackers*. Accueil extra à l'ambiance chaleureuse (malles en guise de table basse, ancien théâtre transformé en salle de musique, vieux fauteuils de cinéma, grande table dans la cuisine...). L'auberge reçoit aussi beaucoup de musiciens d'avril à septembre. Au total, 13 chambres dont le nombre pourrait doubler d'ici quelque temps puisque la direction lorgne sur le monastère d'à côté... à suivre... Également prêt de vélo et laverie.

🛏 **Ostello Santa Monaca** (plan détachable B4, 27) **:** via Santa Monaca, 6. ☎ 055-26-83-38. ● info@ostellosantamonaca.com ● ostellosantamonaca.com ● Attention, chambres fermées 10h-14h. Couvre-feu à 2h. Résa online ou par e-mail slt ; sinon, se présenter le mat, le plus tôt possible (ouv à 6h), et laisser son nom sur une liste d'attente. L'attribution se fait dès 9h30, lorsque les lits ont été libérés. Dortoirs mixtes (4-22 lits) 19-26,50 € (draps fournis) ; doubles à partir de 45 €. 🖥 🌐 Réduc de 10 % nov-mars sur présentation de ce guide. AJ ouverte à tout le monde, sans limitation d'âge (carte des AJ pas obligatoire). Située dans un palais du XVe s, c'est une vaste AJ privée, à deux pas de la piazza del Carmine. La déco n'est pas exceptionnelle, mais les équipements et l'entretien sont convenables. Dortoirs fonctionnels équipés de casiers et de ventilos, blocs sanitaires corrects. Côté services : cuisine basique à dispo (mais apporter son matériel), lave-linge, TV, consigne. Vaste salle commune aussi, avec distributeurs de boissons et snack.

Institutions religieuses

🛏 **Antico Spedale del Bigallo :** via Bigallo e Apparita, 14, 50012 **Bagno a Ripoli** (suivre les panneaux marron

TOSCANE

indiquant ce monument historique).
☎ *055-63-09-07.* ● *info@bigallo.it* ●
bigallo.it ● *À 8 km au sud-est de Flo-*
rence. Compter 25 mn avec le bus
n° 33 depuis la gare S. M. Novella
ou la gare Campo di Marte (ou n° 71
21h-0h30), arrêt La Fonte, puis 15 mn
à pied. Check in *18h-22h30. Auberge*
fermée 10h-18h. Pas de couvre-feu.
Congés : janv-mars. Nuit en dortoir
26 €, double 40 €, petit déj compris.
Loc set de toilette 3 €. Depuis le XIIIe s,
cette vieille hostellerie a pour vocation
d'accueillir les pèlerins. Rien n'a vraiment changé, les messes en moins !
Dans la cuisine, la cheminée est assez
grande pour rôtir des sangliers, la vaisselle est faite dans des éviers de pierre,
et les grosses tables communes entretiennent la camaraderie. On dort dans
différents dortoirs aux lits juchés sur
des estrades ou bien répartis dans de
petites alcôves aux allures monacales.
Un dépouillement digne du *Nom de la
rose,* qui ne manque pas de charme ! Et
puis la campagne toscane est si belle...
🛏 ***Casa Santo Nome di Gesù*** *(plan
détachable B4, 21) : piazza del Carmine, 21.* ☎ *055-21-38-56.* ● *info@
fmmfirenze.it* ● *fmmfirenze.it* ● *Réception tlj 6h30-11h30. Congés : 3 sem en
janv. Résa conseillée. Doubles avec sdb
privée à partir de 65 €, petit déj inclus ;
familiales (4-5 lits) 115-165 €. Parking
payant (10 €/j).* 📶 Vieux palais florentin
du XVe s à la façade ocre, appartenant
à des sœurs franciscaines. Atmosphère feutrée dans le magnifique jardin,
propice au repos. Chambres plaisantes, très propres, pourvues d'un mobilier ancien, sans AC mais ventilos.
Celles qui donnent sur la rue peuvent
être un peu bruyantes. Si vous êtes 4,
demandez la chambre n° 8, particulièrement agréable avec ses colonnes et
sa fresque au plafond. Éviter les nos 6
et 7, donnant directement sur la place.
Avis aux fêtards : couvre-feu à 23h30
(23h en hiver !)...

Prix moyens

🛏 ***Residenza Il Carmine*** *(plan détachable B4, 76) : via d'Ardiglione, 28.*
☎ *055-238-20-60.* ● *info@residen
zailcarmine.com* ● *residenzailcarmine.
com* ● *Résa conseillée très longtemps
à l'avance. Compter 80-120 €/j. pour 2 ;
plus cher pour les apparts « Domus »,
« F. Lippi » et « Masaccio », qui sont
plus grands.* Avec 6 appartements
entièrement équipés (un petit béguin
pour « Masaccio »), la *Residenza
Il Carmine,* nichée dans une ruelle
exceptionnellement calme, constitue
une alternative originale aux hôtels.
Meublés à l'ancienne et décorés avec
goût, 3 appartements donnent sur un
jardin intérieur privatif génial à l'heure
de l'apéro. Les 3 autres occupent la
partie principale du palais, où les plafonds voûtés ou à caissons ajoutent au
charme et à l'intimité du lieu. Pour un
peu, on se sentirait plus florentin qu'un
Florentin ! Accueil chaleureux d'Emilio
et de Myriam.

Où manger ?

Sur le pouce

🥢 ***Trippaio di San Frediano*** *(plan
détachable B4, 131) : piazza dei Nerli.
Ouv le midi lun-ven.* Une institution ici,
qui régale les amateurs de tripes à un
prix imbattable. Quelques tabourets
pour les jambes fatiguées, et hop !
c'est avalé. Également des *panini,* pour
les appétits de moineaux !
🥢 ***La Botteghina Rossa*** *(plan
détachable B4, 232) : borgo San Frediano, 26 r. Tlj sf dim 15h-23h (2h
ven-sam).* Panini *à partir de 4 €.* Une
adresse tenue par une dame adorable
qui vous aide à choisir les bons produits pour vous confectionner le *panino*
idéal. Un vrai régal, et les produits sont
d'un rapport qualité-prix imbattable.
Une bonne petite adresse dans le quartier, qui a déjà ses nombreux adeptes.
🥢 ***Santo Forno*** *(plan détachable
B4, 115) : via Santa Monaca, 3 r. Lun-
dim 7h30-19h30 (8h30 sam et dim).*
Ici, on pétrit le pain comme autrefois,
normal. En effet, les nouveaux proprios
(ceux du Santo Bevitore et du Santino cités ci-dessous) font confiance à
Angelo, le boulanger qui n'a pas quitté

son four depuis... 40 ans ! Son savoir-faire fait toujours l'unanimité chez les Florentins qui y ont leurs habitudes. Également sandwichs et quiches salées le midi. Quelques tabourets pour les déguster et rayon épicerie pour dépanner.

De très bon marché à bon marché

🍽 **Da Gherardo** (plan détachable B4, 231) : borgo San Frediano, 57 r. ☎ 055-28-29-21. Ouv le soir slt. Congés : août. Pizzas à partir de 10 €. Digestif offert sur présentation de ce guide. Bravissimo pour cette adresse grande comme un mouchoir de poche et tenue par des étudiants hyper débrouillards et rigolards. Les pizze cuites au feu de bois sont tout simplement excellentissimes. Chouette ambiance et service endiablé.

🍽 **Trattoria Sabatino** (plan détachable A4, 151) : via Pisana, 2 r. ☎ 055-22-59-55. ♿ Un peu excentré, tt à côté de la porta San Frediano. Tlj sf w-e et j. fériés. Congés : août. Repas 15-20 €. Petite trattoria familiale sans prétention et populaire qui offre un bon petit choix de plats typiques toscans. Il n'y a qu'à voir le défilé d'habitués pour s'en rendre compte. Ici pas de chichis, ni dans le service, ni dans la déco, ni dans l'assiette ! On s'attable (où il y a de la place) pour un plat de pâtes du jour ou un tiramisù maison. Et basta !

🍽 🍷 **Gesto** (plan détachable B4, 117) : borgo San Frediano, 27 r. ☎ 055-24-12-88. ● info@gestofailtuo.it ● Tlj 18h-22h. Repas env 15 €. Ici, on vient surtout pour l'aperitivo, avec ses tapas de viande, de poisson et de légumes à un prix raisonnable. Le tout dans une déco sobre, quelques plantes aromatiques en guise de tableaux, et le tour est joué !

Prix moyens

🍽 🍷 **Vico del Carmine** (plan détachable A3-4, 138) : via Pisana, 40 r. ☎ 055-233-68-62. ● info@vicodelcarmine.com ● ♿ À 30 m de la porta San Frediano. Ouv le soir tlj sf lun, plus le midi sam-dim. Résa vivement conseillée. Congés : août. Pizze à partir de 10 €. Un lieu quelque peu excentré mais réputé pour ses bonnes pizzas napolitaines et pour ses spécialités de poissons. Tout provient de la région de la Campanie, du pizzaiolo à la mozzarella en passant par les tomates et les pesce. Les pizze sont savoureuses et bien fournies, un régal ! Les Florentins s'y pressent en famille, entre amis, rejoints par les touristes de plus en plus nombreux. C'est plein comme un œuf à partir de 20h30.

🍽 🍷 **Vivanda Gastronomia** (plan détachable B4, 115) : via Santa Monaca, 7 r. ☎ 055-238-12-08. ● vivandafirenze@gmail.com ● Tlj. Une adresse bio-locavore. Pratique le midi pour une assiette de légumes grillés ou de charcuterie accompagnée d'un verre de vin... bio, naturellement. Ici, vous aurez le choix, l'adresse en a une centaine dans ses rayonnages ! On mange avec des couverts biodégradables et on fait le tri des déchets à la fin du repas. Également des panini à emporter.

🍽 **Trattoria del Carmine** (plan détachable B4, 129) : piazza del Carmine, 18 r (à l'angle du borgo San Frediano). ☎ 055-21-86-01. Carte 25-30 €. Digestif offert sur présentation de ce guide. Cette trattoria d'habitués est réputée pour sa cuisine simple et goûteuse (mention spéciale pour sa bistecca et pour le cremino al cioccolato). Aux beaux jours, préférer la petite terrasse ombragée, plus agréable que l'intérieur. Prix honnêtes et service efficace.

🍽 **La Bocca di Leone** (plan détachable A4, 150) : via Pisana, 39. ☎ 055-22-86-572. Tlj le soir slt. Congés : 2 sem en août. Repas env 25 €. Sur présentation de ce guide, apéritif ou digestif offert, ainsi qu'une réduc de 10 % sur le menu. Excentré, certes, mais vous ne regretterez pas le voyage ! Amateur de bonne chère et de bon vin, le patron en connaît un rayon puisque c'est lui-même qui négocie les morceaux de choix chez les éleveurs de la région, tout comme la truffe, dont il a fait une spécialité : l'œuf frit à la truffe ! Ambiance et déco agréables et cosy.

TOSCANE

TOSCANE

|●| Trattoria Il Guscio (plan détachable A4, **152**) : via dell'Orto, 49. ☎ 055-22-44-21. ● info@il-guscio.it ● Tlj sf sam midi et dim. Congés : 15 j. en août. Menu le midi 15 € ; carte env 35 € (sans la boisson). Trattoria familiale dirigée par Francesco, sommelier de métier, et sa femme, Elena. La mamma de Francesco, Sandra, officie en cuisine. Ici, les plats font honneur aux produits de saison. Le poisson occupe une large place dans la carte. Tout est fait maison, des antipasti aux desserts en passant par les pâtes fraîches. Évidemment, une belle sélection de vins. Accueil prévenant et service charmant.

Chic

|●| Al Tranvai (plan détachable B4, **124**) : piazza T. Tasso, 14 r. ☎ 055-22-51-97. ● info@altranvai.it ● Tlj sf dim. Congés : 1 sem en août. Résa conseillée. Repas env 50 €. Trattoria minuscule nichée au cœur du quartier populaire de San Frediano. La déco évoque l'intérieur d'un tram (d'où son nom), celui-là même qui parcourait autrefois les rues de Florence. La carte change tous les jours pour satisfaire les nombreux habitués, mais on retrouve les spécialités toscanes comme la pappa al pomodoro, la ribollita (en hiver) et la panzanella (en été). Le tout se déguste au coude à coude dans une atmosphère conviviale, très agitée selon le moment.

|●| Alla Vecchia Bettola (plan détachable A4, **132**) : viale Vasco Pratolini, 3-5-7. ☎ 055-22-41-58. ✖ Tlj sf dim-lun. Congés : 10 j. en août et 10 j. Noël-Jour de l'an. Repas complet 35-40 € (sans la boisson). CB refusées. ☎ Décor d'osteria d'antan (carreaux de faïence aux murs, vieux zinc en marbre, présentoir chargé de charcuteries alléchantes...), ambiance conviviale et nourriture florentine traditionnelle de qualité constante. Bonnes pâtes ; sinon, les amateurs d'abats ne seront pas déçus. Un repaire bien connu des Florentins, qui apprécient le joli coin terrasse aux beaux jours.

|●| ♟ Enoteca Le Barrique (plan détachable B4, **135**) : via del Leone, 40 r. ☎ 055-22-41-92. ✖ Tlj sf lun. Congés : 3 sem en août. Assiette de charcuterie ou de fromage 15 € ; repas complet 30-45 €. ☎ Beau choix de vins italiens et étrangers (français, chiliens, sud-africains...) conseillés par le patron, qui ne pousse pas à la consommation (ça mérite d'être souligné). À déguster : les suggestions du jour et d'appétissantes spécialités de la cuisine florentine (tagliatelles aux courgettes, raviolis au vin, poulpe, filet de mérou...). Et, dès les premiers rayons de soleil, on répartit les tables entre la jolie salle chic et un jardin tranquille à l'ombre d'une treille. Accueil charmant.

Où déguster une glace ?

♟ Gelateria La Carraia (plan détachable B4, **166**) : piazza N. Sauro, 25 r. ☎ 055-28-06-95. Juste en face du ponte alla Carraia. Tlj 11h-22h30. Vaste choix de parfums maison pour ce glacier très apprécié des Florentins, donc plutôt bon signe ! Autre adresse : via dei Benci, 24.

♟ La Sorbettiera (plan détachable B4, **178**) : piazza Tasso, 11 r. ☎ 055-12-03-36. ● lasorbettiera@gmail.com ● On est prêt à tout pour traverser la ville et goûter ces sorbets légers, 100 % naturels ! Une bonne adresse rafraîchissante.

Où boire un verre ? Où écouter de la musique ?

♟ Bar Hemingway (plan détachable B4, **183**) : piazza Piattellina, 9 r. ☎ 055-28-47-81. ● info@heming wayfirenze.it ● Tlj jusqu'à 1h (2h ven). Congés : juil-août. Aperitivo (19h-22h) 7 €. Une poignée de fauteuils en osier, un imposant divan Chesterfield et quelques photos évoquant la vie aventureuse du célèbre écrivain américain composent un décor des plus cosy dans ce charmant petit café. Atmosphère relax, idéale pour savourer l'une des spécialités de café ou de chocolat de la maison. Bons cocktails et délicieux smoothies préparés par le maître des lieux.

🍸 🎵 ***Libreria Café La Cité*** *(plan détachable B4,* ***210****)* **:** *borgo San Frediano, 20 r.* ☎ *055-21-03-87.* • *info@lacitelibreria.info* • *Tlj 10h30-1h ; brunch dim.* Un concept original avec une librairie le jour qui s'anime gentiment en salle de concerts (de jazz bien souvent) une fois le soir venu. Fort de son succès, l'endroit ne désemplit pas.

🍸 🍽 ***Aurora*** *(plan détachable A4,* ***198****)* **:** *viale Vasco Pratolini (angle de la piazza Tasso).* ☎ *055-22-40-59.* • *info@circoloaurorafirenze.it* • *Tlj 18h30-minuit ;* aperitivo *19h-21h30.* Voici un café bien agréable sous la porta Romana, où il fait bon siroter un verre. D'ailleurs, aux beaux jours *(juin-sept),* on installe une terrasse en bois, un véritable extérieur avec kiosque, tables et chaises. Le reste de l'année, on dîne entre amis ou on profite du buffet à l'heure de l'*aperitivo*. Humeur joyeuse.

🍸 🎵 ***Dolce Vita*** *(plan détachable B4,* ***153****)* **:** *piazza del Carmine, 6 r.* ☎ *055-28-45-95. Tlj sf lun 17h-2h (3h ven-sam).* Le *Dolce Vita* doit son succès à une bonne alchimie : une déco néorétro mêlant avec aplomb un bar translucide, un mobilier design et une antique mob, une terrasse irrésistible et une bonne dose de musique électronique servie par un DJ derrière ses platines. Chaude ambiance à 50 m des fresques pieuses de Masolino et Masaccio !

TOSCANE

À voir

★★★ ***Chiesa Santa Maria del Carmine et cappella Brancacci*** *(plan détachable B4)* **:** *piazza del Carmine. Église ouv 7h30-12h, 17h-18h30. Chapelle ouv 10h (13h dim et j. fériés)-17h. Fermé mar ainsi que 1er, 3e et 5e lun du mois. Résa obligatoire au* ☎ *055-276-82-24/85-58. Accès limité à 30 pers max pour un délai de 1h. Entrée : 6 € (avec un film de 40 mn sur l'œuvre de Masaccio inclus dans le prix).* À droite du transept, la fabuleuse *chapelle Brancacci,* demeurée miraculeusement intacte après l'incendie de 1771, est entièrement décorée de fresques de Masolino, Masaccio et Filippino Lippi (XVe s). Thèmes du Péché originel et de la vie de saint Pierre. Depuis leur restauration, la nudité d'Adam et Ève est à nouveau dévoilée, débarrassée du feuillage ajouté pudiquement par Cosme III au XVIIe s. Masolino, à qui l'on avait commandé l'ensemble des fresques en 1424, s'était probablement fait seconder dès le début du chantier par son jeune élève Masaccio. On mesure d'ailleurs toute la modernité de la peinture de Masaccio, aux visages expressifs débordant de vie, comparée au style plus sage et élégant de Masolino. Chez Masaccio, les corps sont tout en volume, fruit d'une étude poussée de l'anatomie et de l'application des règles de la perspective. L'homme devient ici le sujet central des compositions. Le chantier sera abandonné à la suite de la mort (l'assassinat selon certains) de Masaccio, jusqu'à ce que Lippi termine à sa manière ce cycle de fresques 50 ans plus tard. Sous la voûte, trompe-l'œil impressionnant.

QUARTIER DE SANTO SPIRITO

Situé dans l'Oltrarno, Santo Spirito est le quartier où bat le véritable cœur de la ville, un quartier populaire, un peu à l'écart des circuits touristiques (quand bien même il connaît un beau succès). Il faut parcourir cet entrelacs de rues étroites qui débouchent sur des places et des églises pittoresques. Prenez votre temps pour flâner, jeter un œil aux échoppes d'artisans et aux nobles portails blasonnés des palais. Les amateurs de pierre et d'art se retrouveront au *Palazzo Pitti,* un bâtiment aux dimensions architecturales impressionnantes. Il renferme trois musées, dont la galerie Palatine, la plus grande collection de peinture des Médicis. Les fêtards se rejoindront sur la piazza Santo Spirito, qui s'anime dès la tombée de la nuit. Un quartier particulièrement attachant.

Où dormir ?

Camping

⚞ **Camping Internazionale :** via San Cristofano, 2, 50029 **Bottai-Impruneta.** ☎ 055-237-47-04. ● internazionale@florencecamping.com ● florencecamping.com ● À 6 km au sud de la ville. De l'autoroute A 1, sortir à « Autosole Firenze-Certosa ». De la ville, emprunter la route de Sienne et de la Certosa del Galluzzo ; bien indiqué. Sinon, bus nᵒˢ 37 (le jour) ou 68 (21h-minuit). Ouv tte l'année. Compter 35 € pour 2 avec tente et voiture, douches et électricité gratuites ; mobile homes (4 pers) 60-80 € et chalets (2-4 pers) 50-115 € selon saison. ⌨ Vaste camping avec piscine, situé pratiquement en face de la chartreuse de Galluzzo. Hyper pratique pour rejoindre le centre de Florence ou pour une excursion dans le Chianti. Les emplacements ombragés tapissent une petite colline d'où l'on perçoit toutefois le ronronnement de l'*autostrada* voisine (mais rien de gênant). Propre et bien équipé (épicerie, resto, piscine...) mais hélas surpeuplé en saison. Et comme les emplacements ne sont pas délimités, on a vite l'impression de se retrouver comme des sardines dans une boîte !

Prix moyens

🏠 **Florence Old Bridge** (plan détachable C4, **77**) **:** via Guicciardini, 22 n. ☎ 055-265-42-62. ● info@florenceoldbridge.com ● florenceoldbridge.com ● Doubles 65-95 € ; petit déj 6 €, à prendre à la pâtisserie Maioli, en face. Même propriétaire que La Scaletta, situé de l'autre côté de la rue (voir plus loin). C'est d'ailleurs ce dernier qui vous accueillera, cet hôtel n'ayant pas sa propre réception. Un coup de sonnette et le voilà ! Les chambres, réparties aux 2ᵉ et 3ᵉ étages, sont sobres et classiques, meublées d'armoires anciennes, mini-TV et AC. Un très bon rapport qualité-prix à mi-chemin entre le Ponte Vecchio et le Palazzo Pitti.

🏠 **Convitto della Calza** (plan détachable B5, **30**) **:** piazza della Calza, 6. ☎ 055-22-22-87. ● calza.it ● Doubles 95-120 €, 70 € en basse saison. ☎ Une adresse pratique (un peu éloignée du centre historique, certes) qui pourra dépanner ceux qui veulent bénéficier de tranquillité et de confort. Cet ancien couvent transformé en hôtel a l'avantage de posséder une quarantaine de chambres sobres et propres plus grandes que la moyenne. Lors de la résa, demandez bien s'il n'accueille pas de congrès ou de groupes, charme en moins assuré, c'est certain !

Chic

🏠 **Palazzo Guadagni** (plan détachable C4, **79**) **:** piazza Santo Spirito, 9. ☎ 055-265-83-76. ● info@palazzoguadagni.com ● palazzoguadagni.com ● Doubles à partir de 150 €. ☎ Au dernier étage de cet imposant palais, un hôtel très agréable avec des chambres spacieuses, confortables, joliment meublées à l'ancienne et d'une propreté irréprochable. Son atout : sa loggia d'où la vue sur les collines du Chianti est fabuleuse. Pour ceux que ça intéresse, 4 chambres au 1ᵉʳ étage peuvent être louées et sont moins chères. Accueil professionnel et charmant.

🏠 **Hotel La Scaletta** (plan détachable C4, **78**) **:** via Guicciardini, 13 n. ☎ 055-28-30-28. ● info@hotellascalleta.it ● hotellascaletta.it ● Double 150 € (beaucoup moins cher en hiver) ; petit déj en sus. Parking payant (situé via Romana). ⌨ ☎ Apéritif maison offert sur présentation de ce guide. Hôtel convivial situé dans une vénérable demeure du XVᵉ s, garantissant une petite touche d'authenticité. Une trentaine de chambres, de style toscan et très propres, toutes équipées de double vitrage. 3 d'entre elles offrent même une jolie vue sur les jardins de Boboli (les nᵒˢ 20 à 22), et la suite nᵒ 48 sur le couloir Vasari. Mais le must, ce sont les 2 extraordinaires terrasses fleuries sur les toits (ouv mai-oct), avec une vue formidable sur la ville et les contreforts de la campagne toscane.

Où manger ?

Sur le pouce

|●| 🍴 **Gustapizza** (plan détachable C4-5, **134**) : via Maggio, 46. ☎ 055-28-50-68. Tlj 11h30-15h, 19h-23h. Congés : 3 sem en août. Pizzas 5-8 €. Un endroit grand comme un mouchoir de poche où l'on savoure des pizzas légères et croustillantes. Idéal pour une pause salée le midi. Attention, le week-end, la file d'attente déborde sur le trottoir, succès oblige... Préférer alors la vente à emporter.

🍴 🍷 **Mama's Bakery** (plan détachable B5, **154**) : via della Chiesa, 34 r. ☎ 055-21-92-14. ● info@mamasbakery.it ● Lun-ven 8h-17h, sam 9h-15h. Fermé dim. C'est le rendez-vous des étudiants anglo-saxons de Florence (et ils sont nombreux !). À vous brownies, muffins, cupcakes et autres bagels ! À déguster dans la jolie salle claire aux tons gris et blancs, à moins que vous ne préfériez le petit coin de pelouse du jardin attenant.

Bon marché

|●| 🍷 **Cuculia** (plan détachable B-C4, **157**) : via dei Serragli, 1-3 r. ☎ 055-277-62-05. ● info@cuculia.it ● Pour le repas, tlj sf lun 19h-23h ; pour un café, tlj sf lun à partir de 15h. Brunch dim (12h30-15h30) 10 €. 📶 Un concept original qui concentre resto, espace librairie et lecture. On y vient pour prendre un verre tout en piochant l'un des nombreux ouvrages sur les étagères. Belle sélection de livres de voyages, de cuisine, d'art et d'architecture dans la langue de Dante ou de Shakespeare. Une ambiance légère et aérienne. Ô temps, suspends ton vol...

🍴 |●| 🍷 **Caffè degli Artigiani** (zoom détachable C4, **87**) : via dello Sprone, 16 r (angle piazza della Passera). ☎ 055-29-18-82. Tlj 8h-1h. Congés : 2 sem en nov. En-cas, pâtes et salades env 5-8 €. À deux pas du Palazzo Pitti. Agréable petite salle aux murs tapissés de photos de grimaces, où l'on grignote un sandwich frais ou une piadina calda (crêpe salée fort nourrissante). Quelques tables dans la ruelle ou un comptoir pour avaler d'un trait son espresso. Également une bonne petite sélection de vins. Voir « Où boire un verre ? ».

|●| **5ᵉ Cinque** (zoom détachable C4, **104**) : piazza della Passera, 1. ☎ 055-274-15-83. ● info@5ecinque.it ● Tlj sf lun. Compter 20-25 €. Une adresse grande comme un mouchoir de poche. Carte courte estampillée bio et sans gluten. Tout est frais à des prix raisonnables. Et l'accueil sympathique finira de vous décider à y passer un moment agréable (encore mieux avec la vue sur la petite place).

🍴 **Gusta Osteria** (plan détachable C4, **88**) : via Michelozzi, 13 r. Tlj sf lun 10h30-23h. Congés : août. Sandwich env 4 € ; plats 8-12 €. Installé dans une ancienne graineterie, le Civaie Morganti, on se nourrit ici non de graines mais de piadina ou de foccace composées à la demande. Produits frais, pain chaud et moelleux... Mais on peut désormais s'asseoir dans une des belles salles fraîches à la déco campagnarde et colorée pour y avaler un plat plus consistant.

Prix moyens

|●| **Trattoria Sant'Agostino** (plan détachable B4, **249**) : via Sant'Agostino, 23 r (à l'angle avec la via Maffia). ☎ 055-28-19-95. ● info@trattoriasanagostino.com ● Ouv tlj. Compter 25-30 €. Une trattoria familiale reprise avec succès par un couple qui a le goût du travail bien fait autant dans l'accueil que dans l'assiette. On y retrouve tous les plats traditionnels toscans. Le plus, c'est la belle carte de vins privilégiant ceux de la région. Et si vous avez encore un petit creux, piochez dans la carte (courte) des desserts, ils sont fameux. Le tout dans une déco chaleureuse et colorée. Aux beaux jours, terrasse donnant sur la rue animée de Sant'Agostino. Une adresse coup de cœur dans le quartier.

|●| **Toscanella Osteria** (plan détachable C4, **240**) : via Toscanella, 36 r.

TOSCANE

TOSCANE

☎ 055-28-54-88. ● info@toscanel
laosteria.com ● *Dans une petite rue qui
mène au Palazzo Pitti. Compter 20 €.
Café ou digestif offert sur présentation
de ce guide.* Belle et vaste pièce qui a
conservé quelques vestiges comme les
colonnes en marbre, le pavement ou
les grosses portes en bois typique de la
Renaissance. Fabrizio Gori (à la vie artistique bien remplie) perpétue en parallèle
la tradition familiale, à savoir la cuisine.
Ici, honneur aux plats toscans typiques
et bien ficelés. D'ailleurs, les habitués ne
s'y trompent pas ! Service prévenant.

l●l *Trattoria La Casalinga* (plan détachable C4, *120*) : via dei Michelozzi,
9 r. ☎ 055-21-86-24. ● lacasalinga@
freeinternet.fr ● *Tlj sf dim. Congés :
3 sem en août et Noël. Repas env 20 €.*
Cantine bien typique des petits budgets de l'Oltrarno. N'hésitez donc pas à
entrer dans cette 1re salle sans charme,
ou dans celle du fond aux allures de
réfectoire, et prenez place dans ce
brouhaha incessant. Ici, on mise sur
l'assiette et son contenu. Les classiques italiens (y compris les fameuses
trippe alla fiorentina) figurent sur la
carte. Plats copieux, service rapide.

l●l ▾ *Caffè Pitti* (plan détachable C5,
186) : piazza Pitti, 9. ☎ 055-239-97-
63. ● info@caffepitti.it ● *Jusqu'à 2h.*
En face de l'imposant palais Pitti. Cet
endroit est autant un resto qu'un bar,
mais on le mentionne pour sa terrasse
idéalement située et pour son cadre
chic agréable. Découvrez les petits
recoins où l'on s'installe pour trinquer
à l'écart des dîneurs.

De chic à très chic

l●l *Trattoria da Ruggero* (hors plan
détachable par B5, *126*) : via Senese,
89 r. ☎ 055-22-05-42. Bus nº 33, arrêt
Piazzale di Porta Romana. *Tlj sf mar-
mer. Congés : de mi-juil à mi-août.
Résa conseillée. Compter env 30 €.*
Cette adresse *slow food* vaut le détour.
Les plats faits maison sont mitonnés
à base de produits frais : *arista di
maiale, braciola della casa, tartuffo al
cioccolato...* Un air de campagne qui
se retrouve aussi dans le décor. Sans
oublier le chianti de la maison. Accueil
empreint de gentillesse.

l●l ▾ ❀ *Olio & Convivium* (plan détachable C4, *133*) : via di Santo Spirito,
4 r. ☎ 055-265-81-98. ● olio.convi
vium@conviviumfirenze.it ● *Tlj sf dim et
lun soir. Assiettes variées de charcuteries et de fromages 15-25 € ; plat du
jour 15 € ; compter 35 € le soir.* Ce traiteur n'a pas rompu avec la tradition ;
ici, sélection des meilleurs produits
toscans : huiles d'olive, rayonnages
chargés de fromages, *prosciutto* ou
pâtes... On ne résiste pas à quelques
emplettes en sortant de table. À condition toutefois d'avoir trouvé une place
dans la jolie salle, accaparée par les
habitués.

l●l *Trattoria Cammillo* (zoom détachable C4, *137*) : borgo San Jacopo,
57 r. ☎ 055-21-24-27. ● cammillo@
momax.it ● *Tlj sf mar-mer. Congés :
août et de mi-déc à mi-janv. Compter 50 €. Digestif offert sur présentation de ce guide.* Une institution
à Florence. Cadre classique bon
teint et sans extravagance avec ses
3 salles voûtées en enfilade, ornées
de tableaux et de luminaires discrets.
Pour l'ambiance, nappes blanches et
serveurs en nœud pap' sont de rigueur.
Bref, une cuisine toscane de bon goût,
travaillée dans le respect de la tradition
et sans gluten ! Pour les portefeuilles
bien garnis.

Bars à vins (enoteche)

▾ l●l ❀ *Le Volpi e l'Uva* (plan détachable D4, *146*) : piazza dei Rossi,
1 r. ☎ 055-688-057. ● info@levol
pieluva.com ● *Sur une petite place
à deux pas du Ponte Vecchio. Repas
10-15 €. Tlj sf dim 11h-20h.* Un endroit
très chaleureux, avec un grand bar
fait de barriques aux lignes rebondies
prometteuses... et son mur garni de
bouteilles. Belle sélection de vins
rouges et blancs (secs ou liquoreux)
privilégiant les petits producteurs
(Pian Cornello, notamment, pour les
vins de Montalcino, ou bien encore le
producteur du Terra di Ripanera). Côté
cuisine : délicieuse charcuterie. Un bon

plan si près du centre. Accueil jovial des patrons.

Ⓨ Ⓘ⭘Ⓘ Il Santino *(plan détachable C4,* **149**) *: via di Santo Spirito, 60 r.* ☎ *055-230-28-20. Tlj. Congés : 2 sem en août. Compter 10-15 €.* Petite annexe du *Santo Bevitore,* tout à côté. Minuscule salle où charcutailles toscanes et fromages italiens font bon ménage avec un verre de chianti à l'heure de l'*aperitivo.* Bien sûr, plus on avance dans la nuit, plus le trottoir déborde de monde...

Ⓨ Ⓘ⭘Ⓘ Il Santo Bevitore *(plan détachable C4,* **130***) : via di Santo Spirito, 64-66 r.* ☎ *055-21-12-64.* ● *info@ ilsantobevitore.com* ● *Tlj sf dim midi. Congés : 10 j. en août. Résa conseillée. Menu 12 € midi en sem ; carte env 25 €.* Grand frère du précédent, ce resto propose une cuisine toscane de bonne qualité, avec toujours une pointe d'originalité et des détours dans différentes régions italiennes, comme l'assiette de fromages sardes. Le cadre n'est pas en reste : des salles propices au papotage entre amis. Accueil bien souriant et service impeccable dans cette œnothèque gastronomique, où des conseils avisés sont prodigués quant au choix du vin.

Où déguster une glace ?

Ⓨ Gelateria della Passera *(plan détachable C4,* **169***) : via Toscanella, 15 r.* ☎ *055-29-18-82.* ● *cinotri@alice.it* ● *Tlj 12h-minuit.* Glacier réputé pour élaborer ses glaces avec des arômes naturels soigneusement sélectionnés. La glace à la fraise (de saison, bien sûr), celle à la pistache de Sicile ou encore celle au chocolat à l'orange confite sont épatantes ! Beaucoup de douceur dans ces glaces délicieuses et crémeuses. On en redemande !

Où boire un verre ?

Ⓨ Volume Café *(plan détachable C4,* **191***) : piazza Santo Spirito, 5.* ☎ *055-238-14-60.* ● *hello@volume.fi.it* ● *Tlj 11h30-1h30 ;* aperitivo *19h-22h30.* Petite adresse à l'emplacement d'un ancien atelier de menuiserie, d'où les nombreux outils (ciseaux, tenailles, marteaux...) aux murs, ainsi que des sculptures en bois exposées sur les étagères. Joyeux bazar (bien organisé, soit dit en passant) avec le coin bibliothèque, les expos temporaires, les objets en bois sculptés... et le café. Le soir, c'est une autre ambiance, plus festive mais tout aussi conviviale, avec musique live, DJ et concerts. Une petite adresse comme on les aime.

⇨ Ⓘ⭘Ⓘ Ⓨ Caffè degli Artigiani *(zoom détachable C4,* **87***) : via dello Sprone, 16 r (angle piazza della Passera).* ☎ *055-29-18-82. Tlj sf dim. Congés : 2 sem en nov.* Un petit bar idéal qui a gardé intacte son authenticité. Ici, pas de chichis, et à l'heure de l'*aperitivo,* les esprits s'échauffent, les jeunes et moins jeunes affluent... et refont le monde dans une ambiance bon enfant. Idéal aussi dans la journée pour un plat rapide (voir plus haut « Où manger ? »).

À voir

🔾🔾 Chiesa Santo Spirito *(plan détachable C4) : piazza Santo Spirito. Tlj sf mer et dim 10h-12h30, 16h-17h30.* Une église sobre de l'extérieur, non par désir mais par raison, puisque le projet de Brunelleschi (1440) resta en partie inachevé, l'architecte étant mort avant la fin des travaux. Ses successeurs n'osèrent pas terminer la façade et la laissèrent à nu. À l'intérieur, on retrouve toutefois les harmonieuses proportions chères à Brunelleschi. Quant aux œuvres exposées, elles sont d'une telle richesse qu'elles mériteraient de figurer en bonne place dans les galeries des meilleurs musées florentins ! Superbes retables des autels latéraux, œuvres de Filippino Lippi (très belle *Vierge à l'Enfant* encadrée de saint

TOSCANE

TOSCANE

Martin et sainte Catherine, avec en toile de fond une reproduction très précise du quartier de San Frediano), d'Andrea Sansovino (retable en marbre), d'Alessandro Allori et de bien d'autres artistes florentins. Mais la vraie perle de Santo Spirito est sans conteste cet émouvant christ en bois sculpté par Michel-Ange, exposé dans la sacristie. L'artiste n'avait que 18 ans lorsqu'il a modelé le visage si délicat du Christ, lui donnant un corps d'adolescent aux proportions parfaites. Il l'a offert au prieuré de Santo Spirito en remerciement des dessins anatomiques.

> ## DIS, DESSINE-MOI UNE ÉGLISE...
>
> *La façade de l'église ne fut jamais terminée. Le patron de la* Gelateria Ricchi, *située sur la piazza Santo Spirito, eut une idée géniale. Il demanda à tous les artistes qu'il connaissait de dessiner un projet de décoration pour la façade de l'église.* **Tous les dessins et peintures qui en résultèrent sont exposés dans une petite salle de la** *gelateria (fermée le dimanche). N'hésitez pas à allumer la lumière pour les admirer.*

🏃 **Palazzo Pitti** *(plan détachable C5) : piazza Pitti.* ☎ *055-238-87-60. Tlj sf lun 8h15-18h50. Plusieurs tarifs. Pas évident de s'y retrouver dans les possibilités d'entrée.*

Avec une façade de plus de 200 m dominant une vaste place surélevée, le palais Pitti est l'un des monuments les plus impressionnants de Florence. Sa construction a débuté en 1458, sur des plans de Brunelleschi, pour le compte du banquier Pitti. Mêlés à la conspiration des Pazzi, les Pitti furent décimés et le chantier abandonné. Ce qui n'empêcha pas Cosme Ier de s'installer en 1560 chez l'ancien rival de sa famille... après avoir tout de même agrandi le palais et fait réaliser le passage le reliant au Palazzo Vecchio ! En revanche, c'est à son épouse Éléonore de Tolède que l'on doit l'aménagement des beaux jardins de Boboli. Installé sur la pente d'une colline, le palais servit dès lors de résidence aux Médicis, puis aux Habsbourg-Lorraine qui leur avaient succédé en 1736. Marie de Médicis, qui y passa sa jeunesse, s'inspira de cette noble demeure lorsqu'elle fit construire le palais du Luxembourg à Paris (aujourd'hui le Sénat).

Le palais abrite plusieurs galeries, dont la célèbre *galerie Palatine,* qui rassemble toutes les œuvres acquises par les Médicis. Les collections comprennent principalement des peintures des XVIe, XVIIe et XVIIIe s, ce qui fait de la galerie un complément idéal des Offices.

🏃 **Galleria Palatina :** *dans le Palazzo Pitti.* ☎ *055-238-86-11. Tlj sf lun 8h15-18h50.*

Impossible, bien sûr, de tout détailler. Voici donc, dans le désordre, les principales œuvres. Et n'oubliez pas de lever la tête pour admirer les fresques, moulures et autres décorations flamboyantes qui ornent ces anciens appartements princiers. Présentation des tableaux à l'ancienne, la lumière laisse parfois à désirer, mais quelle richesse ! Finalement, la meilleure façon d'en profiter est de se laisser guider par ses yeux, sans vouloir systématiquement identifier l'auteur...

– **Salle Castagnoli :** noter la superbe *table des Muses* marquetée de pierre polychrome (technique de la pierre dure développée par les Médicis).

– **Galerie Poccetti** *(salle 16) : Martyre de saint Barthélemy* de Ribera ; *Le Duc de Buckingham* de Rubens.

– **Salle de Prométhée** *(salle 17) : Madone à l'Enfant (La Vierge à la grenade)* de Filippo Lippi. Noter le remarquable équilibre dans la composition des personnages situés au premier plan (mais aussi des scènes se déroulant derrière, à différents niveaux de profondeur). La délicatesse du visage annonce Botticelli, dont il fut le maître. On peut d'ailleurs s'en convaincre en détaillant le *Portait d'un* *jeune homme,* œuvre méconnue de Botticelli exposée dans la même salle. Autres œuvres notables : *Sainte Famille* de Luca Signorelli ; *Martyre des onze mille martyrs* de Pontormo.

– **Salle de la Justice** *(salle 19) :* le Tintoret, nombreux Titien dont le *Portrait de Tommaso Mosti,* remarquable pour la finesse des traits du personnage.

– **Salle de Flora** *(salle 20) :* Cigoli, Véronèse et une *Vierge à l'Enfant* d'Alessandro Allori, composition caractéristique des œuvres peintes à l'époque de la Contre-Réforme.

– **Salle des Putti** *(salle 21) :* peintres flamands, comme Jacob Jordaens, et *Les Trois Grâces* de Rubens.

– **Salon d'Ulysse** *(salle 22) :* *Vierge de l'Impannata* de Raphaël ; Andrea del Sarto ; *Ecce Homo* de Cigoli (son œuvre maîtresse) ; le Tintoret... Suivi de la salle de bains aménagée pour Napoléon Ier, de style Empire, évidemment.

– **Salle de l'Éducation de Jupiter** *(salle 24) :* Van Dyck ; *Le Duc de Guise* par Clouet ; *L'Amour endormi* du Caravage.

– **Salle du Poêle** *(salle 25) :* splendide carrelage et fresques figurant *Les Quatre Âges du monde* par Pierre de Cortone.

– **Salle de l'Iliade** *(salle 27) :* Vélasquez, Andrea del Sarto, Titien, Van Dyck, Sustermans et Artemisia Gentileschi (une des rares femmes peintres de l'époque) ; *La Gravida* de Raphaël ; *Portrait de Marie de Médicis* de Fiorentino, père de l'école française de Fontainebleau.

– **Salle de Saturne** *(salle 28) :* une explosion de Raphaël avec la célèbre *Madonna della Seggiola (La Vierge à la chaise).* Tout s'y inscrit en rond, renforçant la tendresse et l'intimité de la scène. Également *Madeleine Doni* (où Raphaël plagie carrément la pose de la Joconde) et *Angelo Doni* ; autres célèbres portraits, la *Madone du grand-duc* (car c'était l'œuvre préférée de Ferdinand III de Lorraine) et la *Madone du baldaquin. Déposition* du Pérugin, *San Sebastiano* d'Il Guercino.

– **Salle de Jupiter** *(salle 29) :* ancienne salle des audiences. Au plafond, *Le Couronnement de Cosimo III* (placé entre Jupiter et Hercule) réalisé par Pierre de Cortone. *Les Trois Âges de l'homme,* chef-d'œuvre de Giorgione ou la maîtrise totale du fondu de couleurs ; la célèbre *Femme au voile (La Velata)* de Raphaël ; *Sainte Famille* de Rubens ; *Madone et Quatre Saints* d'Andrea del Sarto ; *Christ mort* de Fra Bartolomeo (sa dernière œuvre) ; *La Vierge au sac* du Pérugin. Noter le raffinement extrême des visages de la Vierge et de l'ange.

– **Salle de Mars** *(salle 30) :* *Luigi Cornaro* du Tintoret ; Murillo, Luca Giordano ; *Ipolito de Medicis* de Titien ; *Le Conseguenze della Guerra,* fantastique parabole contre la guerre, de Rubens. La vie s'y exprime par la lumière, la sensualité, la couleur, et la guerre par le chaos des corps et des ténèbres. De Rubens encore, *Les Quatre Philosophes* (le personnage de gauche n'est autre que l'artiste lui-même). Belle et douce *Madone* de Murillo.

– **Salle d'Apollon** *(salle 31) :* *Sainte Famille* et *Déposition* d'Andrea del Sarto ; *L'Homme aux yeux gris* et *Marie-Madeleine,* où Titien effectua un admirable travail sur la chevelure, renforçant la sensualité du personnage ; *Charles Ier d'Angleterre* et *Henriette de France* par Van Dyck.

– **Salle de Vénus** *(salle 32) :* magnifique *Concert* nimbé de lumière où éclate la complicité des musiciens, et *La Bella,* par Titien ; rare paysage de Rubens *(Paysans rentrant des champs).* Noter le délirant décor du plafond.

🏃 Les plus robustes feront un tour dans les **appartements royaux** (appartamenti reali *; inclus dans le prix d'entrée),* juste en face dans l'autre aile du palais, occupés successivement par les Médicis, les Habsbourg-Lorraine et les Savoie. Riche décoration intérieure : fresques, stucs et mobilier d'époque...

On rentre dans les pièces du fond en enfilade depuis la Salle blanche. On y trouvera les salles *des Allégories, des Beaux-Arts, de l'Arche, d'Hercule, de l'Aurore, de Bérénice, de la Renommée.* Quelques tableaux importants dont *Bataille,* de Salvatore Rosa, quelques Cigoli, Giovanni San Giovanni, Lorenzo Lippi et L'Empoli.

TOSCANE

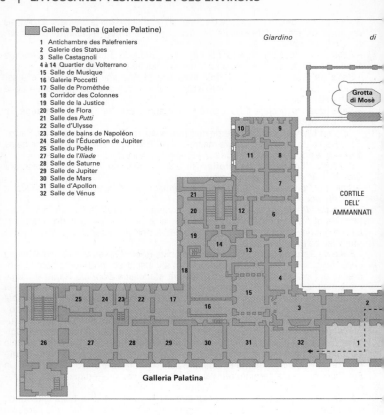

Galleria Palatina (galerie Palatine)

1 Antichambre des Palefreniers
2 Galerie des Statues
3 Salle Castagnoli
4 à 14 Quartier du Volterrano
15 Salle de Musique
16 Galerie Poccetti
17 Salle de Prométhée
18 Corridor des Colonnes
19 Salle de la Justice
20 Salle de Flora
21 Salle des *Putti*
22 Salle d'Ulysse
23 Salle de bains de Napoléon
24 Salle de l'Éducation de Jupiter
25 Salle du Poêle
27 Salle de l'*Iliade*
28 Salle de Saturne
29 Salle de Jupiter
30 Salle de Mars
31 Salle d'Apollon
32 Salle de Vénus

Giardino   di

Grotta
di Mosè

CORTILE
DELL'
AMMANNATI

Galleria Palatina

⚔ Galleria d'Arte Moderna : *dans le Palazzo Pitti.* ☎ *055-238-86-16. Tlj sf lun 8h15-18h50.* Sculptures, peintures et objets décoratifs du XVIIIe s aux années 1920 sont exposés dans un ordre chronologique au fil des 30 salles que compte cette galerie. Les œuvres de Benvenuti et Bezzuoli y ont leur place. Et si vous avez le mal du pays, *Victor Hugo* (sculpté par Gaetan Trentanove) vous donne rendez-vous dans la salle n° 17, de même que Napoléon Ier, auquel est consacrée la salle n° 2. Encore quelques beaux plafonds : penser à lever le nez !

⚔ Galleria del Costume : *dans le Palazzo Pitti.* ☎ *055-238-87-13. Tlj 8h15-16h30 (19h30 selon saison). Fermé 1er et dernier lun du mois.* C'est un peu l'histoire de la mode qui s'expose ici, des tenues grandioses portées par les nobles au XVIIIe s jus-qu'à la haute couture d'aujourd'hui, en passant par les styles légers des années 1960 ou de la Belle Époque. Les accessoires (ombrelles, sacs à main, bijoux...) ne sont pas oubliés. Curiosité : une salle expose les vêtements que portaient Cosme Ier, son épouse Éléonore de Tolède et un de leurs fils, lors de leur inhumation au XVIe s. Ils ont été exhumés en 1947 et sont aujourd'hui présentés à l'abri de la lumière du jour après 10 ans de restauration ! Bien sûr, la peinture est présente dans cette galerie, aux murs comme au plafond. Des expositions thématiques s'y tiennent tous les 6 mois.

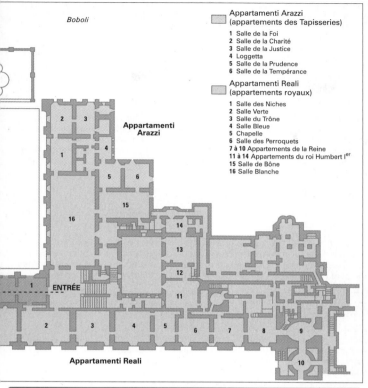

Boboli

Appartamenti Arazzi
(appartements des Tapisseries)

1 Salle de la Foi
2 Salle de la Charité
3 Salle de la Justice
4 Loggetta
5 Salle de la Prudence
6 Salle de la Tempérance

Appartamenti Reali
(appartements royaux)

1 Salle des Niches
2 Salle Verte
3 Salle du Trône
4 Salle Bleue
5 Chapelle
6 Salle des Perroquets
7 à 10 Appartements de la Reine
11 à 14 Appartements du roi Humbert Ier
15 Salle de Bône
16 Salle Blanche

Appartamenti Arazzi

ENTRÉE

Appartamenti Reali

TOSCANE

PALAZZO PITTI

🎋 Museo degli Argenti : *dans le Palazzo Pitti. ☎ 055-238-87-09. Tlj 8h15-16h30 (19h30 selon saison). Fermé 1er et dernier lun du mois.* De belles salles ornées d'imposantes fresques et trompe-l'œil. Et un festival de coupes ciselées, de reliquaires sertis de pierres précieuses, ou de délicates compositions en ambre ou ivoire. Ne pas manquer le trésor, au 1er étage : collection de joyaux ayant appartenu aux grands noms de l'histoire florentine.

🎋 🚶 Giardino di Boboli *(plan détachable C5) :* ☎ *055-238-87-60. Tlj 8h15-16h30 (17h30 mars et oct, 18h30 avr-mai et sept, 19h juin-août). Fermé 1er et dernier lun du mois.*
Autour du palais Pitti, une merveilleuse promenade du dimanche, que ne ratent jamais familles et amoureux. Voir la *grotte artificielle* de Buontalenti, réalisée en 1583 (à droite quand on fait face au palais depuis les jardins). Ce genre de décor était très à la mode au XVIe s. Le gouffre est orné de fresques et de statues, parmi lesquelles moutons et bergers semblent se fondre littéralement dans l'environnement. En revenant vers le palais, la grotesque *fontaine de Bacchus* représente en réalité l'un des nains favoris de Cosme, à cheval sur une tortue. Faire aussi un saut au *piazzale dell'Isolotto,* un jardin aquatique avec, au centre,

un îlot sur lequel s'élève la *fontaine de l'Océan* de Giambologna : monstre marin, rochers et eaux donnent à cet ensemble inspiré du théâtre maritime d'Hadrien, à Tivoli, toute sa poésie. À deux pas du bassin, la *porta Romana,* ex-porte de la ville fortifiée.

🍴 *Museo della Porcellana :* dans le *Giardino di Boboli.* ☎ 055-238-86-05. *Tlj 8h15-16h30 (19h30 selon saison). Fermé 1er et dernier lun du mois.* Dans ce pavillon qui domine le jardin sont rassemblés de beaux services provenant des plus grandes manufactures d'Europe (Sèvres, Vienne, Berlin...). De l'extérieur, belle vue sur le paysage florentin.

🍴 *Chiesa Santa Felicità (plan détachable C-D4) :* piazza dei Rossi, sur la via Guicciardini. Tlj sf dim ap-m 9h-12h30, 15h-18h. Œuvres les plus célèbres de Pontormo, peintes entre 1525 et 1528 pour Ludovico Capponi : la *Déposition,* dont les couleurs acides et la déstructuration de l'espace en font un chef-d'œuvre du maniérisme, et *L'Annonciation,* influencée par Michel-Ange ; ici, l'artiste a tenu compte de l'éclairage naturel de l'église.

🍴 *Chiesa San Felice in Piazza (plan détachable C5) :* piazza di San Felice. Au sixième autel, *Vierge en trône* de Ridolfo Ghirlandaio. La chapelle principale (le chœur) est de Michelozzo, avec, au centre, un grand *Crucifix* de Giotto, récemment restauré et très peu connu.

🍴 La *via dei Bardi (plan détachable D4-5)* est une petite rue bordée de vieux palais, parallèle au lungarno Torrigiani. Visiter l'atelier artisanal de reliure et du travail du papier, au n° 17, *Il Torchio (fermé août).* Tenu uniquement par des femmes sympas et volubiles. Une vitrine expose un très beau travail. Vente au détail.

🍴🍴🍴 🕱 *Giardino Bardini (plan détachable D5) :* via dei Bardi, 1 r, ou Costa S. Giorgio, 2 (entrée possible aussi par le jardin de Boboli). ☎ 055-263-85-99 ou 055-234-69-88. Fermé 1er et dernier lun de chaque mois. Billet combiné avec la Galleria del Costume, la Galleria degli Argenti e della Porcellana et le Giardino di Boboli : 10 €. Ce jardin renaît de ses cendres après de longues années à l'abandon. Après avoir connu successivement plusieurs propriétaires, c'est à l'antiquaire Stefano Bardini que revint l'acquisition de ce jardin idéalement situé. Il le transforma et l'embellit de manière visible sans pour autant altérer sa structure originelle. Au contraire, il y ajouta sa touche personnelle, originale pour son époque (fin XIXe). De nouveau à l'abandon en 1965 à la mort de son fils, le jardin a rouvert ses portes depuis peu, grâce à l'aide de financements privés et publics. On peut admirer le superbe escalier baroque qui permet de rejoindre le belvédère. De là, une vue spectaculaire sur la ville (l'une des plus belles sans doute avec celle de la chiesa San Miniato Al Monte). Des fontaines glouglouantes où il fait bon se poser, des variétés de fleurs par centaines (roses, iris, hortensias) et de plantes qui font de ce jardin un des plus beaux de Florence, sans compter la magnifique pergola de glycines, les bosquets à l'anglaise, l'allée d'hortensias, les plantations de menthe, de lavande, de romarin... Bref, une explosion d'odeurs et de couleurs à découvrir absolument. À l'intérieur du jardin, la villa Bardini, datant de 1641, a été également entièrement rénovée. Elle abrite, entre autres, une salle de conférences, des expos temporaires et le *Museo Pietro Annigoni (mer-dim 10h-16h – 18h en été).*

QUARTIER DE SAN NICCOLÒ

Installé au-delà de l'Arno, ce quartier est l'un des moins fréquentés de Florence mais il est très agréable car il a lui aussi son lot d'adresses et d'endroits typiques. Un quartier délimité par les remparts et ses trois portes (San Niccolò, San Miniato et San Giorgio), le fort du belvédère, le piazzale Michelangelo et l'Arno. Ici, à 10 mn à peine du Ponte Vecchio et du Duomo, on respire déjà une atmosphère plus tranquille. Un quartier qui met aussi en péril des artisans qui tentent de résister à la

GIARDINO DI BOBOLI

TOSCANE

hausse des loyers (via San Niccolò). Beaucoup ont déjà baissé le rideau en raison d'un pas-de-porte trop onéreux. Malgré quelques opérations coups de poing, la mairie semble sourde à toute négociation...

Le soir venu, le quartier s'anime pour le plus grand plaisir des noctambules. Au pied de la porte San Miniato, on trouve bars et restos pour s'amuser ou faire de belles rencontres... Et pour profiter de la vue sur Florence, ne pas hésiter à grimper les marches pour atteindre l'église *San Miniato al Monte* qui surplombe la ville... un panorama à couper le souffle vous attend. Un de nos quartiers préférés.

Où dormir ?

Camping

⛺ *Camping Michelangelo* (plan détachable F5, **20**) **:** viale Michelangiolo, 80. ☎ 055-681-19-77. ● *michelan gelo@ecvacanze.it* ● *ecvacanze. it* ● *Pour s'y rendre, prendre le bus n° 12 à la gare centrale. Compter 35 €* pour 2 avec tente et voiture ; tente équipée pour 2 (sommier et matelas) env 38 €. 🖥 📶 Beaucoup de monde en haute saison, ce qui contraint les campeurs à s'entasser. Résultat : une atmosphère communautaire... et très bruyante. La vue sur la ville est superbe depuis les emplacements en escalier ou la terrasse du bar. Bien équipé : laverie, bar-resto, magasins, aire de jeux pour les enfants et... même l'ombre des oliviers. Difficile de faire plus central ! Malheureusement, cette situation de monopole n'incite pas toujours la direction à faire du zèle.

Chic

🏨 *Silla Hotel* (plan détachable E5, **81**) **:** via dei Renai, 5. ☎ 055-234-28-88. ● *hotelsilla@hotelsilla.it* ● *hotelsilla. it* ● *Doubles à partir de 98 €.* 🖥 📶 Un des rares hôtels dans ce quartier, installé dans un palais du XVᵉ s. Situation idéale avec quelques chambres qui ont vue sur l'Arno. Chambres au papier peint fleuri équipées de tout le confort, mais il faut s'y prendre tôt. Aux beaux jours, profiter de l'immense terrasse arborée donnant sur le fleuve pour prendre le petit déj. Magique. Pour ne rien gâcher, l'accueil est sympathique et le personnel très prévenant.

TOSCANE

Où manger ?

Sur le pouce et bon marché

I●I *ZEB – Zuppa e Bollito (plan détachable E5, 139) :* via S. Miniato, 2. Ouv le midi tlj sf mer, plus le soir jeu-sam. Repas 10-15 € ; *également des plats à emporter.* On aime cet endroit pour sa vitrine discrète comme sa déco résolument tendance. Mais c'est dans l'assiette que tout se passe : *sformato di melanzane, lampredotto, torta al limone...* On peut aussi choisir ses ingrédients pour une salade (préparée sous nos yeux) en toute simplicité et la savourer assis sur des tabourets, accoudé au bar en bois clair qui entoure l'officine. Pâtes fraîches faites maison. Le soir, un poil plus cher. Une halte reposante et gourmande pour ceux qui ont prévu la montée vers San Miniato.

I Tarocchi *(plan détachable D-E5, 123) :* via dei Renai, 14 r. ☎ 055-234-39-12. Tlj sf lun. Compter env 15 € ; pizza max 10 €. *Café offert sur présentation de ce guide.* Un établissement convivial propice aux retrouvailles entre copains. Cuisine sans chichis, généreuse et de bonne tenue, à l'image des belles (et bonnes) pizzas propres à satisfaire les plus gros appétits ! Aux beaux jours, terrasse agréable sur une rue tranquille. Belle surprise au dessert avec le cheese-cake. Ambiance chaleureuse assurée par un contingent d'habitués.

I●I *Antica Mescita San Niccolò (plan détachable E5, 127) :* via di San Niccolò, 60 r. ☎ 055-234-28-36. Tlj sf dim. Congés : 1ʳᵉ quinzaine d'août. Formule déj-buffet 10 € ; plats 9-14 €. Les tables en bois et les carreaux de faïence tapissant les murs conviendront parfaitement aux habitués des *osterie* traditionnelles florentines. Sinon, en cas de forte chaleur, tentez la salle voûtée du sous-sol qui n'est autre que la crypte de l'église attenante ! Une bonne cuisine du terroir qui ne déçoit pas. Assortiments de *crostini* en guise d'entrées. Incontournables – et tellement bonnes – *zuppe* et *minestre* (*pappa al pomodoro, ribollita,* etc.). Bonnes viandes, à commencer par le *coniglio briaco* (cuit dans du vin), et excellents *contorni.*

I●I ♔ *La Beppa Fioraia (plan détachable E5, 211) :* via dell'Erta Canina, 6 r. ☎ 055-234-76-81. Située juste après l'embranchement avec l'Enoteca-bar Fuori Porta. Congés : 14-20 août. Repas env 25 €. *Apéritif ou digestif offert sur présentation de ce guide.* Une institution à Florence où on retrouve la population locale de tous âges venue se délecter d'une bonne pizza ou d'un bon plat de pâtes au frais, en hauteur de la ville, noyé dans la verdure. D'ailleurs, le jardin et sa terrasse sont pris d'assaut aux beaux jours, il est donc conseillé de réserver. Accueil jeune et dynamique.

Chic

I●I *Lungarno 23 (plan détachable D4-5, 158) :* lungarno Torrigiani, 23. ☎ 055-234-59-57. ● info@lungarno23. it ● Tlj sf parfois dim (mais cela reste exceptionnel). Résa conseillée le soir. Compter 35 €. Les amateurs de viande rouge seront comblés, d'autant que l'emplacement tranquille le long du fleuve est délicieux. La spécialité de la maison ? Des burgers à la fameuse viande bovine de race Chianina, venant des pâturages d'Arezzo. Pour les autres, salades, soupes et fromages. Carte des vins longue comme le bras. Belle terrasse, agréable aux beaux jours (un poil trop chaud en été).

I●I *Trattoria Omero (plan Escapade pédestre dans le Sud florentin, B3) :* via Pian dei Giullari, 47. ☎ 055-22-00-53. À l'extérieur de la ville. Pour les courageux, ça sera la marche à pied (la journée slt, le soir c'est nettement moins agréable) ; pour les autres, le taxi proposé par la maison quand on réserve. Repas env 40 €. Située juste en face de la *casa Galileo* (Galilée), c'est un véritable havre de paix, surtout si vous avez pris soin de réserver une table près de la fenêtre, ou mieux encore sur la terrasse aux beaux jours. Et dans l'assiette ? À l'image du cadre : fraîcheur, produits du terroir et belle carte des vins. Service stylé. Une adresse sans fausse note.

Bars à vins *(vinai, enoteche)*

🍷 |●| ✤ *Enoteca-bar Fuori Porta* *(plan détachable E5, 147) :* via del Monte alle Croci, 10 r. ☎ 055-234-24-83. ● *info@fuoriporta.it* ● À côté de la porte San Miniato et des remparts de la ville. Tlj 12h30-minuit. Env 20-25 € pour une bonne assiette de charcutailles et de fromages. Le rendez-vous des œnophiles du quartier : pas loin de 600 étiquettes d'Italie ou d'ailleurs, négociées à un tarif raisonnable. Un vrai bonheur de s'installer sur la terrasse en regardant les passants tout en buvant un *nobile* ou un *brunello* accompagné de *crostini* ou de *bruschette.* On peut étoffer le menu avec un plat de pâtes ou une salade. Les salles sont tout aussi agréables, avec les tables au milieu des rayonnages. Le soir, venir tôt pour prendre de vitesse les nombreux habitués !

🍷 |●| *Bevo Vino (plan détachable E5, 148) :* via di San Niccolò, 59 r. ☎ 055-200-17-09. ● *bevovino.enoteca@ gmail.com* ● Tlj 12h-1h. Repas complet 20-25 €, vin compris. Café offert sur présentation de ce guide. À deux pas de la porta San Miniato, on le manquerait presque, ce petit bar à vins au mobilier de bois clair. Ambiance bon enfant pour avaler quelques plats bien ficelés tout en dégustant de nombreux crus toscans, choisis avec soin par le patron. Une adresse de connaisseurs. Accueil charmant et conseils avisés. Plus animé en soirée.

Où déguster une glace ?

🍦 *Il Gelato di Filo (plan détachable E5, 175) :* via San Miniato, 5 r. ☎ 055-248-06-17. Tlj sf lun 12h30-20h30. Une adresse qui propose d'excellents sorbets de fruits de saison et des glaces crémeuses à souhait. Peu de parfums, ce qui garantit la qualité et la fraîcheur ! Servies copieusement et moins chères que celles vendues dans le centre historique ! Idéalement placé pour prendre des forces pour la grimpette jusqu'à San Miniato al Monte (et il en faut...).

🍦 *Cantina del Gelato (plan détachable D4, 177) :* via dei Bardi, 31. ☎ 055-050-16-17. On pourrait presque la rater, ce glacier, à mi-chemin du Ponte Vecchio et du quartier San Niccolò. Un choix restreint (mais fameux) de glaces *home made.* Spécialité de la maison ? La *Buontalenti,* sorte de crème à la saveur douce et sucrée, mais les autres sont tout aussi excellentes, d'autant que la gentillesse est au rendez-vous.

Où boire un verre en écoutant de la musique ?

🍷 *Zoe (plan détachable E5, 199) :* via dei Renai, 13 r. ☎ 055-24-31-11. Petite rue parallèle au lungarno Serristori (qui longe l'Arno). Tlj 9h-3h ; aperitivo 18h-22h. Le midi, compter 15-20 €. L'un des endroits branchés du quartier qui, le soir, regorge de monde jusque sur le trottoir. Terrasse attenante débordante de jeunes et de (un peu) moins jeunes. À l'intérieur, déco design en noir et blanc, épurée, où se retrouvent de belles créatures florentines. Petites expos temporaires de jeunes artistes italiens accrochées aux murs.

🍷 *High Pub Bar (plan détachable E5, 202) :* via dei Renai, 27 a. ☎ 055-23-47-082. Un endroit qui ne paie pas de mine mais ô combien sympathique pour une bonne mousse au moment de l'*aperitivo.* Le midi, des petits plats sans prétention mais d'un bon rapport qualité-prix. Accueil jovial et plein d'allant. Une bonne adresse dans le quartier.

🍷 🎵 🎵 *Flo Gallery (plan détachable F5, 195) :* piazzale Michelangelo, 84. ☎ 055-65-07-91. À 20 mn à pied du centre et tt à côté du Camping Michelangelo. En hte saison, tlj 19h-4h ; le reste de l'année, slt jeu-sam. Un incontournable des nuits florentines. On commence par un *aperitivo* et on termine en se déhanchant sur la piste de danse... Tenue correcte recommandée.

TOSCANE

À voir

....

🦌 **Chiesa San Niccolò** (plan détachable E5) **:** à priori ouv slt le mat. Petite offrande bienvenue. Une église peu mise en valeur de par sa situation encaissée. À l'intérieur, ambiance un tantinet austère où on trouve quelques peintures du XVIe et du XVIIe s. Demander qu'on vous éclaire l'église... Pousser jusqu'à la sacristie pour admirer un triptyque de Fabriani, récemment restauré (un peu trop à notre goût car les couleurs sont un peu agressives), avec les portraits de Marie, saint Côme et saint Damien.

🦌🦌 **Museo Bardini** (plan détachable D5) **:** via dei Renai, 37. ☎ 055-226-40-42. Slt ven-lun 11h-17h. Entrée : 6 € (10 € avec l'accès au jardin de Boboli).
Stefano Bardini (1836-1922) est l'un des plus grands collectionneurs et antiquaires italiens. On l'appelait « le prince des antiquaires ». Peintre à l'origine, il est devenu au fil des ans un grand collectionneur. Il achète tout, il s'intéresse à tout : du papier mâché, des cadres, des armes, des dessins, des tapis, des coffres de mariage... Il récupère et achète les palais de la ville en pièces détachées. En effet, au XIXe s, on a détruit beaucoup de palais en centre-ville pour faire de grandes percées (à la manière du baron Haussmann à Paris). Sa clientèle est russe, américaine et même française, comme les Jacquemart-André (leur nom vous dit quelque chose, non ?). Il utilise son palais (qu'il a racheté aux Mozzi, une riche famille florentine) comme un showroom. Il regroupe les objets par thèmes. D'ailleurs, à sa mort, quand il lègue son palais à la ville, on a du mal à comprendre le mélange des genres, les copies et les originaux. Après un testament et un héritage bien complexes, c'est à l'État italien que revient la totalité des œuvres du collectionneur. Le vœu de ce dernier a été respecté : conserver les pièces exposées aux murs bleus (à la manière russe), ainsi que l'agencement de ses œuvres. On peut être surpris en effet par le musée en lui-même. Il faut le regarder dans son ensemble et non comme une somme d'œuvres individuelles. De ses nombreux voyages en Europe et en Amérique, Stefano Bardini a réuni une riche collection éclectique.
– Au rez-de-chaussée : la première salle à gauche est dédiée aux statues antiques, mais l'œuvre majeure est le tableau de Tino di Camaino, La Carità, montrant une femme allaitant ses deux enfants. On y admire aussi des chapiteaux corinthiens, des portails, une tombe en marbre d'Arnolfo di Cambio. Toujours au rez-de-chaussée, le célèbre Porcellino de Pietro Tacca, offert par le pape Pio IV à Cosimo Ier en visite à Rome en 1560. Cosimo II en a commandé une copie en bronze pour le Palazzo Pitti, transférée aux Offices. Également une copie dans l'actuelle Loggia del Mercato Nuovo (vous suivez ?).
– Après avoir monté le majestueux escalier en marbre (jeter un œil au Poséidon) : belle collection de tapis perses du XVIIe s aux murs. Par ailleurs, une collection unique de dessins au crayon de Tiepolo. Quelques œuvres d'art comme la Madonna dei Cordai de Donatello ou encore le San Michele Archangelo de Pollaiolo. Salle d'armurerie assez impressionnante. Admirer au passage les magnifiques plafonds à caissons du palais. Un bel endroit qui mérite la visite.

🦌🦌 **Giardino delle Rose** (jardin des Roses ; plan détachable E5) **:** viale Giuseppe Poggi. Tlj 9h-20h. GRATUIT.
Agréable jardin qu'on peut désormais visiter toute l'année. Coincé entre la chiesa San Miniato al Monte et la porta San Miniato, on y accède par la via di San Salvatore al Monte. Inauguré en 1865, le jardin était connu pour sa magnifique roseraie. Plus d'un siècle après (en 1998), en partenariat avec Kyoto, la Ville de Florence a enrichi le site d'un jardin japonais.
Depuis septembre 2011, on peut admirer une dizaine de sculptures du célèbre artiste belge Jean-Michel Folon, disséminées dans le parc. Celui-ci affectionnait l'Italie, et particulièrement Florence. Admirer La Valise, dans laquelle on voit une vue panoramique de la ville, le gros Chat couché dans l'herbe, ou l'imposante Méditerranée avec son bateau penché. Pour l'anecdote, les plus âgés se souviendront

que Folon avait créé les fameux petits bonshommes bleus qui s'envolent pour le générique d'Antenne 2 à la fin des années 1970-début des années 1980.
La cerise sur le gâteau, c'est tout de même la vue magnifique sur Florence... Une halte reposante, loin du tumulte du centre-ville... Quant à la roseraie, l'idéal est de la voir en mai. Mignonne, allons voir si la rose...

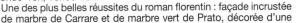 ***Chiesa San Miniato al Monte** (hors plan détachable par E-F5) :* via del Monte alle Croci. ☎ 055-234-27-31. *On y accède facilement à pied des ponts San Niccolò et alle Grazie (mais ça grimpe !) ou en bus (n° 13). En été, tlj 8h-20h ; le reste de l'année, tlj 9h30-13h, 15h30-19h.*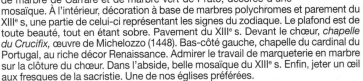

Une des plus belles réussites du roman florentin : façade incrustée de marbre de Carrare et de marbre vert de Prato, décorée d'une mosaïque. À l'intérieur, décoration à base de marbres polychromes et parement du XIIIe s, une partie de celui-ci représentant les signes du zodiaque. Le plafond est de toute beauté, tout en étant sobre. Pavement du XIIIe s. Devant le chœur, *chapelle du Crucifix,* œuvre de Michelozzo (1448). Bas-côté gauche, chapelle du cardinal du Portugal, au riche décor Renaissance. Admirer le travail de marqueterie en marbre sur la clôture du chœur. Dans l'abside, belle mosaïque du XIIIe s. Enfin, jeter un œil aux fresques de la sacristie. Une de nos églises préférées.

TOSCANE

Jouxtant l'église, le *cimetière de San Miniato.* Immense et magnifique, ce cimetière, propriété communale depuis 1911, offre plusieurs styles, du néoclassique en passant par une inspiration russe ou encore Art déco. Plusieurs chapelles et sépultures méritent le détour. À noter que l'auteur de Pinocchio, Carlo Lorenzini (« Collodi »), Libero Andreotti, Frédérick Stibbert ou encore Vasco Pratolini, pour ne citer qu'eux, y sont enterrés. Profitez-en, les touristes ont tendance à oublier cet endroit (à tort).

COUP DE PUB

L'aigle représenté au sommet de l'église est l'emblème des marchands florentins. Celui-ci tient dans ses serres un torsello, petit sac qu'on utilisait au Moyen Âge pour transporter des échantillons d'étoffes. On y cousait l'emblème de la corporation. À l'époque, les riches marchands finançaient en grande partie la construction des églises. Montrer leur logo permettait, à coup sûr, un bon coup de pub pour les corporations.

★ *San Salvatore al Monte* *(plan détachable F5) :* juste en dessous de San Miniato. Tlj 6h30-12h30, 15h-19h. À pied, ça grimpe dur pour atteindre cette petite église qui domine Florence. On vous conseille de monter par le jardin des roses qui longe la via del Monte alle Croci. L'église en elle-même, d'une grande sobriété, avec de solides murs et une charpente en bois, ne présente guère d'intérêt.

En revanche, ne manquez pas le *coucher de soleil sur tout Florence à partir du piazzale Michelangelo sous l'église San Salvatore al Monte. Très touristique, certes, mais les reflets sur l'Arno et les couleurs du Ponte Vecchio valent d'affronter le monde. Inoubliable !

ESCAPADE PÉDESTRE
AU SUD DE FLORENCE

Après avoir arpenté le pavé florentin, pourquoi ne pas vous échapper une journée pour parcourir la campagne florentine, l'une des plus belles régions de Toscane. Les *collines* entourant la ville offrent des points de vue

magnifiques, le tout dans une très grande sérénité. Les cyprès et les villas accentuent cette atmosphère exceptionnelle, à l'écart du tumulte touristique. À pied, c'est idéal !

Aventurez-vous du côté des collines au sud de l'Arno, que (trop) peu de visiteurs prennent le temps de découvrir. Cette enclave aux portes de la capitale toscane mérite bien une petite escapade d'une demi-journée. En l'espace de quelques instants, le flâneur se retrouve dans la quiétude d'un charmant faubourg résidentiel aux allures de village toscan.

➤ La randonnée fait une bonne dizaine de kilomètres. Compter 3h sans vous presser. Prévoir des lunettes de soleil (en été), de bonnes chaussures et, surtout, de l'eau.

Proposition d'itinéraire

Le départ et l'arrivée de cette balade se font du célèbre **Ponte Vecchio.** De là, prendre à gauche la via dei Bardi, admirer au n° 4 de la piazza de Mozzi le palazzo Nasi, avec de superbes sgraffites où l'on observe de belles allégories en excellent état, juste en face du musée Bardini. Puis contourner pour prendre la via dei Renai. À votre droite, la *chiesa San Niccolò (ouv à priori le mat)* et prendre à droite la via San Miniato pour passer sous la **porta San Miniato.** Cette belle porte médiévale marque les limites de la vieille ville, encore ceinturée ici par une longue section intacte de remparts datant de 1258. Continuer quelques mètres par la via dei Monte alle Croci (en direction de l'église San Miniato) et prendre la deuxième à droite, la via dell'Erta Canina, juste en face de l'entrée du Giardino delle Rose. L'abandonner 50 m plus loin pour suivre la voie de droite à la fourche. On passe devant la pizzeria *La Beppa Fioraia,* une adresse bien connue des locaux. On est déjà à la campagne, loin du bruit et de la foule. On laisse sur la gauche, 400 m plus loin, un petit jardin public abritant des jeux pour enfants et quelques tables de pique-nique sous les frondaisons. Puis on s'achemine vers une petite route qui mène au tennis-club de Florence. Là, il faut suivre à droite l'allée principale de cyprès qui monte en se faufilant au creux d'un vallon très vert. On y aperçoit les toits ou une partie des façades de belles villas et de leurs jardins que l'on devine joliment entretenus. Environ 300 m après ce jardin public, on tombe sur un petit croisement. Ignorer les petites allées secondaires et suivre sur la gauche le chemin sinueux sur le flanc de la colline, qui traverse un quartier résidentiel de maisons cossues.

Au bout de ce chemin, une porte métallique réservée aux marcheurs permet d'accéder au **viale Galileo.** Marcher environ 10 mn en direction du piazzale Galileo. Ce n'est pas la partie la plus intéressante de la balade, car vous retrouvez la route circulaire de Florence où bon nombre de voitures roulent à vive allure. Certes, c'est un axe passant, mais les larges trottoirs pavés sont bordés d'arbres. En route, sur votre droite, superbes points de vue sur les jardins en contrebas et sur Florence au loin, dans le fond de la vallée.

Vous arrivez au carrefour du viale Galileo et de la **via di San Leonardo.** De là, prendre la direction d'Arcetri (via S. Leonardo) et de Pian dei Giullari en suivant les rues de gauche aux bifurcations. Même si l'atmosphère redevient instantanément sereine après le viale Galileo un peu agité, se méfier toutefois des riverains qui conduisent parfois rapidement (l'absence de trottoirs n'arrange rien !). Sur ce chemin étroit en pente, on passe à côté de l'observatoire d'astrophysique (**Osservatorio astrofisico di Arcetri,** *rens et résas :* ☎ *055-27-52-280 ou sur* ● *richiesta_visita@arcetri.stro.it* ●) et on traverse le village d'**Arcetri,** poumon vert de la banlieue sud de Florence. Avec un peu de chance, vous apercevrez peut-être les belles demeures cachées derrière de hauts murs débordant de fleurs et de plantes grimpantes. Dissimulée aussi, la *villa Caponi* possède des jardins considérés parmi les plus beaux de Florence.

À partir du croisement avec la via della Torre del Gallo, prendre à droite via Pian dei Giullari, où les hauts murs cèdent la place à de larges ouvertures livrant de

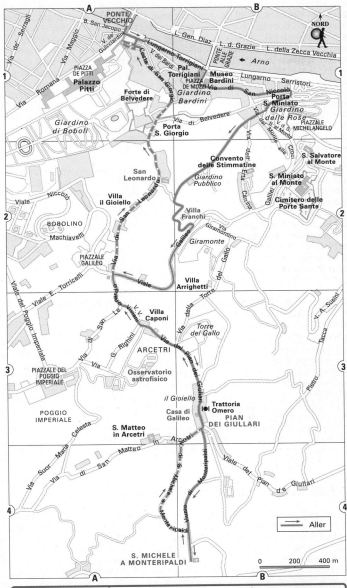

NORD

TOSCANE

Aller

0   200   400 m

ESCAPADE PÉDESTRE DANS LE SUD FLORENTIN

beaux panoramas sur la campagne toscane. À *Pian dei Giullari,* la *maison de Galilée* se trouve au n° 42 de la rue principale, sur la droite en venant d'Arcetri. Cette maison bourgeoise n'est pas ouverte au public. Dans une niche sur le mur de façade, un buste représente le célèbre astronome Galilée. Juste en face, un resto d'une grande renommée (*Trattoria Omero* ; voir plus haut la rubrique « Où manger ? » dans le quartier de San Niccolò). Une belle halte culinaire avant de reprendre le chemin inverse. Si vous avez un peu de temps, pousser jusqu'au centre du village de Pian dei Giullari, l'arrêt du bus n° 38 se trouve sur un petit carrefour fort tranquille. De celui-ci part un étroit chemin creux, le *viuzzo di Monteripaldi,* bordé de murs tapissés de plantes grimpantes. Le suivre jusqu'au bout. On débouche à 200 m environ au village de *San Michele a Monteripaldi.* De là, vue superbe et étendue sur les collines toscanes, où l'on distingue à l'ouest l'imposante *Certosa del Galluzzo* (chartreuse de Galluzzo). Le village, très modeste (une église et quelques maisons), se tient sur une colline en forme de crête.

Pour le retour, emprunter la via di San Michele a Monteripaldi, qui contourne la colline escaladée précédemment, puis tourner à droite vers le carrefour du bus n° 38 et suivre exactement le même chemin à l'envers jusqu'au *carrefour*. On conseille de redescendre à Florence par la *via di San Leonardo,* étroite, dallée et bordée de vieilles maisons cossues (c'est tout droit). On passe sous la *porta San Giorgio,* la porte la plus ancienne de Florence (1260), et on continue à descendre par la *costa di San Giorgio.* Au n° 2 de cette rue, on peut accéder au *Giardino Bardini (entrée payante),* même si l'entrée principale se situe via di Bardi, 1. On poursuit son chemin avec un petit arrêt au passage devant la façade du n° 19, où Galilée habita un temps. Puis retour vers la via dei Bardi et le Ponte Vecchio.

LA CAMPAGNE FLORENTINE

Il est possible d'effectuer une très belle balade à travers les collines entourant Florence (environ 6 km). Cette promenade est connue sous le nom de *viale dei Colli,* **avenue conçue au XIXe s par l'architecte Giuseppe Poggi.**
Départ de la piazza Ferrucci, près du pont San Niccolò. Arrivée à la porta Romana (extrémité des jardins de Boboli). Cette promenade prend trois noms différents : viale Michelangelo (jusqu'à la place du même nom) ; viale Galileo (partie centrale) ; viale Machiavelli (dernière partie, jusqu'à la porta Romana). Elle offre de somptueux panoramas sur la ville.

On peut encore, de la porta San Frediano, près du pont Amerigo Vespucci (dans l'Oltrarno), prendre la *via Monte Olive,* qui mène en 30 mn de marche sur une colline surplombant Florence. Villas magnifiques et superbes jardins sur la route. Balade agréable car peu connue des touristes.

⊚ *LES VILLAS MÉDICÉENNES (ville medicee)*

Le principe de la villa (attention aux faux amis, le terme *villa* en italien ne désigne pas seulement une habitation, mais un domaine rural au sens large du terme) date des Romains, qui inventèrent la résidence secondaire. Après une éclipse de plusieurs siècles, les villas redevinrent à la mode grâce à la famille Médicis, qui commanda à ses architectes de somptueuses résidences et jardins. Les villas de campagne étaient un lieu de repos où les riches familles pouvaient échapper au tumulte de la cité, mais elles étaient surtout un lieu de délectation artistique et intellectuelle tel que la pensée humaniste pouvait le concevoir. Ces villas constituées de beaux jardins (très nombreuses dans les environs proches de Florence) n'ont pas toujours très bien traversé les siècles ; certaines de ces propriétés méritent toutefois le déplacement.

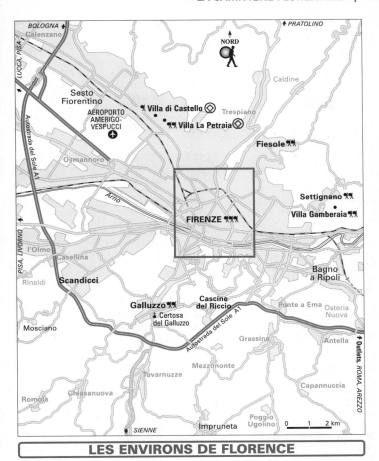

LES ENVIRONS DE FLORENCE

🎭🎭 *Villa La Petraia :* via della Petraia, 40. Située à **Castello,** à 7 km au nord-ouest du centre de Florence, non loin de l'aéroport. Prendre le bus n° 28 (direction Sesto Fiorentino). Mars-oct, jardins ouv 8h15-18h30 (19h30 juin-août) ; le reste de l'année, ferme à 16h30. Visites guidées de la villa obligatoires ttes les heures à partir de 8h30. Fermé 1er et 3e lun du mois. Résas : ☎ 055-45-26-91. GRATUIT. Il s'agissait ni plus ni moins du château des Brunelleschi, famille du grand architecte de Florence, passé aux mains des Médicis en 1575. Buontalenti fut chargé de rénover la villa au goût du jour, tandis que Tribolo, l'architecte paysagiste des jardins de Boboli, dessinait un parc à l'italienne aux parterres géométriques dans lequel Jean de Bologne inscrira une *Florence sortant des eaux.* Un grand chassant l'autre, ce fut le tour de la maison de Savoie de prendre possession de cette demeure historique... en y apposant sa marque. Victor-Emmanuel II en fit sa résidence d'été et s'empressa de faire couvrir la cour intérieure pour la transformer en une vaste salle de bal. Même si la nouvelle décoration n'a pas laissé grand-chose du temps des Médicis, la petite chapelle et les appartements richement décorés donnent une idée du faste de ces villas.

🍴 *Villa di Castello :* *via di Castello, 42.* ☎ *055-45-26-91. À env 1 km de la villa La Petraia. Tlj 8h15-18h30 (19h30 juin-août) ; ferme à 16h30 en automne. GRATUIT.* C'est actuellement le siège du Conservatoire de langue italienne dont les origines remontent aux années 1570. Également dessiné par Tribolo, ce vaste jardin Renaissance, rythmé de parterres bien ordonnés et de nombreuses statues, s'étage sur le flanc d'une colline. Les allées conduisent vers un grand bassin, où patiente un monstre de bronze, et une grotte ornée de fausses roches parmi lesquelles s'affaire un peuple d'animaux. Les appartements, en revanche, ne se visitent pas.

🍴🍴 *Villa di Poggio a Caiano :* *piazza dei Medici, 12 ; bourg situé à 18 km à l'ouest, sur la route de Pistoia par la N 66.* ☎ *055-87-70-12. Prendre un autobus Cap ou Copit, départ piazza S. M. Novella ttes les 30 mn. La villa se situe au centre du village, en haut de la colline. Mars-oct, tlj 8h15-17h30 (18h30 juin et sept, 19h30 juil-août) ; le reste de l'année, tlj 8h15-16h30. Fermé 2e et 3e lun du mois. Visites guidées de la galerie de peintures sur résa. GRATUIT.* Ce fut Laurent le Magnifique qui chargea l'architecte Giuliano da Sangallo des travaux de reconstruction. Posée sur

UN COU FATAL

Offerte à Laurent de Médicis en 1486 par un sultan mamelouk en guise de cadeau diplomatique, la girafe des Médicis fit grande impression lorsqu'on la promena dans les rues de Florence. Malheureusement l'animal se brisa le cou, peu de temps après son arrivée dans l'écurie qu'on avait spécialement aménagée pour elle dans la villa de Poggio a Caiano. Il a fallu attendre 1826 pour qu'une girafe repointe le bout de ses cornes en Europe, en l'occurrence à Marseille. Elle gagna Paris en compagnie de trois vaches la nourrissant au lait, le tout escorté par les gendarmes !

un embasement à arcades, la villa se démarque de ses consœurs par son péristyle surmonté d'une frise d'Andrea Sansovino et d'un fronton de temple grec. Cette référence inédite à l'Antiquité est une commande du pape de la famille, Léon X. Malheureusement, les occupants successifs de la villa ont sérieusement mis à mal les décorations héritées des Médicis. Les Bonaparte ouvrent le bal sous la houlette d'Élisa, alors grande-duchesse de Toscane. Les fresques, qui ne sont pas à son goût, sont revues et corrigées sans pitié. Puis ce sera au tour de Victor-Emmanuel II de participer à ce grand nettoyage de printemps ! À l'arrivée, les 60 pièces de la demeure sont l'occasion d'une promenade instructive ; on y admire des fresques d'Andrea del Sarto, de Pontormo et d'Alessandro Allori. Une palette de choix !

Cette villa fut la plus célèbre des villas médicéennes, notamment pour ses réceptions auxquelles participaient de nombreux humanistes (dont Montaigne). C'est ici d'ailleurs qu'en 1587 François Ier de Médicis et son épouse Bianca Capello moururent dans des conditions demeurées mystérieuses. La villa abrite, depuis 2007, le plus grand musée de la nature morte en Europe, regroupant plus de 200 œuvres et peintres italiens, flamands et hollandais, dont notamment Bartolomeo Bimbi et Brueghel l'Ancien.

🍴 *Villa Medicis di Fiesole :* *via Beato Angelico, 2 (Fra Giovanni Da Fiesole detto l'Angelico), Fiesole.* ☎ *055-594-17. Fax : 055-239-89-94. Accès par le bus n° 7 (voir plus loin la rubrique « Arriver – Quitter » à Fiesole). Lun-ven 9h-13h. Visite sur résa :* ● *annamarchimazzini@gmail.com* ● *Entrée : env 6 €.* C'est la première véritable villa Renaissance, construite entre 1458 et 1461 pour Cosme l'Ancien. Il s'agit malheureusement d'une propriété privée, et seuls les jardins, suspendus comme ceux de Babylone, sont ouverts au public (magnifique panorama).

LA CERTOSA DEL GALLUZZO *(chartreuse de Galluzzo)*

🎥🏃 *Via di Colleramole, 11.* ☎ *055-204-92-26. À 6 km de Florence. Bus n°s 36 et 37 de la piazza Santa Maria Novella (en face de la gare) ou de la porta Romana. En voiture, suivre la via Senese depuis la porta Romana (panneaux).* ☎ *055-204-92-26.* ● *certosadifirenze@cistercensi.info* ● *Tlj sf lun. Visites guidées slt mais gratuites mar-sam à 9h, 10h, 11h, 15h, 16h et 17h (en hiver, cette dernière heure de visite est supprimée), dim à 15h, 16h et 17h. Compter 45 mn de visite, en italien slt. Entrée gratuite mais donation bienvenue.*

Dressée sur une éminence à la sortie du bourg, cette vaste chartreuse fondée au XIVe s abrite depuis 1958 des cisterciens... qui vous proposeront tout de même de délicieuses liqueurs. On ne perd pas les bonnes habitudes !

À voir : la pinacothèque (fresques de la Passion, de Pontormo), l'église gothique (stalles délicatement ciselées du XVIe s) et les bâtiments conventuels. Dans la salle capitulaire, s'attarder sur la belle *Crucifixion* d'Albertinelli. Le grand cloître, décoré de médaillons des Della Robbia, renferme un cimetière dont les tombes ne portent ni nom ni date, par souci d'humilité et dont le nombre est strictement égal à celui des cellules moines qui le bordent, c'est-à-dire 18. Leur extrême simplicité et leurs jardinets privés rappellent que les chartreux vivaient en reclus dans le silence et le recueillement, ne partageant que les principaux offices et les repas de fêtes. Le Corbusier, qui le visita à deux reprises en 1907 et 1911, s'en inspira pour la construction du couvent de Sainte-Marie-de-la-Tourette, près de Lyon.

TOSCANE

SETTIGNANO

À 8 km à l'est de Florence. Prendre le bus n° 10 de la piazza San Marco. Charmant village coiffant une colline, célèbre pour avoir accueilli plus d'un illustre résident : Michel-Ange, D'Annunzio et Berenson. Beaucoup de magnifiques villas dans ce coin qui inspira de nombreux sculpteurs. Michel-Ange y passa d'ailleurs une partie de sa jeunesse, dans la villa Buonarroti. C'est quand même une référence...

🎥🏃 *Villa Gamberaia : via del Rossellino, 72.* ☎ *055-69-72-05.* ● *info@villagamberaia.it* ● *Seul le jardin se visite. Tlj 9h-19h (dernière entrée à 18h). Entrée : 15 € ; réduc.* Principalement dessiné au XVIIIe s, ce somptueux jardin s'est vu attribuer quatre bassins formant un beau parterre d'eau à la fin du XIXe s, avant que la baronne Van Kelteler n'en affirme le côté formel en multipliant les topiaires au début du XXe s. Ils donnent sur un mur de cyprès percé d'arcades, fenêtres ouvertes sur un magnifique panorama. Une autre partie abrite des grottes renfermant quelques statues dont celle de Neptune, évidemment.

FIESOLE (50014) 14 000 hab.

● Plan *p. 173*

Perchée au sommet d'une colline (à 300 m d'altitude) au nord-est de la capitale toscane, cette petite cité autrefois très puissante offre un panorama extraordinaire sur Florence. Son versant nord, en revanche, marque le début de l'arrière-pays avec de belles échappées sur les douces collines plantées de cyprès et d'oliviers.

Ce paysage bucolique, tout en nuances de vert, inspira la plume de nombreux auteurs. Boccace (XIVe s) y situait le refuge des héros du *Décaméron*. Proust y rêvait du printemps « qui couvrait déjà de lis et d'anémones les champs de Fiesole et éblouissait Florence de fonds d'or pareils à ceux de L'Angelico... ». Tandis que dans les années 1930, Gide y contemplait la « Belle Florence » couchant à Fiesole une partie des *Nourritures terrestres*. On y croise beaucoup de monde en été, bien sûr, mais également le premier dimanche de chaque mois, quand se tient la grande braderie des antiquaires...

Arriver – Quitter

En bus

De Florence, prendre le bus n° 7 à l'arrêt situé piazza San Marco. Ts les horaires sur ● *ataf.net* ●
➤ *De Florence à Fiesole :* bus ttes les 20 mn env 6h-0h40 (dim, ttes les 20-30 mn env 6h30-18h20).
➤ *De Fiesole à Florence :* bus ttes les 20 mn env 5h30-1h (dim, ttes les 20-30 mn env 6h20-18h40).

Adresse utile

🄸 *Office d'information touristique* (plan A1) : via Portigiani, 3-5. ☎ 055-596-13-11. ● info.turismo@comune.fiesole.fi.it ● fiesoleforyou.it ● Tlj 10h-18h30 (17h30 mars et oct, 13h30 nov-fév). Compétent et bien documenté. Plan du centre historique de Fiesole avec le commentaire en français. Assure également la billetterie du Museo civico.

Où dormir ?

Camping

⚊ *Camping panoramico Fiesole* (hors plan par B1, **11**) : via Peramonda, 1. ☎ 055-59-90-69. ● panoramico@florencecamping.com ● florencevillage.com ● ♿ À 7 km du centre de Florence. Bus n° 7 depuis Florence jusqu'à Fiesole, puis navette gratuite tlj 8h-12h, 14h-17h (19h en été) ou 20 mn à pied. Compter 43 € pour 2 avec tente et voiture ; mobile homes 2-4 pers 35-75 €, ou chalets pour 4 pers avec petite cuisine (apporter sa vaisselle !) et sdb 75-115 € selon saison (draps fournis). 📶 (payant). Un beau camping à flanc de colline (attention à la dernière ligne droite, très pentue !). Bonnes prestations, piscine (juin-sept) bien entretenue, resto (avr-oct), supérette, machines à laver... Emplacements bien ombragés mais un tantinet caillouteux pour les tentes. Sanitaires propres. Vue imprenable sur Florence. Excellent accueil. Surpeuplé en haute saison, cela va sans dire !

De prix moyens à chic

🛏 *Il Burattino Country House* (hors plan par B2, **12**) : via del Salviatino, 12. 🖷 338-481-89-93. ● ilburattino.com ● Sortie Florence-sud, puis suivre Fiesole, continuer via Lungo L'Affrico jusqu'au bout, puis à droite via del Salviatino sur env 500 m ; c'est à gauche, juste avt un virage à droite (indiqué). Ouv tte l'année. Doubles 80-100 €. 📶 Blottie au pied de Fiesole, face à la chiesa San Francesco, une vénérable demeure de campagne avec tomettes, poutres en chêne et sous-pente en terre cuite typiquement toscans. Ici vit Ranieri, qui propose 3 chambres très propres. 2 d'entre elles se partagent la même salle de bains. Autrement, beau petit coin TV, excellent petit déj et le chant des oiseaux au réveil. Accueil gentil et très attentionné.
🛏 *Pensione Bencistà* (hors plan par B2, **13**) : via Benedetto da Maiano, 4. ☎ 055-591-63. ● info@bencista.com ● bencista.com ● En contrebas

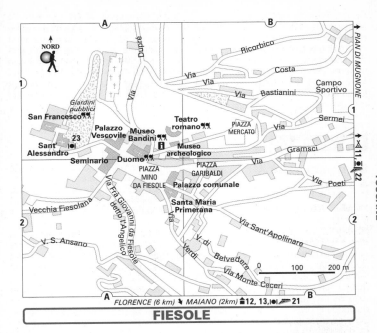

FIESOLE

■ **Adresse utile**
    🅱 Office d'information touristique

⚠ 🏠 **Où dormir ?**
    11 Camping panoramico Fiesole
    12 Il Burattino Country House
    13 Pensione Bencistà

🍴 🚌 **Où manger ?**
    21 I Giuggiolo
    22 Casa del Popolo
    23 La Reggia degli Etruschi

du bourg en arrivant de Florence (panneaux). Congés : 16 nov-14 mars. Résa impérative. Double 160 € ; quadruple env 190 €. 🖥 🛜 Vieux manoir toscan, agrippé à flanc de colline et entouré d'un jardin paisible, transformé en un hôtel de charme à l'atmosphère délicieusement surannée avec une quarantaine de chambres cossues. De la terrasse, tout habillée de glycine, Florence s'évanouit dans la brume. Côté confort, les plus fortunés choisiront les nºs 18 et 21 pour leurs balcons plongeant sur la plaine. Idéal aussi pour les familles, qui opteront pour les quadruples. Également spa, massage, jacuzzi et piscine. Une belle tranche de Toscane, en somme...

Où dormir dans les environs ?

Prix moyens

🏠 🍴 **Casa Palmira :** via Faentina, loc. **Feriolo, 50030 Polcanto** (Firenze). ☎ 055-840-97-49. ● info@casapalmira.it ● casapalmira.it ● À 9 km de Fiesole, en direction de Borgo San Lorenzo par la SR 302. La maison se situe à Feriolo, à droite dans une descente quelques km après le croisement de la route d'Olmo. Congés : de mi-janv à mi-mars. Doubles avec sdb 80-90 € ; appart « La Casina » 120 €. Dîner toscan sur demande 25 €.

CB refusées. 📶 *Réduc de 10 % sur le prix de la chambre pour un séjour de 5 nuits min sur présentation de ce guide.* Une belle demeure traditionnelle toscane, isolée dans un environnement superbe. Déco lumineuse et printanière, depuis les chambres cossues jusqu'aux confortables salons agrémentés de meubles anciens chinés chez les antiquaires, avec de beaux tapis marocains. Ceux qui veulent s'isoler choisiront « La Casina », avec son accès indépendant sur le jardin et sa cuisinette. Accueil très attentionné et en français des proprios – tendance écolo-chic –, qui assurent un copieux petit déjeuner et proposent toutes sortes d'activités. Cerise sur le gâteau : jacuzzi et piscine.

Où manger ?

De bon marché à prix moyens

TOSCANE

🍴 🏃 **I Giuggiolo** *(hors plan par B2, 21) : viale Righi, 3 a, 50137 Firenze.* ☎ 055-60-62-40. ● *info@igiuggiolo. com* ● *À la limite de Florence et de Fiesole, à l'extrémité de la via Salviatino (juste en face de l'AJ). Tlj midi et soir. Pizzas 5-8 €, plats 8-14 €.* Tenue par des jeunes dynamiques, une auberge toscane reconstituée avec faux murs de brique et divers objets des champs. On y sert des pizzas si croustillantes qu'on dirait de la dentelle. Autrement, une cuisine toscane qui se tient bien, comme le prouvent les nombreuses familles qui déboulent pour s'attabler ici dans la bonne humeur. Bons raviolis à la mortadelle et excellente glace à la pistache et aux pignons caramélisés.

🍴 🏃 **Casa del Popolo** *(hors plan par B1, 22) : via Matteotti, 25/27.* ☎ 055-59-70-02. ● *segreteria@cdp fiesole.com* ● *Prendre la route qui monte à gauche de la mairie, c'est env 400 m plus loin sur la gauche (parking fléché). Tlj 8h-23h (la cuisine fonctionne tlj 12h-14h30, w-e le soir slt). Congés : juil. Pizza 6 €. CB refusées.* C'est le lieu convivial par excellence, loin, bien loin de Florence et des touristes. C'est ici que les aînés du quartier viennent se réchauffer. De la terrasse, le panorama est remarquable, on y prend volontiers un café. Sinon, la salle située juste en dessous propose une cuisine simple et bon marché. Accueil gentil.

🍴 **La Reggia degli Etruschi** *(plan A1, 23) : via San Francesco, 18, 50137 Firenze.* ☎ 055-59-385. ● *info@lareg gia.org* ● *En contrebas du couvent San Francesco. Tlj 11h-15h, 18h-23h. Plats 20-22 € ; couvert 3 € ; on dîne pour 30-40 € sans les vins.* Service souriant et plats raffinés dans ce resto panoramique dont on aura pris soin de préciser « avec vue » lors de la réservation. La carte dépasse largement les classiques toscans : tartares ou carpaccios en entrée, *gnochetti* sauce safranée, morue au brandy... Beau plateau de fromages et vins assortis. Endroit agréable et romantique à souhait.

À voir

....

🎭 **Duomo di San Remolo** *(plan A1-2) : piazza della Cattedrale, 1. Tlj 7h30-12h, 15h-18h (17h en hiver).* Construit au XIe s sur l'emplacement du forum antique, il fut modifié dans un premier temps au XIVe s et très restauré depuis. Magnifique campanile crénelé. À l'intérieur, architecture très austère de plan basilical, interrompue par un inhabituel chœur surélevé. Magnifique polyptyque de Bicci di Lorenzo (1450) sur l'autel. Fresque sur la voûte. À droite, en montant l'escalier : petite chapelle avec des fresques de Cosimo Rosselli et des sculptures de Mino da Fiesole.

🎭 **Chiesa San Francesco** *(plan A1) : via San Francesco, 13. En haut de la colline. En été, tlj 9h-12h (11h dim), 15h-19h (18h en hiver) ; interruption lors des offices sam à 18h et dim à 11h.*

C'est en montant vers San Francesco que vous aurez la plus belle vue sur la plaine florentine. Édifiée au XIVᵉ s, cette église très simple est tout à fait adorable. Sous le porche d'entrée, petite fresque du XVᵉ s représentant saint François, un peu dégradée, mais on devine sur l'ange la délicatesse du drapé. À l'intérieur, quelques primitifs religieux : *Immaculée Conception* de Piero di Cosimo (1510), gracieuse *Annonciation* de Raffaellino del Garbo, *Adoration des Mages* du XVᵉ s. Dans la chapelle, *Nativité* de Luca Della Robbia.

– Au sous-sol, un intéressant petit **Museo Etnografico della Missione Frances-cana** *(musée des Missions)*. ☎ *055-591-75. Mar-ven 10h-12h, 15h-17h ; w-e 15h-17h. GRATUIT.* Un peu fourre-tout : porcelaine de Chine, estampes, gravures, artisanat, instruments de musique, petite section archéologique avec quelques objets étrusques et romains. Avant de quitter le site, jeter un coup d'œil au charmant cloître en retrait sur la droite de l'église. Rassérénant !

🍴🎭 **Teatro Romano e Museo civico** *(plan A1) :* via Portigiani, 1. ☎ *055-596-12-93. Avr-sept, tlj 9h-19h ; mars et oct, tlj 10h-18h ; nov-fév, tlj sf mar 10h-15h. Ticket combiné avec le musée Bandini et la chapelle San Jacopo (l'ancien oratoire du palais épiscopal où l'on trouve le Musée diocésain) : 12 € (2 € supplémentaires si expos temporaires).* Construit dans un endroit stratégique, le site de Fiesole fut occupé dès le VIᵉ ou le Vᵉ s av. J.-C. par les Étrusques. À leur tour, les Romains s'y trouvèrent mieux qu'en plaine, jugeant l'air nettement plus salubre, et recouvrirent la colline de bâtiments civils importants. Les vestiges de la zone archéologique témoignent de ce glorieux passé. Emblème du site, le beau théâtre romain du Iᵉʳ s av. J.-C. donne une petite idée de la taille de la cité, avec une capacité de plus de 3 000 spectateurs. Bien restauré, il accueille différentes manifestations pendant l'été (concert de musique classique, ballets...). Moins bien conservés, les thermes datent de l'époque impériale et furent agrandis sous Hadrien, tandis que le soubassement d'un temple et un tronçon d'un puissant mur de fortification rappellent l'implantation étrusque. Le musée attenant rassemble des statues votives, stèles et autres urnes funéraires étrusques et romaines découvertes sur le site, ainsi qu'une très intéressante collection de céramiques attiques à figures rouges.

Le samedi, le même billet permet également d'aller découvrir les collections d'orfèvrerie liturgique de la petite chapelle *San Jacopo,* située via S. Francesco et dans laquelle on trouve une belle collection d'objets liturgiques témoignant du savoir-faire des artisans florentins.

🍴🎭 **Museo Bandini** *(plan A1) :* via Dupré, 1. ☎ *055-596-12-93. Mars-oct, ven-dim 10h-19h (18h mars et oct) ; nov-fév, ven-dim 10h-14h. Tarifs : ticket combiné avec le théâtre romain 12 € ; entrée simple 5 € ; réduc.* Ce petit musée présente une intéressante collection d'œuvres du Moyen Âge et de la première Renaissance italienne, ainsi qu'une sélection notable de terres cuites vitrifiées de la famille Della Robbia. Belles compositions de Bernardo Daddi, Taddeo Gaddi ou encore Lorenzo Monaco.

PRATO

(59100)   192 000 hab.

Connue dès le Moyen Âge pour son industrie textile lainière, Prato, que l'on appelle aussi « la petite Florence » eu égard à la beauté de certains de ses monuments, joue un rôle économique de premier ordre dans la région. Située au débouché de la vallée du Bizenzio, au centre de la plaine qui va de Florence à Pistoia, la ville possède un *centro storico* très agréable à visiter, de beaux monuments de facture romane et Renaissance, un *palazzo pretorio* qui propose chaque année des expositions temporaires remarquables ainsi qu'un intéressant musée du textile.

TOSCANE

Arriver – Quitter

En train

🚂 **Gares ferroviaires :** 2 gares, **Prato Centrale,** sur la ligne Florence-Bologne, et **Prato Porta al Serraglio,** sur la ligne Florence-Viareggio. La 1re se trouve à l'est de la ville. Prendre un bus *LAM* pour se rendre au *centro storico* (arrêt Piazza San Domenico). La 2de est plus près du centre-ville.

En bus

🚌 **Gare routière :** *piazza Stazione.* ☎ 0574-60-82-35. ● *capautolinee.it* ● *Les bus s'arrêtent en face de la gare Prato Centrale.* Bus ttes les 15 mn avec *CAP* depuis Florence. Compter 45 mn de trajet.

Circulation et stationnement

Depuis l'autoroute, le mieux est de prendre la **sortie Prato Est,** cela afin d'éviter la zone industrielle et d'accéder plus facilement au centre. Ensuite, se garer sur le parking situé en face de la poste.

Adresse utile

🛈 **Ufficio Informazioni Turistiche Comune di Prato :** *piazza Buonamici, 7.* ☎ 0574-24-112. ● *pratoturismo.it* ● *Avr-sept, lun-sam 9h (10h sam)-13h, 15h-18h ; dim 10h-13h.* Petits guides sur la ville. Bon accueil.

Où dormir ? Où manger ?

🛏 **Albergo Il Giglio :** *piazza San Marco, 14.* ☎ 0574-37-049. ● *info@ affittacamere-roma.it* ● *albergoilgiglio. it* ● *Juste à l'entrée des remparts, dans un angle de la pl. San Marco (sculpture de Henry Moore). Doubles 71-81 €, petit déj compris.* 📶 Petit hôtel qui mérite ses trois S (simplicité, serviabilité, sympathie) évidemment très bien placé. Une douzaine de chambres correctes dont la moitié avec salle de bains. Au rez-de-chaussée, 2 d'entre elles sont accessibles aux personnes à mobilité réduite. Ambiance « hôtel chez l'habitant », d'autant qu'Alvaro et sa fille Stefania vous accueillent gentiment dans la langue de Molière.

|●| **Aroma di Vino :** *via San Stefano, 24.* ☎ 0574-43-38-00. ● *info@ pratoaromadivino.it* ● ♿ *Derrière la cathédrale. Tlj 19h-1h, plus le midi jeu-dim. Congés : 2de quinzaine de juil. Carte 20-25 €.* Un petit resto tout en couleur et patiné aux encoignures. Bonne ambiance, bonne musique. L'occasion d'essayer une cuisine toscane gentiment revisitée : lasagnes végétariennes, céleri à la pratoise et excellentes soupes.

|●| 🐟 **Lo Scoglio :** *via Verdi, 42.* ☎ 0574-22-760. ● *info@ristorantelos coglioprato.it* ● *Ts les soirs sf mar. On mange pour 30 € (plus selon choix des poissons).* Dans un couvent datant de 1400, salles voûtées, ambiance proprette. La maison a fait sa spécialité du poisson frais grillé servi avec des légumes du moment (jeter un œil sur la vitrine réfrigérée en entrant). Fruits de mer, *pasta,* et donc *pasta* aux fruits de mer...

|●| **Ristorante Tonio :** *piazza Mercatale, 161.* ☎ 0574-21-266. ● *info@ris torantetonio.it* ● *Derrière la cathédrale. Repérer le campanile de l'église San Bartolomeo, c'est juste à côté. Tlj sf dim et lun midi. Repas 35-40 €.* Dans les années 1950, du temps de Tonio, c'était une simple *trattoria* ; mais au fil des décennies, c'est devenu un lieu élégant, recherché par les amateurs de poissons et de fruits de mer. Une table on ne peut plus classique, un service stylé, une cuisine goûteuse et sans surprise, bien dans la tradition.

Où déguster une glace ?

♦ *Il Lingotto :* piazza Mercatale, 145 a. ☎ 0574-44-16-77. Tlj en hte saison. Un excellent glacier où les portions sont bien servies et, qui plus est, qui vend des glaces *senza glutine*.

À voir

– *Pratomusei Card :* 13 €. Entrée pour le museo del Tessuto, le museo di Palazzo Pretorio, le Centro per l'arte contemporanea Luigi Pecci et le musei Diocesani. Valable 3 j.

🎭🎭 Avant de découvrir les musées, allez jeter un œil sur le *Duomo* et le *museo dell'Opera del Duomo* : tlj sf mar et dim mat 10h-13h, 14h-17h. Entrée : 5 €. Orfèvrerie religieuse, sculpture de Donatello. Incontournable Duomo, de style romano-gothique, assez représentatif de ce que furent ces édifices bicolores qui alternaient l'*alberese* (pierre calcaire claire) et la serpentine jusqu'au XVe s. Il est célèbre pour sa chaire extérieure, œuvre de Donatello et Michelozzo. À l'intérieur, belle chaire Renaissance en marbre blanc. Le prix d'entrée permet de découvrir dans l'abside les fresques de Filippo Lippi (admirable *Banquet d'Hérode* annonçant Botticelli !) et le « musée de l'œuvre » qui ravira les amateurs d'orfèvrerie religieuse.

🎭🎭 *Palazzo pretorio :* piazza del Comune. ☎ 0574-19-34-996. ● palazzopretorio. prato.it ● Tlj sf mar 10h30-18h30. Entrée : 8 € ; réduc.
Austère, imposant, le palais lui-même aura été durant plus de sept siècles le témoin de l'évolution militaire, civile et politique de la ville (tribunaux, prisons, puis bureaux administratifs du grand duché...). Il sera abandonné au milieu du XIXe s, avant de connaître en 1912 une vie plus paisible en tant que musée. Mais le temps avait fait son œuvre et il fallut, à l'approche de l'an 2000, repenser entièrement la présentation, d'où cette longue restauration qui aboutit, en 2013, à sa réouverture, après 15 ans de travaux.
La collection compte quelque 3 000 œuvres, dont les plus significatives sont présentées de façon chronologique, sur trois étages. Dans une muséographie entièrement revue, le visiteur peut découvrir la richesse du patrimoine artistique et culturel de Prato à travers des artistes comme Filippo Lippi, Bernardo Daddi, Fra Bartolomeo, Giovanni da Milano. Également une belle collection de gravures sur bois allant du XVIe au XIXe s. Des donations récentes, comme celle de la collection Lipchitz (sculptures, dessins), continuent d'alimenter celui qui est devenu l'un des plus importants musées de Toscane.

🎭🎭 *Centro per l'arte contemporanea Luigi Pecci :* via della Repubblica, 277. ☎ 0574-53-17. ● centropecci.it ● Tt de suite au niveau de l'entrée en ville, quand on prend la sortie Prato-est. *Fermé pour travaux* en 2016 ; consulter le site internet pour connaître les ouvertures, appelées à changer en 2017. Avec une surface agrandie, le centre a une allure plus en rapport avec la qualité des collections exposées. Accueille de très belles expos temporaires. Possède aussi dans son fonds propre des œuvres de Mario Merz, David Tremlett, Julian Schnabel, Gilberto Zorio... Pour les amateurs d'art contemporain, c'est L'endroit en Toscane.

🎭🎭 *Museo del Tessuto* (musée du Tissu) : via Pucetti, 3. ☎ 0574-61-15-03. ● museodeltessuto.it ● Mar-jeu 10h-15h, ven-sam 10h-19h, dim 15h-19h. Entrée : 6 €. Un musée entièrement consacré à l'art et à l'industrie textile, qui regroupe des pièces allant de l'Antiquité à nos jours. Belle muséographie mettant en valeur des tissages du monde entier. Les vitrines recèlent des pièces rares, comme des fragments de tissages précolombiens, mais aussi des velours vénitiens et florentins de

TOSCANE

la Renaissance. Dans les pièces contemporaines, signalons les œuvres de Moore, Ponti ou Dufy. Également une riche collection de vêtements et tout sur le passé industriel de la ville.

🛱 À voir aussi, l'étonnante *chiesa Santa Maria delle Carceri* (Sainte-Marie-des-Prisons), dont la forme de la petite coupole n'est pas sans évoquer celle de Brunelleschi.

DANS LES ENVIRONS DE PRATO

Nous avons placé ces itinéraires aux environs de Prato pour ceux qui désireraient poursuivre la visite de la province de Florence, mais vous aurez l'occasion de les faire encore plus facilement au départ de Pistoia, lors de votre balade côté Toscane littorale, entre Carrare, Lucca et Pise.

➤ Si vous vous dirigez vers Lucca en vous enfonçant vers le sud en direction de San Miniato, vous traverserez le *Monte Albano* et découvrirez un morceau de campagne riche en histoire, compris entre l'autoroute Fi-Pi-Li de Pise à Florence (sortie à Pistoia) au sud et l'A 11 de Lucques à Florence (sortie à Empoli) au nord. Quelques monuments et musées d'importance jalonnent cet itinéraire, notamment sur les pas de Léonard de Vinci, dans sa propre ville natale (voir un peu plus loin). La meilleure période pour visiter la région est l'automne ou l'hiver : c'est le temps des vendanges, des récoltes d'olives et de la dégustation de l'huile et du vin nouveaux... Mais le printemps, tout empreint de fragrances boisées, de jasmin et de roses mélangées, n'est pas mal non plus...

VINCI (56059)

À 25 km au sud de Pistoia et à 47 km de Florence par l'autoroute Fi-Pi-Li. Vinci est le berceau natal de Léonard... de Vinci, précisément. Ce petit village perché en forme d'amande ne vit pas seulement de la notoriété du génie de la Renaissance, Léonard de Vinci (1452-1519) – même s'il aurait tendance à en abuser quelque peu. Mais sans son grand homme, on passerait à côté de cette authentique petite cité de caractère, située sur les pentes du Montalbano, baignant dans un environnement exceptionnel, alternance de collines couvertes d'oliviers et de vallons verdoyants piqués de cyprès. C'est sur une de ces douces collines arrondies, sur les hauteurs du village, que se trouve la maison natale du célèbre peintre et inventeur, une des gloires de l'art d'Italie.

Arriver – Quitter

➤ *En train, puis en bus de Florence :* au départ de la gare S. M. Novella, prendre le train jusqu'à Empoli, puis bus fréquents *Copit* (le n° 49) depuis la gare d'Empoli jusqu'à Vinci (piazza della Libertà). Durée : 25-35 mn. ● *piubus.it* ●

Adresse utile

🖪 *Ufficio turistico :* via della Torre, 11. ☎ 0571-56-80-12. ● *terredelrinascimento.it* ● *toscananelcuore.it* ● *Au pied du château dei Conti Guidi. Avr-oct, tlj 10h-18h ; nov-mars, lun-ven 10h-15h,* *w-e et j. fériés 11h-16h.* Infos sur les hébergements, plan et explications en français, et bien sûr doc sur la région. Bon accueil.

Où dormir à Vinci et dans les environs ?

Campings

⚶ ≜ *Camping Village San Giusto :* via Castra, 71, 50050 *Limite Sull' Arno.* ☎ 055-871-23-04. ● info@ campingsangiusto.it ● campingsan giusto.it ● À 10 km à l'est de Vinci, sur la route de Carmignano. Navette tlj pour la gare d'Empoli à 9h30 ; de là, on gagne Florence en train, départ ttes les 15 mn, retour à 18h30. Ouv Pâques-début nov. Résa conseillée. Nuit env 27-33 € pour 2 avec tente et voiture ; chalets confortables 2-6 pers 50-110 €. 🖳 📶 Agrippé à flanc de colline, ce vaste camping déploie ses emplacements dans l'un des secteurs les plus verdoyants du mont Montalbano. Propre et très ombragé, il propose en outre de bonnes prestations : mini-*market,* bar, resto *(trattoria),* aire de jeux pour les enfants... et même une infirmerie. Vraiment un bel endroit, à l'ambiance sereine. Accueil très gentil. Beaucoup de monde en été, comme partout.

⚶ *Camping Barco Reale :* via Nardini, 11, *San Baronto (commune de Lamporecchio).* ☎ 0573-88-332. ● info@ barcoreale.com ● barcoreale.com ● ⚐ À 10 km au nord de Vinci, sur la route de Pistoia. Ligne de bus Pistoia-Empoli, arrêt San Baronto. Congés : oct-mars. Résa obligatoire en juil-août. Nuit 21-47 € pour 2 avec tente et voiture selon saison ; bungalows 2-5 pers 57-155 € selon saison. 🖳 📶 Un vaste camping moderne et confortable au sommet d'une colline boisée, stratégiquement situé au cœur de la Toscane. Ensemble très bien tenu, avec des emplacements bien délimités et ombragés. Resto avec terrasse côté jardin, bar, épicerie et animations. Belles piscines (une pour les grands et une petite pour les enfants) avec vue panoramique...

Hôtel

≜ *Antico Masetto :* piazza Berni, 12, *Lamporecchio.* ☎ 0573-82-704. ● info@anticomasetto.it ● anticomasetto.it ● À 9 km au nord de Vinci. Ouv tte l'année. Résa conseillée en été. Doubles 55-125 € selon type de chambre, petit déj-buffet compris. 📶 Pour ceux qui préfèrent l'hôtel aux B & B, celui-ci se trouve sur la place du village (très animé le vendredi, jour de marché). Une vingtaine de chambres tout confort, l'hôtel ayant été entièrement rénové. C'est impeccable, la déco est restée d'un classicisme de bon ton, et pour quelques euros de plus offrez-vous celles qui donnent sur l'arrière, la vue est magnifique ! Excellent accueil.

Agriturismi

≜ *Agriturismo La Gioconda :* via di Santa Lucia, 4. ☎ 333-765-90-22. ▤ 393-965-05-06. ● info@agriturismo lagioconda.com ● agriturismolagio conda.com ● ⚐ À 250 m de la maison natale de Leonardo et à 3 km de Vinci. Congés : nov. Double 50-70 € ; petit déj 10 € ; apparts 70-120 €/j. selon saison et nombre de pers. CB refusées. Parking gratuit. 📶 Perchée sur une jolie colline, cette belle demeure de caractère bénéficie d'un panorama époustouflant sur la campagne avoisinante et sur le petit village de Vinci. Un jardin très fleuri, une belle piscine avec vue imprenable sur la vallée, beaucoup de caractère et de confort dans les 6 appartements et dans l'unique chambre. Les apprentis vignerons peuvent se faire la main à l'occasion des vendanges. Bon accueil d'Eva et de Lorenzo, qui prêtent aussi des vélos. Pour un prix raisonnable, une adresse que nos lecteurs apprécient depuis des années.

≜ *Agriturismo Podere Zollaio :* via Pistoiese, 25. ☎ 0571-56-439. ● agri turismopoderezollaio@tin.it ● podere zollaio.com ● À Vinci, prendre la route qui monte au pied du Museo ideale Leonardo da Vinci, puis à gauche un virage en épingle juste après la sortie du village. Ouv tte l'année. 5 apparts 2-5 pers 390-800 €/sem selon taille et saison. CB refusées. 📶 Maison remarquable dans un site exceptionnel de

TOSCANE

collines plantées d'oliviers ondulant jusqu'à la mer. Une belle maison du XVe s entièrement rénovée, avec sa piscine qui domine le bourg médiéval de Vinci. Des gens accueillants. Lisa propose plusieurs appartements confortables et très bien arrangés. Pas de petit déj, tout est en *self-catering*, petites kitchenettes, barbecue pour griller sa *fiorentina* ou arroser son *dentice* d'huile extra-vierge produite au domaine (offerte en même temps que 2 bouteilles de vin à ceux qui séjournent ici 1 semaine).

🏠 🍴 **Palma's Country B & B :** via si San Pantaleo, 122 ; à 3 km de Vinci. ☎ 0571-84-10-46. 📠 338-456-53-20. ● info@palmasclub.com ● palmasclub.com ● De Vinci, prendre vers San Pantaleo. Au 1er rond-point à droite, puis au 2e complètement à gauche. Poursuivre sur env 400 m, puis à droite (panneau) et faire env 2 km. C'est fléché sur la droite. Doubles 60-100 € selon confort. 📶 Le nom ne fait pas rêver, le lieu oui. Il s'agit d'un bel agrotourisme en pleine campagne, entouré de vignes et de collines. Paolo, le souriant patron, et sa femme (qui ne l'est pas moins) vous accueillent avec jovialité. Chambres spacieuses, bien équipées et très calmes. Merveilleuse piscine derrière la maison près de la salle à manger (il y a même un petit bar dans un cabanon). Une bonne maison, tenue par des gens adorables. Petit restaurant *(ouv sam-dim)* utilisant les produits du domaine. Savoureuse cuisine végétarienne.

Où manger ?

🍴 🚄 **Ristorante-pizzeria Leonardo :** via Montalbano Nord, 16. ☎ 0571-56-79-16. ● info@ristorante leonardo.com ● Au pied du museo Leonardiano, dans le centre. Tlj midi et soir. Congés : janv ou nov. Menus touristiques 13-35 € midi et soir. Petit resto, au frais en été, avec les inévitables roues de charrettes pour faire plus campagnard. On y vient à *pranzo* pour *una bistecca* avec des frites, les yeux rivés sur la télé. On y sert une cuisine toscane rustique et classique. Rien de bien gastro, juste du *tipico*.

🍴 **La Burra di Vinci :** via Orbignanese, 15. ☎ 328-683-42-30. ● info@ allabura.com ● Au village de Vinci, prendre la route de Pistoia, tourner à gauche à 200 m, suivre les panneaux. 500 m plus loin, un chemin de terre part sur la gauche dans un vallon verdoyant ; le continuer jusqu'au bout. Tlj midi et soir. Congés : 15 janv-15 fév. Slt sur résa. Repas 25-30 €. Café ou apéritif offert sur présentation de ce guide. Ce vieux moulin, niché dans la nature, a été converti en auberge rustique. Nombreuses tables à l'intérieur comme à l'extérieur. Le chef mijote une savoureuse cuisine toscane à prix sages. Copieux autant que délicieux. Bon accueil de la famille Fedel.

À voir. À faire à Vinci et dans les environs

🎭 **Museo Leonardiano :** ☎ 0571-93-32-51. ● museoleonardiano.it ● Tlj 9h30-19h (18h nov-fév). Entrée : 11 € ; réduc. Les fans vont adorer ce petit musée célébrant de façon fort sérieuse le génie inventif et l'avant-gardisme de Léonard de Vinci. Il est réparti sur deux bâtiments. Après avoir traversé l'énigmatique piazza dei Guidi (place des Guidi), redessinée par l'artiste Mimmo Paladino, qui s'est inspiré des études de Léonard, entrez à l'intérieur de la *Palazzina Uzielli* (à deux pas de l'office), bâtiment où commence la visite puisqu'il abrite la billetterie ; demandez la très complète brochure en français pour cette partie assez technique mais intéressante. Expo sur les machines de chantier, les grues, leur histoire, leur évolution et leur rôle dans la construction des églises et autres monuments. Également des maquettes sur la contribution de Léonard à la technologie textile. La seconde partie du parcours vous attend à l'intérieur du *castello dei Conti Guidi* (le château médiéval) : plusieurs maquettes des machines de Léonard (dont les célèbres machines volantes...), une salle dédiée aux travaux de Léonard en matière d'optique, au chariot automoteur... Pas mal d'autres surprises si vous prenez le temps de tout voir.

🏃 *Casa natale di Leonardo da Vinci :* à *Anchiano.* ☎ *0571-93-32-48. À 3 km de Vinci. Tlj 10h-19h (17h nov-fév). Entrée : 3 € ; réduc. Billet combiné avec le museo Leonardiano : 11 € ; réduc. Parking à 200 m de la maison.* Explications principalement en italien. Vous risquez d'être déçu, il s'agit d'une grosse maison en pierre, perchée en haut d'une colline et entourée d'oliviers, qui a subi pas mal de transformations depuis l'époque de Léonard. Installée dans un paysage remarquable, surplombant toute la région, la maison natale de cet inventeur de génie se compose de trois pièces. C'est assez sommaire mais on peut quand même y voir une copie de son acte de naissance, le blason familial (de sa famille paternelle), quelques documents et un petit film.

TALENT MULTICARTE

Léonard est né à Vinci des amours illégitimes d'une paysanne et d'un notaire. Il n'avait pas appris le latin mais dessinait comme un dieu. Visionnaire universel, la liste de ses expériences et inventions est impressionnante : avion, hélicoptère, sous-marin, parachute, scaphandre, char d'assaut... Il a même été ingénieur militaire pour César Borgia. Il mourut dans les bras du roi François Ier, qui le vénérait, et son corps repose dans le château d'Amboise.

➤ De nombreux *sentiers de randonnée* rayonnent depuis Vinci. Le départ des itinéraires (tous fléchés par un panneau bordeaux et blanc) se fait au nord du village sur la route en direction d'Anchiano. Ils sont praticables aussi bien à pied qu'à VTT. Le circuit le plus intéressant est le n° 16, qui part d'Anchiano, mais c'est également le plus long (compter 2h aller-retour à pied).

CERRETO GUIDI (50050)

À 5 km au sud de Vinci, 32 km au sud de Pistoia, 45 km à l'ouest de Florence et 60 km à l'est de Pise (sortie de l'autoroute Fi-Pi-Li à Empoli). Petit détour pas indispensable sauf si vous passez par là en juillet quand tout le village célèbre en costumes d'époque « la nuit d'Isabella ». Hommage pas si funèbre que ça à celle que son époux trucida le 16 juillet 1576, dans l'imposante résidence de campagne construite par les Médicis en vue des battues de chasse aux alentours (voir ci-dessous la Villa Medicea). Situé sur un col qui marquait un passage stratégique vers le marais de Fucecchio (la plus vaste zone marécageuse d'Italie), ce petit village tranquille, qui tire son nom des comtes Guidi, vaut surtout pour sa *Villa Medicea,* une demeure chargée d'histoire.

Arriver – Quitter

➤ *En train, puis en bus :* par le train de Florence à Pise, descendre à la gare d'Empoli *(☎ 0571-72-659).* Ensuite, prendre le bus : ligne n° 52, ttes les heures *(Piu Bus : ☎ 0571-74-194 ; ● piubus.it ●).* Durée : 20-25 mn.

Adresse utile

🅘 *Ufficio turistico (Pro Loco) :* via dei Ponti Medicei. ☎ *0571-55-671. ● pro lococerretoguidi.it ● Au pied de la Villa Medicea. Mai-oct, mar-ven 10h-13h, 17h-19h ; sam 9h-13h, 16h-19h ; dim* *9h30-12h30. Hors saison, mar et jeu-sam 16h-19h.* Sorties et festivals sur le site de cet office qui se démène pour faire vivre le pays.

À voir

✗✗ Villa Medicea : *via dei Ponti Medicei, 7 ; dans le centre du village.* ☎ *0571-55-707. Avr-sept, tlj 9h-18h (19h dim) ; oct-mars, tlj 10h-18h. Fermé 2e et 3e lun du mois et j. fériés. GRATUIT.* Cette imposante bâtisse fut construite au-dessus des ruines du château des Guidi, sur ordre de Cosme Ier de Médicis. Celui-ci voulait ainsi marquer sa domination sur son adversaire. Ce fut au départ une résidence de chasse, qui se transforma en petit palais au fil du temps. À l'intérieur, musée (consacré en partie à la chasse) dédié aux Médicis, avec des portraits de leurs plus fameux membres. La villa fut marquée par un scandale, au XVIe s, lorsque Isabella, la fille de Cosme Ier, soupçonnée d'adultère, fut étranglée par son mari dans l'une des pièces. Impressionnants escaliers à l'avant, connus sous le nom de Ponti Medicei. À l'intérieur, voir une huile sur toile du Tintoret et quelques mobiliers remarquables en marqueterie datant de la première moitié du XVe s. Belle collection de lames (certaines des XIe et XIIe s), pistolets, escopettes, tromblons et revolvers, ainsi que quatre superbes tapisseries du XVIe s représentant les saisons.

TOSCANE

LA RÉGION DU CHIANTI

- Carte *p. 185*

> « Je crois que les hommes qui naissent là où se trouvent les bons vins ont un grand bonheur... »
>
> Léonard de Vinci

C'est une sublime région viticole – produisant des vins parmi les plus prestigieux du pays – qui s'étend de Florence à Sienne, sur les collines du centre de la Toscane. Pour la petite histoire, le Chianti fut le théâtre de violents conflits sur fond de rivalité entre Florence et Sienne, perdurant du Moyen Âge au XVIIe s. Et aujourd'hui encore – outre dans les mentalités –, il subsiste quelques traces de ces guerres territoriales : on parle du *Chianti florentin* (San Casciano in Val di Pesa, Tavarnelle Val di Pesa, Barberino in Val d'Elsa, Greve in Chianti) et du *Chianti siennois* (Castellina in Chianti, Radda in Chianti, Gaiole in Chianti et Castelnuovo Berardenga)...
Véritable coulée verte ondulante entre Florence et Sienne, le Chianti était déjà occupé au temps des Étrusques. Il semblerait même que cette civilisation préromaine ait – à force d'échanges – introduit... la vigne en France ! Pour les motorisés, la balade sur la « Chiantigiana » (SR 222), route qui serpente dans le vignoble, est vraiment agréable et traverse les jolis bourgs de Greve, Castellina, Radda et Gaiole.
On parcourt ainsi les délicieuses collines enrobées de vignes – si chères à Léonard de Vinci – qui s'enchevêtrent avec des bosquets, des oliveraies et

des chemins bordés de cyprès conduisant à de vieilles fermes perchées. À l'aube et au crépuscule, luminosité et paysages aux palettes de couleurs exceptionnelles !

Comment s'étonner, alors, que la Renaissance soit née dans un paysage si harmonieux ? Le Chianti est la terre d'élection d'un tourisme « élitiste » de connaisseurs, de jouisseurs, sans compter les amateurs de gastronomie de tous pays, attirés par le prestige régional. Mais les Italiens ne sont pas en reste non plus. Ils succèdent ainsi aux poètes, artistes et réfugiés politiques du XIXᵉ s, qui appréciaient déjà les irrésistibles qualités du lieu. Bref, une région qui réunit beaucoup d'atouts, de privilèges et de talents !

UN PEU D'ŒNOTOURISME

Tout le monde connaît le chianti. C'est le plus célèbre des vins toscans, qui représente plus de la moitié des DOC et DOCG régionaux. Mais il y a chianti et chianti ! En 1716, Cosimo III de Medici, qui avait senti la nécessité de protéger un savoir-faire local, avait délimité un terroir précis et défini les règles de production du vin. Avec le temps, la production s'étendit sur un territoire de plus en plus large, et le respect des critères d'élaboration finit par se perdre. On opéra alors un retour aux sources : les domaines situés sur la zone reconnue par Cosimo III obtinrent une appellation spécifique, *chianti classico,* identifiable au coq noir *(Gallo Nero)* qui figure sur la bouteille, tandis que les autres durent se contenter de l'appellation chianti, avec parfois la mention du secteur de production *(chianti colli senesi, chianti rufina...)*. Les deux sont reconnus DOCG, et bien entendu on trouve d'excellents vins un peu partout. Notre chapitre traite cependant essentiellement du *chianti classico,* la fameuse zone historique. À peu près 600 vignerons se partagent 7 000 ha et élaborent leurs vins à hauteur de 80 à 90 % avec le cépage phare, le *sangiovese*. Riche et concentré, il est souvent associé au Canaiolo, au Colorino et au Malvasia pour tempérer ses tannins durs. Les *riserva* indiquent des temps de vieillissement plus longs, tandis que les *gran selezione,* en principe encore un cran au-dessus, sont élaborés avec les meilleures grappes. Enfin, beaucoup de domaines se sont lancés avec succès dans la production de *supertoscans,* des vins qui ne répondent plus à l'appellation et utilisent des cépages non autochtones comme le cabernet-sauvignon et le merlot. Il ne s'agit plus de chianti, mais ces vins tanniques et structurés conçus pour rivaliser avec les meilleurs vins internationaux sont très souvent remarquables !

– *Infos :* ● stradachianticlassico.it ●

SAN CASCIANO IN VAL DI PESA

(50026)   17 080 hab.

Sur la colline qui sépare le val di Pesa du val di Greve, San Casciano est un petit bourg commercial et agricole discret, qui conserve des vestiges de ses fortifications du XIVᵉ s : murs d'enceinte, quelques tours et l'église de Santa Maria al Prato. C'est ici paraît-il que Machiavel a écrit son fameux livre, *Le Prince*. Agréable pour une courte escale.

– *Marché :* lun mat.

Arriver – Quitter

➢ *En bus :* 2-15 bus/j. avec *Firenze* (30 mn) et *Tavarnelle Val di Pesa* | (20 mn), via *San Donato in Poggio* (sf dim). Infos : ● acvbus.it ●

TOSCANE

Où dormir dans les environs ?

▲ *B & B Il Giglio Etrusco :* via Borromeo, 126, à *San Casciano.* ☎ 055-82-00-59. 🖥 347-319-01-18. ● *info@giglio etrusco.com* ● *giglioetrusco.com* ● À 2 km au sud-ouest de San Casciano par la SP 93. Doubles 85-110 € selon confort et saison. 📶 Élégante villa du XVIIIe s abritant plusieurs jolies chambres confortables, décorées avec goût et quelques meubles anciens par Laura, la gentille maîtresse des lieux, qui fait ainsi vivre la vieille maison familiale. Agréable jardin ombragé au bord du vignoble. Une belle adresse.

▲ *Agriturismo Le Pianore :* via Lucardese, 160-162, à *Montespertoli.* ☎ 0571-65-71-23. 🖥 333-953-82-27. ● *lepianore.com* ● 🖧 À 10 km au sud-ouest de San Casciano par la SP 93 (carrefour SP 79). Apparts 2-5 pers 520-1 100 €/sem selon saison (3 nuits min). 📶 Accueil dynamique, charmant et francophone dans cette vieille maison plantée en haut d'une colline panoramique. En tout, 7 appartements fonctionnels et bien équipés, avec mobilier dépareillé et terrasse privée. Piscine, tennis, pétanque, ping-pong et prêt de vélos. Bon rapport qualité-prix. Une adresse simple et authentique.

▲ |●| *Villa Il Poggiale :* via di Mucciana, 2. ☎ 055-82-83-11. ● *villailpog giale@villailpoggiale.it* ● *villailpoggiale. it* ● À 2 km au nord-ouest de San Casciano par la SP 12. Resto tlj avr-oct. Congés : fév. Doubles 90-250 € selon confort et saison. ½ pens possible. Repas 30 €. 📶 Apéritif maison offert sur présentation de ce guide. Romantique et séduisante demeure du XIVe s, modifiée au XVIIIe et renfermant une vingtaine de belles chambres tout confort, meublées de style classique toscan (préférez celles côté jardin, vraiment tranquilles). Parties communes dans le même esprit : élégantes et grandioses. La bonne table, le spa, l'accueil pro, et surtout les terrasses et la piscine avec vue splendide sur les collines du Chianti achèvent d'en faire une vraie adresse de charme. Et quelle affaire hors saison !

Où manger à San Casciano et dans les environs ?

🍝🍝 *Antica Dolce Forneria :* via Machiavelli, 24. ☎ 055-82-03-21. ● *anticadolceforneria@yahoo.it* ● Tlj sf dim. Moins de 10 €. Un petit creux ? C'est l'adresse idéale ! Cette boulangerie connue de longue date fait bien les choses : *panini,* parts de pizzas, sans oublier *crostata, biscotti, cantuccini...* À dévorer sur un petit bout de terrasse dans la rue principale piétonne. Parfait pour un déjeuner léger sur le pouce.

|●| *Cantinetta del Nonno :* via IV Novembre, 18. ☎ 055-82-05-70. ● *info@cantinettadelnonno.it* ● Tlj sf mer. Plats 7-15 € ; repas 20-30 €. Petite *trattoria* de village sans prétention, comme on les aime, avec quelques tables dans la rue, une agréable salle rustique parsemée de bouteilles de vin, et surtout une belle terrasse ombragée à l'arrière, idéale par grosse chaleur. Cuisine de saison – typiquement toscane –, simple et goûteuse. Accueil sympa et sans chichis.

|●| *Trattoria Da Bule :* via Cassia per Siena, 90, à *Bargino.* ☎ 055-824-94-89. ● *trattoriabule@gmail.com* ● À 6 km au sud de San Casciano par la SR 2. Tlj sf dim. Plats 7-13 € ; repas 20-25 €. Au fond d'une impasse d'un patelin agricole sans charme, c'est une bonne surprise ! Salle rustique soignée, flanquée d'une terrasse. Dans l'assiette, sérieuse cuisine de terroir qui mijote simplement les savoureuses viandes du cru. Également une palanquée de pâtes *fatte in casa* et quelques bons desserts du jour. Bref, la bonne adresse de campagne, fréquentée par ses habitués en famille ou entre potes. On aime !

Un peu d'œnotourisme

🍷 *Villa del Cigliano :* via Cigliano, 17. ☎ 055-82-00-33. 🖥 338-949-95-44 ou 328-441-49-22. ● *villadelcigliano. it* ● Visite sur résa. Dégustation dans

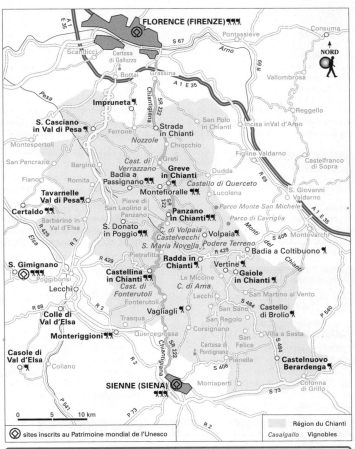

FLORENCE (FIRENZE)

NORD

A 1
E 35

Scandicci

Certosa
di Galluzzo

Bottai

Grassina

Pontassieve

Arno

Consuma

Reggello

Vallombrosa

Pesa

Chiantigiana

Impruneta

**S. Casciano
in Val di Pesa**

Montespertoli

San Pancrazio

Fiano

Bargino

Romita

**Tavarnelle
Val di Pesa**

Certaldo

Barberino in
Val d'Elsa

S. Gimignano

Poggibonsi

Lecchi

**Colle di
Val d'Elsa**

Monteriggioni

**Casole di
Val d'Elsa**

Coliano

SIENNE (SIENA)

Ferrone

Nozzole

Cast. di
Verrazzano

**Badia a
Passignano**

Pieve di
San Leolino a
Panzano

**S. Donato
in Poggio**

Pietrafitta

**Castellina
in Chianti**

Cast. di
Fonterutoli

Fonterutoli

Trasqua

Quercegrossa

Chiantigiana

Greti

**Strada
in Chianti**

Chiocchio

**Greve
in Chianti**

Montefioralle

**Panzano
in Chianti**

C. di Volpaia
Castelvecchi

S. Maria Novella

**Radda in
Chianti**

C. di Ama

Le Miccine

Lecchi

San Sano

San Regolo

Corsignano

Certosa di
Pontignano

Pianella

Montaperti

San Polo
in Chianti

San
Felice

Incisa in Val d'Arno

Figline Valdarno

Dudda

Castello di Querceto

Lucolena

Parco Monte San Michele

Parco di Caviglia

Volpaia

Podere Terreno

Badia a Coltibuono

Vertine

**Gaiole
in Chianti**

San Martino al Vento

**Castello
di Brolio**

Villa a Sesta

**Castelnuovo
Berardenga**

Castelfranco
di Sopra

S. Giovanni
Valdarno

Montevarchi

Monti
del
Chianti

Colonna
di Grillo

Vagliagli

0   5   10 km

sites inscrits au Patrimoine mondial de l'Unesco

Région du Chianti

Casalgallo Vignobles

TOSCANE

LA RÉGION DU CHIANTI

la cave gratuite ; dégustation avec gri-gnotages et visite des caves, villa et jar-din : 25 €/pers ; déj au jardin avec visite des caves, de la villa et du jardin : 40 €/ pers. Un domaine dans la même famille depuis le XVIᵉ s : on ne parle plus d'authenticité mais d'histoire ! Mais une histoire qui n'a rien de figé, car les héritiers, membres de l'association des vignerons indépendants, ont une vraie réflexion sur le respect de la nature, qu'ils mettent en œuvre sur leurs 25 ha de vignes bio. Outre les caves, on découvre aussi leur villa familiale Renaissance (médaillons de Giovanni della Robia dans la cour intérieure !), puis le beau jardin à l'italienne avec sa fontaine baroque en rocailles. C'est la mère, le fils ou la fille qui conduisent en français la dégustation des vins : des *chianti classico* bien faits, qui privilé-gient la finesse sur la puissance. Quant au *vin santo,* il est élaboré de façon tra-ditionnelle, plus sec que sucré.

À voir

✹ **Museo San Casciano :** *via Lucardesi, 6.* ☎ *055-825-63-85. Tlj sf mar mat et l'ap-m des lun et mer-ven 10h-13h, 16h-19h. Entrée : 3 € ; réduc. Quelques infos touristiques sur la ville au guichet.* Situé à l'intérieur de l'église Santa Maria del Gesù et dans les bâtiments attenants, intéressant petit musée dédié à l'art sacré : objets liturgiques, vêtements sacerdotaux, peintures (XVIIe-XIXe s) dont une séduisante *Vierge à l'Enfant* de *Lorenzetti,* qui nous regarde de face avec un Jésus fasciné par sa mère... Dans les étages, section archéologique locale : collections de bijoux et de fragments de céramiques étrusques et romaines. Sans oublier une dernière partie – qui ne manque pas d'intérêt – consacrée aux habitations primitives à travers le monde, à grand renfort de maquettes et de panneaux explicatifs...

TAVARNELLE VAL DI PESA   (50028)   7 790 hab.

Grosse bourgade administrative plantée entre les rivières Pesa et Elsa, le long de la via Cassia. D'ailleurs, son nom – du latin *taberna* – indique qu'elle est depuis longtemps un lieu d'étape... À voir absolument, son *église de Santa Lucia,* qui demeure l'un des rares exemples d'architecture gothique de la région !

Arriver – Quitter

➤ **En bus :** 2-7 bus/j. avec **Firenze** (1h10) et **San Casciano in Val di Pesa** (20 mn), via **San Donato in Poggio** (sf dim). Infos : ● acvbus.it ●

Adresse et info utiles

🛈 **Ufficio turistico :** *piazza Matteotti.* ☎ *055-807-78-32.* ● *tavarnellechiantidavivere.it* ● *terresiena.it* ● *Tlj sf dim et lun ap-m 9h30-12h30, 16h-18h ; hors saison, lun et jeu mat slt.* Plan du village, agenda culturel. Organise des visites guidées payantes de l'abbazia di San Michele Arcangelo à Badia a Passignano (voir plus loin « Dans les environs de Tavarnelle »), ainsi qu'un marché artisanal *(mar 18h-minuit)...* – **Marché :** *jeu mat.*

Où dormir à Tavarnelle et dans les environs ?

Campings

⋊ **Camping Panorama del Chianti :** *via Marcialla, 349, à* **Certaldo.** ☎ *0571-66-93-34.* ● *info@campingpanoramadelchianti.it* ● *campingchianti. it* ● *À 4 km au nord-ouest de Tavarnelle par la SP 49. Ouv fin mars-oct. Selon saison 26-31 € pour 2 avec tente et voiture.* 📶 Camping à taille humaine, installé en terrasses sur les flancs d'une colline ombragée (belle vue sur les environs). Sanitaires propres. Piscine avec solarium, jeux pour enfants, petit bar sympa (pizzas certains soirs). Très convivial tout ça !

⋊ **Agricamping Romita :** *strada Romita, 49, loc.* **Romita.** 🗄 *335-803-63-46 ou 338-208-41-46.* ● *info@campingromita.it* ● *campingromita. it* ● ⚒ *À 4 km au nord de Tavarnelle par la SR 2. Ouv avr-sept. Selon saison 27-33 € pour 2 avec tente et voiture.* 📶 Au cœur des collines verdoyantes du Chianti, petit camping tout simple aménagé sur un coteau en terrasses planté d'oliviers (un peu d'ombre). Sanitaires nickel. Piscine, équitation à deux pas. Accueil sympa.

Auberge de jeunesse

🏠 **Ostello del Chianti :** *via Roma, 137.* ☎ *055-805-02-65.* ● *ostello@*

ostellodelchianti.it ● ostellodelchianti.
it ● Lits en dortoir (6 pers) 16 €/pers ;
doubles 39-55 € selon confort ; petit
déj 3 €. ⌨ 🛜 À 2 mn à pied de la place
centrale de Tavarnelle, voici l'une des
rares AJ de la région, nichée dans
un bâtiment moderne donnant sur
un jardin. Cadre plutôt neutre, mais
accueil chaleureux, ambiance festive,
et parties communes sympas (table
de ping-pong dans le salon TV) ! Côté
dodo, c'est sobre, pratique, efficace
et propre ; avec ou sans sanitaires
privés. Également des triples et des
quadruples pour les familles. Cuisine
commune simple à dispo. Et puis tout
est fait pour rendre le séjour le plus
agréable possible (balades à cheval,
location de vélos...) !

De prix moyens à chic

🏠 **B & B Callaiola :** strada di Magliano,
3, à **Barberino in Val d'Elsa.** ☎ 055-
807-65-98. 📱 340-429-49-37. À 3 km
au sud-ouest de Tavarnelle par la petite
route de Magliano. Double 82 € ; réduc
dès 1 sem. Perdue au beau milieu des
collines verdoyantes et des oliviers,
cette superbe ferme du XVIIIe s bordée d'un jardin fleuri livre plusieurs
chambres rustiques et pleines de
cachet, dans une ambiance générale
très bohème. Accueil chaleureux de
Jocelyne, une Française qui a vécu plusieurs vies autour de la planète...

🏠 **Agriturismo La Colombaia :** via
Cassia, 16, loc. San Martino ai Colli, à
Barberino in Val d'Elsa. 📱 338-598-
97-18 ou 338-523-83-77. ● lacolom
baia@tin.it ● lacolombaiagriturismo.
it ● À 6 km au sud de Tavarnelle par la
SR 2. Ouv avr-oct. Apparts (2-4 pers)
300-530 €/sem selon saison. CB refusées. 🛜 Accueil avec les produits de la
ferme sur présentation de ce guide. Les
adorables proprios proposent 4 appartements dans leur vénérable grande
ferme, au bord d'une route qui se fait
discrète la nuit. Meubles rustiques de
famille, poêles à bois dans chaque
chambre, charpentes et murs blancs
pour la déco ; AC, cuisine équipée et
salle de bains pour le confort : c'est
simple, classique et pas cher pour le
coin ! Et comme la maison fait du vin, il

y a toujours une bouteille à dispo ! Une
adresse authentique.

🏠 **Agriturismo Borgo Peneta :**
strada di Poneta, 64, à **Barberino in
Val d'Elsa.** 📱 340-307-34-29. ● info@
borgoponeta.it ● borgoponeta.it ●
À 8 km au sud-ouest de Tavarnelle par
la SR 2, puis à droite la SP 50. Apparts
(2-4 pers) 90-150 €. 🛜 Perché dans
la verdure d'un charmant coteau paisible, ce petit hameau de maisons en
pierre compte 6 appartements bien
équipés et d'allure rustique. Barbecue,
four à bois, piscine, jardin en terrasses, jeux pour enfants, petit musée du
vin...

🏠 **Agriturismo La Villa Romita :**
strada Romita, 42, loc. **Romita.**
📱 338-689-70-99. ● info@lavillaromita.
it ● lavillaromita.it ● À 4 km au nord
de Tavarnelle par la SR 2. Apparts
(2-5 pers) 500-650 €/sem. 🛜 Ce
microbourg perché au-dessus des
vignes et des oliviers de l'azienda agricola compte 6 appartements répartis
dans plusieurs maisons traditionnelles
en pierre. Bon confort et de style rustique toscan avec vieilles cheminées.
Terrasse privée. Piscine avec vue panoramique plongeante.

🏠 **Agriturismo Villa S. Andrea :** via
di Fabbrica, 63, loc. Montefiridolfi, à
San Casciano in Val d'Elsa. ☎ 055-
824-42-54. ● reception@villas-andrea.
it ● villas-andrea.com ● À 5 km au
nord-est de Tavarnelle par la SR 2,
puis à droite la SP 94. Doubles 110-
128 € ; apparts (2-8 pers) 133-262 €
(885-1 742 €/sem) ; villa (12 pers) 360-
655 € (2 400-4 350 €/sem). 🛜 Cette
grande propriété viticole a fière allure,
perchée sur un promontoire en pleine
campagne paisible ! Chambres en
harmonie avec la villa de maître :
classiques, élégantes, spacieuses et
de bon confort. Également de beaux
appartements dispatchés dans les
anciennes dépendances agricoles du
domaine, isolées au milieu des vignes.
Vastes, tout confort, meublés à la toscane et vraiment cosy. Chaque maison
dispose même de sa propre piscine et
de grandes terrasses (avec barbecues)
pour profiter de la vue formidable sur
les environs ! Accueil pro, souriant
et arrangeant. Une belle adresse de
charme.

TOSCANE

Où manger ?

|●| Caffe degli Amici (Viola Club) : via Roma, 121. ☎ 055-807-72-36. Tlj sf lun mat. Menu déj 10 € ; plats 5-7 €. ☞ C'est le bistrot du village, qui accueille aussi le club de supporters de foot local. Un lieu de rencontres à la fois sans chichis, haut en couleur et chaleureux, mais aussi un bon plan pour avaler quelque chose sans se ruiner. La cuisine fait dans le basique, du genre plats de pâtes et quelques grillades, mais c'est copieux, correct et servi à prix mini-mini !

|●| Osteria La Gramola : via delle Fonti, 1. ☎ 055-805-03-21. ● osteria@ gramola.it ● & Dans le centre de Tavarnelle. Tlj sf mar. Plats 8-18 €. Savoureuse cuisine du cru qui fait la part belle aux produits de saison et aux viandes du terroir ; le tout mitonné avec soin et de manière traditionnelle. Juste quelques plats à la carte dont des pâtes maison, à déguster dans une salle fraîche et agréable. Bon choix de vins. Accueil souriant et efficace.

DANS LES ENVIRONS DE TAVARNELLE

SAN DONATO IN POGGIO

🍴🚶 À 6 km l'est de Tavarnelle. La route SP 76, conduisant de Tavarnelle à Castellina – et passant par San Donato –, est l'une des plus jolies du coin ! Ce village médiéval fortifié est vraiment charmant. On entre dans le castrum en passant sous l'une de ses deux vieilles portes. Agréable balade dans les quelques ruelles du bourg. En contrebas, impressionnante église romane avec tour crénelée... Et direction Castellina (jetez aussi un œil sur la gauche au santuario di Santa Maria delle Grazie)...

Adresse et info utiles

🛈 Ufficio turistico : via del Giglio, 31-47. ☎ 055-807-23-38. ● sando natoinpoggio.it ● terresiena.it ● Dans le palazzo Malaspina. Tlj sf mer 9h30-12h30, 16h-19h (horaires restreints nov-mars). Petit musée sur la région (visite sur résa), brochure en français sur la région du Chianti, agenda culturel...

– Marché : ven mat.

Où dormir ? Où manger à San Donato et dans les environs ?

🏠 Agriturismo Campolungo : strada Cerbaia, 2. ☎ 057-774-03-18. 📠 338-303-93-52. ● info@sandonatino.com ● sandonatino.com ● À 1 km à l'ouest de San Donato. Ouv mai-oct. Selon saison, doubles 45-60 € (3 nuits min), apparts (4-6 pers) 500-1 400 €/sem ; pas de petit déj'. Apéritif maison offert sur présentation de ce guide. Nichée au milieu des vignes et des oliviers, cette grande maison indépendante de celle des proprios abrite 4 chambres (la « Galileo » et la « Cimabue » ont une vue superbe) et 6 appartements (le « Michelangelo » a une mangeoire d'époque, et le « Dante » une belle terrasse ouverte sur la piscine). Le tout confortable, rénové avec des matériaux nobles, et agrémenté de meubles toscans traditionnels. Séduisante piscine au pied des vignes, et vaste terrasse pour rêvasser en admirant la campagne. Vente des produits maison (voir aussi plus loin « Où acheter de bons produits ? » à Castellina in Chianti). Accueil énergique et attentionné du couple franco-italien, Manola et Mathieu Ferré, qui a aussi rénové une autre magnifique maison de 6 chambres, située à 1 km de Castellina in Chianti, idéale à plusieurs familles (bien équipée, vue magnifique, calme et jolie piscine). Bref, notre coup de cœur dans le coin !

🏠 *Agriturismo Le Filigare :* loc. *Le Filigare.* ☎ 055-807-27-96. ● info@lefiligare.it ● lefiligare.it ● À 4 km au sud-est de San Donato par la SP 101. Apparts (2-8 pers) 98-390 € (670-2 700 €/sem) selon saison. Isolé sur une colline viticole, c'est un hameau médiéval en pierre sèche, avec chapelle et four à pain. Une petite quinzaine de beaux appartements spacieux, tout confort et d'allure « toscan-classique ». On est séduits ! Les amoureux choisiront la maisonnette à l'écart avec vue panoramique superbe sur le vignoble depuis sa terrasse privée. Dégustation des vins de la propriété (voir plus loin « Un peu d'œnotourisme dans les environs »). Accueil dynamique et sympa.

🍴 I●I *Pizzeria Palazzo Pretorio :* via dei Baluardi, 2b. ☎ 055-807-29-28. ● palazzopretorio@virgilio.it ● Dans le village, accès par la via del Giglio, 12. Ouv tlj. Pizze 6-10 €. Ici, on respecte les règles : la farine est de grande qualité, la pâte repose 24h et les ingrédients sont choisis avec soin. Résultat ? Des pizzas napolitaines généreuses et pleines de goût, dont la pâte légère et croustillante est un délice ! Sinon, la maison est également connue pour sa cuisine de la mer. À déguster en terrasse à l'étage (sur résa) ou dans une grande salle blanche et voûtée. On recommande !

🏠 I●I *Locanda di Pietracupa :* strada Pietracupa (SP 101), 31. ☎ 055-807-24-00. ● info@locandapietracupa.com ● locandapietracupa.com ● ♿ (slt au resto). À 1 km à l'est de San Donato. Congés : janv. Double 95 €. Plats 14-19 € ; repas 40-50 €. 🛜 Réduc de 10 % sur le prix de la chambre sur présentation de ce guide. L'une des bonnes tables de la région ! Au bord de cette route de campagne : une jolie grille en fer forgé, une agréable terrasse avec vue sur les collines du Chianti, une véranda cosy plus intimiste à l'arrière, un accueil adorable... Et la cuisine dans tout ça ? Savoureuse et maîtrisée. On retrouve ici tous les classiques qui fleurent bon la Toscane, avec quelques envolées originales. Belle carte des vins. Également quelques chambres à l'étage, confortables, plutôt élégantes et avec vue sur la campagne. Une charmante adresse qui mérite le détour !

Un peu d'œnotourisme dans les environs

🍷 🏵 *Le Filigare :* loc. *Le Filigare.* ☎ 055-807-27-96. ● lefiligare.it ● Visite tlj sur résa. Au faîte d'une haute colline ventée, l'environnement de ce petit domaine familial de 10 ha de vigne est d'abord exceptionnel. Ensuite, l'accueil en français se révèle enthousiaste et sympa ! Le proprio, Alessandro, ou la sommelière, Pamela, prennent le temps d'expliquer en français et de faire goûter leurs vins bio qui livrent d'étonnants goûts fruités, engendrés par l'altitude et les changements de température. De bons *chianti classico* qui flattent le palais, et puis des cuvées *riserva* plus abouties et plus chères aussi, sans compter d'ambitieux *supertoscans...*

BADIA A PASSIGNANO

🐾 *À env 12 km à l'est de Tavarnelle.* Une véritable carte postale ! En arrivant de Tavarnelle, la petite route escalade une dernière colline avant de déboucher sur le spectacle saisissant de cette impressionnante *abbazia di San Michele Arcangelo,* juchée sur une route de crête. Défendue par de puissantes murailles et hérissée de tours crénelées, cette forteresse fut fondée au IXe s par une communauté de bénédictins, avant d'échoir dans l'escarcelle de l'ordre

TOSCANE

de Vallombreuse (ordre contemplatif qui respecte également la règle de saint Benoît, mais avec plus d'austérité...). *Église ouv tlj sf dim mat 10h-12h, 15h30-17h30. Visites guidées payantes avec l'office de tourisme de Tavarnelle Val di Pesa (voir plus haut « Adresse et info utiles »).* Concerts réguliers (● amicidella musicatavarnelle.it ●).

Où manger ? Où boire un verre très chic ?

l●l ⏧ ⚘ *Osteria di Passignano :* via Passignano, 33. ☎ 055-807-12-78. ● info@osteriadipassignano.com ● ♿ Tlj sf dim. Menu 90 € (140 € avec les vins) ; plats 22-32 €. Une *osteria* chic réputée dans toute la région pour sa cuisine de terroir parfaitement exécutée et largement modernisée,

inventive et goûteuse. Les papilles sont en éveil ! Et précédant le resto, l'*enoteca La Bottega* propose à la dégustation et à la vente les excellents vins de la célèbre famille Antinori. Prévoir de casser le petit cochon, notamment pour goûter l'emblématique *Solaia* !

IMPRUNETA   (50023)   14 610 hab.

Impruneta, la « ville entourée de pinèdes », faisait partie, au Moyen Âge, des territoires de la riche famille Buondelmonti. Aujourd'hui, elle est surtout connue pour être la capitale européenne de la *terracotta* (terre cuite). À côté de l'importante production industrielle (tuiles et briques), des artisans travaillent encore selon des procédés traditionnels... Ne pas manquer non plus sa belle basilica di Santa Maria all'Impruneta.
– *Marché :* sam mat.

Arriver – Quitter

➤ *En bus :* 5-13 bus/j. avec *Firenze* | (40 mn). Infos : ● acvbus.it ●

Où dormir ? Où manger ? Où boire un verre ?
Où déguster une glace ?

🏠 l●l *Hotel Bellavista Impruneta :* via della Croce, 2. ☎ 055-201-10-83. ● info@bellavistaimpruneta.it ● bella vistaimpruneta.it ● Doubles 80-94 € selon saison. Plats 8-14 € ; repas 25-30 €. ⌨ 📶 Donnant sur la place principale, une petite auberge à l'ancienne tenue depuis des lustres par une gentille famille francophone et pro : accueil disponible, chambres impeccables et de bon confort, dans un style classique agréable, avec des meubles anciens. Également des triples et des quadruples. Côté cuisine, elle est honnête et régionale, servie sur le toit-terrasse avec vue

sur la place, ou dans le jardin. Bref, une bonne étape à tous points de vue !

⏧ ☛ *Bar Italia :* piazza Buondelmonti, 33. ☎ 055-231-37-44. Tlj 6h30-22h. Au coin de la place principale, avec son comptoir des habitués et sa terrasse au soleil, c'est le lieu idéal pour boire un café ou un verre de vin avec quelques bricoles à grignoter.

♥ *Gelateria Gelatilandia :* piazza Accurso da Bagnolo, 31. ☎ 329-424-78-09. Tlj 16h-22h. Excellentes glaces artisanales, bien crémeuses ou aux fruits de saison. Une adresse qui ne désemplit pas !

Où dormir dans le coin ?

Bon marché

🛏 **Agriturismo Erta di Quintole :** via di Quintole, 43. ☎ 055-201-11-91. 🖥 347-777-31-42. ● info@ertadiquintole.it ● ertadiquintole.it ● ♿ À 2 km au nord d'Impruneta par la SP 70. Doubles 65-70 € ; apparts (2-4 pers) 500-650 €/sem. 🛜 Produits de toilette maison offerts et une place de parking gratuite à Florence sur présentation de ce guide. En pleine nature, cette belle azienda agricola est souvent primée pour la qualité de son huile d'olive bio (voir le pressoir de 1835). Côté dodo, on a le choix entre une petite chambre double cosy meublée à l'ancienne ou des appartements modernes nickel et bien conçus ; tous répartis dans différentes maisons traditionnelles avec accès indépendants. On est bien ici, d'autant qu'il y a pas mal de petits plus : machine à laver, barbecue, superbe piscine avec panorama sur les vignes et les champs d'oliviers. Accueil cordial.

Prix moyens

🛏 **Agriturismo Olmi Grossi :** via Imprunetana per Tavarnuzze, 49. ☎ 055-231-38-83. ● info@agriturismo-olmigrossi.com ● agriturismo-olmigrossi.com ● À 1 km à l'ouest d'Impruneta par la SP 69. Apparts (2-4 pers) 70-120 € selon saison. 🛜 Grande ferme sans prétention au bord de la route pour Florence... mais pas de panique, c'est tranquille la nuit et la plupart des appartements, très convenables d'ailleurs, se trouvent en contrebas de la maison principale, au calme. De même que la piscine qui occupe une terrasse encore plus bas, face à une bien jolie vue. Vente d'huile d'olive, de miel et de vin à prix copains.

🛏 **B & B La Casa Gialla :** via Impruneta per Pozzolatico, 25. ☎ 055-201-19-94. 🖥 339-885-98-87. ● info@bb-apt.it ● bb-apt.it ● À 1 km au nord d'Impruneta par la SP 70. Doubles 80-120 €. 🛜 Un bel endroit entouré d'oliviers, dont la famille tire une petite production d'huile. Vaste terrasse fleurie et jolie piscine. Les chambres, spacieuses et toutes différentes, sont meublées avec beaucoup de goût. Et partout dans la maison, de beaux meubles et des objets anciens, chinés par les proprios qui courent les brocantes.

Où manger dans les environs ?

🍕 **Pizzeria Lo Spela :** via Poneta, 44, loc. **Ferrone**. ☎ 055-85-07-87. ● info@lospela.it ● ♿ À 4 km au sud d'Impruneta par la SP 71. Tlj sf dim, le soir slt. Pizze 6-15 €. Le patelin et la maison ne paient pas de mine, mais c'est ici qu'œuvre l'un des meilleurs pizzaiolos de Toscane ! Il élabore sa pâte avec les meilleures farines, pour un résultat croustillant à souhait. Et les garnitures, à base d'ingrédients frais locaux ou italiens de belle qualité, ont aussi emballé nos papilles ! Également des pizzas « gourmet » plus chères mais mitonnées avec des produits AOC... Le tout servi avec le sourire en terrasse ou dans une grande salle quelconque mais pleine d'habitués et de familles. Foncez !

🍴 **Trattoria L'Antico Forno :** via Chiantigiana per Ferrone, 205 (SP 3), loc. **Ferrone**. ☎ 055-20-71-31. ● rossanomazzi@virgilio.it ● À 3 km au sud d'Impruneta, au carrefour de la SP 67. Tlj sf lun. Plats 8-15 €. Jolie petite salle blanche, fraîche et voûtée de briques pour cette trattoria installée dans un village sans charme. Mais les habitués du cru qui la fréquentent assidûment ne s'y trompent pas : bonnes pâtes maison, délicieuses viandes du terroir accommodées selon des recettes toscanes simples... On s'est régalés à prix justes, hors des sentiers battus !

🍴 **Il Caminetto del Chianti :** via della Montagnola, 52, loc. Petigliolo, à **Strada in Chianti**. ☎ 055-858-89-09. ● ilcaminettodelchianti@gmail.

TOSCANE

com ● ♨ À 5 km à l'est d'Impruneta par la SP 69, puis à gauche la SR 222. Tlj sf mar. Plats 15-25 €. ⚡ L'une des bonnes tables de la région ! Un convivial resto de campagne où l'on s'attable avec plaisir dans une salle à la déco gentiment chic, ou bien en terrasse pour profiter de la jolie vue sur les collines du Chianti. Dans l'assiette, savoureuses spécialités toscanes classiques et mijotées avec soin.

Où acheter de bons et beaux produits ?

⊛ **Fattoria di Bagnolo :** via Impruneta per Tavarnuzze, 48. ☎ 055-231-34-03. ● bartolinibaldelli.it ● Visite sur résa. Dégustation et vente d'une très bonne huile d'olive, mais aussi de vins, de grappa et de vin santo. Également pâte d'olives noires ou vertes et confiture de mûres.

⊛ **Manifattura Imprunetana Terrecotte Artistiche e Laterizi :** via di Cappello, 31. ☎ 055-201-14-14. ● terrecottemital.it ● Tlj sf sam ap-m et dim 8h (8h30 sam)-13h, 14h30-19h. Parmi les artisans de terracotta d'Impruneta, la famille Mariani – fournisseur officiel du Vatican – a probablement le choix le plus large pour tous les goûts et à tous les prix ! Les pots et les jarres de toutes sortes et de toutes formes se patinent tranquillement sous les cyprès... Possibilité de livraison à l'étranger. Accueil serviable et pro.

À voir

🎭 **Basilica di Santa Maria :** piazza Buondelmonti, 28. ☎ 055-201-10-72. ● basilicaimpruneta.org ● Tlj sf mer ap-m 7h30-11h30, 16h30-18h30. Élevée au XIe s et flanquée d'un campanile massif au XIIIe s, l'église a subi de nombreuses modifications au fil des siècles ; notamment un clocher raffiné au XVIIIe s et des colonnes et arcs en façade, œuvre de G. Silvani (1634)... À l'intérieur, quelques céramiques émaillées du grand Luca Della Robbia (XVe s)... Voir aussi, sur le côté gauche de la basilique, le **museo del Tesoro** (w-e slt 9h-13h, 16h-19h – 15h-18h nov-mars ; entrée : 3 €, réduc). En plus du trésor d'objets liturgiques anciens, il renferme des collections de vêtements sacerdotaux, de beaux antiphonaires médiévaux (livres de chants) et bien sûr quelques jolies terracotta.

🎭 **Il Cotto :** dès le Moyen Âge, les artisans de la région surent tirer parti de la qualité de la terre des collines avoisinantes et devinrent de véritables experts dans les procédés de cuisson et de travail de la terracotta. Les architectes et les artistes de Florence s'en souviendront lors de la construction et de la déco des édifices de leur ville. Brunelleschi, par exemple, fera appel aux artisans d'Impruneta pour construire le toit de Santa Maria del Fiore à Florence. Aujourd'hui, le développement technologique a transformé cet art en production industrielle et massive (tuiles, briques, tomettes, etc.). Il reste cependant des potiers qui poursuivent leur œuvre selon des méthodes traditionnelles...

Fête et manifestation

– **Fête du Raisin :** dernier dim de sept. Défilé de chars, danses et dégustation de vins (pour changer !).
– **Foire de San Luca :** 3e sem d'oct. Initialement foire au bétail, à l'époque des transhumances, c'est aujourd'hui l'occasion de courses de chevaux et de repas de fête.

GREVE IN CHIANTI

(50022)   13 870 hab.

Greve in Chianti est située sur un axe routier ancien et constitue depuis longtemps un lieu d'échanges important. Cette bourgade est d'ailleurs souvent considérée comme la capitale du *chianti classico* ! Et au cœur de Greve, la superbe et curieuse place du Mercatale (piazza Matteotti) – de forme triangulaire – est bordée de coquettes maisons à arcades, dominant la statue du célèbre Giovanni da Verrazzano...

> ### SENZA RANCORE, GIO !
>
> *Giovanni da Verrazzano, né à Greve in Chianti, corsaire et grand explorateur, partit à la découverte de l'Amérique pour le compte non pas de son pays, mais de François Ier. C'est lui qui découvrit New York en 1524 et une partie de Terre-Neuve ; il permit ainsi au roi de France de revendiquer cette partie du Nouveau Monde pour son royaume. La statue de l'explorateur « traître » orne quand même la place principale de Greve in Chianti !*

TOSCANE

Arriver – Quitter

➢ *En bus :* 4-22 bus/j. avec *Firenze* (1h) ; 4-15 bus/j. avec *Panzano in Chianti* (10 mn) ; et 1-2 bus/j. sf dim avec *Radda in Chianti* (40 mn ; correspondance avec *Siena*). Infos : ● acvbus.it ●

Adresse utile

🄸 *Ufficio turistico :* piazza Matteotti, 10. ☎ 055-854-62-99. ● commune. greve-in-chianti.it ● terresiena.it ● Avr-oct, tlj 10h30-18h30 ; mars et nov-déc, tlj sf dim ap-m 10h-13h, 15h-18h. Congés : janv-fév. Plan du village et des environs, infos routes des Vins et de l'Huile d'olive (strada del vino e dell' olio Chianti Classico), résa d'hébergements, d'excursions dans le terroir, agenda culturel, etc. Également une brochure en français sur la région du Chianti...

Où dormir à Greve et dans les environs ?

De prix moyens à chic

🛏 *B & B Ancora del Chianti :* via Collegalle, 12. ☎ 055-85-40-44. 🖥 339-158-76-42. ● info@ancoradelchianti.it ● ancoradelchianti.it ● À 3 km au nord de Greve par la SR 222, prendre une route qui monte à droite en arrivant à Greti (panneau). Congés : nov-début mars. Doubles 80-90 €. CB refusées. 📶 Petit ensemble de maisons en pierre isolées sur le haut d'une crête enrobée de vigne et d'oliviers ! Et, tout autour, des terrasses panoramiques, des transats et même des hamacs pour profiter à fond de cet environnement serein. Avec ses 8 chambres mignonnes et tout confort (dont 2 séparées pour les familles) et son petit déj convivial (bons gâteaux maison), c'est l'endroit idéal pour se refaire une santé, même s'il n'y a pas de piscine ! Cuisine commune à dispo. Accueil francophone dynamique et charmant. Un vrai coup de cœur écoresponsable !

🛏 *Agriturismo Le Cetinelle :* via Canoniva, 13. ☎ 055-854-47-45. 🖥 338-752-95-82. ● simo@cetinelle. com ● cetinelle.com ● 🅖 À 5 km à l'est de Greve, en direction du parc de San Michele. Congés : de mi-déc à mi-mars. Double 85 € ; apparts (2-4 pers) 100-140 € (min 3 nuits), 700-1 000 €/ sem. 📶 Un cadre extraordinaire !

TOSCANE

Isolée en pleine campagne viticole, cette vieille ferme réhabilitée abrite 6 chambres cosy et champêtres (accès à une cuisine commune en prime) et 2 appartements vastes, confortables et soignés. Belle piscine et vue magnifique sur le terroir depuis les terrasses verdoyantes. Accueil charmant et disponible.

🛏 *Agriturismo Poggio all'Olmo :* via Petriolo, 30. ☎ 055-854-90-56. 🖥 347-521-65-56. ● poggioallolmo@gmail.com ● poggioallolmo.info ● À 7 km au sud-est de Greve par la SR 222. Congés : nov-fév. Double 75 € ; apparts (2-4 pers) 90-160 € ; petit déj 10 €. 📶 Installée sur le haut d'un coteau vinicole dominant la campagne splendide, cette ancienne ferme soigneusement restaurée renferme des chambres et des appartements tout confort et d'allure classique. Belle piscine. Bon rapport qualité-prix-tranquillité.

🛏 *Agriturismo Pian del Gallo :* via Uzzano, 31, loc. *Pian del Gallo.* ☎ 055-85-33-65. ● info@piandelgallo.eu ● piandelgallo.eu ● ♿ À 1 km au nord-est du centre-ville par la via della Pace. Double 70 € ; apparts (2-6 pers) 70-140 €. 📶 Il s'agit de 2 jolies maisons de campagne enserrant une ravissante terrasse, bordée par un jardin de rêve : quelques grosses jarres, des plantes à profusion, une cuisine d'été et une piscine. À dispo : plusieurs chambres et appartements bien équipés et paisibles, meublés à l'ancienne et décorés de bibelots. Accueil jovial en français du maître des lieux, qui chouchoute ses hôtes et leur fait goûter le vin bio et l'huile d'olive de son petit domaine.

🛏 *Castello di Querceto :* via A. François, 2, loc. *Dudda.* ☎ 055-859-21. ● agriturismo@castellodiquerceto.it ● castellodiquerceto.it ● À 8 km à l'est de Greve. Apparts (2-4 pers) 80-140 € (450-750 €/sem) selon saison ; petit déj sur résa 6 €. Ce vaste et beau domaine viticole (voir plus bas « Un peu d'œnotourisme à Greve et dans les environs »), parsemé de bois, dispose d'une dizaine d'appartements répartis dans plusieurs maisons. Rénovés selon les standings toscans (carrelages en brique, poutres apparentes, meubles artisanaux), ils ne font pas dans le grand luxe mais se révèlent propres, bien équipés et au final d'un bon rapport qualité-prix. Et puis la piscine reste un atout non négligeable !

🛏 *Albergo del Chianti :* piazza Matteotti, 86. ☎ 055-85-37-63. ● info@albergodelchianti.it ● albergodelchianti.it ● Doubles 100-115 € selon saison. 📶 En plein Greve, une quinzaine de chambres sobres, modernes et tout confort. Mais la vraie surprise, c'est le grand jardin avec sa belle piscine, à l'arrière. Inattendu au cœur de la vieille ville !

Où manger à Greve et dans les environs ?

Sur le pouce

📍 *Pasticceria Forno Chianti :* viale G. da Verrazzano, 22. ☎ 055-85-39-01. En centre-ville, à 5 mn à pied de la piazza Matteotti. Tlj sf dim 6h30-13h, 17h-20h. Moins de 10 €. Hors des sentiers touristiques, une belle petite boulangerie de quartier. Parts de pizza, gâteaux, *crostata, biscotti, cantuccini...* Simple, bon et pas cher. On recommande !

📍 *Forno La Bottega del Pane :* piazza Matteotti, 89. ☎ 055-85-38-59. En plein centre de Greve. Tlj sf dim 7h-13h, 17h-20h (16h30-19h30 en hiver). Moins de 10 €. Minuscule mais sérieuse boulangerie sous les arcades de la place, où locaux et touristes font la queue pour un pain toscan, un morceau de *focaccia,* une part de pizza, de *crostata,* ou des *biscotti* traditionnels...

📍 *Macelleria Ceccatelli :* piazza Matteotti, 44. ☎ 055-85-30-62. ● storicamacelleriaceccatelli@hotmail.com ● Au cœur de Greve. Tlj 8h-19h. Moins de 10 €. Petite boucherie-charcuterie familiale dont la réputation n'est plus à faire ! À côté des bonnes pièces de viande *chianina,* la cochonnaille maison peut servir à confectionner un succulent sandwich, pourquoi pas agrémenté de *pecorino...* À déguster sur les

2-3 tables en terrasse, histoire de poser une fesse. Accueil tout en gentillesse et sourire.

🚲 |●| ❀ **Antica Macelleria Falorni :** *piazza Matteotti, 71.* ☎ *055-85-30-29.* ● *info@falorni.it* ● *Tlj 9h (10h dim et j. fériés)-19h30. Plats 4-10 €.* Immense charcuterie sous les arcades de la place, pour des salaisons en veux-tu en voilà ! Le sanglier est à l'honneur, décliné sous toutes ses formes. Autres spécialités de la maison : *capocollo* (tête et museaux roulés), *salame montanaro...* Belle cave à *pecorino.* Qualité au rendez-vous et emballage sous vide : pratique pour les pique-niques ou pour rapporter dans vos valises. Possibilité aussi de déguster du chianti, accompagné d'un *panino,* d'une assiette de charcuterie-fromage ou d'un petit plat goûteux pas cher ; en terrasse sur la place. Une adresse incontournable !

De bon marché à prix moyens

|●| **Enoteca Fuoripiazza :** *via Primo Maggio, 2 (angle piazza Trento).* ☎ *055-854-63-13.* ● *info@fuoripiazza. it* ● *À 200 m de la piazza Matteotti. Tlj (sf lun ven-mars). Plats 7-15 € ; repas 20-30 €.* 📶 *Réduc de 10 % sur l'addition pour tt repas réservé (midi et soir) sur présentation de ce guide.* On est séduits par ce gentil petit bar à vins de quartier, bien connu des habitués, au coude à coude avec quelques touristes venus se « perdre » hors des sentiers battus. Sur l'ardoise, quelques bons petits plats toscans bien menés et sans chichis, servis avec le sourire à prix juste. Une poignée de tables en terrasse sur le parking. On aime !

|●| **Osteria Mangiando Mangiando :** *piazza Matteotti, 80.* ☎ *055-854-63-72.* ● *info@mangiandomangiando. it* ● *En plein cœur de Greve. Tlj sf jeu. Plats 9-22 € ; repas 25-35 €.* Un petit resto frais et accueillant, niché dans une vieille demeure, sous les arcades de cette place. Vénérables tables en bois, murs blancs parsemés de blasons et d'étiquettes de vins. Cuisine ouverte sur la salle où les cuistots mitonnent de savoureuses spécialités typiques à base d'ingrédients locaux de qualité. Prix encore raisonnable, car les *contorni* sont inclus dans les *secondi...*

De prix moyens à chic

|●| **Il Portico :** *piazza Matteotti, 91-92.* ☎ *055-854-74-26. En plein centre de Greve. Tlj sf mer. Plats 8-21 € ; repas 25-40 €.* Situation stratégique pour cet agréable petit resto lumineux, doublé d'une terrasse au coin de la place. Une table touristique, certes, mais dont la cuisine demeure convenable, fraîche et classique... Mais pas donnée ! Accueil souriant.

|●| **Borgo Antico :** *via di Convertoie, 11a, loc.* **Passo del Sugame.** ☎ *055-85-10-24.* ● *info@ilborgoantico.it* ● ♿ *À 4 km à l'est de Greve par la SP 16. Tlj sf mar (nov-mars, slt ven soir, sam midi et soir, et dim midi). Plats 7-25 € ; repas 25-40 €. Apéritif maison offert sur présentation de ce guide.* Isolée en pleine campagne, petite auberge connue des gourmands pour ses savoureuses spécialités toscanes et ses bonnes viandes grillées. Produits du cru frais, goûteux, et *tutti fatti in casa !* Pâtes maison pour les fauchés. Et avec un gouleyant vin conseillé par le sympathique Stefano, on passe un bon moment en terrasse, au soleil, cerné par le vignoble. Bref, une adresse de campagne qui mérite bien le détour !

TOSCANE

Où déguster une glace ?

♟ **Gelateria Da Lorenzo :** *viale V. Venetto, 68-70.* 📱 *334-337-12-04.* ● *lorenzotalluri@hotmail.it* ● *Tlj 13h-23h.* À deux pas de la place principale, de délicieuses glaces crémeuses aux parfums classiques, sans oublier les sorbets aux fruits de saison. Slurp !

TOSCANE

Où déguster du vin ?

🍷 I●I **Enoteca Falorni :** *piazza delle Cantine, 6.* ☎ *055-854-64-04. ● info@ enotecafalorni.it ● enotecafalorni. it ● ✯ Tlj 10h30-19h30 (20h – 22h ven – en été).* Établie dans une vaste et élégante cave voûtée, cette *enoteca* propose une foule de vins italiens – essentiellement des chiantis et autres nectars toscans – à la dégustation au verre selon le concept du self-service. En arrivant, on récupère une carte magnétique, qu'on crédite à volonté, avant de se servir soi-même aux distributeurs ! L'intérêt, c'est d'avoir accès à un éventail très large de vins en choisissant la dose idoine : petite, moyenne ou grande. Vraiment bien fichu, même si on déplore l'absence de conseils et d'explications... Même système pour l'huile d'olive, qu'on déguste sur du pain. Bref, un endroit incontournable pour se familiariser avec le vignoble, d'autant qu'on peut manger sur place *(panini, taglieri et autres petits plats classiques ou antipasti de qualité 8-16 €).*

Un peu d'œnotourisme à Greve et dans les environs

🏠 ❀ 🍷 **Tenuta La Novella :** *via Musignana, 11, loc.* **San Polo in Chianti.** ☎ *055-833-77-49. ● tenutalanovella. com ● À 20 km au nord-est de Greve par la SP 56. Tlj sf dim 9h-12h, 14h-17h (sam sur résa).* Petit domaine situé autour d'une majestueuse bâtisse perdue dans les collines du Chianti, et dirigé par une solide équipe franco-italienne qui a fait ses armes dans le bordelais. Résultat : des vins certes pas donnés, mais de qualité et bio. Loue aussi 2 appartements (4-6 personnes). Une bonne étape dans la région.

🍷 ❀ 🏠 **Castello di Querceto :** *via A. François, 2, loc.* **Dudda.** ☎ *055-859-21. ● castellodiquerceto.it ● À 8 km à l'est de Greve. Boutique tlj 9h-17h30. Visite guidée sur résa lun-ven à 11h, 14h et 17h (plus sam à 14h mai-sept). Compter 10 €, dégustation comprise.* Un château avec une vraie belle tour crénelée et de magnifiques jardins. Ce vaste domaine appartient à la famille François, d'origine française, qui s'est installée en Toscane durant le XVIIIe s. Très impliquée dans le développement de la région et la préservation du vignoble, elle fit partie du groupe de producteurs qui créa le *consorzio dei chianti classici,* premier pas vers la future et prestigieuse DOCG. À côté des châtaigneraies et oliveraies, les 60 ha de vignes produisent plusieurs *chianti classici* et des *supertoscani* vinifiés de façon traditionnelle, qui développent de beaux arômes et révèlent une bouche intense. Une belle maison, proposant aussi des hébergements (voir plus haut « Où dormir à Greve et dans les environs ? »).

🍷 ❀ 🏠 **Castello di Uzzano :** *via Giovanni di Verrazzano, 32, loc.* **Greti.** ☎ *055-85-42-43. ● verrazzano.com ● ✯ À 3 km au nord de Greve par la SR 222. Boutique tlj sf w-e 8h-17h (plus un point de vente au bord de la SR 222, tlj 10h-18h). Visites guidées thématiques sur résa lun-ven à 10h, 11h, 12h et 15h, sam à 12h. Compter 18-58 €, dégustation et grignotage compris.* Vieux de 900 ans, c'est un grand domaine viticole de 52 ha, certes touristique, mais incontournable dans le Chianti. Les visites ne donnent pas accès au château, mais permettent de se balader dans les beaux jardins Renaissance attenant au château, avant de finir sur une dégustation : bons vins typés, structurés et plutôt puissants. Loue aussi des chambres et des appartements à prix raisonnables sur le domaine...

🍷 ❀ **Villa Vignamaggio :** *via Petriolo, 5.* ☎ *055-85-46-61. ● vignamaggio. com ● ✯ À 6 km au sud-est de Greve par la SR 222. Boutique tlj 10h-18h*

(17h dim). Visites guidées sur résa : 10 € ; 25 € avec dégustations et brico-les à grignoter, c'est l'un des plus anciens domaines de la région, arborant fiè-rement ses 52 ha de vignes. On dit que Mona Lisa serait née ici, dans la bâtisse principale (XIVe-XVIe s)... Mais ce qui est sûr, c'est que Kenneth

Branagh y tourna *Beaucoup de bruit pour rien* en 1993 ! On visite ainsi les vieilles caves, les jardins à l'italienne et la villa, avant de se rincer le gosier. À déguster : 5 rouges sérieux, un rosé et un *vin santo*. Loue aussi une ving-taine de chambres et d'appartements cosy et élégants.

Achats

⊛ **Galleria Geometrie Materia-crea :** *piazza Matteotti, 51.* ☎ *055-85-31-72.* ● *ceramica-geometrie. com* ● *Lun-sam 9h30-19h30, dim 10h30-19h. Congés : nov-fév.* Outre la grande place donnée aux céramiques traditionnelles toscanes, la galerie expose des pièces plus contempo-raines. Celles d'**Antonella Ciapetti** sont remarquables par leurs formes et leurs couleurs rouges et turquoise. Un joli souvenir toscan mêlant tradition et créativité. Pour tous les goûts et toutes les bourses !

À voir

🍖 **Museo d'Arte Sacra di San Francesco :** *via di San Francesco, 4.* ☎ *055-854-46-85.* ● *chiantimusei.it* ● *Mar et jeu-ven 16h-19h, w-e 10h-13h, 16h-19h (horaires restreints en hiver). Entrée : 3 €.* Dans l'ancien hospice de San Fran-cesco, une collection d'œuvres d'art (peintures, sculptures...) appartenant au patri-moine religieux du Chianti, ainsi que de beaux objets de culte et des vêtements sacerdotaux.

🍖 **Chiesa Santa Croce :** *piazza Trieste.* Belle petite église domi-nant la célèbre place triangulaire, construite dans les années 1830 sur les ruines d'un ancien ora-toire. On admire sa belle façade à trois arcs avec, dans des niches, les statues de saint Jean-Baptiste et saint François... À l'intérieur, plafond à caissons et beau tabernacle fresqué du XIe s, triptyque des XIVe-XVe s, et aussi ce petit tabernacle en faïence signé Andrea Della Rob-bia (XIVe s).

VIN AU VERRE

*En 2002, Falorni, un fameux charcutier de Greve in Chianti, inventa l'*Enoma-tic*, la machine qui conserve le vin des bouteilles ouvertes jusqu'à 3 semai-nes. On remplace l'air par de l'azote, ce qui empêche l'oxydation et permet la vente au verre plus longtemps. Et croyez-le, cette invention a contribué à diminuer le nombre de morts au volant !*

Marchés et manifestations

– **Marché :** *sam mat (jusqu'à 13h), piazza Matteotti.* Charcuteries toscanes pré-parées et vendues au poids ou en sandwich, fruits et légumes...
– **Marché bio :** *4e dim de chaque mois.* Tous les producteurs du coin se donnent rendez-vous sur la piazza Matteotti.
– **Foire des antiquaires :** *lun de Pâques.* Meubles authentiques ou très belles copies qui font la joie des chineurs. Réputée dans la région.
– **Foire aux vins :** *2e w-e de sept.* Très populaire.

TOSCANE

DANS LES ENVIRONS DE GREVE IN CHIANTI

MONTEFIORALLE

¶¶ *À 2 km à l'ouest de Greve.* Classé parmi les plus beaux bourgs d'Italie, Montefioralle est un adorable petit village perché, enfermé dans ses murs d'origine, et qui s'organise le long d'une unique rue circulaire. Insolite et photogénique ! Au Moyen Âge, c'était un centre militaire et administratif de premier ordre... Jolie église de l'époque, reconstruite aux XVIIe-XVIIIe s et surplombant l'ensemble.

I●I Taverna del Guerrino : *via di Montefioralle, 39.* ☎ 055-85-31-06. ● *tavernadelguerrino@virgilio.it* ● *Au cœur du village. Tlj sf lun. Plat du jour 13 € ; repas 30-50 €. Digestif offert pour tte commande d'une* bistecca chianina *sur présentation de ce guide.* Cette *trattoria* familiale est une affaire qui roule ! Ses petites salles rustiques et sa terrasse fabuleuse font le plein des habitués, qui viennent en famille savourer la cuisine du terroir simple et goûteuse. Idéal pour un repas dominical et pour faire bombance en se régalant d'une fameuse *bistecca chianina* bien saignante en profitant de la vue panoramique. Accueil gentil.

PANZANO IN CHIANTI   (50020)   980 hab.

Traversé par la route du Chianti, Panzano se trouve exactement à mi-chemin entre Florence et Sienne. On distingue de loin son *castello,* perché au sommet d'une colline haute de 500 m. À côté, l'imposante *chiesa Santa Maria Assunta,* dont l'intérieur, de style néoclassique, avec des peintures attribuées à l'école florentine, contraste avec sa lourde façade et sa porte de bronze. Le village offre aussi un formidable balcon panoramique sur les belles collines ondulantes du Chianti, aux teintes si envoûtantes au soleil couchant !
– **Marché :** *dim mat.*

Arriver – Quitter

➢ **En bus :** 4-15 bus/j. avec **Firenze** (1h10) et **Greve in Chianti** (10 mn) ; et 1-2 bus/j. sf dim avec **Radda in Chianti** (30 mn ; correspondance avec **Siena**). Infos : ● *acvbus.it* ●

Où dormir à Panzano et dans les environs ?

Prix moyens à chic

⌂ B & B Vigni Marco : *via G. da Verrazzano, 7.* ☎ 055-85-20-45. ● *info@ vignituscanyrooms.it* ● *vignituscany rooms.it* ● *Près de la place principale. Double 70 €. CB refusées.* 🛜 Belle demeure du XVIIIe s. Côté hébergement, ce n'est pas le grand luxe, mais c'est convenable pour une étape : chambres simples, claires et lumineuses, avec ou sans salle de bains privée. Atmosphère chaleureuse et paisible. Cuisine commune à dispo. Excellent accueil.

⌂ Agriturismo Panzanello : *loc. Panzanello. Représenté par Loc'Appart en France,* ● *locappart.com* ● 🚹 *À 3 km au nord-ouest de Panzano par la SP 118. Congés : janv-fév. Compter 125-220 € pour 2-6 pers.* 🛜 En plein milieu des vignes, cette belle propriété vinicole propose plusieurs appartements joliment rénovés avec une vue remarquable sur Panzano et ses collines. Possibilité de visiter la cave. Jolie piscine. Proprios attentionnés et discrets. Un bel endroit idéalement situé pour rayonner dans la région.

Où manger ? Où déguster chianti et charcuterie ?

De bon marché à chic

|●| 🥢 ⟡ *Enoteca-pub Il Vinaio :* *via S. Maria, 22.* ☎ 055-85-26-03. ● *ilvinaiodipaologoeta@panzanoin chianti.net* ● *Juste au coin de l'église. Congés : fin déc-fin janv. Tlj 11h-22h. Plats 7-10 €.* 🛜 *Apéritif maison ou café offert sur présentation de ce guide.* Un minuscule bar à vins hors d'âge, impec' pour avaler sur le pouce un *panino*, une assiette de charcuterie-fromage ou un plat du jour simple mais goûteux, tout en profitant de la vue panoramique fabuleuse depuis la terrasse ombragée cachée à l'arrière. Sans prétention et sympa, comme l'accueil. Foncez !

|●| ⟡ *Antica Macelleria Cecchini :* *via XX Luglio, 11.* ☎ *055-85-20-20 ou 055-85-21-76.* ● *macelleriacecchini@ tin.it* ● Le célèbre boucher de Panzano, Dario Cecchini (vétérinaire de formation, un comble !), a fait de sa boutique LA vitrine du village ! Porte de frigo en verre derrière laquelle se balancent les quartiers de viande, ribambelle de saucissons au-dessus du comptoir, bouchers dynamiques en tablier blanc et rouge. Apéro gratuit tous les soirs ! Mais « Dario-le-viandard » propose aussi plusieurs formules alléchantes.
– *Dario Doc (tlj sf dim, à midi slt ; pas de résa ; menus 10-20 €) :* burger à la *chianina* accompagné de petites pommes de terre rôties à la sauge et à l'ail ; ou assortiment de steak tartare, de porc rôti et de pain de viande à la sauce au poivre, le tout servi sur de grandes tablées avec des légumes et des *fagioli* !
– Également la formule *Officina della Bistecca (tlj ; menu 50 €, vin, café et grappa compris),* un véritable menu rabelaisien à dévorer aussi à l'étage, baigné dans une déco plus travaillée.
– *Solociccia (via Chiantigiana, 5 ;* ☎ *055-85-27-27 ; tlj ; menus 25 € le midi sf dim, 30-50 € le soir, vin, café et grappa compris) :* annexe de l'Antica Macelleria Cecchini, ce resto propose des menus complets plus élaborés mais toujours dédiés à la sacrosainte viande ! Accueil décontracté et ambiance assurée. On recommande ! Résa plus que conseillée pour les 2 dernières adresses.

|●| *Cantinetta Sassolini :* piazza Ricasoli, 2. ☎ 055-856-01-42. ● *info@ cantinettasassolini.com* ● *En dessous de l'église. Tlj sf mer. Plats 7-14 €.* Plusieurs petites salles élégantes et voûtées, flanquées d'un agréable jardin-terrasse pour cette table, l'une des meilleures du coin ! Dans l'assiette, délicieuse cuisine enracinée qui fait la part belle aux produits du terroir triés sur le volet. Accueil aux petits soins. Une adresse touristique, mais une bonne adresse quand même !

Où manger dans les environs ?

|●| *Osteria Le Panzanelle :* loc. Lucarelli, 29, à *Radda in Chianti.* ☎ 0577-73-35-11. ● *osteria@lepanzanelle.it* ● ♿ *À 4 km au sud de Panzano par la SR 222, puis à gauche la SP 2bis. Tlj sf lun. Plats 7-14 € ; repas 25-30 €.* En bord de route, une auberge d'antan à la déco simple et rustique, avec vieux comptoir à l'entrée et carrelages d'autrefois. Et pour l'essentiel ? Une généreuse cuisine de terroir à la fois rustique, soignée et pleine de saveurs. Le tout inspiré par les recettes des grands-mères des deux proprios, Silvia et Nada : les « Panzanelle » (filles de Panzano). Terrasse protégée de la route par une ceinture végétale. Excellent rapport qualité-prix-accueil. C'est sûr, on reviendra !

TOSCANE

TOSCANE

Un peu d'œnotourisme

𝕐 ⊛ Fattoria Casaloste : *via Montagliari, 32.* ☎ *055-85-27-25.* ● *casa loste.com* ● *À 2 km au nord-est de Panzano par la SR 222. Visite en français : mai-oct, tlj sf dim 10h30-12h45, 14h30-18h ; le reste de l'année, sur résa slt.* Petit domaine bio de 10 ha, dont les proprios sympas et francophones misent sur la qualité plutôt que sur la quantité. Un choix qu'on encourage ! Surtout après avoir goûté leurs vins très réussis. Également une huile d'olive savoureuse et aromatique. Enfin, loue des appartements avec piscine.

CASTELLINA IN CHIANTI   (53011)   2 860 hab.

Ancrée au cœur du Chianti Classico, Castellina domine les vallées de l'Arbia, de l'Elsa et de la Pesa. De tous côtés où porte la vue, ce ne sont que vignobles tirés au cordeau, oliveraies au feuillage argenté, bosquets de cyprès et champs sillonnés par de petites routes en lacet. Tout ici, comme l'affirmait Léonard de Vinci, porte à la douceur de vivre ! Le chanteur Léo Ferré, sans doute inspiré par la douceur de ce « pays sage », y avait élu domicile... Mais le village fut aussi disputé pendant des siècles par Florence et Sienne, et conserve les beaux vestiges de ce passé belliqueux : une forteresse du XVe s, et puis la *via delle Volte,* fascinante rue entièrement voûtée qui longe le mur d'enceinte (à parcourir absolument !), sans oublier l'église San Salvatore...

Arriver – Quitter

➢ **En bus :** 6-7 bus/j. sf dim pour **Radda in Chianti** (20 mn ; correspondances pour **Panzano in Chianti,** **Greve in Chianti** et **Firenze**) et **Siena** (35 mn). Infos : ● *tiemmespa.it* ● *siena mobilita.it* ●

Adresse et info utiles

🛈 **Ufficio turistico :** *via Ferruccio, 40.* ☎ *0577-74-13-92.* ● *comune. castellina.si.it* ● *terresiena.it* ● *Lun-sam 10h-13h, 14h30-16h30. Congés : nov-mars.* 🖥 📶 Plan du village et des environs, infos routes des Vins et de l'Huile d'olive *(strada del vino e dell' olio Chianti Classico),* brochure en français sur la région du Chianti, résa d'hébergements, excursions dans le terroir, agenda culturel...
– **Marché :** *sam mat.*

Où dormir à Castellina et dans les environs ?

De prix moyens à chic

⌂ **Villa Casalta :** *loc.* **Casalta.** ☎ *0577-74-04-44.* ● *villacasalta@ gmail.com* ● *villacasalta.com* ● ♿ *À 3 km à l'est de Castellina par la SR 222. Réception à l'Albergo Il Colombaio (via Chiantigiana, 29 ;* à la sortie de Castellina, direction Radda). Congés : nov-avr. Double 100 €. 📶 Café offert sur présentation de ce guide. Vaste demeure de caractère isolée sur le flanc d'un coteau campagnard, avec vue sur Castellina couronnant une colline lointaine... Une douzaine de chambres sobres mais élégantes, confortables et meublées d'ancien, avec de beaux lits en fer. Certaines avec une vue époustouflante. Petit déj servi dans une salle pleine de cachet, ou sur une belle terrasse panoramique, d'où l'on accède à la piscine en contrebas. Accueil charmant. Une bonne adresse côté nature.

🛏️ |●| **Locanda La Casina di Lilliano :** loc. La Casina, 36-37, loc. **Macie.** ☎ 0577-74-07-45. ● info@lacasinadililliano.com ● lacasinadililliano.com ● À 6 km au sud de Castellina par la SP 51. Resto tlj sf lun, le soir slt. Double 110 € ; petit déj 5 €. Plats 10-22 €. 📶 Dans les vignes, cette vénérable maison traditionnelle livre 5 belles chambres confortables et aménagées dans un style qui marie avec goût vieilles pierres apparentes et déco moderne de qualité. Jolie piscine à débordement. Côté fourneaux, cuisine de terroir goûteuse – largement plébiscitée par les gens du cru – où pâtes maison et viandes locales (gibier en saison) sont à l'honneur. Accueil sympa et pro.

🛏️ **Hotel Colle Etrusco Salivolpi :** via Fiorentina, 89. ☎ 0577-74-04-84. ● info@hotelsalivolpi.com ● hotelsalivolpi.com ● À 1 km à l'ouest de Castellina par la SP 76. Résa obligatoire. Doubles 80-130 € selon confort et saison. 📺 📶 Sur une petite colline en bord de route, une vieille maison paysanne transformée avec goût en une belle auberge accueillante. In situ et dans 2 dépendances plus modernes, une petite vingtaine de chambres tout confort et cosy, de style rustico-chic : vénérables poutres, murs blancs, beaux meubles patinés, lits en fer forgé... Piscine. Bon rapport qualité-prix-accueil.

🛏️ **Albergo Il Colombaio :** via Chiantigiana, 29. ☎ 0577-74-04-44. ● info@albergoilcolombaio.it ● albergoilcolombaio.it ● À la sortie de Castellina, juste au bord de la SR 222, direction Radda. Double 90 €. 📶 Café offert sur présentation de ce guide. Toute proche du cœur du village, cette grande maison pleine de cachet dans le style du pays renferme une quinzaine de belles chambres confortables et meublées d'ancien. Préférez celles avec vue sur le jardin, la piscine et la campagne alentour. Salon cosy avec cheminée. Accueil sympa.

Plus chic

🛏️ **Palazzo Squarcialupi :** via Ferruccio, 22. ☎ 0577-74-11-86. ● info@palazzosquarcialupi.com ● palazzosquarcialupi.com ● ♨️ Doubles 125-175 € selon confort et saison. 📶 C'est l'adresse de charme du village, nichée dans un beau palais toscan qui dissimule une surprise de taille : son étroite terrasse avec vue magnifique sur un séduisant jardin en terrasses doté d'une piscine, et les collines du Chianti en toile de fond. Chambres agréables et spacieuses, aménagées dans un élégant style toscan classique qui nous plaît : tomettes, meubles anciens... Vue panoramique sur la campagne pour les plus chères. Sur place : spa donnant sous la fameuse solte di Volte, et une bonne table (voir « Où manger à Castellina et dans les environs ? »). Accueil souriant et pro. Possède aussi l'agriturismo La Ferrozzola, à environ 1 km du village, avec 3 beaux appartements et une piscine...

Entre Castellina et Sienne

De bon marché à prix moyens

🛏️ **Agriturismo Casalgallo :** via del Chianti Classico, 5, à **Quercegrossa.** ☎ 0577-32-80-08. ● casalgallo@libero.it ● casalgallo.it ● À la sortie du village, sur la gauche dans un virage, en allant vers Castellina. Double 50 € ; apparts (2-6 pers) 60-170 €. 📺 📶 Vu les prix, c'est une aubaine ! Voici des chambres et des appartements – sobres, fonctionnels et bien équipés – occupant une maison moderne adossée à un bosquet. Également d'autres hébergements du même tonneau répartis dans 2 corps de ferme traditionnels, plantés dans la campagne vinicole des environs. Accueil familial sympa des proprios, producteurs de vin et d'huile d'olive. Une adresse authentique.

🛏️ |●| 🍴 **Mulino di Quercegrossa :** via Chiantigiana, 222, loc. **Mulino di Quercegrossa.** ☎ 0577-32-81-29. ● mulinoquercegrossa@

TOSCANE

libero.it ● mulinodiquercegrossa.it ● Sur la SR 222, juste au nord du village, sur la droite. Resto tlj sf mer. Doubles 80-85 €. Plats 5-20 € ; repas 15-40 €. 🛜 En retrait de la route, une douzaine de chambres confortables et aménagées avec goût sur une note contemporaine dans d'anciennes maisons en pierre, qui constituaient

naguère un moulin à eau. Jardinet-terrasse privé pour certaines, donnant sur l'immense piscine – plus longue qu'un bassin olympique ! – installée dans les anciens bassins de retenue du moulin (accès payant pour les non-résidents). Étonnant ! Côté *osteria,* bonne cuisine classique, et des pizzas pour ne pas se ruiner. Accueil charmant.

Où manger à Castellina et dans les environs ?

De très bon marché à prix moyens

|●| 🏵 Macelleria Stiaccini : via Ferruccio, 33. ☎ 0577-74-05-58. ● info@macelleriastiaccini.com ● Tlj sf mer ap-m et dim 8h-13h, 16h30-19h30. Moins de 10 €. Belle boucherie-charcuterie à l'ancienne proposant des *panini* à prix doux, confectionnés avec les cochonnailles maison. Minuscule bout de comptoir pour ripailler en terrasse. Mijote aussi des plats toscans à emporter.

|●| Osteria Il Re Gallo : via Toscana, 1. ☎ 0577-74-20-00. ● ilregallo@alice.it ● 🍴 À l'angle de la piazza del Comune. Tlj sf lun. Congés : 10-22 janv. Plats 7-18 € ; repas 20-30 €. 🛜 Café offert sur présentation de ce guide. À l'origine, une petite épicerie, qui s'est agrandie de plusieurs salles chaleureuses et voûtées, et d'une terrasse de poche pour devenir l'une des bonnes tables du village, à prix raisonnables. Au menu, *cucina tipica toscana* bien menée et pleine de saveurs, qui mijote avec soin les bons produits frais du cru (gibier en saison). Pâtes maison pour les fauchés. Accueil souriant et décontracté.

Pizzeria Il Fondaccio : via Ferruccio, 27. ☎ 0577-74-10-84. ● info@ilfondaccio.com ● Face au Palazzo Squarcialupi. Tlj. Pizze 6-8 €. Antipasti frais et variés, mais la grande affaire ici, ce sont les pizzas copieuses, bien réussies et cuites au feu de bois ; à déguster dans une grande salle voûtée à la déco hétéroclite, ou sur la vaste terrasse dans la rue, vite prise d'assaut aux beaux jours. Service sympa et efficace.

De prix moyens à chic

|●| Antica Trattoria La Torre : piazza del Comune, 15. ☎ 0577-74-02-36. ● info@anticatrattorialatorre.com ● 🍴 Tlj sf jeu. Congés : fin janv-fév. Résa obligatoire le soir. Plats 7-20 € ; repas 25-40 €. 🛜 Café offert sur présentation de ce guide. Un classique dans le secteur, tenu par la même famille depuis plusieurs générations ! Dans un cadre rustique et élégant, on se régale d'une bonne cuisine paysanne du Chianti, doublée des classiques toscans plus chers (viandes au gril...) ; le tout élaboré à partir de bons ingrédients régionaux. Belle carte des vins (pas donnés !). Terrasse sur la jolie place. Service stylé pro.

|●| 🍷 Sotto le Volte : via delle Volte, 14-16. ☎ 0577-74-12-99. ● info@ristorantesottolevolte.it ● 🍴 Tlj sf mer. Congés : janv-fév. Plats 8-18 € ; repas 25-30 €. 🛜 Café offert sur présentation de ce guide. Une fine odeur de cuisine se diffuse sous les voûtes médiévales, et la salive monte ! Ici, on déguste quelques bonnes spécialités du terroir local, bien menées, saisonnières et sans chichis. Pâtes maison, plats végétariens et un peu de poisson. Mais on vient aussi pour la cave et ses bons vins ; certains proposés au verre, qu'on peut accompagner de fromages et de charcutailles. Joli cadre voûté aux pierres apparentes, et terrasse au frais dans le passage coucher. Service souriant.

|●| Tre Porte : via Trento e Trieste, 4-6-8. ☎ 0577-74-11-63. ● treporte@hotmail.it ● 🍴 Pratiquement face à la chiesa San Salvatore. Tlj (sf mar nov-mai). Congés : janv-fév. Plats 8-22 € ; repas 25-35 € ; pizze 5-9 €. 🛜 Café et digestif offerts sur présentation de ce guide. Une sympathique affaire familiale connue de longue date dans la région. Nappes blanches et serveurs stylés pour une ambiance décontractée et des prix justes. Dans l'assiette, de délicieux petits plats typiques du Chianti, et aussi quelques classiques toscans (viandes grillées...), sans oublier les pâtes maison et autres bonnes pizzas généreusement garnies. Le tout concocté avec des produits frais « km 0 ». Agréable salle voûtée ou terrasse panoramique sur le vert.

I●I *Taverna Squarcialupi :* via Ferruccio, 26. ☏ 0577-74-14-05. ● *info@ tavernasquarcialupi.it* ● *Plats 9-19 € ; repas 35-45 €.* Ce séduisant palais toscan renferme l'une des bonnes tables du village. Au choix pour poser ses fesses, des salles chaleureuses et rustiques avec voûtes ou vieilles poutres, ou la formidable petite terrasse panoramique, véritable balcon sur le Chianti. Côté fourneaux, savoureuse cuisine toscane un brin revisitée, préparée avec de bons ingrédients et joliment présentée. Intéressante sélection de vins, notamment au verre (*enoteca* attenante).

I●I *Osteria alla Piazza :* loc. *La Piazza.* ☏ 331-926-74-03. ● *info@oste riaallapiazza.com* ● *À 12 km au nord de Castellina par la SR 222, puis à gauche la SP 76. Tlj (w-e slt nov-déc). Congés : janv-fév. Résa conseillée. Plats 9-25 € ; repas 30-45 €.* Ce hameau perdu au milieu des vignes et des oliviers livre cette charmante *osteria* de campagne. Terrasse superbe avec vue dégagée, ou salles fraîches et un brin chic avec murs en pierres apparentes et lustres accrochés aux poutres centenaires. Dans l'assiette, *specialità del paese* rustiques, goûteuses et très abordables. Également la panoplie des plats toscans classiques plus passe-partout et plus chers aussi, mais qui évoluent selon le marché. On s'est régalés !

Où déguster une très bonne glace ?

❦ *Gelateria di Castellina :* via 4-Novembre, 47. ☎ 0577-74-13-37. ● *anticade lizia@alice.it* ● *À l'entrée sud du village, sur la droite en venant de Sienne par la SR 222, dans une petite zone industrielle. Tlj sf mar 11h-20h (minuit en hte saison).* Un must dans la région pour son grand choix de parfums, tous plus savoureux les uns que les autres ! La spécialité de la maison, c'est l'*antica delizia*, mêlant croquants et pointes de café à une glace vanille... Cadre design et terrasse avec quelques tables en bord de route. Également une petite annexe dans le centre de Castellina, la *Gelateria in Paese* (via Ferruccio, 12).

Où acheter de bons produits ?

✿ ❦ *Enoteca Le Volte :* via Ferruccio, 12. ☎ 0577-74-03-08. ● *enotecale volte.com* ● *En hte saison, tlj (jusqu'à 23h en été). Dégustation de vin et de produits toscans gratuite sur présentation de ce guide.* Dans la rue principale du vieux bourg, petite boutique touristique proposant essentiellement des vins du Chianti, des huiles d'olive de la région et de délicieux biscuits secs. Le petit plus : l'un des vendeurs est français, et de bon conseil ! Sur place, également la *Gelateria in Paese,* dépositaire des fameuses glaces de la *Gelateria di Castellina* (voir plus haut).

Un peu d'œnotourisme dans les environs

🍷 ✿ *Azienda agricola San Donatino :* loc. *San Donatino, 15.* ☎ 0577-74-03-18. ● *sandonatino.com* ● *À 3 km à l'ouest de Castellina par la SS 429, direction Poggibonsi.* C'est ici que Léo Ferré a vécu de 1971 à 1993, en compagnie de son épouse Marie-Christine Diaz et de leurs 3 enfants, dans une demeure surplombant vignes et oliviers. Sa famille y produit un vin ensoleillé, équilibré et élégant, le *chianti classico Poggio ai Mori,* dont le nom s'inspire d'un lieu proche qu'affectionnait le poète... Également de l'huile d'olive, sans oublier les *bières artisanales,* dernière marotte de Mathieu, le fils de Léo. Blanche, blonde, ambrée ou brune, elles affichent beaucoup de personnalité, et

TOSCANE

sont élaborées avec l'eau de source du domaine. Accueil familial sympa. Voir aussi plus haut « Dans les environs de Tavarnelle. San Donato in Poggio. Où dormir ? Où manger ? ».

♟ ✿ *Casina di Cornia* : loc. *Casina di Cornia, 113*. ☎ 0577-74-30-52. ● *casinadicornia.com* ● *À 7 km au sud de Castellina par la SP 51 ; après Macie, prendre la 1re à gauche (direction Lornano)*. Accueil chaleureux des Luginbühl, une famille francophone dont le petit domaine de 7 ha – bio de longue date – produit de gouleyants *chianti classico* et *riserva*, d'étonnants blancs et rosés, sans oublier de l'huile d'olive. Explications passionnées en prime !

♟ ✿ 🏠 *Castello di Fonterutoli* : via Puccini, 4, loc. *Fonterutoli*. ☎ 0577-74-13-85. ● *enotecadifonterutoli.it* ● *À 6 km au sud de Castellina, au bord de la SR 222. Tlj 9h-19h. Visites guidées à 10h, 12h, 15h et 17h. Tarif : 25 €, dégustation comprise*. Créé au XVe s et toujours dans la même famille, c'est un grand domaine de 117 ha de vigne. Un genre de monument, quoi ! Alors évidemment l'accueil est bien rodé et n'a pas le charme des petites exploitations rustiques, mais la dégustation vaut le coup : les vins sont vraiment bons et soignés. Également de l'huile d'olive. Loue aussi une douzaine de chambres rustiques et chic.

À voir

🔦 👣 *Museo archeologico del Chianti senese* : piazza del Comune, 17-18. ☎ 0577-74-20-90. ● *museoarcheologicochianti.it* ● *Avr-mai et sept-oct, tlj 10h-18h ; juin-août, tlj 11h-19h ; le reste de l'année, slt w-e 10h-17h. Entrée : 5 € ; réduc. Feuillet explicatif en français*. Petit musée local, dont les quelques vitrines retracent l'histoire des Étrusques dans la région à travers bijoux, statuettes votives et fragments de céramiques découverts dans des tombes proches. Le plus du lieu, c'est qu'on a aussi accès à la *tour* du XVe s attenante. Au rez-de-chaussée de celle-ci, une belle reconstitution d'un char antique et la salle du conseil municipal ; au 1er étage, une pièce avec cheminée et quelques meubles d'époque ; et avant de repartir, passage obligatoire sur le chemin de ronde pour profiter de la vue dégagée sur les toits et les environs.

🔦 *Chiesa di San Salvatore* : via Ferruccio. Charmante église dont la construction remonte au Moyen Âge, mais qui affiche aujourd'hui un style néoromantique, car plusieurs fois reconstruite suite aux nombreux pillages et aux guerres. À l'intérieur, on découvre – côté gauche – une belle fresque représentant la Vierge donnant le sein à un Jésus goulu, de Lorenzo Bicci ; ainsi que – côté droit – un impressionnant reliquaire renfermant la dépouille de saint Faust (XVIIe s).

🔦 *Ipogeo etrusco di Monte Calvario* : à quelques mn à pied du centre du village ; prendre le chemin qui monte au niveau de l'Albergo Il Colombaio. Ouv 24h/24. GRATUIT. Tombe étrusque datant des VIIe-VIe s av. J.-C. Structure étonnante : un vaste tumulus avec quatre entrées souterraines orientées vers les points cardinaux, qui conduisent à différentes chambres funéraires. N'oubliez pas d'appuyer sur l'interrupteur pour l'éclairage !

Manifestations

– *Pentecoste a Castellina in Chianti* : en mai, 3 j. autour de la Pentecôte. Le village s'anime et la *via delle Volte* revêt ses plus beaux atours pour célébrer les premières vendanges de la région. Les diverses *aziende* vinicoles offrent à tour de rôle la dégustation du cru de l'année, et les journées s'achèvent gaiement par des concerts de musique locale. Tout au long des festivités, présentation des outils et des savoir-faire traditionnels, dégustation d'huile d'olive,

de salami et de fromage... Le dimanche, messe solennelle et bénédiction des vignobles à l'église S.S. Salvatore.
– *Calici di Stelle :* *nuit du 10 août, à la Santo Lorenzo.* En gros, « Des verres sous les étoiles ». Dans le village, stands des *aziende agricole* proposant de goûter leurs vins. Ambiance bon enfant !

RADDA IN CHIANTI (53017) 1 610 hab.

À 530 m d'altitude, au sommet de la colline de Poggio alla Croce, **Radda marque la ligne de partage des eaux entre la vallée de la Pesa et celle de l'Arbia. Ce petit bourg médiéval – plus intime que Castellina – a gardé tout son charme ; ce qui explique certains jours l'affluence des visiteurs dans ses ruelles piétonnes. On en fait le tour à pied en quelques minutes, pour admirer de belles bâtisses comme le Palazzo del Podestà (l'actuelle mairie), construit au XVᵉ s.** De la promenade sur les murs d'enceinte, belles échappées sur les collines couvertes d'oliviers, de vignes et de cyprès.

TOSCANE

UN PEU D'HISTOIRE

Ancienne possession des comtes Guidi, Radda passe sous la coupe de Florence en 1203. Fortifié en 1400, le bourg connaît son âge d'or au XVIIᵉ s. Il va de pair avec la notoriété grandissante du vin du Chianti, désormais exporté dans toute l'Europe, et plus particulièrement vers l'Angleterre. À cette époque, les propriétés viticoles se développent, en même temps qu'un système de métayage inféodant les exploitants aux riches familles. Celui-ci domine l'agriculture régionale jusqu'à la moitié du XXᵉ s. Et durant toute cette période, de grandes et somptueuses villas servirent de « maisons des champs » aux puissantes familles de Florence, comme les Strozzi et les Pazzi, qui venaient y passer l'été...

Arriver – Quitter

➤ *En bus :* 4-5 bus/j. sf dim avec *Castellina in Chianti* (20 mn) et *Siena* (55 mn), et env 2 bus/j. sf dim avec *Gaiole in Chianti* (20 mn) ; infos : ● *tiemmespa.it* ● *sienamobilita.* *it* ● Également 2-3 bus/j. sf dim avec *Firenze* (1h35), via *Panzano in Chianti* (25 mn) et *Greve in Chianti* (40 mn) ; infos : ● *acvbus.it* ●

Adresse utile

🛈 *Ufficio turistico :* *piazza Castello.* ☎ *0577-73-84-94.* ● *terresiena.it* ● *Avr-oct, tlj sf dim 10h-12h30, 15h15-18h30 ; nov-mars, tlj sf dim 10h30-12h30.* Plan du village et des environs, infos routes des Vins et de l'Huile d'olive *(strada del vino e dell' olio Chianti Classico),* brochure en français sur la région du Chianti, itinéraires de randonnée pédestre dans le terroir, liste des hébergements, agenda culturel, location de vélos... Accueil compétent et sympa.

Où dormir à Radda et dans les environs ?

🛏 *La Bottega di Giovannino :* *via Roma, 6-8.* ☎ *0577-73-85-99.* ● *giochianti@katamail.com* ● *labotegadigiovannino.it* ● *À l'étage du*

TOSCANE

resto du même nom. Doubles 60-70 € selon saison ; petit déj 7 €. En plein cœur du vieux bourg, 6 chambres propres, agréables et bien équipées, aménagées à l'ancienne avec de vénérables meubles. Vue sur la jolie rue piétonne ou sur la campagne. Fait aussi resto-bar au rez-de-chaussée (voir plus loin « Où manger ? Où boire un verre ? Où déguster une bonne glace ? »). Un bon plan pour la région.

🛏 *Agriturismo Podere Campo Agli Olivi :* via del Convento, 5, loc. *Campo Agli Olivi.* ☎ 0577-73-80-74. ● info@ campoagliolivi.it ● campoagliolivi. it ● À 200 m à l'est de Radda par la SR 429 ; après les carabinieri, prendre à droite puis encore le sentier à droite vers les vignes. Résa conseillée. Doubles 65-85 € ; apparts (2-4 pers) 500-900 €/sem. 📶 Réduc de 10 % sur présentation de ce guide. Jolie ferme juste en contrebas du vieux bourg, mais déjà au beau milieu des vignes ! Les chambres et les appartements, répartis dans différents bâtiments en pierre de pays, sont bien tenus et confortables. Mon tout donnant sur différentes terrasses, un jardin fleuri et une piscine avec solarium. Bref, une bonne petite adresse !

🛏 *Podere di Canvalle :* loc. *La Villa.* ☎ 0577-73-83-21. ● canvalle@ chiantinet.it ● canvalle.chiantion line.com ● À 2 km à l'est de Radda par la SR 429, direction Gaiole ; laisser la station-service sur la gauche, puis tt de suite à droite après l'hôtel Villa Miranda. Appart (4 pers) 150 € (3 nuit min), 900 €/sem ; double 80 € (3 nuits min). 📶 Adresse insolite que cette haute tour carrée du XIXᵉ s accrochée au coteau et aménagée en appartement sur 3 niveaux ! Salle de séjour et coin cuisine en bas, une chambre double avec salle de bains au 1ᵉʳ étage et, tout en haut, un beau grand lit. Pas de réelle séparation entre les étages, soyez discret. Également une chambre simple et rustique, avec accès indépendant, dans la maison des proprios, à 150 m de là. Piscine et grand jardin au calme. Accueil gentil.

🛏 *Agriturismo Le Bonatte :* loc. *Le Bonatte.* ☎ 0577-73-87-83. 📱 338-285-83-85. ● bonatte@chiantinet. it ● lebonatte.it ● À 1,5 km au nord-est de Radda par la SR 429, puis à gauche la SP 2bis. Congés : janv-fév. Appart (2-4 pers) 60-100 €/j. ; maison (6-12 pers) 1 000-1 750 €/sem. CB refusées. 📶 Bouteille de vin offerte sur présentation de ce guide. Vaste maison à louer au bord d'une petite route de campagne : 5 chambres, 3 salles de bains, salon et cuisine. Également 1 appartement dans une dépendance voisine : 2 chambres, cheminée dans la pièce à vivre et kitchenette. Meubles de famille partout, et ambiance de ces vieilles demeures qui ont vécu... Idéal pour des vacances entre amis ou en famille. Piscinette, et des terrasses pour laisser aller le temps. Accueil dynamique et attentionné en français.

Où manger ? Où boire un verre ? Où déguster une glace ?

🍴 ●❙● 🍨 *Casa Porciatti :* piazza IV Novembre, 1-3. ☎ 0577-73-80-55. ● info@casaporciatti.it ● Tlj sf dim ap-m (et mer ap-m en hiver) 8h-13h, 16h-19h30. Enoteca ouv avr-oct, 10h-19h30 (13h dim). Plats 7-12 €. Tenue de père en fils depuis 1965, cette boucherie-charcuterie-*alimentari* est connue pour ses spécialités de *tonno di Radda,* filet de porc vieilli (recette secrète !), et de *lardo di Radda*... Également des victuailles en tout genre : vins toscans, huile d'olive, confiture, miel, etc., sans oublier les fromages et charcuteries dont on se fait confectionner un délicieux sandwich. Miam ! La maison possède aussi l'*enoteca* située dans le *camminamento medievale (accès par la via Roma),* ruelle couverte du vieux système défensif du bourg. Une partie – bardée de casiers à bouteilles – est dédiée à la vente de vins régionaux. Également quelques tables sous les belles voûtes, et une ardoise pour égailler les papilles : charcutaille et fromage, salades, plat du jour... On aime !

|●| ℐ Osteria La Bottega di Giovannino : *via Roma, 6-8.* ☎ *0577-73-85-99.* ● *giochianti@katamail.com* ● *Tlj sf mar. Plats 7-12 €.* Tout petit bar-*enoteca*-resto parfait comme pour boire un verre de chianti, comme pour manger un petit plat simple du genre pâtes, assiette de charcuterie-fromage, *panini, crostini,* et même une bonne

viande... On se régale à prix copains dans une salle chaleureuse ou sur les quelques tables dans la ruelle piétonne. Ambiance sympa.

☛ ℐ ⌂ Bar Sandy : *via XI Febbraio, 2.* ☎ *0577-73-87-11.* ● *sampoli@raddaest. it* ● *Tlj sf lun 7h-22h. Congés : janv.* ☎ Bar de pays avec ses habitués qui sirotent leur café au comptoir à toute heure. Bien connu aussi pour ses pâtisseries et ses glaces... les plus artisanales du coin !

Un peu d'œnotourisme dans les environs

ℐ ⊛ ⌂ Podere Val delle Corti : *loc. La Croce.* ☎ *0577-73-82-15.* ● *val dellecorti.it* ● *À 2 km au sud de Radda par la SP 102. Visite sur résa.* Sous la treille, Roberto Bianchi – Milanais d'origine – explique dans un français parfait et avec passion comment il soigne les 6 ha de vignes familiales pour produire ses vins bio. Un *chianti classico*

aimable et distingué ; une *riserva* noble et veloutée ; sans oublier des vins « de table » gouleyants, très honnêtes et pas chers du tout. Également de l'huile d'olive bio, et un appartement (4 personnes) à louer dans une petite dépendance à flanc de coteau. Un vrai coup de cœur !

TOSCANE

À voir

� Palazzo del Podestà : *piazza Ferrucci, 1. Face à l'église. Visite des sous-sols lors des expos temporaires mai-sept ; accès au 1er étage en sem slt.* GRATUIT. En plein centre du bourg, cet ancien palais construit en 1400 abrite aujourd'hui la mairie. Belles armoiries sur la façade, dont certaines datent du XVe s. Prisons antiques au sous-sol, et au 1er étage : fresque de l'école florentine du XVIe s.

Manifestations

– **Radda nel bicchiere :** *1er w-e de juin.* ● *radanelbicchiere.net* ● Les vignerons du coin installent des stands, des carnets d'évaluation sont distribués, et on enchaîne les dégustations, hips ! Également pas mal de stands où les restos et *wine bars* de Radda concoctent des menus pour l'occasion.
– **Radda 1527 :** *dernier w-e de juin.* Reconstitutions historiques, fêtes costumées et banquets pour commémorer l'époque où Francesco Ferrucci, le héros de la bataille de Gavanina, symbole de la résistance à Charles Quint, fut *podesta* (maire) de la ville.

DANS LES ENVIRONS DE RADDA IN CHIANTI

VOLPAIA (53017)

♙ À 7 km au nord de Radda. Occupé en grande partie par son *castillo,* c'est un superbe bourg fortifié aux venelles étroites, parfois couvertes, dont les murs parfumés de jasmin en été dominent les vignes de la campagne environnante. Les premières fortifications du village datent du XIIe s. L'ensemble est resté authentique et l'atmosphère feutrée. C'est aussi une étape pour les randonneurs qui sillonnent le parc de Cavriglia... On se retrouve sur la petite place centrale qui concentre toute l'animation, ou près de la *comenda di Sant'Eufrosimo* (ancien asile pour les pèlerins et les voyageurs, datant de 1443).

TOSCANE

Où dormir ?

🛏 ***Casa Selvolini :*** *piazza XVIII Novembre, 4.* ☎ *0577-73-83-29. En plein cœur du bourg. Résa conseillée. Double 60 € ; pas de petit déj. CB refusées.* On repère tout de suite la maison, agrémentée de plantes le long de sa façade ! En tout, 3 chambres – toutes avec salle de bains – réparties dans 2 appartements rustiques voisins. Grande cuisine commune. Tout est propre et soigné. Accueil sympa.

Où manger ? Où boire un verre ?

|●| 🍷 🍽 ***Bar Ucci :*** *piazza della Torre, 9.* ☎ *0577-73-80-42.* ● *info@bar-ucci. it* ● *Tlj sf lun. Plats et en-cas 5-9 €.* Impossible de rater cette terrasse qui s'avance en proue sur la jolie placette ! Ici, l'accueil est chaleureux, à l'image de la cuisine – simple et généreuse – préparée avec de bons ingrédients : salades, *crostini,* assiettes de charcuterie-fromage, plats de pâtes, etc. ; bref, tout est frais, délicieux et arrosable de vins locaux ! Impeccable pour une pause gourmande sans prétention à n'importe quelle heure, et sans se ruiner.

|●| 🍷 ***La Bottega :*** *piazza della Torre, 1.* ☎ *0577-73-80-01.* ● *labottega@ chiantinet.it* ● *Tlj sf mar. Congés : fin janv-fin mars. Plats 7-13 € ; repas env 25 €. Apéritif maison offert sur présentation de ce guide.* Une petite adresse de gourmets, tenue par Carla, la sœur gouailleuse de l'énergique proprio du *Bar Ucci* ! Réputé pour ses saucissons et sa *pasta fatta in casa,* le resto propose une savoureuse cuisine du cru, servie à prix doux. Charmante terrasse panoramique, à l'ombre du grand érable. On est séduits !

Où dormir ? Où manger dans les environs ?

🛏 ***Agriturismo Podere Terreno :*** *loc. Volpaia.* ☎ *0577-05-77-19.* 📱 *347-795-36-20.* ● *info@podereterreno.it* ● *pode reterreno.it* ● *À 2 km au sud de Volpaia, direction Radda. Double 80 €. ½ pens possible.* 1465 est l'année de sortie de terre de cette vénérable demeure de pierre ! Chaleureux décor intérieur avec terre cuite, fleurs séchées et cuivres accrochés aux poutres, vieux meubles et tapis d'Orient. Les 5 chambres, champêtres à souhait, sont toutes différentes et confortables. Pas de piscine mais un jacuzzi. Sérieuse table d'hôtes, agrémentée des vins du domaine. Les dîners sont pris en commun pour favoriser les échanges, dans l'ancienne cuisine avec cheminée ou, en été, sous la tonnelle.

Un peu d'œnotourisme

🍷 ✦ ***Castello di Volpaia :*** *piazza della Torre.* ☎ *0577-73-80-66.* ● *volpaia. com* ● *En saison, tlj 11h-18h.* Point de vente dans la tour du château, pour découvrir ce domaine séculaire dont les vins bio sont régulièrement encensés par la presse.

VAGLIAGLI (53019)

🎒 *À une vingtaine de mn au nord de Sienne.* Un petit bourg de campagne sans histoire. Et tout autour, les collines ondoyantes du Chianti, enrobées de vigne, dont le vert tendre illumine les coteaux à l'heure de l'apéro !

À CHEVAL SUR LES PRINCIPES

À l'âge de 19 ans, La Rompicollo refusa la demande en mariage que lui formulait un militaire de 25 ans son aîné, en lui disant : « Revenez quand vous serez général ! » Dix ans plus tard, La Rompicollo vit s'avancer une limousine, avec drapeaux de la cavalerie et tout le tintouin. L'homme était revenu pour l'épouser ; elle avait 29 ans, lui 54 ; il était le plus jeune général de l'armée italienne !

Où dormir ? Où manger ?

🏠 **Villa Astreo** *(La Casa di Rompicollo) :* via del Colombaione, 4. ☎ 0577-32-26-24. 📱 349-844-29-92. ● info@astreo.it ● astreo.it ● *À la sortie sud du village sur la SP 102 ; prendre une route qui monte à droite (panneau). Doubles et appart (2-4 pers) 70-100 €.* 📶 C'est la maison de Rosanna Bonelli, alias *La Rompicollo* (la « casse-cou »), 1re femme jockey à avoir couru le *Palio* de Sienne... en 1957 ! La demeure du XIXe s, perchée en surplomb de la plaine, a conservé le faste de cette époque épique. Dans une déco hors du temps digne d'un inventaire à la Prévert, voici 3 chambres et 1 appartement ; le tout spacieux, bien équipé, patiné par les ans, et riche de toutes sortes de meubles anciens et autres objets du passé. Et pour couronner le tout : piscine avec vue à couper le souffle et accueil gentil de Francesco, le fils de Rosanna. Une adresse insolite !

🍴 **Osteria La Botte :** via del Sergente, 6. ☎ 0577-32-27-79. ● osterialabotte@live.it ● *En plein bourg. Tlj sf mer. Plats 9-18 € ; repas 25-30 €.* « Générosité », c'est le mot qui qualifie le mieux la cuisine de Laura et le service de Salvatore ! Une carte courte qui travaille les bons produits frais et savoureux puisés dans le terroir, pour des spécialités typiques, relevées de quelques pointes d'originalités. À dévorer dans la petite salle rustique ou sous les cannisses de la terrasse, caressées par les derniers rayons du soleil. Rapport qualité-prix correct. C'est sûr, on reviendra !

Où dormir ? Où manger dans les environs ?

🏠 🍴 **Fattoria di Corsignano :** via Tognana, 4, loc. **Corsignano.** ☎ 0577-32-25-45. ● info@tenutacorsignano.it ● tenutacorsignano.it ● 🎒 *À 4 km au sud de Vagliagli par la SP 102, à droite (panneau). Resto le soir (plus le midi le w-e). Résa à la sem souhaitée mai-sept pour les apparts. Doubles 100-150 € ; apparts et suites (2-6 pers) 130-240 € ; petit déj 10 €. Menu 40 € ; plats 10-18 €.* 🖥 📶 Perdue dans le vignoble, une exploitation vinicole tenue par un Elena (francophone) et Mario, passionnés d'œnologie bio. Une quinzaine d'hébergements aménagés avec goût dans un esprit champêtre très déco, élégant et cosy ; tous disposent d'une terrasse privée. Vue sur la campagne et Sienne au loin. Belle piscine bordée par le resto mitonnant une bonne cuisine toscane de marché, accompagnée des vins maison. Et pour passer le temps : cours de cuisine, massages, visite de la cave et dégustation (voir plus bas « Un peu d'œnotourisme dans les environs »). Une adresse de charme écoresponsable, idéale pour se reposer.

TOSCANE

Un peu d'œnotourisme dans les environs

Y ⊛ Fattoria di Corsignano : via Tognana, 4, loc. **Corsignano.** ☎ 0577-32-25-45. ● tenutacorsignano.it ● À 4 km au sud de Vagliagli par la SP 102, à droite (panneau). Visite guidée en français (sur résa) 10-20 €/pers, selon nombre de dégustations. Sur les 22 ha de ce domaine bio, une dizaine à peine sont consacrés à la vigne. Elena et Mario produisent peu mais bien : leurs crus bio ont du caractère et de la classe, notamment la gran selezione, pas donnée mais vraiment réussie. Également de l'huile d'olive bio.

Y ⌂ ⊛ Dievole : loc. **Dievole,** 6. ☎ 0577-32-26-32. ● dievole.it ● À la sortie sud de Vagliagli, à gauche (panneau). Boutique tlj 8h30-20h. Visite guidée sur résa des caves avr-oct, tlj à 11h, 15h et 17h : 18 €, dégustation comprise. La visite passe en revue les caves historiques et de production, puis on découvre la large panoplie des vins de cette noble maison dont le domaine s'étend sur 90 ha de vigne. C'est très rodé, mais l'accueil est bon et la qualité indiscutable ! Produit aussi de l'huile d'olive et loue une petite vingtaine de chambres.

À voir dans les environs

�֍ Chiesa San Giusto in Salaio : à 3 km au sud de Radda par la SP 102, direction Lecchi ; une fois sur la commune de Gaiole, petite route à droite (panneau). Église romane du XIe s flanquée d'un grand cèdre, avec trois nefs – la nef centrale étant surélevée – et trois absides. Le campanile, derrière l'église, a été entièrement rénové. Beau presbytère à côté...

�֍�֍ ⌂ Certosa di Pontignano : loc. Pontignano, 6. ☎ 0577-152-11-04. ● lacertosadipontignano.it ● Appeler avt d'y aller. Construite en 1341 et maintes fois remaniée au cours des siècles suivants, cette chartreuse – désormais gérée par l'université de Sienne – servit de refuge aux juifs persécutés pendant la Seconde Guerre mondiale... Vue de l'extérieur, elle a l'air immense et austère malgré la profusion d'oliviers ! Mais l'intérieur est étonnant : deux cloîtres, quelques restes de fresques, des cellules de moines transformées en jolies chambres à louer, etc., et sur l'arrière : un beau jardin à l'italienne !

GAIOLE IN CHIANTI   (53013)   2 760 hab.

Gaiole, à la différence de Castellina et de Radda, n'a jamais eu, elle, de vocation défensive. C'est au contraire une ville d'échange qui attire commerçants et paysans de la région depuis le XIIIe s... Et aujourd'hui encore, ce village assez quelconque, traversé par un ruisseau, est connu pour sa fameuse cinta siennoise, ce porc élevé en plein air... si goûteux en salaison, mmmm ! Ici plus qu'ailleurs, les collines touffues alentour offrent de belles possibilités de randonnées avec, en prime, la découverte de charmants vieux bourgs et châteaux perchés, de bonnes tables et d'hébergements pittoresques.

Arriver – Quitter

➢ En bus : 4-5 bus/j. sf dim avec **Siena** (55 mn) et env 2 bus/j. sf dim avec **Radda in Chianti** (20 mn ; correspondances pour **Panzano in Chianti, Greve in Chianti** et **Firenze**). Infos : ● tiemmespa.it ● sienamobilita.it ●

Adresse utile

🛈 **Ufficio turistico :** via Ricasoli, 50. ☎ 0577-74-94-11. ● comune.gaiole. si.it ● terresiena.it ● Avr-oct, tlj (sf ap-m en avr) 10h30-13h, 15h-18h. Cartes et miniguides bien faits pour randonner dans la région (plusieurs circuits au départ de Gaiole), infos routes des Vins et de l'Huile d'olive (strada del vino e dell' olio Chianti Classico), route des Châteaux (strada dei castelli del Chianti), brochure en français sur la région du Chianti, liste des hébergements du coin, agenda culturel...

Où dormir dans les environs ?

TOSCANE

🛏 **Agriturismo Le Miccine :** loc. Le Miccine, 44. ☎ 0577-74-95-26. ● mail@lemiccine.com ● lemiccine. com ● À 4 km à l'ouest de Gaiole par la SP 408, puis à droite la SP 2 direction Radda. Résa obligatoire. Selon saison, studio (2 pers) 85-150 € ; apparts (2-4 pers) 1 000-1 800 €/ sem (possible pour 3 nuits slt si dispo) ; pas de petit déj. 🛜 Perdue dans les vignes, une belle villa dotée d'une jolie piscine à débordement. À dispo : un studio bien conçu et 2 grands appartements confortables : 2 chambres, cuisine, large pièce à vivre, salles de bains. Le tout aménagé dans la plus pure architecture toscane, pour une atmosphère rustique, authentique et cosy. Une bonne adresse tenue par Paula – jeune œnologue et vigneronne québécoise –, qui partage avec ses hôtes sa passion pour le vin. L'endroit idéal pour s'immerger dans le Chianti !

🛏 **Il Rifugio :** loc. Vertine, 9. ☎ 0577-74-93-10. 🖥 339-749-59-70. ● info@ilrifugioinchianti.it ● ilri fugioinchianti.it ● À 3 km à l'ouest de Gaiole par la via Vertine. Double 80 € ; apparts (2-4 pers) 600-800 €/ sem ; pas de petit déj. CB refusées. Parking. 🛜 Café offert sur présentation de ce guide. Dans un charmant bourg perché (voir plus loin « Dans les environs de Gaiole in Chianti »), cette vieille maison aux murs épais et plafonds voûtés renferme quelques chambres fraîches et bien équipées, avec le paysage verdoyant qui vous pète à la figure dès qu'on ouvre la fenêtre ! Côté déco, c'est simple et classique ; la tranquillité et le réveil au chant des oiseaux en prime. Également des appartements du même tonneau à deux pas dans le village. Piscine et jacuzzi cernés d'oliviers. Accueil familial.

🛏 **B & B Antiche Rime :** loc. San Martino al Vento, 18. ☎ 0577-73-19-01. 🖥 333-305-60-19. ● antiche rime@gmail.com.it ● anticherime. it ● À 5 km au sud de Gaiole par la SP 408. Selon saison, doubles 75-90 €, appart (2-3 pers) 350-500 €/ sem, maison (2-3 pers) 500-700 €/ sem. 🛜 Accueil chaleureux en français dans cette vieille maison de pays, perchée dans un vénérable hameau agricole. Plusieurs chambres proprettes et bien équipées. Également un appartement dans la maison d'à côté. Et dans la campagne à 400 m de là, une maison complète à louer, avec piscine et jardin communs à toute la structure. Bon rapport qualité-prix.

🛏 **B & B Borgolecchi :** via S. Martino, 50 et 36, à Lecchi in Chianti. ☎ 0577-169-80-87. ● info@borgo lecchi.it ● borgolecchi.it ● À 6 km au sud de Gaiole par la SP 408. Doubles 90-130 €. 🛜 Autre charmant bourg perché sur une paisible colline verdoyante avec son lot de maisons traditionnelles. L'une d'elles s'ouvre sur 6 jolies chambres confortables ; la plupart avec terrasse panoramique sur la campagne. À deux pas, une seconde maison de village avec 4 chambres, cuisine, pièces communes, terrasse et piscine ; à louer intégralement (8 personnes). Bonne table d'hôtes sur résa. Une belle adresse !

Où manger ? Où boire un verre dans les environs ?

➠ **Alimentari Rinaldi Palmira :** loc. Lecchi in Chianti. ☎ 0577-74-60-21. ● rinaldivini@technet.net ● À 6 km au sud de Gaiole par la SP 408. Tlj sf mer ap-m 7h30-13h, 16h30-19h30. Moins de 10 €. Petite épicerie de village, où il suffit de choisir quelques bons fromages, jambons, saucissons, etc., pour se faire réaliser un délicieux sandwich. Bien pour ne pas se ruiner !

|●| ⏝ **Il Carlino d'Oro :** loc. San Regolo, 33. ☎ 0577-74-71-36. ● info1@carlinovacanze.com ● À 10 km au sud de Gaiole par la SP 484. Maioct, tlj sf lun. Plats 5-15 € ; repas 20-25 €. À deux pas du castello di Brolio (voir plus loin « Dans les environs de Gaiole in Chianti »), petit resto familial au cadre simple et sans chichis, dont la vue panoramique depuis la véranda est séduisante. Cuisine toscane simple, bonne et authentique : pâtes maison accommodées avec goût, savoureuses viandes grillées et tutti quanti ! Fait aussi bar-épicerie de village. Loue également plusieurs appartements avec piscine. Une excellente adresse qui ne vide pas le porte-monnaie.

|●| ➠ ⏝ **Trattoria La Grotta della Rana :** loc. San Sano. ☎ 0577-74-60-20. À 9 km au sud-ouest de Gaiole par la SP 408. Tlj sf mer. Plats 8-13 € ; repas 20-25 €. Petite trattoria de village qui ronronne de sa clientèle d'habitués, attirés par le bon rapport qualité-prix de sa cuisine de terroir simple et familiale. Pasta fatta in casa, viandes façon Chianti ou grillées à la mode toscane (plus chères). Et gardez donc une place pour les desserts maison ! Agréable terrasse ou salle rustique ; à vous de voir ! Fait aussi bar-alimentari pour se faire confectionner un bon sandwich avec d'alléchantes victuailles de la vitrine réfrigérée. Une adresse à voilure variable, pour tous les budgets.

|●| ⏝ **Badia a Coltibuono :** loc. Badia a Coltibuono. ☎ 0577-74-90-31. ● ristbadia@coltibuono.com ● ⚘ À 5 km au nord-est de Gaiole ; derrière l'abbaye de Coltibuono (voir plus loin « Dans les environs de Gaiole in Chianti »). Ouv de mi-mars à mi-nov, tlj (bar ouv l'ap-m). Menu 58 € (vins compris) ; plats 9-17 €. ☏ Les standards toscans empruntent ici des détours originaux sans perdre de vue le terroir, ni le fil des saisons. On se régale dans une belle salle voûtée aux murs clairs décorés de vieilles photos noir et blanc, évoquant les traditions de la région. Également une grande terrasse superbe, avec vue plongeante sur la vallée, idéale pour une pause « café gourmand » dans l'après-midi.

|●| ➠ **Malborghetto :** loc. Lecchi in Chianti. ☎ 0577-74-62-01. ● malborghetto@malborghetto.net ● À 6 km au sud de Gaiole par la SP 408. Tlj sf mar. Résa conseillée. Plats 9-19 € ; repas 30-45 €. Une bonne table perdue dans ce vieux bourg ancré sur le haut d'une colline. Préférez la terrasse du côté, plutôt que la petite salle un brin vieillotte. À la carte, des plats savoureux mijotés par un chef talentueux qui ose de judicieux allers-retours entre terroir et modernité, pour le plus grand plaisir de nos papilles ! Pas donné, mais une bonne adresse quand même.

Un peu d'œnotourisme dans les environs

⏝ ✿ **Le Miccine :** loc. Le Miccine, 44. ☎ 0577-74-95-26. ● lemiccine.com ● À 4 km à l'ouest de Gaiole par la SP 408, puis à droite la SP 2 direction Radda. Visite sur résa avr-oct, tlj 10h-18h. Tarif : 5 € ; grosse dégustation comprise ! Drôle d'aventure que celle de Paula, jeune Québécoise diplômée des grandes écoles d'œnologie canadienne et française, que d'être venue s'installer ici ! Ses 7 ha de vigne bio se situent dans un secteur bénéficiant de conditions climatiques particulières : soirées plus fraîches et différences thermiques plus marquées ; du coup les vins de Paula sont moins « confiture », et se révèlent à la fois légers et fruités, avec une belle acidité. Son chianti classico riserva est excellent ! Dégustation aussi de rosé, de blanc, de grappa... et d'huile.

DANS LES ENVIRONS DE GAIOLE IN CHIANTI

🎥🎥 *Pieve di Spaltenna :* *à 1 km à l'ouest de Gaiole.* Emprunter la route qui part entre l'église de Gaiole et le bureau de poste, elle conduit à cette jolie église fortifiée, l'une des plus belles du Chianti. Jetez aussi un coup d'œil à l'ancien presbytère, juste à côté, joliment réhabilité...

🎥 *Vertine :* *à 3 km à l'ouest de Gaiole.* Depuis son promontoire verdoyant, un petit village fortifié dominant la vallée, dont les ruelles escarpées s'égaillent à partir d'une porte flanquée d'une tour impressionnante. Ses origines sont antérieures à l'an mille. Dès la fin du XIIe s, il devient propriété des Ricasoli, une famille noble dont le nom est associé au Chianti depuis 1141. À l'époque, il sert de poste avancé à Florence dans les guerres engagées contre Sienne. Cette vocation de contrôle du territoire dure pendant tout le Moyen Âge, puis Florence en prend définitivement le contrôle et détruit le château, condamnant ainsi les Ricasoli à l'exil. Et toc !

🎥 *Badia a Coltibuono :* ☎ *0577-744-81.* ● *coltibuono.com* ● *À 5 km au nord-est de Gaiole. Visites guidées (50 mn) fin mars-oct, tlj à 14h30, 15h30, 16h30 et 17h30 ; plus 18h30 mai-sept. Tarif : 10 €, dégustation comprise ; gratuit moins de 10 ans.* Émergeant d'une forêt de pins au cœur des monts du Chianti, c'est un beau complexe monastique avec église fortifiée du XIIe s. Grimper sur la colline pour goûter à une vue d'ensemble superbe ! L'abbaye – fondée en 1051 par les bénédictins – joua un rôle important dans l'histoire de la région, et fut notamment occupée par les moines de Vallombreuse, ordre religieux chargé de lutter contre la corruption au Moyen Âge... Aujourd'hui, ce bel ensemble bien préservé abrite une prestigieuse exploitation vinicole et un bel *agriturismo* (une dizaine de chambres et d'appartements à dispo) avec piscine. La visite traverse le charmant jardin à l'italienne, la cour du Settecento, le cloître (largement remanié), le réfectoire et les caves.

🎥 *Castello di Brolio :* *loc. Madonna a Brolio.* ☎ *0577-73-02-80.* ● *ricasoli.it* ● *À 10 km au sud de Gaiole par la SP 484. Tlj 10h-19h (18h de mi-oct à mi-mars). Dernière admission 1h avt. Entrée : 5 € (8 € avec le musée en visite guidée tlj sf lun, ttes les 30 mn, 10h30-12h30, 14h30-17h30), dégustation comprise.* L'impressionnant château de Brolio appartient à la famille Ricasoli-Firidolfi depuis 1141. C'est une énorme forteresse construite suivant un plan pentagonal. Au XIXe s, le baron Ricasoli ajouta, à l'intérieur de l'enceinte, une élégante demeure (ne se visite pas) dont la brique rouge contraste avec la pierre grise austère des remparts. La visite – assez courte finalement – se résume à la *cappella di San Jacopo* (chœur recouvert de mosaïque, autel en marbre marqueté et deux polyptyques du XIVe s, des écoles florentine et siennoise), à la *crypte* de la famille Ricasoli, aux *jardins* et à un petit tour sur les *chemins de ronde* pour apprécier la vue. Ceux qui visitent en plus le *musée* *(tlj sf lun)* y découvrent des collections d'armes et des sections historiques sur le château et la famille. Avant de partir, arrêt à l'*Enoteca Barone Ricasoli* pour goûter un vin du domaine *(au pied du site ; inclus dans l'entrée).*

TOSCANE

CASTELNUOVO BERARDENGA   (53019)   9 050 hab.

À la limite sud-est du Chianti, un œil sur les vallées de l'Ombrone et du Malena, Castelnuovo Berardenga est né de la volonté de la République du *Palio* de construire un poste avancé pour protéger son flanc oriental. Entrepris en 1366, son système défensif inachevé ne fut pas d'une grande efficacité, car Castelnuovo dut subir plusieurs attaques des Florentins par la suite. Ce n'est qu'après la chute de Sienne en 1555 que la ville, nouvellement incorporée au grand-duché de Toscane, put enfin développer son industrie du vin et de l'huile ; activité qui occupe encore aujourd'hui ses habitants. Du Moyen Âge et des époques qui suivirent, Castelnuovo Berardenga n'a pas conservé grand-chose. On ne s'attarde donc pas, mais le petit centre ancien est cependant agréable pour une courte étape, avec quelques ruelles reliant de jolies placettes, et une belle petite église à la façade massive néoclassique.

Arriver – Quitter

➤ **En bus :** 3-12 bus/j. avec **Siena** (40 mn). Infos : ● tiemmespa.it ● sienamobilita.it ●

Adresse et info utiles

🛈 **Ufficio turistico :** via del Chianti, 61. ☎ 0577-35-13-37. ● comune. castelnuovo.si.it ● terresiena.it ● Dans le museo del Paesaggio. De mi-mars à oct, mar-jeu et dim 9h30-12h30, plus 15h-18h ven-sam ; de nov à mi-mars, ven-sam 9h30-12h30.
– **Marché :** jeu mat.

Où dormir ? Où manger ?
Où déguster une glace ? Où boire un verre ?

🏠 **Il Pozzo della Citerna :** via E. Mazzei, 19. ☎ 0577-35-53-37. ● info@ ilpozzodellaciterna.it ● ilpozzodellaciterna.it ● Doubles 40-50 € ; petit déj sur résa 5 € (en été slt). 🛜 Petite maison de ville traditionnelle, entièrement restaurée. À l'entrée, dans la courette, amusant bric-à-brac d'objets anciens. La proprio francophone, dynamique et sympa, propose plusieurs chambres simples mais bien équipées et nickel. Vaste cuisine à dispo. Un vrai bon plan !

🏠 **La Foresteria dell'Aia :** via dell'Aia, 9. ☎ 0577-35-55-65. ● foresteriadel laia@yahoo.it ● laforesteriadellaia.it ● Double 54 €. 🛜 Une demi-douzaine de chambres fonctionnelles, rutilantes et de bon confort ; toutes de couleurs différentes. Bien pour une étape, car on n'y passerait pas sa nuit de noces ! Petite terrasse extérieure. Accueil gentil.

🍴 🍨 🍷 **La Taverna della Berardenga :** via del Chianti, 70-74. ☎ 0577-35-55-47. ● info@taverna dellaberardenga.it ● 🛗 À l'entrée du village quand on vient du nord par la SP 484. Tlj sf lun. Congés : 1 sem en hiver et 2 sem en été. Menu déj en sem 14 € ; plats 7-15 € ; repas 25-30 €. 🛜 Digestif offert sur présentation de ce guide. Un bar de pays doublé d'une trattoria à l'atmosphère conviviale, avec sa petite terrasse isolée de la circulation. Snacks, panini et cafés sont servis au comptoir. Côté resto, d'excellentes pâtes, de goûteuses viandes grillées à la toscane, avec une carte « spéciale chianina » pour les viandards qui veulent en découdre ! Bref, une cuisine simple et authentique à prix honnêtes. Une adresse plébiscitée par les gens du cru.

🍨 🍷 **Bar Centrale :** piazza Matteotti, 8. ☎ 0577-35-51-42. Tlj sf mar 6h-1h. Le bar du village avec sa terrasse au soleil sur la place. On y sert les meilleures glaces du coin, c'est dit !

Où dormir ? Où manger dans les environs ?

🏠 🍴 **Borgo Casato :** strada Chiantigiana 484 Sud, 12. ☎ 0577-35-20-02. ● info@borgocasato.it ● borgo casato.it ● À 4 km au sud-est de Castelnuovo par la SP 484. Selon saison, doubles 50-120 €, apparts (4 pers) 110-200 €. ½ pens possible. Repas 20-25 €. 🛜 Dans une belle maison ancienne rénovée avec soin, une dizaine de jolies chambres tout confort, chaleureuses et empreintes d'une gentille pointe d'élégance. Au beau milieu de la campagne, on dort du sommeil du juste ! Également plusieurs appartements du même genre dans une dépendance à côté de la grande piscine. Terrasse panoramique. Accueil jeune et dynamique.

🏠 ❘●❘ *B & B Villa di Sotto :* via S. Caterina, 30, loc. *Villa a Sesta.* ☎ 0577-35-91-27. 🖩 347-932-70-90. ● info@villadisotto.it ● villadisotto.it ● À 7 km au nord de Castelnuovo par la SP 484. Congés : nov-mars. Doubles 77-85 € ; apparts (2-8 pers) 85-240 €. Plats 9-16 € ; repas 25-30 €. 🛜 Apéritif maison offert sur présentation de ce guide. Sur le rebord de ce hameau agricole, une douzaine de chambres et d'appartements simples, fonctionnels et propres, dispatchés dans différents bâtiments cernés de vignes et d'oliviers. Également

2 belles piscines et un bon resto de terroir aux prix justes, avec véranda panoramique. Accueil sympa.

❘●❘ *La Bottega del 30 :* via S. Caterina, 2, loc. *Villa a Sesta.* ☎ 0577-35-92-26. ● info@labottegadel30.it ● labottegadel30.it ● À 7 km au nord de Castelnuovo par la SP 484. Tlj sf mar, le soir slt, plus le midi dim et j. fériés. Congés : janv-15 fév. Résa obligatoire. Menu 85 € ; plats 20-32 € ; repas 60-80 €. Apéritif maison offert sur présentation de ce guide. Une vraie adresse gastronomique où on prend son temps ! Plats élégants, gourmands et inventifs, à cheval entre l'Italie et la France ; juste ce qu'il faut pour que les saveurs se marient à la perfection. Bonne cave. Assez cher mais pas exagéré pour une aussi belle expérience, d'autant que l'accueil est charmant.

Un peu d'œnotourisme dans les environs

🍷 ⚜ *Podere Le Boncie :* strada delle Boncie, loc. *San Felice.* ☎ 0577-35-93-83. ● info@leboncie.it ● À 9 km au nord de Castelnuovo par la SP 484. Visite sur résa par e-mail slt. Ici, le vigneron est une vigneronne ! Sur son petit domaine bio de 5 ha, Giovanna

Morganti – qui s'est affranchie des appellations – réalise des vins « rebelles » de belle qualité. En plein terroir du *chianti classico,* il fallait oser ! Bref, une expérience (en français) originale et sérieuse.

SIENNE ET SES ENVIRONS

La terre de Sienne est multiple. Au sud-ouest, la *Montagnola* et le *Valdimerre* livrent des paysages tourmentés couverts d'une épaisse forêt. C'est un pays de métayage et de bûcheronnage. Ici, point de douces collines, mais un espace mangé par le vert des chênaies. De l'autre côté du val d'Arbia, dont Buonconvento, étape de la *via Francigena,* marque l'épicentre, succèdent les lunaires *Crete senesi.* Une terre qui festonne de villages de pierre en monastères sur fond de genêts en bataille. Plus au sud moutonne l'onctueux *val d'Orcia,* classé au Patrimoine mondial de l'Unesco. C'est ici, dans l'ordonnance des cyprès et des pins, parmi les collines parsemées de hameaux fleuris, que la Toscane éternelle distille au fil des saisons ses images d'Épinal ! Puis les argiles fertiles cèdent la place à l'Amiata, une terre volcanique recouverte de hêtraies. Ses ravissantes petites stations thermales livrent aujourd'hui tous les bienfaits d'une eau piégée dans ses entrailles depuis des millénaires. Enfin, sur le flanc est, traversé par l'autoroute du soleil et marquant la frontière avec l'Ombrie, le *val di Chiana,* dominé par les remparts de Montepulciano.

TOSCANE

La terre de Sienne constitue une campagne pittoresque au sens étymologique du terme, savoir « qui se peint ». Et c'est au cœur de cette nature tantôt sauvage tantôt maîtrisée, de forêts impénétrables, de blé d'or, d'oliveraies et de vignobles, que Sienne la gibeline a su tenir tête à la guelfe Florence.
– *Infos :* ● *terresiena.it* ●

SIENNE (SIENA)   (53100)   53 900 hab.

● Plan d'ensemble *p. 220-221* ● Zoom centre *p. 222-223*
● Carte Les environs de Sienne *p. 246-247*

Il existe des pays qui restent à jamais gravés dans la mémoire, à la faveur d'une saison particulière, d'un parfum ou d'une couleur. À Sienne, cette couleur, c'est celle de la terre, car Sienne est une ville sans eau. Perchée à la jonction de trois collines, elle n'est arrosée par aucun fleuve. Cette particularité fait d'elle une ville à part. Moins puissante que Pise, moins riche que Florence, Sienne s'enorgueillit encore aujourd'hui d'avoir damé le pion à son éternelle rivale Florence lors de la bataille de Montaperti, en 1260. Un fait d'armes décisif, dont les conséquences dépassèrent largement la victoire d'une énième prise de bec entre Guelfes et Gibelins. Aujourd'hui, Montaperti bat encore dans tous les cœurs. Elle anime l'esprit de clan des *contrade,* ces quartiers de la ville aux doux noms d'animaux : Tortue, Escargot, Panthère, Rhinocéros, Dauphin... Autant d'esprits rusés et vengeurs qui, deux fois par an, à l'occasion du *Palio,* se défient en public pour l'amour de leur cité. Côté beaux-arts, ses architectes, ses sculpteurs, ses peintres, permirent à Sienne de constituer sa propre école de pensée. De ce riche passé résulte une architecture médiévale à nulle autre pareille ; un lacis de ruelles imbriquées, débouchant tantôt sur une placette, tantôt sur une fontaine secrète ou un palais vieux rose aux murs constellés de blasons. Sienne, c'est un temps fort de vos vacances en Toscane ! Où le moment conjugue l'Histoire en émotions, où l'esthétique qui habille les visites des musées n'a d'égal que le plaisir pris à une terrasse de la piazza del Campo, quand *contrade* le soleil couchant tisonne sa forge de corail.

UN PEU D'HISTOIRE

Quand bien même la ville est attestée à l'époque étrusco-romaine, Sienne sort de l'anonymat pendant le haut Moyen Âge, dopée par l'activité que lui procure la *via Francigena,* la voie qui conduit les pèlerins d'Europe du Nord jusqu'à Rome. Commence alors le début d'une longue période de développement et d'enrichissement qui, initiée dès le XIIIe s, s'achève à la fin du XIVe s. Période pendant laquelle Sienne bat sa propre monnaie, exploitant l'argent extrait des mines environnantes. Perchée sur ses trois collines, un œil sur Florence, l'autre sur Rome, elle devient rapidement la plaque tournante du commerce régional, avec des bailleurs de fond qui se mettent au service de la papauté. Cette allégeance au souverain pontife lui assure une certaine prospérité. La ville se dote alors de palais et d'églises, tandis que peintres et sculpteurs, portés par une foi indéfectible, se plient en quatre pour les embellir.

Mais l'expansion régionale de Sienne est vue d'un mauvais œil par Florence, sa rivale, si bien qu'au XIIIᵉ s une guerre éclate entre les deux villes. En 1260, la fameuse bataille de *Montaperti* consacre la victoire des Siennois sur les Florentins. Une victoire qui fait date ! L'évoquer, ne serait-ce qu'en plaisantant, allume dans les yeux des Siennois d'aujourd'hui l'étincelle d'un bonheur diffus empreint de fierté. À tel point que certains affichent avec orgueil, sur la lunette arrière de leur voiture, un autocollant qui dit en gros « J'y étais », en référence à ladite bataille ! Du coup la république, dirigée par les *Nove,* les

DU GUIDE DU ROUMIEUX AU *ROUTARD*

La via Francigena *est la voie qu'utilisaient les Roumieux, ces pèlerins qui se rendaient à Rome. Son tracé exact est attesté depuis qu'un certain Sigéric, archevêque de Canterbury, a consigné et décrit avec précision dans son livre de route chacune des 80 étapes qui constituaient son voyage. C'était en 990, il s'en allait voir le pape ! Si vous souhaitez refaire le parcours, achetez plutôt le dernier Routard, ça vous évitera de vous perdre dans les bois ; en plus de ça, pas mal d'adresses ont changé de proprios !*

TOSCANE

neuf familles bourgeoises riches et puissantes qui la gouvernaient, façonne Sienne telle que nous la connaissons aujourd'hui : Palazzo Pubblico, piazza del Campo, etc. Nous sommes dans la première moitié du XIVᵉ s. Des règlements d'urbanisme très stricts sont édictés afin de préserver son unité architecturale ; pour preuve l'élégance des vieilles façades qui ourlent la piazza del Campo. Malheureusement, le pouvoir de ces grandes familles, miné par les conflits d'intérêts qu'aggrave la grande peste de 1348, met un terme à cet âge d'or.

Dans la seconde moitié du XIVᵉ s et pendant tout le XVᵉ s, Florence reprend du poil de la bête en imposant sa propre monnaie : le florin ; ce qui fragilise sa rivale, dont une des particularités est d'être dépourvue de cours d'eau. Cette domination florentine ralentit considérablement son développement économique. Privée d'une partie de ses grasses vallées, où elle allait faire moudre son grain, Sienne s'enfonce dans la crise, comme on dit aujourd'hui. En 1493, pour échapper à la tutelle des empereurs germaniques, elle se place sous la férule des Français, pour finalement capituler en 1555, consécutivement à la prise de la ville par les Espagnols de Charles Quint. À la suite de cette défaite, la république siennoise se reconstitue temporairement à Montalcino, mais ça ne dure pas. Le traité du Cateau-Cambrésis de 1559, entre François Iᵉʳ et Charles Quint, l'enterre définitivement. Désormais partie intégrante du grand-duché de Toscane, Sienne tombe sous le joug des Médicis. Florence la gardera à jamais dans l'ombre, tant et si bien que Sienne passera à l'écart des grands mouvements politico-historiques jusqu'à nos jours.

UNE GRANDE FÊTE : LE *PALIO*

Le *Palio* de Sienne est la course de chevaux la plus célèbre, la plus courte, la plus ritualisée au monde et la seule à se dérouler en plein cœur d'une ville ! Le *Palio,* tel qu'il se pratique aujourd'hui, correspond à des règles édictées en 1721. La religion et la tradition y jouent un grand rôle.

L'organisation de la fête repose sur les 17 *contrade* (« quartiers, clans »). Sponsorisé par la banque *Monte dei Paschi,* cet événement nécessite un budget important. Sur les 17 *contrade,* 10 d'entre elles sont tirées au sort chaque année pour chacun des deux *Palios* : 2 juillet et 16 août. Les chevaux, élevés en dehors de la ville, sont tirés au sort par les capitaines des *contrade* participantes. Une semaine avant le *Palio,* la piazza del Campo se transforme en un vrai champ de course. Un anneau de terre de 400 m est créé, et on enrubanne tous les angles saillants des immeubles. La plupart des *fantini* (« jockeys ») sont en fait des professionnels non originaires de la région, et d'ailleurs ce sont essentiellement des Sardes. Ils sont

TOSCANE

payés à prix d'or (plusieurs dizaines de milliers d'euros !). Il faut dire que cette montée à cru et ces trois tours de piste en dévers sont particulièrement dangereux. La *tratta* (distribution des chevaux) effectuée par le maire et les juges de la course, les 29 juin et 13 août vers midi, est toujours un moment d'une intense fébrilité. Après le tirage au sort, chaque cheval regagne l'écurie qu'on a préparée spécialement pour lui dans chaque *contrada*. Il sera bichonné et surveillé pendant 3 jours. Commencent alors les *prove* (les essais, comme en formule 1 !), deux fois par jour, vers 9h et vers 19h30, piazza del Campo. Le jour J, les chevaux sont bénis par le curé ; quant à leurs jockeys, le nerf de

PETITS MEURTRES ENTRE AMIS

Chacun des quartiers de la ville – délimités par des plaques sur les immeubles – possède son église, son saint protecteur et son curé, son foyer, son bar, ses couleurs et sa fontaine (où l'on baptise les nouveau-nés), ses costumes et son animal-emblème. Mais attention ! On cultive les alliances, mais aussi les inimitiés réelles. Appartenir à un quartier fait partie de l'identité profonde des participants et dépasse la compétition elle-même. Il faut savoir qu'au moment des préparatifs il se trame des manigances et que des unions se créent entre contrade, *qui ne sont pas toujours très catholiques !*

bœuf qui constitue la pièce maîtresse de leur équipement est inspecté par les juges de l'événement. Car, dans cette course éclair (le record étant de 1 mn et 13 s), tous les coups sont permis ! Il n'est pas interdit, par exemple, de tirer par la casaque son adversaire pour lui faire mordre la poussière... Facile, car tous montent à cru, mais autant ne pas perdre de temps, car ça va très vite ! Et de toute façon, c'est le cheval qui arrive en premier qui gagne la course, qu'il ait ou non son jockey sur le dos ! Puis l'étendard de soie (toujours réalisé par des artistes de renom) est saisi par le vainqueur pour des tours d'honneur à n'en plus finir. Le tout dans une frénésie digne des plus grandes finales de foot. On assiste parfois à de véritables scènes d'hystérie. Le banquet organisé par la *contrada* victorieuse peut réunir plusieurs milliers de personnes ! Les jeunes défilent avec une tétine dans la bouche, symbole de renaissance. Une fois la tension retombée, on discute jusqu'à pas d'heure...

Si la course en elle-même dure moins de temps qu'il ne faut pour le dire, le folklore qui l'accompagne dure des plombes. Mais rien de touristique dans tout ça, quand bien même les participants défilent en costume d'époque à grand renfort de tambours et d'étendards. Un simple costume peut coûter facilement jusqu'à 30 000 €. Le *Palio* est inscrit depuis des lustres dans la plupart des chartes confirmant les droits de la ville. Ainsi, la course du 2 juillet fut instituée pour conjurer l'outrage commis par un soldat des Médicis ayant malencontreusement tiré avec son arbalète sur un buste en terre cuite de la Vierge de la basilique de Provenzano. Ça ne rigole pas ! Celle du 16 août tombe sous le sens et s'impose d'elle-même : un jour après l'Assomption de la Vierge Marie. Sienne comptait au Moyen Âge 54 *contrade* qui, à l'origine, étaient les compagnies militaires chargées de défendre la ville et organisaient des tournois sur les places. Elles furent en grande partie décimées par la peste noire de 1348 avant d'être réduites de moitié puis à 17 à partir de 1729. Elles n'ont jamais été mises au pas. Tout le passé de la ville peut ainsi se lire dans le défilé d'ouverture du *Palio*, où les porte-étendards rivalisent de grâce et d'habileté dans une débauche de couleurs. Les cités alliées de Sienne (Montalcino, Massa Marittima) y envoient une délégation, de même que les corps constitués de la ville. Si jadis les *contrade* subvenaient aux besoins matériels des habitants, elles jouent aujourd'hui le rôle de lien social. Qui plus est, Sienne est la seule ville au monde où l'on peut être baptisé à deux reprises, une fois à l'église comme le veut la tradition catholique et une fois à la fontaine de sa *contrada,* mais de façon laïque cette fois-ci. Cette forme de catharsis qui soude les membres de la *contrada* entre eux s'exprime aussi bien dans le *Te Deum* chanté à l'issue de la course que dans le banquet improvisé qui la suit.

Arriver – Quitter

En train

🚂 **Stazione** (gare ferroviaire ; plan d'ensemble) : piazza Carlo Rosselli. ☎ 89-20-21. • trenitalia.it • Au nord du centro storico, que l'on rejoint (en 20 mn à pied) par des escaliers mécaniques menant sur le viale V. Emanuele II, à 200 m de la porta Camollia.

➤ **Firenze** (1h30) : 13-22 directs/j., et d'autres avec changement à Empoli.

➤ Également pas mal de trains directs avec **Buonconvento** (30 mn), **Grosseto** (1h30), **Montepulciano** (1h) et **Chiusi** (1h25).

➤ Nombreux trains avec **Arezzo** (2-3h ; changement à Firenze), **Camucia-Cortona** (2h20 ; changement à Firenze ou Chiusi), **Pisa** (2h ; changement à Empoli), **Livorno** (2h20 ; changement à Empoli), **Roma** (3h30 ; changement à Grosseto ou Firenze)...

En bus

🚌 **Autostazione** (gare routière ; plan d'ensemble) : piazza Gramsci. Infos : ☎ 0577-20-42-25. • tiemmespa.it • sienamobilita.it • Billetterie et consigne à bagages sur place.

➤ **Firenze** (1h15-1h30) : 9-29 bus/j., dont de nombreux rapides. Arrivée à Florence à côté de la stazione Santa Maria Novella (via Santa Caterina da Siena, 17). Plus pratique que le train car la gare ferroviaire de Sienne est excentrée.

➤ **Arezzo** (1h30) : 4-8 bus/j.

➤ **Montalcino** (1h15) : 4-7 bus/j.

➤ **S. Quirino d'Orcia** (1h), **Pienza** (1h15) **et Montepulciano** (1h35) : 4-6 bus/j. sf dim.

➤ **S. Giminiano** (1h15) : 7-10 bus directs/j. ; avec changement dim.

➤ **Castellina in Chianti** (35 mn) **et Radda in Chianti** (55 mn) : 6-7 bus/j. sf dim. À Radda, correspondances pour **Panzano in Chianti** et **Greve in Chianti**.

➤ **Gaiole in Chianti** (1h) : 4-5 bus/j. sf dim.

➤ **Castelnuovo Berardenga** (40 mn) : 3-12 bus/j.

TOSCANE

Circulation et stationnement

🅿 Le trafic automobile est interdit dans tout le centre historique (zona a traffico limitato – ZTL) et surveillé par un réseau de caméras qui identifient les plaques d'immatriculation pour ensuite verbaliser. Il est néanmoins possible de déposer les bagages à l'hôtel en ayant – au préalable – transmis votre numéro d'immatriculation au réceptionniste. Et pour garer sa voiture, plusieurs options : le grand parking de la **viale Vittorio Veneto** (plan d'ensemble) est gratuit et proche du centre, donc très vite blindé. Celui du **stade** (plan d'ensemble), un peu plus près, est payant et lui aussi souvent complet. Mais le meilleur plan est certainement le **parking souterrain de la gare ferroviaire** (plan d'ensemble). Facile d'accès, il ne coûte que 2 €/24h. Et on rejoint (en 20 mn à pied) le centro storico par des escaliers mécaniques débouchant – en haut de la colline – sur le viale V. Emanuele II, à 200 m de la porta Camollia. Enfin, n'utilisez pas le parking de **La Lizza** le mardi soir, car le marché s'y tient le mercredi matin (les voitures « oubliées » sont enlevées en fourrière !). Sinon, sachez que les places de stationnement à lignes bleues sont payantes, les jaunes réservées aux seuls résidents, et les blanches gratuites (vérifier seulement le jour de passage de la balayeuse).

♿ Enfin, les personnes à mobilité réduite peuvent contacter les **vigili urbani** pour obtenir l'autorisation de se rendre en centre-ville en voiture : ☎ 800-28-27-27.

TOSCANE

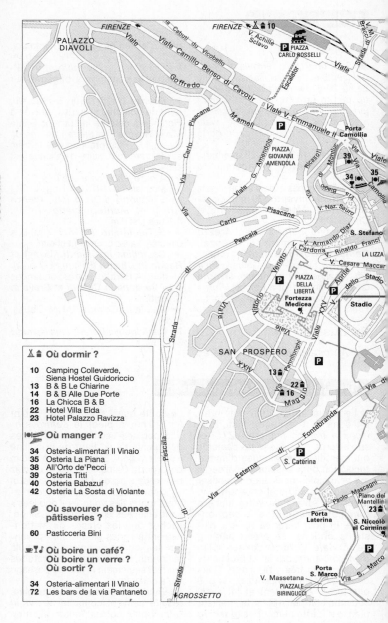

FIRENZE · FIRENZE · ⚠ ≜ 10

PALAZZO DIAVOLI

Viale Camillo Benso di Cavour

Goffredo

Mameli

PIAZZA CARLO ROSSELLI

Escalator

Viale V. Emmanuele II

Porta Camollia

PIAZZA GIOVANNI AMENDOLA

39 ¦⊙¦

34 ¦⊙¦ · 35 ¦⊙¦

V. Naz. Sauro

Pisacane

S. Stefano

V. Armando Diaz

V. Cardona · V. Rinaldo Franci

LA LIZZA

V. Cesare Maccar

Pescaia

PIAZZA DELLA LIBERTÀ

Fortezza Medicea

Stadio

Stadio

SAN PROSPERO

13 ≜

22 ≜

16 ≜

Maggio

Fontebranda

S. Caterina

Esterna

Paolo Mascagni · Piano dei Mantellin

23 ≜

Porta Laterina

S. Niccolò al Carmine

Porta S. Marco

V. Massetana

PIAZZALE BIRINGUCCI

GROSSETTO

⚠ ≜ **Où dormir ?**

10 Camping Colleverde,
Siena Hostel Guidoriccio
13 B & B Le Chiarine
14 B & B Alle Due Porte
16 La Chicca B & B
22 Hotel Villa Elda
23 Hotel Palazzo Ravizza

¦⊙¦≥ **Où manger ?**

34 Osteria-alimentari Il Vinaio
35 Osteria La Piana
38 All'Orto de'Pecci
39 Osteria Titti
40 Osteria Babazuf
42 Osteria La Sosta di Violante

🍰 **Où savourer de bonnes
pâtisseries ?**

60 Pasticceria Bini

☕🍷♪ **Où boire un café?
Où boire un verre ?
Où sortir ?**

34 Osteria-alimentari Il Vinaio
72 Les bars de la via Pantaneto

Basilica dell' Osservanza

NORD

Viale Giuseppe

Sardegna

Via Simone Martini

Viale Pietro Toselli

Strada Statale N.408

don Giovanni Minzoni

Mazzini

Via Memmi

Via

Via Simone Martini

Via Duccio

di

RAVACCIANO

Buoninsegna

Giuseppe Garibaldi

S. Sebastiano

Barriera S. Lorenzo

Via d'Ovile

V. S. Simone Martini

V. del Becco

S. Andrea

Fonte Nuova

PIAZZA RAMSCI

PZA D'OVILE

Via della Sbirracca

Via di Vallerozzi

V. degli Orti

V. del Comune

Porta Ovile

Via Baldassarre

San Francesco

San Francesco

Peruzzi

voir zoom centre

Via Pianigiani

V. Trozzi

TERZO DI KAMOLLIA

ontebranda

Banchi di Sopra

Banchi di Sotto

IL CAMPO

Duomo

Via

di Città

Via del Capitano

Fonte di Follonica

Via Baldassarre

Peruzzi

Via

40

S. Giorgio

di Pantaneto

72

42

S. Maurizio in S. Spirito

Via del

Pispini

Porta Pispini

V. Aretina SS 73

AREZZO, PERUGIA

TERZO DI CITTÀ

TERZO SAN MARTINO

V. Pagliaresi

Chiesa del Refugio

Via di Stalloreggi

14

60

V. T. Pendola

Prato di S. Agata

Via di Fontanella

Via Roma

V. di Porta Giustizia

S. Ansano

Via delle Cerchia

S. Agostino

Palazzo Pollini

Orto botanico

Museo di Storia naturale

Via Sant'Andrea Mattioli

Basilica S. Maria dei Servi

38

Via Roma

V. Enea Silvio Piccolomini

Porta Romana

P

Porta Tufi

CHIANCIANO TERME

0   100   200 m

SIENNE (SIENA) – Plan d'ensemble

TOSCANE

Adresses et infos utiles

ℹ Ufficio turistico (zoom centre, B4) : *piazza del Duomo, 1.* ☎ *0577-28-05-51.* ● *terresiena.it* ● *enjoysiena.it* ● *Avr-oct, tlj 9h-18h ; nov-mars, tlj 10h-17h.* Plan de la ville et de ses environs, plusieurs itinéraires de

TOSCANE

■ Adresses utiles

🛈 Ufficio turistico
1 Farmacia Quattro Cantoni

🏠 Où dormir ?

11 B & B Casa di Osio
12 Hotel Centrale
15 Albergo Bernini
17 B & B I Terzi di Siena
18 Antica Residenza Cicogna
19 B & B Il Corso
20 Hotel Alma Domus
21 Albergo Chiusarelli

|●| 🍽 Où manger ?

30 Alimentari Gino Cacino
31 Consorzio Agrario di Siena
32 Pizzeria Poppi
33 Antica Pizzicheria
36 Morbidi 1925
37 Il Pomodorino
41 Il Campaccio
43 Grotta Santa Caterina da Bagoga
44 Osteria Il Carroccio
45 Osteria Le Logge

🍦 Où déguster une glace ?

50 Gelateria Kopakabana
51 Gelateria La Vecchia Latteria
52 Gelateria Grom

🍰 Où savourer de bonnes pâtisseries ?

61 La Nuova Pasticceria
62 Pasticceria-bar Nannini

🍷🍸🎵 Où boire un café? Où boire un verre ? Où sortir ?

36 Morbidi 1925
70 Caffè Fiorella
71 Key Largo Bar

🛍 Où acheter de bons produits ?

31 Consorzio Agrario di Siena
80 Antica Drogheria Manganelli

SIENNE (SIENA) – Zoom centre

découverte (en français) à pied du *centro storico*, listes des hébergements à Sienne et dans la campagne, infos routes des Vins et de l'Huile d'olive, visites guidées en italien et en anglais *(avr-oct, tlj à 11h ; tarif : 20 €/pers),* agenda culturel, etc. Également plusieurs bonnes brochures en français : *Val d'Orcia, Terre di Siena* (à pied, à vélo, à cheval...), *Le Crete,*

Amiata, Chianti... Accueil sympa et compétent.

■ ⚐ **Association des guides de Sienne :** *via Banchi di Sopra, 31, galleria Odeon.* ☎ *0577-43-273.* ● *guidesiena.it* ● *Lun-ven 10h-13h, 15h-17h. Résa 2-3 j. avt en saison. Compter 150 €/3h et 280 €/j.* Cette association regroupe environ 90 guides, dont près de la moitié parle parfaitement le français. Sienne, ce n'est pas seulement des dates et des noms. Sienne, c'est avant tout un état d'esprit, une manière singulière de faire référence au passé, parce qu'on est né(e) dans un quartier plutôt que dans un autre, et qu'on y a écorché ses genoux d'enfant... Cet intime rapport à la ville et à son histoire, seuls les natifs peuvent le transmettre. Parmi les guides 100 % siennois, **Carla Galardi** (● *galardi carla@libero.it* ●), diplômée en histoire de l'art et spécialiste des Étrusques, partage sa passion. Née dans le quartier des Rhinocéros, cette femme charmante et francophone livre, aux individuels ou aux groupes, mille anecdotes qui sont autant de clés pour comprendre le fabuleux destin de sa ville. Propose aussi des visites familiales adaptées aux enfants.

⊠ **Poste** *(zoom centre, B1) : piazza Matteotti, 37. Tlj sf sam ap-m et dim.*

✚ **Hôpital :** *viale Mario Bracci, 16.* ☎ *0577-58-51-11.* ● *ao-siena.tos cana.it* ● *Au nord de la gare ferroviaire.*

■ **Farmacia Quattro Cantoni** *(zoom centre, B4, 1) : via San Pietro, 4.* ☎ *0577-28-00-36. Tlj 9h-13h, 15h30-19h30.* Très pratique car le personnel parle français.

■ **Carabinieri** *(plan d'ensemble) : piazza San Francesco.* ☎ *112. Ouv 24h/24.*

– **Marchés :** *mer mat, à La Lizza (plan d'ensemble). Aussi un petit* **marché aux antiquités** *le 3e dim du mois, piazza del Mercato (zoom centre, C3).*

Où dormir ?

Camping

⛺ 🏠 **Camping Colleverde** *(hors plan d'ensemble, 10) : strada di Scacciapensieri, 47.* ☎ *0577-33-40-80.* ● *info@ sienacamping.com* ● *sienacamping. com* ● ♿ *À 2,5 km du centro storico, au nord de la gare. Bus nos 3 ou 8 (arrêt à 100 m du camping) avec la gare ou le centre-ville. Congés : janv-fév. Selon saison, compter 32-37 € pour 2 avec tente et voiture, chambres (2 pers) 30-50 €, bungalows (2-5 pers) 75-115 €.* 🛜 *(payant).* Finalement assez proche du centre, un grand camping bien tenu, noyé dans la verdure d'une zone résidentielle. De beaux emplacements en terrasses, bien délimités, ombragés et gazonnés. Et puis des bungalows plutôt sympas avec petite terrasse. Sanitaires nickel. Belle piscine *(de juin à mi-sept)*, jeux pour enfants, resto-pizzeria *(Pâques-sept)*. Accueil pro et sympa en français.

Auberge de jeunesse

🏠 **Siena Hostel Guidoriccio** *(hors plan d'ensemble, 10) : via Fiorentina, 89.* ☎ *0577-169-81-77.* ● *info@sienahostel.it* ● *sienahostel. it* ● ♿ *À 1,5 km au nord-ouest de la gare par la SR 2. Bus nos 4, 35 et 36 pour le centre (plus nº 60 dès minuit). Selon saison, lits en dortoir (9 pers) 16-20 €, doubles 43-50 €.* 🖥 🛜 Installée dans un bâtiment moderne, cette grande AJ excentrée ne manque pas de bons arguments ! Près de 140 lits superposés répartis dans des doubles, quadruples (rénovées avec du mobilier moderne et toutes avec sanitaires) et dortoirs fonctionnels et propres ; avec ou sans salle de bains privée. Vaste bar avec terrasse, location de vélos. Pas de cuisine, mais le staff sympa propose snacks et *aperitivo*. Bonne ambiance jeune et festive !

De bon marché à prix moyens

🛏 **B & B Casa di Osio** (zoom centre, B1, **11**) : via dei Montanini, 66 (3e étage). 📱 342-598-95-55. ● info@casadiosio.com ● casadiosio.com ● Double 60 €. 🖥 📶 Ce grand appartement lumineux et attenant à celui des proprios – une petite famille dynamique et sympa – compte 6 chambres proprettes, au confort simple, avec ventilo et sanitaires communs. Également des triples, et plein de bons conseils pour découvrir la ville. Les proprios gèrent aussi le **B & B Porta Romana**, du même tonneau et installé dans un palais du XIVe s... Bref, une bonne adresse à prix planchers toute l'année, et l'occasion de rencontrer des routards du monde entier.

🛏 **Hotel Centrale** (zoom centre, C2, **12**) : via C. Angiolieri, 26 (4e étage). ☎ 0577-22-34-34. ● hotelcentrale.siena@libero.it ● hotelcentralesiena.com ● Doubles 60-85 € ; petit déj 6 €. Pas d'ascenseur ! 📶 Portant bien son nom, une petite pension familiale simple et sans prétention proposant 8 chambres proprettes, toutes avec salle de bains et ventilo. Carrelages Liberty superbes, et petit balcon avec table et chaises pour certaines. En poussant un peu les lits, on aménage facilement des triples et des quadruples. Bon accueil.

🛏 **B & B Le Chiarine** (plan d'ensemble, **13**) : via A. Pannilunghi, 14 (2e étage). ☎ 0577-165-50-67. ● info@lechiarine.it ● lechiarine.it ● À 10 mn à pied du centre. Doubles 60-90 € selon saison. 📶 Immeuble de standing dans un quartier résidentiel vert et tranquille. Là, ce bel et lumineux appartement au carrelage Liberty livre 5 chambres spacieuses, bien équipées et aménagées avec simplicité. Petit déj copieux et cuisine à dispo. Atmosphère reposante. Accueil gentil et pro.

🛏 **B & B Alle Due Porte** (plan d'ensemble, **14**) : via Stalloreggi, 51. ☎ 0577-28-76-70. 📱 368-352-35-30. ● soldatini@interfree.it ● sienatur.it ● Doubles 75-85 € selon saison. 📶 En plein dans la contrada des Panthères, dans l'une des plus vieilles maisons de Sienne (1080). Une poignée de chambres confortables, à la déco classique soignée. Honnête petit déj. Une bonne adresse.

Prix moyens

🛏 **Albergo Bernini** (zoom centre, B2, **15**) : via della Sapienza, 15. ☎ 0577-28-90-47. ● hbernin@tin.it ● albergobernini.com ● Congés : de mi-janv à fév. Doubles 80-100 € selon confort et saison ; petit déj 7 €. CB refusées. 📶 Réduc de 10 % en basse saison sur présentation de ce guide. Dans une vénérable bâtisse du XIIe s, une dizaine de chambres proprettes au confort simple, avec meubles en bois patinés et murs couleur crème. La no 11 offre une imprenable vue sur le Duomo ; les nos 8 et 10 sur l'église San Domenico. Agréable petite terrasse survolant les toits, bien au calme. Bonne ambiance générale. Accueil chaleureux en français. Ah ! si on avait pu y rester quelques jours de plus...

🛏 **La Chicca B & B** (plan d'ensemble, **16**) : via A. Pannilunghi, 9. ☎ 0577-28-02-15. ● lachiccasiena@gmail.com ● lachiccasiena.com ● Doubles 90-110 € selon confort et saison. 📶 Cette maison de maître des années 1920, plantée dans un quartier résidentiel tranquille et vert, révèle 6 chambres simples, agréables et soignées, avec ou sans salle de bains. Beaux carrelages vintage, meubles anciens, jardin avec terrasse. Accueil adorable de la jeune proprio, qui fait ainsi perdurer la belle maison de son grand-père. Une adresse reposante.

🛏 **B & B I Terzi di Siena** (zoom centre, B2, **17**) : via dei Termini, 13. 📱 339-669-91-43. ● info@terzidisiena.it ● terzidisiena.it ● Doubles 65-125 € selon confort et saison. 📶 En tout, 8 chambres tout confort, fonctionnelles et soignées, réparties dans 2 appartements lumineux en duplex. Avec ou sans salle de bains, mais toutes jouissant d'une vue panoramique formidable sur les toits de Sienne ! Cuisine commune. Accueil charmant et pro.

🛏 **Antica Residenza Cicogna** (zoom centre, B2, **18**) : via delle Terme, 76. ☎ 0577-28-56-13. ● info@

TOSCANE

anticaresidenzacicogna.it ● anticaresi denzacicogna.it ● Doubles 85-125 € selon confort et saison. ☎ Réduc de 10 % déc-mars (sf fêtes de Noël) sur présentation de ce guide. Occupant un palais médiéval, c'est un B & B de charme aux chambres tout confort et agrémentées pour certaines de plafonds peints. Une atmosphère romantique véhiculée par les meubles d'époque, les tentures, les voilages, et le lit à baldaquin de certaines. Accueil familial charmant.

De prix moyens à chic

🛏 **B & B Il Corso** (zoom centre, B2, **19**) : via B. di Sopra, 6. ☎ 0577-28-42-48. 📱 392-104-55-05. ● infoil corso@gmail.com ● ilcorsosiena.it ● Doubles 70-145 € selon confort et saison. ☎ À deux pas de la piazza del Campo, on est séduit par les 6 jolies chambres contemporaines plus ou moins grandes et toutes différentes car épousant l'architecture biscornue de cette vénérable maison. Confortables et nickel ; accueil francophone chaleureux et pro en prime. Rapport qualité-prix correct.

🛏 **Hotel Alma Domus** (zoom centre, A2, **20**) : via Camporegio, 37. ☎ 0577-441-77. ● info@hotelalmadomus.it ● hotelalmadomus.it ● À 10 mn à pied du centre. Doubles 50-140 € selon confort et saison. Parking payant. 🖵 ☎ Attenant au sanctuaire de S. Caterina, qui accueille encore une petite communauté religieuse, cet hôtel abrite une trentaine de chambres confortables ; la plupart avec vue extra sur la vieille ville, ses monuments et ses toits. Un bon rapport qualité-prix, et une affaire hors saison !

🛏 **Albergo Chiusarelli** (zoom centre, A1, **21**) : viale Curtatone, 15.

☎ 0577-28-05-62. ● info@chiusa relli.com ● chiusarelli.com ● Doubles 60-150 € selon saison. Parking payant. 🖵 ☎ Belle villa de caractère du XIXe s, de style néoclassique, avec entrée à colonnes et caryatides, carrelages luxueux, dorures, lustres et fresques. Une cinquantaine de chambres plus ou moins grandes, tout confort, claires et arrangées sur une note moderne. Jardin avec terrasse sur l'arrière.

Très chic

🛏 **Hotel Villa Elda** (plan d'ensemble, **22**) : viale XXIV Maggio, 10. ☎ 0577-24-79-27. ● info@villaeldasiena.it ● villaeldasiena.it ● ♿ À 10 mn à pied du centre. Doubles 129-239 € selon confort et saison. ☎ Au cœur d'un gentil quartier résidentiel calme et verdoyant. Cette villa Liberty cernée d'un jardin abrite une douzaine d'agréables chambres lumineuses à la déco sobre. Les plus chères jouissent d'un balcon au panorama magnifique sur la ville. Petit déj minimaliste, dommage. Accueil charmant et pro.

🛏 **Hotel Palazzo Ravizza** (plan d'ensemble, **23**) : piano dei Mantellini, 34. ☎ 0577-28-04-62. ● bureau@ palazzoravizza.it ● palazzoravizza.it ● Doubles 160-350 € selon confort et saison. 🖵 ☎ Somptueux palais Renaissance à la façade sobre ; transformé en hôtel dans les années 1920. Chambres élégantes, confortables, douillettes et assez cosy. Les parties communes ne manquent pas non plus de cachet : beau salon à l'étage, meublé d'ancien et doté d'un piano, et... fabuleux jardin ! Prix un peu surestimés et petit déj pas à la hauteur. Mais une belle adresse de charme quand même, pour se faire plaisir !

Où manger ?

Sur le pouce

🍽 🍴 ⊛ **Alimentari Gino Cacino** (zoom centre, C3, **30**) : piazza del Mercato, 31. ☎ 0577-22-30-76. ● lavoratoriodiangelo@gmail.com ● Tlj 8h-16h (20h dim). Panini et en-cas

4-6 €. Pour manger bien et pas cher en plein centre, c'est une caverne d'Ali Baba version gourmandises et bons produits ! Derrière une porte discrète à moitié dissimulée par les plantes grimpantes, on découvre un insolent comptoir garni de charcutailles et de fromages locaux. Bref, de quoi se faire confectionner de formidables *panini* ! Également d'alléchantes planches de charcuterie-fromage, quelques douceurs sucrées... Tout est frais, excellent, et se déguste sur quelques tables hautes au milieu des rayonnages. Ambiance !

|●| ⬤ ⬤ ⊛ Consorzio Agrario di Siena (zoom centre, B1, **31**) : via Pianigiani, 5-9. ☎ 0577-23-01. ● capsi@capsi.it ● Lun-sam 8h-20h30, dim 9h30-20h. Compter 5-15 €. Vaste épicerie coopérative où l'on trouve tous les bons produits frais du cru : vins, huiles d'olive, charcuteries, fromages, pâtisseries... On prend son ticket, on zieute un peu partout dans les vitrines réfrigérées avec l'eau à la bouche, on se fait servir, puis on déguste au coude à coude sur un petit bout de comptoir ! *Pizze al taglio* excellentes, tout comme les plats de pâtes, sans oublier les salades, *panini*, sorbets, fruits frais... Que de saveur ! Sympa mais pas très confortable.

⬤ Pizzeria Poppi (zoom centre, C2, **32**) : via Bianchi di Sotto, 25. ☎ 0577-59-61-16. ● pizzeriapoppi@libero.it ● Tlj sf dim 10h-15h, 16h30-20h30. Moins de 5 €. À deux pas de la piazza del Campo, une petite adresse qui n'a rien de touristique. *Pizze al taglio* – bonnes et variées – que les employés du quartier dévorent à midi en papotant debout devant le local. Simple, bien et pas cher du tout !

⬤ ⊛ Antica Pizzicheria (zoom centre, B4, **33**) : via di Città, 93-95. ☎ 0577-28-91-64. ● ademiccoli2012@gmail.com ● Tlj 8h-20h. Moins de 5 €. Les jambons qui pendent en vitrine annoncent la couleur de cet *alimentari* gourmand, débordant de goûteux produits du cru ou du pays. On choisit ce que l'on aime dans la vitrine réfrigérée, pour se faire réaliser un savoureux *panino*. Accueil gouailleur sympa. *Andiamo !*

De très bon marché à bon marché

|●| ⬤ ⵢ Osteria-alimentari Il Vinaio (plan d'ensemble, **34**) : via di Camollia, 167. ☎ 0577-496-15.

● info@osteriailvinaio.it ● Tlj sf dim 10h-22h. Plats 6-10 €. 🛜 Bien à l'écart de la foule touristique, un bistrot de quartier tenu par Bobbe et Davide, deux frangins efficaces ! Longue salle voûtée, bordée d'une insolente vitrine réfrigérée débordant de charcuteries, fromages et autres victuailles sélectionnées dans le terroir local. À la carte, des *panini*, des planches de charcuterie-fromage, des assiettes d'*antipasti*, sans oublier les quelques pâtes et *secondi* du jour : *trippa, baccalà* et autres spécialités de *cucina povera sienese*, rustiques et pleines de goût. Bien aussi à l'heure de l'*aperitivo*. C'est sûr, on reviendra !

|●| ⬤ Osteria La Piana (plan d'ensemble, **35**) : via di Camollia, 122. ☎ 0577-27-07-37. ● info@osterialapiana.com ● Tlj sf dim. Plats 6-15 €, pizze 6-8 € ; repas 15-30 €. Petite *osteria* à la déco hétéroclite. Dans l'assiette, cuisine traditionnelle simple, efficace et bien menée, qui emballe nos papilles ! Fait aussi pizzeria dans un autre local attenant. Quelques tables dans la ruelle pour prendre le frais les soirs d'été. Accueil un rien rude, mais qui se déride vite. Bref, une bonne adresse, plébiscitée par les gens du quartier.

|●| ⵢ Morbidi 1925 (zoom centre, B1, **36**) : via Banchi di Sopra, 75. ☎ 0577-28-02-68. ● info@morbidi.com ● Lun-sam 8h-20h (22h ven-sam). Déj 10-15 €. Belle épicerie lumineuse et aérée, tout en longueur, présentant de larges rayonnages d'huiles d'olive, conserves, pâtes, vins et autres produits toscans. Et à midi, également tout un buffet de plats préparés renouvelés chaque jour : lasagnes, viandes, légumes, *crostini* et tutti quanti ! Les soirs de fin de semaine, ils remettent le couvert avec un beau buffet *aperitivo*. À dévorer dans un élégant cadre moderne. Foncez !

⬤ Il Pomodorino (zoom centre, A2, **37**) : via Camporegio, 13 (accès par un petit passage partant de la via Costa San Antonio). ☎ 0577-28-68-11. ● ilpomodorino.info@libero.it ● Tlj sf dim midi 12h (19h nov-mars)-1h. Pizze 6-11 €. *Digestif offert sur présentation de ce guide.* De belles et généreuses pizzas napolitaines, à dévorer avec la clientèle

TOSCANE

jeune et enthousiaste qui investit la formidable terrasse avec vue sur les toits et le Duomo. Également une palanquée de salades et d'*antipasti* pour accompagner le tout. Accueil sympa et efficace.

|●| 🚋 👫 *All'Orto de'Pecci* (plan d'ensemble, **38**) : *via di Porta Giustizia, 39.* ☎ *0577-22-22-01.* ● *info@orto depecci.it* ● *Tlj sf lun. Résa impérative le soir. Plats 7-11 € ; repas 20-25 €.* Planqué en plein centre-ville, un étonnant petit vallon-potager verdoyant à souhait. Un cadre charmant pour cette table d'habitués qui brille par sa cuisine simple et bon marché, élaborée avec les légumes et fruits bio de la production maison. Également des pizzas le soir. En terrasse ou petite salle ; à vous de voir ! Et puis les gosses ont de quoi s'ébattre dans le jardin. Reste plus qu'à envisager une petite sieste paisible sous les peupliers !

|●| *Osteria Titti* (plan d'ensemble, **39**) : *via Camollia, 193.* ☎ *0577-28-58-13.* ● *info@osteriatitti.com* ● *Tlj sf dim. Plats 8-14 € ; repas 20-30 €.* Des bibelots vintage, du mobilier disparate, des ventilos au plafond, et puis quelques tables dans la rue ; c'est une petite *osteria* de quartier conviviale et sympa comme tout, où l'on déguste dans la bonne humeur des pâtes fraîches et des *secondi* typiques de la région, simples et bien réalisés. Accueil cordial.

Prix moyens

|●| *Osteria Babazuf* (plan d'ensemble, **40**) : *via Pantaneto, 85-87.* ☎ *0577-22-24-82.* ● *info@osteriababazuf.com* ● *Tlj sf lun. Plats 7-12 € ; repas 25-30 €.* En prise directe sur le terroir local, délicieuse cuisine originale et finement mijotée, inspirée de la populaire *cucina povera* et rehaussée de saveurs qui nous plaisent. Salle voûtée chaleureuse. Une bonne adresse pour sortir des classiques toscans.

|●| *Il Campaccio* (zoom centre, A-B2, **41**) : *vicolo del Campaccio, 2.* ☎ *0577-28-46-78.* ● *ilcampaccio2@ gmail.com* ● *Tlj sf mer et dim midi. Résa impérative. Plats 12-18 € ; repas 30-35 €.* Une petite salle voûtée, à la fois rustique et élégante, flanquée

d'une terrasse dans la courette. Juste quelques plats à la carte pour une fine cuisine fraîche, inventive et goûteuse, oscillant entre terre et mer. On s'est régalés !

|●| *Osteria La Sosta di Violante* (plan d'ensemble, **42**) : *via Pantaneto, 115.* ☎ *0577-437-74.* ● *sostadiviolante@ gmail.com* ● *Tlj sf dim. Plats 10-17 € ; repas 30-35 €.* Ce resto a tout pour plaire : service charmant, salles chaleureuses et accueillantes, terrasse agréable, sans oublier l'alléchante cuisine – typiquement toscane – qui fait la part belle aux ingrédients frais locaux. Tout est bon, qu'il s'agisse des savoureuses viandes *alla griglia,* du risotto bien cuit ou des pâtes parfaitement accommodées. Vraiment bien !

|●| *Grotta Santa Caterina da Bagoga* (zoom centre, B2, **43**) : *via della Galluzza, 26.* ☎ *0577-22-22-08.* ● *grot01@yahoo.it* ● *Tlj sf dim soir et lun. Plats 7-15 € ; repas 30-35 €.* Géré par Bagoga, ex-jockey du *Palio,* ce resto propose de savoureux plats du terroir et d'étonnantes spécialités comme le *gallo indiano* au vin rouge, tout droit sorti d'une recette du XVIIe s ! Également les classiques toscans bien tournés pour quelques euros de plus. Et gardez donc aussi une petite place pour les bons desserts maison. Tables alignées en terrasse dans la ruelle tranquille, ou dans une belle salle voûtée de brique. On aime !

|●| *Osteria Il Carroccio* (zoom centre, B3-4, **44**) : *via Casato di Sotto, 32.* ☎ *0577-411-65.* ● *osteriacarroccio@ gmail.com* ● *Tlj sf mer. Congés : janv et nov. Menu 30 € ; plats 8-22 €. Café et digestif offerts sur présentation de ce guide.* Les traditionnels plats toscans sont ici copieusement représentés, et les *antipasti* ainsi que l'assortiment de fromages accompagnés de miel du pays ont ravi nos papilles ! Petite salle joliment voûtée et, aux beaux jours, quelques tables en terrasse dans la ruelle à deux pas de la piazza del Campo.

De chic à très chic

|●| *Osteria Le Logge* (zoom centre, C3, **45**) : *via del Porrione, 33.* ☎ *0577-480-13.*

● lelogge@osterialelogge.it ● ♿ *Tlj sf dim. Congés : janv. Résa indispensable. Plats 14-26 € ; repas 40-55 €.* 📶 *Apéritif maison offert sur présentation de ce guide.* L'une des bonnes tables de Sienne, dans son élégant cadre boisé de bistrot chic, avec cuisine ouverte. Ça traîne un peu, mais on leur pardonne, car la délicieuse cuisine toscane est plutôt créative, façon « terroir revisité ». Superbe carte des vins, dont certains servis au verre. Service stylé sympa.

Où déguster une glace ?

🍦 *Gelateria Kopakabana (zoom centre, C1, 50) :* via dei Rossi, 52-54. ☎ 0577-22-37-44. ● *info@gelateriakopakabana.it* ● *Tlj 11h-minuit.* Un peu à l'écart de la foule touristique, une bonne surprise que ces glaces bien crémeuses et autres sorbets aux fruits de saison. Un repaire bien connu des Siennois !

🍦 *Gelateria La Vecchia Latteria (zoom centre, B4, 51) :* via S. Pietro, 10. ☎ 0577-05-76-38. *Tlj 11h-23h.* Des glaces savoureuses dont les parfums évoluent au fil des saisons. À déguster en explorant le *casco antico*. Une adresse qu'affectionnent les gens du cru.

🍦 *Gelateria Grom (zoom centre, B2, 52) :* via Banchi di Sopra, 11-13. ☎ 0577-28-93-03. *Tlj 11h-23h30 (1h sam).* On ne présente plus ce glacier turinois, désormais célèbre dans toute la grande Botte pour ses glaces onctueuses, réalisées avec des ingrédients locaux d'une qualité irréprochable, mais plus chères qu'ailleurs ! Accueil : peut mieux faire...

Où savourer de bonnes pâtisseries ?

🍰 *Pasticceria Bini (plan d'ensemble, 60) :* via di Stalloreggi, 91-93. ☎ 0577-28-02-07. *Tlj sf dim ap-m et lun 8h30-13h30, 15h30-19h30.* Ouverte depuis 1944, une belle pâtisserie à l'ancienne, réputée pour ses *panforte* traditionnels, ses *ricciarelli* fondants au goût d'amande bien marqué, ses délicieux *cantuccini* et *cavallucci*, ses excellentes meringues à l'écorce d'orange ou au chocolat... On arrête là !

🍰 *La Nuova Pasticceria (zoom centre, C4, 61) :* via Giovanni Duprè, 37. ☎ 0577-152-00-65. ● *info@lanuovapasticceria-siena.com* ● *Tlj 10h-19h.* Minuscule pâtisserie de quartier sans prétention, dont les spécialités sont les *ricciarelli,* pas trop chargés en amande amère et moelleux à souhait. Goûter également aux classiques de Sienne, que la maison réussit fort bien : *panforte, cantuccini* et *cavallucci.* Miam !

🍰 🍷 *Pasticceria-bar Nannini (zoom centre, B2, 62) :* via Banchi di Sopra, 24. ☎ 0577-23-60-09. *Tlj 7h30-21h30.* Éminemment touristique, la pâtisserie *Nannini* demeure une institution de la ville, qui s'est d'ailleurs agrandie d'un resto-*enoteca.* Vaste et élégante salle, avec un énorme comptoir et une dizaine de tables. Prix un peu gonflés et accueil parfois moyen, mais les clients sont toujours aussi satisfaits du chocolat chaud, des bons gâteaux traditionnels, et même de l'*aperitivo* avec son gentil buffet.

Où boire un café ? Où boire un verre ?
Où sortir ?

🍹 *Caffè Fiorella (zoom centre, B3, 70) :* via di Città, 13. ☎ 0577-27-12-55. ● *fiorella3siena@libero.it* ● *Tlj sf dim 7h-19h (18h hors saison). CB refusées.* Besoin d'une petite pause caféinée ? Alors, rendez-vous dans cette minuscule échoppe, point de vente d'un torréfacteur réputé pour ses assemblages. À toute heure et en coup de vent, on s'accoude sans façon au comptoir avec les habitués, pour faire le plein d'énergie et repartir à l'assaut de la ville !

🍹 🍷 *Key Largo Bar (zoom centre, C3, 71) :* via Rinaldini, 17. ☎ 0577-23-63-39. *Tlj 7h30-1h.* Au coin de la piazza del Campo, on aime ce bar surtout pour son balcon filant à l'étage, d'où – assis

TOSCANE

en rang d'oignon – la vue sur la place est formidable ! Pour en profiter, armez-vous d'agilité (le service se fait au bar au rez-de-chaussée), mais une fois installé en haut, on n'a qu'une envie : y rester et contempler béat !

♟ Et ne ratez pas l'*aperitivo* à l'**Osteria-alimentari Il Vinaio** (*plan d'ensemble, 34*) ou chez **Morbidi 1925** (*zoom centre, B1, 36*)... Voir plus haut « Où manger ? ».

♟ ♪ **Les bars de la via Pantaneto** (*plan d'ensemble, 72*) **:** cette rue concentre toute la vie nocturne de Sienne. Un endroit étonnamment cosmopolite et festif, avec ses bars thématiques à petite terrasse où la jeunesse locale déferle dès l'*aperitivo*. Là, le bar **Bella Vista Social Pub** (*via Pantaneto, 102*), sombre et à la déco ultra-chargée, est très apprécié pour ses mojitos et ses cocktails à base de tequila, dans une ambiance au déhanché agréable ! Également l'**Al Cambio** (*via Pantaneto, 48*), qui organise souvent des concerts live. Et dans une rue parallèle à deux pas, le **bar Porrione** (*via del Porrione, 14*) est un lieu de ralliement pour beaucoup d'étudiants...

Où acheter de bons produits ?

🕸 **Consorzio Agrario di Siena** (*zoom centre, B1, 31*) **:** via Pianigiani, 5-9. ☎ 0577-23-01. ● capsi@capsi.it ● Lun-sam 8h-20h30, dim 9h30-20h. Vaste épicerie coopérative où l'on trouve tous les bons produits provenant des petites *aziende agricole* locales : vins, huiles d'olive, charcuteries, fromages, légumes, fruits, pâtisseries, etc., à des prix très honnêtes. On peut aussi y casser une petite graine (voir plus haut « Où manger ? »).

🕸 **Antica Drogheria Manganelli** (*zoom centre, B3, 80*) **:** via di Città, 71-73. ☎ 0577-28-00-02. Tlj sf dim 9h-19h. Sans conteste la plus belle et la plus ancienne épicerie de Sienne, ouverte en 1879. On fait un véritable saut dans le temps ! Superbe sélection de pâtes de toutes les formes et de toutes les couleurs. On y vend aussi les classiques *cantucci*, *panforte* et autres douceurs, du vin, du miel, du fromage... à des prix finalement assez raisonnables.

À voir

Un peu de géo-ethnographie locale...

Perchée à la jonction de trois collines, Sienne est divisée en trois parties (les *terzi*) dont l'épicentre se trouve au niveau de la *via dei Termini, 7,* et non pas au centre de la piazza del Campo comme on pourrait l'imaginer... À cet endroit précis, on observe les blasons parsemés sur les façades des immeubles à l'origine de chaque *terzo*. Le **terzo di Kamollia** occupe le tiers nord, il est coupé en deux dans sa longueur par la via Camollia, séparé de son tiers sud-ouest par la via Fonte Branda et du tiers sud-est par la via Banchi di Sotto. Dans ce quartier, on trouve l'église San Domenico, les principaux *palazzi* et les palais des banquiers du Moyen Âge. Le tiers sud-ouest, le **terzo di Città**, c'est le quartier du Duomo et du Palazzo Chigi Saracini... Le **terzo di San Martino** demeure le quartier des têtes pensantes, avec l'université, le Palazzo Piccolomini, également l'église San Martino, la synagogue et Santa Maria dei Servi, qui offre le meilleur point de vue sur la ville (attention, ça grimpe sec !).

À ce découpage géographique s'ajoute celui des **contrade** (quartiers), désormais au nombre de 17 et qui toutes, ou presque, répondent à des noms d'animaux, tout en montrant chacune une forte identité. À ce titre, à Sienne plus qu'ailleurs, on est né quelque part, car c'est le droit du sol qui prime ! Ainsi l'Escargot a-t-il la Tortue pour ennemi, tandis que la Tour (l'Éléphant) en possède deux : la Vague (le Dauphin) et l'Oie ; la Forêt (le Rhinocéros), elle, ne connaît à priori aucun ennemi, tout comme le Dragon. Chaque *contrada* (que l'on peut même se risquer à traduire par « clan » plutôt que par « quartier ») possède sa propre écurie (afin de recevoir le cheval qui lui est attribué les jours précédant le fameux *Palio*), sa fontaine, son église (pour bénir le cheval le jour J du *Palio*), sa propre salle des fêtes où sont organisés les banquets, par exemple en l'honneur du saint patron de la *contrada* (toujours en rapport avec le calendrier chrétien), son petit musée qui relate son histoire, etc. Passons sur les signes distinctifs : la couleur et les motifs de son drapeau, son hymne, sa manière de faire rouler le tambour. Très tôt, les jeunes garçons ont à choisir entre lancer le drapeau ou battre le tambour, et n'ont de cesse de se perfectionner pour être l'unique représentant de sa *contrada* le jour du grand défilé du *Palio*.

◎ *Dans le quartier terzo di San Martino*

TOSCANE

🏃🏃🏃 *Piazza del Campo* (zoom centre, B-C3) : c'est quand même un choc que de découvrir, dans l'enfilade d'une ruelle, la piazza del Campo, cette place inclinée sur laquelle, deux fois l'an, se déroule le célèbre *Palio*, fierté de la ville ! Doucement incurvé, son pavement de briques en chevrons est divisé en neuf bandes claires en souvenir des *Nove,* ces neuf seigneurs qui gouvernaient la ville aux XIIIᵉ-XIVᵉ s. Épousant parfaitement le terrain qui lui sert de support, cette conque, très prisée dès les premiers soleils par les touristes qui viennent y planter le bout de leur nez dans le bleu du ciel, capte les eaux de pluie. Car l'eau a toujours été un véritable casse-tête pour les Siennois. Pendant tout le Moyen Âge, les rivières mythiques animent les veillées. Les Siennois les chercheront sans jamais les trouver, d'ailleurs. Et pour cause, l'eau qui sourd ici est le fruit de nombreux aménagements, d'aqueducs et de canalisations. Les fameux *bottini,* ces boyaux souterrains qui transpercent la ville de part en part, la font jaillir ici comme par miracle de la célèbre fontaine **fonte Gaia**. Merci Archimède ! À l'origine, ce point crucial synonyme de vie arborait une statue de Vénus. Mais au XIVᵉ s, consécutivement à la grande peste, les Siennois, se croyant victime d'une malédiction, vont la casser, prenant le soin d'enterrer chaque morceau en territoire florentin afin de retourner le mauvais sort contre l'ennemi.

Au début du XVᵉ s, Jacopo della Quercia sculpte cette superbe fontaine que l'on connaît. Très abîmés, ses éléments reposent désormais dans les sous-sols de l'hôpital Santa Maria della Scala. C'est une copie datant du XIXᵉ s que nous admirons aujourd'hui.

🏃🏃🏃 *Museo civico – Palazzo comunale* (zoom centre, C3) : piazza del Campo, 1. ☎ 0577-29-22-32. ● comune.siena.it ● Tlj 10h-19h (18h de nov à mi-mars). Fermé à Noël. Entrée : 9 € ; billet

POURQUOI JETER LES PIÈCES DANS LES FONTAINES ?

Ce rite est très ancien. Avant le christianisme, chaque fontaine était dédiée à une divinité païenne (Jupiter, Mercure...). Ces pièces leur rendaient hommage. Le christianisme, en supprimant ces dieux antiques, a dû trouver une autre explication car le rite perdurait. Désormais, jeter une pièce signifie que l'on souhaite revenir dans ces lieux un jour.

combiné avec le museo-ospedale S. Maria della Scala : 13 €, plus la torre del Mangia : 20 € (à voir le même j.) ; réduc ; billets famille ; gratuit moins de 11 ans.
Palais édifié à la fin du XIIIᵉ s en style gothique, dont on ne peut imaginer élégance et harmonie plus sobres ; précédé par une loggia Renaissance (élevée en 1352 à la suite d'un vœu contre la peste) et surmonté de sa célèbre *torre del Mangia* (plus de 100 m de haut !). Siège des gouvernements de Sienne, ce *palazzo* abrite encore aujourd'hui le pouvoir local et, surtout, une magnifique série de fresques du XIVᵉ au XVIᵉ s. Ces dernières évoquent les messages philosophiques et politiques

de la cité médiévale, qui étaient directement affichés sur les murs. Une telle richesse préservée au cours des siècles demeure tout simplement exceptionnelle et unique !

– *Les premières salles :* la visite débute à l'étage. Sur la droite en entrant, la première salle est dédiée aux peintres siennois du XVIe s. Parmi les œuvres les plus remarquables, une *Madone à l'Enfant* d'Alessandro Casolani et quatre petites toiles de Ventura Salimbeni. La troisième salle présente, elle, des peintures du XVIIe s, en particulier, sur la gauche, un puissant *Saint Paul* réaliste – le doigt levé – de Rutilio Manetti, qui a ici assimilé les leçons du Caravage (comparer les toiles de sa première période, beaucoup plus classique, dans cette même salle). La quatrième salle, dite « du *Risorgimento* » (XIXe s), présente, à nos yeux, moins d'intérêt au niveau artistique ; on aime quand même les quelques sculptures néoclassiques (dont une adorable *Petite fille dormant* de Giovanni Duprè). Au-dessus de votre tête, l'allégorie de l'Italie par Alessandro Franchi et, face à l'entrée, celle de la Toscane avec à sa droite deux livres : *La Divine Comédie* et un volume de Machiavel.

– *La sala di Balia* (salle de Bal – n° 10) : ses murs et ses plafonds sont recouverts de belles fresques du XVe s de Spinello Aretino, un des rares artistes étrangers à la ville à avoir été invités à peindre à Sienne. Solide peinture qui décrit la vie du pape ; remarquez en particulier la fantastique scène de *Bataille navale entre les impériaux et les Vénitiens*.

– *L'Anticamera del Consistoro* (antichambre du Consistoire – n° 11) : ici sont réunis de beaux morceaux de l'école siennoise du XIVe s. Retournez-vous en entrant et regardez au-dessus de la porte par laquelle vous êtes entré : belle fresque d'Ambrogio Lorenzetti environnée d'un ciel étoilé.

– *Sala del Concistoro* (salle du Consistoire – n° 12) : magnifique plafond fresqué de Domenico Beccafumi (1529-1535), le peintre chéri des Siennois, né à Montaperti dans une famille de modestes paysans. Admirez la puissance et les couleurs du grand maniériste, dont l'œuvre fut influencée par Raphaël. À signaler enfin qu'on célèbre encore des mariages dans cette salle. *Grandissimo !*

– *La Capella dei Signori* (chapelle seigneuriale – n° 15) : juste avant d'accéder à la grande salle du Palazzo Pubblico, on découvre ici des fresques du début du XVe s, de Taddeo di Bartolo. Prenez le temps d'y entrer pour admirer les scènes évoquant les derniers instants de la vie de la Vierge. Belles stalles marquetées sur les côtés. Au fond, le chœur : observez l'*Annonciation* en hauteur. Mais il ne s'agit pas d'une Annonciation « classique ». Ici on annonce la mort de la Vierge à elle-même ! Et le détail qui tue, c'est l'ange qui porte une palme, symbole du martyre, plutôt qu'un lys, symbole de pureté. Également une toile remarquable du Sodoma au-dessus de l'autel.

– *La sala del Mappamondo* (salle de la Mappemonde – n° 16) : c'est ici que se réunissait le Conseil de la République. Elle abrite les fresques les plus anciennes du palais. Extraordinaire *Maestà* (Vierge entourée de saints) de Simone Martini. Déjà retouchée 6 ans seulement après son exécution, en 1315, par l'artiste lui-même (l'humidité l'avait déjà endommagée à l'époque), elle a été récemment restaurée et illustre parfaitement la virtuosité de Martini, très influencé par la manière réaliste qu'avait Giotto pour donner élégance et grâce à ses personnages. La richesse décorative presque irréelle de cette œuvre ne fait qu'amplifier l'impression de sérénité qui s'en dégage. Il faut mettre cette *Maestà* en perspective avec celle de Duccio au musée du Duomo pour mesurer l'évolution picturale accomplie par Martini. Noter l'aspect réaliste des têtes des personnages, qui sont de véritables portraits. L'artiste a peint cette fresque en deux temps, ce qui se voit très bien, les personnages les plus récents apparaissent mieux restaurés, plus éclatants. Les auréoles dorées en relief en stuc peint sont caractéristiques de la persistance du goût gothique à Sienne. À ce sujet, on peut dire que la ville a eu tendance à « résister » à la Renaissance. Ce n'est qu'à partir du moment où Pie II et sa riche famille ont invité quelques artistes florentins à venir œuvrer en ville entre 1460 et 1480 que Sienne s'est éprise du courant Renaissance...

Ne ratez pas – au-dessus des arches – les deux scènes de batailles peintes aux XIVe-XVe s sur un fond monochrome ocre. Sur l'un des pilastres, en dessous, appréciez la belle *Sainte Catherine de Sienne* du Sodoma (XVIe s). Sur le mur opposé à la *Maestà,* en hauteur, un magnifique chevalier de profil, toujours par Simone Martini. Il s'agit de Guidoriccio da Fogliana, prêt pour l'assaut de Montemassi (pas vraiment l'air stressé !) ; et en même temps l'une des plus anciennes représentations réalistes de paysage de l'histoire de l'art. Rien que ça ! Et juste en dessous, une fresque (symbolisant le « passage » d'un château sous le pouvoir siennois), récemment retrouvée, attribuée (avec réserve) au grand Duccio. Notez enfin, de part et d'autre de cette fresque, les magnifiques saints *Ansano* et *Victor* du Sodoma.

– *La sala della Pace (salle de la paix – no 17) :* voici un autre chef-d'œuvre ! Les fresques d'Ambrogio Lorenzetti, peintes en 1337, constituent une magistrale allégorie sur la bonne et la mauvaise gouvernance. Elles prônent l'importance d'un gouvernement mesuré et d'une justice équitable, et les conséquences directes que cela peut avoir sur toutes les couches sociales. Si la signification est facile à décrypter, l'intérêt historique de ces fresques est exceptionnel, car il s'agit, et on l'oublie souvent, d'un sujet entièrement profane, d'où l'extraordinaire somme de petits détails de la vie quotidienne. Sur la scène représentant le bon gouvernement, admirez la vie qui ronronne et, derrière la porte romaine, la campagne siennoise bien cultivée. En face, le mauvais gouvernement (bien abîmé par le temps, est-ce un hasard !?) laisse entrevoir des soldats matant la population, et même la silhouette du diable !

– *La sala dei Pilastri (salle des Pilastres – no 18) :* dernière salle dans le prolongement de celle de la Paix. Elle présente quelques peintures et sculptures allant du XIIIe au XVe s, retables, crucifix, coffres et vitraux.

– *Deuxième étage :* prenez encore le temps de grimper dans la loge extérieure, conçue pour permettre aux représentants du gouvernement des *Nove* d'entrer en contact avec l'extérieur pendant leurs longs travaux. Superbe vue sur la campagne siennoise et la place du marché, dont le calme contraste avec le foisonnement permanent de la piazza del Campo. On y découvre une vallée verdoyante à l'intérieur même de Sienne ! Et au fond à gauche, la basilique Santa Maria dei Servi, puis à droite l'église Sant'Agostino. En contrebas de cette dernière, mais impossible à voir d'ici, la charmante chapelle Saint-Joseph dont le toit arrondi est typique de l'architecture siennoise du XVe s.

🎋🎋🎋 *Torre del Mangia (zoom centre, C3) :* piazza del Campo, 1. ☎ 0577-29-23-42. ● comune.siena.it ● Tlj 10h-19h (16h de mi-oct à fév). Fermé à Noël. Dernière admission 45 mn avt. Entrée ttes les 30 mn : 10 € ; billet combiné avec le Museo civico : 13 €, plus le museo-ospedale S. Maria della Scala : 20 € (à voir le même j.) ; réduc ; billets famille ; gratuit moins de 11 ans. Vertigineuse grimpette de plus de 400 marches (claustrophobes et sujets au vertige, s'abstenir !), mais vous serez récompensé de tous vos efforts par le panorama fantastique ! Construite entièrement en brique, elle est aussi appelée *Sunto* (abréviation de Maria Assunta, l'ascension de la Vierge) par les Siennois. La grande cloche de 6 t y fut installée au XVIIe s ; elle porte le nom de son premier sonneur et ne bourdonne que deux fois l'an – le 2 juillet et le 16 août – à l'occasion du célèbre *Palio.*

🎋 *Loggia della Mercanzia (zoom centre, B3) :* point de rencontre des *vie di Città, Banchi di Sotto* et *Banchi di Sopra.* C'est l'ancien tribunal de commerce. Les trois grandes arcades sont ornées de sculptures exceptionnelles de Federighi et de Vecchietta : véritables chefs-d'œuvre méconnus du XVe s siennois.

🎋🎋 *Museo dell'Archivio di Stato – palazzo Piccolomini (musée des Archives de l'État ; zoom centre, C3) :* via Banchi di Sotto, 52. ☎ 0577-24-71-45. ● archiviodistato.sienna.it ●
Dans l'enceinte du bel et imposant palazzo Piccolomini, construit en 1469 en pierre grise dans le style Renaissance florentin. Modèle d'équilibre. Fenêtres à meneaux, blasons, vaste corniche sculptée. Édifié pour le neveu du fameux pape siennois

TOSCANE

Pie II, dont le Pinturrichio raconte l'histoire sur les murs de la *libreria Piccolomini*, dans le Duomo... Le lieu abrite les archives de Sienne depuis le XIXe s et surtout une collection unique au monde de tablettes peintes du XIIIe au XVIIIe s, appelées *biccherne*. *Exposées à la visite dans le museo delle Tavolette di Biccherna ; accès par groupes de 15-20 pers max ; tlj sf dim : visites accompagnée ou guidées (1h) à 9h30, 10h30 et 11h30 (résa impérative). Fermé 1re quinzaine d'août. GRATUIT.*

Ce petit musée plonge les amateurs d'histoire et de peinture siennoise dans la vie quotidienne de la cité. Les *biccherne* étaient, au départ, des tablettes de bois peintes recouvrant les registres des impôts. Joindre l'utile à l'esthétique a toujours été une marque de fabrique ici ! Les fonctionnaires municipaux faisaient donc appel aux plus grands artistes du moment. Si sur les premières couvertures du début du XIIIe s on ne voit pratiquement que des moines de l'abbaye de San Galgano (les comptes leur avaient été confiés car on s'imaginait qu'ils ne piqueraient pas dans la caisse !), ils ont été peints par Ambrogio Lorenzetti, Sano di Pietro, Giovanni di Paolo, Bernardino Fungai... Ainsi, ces *biccherne* deviendront-elles au fil du temps de véritables œuvres d'art ! Il n'en existe pas d'équivalent dans le monde. Certaines furent également destinées à recouvrir les registres de l'hôpital Santa Maria della Scala (l'échelle, symbole de l'hôpital, est alors présente). Les sujets sont souvent profanes et historiques (ce qui est très rare à cette période). Difficile d'en distinguer une plus qu'une autre, car toutes ont leur intérêt. Sachez qu'il y en a près d'une centaine. Avant de sortir, on vous propose de passer au balcon pour jeter un coup d'œil sur la place.

🏃 *Chiesa di San Martino* (zoom centre, C3) : via del Porrione. ☎ 0577-28-43-53. Intérieur à nef unique. Sur la gauche en entrant, une belle Vierge protégeant Sienne. Dans la nef à gauche, un grand tableau de Francesco Vanni et une magnifique *Nativité* de Beccafumi. Dans la nef à droite, une *Circoncision* de Guido Reni (grand peintre de l'école classique bolognaise du XVIIe s, dont les témoignages à Sienne sont rares) et une magnifique toile baroque du Guerchin. Mais, surtout, demandez à visiter à gauche du chœur la chapelle *degli Agazzari,* où se trouve un ensemble de fresques de l'école siennoise de la première moitié du XIVe s.

◎ *Dans le terzo di Città*

Important : pour visiter le Duomo et les sites qui lui sont liés, on conseille d'acheter le billet cumulatif – **Opa Si Pass** – permettant de visiter le **Duomo** et la **libreria Piccolomini,** le **museo dell'Opera** et le **panorama dal Facciatone,** la **cripta,** le **battistero** et l'**oratorio di San Bernardino** (piazza S. Francesco ; plan d'ensemble). Tarifs : 15 € (13 € mars-juin, 1er-17 août et 27-31 oct ; 8 € nov-Noël) ; 20 € (15 € en basse saison) avec la Porta del Cielo (toits du Duomo) ; valable 3 j. Audioguide en français payant à télécharger sur tablette numérique ou smartphone. Infos : ☎ 0577-28-63-00. ● operaduomo.siena.it ●

🏃🏃🏃 **Duomo** (zoom centre, B3-4) : piazza del Duomo. Mars-oct, lun-sam 10h30-19h (18h sam), dim 13h30-18h ; le reste de l'année, ferme à 17h30 (18h en sem 26 déc-10 janv). Entrée : 4-7 € (quand le pavement est visible) selon saison. Opa Si Pass accepté.

L'extérieur

Imposant par ses dimensions et construit au plus haut de la ville, l'édifice religieux est entièrement revêtu de marbre en bandes alternées claires et sombres. L'alternance du blanc et du noir est d'origine mauresque, il a été importé par les Arabes, lesquels échangeaient avec Pise notamment (un style que l'on retrouve par ailleurs dans toutes les villes ou régions qu'ils ont influencées : Istanbul, Cordoue, Sardaigne, Corse, Ligurie). Une architecture emblématique des cathédrales toscanes et des styles roman et gothique. La façade révèle bien les deux époques de sa construction. En bas, les trois portails demeurent encore très proches de l'art roman, tandis que la partie supérieure se montre nettement gothique. Son ornementation foisonnante, le sommet de la façade couvert de dorures, la richesse des sculptures, son festival de marbres polychromes en font l'une des plus belles cathédrales d'Italie. Le haut de la façade rappelle d'ailleurs celle d'Orvieto... Harmonie totale dans les proportions avec les autres éléments de la cathédrale, le campanile et le dôme. Sur la façade toujours, les magnifiques sculptures de Giovanni Pisano, dont les originaux se trouvent aujourd'hui au *museo dell'Opera*. Leur conception est étonnamment puissante et réaliste, tranchant complètement avec les habitudes de la grande sculpture gothique francilienne. À noter, une *Vierge à l'Enfant*, sculpture de Donatello (florentin, XVᵉ s), sur le tympan de l'entrée latérale, dite « porte du Pardon » ; encore une copie.

L'édifice actuel n'est en fait que le transept de l'église primitivement prévue. En allant du côté du museo dell'Opera, on voit l'emplacement projeté pour la nef (avec les grandes arcades). Ce gigantesque plan fut interrompu au milieu du XIVᵉ s pour deux raisons : d'abord, la grande peste qui décima la ville ; puis de graves défauts de conception originels, qui provoquèrent l'effondrement des structures portantes et amenèrent, en 1357, les gouverneurs de la république à cesser les travaux... Le Duomo actuel occupe donc le transept de gauche du projet initial pharaonique ! Superbe vue de Sienne en grimpant sur l'une des arches-vestiges de la construction initiale (par le museo dell'Opera). De loin notre vue préférée de Sienne et de sa fameuse place. Remarquez, en vous retournant une fois arrivé en haut, une très belle *Vierge à l'Enfant*, sculpture siennoise du XIVᵉ s, de Giovanni di Agostino.

L'intérieur

D'une longueur de 90 m, il frappe par sa grandeur, son élégance, sa force et, toujours, cette obsédante alternance de bandes noires et blanches, baignée par une relative pénombre. À noter que les vitraux aux couleurs éclatantes de la rosace au-dessus de l'abside ont été réalisés par Duccio lui-même (il s'agit de copies ; les originaux étant aussi au museo dell'Opera). Le pavement, lui, demeure une vraie curiosité. Sur près de 3 000 m², le sol est recouvert de 56 panneaux en marqueterie de marbre représentant, en général, des scènes du monde antique et bibliques exécutées entre 1369 et 1541 à partir de dessins de grands artistes, dont Beccafumi, il Pinturicchio... Les pavements sont entièrement découverts en juillet et de mi-août à fin octobre (on peut même passer derrière l'autel à cette période). Le reste de l'année, pour faire face aux piétinements des touristes, certains sont recouverts de moquette afin d'éviter qu'on ne les abîme. En entrant, deux magnifiques bénitiers sculptés par Antonio Federighi (XVᵉ s). Notez l'exubérance décorative (guirlandes, personnages, etc.).

– **Bas-côté gauche :** l'autel Piccolomini contient dans ses niches de magnifiques sculptures et, en particulier, dans les deux du bas, un *Saint Pierre* et un *Saint Paul* du jeune Michel-Ange ! Tout en haut, une magnifique *Vierge à l'Enfant* de Jacopo della Quercia. Belle peinture de Paolo di Giovanni Fei représentant une Vierge allaitant au centre (copie).

– **Libreria Piccolomini** *(bibliothèque Piccolomini) :* avant d'entrer, remarquez la façade monumentale de la *libreria* avec, dans la lunette : le *Couronnement de Pie III,* fresque du Pinturicchio. Cette bibliothèque a été fondée vers 1495 par le cardinal Francesco Todeschini Piccolomini (qui deviendra le pape Pie III) pour conserver la bibliothèque de Pie II, son oncle maternel. Elle sert d'écrin à une superbe série de fresques peintes par le Pinturicchio et ses élèves (dont

GONFLÉ CE PAPE !

Alexandre VI fut pape de 1492 à 1503. Amateur de belles et bonnes choses, il aimait s'entourer d'œuvres d'art et protégeait les artistes. En outre, ses hormones lui jouaient bien des tours, car on lui a reconnu pas moins de six enfants ! Est-ce un hasard : le jour de sa mort, son corps avait tellement enflé qu'il ne rentrait plus dans son cercueil, si bien que ses proches durent le rouler dans un tapis ! Un juste retour des choses pour un homme qui a bien roulé ses ouailles !

TOSCANE

TOSCANE

peut-être Raphaël). La magnificence des couleurs, des drapés, l'élégance des personnages, le goût du détail en font une œuvre tout à fait unique. Les scènes racontent la vie du cardinal Enea Silvio Piccolomini, élu pape sous le nom de Pie II. Sur les côtés, admirable collection d'antiphonaires enluminés (recueils de chants grégoriens). Au milieu de la bibliothèque, le célèbre monument des *Trois Grâces,* sculpture romaine du IIIe s, vraiment surprenante dans un lieu sacré !

– *Transept gauche :* c'est à ce niveau qu'il est possible de voir quelques morceaux de l'extraordinaire pavement (XVe-XVIe s) réalisé par les plus grands artistes siennois. Comme la plupart d'entre eux sont masqués par de la moquette afin de les préserver (sauf en juillet et de mi-août à fin octobre), on peut toujours se reporter aux cartons de l'ensemble, exposés au museo dell'Opera, et, surtout, aux magnifiques esquisses de Beccafumi à la *Pinacoteca nazionale*.
Dans la chapelle San Giovanni, à gauche, magnifique *Saint Jean-Baptiste* du grand Donatello !

– Extraordinaire *chaire* en marbre blanc (1265-1268), œuvre de Nicola Pisano et de son fils, Giovanni, et d'Arnolfo di Cambio. De forme octogonale et soutenue par 10 colonnes de porphyre rouge, c'est l'un des chefs-d'œuvre de la sculpture occidentale. Certaines scènes suscitent longtemps l'émotion et le plaisir du visiteur par leur perfection plastique et leur puissance expressive. Notez le superbe mouvement de recul et d'effroi des spectateurs dans la *Crucifixion* et la force tragique de la scène ; sans oublier le saisissant *Jugement dernier.*

– De l'autre côté du transept gauche, l'un des chefs-d'œuvre du plus grand sculpteur siennois du XIVe s, le *tombeau du cardinal Petroni,* par Tino di Camaino.

– *Chœur :* maître-autel en marbre du XVIe s. Sur l'autel, magnifique ciboire en bronze de Vecchietta et deux paires d'anges porte-candélabres. Les huit autres anges, adossés aux piliers, sont de Beccafumi, qui nous rappelle qu'on peut être à la fois un grand peintre et un sculpteur de premier plan. Quelle classe ! Admirez la grande richesse décorative des stalles en bois marquetées à l'arrière. Certaines datent du XIVe s, et celles du milieu sont de la Renaissance.

– La *chapelle du Vœu,* à proximité du transept droit, abrite quatre magnifiques sculptures romaines de style baroque du XVIIe s. Le *Saint Jérôme* et la *Sainte Marie Madeleine* sur les côtés sont l'œuvre du plus grand sculpteur baroque italien : le Bernin.

– Enfin, la *Porta del Cielo* (porte du Ciel ; accès sur résa) est une étonnante balade guidée (30 mn) sous les toits de la cathédrale. On y découvre la charpente, les combles et le dessus des voûtes. Quelques outils anciens des bâtisseurs de cathédrales. Puis une étroite coursive extérieure autour de la coupole offre un joli panorama sur la piazza del Duomo, la ville et sa campagne, tout en révélant les statues qui ornent les hauts de l'édifice. S'ensuit enfin un étonnant survol de l'intérieur de la cathédrale sur une étroite galerie à colonnettes !

🏃🏃 *Battistero di San Giovanni* (baptistère ; zoom centre, B3) : piazza di San Giovanni, en contrebas du Duomo. Tlj 10h30-19h (17h30 nov-fév). Entrée : 4 € ; réduc. Opa Si Pass accepté. Construit au début du XIVe s et inachevé, cet édifice est entièrement décoré de fresques du XVe s, réalisées en partie par Vecchietta. Attardez-vous sur la partie centrale – face à l'entrée –, et en particulier sur les voûtes, qui représentent notamment les passages du Credo et les 12 apôtres. Mais le clou de cette visite reste les fonts baptismaux en bronze, œuvre de trois artistes majeurs : le Siennois Jacopo della Quercia et les Florentins Ghiberti et Donatello !

🏃🏃 *Cripta* (zoom centre, B3-4) : accès en longeant le Duomo par la droite, par l'escalier qui descend vers le baptistère ; entrée juste après la porte sculptée par Giovanni di Agostino, sur la gauche. Tlj 10h30-19h (17h30 nov-fév). Entrée : 8 € ; réduc. Opa Si Pass accepté. Ensemble de fresques découvertes en 1999, sous les pavements du chœur de la cathédrale. Cette salle était comblée de gravas, probablement déjà remblayée à l'époque, pour consolider le sol de la cathédrale. Il s'agit de fresques de l'école siennoise du XIIIe s, avant Duccio, donc. Une découverte majeure qui n'a pas encore livré tous ses secrets. L'identité des peintres n'est pas entièrement révélée, mais elle permet d'ores et déjà de resituer Duccio, le premier grand peintre siennois, dans la lignée d'une école siennoise bien vivante avant lui. La *Crucifixion,* la *Déposition* et l'*Embaumement* sont remarquables et les couleurs étonnamment préservées du fait de leur ex-ensablement. Par ailleurs, il semble bien que les deux fragments de piliers, observés au centre de la salle, appartiennent à l'entrée de l'ancienne cathédrale, murée par la construction du baptistère. Ce n'est qu'un début : d'autres recherches sont en cours...

☆☆☆ *Museo dell'Opera (musée de l'Œuvre ; zoom centre, B4) :* piazza del Duomo, 8. À droite du Duomo. Tlj 10h30-19h (17h30 nov-fév). Entrée : 7 € ; réduc. Installé dans les vestiges de ce qui aurait dû être la nef de la cathédrale initiale, c'est une visite qui s'impose !

– *Rez-de-chaussée et sous-sol :* c'est ici que sont exposés les originaux très abîmés des statues qui trônent sur la façade du Duomo, œuvres de Giovanni Pisano (le fils de son célèbre père : Nicola). Elles furent conçues pour être vues de loin et surtout d'en bas, d'où leurs formes parfois torsadées, décollées du mur et aussi artificiellement disproportionnées. On peut également admirer le magnifique vitrail du Duccio (1287-1288) qui ornait la rosace du Duomo jusqu'en 2004.

– *Premier étage :* plongée dans la pénombre, la *Maestà,* polyptyque de Duccio. Rares sont les mots assez forts pour exprimer l'émotion provoquée par ce chef-d'œuvre des chefs-d'œuvre parfaitement préservé ! Cette commande pour le maître-autel du Duomo fut réalisée en 3 ans et livrée en grande pompe, en 1311. La partie la plus connue représente la Vierge à l'Enfant sur son trône, entourée d'une kyrielle de saints. Duccio réussit la fusion

> ## LE MAUVAIS GOÛT, MEILLEUR AMI DE L'ART
>
> *La* Maestà, *chef-d'œuvre génial de Duccio visible au museo dell'Opera, doit son état de conservation absolument exceptionnel à un tyran de Sienne qui, n'aimant pas l'œuvre, l'entreposa dans une cave à l'abri de la lumière... où elle resta bien protégée pendant des siècles !*

parfaite de la préciosité de l'art byzantin avec le lyrisme du gothique. Noter la finesse extrême du drapé des habits de Jésus. C'est là une rupture nette avec la sévérité, voire le schématisme du trait byzantin. Le dos du retable, exposé face à la *Maestà,* raconte en 26 panneaux la passion du Christ. Bref, on reste sans voix devant la richesse des détails, la vivacité des couleurs...

La *Nativité* de Pietro Lorenzetti, à côté, soutient pourtant sans problème un si prestigieux voisinage ! Il fut le premier à réaliser, sur les volets d'un polyptyque, une scène unique, ouvrant ainsi de nouvelles perspectives d'expression artistique. Enfin, on sent bien l'influence du réalisme de Giotto qui semble absent de la *Maestà* voisine... Puis, dans la salle des *Cartoni* (au fond à gauche), très intéressante expo des dessins originaux des plans de la cathédrale, ainsi que ceux qui servirent au pavage. Superbes enluminures. Également une salle dédiée à Jacopo della Quercia et ses statues.

– *Deuxième étage :* orfèvrerie religieuse, statues en bois, livres...

– *Troisième étage :* deux salles, où l'on remarque essentiellement un crucifix de Giovanni Pisano, une *Conversion de saint Paul* de Beccafumi, un polyptique de Lorenzetti, quatre petits tableaux du Sodoma et une collection de chasubles anciennes. Mais, surtout, c'est ici qu'on accède au fameux *panorama dal Facciatone,* tout en haut d'une des arches-vestiges du projet abandonné. Prévoir de l'attente, car on y monte par petits groupes. On est moins haut qu'à la torre del Mangia, mais on jouit d'une vision sur la ville plus globale et plus romantique. En outre, la piazza del Campo apparaît dans toute sa dimension, sur un seul plan ! Au soleil couchant, par beau temps, c'est tout simplement magique !

TOSCANE

🦃 *Chiesa della Santissima Annunziata (zoom centre, A-B4)* **:** *piazza del Duomo, 1.* ☎ *0577-28-29-92. Juste avt l'entrée du musée – Ospedale Santa Maria della Scala, sur la gauche. Tlj 9h30-12h, 15h30-18h.* Cette chapelle forme l'un des plus anciens éléments de l'hôpital attenant. Dominant le maître-autel, voici le fameux bronze de Vecchietta (XVᵉ s) – *Le Christ ressuscité* –, un chef-d'œuvre de la Renaissance italienne ! Et dans l'abside, une belle fresque colorée du XVIIIᵉ s, signée Sebastiano Conca, représente des infirmes attendant une guérison mira-culeuse au bord d'un bassin.

🦃🦃 *Museo-ospedale Santa Maria della Scala (zoom centre, A-B4)* **:** *piazza del Duomo, 1.* ☎ *0577-53-45-11.* ● santamariadellascala.com ● *Tlj 10h30-18h30 (16h30 sf mar, hors saison). Dernière admission 30 mn avt. Entrée : 9 € ; billet combiné avec le Museo civico : 13 €, plus la torre del Mangia : 20 € (à voir le même j.) ; réduc ; billets famille ; gratuit moins de 11 ans.* Fondé aux XIᵉ-XIIᵉ s, c'est l'un des tout premiers hôpitaux européens ! La plupart des bâtiments datent du gothique. Au départ, c'était un hospice géré par les responsables religieux du Duomo, destiné à accueillir les pauvres, les orphelins et les pèlerins – Sienne se situant sur la *via Francigena,* la voie qui conduit les pèlerins d'Europe du nord jus-qu'à Rome. L'hôpital est gigantesque, il a d'ailleurs peu à peu englobé une rue qui passait derrière la structure d'origine. Cette rue existe encore en sous-sol, et fut utilisée jusqu'aux années 1980 par les ambulances ! Au XIIIᵉ s, les édiles siennois montraient déjà une belle inspiration : les malades étaient reçus dans un service d'urgence, où l'on dispensait les premiers soins à base d'onguents et de saignées. Aux XIVᵉ-XVᵉ s, le lieu servit de modèle à d'autres hôpitaux. Il fut le premier à édic-ter un règlement sanitaire révolutionnaire pour l'époque : les soignants devaient se laver les mains, obligation d'avoir des lits individuels, puis en fer toujours plus sains qu'en bois, une nourriture adaptée à chaque patient, un surveillant par salle, etc. L'hôpital s'enrichit notamment grâce aux legs des bourgeois de la ville (qui les déduisaient de leurs impôts, déjà !), mais surtout grâce aux dons consécutifs aux épidémies de peste (des milliers d'héritages après celle de 1348 !).

Au XVIIᵉ s, la salle du Pèlerin, couverte de magnifiques fresques de Domenico di Bartolo, fut transformée en salle de malades, et diverses chapelles en salles de soins. L'art fut laissé de côté au profit de la médecine. Et les dégradations des fresques devinrent, hélas, importantes. À partir de 1985, l'hôpital fut déserté par ses malades (l'écrivain Italo Calvino fut l'un des derniers à y mourir), et il ferma définitivement ses portes en 1996. Après restauration, il fut transformé en musée et rouvrit ses portes en 1999...

– *Au rez-de-chaussée,* la découverte commence par la *cappella del Manto* ornée de fresques et se poursuit dans différentes salles, pour aboutir enfin à la fameuse *salle dite « du Pellegrinaio »,* point d'orgue de la visite. Celle-ci est ornée de 10 magnifiques fresques, réalisées en 1439 par Vecchietta, Domenico di Bartolo et Priamo della Quercia (le frère du grand sculpteur). Scènes de la vie hospitalière du XVᵉ s d'une qualité documentaire et artistique exceptionnelle, notamment celles de Domenico di Bartolo. De vraies « photographies » de l'époque, on observe la visite des chirurgiens (notamment la visite des « médecins patrons » interrogeant l'homme à la jambe entaillée et faisant entre eux des commentaires), l'examen d'un flacon d'urine, le lavage d'une plaie, la vie dans l'orphelinat, l'éducation au mariage des jeunes filles... Franchement, l'atmosphère dépeinte rappelle certaines visites aux urgences modernes !

Dans la même salle, remarquez aussi la voûte peinte par Agostino di Marsiglio et, au même étage, la *vieille sacristie* complètement recouverte des fresques de Vecchietta (1446-1449). Il y a peu encore, elle accueillait des volumes de chirurgie clinique et une bibliothèque.

– *Au sous-sol,* jouant les explorateurs dans une pénombre mystérieuse, on découvre tour à tour le *trésor,* une enfilade de vastes salles accueillant de loin en loin des vitrines de magnifiques petits objets d'art religieux achetés à Constan-tinople en 1359. Puis voici l'*oratoire de Santa Caterina della Notte,* décoré au XVIᵉ s, et enfin les éléments originaux abîmés de la fameuse **fontaine Gaia,** réalisée par Jacopo della Quercia (XVᵉ s ; celle qui trône au centre de la piazza del Campo est une copie). Si la fontaine a été aussi usée, c'est qu'on s'en servait comme tribune lors des fêtes sur la place ! En 1844, le sculpteur siennois Tito Sarrocchi en a donc réalisé une copie : la différence entre les originaux très dégradés et le résultat final est bluffante.

– Le **Museo archeologico nazionale** enfin, encore un étage au-dessous, nous fait suivre un véritable labyrinthe de couloirs sous les voûtes (attention la tête !). Intéressante collection archéologique étrusque, dotée d'une remarquable muséographie. Il y fait délicieusement frais en été. Parmi les pièces présentées, notons quelques belles urnes funéraires et bas-reliefs plus tardifs (période romaine), de la céramique, des statuettes votives, des bronzes délicats... La dernière section est centrée sur l'histoire de Sienne, depuis ses origines...

🍴 **Contrada della Selva – chiesa San Sebastiano** (zoom centre, A4) **:** piazzetta della Selva. En contrebas de la cathédrale, derrière l'hôpital. Tlj sf w-e 11h-13h. Abritée dans la jolie chiesa San Sebastiano de 1499, en forme de croix grecque. Autel couvert de reliquaires. Dans la sacristie, crucifix, statues, candélabres... Également un petit musée regroupant une collection de toiles gagnées lors de la fête du Palio.

🍴 **Accademia musicale Chigiana – palazzo Chigi Saracini** (zoom centre, B3-4) **:** via di Città, 89. ☎ 0577-22-091. ● chigiana.it ● Entrée libre dans la cour ; visite guidée en italien et en anglais tlj sf dim à 11h30, plus jeu-ven à 16h. Fermé en sept. Entrée : 7 € ; réduc. Fort beau palais gothique épousant harmonieusement la forme de la rue. La tour du XIIIᵉ s demeure la partie la plus ancienne. La petite histoire raconte que c'est de cette tour qu'on observa et annonça la victoire de Montaperti en 1260, la fameuse bataille où les Siennois mirent la pâtée aux Florentins (tout le monde s'en rappelle ici, à Sienne, car c'est la seule fois où ils ont gagné !). Belle alliance de pierre et de brique, et élégantes fenêtres géminées. Vaste entrée menant à une cour avec galerie. Puits. Fresques sur les voûtes. Le palais abrite l'académie musicale Chigiana, qui organise des classes de musique et des concerts en été, dans une belle salle ornée de stucs et au plafond peint. La visite guidée permet de découvrir un intérieur siennois du XVIIIᵉ s, dont les murs sont couverts d'œuvres pour certaines exceptionnelles (splendide petite Adoration des Mages de Sassetta, magnifique Beccafumi). Également un petit musée des instruments de musique, des stradivarius notamment, le piano de Liszt, etc.

🍴🍴🍴 **Pinacoteca nazionale** (zoom centre, B4) **:** via San Pietro, 29. ☎ 0577-28-11-61. ● pinacotecanazionale.siena.it ● Lun et dim 9h30-13h, mar-sam 8h15-19h15. Dernière admission 30 mn avt. Fermé 1ᵉʳ mai, Noël et Jour de l'an. Entrée : 4 € ; réduc ; gratuit moins de 18 ans et 1ᵉʳ dim du mois.
La Pinacoteca nazionale, bien qu'un peu poussiéreuse et vieillotte dans sa muséographie, est d'une richesse extraordinaire en peintures siennoises du XIIIᵉ au XVIIᵉ s, peut-être même trop riche si l'on veut apprécier pleinement chaque œuvre. On la conseille particulièrement à ceux qui aiment les primitifs et la Renaissance italienne. De plus, le musée est installé dans l'un des plus beaux édifices gothiques de la ville : le Palazzo Buonsignori. Le musée se parcourt de haut en bas, du plus ancien au plus récent.

Troisième étage
À voir si vous avez le temps. Il s'agit d'une petite salle contenant la collection Spannocchi : peintures vénitiennes et nord-européennes essentiellement du XVIᵉ s. Admirez le petit *Saint Jérôme* de Dürer et surtout la *Nativité* de Lorenzo Lotto (excentrique artiste vénitien), d'une luminosité fantastique. Avez-vous remarqué, sur cette dernière, un petit détail peu commun et pourtant très réaliste : le petit Jésus a encore son cordon ombilical ! Au fond de la salle, encore quelques belles toiles vénitiennes.

TOSCANE

Deuxième étage

– **Salle 1 :** peintures siennoises du XIIIᵉ s, dont une tristoune *Vierge à l'Enfant* de Duccio.

– **Salle 2 :** admirez en particulier la qualité des scénettes de part et d'autre du fameux *Saint Pierre sur le trône* de Guido di Graziano.

– **Salle 3 :** chefs-d'œuvre de Duccio (fin XIIIᵉ-début XIVᵉ s) et de son école. Grand crucifix de Niccolò di Segna. Fameuse *Madone* dite « de la Miséricorde » de Simone Martini.

– **Salle 4 :** magnifique *Christ en croix avec saint François* d'Ugolino di Nerio. Ne ratez pas non plus la célèbre petite *Santa Maria Maddalena* de Duccio, qui symbolise la grande influence de l'art gothique francilien sur ce peintre qui, bien que conscient de l'apport naturaliste de Giotto, semble préférer un certain archaïsme, peut-être plus à même d'exprimer ses yeux le message divin.

– **Salle 5 :** on entre vraiment dans le XIVᵉ s. Admirez sans compter l'extraordinaire douceur de la *Vierge à l'Enfant,* à demi effacée, de Simone Martini, et puis sa superbe *Adoration*.

– **Salle 6 :** observez les détails dorés du *Couronnement de la Vierge,* de Bartolo di Fredi.

– **Salle 7 :** très riche, trop riche ! Les deux salles ouvertes sur la droite sont parsemées d'œuvres des frères Ambrogio et Pietro Lorenzetti. Ainsi, ne ratez pas, dans la salle de gauche, la belle *Annonciation* d'Ambrogio Lorenzetti, inspirée de celle de Simone Martini, aujourd'hui à la galerie des Offices à Florence. En face, le retable des *Carmes* est probablement LE chef-d'œuvre de Pietro Lorenzetti. Admirez en particulier la prédelle et son rendu des volumes et des paysages...

– **Salle 11 :** salle Taddeo di Bartolo, le peintre de la chapelle du Museo civico. Ce peintre est intéressant car il permet de voir ce qu'est devenue la leçon des grands Siennois de la première moitié du XIVᵉ s (Duccio, puis Simone Martini et les frères Lorenzetti) après la grande peste de 1348. Taddeo est finalement un peu répétitif, inégal et bien moins puissant que ses prédécesseurs.

– **Salle 12 :** on arrive au XVᵉ s. Salle consacrée à Giovanni di Paolo, peintre un peu particulier, certainement excentrique et volontairement archaïsant. Ne pas manquer la petite *Vierge à l'Enfant (Madonna dell'Umiltà)* dans son jardin fleuri.

– **Salle 13 :** deux présentations au Temple par Giovanni di Paolo, inspirées de l'original d'Ambrogio Lorenzetti exposé à la galerie des Offices à Florence. Ne ratez surtout pas la superbe *Vierge à l'Enfant* de Domenico di Bartolo, beaucoup plus sensible à la Renaissance florentine (ce dernier a peint une partie des fresques de la fameuse salle dite « du Pellegrinaio », du museo Ospedale Santa Maria della Scala) ; voyez sa douceur et ses extraordinaires couleurs.

– **Salle 14 :** tout le XVᵉ s siennois est là, conscient des nouveautés florentines, mais la douceur, la poésie, les fonds d'or nous rappellent que nous sommes à Sienne. Cette salle contient quantité de belles *Vierge à l'Enfant* par Neroccio di Bartolomeo di Landi, Francesco di Giorgio Martini ou Matteo di Giovanni.

– **Salles 16 et 17 :** consacrées à Sano di Pietro. Parfois inégal, il faisait probablement appel à de nombreux collaborateurs plus ou moins bons. On aime surtout la petite et belle *Assomption de la Vierge* en habit de lumière et en fanfare, entourée d'anges *(salle 16)*.

– **Salle 19 :** concentrez-vous sur le magnifique *Couronnement de la Vierge* de Francesco di Giorgio Martini et sur la belle *Vierge à l'Enfant sur le trône* de Vecchietta, et attardez-vous sur les détails de l'*Arliquiera,* dont une face raconte la vie de Jésus...

Premier étage

– Outre quelques maniéristes de deuxième ordre, on peut surtout y admirer de belles peintures du XVᵉ s *(salle 23),* plutôt inspirées de la Renaissance florentine et ombrienne que siennoise, par Pietro Francesco degli Orioli, Girolamo del Pacchia, ou encore le Pinturicchio : ne ratez pas sa belle et ronde *Sainte Famille avec Jean enfant,* ni son *Adoration des Mages* ! Également deux beaux tableaux de Bernardino Fungai.

– **Salle 26 :** belle et lumineuse, elle est consacrée à la sculpture siennoise avec une vue magnifique sur Sienne et sa campagne...
– Extraordinaires Beccafumi : *Trinité* et *Sainte Catherine recevant les stigmates* dans la lumière *(salle 27)*, *Nativité* et *Couronnement de la Vierge (salles 27 et 29)* au remarquable traitement de la lumière. La *salle 30*, exceptionnelle, fait apparaître la puissance de Beccafumi dans l'exécution de ses calepinages préparatoires au pavement du Duomo.
– **Salles 31 et 32 :** elles valent surtout pour les superbes œuvres du Sodoma : le *Christ à la colonne* (salle 31) et la *Déposition* (salle 32).
– **Salles 33, 34 et 35 :** évoquant le XVII⁰ s siennois, avec surtout des œuvres de Rutilio Manetti *(salle 35)*.
– **Salle 36 :** belles peintures du XVI⁰ s siennois, représenté par Francesco Vanni et Alessandro Casolani.
– **Salle 37 :** deux toiles toujours hors normes de Beccafumi : le *Christ aux limbes* et *Saint Michel chassant les anges rebelles,* dont il existe une autre version dans l'église San Niccolò al Carmine ; celle-ci ayant été refusée par les carmes, car jugée trop osée ! Et un autre *Christ aux limbes* du Sodoma, avec feuilles de vigne et tutti quanti !

🏃 ***Chiesa di San Niccolò al Carmine*** *(plan d'ensemble) :* piano dei Mantellini. ☎ 0577-28-29-92. Tlj sf mer 10h30-13h, 15h-18h (dim 12h30-17h30 slt). Église du XIV⁰ s, dotée d'un imposant campanile en poivrière du XVII⁰. Construction massive en brique. À l'intérieur, vestiges de fresque d'une *Assomption* du XV⁰ s. Au deuxième autel, intéressant *Saint Michel chassant les anges rebelles* de Beccafumi, peint sur bois... L'église est le siège de la *contrada la Pantera* (la Panthère) et demeure la plus grande des églises de *contrade*. Les chevaux y sont bénis – non sans émotion – avant la course du *Palio*.
– Sur le même trottoir que San Niccolò al Carmine, le *Palazzo Ravizza,* puis l'arc des deux portes, vestiges de l'enceinte du XI⁰ s (accès à la via Stalloreggi, qui était autrefois la rue des peintres du Trecento et qui, aujourd'hui encore, recèle quelques ateliers d'artistes).

Dans le terzo di Kamollia

🏃 La longue rue qui part de la porta Camollia (orthographe moderne) jusqu'à la piazza del Campo *(zoom centre, B-C1-2 ; via dei Montanini et via Banchi di Sopra)* livre d'intéressants monuments. En particulier, piazza Salimbeni, jetez un œil sur le côté et à l'intérieur du siège de la banque **Monte dei Paschi di Siena** (la plus vieille du monde, fondée en 1472). Les architectes italiens ont réussi le tour de force d'aménager l'intérieur d'une façon ultramoderne tout en respectant les façades médiévales. Très réussi ! Elle possède, en ses murs, un musée privé de peintures, accessible au public uniquement les matins des 2 juillet et 16 août, à l'occasion de la fête du *Palio*. Cet établissement demeure encore l'une des grandes banques italiennes actuelles, qui tient plus ou moins à bout de bras l'économie touristique siennoise via son mécénat artistique omniprésent et particulièrement généreux. **Piazza Tolomei,** autre banque superbement aménagée dans un palais (façade sobre et élégante avec ses deux rangées de fenêtres géminées). Encore une leçon à tirer ! Et juste devant, la louve siennoise (1610) et la **chiesa San Cristoforo,** l'une des plus anciennes de la ville.
En continuant la via del Moro, accès à la **basilica di Santa Maria di Provenzano,** traditionnellement dépositaire de l'étendard du *Palio* du 2 juillet.

🏃 ***Chiesa di San Francesco*** *(plan d'ensemble) :* piazza S. Francesco, 6. ☎ 0577-28-90-81. Tlj 7h30-12h, 15h30-19h. Bâtie au XIII⁰ s, modifiée aux XIV⁰ et XV⁰ s, et façade reconstruite au XIX⁰ s. De très hautes chapelles encadrent le chœur. L'intérieur, un peu sombre toutefois, vaut la visite pour la qualité de certaines œuvres. En entrant, à gauche derrière vous, des restes de fresques de Sasseta et Sano di Pietro et, sur la droite, celles du Sodoma. À droite en entrant, fresques du

XIVe s, de l'école siennoise. Belle présentation dans cette vaste nef, un peu froide, de grandes toiles siennoises du XVIIe s (en particulier, voir celle de Casolani) et d'une magnifique toile de Pietro Berrettini (Pierre de Cortone). Dans la première travée, à gauche du chœur, une magnifique *Crucifixion* de Pietro Lorenzetti et, dans la troisième, deux célèbres morceaux de fresques de son frangin Ambrogio, appelés : « Épisodes de la vie franciscaine ». Ces restes de fresques des frères Lorenzetti, aux couleurs ocre, sont d'une exceptionnelle qualité. Dans la première travée à droite, une belle *Vierge à l'Enfant* du XIVe s. Enfin, dans une petite chapelle à droite, on garde quelque 200 hosties intactes depuis le XVIIIe s ; un vrai miracle eucharistique en soi !

🏃🏃 **Basilica di Caterina San Domenico** (zoom centre, A2) : piazza S. Domenico, 1. ☎ 0577-28-68-48. ● basilicacaterina.com ● Tlj 7h-18h30 (9h-18h nov-fév). Grande église gothique en brique, qui présente peu d'intérêt sur le plan architectural. Sur l'arrière, en revanche, le point de vue sur la ville en fin de journée est superbe... À l'intérieur, sur la droite, dans la chapelle Sainte-Catherine, voici quelques fresques et peintures à ne pas manquer, parmi lesquelles le plus ancien portrait de sainte Catherine de Sienne, fresque relatant sa vie par Andrea Vanni au XIVe s. Le sol en marbre est signé Francesco di Giorgio Martini, l'un des plus grands artistes siennois du XVe s (à la fois peintre, sculpteur et architecte). De part et d'autre de la nef, série de toiles des XVIe et XVIIe s siennois, et tout particulièrement, sur le mur de droite : le chef-d'œuvre d'Alessandro Casolani, la *Naissance de la Vierge*. Sur le même mur, plus vers le chœur, une toile du Sodoma représentant plusieurs saints, dans laquelle est insérée une *Madonna col Bambino* de Francesco di Vanuccio. Et sur le mur juste en face, également quelques restes d'une fresque du Sodoma. Dans la première travée à gauche du chœur, les restes d'une fresque de Pietro Lorenzetti ; dans la seconde, une superbe *Vierge à l'Enfant* du XIIe s par Guido da Siena. Dans la chapelle à droite du chœur, belles peintures siennoises du XVe s par Matteo di Giovanni. Enfin, relique de la tête de sainte Catherine de Sienne au-dessus du maître-autel.

🏃🏃 **Santuario – casa di Santa Caterina** (zoom centre, A-B2) : costa di Sant'Antonio, 6. ☎ 0577-28-81-75. Tlj 9h-18h.

Sainte Catherine naquit en 1347 et fut, durant sa vie de religieuse, une ambassadrice de choc. Elle réussit à convaincre le pape Grégoire XI de quitter Avignon pour revenir à Rome. Ensuite, elle organisa le traité de paix entre le pape Urbain VI et Florence (coupable d'avoir déclaré la guerre à l'État papal). Elle organisa aussi la bataille décisive entre les troupes du pape et celles de l'anti-pape d'Avignon, Clément VII.

> ## HIT-PARADE
>
> *Sainte Catherine de Sienne est la patronne de l'Italie (avec saint François d'Assise) ; et, qui plus est, docteur de l'Église catholique mondiale, ce qui est rare pour une femme ! Elle partage ce titre avec l'Espagnole Thérèse d'Avila et la Française Thérèse de Lisieux. Sur un total de 33 docteurs (« dites 33 » !), on est encore loin de la parité !*

Canonisée au XVe s, proclamée patronne de Rome au XIXe s et patronne de l'Italie en 1939 par Pie XII.

Maison Sainte Catherine de Sienne, c'est un lieu de pèlerinage très populaire pour les Italiens. Dans la cour, à droite, puits du XVe s. Ensuite, à l'intérieur, accès à la *chiesa del Crocifisso* (église du Crucifix) à droite. Au maître-autel, la croix face à laquelle la tradition rapporte que la sainte aurait reçu les stigmates (symboles de la passion du Christ) en 1375. Décor baroque chargé, fresque au plafond... En face, voici l'*oratorio della Cucina* (oratoire de la cuisine), l'ancienne cuisine, qui contient des peintures siennoises de la fin du maniérisme. Noter le beau pavement en faïence du XVIIe s et le plafond à caissons... À l'étage inférieur se trouve l'*oratorio della Camera* (oratoire de la chambre), offrant une fresque peinte par le puriste Alessandro Franchi en 1896 et retraçant l'histoire de la sainte. Franchement pas mal. Attenante, ne manquez pas la modeste et rustique chambrette de la sainte ; on aperçoit l'endroit où elle reposait sa tête, sur un coussin de fer, aïe ! Toujours en contrebas, on accède au siège de la *contrada de l'Oca* (quartier de l'Oie), qui contient des œuvres d'art importantes : sur l'autel, belle statue de la sainte par Neroccio di Bartolomeo, fresques du Sodoma, Girolamo del Pacchia, Ventura Salimbeni, Sebastiano Folli et on en oublie *(accès sur résa slt : ☎ 0577-28-54-13 ; 🖩 346-691-86-38).*

🍴 **Fonte Branda** *(fontaine Branda ; zoom centre, A2) : via Fontebranda.* Érigée en 1246, la fameuse « fontaine qui parle » (en été) demeure la plus belle et la plus impressionnante des fontaines siennoises. Située en contrebas de la porta Salaria, la porte qui marquait les limites de Sienne au Moyen Âge (XIIe s), c'est un gros édifice de brique rouge à arcades gothiques, surmonté de créneaux et de gargouilles en forme de lions. Plusieurs bassins bien distincts, utilisés comme réservoir d'eau potable, lavoir et abreuvoir, jusqu'à une époque assez récente. Elle était un lieu social important en plein quartier des artisans, teinturiers, peintres...

🍴 **Basilica di Santa Maria di Provenzano** *(zoom centre, C1) : piazza Provenzano Salvani.* ☎ *0577-28-52-23. Tlj sf lun ap-m 8h30-12h, 16h-17h.* Sa façade blanche majestueuse, de style baroque romain, fin XVIe-début XVIIe s, tranche avec l'environnement en brique ocre de Sienne. Un certain aspect monumental qui surprend lorsqu'on y accède par l'une des petites rues environnantes. Elle abrite un buste en terre cuite de la Vierge, touchée par l'arbalète d'un archer florentin, dit-on, et devenue une relique sacrée. C'est à elle qu'est dédié le *Palio* du mois de juillet. La *contrada* victorieuse amène le *Palio* en cortège jusqu'à la Madone !

🍴 **Piazza dell'Abbadia** *(zoom centre, B1) :* charmante, avec sa petite *église San Donato,* qui présente une façade assez simple : pierre surmontée de brique avec une délicate rosace. L'occasion aussi, en se retournant, d'admirer les ravissantes fenêtres gothiques (sur fines colonnettes et tympans ajourés) du palais Salimbeni (façade arrière).

Fêtes et manifestations

– **Concerts :** *dans la cour du palais Chigi-Saracini (XIIIe s), digne d'un décor de Roméo et Juliette, ou dans la salle de spectacle de ce palais. Infos :* ● *chigiana.it* ● *GRATUIT.* Organisés par des étudiants et des professeurs, dont certains sont des artistes célèbres de l'académie de musique Chigiana. Dans une ambiance jeune et décontractée. Nombreux concerts de musique classique et lyrique organisés tout l'été dans les églises de la ville (surveiller les affiches dans les rues). Décentralisation musicale : nombreux concerts en plein air dans les villages des environs. Ce qui permet au passage de découvrir la campagne toscane...
– **Fête de Santa Caterina :** *plusieurs j. fin avr. Infos auprès de l'office de tourisme.* Célébration solennelle dédiée à la sainte patronne de l'Italie. Le dimanche matin, grande procession et défilé des *contrade* dans les rues de la ville, qui se termine par une messe dans la basilique San Domenico avec bénédiction des reliques. À ne pas manquer !
– **Fêtes annuelles du saint patron des 17 contrade :** *fin avr-début sept. Infos à l'office de tourisme.* Rien qu'en juin, celles du Dragon, de la Girafe, de la Tortue, de la Chouette, de la Vague (Dauphin), de la Licorne et de l'Escargot. En juillet-août, celles de la Chenille, de la Tour (Rhinocéros), de la Coquille, de la Forêt, du Porc-Épic, de la Panthère, etc. En outre, chaque *contrada* possède aussi son petit musée *(visite sur résa slt).*
– **Cinema in Fortezza :** *fin juin-début août.* ☎ *0577-43-012.* ● *cinemanuovopendola.it* ● Cinéma en plein air dans l'amphithéâtre de la Fortezza medicea ; projections en soirée.

TOSCANE

– *Course de chevaux du Palio :* 2 juil et 16 août. Infos : ● ctps.it ● L'événement se prépare pendant 5 jours, avec cérémonies officielles, tirage au sort, défilés, courses d'essai, et tout l'tralala ! Le 29 juin et le 13 août ont lieu l'attribution des 10 chevaux par tirage au sort et la course d'essai sur la piazza del Campo. La veille du jour J, on assiste le matin à la quatrième répétition et à la *prova generale,* qui se court en fin de journée. On trouve un programme détaillé des festivités dans tous les bons offices de tourisme de la région. Voir aussi la rubrique spéciale que nous lui consacrons au début de ce chapitre...

LA MONTAGNOLA – LE VALDIMERSE

Terre sauvage de forêts impénétrables, percées de forteresses médiévales endormies dans l'histoire, la Montagnola et le Valdimerse définissent un triangle isocèle entre *Sovicille* **(un lieu de villégiature agréable aux portes de Sienne),** *Chiusdino* **(où se dresse l'abbaye de San Galgano) et** *Murlo* **(charmant village avec son beau petit musée archéologique).**

SOVICILLE (53018)

🏹 Aux portes de Sienne, Sovicille possède un riche patrimoine d'églises, de villas et de châteaux, dont certains paraissent sombrer à jamais dans une mer de verdure, plus de la moitié de la commune étant recouverte de forêts. *Castiglion che Dio sol sa* (« le château connu de Dieu seul »), niché dans un bois du val de Merse, témoigne à lui seul, par son nom, de la difficulté de pénétrer ces territoires. – *Infos :* ● comune.sovicille.siena.it ●

Arriver – Quitter

➢ *En bus :* env 2 bus/j. sf dim avec Siena (35 mn). Infos : ● tiemmespa.it ● | ● sienamobilita.it ●

Où dormir dans les environs ?

🛏 *Podere Soggiorno Taverna :* strada del Setinale, 26, loc. **Celsa.** ☎ 0577-31-70-03. ● info@taverna celsa.it ● tavernacelsa.it ● 🍴 À 10 km au nord-ouest de Sovicille, tt proche de la SP 101. Congés : janv-fév. Selon saison, doubles 75-85 €/j., apparts (3-6 pers) 700-1 300 €/ sem. ½ pens possible. Dîner sur résa 28 €. 📶 Grande et belle demeure restaurée avec goût, livrant une dizaine de chambres bien équipées et joliment décorées dans le style traditionnel toscan. Et puis des appartements du même tonneau. Ici, pas besoin de clim, on est à 500 m d'altitude ! Jardin avec piscine-jacuzzi. Excellente table d'hôtes : gâteaux maison pour le petit déj et bons petits plats typiques avec des pâtes fraîches maison, du porc noir de l'élevage familial et des produits bio du potager. On est bien ici, d'autant que l'accueil est charmant !

🛏 *Agriturismo Il Caggio :* SP 52 della Montagnola Senese, 21, loc. **Il Caggio.** ☎ 0577-34-55-06. 📱 339-385-64-89. ● ilcaggio@interfree.it ● ilcaggio.it ● À 3 km au nord-ouest de Sovicille par la SP 52. Congés : nov-fév. Apparts (2-6 pers) 80-140 €/j. Table d'hôtes sur résa 25 €. 📶 Au cœur d'un jardin fleuri enchanteur cascadant vers la piscine, ce charmant hameau de vieilles maisons révèle 7 appartements à géométrie variable. Bon confort, pierres apparentes et déco rustique simple et agréable. Cheminée ou poêle pour les soirées d'hiver, alors que l'épaisseur des murs dispense de la clim en été. Notre préféré est proche de la piscine avec sa terrasse et sa vue en « cinémascope » sur la Toscane millénaire ! Bons petits plats toscans maison. Accueil attentionné.

MURLO (53016)

🎭🎭 On pourrait trouver à Murlo les mêmes qualités qu'aux villages fortifiés environnants : tranquillité, charmantes ruelles pittoresques, bonne chère... Mais il est une particularité qui le distingue des autres. Resté pendant longtemps isolé dans son coin, il se pourrait bien qu'il ait abrité les derniers Étrusques...
– *Infos :* ● comune.murlo.si.it ●

TÊTES DE TURC

Les tests ADN effectués sur les habitants de Murlo tendraient à prouver que la population du village a un patrimoine commun avec les populations d'Anatolie centrale, ce qui n'est pas le cas des autres Toscans. De même, des prélèvements effectués sur le bétail montrent qu'au moins quatre races de vaches élevées dans le coin possèdent des convergences génétiques avec des races du Proche-Orient. Étonnant, non ?

TOSCANE

Arriver – Quitter

➢ **En bus :** env 4 bus/j. sf dim avec **Siena** (40 mn). Infos : ● tiemmespa.it | ● sienamobilita.it ●

Où dormir ? Où manger à Murlo et dans les environs ?

⚕ **Camping Le Soline :** via delle Soline, 51, loc. **Casciano di Murlo.** ☎ 0577-81-74-10. ● camping@lesoline.it ● lesoline.it ● ♿ À 11 km à l'ouest de Murlo par la SP 33. Compter 27 € pour 2 avec tente et voiture ; chalets et mobile homes (2-6 pers) 120-315 €/j. selon saison (2 nuit min ; à la sem slt en été). 🛜 Réduc de 10 % sur les emplacements sur présentation de ce guide. Jolie vue panoramique sur la campagne pour ce camping en pente qui s'étage parmi oliviers et chênes verts, avec des emplacements bien délimités. Sanitaires nickel. Grande piscine et pataugeoire, épicerie, resto-bar-pizzeria, boîte de nuit en plein air l'été... Accueil sympa en français.

🏠 **Agriturismo Podere Bagnolo :** via Arniano, 5, loc. **Vescovado di Murlo.** ☎ 0577-81-41-94. 🖳 320-048-09-44. ● lucia.agriturismobagnolo@gmail.com ● poderebagnolo.com ● À 4 km au sud-est de Murlo par la SP 34. Congés : 10 janv-fév. Résa bien à l'avance. Apparts (2-4 pers) 405-900 €/sem (min 3 nuits) selon saison ; pas de petit déj. 🛜 Une *azienda agricola* bio dans son écrin de verdure. En tout, 6 beaux appartements tout confort, pourvus d'une déco toscane de bon goût : tomettes, soupente en terre cuite, lits en métal... Et puis 2 piscines en balcon sur la campagne, parmi les arbres fruitiers et les fleurs. Une excellente adresse pleine de charme !

🍽 �foodicon **Trattoria Il Libridinoso :** via delle Carceri, 13. ☎ 0577-04-65-41. Tlj sf lun. Plats 7-14 €, pizze 5-7 €. En plein bourg de Murlo, petit resto concoctant une goûteuse cuisine de terroir avec de bons ingrédients locaux, comme la viande de cochon. Et pour mieux étonner nos papilles, d'antiques recettes sont remises au goût du jour : *pici* à la farine de châtaignes, aux épinards, aux herbes aromatiques... Également de bonnes pizzas au feu de bois. Accueil sympa.

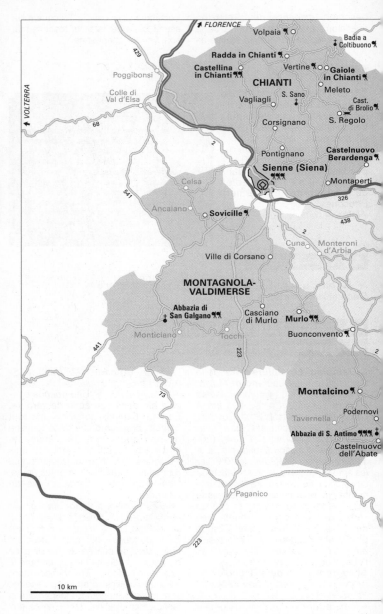

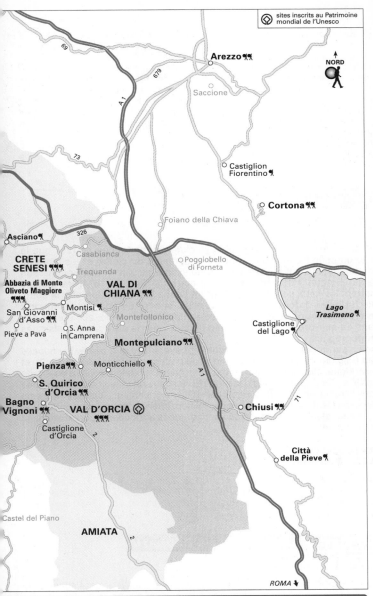

sites inscrits au Patrimoine
mondial de l'Unesco

NORD

Arezzo ✹✹

Saccione

Castiglion
Fiorentino ✹

Cortona ✹✹

Foiano della Chiava

Asciano ✹

326

Casabianca

Poggiobello
di Forneta

CRETE
SENESI ✹✹✹

Trequanda

Abbazia di Monte
Oliveto Maggiore
✹✹✹

VAL DI
CHIANA ✹✹

San Giovanni
d'Asso ✹✹

Montisi ✹

Montefollonico

Lago
Trasimeno ✹

Pieve a Pava

S. Anna
in Camprena

Castiglione
del Lago ✹

Montepulciano ✹✹

Pienza ✹✹

Monticchiello ✹

S. Quirico
d'Orcia ✹✹

Bagno
Vignoni ✹✹

VAL D'ORCIA ⊚
✹✹✹

Chiusi ✹✹

Castiglione
d'Orcia

2

Città
della Pieve ✹

Castel del Piano

AMIATA

2

ROMA ↓

LES ENVIRONS DE SIENNE

TOSCANE

À voir

🎥🚶 **🅸 *Antiquarium di Poggio Civitate – museo Archeologico*** : piazza della Cattedrale, 4. 🖥 342-145-07-31. ● *museisenesi.org* ● ♿ *Infos touristiques sur place. Avr-sept, jeu-dim 10h30-13h30, 15h-19h30 ; oct-mars, ven-dim 10h30-13h30, 14h30-17h30. Entrée : 5 € ; réduc.* Au cœur du village, un petit musée moderne bien conçu, présentant le résultat des fouilles archéologiques réalisées dans la zone de Poggio Civitate ; déterminantes – dit-on – pour la recherche sur la civilisation étrusque, notamment pour témoigner du côté orientalisant de leur culture... Les collections, qui rassemblent d'intéressants fragments d'architecture, des statuettes votives et de la céramique, sont complétées par des trousseaux funéraires provenant des tombes de Poggio Aguzzo (650-600 av. J.-C.). Notez le raffinement des bronzes et surtout le rigolo petit buste d'homme (VIe s av. J.-C.) portant un chapeau de cow-boy et une barbiche de pharaon !

ABBAZIA DI SAN GALGANO

🎥🚶 Il ne reste plus de cette abbaye cistercienne fondée en 1201 que la salle du chapitre, quelques maigres fragments du cloître et les murs de son imposante église. Prospère et puissante au XIIIe s, elle entame son déclin pendant l'épidémie de peste noire de 1348. En 1474, les moines quittent les lieux pour Sienne, laissant l'abbaye à l'abandon. Par la suite, elle fut pillée à de nombreuses reprises, et son toit finit par s'effondrer en 1786. Désormais au centre d'une exploitation agricole, elle dresse ses pans de mur orphelins vers le bleu du ciel, pour le plus grand plaisir des photographes.

Isolée sur la petite colline jouxtant l'abbaye, à 500 m à peine, la *chapelle San Galgano* mérite également une visite pour son histoire insolite. Petite et cylindrique, elle fut bâtie à l'endroit où le chevalier Galgano vécut en ermite au XIIe s. Celui-ci est connu dans toute la Toscane pour avoir planté son épée dans la roche en signe de rédemption et de renoncement. Toujours en bonne place, on vient de loin pour l'admirer ! Sinon, intérieur épuré, surmonté d'une belle coupole, et quelques fresques dégradées attribuées à Lorenzetti dans la chapelle attenante...

Infos utiles

– **Abbazia di San Galgano** : Loc. S. Galgano, 167, à **Chiusdino**. ☎ 0577-75-67-38. ● *comune.chius dino.siena.it* ● À 25 km au sud-ouest de Sienne par la SS 73, puis à droite la SP 441. Tlj 9h-20h (19h juin et sept, 18h avr-mai et oct, 17h30 nov-mars). Entrée : 3 € ; réduc.

Où dormir ? Où manger à l'*abbazia* et dans les environs ?

🏠 🍴 **Antico Tempio** (*cooperativa agricola San Galgano*) : loc. S. Galgano, 159, à **Chiusdino**. ☎ 0577-75-62-92. ● *info@sangalgano.it* ● *Double 65 € ; petit déj 10 €. Repas env 20 €.* 📶 En face de l'abbaye, c'est l'auberge de campagne sympa et multifonctions : d'un côté, le resto propose une cuisine traditionnelle copieuse et convenable ; de l'autre, le bar est impec' pour un *panino* sur le pouce préparé à la demande (à déguster sous les arbres en terrasse, un œil sur les ruines) ; et, à l'étage, des chambres sobres et nickel qui font parfaitement l'affaire pour une étape. Très pratique.

X *Agricamping Le Fontanelle :* loc. Fontanelle, 32, à **Iesa**. ☎ 0577-75-81-03. ▯ 320-895-66-33. ● info@ lefontanelle.biz ● lefontanelle.biz ● À 12 km au sud-est de l'abbaye par la SS 73 jusqu'à Monticiano, puis à gauche la SP 32A. Compter 19 € pour 2 avec tente et voiture ; bungalow (2 pers) 50 €. CB refusées. 🛜 Super petit camping perdu dans la campagne ! On plante ses sardines sous les chênes. Douches solaires, toilettes recouvertes d'un petit cône de paille ; très propres. Belle salle commune avec TV et bouquins, ping-pong. Enfin un camping à taille humaine,

où l'accueil francophone est sympa comme tout !

🏠 *Agriturismo Podere Leccetro :* fraz. Tocchi, à **Monticiano**. ☎ 0577-75-70-83. ▯ 347-760-96-93. ● fde leo54@gmail.com ● podereleccetro. it ● ♿ À 12 km au sud-est de l'abbaye par la SS 73 jusqu'à Monticiano, puis à gauche la SP 32A. Apparts (2-6 pers) 30-35 €/pers selon saison. CB refusées. 🛜 Bienvenue chez des apiculteurs sympas, écolos dans l'âme et passionnés par leurs ruches ! Sur un pré cerné de forêts, dans une ancienne grange, voici 2 beaux appartements tout confort, dont celui du rez-de-chaussée – le plus grand – est bien adapté aux familles. Un point de chute très nature et découverte, propice aux grandes balades, aux soirées en terrasse... et à la découverte du petit monde des abeilles !

LES CRETE SENESI

À quelques coups de volant au sud-est de la ville du *Palio,* c'est le vrai pays de la terre de Sienne ! Un pays aux nuances de couleurs sans équivalent, pays de paysans, pays de paysages, tantôt écrasé de soleil, tantôt nappé de brume, où les cyprès érigés comme des cierges pour souligner les chemins semblent attacher la terre au ciel. D'Asciano l'indolente à l'abbatiale de Monte Oliveto, ornée des fresques du truculent Sodoma, les Crete senesi proposent un voyage au pays du beau et de l'émotion.
– *Infos :* ● cretesenesi.com ●

ASCIANO   (53041)   7 120 hab.

Petit village tranquille – idéal pour une étape à midi – qui recèle quelques beaux musées d'art sacré et une ancienne collégiale – la basilique Sant' Agata – consacrée à la sainte martyre de Catane (Sicile), dans laquelle se cache une œuvre du Sodoma !

Arriver – Quitter

➤ *En bus :* env 1 bus/j. sf dim avec **Siena** (40 mn), **San Giovanni d'Asso**

(25 mn) et **Montisi** (40 mn). Infos : ● tiemmespa.it ● sienamobilita.it ●

Adresse et info utiles

🛈 *Ufficio turistico :* corso Matteotti, 122. ☎ 0577-71-95-24. ● ascianotu rismo.com ● cretesenesi.com ● terre

siena.it ● Au rdc du palazzo Corboli. Mar et dim 10h-13h, 15h-18h. Plan du village avec ses points d'intérêt expliqués

TOSCANE

en italien et en anglais par *QR-Code* ; plusieurs bonnes brochures en français : *Val d'Orcia, Terre di Siena* (à pied, à vélo, à cheval...), *Le Crete* ; infos sur la campagne alentour ; agenda culturel...
– **Marché :** *sam mat, Campo della Fiera.*

Où manger ? Où déguster une glace ?

🍴 🚤 **Il Forno delle Crete :** *piazza Garibaldi, 5.* ☎ *0577-71-85-58.* ● *ilfornodellecrete@gmail.com* ● *Dans le centre d'Asciano. Tlj sf dim 7h-13h30, 16h45-19h. Moins de 5 €.* La boulangerie-pâtisserie du village, pour dévorer sans se ruiner : parts de *pizze* et *focacce,* bons gâteaux et autres *biscotti* secs traditionnels. On aime !

🍴 🚤 🚤 **La Mencia :** *corso Matteotti, 77-85.* ☎ *0577-71-82-27.* ● *info@lamencia.it* ● ♿ *Tlj sf lun. Congés : janv et nov. Plats 9-16 €, pizze 5-7 € ; repas 20-30 €.* 🛜 Agréable grande terrasse dans un jardin bien aéré à l'arrière. Cuisine soignée, qui décline ses pâtes maison et autres viandes du cru, sans oublier les *dolci della casa.* Également des pizzas, mais plus quelconques... Fait aussi *alimentari* dans un local attenant pour se faire confectionner un succulent sandwich avec charcuterie, fromage, *antipasti...* Une bonne adresse à dimension variable.

🍦 **Bar-gelateria Ghiottolandia :** *via Bartolenga, 1.* 📱 *339-845-98-33.* En plein centre d'Asciano, de goûteuses glaces artisanales de saison, concoctées dans le petit labo au fond de ce bar qui ne paie pas de mine. Une adresse plébiscitée par les villageois !

Où dormir ? Où manger dans les environs ?

🏠 **Agriturismo Podere Alberese :** *loc.* **Casabianca.** ☎ *0577-70-50-89.* ● *info@poderealberese.it* ● *poderealberese.it* ● *À 9 km à l'est d'Asciano par la SP 10. Selon saison, doubles 90-120 €, apparts (2-4 pers) 90-155 € (à la sem slt en été).* 🛜 Sur un coteau campagnard où pullulent vignes et oliviers – la spécialité de cette *azienda agricola* familiale –, une petite dizaine de beaux hébergements spacieux, élégants, confortables et agrémentés de meubles anciens. Mon tout dispatché dans les vénérables bâtiments en pierre de la ferme. Grande piscine, petit déj avec les bons produits maison... Accueil charmant en français.

🏠 **B & B Il Canto del Sole :** *via di Villa Canina, 1292, loc. Cuna, à* **Monteroni d'Arbia.** ☎ *0577-37-51-27.* 📱 *392-811-03-64.* ● *info@ilcantodelsole. com* ● *ilcantodelsole.com* ● *À 16 km à l'ouest d'Asciano par la SS 438, puis à gauche la SP 12, et à droite la SR 2. Doubles 100-120 € selon saison. Table d'hôtes sur résa 30 €.* 🛜 Bel ensemble de pierre et de brique sur une petite colline au milieu d'une plaine agricole. Une dizaine de chambres tout confort, réparties entre la maison principale et une dépendance de plain-pied (ces dernières avec terrasses). Déco de charme : vieux meubles, tapis anciens, salon cosy et grande salle à manger rustique. Belle piscine, barbecue, lave-linge, copieux petit déj et accueil pro complètent cette adresse « spécial farniente » à 15 mn en voiture de Sienne !

🍴 🚤 🚤 🍷 **Osteria Il Ristoro :** *via Corsano Grotti, 574, loc.* **Ville di Corsano.** ☎ *0577-37-79-12.* ● *info@osteriailristoro.it* ● *À 22 km à l'ouest d'Asciano par la SS 438, puis à gauche la SP 12 et tt droit la SP 23. Tlj sf lun. Plats 7-14 €, pizze 4-7 €.* Dans un bourg agricole dominé par sa vieille tour, petit resto de campagne plébiscité par les gens du cru. Plusieurs petites salles rustiques et cosy. Et dans l'assiette, cuisine simple mais généreuse et pleine de saveurs, en prise directe sur le terroir local. Spécialité de viandes grillées. Également d'honnêtes pizzas. Fait aussi bar de pays : comptoir et 2 tables dans la rue, pour avaler un bon *panino* avec un verre de vin. Accueil efficace et sympa. Une excellente adresse !

|●| *Il Conte Matto : via Taverne, 40, loc. Trequanda.* ☎ *0577-66-20-79.* ● *info@contematto.it* ● *À 10 km au sud-est d'Asciano par la SP 10, puis à droite la SP 38. Tlj sf mar. Menu 28 € ; plats 8-14 €.* Sur le rebord de ce joli village fortifié et perché, une élégante salle voûtée, doublée d'une véranda et d'une terrasse avec vue plongeante sur la campagne. Côté fourneaux, cuisine de terroir – savoureuse et soignée – qui sublime les bons produits frais du cru. Bon rapport qualité-prix-accueil. On s'est régalés !

À voir

🎨🎨 Basilica di Sant'Agata : *piazza della Basilica. Tlj 9h-19h (18h en hiver).* Édifiée dès le XIIe s., elle offre un pittoresque et sobre chevet et un élégant dôme à lanternon, le tout flanqué d'un haut clocher de pierre et de brique. À l'intérieur, une nef et un transept à absidioles. Et, coiffant la voûte, une jolie coupole rythmée par de petites trompes d'angle superposées. Vestiges de fresques du XVIe s. Sur le mur gauche, ne pas manquer la *Déposition* du Sodoma (XVIe s), avec le style parfois... disons... très « novateur », voire « provocateur », caractérisant cet artiste qui ne se séparait jamais de ses deux blaireaux et de son corbeau : ici un Christ portant un pagne très en dessous de la ceinture !

🎨🎨 Palazzo Corboli – museo civico di Arte sacra : *corso Matteotti, 122.* ☎ *0577-71-95-24.* ● *ascianoturismo.com* ● *museisenesi.org* ● *Office de tourisme sur place. Avr-oct, tlj 10h-13h, 17h-22h (15h-19h avr-juin et sept-oct) ; nov-mars, sam-dim et j. fériés 10h-13h, 15h-18h. Entrée : 5 € ; billet famille ; ticket combiné avec le museo Cassioli : 7 € ; réduc.*
Un musée d'une étonnante richesse – presque insolite dans ce modeste village – installé dans un superbe palais médiéval. Du matériel archéologique, et surtout une très belle collection d'œuvres d'artistes siennois des XIVe-XVe s, présentée dans de belles salles lumineuses à la scénographie soignée ; certaines ornées de fresques ou aux plafonds ouvragés.
– *Au 3e étage :* section archéologique. Fresques, céramiques, bronzes (vases, miroirs, amulettes...) et autres objets mis au jour essentiellement dans les nécropoles du coin. À côté des urnes funéraires en tuf grossier ciselées d'inscriptions, notez la formidable qualité de casques de parade en bronze des officiers du Ier s av. J.-C., qui figurent des visages !
– *Au 2e étage :* encore de beaux bronzes et des céramiques, dont ce très beau *Kelebe*, cratère étrusque du IVe s, presque intact ! À cet étage débutent aussi les collections d'art religieux, avec le sublime et émouvant triptyque *Nativita della Virgine* du **Maestro dell'Osservanza** (XVe s) – l'une des œuvres majeures du musée –, dont les personnages montrent des yeux en amande, dans le style siennois...
– *Au 1er étage :* section d'objets religieux toujours. Ostensoirs, chasubles, tabernacles, calices... *Salle 5,* superbe *Saint Michel terrassant le dragon* d'**Ambrogio Lorenzetti** (XIVe s) et tabernacle de **Raffaele da Brescia** (XVe s). *Salle 4,* crucifix dorés des Trecento et Quattrocento. Voir aussi, *salle 8,* l'étonnante et naïve *Adoration des bergers* exécutée par **Giovanni d'Ambrogio** (XVe s). Sans oublier, *salle 10,* un *Saint Sébastien* médusé, truffé de flèches signé de **Pietro di Ruffolo**. *Salle 7,* notez l'expression désabusée des évangélistes et les joues fardées du Christ et de la Vierge sur le triptyque de **Paolo di Giovanni Fei** (XIVe s)...

🎨 Museo Cassioli : *via Fiume, 8. Infos et billetterie au palazzo Corboli (voir plus haut). Avr-oct, mar et dim slt ; le reste de l'année, sur résa ; mêmes horaires que le palazzo Corboli. Entrée : 5 € ; billet combiné avec le palazzo Corboli : 7 € ; réduc.*
Sur deux niveaux, un musée qui regroupe essentiellement de la peinture de l'école siennoise du XIXe s. Il souligne l'importance de l'Académie des beaux-arts (fondée en 1816) dont est issue la majeure partie des artistes qui ont œuvré pendant tout le XIXe s, certains au début du XXe. Parmi eux, Angelo Visconti, qui, après avoir

TOSCANE

remporté l'argent à l'Expo universelle de Paris en 1900, émigra au Brésil, où il fut l'initiateur du fameux style Liberty. Notons aussi Antoni Ridolfi, Cesare Maccari, Francesco Nenci et Luigi Mussini ; ce dernier ayant eu pour élève Amos Cassioli, lequel porta un grand intérêt au mouvement réaliste...

ABBAZIA DI MONTE OLIVETO MAGGIORE

Grand et pittoresque complexe monastique du XIVᵉ s resserré sur son éperon et dominant superbement toute cette région verdoyante.

Adresse utile

🛈 *Ufficio turistico delle Crete senesi :* *à l'entrée du monastère, à gauche de la Foresteria.* ☎ *0577-70-72-62.* ● *cretesenesi.com* ● *terresiena.it* ● *Lun et jeu 10h30-13h, 14h30-18h (horaires restreints hors saison).*

Où dormir ? Où manger ?

🏠 *Foresteria Monastica : à l'entrée du monastère.* ☎ *0577-70-76-52.* ● *foresteria@monteolivetomaggiore.it* ● *Résa longtemps à l'avance. Doubles 50-60 €.* Hébergement ouvert à tous, proposant des chambres simples et sobres, avec ou sans salle de bains.

🍴🚗 *La Torre : à l'entrée du site, devant le parking.* ☎ *0577-70-70-22. Au pied de la tour, à côté de la porte fortifiée. Tlj sf mar. Résa conseillée. Menus 15-25 € ; repas 25-30 €.* Étonnamment, ce resto familial ne profite pas de sa situation et jouit d'une excellente réputation auprès des locaux. Plats toscans typiques, simples mais convenables, notamment ceux du petit menu touristique, d'un bon rapport qualité-prix. Jolie terrasse ombragée sur la campagne. Propose également des *panini* à emporter ou à consommer côté bar. Service efficace et sympa. Et si c'est fermé, la famille possède aussi l'hôtel-resto *San Valentino* (à 1,5 km de l'abbaye par la SP 451, direction Buonconvento ; ☎ *0577-70-71-53 ;* ● *info@piccolohotelsanvalentino.com* ● *; tlj sf mer ; double 90 € ; plats 7-14 €)*, bonne table de campagne au cadre rustique, doublée d'une dizaine de chambres ; le tout dans une maison en pierre surplombant la vallée verdoyante.

À voir

⭐⭐⭐ *Abbazia di Monte Oliveto Maggiore :* ☎ *0577-70-76-11.* ● *monteolivetomaggiore.it* ● *À 9 km au sud d'Asciano par la SP 451 et à 33 km au sud de Sienne par la SR 2 puis, à Buonconvento, à gauche la SP 451. Parking : 1 €/h ! Tlj sf dim ap-m 9h15-12h (12h30 dim), 15h15-18h (17h nov-mars). Visite guidée en français sur résa. Tenue correcte exigée. Pdt les messes, on peut visiter l'abbaye mais pas son église.* Fondée au début du XIVᵉ s et toujours en activité, c'est une abbaye bénédictine tout en brique, isolée sur les flancs d'une colline profondément ravinée, au milieu d'un bois de cyprès. L'accès au complexe monastique se fait par une porte fortifiée flanquée d'un pont-levis et d'une imposante tour crénelée, elle-même ornée de céramiques émaillées d'Andrea Della Robbia. Puis on emprunte un charmant chemin pavé qui dégringole sous les arbres jusqu'à l'abbaye.

– Passé l'entrée, on pénètre directement dans le **grand cloître** – point d'orgue de la visite – réalisé entre 1426 et 1443, dont la galerie est décorée des formidables **fresques de Luca Signorelli et du Sodoma** (Giovanni Antonio Bazzi) retraçant la vie de saint Benoît.

En 1495, Signorelli en signa une dizaine, regroupées sur un seul mur, en particulier : *Comment Dieu punit Florent.* Remarquer les expressions des moines, terrassés par la nouvelle du messager annonçant la mort de Florent, et les petits démons batifolant rageusement en arrière-plan. Un peu plus loin, dans *Comment Benoît reconnaît et accueille Totila,* détailler les couleurs et les visages des soldats, la pugnacité de leurs attitudes, le dos nu sexy de l'un d'entre eux... face à la paix monacale blanchâtre.

Le reste de la galerie du cloître est décorée par le Sodoma, dont les fresques, datant de 1505 à 1508, suivent l'ordre chronologique de la vie de saint Benoît. Superbes, elles aussi ! Elles fourmillent de détails, de personnages aux traits vraiment modernes. Notez l'influence de Donatello (son *David*) dans les postures très maniérées, voire scandaleusement aguichantes de certains de ses personnages ! De lui, on a particulièrement aimé la fresque *Comment Florent envoie les prostituées au monastère.* Les deux groupes, d'un côté les moines en blanc, de l'autre les femmes sensuelles, expriment deux ambiances et deux dimensions diamétralement opposées. Saisissant ! Noter la stupeur du moine au balcon, l'égarement du jeune moinillon derrière l'âne, l'indignation de saint Benoît, terrible !

LA RÉCRÉ DES MOINES !

Facétieux, le Sodoma plaisait beaucoup aux moines de Monte Oliveto. Un jour, pour leur faire plaisir, il entreprit de peindre une farandole de femmes entièrement nues. On imagine leurs têtes quand il dévoila enfin sa fresque ; l'abbé en chef ordonna qu'on la détruise sur-le-champ ! Mais plutôt que de lui obéir, ce qui l'aurait privé de quelques écus, le Sodoma, qui n'était point homme à se laisser faire, prit illico ses pinceaux et rhabilla les demoiselles !

TOSCANE

– Visitez ensuite l'**église,** avec son chœur baroque du XVIIIe s et sa coupole. Remarquables stalles et lutrin en marqueterie du début du XVIe s représentant villes, paysages, animaux, et exprimant la cité idéale. Voir aussi le **réfectoire,** dominé par une *Cène* (et dont les grosses tables en bois sont dressées pour le prochain repas !), la **bibliothèque** et, à l'étage, la **pharmacie** (beau comptoir et nombreux pots anciens). Enfin, ne pas manquer la collection de tableaux (XIVe-XVIIe s) exposée dans la **salle capitulaire** *(museo).*

☞ La **boutique de l'abbaye** (☎ 0577-70-76-64) vend miel, onguents et autres produits cosmétiques concoctés sur place. On peut aussi visiter la vieille **cantina** *(cave à vins ;* 📱 *348-923-25-82 ;* ● *agricolamonteoliveto.com* ● *; en saison, tlj 10h-13h, 14h30-18h30 ; hors saison, w-e slt),* datant du XIVe s, juste en contrebas du complexe. Vente directe des vins *(Grance Senesi DOC)* de l'*azienda agricola,* dont la vinification ne se fait pas sur place, mais dans les environs. Également huile d'olive, épeautre...

DANS LES ENVIRONS DE L'ABBAZIA DI MONTE OLIVETO MAGGIORE

SAN GIOVANNI D'ASSO *(53020)*

🎯🎯 À une douzaine de kilomètres au sud d'Asciano, San Giovanni d'Asso abrite un important château aux belles fenêtres gothiques géminées. Le site fut d'abord habité par les Étrusques, puis, entre le XIIe et le XIVe s, les architectes siennois entreprirent d'y construire une forteresse. Une période pendant laquelle San Giovanni d'Asso était le foyer de nombreuses familles nobles de Sienne, lesquelles y possédaient plusieurs fermes fortifiées... Comme le montre son *museo del Tartufo* (établi dans le château), le village est réputé de longue date pour ses truffes et, à ce titre, il organise chaque année en mars la fête de la *truffe noire* et, en novembre, celle de la *truffe blanche*. Également à voir : la *chiesa San Pietro* (VIIIe-IXe s) et, à 300 m de là, dans le bois de Ragnaia, un parcours ésotérique créé par le paysagiste américain Sheppard Craige (infos : ● comune.sangiovannidasso.siena.it ●)...

Arriver – Quitter

➤ *En bus :* env 1 bus/j. sf dim avec *Siena* (1h05) et *Asciano* (25 mn), et 2-3 bus/j. sf dim avec *Montisi* (15 mn). Infos : ● tiemmespa.it ● sie namobilita.it ●

Où dormir dans les environs ?

🏠 *B & B Pieve a Pava :* loc. *Pieve a Pava, 45.* ☎ 0577-80-30-42. ● info@ pieveapava.com ● pieveapava.com ● À 3,5 km au sud de S. Giovanni d'Asso par la SP 14. Doubles 160-310 € selon confort et saison (1 sem min en été). 📶 Perchée sur une colline dominant la campagne, c'est une pittoresque ferme fortifiée médiévale superbement rénovée. En tout, 6 grandes chambres confortables et dotées d'une élégante et chaleureuse déco, à la fois rustique et soignée, digne des magazines de déco. Belle piscine, table d'hôtes sur résa, véranda avec salon-cuisine. Bref, une belle adresse de charme !

MONTISI (51010)

🍴 À mi-chemin entre Asciano et Pienza, un petit village de trois fois rien, perché sur une crête. Chaque année, le dimanche le plus proche du 5 août, s'y déroule pourtant une grande fête médiévale : ça guerroie, ça festoie, sur fond de chevaliers, de troubadours et de saltimbanques ! Sinon, mis à part la grande foire à l'huile d'olive – spécialité du village –, le week-end de la Toussaint, Montisi semble cultiver une douce somnolence comme parure à l'âpreté de ses vieux murs...

Arriver – Quitter

➤ *En bus :* env 1 bus/j. sf dim avec *Siena* (1h20) et 2-3 bus/j. sf dim avec *Asciano* (15 mn). Infos : ● tiemmespa. it ● sienamobilita.it ●

Où dormir ? Où manger ? Où boire un verre ?

🏠 *B & B Santa Caterina :* via Umberto I, 187a. 📱 347-010-78-85. ● info@santa caterina-bb.it ● santacaterina-bb.it ● En contrebas du village, par la rue qui descend derrière l'école. Doubles 90-100 € selon confort et saison. 📶 Terrasse gravillonnée sous les cannisses, petite piscine au fond du jardin. Dans la maison – une bâtisse moderne pimpante –, voici 4 chambres colorées, bien tenues et confortables, dont certaines avec vue plongeante sur la vallée campagnarde ou le jardin. Accueil dynamique et charmant.

🏠 *B & B La Locanda di Montisi :* via Umberto I, 39. ☎ 0577-84-51-78. ● info@lalocandadimontisi.it ● lalocan dadimontisi.it ● Doubles 70-90 € selon saison. 📶 En plein cœur de ce vieux village, juste 7 jolies chambres bien équipées et chaleureusement arrangées dans le style campagnard toscan, simple et cosy. Notre préférée se trouve sous les toits. Bon rapport qualité-prix-accueil.
|●| 🍸 *Taverna in Montisi – da Roberto :* via Umberto I, 3. ☎ 0577-84-51-59. ● info@tavernamontisi.com ● À l'entrée

du village, sur la gauche en venant de Giovanni d'Asso. Tlj 12h-19h30. Résa obligatoire. Plats 12-28 €. 📶 *Ancienne grange du XVIIIe s au cadre rustique agréable, doublée d'une terrasse dans le jardin. Côté cuisine, les bons petits plats parfumés aux herbes aromatiques du jardin suivent le fil des saisons et la valse des produits frais du terroir. Le tout arrosé d'une belle sélection de vins de pays. Pas donné, mais la qualité et l'accueil sont au rendez-vous ! Bien aussi pour boire un verre de vin, accompagné d'une planche de charcuterie-fromage.*

BUONCONVENTO *(53022)*

🥾 C'est à Buonconvento que l'Arbia grossit l'Ombrone pour former le deuxième fleuve de Toscane ! Capitale d'un ancien département français sous Napoléon (l'Ombrone), ce petit bourg agricole posé dans la plaine est cerné de banlieues modernes pas très glamour. Mais le centre ancien, avec ses remparts de cinéma et sa petite rue principale piétonne et commerçante, mérite le coup d'œil ! Situé sur la *via Francigena,* le bourg accueille les randonneurs depuis le haut Moyen Âge !

TOSCANE

Arriver – Quitter

➢ *En train :* pas mal de directs avec **Siena** (30 mn), **Grosseto** (1h), **Montepulciano** (30 mn) et **Chiusi** (1h). Infos : ☎ 89-20-21. ● trenitalia.it ●
➢ *En bus :* 4-6 bus/j. sf dim avec **Siena** (40 mn), **S. Quirino d'Orcia** (20 mn), **Pienza** (35 mn) et **Montepulciano** (55 mn ; correspondances avec **Chiusi**). Également 4-7 bus/j. avec **Montalcino** (30 mn). Infos : ● tiem mespa.it ● sienamobilita.it ●

Adresse et info utiles

ℹ️ *Ufficio Turistico :* piazzale Garibaldi, 2. ☎ 0577-80-97-44. ● comune.buon convento.siena.it ● cretesenesi.com ● terresiena.it ● Juste hors les murs, sur le grand parking. Ven-dim (sf ven mat) 10h-13h, 15h30-19h (18h dim). Museo della Mazzadria Senese (musée du Métayage siennois) sur place.
– *Marché :* sam mat.

Où manger ? Où boire un café ?

🍴🥄 *Pasticceria Le Dolcezze :* via Roma, 42. ☎ 0577-80-90-16. Au bout de la rue principale piétonne. Tlj sf dim ap-m 7h (8h dim)-13h, 16h30-19h30. Moins de 5 €. De belles pâtisseries traditionnelles à engloutir avec un café sur un bout de comptoir. Également quelques bricoles salées à grignoter, histoire de caler une grosse faim pour quelques euros. Une adresse qu'affectionnent les gourmands du cru !
|●| *Da Mario :* via Soccini, 60. ☎ 0577-80-61-57. ● info@ristorantemario.net ● Dans la rue principale piétonne. Tlj sf sam. Plats 7-15 € ; repas 20-25 €. Une longue salle rustique aux murs de brique, qui fleure bon les soirées entre amis, et puis quelques tables dans la rue piétonne (dès la saison des premières communions). Dans l'assiette, cuisine de marché toute simple mijotée avec les ingrédients frais du terroir (gibier en saison, etc.). Juste quelques plats à la carte, et une petite sélection de vins pour arroser tout ça !

À voir

🥾🥾 *Museo d'Arte sacra della Val d'Arbia :* via Soccini, 18. ☎ 0577-80-87-44 (office de tourisme). ● museisenesi.org ● ♿ Ven-dim 10h-13h, 15h-18h (horaires d'hiver plus restreints) ; dernière admission 30 mn avt. Entrée : 3 € ; billet combiné

avec le museo della Mazzadria Senese (musée du Métayage siennois) : 5 € ; réduc.
Il ne manque pas de piquant, ce palazzo Ricci, construit au XIXᵉ s dans un joli style Liberty, le seul du coin, d'ailleurs ! Il abrite un intéressant musée d'art sacré, avec principalement des peintures du Quattrocento, mais aussi quelques objets liturgiques, dont une belle collection de chasubles. Côté détrempe, la quasi-totalité des œuvres provient des églises et monastères de la région ; ce qui permet de mesurer combien Sienne, à la différence de Florence, était, sinon opposée, à tout le moins plus conservatrice côté peinture de la Renaissance. Quelques très belles œuvres, notamment de Duccio et de Pietro Lorenzetti...

LE VAL D'ORCIA

TOSCANE

◎ Inscrites au Patrimoine mondial de l'Unesco depuis 2004, célébrées par de nombreux artistes de l'école siennoise et portées à la lumière du Monde moderne par le cinéma, les plaines agricoles généreusement vallonnées du val d'Orcia furent réaménagées au cours des XIVᵉ et XVᵉ s, lors de l'annexion de Sienne au territoire de Florence. Elles reflètent à la perfection l'esthétisme Renaissance ! On ne peut que recommander un séjour au milieu de cette sublime beauté préservée, où il est interdit de construire. Sillonner les petites routes de campagne, voir surgir des animaux sauvages entre les vignes, se laisser porter par les doux reliefs et plonger son regard dans les gammes de couleurs des champs... Vous l'aurez compris, le val d'Orcia, c'est un vrai coup de cœur et une forte émotion dont vous vous souviendrez longtemps !
– *Parco Artistico Naturale Culturale della Val d'Orcia :* ● parcodellavaldorcia.com ●
– *Strada del Vino Orcia :* ● stradavinorcia.com ●

PIENZA   (53026)   2 110 hab.

● Plan *p. 258-259*

◎ **Adorable petite cité, ni tout à fait médiévale ni trop encore Renaissance. Belle car pensée, dessinée, et de ce fait... absolument parfaite ! C'est peut-être pour cela que Franco Zeffirelli y tourna des scènes de son *Roméo et Juliette*...** L'odeur du *pecorino,* ce fromage de brebis qui demeure la spécialité de Pienza, vous accompagne tout au long de la visite du *centro storico,* livré aux seuls piétons. Un petit bonheur en soi !

ET PIE VOILÀ !

Au XVᵉ s, Eneas Silvius Piccolomini ne supportait pas d'être originaire d'un village sans renommée alors qu'il venait d'une noble famille siennoise en exil. Une fois devenu pape sous le nom de Pie II, il fit sortir de terre – avec l'aide de l'architecte florentin Bernardo Rossellino – « sa » cité idéale en contraignant les cardinaux, dont il assurait la nomination, à lui financer un palais à Pienza. Les Borgia, Ambrogio, Gonzaga s'exécutèrent, et le pape vit son caprice réalisé. Il n'y séjourna que trois fois ! L'ingrat.

Arriver – Quitter

En bus

🚌 **Fermata** *(arrêt des bus ; plan A1) :* via della Madonnina. À l'entrée du village – juste avt les carabinieri – en venant de San Quirico d'Orcia. Infos :
● *tiemmespa.it* ● *sienamobilita.it* ●

➤ **S. Quirino d'Orcia** *(15 mn),* **Torrenieri** *(25 mn ; correspondance pour* **Montalcino**), **Buonconvento** *(35 mn ; correspondance pour* **Montalcino**), **Siena** *(1h15)* **et Montepulciano** *(20 mn ; correspondance avec* **Chiusi**) : 4-9 bus/j. sf dim.

Adresse et info utiles

🛈 **Ufficio turistico** *(plan C2) :* corso il Rossellino, 30. ☎ 0578-74-99-05. ● *comune.pienza.si.it* ● *palazzoborgia. it* ● *prolocopienza.it* ● Dans le palazzo Borgia, à côté du Duomo. De mimars à fin oct, tlj sf mar 10h30-13h30, 14h30-18h ; hors saison, slt w-e et j. fériés 10h-16h. Plan du village avec ses points d'intérêt ; plusieurs bonnes brochures en français : *Val d'Orcia, Terre di Siena* (à pied, à vélo, à cheval), *Le Crete ;* liste des hébergements ; agenda culturel...
– **Marché** *(plan D1) :* ven mat, via Mencatelli.

Où dormir ?

De bon marché à prix moyens

🏠 **Oliviera Camere** *(plan C1,* **10**) : via Condotti, 4b. 🖨 338-952-04-59. ● *oliviera.camere@gmail.com* ● *por talepienza.it* ● Double 60 € ; pas de petit déj. CB refusées. Petite pension modeste et pas chère, en plein cœur du village. En tout, 6 chambres simples et sans prétention, mais propres et bien équipées. Accueil gentil. Pas le charme du grand soir, mais une bonne adresse quand même, sans fioritures.
🏠 **Affitacamere La Carbonaia** *(plan C2,* **11**) : via dell'Apparita, 5. 🖨 389-803-86-63. ● *camerecarbonaia@gmail.com* ● *portalepienza.it* ● Double 75 € ; studio (2-3 pers) 95 €. 📶 Dans une ruelle calme de la vieille ville, voici 3 jolies chambres mansardées pour la plupart, confortables et décorées sur une gentille note contemporaine qui nous plaît. Au rez-de-chaussée, également un grand studio où l'architecture originale de la maison est bien mise en valeur. Accueil dynamique et pro. Bon rapport qualité-prix. On aime !
🏠 **Il Giardino Segreto** *(plan C1,* **12**) : via Condotti, 13. ☎ 0578-74-85-39.

🖨 338-899-58-79. ● *giardino-segreto@libero.it* ● *ilgiardinosegretopienza. it* ● Congés : fév. Selon saison, doubles 65-75 €, apparts (2-4 pers) 85-130 €. 📶 Réduc de 10 % pour un séjour de 3 nuits min sur présentation de ce guide. En plein centre mais bien en retrait de l'agitation touristique, voici 2 chambres et 4 appartements confortables et bien agencés. Déco simple, soignée et distillant un peu de charme. Mais le vrai plus, c'est le jardin fleuri caché derrière de hauts murs, agréable pour musarder ou prendre son petit déj. Excellent rapport qualité-prix.
🏠 **Antica Locanda Pienza** *(plan C-D2,* **13**) : corso il Rossellino, 72. 🖨 338-494-26-28. ● *info@anticalocan dapienza.it* ● *anticalocandapienza.it* ● Double 80 € ; apparts (2-4 pers) 110-130 €. 📶 L'escalier est raide, mais les hébergements les plus hauts profitent d'une vue spectaculaire sur les environs. Ça compense ! Les autres donnent sur la ruelle pittoresque, et tous sont joliment meublés, confortables et soignés. Accueil charmant en français. Bon rapport qualité-prix. On recommande !
🏠 **Hotel San Gregorio** *(plan A-B1,* **14**) : via della Madonnina, 4.

TOSCANE

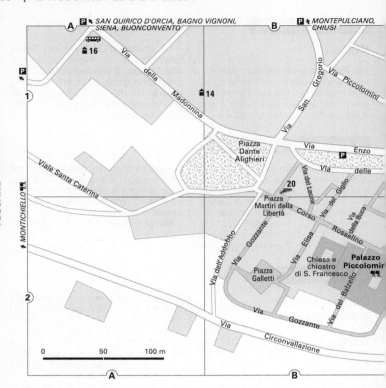

	Adresse utile		13 Antica Locanda Pienza
🚹	Ufficio turistico		14 Hotel San Gregorio
			15 B & B La Città Ideale Suites
🛏	Où dormir ?		16 Hotel Corsignano
	10 Oliviera Camere		
	11 Affitacamere La Carbonaia	**|●| 🍽 🥢**	Où manger ?
	12 Il Giardino Segreto		20 Pummaro La Pizza

☎ 0578-74-80-59. ● info@sangregorioresidencehotel.it ● sangregorioresidencehotel.it ● À l'entrée de Pienza, sur la gauche en venant de San Quirico. *Doubles 90-100 € selon saison.* 🛜 Aménagées dans un ancien théâtre à la façade originale, une trentaine de chambres tout confort, aux aménagements classiques et chaleureux. Jardin avec piscine. Accueil charmant et pro. Bon rapport qualité-prix.

De prix moyens à chic

🛏 **B & B La Città Ideale Suites** *(plan D2, 15) :* piazza S. Carlo, 4. 📱 333-700-44-39. ● info@cittaidealesuites.com ● *cittaidealesuites.com* ● *Doubles 100-140 € selon saison.* 🛜 Un petit escalier bien raide dessert 3 belles et grandes suites (2-4 personnes) tout confort. Côté déco, on en prend plein les mirettes : voilages organdi,

TOSCANE

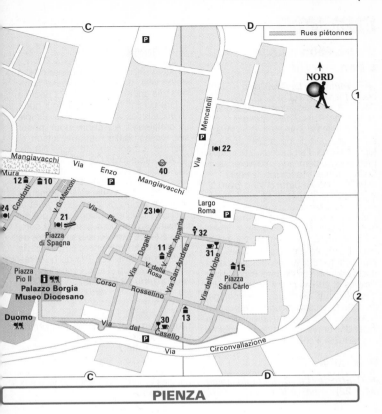

PIENZA

21 Osteria Sette di Vino	**31** Caffè della Volpe
22 Trattoria La Chiocciola	
23 Al Fierale	**32** Buon Gusto Gelato
24 Trattoria La Fiorella	
☕ Où acheter
🍷 ☕ ♀ **Où boire un verre ?**	du bon *pecorino* ?
Où déguster une glace ?	
30 Bar Il Casello	**40** Il Cacio di Ernello

livres et sol en tomettes, sans parler du charme de la vieille pierre. La mansardée du dernier étage – avec sa petite terrasse – nous a bien plu. Bon accueil.

🏠 **Hotel Corsignano** *(plan A1, 16) : via della Madonnina, 11.* ☎ *0578-74-85-01.* ● *info@hotelcorsignano.it* ● *hotel corsignano.it* ● ♿ *À l'entrée de Pienza, sur la droite en venant de San Quirico. Doubles 110-145 € selon confort*

et saison. 🖥 📶 À la lisière du *casco antico,* hôtel moderne et élégant d'une trentaine de chambres confortables et soignées, aux aménagements classiques ou contemporains selon vos goûts. Certaines – sur l'arrière – disposent d'un balcon donnant sur la vallée. Le plus, c'est la terrasse du 1er étage, avec transats et 2 jacuzzis pour se relaxer entre les balades. Bon rapport qualité-prix-accueil.

Où manger ?

De très bon marché à bon marché

🍕 **Pummaro La Pizza** (plan B1, **20**) : piazza Martiri della Libertà, 2-3. ☎ 0578-74-85-68. ● info@pummarolapizza.com ● Tlj 10h-22h. Pizze 7-10 €, moins de 5 € la part. 📶 Petit local pimpant où on attrape au vol une part de pizza juste sortie du four ! À moins d'en préférer une entière, préparée à la demande ; à dévorer assis. C'est bon, frais et servi rapidement !

🍴 **Osteria Sette di Vino** (plan C2, **21**) : piazza di Spagna, 1. ☎ 0578-74-90-92. ● osteriasettedivino@gmail.com ● Tlj sf mer. Congés : 1er-20 juil et nov. Plats 5-7 € ; repas 15-20 €. Grappa offerte sur présentation de ce guide. Planté sur une charmante placette du centre, un tout petit local à la déco mignonne, et quelques tables en terrasse. Plats du jour simples et en-cas pleins de goût : salades, planches de charcuterie-fromage, bruschette, crostini, soupes, petites grillades... Le tout arrosé d'un honnête vin local. Une bonne petite adresse pour ne pas se ruiner. Foncez !

Prix moyens

🍴 **Trattoria La Chiocciola** (plan D1, **22**) : via Mencattelli, 2-4.

☎ 0578-74-86-83. ● info@trattoriala-chiocciola.it ● Tlj sf jeu. Plats 7-17 € ; repas 20-30 €. Juste en dehors de la vieille ville, une petite adresse familiale très appréciée des locaux pour sa bonne cuisine traditionnelle, qui porte en vedette les viandes grillées. Simple et délicieux ! Au choix pour poser ses fesses : salle rustique, kitsch et chargée, ou agréable terrasse fleurie.

🍴 **Al Fierale** (plan C2, **23**) : via Dogali, 33. ☎ 0578-192-30-12. ● info@pienza vacanze.it ● Tlj sf mer. Plats 12-14 € ; repas 25-30 €. Belle salle lumineuse sous de vieilles poutres avec ça et là quelques touches design ; sans oublier la microterrasse dans la ruelle du côté. À la carte, de savoureuses spécialités de viandes du cru, mitonnées au gril dans la tradition, ou revisitées. Prix qui ne déraisonnent pas trop et accueil souriant.

🍴 **Trattoria La Fiorella** (plan C2, **24**) : via Condotti, 11. ☎ 0578-74-90-95. ● dafiorella@libero.it ● Tlj sf mer. Plats 9-18 € ; repas 25-35 €. Petite salle proprette surplombée d'une mezzanine sous la vieille charpente traditionnelle. Dans l'assiette, on se régale de bonnes spécialités toscanes, goûteuses et maîtrisées. Un poil chérot, même si les papilles en redemandent ! Service aux petits soins.

Où dormir ? Où manger dans les environs ?

Camping

⛺ 🍴 **Camping Podere Il Casale** : loc. Podere Il Casale, 64. ☎ 0578-75-51-09. 📱 333-425-07-05. ● info@podereilcasale.it ● podereilcasale.com ● À 7 km à l'est de Pienza par la SP 146 (à droite au km 33). Résa à l'avance. Compter 26 € pour 2 avec tente et voiture. Plats 10-17 €. 📶 Perdue au milieu des sublimes collines du val d'Orcia, cette azienda agricola bio produit fromage, vin et huile d'olive. Sur place, plusieurs emplacements de camping tout simples, avec peu d'ombre mais électricité. Sanitaires nickel. Bon resto mijotant une sérieuse cuisine de tradition

avec les produits de la ferme ou de la campagne alentour. Accueil sympa.

Prix moyens

🏠 **Agriturismo Sant'Anna in Camprena** : loc. Sant'Anna in Camprena. ☎ 0578-74-80-37. 📱 338-407-92-84. ● info@camprena.it ● camprena.it ● À 7 km au nord de Pienza par la SP 71. Congés : nov-mars. Doubles 80-100 € selon confort (3 nuits min) ; apparts (2-6 pers) 700-770 €/sem. Dîner sur résa 25-30 €. 📶 Charmante abbaye bénédictine du XVe s, isolée sur une colline dominant la campagne plantée d'oliviers. Les bâtiments conventuels, organisés autour d'un cloître et d'un élégant jardin avec terrasse et vue panoramique formidable, offrent désormais une vingtaine de chambres sobres, dont certaines avec salle de bains sur le palier mais privée. Également des triples, des quadruples et plusieurs appartements... Sérénité assurée. D'ailleurs, il n'y a ni TV ni piscine ; on est donc là pour se ressourcer ! Table d'hôtes proposant des recettes campagnardes à base de produits bio provenant du potager, le tout servi avec le vin de la maison dans une salle sous l'arbre généalogique de la famille Piccolomini. Dans l'ancien réfectoire, superbes fresques du Sodoma *(accès aux non-résidents 16h-18h)*. Bref, un lieu insolite ayant servi de décor à une partie du film *Le Patient anglais,* et qui accueille chaque année un festival de musique classique de qualité *(fin juil-début août)*... Accueil sympa et dynamique. C'est sûr, on reviendra !

🏠 **Agriturismo Terrapille :** loc. **Podere Terrapille**, 80. ☎ 0578-74-84-34. 📱 338-920-44-70. ● *agriturismoterrapille@gmail.com* ● *terrapille.it* ● ⚡ *À 1,5 km au sud de Pienza par la SP 18, puis à droite dans un virage vers Pieve di Carsignano (panneau). Congés : 10-25 janv et 10-25 nov. Doubles 115-120 € ; apparts (2-5 pers) 150-260 €/j. ; petit déj 10 €. Repas 30-35 €.* 🍸 *Apéritif maison offert sur présentation de ce guide.* Situation exceptionnelle pour cette ferme céréalière isolée sur une colline dominant les champs tout en dénivelées et arrondis, avec Pienza en toile de fond. Le chemin d'accès, en délicieux méandres, servit même de décor à plusieurs scènes d'anthologie du film *Gladiator* ! À dispo : 4 chambres et 2 appartements tout confort, cosy et joliment arrangés dans un charmant style toscan rustique. Et puis l'accueil chaleureux et en français de Lucia ainsi que les bonnes odeurs de cuisine achèvent de vous porter dans l'ambiance. Qu'attendez-vous pour piquer une tête dans la piscine ? Une adresse exceptionnelle, au prix un peu surestimé !

🏠 **La Casa di Adelina :** piazza San Martino, 3, à **Monticchiello**. ☎ 0578-75-51-67. ● *info@lacasadiadelina.it* ● *lacasadiadelina.it* ● *À 12 km à l'est de Pienza par la SP 18, puis à gauche la SP 88. Congés : fév. Doubles 86-120 € selon saison ; appart (2-4 pers) 180-210 €.* 🍸 Au cœur du village de Monticchiello, une excellente base arrière pour explorer la région. Les chambres, toutes différentes – certaines classiques, d'autres plus design –, sont impeccables et cosy. Grand salon convivial agrémenté de tableaux peints par les proprios. Également un appartement tout confort à deux pas. Accueil sympa.

🍴 **Osteria La Porta :** via del Piano, 3, à **Monticchiello**. ☎ 0578-75-51-63. ● *rist.laporta@libero.it* ● *À 12 km à l'est de Pienza par la SP 18, puis à gauche la SP 88. Tlj sf jeu. Résa impérative. Plats 9-20 € ; repas 30-35 €.* 🍸 *Apéritif maison et café offerts sur présentation de ce guide.* Un incontournable du secteur, avec ses *secondi* incluant les *contorni*, ce qui n'est finalement pas si cher ! À la carte, savoureuse cuisine toscane revisitée pour le plus grand plaisir de nos papilles. Également de bons vins, y compris celui de la maison. À déguster dans une jolie petite salle rustique avec mezzanine ou en terrasse avec vue. Et pour digérer, partez donc à la découverte de Monticchiello ! Également quelques chambres à louer.

Où boire un verre ? Où déguster une glace ?

🍷 🍺 **Bar Il Casello** (plan C2, **30**) **:** via del Caselo, 12. ☎ 0578-74-91-05. ● baril caselo@libero.it ● *Tlj sf mar 9h30-minuit.* Planté sur le chemin de ronde panoramique, l'adresse idéale à l'heure de l'*aperitivo*, quand le soleil descend sur la campagne. Vins locaux au verre, café, et quelques bricoles à grignoter. On aime !

🍷 🍺 **Caffè della Volpe** (plan D2, **31**) **:** via Case Nuove, 7. 📱 339-820-88-96.

● *koppipaolo@gmail.com* ● ⚡ *Tlj sf mer. Congés : janv.* 🍸 *Café offert sur présentation de ce guide.* Avec son agréable terrasse à l'écart du flux touristique, ce petit bar de quartier sans prétention est idéal pour prendre un café ou un verre à toute heure. Également quelques snacks.

🍦 **Buon Gusto Gelato** (plan D2, **32**) **:** via Case Nuove, 26. 📱 335-704-91-65.

TOSCANE

• nicosgarbi@yahoo.com • Tlj sf lun 11h-20h. Toute petite *gelateria* artisanale, où nos papilles raffolent des parfums crémeux classiques et des sorbets de saison.

Où acheter du bon *pecorino* ?

🐾 *Il Cacio di Ernello* (plan C1, 40) : viale Mangiavacchi, 41. ☎ 0578-66-53-21. • degustazioni.net • Mar et jeu-sam 9h30-12h30, 15h30-18h30 ; dim 10h-13h. La boutique d'un petit producteur de *pecorino* des environs, régulièrement primé dans les concours agricoles locaux pour la qualité de ses bons fromages de brebis. Également de l'huile d'olive bio délicieusement parfumée et 100 % toscane. Possibilité de visiter l'*azienda agricola.*

À voir

🎥🎥 *Duomo* (plan C2) : piazza Pio II. Tlj 8h30-13h, 14h30-19h. Cette cathédrale, réalisée entre 1459 et 1462 par la volonté de Pie II (ses armes figurent au fronton), présente une façade Renaissance projetée par Alberti, qui, deux fois par an, se superpose parfaitement au dessin des pavés de la place. À l'intérieur, trois nefs lumineuses de même hauteur avec, au fond, de belles stalles marquetées et un lutrin délicatement ouvragé. Voir également la remarquable série de *Vierge à l'Enfant* : Giovanni di Paolo, Sani di Pietro, Matteo di Giovanni... Seul Lorenzo di Pietro, dit « il Vecchietta », change de sujet avec son *Assomption* (à côté des stalles).

🎥🎥 *Palazzo Piccolomini* (plan B2) : piazza Pio II. ☎ 0577-28-63-00. • palazzo piccolominipienza.it • À droite du Duomo. Visite guidée ttes les 30 mn, tlj sf lun 10h-18h30 (16h30 de mi-oct à mi-mars). Dernière admission 30 mn avt. Fermé 7 janv-14 fév et 16-30 nov. Entrée : 7 € ; réduc ; audioguide en français compris. Construite entre 1460 et 1464, c'était la résidence d'été du pape. Diplomate, cartographe, poète, Pie II était d'une curiosité sans égal ! En outre, son penchant pour « la chose » le poussa même à publier l'*Histoire des deux amants,* une longue lettre qui, en faisant clairement l'apologie de l'amour charnel, constitua un véritable best-seller au XVᵉ s, car elle fut traduite à l'époque dans la plupart des langues européennes... Mis à part ça, Pie II accomplit de nombreux voyages diplomatiques en Écosse pour tenter de convaincre Jacques Iᵉʳ de s'allier aux Français contre les Anglais. En 1461, il canonisa sainte Catherine avant de déclarer la guerre aux Turcs, pour finalement s'éteindre en 1464. Rideau !
Son palais est une œuvre de l'architecte florentin Bernardo Rossellino. Habité jusqu'en 1962 par les héritiers de Pie II, il abrite, dans les salles donnant sur la très belle cour intérieure, des expos historiques temporaires sur les Piccolomini. L'étage, accessible uniquement dans le cadre de visites guidées (la traduction en français se faisant via l'audioguide), permet de découvrir les appartements meublés d'époque (bibliothèque, salle de musique, chambre de Pie II...), une intéressante collection d'objets d'art et une salle d'armes, la seule du genre dans la province de Sienne. Magnifique petit jardin qui surplombe le val d'Orcia, invitant à la méditation.

🎥🎥 *Palazzo Borgia – Museo diocesano* (plan C2) : corso il Rossellino, 30. ☎ 0578-74-99-05. • palazzoborgia.it • ♿ Mars-oct, tlj sf mar 10h-13h30, 14h30-18h ; nov-fév, slt w-e 10h-16h. Entrée : 4,50 € ; réduc. L'actuel palais épiscopal renferme une belle collection d'œuvres d'art religieux du XIIᵉ au XVIIᵉ s. Entre autres : une *Vierge à l'Enfant* de **Pietro Lorenzetti,** un magnifique triptyque du **Vecchietta** présentant la *Vierge à l'Enfant* (jovial !) *entourée des saints,* et une *Vierge de la Miséricorde* de **Luca Signorelli.** Sur un autre registre, on croise aussi la *piviale* (chasuble) de Pie II, des bijoux du XVᵉ s, des livres enluminés, des tapisseries flamandes du XVᵉ s exposées dans la pénombre pour les préserver, et des sculptures sur bois de **Domenico di Niccolò dei Cori** (dont ce *San Regolo* qui a perdu la tête !), qui dirigea les travaux de la cathédrale de Sienne entre 1413 et 1423.

DANS LES ENVIRONS DE PIENZA

🦌 **Monticchiello** : *à 12 km à l'est de Pienza par la SP 18, puis à gauche la SP 88.* On le voit de loin, ce charmant village médiéval perché sur son promontoire ! Passé la porte fortifiée, on découvre un maillage classique de ruelles pavées, parfois couvertes, rayonnant autour de l'église. Superbes vues sur les alentours, notamment depuis la terrasse panoramique du **bar La Guardiola** *(viale Cappelli, 1 ;* 🖩 *331-880-04-43 ;* ● *info@laguardiolawinefood.it* ● *; tlj 9h-23h),* situé juste à l'extérieur des remparts. Impeccable pour une pause en cours de balade, ou le soir pour un cocktail devant le fabuleux coucher du soleil !

TOSCANE

SAN QUIRICO D'ORCIA   (53027)   2 660 hab.

Charmant village dont le centre ancien – bien séparé de la zone urbanisée qui l'encercle – possède encore des vestiges de remparts et une quinzaine de tours, pour certaines intégrées dans d'autres constructions. On s'y arrête pour sa très belle collégiale, et aussi pour flâner dans ses vieilles ruelles à la recherche de quelques détails d'architecture. Le coucher de soleil sur la ville et la campagne alentour mérite à lui seul le détour !

Arriver – Quitter

➢ **En bus :** 6-7 bus/j. sf dim avec **Buonconvento** (20 mn), **Siena** (1h), **Torrenieri** (10 mn ; correspondance pour **Montalcino**), **Pienza** (15 mn) et **Montepulciano** (35 mn ; correspondances avec **Chiusi**). Infos : ● *tiem mespa.it* ● *sienamobilita.it* ●

Adresse et info utiles

🛈 **Uffico turistico :** *via Dante Alghieri, 33 (angle piazza Chigi).* 🕾 *0577-89-97-28.* ● *comunesanquirico.it* ● *Juil-sept, tlj sf mer 10h30-13h, 15h30-18h ; mars-juin et oct, ven-dim slt ; en hiver, horaires restreints. Fermé janv-fév.* Plan du village avec ses sites d'intérêt ; plusieurs bonnes brochures en français : *Val d'Orcia, Terre di Siena* (à pied, à vélo, à cheval...) ; itinéraires de randonnée (en vente) ; agenda culturel... Accueil compétent et sympa.
– **Marché :** *2e et 4e mar mat du mois.*

Où dormir ?

De prix moyens à chic

🏠 **Il Giardino Segreto :** *via D. Alghieri, 62.* 🕾 *0577-89-76-65.* 🖩 *339-778-58-30.* ● *ilgiardinosegreto@alice.it* ● *giardi nosegreto.info* ● *Doubles 75-85 € selon saison.* 📶 En plein centre historique, une adresse insolite de charme, avec ses 7 chambres colorées, aux noms de fleurs. Délicatesse et parfum sont les atouts majeurs de ces petits nids douillets aménagés comme des bonbonnières, avec force bibelots, voilages et dorures, galons, dentelles et brocards. Accueil pro et charmant. Une excellente adresse.
🏠 **Agriturismo La Moiana :** *via Ripa, 20.* 🕾 *0577-89-73-95.* 🖩 *347-763-59-29.* ● *pivafabio@yahoo.it* ● *agriturismo lamoiana.com* ● *À 5 km au sud-ouest du*

TOSCANE

centre par la via G. Garibaldi, direction Ripa d'Orcia. Congés : janv-15 fév. Selon saison, apparts (2-4 pers) 70-120 €, doubles 60-70 € ; petit déj 5 €. Dîner sur résa 20 €. 🛜 Dégustation des produits de la ferme offerte sur présentation de ce guide. Une *azienda agricola* (vin, huile d'olive et céréales) bio, perdue au milieu des vignes et des oliviers. Les hébergements sont répartis entre la dépendance de la maison principale et une ferme indépendante située 1 km plus haut. Bien équipés et déco rustique, soignée et pleine de cachet avec beaux meubles de famille. Et, pour la détente, une belle piscine et quelques jeux pour enfants. Fait aussi table d'hôtes : bonne cuisine régionale dans une salle à manger joliment décorée. Excellent accueil en français, familial et authentique. Une de nos adresses préférées dans la région !
🛏 **Hotel Palazzo del Capitano :** via

Poliziano, 18. 🕿 0577-89-90-28.
● info@capitanocollection.com ● capitanocollection.com ● Derrière le Palazzo Chigi. Doubles 110-210 € selon confort et saison. 🛜 Magnifique demeure du XVᵉ s livrant une vingtaine de superbes chambres confortables et douillettes, aménagées dans le style toscan classique, avec meubles anciens et lit à baldaquin pour certaines. Également des suites plus chères. Splendide jardin avec des recoins romantiques et un jacuzzi. Une belle adresse de charme ! Une douzaine d'autres chambres de même allure, dispatchées dans plusieurs vénérables maisons du cœur historique. Et juste à l'extérieur des murs, les proprios proposent une vingtaine de belles chambres contemporaines un peu plus chères, dans une maison Renaissance : l'*Hotel Villa del Capitano* (via Dante Alighieri, 119).

Où manger ? Où déguster une glace ?

🍝🍝 🥖 **Panificio Caselli :** via dei Canneli, 39b. 🖩 339-469-55-74. Tlj sf l'ap-m des mer et dim 4h30-13h, 17h15-19h30. Moins de 10 €. La bonne boulangerie du village, concoctant *pizze al taglio, panini,* gâteaux et autres *biscotti* traditionnels. On s'est régalés pour trois fois rien !
🍝 🍴 **La Bottega di Ines :** via D. Alighieri, 47. 🖩 329-309-57-78. Tlj 10h-22h. Plats 7-9 €. Alléchante épicerie fine aux murs constellés de bouteilles de vin et autres victuailles, sans compter l'insolente vitrine réfrigérée du fond ! Bien pour se faire confectionner un délicieux *panino,* une planche de charcuterie-fromage, des *bruschette,* un carpaccio, une soupe... Bref, du simple et du goûteux ! Longue salle étroite, façon alcôve cosy à la déco très *girly,* et quelques tables dans la rue. Accueil charmant. On s'est régalés à prix copains !

🍴 **Trattoria Al Vecchio Forno :** via Piazzola, 8. 🕿 0577-89-73-80. ● info@capitanocollection.com ● Petite ruelle montant le long de l'église San Francesco. Ouv tlj. Plats 9-18 € ; repas 25-35 €. La bonne table de la région, installée dans un cadre rustique et chaleureux à l'ancienne, de brique et de pierre, doublé d'un superbe jardin-terrasse. Dans l'assiette, savoureux plats du jour mitonnés selon le marché et la fantaisie du chef. Hmm ! Également les classiques toscans préparés dans les règles, avec les bons produits frais du cru, largement sublimés. Et gardez donc une petite place pour les desserts maison. Waouh, qu'c'est bon !
🍦 **Gelateria Golosi di Gelato :** via Dante Alighieri, 18a. 🖩 335-756-34-57. ● golosidigelato@gmail.com ● Petite *gelateria artigianale* servant d'excellentes glaces aux saveurs originales, sans oublier les classiques du genre.

À voir

🎭🎭 **Collegiata :** piazza Chigi, 1. Tlj 9h-19h. Harmonieuse construction du XIIIᵉ s en travertin, prenant le soir des reflets blonds. Clocher en poivrière du XVIIIᵉ s, et trois remarquables portails, dont un de style roman attribué à Giovanni Pisano, particulièrement séduisant. Fines colonnes posées sur des lions rongés par les siècles. Sur le linteau, deux crocodiles ont une prise de bec. Sur le côté, un des porches présente un superbe encadrement de statues, s'appuyant aussi sur des lions usés – sans doute également de Giovanni Pisano. Dernier porche plus classique avec chapiteaux en feuilles d'acanthe... À l'intérieur, sobre plafond en chevrons et chœur baroque. Ne pas manquer, dans le transept gauche, le splendide polyptyque de Sano di Pietro du XVe s, qui fut peint pour l'église même. Stalles marquetées au fond du chœur.

🏹 Commencez votre visite par jeter un coup d'œil au **palazzo Chigi** (à côté de la *Collegiata*), imposant édifice construit pour le cardinal Chigi au XVIIe s. Puis la via Poliziano (qui part derrière le palazzo Chigi) conduit à la **porta Cappuccini,** ancienne porte fortifiée de forme décagonale, datant du XIe s. Revenez sur vos pas pour emprunter la **via Dante Alighieri,** rue principale qui traverse le vieux centre de part en part ; vous y verrez de nombreux édifices intéressants : au n° 29, une demeure médiévale avec « porte des morts » murée ; au n° 33, une autre jolie maison gothique. De là, poussez jusqu'à la **piazza della Libertà,** autre entrée de la ville, où se dresse la **chiesa di San Francesco** (ravissant clocher, alliance de brique et de travertin) et, surtout, les **Horti Leonini** *(ouv 8h-19h),* jardins à l'italienne datant de 1580. Parterres de buis d'une géométrie parfaite. En continuant la rue principale, on parvient à la petite église romane : **Santa Maria Assunta** (frise florale et monstre grignotant un humain !). En face, entrée de l'**ancien hôpital della Scala,** dont il subsiste un très vieux puits et une petite loggia à colonnettes.

Fêtes

– **Festa del Barbarossa :** *5 j. mi-juin.* ● *festadelbarbarossa.it* ● Belle fête médiévale avec compétitions d'archers, défilés et spectacles costumés, banquets...
– **Festa dell'Olio :** *début déc.* Une fête gastronomique autour de l'huile d'olive. Musique et spectacles.

MONTALCINO

(53024)　　　　　　5 090 hab.

Encore un de ces adorables bourgs médiévaux juchés sur une colline, et formant une imposante forteresse. Sa ceinture de remparts, ses six portes et la plupart de ses tours demeurent dans un état de conservation remarquable. Est-ce un hasard si la ville fut la principale place forte de la république siennoise et soutint victorieusement de 1526 à 1559 les sièges de l'antipape Clément VII, de Charles Quint et de Cosme Ier de Médicis ? En 1559, Montalcino perd définitivement son indépendance par le traité du Cateau-Cambrésis. Le village et sa campagne sont aussi réputés mondialement pour leurs vins, dont le célèbre *brunello di Montalcino,* un rouge au fort potentiel de garde, considéré comme l'un des meilleurs vins d'Italie, mais pas donné quand même !

Arriver – Quitter

➢ **En bus :** 4-7 bus/j. avec **Siena** (1h15) via **Buonconvento** (30 mn) et **Torrenieri** (20 mn ; correspondances pour **San Quirico d'Orcia, Pienza** et **Montepulciano**). Infos : ● *tiemmespa. it* ● *sienamobilita.it* ●

Adresse et info utiles

🛈 **Ufficio turistico :** *costa del Municipio, 1.* ☎ *0577-84-93-31.* ● *prolocomontalcino.com* ● *Dans le Palazzo comunale ; entrée au pied de la*

TOSCANE

tour de l'horloge. Mai-oct, tlj 10h-19h ; nov-avr, tlj sf lun 10h-13h, 14h-17h50. Plusieurs bonnes brochures en français (*Val d'Orcia, Amiata, Terre di Siena à pied, à vélo, à cheval...*), infos routes des Vins (● *consorziobrunellodimontal cino.it* ●) et de l'Huile d'olive, agenda culturel...

– **Marché :** *ven mat, viale della Libertà et piazzale Fortezza.*

Où dormir ?

🛏 **Albergo Giardino :** *piazza Cavour, 4.* ☎ *0577-84-82-57.* ● *info@alber goilgiardino.it* ● *albergoilgiardino.it* ● *Congés : de mi-janv à mi-fév. Double 70 €. Parking.* 🛜 *Réduc de 10 % sf mai, août et sept sur présentation de ce guide.* À la limite du *centro storico,* hôtel à l'ancienne d'une petite dizaine de chambres sans charme et un rien datées mais nickel. Du pratique et basta ! Une adresse simple et sans fioriture.

🛏 **B & B Palazzina Cesira :** *via Soc corso Saloni, 2.* ☎ *0577-84-60-55.* ● *info@montalcinoitaly.com* ● *mon talcinoitaly.com* ● *Congés : nov-fév.*

Doubles 105-125 € selon confort (2 nuits min). CB refusées. Parking. 🛜 Cette belle façade colorée dissimule un véritable petit palais édifié en 1275. Vaste et élégant salon donnant sur une salle à manger lumineuse pour prendre le petit déj. À dispo, une poignée de chambres impeccables, douillettes et bien confortables. Meubles anciens partout ; vue sur la rue ou le jardin. En amoureux ou en famille, une suite « princière » (2-4 personnes) au superbe plafond orné de fresques d'époque ! Accueil chaleureux en français. Bon rapport qualité-prix pour cette belle adresse de charme.

Où manger ? Où boire un verre ?
Où déguster une glace ?

🍜 ☕ **Alimentari Le Citte :** *via Mat teotti, 2.* ☎ *0577-84-82-00. Tlj sf dim 7h30-13h30, 16h30-19h. Moins de 5 €.* Petite épicerie de quartier avec son appétissante vitrine réfrigérée où l'on choisit les bons ingrédients du cru pour se faire préparer un bon *panino.* Également une foule de bons produits régionaux : miel, huile d'olive, vin, pâtes... Bref, une adresse pour ne pas se ruiner.

🍮 **Pasticceria Scheggi :** *via Boldrini, 9.* 📱 *366-506-12-17.* ● *info@pasticce riascheggi.com* ● *Tlj sf dim ap-m et lun. Moins de 5 €.* Petite pâtisserie artisanale pour un bon moment gourmand ! Gâteaux, viennoiseries, etc., à dévorer sur le pouce.

🍽 🍷 **Caffè alle Logge di Piazza :** *piazza del Popolo, 1.* ☎ *0577-84-61-86.* ● *winebarlelogge@email.it* ● *Tlj 7h-1h. Plats 9-13 €.* Une brasserie discrète, flanquée d'une terrasse sous les arcades de la place. Dans l'assiette : salades, soupes, pâtes fraîches maison, tartare au couteau, carpaccio... Bref, de bons petits plats simples, goûteux et servis à prix juste par des jeunes gens sympas. Bien aussi pour prendre un café à toute heure ou un verre de vin à l'*aperitivo.* On aime !

🍕 **Il Grifo :** *via Mazzini, 18.* ☎ *0577-84-70-70.* ● *ilgrifo@ilgrifo.com* ● *Ouv tlj. Pizze 5-8 €.* Une adresse certes touristique, mais réputée chez les villageois pour ses bonnes pizzas à prix doux. Et on y vient que pour ça ! À dévorer dans une longue salle vite prise d'assaut. Idéal pour manger pas cher à Montalcino !

🍦 **Why Not ? :** *costa Garibaldi, 7.* 📱 *348-672-68-67.* ● *andrea.platini@gmail. com* ● *Tlj 10h-minuit.* Pourquoi ne pas se laisser tenter par les glaces artisanales de la maison ? Préparées avec de bons ingrédients, excellentes, dans un style épais et crémeux à se damner ! Quelques tables sur la petite terrasse donnant sur la piazza Garibaldi.

Un peu d'œnotourisme dans les environs

🍷 ☕ **Fattoria dei Barbi :** *loc. Podernovi, 170.* ☎ *0577-84-11-11.* ● *fattoriadeibarbi.it* ● *À 4 km au sud-est de Montalcino, en direction de* *l'abbazia di Sant'Antimo. Visite des caves (40 mn) tlj à 12h et 15h30 : 10 €, avec dégustation. Vente directe et dégustation à l'enoteca tlj 11h-18h.* On vous explique tout sur ce grand domaine de 67 ha fondé en 1790 – l'un des plus anciens de Montalcino – et sur la fabrication de ses fameux *brunello*, régulièrement primés dans les concours internationaux. La dégustation est l'occasion de goûter trois différents *brunello* (excellent *riserva*, puissant, élégant et persistant), mais aussi des rouges plus simples produits par la maison, comme le *Morellino DOCG* (produit dans le sud de la Toscane) et le bon *rosso di Montalcino DOC*...

À voir

🕱🕱 *Museo civico e diocesano, raccolta archeologica :* via Ricasoli, 31. ☎ 0577-84-60-14. ♿ *Tlj sf lun 10h-13h, 14h-17h50. Entrée : 4,50 € ; billet combiné avec la Fortezza : 6 € ; réduc. Feuille en français.* Aménagé dans l'ancien couvent des Augustins, ce beau musée renferme une riche collection d'art religieux. Du gothique tardif *(Sano di Pietro, les frères Lorenzetti)* aux œuvres maniéristes et de la Contre-Réforme en passant par la Renaissance – avec notamment *Marco Pino,* formé très jeune par Beccafumi –, on en prend pas mal dans les mirettes ! Superbe *Couronnement de la Vierge* de *Bartolo di Fredi* (XIVᵉ s), point d'orgue du polyptique détaillant en quelques scènes l'histoire de sa vie. Et du même auteur, une *Madone à l'Enfant* avec un Jésus replet qui explose dans ses vêtements ! Notons également les céramiques émaillées de *Della Robbia,* les sculptures en bois polychrome de *Giovanni Pisano* (l'un des maîtres d'œuvre de la cathédrale de Sienne) et une notable collection de *bibles enluminées* et d'antiphonaires des XIIᵉ-XIIIᵉ s. Et à cela s'ajoute une section archéologique de la période étrusco-romaine. Y voir le *cippo etrusco,* cette étrange pierre noire lisse décorée d'un éclair stylisé. Également des urnes funéraires, objets en bronze plus tardifs et associés au monde des morts...

🕱 *Fortezza :* piazzale Fortezza. ☎ 0577-84-92-11. ● enotecalafortezza.com ● *Tlj 9h-20h (18h hors saison). Dernière admission 30 mn avt. Accès libre à la cour et à la terrasse ; visite des tours et des remparts : 4 € ; billet combiné avec le Museo civico e diocesano : 6 € ; réduc ; gratuit moins de 6 ans.* Massive bâtisse du XIVᵉ s en forme de pentagone avec tours carrées à chaque angle ; dernier refuge de la république de Sienne avant qu'elle ne tombe aux mains des Médicis en 1559. Belle vue sur la ville et la campagne environnante depuis les chemins de ronde, ou tout simplement depuis la terrasse à l'arrière de la forteresse...

|●| 🍷 ✺ Possibilité de faire ses achats et de casser la croûte en dégustant de bons vins à l'*Enoteca La Fortezza* : grappa, *brunello,* salami, fromages, miel, etc. Accueil sympa et de bon conseil.

Fêtes et manifestation

– *Festival Jazz & Wine :* env 10 j. entre la 1ʳᵉ et la 2ᵈᵉ quinzaine de juil. ● prolocomontalcino.com ● Des concerts de jazz dans la Fortezza ; dégustations de vins et de produits locaux en prime.
– *Fête de l'Ouverture de la chasse :* 2ᵉ dim d'août. Avec défilé en costumes du XIVᵉ s.
– *Fête de la Grive* (il Tordo) : dernier w-e d'oct. Un concours de tir à l'arc et, surtout, l'occasion de goûter à la gastronomie locale, notamment le *brunello,* les *pici* (gros spaghettis creux), les charcuteries, etc.

DANS LES ENVIRONS DE MONTALCINO

🕱 *Museo della Comunità di Montalcino e del Brunello :* loc. *Podernovi.* ☎ 0577-84-61-04. ● museodelbrunello.it ● ♿ À 4 km au sud-est de Montalcino,

TOSCANE

en direction de l'abbazia di Sant'Antimo. Tlj sf lun 15h30-19h, plus 11h-13h sam-dim et j. fériés. Entrée (chère !) : 5 € ; réduc. Le vin est fait par les hommes qui transcendent la nature en y apportant leur âme et leur savoir-faire. C'est le propos de ce musée, dont les premières sections s'intéressent à la culture et à l'histoire de la communauté de Montalcino (les vieux métiers, les fêtes traditionnelles, le quotidien, etc., à travers vieux objets et outils thématiques), et les suivantes au fameux *brunello.* Cette star est le tout premier vin italien à avoir décroché la glorieuse appellation DOCG en 1980, désormais chouchoutée par 250 vignerons se partageant un territoire de plus de 2 000 ha ! Collection d'étiquettes, de bouteilles, évocation des caves les plus vieilles et les plus prestigieuses, les viticulteurs renommés... Dégustation-buffet payante tous les vendredis.

🍴🍴🍴 **Abbazia di Sant'Antimo :** *à Castelnuovo dell'Abate.* ☎ *0577-83-56-59. À 10 km au sud de Montalcino. Tlj 10h-13h, 15h-18h. Messe avec chants grégoriens assurée par la communauté de chanoines à différentes heures de la journée (se renseigner).*
Intime, presque délicate, c'est l'une des plus émouvantes abbayes de Toscane, dans un environnement vert de carte postale. Elle aurait été fondée par Charlemagne à la fin du VIIIᵉ s ou/et début du IXᵉ s, pour ensuite devenir au XIᵉ s l'un des grands lieux de pèlerinage, à deux pas de la via Francigena. Quant à l'église, elle fut construite au XIIᵉ s. Architecture romano-cistercienne (proche de celle de Cluny). Très élégant chevet à absidioles, flanqué d'une tour carrée. Amusez-vous à en faire le tour et à noter les détails insolites : dans l'appareillage de pierre, vous découvrirez de curieuses sculptures. Près du porche d'entrée, un chapiteau avec deux bêtes à tête commune. Ravissante frise de modillons autour de l'abside (têtes humaines ou d'animaux, entrelacs). Sur le côté, portail du IXᵉ s aux motifs géométriques. Sur le flanc droit, belle porte ornée de motifs floraux, entrelacs, dragons ailés et blason de l'archevêque.
À l'intérieur, grand vaisseau à trois nefs soutenues par des colonnades – d'une harmonieuse ampleur – et coiffé d'une haute charpente en chevrons. Toute la rigoureuse solennité de l'architecture cistercienne. Une pierre qui, avec le soleil, prend des tons roses ou dorés, selon l'heure. Remarquable travail des chapiteaux. Observez celui de la deuxième colonne sur la droite, qui représente Daniel dans la fosse aux lions. À droite, la Vierge de Sant'Antimo, en bois, date du XIIIᵉ s. Autour de l'autel, déambulatoire et absidioles décorées de colonnettes d'une belle sobriété, et délicats chapiteaux historiés. Quelques vestiges de fresques dans la crypte.

BAGNO VIGNONI (53020)

Station thermale réputée depuis l'époque étrusco-romaine pour ses eaux sulfurées ; bien appréciées par sainte Catherine de Sienne, Pie II ou encore Laurent le Magnifique. Au Moyen Âge, Bagno Vignoni constituait un point de rafraîchissement pour les pèlerins de la via Francigena. Dans le centre du bourg, on trouve non pas une place, mais un... grand bassin – rendu célèbre par le cinéaste Tarkovski dans *Nostalghia* – où l'eau jaillit à 52 °C. Étonnant mais touristique en diable !

Où dormir ? Où manger ?

⌂ **B & B Locanda del Loggiato :** piazza del Moretto, 30. 🖩 335-430-427. | ● *locanda@loggiato.it* ● *loggiato.it* ● *Doubles 90-180 € selon saison.* 📶 Au centre du bourg, vénérable demeure du XIVᵉ s superbement et simplement restaurée, avec tomettes en *terracotta* et poutres de chêne. Au choix, 6 adorables chambres romantiques et tout confort, idéales en amoureux, d'autant que le soir on éclaire à la bougie les escaliers et le séduisant salon en commun Accueil sympa et serviable.

➥ |●| *La Bottega di Cacio : piazza del Moretto, 31.* ☎ *0577-88-74-77.* ● *info@labottegadicacio.it* ● *Tlj sf mar (tlj en pleine saison) 10h-19h (plus tard*

en été). Moins de 10 €. Petite épicerie authentique doublée d'un bar à vins à la déco rustique traditionnelle ; le tout accolé à un jardin et une terrasse sur la placette. À l'entrée, fromages et salaisons attendent la commande ! Et là, 2 options s'offrent à vous : une belle assiette à composer soi-même et payée au poids, ou de savoureux *panini* préparés à la demande. Vend aussi les produits du cru : vin, huile d'olive, miel, *pecorino...* Une valeur sûre, plébiscitée par les locaux.

Où dormir dans les environs ?

🏠 *Agriturismo Le Querciole : loc. Vignoni.* ☎ *0577-88-72-09.* 📱 *339-645-76-71.* ● *aziendalequerciole@tiscali.it* ● *agriturismolequerciole.net* ● *À 2 km au nord-ouest de Bagno Vignoni. Doubles et apparts (2-4 pers) 60-120 €. CB refusées.* Coiffant le sommet d'une colline, un ensemble de vieilles pierres attenant à l'exploitation vinicole. Plusieurs chambres et appartements bien équipés, frais et à l'agréable déco campagnarde. Accueil en français aux petits soins. Une adresse authentique.

🏠 *Agriturismo Poggio al Vento : loc. Poggio al Vento, 7.* ☎ *0577-89-73-84.* 📱 *347-180-62-76.* ● *info@poggioalvento.net* ● *poggioalvento.net* ● *À 5 km à l'ouest de Bagno Vignoni. Apparts (2-3 pers) 64-68 € ; petit*

déj 8 €. Perchée sur un coteau agricole, cette vieille ferme familiale – où l'on produit vin et huile d'olive – livre 5 appartements simples, bien dotés et proprets. Piscine panoramique, jeux pour enfants. Un bon rapport qualité-prix, doublé d'un accueil authentique et chaleureux. On recommande !

🏠 *Agriturismo Le Case : SP 323, km 6 ; Podere Le Case.* ☎ *0577-88-89-83.* ● *info@agriturismolecase.com* ● *agriturismolecase.com* ● *À 6 km au sud de Bagno Vignoni par la SP 323. Doubles 70-80 € selon saison.* Encore une charmante vieille ferme perchée dans la campagne ! À dispo, 5 chambres confortables et plus ou moins spacieuses, sous les toits. Déco classique, sobre et chaleureuse. Rapport qualité-prix-accueil correct.

TOSCANE

À faire

– **Un plouf aux thermes :** *dans le bourg, à l'Hotel Posta Marcucci.* ☎ *0577-88-71-12.* ● *hotelpostamarcucci.it* ● *Avr-sept, tlj sf jeu 9h30-18h ; oct-mars, tlj sf jeu 10h-17h. Dernière admission 1h avt. Entrée : 13 € la ½ j. ; réduc ; soins en supplément. Bonnet de bain obligatoire.* Pour faire trempette sans casser sa tirelire et avec les enfants. Et en options : massages, sauna, hammam, jacuzzi...

LE VAL DI CHIANA

Voie de communication naturelle entre Sienne et Arezzo, le val di Chiana a changé plusieurs fois de morphologie au cours des siècles. Il fut d'abord une terre fertile, citée par des sources antiques en tant que « grenier

d'abondance ». Mais l'inversion du cours de la rivière Chiana le transforma en marais. Divers experts se penchèrent sur le problème, allant même jusqu'à consulter... Léonard de Vinci ! Si grand génie et précurseur qu'il fût, on dut attendre la seconde moitié du XIXe s pour achever l'assèchement des marais et restituer au val di Chiana sa splendeur passée. De fait, la vallée est découpée comme un jeu d'échecs par la succession de champs de tabac, de blé, de maïs ; par les oliveraies et les vignobles, les pâturages de bovins, de moutons et de chèvres. Une telle région agricole et viticole attire les gourmets nomades, les amateurs de vin en quête du fameux *Nobile di Montepulciano DOCG,* tandis que les carnivores accourent – ventre à terre – pour dévorer la célébrissime *bistecca alla fiorentina,* taillée dans la légendaire *Chianina,* race bovine géante, élevée depuis plus de 2 000 ans dans la vallée de la Chiana, qui lui donne son nom. *Andiamo !*

TOSCANE

MONTEPULCIANO (53045) 14 100 hab.

Montepulciano semble perchée sur la crête d'un dinosaure dont on imagine la tête et les membres enfouis dans la terre fertile du val di Chiana ! Cette particularité géomorphologique en bastion fit d'elle l'enjeu de nombreuses batailles entre Sienne et Florence pendant tout le Moyen Âge. Finalement, ce point stratégique tombe dans le giron florentin en 1511... Outre l'incontournable *Nobile di Montepulciano DOCG,* vin qui ravit tous les palais amateurs de nectars charpentés au fort bouquet de fruits rouges, cette ville touristique est célèbre pour ses constructions Renaissance et ses ruelles pentues. Et la campagne alentour recèle aussi de bonnes petites adresses dans des villages plats comme des galettes, où la *passeggiata* ne ressemble pas à l'ascension de l'Himalaya comme ici !

Arriver – Quitter

En bus

🚌 *Autostazione (gare routière) :* piazzale P. Nenni, à deux pas du centre. Infos :
● tiemmespa.it ● etruriamobilita.it ●
➤ *Pienza (20 mn), S. Quirino d'Orcia (30 mn), Buonconvento (55 mn ; correspondance pour Montalcino)* et *Siena (1h30) :* 4-6 bus/j. sf dim.
➤ *Chiusi (1h) :* 2-15 bus/j.

En train

🚃 *Stazione (gare ferroviaire) :* piazza Europa, à *Montepulciano Stazione.* ☎ 89-20-21. ● trenitalia.it ● À 8 km au nord-est de la ville par la SP 17. Busnavettes pour rejoindre le centro storico (20 mn).
➤ Nombreux trains directs/j. avec *Siena* (1h10) et *Chiusi* (20 mn). Pour *Firenze* (2h30-3h), changement à Siena ou Chiusi ; pour *Camucia-Cortona* (1h-1h20), *Arezzo* (1h40) et *Roma* (2h30), changement à Chiusi.

Circulation et stationnement

🅿 Le centre historique est interdit à la circulation automobile. On peut stationner *via dei Filosofi,* sur le grand parking en terre – gratuit et pratique – qui surplombe le *tempio di San Biagio.* Sinon, tôt le matin ou en cherchant un peu, on trouve pas mal de places gratuites (lignes blanches au sol ; les bleues matérialisant les places payantes) juste en contrebas du *centro storico,* comme *viale l° Maggio* ou *via delle Lettere.* Reste plus qu'à partir à l'ascension de la ville ! Sinon, plus haut et moins contraignants pour les gambettes, également les parkings payants *(1,50 €/h ; 10 €/j.)* de la via di S. Donato et de la via F. Vecchia.

Adresses et info utiles

🏛 **Ufficio turistico :** *piazza Don Minzoni, 1.* ☎ *0578-75-73-41.* ● *proloco montepulciano.it* ● *Avr-sept, tlj sf dim ap-m 9h-13h, 15h-19h ; oct-mars, tlj sf dim ap-m 9h30-12h30, 15h-18h.* 📶 Plan de la ville, agenda culturel... Accueil dynamique et compétent.
🏛 **Infos Strada del Vino Nobile di Montepulciano :** *piazza Grande, 7.*
☎ *0578-71-74-84.* ● *stradavinonobile. it* ● *Lun-ven 10h-13h30, 14h30-18h ; sam 10h-13h, 14h-17h ; dim 10h-13h.* En plus des infos, organise des visites de caves et des dégustations. Représente aussi les petits producteurs du terroir (miel, huile d'olive...).
– **Marché :** *jeu mat, piazzale P. Nenni.*

TOSCANE

Où dormir ?

Prix moyens

🛏 **Appartamenti Bellarmino :** *via di S. Donato, 10.* ☎ *0578-75-88-58.* 📱 *338-544-70-77.* ● *info@appartamentibellarmino.com* ● *appartamentibellarmino.com* ● *Dans la rue principale. Apparts (2-4 pers) 70-130 €.* 📶 Proches du Duomo, une dizaine d'appartements spacieux et fonctionnels, aux aménagements modernes. Un ensemble assez impersonnel, mais un bon rapport qualité-prix quand même.
🛏 **Camere Bellavista :** *via Ricci, 25.* 📱 *347-823-23-14.* ● *info@camerebellavista.it* ● *camerebellavista.it* ● *À côté de la chiesa di San Francesco. Congés : mai. Double 85 €. CB refusées. Parking gratuit.* 📶 *Réduc de 10 % janv-fév sur présentation de ce guide.* En haut de la vieille ville, une petite dizaine de chambres chaleureuses, bien équipées et nickel. L'une d'elles – plus chère – est même dotée d'une formidable terrasse panoramique, romantique à souhait. Et la plupart s'ouvrent en fanfare sur la campagne !
🛏 **B & B L'Agnolo :** *via di Gracciano nel Corso, 63 (1er étage).* ☎ *0578-75-70-95.* 📱 *339-225-48-13.* ● *lagnolo@hotmail.it* ● *lagnolo.com* ● *Dans la rue principale. Double 90 €.* 📶 Ce grand appartement révèle 5 belles chambres confortables, spacieuses et très classiques – dans le ton de ce bâtiment du XVIe s – avec fresques, plafonds ouvragés et tutti quanti ! Petit déj au *Caffé Puliziano* pour rester dans l'ambiance. Accueil pro et sympa.
🛏 **Albergo La Terrazza :** *via Pie al Sasso, 16.* ☎ *0578-75-74-40.* ● *albergoterrazza@libero.it* ● *laterrazzadimontepulciano.com* ● *En contrebas du Duomo par la via del Teatro, puis à gauche dans la via di Cagnano. Double 95 €. Parking.* 📶 Ici, l'accueil, c'est quelque chose : Roberto et sa fille reçoivent leurs hôtes comme des amis ! Une bonne quinzaine de chambres confortables, et dont le style classique, voire un poil vieillot, évoque les régions italiennes... Petit déj servi sur une belle terrasse verdoyante ombragée. Mon tout au cœur de l'action, mais au calme ! Loue aussi une vingtaine de chambres dans un *agriturismo* de la campagne alentour.

Chic

🛏 **Meublè Il Riccio :** *via Talosa, 21.* ☎ *0578-75-77-13.* ● *info@ilriccio.net* ● *ilriccio.net* ● *Proche de la piazza Grande et du Duomo. Doubles 100-180 € selon confort et saison ; petit déj 8 €. Parking gratuit.* 🖥 📶 *Café offert sur présentation de ce guide.* Ancien petit palais médiéval classe et plein de charme, avec son agréable et élégant salon à l'ancienne. Chambres séduisantes et tout confort, mais pas très grandes. Tons frais et ameublement vintage. Les plus chères sont spacieuses et dotées d'un magnifique panorama sur le val di Chiana depuis leur balcon privé. Une belle adresse de charme.

TOSCANE

Où manger ?

Très bon marché

🍴 **La Casa di Edel :** via di Voltaia nel Corso, 22. ☎ 0578-79-92-32. ● info@casadiedel.it ● Tlj sf lun 10h-minuit. Plats 4-12 €. Dans les petites salles fraîches ou en terrasse sous les arcades ouvertes sur la ruelle, on se régale sans se ruiner de bons petits plats simples : panini, bruschette, planches de charcuterie-fromage, salades, focacce, carpaccio, burger di Chianina (un must !)... Mon tout réalisé avec les bons ingrédients du terroir local. On aime !

🛏️ **Trattoria di Cagnano :** via di Voltaia nel Corso, 30. ☎ 0578-75-87-57. ● info@trattoriadicagnano.it ● Tlj sf lun. Double 80 €. Pizze (le soir slt) 5-8 €. Cette trattoria familiale est plébiscitée – en soirée – par les gens du cru pour ses bonnes pizzas copieusement garnies et cuites au feu de bois. Gentille terrasse sur la placette. Propose aussi une douzaine de chambres et d'appartements agréables et spacieux dans 2 maisons du centre ; le tout décoré sur une note moderne en harmonie avec l'architecture originelle.

De bon marché à prix moyens

🍴 **Osteria Acquacheta :** via del Teatro, 22. ☎ 0578-71-70-86. ● info@acquacheta.eu ● ♿ Tlj sf mar. Résa impérative. Plats 7-10 € ; repas 20-25 €. Longue salle rustique aux pierres apparentes, où les convives mangent à touche-touche sur de vieilles tables en bois, dans une ambiance bruyante mais conviviale. Traditionnelle et savoureuse cucina casalinga, qui fait la part belle aux pâtes et aux viandes locales. Bref, l'une des bonnes tables de la ville, qui ne ruine pas pour autant son routard !

🍴 **Osteria del Conte :** via di S. Donato, 19. ☎ 0578-75-60-62. ● info@osteriadelconte.it ● Tlj sf mer. Menus 25-30 € ; plats 7-17 €. Petite salle chaleureuse et soignée sous de vieilles poutres, flanquée d'une terrasse de part et d'autre de la ruelle (préférer celle – plus intime – le long du mur de brique, à côté du puits). Dans l'assiette, cuisine régionale bien tournée et servie avec le sourire. Pasta della casa, savoureuses viandes du cru, et n'oubliez pas les desserts maison ! Bon rapport qualité-prix. Une adresse qu'affectionnent les villageois.

Où dormir ? Où manger dans les proches environs ?

🛏️ **Agriturismo La Falconara :** via delle Badelle, 3 à Montepulciano. ☎ 0578-75-72-30. ● info@lafalconara.it ● lafalconara.it ● À 4 km à l'est de la ville par la via Antica Chiusina. Résa conseillée. Apparts (2-4 pers) 250-320 € pour 3 nuits, 540-840 €/sem. 📶 Perchés sur une douce colline avec une vue panoramique à 360° sur la campagne, voici 3 appartements joliment meublés et bien agencés, avec tout ce qu'il faut pour se sentir bien. Une belle adresse écoresponsable, dotée d'un charmant jardin fleuri. Accueil aux petits soins et plein de bons conseils pour explorer la région.

🛏️ **Agriturismo Tenuta Sant'Agnese :** via Antica Chiusina, 15, à **Podere San Giuseppe.** ☎ 0578-71-67-16. ● agriturismo@tenutasantagnese.com ● tenutasantagnese.com ● À 3 km à l'est de la ville. Congés : janv. Apparts (2-4 pers) 90-100 € (2 nuits min). 📶 Visite guidée de la cave et bouteille de vin maison (Rosso di Montepulciano DOC) offertes sur présentation de ce guide. Le domaine Sant'Agnese loue plusieurs fermes rénovées. La « Podere San Giuseppe » nous a bien plu ; typiquement toscane et isolée en pleine campagne avec pour seul horizon : les vignes. En tout, 5 appartements agréables, simples et bien équipés (certains communiquant, bien en famille). Espaces conviviaux, hauts sous plafond et lumineux. Reste plus qu'à enfiler son maillot de bain pour faire trempette dans la belle piscine ! Bref, un bon plan pour les vacances.

I●I Osteria La Botte Piena : *piazza D. Cinugli, 12, fraz. Montefollonico, à* **Torrita di Siena.** *☎ 0577-66-94-81.* ● *info@labottepiena.com* ● *À 12 km au nord-ouest de la ville. Tlj sf mer et jeu midi. Résa impérative. Menu 38 € ; plats 9-21 €.* En salle, noyé dans les bouteilles au son d'une petite musique jazzy, ou en terrasse en été, entouré de vieilles pierres au cri de la pipistrelle. Une adresse où l'on sait de quoi on parle, notamment question vin : visez la carte, elle est épaisse comme un antiphonaire ! En cuisine, Elena et Sandra assurent le duo, et c'est bio. Tous les plats du coin y passent, relevés de cette petite touche originale qui fait leur marque de fabrique. Des adresses comme ça, on en redemande !

Où boire un verre ? Où déguster une glace ?

Y ☕ Caffè Poliziano : *via di Voltaia nel Corso, 27.* ☎ *0578-75-86-15.* ● *caffe poliziano@libero.it* ● *Tlj 7h-minuit.* 📶 Créé en 1868 et fréquenté en son temps par Pirandello, Giulietta Masina et Fellini, c'est LE café historique de la ville, avec sa belle déco Art nouveau. Superbe vue sur le val di Chiana depuis le balcon-terrasse. Une adresse pas donnée car éminemment touristique.

♥ Gelateria Il Capriccio : *via di Voltaia nel Corso, 14.* ☎ *0578-75-60-88.* ● *il. capriccio.gelateria@gmail.com* ● *Tlj 14h30 (15h30 w-e)-23h.* Délicieuses glaces classiquement crémeuses ou aux fruits de saison. On aime !

Où acheter de bons produits ?

❀ I●I Fattoria Lapecheronza : *via prov. Bivio di Nottola, km 0,3.* ☎ *0578-75-86-48.* ● *fattorialapecheronza. it* ● *À 6 km au nord-est de la ville par la SP 17.* Bien à l'écart des sentiers touristiques, vente directe des bons produits du terroir « km 0 » : vins, fromages, huile d'olive, charcuterie, fruits, légumes, confitures, pâtisseries traditionnelles... Et pour les gourmands impatients : dégustations sur de grandes tablées plantées dans la verdure.

À voir

Petit topo sur la ville

Une longue rue part de la *porta al Prato* pour se hisser jusqu'à la *piazza Grande*. Elle définit l'épine dorsale d'un système plus ou moins linéaire et pentu à partir duquel ruelles et traboules convergent perpendiculairement. Tombée dans l'escarcelle de Florence en 1511, promue diocèse un demi-siècle plus tard, Montepulciano, qui constituait un point stratégique à la croisée des chemins du val di Chiana (axe nord-sud) et du val d'Orcia vers le Trasimeno (axe ouest-est), connut deux périodes d'enrichissement. La première date du Cinquecento et s'inscrit dans le désir des familles nobles de témoigner de leur adhésion au courant de la Renaissance. Adoptant le style quasi académique imposé par l'édification du *Tempio di San Biagio* par Antonio da Sangallo l'Ancien, la noblesse s'entoure des meilleurs artisans et les met à l'ouvrage : et une corniche par-ci, et un blason par-là, une petite coupole, un chapiteau, une colonne...

Son deuxième enrichissement architectural se situe au tournant du XVIIe et du XVIIIe s. Nous sommes en plein baroque tardif, ça se tortille dans tous les sens, ça brille de mille feux. Un homme est dans la place : le célébrissime **Fra Andrea Pozzo.** Le maître incontesté de la perspective œuvre à la construction de la *chiesa del Gesù*, on lui attribue également la salle de bal du *Palazzo Contucci* (ainsi que les fresques en trompe l'œil des caves), plus certains éléments de déco intérieure de l'église Santa Chiara et du Duomo...

🏃🏃 *Piazza Grande :* belle homogénéité architecturale. Elle a conservé intact tout son charme et fait beaucoup penser à un décor de théâtre. On y trouve le **Duomo** *(tlj 8h30-13h, 15h-19h),* de style Renaissance tardive, mais dont il manque le revêtement mural extérieur prévu initialement en marbre (la crise, sans doute !). Il fut livré en 1630, et son clocher (XVᵉ s) demeure le seul élément provenant de l'église précédente. À l'intérieur, ça décoiffe, avec – à gauche en entrant – un autel en céramique émaillée d'Andrea Della Robbia dominant les fonds baptismaux, et, au-dessus du maître-autel, le superbe et monumental *triptyque de l'Assomption* (1401) de Taddeo di Bartolo... Sur le côté du Duomo, également le **Palazzo comunale,** œuvre de l'architecte Michelozzo ; sans compter deux autres palais dont le massif *Tarugi* de 1510, à côté d'un élégant puits Renaissance attribué à Antonio Sangallo l'Ancien, au sommet duquel on peut voir deux lions encadrant le blason des Médicis.

🏃 *Palazzo comunale :* piazza Grande. Tlj 10h-18h. Fermé nov-mars (ouv à Noël). Entrée : 2,50 € pour la terrasse ; 5 € pour la terrasse et la tour ; gratuit moins de 10 ans. Palais gothique du XIVᵉ s, qui fait penser, par sa tour et son architecture, au Palazzo Vecchio de Florence. Il ne se visite pas, sauf pour accéder à la terrasse (mais la vue est décevante) ou au sommet de la tour : vue formidable à 360° !

🏃🏃 *Museo civico – pinacoteca Crociani :* via Ricci, 10. ☎ 0578-71-73-00. ● *museociviomontepulciano.it* ● Mars-oct, tlj sf lun 10h-13h, 15h-18h (19h juin-sept, en continu août) ; nov-fév, w-e slt. Fermé 1ᵉʳ janv, 1ᵉʳ mai et 25 déc. Entrée : 5 € ; réduc. Un musée intéressant, notamment pour sa petite collection archéologique étrusque et romaine occupant le rez-de-chaussée et le sous-sol : vases, urnes funéraires, objets en bronze et, plus surprenant, une porte en pierre de travertin complète, avec battant, linteau et montants ! Dans les étages, nombreuses peintures de maîtres du XIIIᵉ au XXᵉ s, dont **Jacopo di Mino del Pelliccciaio** (son *Couronnement de la Vierge,* aux tons dorés et chaleureux, tranche avec la sinistrose des tableaux alentour), **Sano di Pietro** (sa *Madone* montre un mouvement de tête affectueux pour Jésus... blond comme les blés !), **Luca Signorelli** (*Madone à l'Enfant* tout en perspective colorée, qui tranche avec la pâleur du Jésus), ainsi que des autels en céramique émaillée d'**Andrea Della Robbia** ; le clou de la visite demeurant le *Portrait d'un gentilhomme* attribué au **Caravage** !

🏃🏃 Les *vie Ricci* et *di Poggiolo* descendent devant le *Palazzo comunale.* Elles alignent de nombreuses et belles demeures, églises, palais (pierre et brique mélangées, portes sculptées...). Les façades rapiécées de toutes parts témoignent des édifices qui se sont succédé. On devine d'anciennes portes ; des arcs aujourd'hui aveugles évoquent d'antiques passages. Au nº 1 de la *piazza San Francesco,* superbe portail avec statue dans une niche surmontée d'une couronne. **Piazza Santa Lucia,** jolie église avec façade de style baroque (1653) dont on remarque l'encadrement du portail avec ses colonnes ioniques et sa tenture de pierre où pendent, de chaque côté, de grosses boucles d'oreilles de fruits exotiques. À l'intérieur, une *Vierge à l'Enfant* de Luca Signorelli. **Piazza Michelozzo** (avant la via Gracciano), voir la *chiesa Sant'Agostino,* avec pilastres et une lunette ornée d'un bas-relief représentant une *Vierge à l'Enfant* et *Saint Jean-Baptiste et saint Augustin.* Délicates sculptures Renaissance. De l'autre côté de la rue, tour médiévale avec carillon. Plus loin, *via Gracciano,* les *logge del Mercato* du XVIᵉ s avec arcades. Et au nº 91, le *palazzo degli Avignonesi* de style Renaissance tardive, avec, juste devant, une colonne supportant le célèbre *Marzocco,* le lion florentin qui prit la place de la louve siennoise en 1511 quand Montepulciano tomba dans le giron de la capitale toscane. Tout en bas, la **porta al Prato,** entrée nord de la ville...

🍴 En remontant, la *via Voltaia nel Corso* propose aussi son lot de beaux palais. Notamment, au n° 21, le *palazzo Cervini,* puis le *palazzo Gagnoni-Grugni.* Plus loin, la *chiesa del Gesù,* de Fra Andrea Pozzo, dans un style baroque.

🍴 Enfin, retour vers la piazza Grande. Ne pas manquer la visite au **palazzo Contucci** du XVIᵉ s, réalisé par Antonio da Sangallo l'Ancien. Sobre et à l'élégante façade. Là, visite possible des **caves** du XIIIᵉ s de l'*azienda Contucci,* produisant plusieurs vins, dont un fameux *Nobile di Montepulciano DOCG (infos :* ☎ 0578-75-70-06 ; ● contucci.it ●)...

🍴🍴 *Tempio di San Biagio :* via di S. Bagio, 14. ☎ 0578-75-72-90. À 500 m au sud-ouest de la ville par la porta dei Grassi. Tlj 8h30-18h30. Construit à partir de 1518, c'est l'un des sommets de l'art Renaissance ! Il devait y avoir deux tours, mais l'architecte, Antonio da Sangallo l'Ancien, mourut avant d'avoir livré son chantier. Les trois ordres grecs se superposent. Belle pierre de travertin poreuse qui prend une couleur miel au soleil déclinant. Volume d'une grande ampleur. L'église fut peut-être inspirée de la célèbre Saint-Pierre du Vatican, à laquelle œuvra le neveu de l'architecte, Antonio da Sangallo le Jeune, alors disciple de Bramante. Remarquable acoustique. Beau maître-autel et buffet d'orgue en marbre marqueté. Au passage, ne manquez pas de saluer la *Madonna del buon viaggio,* située derrière l'autel !

TOSCANE

Fête

– **Bravio delle Botti :** *dernier dim d'août.* Les huit quartiers de la ville s'affrontent en faisant rouler de lourds tonneaux dans les rues en pente de la ville ! Durant toute la semaine précédent la course, chaque quartier organise des banquets ouverts à tous.

CHIUSI   (53043)   8 700 hab.

Attesté depuis l'âge du fer, le site de Chiusi fut l'un des centres étrusques les plus actifs, comme en témoignent l'importance et la qualité des sépultures retrouvées à proximité de la ville. L'historien grec Hérodote affirmait qu'elle fut fondée par Cluso, le fils de Thyrrénien, alors que ce dernier conduisait les Lydiens jusqu'en Toscane. Les Romains eurent tôt fait de reprendre ce site stratégique à leur compte en le rebaptisant Clusium, pour faire de lui une étape importante sur la *via Cassia,* la voie romaine qui reliait Rome à Florence. Au Moyen Âge, Chiusi devint un puissant diocèse, même si une bonne partie de la population fut contrainte d'émigrer en raison des marigots insalubres porteurs de maladies qui envahissaient les alentours. Aujourd'hui, Chiusi n'est plus qu'une petite cité endormie, et s'il n'y avait pas ces musées emplis de formidables trésors et la cité souterraine, on passerait sans doute son chemin...

Arriver – Quitter

En bus

🚌 **Autostazione** *(gare routière) :* à **Chiusi-Scalo.** Infos : ☎ 0578-21-120. ● tiemmespa.it ● etruriamobilita.it ●

À 2 km au sud de la ville, à côté de la gare ferroviaire. Bus pour rejoindre le centro storico (5 mn ; terminus piazza Garibaldi).

➢ **Montepulciano** *(1h) :* 2-15 bus/j.

À Montepulciano, correspondance avec *Pienza, S. Quirino d'Orcia* et *Buonconvento*.
➢ *Citta delle Pieve (15 mn) et Perugia (1h40) :* env 15 bus/j. sf dim.

En train

🚂 *Stazione (gare ferroviaire) : piazza Dante, à* **Chiusi-Scalo**. ☎ 89-20-21.

● *trenitalia.it* ● *À 2 km au sud de la ville. Bus pour rejoindre le centro storico (5 mn ; terminus piazza Garibaldi).* C'est la gare la mieux desservie de la région.
➢ Nombreux trains directs/j. avec **Siena** (1h20), **Firenze** (1h30-2h), **Arezzo** (45 mn), **Camucia-Cortona** (25 mn), **Montepulciano** (15 mn), **Roma** (1h30-2h)...

Adresse et info utiles

🚹 *Ufficio turistico : via Porsenna, 79.* ☎ 0578-22-76-67. ● *prolocochiusi. it* ● Avr-sept, tlj sf dim ap-m 9h-13h, 15h-17h (18h juil-août, 17h30 sept) ; oct-mars, tlj sf lun 9h30-12h30. Plan de la ville en français avec ses principaux monuments, agenda culturel...
– *Marché : lun mat, piazza Dante, à* **Chiusi-Scalo**.

Où dormir ? Où manger ? Où boire un verre ?

🛏 *Casa per Ferie ex Collegio Paolozzi : via Arunte, 25.* ☎ 0578-205-30. ● *turismo@clanis.it* ● ♿ *Lit en dortoir 18 € ; double 45 € ; pas de petit déj.* 🛜 Cette antique résidence des comtes de Chiusi est devenue une AJ propre et fonctionnelle, idéale pour les petits budgets. Près de 45 lits superposés, dispatchés dans des chambres spacieuses et fonctionnelles (2-5 personnes) ; toutes avec salle de bains et de beaux plafonds en bois peint. Cuisine commune à dispo. Belle terrasse panoramique sur le toit. Un bon plan !
🍽 *Osteria La Solita Zuppa : via Porsenna, 21.* ☎ 0578-210-06. ● *info@ lasolitazuppa.it* ● Tlj sf mar. Congés : de mi-janv à début fév. Plats 9-12 € ; repas 30-40 €. 🛜 Digestif offert sur présentation de ce guide. LA bonne table du village ! Longue salle chaleureuse, tout en bois, avec de belles voûtes en brique. Côté fourneaux, de délicieuses soupes parfumées, la spécialité du lieu, mais aussi de savoureuses viandes de la région, également aromatisées avec des fruits... Bref, une bonne cuisine traditionnelle de saison qui ose sortir des sentiers battus pour le plus grand plaisir de nos papilles !
🍷 🍵 *Cotton's Bar : via Lavinia, 1-3.* 📱 328-057-57-20. Tlj sf lun ap-m 6h30-20h. Cadre moderne pour ce bar-pâtisserie, impec' dès le petit déj, une pause-café en journée, et même un verre à l'heure de l'*aperitivo*.
🍷 *Hakuna Matata : via Porsenna (angle via Garibaldi), dans le jardin sur le côté de la cathédrale.* Juste un kiosque coloré avec quelques tables et chaises sous les arbres, pour passer un moment agréable en sirotant avec les jeunes du coin.

À voir

🎯🎯 *Cattedrale di San Secondiano : piazza Duomo.* L'édifice d'origine, dont il ne reste pas grand-chose mis à part quelques colonnes et chapiteaux, fut construit au VIe s. C'est l'une des plus anciennes églises de Toscane. Détaché de son campanile qui trône sur la place, l'édifice actuel date du XIIe s et fut sérieusement remanié au tournant des XVIIIe-XIXe s. À l'intérieur, les murs et les arcatures de la nef centrale sont peints de fresques imitant des mosaïques de style byzantin. Les fonts baptismaux datent de l'époque romaine...

❋❋ Museo della cattedrale e Labirinto di Porsenna : *piazza Duomo.*
☎ *0578-22-64-90. De juin à mi-oct, tlj 9h45-12h45, 16h-18h30 ; avr-mai et de mi-oct à début janv, tlj 9h45-12h45, plus 16h-18h30 dim et j. fériés ; fév-mars, mar, jeu, sam-dim et j. fériés 9h45-12h45, plus 15h-17h15 dim et j. fériés. Fermé 7-31 janv. Visites guidées (30 mn) slt à 10h10, 10h50, 11h30, 12h10, puis 16h10, 16h50, 17h30 et 18h10 (slt 15h10, 15h50 et 16h30 fév-mars). Entrée : 5 € ; réduc.* La légende dit que Porsenna, grand roi étrusque, aurait été enterré sous Chiusi... dans un tombeau gigantesque orné de cinq pyramides ! Si de nombreuses galeries souterraines creusées sous la ville témoignent d'une active présence étrusque, le fastueux tombeau de Porsenna demeure introuvable ! Quoi qu'il en soit, partir à la découverte du fameux labyrinthe de Porsenna est un bon prétexte pour déambuler dans ces étranges galeries creusées par les « ingénieurs étrusques » pour s'approvisionner en eau, puis utilisées comme décharges par les Romains. Claustrophobes, s'abstenir ! En fin de visite, on peut monter en haut du campanile de la cathédrale pour jouir de la vue panoramique. Dans le musée de la cathédrale, quelques pièces d'orfèvrerie et une remarquable collection d'antiphonaires, œuvres des moines de Monte Oliveto Maggiore.

❋❋ Museo civico – la Città Sotterranea : *via II Ciminia, 2.* ☎ *0578-209-15.* 🖩 *334-626-68-52. Visites guidées slt : mai-oct, mar-dim à 10h15, 11h30, 12h45, 15h15, 16h30 et 17h45 ; nov-avr, jeu-dim à 10h10, 11h10 et 12h10, plus 15h10, 16h10 et 17h10 w-e. Fermé 1ᵉʳ mai. Entrée : 4 € ; réduc ; gratuit moins de 6 ans.* Il s'agit en réalité de deux sites distincts. Le premier se résume à un tout petit musée proposant quelques panneaux généraux en guise d'introduction (le sous-sol de la ville et son exploration à l'époque moderne), mais le second site, distant de quelques rues, est une visite guidée dans un surprenant réseau de caves et de galeries. On pénètre dans les installations vinicoles d'une famille qui s'était contentée d'agrandir des boyaux étrusques. Désormais aménagés, ils accueillent des expos sur le lac de Chiusi et les métiers gravitant autour, ainsi qu'une extraordinaire collection épigraphique. Avec près de 300 urnes cinéraires étrusques et 3 000 inscriptions, elle présente un intérêt immense : les écritures gravées sur la pierre ou le marbre ont permis de retracer l'histoire sociale de la ville du IVᵉ au Iᵉʳ s av. J.-C. Pour vous donner un ordre de grandeur, Rome et la Grèce n'ont que 1 000 inscriptions sur cette période ! La visite – très intéressante – nous apprend que les Étrusques écrivaient de gauche à droite... puis de droite à gauche. Les Romains, superstitieux, n'ont heureusement pas touché à ces éléments funéraires, dont on peut, aujourd'hui encore, apprécier la grande valeur.

❋❋❋ Museo nazionale etrusco : *via Porsenna, 93.* ☎ *0578-201-77. Tlj 9h-20h. Dernière admission 30 mn avt. Fermé 1ᵉʳ janv, 1ᵉʳ mai et 25 déc. Entrée : 6 € (avec la visite des tombes étrusques Leone et Pellegrina, à 3 km du centre, tlj à 11h et 16h en été, à 11h et 14h30 en hiver) ; réduc ; gratuit moins de 18 ans ; 3 € en plus pour visiter (sur résa slt) les tombes de la Scimmia (mar, jeu et sam à 11h et 16h) et de Colle (ven à 12h et 17h).* Ce fut le tout premier musée consacré aux Étrusques, et quel musée ! Il retrace l'histoire des recherches archéologiques à Chiusi et le développement de l'artisanat local, des Étrusques aux Romains. Nombreuses pièces de grande qualité : superbes vases canopes anthropomorphes ; majestueuse sphinge (femelle du sphinx) qui gardait l'entrée d'une tombe ; belles urnes funéraires finement ciselées de bas-relief en frise de personnages ; magnifique collection de coupes et vases grecs à figures rouges dont un représente Pénélope, épouse d'Ulysse, déprimée par l'absence de son mari ; ustensiles funéraires, amulettes et statuettes en bronze ; étonnante urne « Cinerario Paolozzi » en terre cuite, dont le proprio défunt est cerné de griffons ; mosaïque fine avec belle scène de chasse au sanglier ; et encore une foule d'urnes en terre cuite peinte ou en marbre ciselé...

TOSCANE

CORTONA (CORTONE)   (52044)   22 450 hab.

> • Plan *p. 280-281*

Une étape plus que recommandable ! Dominant l'amphithéâtre naturel que constitue le val di Chiana, entre le lac Trasimène et les montagnes siennoises, la séduisante Cortona est l'exemple même de la petite ville bourgeoise à taille humaine, où l'on se sent tout de suite bien. Galeries d'art, boutiques d'antiquités, bijoutiers, céramistes, autant d'occasions pour chiner, flâner, dans la belle et animée *via Nazionale,* l'unique rue horizontale de la ville... Côté beaux-arts, cette vieille cité étrusque, ville natale des grands noms de la peinture, tels Luca Signorelli, Pietro Berrettini ou encore Gino Severini, n'est pas en reste. Elle abrite des musées d'une rare qualité, dont certaines œuvres – telle l'extraordinaire *Annonciation* de Fra Angelico – attirent les amateurs du monde entier ! Dernière chose, Cortona est réputée pour organiser début septembre l'un des plus grands marchés aux antiquités d'Italie.

Arriver – Quitter

En bus

🚌 *Fermata (arrêt des bus ; plan A2) :* piazza Mercato, aux portes de la ville. Infos : • tiemmespa.it • etruriamobilita. it •
➢ *Castiglion Fiorentino (35 mn) et Arezzo (1h05) :* 8-10 bus/j. sf dim. Trajet plus long que le train, mais arrêt en bordure du vieux centre de Cortone.
➢ Également des bus pour les villages du *val di Chiana.*

En train

🚆 *Stazione (gare ferroviaire ; hors plan par B2) :* piazza della Liberta, à **Camucia.** ☎ 89-20-21. • trenitalia.it • À 3 km au sud de Cortona. Nombreux bus-navettes pour rejoindre le centro storico (10 mn).
➢ Nombreux trains directs/j. avec *Firenze* (1h10-2h), *Roma* (2h15-3h), *Arezzo* (20 mn ; mais bus plus pratique) et *Chiusi* (30 mn). Pour *Siena* (2h30-3h), changement à Firenze ou Chiusi ; pour *Montepulciano* (1h), changement à Chiusi.

Adresses et info utiles

🛈 *Ufficio turisitico (plan A1) :* piazza Signorelli, 9 (dans le MAEC). ☎ 0575-63-72-23. • comune.cortona.ar.it • Tlj 9h-13h, 14h30-18h30. Plan de ville en français, infos route des Vins et de l'Huile d'olive, agenda culturel...

Accueil compétent et sympa.
✉ *Poste (plan A-B1) :* piazza della Repubblica (angle via Santucci). Tlj sf sam ap-m et dim.
– *Marché (plan A1) :* sam mat, piazza Signorelli.

Où dormir ?

Bon marché

🏠 *Ostello San Marco (plan C2, 10) :* via Maffei, 57. ☎ 0575-60-13-92. • ostellocortona@libero.it • corto nahostel.com • Face à l'église San

Marco. Ouv de mi-mars à mi-oct. Lit en dortoir (10 pers) 20 €/pers ; chambres (2-4 pers) 25 €/pers. Repas 11 €. CB refusées. 📶 Aménagée dans un vieil édifice, une AJ simple et rustique mais propre, calme et pleine de cachet.

Une centaine de lits superposés, répartis dans des dortoirs et des chambres avec sanitaires communs. Magnifique vue sur la campagne et le lac Trasimène depuis le 2ᵉ étage. Belle salle à manger voûtée, lave-linge... Excellent accueil en français et ambiance sympa.

🏠 *Rugapiana Vacanze B & B (plan B2, 11) : via Nazionale, 63.* ☎ *0575-63-07-12.* 📱 *340-808-68-79.* ● *info@rugapianavacanze.com* ● *rugapianavacanze.com* ● *Double 67 € ; apparts (2-4 pers) 77-135 €.* 📶 Meubles artificiellement vieillis, céramiques paysannes, poutres et pierres apparentes ; bref, une belle atmosphère rustique pour ces 5 chambres et appartements confortables, dont certains – plus calmes – donnent sur l'arrière. Accueil efficace et sympa.

🏠 *Albergo Villa Santa Margherita (plan C2, 12) : viale C. Battisti, 17.* ☎ *0575-63-03-36.* ● *info@villasm.it* ● *santamargherita.smr.it* ● *Juste à la lisière de la vieille ville, en contrebas des escalators qui y conduisent. Double 68 €.* 📶 Grosse bâtisse abritant une vingtaine de chambres fonctionnelles, bien équipées, sobres et nickel, dont certaines avec vue panoramique sur la plaine. Bon rapport qualité-prix-accueil. Une adresse simple et efficace.

Prix moyens

🏠 *B & B Piccolo Hotel (plan A2, 13) :* c'est le *B & B* de l'*Hotel San Michele* (voir plus loin).

🏠 *Casa Chilenne B & B (plan B2, 11) : via Nazionale, 65.* ☎ *0575-60-33-20.* 📱 *338-772-74-27.* ● *info@casachilenne.com* ● *casachilenne.com* ● 🦌 *Doubles 85-110 € selon saison.* 📶 En plein centre, 5 chambres agréables, tout confort et d'allure classique ; avec balcon pour certaines. Préférez celles sur l'arrière, plus tranquilles. Tarifs un poil surestimés, mais accueil chaleureux et bon petit déj. Sans parler du bel espace commun au dernier étage, avec salle à manger et kitchenette, donnant sur une belle terrasse conviviale ; un vrai plus !

🏠 *B & B Dolce Maria (plan A2, 14) : via Ghini, 12.* ☎ *0575-60-15-77.* ● *info@cortonastorica.com* ● *cortonastorica.com* ● *Doubles 90-110 € selon saison.* 📶 Les meubles sont beaux, les tapis élégants, les lits parfois à baldaquin, et le confort irréprochable : un *B & B* à la fois chic et cosy, où l'accueil est à la hauteur, de même que le bon petit déj servi dans la jolie salle à manger de cette vénérable et élégante maison. On ne regrette pas de poser ses valises ici ! Resto sur place.

🏠 *Hotel Italia (plan A2, 15) : via Ghibellina, 5-7.* ☎ *0575-63-02-54.* ● *hotelitalia@planhotel.com* ● *hotelitaliacortona.it* ● *Doubles 90-135 € selon confort et saison.* 📶 Élégantes et chaleureuses parties communes pour cet hôtel d'une vingtaine de chambres confortables mais nettement plus conventionnelles, sobres et fonctionnelles dans leur apparence. Et, cerise sur le gâteau, on prend le petit déj dans une salle tout en haut, avec une vue remarquable sur toute la vallée. Accueil pro et charmant en français. Une bonne adresse.

Chic

🏠 *Hotel San Michele (plan A2, 13) : via Guelfa, 15.* ☎ *0575-60-43-48.* ● *info@hotelsanmichele.net* ● *hotelsanmichele.net* ● *Congés : de nov à mi-mars. Doubles 109-250 € pour l'hôtel ; 90 € pour le B & B. Parking 20 €.* 🖥 📶 Aménagé dans un palais Renaissance, un bel hôtel d'une trentaine de chambres confortables et élégantes avec leur déco à l'ancienne. Les plus chères ont une terrasse panoramique. Pas mal de charme donc, même dans les familiales. Et pour ne pas se ruiner, également une petite dizaine de chambres en *B & B* profitant plus ou moins des mêmes prestations, pour un très bon rapport qualité-prix. Accueil efficace et sympa. Une belle adresse.

TOSCANE

Où manger ?

Très bon marché

🍴 *Panificio Cortonese (plan A1, 20) : via Laparelli, 22.* ☎ *0575-60-48-72. Lun-sam 7h30-13h30, 16h30-19h30 ; dim 9h-13h. Moins de 5 €.* Le

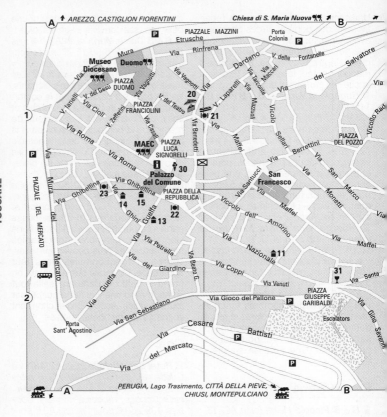

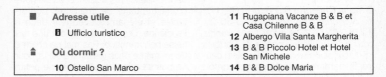

■	**Adresse utile**	**11** Rugapiana Vacanze B & B et Casa Chilenne B & B
🇮	Ufficio turistico	**12** Albergo Villa Santa Margherita
♠	**Où dormir ?**	**13** B & B Piccolo Hotel et Hotel San Michele
	10 Ostello San Marco	**14** B & B Dolce Maria

boulanger du village réalise de bonnes parts de pizza, des tartes, des gâteaux et autres *biscotti* traditionnels, que l'on dévore sur le pouce en explorant le cœur de Cortone.

🍴 🥡 ***Fett'unta*** (plan A-B1, **21**) : via Maffei, 5. ☎ 0575-63-05-82. ● info@fettunta.net ● Tlj sf mer. Plats 4-12 €. Bruschette, salades, assiettes d'*antipasti*, planches de charcuterie-fromage, *panini*, etc. ; le tout mitonné

avec des produits de qualité. À déguster avec un verre de vin du pays, dans des salles minuscules. Bref, une belle dînette qui ne vide pas le porte-monnaie !

De prix moyens à chic

🍴 ***Trattoria La Grotta*** (plan A2, **22**) : piazza Baldelli, 3. ☎ 0575-63-02-71.

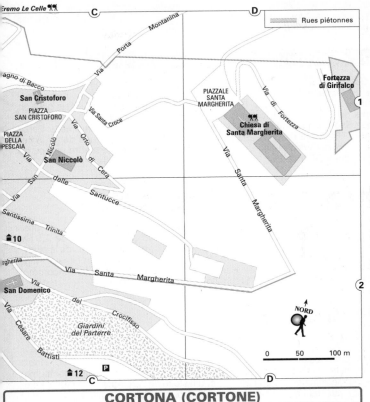

TOSCANE

CORTONA (CORTONE)

15 Hotel Italia

|●| 🍽️ 🍴 Où manger ?

20 Panificio Cortonese
21 Fett'unta
22 Trattoria La Grotta

23 La Bucaccia

🍦 🍷 Où déguster une glace ?
Où boire un verre ?

30 Gelateria Snoopy
31 Cortona Bistrot

● info@trattorialagrotta.it ● *Au fond d'un petit cul-de-sac donnant sur la piazza della Repubblica. Tlj sf mar. Congés : début janv-fin fév et 1re sem de juil. Plats 8-18 € ; repas 20-30 €. 🎁 Café offert sur présentation de ce guide.* Accueil chaleureux pour cette petite table servant une cuisine familiale toscane de bon aloi, régulière au fil des années. Une foule de plats de pâtes pour les fauchés. Terrasse agréable et tranquille sur la placette. Un bon rapport qualité-prix.

|●| ***La Bucaccia*** *(plan A1-2, 23) :* via Ghibellina, 17. ☎ 0575-60-60-39. ● info@labucaccia.it ● *Tlj sf lun. Menu 29 € ; plats 9-19 € ; repas 35-40 €.* Toute vêtue de pierre, avec un vieux pressoir, cette élégante table affiche une ambiance romantique, doublée d'une petite terrasse dans la ruelle. Côté fourneaux, cuisine traditionnelle

parfaitement exécutée et joliment mise en scène, élaborée avec les meilleurs ingrédients. Son fameux *bistecca alla fiorentina* est un must à se damner ! Jolie sélection de vins et accueil pro stylé.

Où déguster une glace ? Où boire un verre ?

♥ **Gelateria Snoopy** *(plan A1, 30) :* piazza Signorelli, 29. ☎ 0575-63-01-97. *Juste en face du MAEC.* Les habitants de Cortone sont formels, c'est chez *Snoopy* qu'on fait les meilleures glaces ! Et ils ont raison ! Parfums originaux, comme ricotta-figue, miam !

♥ **Cortona Bistrot** *(plan B2, 31) :* via S. Margherita, 13. ☎ 0575-629-57.

● cortonabistrot@gmail.com ● On aime ce petit bar à vins pour sa micro-terrasse panoramique ; idéale pour un *aperitivo* au soleil couchant avec vue sur la plaine et le lac Trasimène. Petite carte de bistrot, histoire de grignoter sérieusement et de mettre un peu de solide dans le liquide !

Un peu d'œnotourisme dans les environs

❀ **Cantina Stefano Amerighi :** loc. **Poggiobello di Farneta.** ☎ 0575-64-83-40. ● stefanoamerighi.it ● *À 18 km au sud-ouest de Cortona par la SP 31. Visite et dégustation tlj sur résa.* Héritier d'une famille de vignerons, Stephano présente – en français et avec passion – son petit domaine de 7,5 ha, qu'il cultive dans les règles de la biodynamie, pour produire un fameux rouge *Cortona DOC.* Une belle rencontre à tous points de vue !

À voir

✹✹✹ **MAEC** *(museo dell'Academia Etrusca e della città di Cortona ; plan A1) :* dans le Palazzo Casali, piazza Signorelli, 9. ☎ 0575-63-72-35. ● cortonamaec. org ● &. *Avr-oct, tlj 10h-19h ; nov-mars, tlj sf lun 10h-17h. Entrée : 10 € ; réduc.* Vaste, riche et mis en scène avec talent, le musée de Cortone est un incontournable pour les amateurs d'archéologie et d'histoire de l'art. Après une rapide introduction attestant de l'occupation du site depuis le Paléolithique, à grand renfort d'ossements fossilisés, pierres taillées, etc., place au cœur du sujet : la *civilisation étrusque* ! Au gré des salles, on découvre des collections complètes d'urnes funéraires, d'amulettes, de statuaire, de bijoux, d'outils et de céramiques (beaux vases attiques), et autres objets en bronze finement ciselés (armes, casques...) ; le tout découvert dans des tombes. Un petit topo retrace par ailleurs la célèbre bataille de Trasimène, qui fut l'une des plus sanglantes de la 2e guerre punique en 217 av. J.-C. Un affrontement au cours duquel l'armée de Carthage, appuyée par des mercenaires étrusques, anéantit littéralement les légions romaines... Les sections suivantes s'intéressent justement au *monde romain* (plusieurs vestiges de mosaïques, personnages en terre cuite, amphores...) ; avant d'aborder à l'étage, dans un tout autre registre, la peinture médiévale. Remarquable triptyque du peintre florentin *Bicci di Lorenzo.* Mais c'est la grande salle qui retient toute l'attention ! Sur ses murs, des toiles de maîtres plus belles les unes que les autres : touchante *Adoration des bergers* de *Signorelli* ; du même auteur, une étonnante et colorée *Madona col Bambino* entourée des saints protecteurs de Cortone ; encore une *Madona col Bambino* du *Pinturicchio,* dont les personnages affichent des proportions démentes... Tandis qu'au centre les vitrines renferment une incroyable collection de bronzes et autres objets étrusques d'exception. Enfin, après avoir admiré, dans la pièce circulaire, le superbe plafonnier (grosse lampe à huile) en bronze – emblème du musée –, on termine la visite par de somptueuses salles d'apparat, agrémentées de meubles anciens, de toiles et de céramiques, dont certaines sont franchement rococo ! Sans oublier la jolie petite collection d'objets égyptiens, quelques armes et armures, et la belle bibliothèque du palais.

⭐⭐⭐ Museo Diocesano *(plan A1) : piazza Duomo, 1.* ☎ *0575-62-830. Face au Duomo. Avr-oct, tlj 10h-19h ; nov-mars, tlj sf lun 10h-17h. Entrée : 5 € ; réduc.* Installé dans l'ancienne *chiesa del Gesù,* ce musée présente une riche collection de peintures, dont plusieurs œuvres de **Luca Signorelli,** l'enfant du pays. Une salle entière lui est d'ailleurs consacrée, dans un déluge de couleurs vives et de mises en scène poignantes. On trouve également des œuvres de **Pietro Lorenzetti,** dont un superbe Christ en croix, dont le sang jaillit des plaies à gros bouillon ! Mais les œuvres maîtresses de ce musée demeurent sans conteste celles de **Fra Angelico :** une *Madone à l'Enfant* en triptyque, et surtout sa fascinante *Annonciation,* dont on apprécie la formidable mise en œuvre de la lumière et la saturation des couleurs ! Encore quelques réalisations de l'école arétine ou siennoise, notamment de **Niccolò di Segna...** Et dans un style radicalement moderne, l'escalier qui descend à l'oratoire (murs et plafonds peints) accueille les belles compositions de Gino Severini. Enfin, une autre salle en sous-sol renferme quelques objets liturgiques : calices, ciboires, crucifix, ainsi que des habits d'ecclésiastiques des XVIe-XVIIe s ayant appartenu à de riches familles dont certains membres étaient des proches du pape Léon X.

⭐⭐ Duomo *(plan A1) : piazza Duomo.* ☎ *0575-62-830. Tlj 8h-18h.* De style Renaissance, il possède une structure à trois nefs avec voûte en berceau, colonnes, chapiteaux et *pulvini* d'inspiration « brunelleschienne ». À droite en entrant, intéressant ensemble reliquaire du XVIIe s. Autrement, faites le tour, quelques belles œuvres, notamment de l'école de Luca Signorelli ou encore cette *Nativité* de **Pietro Berrettini,** plus connu sous le nom de Pierre de Cortone.

⭐⭐ Chiesa di Santa Maria Nuova *(hors plan par B1) : via di S. Maria Nuova, à 500 m au nord du centre. L'intérieur ne s'observe qu'à travers une vitre ; prévoir de la monnaie pour l'éclairage.* Magnifique église imposante faisant face à la campagne verdoyante. Construite au milieu du XVIe s par Giorgio Vasari, à la manière des églises orthodoxes : plan en forme de croix grecque, coupole soutenue par quatre imposants piliers. Quelques œuvres qui ne laissent pas de marbre, comme la *Nativité de Marie* d'Alessandro Allori ou *San Carlo Borromeo che porta la Comunione,* de Baccio Ciarpi, le maître de Pietro Berrettini. Remarquable aussi, l'autel baroque avec ses grappes de fruits et, juste au-dessus, une toile du Spagnoletto.

⭐⭐ Une intéressante balade consiste à gagner la **chiesa di Santa Margherita** *(plan D1),* perchée sur les hauteurs de la ville. Ça monte fort, alors prenez le temps d'admirer les mosaïques de Serini qui ornent les 14 stations de ce calvaire.

Itinéraire

De la **piazza Signorelli** *(plan A1),* prendre la **via Maffei** *(plan B1).* Juste à l'entrée, remarquez le petit tabernacle à la gloire de Santa Margherita qui marque l'angle. Cette rue débouche sur la **chiesa de San Francesco** *(plan B1-2)* des XVIe-XVIIe s *(tlj 9h-18h45 – 17h30 en hiver).* À l'intérieur, des toiles du XIVe (Jacopo di Mino del Pelliccioio) mais aussi du XVIIe (*Nativité* de Raffaello Vanni), ainsi que des fresques du XIVe s mais également une *Annonciation* de Berrettini et le *Martyr de S. Lucia* de Bonecchi. Au-dessus du maître-autel, voir le reliquaire byzantin renfermant un fragment de la Sainte Croix. Et dans la chapelle de gauche, une tunique de saint Francesco rapportée d'Assise... De là, remontez la **via Berrettini** *(plan B1),* du nom du célèbre peintre né au n° 33, puis contournez par la gauche la petite **piazza della Pescaia** *(plan C1)* en direction du clocher, avant de poursuivre par la **via Santa Croce** *(plan C1)* vers Santa Margherita. Là commencent les choses sérieuses. Un escalier ourlé de cyprès vous hisse – non sans peine – jusqu'au parvis du **sanctuaire de Santa Margherita** *(plan D1).* Et là, sacrebleu, vous vous

TOSCANE

rendez compte qu'on peut y aller en voiture ! Dans l'église, rien de vraiment transcendant, si ce n'est la dépouille de la sainte patronne de la ville et, sur l'autel de droite, le fameux crucifix qui lui a parlé *(tlj 9h-19h – 18h en hiver).* Redescendez ensuite le chemin de croix jusqu'en ville...

⚔⚔ Eremo Le Celle *(hors plan par B-C1) : à 3 km au nord-est du centre par la SP 34.* ☎ *0575-60-33-62.* Pittoresque ermitage accolé à la montagne verdoyante et bordé d'un torrent que l'on traverse par un pont. Le lieu aurait été fondé en 1211 par saint François d'Assise, d'où la construction plus tardive de ce petit complexe. Accès restreint aux intérieurs, dont on visite la cellule où le saint aurait dicté son testament spirituel en 1226, peu avant sa mort. Les moines permettent aussi la participation aux messes dans l'église du XVIIe s. Une visite hors du temps !

Manifestations

– **Sagra della Bistecca** *(fête du Bifteck) : les 14, 15 et 16 août.* Le *giardino delle Partere* se transforme en barbecue géant. Programme des réjouissances sur ● *cortonaweb.net* ●
– **Foire des antiquaires :** *fin août-début sept.* ● *cortonantiquaria.it* ● Pensez à réserver votre hébergement bien à l'avance.

AREZZO

(52100)   99 540 hab.

● Plan *p. 287*

Stratégiquement ancrée à la confluence de quatre vallées, Arezzo est une belle cité ancienne, au patrimoine archéologique considérable. Dès la première moitié du XIVe s, elle s'impose comme un important foyer de la création artistique, avant de tomber sous l'escarcelle de Florence. S'ensuit une période de déclin qui s'inverse au XVIe s, quand Arezzo passe sous la houlette des Médicis ; position qu'elle tiendra jusqu'à la moitié du XVIIIe s... Au cours des périodes troubles, la ville se dote des atouts qui, aujourd'hui, lui confèrent tout son charme. Entièrement cor-

> ## LE PETIT KAMA-SUTRA DE LA RENAISSANCE
>
> *Pierre l'Arétin eut une vraie vie de routard. À 16 ans, il quitta sa ville natale d'Arezzo pour Pérouse, où il s'initia à la reliure avant de se mettre au service d'un riche banquier romain... Ensuite il endossa la cape de capucin à Ravenne. Finalement, il devint valet au service de Léon X. C'est là qu'il commit l'erreur d'écrire et surtout de faire illustrer ses célèbres* Sonetti lussoriosi, *un recueil de luxure en 32 chapitres. Il fut viré sur-le-champ ! L'histoire ne dit pas si le pape ou son entourage ont gardé un exemplaire...*

seté de remparts, doté d'une élégante cathédrale gothique, son centre historique se présente sur un plan incliné, traversé de bout en bout par le *corso Italia,* théâtre de la *passeggiata* quotidienne. Et parmi les incontournables, la *piazza Grande* est un must, bordée de palais gothiques et Renaissance ! C'est ici que Roberto Benigni a choisi de tourner le début de son magnifique film *La vie est belle.* Autant dire que la cité natale de

Pétrarque demeure résolument une ville d'art. Ses églises et musées recèlent des œuvres des plus grands peintres italiens : Cimabue, Andrea Pozzo, Pietro Lorenzetti, Piero della Francesca. Et la campagne autour d'Arezzo offre aussi de belles découvertes culturelles.

Arriver – Quitter

En bus

🚌 *Autostazione (gare routière ; plan A2) :* viale Piero della Francesca. Infos : ● tiemmespa.it ● etruriamobilita.it ●
➢ *Siena (1h30) :* 4-8 bus/j.
➢ *Firenze (2h15) :* 1-2 bus/j. sf dim.
➢ *Castiglion Fiorentino (30 mn)* et *Cortona (1h05) :* 8-10 bus/j. sf dim. Pour Cortona, trajet plus long que le train, mais arrêt aux portes de la ville.
➢ *Anghiari (45 mn)* et *Sansepolcro (55 mn) :* 14-17 bus/j. sf dim. Certains font leur terminus à *Città di Castello* (1h).

➢ Également des bus pour les villages du *val d'Arno* et du *val di Chiana.*

En train

🚆 *Stazione (gare ferroviaire ; plan A2) :* piazzale della Repubblica. ☎ 89-20-21. ● trenitalia.it ●
➢ Nombreux trains directs/j. avec *Firenze* (45 mn-1h30), *Roma* (1h50-2h30), *Camucia-Cortona* (20 mn) et *Chiusi* (45 mn). Pour *Siena* (2-3h), changement à Firenze ou Chiusi ; pour *Montepulciano* (1h05), changement à Chiusi.

Circulation et stationnement

🅿 Le trafic automobile est interdit dans tout le centro storico (zona a traffico limitato – ZTL) et surveillé par un réseau de caméras qui identifient les plaques d'immatriculation pour ensuite verbaliser. Il est néanmoins possible de déposer les bagages à l'hôtel en ayant – au préalable – transmis votre numéro d'immatriculation au réceptionniste.

Et pour garer sa voiture, nombreuses places gratuites (lignes blanches) ou payantes (lignes bleues) le long des remparts. Stationnement en partie gratuit au *parking Pietri (plan B1 ; via Pietri, entre la muraille et la via Guido Tarlati)*. De là, des escalators mènent à la *piazza del Duomo (plan B1)*, en plein centre historique. Infos : ● atamarezzo.it ●

Adresses et info utiles

🛈 *Ufficio turistico (plan B1) :* piazza della Libertà, 2 (dans le Palazzo comunale). ☎ 0575-40-19-45. ● arezzointuscany.it ● turismo.provincia.arezzo.it ● Mai-sept, tlj 11h-13h, 14h-18h ; oct-avr, tlj 14h-16h. Également une annexe (plan A2) piazzale della Repubblica, 22-23 (à côté de la gare ferroviaire). ☎ 0575-268-50. Mai-sept, tlj 9h30-13h, 13h30-16h ; avr-oct, tlj 10h30-12h30. Plan de la ville gratuit, infos route des Vins (strada del Vino

– terre di Arezzo) et de l'Huile d'olive, agenda culturel… Accueil compétent et charmant.
✉ *Poste (plan A2) :* via Guido Monaco, 34. Tlj sf sam ap-m et dim.
■ *Location de vélos :* chez *Vagheggi (plan A1, 1)*, via S. Lorentino, 93. ☎ 0575-226-51. ● cicliemotovagheggi.com ● À partir de 13 €/j.
– *Marché (plan B2) :* sam mat, viale Giotto.

Où dormir ?

Bon marché

🏠 *La Locanda di San Pier Piccolo (plan B1, 10) :* via Bicchieraia, 32.

☎ 0575-207-92. 📱 328-715-95-52. ● francesco.dicostanzo66@gmail.com ● locandasanpierpiccolo.it ● Doubles 40-60 € selon confort. 📶 Cet

TOSCANE

ancien couvent du XVe s – au cloître un brin décati – renferme une douzaine de chambres bien équipées, aux murs et plafonds recouverts de fresques in style. Une belle adresse, à la fois étonnante, hors du temps et installée dans une certaine décadence toujours élégante. Excellent rapport qualité-prix-accueil.

🛏 *Albergo La Toscana (hors plan par A1, 11) :* viale M. Perennio, 56. ☎ 0575-216-92. ● info@albergo latoscana.com ● albergolatoscana. com ● ♿ Congés : 3 sem en août. Double 55 € ; pas de petit déj. Parking 3 €. 📶 Cioccolatini maison offerts sur présentation de ce guide. À 10 mn à pied du centro storico, établissement neutre et fonctionnel. Une vingtaine de chambres, propres et équipées du minimum syndical (pas de clim). Pour ce prix, on ne peut pas demander plus ! Nos préférées se trouvent dans l'annexe, séparée de la maison principale par un jardinet calme et ombragé. Accueil routinier mais pro.

Prix moyens

🛏 *B & B Palazzo dei Bostoli (plan B2, 12) :* via Mazzini, 1 (2e étage). 📱 334-149-05-58. ● info@palazzobos toli.it ● palazzobostoli.it ● Doubles 70-75 €. 📶 Cet ancien palais du XIIIe s livre 5 jolies chambres confortables et sobrement élégantes : murs blancs et meubles anciens. Mon tout desservi par un dédale de couloirs et d'escaliers. Terrasse sur le toit pour musarder. Très bon rapport qualité-prix. Accueil charmant en français. C'est sûr, on reviendra !

🛏 *B & B Antiche Mura (plan A1, 13) :* piaggia di Murello, 35. ☎ 0575-204-10. ● info@antichemura.info ● anti chemura.info ● Doubles 75-95 € selon taille. 📶 Pendant la restauration de la maison, on a découvert des vestiges de canalisations étrusques et des murs en gros appareillages. Historique ! La bâtisse a donc du caractère, mais aussi de la classe, car la déco est soignée et pleine de charme. En tout, 6 chambres et un studio, confortables et dotés de murs blancs et de quelques touches contemporaines colorées. Accueil adorable.

🛏 ⦿ ✎ 🍺 ⍀ *Hotel L'Aretino (plan A2, 14) :* via Madonna del Prato, 83. ☎ 0575-29-40-03. ● hotelaretino@ gmail.com ● hotelaretino.it ● ♿ Café tlj 6h30-21h30. Double 100 €. 🖵 📶 Une trentaine de chambres fonctionnelles et tout confort derrière leur allure moderne. Petit déj copieux avec gâteaux maison. Terrasse pour prendre le frais. Sur place, le *Café Paris* offre l'occasion d'une pause gourmande : belles pâtisseries italiennes et françaises, petits plats simples (carpaccio, pâtes, etc.), aperitivo... Accueil sympa en français.

Sur le pouce

🥖 *Panini & Co (plan B2, 20) :* piazza S. Agostino, 40. ☎ 0575-182-44-93. Au coin et en contrebas de la place, dans la galerie marchande. Tlj sf dim. Compter 5 €. 📶 Une longue vitrine réfrigérée débordante d'insolentes victuailles entrant dans la composition d'une quarantaine de succulents panini, concoctés avec des pains différents. Le tout servi par de jeunes gens dynamiques et sympas. Petite terrasse avec tables et chaises hautes pour poser une fesse. Une belle adresse, largement plébiscitée à midi par les locaux. On aime !

Bon marché

🥖 *Pizzeria O'Scugnizzo (plan A2, 21) :* via dè Redi, 9-11. ☎ 0575-33-33-00. ● info@lo-scugnizzo.it ● Tlj sf mar. Pizze 6-15 €. On y dévore de bonnes pizzas napolitaines généreusement garnies et servies avec gentillesse. À accompagner d'une bière – leur 2de spécialité – déclinée aussi sous forme de dessert, avec un étonnant... birramisu !

⦿ *La Torre di Gnicche (plan B2, 22) :* piaggia San Martino, 8. ☎ 0575-35-20-35. ● lucia@latorredignicche.it ● Tlj sf mer. Plats 7-11 € ; repas env 25 €. 📶 Rien de tel que des antipasti

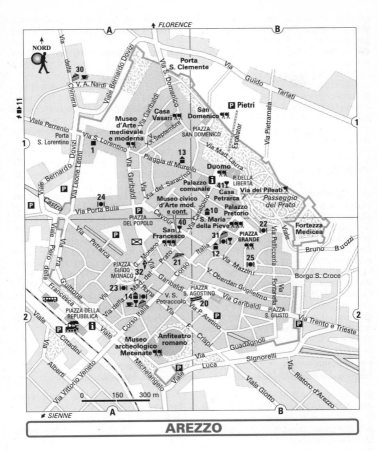

TOSCANE

AREZZO

TOSCANE

goûteux accompagnés d'un verre de vin (une foule d'étiquettes) pour se sentir heureux ! À moins de se laisser tenter par les bons petits plats simples et goûteux du cru (voir aussi l'ardoise). Ici, tout est bon, car la charmante proprio de cette petite *enoteca* ne sélectionne que des ingrédients locaux de qualité. À dévorer dans une belle salle voûtée à l'ancienne ou sur les quelques tables de la terrasse, dans la rue.

Prix moyens

I●I *Il Cantuccio* (plan A2, **23**) : via della Madonna del Prato, 76. ☎ 0575-268-30. ● info@il-cantuccio.it ● Tlj sf mer. Congés : 10 j. fin janv. Plats 8-20 € ; repas 25-30 €. ☞ Café offert sur présentation de ce guide. Une bonne adresse connue de longue date par les locaux, au coude à coude avec les touristes. Carte restreinte mais de qualité : *pasta fatta a casa* pour les fauchés, et aussi de savoureuses viandes grillées... Sans oublier les desserts maison, *mamma mia !* Agréable salle voûtée en brique ou terrasse dans la rue piétonne. Service familial efficace et sympa. Une belle adresse pour tous les budgets.

I●I *Anticafonte* (plan A1, **24**) : via Porta Buia, 18. ☎ 0575-280-38. ● antica fonte@alice.it ● Ouv tlj. Plats 10-15 € ; repas 30-35 €. ☞ Cadre élégant et soigné sous de vieilles poutres rustiques. Dans l'assiette, savoureuse cuisine toscane qui mijote les bons produits frais du cru ; le tout servi avec le sourire pour un rapport qualité-prix très correct. Agréable terrasse et accueil adorable. Une excellente adresse d'habitués qui ne s'y trompent pas. On recommande !

I●I *Osteria La Cisterna dei Toscanacci* (plan B2, **25**) : via Piaggia di S. Bartolomeo, 2. ☎ 0575-165-77-37. Tlj sf lun, slt le soir. Repas 25-30 €. Il y a bien quelques plats de viande, mais, une fois n'est pas coutume, la carte est orientée poisson, des *antipasti* aux *secondi*. C'est simple et bon ; il faut dire que les proprios de ce petit resto de quartier viennent de l'île d'Elbe et maîtrisent leur sujet ! À dévorer dans une grande salle voûtée.

Où dormir ? Où manger dans les environs ?

🏠 *Agriturismo Il Mulino* : loc. Saccione, 10. 📱 335-532-33-53. ● info@ ilmulino.biz ● ilmulino.biz ● À 6 km au sud d'Arezzo. Double 95 € ; cottages (2-4 pers) 110-120 €. ☞ En pleine campagne, une vieille maison de pierre bordée d'une forêt. En tout, 4 chambres et 2 cottages tout confort. Élégante déco de magazine, colorée et un poil vintage. Espace de remise en forme et belle piscine avec transats, sur fond de pelouse qu'on dirait anglaise. Accueil aux petits soins.

I●I *La Capannaccia* : loc. Campriano, 51. ☎ 0575-36-17-59. À 6 km au nord d'Arezzo. Tlj sf dim soir et lun. Plats 8-18 € ; repas 25-30 €. Perdu sur les hauteurs verdoyantes, parmi les cyprès et les oliviers, un resto de campagne à la carte alléchante de spécialités traditionnelles : pâtes maison, viandes grillées... À dévorer dans une grande salle rustique et soignée ou en terrasse sur le vert. Bon accueil.

I●I *Podere Le Caselle* : via Culle, il Tratto, 13, loc. Badicorte, à *Marciano della Chiana*. ☎ 0575-84-53-24. À 18 km au sud-ouest d'Arezzo par la SS 73, puis à gauche la SP 327 et à droite la SP 25 ; et à 1 km de l'autoroute E 35. Tlj sf sam midi. Menu déj 13 € ; plats 7-15 € ; repas 20-30 €. Excellent resto de campagne, réputé dans la région pour ses spécialités toscanes bien menées, en prise directe sur le terroir, que Marina et Giulio – les aimables proprios – sillonnent à la recherche des meilleurs produits frais : viandes, huiles, vins... Également une foule de desserts maison à se damner ! À dévorer dans une grande salle chaleureuse, prisée des familles, des routiers et de quelques bobos milanais récemment installés dans le coin. C'est sûr, on reviendra !

Où déguster une pâtisserie, une glace ?

🍴 🥤 **Pasticceria Le Mura** (plan A1, **30**) : via della Chimera, 2. ☎ 0575-35-04-86. ● pasticceria.lemura@gmail.com ● Tlj sf dim ap-m et mar 5h-13h30, 15h-20h. Située juste hors les murs, c'est la bonne pâtisserie d'Arezzo ! Une foule d'alléchants gâteaux, *biscotti,* viennoiseries, etc., à déguster sur un petit bout de comptoir avec les habitués du quartier, une tasse de café à la main.

🍴 🥤 ▾ **Bar-pasticceria Stefano** (plan B2, **31**) : corso Italia, 61. ☎ 0575-243-37. ● info@barpasticceriastefano.it ● Tlj sf mer 6h-20h. Le vieux café de la ville, avec ses boiseries et ses lustres historiques. Idéal dès le petit déj avec ses bonnes pâtisseries maison, et jusqu'à l'*aperitivo.*

▾ **Gelateria Sunflower** (plan A2, **32**) : via G. Monaco, 23. 📱 338-416-14-64. Tlj sf mer 12h-minuit. Juste quelques parfums selon la saison et l'humeur, pour des saveurs qui explosent en bouche ! Certainement le glacier le plus couru d'Arezzo.

Où boire un verre ?

▾ **Terra di Piero** (plan A2, **40**) : piazza S. Francesco, 3. ☎ 0575-33-31-82. ● info@terradipiero.com ● Tlj sf lun 11h-1h. Petit bar à vins doté d'une agréable terrasse sur la place. Une foule de nectars toscans à siroter au verre. Laissez-vous conseiller ! Et pour mettre un peu de solide dans le liquide : salades, planches de charcuterie-fromage, etc. Et juste en face, le plus classique **Caffè dei Costanti** est bien connu des gens d'Arezzo à toute heure...

▾ **La Casa del Vino** (plan B1, **41**) : via Ricasoli, 36. ☎ 0575-29-40-66. ● stradadelvino.arezzo.it ● Jeu-dim 12h-19h. Une vingtaine de vignerons locaux se sont réunis ici et proposent leurs nectars à la dégustation au verre, dans cette longue salle fraîche et voûtée. Visites de caves en saison.

Achats dans les environs

🛍 **Valdichiana Outlet Village :** via E. Ferrari, 5, loc. Le Farniole, à **Foiano della Chiana.** ☎ 0575-64-99-26. ● valdichianaoutlet.it ● À 30 km au sud d'Arezzo par l'A1, sortie « Valdichiana ». Tlj 10h-20h (21h w-e juin-août). Un énorme magasin d'usine dédié aux grandes marques de la mode italienne et internationale. Les prix, de 30 à 80 % inférieurs aux boutiques classiques – et aussi souvent plus intéressants que sur Internet –, valent vraiment le déplacement !

À voir

Important : il existe un **billet combiné** pour visiter le *museo archeologico Mecenate,* la *casa di Giorgio Vasari,* les fresques de la *basilica di San Francesco* et le *museo nazionale d'Arte medievale e moderna. Tarif :* 12 € ; réduc ; valable 2 j. Infos : ● museistataliarezzo.it ●

🎭🎭🎭 **Basilica di San Francesco** (plan A2) : piazza San Francesco. ☎ 0575-35-27-27. ● pierodellafrancesca.it ● Visite ttes les 30 mn par groupes de 25 pers max : lun-ven 9h-19h, sam 9h-18h, dim 13h-18h ; fermeture 1h avt nov-mars. Entrée : 8 € ; réduc ; billet combiné avec la Casa Vasari et le museo archeologico Mecenate : 12 € ; réduc ; gratuit 1er dim du mois.
C'est la visite incontournable d'Arezzo pour qui souhaite découvrir les fameuses fresques de Piero della Francesca, visibles seulement par petits groupes...
D'origine paysanne et né à Sansepolcro, à quelques kilomètres d'Arezzo, Piero della Francesca, en véritable visionnaire, réalise des tableaux d'une modernité

TOSCANE

surprenante. Le regard de ses personnages semble perdu dans le vide, la lumière est pâle, les perspectives rigides... Le chœur de la basilique est entièrement décoré de ses fresques (1452-1459), qui racontent l'histoire de la *Découverte de la Croix,* inspirée par la *Légende dorée* de l'évêque Jacques de Varagine. Ne cherchez pas... l'ordre chronologique des scènes n'est pas respecté ; l'Ancien et le Nouveau Testament se suivent dans un ordre dispersé. Admirer les chevaux des scènes de bataille, *L'Adoration de la Croix* ou *La Rencontre de Salomon avec la reine de Saba.* Des chefs-d'œuvre absolus ! Et ne pas oublier pour autant d'admirer – sur la droite de l'église – une belle *Annonciation* de Spinello Aretino (1400) ; sans compter la rosace exécutée par un moine berrichon, Guillaume de Marcillat (né à La Châtre et mort à Arezzo en 1529)...

🍴🍴🍴 *Chiesa di Santa Maria della Pieve* (plan B2) *:* corso Italia, 7. ☎ 0575-226-29. Tlj 8h-12h30, 15h-18h30 (horaires restreints hors saison). *La Pieve,* comme on la nomme familièrement, demeure l'un des plus surprenants édifices romans de Toscane ! Sa façade est une interprétation très libre du style de Pise avec ses séries de colonnes dépareillées et superposées. Quant au campanile dit « aux cent trous » (il n'y en a en fait que 40 !), il est devenu le symbole de la ville. L'intérieur de cette église – la plus grande et la plus ancienne d'Arezzo – est d'une pureté et d'un dépouillement rares en Italie. Dans le chœur surélevé, ne pas manquer le remarquable retable polyptyque de Pietro Lorenzetti (1320), et notez-y l'intensité du regard échangé entre Jésus et sa mère.

🍴🍴 *Piazza Grande* (plan B2) *:* grande place curieuse, car sévèrement inclinée et fermée par une juxtaposition d'édifices à l'architecture aussi surprenante qu'hétéroclite : l'abside romane de la *chiesa di Santa Maria della Pieve* (dotée d'une colonne tordue au 1er niveau, qui symboliserait les efforts du diable pour faire plier l'Église !), la façade Renaissance du *palazzo del Tribunale,* celle du *palazzo della Fraternità dei Laici* commencée dans le style gothique et achevée selon le goût Renaissance en 1433, et le *palazzo delle Logge,* construit par Vasari en 1573, pour clore l'ensemble.
C'est sur cette place que les antiquaires s'installent, le premier dimanche de chaque mois. C'est ici aussi qu'a lieu la *giostra del Saracino,* la fameuse joute médiévale. Devant le *palazzo delle Logge,* notez le pilori qui servait à exposer les condamnés. Nous rassurons les âmes sensibles : il s'agit d'une copie. Benigni a su en faire un décor de choix pour son film *La vie est belle* (1998)...

🍴 *Via dei Pileati* (plan B1) *:* longer les loges de Vasari pour se diriger vers le *Duomo.* Dans le quartier : le *Palazzo comunale,* la *maison de Pétrarque* et le *Palazzo pretorio.*

🍴🍴 *Duomo* (cattedrale dei Santi Pietro e Donato ; plan B1) *:* piazza del Duomo, 1. ☎ 0575-239-91. Tlj 7h-12h30, 15h-18h30. Perchée en haut de la ville, impressionnante par ses dimensions, la cathédrale fut construite au XIIIe s selon les canons de l'art gothique, puis remaniée au cours des siècles suivant. On y retrouve les vitraux du moine berrichon Guillaume de Marcillat, qui ont conservé depuis 5 siècles leurs couleurs éclatantes. Vasari les considérait, d'ailleurs, comme l'une « des merveilles tombées du ciel pour la consolation des hommes » ! Piero della Francesca y réalisa aussi une délicate fresque, *Sainte Marie Madeleine,* visible dans le bas-côté gauche, sur le côté droit du cénotaphe de l'évêque Tarlati. Madeleine est représentée

LE CALICE MAGIQUE DE SAINT DONAT

Un jour, alors qu'il célébrait la messe, une bande de païens entra avec brutalité dans son église et brisa son calice de verre. Notre évêque ne se dégonfla pas, il ramassa un à un les morceaux, les recolla tous... sauf un ! Puis il emplit son calice de vin afin de poursuivre son office. Le vin ne s'en écoula pas ! Du coup, 79 païens se convertirent aussi sec au christianisme !

la chevelure longue et défaite : étonnant et fascinant. Et puis dans le chœur, le maître-autel – surmonté d'un superbe retable en marbre ciselé façon dentelle – abrite les restes du patron de la ville, saint Donat, martyrisé en 304.

ਲ਼ Museo nazionale d'Arte medievale e moderna *(plan A1) : via San Lorentino, 8.* ਲ਼ *Mar-jeu 10h-12h, plus mar et ven-dim 16h-18h ; 1er w-e du mois 8h30-19h30. Fermé lun et j. fériés. GRATUIT.* Installé dans l'imposant palais Bruni-Ciocchi (XVe s), ce vaste musée renferme au *rez-de-chaussée* une belle section médiévale : statuettes en bronzes, délicats ivoires sculptés, objets de culte, peintures sur bois, éléments d'architecture en pierre... Au *1er étage,* ne manquez pas la touchante *Madonna col Bambino* de Pietro Lorenzetti, où Jésus se blottit contre sa mère ; ni la *Madonna della Misericordia* de Pari Spinello, où les personnages – tous à la mine figée – se ressemblent étonnement ; et le *Banchetto di Ester e Assuero* de Giorgio Vasari, où le travail des vêtements nous interpelle, dans une ambiance somme toute assez morose ! Au *2e étage,* voir les deux *Madones en gloire* de Luca Signorelli, où les personnages sont limite en transe ! Également d'autres toiles de Vasari, dont les individus affichent des corps lumineux...

ਲ਼ Chiesa di San Domenico *(plan B1) : piazza S. Domenico.* ☎ *0575-229-06. Lun-sam 10h-13h, 14h-19h ; dim 10h-11h, 12h30-19h.* Église gothique des XIIIe-XIVe s à nef unique, dépouillée, comme toutes les églises consacrées aux ordres mendiants. Quelques vestiges de fresques sur les murs, et ne pas manquer – survolant le chœur – le *Crucifix de Cimabue,* une œuvre charnière dans le renouvellement de la peinture byzantine ; voire carrément à l'origine de la peinture Renaissance, dans la mesure où l'auteur y introduit l'expression des personnages alors que jusqu'alors ils demeuraient figés. Observez le Christ (quel bel athlète !), les traits de son visage évoquant la souffrance, alors que le sang coule... Une œuvre remarquable ! Et dans la chapelle à droite du chœur, une *Annonciation* de Spinello Aretino.

ਲ਼ Museo archeologico Mecenate *(plan A2) : via Margaritone, 10.* ☎ *0575-20-882. Tlj sf dim 8h30-19h30. Dernière admission 30 mn av. Entrée : 6 € ; billet combiné avec la basilica di S. Francesco et la Casa Vasari : 12 € ; réduc ; gratuit (et ouv) 1er dim du mois. Explications en français.* Installé dans un ancien monastère, en surplomb des vestiges d'un amphithéâtre romain qu'il occupe en partie, ce musée conserve sur deux niveaux des objets étrusques et romains mis au jour dans la région. Voir l'ensemble de vases coralliens (céramique sigillée romaine) qui firent la richesse de la ville dès le Ier s av. J.-C., des collections de statues, d'urnes funéraires, de superbes céramiques attiques à figure rouge (remarquables amphore de Casalta et cratère d'Euphronios), de bronzes (statuettes votives, casques, miroirs, bijoux...), mais aussi des éléments d'architecture et des fragments de mosaïques. Vaste et complet !

ਲ਼ Casa di Giorgio Vasari *(plan A1) : via XX Settembre, 55.* ☎ *0575-35-44-49.* ਲ਼ *Tlj sf mar 8h30-19h30 (13h30 dim et j. fériés). Entrée : 4 € ; billet combiné avec la basilica di S. Francesco et le museo archeologico Mecenate : 12 € ; réduc ; gratuit 1er dim du mois.* L'occasion de découvrir une riche demeure d'artiste toscan du XVIe s. Les fresques sont du proprio *himself,* Giorgio Vasari. Il s'est même représenté dans la *salle du Triomphe et de la Vertu* en train de regarder par la fenêtre. Également quelques toiles Renaissance et maniéristes (Santi di Tito, Alessandro Allori...). Belle salle avec grande cheminée. Gentil jardin.

➢ **Itinéraire Benigni :** *infos et livret (en italien) en vente à l'office de tourisme, détaillant les différents lieux concernés (piazza della Libertà, piazza Grande, piaggia San Martino, piazza San Francesco, teatro Petrarca, piazza della Badia, via Porta Buia et via Garibaldi), où l'on trouve des panneaux informatifs avec photos de tournage.* L'enfant terrible de Castiglion Fiorentino, Roberto Benigni, a tourné ici de nombreuses scènes de son fameux film *La vie est belle,* grand prix du jury au Festival de Cannes en 1997 et trois oscars en 1998. En tout, huit lieux de tournage ponctués de panneaux, à découvrir à travers le *centro storico* !

TOSCANE

À faire

➢ **Sentiero della Bonifica :** une piste cyclable de 62 km (retour possible en train), reliant Arezzo à Chiusi en longeant le val di Chiana. On pédale sur la trace des Étrusques, du bon vin et des villages typiques. C'est – en partie – faisable avec les enfants, car le parcours est tout plat. Infos en français : ● *sentierodella bonifica.it* ●

Manifestations

– **Foire des antiquaires :** *1er dim de chaque mois et sam qui le précède.* Plusieurs centaines d'antiquaires, d'artisans et de joailliers investissent toutes les rues de la ville.
– **Giostra del Saracino** *(la Joute du Sarrasin) : avant-dernier sam de juin dans la soirée et 1er dim de sept, sur la piazza Grande. Infos :* ☎ 0575-37-74-62. ● *giostra delsaracinoarezzo.it* ● Tournoi médiéval opposant quatre quartiers *(contrade)* de la ville, pour remporter la Lance d'or ! Chaque *contrade* est représentée par un cavalier. À l'issue du tournoi, un *Te Deum* de remerciements est chanté dans la cathédrale, et des fêtes sont données dans les quartiers. Des documents du XIIIe s attestent que les Arétins étaient déjà des passionnés de joutes...
– **Concours polyphonique Guido d'Arezzo :** *fin août.* ☎ *0575-35-62-03.* ● *polifo nico.org* ● Rassemblement de nombreuses chorales du monde entier.

DANS LES ENVIRONS D'AREZZO

Les environs d'Arezzo demeurent riches et variés, tant du point de vue culturel que des paysages. Si le Casentino (au nord) ravit les amateurs de randonnées, la Valtiberina, ou haute vallée du Tibre (au nord-est), regorge de petits villages médiévaux chargés d'histoire : Caprese Michelangelo (où est né Michel-Ange), Anghiari, Sansepolcro (où est né Piero della Francesca)...

ANGHIARI (52031)

🕯 À une trentaine de kilomètres au nord-est d'Arezzo, ce village a le privilège de figurer sur la très sélective liste des plus beaux bourgs d'Italie ! Serti tel un cabochon dans son écrin de remparts, ce petit bijou d'architecture médiévale est fort bien conservé. Coupé en deux comme par un coup de glaive par le corso Matteotti, il possède un ensemble architectural étonnamment varié pour sa petite taille : églises de style roman du XIIe s, palais Renaissance et même un théâtre du XVIIIe s avec caryatides et tout et tout... Mais la renommée de la ville tient surtout au fait qu'elle fut le théâtre d'une bataille décisive entre Milanais et Florentins en 1440, bataille qui fut peinte à la demande des Florentins vainqueurs par Léonard de Vinci alors en compétition avec Michel-Ange ; une œuvre maintes fois attestée, qui fut même réinterprétée par Rubens, mais dont on se demande encore sur quel mur elle peut bien être... Les experts la cherchent toujours !

Arriver – Quitter

➢ **En bus :** 14-17 bus/j. sf dim avec **Arezzo** (45 mn) et **Sanse-polcro** (10 mn) ; certains faisant leur terminus à **Città di Castello** (35 mn). Infos : ● *tiemmespa.it* ● *etruriamobi lita.it* ●

Adresse et info utiles

ℹ️ Ufficio turistico : corso Matteotti, 103. ☎ 0575-74-92-79. ● anghiari. it ● Au niveau de la piazza Baldaccio. Tlj 9h30-12h30, 15h30-19h. Plan du village avec ses points d'intérêt, liste des hébergements, agenda culturel... Bon accueil.
– **Marché :** mer mat.

Où dormir ? Où manger ? Où boire un verre à Anghiari et dans les environs ?

🛏️ Agriturismo La Scarpaia : via Tavernelle, 95. ☎ 0575-72-32-58. 📱 328-711-63-45. ● info@lascarpaia. it ● lascarpaia.it ● À 3,5 km à l'ouest d'Anghiari. Doubles 60-80 € (min 2 nuits hors saison, 1 sem en été) ; pas de petit déj. Dans une jolie propriété agricole coiffant le sommet d'une colline, cernée de cyprès droits comme des « i ». Cet ensemble de maisons en pierre parfumées au jasmin dispose d'un petit bâtiment indépendant réservé aux hôtes : 2 chambres, avec salle de bains, qui peuvent être louées séparément ou ensemble sous forme d'appartement. Cuisine commune à dispo, petite terrasse pour se détendre, et grande piscine d'où l'on aperçoit le Castello di Galbino, sur la colline d'en face.

🛏️ Albergo La Meridiana : piazza IV Novembre, 8. ☎ 0575-78-81-02. ● info@hotellameridiana.it ● hotellame ridiana.it ● ♿ Derrière l'office de tourisme, face au théâtre. Doubles 63-80 € selon confort. 🖥️ 📶 Petit hôtel d'une vingtaine de chambres confortables et nickel. Si les standard sont fonctionnelles et d'un style un peu daté, les supérieures, d'allure un peu moderne, ont plus de charme et certaines sont dotées d'un balcon avec vue sur les vieilles pierres du village (la n° 321 dispose même d'une terrasse privée avec une vue imprenable sur les environs !). Accueil familial gentil.

🍞 Antico Forno Bindi : via Garibaldi, 6. ☎ 0575-78-80-86. Tlj sf mer ap-m et dim 7h30-13h, 17h-19h. Moins de 5 €. C'est la boulangerie du village, préparant pizze et focacce al taglio, mais aussi biscotti, crostata... À dévorer sur le pouce et sans se ruiner en visitant ce vieux bourg charmant.

🍴 La Nena : corso Matteotti, 10-14. ☎ 0575-78-94-91. ● nena@anghiari.it ● Tlj sf lun. Plats 5-20 €. Les villageois ne tarissent pas d'éloges sur ce resto, dont la cuisine est ancrée dans la tradition toscane. Spécialités de saison – savoureuses et soignée – mijotées avec les bons produits frais du terroir local. Le tout servi dans 2 petites salles un brin rustiques ou en terrasse sur la rue. Une adresse avec laquelle il faut compter !

🍴 Vecchia Osteria La Pergola : loc. **Tavernelle.** ☎ 0575-72-23-30. ● osterialapergola.it ● À 3 km à l'ouest d'Anghiari par la SP 43. Tlj sf mar. Plats 9-11 €. On s'arrête avec plaisir dans cette auberge de campagne ! Accueil familial chaleureux, doublé d'une cuisine de saison garantissant un repas typique et haut en saveurs. Dans l'une des jolies petites salles ou en terrasse – bien tranquille à l'arrière –, on passe un bon moment !

🍷 Giardini del Vicario : piazza del Popolo, 7 a. ☎ 0575-78-83-01. ● info@ giardinidelvicario.it ● De mai à mi-nov, tlj. Quel cadre ! Ce discret café dissimule une terrasse fleurie formidable, établie sur un ancien bastion défensif avec vue plongeante sur la campagne. Parfait pour boire un verre de vin, un café, et grignoter quelques bricoles (bruschette, panini, taglieri...). Accueil tristoune.

TOSCANE

À voir

🎨 Museo di Palazzo Taglieschi : piazza Mameli, 16. ☎ 0575-78-80-01. Mar-jeu 9h-18h, ven-dim 10h-19h. Entrée : 4 € ; réduc ; gratuit moins de 18 ans. Ce beau palais Renaissance renferme quelques belles pièces, comme des fonts baptismaux du XIIᵉ s ou encore des fragments de chapiteaux et autres sculptures de l'école florentine. Côté céramiques, de la couleur, avec **Benedetto Buglioni** et son neveu Santi, mais surtout une très belle *Nativité* de l'atelier d'**Andrea Della Robbia,** une remarquable *Madone à l'Enfant* en bois peint de **Jacopo della Quercia,** le sculpteur de la *Fonte Gaia* de Sienne. Autrement, quelques fragments de fresques du XIVᵉ s, de la statuaire en pierre et en bois, Christ en Croix de tous formats et belle collection d'ex-voto, dont des *cuscinetti* finement brodés. Pour terminer, petite collection d'armes à feu et des toiles qui marquent la transition entre l'école florentine décadente et le baroque : **Matteo Rosselli** et son élève **Jacopo Vignali.**

🏛 **Museo della Battaglia e di Anghiari :** *piazza Mameli, 1.* ☎ *0575-78-70-23.* ● *battaglia.anghiari.it* ● *Tlj 9h30-13h, 14h30-18h30 (17h30 nov-mars). Entrée : 3,50 € ; réduc ; gratuit moins de 14 ans.* D'abord, une petite présentation générale de la ville et de ses environs (topographie, géologie...), puis – au 1ᵉʳ étage – quelques objets archéologiques, préhistoriques (pierres taillées) et antiques : fragments de céramiques, petite Vénus en bronze, et cette tête délicate du dieu Pan en cristal de roche... Au 2ᵉ étage, de grands panneaux en italien et en anglais expliquent la fameuse bataille d'Anghiari avec quelques reproductions de croquis de Léonard de Vinci. Maquette de la bataille. Enfin, au 3ᵉ étage, quelques vitrines évoquent la fabrication locale de céramiques et d'armes.

À voir dans les environs

🏛🏛 **Museo Madonna del Parto :** *via delle Reglia, 1, à* **Monterchi.** ☎ *0575-70-713. À 15 km au sud d'Anghiari. Tlj 9h-13h, 14h-19h (17h nov-mars). Entrée : 6,50 € ; réduc.* Aux confins de la Toscane et de l'Ombrie, Monterchi doit sa notoriété à une femme enceinte. Et pas n'importe laquelle : la *Madonna del Parto,* une **fresque de Piero della Francesca.** Œuvre éminemment symbolique d'une rare élégance où la Vierge apparaît le ventre rond, dans une attitude hiératique. La fresque fut exécutée en 7 jours en 1460, et son originalité vient du thème traité : à l'époque, la grossesse était plutôt un sujet tabou en Italie. Le réalisme de la scène est frappant ! Deux anges l'encadrent afin d'attirer notre attention. Ces regards sont d'autant plus mystérieux que Piero della Francesca est devenu aveugle à la fin de sa vie. Une œuvre rare, donc... dont la municipalité profite pour demander un droit d'entrée excessif !

SANSEPOLCRO (52037)

🏛🏛 À 8 km d'Anghiari, une petite ville désormais millénaire, organisée autour de la *piazza Torre di Berta,* où converge un maillage de rues à angle droit cerné de murailles. Sansepolcro est la ville natale de *Piero della Francesca.* Le Museo civico garde avec fierté certaines de ses plus belles œuvres, dont la *Résurrection,* une œuvre qu'Aldous Huxley, le chantre du new age, considérait comme le « plus grand chef-d'œuvre du monde » ! À une encablure de là, l'**Aboca Museum** est l'un des plus riches musées traitant de la phytothérapie de l'Antiquité à nos jours. Bref, au moins deux raisons de faire une escale ici ! Sinon, le deuxième dimanche de septembre se déroule le *Palio della Balestra,* opposant les archers de Gubbio à ceux de Sansepolcro, en costumes d'époque... Sachez enfin que le terroir de Sansepolcro regorge de produits de grande qualité, ce qui en fait un grand carrefour de la gastronomie toscane. À table !

Arriver – Quitter

➢ **En bus :** 14-17 bus/j. sf dim avec **Arezzo** (55 mn) et **Anghiari** (10 mn) ; le terminus de certains étant à **Città di** **Castello** (45 mn). Infos : ● *tiemmespa. it* ● *etruriamobilita.it* ●

Adresse et info utiles

🖂 *Ufficio turistico Valtiberina toscana :* via Matteotti, 8. ☎ 0575-74-05-36. ● valtiberinaintoscana.it ● Avr-nov, tlj 10h-13h, 14h30-18h30 ; hors saison, tlj 10h-13h, plus 14h30-16h30 ven-dim. 📶 Plan du village avec ses centres d'intérêts, agenda culturel, infos sur les villages de la Valtiberina et ses loisirs verts. Accueil dynamique et compétent.
– *Marché :* mar et sam mat.

Où dormir ?

🛏 *Foresteria-ostello di Santa Maria dei Servi :* piazza A. Dotti, 2. ☎ 0575-74-23-47. 📱 339-624-61-94. ● info@santamariadeiservi.it ● santamariadeiservi.it ● Lit en dortoir (4-8 pers) 20 €/pers. Oct-mars, l'établissement reçoit slt les groupes (½ pens obligatoire). CB refusées. 📺 📶 Cet ancien couvent du XIIIe s est devenu une *foresteria* laïque d'une trentaine de lits superposés, dispatchés dans des dortoirs plutôt austères mais propres, dont certains avec salle de bains. Grande salle à manger. Bon accueil.

🛏 *B & B Palazzo Magi :* via XX Settembre, 160-162. ☎ 0575-74-04-77. 📱 392-115-55-95. ● info@palazzomagi.it ● palazzomagi.it ● Doubles 90-120 € selon confort. 📶 Cet ancien palais du XIVe s abrite une quinzaine de chambres spacieuses et tout confort ; aux murs et plafonds recouverts de fresques. Accueil dynamique et pro. Une gentille petite adresse de charme à prix raisonnables.

Où manger ? Où déguster une pâtisserie, une glace ?

🚊 🍞 *Forno La Spiga :* via S. Caterina, 76 (angle via B. Ranieri). ☎ 0575-74-05-22. Tlj sf sam ap-m 7h-13h, 16h-19h30. Le bon boulanger du village, qui cuit dans son vénérable four à bois pizzas et *focacce*, vendues à la coupe. Également des *biscotti* et autres *dolci tipici*... Une adresse réputée dans toute la vallée pour son excellence !

🍴 *Fiorentino :* via L. Pacioli, 60. ☎ 0575-74-20-33. ● ristorante@ristorantefiorentino.it ● Tlj sf mer. Repas 30-40 €. À la carte, juste quelques goûteux plats de saison revisités par une chef talentueuse – Alessia Uccellini –, bien connue pour porter haut la cuisine toscane dans les médias italiens. Ingrédients au top, présentations originales, et des desserts à se damner ! On se régale sous les vieilles poutres d'une grande salle à la déco très classique. Foncez !

🍞 ☕ 🍨 *Caffè-pasticceria Chieli :* viale V. Veneto, 35. ☎ 0575-74-20-26. ● info@pasticceriachieli.it ● Tlj sf lun 6h-20h (20h30 sam, 13h dim). Cadre design qui détonne au cœur de cette vieille ville ! Délicieuses et élégantes pâtisseries, à savourer avec un café sur un bout de comptoir, ou sur les quelques tables. Également de petits sandwichs. Une adresse inattendue !

🍦 *Gelateria Ghignoni :* via Tibertina Sud, 858. ☎ 0575-74-19-00. ● info@ghignoni.it ● À 1,5 km au sud-est de Sansepolcro par la SS 73. Tlj sf mar 15h30-1h. En bord de route, cette *gelateria* mérite le détour pour ses savoureuses glaces – crémeuses ou aux fruits de saison – réalisées par une pointure, qui remporte régulièrement des concours nationaux.

À voir

🍴🍴 *Duomo :* via G. Matteotti, 1. ☎ 0575-73-21. Tlj 8h30-18h30. Construit au XIVe s sur la base d'une église du XIe s, c'est une structure sobre à trois nefs,

TOSCANE

soutenues par deux volées de colonnes, avec un plafond à *capriate,* c'est-à-dire à charpente visible. Il recèle quelques œuvres remarquables : au-dessus du maître-autel, polyptyque de la *Résurrection de Niccolò di Segna,* dont on apprécie la finesse des détails ; dans la nef de droite, *L'Incrédulité de saint Thomas* par *Santi di Tito* ; puis, dans la nef de gauche, une très colorée *Ascension* du *Pérugin* et un tabernacle en céramique émaillée d'*Andrea Della Robbia.* Enfin, dans le cloître attenant, une fresque du début du XVᵉ s représentant la vie de saint Benoît.

🎥🎥🎥 *Museo civico :* via Niccolò Aggiunti, 65. ☎ 0575-73-22-18. ● *museocivico sansepolcro.it* ● ♿ De mi-juin à mi-sept, tlj 10h-13h30, 14h30-19h ; hors saison, tlj 10h-13h, 14h30-18h. Fermé 1ᵉʳ janv et 25 déc. Dernière admission 30 mn avt. Entrée : 8 € ; réduc. Le billet donne droit à une réduc à l'Aboca Museum. Occupant la totalité du palazzo dei Conservatori (XIVᵉ s), ce musée renferme des œuvres à caractère sacré provenant des monastères et des églises de la région. *Piero della Francesca,* l'enfant du pays, y est à l'honneur ! Son portrait réalisé par Santi di Tito marque l'entrée de la visite, qui commence par son superbe polyptyque de la *Madone de la Miséricorde,* dont la prédelle a été mise de côté de manière à pouvoir en apprécier les détails : l'artiste s'y est représenté aux pieds de la Vierge avec un étroit col rouge. Plus loin, la pièce rare, *La Résurrection,* avec un Christ déterminé, en porte-étendard, à peine égratigné sur fond d'arbres morts. Notez les soldats endormis à ses pieds : celui qui est de face, c'est encore un auto-portrait de l'artiste ! Puis en vrac : une *Vierge à l'Enfant* en médaillon, une *Nativité* et une *Adoration* d'*Andrea Della Robbia* ; une *Résurection* de *Vasari,* où le Christ semble dire « *Ciao tutti !* » ; un autre polyptyque de Piero della Francesca (la partie centrale se trouve à la Galerie nationale de Londres !), mais aussi des œuvres des deux autres natifs de Sansepolcro que sont les maniéristes *Giovanni De Vecchi* et *Santi di Tito.*

🎥🎥 *Aboca Museum :* via Niccolò Aggiunti, 75. ☎ 0575-73-35-89. ● *abocamuseum. it* ● Avr-sept, tlj 10h-13h, 15h-19h ; oct-mars, tlj sf lun 10h-13h, 14h30-18h. Fermé 1ᵉʳ janv et 25-26 déc. Entrée : 8 € ; réduc ; gratuit moins de 10 ans. Si vous présentez le billet du Museo civico, vous avez une réduc. Brochure en français. Un musée insolite ! On y apprend tout sur la médecine par les plantes : Aboca recèle plus de 1 500 manuscrits et herbiers de

LE CROCO DU LABO

Au début du XVIIᵉ s, les Européens commençaient sérieusement à parcourir le monde. Des pays lointains, ils rapportaient plantes rares, baumes, onguents, afin de calmer les « humeurs » des patients. Pour affirmer la rareté, donc la préciosité, de ces substances, les apothicaires affichaient quelques éléments exotiques. C'est la raison pour laquelle trônait, dans chaque officine, un crocodile !

plantes médicinales, dont le plus vieil exemplaire date de 1542. Une vraie mine d'or ! D'ailleurs, la maison continue de les potasser pour savoir si une plante – non encore synthétisée – ne serait pas passée à la trappe au fil de l'histoire... La visite demeure un voyage dans le temps, avec toutes sortes de documents, réceptacles, cornues, fioles, mortiers, herbiers, pots à pharmacie, lithos de différentes époques. Puis on enchaîne par un parcours à la fois ludique et sensoriel qui, d'une herboristerie avec alambic du XVIᵉ s, nous conduit jusqu'à une officine du XVIIIᵉ-XIXᵉ s. Super !

CASTIGLION FIORENTINO (52035)

🎥 Point névralgique à mi-chemin entre Arezzo et Cortona pendant la période étrusque, Castiglion Fiorentino – baptisée ainsi lorsqu'elle tombe sous la coupe de Florence au XVIe s – est une petite halte agréable sur la route du val di Chiana. Au-delà de la belle porte fortifiée, un dédale de vieilles ruelles escalade la colline jusqu'à la *piazza del Commune*, bordée par ses vénérables maisons et sa loggia panoramique ouverte sur la campagne. La ville natale de Roberto Benigni ne manque donc pas de panache, surtout le 3e week-end de juin, lorsqu'elle organise le *Palio dei Rioni*, une course hippique opposant les trois quartiers de la ville. À ne pas manquer non plus, la procession de la Semaine sainte, et la très prisée crèche vivante de Noël...

Adresse et info utiles

ℹ️ Ufficio turistico : *piazza Risorgimento, 19.* ☎ *0575-65-82-78.* ● *pro lococastiglionfiorentino.it* ● *Kiosque planté sur la placette en contrebas de la porte, juste hors les murs. Avr-oct, tlj sf dim ap-m 10h-12h, 16h30-18h30 ;* nov-mars, lun-mer et ven 10h-12h, plus jeu 16h30-18h30.* Plan du vieux bourg avec ses points d'intérêt, agenda culturel...

– *Marché :* ven mat.

Où boire un café ? Où déguster une pâtisserie, une glace ?

🍷 🍴 **Bar-pasticceria La Perla :** *viale G. Mazzini, 65.* ☎ *0575-65-86-80. Hors les murs, dans la ville moderne. Tlj sf mar et dim ap-m 5h30-13h, 16h30-20h.* De délicieuses viennoiseries, *biscotti, crostata,* etc., à dévorer sur les 2-3 tables, avec un bon café. Une excellente adresse d'habitués.

🍦 **Mondo Gelato :** *via Aretina, 120* (SP 71).* ☎ *340-776-78-89.* ● *gelateria. mondo.gelato@gmail.com* ● *À 1 km au nord du village, direction Arezzo. Ouv 24h/24 !* En bord de route, un lieu improbable plébiscité par les gens du cru pour ses succulentes glaces artisanales crémeuses à souhait ou aux fruits de saison. Une adresse qui vaut le détour !

À voir

🏛️ **Pinacoteca comunale :** *via del Cassero, 6.* ☎ *0575-65-94-57. En haut du village, au-dessus de la piazza del Commune. Mai-sept, jeu-dim 10h-18h ; oct-avr, jeu-dim 10h-12h30, 15h30-18h. GRATUIT.* Aménagée dans l'ancienne église Sant'Angelo, la petite pinacothèque présente une courte mais intéressante collection d'œuvres d'art religieux (beaux reliquaires médiévaux...), ainsi que des peintures de l'école toscane : **Taddeo Gaddi** (XIVe s), mais surtout **Bartolomeo della Gatta,** connu pour avoir exécuté une partie des fresques de la chapelle Sixtine. Également quelques belles compositions de **Giovanni Domenico Ferretti.**

🏛️ **Museo archeologico :** *dans le Palazzo pretorio.* ☎ *0575-65-94-57. Mêmes horaires que la* pinacoteca. *GRATUIT.* Quelques salles rassemblent une poignée d'objets étrusques découverts à l'occasion de fouilles archéologiques dans le secteur : belles statues, urnes funéraires, section sur l'écriture...

🏛️ **Torre del Cassero :** *s'adresser au* museo *pour entrer. Interdit aux moins de 18 ans non accompagnés. GRATUIT.* Belle et haute tour solitaire du XIVe s, où l'on grimpe pour profiter de la vue.

LE VAL D'ELSA ET LE VAL DI CECINA

La vallée du fleuve Elsa, située à l'ouest de Sienne, est depuis longtemps un carrefour d'importance du fait de sa position stratégique sur la via Francigena, arrière-garde de Volterra, ultime bastion entre Florence, Sienne et la mer. Pas étonnant donc que les bourgs se dressent ici en nids d'aigle, piqués de hautes tours guettant l'horizon, éternelles sentinelles surplombant les landes ordonnées...

MONTERIGGIONI   (53035)   9 810 hab.

Édifiées le long de la via Francigena, chemin de pèlerinage reliant Rome à l'Europe du Nord, les fortifications lombardes de Monteriggioni remontent au XIIIe s. Ce bourg bardé de remparts fut construit en 6 ans autour d'une... ferme ! Et il a su rester merveilleusement dans son jus, sans qu'aucune construction récente ne vienne perturber son architecture originelle. Quatorze tours reliées entre elles par des murailles – intactes – forment le système de défense qui offrit refuge à de nombreux Siennois en conflit avec les Florentins...

Arriver – Quitter

➢ **En bus :** 3-13 bus/j. avec **Siena** (25 mn), **Castellina Scalo** (10 mn ; gare ferroviaire), **Colle di Val d'Elsa** (20 mn) et **San Geminiano** (1h) ; et 2 bus/j. sf dim avec **Firenze** (1h20). Infos : ● *tiem mespa.it* ● *sienamobilita.it* ●

➢ **En train :** nombreux directs avec **Siena** (15 mn). Pour **Firenze** (1h30), changement à **Empoli** ou **Siena.** Un moyen pratique pour les marcheurs et les vélos (piste piétonne et cyclable), car la gare de Castellina in Chianti-Monteriggioni se trouve à **Castellina Scalo,** 3 km au nord de Monterrigioni. Infos : ☎ 89-20-21. ● *trenitalia.it* ●

Adresse utile

🛈 **Ufficio turistico :** *piazza Roma, 23.* ☎ *0577-30-48-34.* ● *monteriggio niturismo.it* ● *Sur la pl. principale, à gauche de l'église. Tlj avr-oct 9h30 (10h de mi-sept à oct)-13h30, 14h-19h30 (18h de mi-sept à oct) ; nov-mars tlj sf mar 10h-13h30, 14h-16h. Congés : 2de quinzaine de janv.* Plan dépliant du village avec ses points d'intérêt, agenda culturel... Sur place, également le minimusée : Monteriggioni in arme (voir plus loin « À voir. À faire »).

Où dormir ? Où manger ?

🛏 **Casa per Ferie Santa Maria Assunta :** *piazza Roma, 23.* ☎ *0577-30-40-66.* 🖷 *327-065-56-78 ou 335-665-15-81.* ● *monteriggionivia francigena.it* ● *Sur la place principale, à gauche de l'église, à côté de l'office de* tourisme. Résa conseillée. Lit en dortoir 25 €/pers. Dédié aux pèlerins, ce lieu compte une vingtaine de lits dispatchés dans plusieurs dortoirs. Bref, du fonctionnel à la déco monacale ! Également un appartement (4 personnes) du même tonneau. Cuisine commune, et carré de verdure sur la vallée.

🏠 **Romantik Hotel Monteriggioni :** via 1° Maggio, 4. ☎ 0577-30-50-09. ● monteriggioni@romantikhotels. com ● romantikhotels.com/Monteriggioni ● Résa conseillée. Doubles 190-230 €. Quand on aime, on ne compte pas ! Petit hôtel chic de 11 chambres donnant sur un jardin planté d'oliviers et entouré par les remparts de la ville. Un havre de quiétude et pourtant au cœur de la cité médiévale. Piscine.

🍽 ▾ 🍷 ❀ **Bar-alimentari La Cerchia :** piazza Roma, 3.

☎ 0577-30-40-21. Tlj sf mer. Moins de 5 €. Le bar du village, avec sa gentille terrasse au soleil sur la place principale. À l'intérieur, une petite vitrine réfrigérée pour se faire confectionner un bon panino, que l'on accompagne volontiers d'un café ou d'un verre de vin. Fait aussi épicerie de produti tipici.

🍽 ▾ 🍷 ▾ ❀ **Antica Travaglio :** piazza Roma, 6a. ☎ 0577-30-47-18. Tlj. Plats 9-22 €. Derrière sa TV, ce bar de pays demeure LA bonne table du village, avec ses spécialités toscanes soignées mais pas données ; à déguster dans une véranda à l'arrière ou en terrasse sur la place. On peut aussi y prendre un verre de vin au comptoir avec les habitués, ou une délicieuse glace casalinga, un café, ou encore dévorer une bonne pâtisserie maison. Bref, une adresse à dimension variable !

TOSCANE

Où dormir ? Où manger dans les environs ?

🏕 **Camping Luxor Chianti Village :** loc. **Trasqua.** ☎ 0577-74-30-47. ● info@luxorchiantivillage.com ● luxor chiantivillage.com ● À 4 km à l'est du bourg par la SR 2. Ouv fin mai-fin sept. Compter 34 € pour 2 avec tente et voiture. 📶 Après quelques kilomètres d'une piste étroite et caillouteuse à travers vignes et oliveraies, on débouche sur ce camping installé au cœur d'une forêt de chênes. Emplacements paisibles, donc, et ombragés. Resto-bar-pizzeria, longue piscine, jeux pour enfants. Accueil charmant.

🏠 🍽 **Podere Lornanino :** loc. **Lornano,** 10. ☎ 0577-30-91-46. ● info@ bottegadilornano.it ● bottegadilornano. it ● À 4 km à l'est du bourg par la SR 2. Doubles 90-100 €. Plats 9-20 € ; repas 25-30 €. 📶 Perdu dans un hameau viticole paisible, cette maison en pierre de pays renferme 3 grandes chambres confortables, soignées et meublées d'anciens. Également un appartement (6 personnes) à l'étage. Beau jardin avec piscine. Les gentils proprios tiennent aussi un resto de campagne, planté au carrefour du bourg. Bon rapport qualité-prix.

🏠 **B & B Borgo Gallinaio :** strada del Gallinaio, 5. ☎ 0577-30-47-51. ● info@ gallinaio.it ● gallinaio.it ● À 1 km au sud

du bourg. Doubles 130-164 € selon saison. 📶 En pleine campagne, à la lisière d'une forêt touffue et cernée par les oliviers, cette vieille ferme pittoresque livre une quinzaine de chambres spacieuses, confortables, élégantes et très classiques dans leur déco. Piscine et table d'hôtes. Une belle adresse pour se mettre au vert !

🍽 🍴 ▾ 🍷 **Bar dell'Orso :** loc. **La Colonna,** 23. ☎ 0577-30-50-74. ● orsobar@libero.it ● ♿ À 1 km au nord du bourg par la SR 2. Tlj 5h-minuit. Plats 8-16 € ; repas 20-25 €. 📶 Café offert sur présentation de ce guide. Plantée sur la route nationale, c'est le genre de bar de pays qu'on adore ! D'abord un comptoir des habitués sirotant leur café, et une vitrine alléchante de charcuterie, fromages, antipasti, etc., avec lesquels on se fait confectionner un délicieux panino, ou une assiette, accompagnée d'un verre de vin. Également des pâtes, et quelques secondi typiques et pas mal tournés. Le tout mené d'une main de maître(sse) par 3 générations de femmes. On recommande !

🍽 **Casalta :** via XVII Marzo, 22, à **Strove.** ☎ 0577-30-11-71. ● info@ ristorantecasalta.it ● Tlj sf mer. Résa conseillée. Menus 40-55 € ; plats

15-25 €. Aux fourneaux, le chef réputé Lazzaro Cimadoro propose une cuisine harmonieuse qui puise son inspiration dans le terroir et la tradition, tout en se permettant des détours originaux.

Si la carte est courte, tout fait envie ! Cave exceptionnelle qui ne plombe pas l'addition (certains vins servis au verre). L'une des meilleures tables de la région !

À voir. À faire

🎒🥾 🚶 *Balade sur les remparts :* *mêmes horaires que l'office de tourisme. Entrée : 3 €, visite de Monteriggioni in arme comprise ; réduc ; billet famille ; gratuit moins de 8 ans.* Il s'agit de deux tronçons de remparts aménagés pour la visite, sans pour autant faire le tour de l'enceinte. Là-haut, belle vue sur la campagne !

🎒 🚶 *Monteriggioni in arme :* *mêmes horaires que l'office de tourisme. Entrée : 3 €, balade sur les remparts comprise ; réduc ; billet famille ; gratuit moins de 8 ans.* Quelques armures et cottes de mailles sur des mannequins en situation, et puis de modestes vitrines abritant quelques vestiges archéologiques locaux. Un truc amusant : on peut essayer des bouts d'armures. Dieu que c'est lourd !

COLLE DI VAL D'ELSA   21 600 hab.

À environ 10 km au sud-est de San Gimignano, Colle di Val d'Elsa se divise en deux parties : *Colle Alta,* **la villa haute édifiée sur le lieu de l'ancien château de Piticciano, et** *Colle Bassa* **(Il Piano), la ville basse. Comme dans les « grandes petites villes » médiévales, il y a deux cités en une. La ville basse, moderne et animée, qui cohabite avec sa voisine haut perchée, sans se confondre avec elle, et la partie médiévale, haut perchée sur son éperon rocheux, visitée le jour, étrangement tranquille le soir venu. La ville haute se visite à pied, en se perdant dans les ruelles bordées de palais et maisons seigneuriales des XIIIᵉ et XVᵉ s. On y accède par un ascenseur depuis la place principale ou par un escalier entre le** *borgo* **et le** *castello.*

UN PEU D'HISTOIRE

Très tôt, les usines à papier et moulins à foulon installés sur les biefs aménagés au fil de l'Elsa affirment sa vocation industrielle. Une ère qui coïncida ici avec la naissance du socialisme. Mais la production du verre prendra le dessus, à tel point qu'au XIXᵉ s la ville était appelée « la Bohème italienne ». Aujourd'hui, Colle s'enorgueillit de détenir 14 % de la production mondiale de cristal. Il ne reste plus que deux usines et leurs magasins respectifs dans la ville basse (et trois petits magasins dans la ville haute). Un musée retrace cette histoire tandis que des bâtiments fermés ici et là témoignent des heures difficiles vécues par la ville ces derniers temps. Pas question pourtant de s'ouvrir au tourisme de masse, la municipalité tient à ce que la ville garde son âme.
Pendant le Moyen Âge, Colle comptait plus de 12 tours et rivalisait en puissance avec San Gimignano, mais pendant la Renaissance, celles-ci ont étés détruites et les briques réutilisées pour construire les nombreux palais de la ville. Colle ne possède plus que deux tours, celle du clocher et celle d'Arnolfo di Cambio.
Colle vit naître Arnolfo di Cambio, sculpteur et architecte de la cathédrale de Florence, et accueillit Carlo Lorenzini dit « Collodi » : le célèbre auteur des aventures de Pinocchio a étudié au grand séminaire de Santa Marta de 1837 à 1842. Et il se serait inspiré pour son personnage d'un certain sapin qu'il avait souvent sous les yeux, près du séminaire.

Arriver – Quitter

En bus

La **gare routière** pour toutes les compagnies et toutes les destinations se situe via Bilenchi, à l'arrière de la piazza Arnolfo di Cambio.
■ **Siena Mobilità / Tiemme :** ☎ 800-922-984 (n° Vert). ● sienamobilita.it ● Plusieurs points de vente dont un piazza Arnolfo di Cambio. ☎ 0577-92-13-34. Lun-sam 6h40-13h30, 15h30-20h50.
➢ Liaisons avec **Florence** (1 bus/h, avec changement à Poggibonsi ; durée : env 1h), **Sienne** (1 bus/h ; durée : env 30 mn), **Monteriggioni** (4/j. ; aucun dim) et **San Gimignano** (2 bus/h ; durée : 35-40 mn).

■ **CPT** (Compagnia Pisana Transporti) : ☎ 199-120-150 (n° Vert). ● cpt.pisa.it ●
➢ De Colle di Val d'Elsa, on peut rejoindre **Volterra** par la ligne 770 CPT qui circule 4 fois/j. entre les 2 villes (1 fois slt dim et j. fériés). Départ de la station de bus. Durée : 50 mn.

En train

Stazione FS : à **Poggibonsi**, à 10 km au nord de Colle di Val d'Elsa. Ensuite, prendre le bus. Pas très pratique.
➢ **Florence et Sienne :** 1 train ttes les heures, passant par Empoli et Certaldo.

Adresses utiles

❶ **Pro Loco Informations touristiques :** via del Castello, 33. ☎ 0577-92-27-91. ● turisticocolle@tiscali.it ● prolococol levaldelsa.it ● Avr-oct, tlj 10h30-13h, 15h30-18h ; nov-janv et mars, ven-dim et j. de fêtes 11h-13h, 15h-17h. Congés : fév. Plan de la ville. Infos sur les transports et réservation d'hébergement. Bel accueil. Expos temporaires.

❶ **Punto città :** piazza Arnolfo di Cambio, 9. ☎ 0577-92-13-34. ● punto citta@invaldelsa.it ● Lun-sam 6h40-13h20, 15h-18h25 ; dim et j. fériés 8h-13h45. Vente de billets de bus de la compagnie Siena Mobilità / Tiemme.
✉ **Poste :** via Don Minzoni, 33. Lun-sam 8h25-19h10 (12h35 sam).

Stationnement et accès à la ville haute

⊞ Le borgo et le castello (la vieille ville) ne sont pas accessibles aux voitures. Le plus simple est de se garer dans le parking gratuit au pied de la vieille ville, situé sur la SS 68, et de grimper par l'escalier. Sinon, stationner sur l'un des 2 parkings (payants) à proximité de la piazza Arnolfo di Cambio et prendre l'ascenseur public situé via Meoni, à 5 mn de la piazza, en prenant la via Garibaldi.

Où dormir ? Où manger ? Où boire un verre ?

Il y a une dizaine de bons restaurants jouant tous la carte du terroir local, mais si vous désirez déguster les plats typiques des paysans d'autrefois comme la pappa al pomodoro, la panzanella, la trippa, le verdure fritte, le polpette et d'autres réalisés avec peu de moyens et beaucoup de goût, venez toutes les fins de semaine du mois de juin sur la piazza Santa Caterina. Vous ferez la queue pour dîner en plein air lors de cette fête de la **Sagra della Miseria** qui réunit tout le village ainsi que leurs amis venant parfois de très loin.

🛏 **Arnolfo B & B :** via F. Campana, 53. ☎ 0577-92-20-20. ● arnolfo@temainf. it ● arnolfobb.it ● Dans la ville haute. Accueil 9h-13h, 15h-21h. Doubles 85-110 €, avec petit déj. 📶 Au pied du pont reliant le borgo et le castello, un B & B installé dans une grande maison ancienne restaurée avec goût. L'intérieur a un aspect un peu labyrinthique qui en fait tout le charme. Une dizaine de chambres de bon confort sont réparties sur 3 niveaux, avec 3 entrées. Spacieuses et hautes de plafond, elles ont un caractère ancien avec pierres apparentes. La plus romantique de toutes est au rez-de-chaussée, mais ce n'est pas la plus confortable. Petit déj servi dans le jardin ou dans une salle voûtée. Accueil cordial.

⏲ ♀ L'Angolo di Sapia : *via del Castello, 14 b (dans le renfoncement de la rue qui se termine par la terrasse Bastione di Sapia), dans la ville haute.* ☎ 0577-92-14-53. ● *bastionesapia@ libero.it* ● *Avr-oct, tlj sf dim soir et lun 12h30-15h, 19h-1h. Plats 9-13 € ; repas env 20 €.* Belle salle voûtée et très colorée, mais on vient surtout pour sa belle terrasse qui surplombe le val d'Elsa. Carte courte mais suffisante pour faire votre bonheur. Service enlevé.

⏲ Officina della Cucina Popolare : *via Gracco del Secco, 86, dans la ville haute.* ☎ 0577-92-17-96. ● *matteo. infoofficina@gmail.com* ● *À 150 m de la porta Salis (donc tt en haut de la ville haute). Tlj sf mar. Congés : janv-fév. Repas complet 25-35 €.* ☎ On retrouve ici nombre de recettes toscanes réinventées dans une atmosphère gentiment bohème. Du locavore, du vrai, diraient les bobos, en se régalant de *pappardelle* servies avec un ragoût de sanglier. Du vrai *slow food,* car le temps d'attente peut être long. Service néanmoins adorable et petite terrasse sur rue pour regarder passer les gens.

⏲ Trattoria Bel Mi'Colle : *via Garibaldi, 56.* ☎ 0577-92-28-37. ● *info@ trattoriabelmicolle.it* ● ♿ *Dans la ville basse, à 200 m de la pl. Arnolfo di Cambio. Tlj sf mer, midi et soir. Menu 28 €.* ☎ Petite terrasse dans la rue, salle intérieure mignonne, et excellente cuisine servie avec amabilité et efficacité. Des plats toscans soignés, bien mijotés... d'un très bon rapport qualité-prix. *Spaghetti con animelle, tortello di tripa, panzanella...*

Chic

⏲ Ristorante Antica Trattoria : *piazza Arnolfo di Cambio, 23, dans la ville basse, sur la grande place.* ☎ 0577-92-37-47. ● *anticatrattoriapa radisienrico@gmail.com* ● ♿ *Tlj sf mar. Congés : 1 sem en janv et 1 sem en nov. Compter 40-45 €.* ☎ Une adresse bien connue des locaux, avec une terrasse discrète sur la piazza et des petites salles à l'ancienne très classe pour qui voudrait se mêler aux locaux. On y vient pour déguster une pintade au *vin santo,* des calamars farcis aux tomates vertes, du pigeon au lard, des *pici* au ragoût de chevreuil ou un vrai bon tartare, tout cela vous étant expliqué en français par un chef ayant fait de belles maisons.

À voir

🎎 La rue la plus intéressante de la ville haute est la *via del Castello.* On y accède par un étonnant passage voûté sous le beau et vieux palais Campana. Très impressionnant et surtout très agréable quand il fait une chaleur caniculaire ! L'époque étant aux économies, les musées de la ville haute (art sacré et archéologie) ont été fermés dans l'attente d'une éventuelle restauration. Ce qui n'enlève rien au charme réel d'une balade nocturne dans ces rues où rien ne semble avoir changé depuis des siècles, hormis de rares magasins pour les visiteurs d'ailleurs assez fortunés qui viennent ici « changer d'ère ». Poussez jusqu'à la piazza del Duomo. Et allez admirer à l'intérieur de la *concattedrale dei Santi Alberto et Marziale* quelques belles œuvres de la fin du XVIe-début du XVIIe s. En ressortant, ne manquez pas de descendre dans la crypte.

🎎 Museo del Cristallo : *via dei Fossi, dans la ville basse.* ☎ 0577-92-41-35. ● *info@cristallo.org* ● *Tlj sf lun 10h-13h30, 14h-18h30 (17h30 oct-avr). Entrée : 4 € ; réduc.*

TOSCANE

L'industrie du verre à Colle débuta en 1820 avec un Français, François Mathis. À sa mort, en 1832, c'est le Bavarois Giovan Schmid qui reprit les rênes, à la tête de l'entreprise. Grâce à lui, l'usine obtint même la médaille d'or à l'Exposition universelle de Paris en 1855. Les héritiers de ce dernier étant en désaccord, c'est finalement Alfonso Nardi, un vitrier d'Empoli, qui reprit l'affaire en 1889. Le musée, qui a fait appel à l'architecte Jean Nouvel pour sa nouvelle muséographie retrace, sur deux niveaux, l'histoire du cristal à travers de nombreuses pièces provenant de collections publiques et privées.

Chaque premier dimanche du mois, on peut assister, l'après-midi, au travail à chaud du cristal, dans le centre historique (renseignements et horaires à l'office de tourisme).

DANS LES ENVIRONS DE COLLE DI VAL D'ELSA

CASOLE DI VAL D'ELSA

À 13 km au sud-ouest de Colle di Val d'Elsa, elle surgit à l'improviste, sur un plateau, et l'on est immédiatement sous le charme.

Dans un paysage toscan intemporel, voici un très beau village perché de 3 000 habitants, où le temps semble s'être arrêté. Au Moyen Âge, il a défendu Sienne avec ardeur face à ses ennemies de toujours, Florence et San Gimignano. Aujourd'hui, même s'il ne reste de ce bastion siennois que les tours rondes des anciens remparts, on n'en est pas moins tombés sous le charme. Cette petite bourgade rurale a su préserver jalousement ses ruelles entrelacées, son architecture, ses magnifiques bâtiments médiévaux quasi intacts, ainsi que la fête séculaire du *Palio*. Les habitants disent qu'on ne les découvre pas « *per caso* » (par hasard), et on veut bien les croire.

On accède au cœur de la ville par un ascenseur qui mène directement à la piazza della Libertà.

VOLTERRA   (56048)   11 000 hab.

> • Plan *p. 305*

Perchée sur sa haute colline, Volterra porte les traces des civilisations qui s'y établirent successivement. C'est l'une des plus anciennes cités de la grande fédération étrusque. Elle gouverna la Toscane jusqu'à l'arrivée de Scipion en 298 av. J.-C. Après de longues luttes et une indépendance précaire, elle tomba sous la tutelle de Florence vers 1360. Le charme un peu sévère de Volterra, appelée aussi « la cité du Vent », ravira nos lecteurs romantiques. D'ailleurs, avant eux, Stendhal vint y poursuivre une histoire d'amour malheureuse. D. H. Lawrence trouva sur ses remparts une riche inspiration, et le ténébreux Visconti y tourna *Sandra*. La balade de bonne heure le matin sur la piazza dei Priori, l'une des plus belles places médiévales d'Italie, sera l'un de vos temps forts toscans. Refaire la même chose le soir en sera un autre.

Arriver – Quitter

En voiture

Sienne : 55 km ; *Florence :* 84 km ;
San Gimignano : 30 km ; *Colle di Val d'Elsa :* 28 km.

En bus

🚏 *Gare routière* au niveau du parking P1 *(plan A2)*, sur la piazza Martiri della Libertà. Billets à acheter dans les tabacs. Le moyen de transport en commun le plus pratique.

■ *Bus CPT :* ☎ 199-120-150 *(n° Vert).*
● cpt.pisa.it ●
➤ *Pise :* env 10 bus/j., ts avec correspondance à Pontederra ; 1 slt dim et j. fériés. Au total, compter 2h30.
➤ *Colle di Val d'Elsa :* env 4 bus directs/j. (A/R), 1 slt sam-dim et j. fériés. Durée : 50 mn. Passe par Colle di Val d'Elsa et Poggibonsi.
➤ *Florence, Sienne et San Gimignano :* pas de bus direct, prendre un bus jusqu'à Colle di Val d'Elsa. Puis un autre jusqu'à ces destinations.

Stationnement

Comme d'habitude, impossible de pénétrer à l'intérieur des murailles en voiture, sauf si vous avez une réservation dans un hôtel, juste le temps de déposer vos bagages.

🅿 *Parkings payants :* piazza Martiri della Libertà, près du parc archéologique *(plan A2,* **1***).* Parking souterrain P1, dit « La Dogana », sur plusieurs niveaux. Compter 11 €/j. Parking P4 *(plan A-B1-2,* **4***)* à la porta Fiorentina. Compter 1,50 €/h, gratuit la nuit. Attention le parking P2 *(plan B2,* **2***)* est réservé aux résidents. Également le parking P3 à la porta Docciola *(plan B2,* **3***).* Gratuit pour les voitures. Compter 8 €/j. pour les camping-cars.
🅿 *Parkings gratuits :* tt autour de la

ville, à l'extérieur, près des portes. Parkings P5 et P6 *(plan A1,* **5** *et* **6***),* ainsi que celui face au Seminario Vescovile Volterra Sant'Andrea *(plan B2).* Le parking P8 de la porta San Francesco *(plan A1,* **8***)* n'est gratuit que les 2 premières heures.
🅿 *Parking camping (hors plan par A1,* **9***) :* près du camping Le Balze se trouve une zone où les camping-cars viennent se garer lorsque le camping est fermé (en hiver), à 2 km de la ville.
🅿 *Parking municipal (hors plan par B2,* **10***) :* à la Vecchia Stazione (ancienne gare), juste à l'extérieur des remparts, route de Florence, à droite, face à la station Esso (12 € la journée, 8 € après 14h).

Adresses utiles

ℹ *Ufficio turistico Comunale (plan A2) :* piazza dei Priori, 20. ☎ 0588-87-257. ● volterratur.it ● Tte l'année, tlj 9h30-13h, 14h-18h. Accueil professionnel, efficace et aimable (en français). Plan de ville bien fait, infos sur les hébergements, les musées... Peut faire

les résas dans les hôtels et les *B & B* de la région. Location d'audioguides en français (tour de 45 mn) pour 5 € (prévoir une pièce d'identité).
✉ *Poste (plan A2) :* piazza dei Priori, 14. Lun-sam 8h15-19h (13h sam).

Où dormir à Volterra et dans les environs ?

Camping

⛺ *Camping Le Balze (hors plan par A1) :* via di Mandringa, 15. ☎ 0588-87-880. ● campinglebalze@hotmail.it ● campinglebalze.com ● À env 1 km

de Volterra. En contrebas du bourg, en direction de Pontedera. Ouv de Pâques à mi-oct. Réception 8h-11h, 16h-23h (horaires variables). Compter 30 € pour 2 avec tente et voiture. 📶 (payant). Un camping de taille

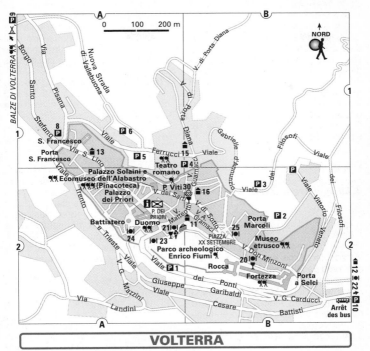

VOLTERRA

■	Adresses utiles
ℹ	Ufficio turistico Comunale
P	1 à 6 et 8 à 10 Parkings

⌂	Où dormir ?
	11 Albergo Etruria
	12 Ostello della Gioventù
	13 Hotel San Lino
	15 La Primavera B & B
	16 Hotel La Locanda

Où manger ?
Où boire un verre ?

20 La Vena di Vino
21 L'Incontro
22 Da Bado
23 Enoteca Del Duca
24 Trattoria Il Sacco Fiorentino
25 La Carabaccia

Achats

30 Enoteca Scali

moyenne bien situé et bien équipé, avec des emplacements ombragés, en tête de la falaise. Belle vue sur la campagne autour de Volterra. Pas de resto mais une agréable piscine. Bus fréquents pour le centre.

Bon marché

⌂ **Ostello della Gioventù** (hors plan par B2, **12**) : via del Teatro, 4, loc. *Girolamo.* ☎ 0588-86-613. ● info@ostellovolterra.it ● ostellovolterra.it ● ♿ Un peu excentré, à la sortie de Volterra, en direction de Sienne et Florence. Juste après la pompe à essence, prendre à gauche vers l'hôpital. L'auberge est indiquée sur la droite, dans l'enceinte de l'hôpital. Ouv mars-nov. Réception 7h-13h, 15h-23h. En dortoir, compter 16-21 €/pers selon saison ; petit déj 6 €.

Chambres privatives (pour 2) avec sdb 60-70 € selon saison, petit déj inclus. 🛜 *(payant).* Une AJ aménagée dans un ancien couvent franciscain du XVe s. Comptant une centaine de lits, l'ensemble est impeccable, la déco monacale et dépouillée, certes, mais les prestations et le confort sont dignes d'un hôtel. Grand patio agréable. Une vingtaine de chambres doubles et des petits dortoirs pour 4-6 personnes. Cafétéria et salle de séjour sympa.

De prix moyens à chic

🛏 *La Primavera B & B (plan A-B1, 15) : via Porta Diana, 15.* ☎ *0588-87-295.* ● *info@affittacamere-laprimavera. com* ● *affittacamere-laprimavera.com* ● *À deux pas de la porta Fiorentina. Double 75 €, petit déj compris.* Petite maison moderne entourée d'un jardin, avec des chambres impeccables, spacieuses et joliment aménagées. 2 avantages ici : parking gratuit dans l'enceinte de la maison et un carré de verdure pour les fins d'après-midi. Accueil cordial.

🛏 *Albergo Etruria (plan A-B2, 11) : via Matteotti, 32.* ☎ *0588-87-377.* ● *info@albergoetruria.it* ● *albergo etruria.it* ● *Congés : de mi-janv à fév. Doubles 75-95 €, beau petit déj-buffet compris.* 🖵 🛜 Idéalement situé au cœur du centre historique, ce petit hôtel à taille humaine dispose d'une vingtaine de chambres sobres et claires, la plupart avec balcon. Agréables petits salons pour bouquiner et jardin-terrasse avec une pelouse pour la bronzette ! Il y a même une chambre donnant sur cette terrasse aux bonnes odeurs de jasmin.

🛏 *Hotel San Lino (plan A1, 13) : via San Lino, 26.* ☎ *0588-85-250.* ● *info@ hotelsanlino.com* ● *hotelsanlino.com* ● ♿ *À 150 m de la porte San Francesco. Ouv tte l'année. Résa conseillée. Doubles 90-110 €, petit déj inclus. Parking 13 €.* 🖵 🛜 Un hôtel très confortable installé dans un ancien couvent aux murs larges. L'ensemble est très bien arrangé et ne manque pas de caractère grâce à une déco soignée (celle des chambres est plus standard). Une quarantaine de chambres classiques avec AC, certaines donnant sur rue mais la plupart ouvertes sur la belle piscine au cœur de l'édifice (nos préférées). Une adresse de charme au calme.

🛏 *Hotel La Locanda (plan B2, 16) : via Guarnacci, 24-28.* ☎ *0588-81-547.* ● *staff@hotel-lalocanda.com* ● *hotel-lalocanda.com* ● *Doubles standard 80-130 € selon saison ; supérieure avec jacuzzi 100-190 € ; petit déj compris.* 🛜 Difficile de trouver meilleur emplacement que cet hôtel au cœur de la ville, de style classique, proposant des chambres de qualité, impeccables et au calme. Chambres familiales également. Terrasses pour certaines côté jardin.

Où manger ? Où boire un verre ?

On y mange fort bien, comme un peu partout dans le val d'Elsa : spécialités de charcuterie artisanale, de lapin *(coniglio)* et surtout de lièvre *(lepre).*

De bon marché à prix moyens

🍴 *La Carabaccia (plan B2, 25) : piazza XX Settembre, 4-5.* ☎ *0588-86-239.* ● *info-lacarabaccia@libero.it* ● ♿ *Tlj sf lun. Congés : nov. Repas 22-27 €.* Sympathique adresse dans la mouvance *slow food.* Belle terrasse ombragée sur la place, mais certains préféreront s'abriter des regards dans une agréable salle à la déco fraîche, pleine d'ustensiles de cuisine et d'outils agricoles. Belle cuisine où règne une atmosphère féminine jouant la carte traditionnelle toscane à base de produits locaux. Du pur locavore, avec une spécialité : la *zuppa carabaccia* (soupe à l'oignon).

🍴 🍷 *L'Incontro (plan A2, 21) : via G. Matteotti, 18.* ☎ *0588-80-500. Tlj 7h-minuit. Plats 10-15 €.* Bar à vins et fin glacier qui propose à toute heure quelques bons chocolats, des pâtisseries et les classiques *crostini* ou *bruschette.* Excellents *panforte* et *brutti ma buoni.* Posez-vous à l'intérieur, la déco est pleine d'humour et le service sympa.

|●| Da Bado *(hors plan par B2, 22) :* borgo San Lazzero, 9. 📱 342-395-83-85. ● info@trattoriadabado.com ● *À 5 mn à pied à l'extérieur des remparts par la porta Selci, juste au carrefour de la route qui mène à l'hôpital. Tlj sf mer, midi et soir. Plats 10-16 €.* Un bar-resto qui pourrait passer inaperçu mais qui mérite que l'on pousse la porte. Les habitants de Volterra tout comme les touristes apprécient cette *trattoria* qui a fait ses preuves. Servie copieusement, sans chichis et avec le sourire, la cuisine est goûteuse. Belles charcuteries et superbe risotto.

|●| 🍷 La Vena di Vino *(plan B2, 20) :* via Don Minzoni, 30. ☎ 0588-81-491. ● info@lavenadivino.com ● *En face du Musée étrusque. Tlj sf mar 11h-1h. Congés : 15 j. en hiver. Plats 8-14 € ; dégustation de vins 10-15 € (3-5 vins).* Cette petite *enoteca* comporte 2 caves à la fraîcheur salutaire (en été), renfermant des bouteilles provenant de la plupart des grands vignobles italiens. On boit et on mange toutes sortes de charcuteries et de fromages, sur de grandes tables communes, dans une ambiance conviviale et amicale. On peut aussi goûter au *ponce,* redoutable punch local à base de rhum ou de cognac. Au plafond, une insolite collection de... soutiens-gorge, uniquement des cadeaux faits au patron. Humour local.

|●| Trattoria Il Sacco Fiorentino *(plan A2, 24) :* via Turazza, 13. ☎ 0588-88-537. *Tlj sf mer, midi et soir. Congés : janv-fév. Menus dégustation 25-28 € ; plats 12-16 €.* Cuisine servie dans une salle voûtée agréable et fraîche ou sur une petite terrasse non loin de la cathédrale Santa Maria. Plats assez sophistiqués (*garganelli al ragù e porcini,* pigeon au four, coquelet aux olives, sanglier au chianti...). Une autre bonne adresse.

Très chic

|●| Enoteca Del Duca *(plan A2, 23) :* via di Castello, 2. ☎ 0588-81-510. ● info@enoteca-delduca-ristorante.it ● ♿ *Tlj sf mar, midi et soir. Congés : janv-fév. Plats 12-22 € ; menus 36-49 €. Apéritif maison offert sur présentation de ce guide.* Installé au pied du parc E. Fiumi, le resto dispose d'une terrasse verdoyante sur l'arrière face à l'acropole étrusque. Sinon, on dîne dans la salle voûtée, entourée de rayonnages de vins. Le chef enrichit ses petits plats typiques, saisonniers et gastronomiques d'un soupçon de créativité. Propose aussi des plats végétariens. Ainsi que des chambres très cosy dans leur *agriturismo* plutôt chic lui aussi, *Podere Marcampo,* à 4 km de Volterra *(95-120 €).*

TOSCANE

Où manger dans les environs ?

|●| Trattoria Albana : *via Comunale, 69, loc.* **Mazzolla.** ☎ *0588-39-001 ou 388-568-48-22.* ● trattorialbana@hotmail.it ● *Sur la route de Colle di Val d'Elsa, à 4 km tourner à droite, puis faire encore 2 km jusqu'au village. Tlj midi et soir. Congés : fév. Compter moins de 15 € pour une « pâte » et un verre de rosso ; repas 25-30 €.* 📶 *Café offert sur présentation de ce guide.* Cette bonne auberge de campagne prépare une cuisine toscane traditionnelle et copieuse, faite avec passion, déclinant toutes sortes de *ragù (coniglio, lepre, cinghiale...).* Une adresse incontournable dans un merveilleux village à l'écart de la grande route.

Achats

❀ 🍷 Enoteca Scali *(plan B2, 30) :* via Guarnacci, 3. ☎ 0588-81-170. ● enotecascali.com ● *Tlj 10h-20h (21h30 mai-oct). Congés : janv-fév. Compter 10 € pour une assiette de charcuterie et de fromage.* Une *enoteca* avec salle de dégustation. Vend de beaux produits locaux et artisanaux : vins, fruits confits, pâtes fraîches, charcuterie, tomates, champignons séchés, etc. Adresse parfaite pour se confectionner d'excellents *panini* ou rapporter le plein de victuailles au pays.

À voir

Volterra propose un pass à 14 €/ pers valable 72h (22 € pour une famille de 5 pers ; réduc), comprenant les visites du palazzo voisin dei Priori (avec possibilité d'ascension de la tour), du museo etrusco Guarnacci, de l'eco- museo dell'Alabastro et de la pinacoteca e museo civico, mais aussi des 3 sites archéologiques (théâtre romain, citerne romaine, acropole étrusque). Attention, les horaires des musées peuvent changer, comme souvent en Ita- lie. En été, tlj 9h-19h en général ; en hiver, 10h-16h30 (w-e slt pour les sites). Le pass est intéressant

LA FILATURE RATÉE DE STENDHAL

En 1819, Stendhal était fou amoureux de Mathilde Dembowski (une belle Milanaise malgré son nom), qu'il tentait de conquérir maladroitement. Elle était mariée à un Polonais violent et tenait au secret absolu. Elle rendit visite à son fils en pension à Volterra. Stendhal la suivit, déguisé. Malchance, elle le reconnut dans les rues de Volterra. Elle ne lui pardonna pas cette filature. De cet amour malheureux, il tira un chef- d'œuvre : De l'amour.

pour qui voudrait avoir un aperçu global de la ville ; sinon, privilégier la visite du musée étrusque. Passer à l'office de tourisme avant d'entamer la visite, surtout en été.

☆☆ **Piazza dei Priori** *(plan A2) :* l'un des ensembles médiévaux les plus caracté- ristiques de Toscane et sans doute d'Italie. On y trouve le *Palazzo dei Priori,* datant du XIII e s (le plus ancien de Toscane !). Façade couverte des blasons et écussons des gouverneurs florentins. Possibilité de visiter la salle du conseil et l'antichambre (belles fresques) : *tlj 10h30-17h30 (en hiver, slt w-e 10h-16h30) ; prévoir 5 €. Tour du Podestat* terminée par une figure animale appelée familièrement *porcellino* (« petit cochon »). En face, le *Palazzo pretorio,* ancienne résidence du *capitano del Popolo.*

☆☆ **Duomo** *(plan A2) : tlj 8h-12h30, 15h-18h (16h-18h30 ven).* Construit en 1120 dans le style roman pisan et agrandi au milieu du XIII e s. Jolie façade en marque- terie de marbre polychrome attribuée à Nicola Pisano. Dans la nef, sur la gauche, belle *Vierge* en bois du XIV e s, la *Madonna dei Chierici* (la Vierge des Clercs) de Francesco del Valdambrino, et au-dessus, superbe *Annonciation.* En montant les marches du chœur, sur la droite, magnifique *Déposition de Croix* en bois poly- chrome du XIII e s, particulièrement originale par son traité et ses intenses couleurs. Très riche plafond à caissons ajouté à la Renaissance. Quand on entre, sur la gauche, chapelle abritant face à face deux groupes de sculptures en terre cuite de toute beauté : à gauche, une crèche avec fresque en toile de fond et, à droite, une présentation aux Rois mages (exceptionnel visage de la Vierge). Intéressant *Christ.* Chaire en marbre assise sur des piliers « lions » très expressifs. En face du Duomo, le baptistère, de forme octogonale et dont la belle façade de mosaïque de marbre a été réalisée dans la seconde moitié du XIII e s. L'intérieur est entièrement en marbre.

☆☆☆ **Pinacoteca** *(plan A2) : via dei Sarti, 1.* ☎ *0588-87-580. Dans le palais Minucci Solaini. De mi-mars à début nov, tlj 9h-19h ; hors saison, tlj 10h-16h30. Entrée : env 8 € (billet combiné avec l'ecomuseo dell'Alabastro) ; réduc.* Tous les grands de la peinture médiévale : notamment Luca Signorelli (célèbre *Madonna col bambino* et son *Annunciazione*) et Rosso Fiorentino (superbe *Deposizione dalla* *croce),* ces trois pièces maîtresses du musée sont isolées dans une même salle, au 1er étage à droite. Mais aussi un retable de Ghirlandaio *(Cristo in gloria),* un Daniele da Volterra *(Giustizia),* un Taddeo di Bartolo *(Vergine con il bambino)...* Traversez la cour. En complément de visite, *ecomuseo dell'Alabastro* aménagé sur les trois niveaux de la tour médiévale, qui retrace l'histoire de l'albâtre des Étrusques à nos jours. Reconstitution intéressante d'un atelier de sculpteur au dernier étage.

🕯 *Palazzo Viti* (plan A-B2) : *via dei Sarti, 41.* ☎ *0588-84-047.* ● palazzoviti.it ● *Avr-oct, tlj 10h-13h, 14h30-18h30 ; le reste de l'année, sur résa slt. Entrée : 5 € ; réduc.* Palais privé du XVIe s, acquis par les Viti (fabricants d'albâtre) au XIXe s. Douze salles ouvertes au public. Le cinéaste Visconti tourna ici en 1964 quelques scènes de *Sandra,* avec Claudia Cardinale. Décoration XIXe s et exotique. Les descendants de la famille Viti habitent une partie du palais.

🕯🕯 *Museo etrusco Guarnacci* (plan B2) : *via Don Minzoni, 15.* ☎ *0588-86-347. De mi-mars au 4 nov, tlj 9h-19h ; du 5 nov à mi-mars, tlj 10h-16h30. Entrée : 8 € ; réduc.* Boutique.

DES GIACOMETTI 2 300 ANS AV. J.-C. !

L'art étrusque est réputé pour ses sculptures longilignes. Quand Giacometti découvrit ces personnages mystérieux, il en fut totalement bouleversé. Il partit à Volterra pour admirer la puissance magnétique de L'Ombre du soir, *révélation dont il s'inspira par la suite.*

Ce riche et foisonnant musée à l'ancienne présente la collection de Guarnacci, un riche abbé érudit du XVIIIe s, qui regroupe principalement plusieurs centaines d'urnes funéraires sculptées, classées par époques et par thèmes : quadriges, charrettes de marchands, cavaliers, magistrats, allégories, dauphins, sirènes, etc. Salle 19, voir *Les Vieux Époux (Urna Degli Sposi),* à l'extraordinaire expression (ils semblent se haïr !). Étonnez-vous, après ça, que dans les pâtisseries de la ville la spécialité soit les *ossi di morti,* meringues en forme d'os ! Belles collections de petits bronzes (bijoux, anses de vases, statuettes, objets domestiques, etc.). Certaines salles bénéficient d'une muséographie contemporaine, leur rénovation ayant été possible grâce à de généreux donateurs. Mais la vision d'ensemble de ce musée d'un autre temps mérite qu'on s'y attarde.

La pièce la plus belle et la plus curieuse est *L'Ombra della sera* (nom donné par le poète D'Annunzio), réalisé par un « Giacometti » de l'époque (salle 15). Il s'agit d'une très curieuse statuette filiforme en bronze. Elle représente un garçon et date du IIIe s. av. J.-C. Le paysan qui l'avait découvert avant 1737 s'en servait comme tisonnier !

🕯🕯 *Fortezza* (plan B2) : l'un des ouvrages fortifiés les plus puissants et les plus spectaculaires de la Renaissance, construit à la demande des Médicis sur le point le plus élevé de la ville, entre 1472 et 1475. Le pénitencier qui s'y trouve est toujours en activité.

🕯 🕯 *Parco archeologico Enrico Fiumi* (plan A-B2) : l'entrée se trouve via Castello. *De mi-mars au 2 nov, tlj 10h30-17h30 ; le reste de l'année, tlj 10h-16h30.* Impressionnant par sa taille. Agréable pour se reposer au calme après avoir arpenté la ville. On peut aussi visiter la

LA LIBERTÉ LE TEMPS D'UN DÎNER

Une fois par mois, un grand chef italien est invité à la fortezza pour préparer un menu festif pour 120 invités préalablement inscrits sur une liste établie par le ministère de la Justice et la direction de la prison. On laisse à l'accueil téléphones portables et autres effets personnels. Les détenus, le temps d'une soirée, s'improvisent cuisiniers ou serveurs. Les bénéfices vont à des associations caritatives. Belle initiative ! Réservations et renseignements sur ● cenegaleotte.it ●

zone de fouilles, l'*Acropoli etrusca* située à l'intérieur du parc, et descendre, si l'on n'est pas sujet au vertige, dans l'ancienne citerne romaine *(5 € ; ticket combiné avec le* teatro romano).

Ⓧ⅄ Teatro romano *(plan A1-2) : entrée par le viale Francesco Ferrucci (porta Fiorentina). 16 mars-1ᵉʳ nov, tlj 10h30-17h30 ; 2 nov-15 mars, tlj 10h-16h30. Entrée : 5 € ; billet combiné avec l'Acropoli etrusca et la citerne romaine.* Construit à l'époque d'Auguste (vers 42 apr. J.-C.), financé par la puissante famille Caecina (de Volterra), ce théâtre avait disparu sous la terre de la colline pendant des siècles. Jusqu'au jour où il a été découvert dans les années 1950. Il pouvait contenir avec ses 19 rangées de gradins plus de 2 000 personnes. Derrière le théâtre, on a découvert également les restes des thermes construits au IIᵉ, voire IIIᵉ s apr. J.-C. Petite documentation explicative en français. Vue remarquable sur les collines.

Ⓧ⅄ Le Balze di Volterra *(hors plan par A1) : par la porte San Francesco, à 1 km en direction de Pontedera.* À voir en fin d'après-midi, quand la lumière donne au site sa couleur dorée. Ce sont d'impressionnantes mais fragiles falaises sablonneuses, qui s'effondrent parfois, entraînant nécropoles étrusques, églises et monastères. Le dernier monastère, la Badia, fut abandonné en 1861 devant le vide qui avançait. Peut-être les moines paniquèrent-ils un peu vite, car l'édifice est toujours là, restauré d'ailleurs.

Manifestations

Pour la liste des événements organisés ici (festivals jazz, théâtre, etc.), consulter ● *volterratur.it* ●

– **Volterra 1398 :** *3ᵉ et 4ᵉ dim d'août. Infos :* ● *volterra1398.it* ● *Forfait à la journée : env 10 €.* Importante fête médiévale, les habitants et commerçants s'habillent en chevaliers, nobles et roturiers du XIVᵉ s. Chants, danses, défilés et nombreuses animations.

SAN GIMIGNANO   (53037)   7 500 hab.

● Plan *p. 311*

 ⓧ **Sans conteste l'une des plus belles villes de Toscane, inscrite au Patrimoine mondial de l'Unesco. Cette remarquable cité hérissée de tours médiévales se dresse au sommet d'une colline telle une vigie surveillant la campagne et les collines de Toscane. La ville est restée quasiment identique à ce qu'elle était en 1300 ! Incroyable vision ! San Gimignano est encore plus séduisante en automne, lorsque la couleur de ses palais passe du brun au doré et que la déferlante touristique s'émousse un peu. Sa visite viendra compléter la découverte de Florence dans votre périple toscan. Pour apprécier pleinement le site, préférez les matins clairs ou les débuts de soirée. Une petite dégustation œnologique s'impose ici : le *vernaccia,* un vieux, vieux blanc (XIIIᵉ s !) qui faisait déjà des ravages à la Renaissance, DOC depuis 1966.**
Florence : 57 km ; *Sienne :* 42 km ; *Livourne :* 89 km ; *Rome :* 268 km.

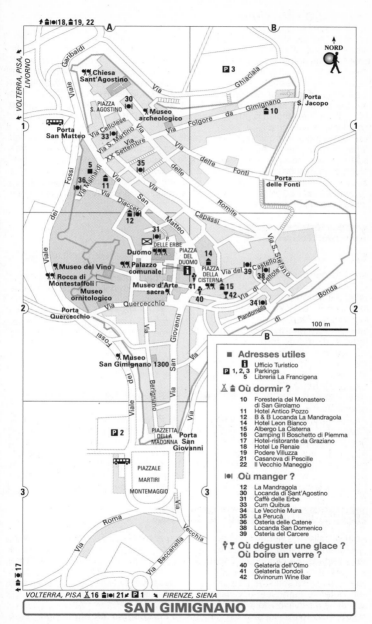

100 m

■ **Adresses utiles**

🛈	Ufficio Turistico
P 1, 2, 3	Parkings
5	Libreria La Francigena

⛺ 🏠 **Où dormir ?**

10	Foresteria del Monastero di San Girolamo
11	Hotel Antico Pozzo
12	B & B Locanda La Mandragola
14	Hotel Leon Bianco
15	Albergo La Cisterna
16	Camping Il Boschetto di Piemma
17	Hotel-ristorante da Graziano
18	Hotel Le Renaie
19	Podere Villuzza
21	Casanova di Pescille
22	Il Vecchio Maneggio

🍴 **Où manger ?**

12	La Mandragola
30	Locanda di Sant'Agostino
31	Caffè delle Erbe
33	Cum Quibus
34	Le Vecchie Mura
35	La Perucà
36	Osteria delle Catene
38	Locanda San Domenico
39	Osteria del Carcere

🍦🍷 **Où déguster une glace ?**
Où boire un verre ?

40	Gelateria dell'Olmo
41	Gelateria Dondoli
42	Divinorum Wine Bar

SAN GIMIGNANO

TOSCANE

UN PEU D'HISTOIRE

La ville était déjà habitée à la fin de la période étrusque, comme l'attestent plusieurs tombes mises au jour dans le voisinage. Au XIIe s, elle devient une commune libre (avec un podestat) et prospère, elle rivalise avec Sienne, Florence, Lucques et Pise. Elle entre en conflit avec ces rivales, Volterra par exemple. Théâtre sanglant des luttes intestines menées par deux familles ennemies : les Salvucci (gibelins) et les Ardinghelli (guelfes), San Gimignano, affaiblie par la peste noire de 1348, tombe sous la coupe de Florence en 1353. C'est la fin de l'âge d'or de San Gimignano (XIIe-XIIIe s) ; néanmoins la physionomie de la ville est déjà fixée pour des siècles : son destin est accompli !

De ces périodes de troubles, la ville a gardé son aspect défensif : corsetée par une triple muraille, elle pointe vers le ciel les tours construites à l'initiative des riches bourgeois de l'époque. Aux XVe et XVIe s, la cité connaît des influences artistiques diverses (florentines, siennoises et pisanes), comme en témoignent nombre de ses monuments. Surnommée « delle Belle Torri », elle possède encore 14 de ses 72 tours-maisons dont la hauteur était proportionnelle à la fortune des commanditaires (à savoir les familles nobles de la ville).

Arriver – Quitter

En bus

🚌 Les quelques bus qui relient San Gimignano aux autres villes passent tous par **Poggibonsi** (où se trouve la gare *FS*), à 12 km à l'est de San Gimignano. Départs depuis le piazzale Martiri Montemaggio, qui est le point d'arrêt de tous les bus (plan A3). Achats des billets à l'office de tourisme.

■ Liaisons assurées par la compagnie **Siena Mobilità (Tiemme)**. *Infos et résas :* ☎ *800-922-984 (n° Vert).* ● *sie namobilita.it* ●

➤ **Pour Poggibonsi, puis Sienne et Florence :** une douzaine de bus/j. de San Gimignano à Poggibonsi (durée : 30 mn). Le bus en direction de Sienne passe par Colle di Val d'Elsa. Env 2 bus directs/h en sem ; ttes les 2h w-e et j. fériés, et encore (assez décourageant).

Durée : 1h15. Pour Florence, 1 bus/h, changement à Poggibonsi.

➤ **Pour Volterra :** 4 bus/j. (1 slt dim et j. fériés) avec changement à Colle di Val d'Elsa.

➤ **Pour Rome :** 8 bus/j. avec *Sena Autolinee* reliant **Poggibonsi** à **Rome.** Durée du bus direct : 3h20 (plus long quand il marque un arrêt à Sienne).

En train

🚆 **Stazione FS :** à **Poggibonsi** ou à **Certaldo.**

➤ **Pise et Florence :** le mieux est de prendre le train (1 liaison/h). Pour Pise, changement à Empoli. Pour rejoindre San Gimignano, descendre à Poggibonsi, puis prendre un bus en face de la gare. Les billets s'achètent à l'office de tourisme ou au guichet.

Circulation et stationnement

Hormis celles de ses habitants, San Gimignano a banni les voitures de ses remparts. La circulation piétonne est déjà assez problématique comme ça en pleine saison. L'entrée en ville est toutefois autorisée aux visiteurs ayant une réservation dans un hôtel du centre, mais seulement pour décharger leurs bagages. Vous serez donc obligé d'utiliser les parkings de la périphérie

(compter env 2 €/h ou 15-20 €/24h ; réduc de 2 € le 2e j., puis de 3 € le 3e j.). Le jeudi, c'est jour de marché sur la piazza del Duomo et la piazza della Cisterna : bain de foule assuré de toutes les manières !

🅿 **Parcheggio Montemaggio** *(plan A3, 2) : le plus proche, juste à côté de la porte sud, porta San Giovanni. Le plus* cher à la journée (env 20 € !), payant même la nuit (5 € 20h-8h).

🅿 **Parcheggio Bagnaia Superiore** (plan B1, **3**) : en contrebas de la porta San Jacopo. Un peu moins cher que le Montemaggio, 2 €/h et à la journée (15 €), payant pour la nuit également.

🅿 **Parcheggio Giubileo** (hors plan par A3, **1**) : si vous n'avez toujours pas trouvé de place, reste ce parking, le plus au sud (de la porta San Giovanni), de loin le moins cher à l'heure (1,50 €) et à la journée (6 €/24h, 1 € pour la nuit). Compter 10 mn de grimpette à pied jusqu'à la porta. Pour les flemmards, navette pour le centre-ville ttes les 30 mn.

Adresses utiles

🛈 **Ufficio turistico** (Pro Loco ; plan A-B2) : piazza del Duomo, 1. ☎ 0577-94-00-08. ● info@sangimignano.com ● comune.sangimignano.si.it ● Mars-oct, tlj 10h-13h, 15h-19h ; nov-fév, tlj 10h-13h, 14h-18h. Accueillant et professionnel. Donne un plan de ville et de la doc bien faite. Fait les résas hôtels, B & B, agrotourisme, mais en direct (pas par téléphone). Pas de commission mais un dépôt de 10 % est demandé (déductible lors du règlement chez l'hébergeur).

✉ **Poste** (plan A2) : via della Rocca. Lun-sam 8h15-13h45 (12h45 sam).

■ **Libreria La Francigena** (plan A1, **5**) : via Mainardi, 10. ☎ 0577-94-01-44. Tlj sf dim 10h30-13h, 14h30-19h30. Une petite librairie à l'ancienne comme il n'en reste plus beaucoup. Beaux livres (en anglais) sur la ville, l'histoire et l'architecture toscanes ou la cuisine italienne.

Où dormir à San Gimignano et dans les environs proches ?

Pas facile de loger à San Gimignano, surtout en haute saison : les hôtels sont soit complets, soit inabordables. En revanche, un certain nombre de chambres sont à louer chez l'habitant. Infos à l'office de tourisme.

Camping

⛺ **Camping Il Boschetto di Piemma** (hors plan par A3, **16**) : loc. Santa Lucia, 38 c. ☎ 0577-90-71-34. ● info@boschettodipiemma.it ● boschettodipiemma.it ● À 2 km au sud de San Gimignano. Bien indiqué. Ouv mars-oct. Selon saison, 30-37 € pour 2 avec tente et voiture, douches chaudes comprises ; mobile homes pour 4-6 pers 55-120 €/j. selon saison. 🖥 Dans une forêt de jeunes chênes, un camping bien tenu avec des emplacements ombragés. Nombreux services : laverie, snack-bar-pizzeria, tennis (payant) et piscine. C'est le seul camping de la ville... du coup, les campeurs s'y entassent, et c'est forcément bruyant en été. Bon accueil.

Bon marché

🏠 **Foresteria del Monastero di San Girolamo** (plan B1, **10**) : via Folgore da Gimignano, 32. ☎ 0577-94-05-73. ● monasterosangimignano@gmail.com ● monasterosangirolamo.it ● ♿ À env 5 mn à pied du centre. Réception 9h30-12h, 15h30-17h30. Compter 32 €/pers la nuit sans petit déj, 35 € avec petit déj ; petite réduc familles. Utilisation de la cuisine : 3 €. CB refusées. Parking payant vraiment pas cher (2 €/24h), juste en face du bâtiment. Une trentaine de lits en tout, répartis en 9 chambres de 2 à 5 lits. Tenu par des sœurs bénédictines de Vallombreuse (le nom de leur congrégation), ce couvent est situé dans un secteur tranquille de la vieille ville. Derrière les lourdes portes, on découvre des installations modernes et des chambres austères (les sœurs ont fait vœux de simplicité) mais confortables, avec vue sur la campagne. Uniquement des lits simples. Pas de couvre-feu.

TOSCANE

De prix moyens à plus chic

🛏 **B & B Locanda La Mandragola** (plan A1-2, **12**) : via Diacceto, 7. ☎ 0577-94-03-77. 📠 338-163-16-70. ● locandalamandragola@tin.it ● locandalamandragola.it ● Réception 15h-19h. Congés : janv-fév. Doubles 70-90 € selon saison, beau petit déj compris. 📶 En plein cœur de la ville, dans une ruelle parallèle à la grande artère centrale, donc très au calme, une maison d'hôtes de charme abritant 4 chambres de caractère. Elles donnent sur le jardin-terrasse ou sur un parc extérieur. Décoration vraiment soignée, mobilier bien choisi et classique. Et juste quelques mètres à faire pour profiter du charme du jardin et de la cuisine maison (voir plus loin « Où manger ? »).

🛏 |●| **Hotel-ristorante da Graziano** (hors plan par A3, **17**) : via Matteotti, 39 a, loc. **Santa Chiara.** ☎ 0577-94-01-01. ● info@hoteldagraziano.it ● hoteldagraziano.it ● À 400 m au sud de la ville de San Gimignano. Resto ts les soirs sf lun. Congés : 7 janv-7 mars. Doubles 75-85 €, avec petit déj. Au resto (ouv jusqu'à 21h30), menus à partir de 15 €. 📶 Une auberge qui a joué la carte design contemporain pour qui voudrait rester un peu à l'écart de San Gimignano ! Une douzaine de chambres claires, modernes et confortables. Quelques-unes s'agrémentent d'un balcon avec vue sur la campagne (n° 27) ou sur le village (n° 24). Ensemble très bien tenu. Bon accueil en français. Salle de restaurant moderne pour cuisine sans âge, et surtout terrasse agréable et ombragée.

🛏 **Hotel Leon Bianco** (plan B2, **14**) : piazza della Cisterna, 13. ☎ 0577-94-12-94. ● info@leonbianco.com ● leonbianco.com ● Congés : 10 fév-10 mars et 20 nov-28 déc. Chambres 95-140 € selon confort et saison, petit déj inclus. 🖥 📶 Bouteille de vin offerte sur présentation de ce guide. Sur la place principale dans le vieux palais Lolli-Cortesi dominé par les tours médiévales. Difficile d'être plus central et plus au cœur de l'histoire ! Une vingtaine de belles chambres climatisées toutes différentes, tout confort. Certaines ont une vue dégagée sur la campagne, les autres sur la place. Hall élégant avec puits de lumière et terrasse avec jacuzzi. Accueil francophone très souriant.

🛏 **Albergo La Cisterna** (plan B2, **15**) : piazza della Cisterna, 23. ☎ 0577-94-03-28. ● info@hotelcisterna.it ● hotelcisterna.it ● Congés : janv-20 mars. Doubles tt confort 90-110 € pour les standard et jusqu'à 150 € pour les supérieures, avec petit déj-buffet. 🖥 📶 Cet ancien palais du XIVe s possède une cinquantaine de chambres agréables, avec ou sans balcon, donnant sur la campagne ou la place... aux tarifs en conséquence ! Le salon a conservé ses ogives d'époque, le reste a été modernisé (d'où le confort). Resto Le Terrazze au rez-de-chaussée.

🛏 **Hotel Antico Pozzo** (plan A1, **11**) : via San Matteo, 87. ☎ 0577-94-20-14. ● info@anticopozzo.com ● anticopozzo.com ● ♿ Doubles 90-129 €, supérieures 180-220 €, petit déj inclus. Parking 24 €. 🖥 📶 Un palais du XVe s entièrement restauré, alliant le style ancien, la classe et le confort moderne. Le nom de l'hôtel vient du très beau puits restauré à l'entrée. Une petite vingtaine de belles chambres (toutes très bien équipées) avec lits à baldaquin (certaines avec fresques au plafond), poutres apparentes, tomettes, baignoire pour certaines. La plus prestigieuse est la chambre « Dante ». Adorable terrasse pour le petit déj. Personnel aux petits soins. Un hôtel pour voyageurs romantiques !

Où manger ?

De très bon marché à bon marché

|●| **Locanda di Sant'Agostino** (plan A1, **30**) : piazza di Sant'Agostino, 15. ☎ 0577-94-31-41. Tlj 11h-23h en continu. Congés : janv-fév. Primi 6-11 €, secondi 10-15 €. On y vient surtout pour le calme et l'environnement agréable, avec une terrasse ouverte sur la grande place tranquille et moins

fréquentée, à l'ombre de Sant'Agostino. Salades généreuses et pâtes à toute heure. Beaucoup de charme une fois la nuit tombée, et si vous aimez les roses, la salle en est tapissée... Bon accueil et service pro.

I●I Caffè delle Erbe (plan A2, **31**) : via Diacceto, 1. ☎ 0577-94-04-78. ● info@caffedelleerbesangimignano. it ● À l'angle de la piazza delle Erbe, à côté de la poste. Avr-nov, tlj 9h-22h ; fév-mars, tlj sf mar 9h-18h. Congés : déc-janv. Plats du jour 9-14 €. 🛜 Café offert sur présentation de ce guide. Idéalement situé pour assister au va-et-vient des passants sur une place qui accueille nombre de brocanteurs, majoré en haute saison. On y vient pour grignoter un morceau, une salade ou l'un des petits plats du jour, en profitant de la jolie terrasse et de sa vue sur le flanc du Duomo.

Bon marché

I●I Ristorante Mandragola (plan A1-2, **12**) : via Diacceto, 7. ☎ 0577-94-03-77. 🖥 338-163-16-70. ● locandalamandragola@tin.it ● Tlj en saison. Menus 15-25 € ; carte env 30 €. Belle initiative qu'ont eus les propriétaires de cette locanda de charme, cachée dans une ruelle éloignée de la grande artère centrale, en transformant leurs chambres côté jardin pour en faire un restaurant de qualité. On déjeune ou on dîne dans le jardin-terrasse pour profiter de la vue sur les tours de la vieille ville, ou à l'intérieur si l'on n'a pas pensé à réserver. Belle carte pour amateurs de bons produits que le jeune patron vous présentera en français. Une jolie surprise.

I●I Osteria del Carcere (plan B2, **39**) : via del Castello, 13. ☎ 0577-94-19-05. ● osteriadelcarcere97@libero. it ● Tlj midi et soir, sf mer et jeu midi. Congés : de mi-janv au 15 mars. Repas 25-30 €. En léger contrebas de la place centrale, près de l'abominable musée de la Torture (qu'on ne vous conseille pas en guise de mise en bouche !), voici un immeuble en brique avec une double porte en bois qui ouvre sur une salle animée avec vitrine (charcuterie, fromages, gâteaux) et mezzanine. Les produits sont frais et locaux. Pas de pâtes mais des plats dans la tradition familiale locale, à moins que vous ne préfériez les bruschette ou les assiettes de charcuterie-fromage...

I●I Le Vecchie Mura (plan B2, **34**) : via Piandornella, 15. ☎ 0577-94-02-70. ● info@vecchiemura.it ● Tlj 18-23h. Congés : janv-fév. Pasta 8,50-12 €, secondi 9,50-15,50 € ; repas complet 30-35 €. 🛜 Ce resto un peu à l'écart de la concentration touristique attire pour sa grande terrasse surplombant en beauté la vallée. Et c'est vrai que le soir la vue est captivante. On s'attendait à une cuisine prétexte, basée sur le panorama exceptionnel. Eh bien pas du tout : les plats sont soignés, enlevés et goûteux. C'est du classique (agnello al forno, osso buco in umido...) et les cuisiniers s'activent sous des voûtes du XVIe s (mais mobilier design). Même le service est pro et souriant.

I●I Locanda San Domenico (plan B2, **38**) : via del Castello, 20. ☎ 0577-94-02-06. ● locandasandomenico@libero. it ● Tlj 11h-23h. Menus 13-18 € ; plats 15-16 €. Fait resto, bar à vins, enoteca, bref c'est trois lieux en un ! Dans un vieux palais patiné par le temps et très bien restauré. Choisir la terrasse avec sa superbe vue plongeante sur la vallée. Cuisine toscane sincère et goûteuse dans un cadre vraiment ancien, et prix sages.

I●I Osteria delle Catene (plan A1, **36**) : via Mainardi, 18. ☎ 0577-94-19-66. ● info@osteriadellecatene.it ● Tlj sf mer et dim soir hors saison, 12h-14h15, 19h-21h30. Congés : janv-mars. Secondi 15 € ; menus 20-30 €. Digestif offert sur présentation de ce guide. Dans une ruelle à l'écart des foules, proche de la porta San Mateo, voici une table qui tient la route depuis plus d'un quart de siècle. Gino et Virgilio parlent le français et vous expliqueront les plats traditionnels de la cuisine toscane qu'ils proposent ici, comme la zuppa medievale allo zafferano.

I●I La Perucà (plan A1, **35**) : via Capassi, 16. ☎ 0577-94-31-36. ● ristorante@peruca.eu ● ♿ Tlj sf lun 12h-14h, 19h-22h. Congés : déc-janv sf fêtes de fin d'année. Carte 35-40 €. Dans l'un des plus anciens palazzi de la ville, un resto réputé auprès des locaux, à tel point qu'on a installé un petit banc dans la ruelle pour attendre son tour. On dîne sous les voûtes du XIVᵉ s d'une belle salle chaleureuse à la lumière tamisée. Le chef concocte une cuisine toscane authentique et bien élaborée. Savoureux risotto aux truffes, viandes juteuses... *pappardelle*, gnocchis, *crostini*... tout est bon, tout !

⎮●⎮ Cum Quibus *(plan A1, 33) : via San Martino, 17.* ☎ *0577-94-31-99.* ● *info@ cumquibus.it* ● *Tlj sf mar jusqu'à 22h. Congés : janv-fév. Menus 50-70 € ;*

carte 40-60 €. Un peu excentré et donc moins fréquenté par les foules, d'autant plus que les prix risquent d'en décourager certains. Petite cour ombragée et tranquille, déco fleurie et ambiance jazzy. On se laisse facilement tenter par cette cuisine inspirée, d'autant que la courte carte change tous les mois. Viandes délicieuses, œufs et *bruschette* aux truffes, pour qui voudrait se contenter d'un plat. Accueil cordial et en français.

TOSCANE

Où dormir ? Où manger dans la campagne environnante ?

Voici quelques adresses pour qui voudrait dormir au calme dans la campagne, mais l'office de tourisme a toute une liste à votre disposition.

Agriturismi

🏠 Podere Villuzza *(hors plan par A1, 19) : loc.* **Strada,** *25, 53037 San Gimignano.* ☎ *0577-94-05-85.* 📱 *331-620-33-84.* ● *info@poderevilluzza.it* ● *poderevilluzza.it* ● *À 4 km de San Gimignano en direction de Certaldo (SP 127). Congés : fév. Doubles 95-100 € et appart (2 pers) 115 €, petit déj non inclus ; apparts avec cuisine (3-4 pers) 125-150 €/j. Repas env 25 €, réservé aux hôtes.* Depuis cette maison traditionnelle située sur une colline à l'écart du village, on embrasse la campagne et les hautes tours de San Gimignano. Un environnement de choix, parfaitement au calme et bénéficiant d'un panorama remarquable. Une douzaine de chambres pas forcément très grandes, rustiques et cossues à la fois. Ici on vit dehors. Superbe piscine à débordement. C'est aussi une ferme biologique qui produit huile, vinaigre balsamique et vin. Dîner tout simple, tout bon.

🏠 ⎮●⎮ Casanova di Pescille *(hors plan par A3, 21) : loc.* **Pescille,** *53037 San Gimignano.* ☎ *0577-94-19-02.* ● *info@casanovadipescille.com* ● *casanovadipescille.com* ● *À 4 km de San Gimignano en direction de Volterra (fléché à gauche). Ouv avr-4 nov.*

Doubles 90-105 €, appart 120-125 €, petit déj inclus. Menu complet 30 € (sans le vin). 🛏 📶 Un *agriturismo* aux allures d'hôtel de charme, dans une maison du XIXᵉ s. Belles chambres de caractère, confortables, ainsi qu'un appart spacieux dans l'une des dépendances. Superbe piscine dans le jardin ombragé avec solarium et vue panoramique sur San Gimignano. Le tout dans une ambiance familiale, avec le papa francophone à la disposition des hôtes pendant que la maman et les grands enfants s'affairent en cuisine. Bons repas servis dans une salle à la déco très contemporaine (restaurant *Zafferano,* ouvert à tous). Excellente adresse !

🏠 Il Vecchio Maneggio *(hors plan par A1, 22) : loc.* **Sant'Andrea,** *22, 53037 San Gimignano.* ☎ *0577-95-02-32.* ● *info@ilvecchiomaneggio.com* ● *ilvecchiomaneggio.com* ● 🦽 *À 5 km de San Gimignano, avt le village d'Ulignano, à gauche. Congés : 15 janv-20 fév. Double 90 €, petit déj inclus. ½ pens 168 € pour 2 (demandée en juil-août). Menu complet 35 €. CB acceptées mais pas Amex ni Diners.* 📶 *Apéritif offert sur présentation de ce guide.* L'exploitation agricole est située au sommet d'une colline, bénéficiant d'une vue remarquable sur la campagne toscane et San Gimignano. Tenue efficacement par Tiziana depuis près de 20 ans, cette « vieille ferme » un peu *roots* séduira les routards en quête d'authenticité. On y produit huile d'olive, miel, vin ainsi que safran. Chambres rustiques simples et confortables (AC), grandes tablées pour de copieux repas composés de produits naturels et bio. On peut visiter l'exploitation, faire des balades à cheval ou ne rien faire et se baigner dans la piscine isolée.

De prix moyens à chic

🏠 |●| *Hotel Le Renaie (hors plan par A1, 18) :* loc. *Pancole, 10 b.* ☎ *0577-95-50-44.* ● *info@hotellerenaie.it* ● *hotellerenaie.it* ● *À Pancole, 5 km* au nord de San Gimignano. Resto fermé mar. Congés : de début nov à mi-mars. Doubles 90-160 €, petit déj inclus ; possibilité de ½ pens. Offres de séjour sur Internet. Repas env 30 €. 📶 Hôtel isolé dans un petit village paisible, caché dans les collines environnantes. Les chambres, toutes climatisées, spacieuses et très classiques dans la décoration, donnent sur un jardin calme et très fleuri. Au resto, spécialités toscanes classiques, à déguster le soir en terrasse, à la fraîche.

TOSCANE

Où déguster une glace ? Où boire un verre ?

🍦 *Gelateria dell'Olmo (plan B2, 40) :* piazza della Cisterna, 34. Tlj 10h-1h. Glaces artisanales et crémeuses à souhait. Goûter les parfums *truffato* ou *stracciatella* s'ils sont disponibles.

🍦 *Gelateria Dondoli (plan B2, 41) :* piazza della Cisterna, 4. ☎ 0577-94-22-44. Tlj en hte saison. Une adresse qui a été récompensée par de nombreux prix. Goûtez la *dolce amaro* ou la *gorgonzola*.

🍷 *Divinorum Wine Bar (plan B2, 42) :* vicolo degli Innocenti, 4, mais entrée plus simple à trouver par la piazza della Cisterna. ☎ 0577-90-71-92. ● info@divinorumwinebar.com ● Tlj 11h-21h (parfois plus tard en été). Congés : janv-fév. Une œnothèque proposant une belle sélection de vins toscans. Le décor de style design sobre et branché change de l'habituelle ambiance médiévale. C'est sans doute sur l'étroite terrasse offrant une vue remarquable sur la vallée (divin au coucher du soleil !) qu'on dégustera son p'tit verre de *vernaccia*, accompagné de *bruschette* ou d'une belle assiette de charcuterie.

À voir

🔍 San Gimignano mérite au moins une demi-journée de visite. Baladez-vous dans les vieilles ruelles jusqu'au parc de la Rocca. De là-haut, très belle vue sur l'ensemble du village et les vignobles.

Il existe 2 forfaits : l'un à 6 € cumulant les visites du musée d'Art sacré et du Duomo (la collégiale) ; l'autre à 7,50 € (6,50 € quand il n'y a pas d'expos, ce qui est rare), combinant les visites du Palazzo comunale (avec la pinacothèque et la tour), de l'ex-couvent de Santa Chiara (avec le Musée archéologique, la galerie d'Art moderne et la pharmacie de Santa Fina) et du Musée ornithologique ; réduc. Les horaires sont donnés à titre indicatif, car ils changent régulièrement : vérifier à l'office de tourisme, sur le site ● sangimignano.com ● ou en téléphonant au : ☎ 0577-94-00-08. Les billets combinés ou individuels s'achètent slt auprès des musées et des sites, mais pas à l'office de tourisme.

🎭🎭🎭 *Duomo (Basilica di Santa Maria Assunta) e Cappella di Santa Fina (plan A2) :* piazza del Duomo ou piazza Luigi Pecori, 1-2. ☎ 0577-28-63-00. ● duomo sangimignano.it ● Avr-oct, tlj 10h (12h30 dim)-19h30 (17h30 sam) ; nov-mars, tlj 10h (12h30 dim et j. fériés)-17h. Fermé 15 derniers j. de janv et de nov. Ne se visite pas pdt les messes (comme partout). Entrée : 4 € ; réduc ; audioguide gratuit. Cernée de tours et de palais formant un cadre magnifique, la collégiale fut construite entre les XIᵉ et XIIᵉ s dans le style roman et agrandie au XVᵉ s par Giuliano de Maiano. La façade a été refaite au XIXᵉ s. À l'intérieur, fabuleuses fresques de

Domenico Ghirlandaio et de l'école de Sienne. Il s'agit d'un ensemble exceptionnel auquel on se doit de consacrer un peu de temps. À gauche, tout le mur est couvert de scènes tirées du Nouveau Testament. À droite, les scènes inspirées par l'Ancien Testament (pour équilibrer). Noter que le sens de lecture est souvent de droite à gauche. À la contre-façade, à l'opposé du chœur, un *Martyre de saint Sébastien*, de Benozzo Gozzoli, voisine avec un *Jugement dernier*, aux effrayantes terreurs de l'Enfer, de Tadeo di Bartolo. Vente d'une brochure en français à l'intérieur. À compléter par la visite du ***museo d'Arte sacra*** *(plan A2 ; mêmes horaires et dates de fermeture que le Duomo ; entrée : 3,50 €, réduc ; fait partie du billet combiné)*, tout à côté, juste pour le plaisir de pénétrer dans un palais du XIIᵉ s, si vous avez pris un billet combiné ; pas indispensable sinon.

🎭🎭 La ***piazza della Cisterna*** *(plan B2)*, particulièrement agréable avec ses terrasses de cafés, doit son nom au puits *(cisterna)* qui en occupe le centre. Triangulaire, elle est bordée de remarquables tours et palais médiévaux.

🎭🎭 ***Chiesa Sant'Agostino*** *(plan A1) : piazza Sant'Agostino, en haut de la via delle Romite. Tlj 10h-12h, 15h-19h (18h de nov à mi-avr).* Cet édifice romanogothique de la fin du XIIIᵉ s, remarquable par sa simplicité, contraste avec de belles fresques, en particulier celles dues à Benozzo Gozzoli (XVᵉ s) consacrées à la vie de saint Augustin. À gauche de l'église, un passage conduit à un cloître. On y apprécie le silence, simplement troublé par le chant des oiseaux et les réflexions de quelques touristes égarés. Beau cadran solaire.

🎭🎭 ***Palazzo comunale e Pinacoteca e Torre Grossa*** *(plan A2) : piazza del Duomo, 2.* ☎ *0577-99-03-12. Avr-sept, tlj 9h30-18h30 ; le reste de l'année, tlj 10h30 (11h nov-fév)-17h. Entrée : 7,50 € le billet combiné ; réduc enfant.* C'est le siège de la municipalité. La célèbre Torre Grossa de 54 m le domine, d'où vous aurez une vue magnifique sur les tours et les toits de la ville (attention au vertige !). Le musée rassemble, au 2ᵉ étage, des œuvres remarquables des écoles siennoise et florentine et, dans la salle du Podestat, des scènes nuptiales qui font l'apologie de la vie conjugale. Au 1ᵉʳ étage, salle des Réunions secrètes. Pour les férus d'histoire, c'est de cette salle que Dante, ambassadeur de Florence, réclama, le 8 mai 1300, l'envoi de députés au congrès guelfe. Ne pas rater la fresque de Lippo Memmi, *La Maestà* (à comparer avec celles de Martini et de Duccio à Sienne). Dans la cour, en sortant, autres fresques intéressantes mais quelque peu décrépites.

🎭 ***Museo archeologico, Spezieria di Santa Fina, e Galleria d'Arte Moderna e contemporanea*** *(plan A1) : via Folgóre da San Gimignano, 11. Avr-sept, tlj 9h30-18h30 ; le reste de l'année, 10h30 (11h nov-fév)-17h. Billet cumulé : 6,50 € ou 7,50 € ; réduc. Cet endroit s'appelle aussi Polo Museale Santa Chiara.* L'ancien conservatoire abrite sur deux étages des collections archéologiques (époques étrusque, romaine et médiévale) et des céramiques (remarquable Spezieria di Santa Fina, une des plus anciennes boutiques d'apothicaire de Toscane).

🎭 ***Museo San Gimignano 1300*** *(plan A2) : via Costarella, 3.* 📱 *327-439-51-65.* ● *sangimignano1300.com* ● *15 mars-31 oct, tlj 10h30-19h ; hors saison, tlj 11h-16h. GRATUIT.* Ce petit musée expose une grande maquette de la ville, telle qu'elle était en 1300. Plus de 300 maisons, 72 tours, plus de 200 personnages. Dans une salle attenante, quelques saynètes de la vie quotidienne au Moyen Âge.

🎭🎭 ***Rocca di Montestaffoli*** *(plan A2) : à l'ouest de la ville. De la piazza del Duomo, bien indiqué : on y accède par des ruelles entrelacées.* Forteresse du XIVᵉ s. À ne rater sous aucun prétexte. La vue sur la campagne toscane est É-POUS-TOU-FLANTE !

🎭 ***Museo del Vino*** *(plan A2) : sur l'esplanade, en contrebas de la Rocca.* ☎ *0577-94-12-67. Avr-oct, tlj 11h30-18h30 ; en hiver, w-e slt, horaires variables (rens à l'office de tourisme). GRATUIT.* Un petit musée retraçant les origines du vin dans la région.

Manifestations

Il y a une douzaine de manifestations qui animent toute l'année la ville. Consulter le site en français ● sangimignano.com ●
– **San Gimignano Estate :** juin-sept. Infos : ● comune.sangimignano.si.it ● De nombreux concerts lyriques et symphoniques sont donnés au cours de l'été sur la piazza del Duomo. Également fête historique, théâtre, danse, musique baroque et cinéma en plein air.

CERTALDO ALTO   (50052)   300 hab.

TOSCANE

À 9 km au nord de San Gimignano, Certaldo se divise en deux parties : la ville basse moderne avec ses 16 000 habitants, et la partie haute (Certaldo Alto), un adorable village médiéval perché comme un nid d'aigle. On y accède en funiculaire (ou à pied si on est courageux). Il est constitué de quelques petites rues pavées bordées de demeures anciennes. Des cyprès grands comme des oriflammes semblent le rattacher au ciel. L'auteur du *Décaméron,* Giovanni Boccaccio (« Boccace »), y passa la fin de sa vie, mais c'est l'oignon qui fait la fierté de la ville depuis le Moyen Âge, à tel point qu'outre la célèbre soupe à la *cipolla di Certaldo* on en fait aussi de la confiture ! Peu fréquentée, c'est une halte agréable.

Arriver – Quitter

En train

🚂 **Stazione FS :** via Matteotti, dans la ville basse (Certaldo Basso). À quelques mn à pied du funiculaire. La gare de Certaldo se situe sur la ligne Empoli-Poggibonsi-Sienne, 2 carrefours ferroviaires pratiques.
➤ Départs ttes les heures pour **Florence,** parfois avec changement à **Empoli.** Durée : env 1h. À Empoli, correspondance pour Pise et son aéroport.
➤ Nombreuses liaisons avec **Poggibonsi** (ttes les 30 mn env). Durée : moins de 15 mn. De Poggibonsi, bus ttes les 30 mn pour San Gimignano.

Circulation et stationnement

🅿 À Certaldo Alto, la circulation n'est autorisée qu'aux résidents. Un grand parking est situé devant la mairie de la ville basse (env 1 €/h). L'accès à Certaldo Alto se fait de 2 manières :
➤ **par un escalier** montant dans la petite rue Vicolo Signorini qui part de la pointe droite de la place quand on a la mairie dans le dos. Parcours plutôt réservé aux sportifs ;
➤ **par le funiculaire :** tlj mai-août et jeu-sam en sept, départ ttes les 15 mn 7h30-1h (1,50 € l'A/R) ; jusqu'à 19h30 en hiver. Le point de départ se trouve piazza Boccaccio, 35-36 (la place centrale de la ville basse).

Adresse utile

🛈 **Ufficio informazioni turistiche :** dans la ville haute, à l'entrée du Palazzo Pretorio. ☎ 0571-65-67-21. ● comune.certaldo.fi.it ● En principe, tlj 9h30-13h30, 14h30-19h (16h30 en hiver). Livret en français et plan de la ville. Bon accueil et plein d'infos.

Où dormir ? Où manger ?

Dans la ville basse

Auberge de jeunesse et *B & B*

🛏 *Fattoria di Bassetto, Boutique Hostel et chambres d'hôtes :* via delle Città, 3. ☎ 0571-66-83-42. 📱 340-158-99-37. ● reservations@fattoriabassetto.com ● fattoriabassetto.com ● *Attention, très mal indiqué (mais plan dessiné sur le site internet, pour vous guider). À env 20 mn à pied de la gare ferroviaire, donc vraiment pas pratique sans véhicule. Ouv 15 avr-15 oct. Réception 8h30-11h, 17h-20h. Compter 22-26 € en dortoir 4-5 lits, petit déj compris ; dans les dépendances, 6 doubles 60-80 €.* 🖥 🛜 Dans un ancien couvent bénédictin datant du XIVe s (qui fut aussi une fabrique d'huile d'olive), à l'écart de la ville mais proche d'une route passante en contrebas (un peu bruyante). Un lieu bohème aux installations possédant un vrai caractère. Les 5 dortoirs sont simples mais bien arrangés, dans un vieux bâtiment restauré. Meublées à l'ancienne, les chambres privatives ont du caractère et du charme, mais les sanitaires (douche-w-c) sont en commun. Cuisine commune, laverie, bassin hors sol pour faire trempette, belle bibliothèque... Navette 2 fois par jour pour la gare ferroviaire.

À Certaldo Alto

Bon marché

|●| *Da Messer Boccaccio :* via Boccaccio, 35 (entrée également par la via del Castello). ☎ 0571-66-51-22. ● info@damesserboccaccio.it ● ♿ *Ne pas confondre avec l'Enoteca, juste à l'entrée (sur rue). Il faut passer par la* courette et descendre au sous-sol. *Tlj sf lun 12h-15h, 19h-23h. Congés : fév. Pizze 5-9 € ; compter 13-20 €.* La salle est un peu sombre mais voûtée et fraîche. Bonne petite cuisine toscane appréciée des locaux et menu à prix démocratique.

Prix moyens

🛏 *Osteria del Vicario :* via Rivellino, 3. ☎ 0571-66-78-09. ● info@osteriadelvicario.it ● osteriadelvicario.com ● *Congés : fév et nov. Doubles dans la partie guesthouse 75-100 €, dans la partie hôtel 100-115 €, petit déj inclus.* 🛜 Situées dans un couvent du XIIIe s jouxtant le *palazzo*, les 5 chambres de l'*osteria* ont été aménagées avec beaucoup de goût dans les anciennes cellules de moine. La n° 4 est la plus grande, la n° 5 la plus petite. Elles donnent sur la rue calme. Toutes disposent de TV, AC, téléphone, ventilo et mobilier toscan. Des chambres plus modernes et moins chères sont également proposées dans une dépendance. Excellent accueil. Sur la terrasse panoramique, resto gastronomique très cher pour la qualité proposée, mais formule bistrot convenable.

|●| *L'Antica Fonte :* via Valdracca, 25. ☎ 0571-65-22-25. ● info@tavernaanticafonte.it ● ♿ *Tlj midi et soir en hte saison. Congés : janv-fév. Carte 25-30 €.* 🛜 *Café offert sur présentation de ce guide.* Superbe terrasse offrant une vue exceptionnelle sur la campagne toscane avec San Gimignano au loin. Bien qu'assez touristique, la table ne déçoit pas avec ses belles assiettes de pâtes fraîches maison comme les *pici al ragu di cinta*. À déguster le soir à la lueur des photophores (gare aux moustiques !). Service pro. Un bon rapport qualité-prix-plaisir.

À voir

Un billet combiné à 6 € (réduc) permet d'avoir accès aux 3 sites suivants : Palazzo Pretorio, casa di Boccaccio et museo d'Arte sacra. Si vous ne disposez que de peu de temps, un billet à 4 € (réduc) pour la visite des 2 premiers sites est également proposé à l'office de tourisme.

🍴 **Palazzo Pretorio :** *au croisement des rues Boccaccio et Rivellino. Tlj 9h30-13h30, 14h30-19h (16h30 nov-mars).* Bâtie au XIIᵉ s, c'est une haute demeure de caractère, dont les murs de la petite cour centrale sont incrustés de blasons. Grâce à un édit de Frédéric Barberousse, signé en 1164, on sait que ce palais logeait la famille Alberti avant que les Florentins ne décident d'y installer leurs vicaires (des juges, quoi !) en 1415. On jettera un petit coup d'œil aux cachots de la prison (il n'en reste pas grand-chose), à la salle d'audience récemment restaurée, et aux fresques du XVᵉ s. À droite à l'entrée, traverser le jardin pour accéder à l'église *San Tommaso e Prospero,* superbes fresques peintes vers 1464 par Benozzo Gozzoli : *Le Tabernacle des condamnés.* Petite salle archéologique également.

🍴 **Casa-Museo di Boccaccio :** *via Boccaccio, 21. Avr-oct, tlj 9h30-13h30, 14h30-19h (16h30 en hiver).* Bibliothèque collectant toutes les publications sur l'œuvre de cet auteur né en 1313 et mort en 1375. Il pourrait être né à Paris d'une union illégitime entre son père, un marchand florentin, et une femme de la noblesse française. En 1353, il publie *Le Décaméron,* un livre en prose qui lui vaut un immense succès, mais les habitants de Certaldo le conspuent car ils sont choqués par ses histoires de débauche sexuelle. En 1362, seul et déprimé, il pense détruire

> ## LE DÉCAMÉRON : UN DÉCAPANT ACTIF
>
> *« 100 nouvelles racontées en 10 jours, par 7 femmes et 3 hommes fuyant la peste qui ravage Florence en 1348 », tel est le sujet du* Décaméron *de Boccace. Ses histoires galantes d'amour grivois mêlent le tragique à l'érotique, le réalisme et la satire. Le Décaméron* fustige *l'hypocrisie du clergé de l'époque. Il fut censuré par les papes Paul IV et Pie IV. Plus de 600 ans après sa parution, le livre fut adapté au cinéma par Pasolini, puis en 2014 par les frères Taviani.*

ses manuscrits mais Pétrarque l'en empêche. Précurseur de la littérature italienne en prose, Boccace admirait Dante, considéré comme le fondateur de la poésie italienne. Il passa la fin de sa vie seul et dans la misère, dans cette maison (reconstruite) de Certaldo. Il est d'ailleurs enterré un peu plus loin, dans l'église San Jacopo (du XIIIᵉ s), où l'on peut voir sa plaque tombale. Superbe vue panoramique du haut de la tour.

🍴 **Museo d'Arte sacra :** *piazza San Jacopo e Filippo, dans l'ancien couvent des Augustins. Tlj sf lun 10h-17h30 (16h30 oct-mars). Entrée : 4 €.* Quelques salles où sont exposées des peintures à partir du XIIIᵉ s. Également quelques sculptures et objets du diocèse. Pas indispensable.

Manifestations

– **Cena da Messer Boccaccio** *(repas médiéval) :* les 2 premiers sam de juin, rue Boccaccio, avec vaisselle d'époque et figurants en costume. Infos : ☎ 0571-66-31-28. ● elitropia.org ● *Résa obligatoire.*
– **Mercantia :** *5 j. en juil. Infos :* ☎ 0571-66-12-59. ● *mercantiacertaldo.it* ● Certaldo accueille un festival de théâtre de rue 100 % marionnettes. Toutes les rues sont alors décorées de petits stands.

DANS LES ENVIRONS DE CERTALDO ALTO : ENTRE COLLINES ET VALLÉE

Vallonnée, ondulée par de nombreuses collines vertes, piquées de cyprès et d'oliviers, la campagne aux alentours est restée très sauvage pour peu que l'on

TOSCANE

s'éloigne des grands axes routiers, qui rendent moins glamour la descente dans la vallée. De petits villages accueillants attendent ceux qui prendront le temps de flâner autour de Certaldo : **Gambassi Terme, Barberino in Val d'Elsa** ou **Castelfiorenino,** avec son beau petit musée des tabernacles de Benozzo Gozzoli (● *museo benozzogozzoli.it* ●) et l'église baroque de Santa Verdiana perdue dans les collines. Signalons pour les affamés deux remarquables adresses à **Montaione,** une bourgade située à 10 km à l'ouest de Certaldo et à 15 km au sud de San Miniato. La première est exceptionnelle dans son genre. C'est la **Casa Masi** (*via Collerucci, 53 ;* ☎ *0571-67-71-70 ;* ● *casamasimontaione.it* ● *Ouv tte l'année, tlj sf lun et mar soir slt. Menus env 35 €*). Beaucoup de monde, service parfois dépassé, mais un vrai régal si vous aimez les truffes blanches. Autre adresse recommandée, un peu moins gastronomique : l'**Osteria San Vivaldo** (*via San Vivaldo, 21/23 ;* ☎ *0571-68-01-18*). Ceux qui pousseront jusqu'à **Palaia** pourront découvrir dans la rue principale de ce joli village à 20 km au sud-ouest de San Miniato la **Trattoria Antica Farmacia** (*via del Popolo, 51 ;* ☎ *0587-62-25-34. Tlj 19h30-23h sf mer, plus dim 12h-14h30. Menus 30 €*). Une petite salle voûtée, une cheminée d'époque, une fenêtre largement ouverte sur la verdure en été. Plats énumérés par le chef, en direct. Des restos comme ça, on en trouve de moins en moins...

Ceux qui voudraient rejoindre Livourne par les petites routes ont tout intérêt à s'arrêter à **Peccioli,** village bien sympa, le temps de prendre un petit café sous les arcades.

Pour qui remonterait en direction de Pistoia, arrêt à **San Miniato,** à 28 km au nord de Certaldo (compter ensuite 40 km pour rejoindre Pistoia).

SAN MINIATO (56027)

À 40 km à l'est de Pise et à 40 km à l'ouest de Florence par l'autoroute Fi-Pi-Li. Juchée sur une colline élevée, dominé par la haute tour de son château et le Duomo, San Miniato n'est pas un gros bourg mais une petite ville de 28 000 habitants dont la partie la plus intéressante est perchée sur son éperon rocheux, dominant le paysage de la Toscane éternelle.

L'origine de la ville est étrusque, puis romaine, mais au VIIIe s un groupe de Lombards bâtissent une église en mémoire de leur saint martyr *Miniato* et établissent la ville. Ensuite, son histoire, comme celle de ses voisines, est liée aux incessants tiraillements entre Pise et Florence. Après la chute de Pise à la fin du XIIIe s, les villageois arrivent à proclamer leur « commune libre », mais ils ne peuvent résister aux sirènes florentines à la fin du XIVe s.

QUEL FLAIR

San Miniato détient le record mondial de la truffe. En octobre 1954, un certain Arturo Gallerini et son chien Parigi ont découvert une truffe de 2,520 kg. Elle fut offerte au président des États-Unis Dwight Eisenhower. Chaque année au mois de novembre, la petite ville organise la foire nationale aux truffes blanches.

San Miniato est la ville natale des frères **Paolo et Vittorio Taviani** (nés en 1929 et 1931), cinéastes italiens, auteurs de quelques films célèbres comme *Padre padrone* (1977), *La Nuit de San Lorenzo* (1982) et *Kaos, contes Siciliens* (1984).

Arriver – Quitter

🚂 **Gare ferroviaire :** *à Fucecchio, à 3 km au nord de San Miniato.* Horaires des trains à l'office de tourisme de San Miniato.

➢ Trains ttes les 30-40 mn depuis et vers **Florence** ou **Pise** (gare centrale et aéroport). Trajet 30-40 mn.

Stationnement

🅿 Se garer sur le parking gratuit *Fonti Alle Fate* (attention, quelques places payantes tout au bout). Ensuite prendre l'ascenseur.

Adresse utile

🏢 *Ufficio turistico :* piazza del Popolo, 1. ☎ 0571-42-745. ● sanminiato promozione.it ● Tlj 9h (13h lun)-17h. Donne des plans de la ville et de la doc en anglais. Résas d'hébergement.

Vente de topoguides pour les nombreux chemins de rando aux environs. Bon accueil et d'excellents conseils pour les nombreux *agriturismi* du coin.

Où dormir ?

🏠 *Dimora del Grifo :* via Cesare Battisti, 31. ▤ 347-536-99-30. ● dimoradel grifo@yahoo.it ● Dans le centre historique ; à 150 m de la piazza del Popolo. Doubles 60 € (plus 15 €/pers supplémentaire), ttes avec sdb commune (l'une avec w-c et lavabo à l'intérieur) ; pas de petit déj. CB refusées. 📶 Une belle maison ancienne à l'enseigne du griffon, avec beaucoup de cachet. Les propriétaires n'y vivent pas, il faut leur téléphoner. La demeure abrite à l'étage 3 chambres pourvues de grandes fenêtres, vraiment spacieuses, coquettes et confortables, dont 2 donnent sur un jardin, baignant dans une atmosphère à l'ancienne. Accueil très gentil.

Où manger ?

🍴 *Rosso Antico Osteria Moderna :* via IV Novembre, 27. ☎ 0571-41-97-59. Dans la rue principale. Ouv tlj. Menus 8-16 €. Petite *osteria* à la déco moderne avec une collection d'ustensiles émaillés accrochés au plafond et une miniterrasse sur la rue. Repas économique et rapide avec grosse salade ou *pasta* incluant tapas ou dessert.

🍴 🚲 *Caffe Marlene e Roberto (Bar Cantini) :* via A. Conti, 1. ☎ 057-14-30-30. Presque en face de l'office de tourisme. Tlj 7h-22h. Plats à partir de 7 €. Installez-vous sur la petite terrasse qui offre une vue panoramique sur la campagne. Ici tout est fait maison, les pizzas, les pâtes, mais aussi les *dolci* que le patron fait gentiment goûter aux clients. Et si c'est la saison, profitez-en pour commander des œufs à la truffe. Eh oui ! les truffes de San Miniato que l'on trouve dans les bois alentour sont aussi appréciées des connaisseurs que les truffes blanches d'Alba. Accompagnés d'un bon vin toscan, vous nous en direz des nouvelles !

🍴 🍷 *Caffe Centrale :* via IV Novembre, 19. ☎ 0571-43-03-37. Tlj sf lun, jusqu'à 2h. Repas le midi slt en sem (ouv à partir de 16h le w-e). Carte 20-25 €. Originaire de San Miniato par son père, Anthony a vécu à Châteauroux et travaillé à Paris, Londres et Buenos-Aires, avant de rentrer au pays paternel. On y mange bien (produits frais et naturels de la région), mais surtout on y boit : 40 sortes de thé, des bières artisanales, des cocktails, du (très bon) vin au verre... dans une grande salle prolongée par une terrasse avec une vue remarquable sur la ville et la campagne.

🍴 *Le Colombaie :* via Giuseppe Montanelli, 5. ☎ 0571-48-42-20. ● info@ lecolombaie.eu ● 🅿 De San Miniato, prendre vers le lieu-dit Catena (gros hameau) et en arrivant prendre à droite et immédiatement à gauche. Faire env 1 km sur cette tte petite route (fléché). Mar-dim slt pour le dîner, j. fériés pour le déj. Congés : janv et août. Repas env 35 €. Bon, il n'est pas situé dans la ville haut perchée mais dans la plaine,

TOSCANE

tout en bas. Mais Daniele est un chef qui monte, qui monte... Sa cuisine est inventive, goûteuse. Il ne se sert qu'auprès de producteurs locaux et

réalise des plats enjoués et pleins de saveurs, ravissant toutes les fines gueules de la région, qui se refilent l'adresse.

À voir

San Miniato et Palaia (quelques kilomètres au sud-ouest) sont parmi nos villages préférés de Toscane centrale.

🦌 *Piazza del Seminario (piazza della Repubblica) :* en contrebas du Duomo. Place très romantique la nuit. Le séminaire, long bâtiment, présente de nombreuses fresques en trompe l'œil sur sa façade. De là, des escaliers conduisent à la piazza del Duomo et au Musée diocésain.

🦌 *Duomo (Cattedrale) :* accès par un escalier monumental. Construit au XIIIe s, souvent remanié. Originalité : une des tours de l'ancien château lui sert de clocher. Plafond richement décoré. Dans le transept gauche, une *Déposition* de Lo Spillo (1528). Petit musée d'art sacré tout à côté.

🦌 *Rocca di Federico II :* à partir de la cathédrale, suivre le chemin d'accès. Mardim 11h-18h (17h en hiver). Entrée : 2,50 €. Connue comme San Miniato « al tedesco » (San Miniato la germanique), la ville garde de son passé germanique cette tour de 37 m de haut, construite par l'empereur souabe Frédéric II en 1223. Détruite pendant la Seconde Guerre mondiale, elle fut reconstruite en 1956. Du sommet, panorama sur les environs.

🦌 *Museo archeologico :* dans l'enceinte du Palazzo comunale. Slt w-e 10h-19h (18h oct-mars). Entrée : 4 €. Petit musée archéologique de la période étrusco-romaine.

🦌 *Chiesa San Iacopo et Lucia :* piazza del Popolo. Édifiée au XIVe s. Beau tombeau dessiné par Donatello. Nombreuses fresques. Nef ornée de trompe-l'œil et étonnante ambiance due aux vitraux jaunes.

CARRARA ET LA VERSILIA

Géographiquement située entre les rives du Cinguale, au nord, et celles du Fosso di Motrone, au sud, la Versilia est une bande côtière adossée aux contreforts des Alpes apuanes. Avec ses plages interminables – mais trop aménagées et sans charme – et ses possibilités de randos en montagne, cette région demeure un lieu de villégiature très prisé des Italiens ! Dès le début du XIXe s, en effet, nombre d'artistes ont jeté leur dévolu sur la Versilia, tant et si bien qu'elle connut par la suite un rayonnement mondial, grâce notamment au style Art nouveau dont témoignent encore aujourd'hui, avec élégance, la plupart de ses monuments... Car entre Torre del Lago, patrie chérie de Puccini, et Pietrasanta, terre d'adoption de Botero, la Versilia – avec ses nombreuses fonderies et un savoir-faire multiséculaire dans la taille du marbre – demeure résolument tournée vers les arts !

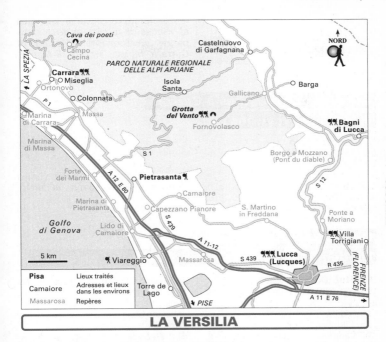

LA VERSILIA

CARRARA (CARRARE) (54033) 63 130 hab.

Connue dans le monde entier pour la qualité de son marbre, la petite ville de Carrare, lovée au pied d'une montagne dont elle tire sa subsistance depuis l'époque romaine, n'est pas comme les autres villes toscanes. Ici, on n'exploite pas le marbre, on le cultive ! Et c'est vrai que la visite vaut surtout pour les impressionnantes carrières (le mot français « carrière » vient d'ailleurs de Carrare !), mais aussi pour les remarquables ateliers Nicoli, où des œuvres de grands artistes sont fabriquées et expédiées un peu partout à travers le monde... En été, tous les 2 ans (années paires), importante expo de sculptures contemporaines en marbre dans les rues de la ville.

Arriver – Quitter

En train

🚂 **Stazione** (gare ferroviaire) **:** via Petacchi, à **Avenza.** ☎ 89-20-21. ● trenitalia.it ● À 5 km au sud-ouest du centre-ville par le viale XX Settembre. Bus nᵒˢ 52, 70 et 73.
➢ Nombreux trains directs/j. avec **Pietrasanta** (15 mn), **Viareggio** (25 mn), **Pisa** (50 mn) et **La Spezia** (30 mn). Pour **Lucca** (1h), changement à Viareggio ; pour **Firenze** (2h20) et **Livorno** (1h15), changement à Pisa ; pour **Siena** (3h), changement à Pisa, puis Empoli. Quelques directs/j. avec **Genova** (1h40-2h30), ou avec changement à La Spezia ou Massa.

En bus

🚌 **Autostazione** *(gare routière) :* piazza Sacco e Vanzetti. ☎ 800-223-010 *(n° Vert).* ● *massa-carrara.cttnord. it* ● *En bordure du centre-ville.*

➢ Nombreux bus/j. pour les villes et villages de la côte et de la campagne environnante : **Marina di Carrara, Massa, Marina di Massa, Colonnata...**

Adresse et info utiles à Carrare et dans les environs

🛈 **Ufficio turistico :** *viale XX Settembre, 152 (angle via Piave), loc. **Stadio.*** ☎ *0585-84-41-36.* ● *aptmassacarrara. it* ● *À 3 km au sud-ouest du centre-ville, face au stade. Juil-août, tlj 8h30-12h, 15h30-17h30 ; mars-juin, tlj 8h30 (8h45 avr-mai)-16h30 (16h avr avec pause 12h45-14h ; 15h45 mai) ; sept-fév, tlj 9h (10h nov-janv)-16h (12h30 2de quinzaine d'oct ; 12h nov-déc ; 13h janv ; 15h fév).* Plan de la ville, infos sur les carrières à visiter, agenda culturel... Bon accueil.
– *Marché :* lun mat.

Où dormir ? Où manger ?
Où déguster une pâtisserie ? Où boire un café ?

🏠 **Hotel Dora :** *via Apuana, 3 f.* ☎ *0585-706-34.* ● *info@hotel-dora. it* ● *hotel-dora.it* ● *Doubles 70-100 € selon confort.* 📶 Au bord du torrent qui borde le *centro storico,* une quinzaine de chambres pratiques et soignées, sur une gentille note moderne, à défaut d'avoir un charme renversant. Les plus chères sont spacieuses et équipées d'un petit salon. Nos préférées ont vue sur le torrent. Accueil pro.

🍴 **Pan, Focaccia e Fantasia :** *via Roma, 7.* 📱 *393-336-50-51. Tlj sf dim soir 7h30-15h30, 16h30-20h. Moins de 5 €.* De belles parts de *focaccia* à dévorer sur le pouce en visitant Carrare, ou sur les quelques tables de la terrasse couverte dans la rue piétonne, vite prise d'assaut à midi. Également quelques petits plats simples et honnêtes, du genre pâtes, raviolis...

🍴 **Tarasbi :** *via Cavour, 2.* ☎ *0585-77-51-70. Tlj sf lun 18h30-minuit. Pizze et focacce 5-10 €.* Un resto-*enoteca* en sous-sol, qui expose des œuvres d'artistes du cru en plus d'une déco soignée : pierre, cuivre, fer forgé, et quelques tables en terrasse. Cuisine fignolée et goûteuse dans une ambiance bons copains, avec en prime d'excellentes pizzas !

🍴 **Il Rebacco :** *via Loris Giorgi, 5.* ☎ *0585-77-67-78.* ● *ilrebacco@yahoo. it* ● *Tlj sf sam midi et dim. Plats 8-18 € ; repas 30-35 €.* Un resto proposant une cuisine terre-mer, authentique et raffinée, concoctée uniquement à base de produits frais locaux. Le chef s'inspire de la tradition qu'il revisite et magnifie à sa manière. Salle à la déco un brin chic autour d'un petit patio verdoyant ou en terrasse dans la rue piétonne.

☕ **Bar-pasticceria Caflisch :** *via Roma, 2.* ☎ *0585-716-76.* ● *caflisch carrara@libero.it* ● *Tlj sf mer 7h-19h30 (13h30 dim).* De vieux rayonnages en bois et un zinc des habitués à toute heure, qui descendent des cafés accompagnés de petites douceurs et autres *biscotti* traditionnels maison. Également quelques bricoles salées à grignoter...

Où dormir ? Où manger ? Où déguster une glace ? Où boire un café dans les environs ?

🏠 **Hotel Parma Mare :** *via delle Pinete, 102, à **Marina di Massa.*** ☎ *0585-24-10-44.* ● *info@hotelparma mare.it* ● *hotelparmamare.it* ● *À 15 km* au sud de Carrara. Ouv de mi-mai à sept. Doubles 60-80 € selon saison. ½ pens obligatoire en été 50-80 €/pers (3 nuits min). 🛜 À 100 m de la mer, dans un bâtiment moderne aux allures de villa d'antan. Si la réception ne paie pas de mine, les 18 chambres fonctionnelles s'avèrent proprettes, avec de belles salles de bains contemporaines sobres. Gentil jardin avec jeux pour enfants et resto sur place. Accueil sympa et pro.

🏠 **Locanda II Monastero :** via Casanova, 2, loc. Annunziata, à **Ortonovo.** ☎ 0187-66-90-22. ● info@locandail monastero.it ● locandailmonastero.it ● ♿. À 9 km à l'ouest de Carrara par la SP 24. Double 105 €. 🛜 Sur le rebord d'un village perché sur le contrefort verdoyant des Alpes, cette haute bâtisse traditionnelle et rustique – un ancien couvent en pierres sèches du XVIIIe s – renferme d'agréables chambres spacieuses et confortables. Aménagements simples et sobres, pour rester dans le ton, mais avec quelques touches modernes. Une bonne adresse au calme.

🍽 🍴 **Bagno Sport :** viale Vespucci, 76, à **Marina di Carrara.** 📱 346-361-53-69. ● angelofarinon@gmail.com ● À 8 km au sud-ouest de Carrara par le viale XX Settembre. Tlj en saison. Panino 5 €, plats 10-12 €. On peut ressembler à un petit et agir comme un grand, telle pourrait être la devise de ce modeste resto de plage ! Ici, tout est dans la cuisine, simple mais fraîche, savoureuse et servie avec le sourire ! Panini, pâtes, salades et 2-3 plats du jour simples... De loin ce qu'il y a de mieux dans le secteur !

🍦🍴🍴 **Gelateria-pasticceria Imperiale :** piazza Menconi, 4, à **Marina di Carrara.** ☎ 0585-63-00-08. À 8 km au sud-ouest de Carrara par le viale XX Settembre. Tlj sf mer. Dans l'arrière-salle ou en terrasse sur la place de l'église, une équipe féminine sert le petit noir à la chaîne. Également des glaces et de bonnes pâtisseries un brin rustiques !

À voir

Important : l'un des intérêts premiers d'une visite à Carrare est son marbre, mondialement connu. Un petit musée en retrace d'ailleurs toute l'histoire. Si vous avez le temps, passez voir les mines ; sinon, la visite des ateliers Nicoli est très enrichissante.

🦌 **Duomo :** piazza Duomo. Tlj 7h-12h, 15h30-19h. La cathédrale Sant'Andrea des XIe-XIVe s présente un sublime fronton romano-gothique de style pisan... en marbre blanc bien sûr ! À l'intérieur, murale du XVe-XVIe s, « la vergine della cintola », mais rien d'exceptionnel. Sur la place, belle statue-fontaine inachevée de Neptune représentant Andrea Doria, exécutée au XVIe s par Baccio Bandinelli à la demande de la république de Gênes...

🦌 **Museo del Marmo :** viale XX Septembre, loc. **Stadio.** ☎ 0585-84-57-46. À env 2 km au sud-ouest du centre-ville, juste en face de l'office de tourisme. Bus nos 70 ou 52 (arrêt Stadio). Tlj sf dim et j. fériés 8h30-19h. Entrée : 5 € ; réduc. Ce musée relate l'histoire de l'exploitation du précieux filon depuis l'époque romaine. On y apprend beaucoup sur la géologie des trois principales vallées de production autour de Carrare, les méthodes d'extraction du

QUAND LE DUCE DÉBLOQUE (DE MARBRE) !

Si le marbre est connu depuis l'époque romaine, ce n'est qu'au XIIe s, au temps des cathédrales toscanes, que commence véritablement son exploitation à Carrare. Les grandes familles prennent rapidement le contrôle de cette industrie, jusqu'au moment où la Révolution française ralentit la cadence, orientant le marché exclusivement vers l'édification de monuments... funéraires. C'est Mussolini, avide de luxe, qui relance la machine en faisant extraire un bloc de 300 t d'un seul tenant !

TOSCANE

TOSCANE

marbre depuis l'Antiquité jusqu'au XXᵉ s. Le tout à grand renfort d'échantillons de pierres et de cristaux, de vieux outils, d'objets archéologiques, d'éléments architecturaux, de sculptures modernes... Également un espace multimédia. L'entrée au musée comprend aussi la visite du **Centro Arti Plastiche** *(CAP ; via Canal del Rio ; ☎ 0585-77-96-81 ; tlj sf lun 9h30-12h30)*, en bordure du centre de Carrare, dédié aux expos de sculptures contemporaines en marbre, mais pas seulement...

🍴 **Cava 177 :** *loc.* **Colonnata.** ▤ *338-578-36-29.* ● *cava177.com* ● *À 6 km à l'est de Carrara. Visite guidée (30 mn) sur résa slt, tlj 9h-18h. Entrée : 6 € ; réduc.* Marco Bernacca, qui travaille ici avec son père et son oncle, mène la visite de cette carrière typique à ciel ouvert. Le tour permet d'appréhender les différentes techniques qui – de l'Antiquité à aujourd'hui – ont permis aux hommes de découper la montagne. Les blocs de marbre de plusieurs tonnes sont taillés en cubes réguliers, ce qui donne une allure très rationnelle et géométrique à ce lieu.

🍴🍴 **Laboratori Artistici Nicoli :** *piazza XXVII Aprile, 8 e.* ☎ *0585-700-79.* ● *nicoli-sculptures.com* ● *Lun-ven 7h-16h, w-e sur résa slt. Entrée : 5 €.* Un atelier fondé en 1863 par Carlo Nicoli, dont les descendants travaillent encore aujourd'hui pour les plus grands sculpteurs, et qui héberge aussi quelques artistes en résidence. L'occasion d'une visite au royaume du marbre pour admirer ce que des mains talentueuses et expertes peuvent en tirer. Deux ateliers sur place : dans le plus grand, les ouvriers de Nicoli travaillent à la commande ; dans l'autre, quelques artistes viennent sculpter eux-mêmes... Des moulages célèbres : Melotti, Poncet, Henry Moore, Zadkine, César, Louise Bourgeois... mais aussi des classiques de Michel-Ange, du Bernin, de Canova. Enfin, une intéressante petite galerie d'art contemporain et, surtout, l'énergie de Francesca Nicoli, fille du maître, de faire partager sa passion des beaux-arts.

DANS LES ENVIRONS DE CARRARA

🍴 **Marmo Tours :** *piazzale Fantiscritti, 84, à* **Miseglia.** ▤ *339-765-74-70.* ● *marmo tour.com* ● *À 5 km au nord-est de Carrara. Depuis la Cava 177, emprunter le tunnel ; c'est sur le versant caché (panneau). Avr-oct, tlj 11h-17h (18h mai-août). Visite guidée (30 mn) : 10 € ; réduc.* Pas plus de 10 personnes à chaque fois dans un minibus, et hop, c'est parti pour un tour ! La carrière s'appelle « Galerie Ravaccione N84 » et se trouve à l'intérieur de la montagne, ce qui fait toute son originalité. Attention car il n'y fait que 16 °C, même en plein été ! Pour l'anecdote, sachez que le lieu est si remarquable que des marques de voitures de luxe comme Maserati et Lamborghini y ont organisé des tournages de films publicitaires... Juste à côté, le petit **musée Walter-Danesi** témoigne de la pénibilité du travail de mineur et expose aussi de très jolies réalisations en marbre. Visite aussi possible en 4x4 avec **Carrare Marble Tour** *(☎ 0585-77-96-73 ; ▤ 333-602-40-26 ; ● carraramarbletour.it ● ; tlj mai-août, 10h-18h ; mars-avr et sept-oct, 10h-16h ; 10 €/pers pour 50 mn, réduc).* Le guide vous montre en route le lieu où ont été tournées des scènes du film de James Bond *Quantum of Solace, L'Essence de la vie* (2008)...

🍴🍴 **Colonnata :** *à 8 km au nord-est de Carrara.* Dans un cirque vert et blanc où se rencontrent les arbres et les carrières de marbre, c'est un village typique, rythmé par l'incessant balai des engins qui charrient les éboulis vers l'aval. Ici, on a l'âme ouvrière. De la placette qui jouxte l'église, beau panorama.

LA PATIENCE D'ANGE DE MICHEL-ANGE

Michel-Ange est venu sept fois à Carrare dans sa vie. Il aurait passé 3 ans à choisir des blocs de marbre d'un blanc pur pour réaliser le tombeau du pape Jules II ! En revanche, son David fut sculpté dans un bloc de mauvaise qualité – étroit et fissuré – qui avait été abandonné par de précédents sculpteurs. Michel-Ange l'a récupéré et a réussi à en faire un chef-d'œuvre !

Les ruelles du village comptent plusieurs *larderie* où chacun y va de sa recette maison. On a même vu du chocolat au lard de Colonnata !

|●| Venanzio : *piazza Palestro, 3.* ☎ *0585-75-80-33.* ● *info@ristorante venanzio.com* ● *Au pied de la tour. Tlj sf jeu et dim soir. Résa conseillée. Formule déj 15 € ; menus 25-40 €. En terrasse sur la placette ou en salle, c'est pâtes, lard et patate... Pour savourer la spécialité du cru : prendre une tranche fine de lard noble sur un *crostino* bien chaud et un verre de blanc sec. Aussi toute une symphonie de mets fins, travaillés avec passion et servis par une équipe enjouée. Une excellente adresse !

X̃X̃ Cava dei Poeti : *sur la SP 59. À 15 km au nord de Carrara par la SS 446, puis à droite la SP 59 (Cava Morlungo D).* Un amphithéâtre naturel perdu dans la montagne – à 1 300 m d'altitude –, sorte de symphonie en vert-blanc-bleu, d'où la vue est à couper le souffle. Compter 20 bonnes minutes par la petite route qui passe par campo Cecina (route de Gragnana). De là-bas partent des chemins de rando pour le parc des Alpes apuanes.

TOSCANE

PIETRASANTA

(55044)   24 010 hab.

À flanc de montagne mais proche de la mer, Pietrasanta est une étape à ne pas manquer ! Fondée en 1255 par Guiscardo da Pietrasanta, alors podestat de Lucques, puis capitale de la capitainerie des Médicis, la ville s'enrichit au fil des siècles de fastueux monuments. Et ses nombreux ateliers de taille du marbre et de fonderies du bronze lui valurent même d'être surnommée « la petite Athènes ». Noyaux d'art et de culture, ses ruelles promettent d'agréables promenades.

Arriver – Quitter

En train

🚆 Stazione *(gare ferroviaire) : piazza della Stazione.* ☎ *89-20-21.* ● *treni talia.it* ●
➤ Nombreux trains directs/j. avec **Carrara** (15 mn), **Viareggio** (10 mn), **Pisa** (30 mn) et **La Spezia** (50 mn). Pour **Lucca** (40 mn-1h), changement à Viareggio ; pour **Firenze** (1h40) et **Livorno** (1h), changement à Pisa ; pour **Siena** (2h30), changement à Pisa, puis Empoli. Quelques directs/j. avec **Genova** (2h20-2h45), ou avec changement à La Spezia ou Massa.

En bus

🚌 Autostazione *(gare routière) : via del Castagno.* ☎ *800-570-530 (n° Vert).* ● *lucca.cttnord.it* ● *Derrière la gare ferroviaire (emprunter le passage souterrain).*
➤ Nombreux bus/j. pour les villes et villages de la côte et des environs : **Lucca, Viareggio, Forte dei Marni, Torre del Lago, Marina di Carrara, Lido di Camaiore, Massa...**

Adresses et info utiles

🅹 Ufficio turistico : *piazza Statuto (kiosque).* ☎ *0584-28-33-75.* ● *comune. pietrasanta.lu.it* ● *En saison, tlj 9h-13h, 17h-22h.* Plan du village avec ses principaux monuments, infos routes des Vins, de l'Huile d'olive et des autres bonnes spécialités du terroir, loisirs verts, activités nautiques sur la côte, agenda culturel...

✉ Poste : *piazza della Repubblica. Tlj sf sam ap-m et dim.*
– Marché : *jeu mat, piazza Statuto.*

TOSCANE

Où dormir ?

🛏 **B & B Il Corso :** via Mazzini, 115. ☎ 0584-701-01. ▤ 392-143-94-84. À 30 m de la piazza Statuto, sur la droite en descendant la rue. Doubles 60-80 €. Enfin un B & B où le proprio vit sur place ! À dispo, 6 chambres bien équipées (l'une d'elles avec terrasse et cuisine), sans caractère particulier mais proprettes et spacieuses ; toutes donnant sur la rue piétonne, calme la nuit. Bon rapport qualité-prix, et accueil gentil.

🛏 **B & B La Sosta degli Artisti :** viale G. Oberdan, 9. ☎ 0584-79-29-22. ▤ 334-102-41-67. ● info@sostade gliartisti.com ● sostadegliartisti.com ● Doubles 80-150 € selon saison. Juste en périphérie du casco antico, on est séduit par les 5 chambres de charme, aménagées dans une demeure de caractère. Confortables (les plus chères avec jacuzzi) et aménagements à thèmes originaux et design, tout droit sortis d'un magazine de déco. Accueil sympa. Excellent rapport qualité-prix hors saison. Une belle adresse pour se faire plaisir !

🛏 **Hotel Palagi :** piazza Carducci, 23. ☎ 0584-702-49. ● info@hotelpalagi. it ● hotelpalagi.it ● Doubles 80-120 € selon saison. Juste hors les murs, petit hôtel d'une vingtaine de chambres tout confort, récemment rénovées dans un style moderne élégant, sobre et clair. Double vitrage partout, mais préférez quand même celles donnant sur la ruelle du côté. Accueil charmant en français.

Où manger ?

🍽 **Panificio Rocchi – osteria Antichi Sapori :** via Garibaldi, 62. ☎ 0584-79-02-05. Tlj sf dim ap-m 7h30-13h30 (9h-13h dim), 17h30-20h. Moins de 10 €. Une longue vitrine réfrigérée insolente, contenant charcuterie, fromage, antipasti ; bref, autant d'ingrédients de qualité avec lesquels on vous confectionne un formidable panino ! Également quelques pâtisseries maison et des produits d'épicerie fine pour agrémenter un pique-nique gourmand. Fait aussi resto dans le local d'à côté, avec quelques plats simples, pâtes maison...

🍽 **Trattoria Il Marzocco :** via del Marzocco, 64. ☎ 0584-714-46. ● news@ trattoriailmarzocco.it ● Tlj, le soir slt (en hiver, tlj sf mar, le midi slt). Résa conseillée le w-e. Plats 8-16 € ; repas 25-30 €. Un resto comme on les aime avec ses 2 salles bardées d'objets hétéroclites qui, en été, débordent allègrement sur les pavés ! Ici, on cuisine régional à l'échelle planétaire ! Et on se régale ainsi de plats marocains, indonésiens et indiens.

🍽 **Bisteccheria de Il Vaticano :** via del Marzocco, 132. ☎ 0584-721-85. ● info@bisteccheriavaticano.it ● Tlj sf mar 20h-minuit. Repas 25-40 €. Belles salles voûtées rustiques avec pierres et briques apparentes pour cette adresse de viandards ! Dans l'assiette, essentiellement du bœuf de première qualité – vendu au poids – cuisiné simplement pour en sublimer le goût brut. Une adresse que l'on fréquente en famille ou entre copains.

🍽 **Locanda del Gusto :** via del Marzocco, 82. ☎ 0584-28-30-91. ● raffae leboischio@gmail.com ● Tlj midi et soir sf lun-mar hors saison. Plats 12-18 € ; repas 30-35 €. Déco lumineuse, chic et ton sur ton. En été, terrasse dans la ruelle, vite pleine. Ici, on accommode la tradition d'une pointe d'exotisme. Carte courte et surprenante !

Où manger dans les environs ?

🍽 **La Dogana :** via delle Pianore, 20, à **Capezzano Pianore.** ☎ 0584-91-51-59. ● info@ristoranteladagona.com ● À 4 km au sud-est de Pietrasanta par la SS 439. Tlj sf lun-mar midi. Résa conseillée. Repas 35-40 €. Au sommet d'une colline avec ses belles terrasses au mobilier design et à la vue grandiose, c'est un resto « gastro » de haute voltige ! Chaque jour, un menu de la terre et de la mer pour une cuisine tout en élégance, qui revisite la tradition en puisant dans le terroir local. Une adresse plébiscitée par les locaux.

|●| *Locanda Le Monache :* piazza XXIX Maggio, 36, à *Camaiore.* ☎ 0584-98-92-58. ● info@lemonache.com ● À 7 km au sud-est de Pietrasanta par la SS 439. Tlj sf dim hors saison. Menus 25-45 € ; plats 8-16 € ; repas 30-35 €. Du caractère et du style, des chaises, des sofas, des livres anciens, tel est le décor du *Monache* où l'on mijote une cuisine du cru généreuse, goûteuse et rustique, où les viandes tiennent une place de choix,

sans compter le gibier et la truffe en saison. *Mamma mia !*

|●| *Osteria Candalla :* via di Candalla, 264, loc. **Lombrici-Camaiore.** ☎ 0584-98-43-81. ● info@osteriacandalla.it ● ⚒. À 9 km au sud-est de Pietrasanta par la SS 439. Ouv le soir mar-dim, plus le midi sam-dim. Résa conseillée. Repas 25-40 €. 🛜 Auberge isolée dans un petit coin de nature superbe, avec terrasse surplombant un torrent de montagne. En salle, c'est ambiance photophores, chandelles et musique jazzy. Dans l'assiette, savoureuse cuisine inventive où les viandes dominent. Bref, une table toscane à dominante lucquoise, légèrement rehaussée par le sésame... le choix du chef !

Où déguster une glace ? Où boire un verre ?

♀ *Gelateria La Dolce Vita :* via S. Stagi, 4. ☎ 0584-710-04. Tlj 11h-minuit (20h hors saison). Difficile de faire son choix parmi la foule des parfums classiques ou de saison ; slurp !

♀ *Locanda Pietrasantese :* piazza Duomo, 29. ☎ 0584-701-47. ● info@locandapietrasantese.it ● Tlj 7h30-1h. Une terrasse stratégique, idéale pour apprécier l'ambiance nonchalante de la ville en sirotant un *spritz* ; mais pas toujours facile d'y poser une fesse !

À voir

Pietrasanta se prête bien à la promenade car, en dépit d'une certaine rigueur militaire, ses rues – avec leurs boutiques d'art et d'antiquités, leurs ateliers d'artistes et leurs galeries d'expo – demeurent fort agréables à arpenter. De la piazza Duomo à la piazza Matteotti, où trône fièrement *Le Guerrier* de **Botero,** une succession d'échoppes aux façades colorées offrent un ravissement pour l'œil !

🐾🐾 *Duomo San Martino :* piazza Duomo. Construite au XIVᵉ s sur les bases d'une église plus ancienne – commande des Lucquois qui tenaient à affirmer leur autorité sur la région –, cette imposante cathédrale, entièrement parée de marbre blanc, est l'une des plus belles de la région ! Son campanile – détaché – du début du XVIᵉ s mesure 36 m de haut. Il est resté inachevé (il devait être lui aussi recouvert de marbre) et ses briques tranchent avec l'ambiance générale de la place. Le magnifique escalier hélicoïdal qui tourne à l'intérieur n'est que rarement visitable... À l'intérieur de la cathédrale, quelques huiles sur toile exécutées par des peintres anonymes du XVIIᵉ s. Aussi une *Vierge à l'Enfant* (la Vierge du soleil, patronne de la ville), représentée entre saint Jean et saint Jean-Baptiste, datée de 1424, dans la chapelle à droite du chœur.
– Sur la placette qui prolonge la piazza del Duomo, une plaque sur le mur du *Bar Michelangelo* rappelle que **Michel-Ange** a logé dans cet immeuble le 27 avril 1518. Plus loin, au n° 1 de la via Stagio Stagi, une autre plaque rappelle que le même artiste a signé ici le premier contrat de construction de la façade San Lorenzo à Florence.

🐾 *Battistero :* via Garibaldi, sur la droite de la cathédrale. C'est l'oratoire de sainte Jacynthe. À l'intérieur, voici deux fonts baptismaux ; ce qui est assez rare. De forme hexagonale, le plus ancien, fabriqué en 1835, est l'œuvre de Pardini. Le second est un genre de bonbonnière travaillée avec finesse par Donato Benti et Nicolas Civitali. Commencé au XVIe s, il fut terminé au début du XVIIe s par Bergamini et Pellicia...

✗✗ Chiesa della Misericordia *(Sant'Antonio e Bagio) : via Giuseppe Mazzini, 101.* On ne peut la rater ! Avec sa façade rose, cette petite église, construite avant 1320, demeure l'une des plus anciennes de Pietrasanta. Elle avait une double fonction, servant de lieu de culte et de dispensaire pour les plus démunis et les condamnés au gibet ! L'église a subi de nombreuses transformations ; une façade baroque, notamment... À l'intérieur, quelques statues en bois polychrome, une toile de Lorenzo Cellini (1550) : la *Madonna del carmine,* et, plus proches de nous, deux fresques magistrales – étonnantes et même amusantes – de **Botero** : la *Porte du Paradis* et la *Porte de l'Enfer,* don de l'artiste à la ville où il réside depuis plusieurs années !

✗ Museo dei Bozzetti : *piazza Duomo.* ☎ *0584-79-55-00.* ● *museodeibozzetti. it* ● *À gauche du Duomo, dans l'ancien couvent Sant'Agostino. Tlj sf le mat des sam-dim 9h-13h, 14h-19h. GRATUIT.* C'est le centre culturel de Pietrasanta. En coursive, une expo pêle-mêle de toutes les maquettes des artistes qui ont plus ou moins résidé à Pietrasanta. Les plus volumineuses sont entreposées à l'arrière du bâtiment, comme *Le Centaure* de **César** ou encore *Adam et Ève* de **Botero.** Au rez-de-chaussée de la bibliothèque, petite expo de céramiques extraites des fouilles du couvent (fin XVe-début XVIe s).

✗ Rocca di Sala : *chemin d'accès derrière le couvent Sant' Agostino (20 mn à pied).* Cet ensemble défensif (non visitable) fait partie d'un vaste dispositif militaire déjà en place au Moyen Âge. Il fut intégré intra-muros à l'époque du *condottiere* Castracani (début XIVe s). De là-haut, très belle vue sur la piazza Duomo en contrebas.

DES *CONDOTTIERI* PAYANTS !

L'Italie du Moyen Âge et de la Renaissance est célèbre pour une race d'hommes bien particuliers : les condottieri, *ces chefs de guerre mercenaires à la solde des plus grands et dont les services étaient rémunérés en titres ou en espèces. Parmi les plus célèbres, citons Castracani, dont Machiavel a écrit la biographie, ou encore Andrea Doria, qui servit François Ier.*

✗ ✿ Spartaco palla Scultore : *piazza Carducci, 25.* ☎ *0584-705-47.* ● *spartacopalla-scultore.it* ● *Face à l'hôtel Palagi. Lun-ven 8h30-12h, 14h30-17h (19h mai-sept). GRATUIT.* Dans une belle demeure toscane qui expose sur son fronton les bustes d'illustres sculpteurs. Si vous n'êtes pas trop nombreux, Rosana ou sa fille Sonia vous font découvrir l'atelier de leur mari ou père, qui exécute les commandes des artistes. Belles salles, où l'on peut admirer des sculptures classiques et modernes. Galerie de vente.

DANS LES ENVIRONS DE PIETRASANTA

✗ Villa Museo Puccini : *viale Puccini, 266, à Torre del Lago (20 km au sud de Pietrasanta).* ☎ *0584-34-14-45.* ● *giacomopuccini.it* ● *Visite guidée tlj sf lun mat, ttes les 40 mn 10h-12h40, 15h-18h20 (14h-17h20 déc-janv, 14h30-17h50 fév-mars). Dernière admission 40 mn avt. Fermé en nov. Entrée : 7 € ; réduc.* Puccini arrive pour la première fois à Torre del Lago en 1891, avant de faire construire cette villa en 1899. Et c'est ici qu'il compose la plupart de ses opéras : *Manon Lescaut* (1893), *La Bohème* (1896), *Tosca* (1900), *Madame Butterfly* (1904)... La villa appartient aujourd'hui aux descendants du maestro, et sa visite permet de découvrir l'atmosphère qui inspira le musicien, des toiles de ses amis de l'école des Macchioli, ainsi que sa collection d'armes (le maître était un fieffé chasseur de gibier d'eau !). On peut aussi voir son masque funéraire réalisé à Bruxelles en 1924 – la tombe de Puccini se trouvant dans la chapelle familiale, attenante à la maison.

🏖 ***Viareggio :*** *à 8 km au sud de Pietrasanta par la SS 1.* C'est l'une des plus anciennes stations balnéaires de Toscane, bien connue pour ses élégants édifices Art nouveau et son fameux carnaval (en février), le deuxième plus important du pays après celui de Venise !

|●| ***Osteria Piazza Grande :*** *via F. Cairoli, 169.* ☎ *0584-96-34-72.* ● *info@ osteriacandalla.it* ● *Tlj sf dim (hors saison, ouv le soir slt, plus dim midi). Plats 8-12 € ; repas 25-30 €.* 📶 À l'écart du flux touristique, 2 grandes salles blanc et rouge, parsemées de solides tables à plateaux en marbre. Cuisine simple mais maîtrisée – avec quelques élans raffinés – qui se renouvelle au rythme des saisons. Poisson et fruits de mer en vedette, mais les viandards trouvent aussi leur compte ! Excellent rapport qualité-prix-accueil.

Manifestations

– ***Carnaval de Viareggio :*** *défilé ts les dim au mois de fév ainsi qu'à Mardi gras.* ● *viareggio.ilcarnevale.com* ● À Viareggio, le premier défilé masqué date de 1873, mais ce n'est vraiment qu'en 1921 que le carnaval devient une institution. Les chars supportant des géants de papier mâché s'inspirent en général de la politique nationale et internationale et sont suivis d'une... mascarade ! C'est également le prétexte aux rencontres d'artistes et à des expos. Le réalisateur Fellini y est venu plusieurs fois ; il passait commande de décor pour ses films à un fabricant réputé pour ses figures en papier mâché.
– ***Festival Puccini :*** *juil-août, à **Torre del Lago**.* ● *puccinifestival.it* ● Une rétrospective des œuvres du maestro dans le plus grand théâtre en plein air de Toscane, avec le lac pour arrière-plan. Superbe !

BAGNI DI LUCCA ET LA GARFAGNANA

Région historique de la province de Lucques, située aux confins des Alpes apuanes et des Apennins toscans émiliens, la Garfagnana, véritable joyau naturel, est traversée par une imposante rivière : le Serchio. Saupoudrée de villages médiévaux, où le gris de la pierre tranche avec le vert des forêts alentour, la région, encore épargnée par les cohortes de touristes, est un paradis pour les amateurs de sport de pleine nature.

BAGNI DI LUCCA   (55022)   6 500 hab.

À 23 km au nord-est de Lucca, cette petite station thermale est nichée dans une vallée baignée par la rivière Lima (un torrent de montagne en fait) et entourée de collines vertes et boisées. Bagni di Lucca doit ses lettres de noblesse aux prestigieux visiteurs qui se sont baignés dans ses eaux. De Montaigne à lord Byron, de Heinrich Heine à Carducci, en passant par Élisa Bonaparte, la ville n'a cessé d'attirer celles et ceux qui souhaitaient se remettre en forme. Et ça continue... Avec ses thermes modernisés, Bagni est un lieu idéal pour ceux qui souhaitent se reposer loin de l'agitation du monde,

TOSCANE

et se mettre au vert. Aux alentours, des petites routes sinueuses mènent à des villages et des hameaux isolés, souvent perchés sur le flanc des monts.

Arriver – Quitter

La commune de Bagni di Lucca est très étendue. Il y a en gros 3 parties. *Fornoli* (à 3 km à l'ouest de Bagno di Lucca), d'où part la route pour la Garfagnana et où se trouvent le stade et la gare ferroviaire, *Ponte a Serraglio,* d'où l'on accède aux thermes, et enfin *La Villa.*

En train

🚂 *Gare ferroviaire : à Fornoli.* ☎ *89-20-21 (horaires).* ● *trenitalia.it* ● Une gare « champêtre », noyée dans la verdure.
➢ *De Lucca (Lucques) :* env 10 trains/j. Durée : env 30 mn. Depuis la gare de Fornoli, liaisons par navette pour les différentes parties de Bagni di Lucca.

En bus

🚌 *Gare routière : ts les horaires sur* ● *vaibus.it* ● *Arrêt de bus situé devant la gare ferroviaire de Fornoli.*
➢ *De/vers Lucca (Lucques) :* 3 bus interurbains relient Lucca à Fornoli Stazione (gare ferroviaire). C'est la ligne Q 10.
➢ Bus aussi pour *Castelnuovo* (ligne Q 48) et *San Marcello Pistoies* (ligne Q 46).

Circulation et stationnement

🅿 Petit parking à l'entrée de la ville en venant de Lucques. On est à 3 mn à pied de Ponte a Serraglio. Hors saison, aucun problème de stationnement.

Adresses utiles

🛈 *Ufficio turistico : viale Umberto I, 96.* ☎ *0583-80-57-45.* ● *bagnidiluccaterme.info* ● *Mai-sept, tlj 10h-13h, 15h-19h ; le reste de l'année, tlj sf mar et dim, slt le mat.* Renseignements sur les possibilités d'hébergements et les balades à faire dans le coin. Bon accueil.
✉ *Poste : en face du* Bridge Hotel *à Ponte a Serraglio. Lun-sam 8h15-13h30 (12h30 sam).*

Où dormir ?

De bon marché à prix moyens

🏠 *Hotel Bernabo : Bagni di Lucca Terme, Ponte a Serraglio (sur les hauteurs).* ☎ *0583-80-52-15.* ● *info@ bernabohotel.it* ● *bernabohotel.it* ● *Au bord de la route qui monte aux thermes. Ouv tte l'année. Double env 58 € (10 € en plus avec balcon), petit déj compris ; réduc si séjour prolongé. Parking privé.* Un petit hôtel dans un bâtiment récent, abritant des chambres simples, confortables et de taille standard. 4 d'entre elles ont un balcon offrant une vue superbe sur la vallée (ne pas s'en priver). L'escalier grince, ne rentrez pas trop tard !
🏠 *Albergo La Corona : via Serraglia, 78, à Ponte a Serraglio.* ☎ *0583-80-51-51.* ● *info@coronaregina.it* ● *coronaregina.it* ● *Doubles à partir de 80 €, petit déj compris.* 🖥 📶 Située au-dessus de la rivière Lima (et de son déversoir), voici une demeure du XVIIIe s, décorée à l'intérieur dans un style Liberty. Abrite une quinzaine de chambres tout confort, lumineuses et meublées dans un style classique.

Chic

⌂ **Villa Gamba Ghiselli :** via Roma, 43, 47, 51. Représenté par Loc'appart : ● locappart.com ● À partir de 140 €/j. l'appart de 125 m² avec terrasse. Grande propriété familiale du XVIIᵉ s, entourée d'un grand parc bordé par une rivière où l'on peut se baigner en été. La villa est divisée en 3 grands appartements (plus 1 annexe). Les appartements sont spacieux et propres et disposent d'un beau mobilier d'époque ainsi que de livres anciens. Un endroit où il fait bon vivre.

⌂ |●| **Hotel & Terme :** via del Paretaio, 1. ☎ 0583-86-034. ● hotel@ termebagnidilucca.it ● termebagnidilucca.it ● ♨ À 3 km du centre du village. On accède aux thermes en empruntant la route qui monte devant le Bridge Hotel depuis Ponte a Serraglio. Ouv tte l'année. Doubles 99-115 €, petit déj compris. Supplément pour chambre avec balcon. Menus à partir de 12 €. ☏ Une petite trentaine de chambres style années 1970, sans effort de déco. La literie est un peu molle. Également un petit resto pour avaler des carottes râpées et des pommes vapeur. Pour celles et ceux qui privilégient l'idéal ascétique en oubliant que Montaigne, l'épicurien, est passé par là avant eux.

Où manger ?

|●| **Circolo dei Forestieri :** piazza Jean Varraud, 10, à La Villa. ☎ 0583-86-038. Repas 25-30 € ; ajouter 10 € pour un bon dîner. Un resto que fréquentaient déjà les aristos lucquois dans les années 1800. Ambiance Belle Époque, dentelles, marquises et voilages. Aux beaux jours, la maison a la bonne idée de proposer un menu touristique à un prix sage. À déguster à l'arrière, sur la terrasse qui surplombe le torrent. Dans l'assiette, des spécialités du coin, mais aussi melon au jambon de Parme, fantasia d'antipasti ou terrine de la mer. Les carnivores essaieront un filet de bœuf au poivre. Le service est stylé.

|●| 🚂 **Ristorante Antico Caffè Del Sonno :** viale Umberto 1, 146-148, à La Villa. ☎ 0583-80-50-80. Tlj sf jeu. Congés : de mi-janv à mi-fév. Repas complet 25 €. Sous les voûtes, dans la salle ou carrément sur la terrasse tout en longueur qui borde la route, pour une pizza au feu de bois.

À voir. À faire

La commune de Bagni di Lucca compte pas moins de 25 petits villages disséminés un peu partout autour du point culminant local, le mont Pratofiorito et ses 1 297 m. De nombreux sentiers de randonnée sont balisés pour y accéder.

À 9 km au nord, le village médiéval de **Montefegatesi** est perché sur une montagnette à 850 m d'altitude. Non loin de là se trouve le plus beau canyon de Toscane, l'**Orrido di Botri,** sanctuaire naturel de l'aigle royal. Voir aussi **Casabasciana, Casoli** et **Lucchio,** villages de caractère. Les amateurs de randonnée pousseront jusqu'aux **gorges de la Cocciglia** pour voir ses eaux émeraude.

🐾 **Les thermes Jean-Varraud :** via del Paretaio, 1. ☎ 0583-87-221. ● termebagnidilucca.it ●

LE MAIRE DE BORDEAUX EST DANS SON BAIN

En 1581, Montaigne séjourna près d'un mois et demi à Bagni di Lucca. Malade de la vésicule et des reins, l'auteur des Essais se baignait tous les jours et se soignait avec l'eau. Il logeait au palais Buonvisi aujourd'hui villa Webb. Le 7 septembre 1581, alors qu'il était aux bains, il apprit son élection à la mairie de Bordeaux... ville qu'il avait quittée à cheval depuis 1 an... pour faire son grand voyage.

Congés : de mi-janv à mi-fév et à Noël. Tlj 8h (9h dim)-18h. Accès à la grotte pour un hammam. Dans la grotte, l'eau sort à 54 °C, c'est un genre de hammam naturel, puis elle est dérivée vers différents bains. Il règne un charme désuet dans cet établissement, avec ses salles d'attente et de massage très agréablement décorées, surtout dans la partie des thermes où se trouvait l'ancien casino.

🎿 **Le casino :** via del Casino, à Ponte a Serraglio. Mêmes heures d'ouverture que l'office de tourisme. C'est la dame de l'office qui assure la visite. Déjà au XVe s, la ville était connue pour ses réunions galantes, mais à l'époque, les bals avaient lieu aux thermes. Le casino actuel a fermé ses portes à la fin de la Seconde Guerre mondiale. Ici, seuls les lustres et les portes sont d'origine, car le bâtiment a été sérieusement endommagé pendant la guerre. À noter que c'est à Bagni di Lucca qu'a vu le jour le premier casino d'Europe. La roulette ayant été inventée en France, deux Français y avaient élu résidence pendant les neuf premières années de sa mise en service, histoire de mettre le train sur les rails, et ont par la suite gagné Monaco.

🎿🎿 **Ponte del Diavolo** (Ponte della Maddalena) **:** à **Borgo a Mozzano,** avt d'arriver à Bagni di Lucca, il enjambe le Serchio. Même forme, même reflet, même nom que tous les ponts du Diable de France et de Navarre, sauf que celui-ci, bâti dans la seconde moitié du XIe s, sur un point névralgique de la via Francigena qui reliait Canterbury à Rome, a été reconstruit par Castrani (le fameux condottiere) au début du XIVe s. De nombreuses légendes courent à son sujet.

DANS LES ENVIRONS DE BAGNI DI LUCCA

C'est au nord de Bagni di Lucca que commence la grande Garfagnana, l'une des régions les plus sauvages d'Italie. La haute vallée du Serchio, avec ses reliefs escarpés et sa végétation dense, offre de multiples possibilités de randonnées à pied ou à VTT. À partir de Castelnuovo di Garfagnana, un itinéraire balisé de 9 jours permet de faire le tour des plus beaux sites naturels de la région. Tous les renseignements sur ● turismo.garfagnana.eu ● Consulter également le site du parc naturel régional des Alpes apuanes : ● parcapuane.it ●

BARGA

À environ 45 km au nord de Lucca, cette petite ville perchée sur sa montagne et quadrillée d'étroites ruelles a su garder son caractère médiéval. C'est aujourd'hui le centre le plus important de la vallée du Serchio. Le Duomo, dont on aperçoit la tour crénelée bien avant d'arriver, date du IXe s. Il a été agrandi au XIIIe s et abrite de nombreuses œuvres d'art. Un festival de jazz se déroule en ville chaque année en été. De Barga, vous pouvez gagner la Grotta del Vento, une des grottes les plus importantes d'Europe.

🎿🎿 **Grotta del Vento :** village de **Fornovolasco,** à l'extrémité de la vallée de la Turitte Gallicano. ● grottadelvento.com ● Avr-oct et 26 déc-6 janv, tlj ; le reste de l'année, j. fériés slt. 3 itinéraires possibles avec des horaires différents selon durée. Entrée : 9-20 € selon itinéraire choisi ; réduc. Partie intégrante du puissant système karstique qui caractérise les Alpes apuanes, la grotte du Vent est l'une des plus richement fournies en concrétions d'Europe. Ouverte au public depuis la fin des années 1960, elle offre trois itinéraires distincts, qui permettent d'appréhender la géologie du coin. Pour la visite, n'oubliez pas une paire de chaussures adéquates et une petite laine.

CASTELNUOVO DI GARFAGNANA

Centre névralgique de la région, situé au confluent de la Turrite Secca et du Serchio à 30 mn de Barga, Castelnuovo est réputée pour son marché du jeudi (depuis 1430). C'est aussi le point de départ de nombreux sentiers de randonnées.

Adresse utile

🛈 **Centro Visite Parchi Alpi Apuane :** *piazza delle Erbe, 1.* ☎ *0583-65-169 ou 0583-64-42-42.* ● *turismo.garfa gnana.eu* ● *Tte l'année, tlj sf j. fériés.* Fournit une jolie carte sur tous les itinéraires praticables à pied ou à VTT dans le parc, et donne aussi des renseignements sur les hébergements. Excellent accueil.

➢ De Castelnuovo, on peut rejoindre la côte en empruntant une petite route qui passe par **Isola Santa,** un adorable petit village médiéval surplombant une retenue d'eau. Compter une petite heure. Le parcours est superbe, surtout dans la seconde partie du trajet. Seul hic, ça tourne sans arrêt, alors si vous avez dans l'idée de promettre une glace aux enfants, offrez-la-leur plutôt à l'arrivée !

LUCCA ET SES ENVIRONS

TOSCANE

LUCCA (LUCQUES) (55100)   85 000 hab.

● Plan *p. 340-341* ● Carte La région entre Lucca (Lucques) et Pistoia *p. 353*

Un véritable coup de cœur pour cette ville qui, bien qu'elle soit très touristique, a gardé son caractère, son style et sa splendeur passée. Entourée de plusieurs kilomètres de murailles et de bastions de brique rouge du XVIIe s, Lucca a conservé sa structure romano-médiévale, ses placettes et ses rues piétonnes, à l'ombre de ses vieilles églises et de ses somptueux palais. D'ailleurs, l'embellissement de la ville date de cet âge d'or (du XIIIe au XVe s) : construction de remparts et d'églises, de belles demeures et de tours verdoyantes aux faîtes desquelles des jardins suspendus étaient aménagés. Lucca porte encore aujourd'hui le souvenir de sa richesse passée. Sa trame urbaine – le *cardo maximus* et le *decumanus maximus,* les deux voies romaines qui la structuraient jadis – est encore bien visible. Essentiellement piétonne, Lucca se découvre facilement à pied, laissez votre voiture à l'extérieur.

Dans ce décor ancien se déroule, le 3e week-end de chaque mois, un marché aux puces très prisé des collectionneurs. En outre, il faut croire que l'atmosphère de Lucca favorise

UN CADEAU IMPÉRIAL !

Une piazza Napoleone, en Italie, n'est pas chose commune ! Préservée par son enceinte, la ville fut pendant des siècles la capitale d'un État indépendant. Bonaparte, lors de sa campagne d'Italie en 1799, en fit une principauté qu'il offrit en 1805 à sa sœur Élisa, qui y régna jusqu'en 1815. Celle-ci s'y investit pleinement, notamment dans le domaine des arts, et c'est bien sûr à elle que l'on doit cette piazza Napoleone.

les vocations de compositeurs : Luigi Boccherini (1743-1805), Alfredo Catalani (1854-1893) – auteur de l'air de la cantatrice dans *Diva,* le film de Jean-Jacques Beineix – et Giacomo Puccini (1858-1924) y virent le jour. En été, manifestations musicales et concours lyriques attirent de nombreux mélomanes.

UN PEU D'HISTOIRE

La ville romaine est à 3 m au-dessous du sol actuel. De cette époque, donc, ne sont visibles que les anciennes arènes transformées aujourd'hui en place publique. On devine l'emplacement des remparts via Fillungo et on peut voir quelques traces de la ville ancienne sous le sol de l'église San Giovanni. C'est pourtant à Lucca que Jules César, Crassus et Pompée renouvelèrent leur triumvirat en 56 av. J.-C. Dès le XIᵉ s, la production (la sériciculture) et le commerce de la soie assurent la richesse de la ville. En 1160, Lucca est déjà une cité libre qui fait des affaires notamment avec Lyon et les Flandres. Ses soieries s'échangent sur tous les marchés d'Europe et d'Orient. Dante vient s'y réfugier lors de son exil, après avoir été un ambassadeur florentin. Au XIVᵉ s le *condottiere* Castruccio Castracani fait main basse sur Lucca, pour en faire la cité-État la plus puissante d'Italie centrale, rivale de Florence et de Pise, ses voisines. Puis, au XVᵉ s, c'est Guinigi qui prend le contrôle de la cité (voir la tour et le musée à son nom).

C'est l'âge d'or de Lucca. Des dizaines de familles puissantes et fortunées construisent des palais en ville (plus d'une centaine) et de somptueuses villas à la campagne. La famille Buonvisi est parmi les plus riches : elle possède 19 villas à la campagne. *La cité-État compte alors près de 400 banques,* pour moins de 50 000 habitants, un record européen. Séduit par ce dynamisme, le roi de France Charles VIII invite les marchands et les banquiers de Lucca à venir en France. Lors de son voyage en Italie, *Montaigne* y séjourne en 1581, mais,

UNE VILLE-FORÊT

C'est souvent ainsi qu'on décrivait et peignait Lucca. Les riches familles ornaient leur palazzo d'au moins deux tours, les plus hautes possibles, symboles de leur puissance. Alors que seules deux d'entre elles sont aujourd'hui visibles, on a compté jusqu'à 400 tours à Lucca, la plupart plantées d'arbres sur leur sommet ! Il ne reste que deux témoins de cet urbanisme atypique, un tableau dans la seule église Renaissance de la ville, l'église San Paolino, et la tour Guinigi.

malade, il passe plus de temps à Bagno di Lucca pour soigner ses calculs rénaux... Au XVIIᵉ s, un ambassadeur représente la république de Lucca auprès de Louis XIV et vit comme un grand prince (voir la superbe villa Torrigiani aux environs). Au siècle suivant, l'économie essoufflée, la soie ne rapportant plus, la ville se referme et s'endort sur sa splendeur passée.

Elle fut réveillée en sursaut par l'invasion des troupes napoléoniennes en 1799. Après 650 ans de liberté, Lucca perd son statut de république indépendante. *Napoléon Iᵉʳ* en fait une principauté qu'il confie à sa sœur, Élisa Bonaparte Baciocchi (voir le palais de la piazza Napoleone). Après 1815 et la chute de l'Empire napoléonien, Lucca est placée sous la protection des Bourbon-Parme, puis rattachée au grand-duché de Toscane en 1847, lequel est intégré plus tard à l'Italie réunifiée.

Arriver – Quitter

En train

🚂 *Gare ferroviaire (plan C4) :* piazza Ricasoli. ☎ 89-20-21 *(0,55 €/mn).* ● trenitalia.it ● *Tlj 24h/24.*
➤ *San Giuliano Terme, Pise*

Centrale : départ ttes les 30 mn 5h37-minuit env. Durée du trajet : env 30 mn. L'*aéroport Galileo Galilei à Pise* est très bien relié en train à *Pise Centrale.*
➤ *Pescia, Pistoia, Prato, Florence (Firenze) :* env 2 trains/h pour Florence.

Durée : 1h25 ou 1h45 de trajet.
➤ *Rome :* pas de ligne directe, il faut changer de train à Pise ou à Florence. Env 1-2 départs ttes les heures. Durée (Rome-Lucca) : env 3-4h selon les trains (Regionale, Frecciargento ou Frecciabianca).
➤ *Gênes (Genova) :* aucun train direct, il faut changer à Viareggio ou à Pise. Compter 2h30-4h.

En bus

🚌 *Gare routière (plan A3) :* piazzale Verdi. ☎ 800-570-530 (n° vert).

● *vaibus.it* ● Tlj 6h (8h dim)-20h. *Vaibus* regroupe les compagnies *Clap* et *Lazzi* et dessert plutôt bien les environs.
➤ *Florence :* env 1 bus/h lun-sam 6h25-18h55 ; ligne directe, durée : 1h15.
➤ *Pise, San Guiliano Terme :* 1 bus/h (ttes les 2h dim) 6h30-19h05 ; ts ne desservent pas San Guiliano Terme, mais ts passent par l'aéroport de Pise (durée : 1h).
➤ *Viareggio (juste pour piquer une tête dans l'eau) :* env 1 bus/h, 8h-18h env ; durée : 45-50 mn.
➤ *Pescia :* env 1 bus/h (ttes les 2h dim) ; durée : 35-45 mn.

Circulation et stationnement

🅿 Au moins ici, c'est facile ! Les motorisés gareront leur voiture hors les murs, à moins d'avoir un logement intra-muros, auquel cas ils pourront déposer leurs affaires. Les quelques parkings dans les murs sont le plus souvent chers et réservés aux résidents. On conseille d'utiliser les différents parkings autour des remparts *(1,50 €/h)*. Les places délimitées par les lignes blanches sont gratuites

mais peuvent être parfois limitées à 1h (faire toujours très attention). Les autres sont régulées par des horodateurs. Quelques parkings non surveillés sont normalement gratuits, notamment près de l'hôpital (plan D1) et du marché (plan D4). Également de grands parkings surveillés payants très bien indiqués.
■ *Radio-taxi :* ☎ 02-53-53.

Adresses utiles

Informations touristiques

🛈 *Ufficio turistico (plan A2) :* piazzale Verdi. ☎ 0583-58-31-50. ● info@luccaitinera.it ● turismo.lucca.it ● Tlj sf fêtes religieuses 9h-19h (17h oct-mars).

■ **Adresses utiles**	**29** Rusticanella 2 da Luca
🛈 Ufficio turistico	**30** Osteria Il Mecenate
🅿 Parkings	**31** La Pecora Nera
	32 Da Felice
🛏 **Où dormir ?**	**33** Osteria del Neni
	34 Pizzeria Bella M'Briana
10 Ostello San Frediano	**35** Da Giulio
11 B & B Al Tondone	**36** Bastian Contrario
12 La Gemma di Elena	**37** Osteria da Rosolo
13 B & B Dimora dei Guelfi	**38** Ristorante Buca di San Antonio
14 Piccolo Hotel Puccini	
15 B & B La Bohème	🥐 **Où déguster une bonne**
16 Albergo San Martino	**pâtisserie ?**
17 B & B Al Tuscany	
18 B & B Evelina	**40** Panificio Chifenti
19 B & B La Colonna	
20 B & B Lucca Porta Sant'Anna	🍷 **Où boire un verre ?**
21 Hotel Ilaria & Residenza	
dell'Alba	**80** Caffetteria San Colombano
22 Villa Corte degli Dei	**81** Rewine
23 B & B La Romea	**82** La Tana del Boia
▮●▮ 🍴 **Où manger ?**	🏪 **Où acheter de bons produits ?**
28 Caffe Tessieri	**40** Boutique dei Golosi
	39 et **50** Pizzicheria La Grotta

TOSCANE

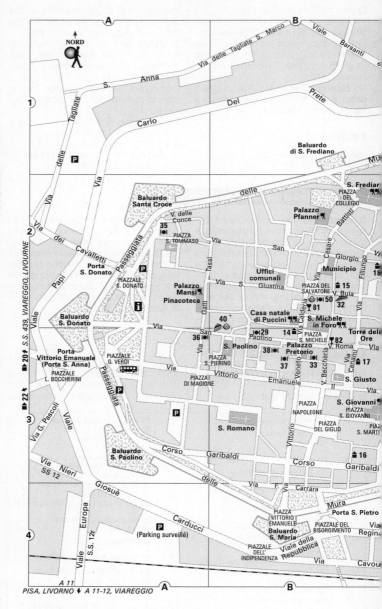

NORD

A   B

Via delle Tagliate S. Marco   Viale   Barsanti

S. Anna

Del   Prete

Carlo

1

Baluardo
di S. Frediano

Mu

S. Frediar

PIAZZA
DEL
COLLEGIO

Baluardo
Santa Croce

V. delle
Conce

Palazzo
Pfanner

delle

35

PIAZZA
S. TOMMASO

Via

San

Giorgio

Va

Battisti

Cesare

Fillungo

Municipio

18

2

Via   dei   Cavalletti

Papi

Via

Porta
S. Donato

PIAZZALE
S. DONATO

Uffici
comunali

Giustina

Via

Tassi

Via

PIAZZA DEL
SALVATORE

15

V. Buia

32

81

50

Palazzo
Mansi
Pinacoteca

Galli

Casa natale
di Puccini

S. Michele
in Foro

Torre dell
Ore

i

40

29

San

14

PIAZZA
S. MICHELE

Baluardo
S. Donato

36

Paolino

V. Roma

82

17

Porta
Vittorio Emanuele
(Porta S. Anna)

S. Paolino

38

Palazzo
Pretorio

Via Cenami

Via   Beccheria

Via

PIAZZALE
L. BOCCHERINI

PIAZZALE
G. VERDI

PIAZZA
S. PIERINO

37

33

Veneto

S. Giusto

Via

Via

Vittorio

Emanuele

V.

Via G. Pascoli

Passeggiata

Via

PIAZZA
DI MAGIONE

PIAZZA
NAPOLEONE

Vittorio

S. Giovanni

PIAZZA
S. GIOVANNI

3

Viale

P

S. Romano

PIAZZA
DEL GIGLIO

PIAZ
S. MARTI

Baluardo
S. Paolino

Corso   Garibaldi

Corso   Garibaldi

16

Via G. Pascoli

Via   Nieri

SS 12

Giosuè

Via

delle

Via   F.   Carrara

Mura

Porta S. Pietro

Europa

S.S. 12r

Carducci

PIAZZA
VITTORIO
EMANUELE

PIAZZALE DEL
RISORGIMENTO

Via

Regin

4

(Parking surveillé)

Baluardo
S. Maria

Viale della   Repubblica

Cavou

PIAZZALE
DELL'
INDIPENDENZA

Via

A 11   A

B

20 ← S.S. 439, VIAREGGIO, LIVOURNE

22

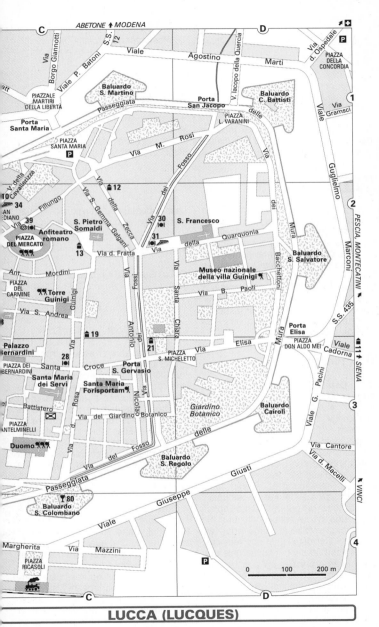

TOSCANE

LUCCA (LUCQUES)

Distribue un plan de la ville en couleur, très pratique, et effectue les résas d'hôtels. Consigne à bagages *(bien pratique, 5 €/j.).*

■ *Look at Lucca :* visites guidées de la ville (en italien et en anglais) Pâques-oct tlj, nov-Pâques sam-dim, départ de l'office de tourisme à 14h. Participation 10 € ; gratuit moins de 15 ans.

■ Partout en ville, nombreux *loueurs de vélos* (4 €/h, 15 €/j.). Liste disponible à l'office de tourisme.

Poste

✉ *Poste centrale* (plan C3) : via Vallisneri, 2. Lun-sam 8h15-19h (13h sam).

Santé, urgences

✚ *Ospedale San Lucca* (hors plan par D1) : via Guglielmo Lippi Francesconi. ☎ 118 (urgences).

■ *Police municipale* (plan A2) : piazzale San Donato, 12 a. ☎ 0583-44-27-27.

Où dormir ?

Les hôtels sont peu nombreux, vite complets et assez chers pour les prestations offertes. Nous vous conseillons donc de vous rabattre sur les *affittacamere,* qui offrent un meilleur rapport qualité-prix, surtout celles hors les murs. Pourtant, une soirée à Lucca est quelque chose d'inoubliable, lorsque la ville et les petites rues retrouvent leur calme. Si vous ne trouvez pas de place, prenez la route SS 12 qui va vers Pise (voir plus loin).

Bon marché

🏠 |●| *Ostello San Frediano* (plan C2, 10) : via della Cavallerizza, 12. ☎ 0583-48-477. ● info@ostellolucca.it ● ostel lolucca.it ● À deux pas de l'église San Frediano. Congés : 5 janv-1ᵉʳ fév et 5 nov-8 déc. Résa conseillée en été. Env 23 €/pers en dortoir 6-8 lits (avec sdb privée ou non) ; double avec sdb 70 € ; petit déj 5 €. Ajouter 3 €/pers pour les non-membres. Repas 12 €. Parking gratuit. ⛴ 🛜 Pas de panique : les dortoirs propres et confortables n'ont rien d'une cellule, et vous ne serez pas réveillé à l'aube par les matines ! Cet *ostello* est une réussite. D'anciens bâtiments conventuels ont été métamorphosés en une hostellerie pratique et de caractère. Pièces communes immenses, aux plafonds très hauts, dortoirs avec ventilo (vue sur le jardin) et sanitaires collectifs ou privés. Quelques chambres doubles, triples et quadruples (en duplex) parfaites pour les familles. Vraiment une belle auberge, dotée en plus d'un charmant jardin. Accueil francophone.

Prix moyens

🏠 *La Gemma di Elena* (plan C2, 12) : via della Zecca, 33 ; 1ᵉʳ étage. ☎ 0583-49-66-65. ● lagemma@inter free.it ● lagemmadielena.it ● Double 75 €, appart 70 €, plus 20 €/pers supplémentaire, petit déj-buffet compris. Parking privé 8 €/j. 🛜 Anna est une dame charmante et accueillante. Son grand appartement dans un immeuble du XIXᵉ s est à son image. Il compte une demi-douzaine de chambres joliment meublées et soigneusement décorées. Hautes de plafond, elles donnent sur la rue ou sur l'arrière de l'immeuble. Elles n'ont pas d'AC mais un ventilo. La chambre « Marianna » est la plus grande. La plupart possèdent des canapés-lits pour les familles ou groupe d'amis.

🏠 *B & B Evelina* (plan B2, 18) : via Streghi, 12. ☎ 0583-49-36-43. ● info@bedandbreakfastevelina.it ● bedandbreakfastevelina.it ● Doubles 60-100 €. Dans une ruelle étroite et ancienne, au 3ᵉ étage d'un immeuble du XVIIᵉ s, un vaste appartement bien restauré par Silvia. Le long du couloir, il y a 6 chambres équipées de ventilos (pas d'AC), partageant 3 salles de bains sur le palier. La n° 4, plus petite, a 2 fenêtres d'angle, on l'aime bien. La déco est réussie : photos anciennes de la famille, outils, objets, beaux meubles de charme, du caractère et de la jeunesse dans de très vieux murs. Vue sur la Torre delle Ore à l'arrière.

🏠 **B & B La Colonna** (plan C2, **19**) : via dell'Angelo Custode, 16. ☎ 0583-44-01-70. ● info@lacolonnalucca.it ● laco lonnalucca.it ● Accueil 15h-19h slt. Congés : 12 janv-1er mars. ♿ Doubles sans ou avec bains 70-90 € selon saison. CB refusées. 📶 Cette demeure un peu sombre cache 5 chambres refaites par un jeune propriétaire avenant. Avec leurs meubles anciens, elles ont un certain caractère, certaines avec un genre plus romantique. La plupart donnent sur un petit jardin intérieur calme.

🏠 **B & B Al Tuscany** (plan B3, **17**) : via Cenami, 17. ☎ 0583-46-40-37. ● info@altuscany.it ● altuscany.it ● Doubles 70-120 € selon taille et saison. 📶 L'appartement est tout en haut de la bâtisse (ascenseur). Claudio, le sympathique et volubile patron, reçoit bien ses hôtes. Son appartement, quasi labyrinthique, est un étrange mélange : plafond à fresques dans le vénérable salon, mobilier années 1970, un peu de formica, des bibelots en tout genre... Les chambres sont du même style, très différentes, avec du caractère et de la personnalité. Cuisine à disposition.

🏠 **B & B Lucca Porta Sant'Anna** (hors plan par A3, **20**) : via Carlo Angeloni, 211. ☎ 0583-31-60-15. 📱 335-762-31-70. ● info@luccaportasantanna. it ● luccaportasantanna.it ● Hors les murs mais à 300 m du centre, dans un quartier résidentiel paisible. Pratique si on arrive en voiture. À la porta S. Anna, prendre la via Catalani puis via delle Rose et 2 fois à droite. Doubles 65-90 €, petit déj inclus. Parking gratuit. 📶 Dans une maison récente, facilement repérable avec ses drapeaux accrochés au balcon supérieur, 3 chambres doubles et 2 quadruples super grandes. Elles sont fraîches, bien tenues et calmes. Petit déj servi dans la véranda. Bon accueil.

🏠 **B & B Al Tondone** (hors plan par D3, **11**) : via Fontanella, 663, San Filippo. ☎ 0583-95-53-70. 📱 329-961-45-83. ● altondone@tin.it ● famigliatomei. it ● À 5 mn en voiture du centre, dans un secteur résidentiel tranquille. Congés : janv. Doubles sans ou avec sdb 55-90 € ; apparts dans le centre

de Lucques, dont un petit, 75-115 € la nuit. Thé, café, tisane offerts, prêt de vélos et parking gratuit. 📶 Tenue avec sérieux par un couple hospitalier, cette maison agréable, dotée d'un petit jardin verdoyant et fleuri, comprend une demi-douzaine de chambres confortables. Bref, un vrai logement chez l'habitant, même si c'est un peu loin du centre. Très bon accueil d'Anna-Maria.

Chic

🏠 **B & B La Romea** (plan C2, **23**) : vicolo delle Ventaglie, 2. ☎ 0583-46-41-75. ● info@laromea.com ● laromea. com ● Doubles 85-150 € selon confort et saison. 📶 Un B & B dans un palais (Palazzo Gentile) du XIVe s à côté de l'église San Andrea, au cœur de la ville. Un de ses étages abrite un vaste appartement où les plafonds atteignent presque 5 m de hauteur. La plus grande chambre, la « Celeste », a une superbe salle de bains et des fresques d'époque. Il n'y a que 5 chambres, mais toutes ont un charme ancien et une belle personnalité. En plus, Gaia et Giulio sont un couple très accueillant. Vraiment une adresse exceptionnelle.

🏠 **Piccolo Hotel Puccini** (plan B2-3, **14**) : via di Poggio, 9. ☎ 0583-55-421. ● info@hotelpuccini.com ● hotelpuc cini.com ● Double 100 € ; petit déj 3,50 €. Parking 20 € (les contacter pour l'autorisation de circuler dans le centre-ville). 💻 📶 Réduc de 10 % sur le prix de la chambre nov-mars sur présentation de ce guide. Proche de la maison natale du musicien, cet adorable petit hôtel familial renferme une quinzaine de chambres bien arrangées (ventilo et coffre). Mobilier fonctionnel sans prétention, salles de bains impeccables et confort à tous les étages. Les chambres donnent sur la rue (piétonne), en choisir une dans les étages élevés (plus de lumière). Paolo, son directeur, très accueillant et anglophone, donne de bons conseils pour la visite de la ville.

🏠 **B & B La Bohème** (plan B2, **15**) : via del Moro, 2. ☎ 0583-46-24-04. ● info@boheme.it ● boheme.it ● En plein centre, dans une ruelle tranquille. Doubles 90-125 €, petit déj inclus. Parking 12 €. 📶 Une Bohème plutôt

TOSCANE

chic. Au 1er étage sans ascenseur d'un immeuble ancien, la réception nette et moderne cache 6 chambres pleines de charme et toutes climatisées (3 sur rue, autant sur cour). Belles couleurs chaudes, sols d'origine (céramiques anciennes), lustres type Murano, grandes armoires en bois et même un lit à baldaquin dans les chambres « La Tosca » ou « Madame Butterfly ». Tout est bien propre. Accueil fort courtois.

🛏 *B & B Dimora dei Guelfi* (plan C2, **13**) : piazza San Pietro Somaldi, 5. ☎ 0583-48-427. ● info@dimora deiguelfi.com ● dimoradeiguelfi.it ● Compter 70-180 € selon confort et saison ; petit déj 5 € (inclus hors saison). 🖥 📶 Adorable B & B dans un palais du XVe s, abritant 4 chambres, toutes en rez-de-chaussée, donnant soit sur la petite *piazza*, soit sur l'arrière. Grandes chambres hautes de plafond, impeccables et confortables (avec AC), au charme discret. Une belle adresse aux tarifs raisonnables (hors été, bien sûr) compte tenu de la qualité des prestations.

🛏 *Villa Corte degli Dei* (hors plan par A3, **22**) : via dei Franceschini, 328. ☎ 0583-58-34-17. ● info@vil lacortedeglidei.it ● villacortedeglidei. it ● De la porta S. Anna, prendre la via S. Donato sur 1 km, puis à gauche après la voie ferrée (fléché), la villa est 200 m plus loin. Doubles env 70-150 € selon confort et saison, petit déj inclus. Parking gratuit. 📶 Belle villa proche de la ville mais déjà à la campagne, avec une délicieuse piscine dans un jardin

ombragé. Très belles chambres avec lit à baldaquin pour la plupart, pierres et poutres apparentes, de bon confort (AC, TV satellite, réfrigérateur...). Déco colorée, on peut le dire.

🛏 *Albergo San Martino* (plan B3, **16**) : via della Dogana, 9. ☎ 0583-46-91-81. ● info@albergosanmartino.it ● albergo sanmartino.it ● ♿. Congés : fév. Doubles env 80-150 € ; petit déj 10 €. Possède dans le même pâté de maisons une annexe, l'Albergo Diana, avec des tarifs plus bas (env 65-105 €). Parking 15 €. 🖥 📶 Petit hôtel de charme dans la partie sud de la ville historique (quartier calme et moins fréquenté), autrefois maison de plaisir. Toutes bien arrangées (AC) et soigneusement décorées, les chambres, aux noms évocateurs des plaisirs d'autrefois, donnent sur les ruelles. Petite terrasse extérieure couverte pour lire et se reposer.

🛏 *Hotel Ilaria & Residenza dell'Alba* (plan C3, **21**) : via del Fosso, 26. ☎ 0583-47-615. ● info@hotelilaria. com ● hotelilaria.com ● Juste à l'entrée du centre-ville. Doubles 90-250 € ; petit déj 12 €. Promos sur Internet. Parking 15 €. 📶 Si vous voulez vraiment vous faire plaisir, plus encore que l'hôtel, d'une élégance classique et vieillissant doucement, où l'on est servi en terrasse le petit déjeuner mais où l'on peut traîner au bar, réservez à l'annexe, plus design, plus calme, plus chère aussi, deux rues plus loin. Grandes chambres et lits confortables. Accueil très pro. Vélos à disposition.

Où dormir dans les environs, entre Lucca et Pise ?

🛏 *Agricampeggio La Valle* : via Stratale Abetone, 470, **San Giuliano Terme.** 🖥 349-137-07-50. ● info@ agricampeggiolavalle.it ● agricam peggiolavalle.it ● Prendre la SS 12 sur 7 km. Compter env 36 € pour 2 avec tente et voiture. CB refusées. 📶 (à la réception). Sympathique entreprise familiale, puisque vous êtes ici accueilli chaleureusement par Luca et sa sœur. Un vallon pentu, aménagé en terrasses (jolie vue depuis le haut). Peu d'emplacements mais tous verdoyants et arborés, on se sent d'autant plus à

l'aise dans ce camping très bien tenu, propre, à peu de distances de l'autoroute certes (on ne la voit pas si on l'entend parfois). Équipements nickel, piscine, transats, jeux pour les enfants, tables pour pique-niquer.

🛏 *Villa di Corliano* : via Stratale Abetone, 50, **San Giuliano Terme.** ☎ 050-81-81-93. ● info@ussero.com ● cor liano.it ● Congés : nov. Doubles sans ou avec sdb 70-155 € selon saison, petit déj compris. Dans un parc remarquable, planté d'arbres séculaires, un B & B aménagé dans un superbe palais du XVIIIᵉ s chargé d'histoire. Il a reçu la visite de princes, de généraux napoléoniens et d'artistes, comme Goldoni, Byron, Shelley et même notre cher Alexandre Dumas... Il abrite une douzaine de chambres dont la majorité avec salle de bains sur le palier. L'ensemble est défraîchi mais pas dénué de charme, ses fresques magnifiques, son atmosphère Grand Siècle et ses lithos dans d'interminables couloirs.

Où manger ?

De très bon marché à bon marché

▰▱ **Da Felice** (plan B2, **32**) : via Buia, 12. ☎ 0583-49-49-86. Tlj sf dim 10h-20h30. Pizza vendue à la part, prix variables 3,70-7,50 € selon taille. Au cœur du centre historique, une minuscule boutique où les pizzaiolos s'activent derrière un grand comptoir. Quelques bancs dehors pour une pause. Le principe est d'acheter une part de pizza de son choix et de l'emporter. Elles sont savoureuses et les Lucquois font la queue pour en déguster une. Populaire, bon marché, authentique et délicieux...

|●| ▰▱ **La Pecora Nera** (plan C2, **31**) : piazza San Francesco, 4. ☎ 0583-46-97-38. Tlj sf lun-mar, midi et soir. Congés : 3 sem en août. Plats 7,80-15 €, pizze 5,60-9,50 €. Sur une calme place dominée par la belle église San Francesco, à l'écart de l'agitation, salles en briquette et une toute verte avec un coin pour les enfants ; aux murs, des dessins de moutons blancs et, par-ci par-là, un noir. Ce mouton noir, c'est un enfant autiste à qui le profit de ce restaurant associatif reviendra. Écrevisses, baccalà, carpaccio di manzo ou di mare... et pizzas le soir. Une belle adresse associative, bonne et vraiment pas chère !

|●| **Caffe Tessieri** (plan C3, **28**) : via S. Croce, 35. ☎ 0583-49-66-32. Tlj sf dim 7h45-20h. Plats 7-10 €. Tout à la fois drogherria, bar, caffe, pasticceria, une adresse qui fait les beaux jours de Lucca depuis 1926. Une 1ʳᵉ salle vraiment typique où l'on croise les doigts pour trouver une place à l'une des 3 tables. Vieux comptoir, vieux carreaux et étagères murales Art déco. Plats du jour genre aubergines au parmesan ou lasagnes, à suivre d'un café

maison et d'un dessert un peu moins costaud mais tout aussi maison. Belle ambiance, bel accueil, très pro.

▰▱ **Pizzeria Bella M'Briana** (plan C2, **34**) : via della Cavallerizza, 29. ☎ 0583-49-55-65. ♿ En face de l'AJ. Tlj sf mar. Congés : janv. Pizze à partir de 6,50 €. Café offert sur présentation de ce guide. On choisit sa pizza et sa boisson, que l'on commande et paie au comptoir avant de s'asseoir en salle ou en terrasse. Oui, ça fait un peu fast-food, mais le décor et l'accueil sont plutôt sympathiques. La musique est un peu trop présente, mais l'endroit est parfait pour un repas rapide et bon... car les pizzas (au feu de bois) sont goûteuses !

|●| **Osteria da Rosolo** (plan B3, **37**) : corte Campana, 3. ☎ 0583-31-20-37. ● osteriadarosolo@gmail.com ● Tlj sf mer. Congés : 7 janv-7 fév. Plats 8,70-14,40 € ; compter 20-25 €. Au cœur de la ville, sur une place tranquille, ce bon petit restaurant est tenu par Stefania et Salvatore (qui parle un peu le français), des gens fort aimables et affables. La cuisine y est savoureuse, les prix sont sages, les produits sains et naturels, le service plutôt rapide. Goûter aux tripes, c'est la spécialité de la maison. On déjeune dans la petite salle ou sur la terrasse extérieure aux beaux jours.

|●| **Osteria Il Mecenate** (plan C2, **30**) : via del Fosso, 94. ☎ 0583-51-18-61. ● info@ristorantemecenate.it ● ♿ Tlj midi et soir. Congés : 3-20 nov. Plats 8-15 €. Vieille demeure au bord d'un canal, dans la partie est de la ville, à l'écart de l'animation. Grande salle à manger, hauts plafonds, poutres anciennes, planchers patinés par l'âge. On y sert une cuisine locale traditionnelle faite avec talent. Les produits frais et naturels proviennent des fermes de la région. Si le patron est peu souriant, les serveuses font de leur mieux pour satisfaire les clients.

TOSCANE

Prix moyens

|●| Rusticanella 2 da Luca *(plan B3, 29)* **:** *via San Paolino, 32.* ☎ *0583-55-383.* ● *info@rusticanella2.it* ● ♿ *Tlj midi et soir (jusqu'à minuit). Plats 9-15 €.* L'endroit est peut-être touristique, l'intérieur pourrait être classé Monument historique, mais ne passez pas votre chemin : vous avez toutes les chances, surtout si vous arrivez à trouver une table libre dans la ruelle, d'être entouré d'autochtones, de familles en goguette, de copains se régalant de tripes tandis que d'autres se partagent une énorme *bistecca* sacrée la meilleure du pays par eux-mêmes. Service du genre cool, on ne vous saute pas au cou, mais c'est pas l'essentiel.

|●| Osteria del Neni *(plan B3, 33)* **:** *via Pescheria, 3.* ☎ *0583-49-26-81.* ● *osteriadelneni@alice.it* ● *Tlj sf lun. Congés : fév. Carte env 25 €. Apéritif ou digestif offert sur présentation de ce guide.* Encore une bonne adresse de restaurant au cœur de la ville. Quelques tables dehors et une salle colorée accueillante. Carte toscane classique avec les plats habituels, bien préparés. Parmi les spécialités, la *garmugia lucchese,* une savoureuse soupe de légumes, et *il peposo* (viande, purée, ail, romarin, le tout cuit dans du chianti).

|●| Da Giulio *(plan A2, 35)* **:** *via delle Conce, 45.* ☎ *0583-55-948.* ♿ *À deux pas de la porta San Donato. Tlj midi et soir. Congés : janv-fév. Compter 25-30 €.* Un resto un peu oublié dans son recoin, il est dans la même famille depuis 1945. De la grande salle, vue sur la vitrine réfrigérée où refroidissent quelques cochonnailles. Voici une jolie cuisine de ménage : soupe de lentilles *(zuppa di farro), baccalà con porri* (morue à la toscane), et le *matuffi,* une bouillie de farine de maïs sauce *ragù* et tomates.

Chic

|●| Ristorante Buca di San Antonio *(plan B3, 38)* **:** *via della Cervia, 3.* ☎ *0583-55-881.* ● *info@bucadisantantonio.com* ● ♿ *Près de San Michele. Tlj sf dim soir et lun. Congés : janv. Résa conseillée. Menu dégustation de produits toscans le midi env 22 € ; repas env 35 € ; coperto 3,50 € !* 📶 Véritable institution de Lucca, considérée à juste titre comme l'une des meilleures tables de la ville, la *Buca di San Antonio* accommode une délicieuse cuisine toscane, un rien inventive mais toujours inspirée du terroir. Décor intime et accueillant, à l'image des propriétaires. Ici, on fabrique ses pâtes fraîches tous les jours. Au gré du marché, on passe de bons *risotti* à de délicats plats de poisson, mais la spécialité de la maison, c'est la tripe !

|●| Bastian Contrario *(plan A3, 36)* **:** *via San Paolino, 90.* ☎ *0583-53-403.* ♿ *Tlj midi et soir. Pasta 9-12 €, plats 20-25 €.* 📶 Un spécialiste de la truffe qui décline ses produits sous toutes leurs formes et dans pratiquement tous les plats : soupes, pâtes, risotto... Une merveille : les truffes aux champignons *(tartufi e funghi)*. On s'installe avec plaisir sur le bout de terrasse pour déguster une cuisine pleine de saveurs mais assez riche, vous avez tout intérêt à faire un tour des remparts ensuite.

Où déguster une bonne pâtisserie ?

✎ Panificio Chifenti *(plan B2-3, 40)* **:** *via San Paolino, 66.* ☎ *0583-55-304. Tlj sf dim (ouv 3e dim du mois) 7h30-19h30. Fermé 15 août.* On y vend la spécialité de Lucques : la *torta di verdura coi becchi,* ainsi que d'autres pâtisseries ou friandises locales comme le *buccellato,* le *crostatine...*

Où boire un verre ?

La **piazza Napoleone** *(plan B3)* ombragée par des platanes est bordée de plusieurs cafés en terrasse. C'est en soirée un endroit agréable et animé pour boire un verre. Vous pouvez même prolonger le plaisir en dînant au *restaurante del Teatro,* un café-bistrot assez classe.

On vous recommande aussi, dans un tout autre style, la *piazza Anfiteatro (plan C2),* de forme ovale, bordée de plusieurs terrasses, un autre lieu animé de la ville, où l'on peut se boire un *spritz* tout en profitant du spectacle des autres. Voir également la *piazza San Frediano* (B-C2), à deux pas (moins touristique et plus branchée).

♟ *Caffetteria San Colombano (plan C4, 80) :* Mura Urbane, Baluardo San Colombano, 10. ☎ 0583-46-46-41. ● info@caffetteriasancolombano.it ● Tlj sf mer hors saison. Sur la promenade des remparts, un endroit à la déco contemporaine, frais et calme en été. Certains soirs, un DJ vient mettre de l'ambiance dans ce local. Fait aussi resto un brin chic avec un coin pizzeria-cafétéria. Élégante terrasse en patio.

♟ *Rewine (plan B2, 81) :* via Calderia, 6. ☎ 320-817-95-11. Tlj 8h-1h. Petit bar à vins jeune et branché, qui se remplit de monde à l'heure de l'apéro, et pour cause : les vins (ou autres boissons) de qualité sont alors accompagnés de l'*aperitivo.* Cette belle tradition du nord de l'Italie vous permet de grignoter une multitude de bonnes petites choses pour le prix d'un verre.

♟ *La Tana del Boia (plan B3, 82) :* piazza 36, piazza San Michelle. Pas de téléphone et horaires variables, mais le lieu est connu, et couru ; la preuve : dès qu'une table se libère, on s'y rue. Une belle terrasse face à la place, juste quelques tables à l'intérieur. Accueil chaleureux pour peu qu'on parle l'italien ou avec les mains, qui sont bien occupées ici avec les planches de charcuterie ou de fromages. Bon choix de vins au verre (env 4 €).

Où acheter de bons produits ?

⚜ *Boutique dei Golosi (plan B2-3, près du 40) :* via San Paolino, 80. ☎ 0583-41-88-50. Tlj 8h-19h. Francesca (une charmante Italienne) et Alain Charlot (un jovial Bourguignon) tiennent cette belle boutique où ils vendent des produits locaux de qualité : vins de Toscane, *limoncello,* huile d'olive, vinaigre aux truffes, confitures, chocolats... L'accueil est excellent, l'ambiance agréable, et les prix restent sages. Très bonne adresse à ne pas manquer.

⚜ ◀●▶ *Pizzicheria La Grotta (plan C2, 39) :* via Anfiteatro, 2 ; accès également par la piazza Anfiteatro, 14. Tlj sf mer 8h-20h. Une boutique gourmande, idéale pour préparer son pique-nique « du terroir » : salaisons, *focacce* à la demande, crudités et fromages. Aussi quelques plats préparés, de la bière et du chianti ! Autre adresse : via Calderia, 18 (plan B2, 50). ☎ 0583-49-69-40. Tlj 7h30-20h. Excellentes charcuteries, fromages et vins.

À voir

Lucca se visite à pied ou à vélo. De plus, les beaux remparts ont été aménagés en promenades verdoyantes bien agréables, livrant de nombreuses échappées sur la campagne ou sur des jardins obligés de dévoiler leurs secrets. Bonne balade !

🎭🎭🎭 *Duomo ou cattedrale San Martino (plan C3) :* piazza San Martino. ♿ Lun-sam 9h30-18h (19h sam), dim 9h-10h, 12h-18h. Ferme 1h plus tôt en hiver. Interdit aux visites pdt les messes. Attention, dernière entrée 30 mn avt fermeture. Entrée : 3 € ; billet cumulé : 7 €.

Édifiée à partir du XIe s, la cathédrale de Lucques offre une façade ornée de trois superbes galeries à colonnades inspirée de Pise, toutes richement sculptées et doublées de fines colonnettes. Chacune présente un décor différent. Leurs décors géométriques auraient inspiré certains tissages de soie, et vendeurs comme acheteurs lors du marché s'en seraient servis comme d'un inventaire de différents modèles possibles ! Dans une frise de cette façade (la première en partant du bas) sont sculptés en bas-relief les travaux des 12 mois de l'année, cet ensemble se lit de droite à gauche. Une curiosité : la façade romane richement décorée vient

IL ÉTAIT UN PETIT NAVIRE...

On ignore qui a sculpté le crucifix. Il serait arrivé un beau matin sur les côtes d'Italie, à bord d'un bateau sans voiles ni équipage, puis emporté à Lucques sur une charrette tirée par deux taureaux sauvages... Les pèlerins du Moyen Âge pensaient qu'il avait été sculpté par Nicodème, contemporain du Christ.

buter dans la grande tour de 69 m qui existait déjà auparavant, et l'architecte a dû réduire la dernière arcade. La façade y gagne ainsi une belle asymétrie.

– À droite du porche d'entrée, à l'extérieur, sur un pilier, *beau labyrinthe* sculpté dans la pierre. Ce symbole spirituel a été touché et caressé par des milliers de pèlerins qui marchaient de la via Francigena reliant Canterbury (Angleterre) à Rome en passant par Lucca. Un « préau » faisant toute la longueur de l'église a d'ailleurs été construit pour permettre aux nombreux pèlerins d'attendre à l'abri... il y avait même un guichet de change permettant d'obtenir la monnaie de cette ville indépendante !

L'*intérieur* est de style gothique avec un pavement de marbre polychrome. Plusieurs chefs-d'œuvre : au troisième autel à droite, splendide *Cène* du Tintoret (éclairage payant). Elle ne fut exposée qu'à partir du XIXe s car la présentation de cette Cène, peu ordinaire, choqua. Un détail amusant : si vous vous déplacez de gauche à droite du tableau, vous verrez la perspective de la table changer ! Dans la nef, sur le côté gauche, dans un petit temple renaissance octogonal, le *Volto Santo* (la Sainte Face), Christ noir en bois du XIIIe s. Son visage avec les yeux ouverts, qui serait la réplique parfaite du *Voile de Véronique,* est saisissant. Dans la sacristie, remarquer le magnifique retable de Ghirlandaio, *Vierge et l'Enfant sur le trône,* ou encore le superbe *tombeau d'Ilaria del Carretto Guinigi* (les Guinigi étaient la famille la plus puissante de la ville à la Renaissance). La statue de cette jeune femme, morte juste après avoir accouché, a le bout du nez noirci : les femmes venaient le toucher pour s'assurer un mariage heureux. Au centre de la nef, marqueterie de marbre polychrome superbe. Fresque au plafond de l'abside, dans les tons mordorés.

En sortant, aller admirer l'église du côté de l'abside, avec son élégante loggia.

– Visiter également, à gauche de l'édifice, le *museo della Cattedrale* : *de mi-mars à oct, tlj 10h-18h ; de nov à mi-mars, tlj 10h-14h (18h w-e). Entrée : 4 €. Billet cumulé avec l'entrée de l'église San Giovanni et la sacristie de la cathédrale : 7 €. Audioguide en français 1 €.* Renferme des objets liturgiques, peintures, sculptures, parures en or et autres petites merveilles d'orfèvrerie qui habillent le *Volto Santo* pour sa « sortie annuelle ». Également quelques reliques de saints, calices, crucifix et un remarquable triptyque représentant une Madone à l'Enfant datant de 1430 et attribué à Francesco Anguilla.

🎭🎭 S'arrêter sur la *piazza San Giovanni* pour constater que l'*église* (plan B3) n'est pas moins belle que le Duomo. *Tlj 10h-18h (17h de début nov à mi-mars). Entée : 4 €. Billet cumulé avec le musée de la Cathédrale : 7 €. Concerts fréquents.* Beau portail du XIIe s, avec chapiteaux surmontés de lions sur une façade postérieure (XVIe s). Très beau plafond à caissons. Les couches successives de ruines souterraines que l'on a trouvées sous l'église raconteraient 12 siècles d'histoire.

🎭 À côté, la *piazza Napoleone* fut construite par Élisa Bacciochi, la sœur aînée de Napoléon. Au centre, le monument à Marie-Louise de Bourbon, réalisé en 1843 par Bartolini. Au fond, la longue façade jaune du palais ducal.

🍴 *Palazzo Mansi* *(plan A2)* : *via Galli Tassi, 43.* ☎ *0583-55-570.* ♿ *Tlj sf dim-lun 8h30-19h30. Ouv aussi dim et pdt fêtes en avr. Entrée : 4 € ; réduc. Billet cumulé avec la villa Guinigi : 6,50 €.* Cette ancienne demeure patricienne du VIe ou VIIe s abrite la **pinacothèque nationale,** exposant des œuvres du XVIe au XIXe s. Peintures des écoles italienne et flamande. Remarquable *Chambre des époux* avec une décoration délirante, or et soies brodées.

🍴🍴 *Chiesa San Michele in Foro* *(plan B2-3)* : *tlj 7h40-12h, 15h-18h (17h hors saison). Fermé à la visite pdt l'office religieux dim mat et j. fériés.* Tous les chemins mènent à ce qui est l'une des plus belles places de la ville, lieu de rendez-vous privilégié des habitants. Chef-d'œuvre de l'art roman pisan, l'église qui en est l'attraction principale a été élevée (d'où son nom) sur l'ancien forum romain qui était en fait quatre fois plus vaste que la place actuelle. Remarquable façade richement décorée de scènes de chasse et surmontée d'un immense saint Michel terrassant le dragon encadré par deux anges. Les colonnettes sont toutes différentes et leurs décors évoquent la nature et les animaux, les plus féroces pour l'homme se situant dans la partie basse : au fur et à mesure que le regard s'élève, le bien l'emporte sur le mal. Ouf ! En façade, en bas à droite, quelques graffitis datant du Moyen Âge. À l'angle, une *Vierge à l'Enfant* offerte par la Ville après une épidémie de peste en 1480. Durant tout le Moyen Âge, l'église était le palais de justice lucquois.
– Autour de l'église, des terrasses qui attirent les regards et empêcheraient presque qu'on lève les yeux pour admirer de nobles demeures. Comme le *Palazzo pretorio*, à l'angle de la via Veneto, belle œuvre Renaissance. Via di Loretto, le *Palazzo Orsetti* possède les plus belles portes de la ville.

🍴🍴 *Casa natale di Giacomo Puccini* *(plan B2)* : *corte San Lorenzo, via di Poggio ; au 2e étage.* ☎ *0583-58-40-28.* ● *puccinimuseum.it* ● *Mai-sept, tlj 10h-19h ; mars-avr et oct, tlj sf mar (hors vac scol) 10h-18h ; nov-fév, tlj sf mar (hors vac scol) 10h-13h, 15h-17h. Entrée : 7 € ; réduc. Boutique sur la place où l'on achète les tickets.* Giacomo Puccini (1858-1924) est né dans cette maison où il a passé son enfance et une partie de son adolescence avant d'aller étudier à Milan, en 1880. Sans parler de prédestination, il est tout de même amusant de constater que l'auteur de *La Bohème* est issu d'une longue lignée de musiciens lucquois. Dans cette maison intelligemment restaurée, il écrivit toutes ses compositions jusqu'à la *Messa a 4 voci* (1880). Nombreux témoignages de son travail, comme des partitions manuscrites de la *Tosca,* des costumes de scène, des croquis de décors de *Manon Lescaut,* ou encore le superbe pianoforte Steinway sur lequel il composa plusieurs de ses œuvres majeures. Jetez un œil à côté de l'entrée, à l'admirable robe de *Turandot,* qui pesait dans les 15 kg (la robe, pas la chanteuse, qui devait être menue, pourtant), et grimpez voir le grenier de *La Bohème,* pour profiter de la vue sur l'ange. La maison s'avère sobre, peu meublée et un peu sombre malgré des murs qui ont retrouvé leurs belles couleurs d'antan. Peu d'anecdotes sur sa vie, les panneaux donnent principalement des infos sur son œuvre, déjà immense.

🍴 *Via Fillungo* *(plan B-C2)* : c'est l'ancien *cardo* romain et aujourd'hui la grande rue commerçante de la ville, bordée de palais et de jolies maisons médiévales (maison Barletti, palais Cenami). À Lucca, les façades d'anciens commerces sont protégées. Vous en découvrirez donc de superbes et de tous styles (Art déco au n° 104, entre autres...) tout au long de cette rue. Les commerces qu'elles abritent n'ont, hélas, plus rien à voir avec les enseignes. Le soir, de 18h à 19h30, c'est là que s'effectue la *passeggiata.*

🍴🍴🍴 *Piazza Anfiteatro ou Anfiteatro romano ou piazza del Mercato* *(plan C2)* : une place atypique, originale et de forme ovale. En effet, les anciennes arènes romaines du IIe s, situées à l'origine en pleine campagne, à l'extérieur des remparts, furent proprement « avalées » par la ville. S'appuyant sur leurs vestiges et en respectant la forme elliptique, des maisons se sont élevées tout autour, toutes de

TOSCANE

niveaux différents mais ayant conservé une cohérence chromatique étonnante. En se baladant dans la via dell'Anfiteatro, on peut d'ailleurs apercevoir, figés dans les façades, de nombreux blocs de pierre, piliers et éléments des arènes.

– Hormis ces anciennes arènes transformées en place publique, Lucca compte peu de restes de l'époque romaine. Signalons toutefois la **Domus Romana Lucca** (*plan B2 ; via Cesare Battisti, 15 ;* ☎ *0583-05-00-60 ; mars-nov, tlj 9h-19h ; billet : 3 €*). Vestiges en sous-sol d'une maison romaine (Casa del Fanciullo sul Delfino) datant du règne d'Auguste (Iᵉʳ s av J.-C.).

🎭🎭🎭 *Chiesa San Frediano* (*plan B2*) : *piazza San Frediano, à deux pas de la via dell'Anfiteatro. Tlj 8h30-12h, 15h-17h. Les visites ne sont pas autorisées pdt les messes.* L'une des églises les plus intéressantes. À l'origine, l'entrée se trouvait du côté opposé à celle d'aujourd'hui. La construction trop proche d'une nouvelle ceinture de remparts détruisant la place du marché qui faisait face à l'église, il a été décidé tout simplement d'inverser l'entrée et de construire une place face à cette nouvelle façade. Observer le clocher crénelé avec des ouvertures de plus en plus larges à chaque étage. Façade assez exceptionnelle avec, chose rare, une belle mosaïque romano-byzantine du XIIIᵉ s en fronton représentant le Christ lors de l'Ascension. Remarquez le renflement du bord supérieur de cette mosaïque, qui permet au Christ d'avoir la tête penchée vers le sol, et vous donne l'impression d'être suivi par son regard ! Intérieur à trois nefs, austère mais étonnamment mis en valeur par l'éclairage naturel le matin. Chapelles riches en œuvres d'art. Notamment, dans la dernière chapelle de la nef à gauche, un devant d'autel de marbre en forme de polyptyque gothique (Vierge avec quatre saints, entourée d'une perspective en trompe l'œil et en grisaille). Magnifiques fonts baptismaux romans. Au-dessus, une *Annonciation* en terre cuite d'Andrea Della Robbia. Voir aussi les fresques de la chapelle Saint-Augustin et la momie de sainte Zita (en entrant, à droite, derrière les fonts baptismaux).

🎭 *Palazzo Pfanner* (*plan B2*) : *via degli Asili, 33. À côté de San Frediano. Tlj 10h-18h. Fermé déc-mars. Entrée : 4,50 € pour le palais ou les jardins ; 6 € pour l'ensemble ; réduc.*
Un palais du milieu du XVIIᵉ s offrant un magnifique escalier... en béton (le marbre blanc ayant disparu dans la restauration !) mais cela ne se voit pas et ne choque pas. Le palais a successivement appartenu aux familles Moriconi puis Controni. En 1860, il est acheté par un docteur autrichien, Felice Pfanner, pour en faire une... brasserie dans les caves ! Celle-ci fonctionnera jusqu'en 1929. Les descendants de Pfanner vivent toujours dans une partie du palais. À l'étage, collection d'instruments chirurgicaux et de médecine générale, belles fresques en trompe l'œil dans le salon principal, cuisine et salle à manger meublées d'époque. Dans la chambre à coucher, un grand lit à baldaquin où a dormi le prince Frederick IV du Danemark (1671-1730). Lors de son séjour à Lucca, il tomba fou amoureux de Maria Maddalena Trenta, une belle Lucquoise. L'idylle finit mal. Le prince rentre chez lui amer, où il sera élu roi, et la belle Italienne part vivre dans un couvent... où elle devient nonne.
– Petit mais délicieux *jardin à la française* ponctué de statues et de citronniers (visible également de la balade sur les remparts qui longent le palais).

🎭🎭 *Torre Guinigi* (*plan C2*) : *à l'intersection des vie Sant'Andrea et Guinigi. Tlj 9h30-19h30 (16h30 en hiver, 17h30 ou 18h30 à la mi-saison). Fermé j. fériés. Entrée : 4 €. Billet jumelé avec la Torre delle Ore et le Jardin botanique : 6 €.* Harmonieuse construction en brique du XIVᵉ s édifiée par la riche famille Guinigi. Noter la finesse des fenêtres à colonnettes. On peut accéder au sommet après avoir grimpé 230 marches. Une curiosité qui « décoiffe » : la chevelure de chênes verts qui a poussé sur la tour. Vue étonnante sur toute la ville, sa mosaïque de toits de tuiles et ses nombreuses terrasses.

🎭 *Chiesa Santa Maria Forisportam* (*plan C3*) : *piazza Santa Maria Bianca. Tlj 8h30-12h30, 15h-18h30 (10h-12h, 16h-17h en hiver). Fermé pdt les offices religieux.* Cette église doit son nom au fait que jusqu'à la construction des remparts, au Moyen Âge, elle se trouvait à l'extérieur des portes de la ville. On y trouve la colonne tronquée qui servait de but dans les courses du *Palio*. L'église, construite sur le modèle de la cathédrale de Pise, propose la riche décoration de son portail et, à l'intérieur, une remarquable peinture sur bois : *Dormition de la Vierge et Assomption*.

🏃 **Via del Fosso** *(plan C3) :* si les vestiges des remparts du XIIIᵉ s sont peu nombreux (porte fortifiée Saint-Gervais, entre autres), l'ancien fossé, lui, a été habilement incorporé au tissu urbain. Très pittoresque.

🏃 **Museo nazionale della villa Guinigi** *(plan D2) :* via della Quarquonia. ☎ 0583-49-60-33. ♿ À côté de la piazza San Francesco. Tlj sf dim-lun 8h30-19h30. Entrée : 4 €. Billet cumulé avec le Palazzo Mansi : 6,50 €. Dans l'élégante villa de Paolo Guinigi, puissant notable qui régna sur Lucca de 1400 à 1450. Collections archéologiques, plusieurs primitifs religieux dignes d'intérêt, soies et tissus précieux, orfèvrerie et meubles anciens. Portrait d'Alexandre de Médicis par le Pontormo.

🏃🏃 **Les remparts :** plantés d'arbres, ils constituent un lieu de promenade idéal aménagé au XIXᵉ s par Marie-Louise de Bourbon. Cette magnifique ceinture verte existait déjà au XVIᵉ s ; d'ailleurs Montaigne (en 1581) et Montesquieu (début XVIIIᵉ s) en parlent déjà avec beaucoup d'admiration dans leurs récits de voyage. La ville ancienne fut entourée de près de 4 km de murailles, réalisées pour la plupart au XVIᵉ s par des ingénieurs flamands. Ces fortifications, d'une douzaine de mètres de hauteur et de 3 m de large à la base, sont agrémentées de 11 bastions et percées de 6 portes. Avec la piazza dell'Anfiteatro, Lucca rêvasse dans son corset de mémoire. En été, des milliers de lucioles clignotent dans les douves. Le spectacle est féerique !

Fêtes et manifestations

Attention, en raison des nombreuses foires et festivités qui animent la ville en septembre, le logement y est alors difficile et (encore plus) onéreux.

– **Murabilia – Verdemura :** *1ᵉʳ w-e d'avr et 2ᵉ w-e de sept. Rens :* 📱 *366-121-09-55.* ● *murabilia.com* ● Sur les remparts, marché aux fleurs où vous trouverez aussi tout ce qui concerne le jardin.

– **Puccinielasualucca Festival :** *avr-oct, tlj à 19h à l'église de San Giovanni, et nov-mars, jeu-sam à 19h à l'église de San Giuseppe.* ● *puccinielasualucca. it/* ● *Entrée : 20 € ; réduc. Billets à l'office de tourisme.* Un festival permanent présentant chaque soir une sélection d'airs d'opéra de Puccini (et autres compositeurs) d'une rare qualité.

– **Summer festival :** *juil. Rens :* ☎ *0584-46-477.* ● *summer-festival.com* ● Festival de musique rock et pop célèbre dans toute l'Italie avec nombre de stars internationales à l'affiche. Concerts payants. Un des grands événements de Lucca en été.

– **Palio della Balestra per San Paolino :** *3 j. autour du 12 juil.* Chaque soir, festivités en l'honneur d'un des saints patrons de la ville.

– **Luminare di Santa Croce :** *13 sept.* Procession du *Volto Santo* de l'église San Frediano à la cathédrale San Martino, close par un concert gratuit dans la cathédrale et un feu d'artifice. Plusieurs fêtes et foires en l'honneur des saints patrons de la ville en ce mois de septembre (San Michele, San Matteo...).

– **Lucca Comics & Games :** *début nov. Rens :* ☎ *0583-40-17-11.* ● *luccacomic sandgames.com* ● Après Angoulême, un des festivals de B.D. les plus importants en Europe.

– **Il Desco :** *sur 3 ou 4 w-e nov-déc.* Fête de l'huile d'olive, à l'occasion de laquelle de nombreux palais ouvrent leurs portes. À noter qu'une des variétés d'olives, très répandue aujourd'hui dans le Languedoc, s'appelle « la Lucques ». Originaire de la province de Lucca, elle a une forme en croissant de lune et un goût savoureux.

TOSCANE

DE LUCCA À PISTOIA PAR LES CHEMINS DES COLLINES

LA ROUTE DES VILLAS ET DES VIGNOBLES

Les villas sur les collines avec leurs jardins magnifiques, au nord de la ville, accessibles en voiture ou à vélo, et la route des vignobles sont les principales attractions des environs de Lucques. Dépliants disponibles à l'office de tourisme. Infos sur le site ● *villeepalazzilucchesi.it* ● ou ● *stradavinoeoliolucca.it* ● (ce dernier répertoriant également les producteurs d'huile d'olive).

Où dormir ? Où manger ?

🛏 *Relais del Lago :* via della Chiesa di Gragnano, 36, **Capannori**. ☎ 0583-97-50-52. ● info@relaisdellago.com ● relaisdellago.com ● À 13 km au nord-est de Lucca, en dessous de la villa Marqui Arnolfini (fléché Fanini). De Lucca, prendre la SR 435 vers Pescia, à 9 km au niveau de Borgonuovo, tourner sur la gauche et continuer encore 4 km en direction de Gragnano. Selon saison, doubles 90-250 €, petit déj compris ; apparts 110-250 €. 📶 Situation exceptionnelle dans la belle campagne lucquoise pour ce *B & B* tenu par Alessandro et Elisa. Une demi-douzaine de chambres et 3 apparts aménagés avec goût, clim et tout le confort : petits salons, livres d'art à dispo. Pour les nuits sauvages, il y a même une chambre isolée, avec lit circulaire et spa privé. Les romantiques préféreront dîner aux chandelles sur le petit affût semblant flotter sur le lac. Belle terrasse, superbe piscine et le petit déj est un pur bonheur !

🛏 *Azienda agricola Marzalla :* via Collecchio, 1, **Pescia**. ☎ 0572-49-07-51. ● info@marzalla.it ● marzalla.it ● ♿ (1 appart). Depuis l'autoroute (sortie Chiesina Uzzanese), faire env 5 km en direction de Pescia ; au rond-point situé à hauteur du supermarché, tourner à gauche vers Lucca, puis prendre à droite, à 800 m, une petite route qui monte vers Collechio. À 1 km de la gare de Pescia. Double env 80 € (75 € à partir de 2 nuits), petit déj compris ; apparts 2, 4 ou 6 pers 350-1 300 €/sem selon taille et saison. CB acceptées. 📶 Double 490 €/sem sur présentation de ce guide. On passe par un impressionnant portail pour accéder à cette jolie demeure toscane. Accueil jovial et attentionné, en français. Confortables chambres de caractère et de style « rustique-chic », et appartement profitant d'un généreux espace privé et d'une belle vue sur la campagne (et la piscine). Possibilité de visiter l'ancienne villa Guardatoia (XVIIe s) faisant partie du domaine familial.

🍴 *Trattoria Da Baffo :* via della Tinaia, 6, **Montecarlo**. ☎ 0583-22-381. 📱 333-468-90-66. À partir de la via Montecarlo, prendre la route qui part en face du stade de foot, puis à gauche via Tinaia (suivre les indications Vitinicultore Fuso). Pas de signe extérieur et pas facile à trouver. Tlj sf lun, le soir slt. Menu fixe env 22 €. Salle ridiculement petite, quelques tables et chaises en plastique sous les néfliers. Pour Gino, ce qui compte, c'est ce qu'il y a dans l'assiette et dans le verre. Ce restaurateur-libertaire, comme il se définit lui-même, propose une cuisine on ne peut plus basique : des *antipasti* de la terre, du poulet-frites et de la soupe d'orge ! Rien que du bio et du bon vin ! Pas le sien, malheureusement, car il est trop cher (sa famille produit un cru fort apprécié).

À voir

🎭🏛 *Villa Torrigiani (appelée aussi **villa di Camigliano**) :* 3, via del Gomberaio, à **Camigliano**. ☎ 0583-92-80-41. ● villeepalazzilucchesi.it ● À une quinzaine de km au nord-est de Lucca. De Lucca, prendre la route 435 vers Peschia. À une dizaine

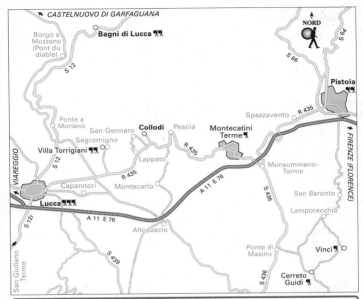

LA RÉGION ENTRE LUCCA (LUCQUES) ET PISTOIA

de km, tourner sur la gauche, vers Camigliano et Segromigno. Continuer encore env 4 km. 1er dim de mars-fin nov, tlj 10h-13h, 15h-19h (17h en hiver). Entrée : 10 € villa et parc ; 7 € parc slt ; réduc. Visites guidées slt, en italien et en anglais, feuillet explicatif en français. On y accède par une longue allée et un très beau parc à la française inspiré par Le Nôtre. La villa fut construite en 1593 par les Buonvisi, la plus puissante famille lucquoise de l'époque, puis elle passa aux mains de Nicolao Santini. Cet ambassadeur de la république de Lucca à Versailles auprès de Louis XIV modifia la façade en style baroque sur les conseils de l'architecte bolognais Torrigiani, qui a laissé son nom à la demeure. Le château appartient toujours à la même lignée familiale depuis le XVIIe s. La propriété est restée intacte et complète, ce qui lui confère toute sa personnalité et sa beauté. L'intérieur est splendide, encore bien vivant, et non pas figé comme un musée. On peut y voir de nombreuses photos de famille. On visite six pièces, toutes remarquables, remplies de meubles anciens et d'objets précieux... Dans le parc, voir aussi la vieille chapelle toujours en service lors des grands mariages de la famille.

COLLODI (51014)

À 7 km au nord-ouest de Peschia. Accroché à un promontoire rocheux, le site surprend en venant de San Gennaro. Collodi mérite un détour surtout si vous êtes un fan de Pinocchio. C'est ici qu'est né son créateur, Carlo Lorenzini, plus connu sous son nom d'auteur Carlo Collodi (1826-1890). Heureusement, en plus du parc (pas très folichon) dédié au petit bonhomme dont le nez s'allonge quand il ment, le village recèle un très beau jardin italien du XVIIIe s, le parc de la villa Garzoni.

Adresse utile

🛈 **Infos touristiques :** piazza Collodi ; à deux pas de l'entrée du parco di Pinocchio. ☎ 0572-42-96-60. ● puntoinfocollodi@comune. pescia.pt.it ● En principe, en été, mar-dim 10h-13h, plus 14h-17h jeu-dim. Donne des renseignements sur la région de Pescia. Pas incontournable.

Où dormir dans les environs ?

🏠 **San Gennaro Castello B & B :** via di Castello, 40, **San Gennaro.** ☎ 0583-97-84-68. 📱 349-596-00-56. ● boutiquefarmhouses@gmail.com ● sangennarocastello.com ● À 15 km au nord-est de Lucca, direction Peschia par la route 435. Tourner à gauche, faire 3 km dans les monts, traverser le bourg de San Gennaro, c'est dans un des derniers hameaux perchés dans la montagne. Proche du parc Pinocchio. Congés : janv. Doubles 70-80 € selon saison, petit déj compris. 🛜 Un B & B au bout du monde, à flanc de colline, tenu par le charmant Dario (un expatrié revenu en Toscane) et sa femme américaine Marie-Claire, tout aussi charmante. Excellent accueil. Quelques belles chambres dans une petite maison dans l'une des ruelles d'un hameau dominant la plaine. Beau petit déj. Piscine. Une bonne base pour partir à la découverte des environs.

À voir

🎭 🚶 **Parco di Pinocchio :** ☎ 0572-42-93-42. ● pinocchio. it ● Tlj de 8h30 au coucher du soleil (attractions 10h-18h30). Fermé 1er-15 nov. Entrée : 13 € ; 10 € 3-14 ans. Billet combiné avec les jardins de la villa Garzoni et la Maison des papillons : 22 € ; 18 € 3-14 ans. Ce n'est pas vraiment un parc d'attractions, mais plutôt l'œuvre d'un collectif d'artistes retraçant les aventures de Pinocchio à travers des sculptures et des mosaïques

PINOCCHIO : L'ÉDITEUR EN A, DU NEZ

Les Aventures de Pinocchio est le deuxième livre le plus vendu en Italie au XXe s (de 9 à 10 millions d'exemplaires) après La Divine Comédie de Dante Alighieri. En outre, le livre a été traduit dans 400 langues dans le monde (120 langues environ pour Le Petit Prince, de Saint-Exupéry).

disséminées dans le parc. Chemin faisant, on croise les protagonistes du livre de Lorenzini. Spectacles et animations de mars à octobre. Sincèrement, si la promenade n'est pas désagréable, l'ensemble semble un peu vieillissant pour le prix, surtout que nombre d'attractions sont payantes, et si vos enfants ne connaissent pas Pinocchio, il se pourrait bien que cet univers plein de références les ennuie très vite.

🎭 🚶 **Storico Giardino Garzoni e Casa di farfalle** (parc de la villa Garzoni et maison des papillons) **:** ☎ 0572-42-73-14. Avr-oct, tlj de 8h30 au coucher du soleil. Entrée : 13 € ; 10 € 3-14 ans. Commencé au début du XVIIe s et terminé à la fin du XVIIIe, ce jardin reste un bel exemple de la tradition toscane. Épousant à la perfection la dénivelée du terrain, c'est l'un des rares jardins de style baroque que l'on peut visiter en Europe. Une volière à papillons, qui aurait besoin qu'on s'occupe un peu de son réaménagement, agrémente la visite. À propos de papillon, une anecdote insolite : le mot français « farfelu » vient de l'italien farfalle, qui désigne le papillon...

MONTECATINI TERME (51016)

À 15 km à l'ouest de Pistoia, voici l'archétype de la ville thermale italienne. Cette ville d'eau étalée au pied des collines accueille des curistes de tous âges, et c'est ce qui fait une partie de son charme... Si la ville n'est pas incontournable, nos lecteurs qui ont du temps pourront y faire une petite halte. Très étendue, Montecatini n'est pas facile à explorer à pied... ni en voiture, d'ailleurs, puisqu'elle est organisée en de multiples sens interdits qui s'amusent à se faire face.

La courte visite de Montecatini Alto, auquel on accède par un funiculaire datant de la fin du XIXe s, est sans doute le moment le plus agréable. Le fin du fin, c'est d'aller prendre un thé en fin de journée aux thermes Tettuccio et, dans un décor somptueux, de se laisser bercer par la mélodie du concertiste qui, chaque soir aux beaux jours, caresse l'ivoire de son piano sous la grande coupole.

– À noter : à 6 km au sud de Montecatini Terme, la ville de Monsummano Terme, moins connue. C'est la ville où est né le chanteur et acteur **Yves Montand** le 13 octobre 1921, 1 an avant l'arrivée au pouvoir de Mussolini. De son vrai nom Ivo Livi (fils de Giovanni et Giuseppina Livi), il est issu d'une famille ouvrière et militante juive italienne, qui émigra en France en 1923. Peu de souvenirs du comédien à Monsummano, mais on parle d'une plaque et d'un petit théâtre pour commémorer sa mémoire... à suivre.

Florence : 40 km ; Pise : 50 km ; Lucques : 30 km.

Arriver – Quitter

En train

🚂 **Stazione FS :** *2 gares, Montecatini Terme (la gare principale), piazza Italia, où se trouve également la gare routière, et Montecatini Centro, piazza Gramsci.* ● trenitalia.it ●

➢ **Firenze :** ttes les heures 6h-23h env. Durée : 1h.

➢ **Lucca :** ttes les heures 6h-23h. Durée : 30 mn-1h.

➢ **Viareggio :** ttes les heures 6h-23h. Durée : 50 mn.

En bus

🚌 **Gare routière :** *la gare principale se trouve en face de la gare ferroviaire Montecatini Terme.* ● blubus.it ●

➢ Liaisons pour **Firenze** 6h40-20h42 et **Lucca** ttes les heures 6h50-21h (ttes les 2h dim et j. fériés). Compter env 50 mn chacune.

Stationnement

L'accès à Montecatini Alto se fait avec le téléphérique. Dans la ville basse, nombreux parkings bien indiqués et payants.

Adresses utiles

🛈 **Ufficio turistico :** *viale Verdi, 66-68.* ☎ *0572-77-22-44.* ● montecatiniturismo.it ● *ou le site de la ville* ● montecatini.it ● *Tlj sf sam-dim 9h-13h, plus mar et jeu 15h-18h.* 🖥 *(payant).* 📶 *Plan de la ville. Accueil charmant.*

■ **Funiculaire :** *viale Diaz (dans le parc, derrière les thermes Tettuccio).* ☎ *0572-76-68-62.* ● funicolare-montecatini.it ● *Mars-oct, tlj 9h30-13h,* 14h30-minuit ; *liaisons ttes les 30 mn. On achète son billet à l'arrivée : 4 € le trajet simple, 7 € l'A/R ; réduc. CB refusées.* Une relique (en bon état de marche, entretien assuré) qui date de la fin du XIXe s et ne manque pas de cachet : carrosserie vermillon, bancs en bois ; il fait la fierté de la station. C'est le moyen le plus agréable de programmer une visite à Montecatini Alto.

TOSCANE

Où manger dans la ville haute ?

En fait, il n'y a pas grand-chose d'autre à faire que de se poser en terrasse, une fois fait le tour des boutiques et des maisons de la ville haute. Plusieurs restos vous tendent les bras (des serveurs) et leurs terrasses qui se remplissent ou se vident en fonction du soleil. Y aller le soir, de préférence, en été, pour profiter de l'ambiance.

|●| *Le Maschere :* piazza G. Giusti, 21. ☎ 0572-77-00-85. ● info@lemaschere. eu ● *Dans l'ancien Teatro di Risoli, sur la place principale. Tlj sf lun. Compter 25-35 €.* ☞ *Réduc de 10 % sur le repas sur présentation de ce guide.* Au rez-de-chaussée d'un immeuble ancien, témoin de ce que fut Montecatini à la Belle Époque. Rez-de-chaussée largement ouvert sur la place et étage avec vue panoramique. Dans l'assiette, une cuisine toscane soignée, déclinée sur la carte autour de thèmes liés au théâtre *(Pulcinella, Colombina...).* L'assiette de charcuterie est un grand moment, sans parler des *antipasti,* mais aussi des plats végétariens. Pizzas également.

À voir

🦌 Vous ne risquez pas de vous perdre à *Montecatini Terme,* élégante station thermale qui vit au rythme des cures et des siestes de ses visiteurs. Ses eaux sont réputées depuis le XIVe s, et les amateurs d'Art nouveau seront aux anges. L'un des édifices les plus évocateurs de cette époque étant le cinéma Excelsior (1922) avec sa marquise en verre et fer forgé et son fronton curviligne en encorbellement. La balade le long du mail du viale Verdi, planté de tilleuls et de catalpas centenaires, est très rafraîchissante.

🦌🦌🦌 *Les thermes Tettuccio :* à l'extrémité du viale Verdi, non loin du départ du funiculaire. ☎ 0572-17-781. ● termemontecatini.it ● *Heures des cures 8h-12h, 16h-19h. Ouv au public pour la visite tlj 11h-19h. Entrée : 13 € aux heures de cures, verre d'eau compris ; 6 € pour la visite seule.* Un très bel établissement thermal qui n'est pas sans évoquer ce que furent les thermes romains. Galeries à colonnes et portiques antiques, balustrades et rotondes sculptées, plafonds avec verrières anciennes, fresques et détails architecturaux d'un autre âge, voilà un endroit chargé d'histoire qui a su garder son caractère tout en s'adaptant à l'époque moderne. Les fins d'après-midi aux beaux jours, miniconcert sous la grande coupole au bar des thermes.

🦌 *Montecatini Alto :* le plus pratique (et le plus sympa) est de s'y rendre en empruntant le funiculaire. À voir, la crèche animée qui se trouve dans l'église San Pietro (XVIIe s) un petit ange descend du ciel, et c'est parti pour une petite histoire en v.o. de 7 mn.

PISTOIA   (51100)   90 290 hab.

Une petite cité fascinante, capitale italienne de la culture en 2017. Située au pied des Appenins, Pistoia a conservé intacte sa belle vieille ville riche d'églises romanes, célèbres pour leurs façades à bandes bicolores, vert et blanc. Ce fut une cité médiévale prospère, rivale de Lucques et de Florence jusqu'aux terribles pestes de 1348 et 1401. Ici s'affrontèrent deux clans rivaux, les guelfes blancs et les guelfes noirs. Les guelfes, nationalistes et partisans du pape, se divisèrent au XIIIe s, notamment pour des raisons sociales : les *cerchi* (blancs) étaient proches du peuple, tandis que les *donati* (noirs) frayaient avec l'élite florentine.
Évitez quand même d'y aller un dimanche (en raison des messes, mais on a largement le temps de visiter, entre deux !), car, ici, les monuments les plus intéressants

sont les églises. Et surtout n'imaginez pas pour autant que la ville connaisse l'ennui dominical, il suffit de se promener, comme chaque soir, à l'heure sacro-sainte de l'apéro, pour se laisser baigner par l'ambiance douce d'une cité consciente de son charme et de ses avantages. Et la nuit la rend encore plus magique. Par ailleurs, Pistoia et sa région sont célèbres pour leur activité de pépinières. C'est souvent de Pistoia que proviennent les plus beaux arbres plantés dans les grandes villes d'Europe ! Vous aurez tout le temps de les admirer en allant en direction de Vinci, si vous n'êtes pas encore allé visiter la ville natale de Léonard, plus au sud (voir plus haut « Dans les environs de Prato »).

Florence : 40 km ; Pise : 60 km ; Lucques : 40 km.

Arriver – Quitter

En train

🚂 **Stazione FS :** *piazza Dante Alighieri.* ☎ 89-20-21. *Au sud de la ville, à 10 mn à pied du centre (piazza del Duomo), hors les murailles.*

➤ Pistoia se trouve sur la ligne ferroviaire **Lucques-Florence.** 2 trains/h en moyenne. Env 40 mn-1h de trajet pour chaque destination. En chemin vers Lucques, le train marque l'arrêt à **Pescia** ; vers Florence, à **Prato** et

Sesto Fiorentino.

En bus

🚌 **Gare routière :** *piazza Dante Alighieri (celle de la gare ferroviaire).*
➤ Les **Blubus** (☎ 0573-36-32-43 ou n° Vert : ☎ 800-27-78-25 ; ● blubus. it ●) regroupant les compagnies *Copit* et *Lazzi* assurent 1-2 liaisons/h avec **Florence** (ttes les 2h dim), mais également avec **Lamporecchio, Vinci** et **Empoli.**

Stationnement

🅿 Même inconvénient que dans la plupart des villes. Interdiction de circuler dans le centre pour les non-résidents (laisser sinon votre numéro d'immatriculation à votre hôte, comme toujours, pour qu'il le transmette aux équipes chargées de surveiller la circulation). Attention, car on pénètre facilement

dans les zones interdites sans s'en apercevoir. Quelques parkings bien fléchés et gratuits sont disponibles en bordure de la ville ancienne (centre historique). Le parking Cellini est peut-être le plus pratique. Navette pour le centre toutes les 5-10 mn, autrement il faut 10 mn à pied.

Adresse utile

🛈 **Ufficio turistico :** *sur la pl. du Duomo.* ☎ 0573-21-622. ● *pistoia. turismo.toscana.it* ● *Tlj 9h-13h, 15h-18h. Fermé à Noël.* Demandez Paolo Bresci, francophone, toujours présent, non pas dans son bureau mais au comptoir tel un réceptionniste souriant, affable et très serviable. Sans doute le

meilleur accueil francophone de Toscane ! Équipe très sympa sinon, qui vous délivrera un plan de Pistoia bien fait avec de nombreuses infos en français sur la ville et ses environs. Organise des visites insolites souterraines de la ville.

Où dormir ?

🏠 **Hotel Patria :** *via Crispi, 8.* ☎ 0573-35-88-00. ● *info@patriahotel.com* ● *patriahotel.com* ● ♿ *Derrière l'église San Giovanni Fuorcivitas. Doubles 80-130 € (prix plus bas en été), petit déj compris. Parking gratuit.* Dans une ruelle du centre, un hôtel agréable et

tenu par un propriétaire charmant qui vous renseignera dans la langue de Molière. Chambres sans grande originalité mais impeccables, spacieuses, propres et confortables (bonne literie, pour ceux qui en auraient plein le dos de marcher !).

Où manger ?

I●I *Lo Storno :* via del Lastrone, 8. ☎ 0573-26-193. ● trattorialostorno@gmail.com ● Tlj sf dim soir et mar. Repas env 25 € (avec le vin de maison). Le plus ancien restaurant de la ville (1395) dont le nom n'augure en rien de ce que vous aurez dans l'assiette (« le cheval » !). Une famille de cuisiniers qui poursuivent la tradition maison autant que locale en proposant des plats qui font honneur à la ville et à la région : *pappardelle* au canard, tripes, raviolis au ragoût de sanglier... Sûr, c'est plus joli quand on le lit en italien, mais on s'est dit que ça vous reposerait !

I●I ➤ *Trattoria-pizzeria Il Duomo :* via Bracciolini, 5a. ☎ 0573-178-01-97. Dans une petite rue qui part de la piazza del Duomo, dans l'alignement de l'office de tourisme. Tlj 12h-15h, 19h30-23h30. Repas 10-35 € ; pizze 6,50-8,50 €. Le patron a une forte et aimable personnalité, il semble sorti d'un film de Dino Risi. On y sert une cuisine 100 % toscane dans 2 salles agréables et chaleureuses. Spécialités : *fungi fresci* et *tartuffo bianco di San Miniato*.

I●I *Osteria La Cantinetta :* via Crispi, 15. ☎ 0573-178-11-13. Tlj sf dim. Congés : août. Repas 25-30 € selon appétit. Près de l'église San Giovanni, au cœur du centre historique. La carte toscane classique n'est pas très longue, mais tout est frais, bien préparé et savoureux. Quelques tables dans la ruelle piétonne et une salle bien décorée.

➤ *La Sala da Ale :* via San Anastasio, 4 (angle avec piazza Sala). ☎ 0573-241-08. Tlj. Pizze 4,50-8,50 €. Sur une petite place animée du centre historique, sa façade vitrée à l'ancienne avec son bois patiné évoque une échoppe banale, mais en fait elle cache une excellente pizzeria. Ici, le patron propose 80 types de pizzas toutes savoureuses et faites avec passion et talent.

I●I ➤ *Pizzeria-birreria La Nicchia sulla Sala :* via del Lastrone, 16. ☎ 349-703-95-45. ● birrificiotraversa68@gmail.com ● Tlj sf lun. Repas 10-15 €. À deux pas du restaurant Lo Storno, dans cette rue où vous n'aurez pas de mal à trouver une table, voilà une autre adresse chaleureuse pour amateurs de bons produits. Pizza à la levure naturelle et bière de l'Ours (symbole de Pistoia) à tester, car c'est une production artisanale maison.

I●I *La Bottegaia :* via del Lastrone, 17. ☎ 0573-36-56-02. ● info@labottegaia.it ● Tlj sf lun. Congés : 11-25 août. Repas complet env 30 € ; plats à partir de 13 €. 2 miniterrasses, l'une dans la petite via del Lastrone et l'autre derrière le baptistère, sur la place de la cathédrale. Entre les 2 terrasses, une salle fraîche et agréable, dans les tons pastel. Dans l'assiette, une cuisine toscane soignée et mijotée. Spécialité de la maison : les *maccheroni con ragù di anatra* (canard). Bons vins chaleureux et ronds, un peu plus chers.

I●I *Locanda del Capitano del Populo :* via di Stracceria, 5/7. ☎ 0573-24785. Tlj jusqu'à minuit. Repas complet env 30 € ; plats du jour 8-14 €. Un lieu d'habitués, d'amoureux de la cuisine, et de la vie tout simplement, où l'on se régale de spaghettis à l'ail, de polenta aux truffes ou de tripes à la florentine en profitant de l'ambiance, et d'un décor qu'on ne se lasse pas de découvrir, sourire aux lèvres. Un bric-à-brac incroyable qui tient de l'épicerie à l'ancienne, du magasin de musique, de la boucherie de grand-papa. Accueil cordial, même quand le service est un peu dans le jus.

Où boire un verre ? Où grignoter sur le pouce ?

I●I ♀ *Taverna Gargantuà :* piazzetta dell'Ortaggio, 12-13. ☎ 0573-23-330. ● info@tavernagargantua.com ● À env 100 m de La Bottegaia. Tlj 11h-2h. Congés : 10 janv-20 fév. Plat env 10 € ; repas 20-35 €. 🛜 Limoncello offert sur présentation de ce guide. On y mange aussi, mais la terrasse fait le plein pour ses apéros et cocktails. En début de soirée, c'est un rendez-vous d'oiseaux de nuit et de fêtards en partance pour leurs migrations nocturnes. Chaude ambiance les soirs d'été.

I●I ♀ *Vineria 4 :* via del Lastrone, 4. ☎ 0573-97-73-38. ● info@vineria4.it ● ♿ Tlj sf lun en hiver, jusqu'à 23h30.

Quelques tables dehors, sinon on peut passer la porte en forme de tonneau et s'installer dans la minuscule salle décorée de bouteilles. Petite grigno-terie pour accompagner.

♟ *La Saletta : via del Lastrone, 8.*

☎ *0573-26-972. Tlj 7h-23h.* Un bar-*caffetteria* au design contemporain. Bons produits, atmosphère jeune et sympa. Rossato propose une formule « *aperita-gliere* » sympa avec une belle sélection de charcuteries, fromages et vins de pays.

Où déguster une glace ?

♟ *Gelateria Voronoi by Mani : via Roma, 2. Une petite boutique dans un angle, à deux pas du Duomo.* Ce nom commercial désigne une marque de glaces artisanales, destinée à faire des petits dans toute l'Italie. Peu de choix dans les parfums, mais on utilise ici les meilleurs produits dans leur catégorie. Pour vous en convaincre, essayez la glace à la pistache ou celle à la noi-sette. Un vrai régal !

À voir

Il fait bon flâner dans le *centro storico* de Pistoia, de jour comme de nuit. Tous les matins, la *piazza della Sala* accueille les marchands de fruits et légumes. Se crée alors une animation haute en couleur qui ne semble pas avoir changé depuis le Moyen Âge.

🎨🎨 *Piazza del Duomo :* cœur historique et politique de la ville, avec son ensem-ble d'édifices médiévaux, son baptistère du XIVe s et ses *palazzi del Podestà* et *del Comune* (1284-1385). Tous les bâtiments qui bordent la place valent le coup d'œil. Le palais de justice, avec ses fresques et ses blasons, mérite à lui seul le détour.

🎨🎨 *Museo civico :* piazza del Duomo, 1. Au 1er étage du bâtiment de l'hôtel de ville (Palazzo comunale), face au Duomo. Jeu-dim 10h-18h. Entrée : 3,50 € ; réduc. Explications en italien et en anglais. Un intéressant petit musée. Au premier niveau, peinture florentine des XIIe, XVe et XVIe s. Au deuxième niveau, les amateurs d'architecture et d'aménagement urbain ne manqueront pas le centre Giovanni Michelucci (l'un des maîtres de l'Art nouveau) pour y découvrir esquisses, croquis et maquettes du célèbre architecte. Également une petite salle où sont exposées des peintures et sculptures d'artistes pistoiens du XIXe s. Enfin, au troisième niveau, des bois et des huiles sur toile du XVIIe s, ainsi que la collection Puccini (belles séries de portraits).

🎨🎨 *Duomo (cattedrale di San Zeno) :* ☎ *0573-25-095. Tlj 8h-12h30, 15h30-19h.* Présente une élégante façade à portique, surmontée d'un fronton à arcades en bichromie. Imposant campanile de pierre (ancienne tour de guet) haut de 66 m et enrichi d'étages à colonnes *(possibilité d'y monter le w-e ; visite guidée de 1h en anglais et en italien ; 5 €, réduc).*
À l'intérieur, à gauche en entrant, monument sculpté pour le cardinal Forteguerri par Andrea Verrocchio (le maître de Léonard de Vinci) et ses élèves, parmi lesquels Lorenzo di Credi. Le buste et le sarcophage sont du XVIIIe s. La pièce la plus originale de l'église est un **superbe autel en argent** (Altare d'Argento ; *visible 10h-12h30, 15h-17h30 ; 4 €*) dans la *chapelle San Jacopo*. Ce chef-d'œuvre de l'orfèvrerie tos-cane, commencé en 1287, ne fut achevé que vers la fin du XVe s. Des générations d'artistes ont contribué à cette œuvre étonnante où l'on compte, paraît-il, 628 figures sculptées dans l'argent. Remarquer, sur le côté gauche devant l'autel, deux apôtres attribués à Brunelleschi (l'auteur de la coupole du Duomo de Florence).
Dans la chapelle de gauche, au fond, monter les escaliers et demander à voir le tableau qui est souvent protégé par un rideau : une *Vierge à l'Enfant entourée de saint Jean-Baptiste et de saint Zénon,* le patron de l'église. Il est de Lorenzo di Credi, sur un carton d'Andrea Verrocchio, vers 1485.

TOSCANE

🎋 *Battistero : face au Duomo. Tlj sf lun 10h-13h, 15h-18h30.* Date du XIVe s. Peut-être construit selon les plans de Nicola Pisano. À l'intérieur, belle architecture de brique rose avec une voûte octogonale surprenante (et vertigineuse). Au centre, fonts baptismaux du XIIIe s.

🎋 *Ospedale del Ceppo : pas loin du Duomo.* Arrêtez-vous devant pour admirer la magnifique fresque en terre cuite, œuvre de l'atelier des Della Robbia. On reconnaîtra les sept œuvres de miséricorde : visite aux malades, aux détenus, les enterrements. Vérité du corps humain, précision des détails en font la « chapelle Sixtine de la céramique ». C'est ici que démarre la visite assez fascinante du « Pistoia souterrain » (menée en français à certaines heures), qui vous entraînera d'une salle de dissection de l'ancien hôpital désaffecté en 2013 et restée en l'état jusqu'au bout des souterrains traversant tout ce bâtiment bâti sur l'eau et qui renferment les traces du passé perturbé de la ville, habilement reconstitué à travers le discours des guides. Renseignements à l'office de tourisme.

🎋 *Chiesa Sant'Andrea : via di Sant'Andrea. Tlj 8h-18h.* Belle façade du XIIe s. À l'intérieur, remarquable chaire de Giovanni Pisano avec de très belles scènes de la vie du Christ exécutées entre 1298 et 1301. Caractère dramatique des figures, bien plus développé que dans la chaire de Guido da Como (chiesa San Bartolomeo in Pantano).

🎋 *Chiesa San Bartolomeo in Pantano : piazza San Bartolomeo. Tlj 7h-19h.* Fondée au milieu du XIIe s. À l'intérieur, une magnifique chaire avec des scènes de la vie du Christ, datée de 1250 et signée de Guido da Como. Elle représente le passage entre l'art roman et l'art plus moderne de Giovanni Pisano (voir la chiesa Sant'Andrea ci-dessus).

Manifestation

– *Pistoia Blues Festival : 4 j. mi-juil.* ● *pistoiablues.com* ● Plus que du réel blues, c'est plutôt le Woodstock des faubourgs de Florence. Déplacement en masse de la jeunesse tendance « hippy-centro-sociale », donc pénurie de logements à prévoir ! Un grand terrain vague est aménagé en camping, mais il est rapidement plein à ras bord !

PISE ET SES ENVIRONS

PISA (PISE) (56100) 86 000 hab.

● Plan *p. 362-363*

Étrange ville qui n'a dû sa réputation, pendant des décennies, qu'à sa fameuse Tour penchée, devant laquelle se déversaient des flots de visiteurs sortant hagards des bus. Une excursion au pas de course, une photo-souvenir (en faisant mine de retenir la tour penchée avec les mains comme le veut la tradition), et le car reprenait la route vers une autre ville toscane. Il en est tout autrement aujourd'hui. Ainsi, les bus et les véhicules des visiteurs ont été priés de se garer plus loin, et on a pu éloigner également les marchands. La proximité du lieu continue d'attirer les foules, mais la ville a su mettre en avant d'autres avantages pour retenir les individus ou les familles ayant autre chose en tête que de faire des selfies devant le célèbre monument.

Pise se visite pour elle-même. Avec ses immeubles Renaissance de brique rose, ses croix du Languedoc (héritage des croisades), le charme nonchalant et

PISE, LA VILLE ÉTUDIANTE

Les étudiants constituent un tiers de la population de Pise (environ 30 000 étudiants pour 100 000 habitants). Son université fut l'une des premières en Europe (1343), et c'est aussi ici que les bonnes familles envoient leurs chérubins à « la Scuola » (Normale Superiore), fondée par Napoléon en 1813.

provincial de ses ruelles, et l'Arno qui coule en son milieu, Pise a décidément plus « d'une tour » dans son sac. Ses remparts, ses *palazzi,* ses églises, ses petites places où il fait bon se poser en terrasse, tout cela crée une atmosphère très particulière, de jour comme de nuit. En revanche, bien que la ville soit étudiante, sa sagesse étonne, exception faite de quelques points névralgiques.
Florence : 77 km ; *Livourne :* 22 km ; *Rome :* 335 km ; *Sienne :* 106 km ; *San Gimignano :* 79 km.

TOSCANE

UN PEU D'HISTOIRE

Ville étrusque puis romaine, elle devint rapidement un port florissant à 10 km de l'estuaire de l'Arno, puis une ville de marché prospère dès le Xe s. République marchande, elle conquit les Maures, la Sardaigne en 1063, la Corse en 1092, et participa aux côtés des Catalans à la conquête des *Pitiusas* (Ibiza-Formentera) en 1114. Les Pisans prirent également part aux croisades. La puissance de la ville faisait trop d'ombre à Gênes et à Venise. Sa flotte fut anéantie à la bataille de Meloria en 1284 par les Génois, et elle perdit la Corse en 1300, puis la Sardaigne tombée dans l'escarcelle du royaume d'Aragon en 1325. C'est la fin de l'âge d'or de Pise. Les guelfes de Toscane l'assiégèrent. Après les Visconti de Milan, ce fut le tour des Médicis. Elle passa définitivement sous la tutelle de Florence en 1406 avec quelques soubresauts d'indépendance sous Charles VIII.
Les Pisans restent célèbres pour leurs édifices romans, dont la célèbre Tour, et leur université. Sous l'Empire français, la ville fut le chef-lieu d'arrondissement du département de la Méditerranée, créé par Napoléon. La ville fut, avec la Toscane, incluse au royaume d'Italie en 1860.

■　**Adresses utiles**

🛈　Ufficio turistico
　　« Walking in the city »
🛈　Ufficio turistico
🅿　1, 2, 4 et 5 Parkings
✚　6 Ospedale Santa Chiara

⚓　**Où dormir ?**

　10 Camping Torre Pendente
　11 Hostel Pisa
　12 Hotel Leonardo
　15 Hotel Novecento
　17 Pensione Rinascente
　18 Hotel Minerva
　19 Hotel Amalfitana

|●|　**Où manger ?**

　30 Pizzeria Il Montino di J. Collodi
　31 Trattoria da Cucciolo
　32 Vineria di Piazza

　33 Trattoria della Faggiola
　34 Pizzeria-tavola calda La Tana
　35 I Miei Sapori
　36 Trattoria San Omobono
　38 La Sosta dei Cavalieri
　39 Osteria La Grotta
　40 Pizzeria L'Arancio et Trattoria
　　 da Stelio
　41 Osteria La Stanzina
　42 Ristorante Lo Schiaccianoci
　43 Spaghetteria Ir Tegame

🍴|●| 🍨　**Où déguster une glace
　ou une bonne pâtisserie ?**

　37 Salza
　50 Bottega del Gelato
　51 De Coltelli Gelateria Naturale

🍸　**Où boire un verre ?**

　60 Amaltea
　62 Mocambo

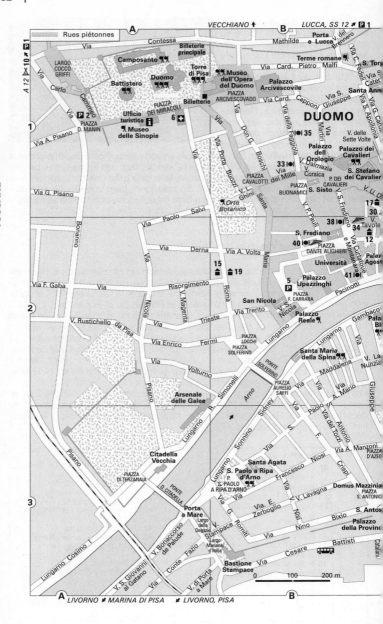

TOSCANE

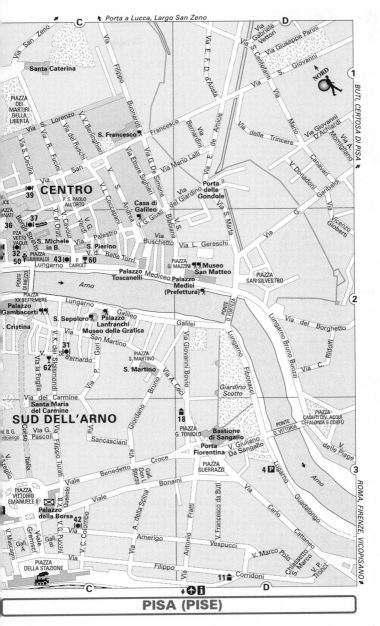

Porta a Lucca, Largo San Zeno

NORD

BUIT, CERTOSA DI PISA

TOSCANE

Santa Caterina

PIAZZA DEI MARTIRI DELLA LIBERTÀ

S. Francesco

CENTRO
39

37
36

Casa di Galileo

Porta delle Gondole

S. Michele in B.
32
50
43 60

S. Pierino

Museo San Matteo

PIAZZA SAN SILVESTRO

Palazzo Toscanelli

Palazzo Medici (Prefettura)

Arno

Palazzo Gambacorti

S. Sepolcro
Palazzo Lanfranchi
Museo della Grafica

31
62

S. Bernardo

S. Martino

PIAZZA S. MARTINO

Giardino Scotto

Santa Maria del Carmine

SUD DELL'ARNO

18

PIAZZA G. TONIOLO

Bastione di Sangallo

Porta Fiorentina

PIAZZA CADUTI DIV. ACQUI CEFALONIA E CORFÙ

PIAZZA VITTORIO EMANUELE II

Palazzo della Borsa
42

PIAZZA GUERRAZZI

4

PIAZZA DELLA STAZIONE

11

ROMA, FIRENZE, VICOPISANO

TOSCANE

Arriver – Quitter

En avion

✈ *Aeroporto Galileo Galilei (hors plan par D3) :* ☎ *050-84-91-11 (infos sur les vols).* ● pisa-airport.com ● *Aéroport le plus important de Toscane, situé à 5 mn du centre-ville, dans la banlieue sud.* Pratique d'abord par sa situation vraiment proche, aux portes de la ville. Pratique aussi puisqu'il est bien desservi par une gare ferroviaire qui le relie à Pise centre en quelques minutes et, de là, à Florence et d'autres villes de Toscane.

➢ Vols directs et réguliers pour *Paris* (Orly ou Roissy en 2h), ainsi qu'avec la plupart des grandes villes européennes. Liaisons *low-cost* fréquentes également avec Paris-Beauvais et Charleroi en Belgique.

➢ L'aéroport dessert également les principales villes italiennes et siciliennes : *Rome, Milan, Catane* et *Palerme.*

Depuis et vers l'aéroport

➢ Un *bus Pisa Mover* relie l'aéroport de Pise à la gare ferroviaire (gare FS) de Pise. *Pisa Mover* fonctionne tlj 6h-minuit. Le trajet ne dure que 5-8 mn.

➢ *En bus :* à la sortie des arrivées. Les billets sont en vente au même bureau des infos que pour le train ; l'achat de billet dans le bus est possible (un peu plus cher).

– *Pour le centre de Pise :* le bus de la ligne rouge de la compagnie *CPT* (bus *LAM Rossa*) part ttes les 10-15 mn 6h-20h15 env, à destination de la gare FS de Pise Centrale, rive gauche. Il marque ensuite plusieurs arrêts avant de rejoindre la Tour penchée *(torre pendente)* et enfin San Jacopo, son terminus, où se trouve le parking Pietrasantina. Même option de bus *LAM Rossa* pour aller du centre-ville à l'aéroport. Après 20h30, prendre le bus n° 21 depuis l'aéroport. Billet env 1,20 € (plus si vous l'achetez dans le bus).

➢ *En taxi :* à la sortie du terminal des arrivées. Env 10 € pour le centre.

➢ *En voiture :* tous les grands loueurs ont leur bureau à l'aéroport, mais dans une zone à l'écart. On peut s'y rendre à pied en 5 mn ou bien prendre une navette (gratuite).

En train

🚆 *Gare ferroviaire (plan C3) :* piazza della Stazione, rive gauche. ● *treni talia.it* ● Distributeur en sortant sur la gauche au *Banco San Paolo.*

🚆 Les liaisons avec le nord de l'Italie et Lucca passent aussi par l'autre gare de Pise, la *stazione Pisa S. Rossore (viale della Cascine),* qui se trouve à 5 mn à pied de la tour.

➢ *Florence (S. M. Novella), via Pontedera, Empoli et San Miniato-Fucecchio :* 1-3 trains/h 4h15-22h30. Durée : 50 mn-1h20. Attention, ts les trains ne s'arrêtent pas à San Miniato.

➢ *Lucca :* 1-2 trains/h 5h25-21h50. Durée : 25-30 mn env. Très pratique.

➢ *Livourne :* 2-4 trains/h 5h15-23h27 Durée : env 15 mn.

➢ *Rome :* les trains quotidiens entre Pise et Rome passent soit par *Florence S. M. Novella* (où il faut parfois changer), soit par *Livourne* et *Grosseto* (marquant parfois également l'arrêt à *Cecina, Fellonica, Orbetello* et *Capalbio*). Durée : env 2h30-4h selon le train.

➢ *Gênes :* 1 train ttes les 1-2h. Durée : 1h45-2h30. Les trains les plus longs passent par *Viareggio* et ttes les petites gares de la Versilia.

En bus

🚌 *Gare routière (plan B3) :* « *Sesta Porta »,* via C. Battisti, 53. Cette gare accueille principalement la compagnie *CPT :* ☎ *800-120-150 (n° Vert).* ● cpt. pisa.it ●

➢ *Marina di Pisa et Tirrenia (la plage) :* bus ttes les 15-30 mn. Durée : env 30 mn. Pensez à prendre de l'argent pour les transats, rien n'est gratuit.

➢ *Vicopisano :* env 1 bus (n° 140) ttes les 1-2h, 6h20-19h15. Durée : 50 mn.

➢ *Calci et Tre Colli :* env 1 bus

(n° 160) ttes les 1-2h. Durée : env 24 mn pour Calci et 30 mn pour Tre Colli.

➤ *Livourne :* bus n° 10 ttes les 30 mn, 6h-19h. Durée : 1h. Le train est moins cher que le bus et met 20 mn.

Circulation et stationnement

Pratiquement impossible de circuler à Pise, les rues sont presque toutes en sens unique, sans compter que le centre est **STRICTEMENT INTERDIT AUX VÉHICULES DES NON-RÉSIDENTS.** Ne vous y aventurez surtout pas ! Il y a des caméras de surveillance partout et, contrairement à d'autres villes où les « erreurs » de pénétration de la zone interdite par les touristes sont plus tolérées, ce n'est pas le cas à Pise. Chaque passage en zone interdite, c'est-à-dire chaque lecture de votre plaque d'immatriculation vous coûtera 120 € si vous n'êtes pas accrédité ! Et vous recevrez la note quelques mois après, chez vous, par le biais d'une convocation au commissariat. Si, si ! Pour les véhicules de location, vous serez débité sur votre carte de crédit, avec des frais de dossier en sus ! Le mieux est de se procurer la carte précisant les limites autorisées et, dans le doute, de s'abstenir. Attention, les zones peuvent varier en fonction des saisons. Bref, le mieux est de garer sa voiture dans un parking (bien indiqué), de prendre le bus (payant) et d'arpenter la ville à pied. *Le stationnement coûte de 0,50 à 2 €/h selon l'endroit où l'on se trouve ; tarifs souvent en vigueur lun-sam 8h-20h (tlj 6h30-23h30 pour certains). Infos sur ● pisamo.it ●*

◨ *Parkings gratuits (hors plan par A1 et B1, 1) :* sur la via Pietrasantina (hors plan par A1), immense parking gratuit, navettes pour le centre-ville. Également des emplacements gratuits sur la via di Pratale, au bout de la via del Brennero, et via Papareli, à côté du stade ; hors plan par B1). Ces derniers sont à 10 mn à pied de la piazza dei Miracoli.

◨ *Parking (plan A1, 2) :* via Carlo Cammeo. Env 2 €/h. Le parking payant le plus proche du campo dei Miracoli (la tour, oui !).

◨ *Parking (plan D3, 4) :* le long de l'Arno, Lugarno Guadalongo. Quelques emplacements gratuits.

◨ *Parking (plan B2, 5) :* sur la piazza F. Carrara. Env 2 €/h. Très pratique car situé près du quartier le plus animé du centre (mais peu de places).

Adresses et infos utiles

Informations touristiques

◨ *Ufficio turistico « Walking in the city » (plan A1) :* infopoint, piazza del Duomo, 7. ☎ 050-55-01-00 ● *duomo@walkinginthecity.it* ● *comune.pisa.it* ● *turismo.pisa.it* ● Tlj 9h30-17h30. Ouvert en continu toute l'année. Propose des visites guidées de la place et de la ville, la location d'audioguides, de vélos, une consigne pour les bagages et des excusions journalières dans les environs. On peut même visiter la « place des miracles » de manière originale grâce aux lunettes à réalité augmentée « Art-Glass » disponibles en anglais et en italien *(loc 8 €)*. Une balade à faire de bon matin, quand le flot touristique ne risque pas de vous perturber.

◨ *Ufficio turistico (plan C3) :* APT, piazza Vittorio Emanuele II, 16. ☎ 050-42-291. Tlj 9h-13h30. Autre bureau à la sortie de la gare, au devenir incertain.

Poste, santé, urgences, taxis

✉ *Poste centrale (plan C3) :* piazza Vittorio Emanuele II. ☎ 050-51-95-14. Lun-sam 8h15-19h (13h30 sam).

✚ *Ospedale Santa Chiara (plan A1, 6) :* via Roma, 67. ☎ 050-99-21-11. Près de la cathédrale.

■ *Préfecture de police (questura) :* via Mario Lalli, 3. ☎ 050-58-35-11. Pour les vols de papiers.

■ *Radio-taxis :* ☎ 050-54-16-00.

TOSCANE

Où dormir à Pise et dans les environs immédiats ?

Campings

⋇ *Camping Torre Pendente (hors plan par A1, 10) :* via delle Cascine, 86. ☎ 050-56-17-04. ● *info@campingtor rependente.it* ● *campingtorrepen dente.it* ● ♿ *À env 1 km au nord-ouest de la Tour. Bus* Lam (linea rossa), *arrêt* Piazza dei Miracoli, *puis prendre le tunnel souterrain. Venant de Lucca en train, descendre à la station Pisa San Rossore ; le camping est tt proche. Ouv avr-oct. Env 35-40 € pour 2 avec tente et voiture selon saison ; loc de mobile homes.* 🛜 La situation de ce camping, non loin de la Tour, est idéale, même si son environnement, juste au bord d'une route très passante, n'est pas des plus enthousiasmant... Accès au centre-ville rapide, mais il faut aimer traverser les longs tunnels pas franchement riants. Cela dit, le site est bien aménagé, ombragé et conviendra à un (très) court séjour. Piscine, jeux pour enfants, laverie, vélos à louer, resto, supermarché... Prévoyez l'équipement antimoustiques !

⋇ *Camping Mare e Sole :* viale del Tirreno, 56018 *Tirrenia-Calambrone.* ☎ 050-32-757. ● *campingmaree sole.it* ● *campingmareesole.it* ● ♿ *Sur la côte au sud, vers Tirrenia, à env 5 km de la ville. De Pise ou de Livourne, prendre la ligne pour Calambrone et descendre à Via Tirrenia. Ouv 15 avr-25 sept env. Compter 24-27 € pour 2 avec tente et voiture selon saison ; loc de bungalows pour 4 pers 350-770 €/ sem.* 🛜 *Réduc de 10 % en hte saison sur présentation de ce guide.* Terrain peu ombragé mais bien équipé : aire de jeux pour les enfants, bar avec terrasse et piscine, restaurant-pizzeria et épicerie. Un alignement de bungalows colorés (mais tassés) mène tout droit à la belle plage gratuite pour les campeurs. Un site qui conviendra surtout aux familles cherchant un camping avec animations.

Bon marché

🏠 *Hostel Pisa (plan D3, 11) :* via Filippo Corridoni, 29. ☎ 050-520-18-41.

● *hostelpisa.it* ● *Ouv tte l'année. Réception 24h/24. Lit en dortoir (4 lits) 18-20 €/pers (soutterain-10-15 €/pers en hiver) ; double avec sdb 50 €.* 🖥 🛜 À proximité de la gare ferroviaire, une AJ à la façade colorée recouverte de dessins psychédéliques. Dortoirs spacieux et impeccables de 2-4 lits avec salle de bains propre. Petite cour à l'arrière, en bordure de voies ferrées, mais tout le monde se retrouve dans les salles climatisées sympas à l'entrée, avec canapés, billard, ordinateurs et bar chaleureux. Cocktails, grignoteries à toute heure.

Prix moyens

🏠 *Hotel Minerva (plan D3, 18) :* piazza Toniolo, 20. ☎ 050-50-10-81. ● *hotel minerva.pisa.it* ● *Doubles avec AC 69-109 € selon période, petit déj-buffet compris. Parking privé 6 €/24h, sinon quelques places gratuites à 300 m sur le quai.* 🖥 🛜 Un peu à l'écart de l'agitation, à proximité de la Fortezza Nuova, cet hôtel offre un bon confort, avec des chambres dotées de meubles en bois sombre. La moitié de celles-ci donnent sur un beau jardin ombragé à l'arrière où l'on peut prendre son petit déj et se relaxer en fin d'après-midi. Bon accueil.

🏠 *Pensione Rinascente (plan B1, 17) :* via del Castelletto, 28. ☎ 050-58-04-60. ● *info@rinascentehotel.com* ● *rinas centehotel.com* ● *Suivre la via Tavolera jusqu'au n° 46 (et resto* Tavola Calda) *puis prendre une ruelle perpendiculaire. Double 65 €.* 🛜 *Réduc de 10 % sur présentation de ce guide.* Aux derniers étages d'une très belle demeure du XVIIe s, décorée de meubles anciens, cette pension est tenue par Pina, une dame adorable et attentionnée. Le décor vraiment superbe, le mobilier ancien, l'atmosphère unique en son genre en font une excellente adresse à prix sages dans le cœur de la ville. Certaines des chambres sont immenses avec plafonds voûtés à fresques, d'autres en revanche sont assez vieillottes. La n° 2 est la plus petite. La n° 13 est la plus belle avec vue sur un jardin.

⌂ *Hotel Amalfitana* (*plan B2*, **19**) : via Roma, 44. ☎ 050-29-000. ● info@ hotelamalfitana.it ● *hotelamalfitana. it* ● *Doubles 75-80 €* ; *petit déj continental 6 €.* 📶 Un petit bar-*gelateria* au rez-de-chaussée et les chambres dans l'immeuble idéalement situé (à 5 mn à pied de la Tour et du centre-ville). Elles sont classiques (style des années 1980) et tout confort. Celles du 3ᵉ étage sont les mieux. Bonne literie et accueil agréable.

⌂ *Hotel Leonardo* (*plan B2*, **12**) : via Tavoleria, 17. ☎ 050-57-99-46. ● info@ hotelleonardopisa.it ● *hotelleonardopisa.it* ● *Doubles 65-95 € selon saison, petit déj inclus.* 📶 Dans une ruelle calme, proche de tout, dans une belle demeure historique, un hôtel bien tenu aux chambres standard agréables. Une fresque différente pour chacune d'elles. On a bien aimé la nº 441, la plus belle. Salles de bains irréprochables. Accueil affable et très pro.

⌂ *Hotel Novecento* (*plan B2*, **15**) : via Roma, 37. ☎ 050-50-03-23. ● info@ hotelnovecento.pisa.it ● *hotelnovecento.pisa.it* ● *À 500 m au sud de la Tour. Doubles 80-110 € selon confort* ; *petit déj en plus.* 🖥 📶 *Petit déj offert sur présentation de ce guide.* Cet élégant hôtel discret et douillet cache bien son jeu derrière sa façade sobre et passe-partout. L'intérieur est à la fois contemporain et classique. Les chambres sont impeccables et donnent en partie sur la rue ou sur le jardin à l'arrière de la demeure. Ce dernier carré vert est l'endroit idéal (assez rare en ville) pour prendre le frais en soirée.

Où manger ?

De très bon marché à bon marché

🍕 *Pizzeria Il Montino di J. Collodi* (*plan B1*, **30**) : vicolo del Monte, 1. ☎ 050-59-86-95. Depuis le borgo Stretto, tourner dans la piazza Donati. *Tlj sf dim* ; *ferme tôt le soir en basse saison. Congés : août.* Pizze 5-9 € selon taille et type. À l'ombre de la Torre del Campano. Cette pizzeria confectionne les meilleures pizzas de la ville. À pâte épaisse, elles sont simplement mais généreusement garnies. Vous goûterez aussi à la spécialité de Pise : la *cecina,* une galette de pâte croustillante sur le dessus et moelleuse à l'intérieur, servie simplement assaisonnée de sel et de poivre. Un endroit populaire souvent pris d'assaut par les touristes étrangers et gourmets bien informés.

🍕 🍴 *Pizzeria L'Arancio* (*plan B2*, **40**) : via l'Arancio, 1. ☎ 050-50-07-29. ● aranciopisa@gmail.com ● *Dans une ruelle qui fait l'angle avec la piazza San Frediano. Lun-sam midi et soir (tlj en été).* Pizze 5,50-7,80 € ; antipasti 4,50-9 €. 📶 Modeste mais bien propre, et cuisine mijotée de manière simple et sincère. Bon accueil.

🍴 *Trattoria della Faggiola* (*plan B1*, **33**) : via della Faggiola, 1. ☎ 050-55-61-79. ● trattoria.faggiola@gmail.com ● ♿ *Tlj sf mar. Congés : fin janv-début fév. Repas 20-25 €. Café offert sur présentation de ce guide.* En terrasse ou dans la salle voûtée, asseyez-vous dans ce lieu sans vanité, où l'on vous servira gentiment une sérieuse cuisine toscane populaire toujours fine et copieuse. Très bons *antipasti* de fruits de mer. Les plats typiques, simples et frais, changent chaque jour. Ici, c'est du *slow food* à prix doux !

🍴 *Osteria La Stanzina* (*plan B2*, **41**) : via Curtatone e Montanara, 7/9. ☎ 050-991-19-25. ● osterialastanzina@gmail.com ● ♿ *Tlj sf lun, midi et soir (slt le soir sam-dim). Plats 9-17 €.* Au cœur de la vieille ville, proche de l'Arno, une petite *osteria* discrète qui fait du bon travail en cuisine. Les prix sont sages pour la qualité proposée. *Crostini, burrata* (fromage du Sud), pâtes fraîches à l'espadon ou aux amandes... La carte change souvent, alors regardez d'abord l'ardoise extérieure... Bon service, parfois avec quelques mots de français.

🍴 *Vineria di Piazza* (*plan C2*, **32**) : piazza delle Vettovaglie, 14. ☎ 050-382-04-33. ● vineriadipiazza@gmail. com ● *Tlj sf dim, à midi. Plats 9-13 €* ; *repas 15-20 €.* Tables et bancs de

TOSCANE

TOSCANE

collectivités sous les arcades de la place, dans une atmosphère hors du temps. Ici, on ne s'embarrasse pas de cartes pléthoriques, juste 3 ou 4 plats bien ficelés. Au gré du marché, des pâtes fraîches, des salades ou de bonnes cochonnailles de l'arrière-pays. Une grande probité. Service en famille.

Pizzeria-tavola calda La Tana (plan B2, **34**) : via San Frediano, 6. ☎ 050-58-05-40. Tlj sf dim, midi et soir jusqu'à 22h30. Pizze 5-7 € ; repas 10-15 €. En face du resto *La Sosta dei Cavalieri*. Ce n'est pas un rendez-vous de gastronomes mais plutôt une vaste cantine à petits prix. Étudiants et touristes y viennent pour les pizzas au feu de bois et alimentent une ambiance trépidante.

Trattoria da Stelio (plan B2, **40**) : piazza Dante Alighieri, 11. ☎ 050-220-01-71. ● trattoriadastelio@gmail.com ● ⚒ Lun-ven 11h30-15h. Congés : août. Menu 22 € (mais on se contente d'un plat). Digestif offert sur présentation de ce guide. Resto de quartier, sobre et rustique. On y mange au coude à coude depuis 40 ans, bercé par le gentil brouhaha des habitués. C'est copieux et bon comme dans la plupart des petits restos en Italie, pour des prix raisonnables. Petite terrasse en été sur la place.

Ristorante Lo Schiaccianoci (plan C3, **42**) : via Amerigo Vespucci, 104. Tlj 11h-23h. Plats 10-20 €. À 200 m de la gare ferroviaire, dans un quartier assez pauvre en bons restos. Ce « casse-noisettes » (en v.f.) régale son monde d'une cuisine toscane traditionnelle, sincère et bien mijotée. Et du monde, il y en a. *Tagliata ai funghi porcini* (viande en tranches cuites avec des cèpes), risotto à la crème de basilic, carpaccio au poivre vert...

Trattoria da Cucciolo (plan C2, **31**) : vicolo Rosselmini, 9 ; entrée au niveau du n° 73 San Martino. ☎ 050-26-086. ⚒ Tlj sf dim midi. Plats 8-15 €. Populaire et tranquille, une adresse nichée dans une ruelle perpendiculaire à la via San Martino. Cuisine familiale impeccable, vraiment goûteuse, à l'image de ces *agnelotti* (raviolis sauce à la viande) ou de la *carne di Manzo*, sans oublier le *mucco pisano*, la viande locale la meilleure et la plus tendre.

Trattoria San Omobono (plan C2, **36**) : piazza San Uomobuono, 6-7.

☎ 050-54-08-47. Tlj sf dim, jusqu'à 22h30. Plats 8-11 €. CB refusées. Trattoria familiale qui dissimule derrière ses rideaux une salle voûtée avec un vieux pilier médiéval à chapiteaux encastré dans une plaque en plexiglas... Cuisine bien maîtrisée mais sans fioritures. Bonnes tripes *alla pisana*. Accueil sympathique.

Spaghetteria Ir Tegame (plan C2, **43**) : piazza Cairoli, 9. ☎ 050-57-28-01. Tlj sf mar 11h-23h. Plats 10-12 € ; Giro Pasta 20 €, eau et vin de la casa compris. À deux pas de l'Arno, sur une placette qui s'anime avec les bars environnants, un resto de pâtes bien connu, notamment des étudiants, qui cartonne avec sa spécialité *(Giro Pasta)* qui permet de choisir 4 pâtes différentes à la carte. Copieux et savoureux à la fois (goûtez les *tagliolini al tartuffo*). En terrasse, sous les parasols, ou à l'intérieur, qui vous fera sourire, avec sa déco originale façon lapin de Pâques.

Prix moyens

I Miei Sapori (plan B1, **35**) : via Uguccione della Faggiola, 20. ☎ 050-55-12-98. Tlj midi et soir sf mer hors saison. Plats env 10-15 € ; repas 30-35 €. Un peu à l'écart de l'animation, dans une ruelle calme, les amateurs de viande trouveront ici l'une des meilleures tables de la ville. Bon service dans un décor élégant. D'une tendreté remarquable, fondantes et goûteuses, les viandes servies proviennent du domaine Pisani, réputé pour ses élevages de bovins. Fruits de mer et autres plats à la carte, que les non-viandards se rassurent !

La Sosta dei Cavalieri (plan B2, **38**) : via San Frediano, 3. ☎ 050-991-24-10. ● info@sostadeicavalieiri.it ● ⚒ Attention, ne pas confondre avec la décevante Osteria dei Cavalieri, en face. Tlj sf dim 12h30-14h30, 19h45-22h30. Congés : 2 sem en août et fêtes de Noël. Menu 20 € à midi, compter 35 € le soir. ☎ Café offert sur présentation de ce guide. Un remarquable resto « œnogastronomique », où le chef Giovanni Mori perpétue intelligemment la tradition en l'améliorant sans cesse, au fil des saisons : savoureuses pâtes, excellents poissons et légumes cuits minute. C'est frais, fin et délicieux. En revanche, le cadre, pourtant élégant, est un peu froid, une impression certainement due à la grande cave réfrigérée en parois de verre qui borde la salle. Choix de vins exceptionnel, donc. Service impeccable, sans chichis.

l●l *Osteria La Grotta* (plan C1, *39*) : via San Francesco, 103, à l'angle avec la via Case Dipinte. ☎ 050-57-81-05. ● info@osterialagrotta.it ● Tlj sf dim.

Congés : 15 j. en août et Noël-Nouvel An. Primi 9-10 €, secondi 15-17 € ; repas 25-35 €. Depuis 1947, *La Grotta* – le nom convient parfaitement au cadre imitant l'intérieur d'une grotte – propose une cuisine de qualité, traditionnelle et toscane. La cuisinière ne lésine pas sur l'huile d'olive (la meilleure du monde), mais c'est bon. Vaste sélection de fromages. Côté vins, le choix ne manque pas. Une valeur sûre.

Où déguster une glace ou une bonne pâtisserie ?

♥ *De Coltelli Gelateria Naturale* (plan C2, *51*) : lungarno Pacinotti, 23. ● decoltelli.it ● À proximité du Royal Victoria Hotel. Dim-jeu 11h-23h30, ven-sam 12h-0h30. Un glacier haut de gamme à l'apparence simple et modeste. *Granite, gelati* et tutti quanti, évidemment *home made*, tout bio, tout bon. On s'incline devant le sorbet menthe-citron (normal, on est à Pise...). La maison fait l'éloge de l'inventeur de la glace, Francesco Procopio De'Coltelli, dont le propriétaire actuel du glacier serait le descendant ! Né en Sicile, passé par Pise dans la seconde moitié du XVIIe s et émigré en France, Procopio créa à Paris le premier café d'Europe, le célèbre café *Le Procope...*

♥ *Bottega del Gelato* (plan C2, *50*) : piazza Garibaldi, 11. ☎ 050-57-54-67.

Tlj 11h-20h (1h en été). Fermé mer sept-fév. Congés : 3 sem en déc-janv. L'une des *gelaterie* les plus réputées. Quelques parfums vedettes : *fragola, yaourt* (le plus onctueux qu'on ait découvert), *zabaione, fiore di panna...* Incontournable.

l●l 🍬 *Salza* (plan C2, *37*) : borgo Stretto, 46. ☎ 050-58-01-44. Tlj sf lun 8h-20h. Une institution sur le borgo Stretto. Un maître chocolatier depuis 1898 (il ne doit plus être tout jeune !) qui, outre de bons chocolats, propose glaces, pâtisseries et autres douceurs à prix hautement tarifés. Sinon, le midi, *ricciarelli, panpepato, tramezzini...* Pour grignoter sucré-salé sur le pouce au comptoir, dans la salle à la déco rococo des années 1920 ou en terrasse sous les arcades.

Où boire un verre ?

Pise est une ville universitaire, on y croise des cohortes d'étudiants, et pourtant on ne peut pas dire que les bars soient légion. La *piazza delle Vittovaglie*, adjacente au borgo Stretto (plan C2), est certainement le lieu le plus festif de la ville. Sinon, quelques bars le long de l'Arno, notamment à l'angle de la piazza Cairoli et du lungarno Mediceo, *Amaltea* (plan C2, *60*).

De nombreux bars branchés se sont créés récemment sur la rive gauche, en plein essor et assez bobo. On aime bien l'accueillant *Mocambo* (plan C2, *62* ; via San Bernardo, 29). Une *rhumeria-libreria* au cadre cosy et à l'éclairage feutré. Ou *La Dolce Vita,* tout à côté sur la piazza Gambacorti (dite « della Pera ») animée, familiale.

Achats alimentaires

⬙ Ravitaillement possible au *marché de la piazza delle Vettovaglie* (plan C2 ; tlj sf dim). On y trouve plein

de produits frais de qualité. Autre *marché via di Pratale* (mer et sam mat).

À voir

Rive droite : la piazza dei Miracoli *(plan A1)*

◇ On ne vous apprendra rien en vous disant que Pise doit sa renommée à sa célèbre tour penchée *(torre pendente)*. Eh bien, vous découvrirez qu'elle fait en réalité partie d'un ensemble exceptionnel, ceint de murailles médiévales, répondant au nom de *piazza dei Miracoli* ! Cette « place des Miracles » comprend le *Duomo*, le *Battistero* et le *Campo Santo*, ainsi que deux musées *(museo dell'Opera et museo delle Sinopie)*.

Pour vraiment l'apprécier, mieux vaut la découvrir en arrivant du centre-ville, quand elle se dévoile en douceur au détour des rues paisibles et que, tout à coup, vous tombez sur cette grande prairie grouillante de monde et parée de magnifiques monuments. Si vous arrivez du nord-ouest, la vision de tous ces vendeurs à la sauvette, l'ambiance de foire et la cohue risquent de vous donner envie de tourner les talons... et ce serait vraiment dommage, car bien qu'extrêmement touristique cet ensemble est exceptionnel et cette tour fascinante...

– La **billetterie principale** *(derrière la Tour, dans le palazzo de couleur jaune ; avr-sept, tlj 8h-19h30 ; horaires restreints le reste de l'année)* propose différents forfaits, comprenant des visites à choisir parmi cinq sites du Campo : le *Duomo*, le *Battistero*, le *Camposanto*, le *museo dell'Opera* et le *museo delle Sinopie*. Billet pour un site : 5 € ; deux sites : 7 € ; trois sites : 8 €. La tour échappe à la règle (tiens donc !).

➢ De la gare, bus de la ligne rouge *(LAM Rossa)* ou 20 mn à pied. Mais attention aux pickpockets dans ce bus !

– **Horaires d'ouverture des monuments et des musées :** pas facile, car ça change très souvent. Le plus sage est de consulter leur site internet : ● opapisa. it ● En général, cela donne : avr-sept, tlj 8h-20h (22h en été) ; oct, tlj 9h-19h ; mars, tlj 9h-18h ; nov-fév, tlj 10h-17h.

♣♣♣ 🖈 **Torre di Pisa** *(tour de Pise ou Campanile ; plan A1)* **:** résas par Internet sur ● info@opapisa.it ● opapisa.it ● *En saison, mieux vaut réserver son billet longtemps à l'avance (créneau horaire défini). Tarif : 18 € pour grimper dans la tour. Interdit aux moins de 8 ans. Attention, la montée est rude (300 marches !) et le temps pour en profiter est limité. Le sol peut être glissant. Les personnes cardiaques éviteront de grimper au sommet.*

Si la vision de cette tour est assez hallucinante (selon le point de vue, elle penche plus ou moins), l'intérieur n'est pas palpitant.

Depuis longtemps, les redresseurs de tours cogitent *(cogito ergo sum,* évidemment) pour empêcher son inexorable chute. Parmi les dizaines de projets présentés, le plus fantaisiste n'était pas celui des ingénieurs écolos désireux de planter des séquoias tout autour pour retenir la terre. Il y eut les tenants de la technique d'Abou Simbel : découper la tour et la remonter plus loin. En 1992, on a entrepris des travaux titanesques en cerclant la tour avec des câbles d'acier pour empêcher les pierres de jouer. Puis une ceinture de béton a été coulée à la base pour la renforcer, et un contrepoids de 750 t de plomb a progressivement redressé les 15 000 t de pierres

« L'EFFET TOURNESOL ! »

La tour de Pise est l'un des plus célèbres édifices au monde : elle évoque Pise comme Pise l'évoque. Commencés en 1173, les travaux ne prirent fin qu'en 1370, après avoir été longtemps bloqués au niveau du 3e étage. Deux nappes phréatiques ont imbibé la terre et l'ont rendue instable, provoquant un sérieux affaissement du terrain. Depuis le Moyen Âge, son sommet s'est décalé de 5,20 m vers le sud. En plus, il paraît qu'elle tourne un peu aussi !

du colosse. Un tour de force qui offre à la tour un répit de trois siècles selon les experts. Les Pisans ont donc de la marge avant que le ciel ne s'écroule sur leur tête...

✯✯✯ Duomo *(plan A1) : attention, visite suspendue pdt les offices (dim mat et j. fériés). Prévoir pour les femmes un vêtement qui couvre les épaules (des ponchos sont disponibles à l'entrée). Entrée libre (mais il faut passer chercher un ticket comme pour les autres musées, sécurité oblige ; prévoir un temps d'attente en période d'affluence !).*

Symbole de l'art roman pisan qui essaima dans toute la région, cette cathédrale commencée en 1063 fut achevée au XIIIe s. Malgré la durée des travaux, les proportions sont harmonieuses. Selon Montaigne, qui y passa en 1581, elle aurait été construite à l'emplacement du palais de l'empereur romain Hadrien. Longue de 100 m, haute de 34 m, large de 35 m et construite en forme de croix latine. Façade superbe qu'on copia abondamment à l'époque. Ici il y a une astuce technique et architecturale : avoir inventé ces rangées d'arcades, détachées de la paroi et qui lui donnaient rythme et profondeur.

À l'intérieur, là aussi, on remarque l'ensemble tout en rythme et en harmonie par la répétition des arcades et la polychromie de la pierre. Dans le transept droit, sarcophage du roi Henri VII. Au centre, *Vierge en gloire.* Dans le chœur, balustrade de marbre en marqueterie avec ange de bronze de Jean Bologne. Dans le transept gauche, dans l'abside, *Assomption* en mosaïque du XIVe s. Tombeau de l'archevêque d'Elci.

Pour finir, le *chef-d'œuvre du Duomo : la chaire,* due au ciseau de Giovanni Pisano dans les années 1302-1311. Exubérance de style totale. Colonnes corinthiennes s'appuyant sur des lions et supportant d'admirables panneaux représentant des scènes du Nouveau Testament. À côté de la chaire (au milieu de la nef), lampe de bronze datant du XVIe s, appelée lampe de Galilée. Son balancement régulier, bien que diminuant, durait toujours un temps égal. Cela avait amené Galilée à de savants calculs sur les oscillations (voir encadré).

> ## GALILÉE À PISE
>
> *À 19 ans, Galilée, natif de Pise, menait des expériences personnelles dans le domaine de la physique. À l'aide de son pouls, il mesura la régularité des oscillations des lustres de la cathédrale de Pise (Duomo). Il découvrit ainsi la loi du pendule simple. Du sommet de la tour de Pise, Galilée aurait eu l'intuition du principe de la chute des corps, un peu comme Newton avec sa pomme.*

✯✯ Battistero *(baptistère ; plan A1) : démonstrations de l'écho ttes les 30 mn (on ne s'en lasse pas !). Entrée : 5 €.*

« Une tiare de marbre posée sur un pré », selon André Suarès. Commencé en 1153 et achevé au XIVe s avec 110 m de circonférence et un dôme haut de 55 m, il est considéré comme le plus grand baptistère d'Italie. Cela explique la coexistence des styles roman-pisan pour la base et gothique pour les étages. Nicola Pisano, auteur de la chaire, y travailla ; son fils Giovanni, architecte du Duomo de Sienne, lui succéda en 1285 pour effectuer le décor extérieur. Le dôme gothique, enfin, ne coiffa l'ensemble qu'à la fin du XIVe s. L'intérieur détonne par son dépouillement architectural. Deux étages à arcades seulement. Ne pas manquer de monter au 1er étage pour avoir une vue plongeante sur les fonts baptismaux.

Chaire de Nicola Pisano ; réalisée en 1260, elle est considérée comme la première œuvre gothique italienne. Trois des sept colonnes sont soutenues par des lions. Observez la multitude de symboles : aux angles de la chaire, au-dessus des chapiteaux corinthiens, les Vertus (entre autres, la Force – symbolisée par Hercule –, la Foi, la Charité). Sur les panneaux sculptés, les grands classiques : Crucifixion, Jugement dernier...

👯‍♂️ *Camposanto* *(plan A1)* : ce monumental cimetière du « Champ consacré » fut réalisé en 1278 par Giovanni di Simoni. C'est un long édifice de marbre au style très sobre, avec arcatures aveugles. L'intérieur évoque des galeries de cloître aux grandes baies flamboyantes. Belles pierres tombales médiévales et Renaissance sculptées, et séduisants jeux de lumière à travers les baies.

De nombreuses fresques des XIVᵉ et XVᵉ s furent détruites lors de la dernière guerre, mais il y a toujours des miracles : *l'une des plus fascinantes, Le Triomphe de la Mort,* en réchappa et se révèle aujourd'hui un fabuleux chef-d'œuvre, attribué à Buffalmacco, un artiste pisan du XIVᵉ s. Dans cette période de guerres sans pitié et de cruelles épidémies, le thème de la mort revenait sans cesse dans les préoccupations des artistes. Ici, dans la scène principale, sur le coin gauche, c'est la découverte des trois étapes de la mort symbolisées par un cadavre gonflé comme une outre, un autre se décomposant et un dernier réduit à l'état de squelette. « La mort est là... on la voit venir la vieille Camarde en cheveux gris, une faux dans la main, elle s'avance pour frapper les heureux, les voluptueux, des dames, des jeunes seigneurs gras et frisés qui se divertissant dans un bosquet... », écrit Taine en 1846 lors de son voyage en Italie.

Très grand réalisme, pourtant dédramatisé par la joliesse du paysage et l'élégance des vêtements des personnages. Autre choc avec *Le Jugement dernier et l'Enfer.* Les élus d'un côté, les damnés de l'autre. Au milieu, de petites scènes qui échappent parfois au regard. Ainsi, cet « ange-chef » qui ordonne à l'un de ses subalternes de récupérer au dernier moment une jeune fille avant l'Enfer. Dans ses yeux, un mélange de joie et d'incrédulité. Quant aux « scènes des damnés », elles se révèlent là aussi d'un réalisme et d'une précision « diaboliques ». Difficile d'imaginer supplices plus féroces. Les malheureux pécheurs sont éventrés, coupés en morceaux, croqués par d'odieux serpents, bouillis, dégustés en brochette... quel raffinement !

👯 *Museo delle Sinopie* *(musée des Sinopie ; plan A1)* : *au sud du campo dei Miracoli.* ☎ 050-56-05-47. Installé dans un ancien hôpital du XIIIᵉ s construit par le même architecte que celui du Camposanto. La sinopia est une terre de couleur rouge-brun qui servait à rehausser les dessins (appelés *sinopie*) préliminaires aux fresques. On les a donc redécouverts sous les fresques d'une manière imprévue. En 1944, à la suite d'un bombardement allié, le Camposanto s'enflamme. La couverture en plomb fond et l'enduit des fresques se détache sous l'effet de la chaleur. Sous les fresques on découvre ces incroyables dessins. Sauvés dès 1947 et restaurés, ils ont été enlevés du Camposanto pour être exposés dans ce musée. Ces dessins se révèlent d'une qualité vraiment exceptionnelle, et leur mise en valeur est tout à fait réussie. En particulier, vous retrouverez les merveilleux dessins du *Triomphe de la Mort,* du *Jugement dernier* et une belle *Crucifixion* de F. Traini. Au rez-de-chaussée, un système de visualisation en 3D permet de voir l'évolution de la piazza dei Miracoli du XVIᵉ s à nos jours, avec l'inclinaison progressive de la Tour. Expo temporaire à l'étage.

👯‍♂️ *Museo dell'Opera del Duomo* *(plan B1)* : piazza Arcivescovado, 8. ☎ 050-56-05-47. *À côté de l'évêché (au fond à droite comme toujours), et tt près de la tour.* En cours de restauration. Installé dans un ancien couvent de capucines du XVIIᵉ s, il renferme des œuvres d'une grande richesse provenant des monuments principaux du Camposanto.

Autres monuments de la rive droite

👯 *Via Santa Maria* *(plan A-B1-2)* : bordée d'élégants palais, pour la plupart occupés par des départements de l'université. Tenter, au détour de portes ou de cours ouvertes, de découvrir les secrets des demeures. Détailler les façades pour repérer les détails insolites. Notamment autour de l'*église San Nicola* (en bas, proche de l'Arno), tous les édifices ont été curieusement triturés, retouchés, rafistolés. L'église elle-même présente un patchwork de modifications apportées au fil des siècles. Tour octogonale ajourée de fines colonnettes et légèrement penchée (c'est une manie !). Au n° 19, escalier monumental, voûtes, colonnes doubles. Au n° 26, la *maison de Galilée,* le natif de Pise le plus célèbre.

🎥🎥 *Piazza dei Cavalieri (plan B1) :* calme, particulièrement poétique la nuit, la place des Cavaliers était le centre de la vie politique de Pise au Moyen Âge. Elle semble en revanche un peu sèche et nue en plein jour. Entourée de beaux palais, devenus aujourd'hui, presque tous, des bâtiments de l'université.

Le plus remarquable de ces bâtiments : le *Palazzo dei Cavalieri,* du XVIe s *(Scuola Normale Superiore).* Façade entièrement décorée des sgraffites du célèbre Giorgio Vasari (technique qui consiste à gratter un enduit clair posé sur un fond sombre). Bustes des grands-ducs de Toscane dans des niches richement sculptées. Devant, jolie fontaine ornée de la statue du premier Médicis (XVIe s). Cette grande école fut fondée par Napoléon Ier sur le modèle de l'École normale supérieure de Paris. Elle jouit d'une grande réputation toujours aujourd'hui. La sélection y est très sévère (maximum 40 élèves) et le niveau d'enseignement très haut. Trois anciens élèves italiens de cet établissement ont été récompensés par le prix Nobel.

En face, le *Palazzo dell'Orologio.* Édifié au XVIIe s à partir de deux anciennes tours médiévales (dont l'ancienne Torre della Fame, la tour de la Faim) englobées dans la nouvelle construction, reliées par un haut passage voûté. C'est dans cette tour de la Faim que fut enfermé le comte Ugolino della Gherardesca (voir encadré). Sous le passage, on remarque un des angles de la tour, dégagé du mur.

> ## UNE PETITE HISTOIRE AVANT DE S'ENDORMIR...
>
> *L'une des tours du Palazzo dell'Orologio fut la prison communale. Au XIIIe s, on y enferma avec ses enfants le comte Ugolino della Gherardesca, magistrat de la ville, accusé de despotisme et condamné à mourir de faim ; on dit qu'il mangea l'un de ses enfants. Dante le cite d'ailleurs dans* La Divine Comédie *(« l'Enfer»).*

🎥 *Chiesa Santo Stefano dei Cavalieri (plan B1) :* à droite du Palazzo dei Cavalieri. Lun-sam 10h-19h, dim 13h-19h30. Entrée : 1,50 €. Édifiée en 1565 par Vasari pour l'ordre national des chevaliers de Saint-Étienne, ordre militaire fondé par Cosme Ier de Médicis avec la croix de Malte comme symbole. Le campanile est plus tardif, ainsi que la belle façade de marbre commandée par Jean de Médicis en 1602. À l'intérieur, admirer d'abord l'exubérant plafond à caissons racontant des épisodes de l'histoire de l'ordre. Tout en haut également, huit lanternes en cuivre doré des XVIe et XVIIIe s, prises aux galères turques. Le long du mur de droite, vestiges de galère toscane. Nombreux drapeaux saisis aux Turcs, dont la flamme de combat du vaisseau amiral d'Ali Pacha lors de la célèbre bataille de Lépante (7 octobre 1571). Bas-côté gauche : quelques toiles, dont une *Nativité* de Bronzino et une *Sainte Famille* d'Aurelio Lomi, ainsi qu'une chaire en marbre marqueté. Le maître-autel de style baroco-funéraire très lourd (XVIIe et XVIIIe s) est entouré de deux élégants buffets d'orgue.

🎥 *Les thermes (plan B1) :* au nord de Santa Caterina, accès aux vestiges des thermes romains du IIe s. À côté, la *porta a Lucca* percée dans la muraille médiévale.

🎥 *Chiesa San Francesco (plan C1) :* à l'angle des vie San Francesco et F. Buonarroti. Lun-sam 7h30-12h, 16h-19h ; dim 9h-15h, 16h-19h. Fermé pdt les offices. Construite en trois temps : début du XIIIe s, XIVe et XVIIe s pour l'austère façade en marbre (1603). Dans le chœur, retable en marbre du XVe s de Tommaso Pisano. Sur la voûte, fresques de Taddeo Gaddi (1342). Dans la deuxième chapelle de droite, ravissant triptyque et dalle funéraire du comte Ugolino della Gherardesca et de sa famille (voir l'encadré sur le Palazzo dell'Orologio, plus haut).

🎥🎥 *Museo San Matteo (plan D2) :* piazza San Matteo, lungarno Mediceo. ☎ 050-54-18-65. Mar-sam 8h30-19h, dim 9h-13h30. Entrée : 5 € ; réduc ; 8 € avec une entrée pour le Palazzo Reale (fermé mar, dim et j. fériés).

Tout à côté de l'église, il occupe un ancien couvent bénédictin. Il présente une très riche collection de primitifs italiens ayant appartenu à l'évêque de Cortone au XVIIIe s : peintures, sculptures, céramiques.
– *Dans le cloître :* arcades romanes en brique sur colonnes de pierre. Pierres tombales finement sculptées.
– *Premier étage :* peinture médiévale et primitifs religieux exposés dans un cadre remarquable. Œuvres du maestro de San Torpè (XIVe s), dont le beau *Christ en croix,* avec scènes du Nouveau Testament ; *Sant'Andrea Apostolo* et polyptyque de Lippo Memmi ; *Annonciation* en bois polychrome (de 1321) et polyptyque de Simone Martini (XIVe s).
Une petite salle est consacrée à Benozzo Gozzoli, et dans une autre est présenté le splendide buste-reliquaire de San Rossore en bronze doré, œuvre magistrale de Donatello.
On déambule avec plaisir dans les belles salles qui se succèdent, même si la plupart des textes sont en italien. Outre les œuvres évoquées ci-dessus, une des plus belles collections de *céramique décorative médiévale,* et des chapiteaux qu'on a rarement l'occasion de pouvoir scruter d'aussi près.

🗝 **Casa Natale di Galileo** *(maison natale de Galilée ; plan C2) : via Giusti, 24/26.* En face du palais de justice. Ironie de l'Histoire, Galilée n'est pas né dans un palais et il a eu de sérieux ennuis avec la justice ! L'Inquisition catholique de son temps le condamna pour avoir dit que la Terre n'était pas au centre de l'Univers... Il fut excommunié et assigné à résidence à Arcetri, près de Florence, où il passa la fin de sa vie (mort en 1642). Le célèbre mathématicien et astronome est donc né en 1564 dans cette modeste demeure pisane. Une plaque le rappelle sur la façade. Une image du génie qui avait la tête dans les étoiles apparaît modestement sur une des fenêtres. La maison ne se visite pas.

🗝 **Prefettura (Palazzo Medici** *; plan D2) : lungarno Mediceo. À côté du musée.* C'est l'ancien palais des Médicis du XIIIe s, souvent lieu de résidence de Laurent le Magnifique. Noter l'extrême finesse des colonnettes géminées ou triples, ainsi que l'harmonieuse alliance de la pierre, du marbre et de la brique.

🗝 **Palazzo Toscanelli** *(plan C2) : lungarno Mediceo, 17, à 150 m du Palazzo Medici (Prefettura). Ne se visite pas.* Un palais du XIXe s dominant le quai nord de l'Arno. Le poète anglais lord Byron y a séjourné en 1821 et 1822 alors qu'il se rendait en Grèce, où il trouva la mort. Une plaque sur le mur de la façade le rappelle.

🗝 **Museo nazionale di Palazzo reale** *(plan B2) : lungarno Pacinotti, 46.* ☎ 050-92-65-39. *Lun-sam 9h-14h30 (13h30 sam). Fermé dim et j. fériés. Musée souvent fermé par manque de personnel (appeler avt). Entrée : 5 € ; réduc ; 8 € avec une entrée pour le museo San Matteo. Dépliant en français.* Ce palais construit en 1583 fut une résidence d'hiver des Médicis, puis des familles princières de Lorraine et de Savoie, avant d'être acquis par l'État italien. Il renferme des collections réunies depuis 1989 par des donations successives : tableaux, tapisseries, mobilier, et surtout armures et armements métalliques utilisés pour le *Gioco del Ponte* introduit par les Médicis depuis 1596 et qui se perpétue de nos jours (en juin ; voir plus loin « Manifestations »).

🗝 **Orto Botanico** *(Jardin botanique ; plan A-B1-2) : entrée par la via Luca Ghini, 5. Lun-ven 8h30-17h30, sam 8h30-13h (dernière entrée 30 mn avt fermeture). Billet : 2,50 €.* Un des plus vieux jardins botaniques d'Europe, et peut-être du monde, en cours de rénovation. Créé en 1544 par Luca Ghini, médecin et botaniste, avec le soutien financier du grand-duc de Toscane, Cosme Ier de Médicis. Dans le secteur dit « jardin du Cèdre », on peut admirer un magnolia et un gingko biloba plantés en 1787 !

Rive gauche

Moins de prestigieux monuments, bien sûr, mais on peut y faire d'agréables balades dans des quartiers peu touristiques et visiter de jolies églises. Accès par le *Ponte di Mezzo,* le plus ancien pont de Pise. Dans son prolongement, le *corso Italia,* la grande voie commerçante piétonne de la ville.

🎥🎥 *Palazzo Gambacorti (plan C2) : au niveau du Ponte di Mezzo. Ne se visite pas.* Un des plus beaux palais de la rive gauche. Construit au XIVᵉ s par Pietro Gambacorti, un des Pisans les plus riches de son temps, sur un plan de Tommaso Pisano. Il appartint plus tard à la famille Del Tignoso, et devint au XVIIᵉ s le siège de la magistrature. Côté quai, façade de style gothique, bel assemblage de grès vert de toutes nuances, pierre blanche, grise et jolies baies gothiques. Nombreuses armoiries. À l'intérieur, au rez-de-chaussée, on peut admirer les voûtes en ogive avec retombées sur colonnes corinthiennes.
– En face, les *logge di Banchi,* au début du corso Italia. Ce sont les halles édifiées au début du XVIIᵉ s et qui abritaient le marché de la laine et de la soie. De l'autre côté, le *Palazzo pretorio.*

🎥🎥 *Palazzo Blu (Fondazione Pisa ; plan B2) : lungarno Gambacorti, 9.* ☎ *050-220-46-50.* ● *palazzoblu.it* ● *Tlj sf lun 10h-19h (20h w-e). GRATUIT. Boutique et café sur place.* Un beau palais du XIVᵉ s, qui fut notamment la propriété de la famille Agostini. Des artistes et des membres de la famille impériale de Russie y séjournèrent au XVIIIᵉ s. Peint en bleu, le palais, repris par l'État, est aujourd'hui dédié aux arts, à la culture et aux sciences. Importantes expos temporaires, de renommée internationale (Chagall, Miró, Picasso, Kandinsky, Modigliani...). À l'étage, dans les salons, intéressante **expo permanente** de tableaux de peintres pisans du XIVᵉ au XIXᵉ s, salle à manger au mobilier marqueté, plafond sculpté, frises et peintures en trompe l'œil. Au passage, on remarquera une œuvre d'Artemisia, la célèbre fille d'Orazio, un polyptique d'Agnano et sa copie faite en 1935 pour échapper aux fureurs de la Seconde Guerre mondiale, et de nombreuses œuvres naturalistes.

🎥🎥 *Chiesa Santa Maria della Spina (plan B2) : lungarno Gambacorti. En face du Palazzo reale, de l'autre côté de l'Arno. Abrite des expos temporaires. En temps normal, elle est fermée à la visite.*
Cette chapelle de marbre au bord de l'Arno compose depuis le Ponte Solferino l'un des plus insolites paysages urbains qui soient. L'édifice trônait depuis 1230 à l'embouchure de l'Arno et subissait sans cesse les crues du fleuve. En 1871, l'église fut démontée et reconstruite à cet emplacement, seule, coincée entre le fleuve et une route très passante. L'emplacement de cette chapelle est curieux et son style est étonnant : riche décor gothique de la face sud, tout en marbre blanc, hérissée de pinacles, de flèches, de baldaquins, de clochetons et de statues.
Elle doit son nom à une relique, une épine *(spina)* de la couronne du Christ rapportée de Terre sainte ; celle-ci se trouve maintenant dans l'église Santa Chiara de l'Hôpital (près du Duomo). L'intérieur de la chapelle est plus simple que l'extérieur, avec un beau plafond de bois peint.

🎥🎥 *Chiesa San Paolo a Ripa d'Arno (plan B3) : lungarno Sonnino Sidney. Fermée en raison d'un problème d'affaissement du terrain.* Peu avant le Ponte della Cittadella, vos pas vous porteront vers cette ravissante église, probablement la plus ancienne de Pise. Construite au IXᵉ s, elle hérita d'une façade de style roman pisan.

🎥 Sur le lungarno Galileo, la *chiesa del San Sepolcro (plan C2 ; lun-mer 17h-18h, jeu-ven 15h-18h),* du XIIᵉ s. Élégante construction octogonale avec dôme. Campanile inachevé. Une curiosité historique : on y trouve la **tombe de Marie Mancini** (1639-1715). Cette belle dame était la nièce de Mazarin, qui l'avait fait venir de Rome à la cour de France. Elle fut le grand amour de jeunesse de Louis XIV. Celui-ci souhaitait même l'épouser, ce qui scandalisa Anne d'Autriche (sa mère), ainsi que Mazarin, qui rêvait de marier Louis XIV à l'infante d'Espagne (un mariage de raison). Résultat : Marie Mancini dut s'exiler pour qu'elle ne perturbe plus le jeune roi. Elle ne se consola jamais de cette disgrâce, fit un mauvais mariage et quitta mari et enfants pour voyager avec sa sœur. Louis XIV ne la revit jamais, elle mourut à Pise 4 mois avant la mort du Roi-Soleil...

TOSCANE

🎋 La **via San Martino** *(plan C2)* est l'ancienne rue des marchands arabes et turcs ; elle est bordée d'étroites et pittoresques ruelles. C'est ici qu'il faut traîner à la fraîche : bistrots sympas, restos dans la tradition du quartier (**Il Galileo,** pour citer un nom facile à retenir, ou l'*enoteca* **L'Etichetta,** qui donne aussi piazza Gambarcoti). Il y a même (n° 71) un café littéraire, **Volta Pagina,** pour qui parle italien et aurait envie de se poser dans un lieu décalé.

🎋 **Museo della Grafica** *(plan C2)* **:** *lungarno Galilei, 9.* ☎ *050-221-60-60.* ● *museodellagrafica.unipi.it* ● *De juin à mi-sept, mar-dim 10h-20h ; De mi-sept à mai, mar-dim 9h-18h. Entrée : 3 € ; réduc.* Installé dans le palais Lanfranchi de style médiéval avec ses fresques d'époque et celles du XVIIIe s. L'endroit sert de cadre à des expos temporaires dédiées à l'architecture, à la photographie et à l'art contemporain. Un lieu qui vaut autant pour son espace muséographique que pour les œuvres exposées. Programmation à suivre sur le site.

🎋 **Corso Italia** *(plan C2-3)* **:** élégante voie commerçante piétonne, reliant l'Arno à la piazza Vittorio Emanuele II. Encore quelques mètres et vous pourrez découvrir, si vous êtes fan de *street art,* une fresque de Keith Haring, réalisée en 1989, juste avant la mort de ce grand du pop art, à 31 ans.

Manifestations

– **Giugno Pisano :** le mois de juin est festif à Pise. Les réjouissances commencent avec la **régate des anciennes républiques maritimes** : avec défilé où les anciennes républiques maritimes sont représentées (Amalfi, Gênes, Pise et Venise) avant de s'affronter sur l'Arno. Également la **Luminara de San Ranieri** : à la tombée de la nuit, des milliers de bougies illuminent les palais, les murs et les églises des rives de l'Arno. Le même soir, la Tour et l'enceinte de la piazza dei Miracoli sont également mises en lumière... la ville retrouve pour un temps sa splendeur passée... Puis vient le **Palio di San Ranieri,** qui voit s'affronter les quatre quartiers historiques de la ville sur la rivière Arno.
– Le **Gioco del Ponte,** le dernier samedi de juin, conclut ce mois de festivités. La fête commence par une parade militaire costumée du XVIe s et composée de plus de 700 figurants. Elle précède les jeux mettant aux prises deux groupes qui, selon des règles bien définies, vont s'affronter pour la conquête du Ponte di Mezzo. Tous les renseignements sur ● *giugnopisano.com* ●
– **Festival Anima Mundi :** *2de quinzaine de sept. Infos sur* ● *opapisa.it* ● Festival de musique sacrée rassemblant de grands ensembles ou interprètes nationaux et internationaux.

DANS LES ENVIRONS DE PISE

MONTI PISANI

Au nord-est de Pise, voici une région tout en vallons, montagnes, forêts et oliveraies. Elle comprend les villages médiévaux de **Vicopisano, Calci, Buti** et **Vecchiano.** La route qui relie Calci à Buti et part à l'assaut des contreforts parmi les robiniers, les châtaigniers et les pins, est très belle. On trouve des aires de repos pour pique-niquer.

CALCI, UN BLASON QUI NOUS BOTTE !

À l'époque romaine, Calci était connue pour être un important centre de manufacture de cothurnes, ces bottes aux semelles épaisses et lacées sur le devant du mollet que portaient les légionnaires romains. La ville les arbore encore aujourd'hui sur son blason.

Où dormir ? Où manger dans les Monti Pisani ?

🛏 **B & B Il Molendino :** via Nicosia, 1, 56011 **Calci** (à 12 km à l'est de Pise). ☎ 050-93-42-59. 📱 347-784-59-59. ● info@ilmolendino.com ● ilmolen dino.com ● Le hameau se trouve à 1 km du bourg de Calci, en pleine campagne. À gauche à l'entrée du village (fléché). Doubles 85-115 € selon confort, petit déj compris ; appart pour 2-6 pers 110 €. Parking. 🖥 📶 4 belles chambres impeccables et décorées à l'ancienne, dans un vieux moulin réhabilité avec beaucoup d'imagination par un couple très accueillant. Il y a un appart idéal pour un séjour en famille. Dehors dans le jardin, hamacs accrochés aux oliviers, coins pour la lecture, produits bio au petit déj. Stefano (francophone) et Fabiola sont de bons conseils pour vous faire découvrir la région.

🛏 **Affitacamere B & B San Francesco :** piazza San Francesco, 2, à **Buti** (à 20 km à l'est de Pise). ☎ 0587-72-21-55. 📱 320-111-72-39. ● info@beb sanfrancesco.it ● bebsanfrancesco.it ● Double avec sdb 55 € ; familiale 85 € ; petit déj en plus. 📶 Au centre du village, un B & B tout simple dans une maison ancienne dotée d'installations modernes (heureusement, d'ailleurs). Belles chambres de style rustique ancien (pour 2 ou 4 personnes), literie confortable et AC. Petit déj parfois composé de pâtisseries préparées par la chaleureuse Rita, qui ne parle qu'italien, à savourer sur la terrasse aux beaux jours.

🛏 **Azienda agricola I Felloni :** loc. **La Fellonica,** Tre Colli, 56010 **Calci.** ☎ 050-93-86-65. 📱 338-648-35-28. ● info@ifelloni.it ● Non loin de la certosa di Pisa. Après Calci (15 km à l'est de Pise), monter en direction de Tre Colli, puis suivre le fléchage (à gauche) du resto Il Conventino. Ouv avr-oct. Résa indispensable. Double env 65 € ; loue aussi des apparts 2-4 pers. Séjour 2 nuits min. Isolé en pleine nature parmi les oliviers, les aulnes et les sureaux, un beau corps de bâtiment tout en pierre surplombant un ru (petit ruisseau), labyrinthe d'étages et d'escaliers. Chambres rustiques, avec poutres et charpente apparentes et des fenêtres qui s'ouvrent sur la verdure, le ruisseau et les oliviers. En plus de ça, Caterina vous accueille en français.

🛏 **B & B Villa Fiona :** le Risaie, via delle Risaie, 1, à **Vicopisano.** 📱 339-733-40-31. ● info@villafiona.it ● villafiona.it ● ♿ À 2 km de Vicopisano, suivre direction Buti, puis Cascine di Buti ; surveiller le fléchage parfois trop discret. Congés : janv-fév. Doubles 65-70 € selon saison, petit déj inclus ; familiales 4 pers 83-98 €. 📶 Dans une agréable maison du XVIIIe s située au pied des monts Pisani, dans un paysage agricole occupé par d'anciennes rizières devenues des prés. La demeure solide et confortable a été restaurée. Les chambres sont claires et simples. Elles donnent sur les vignes et les oliviers. Excellent accueil.

🍴 **Trattoria da Cinotto :** via Provinciale Vicarese, 132, **Uliveto Terme.** ☎ 050-78-80-43. À une dizaine de km à l'est de Pise. À la sortie d'Uliveto en allant vers Vicopisano (attention, c'est à peine visible, le resto est mal indiqué) et sur la droite en contrebas de la route. Tlj sf ven soir et sam. Congés : août. Compter 25-35 €. Une petite trattoria de campagne à l'opposé des pièges à touristes. Stanislao, en salle, annonce le menu en français, et Lia, aux fourneaux, travaille une cuisine du cru. On vient ici pour une longe de porc aux cèpes, un pâté d'aubergines ou un poulpe bouilli aux haricots blancs.

🍴 **Ristorante Alloro :** via Rio Magno, 101, **Buti.** ☎ 0587-72-33-33. À la sortie de Buti sur la route de Pise, le resto est juste en face de la station-service. Tlj sf mar, le soir. Congés : 3 sem en fév et en sept. Menus 15-20 € ; carte 25-30 €. Un resto aménagé façon « pages déco de Marie Claire ». Dans l'assiette, de bonnes pizzas au feu de bois et une cuisine locale tout en rondeur. Accueil gentil.

🍴 **La Grotta :** via Rio Magno, 33-35, **Buti.** ☎ 0587-72-21-92. Ouv le soir tlj sf mer, plus le midi dim. Congés : fév. Plats 10-15 €, pizzas moins chères. 📶 Digestif offert sur présentation de ce guide. On se

TOSCANE

presse le soir venu dans ce resto qui n'a rien d'une grotte. Une salle en demi-sous-sol, d'autres en demi-étage, mais en bas comme en haut (chacun a ses habitudes), on se retrouve par grappes pour déguster pizzas ou plats du terroir dans un décor qui importe moins que la cuisine.

À voir

Certosa di Pisa *(chartreuse de Pise) : à **Calci**. ☎ 050-93-84-30. À env 13 km à l'est de Pise. Accessible par le bus n° 160 de la CPT au départ de Pise ; liaisons régulières ; 30 mn de trajet. Tlj sf lun. Visites « accompagnées » (mais non guidées). Entrée : 5 € ; réduc.*
Un des plus grands ensembles monastiques d'Italie, facilement visible depuis Pise. Chartreuse fondée en 1366 et remaniée au XVIIIe s. En 1808, un décret napoléonien sonne le glas de cette vie fastueuse des religieux observant la règle de saint Bruno. Commence alors le début de la désaffection progressive de l'édifice. Ce n'est pourtant qu'en 1972 que le dernier des moines de Calci quitte les lieux. Au cours de la visite on découvre une dizaine de pièces, depuis la superbe pharmacie jusqu'à la bibliothèque en passant par le réfectoire, la cuisine et le jardin potager de cet établissement où vivaient 15 pères et une soixantaine de *conversi*. Admirable *chiesa*, avec sa superbe façade de marbre, et les 12 chapelles, toutes richement décorées par Pietro Giarrè, à la fin du XVIIIe s, de fresques représentant la vie des richissimes occupants et des scènes religieuses.
– **Museo di Storia naturale e del Territorio :** *à côté, dans les bâtiments de la chartreuse. ☎ 050-221-29-90. ● msn.unipi.it ● Juin-août, tlj 10h-19h45 ; mars-mai et sept, lun-ven 9h-16h45, w-e 10h-18h45 ; le reste de l'année, lun-ven 9h-15h45, w-e 10h-18h45. Entrée : 7 € ; réduc ; gratuit moins de 6 ans.* Géré par l'université de Pise, un riche musée d'histoire naturelle que l'on ne s'attend pas à trouver ici ! Reconstitution d'une forêt d'il y a 300 millions d'années, aquariums, importante collection d'animaux naturalisés, mais surtout une bonne dizaine de **squelettes de baleines** présentée sous une verrière.

**Parmi les villages, *Buti* (entre Calci et Vicopisano) demeure l'un de nos préférés car il a conservé son caractère médiéval sur son flanc de colline. Ne pas manquer d'aller faire un tour dans le vieux quartier. À 3 km au sud de Buti, *Vicopisano* clame haut et fort son nom. Il était en effet l'un des hauts lieux de la lutte entre l'évêché et la commune de Pise. Son suffixe indique qui des deux gagna. Témoins de cette époque, les quelques demeures aux façades de couleur pastel disséminées çà et là dans la campagne. Belle tour de l'horloge, visible de loin.

LIVORNO (LIVOURNE)   (57100)   160 000 hab.

Le destin de la ville fut scellé en 1421, lorsque les Médicis achetèrent ce petit port aux Génois pour désengorger Pise. Le commerce florissant et une politique libérale vis-à-vis des immigrés juifs (dont la famille du peintre Modigliani né à Livourne en 1884) enrichirent considérablement la ville. Au XVIIIe s, c'est une cité paradisiaque, dont les habitations sont l'œuvre des meilleurs architectes de l'époque. Hélas, les bombardements alliés de la dernière guerre lui ont ravi une partie de ses charmes. Seuls restent le front de

TOSCANE

mer, avec ses belles maisons de villégiature, et son quartier central qui, avec ses canaux, lui offre quelques airs de Venise.

Mais cela ne suffit pas. C'est d'ailleurs assez étonnant d'observer ces voies d'eaux ceinturer le cœur de la vieille ville, où chaque habitant a sa petite embarcation garée comme au parking. Si l'on ne s'attarde pas à Livourne, à moins d'avoir un bateau à prendre pour la Corse ou la Sardaigne, les quelques heures qu'on y passe seront loin d'être désagréables.

Pise : 22 km ; *San Gimignano :* 83 km ; *Florence :* 120 km ; *Grosseto :* 135 km ; *Sienne :* 185 km ; *Rome :* 400 km.

Arriver – Quitter

En train

🚃 **Stazione FS Livorno Centrale :** *piazza Dante.* ☎ *89-20-21.* Loin du centre-ville (30 mn à pied), mais les bus urbains **CTT Nord** relient fréquemment la gare à la piazza Grande dans le centre (notamment le bus n° 1).

➢ **Pise :** 2-4 trains/h. Durée du trajet : env 15 mn. Moyen le plus simple de rejoindre l'aéroport de Pise pour les non-motorisés.

➢ **Florence** *(S. M. Novella) :* 1-2 trains/h. Trajet : env 1h20-1h40.

➢ **Grosseto :** 1-2 trains/h. Trajet : 50 mn-1h20 selon le train.

➢ Il est possible de rejoindre **Piombino** en train, d'où partent les ferries pour l'île d'Elbe, mais il faut le plus souvent changer à *Campiglia Marittima.* Trajet : 55 mn-1h40 selon le train.

En bus

🚌 **Compagnie CCT Nord :** *départ des bus piazza Grande.* ☎ *199-120-150 (n° Vert).* ● *pisa.cttnord.it* ●

➢ **Pise :** 2 bus/h. Trajet : 1h.

🚌 **Compagnie CCT Nord :** *via Peppino Impastato, 7.* ☎ *0586-37-71-11.* ● *livorno.cttnord.it* ● *Les bus partent de la gare ferroviaire. Arrêts rue Grande.*

➢ Bus quotidiens ttes les 10-20 mn pour la **plage** viale di Antignano et pour le **Santuario de Montenero** (notamment le bus n° 2).

En ferry

⚓ *Pour se rendre au* **terminal d'embarquement,** *prendre la direction porto Mediceo, puis stazione marittima et suivre le fléchage. Les bureaux des compagnies maritimes sont dans la grande bâtisse ocre, au 1ᵉʳ étage, ainsi que les loueurs de voitures. Point d'information au rdc.*

■ **Corsica Ferries :** *à Livourne,* ☎ *199-400-500. Ou à* **Bastia :** *5 bis, rue Chanoine-Leschi ;* ☎ *04-95-32-95-95.* ● *corsicaferries.com* ● Forfaits intéressants, comme les tarifs « Jackpot ». 2 départs/j. en moyenne pour Bastia (Corse) ou Golfo Aranci (Sardaigne). Compter respectivement 4h et 6h30 de trajet.

■ La compagnie **Mobylines :** pour la Corse (Bastia) et la Sardaigne (Olbia). *Infos et résas :* ☎ *199-30-30-40.* ● *mobylines.it* ●

➢ **Pour l'île d'Elbe :** départs du port de Piombino (à env 90 km au sud de Livourne) avec les compagnies *Mobylines* ou *Toremar* (☎ *199-11-77-33 ;* ● *toremar.it* ●).

Circulation et stationnement

On accède aux quartiers intéressants de la ville par la via Italia ou par la via della Cinta Esterna, qui longent le port.

Dans le centre-ville, pas facile de circuler : un véritable labyrinthe de rues en sens unique s'étend entre la piazza della Repubblica (très animée et où se dresse la Fortezza Nuova, dans le quartier de la Venezia), la piazza Grande (où se trouve le Duomo) et la piazza Cavour. Mieux vaut donc se

TOSCANE

cantonner au viale Italia et à la Cinta Esterna.

🅿 Pour le stationnement, de nombreuses places payantes sur les quais autour de la piazza Cavour, mais en s'éloignant un peu, il est facile de trouver des places gratuites. ATTENTION, faire toujours très attention aux stationnements réservés aux résidents (ligne blanche).

Adresse et info utiles

🛈 **Ufficio turistico** : via Pieroni, 18/20. ☎ 0586-89-42-36. ● *costadeglie truschi.it* ● *Mai-oct, tlj 9h-15h ; nov-avr, tlj sf dim ap-m 9h-13h.* On peut y acheter la **Livornocard** *(3 € pour 1 j., 4 € pour 2 j., 5 € pour 3 j. ; gratuit moins de 12 ans accompagnant un adulte),* un forfait qui rend le bus gratuit et qui accorde 2 € de réduction pour la visite en bateau des canaux et pour l'aquarium, l'entrée gratuite au musée Fattori, et l'entrée à 3 € au musée d'Histoire naturelle. Billetterie pour les balades en bateau sur les canaux. Demander le livret d'infos en français. Accueil francophone super efficace.

– **Marché** : *dans le* mercato centrale *et sur la piazza Cavallotti, derrière la cathédrale. Tlj sf dim 7h-13h30.* Le plus important de Toscane !

Où dormir à Livourne et dans les environs ?

Camping

⏃ **Collina 1** : via di Quercianella, 377, à **Montenero.** ☎ 0586-57-95-73. ● *col lina1.it* ● *À une dizaine de km au sud de Livourne. De Livourne, avt Quercia-nella, prendre à gauche et suivre les panneaux. Ouv tte l'année. Compter 35-39 € pour 2 avec tente et voiture selon saison.* Caché dans les collines, voici un camping verdoyant et calme, avec des emplacements ombragés et à seulement 2 km de la mer. Les anti-campings domestiqués devraient s'y plaire, même si les équipements et les sanitaires sont un peu rustiques pour le prix.

De prix moyens à chic

🛏 **Hotel Cavour** : via Adua, 10 ; au 1ᵉʳ étage. ☎ 0586-89-96-04. ● *info@ hotelcavour-livorno.it* ● *hotelcavour-livorno.it* ● *De la piazza Cavour, pren-dre la via Michon jusqu'au bout de celle-ci, on arrive sur la via Adua. Résa conseillée en été. Doubles 70-110 € selon confort. Parking 20h-8h juste à côté 4 €.* 🖥 🛜 *Réduc de 10 % sur le prix de la chambre de mi-juin à mi-sept sur présentation de ce guide.* Très centrale (à 1 km du port), cette pension discrète est fort bien tenue. Une dizaine de grandes chambres sans prétention mais suffisamment confortables, et impeccables. Très bon accueil de Fabio.

🛏 **Hotel Touring** : via Goldoni, 61, à deux pas de la piazza Cavour. ☎ 0586-89-80-35. ● *info@hoteltou ringlivorno.it* ● *hoteltouringlivorno.it* ● *Doubles 75-100 € selon période ; petit déj 8 €. Parking 20h-7h juste à côté 15 €.* 🖥 🛜 Hôtel d'un rapport qualité-prix très correct, qui remplit parfaitement sa part du contrat : on y dort au calme, dans des chambres confortables (AC, frigo, TV...) et bien équipées. Joli mobilier blanc patiné au goût du jour. Bon accueil.

🛏 **Hotel Ariston** : piazza della Repub-blica, 11. ☎ 0586-88-01-49. ● *info@ hotelaristonlivorno.com* ● *hotelariston livorno.com* ● *Doubles 75-120 € selon saison, petit déj compris.* 🖥 🛜 *(dans le hall slt).* Andrea tient son hôtel avec amour, de manière familiale et très professionnelle. Chambres soignées et de bon volume, rien de design, on n'en est pas là. Certaines donnent sur cour, d'autres sur la grande place, les meilleures sur le canal. Couloirs avec reproductions de tableaux de Dalí et photos de marines. Une adresse pratique et de qualité. Bon rapport qualité-prix.

🛏 **Dimora storica Ai Casini d'Ardenza** : *viale Italia, 407.*

🛏 *328-609-89-98.* ● *aicasinidardenza@ gmail.com* ● *aicasinidardenza.it* ● *Doubles 100-200 € selon période, petit déj compris. Parking gratuit.* 🛜 *Pour le plaisir de dormir dans une maison historique. Le B & B n'est qu'une petite partie de ce grand complexe construit* en 1845, ouvert comme un théâtre sur la promenade. Meubles anciens mais confort contemporain. Jardin à l'arrière pour méditer sur le temps qui passe ou profiter du plaisir des nourritures terrestres, le matin. Beau buffet au petit déjeuner.

Où manger ?

Une halte gastronomique s'impose à Livourne pour goûter au célèbre *cacciucco,* soupe de poisson et crustacés accompagnée d'une tranche de pain aillée.

Bon marché

🍴 🥘 *La Barrocciaia :* piazza Cavallotti, 13. ☎ 0586-88-26-37. ● *barrocciaia@gmail.com* ● ♿ *Tlj sf lun, midi et soir (sam-dim le soir slt). On mange bien pour 15-20 €.* 2 tables à l'extérieur, sur la place du marché, à peine plus en salle, et des jambons suspendus. Une sandwicherie de terroir où l'on vous sert à la demande, et ce depuis 1944 ! Essayez la *torta di ceci* à la livournaise, c'est du plaisir garanti.

🍴 🍷 *Cantina Nardi :* via Cambini, 6-8. ☎ 0586-80-80-06. *De piazza Cavour, dos au canal, prendre le viale Ricascoli sur 200 m, dans une ruelle piétonne à droite. Tlj sf dim. Repas 15-20 €.* Un lieu très fréquenté à l'heure sacrée de l'*aperitivo,* et plus tard, si la faim vous tenaille. Ici, on pourra essayer de se poser au millier de centaines de bouteilles, dans un carré de bateau, ou tenter d'obtenir une table dans une véranda calme au fond ou simplement en terrasse dans la rue piétonne. Petit choix à l'ardoise variant selon l'arrivage mais généreusement servi et goûteux.

🍴 🍷 *DOC-Panem et Circences :* via Goldoni, 42. 🛏 *391-362-98-20. De* piazza Cavour, dos au canal, prendre la via Ernesto Rossi à gauche ; c'est la 3e à droite. Tlj 12h-minuit. Repas complet env 25 €. Une suite de salles façon bistrot plutôt élégant, avec des murs couverts de bouteilles. Une *enoteca* doublée d'une *olioteca*. Profitez-en pour goûter une des nombreuses spécialités vinicoles du pays, au verre ou en bouteille, avec un excellent carpaccio, une salade ou une assiette de charcuterie. Bon risotto à l'encre de seiche.

🍴 🚃 *Bella Napoli :* via Sardi, 40. ☎ 0586-89-87-31. *Tlj sf mer, midi et soir. Repas 15-20 €.* Resto familial et bien agréable. Grande salle au fond où se retrouvent les familles autour d'une bonne pizza, une *pasta* ou une viande de qualité. Quelques tables en terrasse également.

🍴 *Ristorante Vecchia Livorno :* scali delle Cantine, 34. ☎ 0586-88-40-48. ● *vecchialivorno@gmail.com* ● *En bordure du canal face à la piazza della Repubblica. Tlj sf lun midi et mar. Congés : 2 sem en sept. Repas 20-25 €.* Petit resto de famille au cadre intime et chaleureux malgré une façade un peu triste, en revanche régulier en qualité. La femme du patron est aux fourneaux et cuisine un excellent poulpe à la livournaise. Sinon, les poissons (au poids) demeurent une valeur sûre, accommodés en toute simplicité pour ne pas gâter les saveurs. Terrasse face au canal mais circulation incessante.

TOSCANE

À voir

🎨🎨 *Museo civico Giovanni Fattori :* via San Jacopo in Acquaviva. ☎ *0586-80-80-01.* ● *pegaso.comune.livorno.it/index* ● *Suivre le* lungomare *vers le sud, passer devant le* Grand Hotel, *puis à gauche 200 m après. C'est fléché. Tlj sf lun 10h-13h, 16h-19h. Entrée : 4 € ; réduc.* Dans une grande villa aux volets clos. Un musée qui accueille des expos temporaires, mais la villa mérite à elle seule une visite.

Construite en 1865 pour le riche commerçant Francesco Mimbelli, elle présente un décor intérieur fastueux et délirant. Au rez-de-chaussée; ne pas manquer la *sala Turca*, un fumoir orientalisant avec un luxe de mosaïques et de marqueteries. Rampe d'escalier on ne peut plus kitsch, avec des chérubins en céramique polychrome. Au 1er étage, une salle de bal ouvertement inspirée de la galerie des Glaces à Versailles, sans la démesure mais avec son lot de dorures adéquat. Et ce n'est qu'un échantillon...

✎ *Casa Natale Amedeo Modigliani* : via Roma, 38. ☎ 320-888-70-44. ● casanataleame deomodigliani.com ● Avr-fin oct, tlj 10h-12h (horaires pas très pratiques). Billet : 5 €. Ce grand appartement bourgeois au 1er étage d'un immeuble du XIXe s expose des documents, des objets et des souvenirs liés à la vie de Modigliani. Né le 12 juillet 1884, Amedeo Modigliani est issu d'une famille d'origine juive séfarade. Après une enfance pauvre marquée par la maladie (typhoïde à 14 ans et tuberculose à 16 ans), il s'inscrit en 1902 à l'école libre du Nu à Florence, et quitte Livourne. En 1906, il s'installe à Paris, capitale de l'avant-garde, d'abord à Montmartre puis à Montparnasse, rue de la Grande-Chaumière, où il fréquente et peint les artistes de son temps. Il rentre quelque temps à Livourne en 1913, où il s'essaie à la sculpture sur marbre dans une carrière. De retour à Paris, il meurt à 35 ans, le 24 janvier 1920, d'une méningite tuberculeuse (mais aussi de l'alcool et de la drogue). Il est enterré au cimetière du Père-Lachaise.

LE CANULAR DE LIVOURNE

Modigliani a sculpté à Livourne en 1913. Des amis se moquèrent de ses œuvres. Une légende prétend qu'il les aurait jetées dans le canal. En 1984, à l'occasion d'une exposition sur l'artiste, on drague les eaux du canal et on retrouve trois têtes sculptées que les experts attribuent à Modigliani. En fait, c'est un canular organisé par trois étudiants malicieux ! Ils avaient réalisé des faux Modigliani puis les avaient jetés à l'eau pour rigoler. Les experts durent démissionner de leurs postes... suite au scandale.

✎ *Balade autour des canaux* : le centre-ville, cerné par des canaux, offre une balade plaisante si vous avez 2h à tuer. On peut faire le tour de cette ceinture d'eau (compter une petite heure) en démarrant de la *Fortezza nuova*, au niveau de la piazza della Repubblica. Des balades sur les canaux sont également organisées *(infos à l'office de tourisme ; compter 12 €, réduc)*.

✎ Dans le quartier du Museo civico et vers le sud, de nombreuses ***villas*** témoignent de la richesse passée de la ville. Si vous avez envie de piquer une tête avant de prendre le bateau, rendez-vous au ***Bagni Pancaldi*** *(juste en face du* Grand Hotel *; entrée : 5 €)*. C'est la plus ancienne plage privée de Livourne, il y règne une ambiance très sixties.

DANS LES ENVIRONS DE LIVORNO

✎✎ *Santuario di Montenero* : au sud de Livourne, à env 8 km (bien fléché). Parking en bas de la colline puis accès en funiculaire *(ttes les 15 mn 7h20-20h ; 1,20 €)*. Bus de la piazza Grande *(ttes les 10-20 mn)*. Tlj 6h30-12h30 (13h lors des célébrations), 14h30-18h (19h lors des célébrations). Entrée libre. Important lieu de pèlerinage dont l'origine remonte à la légende d'un berger infirme, miraculé en 1345 après avoir trouvé une image de la Vierge. Ce vaste sanctuaire, dressé au sommet d'une colline, est dédié à la *Madonna delle Grazie*, patronne de la Toscane. Superbe église de style baroque tardif, mêlant dorures, colonnes marbrées, fresques, plafond en bois sculpté et, en son chœur, la fameuse image de la Vierge auréolée d'angelots. On appréciera dans la galerie votive une riche collection de 700 ex-voto, des armoiries et une foule de bondieuseries kitschissimes. Voir également la chapelle commémorative et les grottes, anciens refuges de brigands. Sur l'esplanade, vue panoramique exceptionnelle sur la baie de Livourne.

LA MAREMME

• Carte *p. 385*

TOSCANE

La Maremme est un vaste territoire qui s'étend essentiellement le long du littoral toscan entre la province de Livourne et le nord du Latium. Les Romains remontent le long de la côte pour profiter de ses plages et d'anciens villages de pêcheurs devenus des lieux de villégiature chic. Les amoureux de la nature, eux, fuient la foule pour profiter des parcs naturels, des *B & B* perdus dans les collines et des curiosités qui font tout le charme de cette région encore méconnue, au sud de la Toscane.

La Maremme présente des visages bien différents, du paysage de bocage dans la région de Scansano à la presqu'île escarpée et très chic de l'Argentario, en passant par les villages médiévaux perchés sur des falaises de tuf. Les passionnés de l'art étrusque poursuivront leur route, plus en sud, jusqu'à Tarquinia et la nécropole de Vulci.

MASSA MARITTIMA   (58023)   8 700 hab.

À 60 km au nord de Grosseto et 55 km au sud de Volterra. Perchée sur un des derniers contreforts des monts métallifères, cette ville de caractère n'est située qu'à une vingtaine de kilomètres de la côte. Pourquoi ce nom Massa Maritima ? Elle a été baptisée « maritime » car autrefois son vaste territoire courait jusqu'aux rivages de la Méditerranée. À l'époque étrusque, ce fut un centre minier (cuivre, plomb, argent) puis elle passa en 1335 sous la tutelle de Sienne. Au XVe s, des épidémies dévastatrices de peste et de malaria anéantirent la cité : elle passa de 10 000 habitants en 1300 à 500 en 1500 ! Au XIXe s, l'assainissement des marais lui redonna vie. Aujourd'hui, toujours accrochée à son versant de montagne, elle se compose de deux quartiers distincts : la partie haute et la partie basse, laquelle conserve ses charmantes ruelles anciennes. Pour changer des étrusques et de la peinture religieuse, on peut aller visiter le parc naturel des Biancane, autour de la commune de Monterotondo Marittimo : manifestations géothermiques, flore très particulière et paysage parfois quasiment lunaire. L'office de tourisme propose d'ailleurs tout un circuit dans le parc des collines métallifères, autour de la ville.

Sienne : 50 km ; *Grosseto :* 60 km ; *Florence :* 134 km ; *Rome :* 234 km.

Arriver – Quitter

En bus

🚌 **Compagnie RAMA :** *viale Risorgimento.* ☎ 199-848-787. ● *tiemmespa. it* ●

➤ **Sienne :** 1 bus direct le mat en sem. Durée : 1h50.

➤ **Follonica :** bus ttes les heures, 5h-21h. Durée : env 40 mn. De là, correspondances avec *Piombino* (d'où partent les ferries vers l'île d'Elbe), *Punta Ala*, *Grosseto*, *Sienne* puis *Poggibonsi* (qui dessert San Gimignano et le val d'Elsa). C'est aussi la gare ferroviaire la plus proche.

➤ **Grosseto :** 3 bus/j. sf dim par *Ribolla*. Durée : 1h10.

Adresses utiles

🛈 **Ufficio turistico :** *via Todini, 3-5.* ☎ 0566-90-27-56. ● *altamaremma turismo.it* ● *Rue démarrant piazza del Duomo. En été, tlj sf mar 10h-13h, 15h-18h ; en basse saison, tlj sf dim-lun et* horaires restreints. Équipe efficace et accueillante. Plan de la ville, infos sur les hébergements et de bons conseils pour les promenades.

Où dormir ? Où manger à Massa Maritima et dans les environs proches ?

🏠 **Hotel Duca del Mare :** *piazza Dante Alighieri, 1-2.* ☎ 0566-90-22-84. ● *info@ducadelmare.it* ● *ducadelmare. it* ● ♿ *À l'entrée de la ville, à gauche dans la montée. Congés : déc-fév. Doubles env 80-110 € selon confort, vue et saison, petit déj inclus. Parking privé gratuit.* 📶 *Réduc de 10 % sur le prix de la chambre (hors août) sur présentation de ce guide.* À deux pas du centre, que l'on atteindra par un chemin piéton, un hôtel de bon confort à prix raisonnables. Il abrite une trentaine de chambres fonctionnelles à la déco sobre. Les plus chères possèdent un balcon avec une vue dégagée sur la campagne et la mer, laissant apercevoir au loin (par beau temps) la silhouette de la Corse. En prime, belle piscine avec un coin hydromassant. Accueil et service impeccable, le meilleur rapport qualité-prix de la ville.

🏠 **Mini Allogio B & B Le Coste :** *via delle Coste, 16.* 📱 347-104-15-57. ● *danilo.beni@tiscali.it* ● *À l'entrée de la ville, à deux pas de l'hôtel. Studio 65 €/j. avec confort et vue, petit déj* inclus. Parking privé gratuit. 📶 À la différence de nombre de *B & B* ouverts dans les villes, celui-là ne triche pas sur la qualité des prestations. Idéal pour un couple. Mieux vaut laisser les bagages lourds dans la voiture (parking protégé) et ne pas craindre les escaliers en colimaçon. Accueil cordial. Chambre avec vue sur la vallée.

🏠 **Albergo Massa Vecchia :** ☎ 0566-90-38-85. ● *info@massavecchia.it* ● *massavecchia.it* ● *En contrebas de la ville de Massa Maritima, à 5 km du centre ancien, sur la route de Sienne-Follonica (SR 439), fléché au km 159. Doubles env 70-140 € selon confort et saison, petit déj inclus. Possibilité de ½ pens : supplément de 20-25 €/ pers selon menu. Loc de vélos.* 📶 Un endroit très agréable au cœur des cyprès et des champs d'oliviers, apprécié des vététistes. Dans l'ancienne ferme comme dans les 2 maisons construites plus récemment, grandes chambres simples et confortables. La plupart avec kitchenette, certaines avec balcon et quelques familiales en

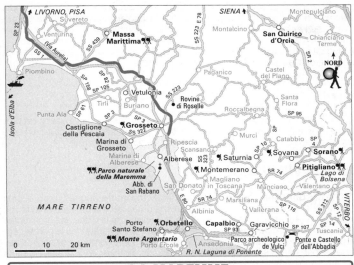

LA MAREMME

duplex. Terrains de sport, ping-pong et grande piscine.

|●| Osteria Da Tronca : *vicolo Porte, 5, au niveau du 46 de la via de la Liberta.* ☎ *0566-90-19-91.* ● *morgo.venturi@ alice.it* ● *Tlj sf mer 12h30-14h15, 18h-minuit. Plats 8,70-13 € ; menus 25-30 €.* 🛜 Dans la partie basse de la ville, à 300 m du Duomo, en contrebas de la piazza Cavour, une venelle en coude cache cette excellente *osteria* et ses caves voûtées sur plusieurs niveaux. Cuisine sincère et copieuse, goûteuse car basée sur un bon choix de produits locaux. La maison a fait ses preuves depuis longtemps. Grands choix de *crostini,* mais il faut goûter à la spécialité de la maison, les *tortelli alla maremma.*

|●| Le Fate' Briache : *corso Armando Diaz, 3.* ☎ *0566-90-10-10.* ● *lefate briache@hotmail.it* ● *Au pied de la Torre del Candeliere, sur une superbe place ancienne. Ts les sf lun. Congés : en principe 1 sem en nov. Résa indispensable. Compter 20-25 €.* Caterina soigne ses hôtes comme si elle recevait des amis. Elle est aidée par sa maman certains soirs. Sa cuisine, créative et goûteuse, est confectionnée avec passion et délicatesse. Raviolis à la pistache, porc rôti et des suggestions chaque jour différentes. Au fait, les *fate briache* ne sont pas de simples fées, comme le laisse croire le logo, mais des fées saoules (*ubriache* signifiant « bourrées ») ! Et autre précision : il y a juste 6 tables ; si vous n'avez pas réservé, consolez-vous avec les pizzas gigantesques de la *locanda* **La Torre** voisine.

|●| La Tana del Brilli Parlante : *vicolo del Ciambellano, 4.* ☎ *0566-90-12-74.* ● *brilla2003@hotmail.it* ● *De la pl. du Duomo, par la via della Libertà. Juil-août, tlj midi et soir ; hors saison, mieux vaut téléphoner. Congés : en principe nov. Résa conseillée pour une table dans la ruelle. Compter env 30 €. CB refusées.* Dans une charmante ruelle verdoyante et ombragée, ce petit resto pratique la méthode et le savoir-faire *slow food.* Le chef Ciro Murolo et son épouse sont aux petits oignons pour leurs convives. Savoureuse cuisine locale bien travaillée.

|●| Taverna del Vecchio Borgo : *via Norma Parenti, 12.* ☎ *0566-90-39-50.* ● *taverna.vecchioborgo@libero.it* ● *En contrebas du Duomo. Ouv le soir* *mar-dim, plus le midi dim hors saison. Congés : 15 fév-15 mars. Menu 30 € ; sinon viande au poids 35-40 €/kg.* Dans cette salle voûtée de style rustique, on déguste une cuisine qui respecte les traditions du pays, sans aucune concession pour les effets de mode. Plats copieux cuisinés façon grand-mère, comme ces grillades juteuses ou ces *minestre* qui sentent bon le terroir. Une bonne adresse mais assez onéreuse.

À voir

Un billet combiné (valable 1 mois) pour l'accès à l'ensemble des musées est proposé à 15 €. Intéressant seulement si vous les visitez tous (faire le calcul en vérifiant les heures et jours d'ouverture auprès de l'office de tourisme).

Dans la ville basse

🅇🅈 *Piazza Garibaldi :* bordée de beaux monuments historiques, dont le plus important est le *Duomo.* Cette église, couverte d'une belle façade de travertin, se dresse en haut d'un escalier. Étant donné la déclivité de la place, les architectes ont fait jouer les perspectives. Si l'on regarde bien, on constate que le portail central est légèrement décalé. Le campanile est allégé par le nombre croissant de ses arches superposées sur cinq étages d'ouvertures. Admirer, à l'intérieur, les fonts baptismaux du XIIIe s, la *Madonna delle Grazie,* peinte dans une chapelle latérale, et, dans l'abside, le tombeau avec des bas-reliefs contant la vie de saint Cerbone. Le *Palazzo pretorio* et le *Palazzo comunale* complètent le bel ensemble de cette place Garibaldi. Le Palazzo del Podestà *(comunale),* du XIIIe s, abrite le *Museo archeologico.* ☎ 0566-90-22-89. *Avr-oct, tlj sf lun 10h-12h30, 16h-19h ; nov-mars, tlj sf lun 10h-12h30, 15h-17h. Entrée : 3 €.* Exposition d'objets datant du Paléolithique à l'époque romaine.

🍽 Sur la place, posez-vous sous les arcades du café *Le Logge,* idéalement situé pour profiter de l'animation ou de la vue, selon les heures. Plat du jour très correct et service enlevé.

🍴 *Museo della Miniera :* via Corridoni. ☎ 0566-90-22-89. *À l'est de la ville, hors les murs. Tlj sf lun 10h-17h45 (16h30 nov-mars) ; visite guidée env ttes les heures (pause à 14h). Entrée : 5 € ; réduc.* Plus qu'un simple musée, c'est la reconstitution d'une mine de métal, mise en scène dans les galeries d'anciennes carrières. Ce lieu rappelle que Massa Maritima tira des mines une partie de sa richesse aux XVIIIe et XIXe s.

Dans la partie haute de la ville

🍴 *Torre del Candeliere :* piazza Matteotti. *Avr-oct, tlj sf lun 10h-13h, 15h-18h ; nov-mars, tlj sf lun 11h-13h30 ; 16h-19h. Entrée : 3 € ; réduc.* En remontant la via Moncini, juste derrière la porte de la ville, admirer la tour du XIIe s et son pont à arche unique : vraiment unique. La piazza Matteotti, où se tient la tour, constitue l'un des plus beaux endroits de la ville haute, de par son caractère et son charme.

🍴 *Complesso museale di San Pietro all'Orto :* corso Diaz, 28. ☎ 0566-90-22-89. *De la piazza Garibaldi, remonter la via Moncini, passer la porte de la ville, puis prendre le corso Diaz. Attention, horaires de plus en plus restreints chaque année.* L'ancienne église San Pietro all'Orto, du XIIe s, abrite plusieurs musées. Attenant, le reposant *chiostro de Sant'Agostino.*
– *Museo di Arte :* avr-sept, w-e et fêtes 15h-17h30. Entrée : 5 € ; réduc. De toutes les œuvres exposées ici, la plus étonnante et élégante reste la *Maestà* du XIVe s d'Ambrosio Lorenzetti (représentant la Vierge assise, entourée de saints).

Également des bas-reliefs romans patinés par les siècles, d'origine inconnue, qui furent exposés jadis dans le Duomo.

– **Museo degli Organi Meccanici Santa Cecilia :** *au 1er étage.* ● *museodeglior gani.it* ● *Tlj sf lun-mar 10h30-13h, 15h30-19h (18h hors saison). Fermé en plein hiver. Entrée : 5 € ; réduc.* Un lieu certes petit, mais dont la beauté, l'atmosphère et l'acoustique méritent la visite, surtout si vous êtes mélomane. Sont présentés ici de magnifiques orgues du XVIIe au XIXe s, venant de toute l'Italie. Tous sont en état de marche. Parmi eux, un des trois seuls orgues portables qui subsistent en Italie. Le fondateur de ce musée, le passionné Lorenzo Ronzoni, restaure les orgues sur place. Également quelques pianos. Avec un peu de chance, vous aurez droit à quelques airs pour apprécier la différence de puissance entre un pianoforte de 1830 et un autre de 1892.

Manifestations

– **Balestro del Girifalco :** *le 4e dim de mai et le 2e dim d'août.* À cette occasion, les arbalétriers des différents quartiers revêtent des costumes médiévaux pour tirer sur le *corniolo*, placé à 36 m.
– **Toscana Foto Festival :** *2 sem mi-juil. Infos sur* ● *toscanafotofestival.com* ● Important festival international de la photographie : expos, rencontres avec des pointures dans ce domaine...

DANS LES ENVIRONS DE MASSA MARITTIMA

ISOLA D'ELBA (île d'Elbe)

L'île d'Elbe a été un centre d'extraction de métaux dès l'ère étrusque, un lieu de villégiature de riches patriciens romains, puis dans le giron des Espagnols et du grand-duché de Toscane. Son nom entre dans l'histoire de France lors de l'exil de Napoléon. L'*Elba,* bien italienne, conserve des témoignages de toutes ces époques : mines à l'est et au sud ; fortifications à Portoferraio et sur les reliefs ; palais de Napoléon. Aujourd'hui, l'île est une destination de tourisme familial. Abordable à la mi-saison, elle devient nettement plus onéreuse et saturée en plein été, prisée principalement par les Romains et les Toscans. Portoferraio, capitale de l'île avec ses 12 000 habitants, est une bonne base pour explorer les environs et découvrir de belles plages de sable blanc. C'est aussi ici que débarque la majorité des ferries.

Comment y aller ?

➢ Plusieurs liaisons maritimes au départ de Piombino. *Moby Lines* (☎ *0565-91-41-33 ;* ● *moby.it* ●) et *Toremar (*☎ *0565-96-01-31 ;* ● *tore mar.it* ●) arment les ferries de Piombino à Portoferraio : ttes les heures, avr-sept, env ttes les 2h oct-mars ; compter 1h et 6,50 €/pers, 23-40 €/véhicule. Taxes en sus (parfois élevées !).

Adresse et info utiles

🛈 Pour plus de renseignements, n'hésitez pas à contacter l'**office de tourisme de Portoferraio** : *Catalata Italie, 44.* ☎ *0565-91-46-71.* ● *info@visitelba.info* ● *visitelba. info* ● *Juin-sept, lun-sam 9h-19h,* *dim 10h-13h, 15h-18h.*
🚌 **Bus locaux : ATL,** ☎ *0565-91-43-92. Liaisons sur l'île en tte saison.* À Portoferraio, départ juste au-delà du débarcadère.

TOSCANE

GROSSETO (58100) 69 000 hab.

• Plan p. 389

Très active pendant la journée, cette grosse cité administrative s'endort dès la tombée de la nuit. L'animation se concentre alors dans son vieux quartier, plutôt agréable, ceint de murs puissants du XVIe s en forme d'étoile. Grosseto reste un nœud ferroviaire important d'où l'on rayonne vers les petits villages de l'arrière-pays et les plages du littoral, dont celles de *Marina di Grosseto,* toute proche.
Sienne : 75 km ; *Florence :* 140 km ; *Pise :* 151 km ; *Livourne :* 132 km ; *Rome :* 178 km.

Arriver – Quitter

En train

🚊 *Gare ferroviaire (plan A1) :* piazza Marconi. ☎ 89-20-21 (0,54 €/mn). Guichet d'infos lun-ven 6h-20h40, sam et j. fériés 9h-13h, 14h-17h.
➢ *Sienne :* env 6-9 trains via *Buonconvento.* Trajet : 1h50-2h. Slt un train direct, durée : 1h30.
➢ *Florence :* la plupart des trains passent par Pise. Trajet : env 2h30-3h. Autres liaisons via *Livourne* et *Sienne,* guère plus longues que les trains directs (il y en a très peu).
➢ *Pise et Rome :* Grosseto se trouve sur le trajet des trains Pise-Rome (env ttes les heures), qui font aussi halte à *Livourne, Cecina, Follonica* ou *Orbetello* et *Capalbio* pour les moins directs. Trajet : env 1h30 pour Pise, env 2h pour Rome.
➢ *Piombino (départ des ferries pour l'île d'Elbe) via Campiglia Marittima :* env 1 train ttes les 2h. Trajet : 1h-1h20 (correspondance comprise).

En bus

🚌 *Gare routière (plan A1) :* compagnie Rama, *piazza Marconi.* ☎ 199-84-87-87. • tiemmespa.it • À la sortie de la gare ferroviaire, dans le petit bâtiment sur la droite.
➢ *Follonica :* 3-4 bus/j. (2 slt le w-e). Trajet : 45 mn-1h15 selon les arrêts. De Follonica, correspondances avec *Piombino* (ferries vers l'île d'Elbe), *Massa Marittima* et *Poggibonsi* (qui dessert San Gimignano et le val d'Elsa).
➢ *Florence :* 7 bus/j. (2 slt le w-e). Trajet : env 2h10.
➢ *Piombino (ferries pour l'île d'Elbe) :* 3 bus/j. en sem, directement vers le port des ferries. Trajet : env 1h30.
➢ *Sienne :* bus env ttes les heures lun-sam, moins le dim. Trajet : 1h15.
➢ Nombreuses liaisons tlj pour *Marina di Grosseto,* quelques-uns pour *Orbetello, Scansano* et *Pitigliano.*

Adresses et infos utiles à Grosseto et dans les environs

🛈 *Ufficio turistico (bureau principal au centre ; plan B2) :* corso Carducci, 5. ☎ 0564-48-85-73. • grosseto turismo.it • À deux pas du Duomo. En été, tlj sf dim ap-m 10h30-13h, 16h30-19h ; hors saison, lun-ven 9h30-17h30.
– À Marina di Grosseto : via Grossetana. ☎ 0564-36-306. • prolocoma rinadigrosseto.it • À la limite sud du village. Tt droit en venant de Grosseto, sur l'artère principale descendant vers la plage à partir du croisement entre la SS 322 et la SP 158. En saison, tlj 11h-13h, 16h-18h.
✉ *Poste centrale (plan A2) :* piazza Rosselli, 9. Lun-sam 8h15-19h (13h30 sam).
– *Marché :* jeu, viale Ximenes (plan A3).
🅿 *Stationnement :* parkings tt autour de la ville close. Compter 0,60 €/h.

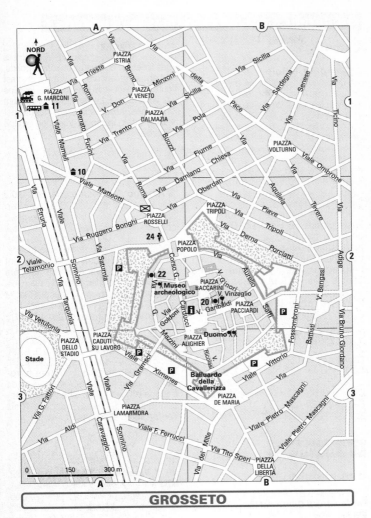

TOSCANE

GROSSETO

	Adresse utile	|●|	**Où manger ?**
	i Ufficio turistico			**20** Vineria da Romolo
				22 Taverna Il Canto del Gallo
🏠	**Où dormir ?**			
	10 Albergo Appennino	♀	**Où déguster une glace ?**
	11 Nuova Grosseto			**24** Gelateria Corsaro Nero

TOSCANE

Où dormir à Grosseto et dans les environs ?

Campings

✗ **Camping Il Sole :** via Marinaio. ☎ 0564-49-15-73. ● info@cam pingilsole.it ● campingilsole.it ● ♿ Proche de Marina di Grosseto, 1er camping sur la SP 40 en direction du sud (vers Principina al Mare). Ouv de mi-avr à mi-sept env. Réception 8h-minuit. Selon saison, 16-46 € pour 2 avec tente ; bungalows 4 pers 410-950 € ; mobile homes 4 pers 285-750 €. ☎ Café offert et réduc de 10 % sur la loc de bungalow sur présentation de ce guide. À 900 m de la mer, en bordure de la vaste pinède de Marina di Grosseto, un beau camping bien organisé et bien équipé dans un environnement vert avec des emplacements bien ombragés. Une affaire qui tourne depuis 40 ans. Tout y est : piscine, boutique, rosticceria, pizzeria, etc. Prévoyez juste une bonne crème contre l'ennemi n° 1 ici, les zanzare (moustiques). Accueil professionnel.

✗ **Camping Village Cielo Verde :** via della Trappola, 180, 58046 **Marina di Grosseto.** ☎ 0564-32-16-11. ● info@ cieloverde.it ● cieloverde.it ● ♿ Le long de la SP 40, un peu plus au sud que le Camping Il Sole. Ouv de mi-mai à mi-sept. Réception 8h-13h, 16h-20h. Selon saison, 20-54 € pour 2 avec tente et voiture ; mobile homes et bungalows 310-1 500 €/ sem selon saison et confort. ☎ Avec ses rues tirées au cordeau, ses ronds-points, sa banque ou encore sa chapelle (!), c'est toute une petite cité estivale sous les pins qui vous attend. Les emplacements sont ombragés, assez spacieux. Le site est verdoyant, le camping très bien équipé et gardé.

Prix moyens

🏠 **Albergo Appennino** (plan A1, **10**) : viale Mameli, 1. ☎ 0564-23-009. ● recep tion@albergoappennino.it ● albergoap pennino.it ● Doubles 70-80 €, petit déj compris. 🖥 ☎ Un bâtiment ancien couleur saumon avec une élégante façade. Ce petit hôtel de quartier, discrètement niché dans un renfoncement, compte une douzaine de chambres chaleureuses, bien arrangées, avec TV à écran plat et salle de bains nickel. Accueil cordial.

🏠 **Nuova Grosseto** (plan A1, **11**) : piazza Marconi, 26. ☎ 0564-41-41-05. ● nuovagrosseto@tin.it ● hotelnuo vagrosseto.com ● Doubles 70-100 € selon saison, petit déj inclus. ☎ Un hôtel moderne, face à la gare ferroviaire. Grand hall style Art déco, avec fresque en bas-relief. Chambres fonctionnelles à la déco standard mais confortables et bien équipées.

Où manger ?

Bon marché

|●| **Taverna Il Canto del Gallo** (plan A2, **22**) : via Mazzini, 29. ☎ 0564-41-45-89. Tlj sf dim, le soir slt. Congés : fév. Plats 8-18 €. Café offert sur présentation de ce guide. Un peu en retrait de l'agitation, dans un coin de rue calme, avec une petite terrasse agréable. À moins de préférer la cave voûtée, coquette à souhait. Accueil jovial. Ici, pas de congelé, on travaille des produits frais et du terroir. Spécialités maison : galletto alla « Diavolo » et autres plats typiques de Maremme... Belle sélection de vins locaux.

|●| 🍷 **Vineria da Romolo** (plan B2, **20**) : via Vinzaglio, 3. ☎ 0564-27-551. ● vineriadaromolo@yahoo.it ● Tlj midi et soir sf mar tte la journée et mer midi. Congés : 15 j. début fév. Menus complets 20-25 €. ☎ Réduc de 10 % sur présentation de ce guide. Façade et terrasse avec des masques de Bacchus qui poussent au tonneau, bouteilles de vin, vieux outils côté salle, le ton est donné. Le menu de Romolo est tout aussi jovial, avec ses bruschette, tortelli maremmani, assiettes de cochonnailles ou de fromages locaux. Carte des vins variée et sélection judicieuse de crus locaux. Et puis Romolo est un

peu de la famille : routard dans l'âme ! Un planisphère tapisse le comptoir épinglé de ses périples avec un joyeux bazar de souvenirs du monde entier.

Où manger dans les environs ?

l●l *Osteria Il Cantuccio : piazza Independanza, 31, 58043* **Buriano.** ☎ *0564-94-80-11.* ● *info@osteriail cantuccio.it* ● *À 15 km au nord-ouest de Grosseto, au centre du village. Situé dans un petit hameau isolé. De Grosseto, prendre la route 3 vers Castiglione della Pescaia, faire 10 km puis tourner à droite et suivre cette route secondaire sur env 7 km en direction de Vetulonia (c'est avt ce village sur la gauche). Ouv le soir tlj sf dim-lun, plus le midi dim. Congés : nov. Résa conseillée. Repas* *30-35 €.* Une des auberges les plus sincères de la région. Le chef talentueux y élabore une cuisine locale inventive et savoureuse à base de *chianina* en tartare (une vache élevée dans les prés toscans), de pancetta aux prunes ou de lièvre. À table, une sélection d'huiles d'olive du cru. Gardez une place pour la *zucotta* aux amandes accompagnée de son verre de muscat. Service attentif et raffiné. Réservez, ce serait trop bête de rater ce rendez-vous avec la gastronomie maremmane !

Où déguster une glace ?

♀ *Gelateria Corsaro Nero (plan A2,* **24) :** *via IV Novembre, 15.* ☎ *0564-41-42-07. Lun-ven 11h-0h45, w-e 11h-13h, 15h-0h45.* Ici, ni colorants ni conservateurs ! Pour venir partager avec les locaux des glaces aux saveurs peu communes : sorbet à la mûre et corsaire noir y font merveille. Le must, 2 parfums renouvelés chaque jour.

À voir

🎭🎭 *Duomo (plan B2-3) : tlj 7h30-12h30, 15h30-19h.* La cathédrale de Grosseto, de style gothique, présente une superbe façade en marbre blanc et rose. Elle fut construite vers 1300 et rénovée en 1845 ; sa beauté en impose et confère à la place qu'elle domine une certaine allure. En façade, intéressante statuaire symbolisant les évangélistes (lion pour saint Marc, aigle pour saint Jean, taureau pour saint Luc et homme pour saint Matthieu). Le portail latéral est également très ouvragé avec ses colonnettes à vis, statues et autre voussure torsadée. Beau campanile de 1402, avec ses baies géminées et triplées.

🎭 *Museo archeologico e d'Arte della Maremma (plan A-B2) : piazza Baccarini, 3.* ☎ *0564-48-87-52 ou 50. De juin à mi-sept, mar-ven 10h-18h, w-e 10h-13h, 17h-20h ; le reste de l'année, mar-ven 10h-17h (9h-15h nov-mars), w-e 10h-13h, 16h-19h. Entrée : 5 € (avec accès aux expos temporaires dans le même bâtiment). Brochure en français.* Dans le palais du vieux tribunal, des objets exhumés sur le site de Roselle (voir « Dans les environs de Grosseto ») et autres découvertes archéologiques dans la Maremme bénéficient d'une très belle muséographie. Le musée d'Art sacré partage le 2e étage avec des salles consacrées à l'histoire de Grosseto.

🎭 *Les remparts :* ils offrent à la fraîche une belle promenade le long des jardins.

DANS LES ENVIRONS DE GROSSETO

🎭 *Sito archeologico di Roselle : via dei Ruderi, Roselle, à 12 km au nord-est de Grosseto par la S 223 direction Sienne.* ☎ *0564-40-24-03.* ● *archeotoscana.beni culturali.it* ● *Mars-oct, tlj 10h15-18h45 (dernière entrée à 18h) ; le reste de l'année,*

TOSCANE

tlj 8h15-16h45 (dernière entrée à 16h). Entrée : 4 € ; réduc. Au sommet d'une colline, le site est entouré d'un imposant mur d'enceinte fait de blocs de pierre pouvant atteindre 2 m de haut ! L'endroit fut bien choisi par les Étrusques il y a 2 500 ans, et offre une vue à 180° sur la campagne environnante et la Méditerranée. Pas étonnant que les Romains aient pris la ville (en 294 av. J.-C.), nous laissant un forum, une voie romaine, des mosaïques et un petit amphithéâtre de forme ovale.

🏃 **Vetulonia :** *à env 24 km au nord-ouest de Grosseto (route de Livourne, puis Follonica).* Ce petit village paisible, juché sur sa colline, fut le premier centre d'exploitation minière et une puissante ville étrusque. Les vestiges étrusques sont disséminés ici et là dans le village et ses environs, notamment la *Tomba della Pietrera,* celle *del Diavolino* et la *Tomba del Belvedere* (VIIᵉ s av. J.-C.), isolées dans la campagne, bien avant d'arriver au village – indiqué en venant du sud *(normalement tlj en été 10h-19h, sinon 8h-17h).* Dans le village, tout en découvrant les vestiges du *Mura del Arce,* on jouit d'un remarquable point de vue sur les paysages de la Maremme, qui s'étendent à l'infini.

🏃🏃 **Castiglione della Pescaia et ses alentours :** *à env 22 km à l'ouest de Grosseto.* À deux pas de la mer, une cité portuaire assez chic et touristique, avec un petit centre ancien d'où l'on peut, depuis les remparts, voir s'agiter tout un monde d'estivants, entre les plages et la jetée. Pour les amateurs de poissons et fruits de mer, belles adresses autour du port. De Castiglione, on peut reprendre des routes qui serpentent dans les collines généreusement arborées. Petit arrêt possible au village de Tirli, resté dans son jus.

PARCO NATURALE DELLA MAREMMA (PARC NATUREL DE LA MAREMME)

À 40 km au sud de Grosseto, ce parc naturel englobe les monts de l'Uccellina, entre l'estuaire de l'Ombrone au nord et le golfe de Bengodi. On y accède par le village d'*Alberese***, situé à 13 km au sud de Grosseto. Laisser sa voiture au parking est une obligation en été (le parking de la place n'a que 120 places et est plein dès 10h du matin !). Parc à visiter de préférence en mai ou en septembre.**

UN PEU D'HISTOIRE

La Maremme, froide et humide en hiver, est une terre sèche en été. Les Romains ayant progressivement délaissé les drainages créés par leurs prédécesseurs étrusques (comme aurait dit Obélix : « *Sono pazzi questi Romani !* »), les anophèles meurtriers s'y épanouirent, colportant des épidémies de malaria. Au Moyen Âge, Sienne, sans débouché maritime (contrairement à Florence), convoitait ce morceau du littoral pour des raisons géostratégiques, mais Florence le lui souffla en absorbant la Maremme dans sa zone économique.

RÉGIME SEC POUR LES MARAIS

Aux temps forts de la malaria, le gouvernement de Grosseto dut plier bagages et émigrer sur les hauteurs de Scansano, au nord de Saturnia, afin d'échapper aux satanées zanzare (moustiques). Le seul pouvoir politique à prendre vraiment les choses en main pour mettre fin aux épidémies fut celui de... Mussolini. Lors de la célèbre « bataille du Blé », il mobilisa les anciens combattants pour assainir le marais. Le mauvais air (malaria) fut ainsi chassé et la palude (marais) nettoyée de son paludisme.

LES CHEVAUX DE LA MAREMME

La Maremme est accessible à certaines conditions. Traditionnellement, le moyen de locomotion le plus adapté (la région étant la moitié du temps inondée) est la plus noble conquête de l'homme : le cheval. On trouve ici une race autochtone croisée avec quelques cousins du Nord au cours de différentes vagues d'invasion. Relativement robuste, d'un pied très sûr, loyal et volontaire, il résiste aux moustiques, lui. Et aux sautes d'humeur des *butteri,* les bergers façon gauchos argentins ou *manadiers* camarguais, qui élèvent de drôles de vaches grises aux cornes style guidon de bicross. Le *buttero* est toujours muni d'une grande perche en bois de cornouiller débarrassée de son écorce par le feu. À sa pointe se trouve un crochet en corne multi-usage (fermeture d'une barrière, sanglage à distance des jeunes pur-sang fougueux, ramassage du chapeau tombé à terre...).

RECOMMANDATIONS

Vous êtes dans un parc naturel où le fragile écosystème doit être respecté encore plus qu'ailleurs. Les oiseaux viennent nidifier ou se reposer dans la région : pas de chiens, pas de cris, respect !
Pour les randonnées, prévoir des chaussures de marche (certains chemins sont escarpés), de l'eau en quantité, un chapeau et un répulsif pour les moustiques (même en hiver !). Aucun commerce dans le parc, excepté quelques produits de base et un peu de production bio locale (jambon, fromage...) en vente au *Centro visite.*

Arriver – Quitter

🚌 *Arrêt des bus :* devant le centre d'informations touristiques (Centro visite di Alberese) à *Alberese.* ● tiem mespa.it ●
➢ *Grosseto :* bus ttes les heures 7h-18h au départ d'Albarese (7h30-19h de Grosseto). 2-3 bus slt le dim, selon saison.
🅿 *Stationnement :* parking payant face au Centro visite di Alberese. Compter 2 €/h.

Adresse utile

🛈 *Centro visite :* via del Bersagliere, 7-9, à *Alberese.* ☎ 0564-40-70-98. ● parco-maremma.it ● À l'entrée d'Alberese en venant du nord. Tlj 8h30-16h. Toutes les infos sur le parc et vente des billets pour les balades. Le centre est aussi le siège de l'association *Naturalmente Toscana,* qui gère les activités et propose une liste d'une quarantaine d'*agriculturismi.*

Où dormir ? Où manger au plus près du parc ?

🛌 *Agriturismo Redipuglia :* strada Vecchia Aurelia, 31, 51010 *Alberese.* ☎ 0564-40-70-41. ● info@agriturismo redipuglia.com ● agriturismoredipuglia. com ● Sur la route de Marina di Alberese, à 2 km au nord d'Alberese, au niveau de l'intersection avec la strada Vecchia Aurelia. Doubles 50-60 € ; apparts pour 4 pers 90-100 € ; pas de petit déj. Prêt de vélo gratuit sur présentation de ce guide. Dans une grande exploitation agricole entourée d'oliviers et de pins parasols, cette ferme est tenue par un couple accueillant et charmant. On est reçu par le roucoulement des tourterelles. La demeure bien entretenue abrite des chambres simples mais vastes et

TOSCANE

fraîches. Toutes (sauf une) ont un coin cuisine et la clim. La propriétaire met à disposition table et chaises pour prendre l'apéro dans le jardin. On peut déguster le miel artisanal et naturel de la ferme. Une adresse d'un bon rapport qualité-prix.

🏠 *Azienda Regionale Alberese :* strada del Mare, 27, loc. **Spergolaia,** 51010 Alberese. ☎ 0564-40-71-00 (en sem). 🖩 329-260-37-94 (w-e). ● agriturismo@alberese.com ● alberese.com ● À 2 km au nord d'Alberese sur la route de Marina di Alberese. Pour 2 nuits (min exigé en saison) : chambres avec cuisine 150-160 € pour 2, 250-270 € pour 3-4 ; chambres et apparts pour 2-5 pers dans la luxueuse Villa Fattoria Granducale 180-250 € pour 2 nuits (tarifs à la sem également). Cette immense *azienda* est en fait une sorte de grande coopérative équestre appartenant à la collectivité régionale. Point de chute idéal pour rayonner, à pied ou à cheval, dans les 4 000 ha de terres qu'exploitent encore les *butteri* de l'*azienda.* Au total, une trentaine de chambres et apparts, de 45 à 95 m², tout confort et tout équipés, sont répartis dans 4 fermes disséminées dans le parc et une villa luxueuse dans le centre d'Alberese. Propose également des balades à cheval.

|●| *Osteria Il Mangiapane :* strada Cerretale, 9, **Alberese.** ☎ 0564-40-72-63. En bordure du parc naturel, à 500 m du centre de visite, sur la route principale en direction de Grosseto. Tlj sf jeu hors saison. Plats 9-14 €. Rustique *osteria* avec terrasse, en retrait de la route, dans un jardin fleuri planté d'oliviers, où les enfants trouveront des jeux pour patienter. Cuisine roborative à petits prix : *coniglio, cinghiale, scottiglia della nonna...* Tenue par une famille accueillante.

|●| *Bar-ristorante Da Remo :* via Provinciale, 59, **Ripescia.** ☎ 0564-40-50-14. ♿. À deux pas de la gare. À 7 km au sud de Grosseto et à 7 km au nord du parc naturel de la Maremme. En venant d'Alberese, en direction de Ripescia : c'est à gauche avt le pont de chemin de fer. Ouv le soir tlj sf mer, plus le midi dim. Congés : nov. Repas complet 35-45 €. Une bonne adresse fréquentée principalement par les locaux. On entre par la terrasse dans cette auberge qui abrite 1 bar et 2 salles. Si vous aimez le poisson, vous devriez vous régaler.

À voir. À faire

➢ *Randonnées :* de mi-sept à mi-juin, visite en solo ; de mi-juin à mi-sept, 2 petits itinéraires à faire en solo, mais les plus intéressants se font obligatoirement sur résa (la veille) et avec un guide (en italien, en anglais, en allemand, et en français parfois). Selon parcours, visite libre sans guide 3-6 € (2h de marche), avec guide env 10 € (3-4h de marche) ; réduc. Également des visites pour la journée (50 €) et en nocturne en été (15 €). Navette entre le centre de visite et le point de départ des circuits : env ttes les heures ; départs 9h-16h30. La carte détaillée des randonnées est fournie par le centre d'information des visiteurs du parc. Les parcours thématiques varient au fil des saisons, ils explorent paysages forestiers méditerranéens, pinède et l'embouchure de l'Ombrone en été, et ils mènent en hiver vers l'**abbaye de San Rabano** ou sur les tours médiévales parsemées sur les collines.

➢ *À cheval, à bicyclette et en bateau :* sur résa slt. Pour les adeptes de la petite reine, prévoir 10 € pour l'itinéraire balisé de 4h (19 km). Des centres équestres privés affiliés au *Centro visite di Alberese* proposent deux itinéraires balisés à cheval. Compter 46-100 € selon le niveau de difficulté. Découverte accompagnée également possible en canoë. Compter 16 € par personne pour 2h, 20 € pour la sortie ornithologique ou en nocturne. Pour finir sans effort, sorties en roulotte pour 14-19 € par personne.

⚲ *Les plages du parc :* on y accède dans le cadre des itinéraires balisés. Intéressant pour la période de visite en solo, mais en été le guide n'accorde que peu de temps à la trempette. En revanche, en limite de parc, on peut accéder librement et en voiture (ou à moto) à la plage de **Marina d'Alberese.** Un chemin de terre de 6 km y conduit depuis l'intersection de Spergolaia. On doit passer par un péage électronique qui prend en photo la plaque d'immatriculation de votre véhicule. On paie au retour (cher). Sur la plage elle-même, beau paysage mais beaucoup de débris de bois mort sur le sable, un snack, et début du sentier A 7 (vente de billets) ; sinon, accès en navette *(payante également, 1,50 €)* depuis Alberese. À privilégier en juillet-août quand le parking est plein.

🏃 L'**Azienda Regionale Alberese** (voir « Où dormir ? Où manger au plus près du parc ? ») propose des visites de cette vaste **ferme publique** totalement autarcique (forge, scierie, entrepôts, sellerie...).

TOSCANE

ORBETELLO ET LE MONTE ARGENTARIO

À 33 km au sud de Grosseto, la vieille ville d'Orbetello est bizarrement située en bord de mer et bordée par deux belles lagunes. Elle est implantée sur une bande de terre (un isthme en fait) qui relie la terre ferme au promontoire du Monte Argentario, sauvage et d'autant plus inaccessible que seuls les riches Italiens peuvent y aborder aux beaux jours.
Dès la mi-juin, les hôtels de la « côte d'argent » justifient son nom et affichent complets. L'option la plus économique, si vous tenez vraiment à loger par ici, est de réserver un bungalow ou un appartement dans un des campings de la région, même si ces derniers ne sont pas bon marché. Campings bruyants bordant l'Aurelia, adresses plus sereines (mais là encore tout est relatif) sur le tombolo della Giannella qui relie le Monte Argentario, à 1,5 km d'Albinia. Notre conseil : privilégier l'arrière-pays.

ORBETELLO *(58015)*

Les Italiens adorent s'y promener à la fraîche, les visiteurs avides d'authenticité feront trois petits tours et s'en iront. Le centre ancien n'est pas désagréable à découvrir à pied, une fois son véhicule garé. Ne pas manquer son Duomo gothique du XIVe s (belle façade, où deux modillons lutins regardent à travers un oculus).
Étrusque puis byzantine, Orbetello fut de 1557 à 1808 la capitale du petit État espagnol des Présides *(Presidi),* d'où proviennent les armoiries de la porte du Secours. On peut voir aussi des éléments de style hispano-flamand sur certaines parties de la cathédrale et il existe encore un moulin hispanique sur la lagune à la sortie ouest de la ville. La ville a perdu sa fonction militaire, mais, jusqu'à l'époque mussolinienne, elle était une base pour hydravions.

Arriver – Quitter

En train

🚂 **Gare ferroviaire :** ☎ 89-20-21 (0,54 €/mn). ● trenitalia.com ● Station **Orbetello – Monte Argentario,** à Scalo, à 2 km de la ville. Ensuite, bus Rama *pour Orbetello-ville (normalement calés sur les horaires des trains).*
➢ **Florence :** une dizaine de trains/j. via Pise. Trajet : env 3h30.

TOSCANE

➢ **Pise :** liaisons env ttes les 1-2h, certaines via *Grosseto*. Trajet : 2h15.

➢ **Capalbio :** liaisons env ttes les 1-2h, 4h44-22h. Trajet : 10 mn. Pour rejoindre ensuite le jardin des Tarots de Niki de Saint Phalle, le spot n° 1 de la région, prendre un taxi (voir plus loin « La Maremme des Collines, de Capalbio à Sorano. Capalbio. À voir dans les environs »).

En bus

🚌 **Rama :** viale Mura di Ponente, 4. ☎ 199-84-87-87. ● tiemmespa.it ●
➢ Bus directs ttes les 30 mn pour **Porto San Stefano** (durée : 20 mn) et (beaucoup plus rares) *Capalbio*. Pour rejoindre **Manciano** et **Pitigliano**, 1 bus direct, sinon 3 bus/j. avec changement à *Albinia*.

Adresses utiles

🛈 **Ufficio turistico** (Pro Loco) **:** piazza della Repubblica, 1 ; en face du Duomo. ☎ 0564-86-04-47. ● prolocoorbetello.it ● Tte l'année, 10h-13h, 16h-20h (21h30-23h30 juil-août). Équipe compétente et disponible. Plein d'infos sur les activités à faire à Orbetello et sur les minicroisières autour de l'Argentario. Demander les fiches des pistes cyclables.

✉ **Poste :** piazza Eroe dei Due Mondi. En plein centre. Lun-sam 8h25-19h10 (12h35 sam).

🅿 **Stationnement :** parking payant face à l'office de tourisme et sur le front de mer. Compter 1 €/h.

Où dormir à Orbetello et dans les environs ?

Prix moyens

🛏 **B & B Toni & Judi :** corso Italia, 112. ☎ 0564-86-71-09. ● pensione toniejudi.it ● Ouv avr-sept. Doubles 65-105 € selon saison, petit déj léger compris. 🖥 🛜 Dans une rue piétonne du centre, un appartement de style un peu bohème au 2e étage, avec des chambres de bon confort, mansardées et colorées, et l'AC (plus ventilo). On prend le petit déj dans une véranda style paillote de plage à la déco originale. Salon TV et coin Internet à dispo. Accueil excellent de deux routards dynamiques.

🛏 **Pensione Verde Luna :** via Banti, 1. ☎ 0564-86-74-51. ● albergover deluna@yahoo.it ● albergoverdeluna. tk ● Dans une ruelle perpendiculaire au corso Italia. Ouv de mi-mars à mi-nov. Doubles 60-105 € selon saison ; sans petit déj. CB refusées. Dans une ruelle charmante et calme, voici une petite pension très bien tenue. Les chambres sont claires (surtout au 2e étage), grandes et fraîches. Confort et déco standard : TV, ventilo, AC, frigo et balcon. Pour la région, un bon rapport qualité-prix et un accueil vraiment agréable.

🛏 **La Speranza :** Guinzoni, Frazione Marsiliana, 58010 **Manciano**. ☎ 0564-60-60-37. ● info@agriturismolaspe ranza.it ● agriturismolasperanza.it ● Sur la SR 74, direction Manciano ; 3 km après Marsiliana, au rond-point à gauche (fléché). Ouv avr-fin oct. Apparts 2-4 pers 400-990 €/sem selon confort et saison. Réduc de 10 % sur l'appart mai-juin et sept sur présentation de ce guide. L'accueil jovial, les 10 appartements spacieux et confortables, la piscine, le terrain de tennis, le jardin potager, le sauna, tous libres d'accès, font de *La Speranza* un lieu appréciable pour les séjours en famille. Pour dîner, boire un verre ou faire un barbecue, rendez-vous sur la jolie terrasse.

🛏 **Locanda Le Mandriane :** loc. San **Donato**, 58010 Orbetello. ☎ 0564-87-81-78. ● info@locandalemandriane. it ● locandalemandriane.it ● À env 14 km d'Orbetello. Depuis Albinia, suivre la SR 74, direction Manciano, puis à gauche vers San Donato, fléché ensuite sur la droite. Ouv tte l'année. Doubles 60-110 € selon saison, avec petit déj. Table d'hôtes env 25 €. Parking et même possibilité de louer des vélos. 🛜 Au milieu des champs, Fabio et sa famille ont aménagé cette grande ferme aux murs roses pour en faire une oasis de calme dans la nature. On y croise des perroquets, des paons, des autruches, et même des chats perchés, comme dans un conte. Les chambres, à l'étage ou dans des dépendances, sont confortables, le petit déj consistant. Pour les repas, au choix cuisine à dispo ou table d'hôtes. Une bonne base arrière à deux pas des prix délirants de l'Argentario !

Où manger à Orbetello et dans les environs ?

IOI I Pescatori : *via Leopardi, 9.* ☎ *0564-86-06-11. Juste à l'extérieur des remparts, au bord de l'eau. Juil-sept, ouv le soir tlj ; en basse saison, le soir jeu-sam, plus le midi le w-e. Repas env 25-30 €.* Cette adresse fait le plein à l'heure du dîner. On commande et on paie avant d'être placé à l'une des grandes tables dans la vaste salle ou, aux beaux jours, entre 2 hangars en bord de lagune. Ça tourne, c'est bruyant, l'atmosphère est plus celle de la cantine enfiévrée que du resto pour repas aux chandelles. Mais on vient ici pour la qualité du poisson frais (anguille, mulet...), servi grillé le plus souvent. Attention aux moustiques virulents venus de la lagune !

IOI Trattoria l'Ovosodo : *piazza Cortesini, 21.* ☎ *0564-86-77-23.* ● *tratto rialovosodo@gmail.com* ● *Sur la place ombragée par des pins, à l'entrée est de la ville (en venant de l'autoroute). Tlj sf mar midi et soir. Repas env 25 €.*

Petite *trattoria* discrète, avec une salle colorée, et une terrasse si la circulation vous indiffère. Carte classique à dominante de poissons et produits de la mer, mais les viandes ne sont pas oubliées. Adresse qui a l'avantage d'avoir des horaires d'ouverture larges.

IOI Antica Trattoria Aurora : *chiasso Lavagnigni, 12-14, 58051 Magliano in Toscana.* ☎ *0564-59-20-30 ou 27-74.* ● *gnanisas@alice.it* ● *À 22 km au nord d'Orbetello. 1re rue à droite après la porte San Giovanni. Tlj sf mer 12h30-13h30, 19h30-22h. Congés : janv-fév. Repas complet 30-50 €.* Une halte gastronomique qui permet de découvrir une jolie cité de caractère entourée de remparts. Ce resto se compose de belles salles voûtées prolongées dehors par un agréable jardin-terrasse face aux murailles étrusques. Carte selon le marché, composée de plats à l'ancienne. Bonne cave à vins. Accueil chaleureux.

TOSCANE

À voir à Orbetello et dans les environs

⚲ Museo archeologico « Polveriera Guzman » : *via Mura di Levante.* ☎ *0564-86-03-78. Ouv en principe slt le w-e : sam 16h-19h (20h juin-août), dim 10h-13h, 16h-19h (mais horaires variables, se renseigner). GRATUIT.* Cette ancienne poudrière espagnole a été réhabilitée et transformée en un petit musée archéologique pas inintéressant (commentaires traduits en anglais).

⚲ La réserve naturelle de la laguna di Ponente : *au nord-ouest.* ☎ *0564-87-01-98. Visite guidée possible en saison (sur résa), sinon accès libre et gratuit.* La langue de sable ou *tombolo di Giannella,* qui relie le Monte Argentario à la terre ferme et clôt la lagune, sert de point d'observation. La réserve, riche en faune avicole, est gérée par le WWF.

LE MONTE ARGENTARIO

Relié au continent par trois langues de terre (des *tombolos*), le Monte Argentario se dresse comme une étrange avancée dans la mer. Son nom vient probablement des puissants banquiers qui y régnaient à l'époque romaine. Ses coins les plus beaux sont d'accès impossible sans bateau, notamment ses magnifiques petites criques à l'eau turquoise. Entre rivages rocheux et forêt, une route côtière permet d'en faire en partie le tour. Elle s'interrompt quelques kilomètres après *Porto Ercole*. Ce petit port de pêche et de plaisance occupe un beau site dominé par des forteresses, dont l'imposant *Forte Stella*, édifice espagnol en forme d'étoile.

Au nord, la station balnéaire de **Porto Santo Stefano,** nichée dans une baie en forme de croissant, est le prototype du bon port typique italien, ayant conservé sa taille humaine et son caractère propre. C'est de là que partent les bateaux pour les îles de Giglio et Giannutri. Les tarifs hôteliers n'incitant guère aux longs séjours, on le répète, autant loger dans les terres et venir en balade pour la journée.

△ **Les plages :** les nombreuses criques sont surtout accessibles en bateau. Ceux qui préfèrent le sable en trouveront des kilomètres sur les langues de terre : version « urbanisée » sur le *tombolo di Giannella,* version bien plus sauvage sur le *tombolo di Feniglia* (aux abords envahis par des cafés avec pignon sur plage). Le prix des parasols et lits bain de soleil ne donne qu'une envie : griller à même le sable !

➢ Plusieurs **sentiers de randonnée** parcourent la péninsule. C'est le meilleur moyen de la découvrir. Vous pouvez vous procurer une carte auprès de l'office de tourisme d'Orbetello. Les sentiers du Sud sont les plus beaux car ils traversent les nombreuses criques paradisiaques à l'eau limpide. Sinon, les motorisés ou les sportifs grimperont jusqu'au couvent *Dei Padri Passionisti* (suivre la route d'*Il telegrafo*), d'où la vue sur la lagune est spectaculaire.

🍗 **Tagliata etrusca :** *à 7 km au sud d'Orbetello. Depuis l'Aurelia, prendre la sortie Ansedonia (km 138). Continuer 1,5 km vers la mer, jusqu'au parking payant de la plage (pas d'indication).* Les Étrusques ont taillé un canal de plusieurs kilomètres dans la falaise côtière. En utilisant le courant des eaux du lac de Burano, ces fins hydrologues créaient ainsi une « chasse » qui désensablait naturellement le port d'Ansedonia. Astucieux, non ?

À noter : à côté de la petite plage, la **torre della Tagliata** (XVIᵉ s) où Puccini résida et composa plusieurs œuvres, dont une bonne partie de *Turandot*.

🍗 **Porto Ercole :** à 6 km au sud d'Orbetello, dans une entaille de la côte, au pied du mont Argentario, ce petit port tranquille est connu pour avoir été le lieu où le Caravage, le célèbre peintre, décida de finir ses jours (voir encadré).

LA VRAIE MORT DU CARAVAGE

Fuyant Rome par la mer où il était accusé de meurtre, le Caravage aurait trouvé la mort sur une plage de Porto Ercole. On a découvert en 2001, dans les registres paroissiaux de ce port, son acte de décès de 1610 à l'hôpital où il serait vraisemblablement mort des suites d'une crise de paludisme. Un petit monument en ville rend hommage au grand peintre mort en fuite...

LA MAREMME DES COLLINES, DE CAPALBIO À SORANO

À moins d'avoir la possibilité de s'évader à cheval sur la côte sauvage, autour de la pointe de Follonica, ou d'avoir dans ses relations un propriétaire de yacht susceptible de vous emmener faire un tour entre l'île du premier exil de Napoléon et la rutilante marina di Scarlino, c'est cette Maremme-là que vous allez préférer, loin de la foule entassée sur les plages. On découvre en s'enfonçant à peine à l'intérieur des terres les premiers vignobles, déjà exploités par les Étrusques, où mûrit vaillamment le *sangiovese*. C'est la Maremme toscane encore méconnue, où il faut prendre le temps de vivre, sur la route ou dans des villages perchés, des bourgs restés dans leur jus, où vous serez peut-être seulement quelques-uns à vous balader, à la nuit venue, même à l'approche de l'été.

CAPALBIO

À 25 km à l'ouest d'Orbetello. Une cité bien conservée avec remparts, chemin de ronde et ruelles encaissées. Il faut prendre les 10 mn nécessaires pour se promener sur les murailles. Point de vue saisissant sur la campagne de la Maremme s'étendant jusqu'à la mer. Pour ceux qui ne sont pas véhiculés et aimeraient visiter le fameux jardin des Tarots, aller à Capalbio en train et s'adresser au buffet de la gare pour trouver un taxi. Deux numéros seulement, dont celui de Loris Leandri (📱 *339-789-25-32),* qui viendra même vous chercher avec un petit bus si vous êtes plus de quatre personnes.

À voir dans les environs

🎨🚶 👫 *Il Giardino dei Tarocchi :* à *Garavicchio,* à 24 km à l'ouest d'Orbetello. ☎ 0564-89-51-22. ● *giardinodeitarocchi.it* ● *D'Orbetello prendre au sud l'autoroute E 80, la suivre sur env 18 km, jusqu'à la 2ᵉ bretelle de sortie. C'est indiqué Garavicchio. Continuer encore 2 km dans la campagne. D'avr à mi-oct, tlj 14h30-19h30. Entrée : 12 € ; réduc ; gratuit moins de 7 ans.* Un jardin fantastique de sculptures, un lieu hors normes, mêlant le ludique et l'artistique ! En 1955, Niki de Saint Phalle, la célèbre artiste franco-américaine, a flashé sur le parc Güell à Barcelone. Son horoscope l'a convaincue que ses personnages aux formes rondes et lisses devaient s'exprimer dans la nature. Un songe aujourd'hui devenu réalité. Basé sur les 22 arcanes du jeu de tarot, ce jardin a été réalisé entre 1979 et 1993 avec l'aide du mari de l'artiste, le sculpteur Jean Tinguely. Il présente, parmi les chênes verts et les oliviers, une grosse douzaine de gigantesques « personnages » en mosaïque dans lesquels on entre, on monte et que l'on peut actionner pour certains. Notre préférence va à *La Mort,* qui caracole allègrement sur son cheval bleu, mais *L'Impératrice* est insolite aussi, car elle abrite un studio recouvert de mosaïque de miroirs. C'est dans cette cellule plutôt chic qu'a vécu et travaillé Niki de Saint Phalle pendant les travaux de construction...

MONTEMERANO ET SATURNIA *(58014 et 58050)*

À environ 70 km au nord-est d'Orbetello (littoral) et à 28 km à l'ouest de Sovana, Saturnia est un gros village connu pour ses thermes, tandis que Montemerano (à 7 km au sud de Saturnia), accessible par une jolie route de campagne, se présente comme un village en forme de cœur, perché sur son piton rocheux. Déjà à l'époque romaine, on n'hésitait pas à faire de longs trajets pour se baigner dans les eaux sulfuro-boriques de Saturnia. On quittait alors la *via Aurelia,* 121 *millaria* après Rome, pour s'engager dans la *via Clodia,* dont quelques vestiges et une belle porte subsistent à deux pas de l'église. Près de deux millénaires plus tard, avec une nette amélioration des moyens de transport, les touristes y viennent dès le printemps. Et les conditions d'accueil aussi ont changé : luxe, soufre et volupté.

Adresse utile

🛈 *Ufficio turistico :* l'Altra Maremma, Via Aldobrandeschi, 19, 58050 **Saturnia.** ☎ 0564-60-12-80. ● laltrama remma.it ● *Au début d'une rue qui part* de la grand-place. Ven-dim slt 10h-13h, 15h30-18h30. Demander la liste des hébergements (nombreux *agriturismi* de charme dans ce joli coin de Toscane).

Où dormir ? Où manger ?

À Saturnia

De bon marché à prix moyens

🏠 **B & B Il Giardino Etrusco** (Rosetta Governi) : via Mazzini, 10. ☎ 056-60-13-45. 📠 3477-941-074. ● ilgiardinoetrusco@gmail.com ● Doubles 65-70 €, petit déj inclus. À 100 m de la place centrale du village, en face de l'école communale, cette maison est tenue par une dame aimable et un peu francophone. Ses chambres sont impeccables, calmes et simples (douche/w-c, AC). Vue sur les arbres de l'école ou sur le jardin à l'arrière.

🏠 **Hotel Villa Clodia** : via Italia, 43. ☎ 0564-60-12-12. ● info@hotelvillaclodia.com ● hotelvillaclodia.com ● Dans le centre du village. Congés : janv. Doubles 60-90 €, petit déj compris. Sauna, massage et bain turc (payants). 📶 Adresse remarquable ! Adorable petit hôtel de charme arrangé et décoré avec style et caractère avec une décoration dans les tons bleus et un mobilier élégant et choisi. Notre préférée est la n° 7 (avec terrasse ; plus chère, 140 €). Salon avec cheminée. Vue sur la vallée ou l'adorable jardin ombragé avec sa piscine. Terrasse sur le toit pour prendre son petit déj. Accueil d'une extrême gentillesse. Tickets de réduction pour se baigner aux thermes.

🍴 **Il Melangolo** : piazza Veneto, 2. ☎ 0564-60-10-04. ● info@ilmelangolo.it ● Sur la place principale. Tlj en saison, midi et soir. Plats 15-20 €. Resto dans une maison de caractère avec ses tables installées dans un charmant jardin. La spécialité est le champignon, de bons gros cèpes (funghi porcini) accommodés à toutes les sauces. Bonnes pizzas pour les petits budgets. Accueil souriant.

À Montemerano

Prix moyens

🏠 **Pian dei Casali** : loc. Pianetti. ☎ 0564-60-26-25. ● info@piandeicasali.it ● piandeicasali.it ● 🚶 2 km avt les thermes, en arrivant de Montemerano. Doubles avec sdb 75-85 € ; apparts 95-105 €. 📶 Cette ferme biologique de 45 ha est dirigée par Roberto, un dynamique francophone qui est aussi un passionné de mont-golfières. Chambres réparties dans une annexe de plain-pied. Très propres et confortables, elles disposent de petites terrasses, d'une cuisine d'été avec barbecues et d'une belle piscine pour prendre le frais. Vue sur les prés ombragés du domaine, et plus loin les oliviers de la ferme.

🏠 **Agriturismo Le Fontanelle** : Poderi di Montemerano à **Manciano**. ☎ 0564-60-27-62. ● informazioni@lefontanelle.net ● lefontanelle.net ● 🚶 À quelques km de Montemerano, en direction de Manciano (fléché sur la droite). Double 85 €, petit déj inclus. Possibilité de ½ pens env 70 €. 🍴📶 Café ou digestif offert et réduc de 10 % (hors août) sur présentation de ce guide. Isolée en pleine nature, cette belle maison traditionnelle dispose d'une dizaine de chambres confortables, réparties dans plusieurs bâtisses. Il y a aussi un petit chalet en bois. Environnement très verdoyant, avec le village de Montemerano à l'horizon et une réserve de daims au pied de la propriété. Repas copieux à la table d'hôtes. Les chaleureux propriétaires ont plein d'humour et aiment les animaux (chiens, chats, biquettes...).

🍴 **Passaparola** : vicolo delle Mura, 21, à **Montemerano**. ☎ 0564-60-29-83. ● anna.ginesi@alice.it ● Dans le vieux bourg, une rue perpendiculaire à la via Italia. Tlj midi et soir sf jeu. Congés : de mi-janv à mi-fév. Résa obligatoire. Repas 25-35 €. 📶 Passaparola signifie « bouche à oreille » en italien ; c'est de cette manière que le resto s'est fait connaître... Petite auberge familiale qui sert une bonne cuisine de terroir : cinghiale al morellino (sanglier au vin rouge), filetto di capra (chèvre) avec une belle carte de fromages au miel d'abeilles toscanes. On peut emporter, en fin de repas, le vin que l'on a savouré (s'il en reste !). Petite terrasse avec vue dégagée.

Chic

🛏 *Villa Acquaviva :* strada Scansanese. ☎ 0564-60-28-90. ● info@villaacquaviva.com ● villaacquaviva.com ● ♿ À 800 m de Montemerano, sur la droite en direction de Scansano. Doubles et suites 110-190 € selon confort et saison, petit déj inclus. 🛜 Au cœur du vignoble, une belle allée conduit à cette ancienne *fattoria* transformée en maison d'hôtes de charme. L'imposante demeure à la façade ocre saumon se tient près d'une belle annexe en pierre du pays (le *tavertino*). C'est un *agriturismo* de luxe avec des chambres de style, climatisées et douillettes, même si certaines, parmi les moins onéreuses, sont un peu étroites. D'autres chambres, plus chères et plus spacieuses, possèdent une terrasse et des baignoires hydromassantes. Salle à manger très agréable, avec poutres apparentes. Piscine. Tennis. Production de vin et de miel.

À faire

– Terme di Saturnia : à 2 km en contrebas de Saturnia, sur la route de Montemerano. ☎ 0564-60-01-11. ● termedisaturnia.it ● Tlj 9h30-19h. Au sein d'un complexe hôtelier de soins thermaux de luxe (Spa & Golf Resort), un bain public est accessible aux visiteurs extérieurs, avec sa propre entrée : env 25 €/j. ; moins cher à partir de 15h. Parking : 5 €. Accès à toutes sortes d'équipements : jets d'eau, jacuzzi, bassins d'eau chaude... Tout le monde vient faire trempette ici. Vous verrez, les gens ont leurs rituels, c'en est presque religieux. Les eaux jaillissent à 37 °C, et on souffre de leur forte odeur d'œuf pourri (eh oui ! le soufre). Avec le magnésium, le carbonate et les algues, elles laissent une peau très douce, des cheveux soyeux : presque une fontaine de jouvence. Évitez les longueurs forcenées ou de rester plus de 15 mn d'affilée dans l'eau, cela peut causer des malaises. N'oubliez pas la serviette (pour vous sécher), mais aussi le savon et le shampooing si vous ne voulez pas qu'on vous suive à la trace...

SOVANA (58010)

À 10 km au nord-ouest de Pitigliano, juché au sommet d'une colline, Sovana se présente comme l'un des plus beaux villages médiévaux des collines de la Maremme. L'un des plus oubliés des touristes aussi, profitez-en ! On rencontre plus de chats et de vieilles dames (les uns n'allant pas sans les autres) dans ses ruelles que de visiteurs tendant la perche pour des selfies. C'est l'un des cœurs de la région des nécropoles étrusques. Près de 4 700 tombes y ont été recensées, et les fouilles archéologiques continuent. Le village fut pendant des siècles le fief d'une famille d'origine allemande, les Aldobrandeschi, qui régnait sur la Maremme et dont est issu le pape Grégoire VII (1020-1085). Vassal de Sienne, il fut ensuite gouverné par les Médicis de Florence.

Où dormir ? Où manger ?

🛏 🍴 *Albergo Scilla & Locanda della Taverna Etrusca :* réception commune à ces 2 établissements, au 16, piazza del Pretorio. ☎ 0564-61-43-29. ● info@scilla-sovana.it ● sovana.eu ● 2 hôtels différents gérés par le même bureau (à côté de la chiesa Santa Maria). Doubles 75-95 € selon saison, petit déj compris. La *Locanda della Taverna Etrusca* est située dans une belle et vieille demeure médiévale (avec le resto au rez-de-chaussée), dont les origines remontent à 1200. L'*Albergo Scilla,* quant à lui, propose des chambres tout aussi élégantes et confortables, et laisse à la disposition

TOSCANE

de ses hôtes un appréciable petit salon avec cheminée. Si les restaurants sont fermés (la haute saison est courte, ici), vous devriez trouver de quoi ne pas mourir de faim sur la place.

≙ |●| *B & B Santarelli :* via del Pretorio, 8. ☎ 0564-61-40-73. ● alessandra. santarelli87@gmail.com ● Doubles 60-100 € selon confort et saison. Une poignée de chambres toutes simples à quelques pas de la place principale, où la famille Santarelli tient un bar-pizzeria tout simple lui aussi, tout bon, où l'on peut s'offrir le soir un *spritz* en grignotant de la vraie charcuterie artisanale, avant de partager une pizza aux fleurs de courgette (et oui !). Une

façon sympa de partager la vie de ce village qui semble encore à l'écart des flux touristiques.

➤ *Pizzeria La Tavernetta da Mauro e Angela :* via del Pretorio, 3. ☎ 0564-61-62-27. Fermé jeu (sf l'été). Congés : juil. Plats 8-10 € ; pizzas 5,50-7-50 € (le soir slt). Une cuisine traditionnelle et familiale, avec de bonnes pizzas au feu de bois (goûtez la « pizza étrusque » aux artichauts... une merveille !). On dîne dans la salle climatisée, quelque peu hors du temps, ou sur une petite terrasse surélevée donnant sur la rue piétonne. Service à l'ancienne.

À voir à Sovana et dans les environs

🏛 *Necropoli etrusca : Poggio di Sopra Ripa,* à 1,5 km à l'ouest sur la route de Saturnia. ● leviecave.it ● Mars-oct, tlj 10h-18h. Entrée : 5 € ; un billet cumulatif à 8 € comprend également l'entrée à la forteresse, au Musée médiéval de Sorano et au musée de Sovana ; sinon, 2-5 € par site. Visite libre dans la forêt, demander le plan. La *tomba Ildebranda,* la plus intéressante, a conservé de grandes colonnes cannelées. Des 12 tombes d'origine, il n'en reste plus guère. Sur le côté gauche, on peut encore contempler (en hauteur) des feuilles d'acanthe. Voir également la *tomba della Sirena* sur la route de Satúrnia, avec des vestiges de bas-reliefs, celle *des enfants,* ou encore celle *da Edicola.*

🏛 *Chiesa Santa Maria di Sovana :* l'une des plus belles de la région. L'une des plus émouvantes, surtout. Son ciborium (il s'agit d'un autel sous un baldaquin en pierre) du IXe s provient du Duomo situé au bout du village. Admirez les fresques d'inspiration byzantine représentant le Christ en majesté encadré par deux évangélistes.

🏛 *Duomo :* tlj 10h-13h, 14h30-19h (17h en hiver). Situé à la sortie ouest du village (3 mn à pied depuis la place centrale du village) ; on peut admirer son portail magnifique orné de motifs végétaux, d'entrelacs et de spirales... Cette belle église datant de l'époque romane cache un intérieur sobre, sombre et dépouillé avec des chapiteaux historiés.

🏛 *Via Cave :* en contrebas du village. Pas de droit d'entrée. Ce ne sont pas les caves des Étrusques mais le chemin *(via)* des nécropoles étrusques. Creusée à même le tuf, profondément encaissée, traversée par le ruisseau la Folonia, le site est par conséquent très humide (rafraîchissant les jours d'été). À un point tel qu'un spécimen unique de fougère (la *capele venere)* y prospère. On remarque en hauteur de nombreuses figures gravées à même le tuf, comme un énorme svastika (symbole du soleil).

🏛 *Les ruines :* ce pan de muraille que vous croisez en entrant dans le village est ce qui reste du vieux château du XIIIe s des Aldobrandeschi (Ildebrando).

SORANO (58010)

Au sud-est de la Toscane, aux confins de celle-ci et du Latium, à 50 km d'Orvieto et slt 11 km de Pitigliano. Comme ses voisins, Sorano est un gros village fort bien conservé, qui n'a pas vendu son âme au diable du progrès. Authentique, il n'est pas devenu un village-musée. Été comme hiver, il y a de la vie à Sorano. Ses belles demeures s'accrochent à la roche pour ne pas dévaler dans les profondes gorges du Lente, tandis que l'impressionnante forteresse des Orsini surveille ses ouailles du haut de la falaise.

Adresses utiles

🖪 *Ufficio turistico :* piazza Busatti, 8. ☎ 0564-63-30-99. ● comune.sorano. gr.it ● Au pied de la porte de la vieille ville. Slt jeu-dim 10h30-12h30, 15h-17h. *Annexe* face à la forteresse Orsini, dans la partie haute du village : ☎ 0564- 63-34-24. Avr-oct, tlj sf lun 10h-13h, 15h-19h. Billetterie pour la visite de la forteresse et du Musée médiéval.
🄿 *Parking :* en haut du bourg, face à la forteresse ; au pied de la vieille vielle, sinon (pancartes).

Où dormir ? Où manger à Sorano et dans les environs ?

🛏 *Antico Casale Il Piccione :* podere Belvedere, loc. *La Fratta,* 58010 Sorano. 🖩 338-321-03-42. À 1 km du centre de Sorano, en direction de San Quirico, au bout d'un chemin de terre sur la droite. Doubles 75-85 €, petit déj compris ; appart 3-4 pers (min 3 nuits) 90-120 €. Comme son nom l'indique, cet *affittacamere* aux allures de gentilhommière est installé dans un ancien pigeonnier du XVᵉ s. On a donc conservé toutes les niches dans lesquelles se réfugiaient jadis les ramiers. Chambres sous les toits (belle vue), agréables et spacieuses, avec mobilier toscan, ou en rez-de-chaussée, modulables en appartement. Belle piscine dans un jardin bien entretenu. Accueil sympathique.
🛏 *Hotel della Fortezza :* piazza Cairoli, 5. ☎ 0564-63-35-49. 🖩 333-537-79-51 (en cas d'absence). ● info@ hoteldellafortezza.it ● fortezzahotel.it ●

♿ Doubles 82-105 € selon confort et saison, petit déj compris. Grand parking face aux remparts. Niché au cœur de la forteresse de Sorano, cet hôtel de charme abrite de belles chambres jouissant d'une superbe vue sur la ville et la campagne. Confortables bien que la literie soit un peu molle, elles sont de petite taille, ce qui leur donne leur aspect intime et douillet. Bon accueil.
🍴 *Locanda dell'Arco :* via Roma, 22. 🖩 340-187-08-65. Dans une ruelle piétonne du centre historique, en contrebas de la forteresse. Tlj sf lun. Congés : nov. Repas 12-20 €. Quelques tables sous un passage, d'autres dans une salle à plafond très haut et voûté. Plats classiques de Toscane (*crostini,* ricotta, *tagliolini* aux truffes) préparés avec des produits de qualité. D'autres restos plus hauts, à l'entrée de la ruelle piétonne, mais celui-là a une belle personnalité.

À voir

🔫 *Museo del Medioevo e del Rinascimento :* à l'intérieur de la forteresse Orsini. ☎ 0564-63-34-24. ● leviecave.it ● Tlj sf lun 10h-13h, 15h-19h (18h oct-nov). Fermé début nov-mars. Entrée : 4 € ; visite guidée gratuite à 11h, 15h30 et 16h30 (durée : 40 mn) des caves et de la forteresse (en anglais ou en italien) ; possibilité de billet cumulatif (8 €) pour les différents sites archéologiques de la région qui forment ce qu'on appelle la « Città del Tufo ». Il s'agit du château médiéval de la puissante famille des Aldobrandeschi. Depuis ce nid d'aigle, ils préparaient leur plan d'attaque sur les Pisans. La forteresse tomba ensuite aux mains des Orsini. Le musée conserve quelques fresques du VIᵉ s et présente l'histoire de la région sous diverses vitrines, en italien seulement.

TOSCANE

PITIGLIANO

(58017)   5 000 hab.

À 80 km au nord de Grosseto et à 60 km à l'est d'Orbetello (littoral). Un site et un paysage incroyables ! Les rivières Lente et Meleta se glissent au pied d'un éperon rocheux au sommet duquel se dresse cette étonnante ville perchée. Pitigliano offre le visage admirable d'une cité médiévale idéale, avec ses rues pavées et tortueuses, son palais et ses demeures anciennes patinées par les siècles, ses petits passages couverts et son aqueduc du XVIe s.

Comme un gruyère, la falaise est truffée de caves, parfois installées dans d'anciennes tombes étrusques. Elles s'étagent souvent sur près de trois niveaux sous les maisons. Destinées à conserver le grain lorsqu'elles sont au sud et le vin lorsqu'elles sont au nord, ces caves constituent une véritable cité souterraine. Elles appartiennent à la mémoire et au patrimoine de la cité. D'ailleurs, si vous en visitez quelques-unes, vous verrez que jadis un véritable réseau reliait les cavités entre elles (les portes sont aujourd'hui murées).

Passez-y au moins une nuit : une fois le soleil couché, la façade de tuf et les vieilles maisons au bord du gouffre sont illuminées. *Bellissimo !*

Grosseto : 80 km ; *Sienne :* 120 km ; *Florence :* 190 km.

UN PEU D'HISTOIRE

La communauté juive de Pitigliano présente une exception territoriale, d'où le nom de « petite Jérusalem » attribué à la cité. On leur réserva un privilège teinté de tolérance. En 1599, les juifs peuvent bâtir leur synagogue (toujours visitable) qui vient s'adjoindre à leur école, au cimetière, au four à pain azyme, et leur offre ainsi la possibilité d'abattre leur propre bétail, et même de le vendre aux catholiques. Chose rare, le comte Orsini défend même aux inquisiteurs de les molester et aux autorités de les expulser en cas d'épidémie. Le ghetto s'étale sur la voie Zuccarelli, le vicolo Manin et l'ex-via de Sotto.

La présence de cette communauté apporte un certain dynamisme à la petite ville. Mais l'appui du comte ne veut pas dire l'appui de la commune, dans laquelle ils n'ont aucune base politique. En 1608, le comte perd son emprise sur la région, ce qui annonce le déclin de la communauté. À la fin du XVIIIe s (1799), à la suite de l'occupation française de la ville, elle ne compte plus que 300 membres. Après la Seconde Guerre mondiale, le ghetto est abandonné. Il reste aujourd'hui une fabrication de produits casher et un important cimetière hébraïque.

Arriver – Quitter

🚌 *Gare routière Rama-Tiemme :* via Santa Chiara, 72. ☎ 0564-61-60-40. ● tiemmespa.it ●
➢ *Rome :* prendre le train pour Albinia ou Grosseto, puis le bus pour Pitigliano ; env 3 bus/j. de/vers Grosseto (durée : 2h).
➢ *Sovana et Saturnia :* 2 bus/j. Durée : env 25 mn.
➢ *Sorano :* 5 bus/j. Durée : env 20 mn.

Adresses utiles

🛈 *Ufficio turistico :* piazza Garibaldi, 51. ☎ 0564-61-71-11. ● comune.piti gliano.gr.it ● À côté du Municipio. Tlj sf dim ap-m et lun 10h-12h30, 15h30-18h (le w-e slt hors saison). Très bon accueil et personnel efficace qui fournit un plan de la ville et la carte culturelle détaillée de la région, informe sur les visites guidées... De bons conseils aussi pour les hébergements, demander la liste des nombreux *agriturismi* de charme de cette belle région.

◩ Stationnement : *on se gare hors les murs, dans les différents parkings de la ville moderne (compter 0,50 €/h).*

Où dormir ?

Bon marché

⌂ Affittacamere Rosanna Camilli : *via Unità d'Italia, 92.* 🖥 *347-084-83-07.* ● *rc.camere@alice.it* ● *rosannacamillicamere.com* ● *Nuit 60 € pour 2, 80 € pour 4, petit déj compris. Parking 7 €. CB refusées.* Dans une maison ancienne, située sur la gauche dans la montée vers Pitigliano. 2 petits appartements avec kitchenette, poutres et lits en fer forgé. Le grand avantage, c'est la vue extraordinaire (sur la ville perchée et la vallée) depuis les apparts.

⌂ Locanda Il Tufo Rosa : *piazza F. Petruccioli, 97.* ☎ *0564-61-70-19.* 🖥 *330-47-01-98.* ● *info@iltuforosa.com* ● *iltuforosa.com* ● *Tlj 10h-19h30. Congés : 10 j. fin juin. Doubles 55-70 € selon confort et saison.* 📶 *Petit déj offert dans un bar sur présentation de ce guide.* À l'entrée de la ville, voici un *affittacamere* situé à côté d'une petite boutique de souvenirs où officient les très affables propriétaires (qui possèdent une oliveraie et produisent leur huile). Escalier étroit et pentu pour accéder aux chambres. Les fenêtres ouvrent sur la rue et la place. Un bon rapport qualité-prix pour cette région. Propose également un bel appartement avec terrasse à proximité (un peu plus cher).

⌂ Albergo Guastini : *piazza F. Petruccioli, 16.* ☎ *0564-61-60-65 ou 0564-61-41-06.* ● *htlguastini@katamail.com* ● *albergoguastini.it* ● *Congés : 10 janv-20 mars et 20 juil-10 août env.* *Doubles 50-70 € selon confort et saison ; petits déj 6-9 €.* 📶 *Réduc de 10 % sur le prix de la chambre sur présentation de ce guide.* Posté comme une sentinelle face à la porte de la vieille ville, un *albergo* qui ne fait pas rêver, à priori, quand on arrive devant l'entrée. N'ayez pas peur, vous devriez trouver votre bonheur. Plusieurs chambres petites, à la déco simple et pas très joyeuse, mais d'autres ont vue sur la vallée, ceci compense cela. Nos préférées : les n°s 25 et 32, pour la vue. Accueil courtois. Fait aussi (bon) resto (*Gustand ; tlj sf lun ; compter 20-25 €*).

Chic

⌂ Le Camere del Ceccottino : *via Roma, 159.* ☎ *0564-61-42-73.* ● *info@ceccottino.com* ● *ceccottino.com* ● *Pas de réception, les propriétaires tiennent l'Hostaria del Ceccotino sur la place. Congés : 10 janv-10 mars. Doubles 95-150 € selon confort et saison ; pas de petit déj.* 📶 Les chambres de cette vieille demeure historique ont beaucoup de charme. De grand confort et de style contemporain, elles ont été pensées dans le moindre détail. Peignoir, chaussons, TV écran plat, clim, coffre-fort... Notre préférée (la n° 3) possède une baignoire à l'ancienne et donne sur la place, mais la « Romantique » est bien aussi. En prime, une terrasse avec vue plus que sympa sur le toit.

Où dormir dans les environs ?

⛺ ⌂ Agricamping Poggio del Castagno : *Poggio del Castagno, 58017 Pitigliano.* ☎ *0564-61-55-45.* 🖥 *339-367-43-41.* ● *poggio_castagno@tiscali.it* ● *poggiodelcastagno.net* ● ⚒ *À 8 km de Pitigliano. Suivre direction Manciano ; après 2 km, tourner à gauche, route de Viterbo et Pantano, puis suivre le fléchage. Ouv tlj. Env 25 € pour 2* avec tente et voiture. Double 55 € ; supplément pour 3 ou 4 pers ; petit déj 5 €. Un camping très tranquille (20-25 personnes maximum), aux emplacements de bonnes tailles, sous les chênes et les acacias. Propose aussi quelques chambres à la déco simple, avec des sanitaires basiques. Une grande salle commune conviviale pour les jours de

TOSCANE

pluie ou le dîner (si vous le souhaitez), avec bouquins et jeux de société à disposition. Enfin, un magnifique chêne pluricentenaire vous offre son branchage à l'heure de la sieste. Les propriétaires sont des néoruraux à l'esprit pionnier, qui produisent de l'orge, des noisettes, des légumes et de l'huile d'olive.

🛏 |●| **Locanda Pantanello :** *strada provinciale del Pantano, 6233, loc.* **Pantano.** ☎ *0564-62-67-15.* 📱 *328-621-72-46.* ● *l.pantanello@tiscali.it* ● *pantanello.it* ● *De Pitigliano, suivre la route de Manciano sur 2 km, prendre à gauche la route secondaire pour Pantano et Viterbo puis continuer en* direction de San Quirico sur 3 km. *Doubles 100-120 €, petit déj compris. Repas 30-35 € (resto ouv slt le soir).* 📶 *Apéritif offert sur présentation de ce guide.* Jolie demeure à la campagne, entourée d'un jardin calme et verdoyant. Chambres confortables portant des noms de fleur et décorées avec soin. La maîtresse des lieux met une cuisine à la disposition des résidents, mais, après avoir goûté les petits plats de Morena, beaucoup préféreront sa table d'hôtes. Piscine, solarium, tables de ping-pong, *mountain bikes* gratuits et possibilité de promenades à cheval. Accueil charmant des hôtes.

Où manger ?

De bon marché à prix moyens

|●| **Ristorante Gustand :** *piazza F. Petruccioli, 34.* ☎ *0564-61-51-48.* ● *info@gustand.it* ● *Tlj sf lun. Menus 21-28 € ; carte env 25 €.* C'est le restaurant de l'*albergo Guastini* (voir « Où dormir ? »). Une adresse connue et appréciée des locaux, qui les nourrit depuis 1905 et qui continue dans la voie de la tradition tout en s'adaptant aux exigences de la modernité. Plats pour végétariens et sans gluten. Terrasse couverte en bois, face à l'entrée de la ville.

|●| **Hostaria del Ceccottino :** *piazza S. Gregorio VII, 64 (piazza del Duomo).* ☎ *0564-61-42-73.* ● *info@ceccottino. com* ● *Tlj sf jeu, midi et soir jusqu'à minuit. Congés : du 10 janv à mi-mars. Menus 12-18 € ; primi 10-16 €, secondi 10-17 €.* Élégante terrasse avec parasols, sur la place du Duomo, et salle intérieure joliment décorée. Belle cuisine créative et raffinée, surprenante et goûteuse. Difficile de faire plus locavore, les producteurs du pays étant tous indiqués.

|●| **La Chiave del Paradiso :** *via Vignoli, 209.* ☎ *0564-61-41-41.* Au bout de la via Roma, sur la droite en contrebas de la piazza San Gregorio. *Tlj sf lun. Congés : de janv à mi-mars. Menu 17,50 € ; carte 15-25 €.* Dans le quartier le plus populaire, sinon le plus animé, rendez-vous à « La Clef du Paradis », c'est le nom de cette auberge. Quelques tables en terrasse ou dans une salle agréable, pour savourer une cuisine bien faite. Viande de l'élevage du propriétaire.

Prix moyens

|●| **Osteria Il Tufo Allegro :** *vicolo della Costituzione, 5.* ☎ *0564-61-61-92.* ● *iltufoallegro@gmail.com* ● ♿ *Dans une rue perpendiculaire à la via Zuccarelli, qui débute à la piazza della Repubblica. Tlj sf mar et mer midi. Congés : de mi-janv à mi-fév. Menus 22,50-31 € ; repas complet env 40 €. Apéritif offert sur présentation de ce guide.* Ce resto réputé se situe au-dessus d'une cave en tuf typique de la ville. Chef autodidacte (c'est un ancien architecte), Domenico Pichini travaille les produits locaux avec amour et talent. Ce qui sort des cuisines est raffiné, artistique, créatif. Superbe carte des vins, lesquels sont conservés dans les caves sur plusieurs niveaux.

Où boire un verre ?

🍷 **Enoteca La Corte del Ceccottino :** *via Vignoli, à 200 m de la plazza del Duomo.* ☎ *0564-61-54-23.* Juil-sept, *tlj sf mer ; le reste de l'année, slt le soir jeu-ven et tte la journée le w-e.* Dans une vénérable demeure répartie sur plusieurs niveaux, avec une courette intérieure. On y boit de bons vins accompagnés de petits plats simples et économiques *(5-15 €)*. Déco charmante et recherchée avec une vieille Vespa de collection.

Achats

Dans la via Roma, la rue centrale, de nombreuses charcuteries proposent de délicieux jambons de sanglier.

⚜ **Cantina cooperativa di Pitigliano :** *via N. Ciacci, 974.* ☎ *0564-61-61-33. Tlj sf dim 8h-18h.* Une boutique de produits locaux et artisanaux. Tout est de qualité. Tomates séchées au soleil, pesto, aromates, vin local casher (l'une des spécialités de Pitigliano) et *bianco di Pitigliano,* un petit blanc dont la production s'étend sur 1 250 ha jusqu'aux confins de Manciano.

⚜ **La Cantina Incantata :** *piazza Petruccioli, 68.* ☎ *0564-61-60-02. Sous la porte principale de la cité. Tlj sf lun 9h-19h30.* Si vous ne vous laissez pas tenter par les produits locaux, allez au moins jeter un coup d'œil dans les nombreuses caves.

TOSCANE

À voir

🗡 Ne pas manquer de visiter quelques-unes des **caves** qui constituent ici une véritable cité souterraine. En route vers Sovana, si vous avez choisi de loger dans ce vieux village, celles que vous pouvez visiter (gratuitement) sont indiquées.

🗡 Autre siège du pouvoir des **Orsini,** Pitigliano accueille leur **château,** abritant aujourd'hui deux musées.

– Museo di Palazzo Orsini (museo d'Arte sacra) : *piazza Fortezza Orsini, 25.* ☎ *0564-61-60-74. Tlj sf lun (tlj en août en continu) 10h-13h, 15h-19h (17h en hiver). Entrée : 4,50 € ; réduc.* Distribution d'un petit livret en français pour la visite. On y vient pour admirer les nombreuses pièces et objets d'art sacré, mais aussi pour flâner dans ce dédale de salles (dont le donjon) et de couloirs. Au fil de la visite, vous découvrirez aussi quelques beaux plafonds à caissons, malheureusement bien endommagés.

– Museo civico archeologico della Civiltà Etrusca : *à côté, dans la cour du château. Tlj sf mar 10h-17h (18h w-e). Entrée : 3 € ; réduc. Billet combinable avec le museo archeologico Alberto Manzi : 6 €.* Le musée, qui présente une collection d'objets étrusques provenant des nécropoles du voisinage, est petit, mais les objets y sont assez bien mis en valeur. Dommage que tout ne soit qu'en italien.

🗡🗡 **Sinagoga – La Piccola Gerusalemme :** *via Zuccarelli.* ☎ *0564-61-42-30.* ● *lapiccolagerusalemme.it* ● *Mai-oct, tlj sf sam 10h-13h, 14h30-18h. Entrée : 5 € ; réduc.* Demander le feuillet de visite en français. Longtemps négligée, cette synagogue de 1598 est un émouvant vestige de l'ancienne communauté juive de Pitigliano. Endommagé pendant la Seconde Guerre mondiale, l'ensemble a été bien restauré. On peut y voir des ruines de bains rituels, ainsi que le four à pain azyme dans la cave. Petit musée *(museo Ebraico)* également.

À l'extérieur de la ville

🗡 **Museo archeologico all'Aperto « Alberto Manzi » :** *via Cava del Gradore.* ☎ *0564-61-40-74. De Pitigliano, suivre la route de Manciano sur 2 km, puis prendre à gauche vers Viterbo et Pantano ; le musée se trouve sur la gauche, au bord de la route. Tlj sf mar 10h-17h (18h w-e). Entrée : 4 € ; réduc. Billet combiné avec le Museo civico ci-dessous : 6 €.* Chaussez-vous bien, la voie étroite est très irrégulière par endroits et peut être glissante (nos genoux bleuis en sont témoins !) ; la balade est assez longue et un peu pentue, prévoyez de l'eau. La visite commence par quelques panneaux sur l'habitat à Pitigliano de l'âge du bronze à l'époque étrusque. Ensuite, l'ancienne voie dans la roche vous mène au gré des témoignages du passé étrusque (tombes, nécropoles), vous offrant au passage de superbes vues sur Pitigliano. C'est d'ailleurs l'un des intérêts du lieu : mêler la visite culturelle à la promenade dans un bel environnement.

VERS LE SUD, POUR TERMINER L'ÉPOPÉE ÉTRUSQUE !

Notre balade en Maremme toscane s'arrête ici mais les amateurs d'art étrusque continueront leur route vers le sud, en direction de Tarquinia, sur une autoroute qu'ils partageront avec les Romains de retour chez eux après un bain de soleil sur la côte. Sans aller si loin, et à condition de ne pas dépendre des transports collectifs, voilà un autre « spot » étrusque pour conclure en beauté le périple.

⚒️⚒️ Parco Naturalistico Archeologico di Vulci : *à env 20 km au sud de la Toscane et une dizaine de km au nord de Montalto di Castro.* ☎ 0766-87-97-29. ● vulci.it ● *Tlj 10h-18h (hors saison, tlj 9h-17h). Entrée : 8 € ; réduc ; gratuit moins de 6 ans. Billet combiné avec le musée : 10 €. Visite guidée originale au coucher du soleil jeu à 19h (en plus des visites habituelles, voir site)*
Vulci était l'une des 12 villes de la fédération étrusque. Un paysan qui labourait vit le sol se dérober sous ses pieds : le site fut ainsi découvert. Lucien Bonaparte, frère de Napoléon et propriétaire désargenté du domaine, lança aussitôt des fouilles dans l'espoir de découvrir quelque trésor. En 4 mois, environ 2 000 objets furent exhumés. Persuadé que les Étrusques étaient d'ascendance ionienne, on ne conserva que les poteries à figure rouge. Les vases noirs, jugés sans intérêt, furent détruits systématiquement. Manque de pot (ça, on peut le dire !), c'étaient des *buccheri,* si caractéristiques de la civilisation étrusque, teintés au cœur par une cuisson avec de l'oxyde de fer.
Les nécropoles se visitent désormais (à pied) dans un très beau parc archéologique savamment arrangé. Une des tombes du site s'appelle la *tombe François,* du nom de son découvreur en 1857, l'archéologue florentin Alessandro François. Son couloir d'accès mesure 27 m de long et elle compte 10 chambres funéraires, dont certaines couvertes de fresques.

⚒️⚒️ Ponte e castello dell'Abbadia : *au nord du parc archéologique.* Très bel ensemble. Le pont, d'abord, suspend bien haut son unique jambe au-dessus de l'Olpetta : la base est d'époque étrusque puis romaine, le tablier est médiéval. Le château, ensuite, ancien prieuré bénédictin fortifié (IXe s), devenu une place militaire sous les Aldobrandeschi, accueille le *Museo archeologico di Vulci.* Nombreux sarcophages et objets étrusques provenant des tombes découvertes autour de la ville. La plus belle est la tombe de la Panatenaica. Voir aussi la statue de Mithra, qui faisait l'objet d'un culte à l'époque romaine. On peut en visiter quelques-unes (sur réservation).

L'OMBRIE

● Carte p. 11

ABC de l'Ombrie

❏ *Superficie :* 8 464 km².
❏ *Densité :* 106 hab./km².
❏ *Chef-lieu :* Pérouse.
❏ *Divisions administratives :* 2 régions (Pérouse et Terni).
❏ *Population :* 893 540 hab.
❏ *Principales ressources :* agriculture, vin, cuir, chocolat, tourisme.

LE NORD DE LA VALLÉE DU TIBRE

Le Tibre traverse l'Ombrie du nord au sud, irriguant la campagne de bon nombre de ses cités importantes. L'invisible frontière qui sépare la vallée du Tibre du reste de l'Ombrie prend source dans son histoire : l'Est fut occupé par les Umbrii, tandis que l'Ouest fut un temps dominé par les Étrusques, dont la civilisation a laissé de beaux vestiges à Perugia et à Città di Castello. Important carrefour depuis l'Antiquité, le territoire de Perugia fut une étape obligatoire pour les érudits en route vers Rome, tels Goethe ou lord Byron à l'époque du romantisme. Tous deux furent charmés par la lumière du lac Trasimène et par les

peintures du fameux Pérugin, qui naquit dans l'actuelle Città della Pieve, non loin de là. Les pinacothèques de Perugia et de Città di Castello exposent d'ailleurs les meilleures collections de toute l'Ombrie.

PERUGIA (PÉROUSE) (06100) 165 500 hab.

• Plan *p. 413*

Capitale administrative de la région, Perugia la cosmopolite est perchée sur une colline ceinte de remparts derrière lesquels pointent cyprès et clochers, dominant le Tibre. Dès le premier contact, la ville réveille l'intérêt du plus blasé des voyageurs : de jour, la splendeur de ses palais Renaissance coupe le souffle ; la nuit, son labyrinthe de ruelles étroites fait plonger dans un univers mystérieux.

Fondée par les Étrusques, Perugia reste romaine durant sept siècles, avant de subir le joug des envahisseurs goths, ostrogoths, lombards et byzantins. Au Moyen Âge, quand elle devient l'une des cités-États, des guerres incessantes l'opposent à Assise et à d'autres villes des environs. Elle tombe en 1538 dans l'escarcelle pontificale pour ne s'en libérer qu'en 1860. De son passé tumultueux, la capitale ombrienne conserve un riche patrimoine. Son relief escarpé pourrait vous décourager de vous écarter du corso Vannucci, son artère principale ; pourtant, le véritable plaisir se trouve dans la découverte des ruelles en contrebas. Heureusement, escalators *(scale mobili)* et ascenseurs fonctionnent toute la journée et une partie de la soirée ! Et si vous n'avez pas les chevilles assez souples, la seule visite de la Galleria nazionale demeure éblouissante ! Le Pérugin y est à l'honneur, mais aussi le Pinturicchio, le « petit peintre », enfant du pays.

Ville imprégnée d'histoire, donc, mais aussi dynamique, réunissant étudiants de l'université pour étrangers et amateurs de jazz. En effet, chaque année, lors d'un festival estival de haute volée, on vient de toute l'Europe assister aux concerts dans les rues de la vieille cité.

SANGLANTS CINGLÉS

La ville a vu, vers le milieu du XIIIe s, s'épanouir la secte des Flagellants. Ces énergumènes défilaient en se flagellant avec des lanières aux bouts cloutés. Et ce pendant 33 jours, en référence à l'âge supposé du Christ à sa mort. Cette seule pratique, rejetée par l'Église, qui finit par les livrer à l'Inquisition, était censée faire gagner le Paradis à ses adeptes. Leur sanction ? La flagellation !

Arriver – Quitter

En avion

✈ **Aeroporto internazionale dell'Umbria – Perugia « San Francesco d'Assisi » :** *via dell'aeroporto, s/n, à* **Sant'Egidio.** ☎ *075-59-21-41.* ● *airport.umbria.it* ● *À env 15 km à l'est de Perugia et à 12 km à l'ouest d'Assisi.* 📶 La compagnie *Ryanair* assure des vols quotidiens avec Bruxelles, Londres, Barcelone, Düsseldorf, Cagliari (Sardaigne), Trapani (Sicile), etc. ; et *Alitalia* avec Rome. Loueurs de voitures sur place.

➤ Liaisons par bus *(8 € l'aller, 14 € l'A/R)* pour rejoindre le centre-ville (piazza Italia) et la stazione di Fontivegge (gare). En taxi, compter 30 €.

En train

🚆 **Stazione di Fontivegge** *(hors plan par A3) : piazza Vittorio Veneto.* Desservie par la compagnie *FS-Trenitalia*

(☎ 89-20-21 ; ● trenitalia.com ●). Loueurs de voitures sur place. Pour gagner le centre-ville, prendre le *Minimetrò* (voir plus loin « Adresses et infos utiles. Transports »), à 100 m à gauche en sortant de la gare, ou l'un des bus C ou G. Billets en vente dans la guérite verte ou chez les marchands de journaux.
➤ *Roma* (Termini ; 2h45) : env 6 directs/j. et d'autres avec changement à Foligno.
➤ *Firenze* (S. M. Novella ; 2h10) : env 8 directs/j. et d'autres avec changement à Terontola-Cortona.
➤ *Assisi* (25 mn), *Spello* (40 mn) et *Foligno* (45 mn) : 10-20 directs/j.
➤ *Trevi* (50 mn), *Spoleto* (1h), *Terni* (1h30) *et Narni-Amelia* (1h40) : 3-7 directs/j. et d'autres avec changement à Foligno.

🚃 *Stazione di Sant'Anna* (plan B3) : piazza Bellucci. Desservie par la compagnie *Ferrovia Centrale Umbra* (FCU). Infos : ☎ 800-512-141. ● umbriamobilita.it ● Escalator pour le centre-ville (corso Cavour).
➤ *Città di Castello* (1h20) : 5-14 trains/j.

➤ *Todi* (50 mn) et Terni (1h50) : 5-12 trains/j.

En bus

🚌 *Gare routière* (plan A-B3-4) : piazza dei Partigiani. Infos : *Umbria Mobilità*, ☎ 800-512-141 (n° Vert). ● umbriamobilita.it ● *Sulga*, ☎ 800-099-661 (n° Vert). ● sulga.it ● De là, des escalators vous montent jusqu'à la piazza Italia, au centre-ville. Sur cette même place, il existe un *kiosque d'infos* (plan B3) sur les lignes et leurs horaires, y compris les bus urbains.
➤ *Assisi* (1h) : env 7 bus/j. sf dim.
➤ *Foligno* (50 mn) : env 5 bus/j. sf dim.
➤ *Gubbio* (1h10) : 4-10 bus/j.
➤ *Todi* (1h20) : env 4 bus/j. sf dim.
➤ *Città della Pieve* (1h30) : env 2 bus/j. sf dim.
➤ *Roma* (stazione Tibertina ; 3h) : 4-5 bus/j. avec la compagnie *Sulga*. De là, certains bus poursuivent jusqu'à l'*aeroporto Roma-Fiumicino.*
➤ *Napoli* (5h) et Pompei (5h45) : env 1 bus/j. avec la compagnie *Sulga*.

OMBRIE

Circulation et stationnement

Les ruelles étroites du *centro storico* ne se prêtent pas à la circulation automobile. Elles sont d'ailleurs classées *ZTL (Zona Traffico Limitado)* et ouvertes aux seuls véhicules autorisés. Sinon les amendes pleuvent, via les caméras de surveillance qui relèvent votre plaque d'immatriculation ! Il convient donc de garer sa voiture dans l'un des parkings de la ville basse, et de gagner la vieille ville perchée par un réseau efficace d'escalators, de tapis roulants et d'ascenseurs. Sans oublier le *Minimetrò* (dessiné par l'architecte français Jean Nouvel), ligne automatique *(billet : 1,50 €)* de 7 stations sur un parcours de 4 km (lun-sam 7h-21h05, dim 8h30-20h15).

🅿 *Parking gratuit* (hors plan par A3) : porta Nova, loc. Pian di Massiano. Relié au vieux centre en 15 mn par le Minimetrò. *Point infos* de l'office de tourisme sur place. Attention, une partie de celui-ci doit être libérée pour le marché du samedi matin.

🅿 *Parkings payants :* on en compte une dizaine au plus proche du *centro storico*. Compter 1,50-2 €/h ; 17 €/j. Également un forfait soirée. Le parking de la *piazza dei Partigiani* (plan A-B3-4) est relié à la ville haute par un escalator débouchant piazza Italia. Celui de la *piazzale Europa* (plan B4), à proximité de la gare Sant'Anna, dispose d'un accès mécanisé au corso Cavour. Le parking de la *viale Pellini* (plan A2) et celui de *Cupa* (via Checchi ; plan A2) sont reliés à la via dei Priori par le même escalator. Celui de *Briglie di Braccio* (via Ripa di Meana ; plan B2) est aussi doté d'un ascenseur. Tout comme celui du *Mercato Coperto* (plan B2), dont l'élévateur mène à la piazza Matteotti. Il est le plus proche de la vieille ville, peu cher aussi, et souvent saturé. Depuis le parking *Sant' Antonio* (plan B2), grimpette pédestre jusqu'au *centro storico* via l'arc étrusque... Enfin, le parking *Del Bove* (via

Campo di Marte ; hors plan par A4) est réservé aux camping-cars et relié au vieux centre par le bus I.

🚌 *Bus urbains :* outre les billets ordinaires *(1,50 € si acheté « à terre » et 2 €* à bord du bus), il existe des tickets touristiques *(5,40 € pour 24h ou 12,90 € pour 10 voyages).* Les bus portent des lettres selon l'itinéraire, et la plupart passent par la piazza del Partigiani *(plan A-B3-4).*

Adresses et infos utiles

🛈 *Ufficio turistico (plan B2) :* piazza Matteotti, 18. ☎ 075-577-26-86 ou 075-573-64-58. ● regioneumbria.eu ● comune.perugia.it ● Tlj 9h-19h (13h dim ; 8h30-18h30 déc-mars). Vend un plan de la ville avec ses points d'intérêts présentés en italien et en anglais, de même qu'un guide avec des itinéraires de découverte quartier par quartier. Prendre aussi une brochure gratuite en français – très bien faite – sur l'Ombrie, la liste des hébergements (hôtels, *B & B* et *agriturismo*) sur la commune, infos loisirs côté nature, route des Vins, agenda culturel... Également un autre *point infos* à *Pian di Massiano* (hors plan par A3) : *piazza Umbria Jazz.* ☎ 075-505-85-40. Tlj 9h-16h (13h dim). Idéal pour qui utilise le parking gratuit de porta Nova, puis le *Minimetrò* pour gagner le centre.
■ *Association des guides d'Ombrie AGTU :* pour visiter la ville avec un guide francophone (voir « Adresses et infos utiles » à Assisi).
✉ *Poste (plan B2) :* piazza Matteotti. Tlj sf sam ap-m et dim. 📶
■ Il existe plusieurs *points wifi* dans la ville permettant 2h/j. de connexion gratuite *(infos :* ● umbriawifi.it ●). Et bon nombre de *cafés* proposent aussi ce service gratuitement.
■ *Happy Taxi :* ☎ 075-500-48-88. Stations via Cesare Fani (près de la piazza Matteotti ; plan B2), piazza Italia (plan B3) et piazza Partigiani (plan A-B3-4).
■ *Farmacia San Martino (plan B2, 1) :* piazza Matteotti, 26. ☎ 075-572-23-35. Ouv 24h/24.
■ *Commissariat de police (questura ; hors plan par A3) :* via del Tabacchificio, 21, à *Pian di Massiano.* ☎ 113.
– *Marché* (hors plan par A4) : sam mat, à porta Nova, loc. *Pian di Massiano.* Juste au terminus du Minimetrò.

■ **Adresses utiles**	**32** Dal mi Cocco
🛈 Ufficio turistico	**33** Pizzeria Mediterranea
1 Farmacia San Martino	**34** Pizzeria La Romantica
	35 Osteria del Turreno
🛏 **Où dormir ?**	**36** Osteria A Priori
	37 Civico 25
10 Ostello di Perugia Centro	**38** Trattoria Borgo San Francesco
11 Little Italy Hostel	**39** Osteria La Lumera
12 Le Stanze di Galileo	**40** Altromondo
13 Hotel San Sebastiano	**41** Al Mangiar Bene
14 Hotel Umbria	**42** Dalla Bianca
15 Hotel Eden	**43** La Taverna
16 Hotel Signa	
17 Hotel Morlacchi	🍦🥐☕ **Où déguster une glace et une**
18 Hotel Fortuna	**pâtisserie ? Où boire un café ?**
19 Hotel Priori	
20 Hotel Brufani Palace	**60** Gelateria Veneta
21 Ostello per la Gioventù Mario Spagnoli	**61** Gelateria Grom
	62 Pasticceria Santino
22 Etruscan Chocohotel	**63** Bar Sandri
	64 Cioccolato Augusta Perusia
🍽 **Où manger ?**	
	🍸🎵 **Où boire un verre ? Où sortir ?**
30 La Bottega di Perugia	
31 Chiosco della Porchetta – Antica Salumeria Garnieri Amato	**30** Caffè Morlacchi
	70 Bottega del Vino
	71 Elfo Pub Perugia
	72 Luna Bar Ferrari

OMBRIE

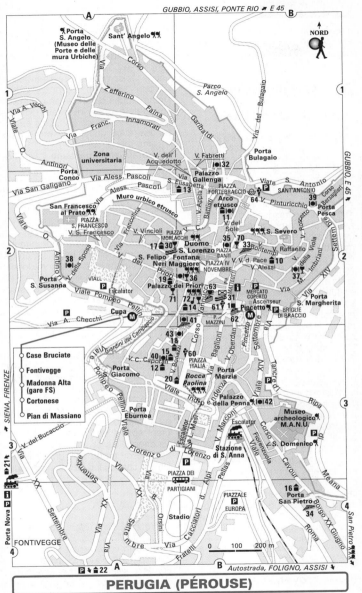

PERUGIA (PÉROUSE)

Où dormir ?

– *Important :* réservez longtemps à l'avance si vous devez vous rendre à Perugia en juillet, pendant la période du festival *Umbria Jazz*.

Dans le centro storico

Auberges de jeunesse

🏠 *Ostello di Perugia Centro (plan B2, 10) :* via Bontempi, 13. ☎ 075-572-28-80. ● ostello@ostello.perugia.it ● ostello.perugia.it ● ♿ Réception 7h30-11h, 15h-minuit. Congés : 15 déc-15 janv. Compter 17 €/pers. ☏ AJ privée installée dans un ancien palais du XIIIe s orné de fresques du XVIe s. Environ 90 lits superposés dispatchés dans des chambres (non mixtes) simples, mais bien agencées et nickel ; pour 2, 4 et 6 personnes. Certaines avec mezzanine, aménagées dans ce qui était le théâtre du palais, et quelques-unes – souvent dédiées aux familles – avec salle de bains privée. Belle bibliothèque, salle TV et cuisine spacieuse pour mitonner ses propres plats. De la terrasse, belle vue sur Pérouse et Assise. En un mot, un palais à prix doux !

🏠 ●❘● *Little Italy Hostel (plan B2, 11) :* via della Nespola, 1. ☎ 075-966-19-97. ● ostello@littleitalyhostel.it ● littleitalyhostel.it ● Lit en dortoir (8-12 pers) 17 €/pers ; doubles 40-90 € ; petit déj 4 €. Repas 9,50 €. ☏ À deux pas de l'impressionnant *Arco Etrusco*, on est séduit par cette AJ privée d'une grosse vingtaine de lits, récemment installée dans une vieille chapelle aux voûtes et plafonds peints. Aménagements contemporains et sanitaires privés impeccables. Également d'autres lits à dispo dans plusieurs maisons du quartier, toutes aussi bien mais d'allure plus classique. Accueil sympa. Un bon plan à prix copains !

De bon marché à prix moyens

🏠 *Le Stanze di Galileo (plan A3, 12) :* via C. Caporali, 8. 📱 392-531-22-47. ● info@lestanzedigalileo.com ● lestanzedigalileo.com ● *Apparts (2-4 pers) à partir de 70 € ; réduc si séjour de 1 sem ; pas de petit déj.* ☏ Au rez-de-chaussée d'une vieille maison de caractère (qui accueillit jadis, paraît-il, ce brave Galilée) toute proche de la Fontana Maggiore, où bat le cœur du vieux Perugia, 6 appartements confortables et aménagés avec goût. Très bon rapport qualité-prix-accueil.

🏠 *Hotel San Sebastiano (plan A-B2, 13) :* via San Sebastiano, 4. ☎ 075-572-78-65. ● info@hotelsansebastianoperugia.com ● hotelsansebastianoperugia.com ● ♿ *Entre la via Elisabetta et la via Eremita. Doubles 50-75 € selon saison ; petit déj 5 €. Parking gratuit (un bel atout !).* ☏ Petit hôtel familial installé dans une grande maison calme dotée d'un charmant jardin de l'autre côté de la rue, donnant sur les contreforts boisés de la vieille ville. Une quinzaine de chambres spacieuses, nickel et de bon confort, mais au style un peu vieillot, dont certaines avec vue sur le jardin. Cadre agréable et accueil serviable. Une bonne adresse.

🏠 *Hotel Umbria (plan B2, 14) :* via Boncampi, 37. ☎ 075-572-12-03. ● info@hotel-umbria.com ● hotel-umbria.com ● *Doubles 60-90 € selon saison, petit déj inclus.* ☏ Situé en plein centre historique, dans une ruelle au calme absolu. Chambres pas vraiment spacieuses ni lumineuses mais fonctionnelles et propres. Et pour le charme du grand soir, on repassera ! Un poil cher quand même, mais accueil sympa.

Prix moyens

🏠 *Hotel Eden (plan A3, 15) :* via C. Caporali, 9. ☎ 075-572-81-02. ● info@hoteleden.perugia.it ● hoteleden.perugia.it ● *Au 3e étage. Doubles 60-120 € selon confort et saison, petit déj-buffet inclus.* ☏ En pleine vieille ville, une douzaine de belles chambres de bon confort, impeccables et gentiment décorées avec les toiles de votre hôtesse, Silvia, une accueillante

Suissesse francophone. Une excellente adresse. On aime !

🏠 **Hotel Signa** (plan B4, **16**) : via del Grillo, 9. ☎ 075-572-41-80. ● hotelsigna@alice.it ● hotelsigna.it ● Congés : 10-26 déc. Doubles 49-98 € selon confort et saison ; petit déj 6,50 €. Parking gratuit (un atout !). 📶 Réduc de 10 % (si résa par mail ou sur place) sur présentation de ce guide. À 10 mn à pied du Duomo, une vingtaine de chambres soignées et de confort satisfaisant. Les plus chères sont dotées de l'AC, d'une vue panoramique sur le quartier ou la campagne, ou d'une terrasse privée. Agréable patio verdoyant. Loue également plusieurs appartements dans le quartier (borgo XX Giugno, 38 ; ☎ 075-572-66-67). Excellent rapport qualité-prix-accueil (en français).

🏠 **Hotel Morlacchi** (plan A2, **17**) : via L. Tiberi, 2. ☎ 075-572-03-19. ● info@hotelmorlacchi.it ● hotelmorlacchi.it ● Doubles 65-85 € selon saison, petit déj inclus ; appart (2 pers) 100-120 € (à 100 m de l'hôtel). 📶 Tout près de la sublime Fontana Maggiore, une quinzaine de chambres, pas très grandes mais plaisantes, réparties autour d'un escalier central et meublées à l'ancienne. Belle cheminée sculptée dans le n° 58 et fresque au plafond dans le n° 54. Une adresse calme et familiale, pour un accueil chaleureux.

🏠 **Hotel Fortuna** (plan A-B3, **18**) : via L. Bonazzi, 19. ☎ 075-572-28-45. ● fortuna@umbriahotels.com ● hotelfortunaperugia.com ● ♿ Doubles 77-147 € selon confort et saison, petit déj-buffet inclus. Parking payant (cher !). 📶 Hôtel niché dans un ancien palais du XIIIe s, doté d'une belle façade envahie de plantes grimpantes, et de quelques pièces pittoresques ornées de fresques baroques... Une cinquantaine de chambres tout confort, parfois biscornues, mais pour l'essentiel joliment meublées dans un style en harmonie avec ce bel édifice. Balcon avec vue splendide sur la ville et ses environs pour certaines. Belle terrasse commune. Accueil pro.

🏠 **Hotel Priori** (plan A2, **19**) : via Vermiglioli, 3. ☎ 075-572-33-78. ● hotel.priori@gmail.com ● hotelpriori.it ● Doubles 65-100 € selon saison, petit déj compris. Parking payant (cher !). 📶 (à la réception). En plein centro storico – c'est là son seul atout –, un hôtel aux chambres fonctionnelles, propres mais pas vraiment folichonnes. Vue panoramique sur une mer de toits pour la plupart, mais évitez celles donnant sur la via dei Priori (étudiants en goguette le soir). Agréable terrasse commune surplombant le quartier.

De chic à très chic

🏠 **Hotel Brufani Palace** (plan A-B3, **20**) : piazza Italia, 12. ☎ 075-573-25-41. ● reservationsbru@sinahotels.com ● sinahotels.com ● Doubles 110-550 € selon confort et saison, petit déj inclus. Voir promos sur Internet. 📶 Hôtel chic établi dans un élégant bâtiment du XIXe s à l'angle de la verdoyante piazza Italia et juste en surplomb de la ville basse. Chambres ultra-confort et douillettes. Déco classique avec de beaux matériaux (marbre...). Les moins onéreuses donnent sur la rue, alors que les plus chères sont spacieuses et jouissent d'une vue panoramique avec parfois un balcon. Spa et piscine pittoresque sous de vieilles voûtes en brique et pierre.

Hors du centro storico

Auberge de jeunesse

🏠 **Ostello per la Gioventù Mario Spagnoli** (hors plan par A3, **21**) : via Cortonese, 4, loc. **Pian di Massiano**. ☎ 075-501-13-66. ● perugiahostel@tiscali.it ● ♿ En voiture, sortir de la superstrada à Madonna Alta. Excentré mais relié à la gare ferroviaire de Fontivegge et au centre historique par le Minimetrò (station Cortonese). Congés : 21-27 déc. Compter 12-30 €/pers selon confort, petit déj compris. Loc de vélos. Parking gratuit. 🖥 📶 Bien en retrait de la route, une AJ installée dans une grosse bâtisse jaune construite autour d'une tour médiévale et donnant sur une grande pelouse. En tout, 150 lits répartis dans des chambres pour 4, 6 ou 8 personnes, toutes avec sanitaires complets, parfois extérieurs mais privés. Jolie touche de déco, ce qui change de l'habituel fonctionnel-brut de décoffrage ! Laverie, billard, salle TV et même un studio d'enregistrement musical. Accueil sympa.

Prix moyens

🏠 **Etruscan Chocohotel** (hors plan par A4, **22**) : via Campo di Marte, 134. ☎ 075-583-73-14. ● etruscan@cho cohotel.it ● chocohotel.it ● ♿ À 500 m de la gare ferroviaire de Fontivegge et à 1 km du centre historique ; bus A (piazza Partigiani) et G (piazza Italia). Doubles 60-140 € selon confort et saison, petit déj inclus. Parking gratuit. 🛜 Un hôtel entièrement dédié au chocolat ! Son odeur est partout, et il dégouline même sur les murs ! Déco cacaotée dans les chambres, agréables et tout confort. Aux beaux jours, piscine sur le toit. Le tout dans un bâtiment moderne à la façade soulignée par un bas-relief de style étrusque, mais planté dans un environnement pas folichon. Bon rapport qualité-prix. Accueil pro.

Où dormir dans les environs ?

OMBRIE

Camping

⛺ **Camping Il Rocolo** : strada Fontana, 1 n, loc. **Colle della Trinità**, à Perugia. ☎ 075-92-88-029. 📱 320-25-20-935. ● info@ilrocolo.it ● ilrocolo.it ● À env 10 km du centre de Perugia. En voiture, par la superstrada, sortie « Ferro di Cavallo » ; ou bus Z4 (piazza Italia) ou G (strada Fontana). Ouv de mi-avr à oct. Selon saison, 25-30 € pour 2 avec tente et voiture. 🛜 Beau terrain situé sur des hauteurs verdoyantes. D'un côté, des emplacements en terrasses sous l'herbe et sous les oliviers, et de l'autre, bien à l'écart, un bar-snack sympa ; le tout avec vue sur les alentours. Sanitaires sommaires mais propres. Jolie piscine avec grande pataugeoire. Accueil jeune sympa.

De bon marché à prix moyens

🏠 **B & B C'era una volta** : strada San Marino, 6 l, loc. **Ponte Rio**, à Perugia. 📱 393-987-19-68. ● info@ceraunavol tabeb.it ● ceraunavoltabeb.it ● À env 6 km à l'est de Pérouse. Doubles 60-70 € selon saison, petit déj inclus. Perchée dans un bel environnement – sur une colline verdoyante –, la maison est cernée par son jardin et sa terrasse fleurie. Les charmants propriétaires et leurs enfants vivent au rez-de-chaussée. Leurs hôtes disposent de tout l'étage, avec 3 chambres pas toujours spacieuses mais fraîches et soignées ; toutes avec salle de bains. La plus grande chambre bénéficie d'une importante terrasse. Bref, on se sent vraiment vite chez soi !

🏠 **B & B Casale Mille Soli** : strada Mugnano Poggio Montorio, 64, à **Mugnano**. ☎ 075-374-48-85. 📱 333-593-09-73. ● mille.soli@vodafone.it ● casalemillesoli.it ● À 15 km au sud-ouest de Perugia et à 11 km au sud de Magione. Doubles 65-75 € selon saison, petit déj inclus. CB refusées. 🖥 🛜 Isolée, sur une butte plantée d'oliviers, cette vieille ferme familiale retapée abrite une poignée de chambres et un appartement. C'est sobre mais beau, coloré et chaleureux. Piscine, hamacs entre les oliviers. Excellent rapport qualité-prix. Bref, une adresse idéale pour passer de bonnes vacances.

🏠 **Hotel Sirius** : via del Padre Guardiano, 9, à Perugia. ☎ 075-69-09-21. ● mail@sirius.it ● sirius.it ● À 5 km du centre de Pérouse. Bus jusqu'au Minimetrò. Doubles 65-85 € selon confort, petit déj inclus. Parking gratuit. 🛜 Perché sur une colline verte, au cœur d'un beau parc forestier, cet hôtel fonctionnel propose des chambres proprettes, spacieuses et claires, avec vue imprenable sur Perugia, Assisi, la vallée ombrienne et même les monts Sibyllins. L'hôtel ne déborde pas de charme, mais l'accueil familial en français, la grande terrasse et l'environnement bucolique font qu'on s'y sent bien ! Bon rapport qualité-prix.

🛏 **Agriturismo Borgo Mandoleto :** strada Mandoleto, 15, à Perugia. ☎ 075-529-31-19. ● info@borgomandoleto.com ● borgomandoleto.com ● À env 10 km à l'ouest de Perugia. Selon saison, doubles 105-130 €, petit déj compris ; apparts (2-7 pers) 105-200 € (2 nuits min). Table d'hôtes le soir et sur résa 19 €. 📶 Un besoin farouche de campagne ? Alors cet endroit est fait pour vous ! Sur une colline enrobée de végétation, voici de belles chambres confortables décorées avec goût et quelques meubles anciens, et d'agréables espaces extérieurs avec piscine et spa. Table d'hôtes avec les bons produits frais de l'*azienda agricola*, spécialisée dans les cultures maraîchères et l'huile d'olive. Accueil francophone aux petits soins. Une très bonne adresse.

Où manger ?

Sur le pouce

🥪 🍷 **La Bottega di Perugia** (plan A2, **30**) : piazza Morlacchi, 4. ☎ 075-573-29-65. ● info@labottegadiperugia.it ● Tlj sf dim 10h30-minuit. Moins de 5 €. Tout petit local avec microcomptoir et 3 chaises hautes. À la carte, de délicieux *panini* concoctés avec charcuterie et fromages du cru, sans oublier la *porchetta* certains jours. À dévorer en poursuivant l'exploration du vieux Perugia. Également des planches de charcuterie-fromage à accompagner de quelques verres de vins régionaux pour ceux qui voudraient poser une fesse. Une excellente adresse pas chère, qui ne désemplit pas.

🥪 **Chiosco della Porchetta – Antica Salumeria Garnieri Amato** (plan B2, **31**) : piazza Matteotti. Petit kiosque vert adossé à la poste. Moins de 5 €. Dans cette annexe d'une célèbre charcuterie locale, on s'achète de bons sandwichs fourrés à la *porchetta*. À bâfrer en poursuivant la découverte de la vieille ville ! Une petite adresse de qualité.

Très bon marché

🍽 **Dal mi Cocco** (plan B1, **32**) : corso Garibaldi, 12. ☎ 075-573-25-11. Tlj sf lun. Résa obligatoire le soir. Menu unique 13 €. CB refusées. 📶 Dégrafez vos ceintures et en avant pour un enchaînement gargantuesque de plats simples et rustiques, avec quelques variantes chaque jour ! Pâtes maison. À dévorer dans une salle tout aussi rustique, aux murs blancs et voûtes en brique. Touristique, certes, mais aussi fréquenté par les étudiants du quartier. Excellent rapport qualité-prix. Petites faims, s'abstenir !

🥪 **Pizzeria Mediterranea** (plan B2, **33**) : piazza Piccinino, 11-12. ☎ 075-572-13-22. Tlj midi et soir. Pizze 5-12 €. Beau cadre dépouillé avec voûtes en brique et luminaires en cuivre. On s'y régale de pizzas épaisses, bien garnies et cuites au feu de bois ; les meilleures de la ville selon les gens du cru. L'autre surprise vient du *tiramisù, ottimo* ! Rançon du succès : pas mal d'attente certains soirs. Service sympa et efficace.

🥪 **Pizzeria La Romantica** (plan B4, **34**) : borgo XX Giugno, 9. ☎ 075-372-14-06. ● grace.vece@hotmail.it ● Tlj sf lun, le soir slt. Pizze 6-8 €. L'autre bonne pizzeria de Perugia, dont la réputation dépasse largement le quartier. Grand choix de pizzas à prix copains, concoctées avec des ingrédients de qualité et cuites au feu de bois. Déco réduite à son strict minimum, car ici l'essentiel est dans l'assiette ! Aux beaux jours, terrasse dans la rue.

🍽 **Osteria del Turreno** (plan B2, **35**) : piazza Danti, 16. ☎ 075-572-19-76. ● osteriadelturreno@yahoo.it ● Congés : 1er-15 août. Tlj sf sam 9h-15h. Menu 10 €. Café offert sur présentation de ce guide. Ce *self-tavola calda* possède une jolie terrasse donnant sur le Duomo, et des salles à l'éclairage tamisé avec tables en marbre. Ça change de la cantoche ! On choisit ses pâtes, son plat de résistance et ses légumes frais avant de passer à la caisse. C'est bon, et les prix restent raisonnables ; les gens travaillant dans le quartier – qui y font leur pause déjeuner – ne s'y trompent pas.

OMBRIE

Bon marché

OMBRIE

|●| 🍷 *Osteria A Priori* (plan A-B2, *36*) : via dei Priori, 39. ☎ 075-572-70-98. ● mangiabene@osteriaapriori.it ● Tlj sf dim. Repas 20-25 €. On entre par la boutique de ce bar à vins, zigzague entre les bouteilles et bidons d'huile d'olive. Formidable carte des vins d'Ombrie, dont certains servis au verre, que l'on accompagne de succulents petits plats de saison. Une cuisine toute simple, où le goût des produits frais – choisis avec soin chez les producteurs et artisans du coin – est mis en avant sans fard. On se régale à prix doux. Accueil gentil. C'est sûr, on reviendra !

|●| 🍷 *Civico 25* (plan B2, *37*) : via della Viola, 25. ☎ 075-571-63-76. ● civico25@hotmail.com ● Tlj sf dim, le soir slt. Congés : 3 sem en août. Plats 9-15 €. 🛜 Digestif offert sur présentation de ce guide. Une petite carte avec juste quelques plats composant avec le meilleur du terroir et l'inspiration du moment. C'est frais, bien présenté, et même les desserts sortent de l'ordinaire. Belle carte des vins. À déguster dans une jolie salle colorée aux murs couverts de tableaux où, là encore, les vins sont à l'honneur. Également une terrasse en surplomb de la rue. Ambiance détendue, genre repaire où trentenaires et quadras du cru apprécient la bonne chère se retrouvent à l'heure de l'*aperitivo*. On aime !

|●| *Trattoria Borgo San Francesco* (plan A2, *38*) : via dei priori, 78. ☎ 075-572-03-90. ● blusnc@hotmail. it ● Congés : 1 sem en janv et 2 sem en août. Tlj sf dim, le soir slt. Résa impérative. Menus 15-25 € ; plats 8-12 €. Café offert sur présentation de ce guide. Dans une ruelle à l'écart du flux touristique, on n'atterrit pas là par hasard. La carte fait la part belle aux viandes : la fameuse *chianina*, mais aussi le porc, l'agneau, le lapin et autres gibiers, déclinés selon des recettes traditionnelles savoureuses et inspirées. Sans oublier les délicieuses charcuteries de Norcia, *mamma mia !* Salle aux murs blancs avec nappes à carreaux rouges et joli jardin intérieur aux beaux jours. Une excellente adresse d'habitués à prix tenus. On recommande !

|●| *Osteria La Lumera* (plan B2, *39*) : corso Bersaglieri, 22. ☎ 075-572-61-81. ● info@lalumera.it ● Tlj sf lun 18h-minuit. Plats 8-19 €. Une petite salle rouge et blanc aux murs constellés de vieilles photos, sous de grands ventilos et de vieilles poutres. Délicieuse cuisine ombrienne de marché qui sublime les produits frais et goûteux du cru. Belle carte des vins. Une adresse de quartier accueillante, en dehors des chemins touristiques.

|●| *Altromondo* (plan A3, *40*) : via Caporali, 11. ☎ 075-572-61-57. Tlj sf dim. Plats 10-18 €. Bonne cuisine régionale, où les viandes goûteuses et autres poissons frais sont travaillés avec soin et servis avec gentillesse dans une salle pittoresque aux antiques voûtes en brique. Aux murs, une foule de prix hippiques gagnés par le proprio, fou de cheval, mais pas dans l'assiette, ouf !

|●| 🍴 *Al Mangiar Bene* (plan B2, *41*) : via della Luna, 21. ☎ 075-573-10-47. ● almangiarbene@gmail.com ● ♿ Tlj sf lun midi et dim. Plats 10-██ ██. Corso Vannucci, une ruel███ ███ge vers ce resto installé dans une vaste et belle salle voûtée. Si les oreilles sont à la peine les jours d'affluence, les papilles, elles, sont à la fête avec un choix de plats locaux bien cuisinés, essentiellement à base de produits bio. Pâtes maison et bonnes pizzas (le soir) au feu de bois pour les fauchés. Une adresse certes touristique, mais dont la qualité ne faiblit pas.

|●| *Dalla Bianca* (plan B3, *42*) : via Piantarose, 13-14 (angle via del Persico). ☎ 075-572-71-32. ● rist bianca1947@gmail.com ● ♿ Tlj (sam sur résa). Congés : 15-30 juil. Menus 15-25 € ; plats 6-15 €. 🛜 Coperto et café offerts sur présentation de ce guide. Dans une ruelle près du Musée archéologique, une salle animée où se retrouvent les gens du quartier. Dans l'assiette, cuisine familiale simple et très honnête, avec des plats régionaux copieux à base de viandes. Également des pâtes pour les fauchés, et un bon choix de plats de poissons et fruits de mer, tout aussi bons.

De prix moyens à chic

|●| *La Taverna* (plan A-B3, 43) : via delle Streghe, 8. ☎ 075-572-41-28. ● taverna9@interfree.it ● Indiqué par une enseigne lumineuse sur la piazza della Repubblica. Plats 10-22 € ; repas env 40 €. 📶 La bonne table de Perugia, où vos papilles trouveront leur bonheur dans un large choix de spécialités régionales bien tournées, hautes en saveurs, et finalement pas si chères, compte tenu de leur qualité : *ottima* ! Les plus aisés s'offriront un vrai festin de truffes *(tartufi)*. Belle carte des vins. Cadre élégant, chaleureux et assez intimiste, avec voûtes et pierres apparentes. Petite terrasse tranquille... à condition de supporter le bruit de la hotte de la cuisine ! Service décontracté mais irréprochable.

Où déguster une glace et une pâtisserie ?
Où boire un café ?

Important : c'est le moment de goûter au *torciglione*, un gâteau composé d'amandes, d'œufs et de sucre, très nourrissant, en forme de serpent et dont les yeux sont en général 2 griottes !

🍦 *Gelateria Veneta* (plan B3, 60) : piazza Italia, 20. ☎ 075-572-85-76. Tlj 7h-23h. De formidables glaces artisanales dont les parfums vous sautent aux papilles ! À déguster en terrasse avec vue sur la jolie place arborée.

🍦 *Gelateria Grom* (plan B2, 61) : via Mazzini, 31 (angle piazza Matteotti). ☎ 075-509-2191. ● perugiamazzini@gromstores.it ● Tlj 12h-minuit (22h en hiver). Ce célèbre glacier piémontais choisit de bons ingrédients pour davantage d'arôme. Un poil plus cher qu'ailleurs et service pas franchement souriant, mais le parfum et le crémeux des *gelati* valent vraiment quelques léchouilles !

● *Pasticceria Santino* (plan B2, 62) : piazza Matteotti, 16. ☎ 075-572-19-60. ● santinopanpast@libero.it ● Lun-sam 7h30-20h, dim 8h30-13h30. Quelques petits gâteaux secs traditionnels à engloutir en visitant le vieux centre, mais aussi des pâtisseries plus sérieuses et des viennoiseries.

🍷 ● *Bar Sandri* (plan B2, 63) : corso Vanucci, 32. ☎ 075-572-41-12. ● info@sandridal1860.it ● Tlj 7h30-21h (23h/minuit ven-sam). Ouvert en 1860, ce café historique affiche un long zinc sous un magnifique plafond voûté peint de fresques. L'endroit idéal pour prendre un café – debout au comptoir avec les habitués – accompagné d'une pâtisserie. Également une terrasse noyée dans la foule du *corso*.

🍦 🍫 *Cioccolato Augusta Perusia* (plan B2, 64) : via Pinturicchio, 2. ☎ 075-573-45-77. ● info@cioccolatoaugustaperusia.it ● Mar-dim 9h (10h dim)-19h30. Une chocolaterie artisanale qui réalise des glaces de qualité en déclinant la panoplie des chocolats. Également de bons petits *cioccolato* qui font des cadeaux appréciés... même si, évidemment, par temps chaud, ce n'est pas facile à conserver... et encore moins quand on fait partie de l'espèce des « chocophages » !

Où boire un verre ? Où sortir ?

🍸 *Caffè Morlacchi* (plan A-B2, 30) : piazza Morlacchi, 8. ☎ 075-572-17-60. ● info.caffemorlacchi@gmail.com ● Tlj sf dim 7h30-1h30 (minuit lun). Café branché, dans une belle salle voûtée aux murs colorés et lumière tamisée. Sympathique atmosphère pour une rencontre. Clientèle 20-40 ans. Très animé en fin de semaine. Petite restauration sur place.

🍸 *Bottega del Vino* (plan B2, 70) : via del Sole, 1. ☎ 075-571-61-81. Tlj sf mat dim-lun 12h-15h, 19h-minuit. Vous cherchiez plutôt une ambiance raffinée ? Du jazz cool et le romantisme de la flamme des bougies ? Un choix de vins de qualité ? Vous êtes arrivé ! Bar à vins sympa pour siroter des nectars régionaux au verre, accompagnés de charcuterie et de fromages locaux, sans oublier quelques bons plats plus costauds.

OMBRIE

OMBRIE

▼ *Elfo Pub Perugia* (plan A2, **71**) : via Sant'Agata, 20. ▯ 347-078-59-81. *Accès par la via dei Priori, sur la gauche. Tlj dès 20h.* Bar à bières tout rouge sous de vénérables voûtes. Carte des bières longue comme le bras : certaines brassées à Perugia ou dans la région, et puis une foule d'étiquettes du monde entier. Écran TV pour le sport. Une adresse où l'on vient entre copains descendre une mousse. Petite restauration sur place.

▼ ♪ *Luna Bar Ferrari* (plan B2, **72**) : via Scura, 6. ☎ 075-572-29-66. *Accès par le corso Vannucci. Tlj 8h-2h30.* Bar lounge branché au cadre contemporain. Lumières colorées et tamisées. Musique distillée par un DJ. Connu pour son avantageux buffet-*aperitivo* et ses cocktails à prix copains qui incite forcément à remettre sa tournée.

À voir

– **Important :** la carte **Perugia Città Museo,** en vente dans les musées et à l'office de tourisme *(13 €, réduc),* permet de belles économies et évite les files d'attente. Valable pour un adulte (qui peut être accompagné d'un enfant de moins de 18 ans) pendant 48h, elle donne un accès gratuit ou à prix réduit à la plupart des musées de Perugia. *Infos :* ● *perugiacittamuseo.it* ●
– En général, les *églises* sont ouvertes au public de 8h à 12h et de 16h jusqu'au coucher du soleil.
– Perugia est une ville étendue où le cheminement piéton réserve des surprises. Repérez les emplacements des ascenseurs et des escalators *(scale mobili)* : certains peuvent vous éviter de longs détours et de grosses montées fatigantes. Mettez de bonnes chaussures, confortables et adaptées à la marche.

LE CENTRE HISTORIQUE

Autour de la piazza IV Novembre (plan B2)

Centre artistique de Perugia, cette superbe place est entourée de monuments prestigieux.

🎭🎭🎭 *Fontana Maggiore* (plan B2) : *piazza IV Novembre.* Édifié à la fin du XIIIe s, ce chef-d'œuvre de l'art gothique, dû à Nicola Pisano et à son fils Giovanni, alterne sur trois niveaux scènes bibliques et mythologiques, entrecoupées de fines colonnettes cannelées. Remarquer l'extrême finesse de l'exécution.

🎭🎭 *Cattedrale di San Lorenzo* (duomo ; plan B2) : *piazza IV Novembre et piazza Danti.* ☎ 075-572-38-32. *Lun-sam 7h30-12h30, 15h30-18h45 ; dim 8h-13h, 16h-19h30.* Construit au XIVe s, il ne fut jamais achevé, si bien que la **façade** – dotée d'un beau portique – attend toujours ses parements de marbre ! Côté piazza IV Novembre, près de la loggia, superbe statue en bronze du pape Jules III (1555). Avec ses plafonds peints et ses colonnes à plaquages de marbre (XVIIIe s), l'**intérieur** tranche avec la sobriété externe. À gauche en entrant, dans la *cappella di san Bernardino da Siena,* fermée d'une belle grille en fer forgé du XVe s, on aperçoit une intéressante *Déposition* du Baroche, ornant le retable de l'autel. À droite en entrant, la *cappella del Sant'Anello* (chapelle du saint-Anneau) conserve dans un tabernacle doré exubérant le fameux anneau qui, d'après une vieille légende, fut passé au doigt de la Vierge lors de son mariage. Dans l'abside, stalles sculptées et marquetées, surmontées des tuyaux de l'orgue et des vitraux.

🎭🎭 *Museo del Capitolo della Cattedrale di San Lorenzo* (plan B2) : *piazza IV Novembre.* ☎ 075-572-48-53. ● *cattedrale.perugia.it* ● *Avr-sept, tlj sf lun 10h-17h ; oct-mars, mar-ven 9h-14h, sam-dim 10h-17h. Entrée : 6 € ; réduc. Visite* _guidée de l'area archeologica (sur résa et en italien slt) : avr-sept, tlj sf lun à 11h et 15h30 ; oct-mars, mar-ven à 11h, w-e à 11h et 15h30 ; billet combiné musée + visite guidée : 8 € ; carte Perugia Città Museo acceptée._

D'abord, une section lapidaire expose de riches ornements en marbre du XII⁰ s, dont un étonnant _Péché originel_ on ne peut plus naïf. Également une fresque du Perugin représentant une Vierge à l'Enfant entourée de Marie-Madeleine et de saint Sébastien (XVI⁰ s), aux couleurs très contrastées. Et puis de nombreux tableaux, comme cette belle _Vierge à l'Enfant_ de Signorelli (XV⁰ s), à la luminosité aussi curieuse que le choix des personnages. Ou encore cette _Marie-Madeleine en méditation_ – bouche ouverte – de Cerrini (XVII⁰ s). Aussi des vues – quasi inchangées – du Duomo et de la Fontana Maggiore du XVIII⁰ s. Ne pas manquer non plus les ex-voto du XVII⁰ s, touchants de simplicité naïve. Et puis encore ce pittoresque _Martyr de San Lorenzo_ (XIX⁰ s) avec allumage du feu sous son lit, façon four à pizza ! Jetez enfin un œil au lot de sculptures (XIV⁰ au XIX⁰ s) réalisées par des artistes locaux et à la collection d'objets cultuels...

Ensuite, la visite guidée de l'**_area archeologica_** permet d'explorer un ensemble de salles exhumées lors de récentes fouilles archéologiques, couvrant l'histoire du site de la cathédrale, à l'origine occupé par un temple étrusque...

En sortant du musée, passer sous le petit porche au fond à gauche de la cour pour découvrir, autour d'une charmante courette, les quatre niveaux de galeries à arcades de l'ancien palais épiscopal.

🐾🐾🐾 **_Palazzo dei Priori_** _(palais des Prieurs ; plan B2) : corso Vannucci (angle piazza IV Novembre)._ La construction du palais des prieurs débute vers 1293 et ne s'achève qu'en 1443. Architecture extrêmement harmonieuse. Côté corso Vannucci, magnifique portail finement ciselé. En haut, appuyés sur deux consoles, les symboles de Pérouse : le griffon et le lion guelfe. L'intérieur du palais accueille l'imposante et austère salle des Notaires (accès par l'escalier donnant sur la piazza IV Novembre) au plafond soutenu par huit grands arcs romans. Belles fresques historiques et blasons peints sur les murs. Le palais des Prieurs abrite aussi la **_Nobile Collegio della Mercanzia_** (guilde du commerce), la **_Nobile Collegio del Cambio_** (guilde du change) et la formidable **_Galleria nazionale dell'Umbria_**.

🐾 **_Nobile Collegio della Mercanzia_** _(guilde du commerce) : corso Vannucci, 15._ ☎ _075-573-03-66. Au rdc du Palazzo dei Priori. Mars-oct, tlj sf dim ap-m et lun 9h-13h, 14h30-17h30 ; nov-fév, mar-sam 8h-14h (16h30 mer et sam), dim 9h-13h. Entrée : 1,50 €. Billet combiné avec la Nobile Collegio del Cambio : 5,50 €. Carte Perugia Città Museo acceptée._ Il s'agit de la salle d'audience où la puissante guilde des commerçants se retrouvait pour traiter de ses affaires, fixer les taxes, etc. La salle, achetée par la guilde en 1390, n'a guère changé depuis. Ici, ce ne sont pas les fresques qui dominent, mais les beaux panneaux de bois de peuplier et de noyer finement travaillés qui couvrent les murs et le plafond, avec quelques petites pointes de dorure.

🐾🐾 **_Nobile Collegio del Cambio_** _(guilde du change) : corso Vannucci, 25._ ☎ _075-572-85-99. Tlj sf lun ap-m (nov-mars slt) 9h-12h30, 14h30-17h30 ; dim 9h-13h. Entrée : 4,50 €. Billet combiné avec la Nobile Collegio della Mercanzia : 5,50 €. Carte Perugia Città Museo acceptée._ Le _Collegio del Cambio_ possède l'un des exemples les plus significatifs de l'art de la Renaissance italienne. Dans la **_Sala dell'Udienza_** (1489-1501), le Pérugin (aidé de ses disciples) a peint des sujets religieux et civils, ainsi qu'une série de personnages illustres. Des divinités païennes figurent sur la voûte décorée de figures dites grotesques (fantastiques et caricaturales inspirées de l'Antiquité) et de sujets astronomiques. De son côté, la _capella di San Giovanni_ (1506-1509) et ses fresques y sont encore fortement sous l'influence du Pérugin, avec un trait cependant moins net.

🐾🐾🐾 **_Galleria nazionale dell'Umbria_** _: corso Vannucci, 19._ ☎ _075-572-10-09._ ● _gallerianazionaleumbria.it_ ● _Lun 12h-19h30, mar-dim 9h30-19h30 (fermeture_

OMBRIE

billetterie 1h avt). Entrée : 8 € ; réduc ; gratuit moins de 18 ans ; audioguide en français inclus. Carte Perugia Città Museo acceptée.

Située au 3ᵉ puis au 2ᵉ étage du Palazzo dei Priori, la Galleria abrite la plus riche collection de peinture ombrienne (XIIIᵉ-XIXᵉ s). Excellente présentation, aérée et bien éclairée... dans un cadre grandiose !

3ᵉ étage

– La **salle 1,** voûtée et imposante, est consacrée à la sculpture et à la peinture ombriennes des XIIIᵉ-XIVᵉ s. Sublimes croix aux influences byzantines, notamment celles du Maestro di San Francesco, montrant un Christ étonnamment figuré avec des rivières de sang jaillissant de ses plaies, recto verso. Également un beau triptyque du Maestro del Trittico di Perugia, toujours avec des personnages stylisés, et où le Christ paraît un véritable athlète (de la foi !?).

– En **salle 2,** surprenante *Vierge à l'Enfant* de Meo di Guido da Siena, avec un effet quasi photographique intermédiaire entre le négatif et l'isohélie, obtenu par un dégradé de verts. On la compare avec le polyptyque de droite sur le même thème, réalisé 15 ans après et d'une grande perfection formelle : les pulsions créatives du maestro sont hélas assagies...

– En **salle 4,** explosion de couleurs et de dorures à la feuille dans de beaux triptyques et morceaux de polyptyques. Celui de Mello da Gubbio – représentant l'Enfant Jésus avec un visage très poupon – est particulièrement intéressant, les autres personnages de la scène ayant un curieux air de famille avec lui !

– **Salles 5 à 8,** par ordre chronologique croissant, succession de retables, plus sublimes les uns que les autres. Remarquer en *salle 5* les visages de saints particulièrement expressifs – en proie au doute et aux tourments – peints par Domenico et Taddeo di Bartolo.

– **Salle 9 :** fixez vos yeux sur les chères têtes blondes de Giovanni Boccati (milieu XVᵉ s), où l'Enfant Jésus apparaît tout fripé au centre, avant de décider si, pour vous, **salle 10,** le regard de l'*Enfant* de Benozzo di Lese est plutôt craintif ou cabotin.

– Pour les effets de perspective qui donnent le vertige, rendez-vous en **salle 11** pour reluquer un des chefs-d'œuvre de la peinture italienne du Quattrocento, à savoir le formidable *Polittico di Sant'Antonio* de Piero della Francesca. Puis, en **salle 14,** une foule d'anges tristounets, comme ceux de Bendetto Bonfigli offrant des cageots de roses (XVᵉ s).

– **Salle 15,** superbe *Pala di Santa Maria dei Servi* du Perugin, où les traits des personnages sont vraiment tirés. Aussi un Jésus blond peroxydé de Bartolomeo Caporali, cerné d'anges qui lui ressemblent étrangement, et les *Tavolette di San Bernardino,* montrant d'intéressantes scènes de la vie aristocratique entourées de perspectives néoclassiques (XVᵉ s).

– Levez les yeux en **salle 18** pour admirer le superbe plafond et une surprenante frise en trompe l'œil. Là, amusante *Storie della Passione* de Mariano d'Antonio, où chaque personnage a une fonction, y compris celui qui range son échelle après avoir décroché le Christ de sa croix (XVᵉ s).

2ᵉ étage

– Le saint des saints du musée ! Place à la Renaissance à Pérouse et aux œuvres du Pérugin, autrement dit de Pietro Vannucci, né à Città della Pieve en 1446, qui fut le maître de Raphaël. Des **salles 22 à 26,** on traverse les diverses étapes qui ont marqué l'œuvre du peintre, avec un crescendo dans la saturation des bleus et des rouges. On mentionnera une *Annonciation* plutôt sobre et entourée de perspectives néoclassiques, une touchante *Adoration des bergers,* et un *Cristo Crocifisso* quasi en 3D ! Puis les tableaux des salles suivantes vous rapprocheront du style de Raphaël : scènes de dévotion mêlées au quotidien, gracieux déhanchés, angelots suspendus en plein vol...

– En **salle 31,** une *Nativité* du XVIᵉ s, étonnamment moderne, avec Marie accouchant. Puis remarquez en **salle 32** le profil de la Vierge de la *Natività* de San Domenico di Paride Alfani. Une question : qui a servi de modèle pour ce tableau ?

– Enfin, les dernières salles déploient une petite collection de peintures jusqu'au XIXᵉ s dans quelques pièces de vie du palais, dont – *salle 36* – le réfectoire des prieurs. *Salle 38*, petite vue dérobée sur la *salle des Notaires*. Ensuite, la *salle 39* expose les œuvres de Guiseppe Rossi, dont le travail est entièrement consacré à la cité de Pérouse au XIXᵉ s. Intéressant de découvrir ainsi la ville à cette époque sous différentes perspectives.

🍴 *Le belvédère de Pincetto (plan B2-3) : accès par la via Oberdan et le passage voûté face au nᵒ 11.* De la terrasse, beau panorama sur la ville, ses environs et, au loin, Assise sur les pentes du Monte Subasio. Pour les flemmards, la même vue en moins bien depuis la terrasse du marché couvert, à laquelle on accède par un passage couvert près du nᵒ 18 de la piazza Matteotti (vers l'office de tourisme).

🍴 🚶 *Via Volte della Pace (plan B2) :* presque entièrement couverte de hautes voûtes et de passerelles, cette ruelle médiévale qui part dans le prolongement de la piazza Matteotti est certainement la plus pittoresque de Perugia.

🍴🍴🍴 *Cappella di San Severo (plan B2) : piazza Raffaello, 11.* ☎ 075-573-38-64. *Accès par la via Bontempi, puis à gauche la via Raffaello. Avr-oct, tlj sf lun (sf avr et août) 10h-13h30, 14h30-18h ; nov-mars, tlj sf lun 11h-13h30, 14h30-17h. Entrée : 3 € ; réduc ; visites du Pozzo etrusco et du museo delle Porte e delle Mura urbiche comprises. Carte Perugia Città Museo acceptée.* Une fresque de Raphaël, seule œuvre attestée du peintre que l'on puisse admirer à Pérouse. La partie inférieure fut complétée par le Pérugin, après la mort de son célèbre élève.

🍴 🚶 *Pozzo etrusco (puits étrusque ; plan B2) : piazza Danti, 18.* ☎ 075-573-36-69. *Mêmes horaires et tarifs que la cappella di San Severo ci-dessus.* Puits étrusque du IIIᵉ s av. J.-C., de 37 m de profondeur (il était encore plus profond à l'origine) et 5,60 m de diamètre, que l'on peut parcourir grâce à un système d'escaliers. Il alimentait la ville en eau.

Au nord, par le corso Garibaldi

Au départ de la piazza Danti, prendre la via Ulisse Rocchi et tourner à gauche dans le passage voûté (*via Cantine*). Ensuite, deux possibilités (une pour l'aller et une pour le retour !).
– Juste en face, un autre passage voûté conduit à une longue volée de marches (*via Appia ; plan B2*), de laquelle part la *via dell'Acquedotto (plan B1-2).* Cet ancien aqueduc romain transformé en voie piétonne mène tout droit jusqu'à la *via Benedetta,* qui permet de rejoindre le *corso Garibaldi (plan A-B1).*
– Prendre à droite pour rejoindre la *via Cesare Battisti (plan B2).* Panorama agréable sur un quartier résidentiel arboré et la via dell'Acquedotto. Suivre le mur étrusque jusqu'à l'impressionnant *Arco etrusco,* datant du IIIᵉ s av. J.-C., au pied duquel part le corso Garibaldi.

🍴 *Museo delle Porte e delle Mura urbiche (plan A1) : corso Garibaldi.* ☎ 075-416-70. *Avr-oct, tlj sf lun (sf avr et août) 10h30-13h30, 15h-18h ; nov-mars, tlj sf lun 11h-13h, 15h-17h. Entrée : 3 € ; réduc ; visites du Pozzo etrusco et de la cappella di San Severo comprises. Carte Perugia Città Museo acceptée.* Au fin fond de la ville, dans un coin tout à fait charmant, presque campagnard, un gros donjon du XIVᵉ s. Le musée dédié aux portes et aux murs de la ville intéressera les spécialistes italianisants. Les autres jetteront un coup d'œil aux maquettes sommaires représentant la ville à différentes époques. On y va surtout pour grimper jusqu'à la terrasse et profiter de la vue panoramique sur Perugia et sa région.

🍴🍴 *Tempio di San Michele Arcangelo (chiesa di Sant'Angelo ; plan A1) : via del Tempio (corso Garibaldi).* ☎ 075-572-26-24. *Tlj 9h-16h.* Juste à côté, contre les remparts, entouré de cyprès, un curieux édifice paléochrétien du VIᵉ s. De plan circulaire, il est constitué d'un chœur appuyé sur une colonnade dépareillée

OMBRIE

provenant de monuments romains et entouré d'un péristyle. Un bon millénaire plus tard, il fut enrichi d'un portail gothique. On y sent le souffle de l'Histoire, et nombreux sont les couples qui viennent y célébrer épousailles ou noces d'or !

À l'ouest, en bas de la via dei Priori

🎭🎭 *Chiesa di San Francesco al Prato – Oratorio San Bernardino* (plan A2) : piazza San Francesco al Prato. ☎ 075-573-39-57. Tlj 8h30-12h30, 15h30-17h30. Sur la même place, deux églises côte à côte qui méritent le déplacement. Édifiée au XIIIe s, la *chiesa San Francesco al Prato* offre, sur sa façade, un merveilleux assemblage polychrome de figures géométriques en marbres blanc et rose. L'église est en rénovation permanente depuis le XVe s à cause de l'instabilité du terrain ! Sur sa gauche, le charmant *oratorio San Bernardino* fascine par sa façade ornée de sculptures Renaissance polychromes (1451-1461). À l'intérieur, le bel autel en marbre sculpté est en fait un sarcophage paléochrétien du IVe s, recyclé.

Au sud, de part et d'autre du corso Cavour

Cette partie de la visite part de la *piazza Italia (plan B3)*, à l'extrémité sud du *corso Vannucci*.

🎭🎭🎭 🕯 *Rocca Paolina* (plan B3) : *accès par la piazza Italia (via l'escalier mécanique vers la piazza dei Partigiani). Autres accès possibles par la via Marzia, la via Masi ou le viale Indipendenza.* La *Rocca Paolina* est le nom de la forteresse que le pape Paul III fit édifier en 1540. Il en confia la construction à Antonio da Sangallo, qui se contenta de faire disparaître certains quartiers en les englobant dans la forteresse et en les recouvrant. En 1860, lorsque l'unité italienne se réalisa, on se dépêcha de liquider la forteresse, symbole de l'absolutisme pontifical. Il n'en reste plus aujourd'hui qu'une petite portion de remparts englobant la *porta Marzia,* l'une des plus belles portes étrusques, intégrée au mur par l'architecte qui répugnait à la détruire. En revanche, dans les années 1930, d'importants travaux furent entrepris pour dégager la partie souterraine : les vestiges des quartiers médiévaux sur lesquels la forteresse fut érigée. C'est dans ce bel ensemble labyrinthique constitué de rues avec voûtes en berceau, de maisons médiévales reliées par des arches, de tours, de bassins de réception des eaux de pluie, que l'on se promène librement aujourd'hui. Sur place, quelques salles abritent le *Museo della Rocca Paolina* : ☎ 075-572-57-78. Avr-oct, tlj sf lun (sf avr et août) 10h-13h30, 14h30-18h ; nov-mars, tlj sf lun 11h-13h30, 14h30-17h. Entrée : 3 € ; réduc. Carte Perugia Città Museo accepté.

🎭 *Museo Civico di Palazzo della Penna – Centro di Cultura Contemporanea* (plan B3) : via Podiani, 11. ☎ 075-571-62-33. ● sistemamuseo.it ● Tlj sf lun (sf avr et août) 10h-19h (18h nov-mars). Entrée : 5 € ; réduc. Carte Perugia Città Museo accepté. En cas d'expo temporaire, les horaires peuvent être ajustés et les tarifs augmentés.
Dans un palais du XVIe s, le musée des « collections de la ville » propose un petit parcours contemporain, faisant cohabiter les extrêmes ; à savoir le fasciste Dottori et l'écolo Beuys !
– Au *1er sous-sol, Espace Gerardo Dottori,* peintre inventeur de l'art sacré futuriste dans les années 1930, avec des corps fluides et une drôle de lumière céleste, voire extraterrestre ! Versions géométriques et aériennes de la *Crucifixion* et de *Saint François d'Assise.* Nu féminin *Flora,* très harmonieux dans sa composition et dans le choix des couleurs.
– Au *2d sous-sol,* six *Tableaux noirs* (ceux de l'école !) de l'artiste allemand Joseph Beuys, conçus en 1980 lors d'une conférence qu'il donna à Perugia sur son

message artistique et philosophique. La ville acheta les tableaux pour 25 millions de lires (soit 13 000 €), et les villageois crièrent au scandale ! Un art conceptuel difficile à déchiffrer pour les non-initiés : génie ou supercherie ?

– *Au rez-de-chaussée et au 1er étage :* expos temporaires (peintures et photos) en rapport avec la ville, et des œuvres d'artistes du monde entier.

|●| �****Y**** Sur place, le *B 100* est un café gourmet bio offrant l'occasion d'une bonne pause déjeuner. Petits plats tout simples mais bien goûtus, arrosés de verres de vins locaux.

🦌 *Museo archeologico nazionale dell'Umbria* (MANU ; plan B3) **:** piazza G. Bruno, 10. ☎ 075-572-71-41. ● archeopg.arti.beniculturali.it ● Tlj 8h30 (10h lun)-19h30. Entrée : 5 € ; réduc ; gratuit moins de 18 ans et 1er dim du mois. Carte Perugia Città Museo accepté. Feuille explicative en français. Dans le couvent de la basilica di San Domenico, collections préhistoriques, étrusques et romaines. C'est grand et bien présenté, mais les objets sont d'un intérêt souvent secondaire, à l'exception de certaines pièces étrusques : le cippe de Pérouse, stèle couverte d'une longue inscription (en fait un acte juridique entre deux familles concernant l'usage d'une propriété), un beau sarcophage à pieds de lion provenant de la nécropole de Sperandio ; et, surtout, le tombeau des Cutu, présenté en sous-sol dans l'état où il fut mis au jour, contenant une foule d'urnes funéraires dont les sculptures, touchantes, évoquent la vie du défunt. Enfin, une étonnante collection d'amulettes de tous âges.

🦌 *Basilica di San Domenico* (plan B3) **:** piazza G. Bruno (corso Cavour). ☎ 075-572-41-36. À côté du MANU. Accès par la porte latérale via del Castallano. Tlj 7h-12h, 16h-19h (19h30 en été). La plus grande église de Perugia et d'Ombrie exhibe une façade romane toute simple en pierre apparente avec portail plus tardif, pour une nef sans fioriture mais d'une ampleur à couper le souffle, avec un vitrail dans les mêmes proportions. Quelques restes de fresques du XIIIe s au niveau du chœur, et un admirable tombeau gothique en marbre ciselé, celui de Benoît XI.

LE FRUIT DÉFENDU

Benoît XI, fils d'un berger de Trévise, fut nommé pape en 1303. Malheureusement pour lui, son pontificat ne dura que 8 mois. Empoisonnement par Guillaume de Nogaret, ministre de Philippe le Bel et ennemi juré de la papauté, ou simple indigestion ? Il serait mort après avoir ingurgité des figues, fruit dont il raffolait. Péché mignon et péché mortel !

EN DEHORS DU CENTRE HISTORIQUE

🦌🦌🦌 *Chiesa di San Pietro* (hors plan par B4) **:** via Borgo XX Giugno, 74. ☎ 075-351-32. À env 700 m du MANU par le corso Cavour et la porta San Pietro. Tlj 8h-12h, 15h-18h. Une visite à ne rater sous aucun prétexte ; certainement le point d'orgue de votre séjour à Pérouse ! Dominée par un élégant campanile des XIVe-XVe s, l'église fait partie d'une ancienne abbaye bénédictine du Xe s qui abrite aujourd'hui la faculté d'agronomie. Elle fut édifiée sur le site de l'ancienne cathédrale de Perugia. Si l'extérieur et l'élégant cloître qui en donne accès sont un brin défraîchis, à l'intérieur, quel choc ! L'église, dont la nef centrale est surplombée par un plafond à caissons polychromes, est somptueusement décorée. Tout simplement la plus importante collection d'art de Pérouse après celle de la Galerie nationale ! Les voûtes des nefs latérales sont couvertes de fresques, et les murs et petites chapelles sont constellés de tableaux des meilleurs artistes locaux ! Le chœur, décoré de panneaux de bois en *intarsia* (marqueterie avec effet de relief), est doté de stalles Renaissance finement sculptées et d'un baldaquin richement orné. À droite du chœur, la sacristie compte notamment quelques portraits de

OMBRIE

saints peints par le Pérugin... Sans oublier la crypte, à gauche du chœur, en fait l'ancien sanctuaire du haut Moyen Âge qui, à l'opposé de cette profusion, est d'une grande sobriété dans sa déco.

🎣 🚶 **Ipogeo dei Volumni** (hypogée des Volumni) **:** via Assisana, 53. ☎ 075-39-33-29. À 5 km de Perugia. Tlj 9h-18h30 (19h juil-août). Entrée : 3 € ; réduc ; gratuit moins de 18 ans. Carte Perugia Città Museo acceptée. Feuille explicative en français. L'hypogée (en grec, « sous la terre ») est l'une des plus intéressantes sépultures étrusques connues (IIIᵉ-IIᵉ s av. J.-C.), où reposent les Volumni, une famille noble. Elle fait partie d'une nécropole de plus de 200 tombes, le Palazzone. Un escalier mène à un vaste vestibule donnant accès à plusieurs petites chambres, dont l'une contient des urnes funéraires sculptées. La visite est rapide car l'espace est exigu et les suivants attendent... De l'autre côté du jardin-nécropole, petit musée (antiquarium) contenant quelques objets funéraires découverts in situ.

Manifestations

Contrairement à la plupart des autres villes d'Ombrie, Pérouse n'organise pas de grandes manifestations à caractère historique ou religieux.
– **Umbria Jazz :** juil. ☎ 075-57-26-924. ● umbriajazz.com ● Chaque année, toute la ville, et notamment la piazza IV Novembre, est animée de concerts jazz, blues, funk ou soul. Parmi les très grands qui sont passés par ici, citons B. B. King, James Brown, Herbie Hancock, Gilberto Gil, Keith Jarrett, Maceo Parker, Mark Knopfler, Sonny Rollins, Chick Corea, Pat Metheny, Paolo Conte...
– **Sagra musicale Umbra :** sept. ☎ 075-572-22-71. ● perugiamusicaclassica. com ● Fête de la musique classique et sacrée. Orchestres et chorales se produisent dans les cathédrales, les églises et les théâtres de plusieurs villes et villages d'Ombrie (Torgiano, Deruta, Montefalco...). La plupart des concerts ont toutefois lieu à Perugia.
– **Eurochocolate :** 10 j. en oct. ☎ 075-502-58-80. ● eurochocolate.com ● Chaque année, autour d'un thème différent, le centre médiéval se couvre de stands de dégustation du chocolat sous toutes ses formes. Cours de cuisine, laboratoires et stages.

DANS LES ENVIRONS DE PERUGIA

PARCO NATURALE DI MONTE TEZIO

🎣 À 15 km au nord de Perugia par San Marco, Cenerente et Colle Umberto (SP 170-1), village à partir duquel le parc est fléché. Massif constituant un belvédère qui offre une vue grandiose, depuis les Apennins jusqu'au lac Trasimène. Plusieurs sentiers le parcourent, d'une durée de 1-2h, et autant pour le retour. Le plus ardu (jusqu'au sommet du Monte Tezo) a une dénivelée de 400 m. Infos : ● montideltezio.it ●

CORCIANO (21 340 hab.)

🎣🚶 À 15 km à l'ouest de Perugia, ce village du XIVᵉ s perché sur sa colline semble presque trop coquet et propre sur lui pour être vrai ! On n'en déambule pas moins avec plaisir dans ses quelques ruelles tortueuses ceintes de belles fortifications médiévales quasiment intactes. La légende raconte que le lieu aurait été fondé par Coragino, un compagnon d'Ulysse. Comme souvent dans la région, le Moyen Âge a laissé ici l'empreinte la plus forte. Vous pourrez admirer la porta Santa Maria, la chiesa San Francesco (hors les murs, elle est accolée au resto Il Convento), de

style gothique (XIIIe s), et la *chiesa Santa Maria Assunta,* qui conserve des œuvres précieuses, dont une *Assomption* peinte par le Pérugin.
– Pendant la 1re quinzaine d'août, reconstitutions médiévales : sérénades de ménestrels, processions au flambeau, pièces de théâtre, etc.

TORGIANO *(6 580 hab.)*

🏃 *À 15 km au sud de Perugia.* Dans cette bourgade, une grande famille de riches vignerons d'Ombrie, les Lungarotti, a aménagé dans le centre historique deux beaux musées.

🏃🏃 *Museo del Vino :* corso Vittorio Emanuele, 31. ☎ 075-988-02-00. ● *lunga rotti.it* ● *Juil-sept, tlj 10h-18h ; oct-juin, tlj sf lun 10h-13h, 15h-18h (17h oct-mars). Entrée : 7 €, visite du museo dell'Olivo e dell'Olio comprise ; réduc.* Aménagé dans un ancien palais, ce très beau musée expose une importante collection de céramiques œnologiques – de l'Antiquité au XXe s –, mais aussi des manuscrits, des outils de vigneron et des pressoirs, dont un étonnant exemplaire au sous-sol, avec sa poutre maîtresse de 12 m de long ! Bref, aucun aspect de l'histoire de la vigne et des techniques viticoles depuis trois millénaires ne vous échappera !

🏃🏃 *Museo dell'Olivo e dell'Olio :* via Garibaldi, 10. ☎ 075-988-03-00. ● *lunga rotti.it* ● *Mêmes horaires et billet que pour le museo del Vino.* Très beau parcours, idéalement agencé avec une foule de panneaux explicatifs en italien et en anglais : domestication de l'arbre, usage alimentaire, lumifère et religieux, techniques de culture et d'extraction, symbolique de l'olivier et de l'huile, transport, exportation, etc. ; le tout illustré par une belle collection de céramiques antiques et anciennes. Bref, vous deviendrez incollable sur l'autre richesse de la région !

🍴 🏠 *Albergo Ristorante Siro :* via G. Bruno, 16. ☎ 075-98-20-10. ● *info@hotelsirotorgiano.it* ● *Résa impérative. Menus 23-30 € ; plats 8-12 €.* 📶 La bonne table du village. Grande salle chaleureuse et soignée, aux murs chargés d'aquarelles et autres toiles colorées, le tout flanqué d'une véranda avec vue sur la campagne. Dans l'assiette, cuisine du cru généreuse, inventive et pleine de saveurs. Le menu à 23 € est d'un rapport qualité-prix *ottimo ; bravissimo !* Service stylé. Fait aussi hôtel. C'est sûr, on reviendra !

BETTONA *(4 430 hab.)*

🏃🏃 *À 22 km au sud-est de Perugia, 5 km à l'est de Torgiano et 17 km au sud-ouest d'Assisi.* Ce charmant bourg fortifié aux ruelles médiévales, surnommé « le balcon étrusque », est perché sur un promontoire et ceint de lourds remparts d'origine étrusque. Plusieurs églises à visiter sur place, dont l'*oratorio Sant'Andrea* (via Santa Caterina), renferment de belles fresques de l'école de Giotto (XIVe s).

🏃 *Museo della Città :* piazza Cavour, 3. ☎ 075-98-73-47. ● *sistemamuseo. it* ● *Avr-sept, tlj sf lun 10h30-13h, 15h30-18h30 ; oct-mars, ven-dim 10h30-13h, 15h30-18h. Entrée : 5 € ; réduc.* Présente une *section archéologique* (sous-sol) avec des objets étrusques et romains – bien mis en valeur – découverts dans la ville et ses alentours. Également une *pinacothèque* (1er étage) avec notamment deux toiles du Pérugin, *Sant'Antonio da Padova* et *Madonna della Misericordia,* dont les personnages ont un curieux air de famille !

🏠 🍴 *Relais La Corte di Bettona :* via Santa Caterina, 2. ☎ 075-98-71-14. ● *info@relaisbettona.com* ● *relaisbet tona.com* ● *Doubles dès 70 €, petit déj inclus. ½ pens possible. Plats 12-18 €.* 📶 Dans 2 bâtiments médiévaux, un moulin à huile et un monastère, séparés de quelques pas l'un de l'autre. Belles chambres tout confort et assez spacieuses, à la déco plutôt

OMBRIE

classique, dont certaines avec vue sur Assise ou la campagne. Son resto gastronomique, la *Taverna del Giullare,* demeure une étape incontournable dans le coin pour sa cuisine du cru, à la fois enracinée et originale. Belle salle avec voûtes et pierres apparentes, et terrasse panoramique avec piscine et spa.

DERUTA *(9 620 hab.)*

✘ *À 20 km au sud de Perugia.* Un vieux bourg perché, dominé par ses trois clochers et agrémenté de cyprès ; bien connu depuis le XVe s pour être LE village de la céramique, dont la production a débuté au XIIIe s. À ce titre, les amateurs ne manqueront pas cette escale. La succession de boutiques est impressionnante !

Adresse utile

🄸 *Ufficio Turistico (Pro Deruta) :* piazza dei Consoli, 4. ☎ 075-971-15-59. ● proderuta.blogspot.fr ● *Horaires* *variables.* Plan du village et guide avec divers points d'intérêt à découvrir au fil des ruelles.

À voir

✘ *Museo regionale della Ceramica :* largo San Francesco. ☎ 075-971-10-00. ● sistemamuseo.it ● ✤ *Mer-dim 10h30 (10h juil-sept)-13h, 14h30 (15h avr-sept)-18h (17h mars et oct, 16h30 nov-fév). Entrée : 5 € ; réduc. Billet combiné avec la pinacothèque : 7 € ; réduc.* Outre de belles pièces de la très jolie collection relevant des arts de la table, on découvre des fragments anciens, voire antiques, de la mosaïque de sol provenant de l'église San Francesco de Deruta, des plaques votives, des bouliers... Les images religieuses côtoient des dessins coquins et humoristiques. Tout aussi impressionnant, le « dépôt », avec ses balcons, dont les vitrines renferment plus de 6 000 céramiques modernes. Un dernier espace est dévolu aux expositions de céramique contemporaine. Un musée qui ne séduira que les fans du genre.

✘✘ *Santuario Madonna del Bagno :* vocabolo Madonna del Bagno. ☎ 075-97-34-55. ● madonnadelbagno.it ● ✤ *De Deruta, suivre la via Tiburtina vers le sud ; sinon, accès par l'E 45, sortie « Casalina ». Tlj 8h (7h30 en été)-12h30, 14h30-18h30 (19h en été).* Les murs de cette chapelle, nichée dans un bosquet au bord de la *superstrada,* sont constellés d'ex-voto en céramique offerts, depuis 1657, par les fidèles en remerciement à la Vierge pour une grâce reçue. Chaque tableau raconte, sans aucune légende, un petit drame de manière touchante, en toute simplicité. Ce millier d'anecdotes témoigne de l'évolution de la vie en Ombrie durant presque 4 siècles : au fil du temps, les accidents ont changé de nature, des chutes de cheval au carambolage de voitures... L'ensemble, très coloré, produit une forte impression !

LAGO TRASIMENO (LAC TRASIMÈNE)

Quatrième lac d'Italie par sa taille (128 km²), le Trasimène porte le nom d'un roi tyrrhénien qui s'y serait noyé en poursuivant une nymphe. Byron comparait le lac à un « voile d'argent » ; son charme romantique et ses hauteurs couronnées de châteaux ont en effet inspiré plus d'une belle plume et plus d'un bon pinceau : explorez les toiles du Pérugin, né à Città della Pieve, vous y trouverez souvent le lac Trasimène en arrière-plan. Classé *parco regionale* en 1995, il est le plus grand des parcs d'Ombrie avec une surface de 13 200 ha. Pourtant, ses abords ne sont hélas pas toujours à la hauteur de ses légendes et la baignade est déconseillée, mais les îles et les bourgs médiévaux alentour, qu'ils se trouvent sur les rives ou dans les collines environnantes, offrent quelques belles découvertes.

UNE TACTIQUE BRUMEUSE

Ce lac évoque avant tout une bataille au cours de laquelle Hannibal et son armée infligèrent une sacrée dérouillée aux légions romaines, en 217 av. J.-C. Celles-ci, étirées en une longue colonne, furent surprises par un ennemi surgissant soudain de la brume. La déroute qui s'ensuivit laissa près de 16 000 Romains sur le carreau ! Cet épisode reste aujourd'hui inscrit dans le nom du hameau Sanguineto, qui signifie « sanglant ».

OMBRIE

Arriver – Quitter

En bus

🚌 Aucun bus ne fait le tour du lac, Castiglione del Lago et Passignano sul Trasimeno ne sont donc pas reliées entre elles par les transports en commun ! *Infos :* ☎ 800-512-141 (n° Vert). ● umbriamobilita.it ●
➤ **Ligne Perugia-Magione-Passignano sul Trasimeno :** env 1 bus/j. desservant les 3 villes et env 3 bus/j. entre Passignano et Magione. Aucun bus dim.
➤ **Ligne Perugia-Magione-Castiglione del Lago :** env 8 bus/j. sf dim. Trajet : 1-2h entre Pérouse et Castiglione del Lago.

En train

🚆 **Castiglione del Lago** se trouve sur la ligne FS-Trenitalia **Roma-Firenze.** *Infos Trenitalia :* ☎ 89-20-21 (n° Vert). ● trenitalia.it ●
➤ **Roma** (Termini ; 2h) **et Firenze** (S. M. Novella ; 1h30) : 6-8 directs/j.
➤ **Perugia** (Stazione di Fontivegge ; 1h20), **Assisi** (1h40), **Spello** (1h50), **Foligno** (2h) **et Spoleto** (2h30) : nombreux trains avec changement à Terontola-Cortona, notamment.

Adresse utile

🄘 **Ufficio turistico :** *piazza Mazzini, 10, à* **Castiglione del Lago.** ☎ 075-965-24-84. ● lagotrasimeno.net ● *Avr-sept, tlj sf dim ap-m 8h30 (9h sam)-13h, 15h30-19h ; oct-mars, lun-sam mat slt.* Procurez-vous la brochure complète en français détaillant les caractères de chaque village du lac et donnant des infos sur les loisirs (VTT, randonnée pédestre, équitation, voile, pêche...), les routes des Vins *Colli del Trasimeno* et de l'Huile d'olive, la liste des hébergements, l'agenda culturel... Accueil compétent et sympa.

CASTIGLIONE DEL LAGO (06061 ; 15 620 hab.)

🎥🎥 La petite capitale de la région du lac domine celui-ci du haut de son charmant promontoire médiéval fortifié.
– **Marché :** mer mat.

Où dormir ? Où manger ?

⚐ **Camping Listro :** *via Lungolago.* ☎ 075-95-11-93. ● listro@listro.it ● listro.it ● *Au bord du lac, à env 800 m du centre-ville. Ouv avr-sept. Selon* *saison, 17-21 € pour 2 avec tente et voiture.* 📶 Petit camping tranquille, simple et sans prétention ; bien ombragé et les pieds dans l'eau, à 15 mn à pinces du centre et à moins de 30 mn en voiture des sites d'intérêts de la région. Sanitaires modestes mais propres. Bar, mini-*market*, terrain de volley et jeux pour enfants.

🛏 *B & B Il Torrione : via delle Mura, 10.* ☎ *075-95-32-36.* 📱 *335-635-21-19.* ● *info@iltorrionetrasimeno.com* ● *iltorrionetrasimeno.com* ● *Dans le centro storico. Congés : 15 nov-1er mars. Doubles 60-80 € selon vue, petit déj inclus.* 📶 *Apéritif offert sur présentation de ce guide.* Coup de cœur pour les 6 chambres de ce *B & B,* dont les meilleures donnent sur un beau jardin pittoresque, bordé par le rempart et sa petite tour du XVIe s, avec une jolie vue sur le lac. Tout confort et intérieurs chaleureux aux murs tapissés de toiles colorées peintes par votre hôte, Franco. Il mettra tout son cœur à vous

accueillir, et en français ! Une excellente adresse.

🛏 *Hotel La Torre : via V. Emanuele, 50.* ☎ *075-95-16-66.* ● *info@latorretrasimeno.com* ● *latorretrasimeno.com* ● *Doubles 45-105 € selon saison ; petit déj 7,50 €.* 📶 *Dans la rue principale du centro storico,* une petite dizaine de chambres confortables et soignées, à la déco un brin kitsch. Mais on est quand même séduit !

🍴 *Osteria Le Scalette : via 25 Aprile, 24 a/b.* ☎ *075-95-31-13.* ● *ristorante lescalette@libero.it* ● *Tlj sf jeu. Congés : de mi-janv à mi-fév. Menu 23 € ; plats 9-17 €. Digestif offert sur présentation de ce guide.* Juste à l'extérieur et en contrebas des remparts, dans l'escalier menant au lac, une belle adresse d'habitués. Quelques plats à la carte, pour une savoureuse cuisine typique, mitonnée avec des ingrédients frais de saison. Le menu à 20 € avec viande ou poisson du lac est une vraie affaire, bravo ! Accueil charmant. On aime !

Où dormir dans les environs ?

⛺ *Camping Badiaccia : via Pratovecchio, 1.* ☎ *075-965-90-97.* ● *info@badiaccia.com* ● *badiaccia.com* ● *À env 8 km au nord de Castiglione. Ouv avr-sept. Selon saison, 19-24 € pour 2 avec tente et voiture.* 📶 *Beau terrain spacieux, mais en été, la tendance est quand même à l'entassement sur les grandes pelouses plantées d'arbres.*

Très bon confort global avec des sanitaires récents impeccables et une belle plage constituée d'une bande de sable précédée d'une grande étendue d'herbe. Resto-bar, mini-*market,* piscine, tennis, volley, basket, minigolf, fitness, jeux pour enfants, etc., et, en été, une foule d'animations ! Si vous recherchez la tranquillité en haute saison, passez votre chemin !

À voir

🎭🏃🎿 *Palazzo della Corgna – Rocca Medievale : piazza Gramsci, 1.* ☎ *075-95-10-99. Avr-oct, tlj 9h30-19h (18h30 oct) ; mars, tlj 10h-18h ; nov-fév, ven-lun 10h-17h (tlj à Noël). Fermeture billetterie 45 mn avt. Entrée : 5 € ; réduc. Loc de jumelles.* D'abord, les salles de cet élégant palais ducal du XVe s offrent de belles fresques, essentiellement signées par Niccolò Circignani, dit « le Pomarancio ». Ensuite un long passage étroit et couvert relie le palais à la forteresse du XIIIe s, qui occupe l'extrémité du promontoire. Dans cette dernière, parcours de découverte en boucle sur le chemin de ronde des fortifications, et vue imprenable sur le lac depuis le haut de la tour.

PASSIGNANO SUL TRASIMENO *(06065 ; 5 680 hab.)*

🎣 C'est la deuxième destination des touristes séduits par le lac, qui ne se lassent pas de parcourir la longue promenade offrant une vue sur les îles du lac. Sans oublier les vestiges de son château médiéval.

– *Marché : sam mat.*

Où dormir ? Où manger ?

⚐ 🏠 I●I *Hotel Kursaal : viale Europa, 24.* ☎ *075-82-80-85.* ● *info@kursaalho tel.net* ● *kursaalhotel.net* ● ♿ *Congés : nov-avr. Doubles 80-98 € selon vue, petit déj inclus. ½ pens possible. Camping : selon saison, 23-31 € pour 2 avec tente et voiture. Au resto, menus 18-24 €, plats 8-18 €.* ▭ 🛜 *Apéritif maison offert sur présentation de ce guide.* Bien au calme, au milieu des pins et des cèdres cente- naires, cette demeure abrite une quin- zaine de belles chambres confortables et sobres, à la déco fraîche et toutes avec terrasse. Les plus chères ont vue sur le lac. Juste à côté, terrain de cam- ping ombragé par de grands pins, bien équipé. Emplacements séparés par des palissades ou des haies. Piscine, terrasse sur le lac et plage privée. Côté resto, cuisine de pays maîtrisée et pleine de goût ; la bonne table du village pour beaucoup. À déguster sur la terrasse avec vue sur le lac. Une bonne adresse à dimensions variables.

L'ISOLA MAGGIORE (06060 ; 18 hab.)

🎏 Son nom de « Majeure » ne doit pas faire illusion : l'île, habitée par quelques familles de pêcheurs, ne fait qu'environ 700 m de long pour 300 m de large ! Autant dire que c'est un lieu très paisible où, en plus de beaux bâtiments chargés d'his- toire, vous pourrez apprécier le silence nocturne.
➤ En été, l'Isola Maggiore est accessible en bateau ttes les 40 mn avec *Tuoro Navaccia,* ttes les heures environ avec *Passignano sul Trasimeno* et un peu moins avec *Castiglione del Lago. Infos :* ☎ *800-512-141 (n° Vert).* ● *umbriamo bilita.it* ●

Où dormir ? Où manger ?

🏠 I●I *Hotel da Sauro : via Guglielmi, 1.* ☎ *075-82-61-68.* ● *info@dasauro. it* ● *dasauro.it* ● *Doubles 50-70 € selon saison, petit déj inclus.* Hôtel lacustre d'une douzaine de chambres comblant amoureux et Robinson d'un jour. Pas de panique, il fait aussi resto, vous ne manquerez donc de rien !

MAGIONE (06063 ; 14 820 hab.)

🎏 Cette petite ville commerçante est surtout idéale pour s'approvisionner... ce qui n'empêche pas non plus une petite visite.
– *Marché :* jeu mat.

Où manger dans le coin ?

I●I *Al Coccio : via dei Montemilini, 22.* ☎ *075-84-18-29. Tlj sf lun. Plats 9-18 €.* Dans la partie moderne sans charme de Magione, un resto plébiscité par les familles du coin. Dans l'assiette, bonne cuisine ombrienne goûteuse et sans fioritures. En vedette à la carte : les *umbricelli,* sorte de gros spaghettis, leur spécialité. On se régale à prix juste dans une grande salle chaleureuse, décorée de bric et de broc, où les discussions sont joyeuses et animées. Service gentil. On aime !
I●I *Da Settimio : via Lungo Lago, 1, loc.* **San Feliciano.** ☎ *075-847-60-00.* ● *dasettimio@tiscali.it* ● *Face au lac, par- dessus la route. Tlj sf jeu. Plats 8-14 €.* L'adresse idéale pour manger du pois- son tout frais pêché dans le Trasimène, ainsi que du gibier local (en saison). Le tout dans une vaste salle moderne avec grandes baies vitrées. Service stylé.

OMBRIE

OMBRIE

À voir dans le coin

🏃 🏃 **Torre dei Lambardi :** via della Torre, 1. ☎ 075-847-30-78. ● magione cultura.it ● Avr-sept, jeu-dim 10h30-13h, 15h-18h (16h-19h30 juil-août). Entrée : 3 € ; réduc. Tour de défense massive du XIIIᵉ s, au milieu d'un bel espace naturel planté de pins et de cyprès, qui offre de son sommet une vue admirable sur la campagne et, au loin, Perugia.

🏃 🏃 **Museo della Pesca** (musée de la Pêche) : Lungolago della Pace e del Lavoro, 2, loc. **San Feliciano**. ☎ 075-847-92-61. ● magionecultura.it ● Juil-août, mar-dim 10h30-13h, 16h-19h ; avr-juin et sept, jeu-dim 10h-12h30, 15h-18h ; mars et oct-déc, sam-dim 10h30-13h, 15h-17h30. Entrée : 3 € ; réduc. Intéressant petit musée décrivant la pêche sur le Trasimène depuis la nuit des temps. À travers des panneaux explicatifs, maquettes, quelques objets archéologiques, filets, barques traditionnelles, épuisettes, et autres engins de pêche curieux, comme ces canisses dressées en palissades pour diriger les poissons dans les nasses.

🏃 **Oasi naturalistica La Valle :** via dell'Emissario, loc. **San Savino**. ☎ 075-847-28-65. ● oasinaturalisticalavalle.it ● Juin-sept, tlj 9h-13h, 16h-20h ; oct-mai, tlj sf lun 9h-13h, 15h-18h. Visite seule : 3 € (4 € avec audioguide italien-anglais) ; jumelles fournies. Située à l'extrémité est du lac, petite réserve naturelle d'une surface de 1 000 ha, réputée notamment pour ses oiseaux migrateurs, qui y font escale entre l'Europe et l'Afrique subsaharienne. Également une foule d'autres piafs – 202 espèces en tout – qui nichent à l'année dans cet environnement préservé. Petite expo sur la réserve et le lac en général à l'accueil des visiteurs. Observation guidée (payante) des oiseaux sur les sentiers du site.

L'ISOLA POLVESE

🏃 Au contraire de l'Isola Maggiore, l'Isola Polvese, trois fois plus grande, n'est pas habitée à l'exception de l'adresse ci-dessous. On ne s'y rend ni pour sa petite église ni pour les ruines du monastère ou du château, mais pour un parc scientifique et éducatif comprenant un jardin des plantes aquatiques (☎ 075-965-95-46 ; ● polvese.it ● ; visites guidées avr-juin, w-e, et juil-sept, tlj, à 10h, 11h, 12h, 15h, 16h et 17h ; 3 €, réduc).

➤ En été, l'Isola Polvese est accessible en bateau ttes les heures avec **San Feliciano**. Infos : ☎ 800-512-141 (nᵒ Vert). ● umbriamobilita.it ●

Où dormir ? Où manger ?

Auberge de jeunesse

🏠 I●I **Ostello Il Poggio :** ☎ 075-965-95-50. 📱 347-900-09-70. ● info@fattoriaisolapolvese.com ● fattoriaiso lapolvese.com ● ♿ Ouv avr-déc. Lit à partir de 20 €/pers. ½ pens possible. Promo sur Internet. 🖥 📶 Dans une ferme rénovée, une AJ écologique d'où l'on peut admirer le lac en rêvassant dans un hamac. Chambres nickel de 2 à 6 lits. Également des appartements (3 personnes) avec cuisine. Les repas sont préparés avec les herbes et légumes du jardin, et l'eau est chauffée grâce à des panneaux solaires. Une adresse écoresponsable sympa.

PANICALE (06064 ; 5 980 hab.)

🏃🏃 Ce vieux bourg, blotti derrière ses murailles médiévales et autres portes fortifiées, offre une vue fort agréable sur le lac et ses îles, ainsi que le charme formidable de ses placettes et les trésors de ses églises. On aime !

Adresse et info utiles

🛈 **Ufficio turistico :** *piazza dell'Ospedale, 1.* 📠 *075-837-8017.* ● *visitpanicale.com* ● *De mi-juin à sept, tlj 10h-13h, 16h-19h ; d'avr à mi-juin, tlj 10h30-12h30, 15h-17h30 ; oct-mars, sam-dim 10h30-12h30, 15h-17h.* Plandépliant du village avec ses curiosités expliquées en anglais et en italien, liste des hébergements. Organise un tour guidé (en français) du village (1h) comprenant la visite de la *chiesa San Sebastiano,* le *teatro Caporali* et le *centro storico (6 €, réduc).* Également un autre itinéraire passant par le *museo del Tulle* et le *museo della Madonna della Sbarra (5 €, réduc).*
– **Marché :** *ven mat.*

Où dormir ? Où manger ?

🏠 🍴 **Albergo-Ristorante Masolino :** *via Roma, 7 (hôtel) et via del Filatoio, 4 (resto).* ☎ *075-83-71-80 ou 075-83-71-51.* ● *info@masolino.it* ● *masolino.it* ● *Resto tlj sf mar. Double 60 €, petit déj compris. Plats 9-18 €. Digestif offert sur présentation de ce guide.* Juste à l'extérieur des remparts, petit hôtel fonctionnel d'une quinzaine de chambres, toutes avec salle de bains rutilante, TV et quelques meubles en bois sombre. Fait aussi resto, à deux pas de là, dans la vieille ville : une salle chaleureuse aux murs jaunes et voûtes en brique. Cuisine de terroir qui accommode simplement et sans artifice les bons ingrédients de saison, pour en sublimer le goût. Délicieuses viandes du cru et bonnes pâtes maison pour les fauchés. On s'est régalés ! Accueil familial authentique et sympa.

À voir à Panicale et dans les environs

🏛 **Piazza Umberto I :** au centre du bourg médiéval, paisible et charmant ensemble de maisons mêlant brique rouge et pierre ocrée, avec la fontaine en son centre et les terrasses des *trattorie* sur le pourtour. Toute proche, la *chiesa San Michele Arcangelo* incite au recueillement dans sa nef exceptionnellement obscure.

🏛🏛 **Chiesa di San Sebastiano :** *via Belvedere, 1. Visite guidée en français avec l'employé de l'office de tourisme à 10h30, 11h30, 15h30 et 16h30, les j. d'ouverture de celui-ci. Billet : 6 € ; réduc.* À l'intérieur, beau *Martirio di San Sebastiano* peint par le Pérugin, dont l'arrière-plan représente le lac tel qu'il était en 1505.

🏛🏛 **Chiesa dell'Annunziata :** *via Arezzo (SP 315), à **Fontignano**.* 📠 *339-273-44-06.* ● *fontignano.it* ● *Tlj 10h-13h, 15h-18h. Entrée : 2 €.* Modeste chapelle en bord de route où se trouve une fresque de *L'Annunziata,* réalisée par le Perugin, ainsi que sa tombe. Rideau !

CITTÀ DELLA PIEVE (06062) 7 710 hab.

Perchée à plus de 500 m d'altitude, cette petite ville fortifiée occupe une position dominante sur le val di Chiana et le lac Trasimène, aux confins de l'Ombrie et de la Toscane. Durant la période étrusco-romaine, ce territoire appartenait à Chiusi, puis les Lombards en firent un poste avancé pour surveiller Pérouse, position que reprit cette dernière à la fin du XIIe s afin de mieux contrôler Sienne, sa rivale. Mais c'est Frédéric II au XIIIe s qui lui accorda ses lettres de noblesse en donnant à la ville la forme d'un aigle,

OMBRIE

histoire de défier Rome. À partir de cette époque, la production de safran, qui, jusqu'à la Renaissance, était utilisé principalement pour teinter les tissus, est l'une des ses principales ressources. Mais Città della Pieve, c'est surtout la terre natale de Pietro Vannucci – un artiste de génie plus connu sous le nom du « Pérugin » –, qui a peint ici de formidables fresques. Sans parler des œuvres remarquables de Nicolò Circignani, dit « Il Pomarancio », et de Salvio Savini... Sinon, la bourgade ne manque pas d'attrait : charmante, animée, elle renferme un centre historique – tout en brique – bien préservé. On y découvre quelques belles réalisations datant de la Renaissance, des édifices empreints de maniérisme, de baroque ou encore de rococo. La ville se targue également de posséder l'une des ruelles les plus étroites d'Italie, le *vicolo baciadonne,* littéralement « les baisers aux dames », tout un programme !

Arriver – Quitter

➢ *En bus :* env 15 bus/j. sf dim avec *Chiusi* (15 mn ; gare ferroviaire) et *Perugia* (1h25). Infos : ● *tiemmespa. it* ● *umbriamobilita.it* ●

Adresse et info utiles

🏛 *Ufficio turistico :* piazza Matteotti, 4. ☎ 0578-29-85-20. ● *cittadellapieve. org* ● Tlj 9h30-13h, 14h30-18h. Plan de la ville avec ses centres d'intérêt, infos sur le lac Trasimène, la route des vins locaux (● *stradadelvinotrasimeno.it* ●), agenda culturel... Accueil compétent.
– *Marché :* sam mat.

Où dormir ?

🏠 *B & B La Casa del Sarto :* via Case Basse, 27. ☎ 0578-29-91-43. 📱 338-241-77-68. ● *info@lacasadelsarto. com* ● *lacasadelsarto.com* ● Doubles 55-100 €. 📶 Posée sur le rebord du village, cette vénérable maison livre 3 belles chambres confortables, aménagées sur une gentille note moderne qui met bien en valeur la vieille architecture du lieu. Jardin en terrasse avec vue panoramique sur la campagne. Accueil adorable.

🏠 *Hotel Vannucci :* via Vanni, 1. ☎ 0578-29-80-63. ● *info@hotel-vannucci.com* ● *hotel-vannucci. com* ● Doubles 95-125 € selon confort. 📶 Plantée juste hors les murs, cette maison de caractère cache une trentaine d'élégantes chambres tout confort et douillettes, décorées sur une chaleureuse et discrète touche contemporaine. Préférer celles donnant sur la vallée ou le jardin avec sa piscinette. Sauna et massages. Accueil charmant et pro.

Où manger ? Où déguster une pâtisserie ou une glace ? Où boire un verre ?

🍴 *Forno « I Tre Panettieri » :* via P. Vannucci, 135-137. ☎ 0578-29-91-95. Tlj sf dim 7h-13h30. La bonne boulangerie du *centro storico,* simple et efficace : parts de pizza et de *focaccia, biscotti* et autres bonnes *dolci tipici* à dévorer sur le pouce en découvrant les vieilles pierres. Accueil sympa.

🍴 *Bistrot del Duca :* piazza S. Pertini, 1. ☎ 0578-29-80-08. ● *bistrot.duca@ yahoo.it* ● Tlj sf mar. Congés : fév. Plats 8-15 € ; repas env 25 €. 📶 Apéritif maison et digestif offerts ou réduc de 10 % sur l'addition sur présentation de ce guide. Quelle bonne surprise ! Au menu, des plats délicieux et un peu plus inventifs que la moyenne, mitonnés selon le marché et l'humeur du chef talentueux avec de bons produits bio, puisés dans le terroir local. À déguster dans une toute petite salle plongeante ou en terrasse ombragée, tranquille et verdoyante, également avec vue.

⚕🍴🚲 🍺 🍷 **Pasticceria-gelateria-bar Delyziosa :** piazza Plebiscito, 10. ☎ 0578-29-92-26. Tlj sf mar 7h30-20h. 📶 Face au Duomo, un petit bar-pâtisserie populaire et convivial ; idéal pour écluser un p'tit kawa, un verre de blanc, une glace ou un sandwich en compagnie des habitués.

À voir

– **Important :** l'office de tourisme vend un billet combiné (7 €, réduc), permettant de faire le tour – à moindre coût – des différents musées et sites historiques de la ville.

🏛🏛🏛 **Oratorio di Santa Maria dei Bianchi :** via Vannucci, 40. Tlj 9h30-12h30, 15h30-18h30 (janv-mars, ven-dim slt). Entrée : 2 €. Accès avec le billet combiné. Feuillet en français. La visite à ne pas rater ! C'est l'oratoire des Disciplinés de la Vierge, les fameux pénitent blancs, eu égard à leur tenue lors des processions. C'est ici qu'on admire la sublime **Adoration des Mages** peinte par **le Pérugin.** Exécutée l'année même où son meilleur élève – un certain Raphaël ! – quitte son atelier pour voler de ses propres ailes, cette œuvre inaugure un tournant dans la peinture du maître, et se situe donc à un moment charnière pour la culture artistique florentine. Regardez avec attention cette fresque, le Pérugin s'y trouve : il porte un faucon et, derrière lui, la tête penchée vers le poteau, c'est Raphaël !

LE PÉRUGIN ET LES PÉNITENTS

En 1504, les Disciplinés de la Vierge demandent au Pérugin le prix de la décoration de leur oratoire. Ce dernier en propose 200 ducats. Les pénitents n'ont pas cette somme, et 8 jours plus tard, le peintre modifie son offre : s'ils lui envoient une mule afin qu'il gagne Città della Pieve pour se mettre au travail, il est prêt à leur accorder un rabais et même à leur faire crédit ; l'affaire fut conclue ! Mais, en définitive, le Pérugin ne reçut jamais que 25 ducats et une vieille maison en échange de ce chef-d'œuvre ! Et on se demande bien pourquoi les pénitents se flagellent lors des processions...

🏛🏛 **Duomo** (cattedrale dei Santi Gervasio e Protasio) **:** piazza Plebiscito. Tlj 7h-19h. Visite guidée comprise dans le billet combiné (sur résa). Elle s'élève sur les restes d'une église probablement construite dès le VIIIe s. Intérieur typiquement baroque avec – dans le premier autel à gauche –, encadrée par deux colonnes salomoniques en marbre et paraissant être surveillée par un autoportrait du peintre, une œuvre maîtresse du **Pérugin** : **Le Baptême du Christ.** L'autre toile du maître se trouve au fond de l'abside, au-dessus des stalles en bois : c'est une **Madone en gloire** aux superbes variations chromatiques dans les rouges et les bleus. Également quelques grandes toiles du **Pomarancio,** et notez à droite la chapelle du Saint-Sacrement on ne peut plus baroque !

🏛 **Museo civico diocesano :** via Beato Giacomo Villa, 3. Juste hors les murs. Tlj 9h30-12h30, 15h30-18h30. Entrée : 3 €. Accès avec le billet combiné. C'est l'ancienne église des serviteurs de Marie (XIIIe s) transformée en hôpital après l'unification de l'Italie. L'intérieur demeure à la fois sobre et typiquement baroque, et quelques confessionnaux en rythment l'espace... L'endroit sert de lieu d'expo. À droite en entrant, une **Déposition de la Croix** peinte par **le Pérugin** (découverte par hasard en 1834, plus de 300 ans après son exécution !). Entre le deuxième et le troisième autel, prenez la porte et descendez au sous-sol pour découvrir des toiles d'Alessandro Brunelli, de *Salvio Savini,* de Cesare Nebbia...

🏛 ***Oratorio di San Bartolomeo :*** *largo della Vittoria, 6. À côté de la chiesa di San Francesco (sanctuario della Madonna de Fatima) ; entrée par le Centro pastorale, la porte située à droite de l'église. Tlj 7h-19h.* À l'intérieur, une superbe **Crucifixion** (1384), fresque attribuée à **Nicola di Bonifazio,** qui épouse la forme du pignon du bâtiment. Notez le mysticisme qui se dégage de chacun des personnages. Absolument remarquable !

🏛 ***Palazzo della Corgna :*** *piazza Gramsci (angle via Vannucci), face au Duomo. Tlj 9h30-12h30, 15h30-18h30. GRATUIT.* Immanquable, avec son allure massive, œuvre de l'architecte Galeazzo Alessi de Pérouse en 1564. Il est inachevé, car les *pievesi* s'étaient révoltés contre l'impôt qu'exigeait le gouverneur Asciano Corgna. Au rez-de-chaussée (tout de suite à gauche), au plafond de la chambre du gouverneur, notez le remarquable *Concert* du **Pomanrancio,** cerné de motifs grotesques. Et à l'étage, les plafonds sont ornés des superbes fresques de *Salvio Savini* : *Le Festin des dieux* ainsi que *Les Amours des dieux,* inspirés des *Métamorphoses* d'Ovide...

Manifestations autour du lac Trasimène

– ***Palio delle Barche :*** *fin juin, à* **Passignano.** Commémoration d'une escarmouche entre les familles Oddi et Baglioni en 1495, où les premiers avaient dû prendre la fuite en utilisant des barques de pêcheurs. Course en trois temps entre les quartiers de la ville, le 1er et le 3e sur le lac, le 2e avec les barques portées à l'épaule.
– ***Palio dei Terzieri :*** *l'avt-dernier dim d'août, à* **Città della Pieve.** Dans les rues de la vieille ville, le XIVe s est de retour, avec un cortège historique en habits inspirés des œuvres du Pérugin. Au terme du défilé, avant le *Palio,* consistant en un concours de tir à l'arc sur des cibles mobiles à l'effigie d'un taureau, a lieu l'*Infarinata,* bagarre généralisée à coups de sachets de farine. N'espérez pas y échapper !

CITTÀ DI CASTELLO   (06012)   40 070 hab.

À 50 km au nord de Pérouse, sur la route d'Arezzo, une petite ville tranquille, au relief plat, ceinte de remparts. C'est à coup sûr la plus toscane des villes ombriennes. Elle doit son look Renaissance aux Vitelli, une riche famille de mécènes et de *condottiere* qui, aux XVe et XVIe s, mangeaient dans la main des Médicis. Du coup, la ville s'est dotée à l'époque de nobles *palazzi* dont certains furent décorés par les Raphaël, Lucas Signorelli et consorts... Aujourd'hui, Città di Castello, terre d'immigration depuis que l'industrie du meuble y a dopé l'économie locale, est régulièrement citée dans les magazines. La raison ? C'est la ville natale de Monica Bellucci !

Arriver – Quitter

En train

🚉 ***Stazione :*** *au bout de la via Carlo Liviero, à côté de la piazza della Repubblica, hors les murailles, à l'est du centre-ville.* ● umbriamobilita.it ● Ce site permet de visualiser votre train en temps réel (donc d'anticiper sur les retards).
➤ ***De/vers Pérouse :*** tlj, une dizaine de trains. Trajet : 1h.
➤ ***De/vers Terni et Todi :*** tlj, une dizaine de liaisons, avec changement à *Ponte San Giovanni.* Trajet : 2-4h.

En bus

🚌 *Gare routière :* piazza Garibaldi.
➤ *De/vers Arezzo :* une quinzaine de bus/j., 2 slt dim. Trajet : 1h30. ● *etruria mobilita.it* ●
➤ *De/vers Gubbio :* 2 bus/j., aucun dim. Trajet : 1h30. ● *umbriamobilita.it* ●
➤ *De/vers Todi et Rome :* avec *Sulga.* 2 bus/j. lun-sam tôt le mat. Départ à 5h30 pour Rome slt ; celui de 7h15 passe par Rome mais poursuit jusqu'à l'aéroport de Fiumicino (arrivée 11h15). Billets à acheter dans le bus. Départ de Rome vers Città di Castello à 16h. Trajet : 4h. *Résas :* ☎ *800-099-661 (nº Vert).* ● *sulga.it* ●

En voiture

➤ *Pour Arezzo :* aux routards motorisés qui se dirigent vers la Toscane, nous conseillons un très agréable chemin des écoliers par *Monte Santa Maria Tiberina,* un village en nid d'aigle à 10 km de Città di Castello. De Monte Santa Maria Tiberina, on rejoint ensuite Monterchi par d'étroites routes désertes, à travers de beaux paysages.

Adresse utile

ℹ️ *Ufficio turistico :* Corso Cavour, 5, logge Bufalini. ☎ 075-855-49-22. ● turismo@cittadicastello.gov.it ● cit tadicastelloturismo.it ● Lun-ven 8h30-13h30, 15h-18h ; sam 9h30-12h30, 15h30-18h30 ; dim 9h30-12h30. Carte de la ville et plusieurs bons dépliants (y compris en français) sur la ville et la région de la haute vallée du Tibre.

Où dormir ?

De bon marché à prix moyens

🛏️ *Hotel Umbria :* via S. Antonio, 6. ☎ 075-855-49-25. ● umbria@hotelumbria.net ● hotelumbria.net ● ♿ Entrée par la via Galanti. Congés : 10 janv-10 mars. Double 60 €, petit déj inclus. Parking gratuit. 📶 Réduc de 10 % sur le prix de la chambre sur présentation de ce guide. Un hôtel familial bien tenu. Le bâtiment principal dispose de chambres correctes, mais dans la dépendance les pièces sont un peu petites. Resto sur place. Accueil en français par la patronne, native de Saint-Étienne.
🛏️ *Hotel Le Mura :* borgo Farinario, 24. ☎ 075-852-10-70. ● direzione@hotellemura.it ● hotellemura.it ● ♿ Doubles 60-80 € ; petit déj 7 €. Parking privé. 🖥️ 📶 (payant). Un 3-étoiles de 35 chambres toutes climatisées. Un vrai mélange de style, allant des archives du cinéma italien aux enluminures byzantines en passant par des aquarelles du désert. Couvre-lit à rayures, faux plancher, un peu de doré. Où est-on au juste ? Enfin c'est propre, calme, et l'accueil en français est gentil.
🛏️ *Residenza Antica Canonica :* via San Florido, 23. ☎ 075-852-32-98. ● info@anticacanonica.it ● anticacanonica.it ● Accès par la tour cylindrique de la Canonica, à côté de la cathédrale, sinon par l'ascenseur via San Florido. Ouv tte l'année. Doubles env 50-100 €, sans petit déj. Parking gratuit. 📶 Café offert sur présentation de ce guide. Dans un ancien monastère du XVIe s dont on a conservé les portes des cellules. Une petite dizaine d'apparts de 2 à 6 lits, tous avec cuisine, salon et grande salle de bains. Les chambres sont sobres mais pas très riantes. Une adresse gérée par la dynamique Elisa.

Chic

🛏️ *Hotel Tiferno :* piazza Raffaelo Sanzio, 13. ☎ 075-855-03-31. ● info@hoteltiferno.it ● hoteltiferno.it ● ♿ À deux pas de l'église San Francesco. Doubles 95-150 €, petit déj-buffet compris. Parking fermé 25 €/nuit (un parking gratuit mais public est aussi disponible). 🖥️ 📶 Aménagé dans un ancien couvent, c'est l'un des plus anciens hôtels d'Ombrie (1895). Très élégant. Belle réception avec voûtes, cheminée et tableaux originaux d'Alberto Burri, l'artiste dont on peut admirer l'œuvre dans le palais voisin. Pour la déco, c'est *Modern Art,* moquette, portes quasi blindées. On aime bien les 2 *junior suites* avec mezzanine. Dans les parties communes, les vieux meubles d'époque donnent du cachet. Petit centre de remise en forme. Excellent accueil.

OMBRIE

Où manger ? Où boire un verre ? Où déguster une glace ?

I●I 🍕 ***Pizzeria Express :*** *corso V. Emanuele, 13.* ☎ *075-855-49-85. Tlj sf lun-mar 8h30-13h, 16h-20h. Part de pizza env 1,50 €.* Vous êtes chez Vicenzo Manni, et, sans faire de manie ni de mauvaise contrepèterie, on peut dire que monsieur est au four et madame à la caisse. La maison fait aussi dans le poulet grillé.

I●I ***Trattoria Lea :*** *via San Florido, 38 a.* ☎ *075-852-16-78.* ● *trattoria lea@libero.it* ● *Dans le prolongement de la rue Marconi. Tlj sf lun, midi et soir jusqu'à 22h. Congés : 2de quinzaine de juil. Carte 20-25 €. Digestif offert sur présentation de ce guide.* Une valeur sûre ! La file d'attente devant la porte le prouve ! 3 belles salles voûtées et fraîches avec une déco classique de *trattoria,* sans faute de goût. On y vient pour les pâtes maison. Les tagliatelles aux truffes et les *agnolotti* aux cèpes sont exceptionnels. Les *penne* au cognac se défendent. Également de la viande passée au gril. Bonne sélection de vins et de grappa. Service ultra-efficace.

I●I 🍕 ***L'Osteria :*** *via Borgo di Sotto (fléché depuis la piazza Matteotti).* ☎ *075-855-77-98.* ● *info@losteria. biz* ● *Tlj sf dim 12h30-14h30, 19h30-22h (22h30 mar, 23h30 ven, jeu fermé* le soir, sam service en continu jusqu'à 23h30). Menu 18 € ; carte env 20 € ; pizze 4-6 €.* Viandes au gril et salades bien fraîches. Tous les âges se côtoient dans cette auberge conviviale. Grand choix de *pizze* et *bruschette,* à déguster accommodées d'une bonne bière pression. Pour le dessert, laissez-vous tenter par les profiteroles au mascarpone, absolument diaboliques. Portions généreuses à souhait. Poignée de tables en terrasse. Service jeune et efficace.

I●I 🎵 ***L'Accademia :*** *via del Modello, 1.* ☎ *075-852-31-20.* 📱 *333-246-58-82. Plats 12-14 €, assortiment d'antipasti 10 € ; carte 20-35 €.* Terrasse à l'ombre de la cathédrale et salle bien agencée avec des tables en bois d'olivier. Le menu est court mais précis, il fait la part belle à la viande du coin. Quelques plats exotiques, parfois, comme le poulet-curry. Aux pâtes *della casa* s'ajoute le pain fait maison. Service impeccable. Musique live le jeudi soir d'octobre à avril.

🍦 ***Caffè-pasticceria-gelateria Benedetti :*** *piazza Santa Maria Maggiore, 4. Tlj sf mer 7h-23h (plus tard en été).* Grand choix de pâtisseries et bonnes glaces artisanales. Petite terrasse sur l'arrière de la chiesa Santa Maria, très sympa en été.

À voir

L'achat d'un billet à plein tarif *(Carta Musei)* dans n'importe quel musée de Città di Castello donne droit à l'entrée à prix réduit dans tous les autres musées de la ville.

🗝 ***Palazzo comunale :*** *dans le centre. Ouv tlj.* Bel ouvrage gothique du XIVe s, avec un imposant hall d'entrée. La *Torre Civica* en face servit longtemps de prison, avec une seule cellule par étage. En cours de restauration, elle n'est pas ouverte au public.

🗝🗝 ***Duomo San Florido :*** *à côté du Palazzo comunale. Tlj 9h-12h, 15h30-19h.* De l'ancienne église romane ne subsiste que le *Campanile Cilindrico* du XIIIe s (de son sommet, vue imprenable sur la ville). Pour le reste, la cathédrale est immanquable avec sa façade baroque (tardif) inachevée côté jardin. Au nord, son portail est du plus pur style gothique, et quand on sait qu'elle a été commencée dans sa forme actuelle à la Renaissance, vous imaginez le mélange des genres ! À l'intérieur, ça se simplifie, quoique... Les plafonds à caissons sont du plus bel effet. Au niveau de la coupole, on trouve des fresques d'*Il Pomanrancio* ainsi que des œuvres du *Pinturicchio* (dans la salle du chapitre). Ne pas manquer également le Christ « relax » de *Rosso Fiorentino*. Et tant que vous y êtes, descendez dans la crypte pour y voir le gisant et les reliques de San Florido.

🗝 *Museo del Duomo :* piazza Gabriotti. ☎ 075-855-47-05. ● museoduomocdc. it ● Mar-dim 10h-13h, 15h30-18h (10h-12h30, 15h-17h oct-mars). Entrée : 6 € ; réduc. Collection d'objets du culte remontant à l'époque des premiers chrétiens, tels une *pastorale* (crosse d'évêque) en argent, un *palliotto* (devant d'autel) du XIIe s et une exceptionnelle collection de plats et cuillères byzantins du VIe s retrouvés à Canoscio, une localité proche.

🗝🗝🗝 *Pinacoteca comunale :* via della Cannoniera, 22. ☎ 075-852-06-56. Tlj sf lun 10h-13h, 14h30-18h30. Entrée : 6 € ; réduc. La plus belle collection de peintures ombriennes après celle de la Galleria nazionale à Pérouse. Dans le superbe palais Vitelli alla Cannoniera du XVIe s, à la façade recouverte de sgraffites (une technique proche de la fresque) attribués à Gherardi. Toute l'histoire de l'art en Ombrie est présentée dans le cadre médiéval de vastes salles à la somptueuse décoration intérieure, avec fresques et frises d'origine, mobilier en bois et cheminées. On admirera tout particulièrement un *Couronnement de la Vierge* de *Ghirlandaio,* quelques *Luca Signorelli,* dont un intéressant *Martyre de saint Sébastien* de 1498 (forçant un peu sur l'arbalète !), ainsi que des œuvres de jeunesse de Raphaël travaillant déjà sur commande de riches seigneurs de Città di Castello. Au sous-sol, plâtres et bronzes contemporains, ainsi que quelques tableaux dont deux *De Chirico.*

🗝🗝 À voir également, pour leurs stalles marquetées et leurs fresques, les églises *San Domenico* (via Signorelli) et *San Francesco,* où Raphaël réalisa l'un de ses chefs-d'œuvre, *Les Noces de la Vierge* (il s'agit d'une copie, l'original se trouve à la pinacothèque de Brera à Milan). Le *Palazzo del Podestà,* piazza Matteotti, constitue un bel exemple d'architecture du XIVe s.

🗝🗝 *Les collections Burri :* via Albizzini, 1, et via Pierucci (ancienne manufacture des tabacs). ☎ 075-855-46-49 ou 075-855-98-48. ● fondazioneburri.org ● Mar-sam 9h30-12h30, 14h30-18h30 ; dim 10h30-12h30, 15h-19h. Entrée : 6 € pour le palais Albizzini seul ; 10 € pour les 2 sites (via Pierucci ouv sur résa slt, à demander au palais Albizzini) ; réduc. Demander la notice explicative en français. Ce pionnier de la peinture contemporaine (1915-1995), qui vécut aux États-Unis, a légué son œuvre à sa ville natale. Elle est répartie entre le palais Albizzini, sur la piazza Garibaldi, et d'anciens séchoirs à tabac *(Seccatoi del Tabacco),* qui abritent les grandes œuvres et les sculptures. Burri, qui était doté d'un grand sens de la composition, excellait dans le détournement des matériaux de la vie quotidienne comme le plastique, le goudron, la toile de jute, le fer, les lamelles en bois, dont il récupérait la texture et qu'il assemblait de manière étonnante afin de leur restituer une nouvelle patine, voire une nouvelle couleur. Au rez-de-chaussée du palais, petites gouaches proches de la palette d'un Klimt, d'un Mirò ou d'un Calder. Au 1er étage, étonnants tableaux dont la toile laisse place au plastique fondu au chalumeau, où même le tableau se gonfle d'une excroissance comme dans la série des *Gobbi* (bossus) avec ses reliefs rugueux et ses saillies ferrugineuses, ou dans *Sacco 5P,* où la toile se fond en peau sanguinolente.

OMBRIE

Manifestations

– *Retrò, il mercatino delle Cose Vecchie & Antiche :* 3e dim du mois 8h-20h, dans le centre historique. Littéralement, « le petit marché des choses anciennes et antiques ».

– **Festival des Nations :** *fin août-début sept.* Concerts dans un magnifique petit théâtre rouge et or ainsi que dans différentes églises de la ville et des proches environs.

– **Foire nationale au cheval :** *3e w-e de sept.* La deuxième plus importante d'Italie après celle de Vérone. Toutes les races équines y sont présentes. Spectacles équestres.

DANS LES ENVIRONS DE CITTÀ DI CASTELLO

🏚🐎 *Montone : à 22 km au sud. Suivre Pérouse et guetter le fléchage à gauche un peu avt Umbertide. Se garer au pied des murailles.* Protégée de hautes murailles qui lui donnent un cachet austère, lieu de naissance d'un fameux chef de guerre du Moyen Âge, Montone a le charme des bourgades médiévales rendues somnolentes par la digestion de leur glorieuse histoire. Parcourez ses ruelles sinueuses et pentues, de préférence au soleil couchant, moment inégalable de silence et de sérénité.

🏚 |●| *La Locanda del Capitano : via Roma, 7. ☎ 075-930-65-21. ● info@ ilcapitano.com ● ilcapitano.com ● Au centre du village médiéval de Montone. Congés : de déc à mi-mars. Doubles 120-140 €, petit déj inclus. Carte env 40 €. ☏ Apéritif et digestif offerts sur présentation de ce guide.* Un hôtel de charme décoré de meubles anciens et abritant de belles chambres, dont les plus grandes possèdent une terrasse avec vue sur les toits. Piscine. Resto chic avec service en salle ou en terrasse. Par la parole et par le contenu de vos assiettes, le patron vous fait partager son amour des plats traditionnels revisités avec une touche de modernité. Les goinfres regretteront les portions « nouvelle cuisine ». Remarquable carte des vins. Ambiance jazz. Très bon accueil.

🏚🐎 *Abbazia di Monte Corona : à 28 km au sud. À la sortie ouest d'Umbertide, prendre la SP 170 et la suivre sur 3 km, après quoi l'abbaye est fléchée. Ouv tlj.* Entrée par une petite porte à gauche du campanile, par où l'on pénètre dans une très belle crypte du Xe s. Église supérieure des XIIIe-XIVe s, avec de nombreuses œuvres d'art, des fresques du XIVe s et un ciboire en pierre du VIIIe s.

LE TERRITOIRE EUGUBIN

● Gubbio..........................441	Monte Cucco	Cucco) 450
● Parco naturale del	(parc naturel du mont	

Au pied de la chaîne des Apennins ondulent les monts verdoyants du bassin Eugubin, bordé à l'est par le Monte Cucco. La forêt, parsemée de hêtres et d'ifs séculaires, couvre 30 % du territoire. Dans les sous-bois abondent les cèpes *(funghi porcini)* et les truffes blanches entrant dans la composition de mets simples et typiques – les meilleurs d'Ombrie, selon les gastronomes locaux. La rivière Chiascio prend sa source dans l'argile du mont Ingino, surplombant la ville de Gubbio. Farouchement attachée à ses coutumes, la population eugubine célèbre chaque année son patrimoine historique à travers de grandes fêtes populaires auxquelles chacun participe allègrement. C'est ici que, selon la légende, saint François d'Assise fit d'un loup dangereux une créature inoffensive et amicale, lors d'un de ses multiples périples sur le sentier de la Paix, que l'on peut encore parcourir de Gubbio à Assise.

OMBRIE

GUBBIO (06024) 32 490 hab.

● Plan *p. 443*

Dominée par la haute silhouette de son élégant Palazzo dei Consoli, « Gubbio-la-belle » semble tout droit sortie du Moyen Âge, parcourue par un charmant dédale de ruelles et d'escaliers accrochés aux pentes du Monte Ingino. Détruite à plusieurs reprises par les hordes barbares, puis occupée par les Longobards quand mourut l'Empire byzantin, Gubbio devint ville-État au XIIe s sous la régence éclairée d'Ubaldo Baldassini. Au XIVe s, les ducs d'Urbino et de Montefeltro l'assujettirent, et sa position stratégique – sur la route de Rome – lui permit de rivaliser avec la puissante Perugia. Outre pour ses fêtes qui trouvent leur origine dans ce passé glorieux, la ville est aussi célèbre pour ses céramiques, depuis qu'au XVe s un artisan local découvrit le secret de certaines couleurs comme le rouge rubis, très en vogue à la Renaissance. Mais le maître incontesté en la matière demeure Mastro Giorgio qui, au XVIe s, s'est spécialisé dans la céramique lustrée...

OMBRIE

Arriver – Quitter

En train

🚂 **Stazione** *(gare)* **:** via Stazione, 95, à **Fossato di Vico.** ☎ 89-20-21. ● tre nitalia.com ● À 20 km au sud-est de Gubbio. Pour s'y rendre : 5-10 bus/j. *(infos :* ☎ *800-512-141 – n° Vert ;* ● *umbriamobilita.it* ●*).*
➤ **Roma** *(Termini ; 2h40) :* env 9 trains directs/j. C'est le meilleur moyen pour se rendre à Rome.

En bus

🚌 **Arrêts des bus** *(fermate ; plan A2)* **:** piazza dei 40 Martiri, ou via Matteotti *(mar mat, jour de marché slt).* Infos : **Umbria Mobilità,** ☎ 800-512-141 *(n° Vert) ;* ● *umbriamobilita.it* ● **Sulga,** ☎ 800-099-661 *(n° Vert) ;* ● *sulga.it* ●
➤ **Perugia** *(1h10) :* 4-12 bus/j. De là, bus pour **Assisi** et **Foligno** ; et également des trains pour **Spello, Foligno, Trevi, Spoleto** et **Terni.**
➤ **Città di Castello** *(2h20) :* env 3 bus/j. pour Umbertide, puis train jusqu'à Città di Castello.
➤ **Roma** *(stazione Tibertina ; 3h10) :* env 1 bus/j. sf dim avec la compagnie **Sulga.** De là, trains ttes les 15 mn pour l'**aeroporto Roma-Fiumicino.**

Circulation et stationnement

🅿 L'exploration des ruelles escarpées de Gubbio se fait à pied. On conseille donc d'abandonner sa voiture – à deux pas du centre – dans l'un des 2 **parkings gratuits** *(plan A1)* situés de part et d'autre du viale del Teatro Romano. Et, pour les moins courageux, également un **parking payant** *(plan A2)* directement sur la piazza dei 40 Martiri *(env 1,50 €/h ; 10 €/12h ; 15 €/24h si vous logez dans un hôtel du centre).* – **Important :** penser à enlever sa voiture de la piazza dei 40 Martiri le lundi soir à cause du marché le lendemain.

Adresses et info utiles

🛈 **Ufficio turistico** *(plan A2)* **:** via della Repubblica, 15. ☎ 075-922-06-93. ● comune.gubbio.pg.it ● Tlj 8h30 (9h sam)-13h45 (13h w-e), 15h30-18h30 (15h-18h nov-mars). Plan de la ville (payant) avec ses principaux points d'intérêt, agenda culturel, infos transports, et loisirs verts : randonnées pédestres (chemin des Franciscains, etc.), VTT...

☒ **Poste** (plan A-B2) : via Cairoli, 11. Tlj sf sam ap-m et dim.
– **Marché** (plan A1-2) : mar mat, piazza dei 40 Martiri.

Où dormir ?

– **Important :** beaucoup de monde en été et lors des fêtes, surtout à l'occasion de la Festa Ceri (15 mai) et à Pâques. Il est alors indispensable de réserver.

Bon marché

🏠 **Residenza di Via Piccardi** (plan A1, **10**) : via Piccardi, 12/14. ☎ 075-927-61-08. ● info@residenzadiviapiccardi. it ● residenzadiviapiccardi.it ● Résa indispensable. Doubles 45-55 € selon saison, petit déj compris. CB refusées. 🛜 Réduc de 10 % sur la chambre sur présentation de ce guide. Coup de cœur pour cette adresse proposant une poignée de charmantes petites chambres confortables, dont certaines voûtées et meublées à l'ancienne. En été, petit déj servi dans l'agréable jardin. Accueil chaleureux en français. Les proprios possèdent aussi un agriturismo avec des appartements dans les environs... Excellent rapport qualité-prix. On recommande !

🏠 I●I **Hotel Grotta dell'Angelo** (plan B2, **11**) : via Gioia, 47. ☎ 075-927-34-38. ● info@grottadellangelo. it ● grottadellangelo.it ● Doubles 55-65 € ; petit déj 6 €. ½ pens possible. 🛜 Réduc de 10 % sur le menu sur présentation de ce guide. Chambres pratiques, claires et propres, avec poutres apparentes pour certaines et vue sur la ville médiévale pour quelques-unes. Joli petit jardin. Resto sur place. Bon rapport qualité-prix-accueil (en français).

🏠 **Hotel Oderisi e Balestrieri** (plan A2, **12**) : via Mazzatinti, 2. ☎ 075-922-06-62. ● info@hoteloderisi. com ● Doubles 60-75 € selon saison, petit déj inclus. 🛜 À la lisière de la vieille ville, petit hôtel sans prétention mais propret, aux chambres fonctionnelles récemment rénovées. Pas le charme du grand soir, mais une adresse simple, efficace et sans fioriture.

De bon marché à prix moyens

🏠 **Hotel Gattapone** (plan A1, **13**) : via Beni, 11. ☎ 075-927-24-89. ● info@ hotelgattapone.net ● hotelgattapone. net ● Doubles 70-110 € selon saison, petit déj inclus. 🛜 En plein cœur historique, dans un vieux bâtiment à la façade pittoresque, voici des chambres de bon confort, plutôt petites mais bien tenues et montrant une déco assez classique. Bon rapport qualité-prix-accueil.

🏠 **Hotel San Marco** (plan A2, **14**) : via Campo di Marte, 2. ☎ 075-922-02-34. ● info@hotelsanmarcogubbio. com ● hotelsanmarcogubbio.com ● Doubles 50-110 € selon saison, petit déj inclus. 🛜 Juste au pied de la vieille ville, cette maison ancienne abrite une soixantaine de belles chambres confortables, hautes de plafond et rénovées avec soin dans un style classique de bon goût. Salles de bains plus neutres. Nos préférées donnent sur le jardin à l'arrière, alors que celles sur rue sont bien isolées du bruit. Resto sur place. Bon rapport qualité-prix.

🏠 **Residenza Le Logge** (plan A1, **15**) : via Piccardi, 7. ☎ 075-927-75-74. ● residenzalelogge@gmail. com ● residencegubbio.it ● Doubles 50-110 € selon confort et saison, petit déj compris. 🛜 Des chambres sobres mais tout confort, avec parquet et meubles anciens. Salles de bains petites et fonctionnelles, sauf dans la suite familiale, équipée d'une baignoire hydromassante. Le tout dans une belle maison ancienne flanquée d'un agréable petit jardin. Un poil cher, mais une bonne adresse quand même.

De prix moyens à chic

🏠 **Hotel Bosone** (plan B1, **16**) : via XX Settembre, 22. ☎ 075-922-06-88. ● info@hotelbosone.com ●

OMBRIE

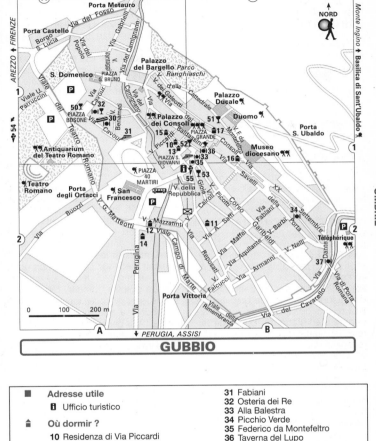

GUBBIO

	Adresse utile
🛈	Ufficio turistico

Où dormir ?

- 10 Residenza di Via Piccardi
- 11 Hotel Grotta dell'Angelo
- 12 Hotel Oderisi e Balestrieri
- 13 Hotel Gattapone
- 14 Hotel San Marco
- 15 Residenza Le Logge
- 16 Hotel Bosone
- 17 Hotel Relais Ducale

Où manger ?

- 30 La Cresceria
- 31 Fabiani
- 32 Osteria dei Re
- 33 Alla Balestra
- 34 Picchio Verde
- 35 Federico da Montefeltro
- 36 Taverna del Lupo
- 37 La Locanda dei Cantiniere

Où boire un verre ?
Où déguster une glace ?

- 50 Bar Don Navarro
- 51 Buvette des Giardini Pensili
- 52 Martintempo Lounge Bar
- 53 Fusion Café
- 54 Bar 5 Colli
- 55 La Gelateria

bosonepalacehotelgubbio.com ● 🛁 *Doubles 79-159 € selon confort et saison, petit déj inclus.* 📶 Ce palais du XIVᵉ s fut la demeure de la famille Bosone, fréquentée par Dante et Pétrarque. Chambres assez standard, voire fonctionnelles pour les moins chères, qui deviennent plus prestigieuses quand on grimpe dans les prix : meubles de style, fresques, parquets, hauteurs de plafond, salles de bains contemporaines... Vue magnifique depuis celles du

2e étage, joliment mansardées. Petit déj servi sous une voûte baroque décorée. Resto sur place. Accueil charmant.

🛏 *Hotel Relais Ducale* (plan B1, *17*) : *via Galeotti, 19.* ☎ *075-922-01-57.* ● *info@relaisducale.com* ● *relaisducale. com* ● ♿ *Arrivée en voiture : piazza Grande (via Ducale, 2). Doubles 150-240 € selon confort et saison, petit déj compris. Parking payant.* 🖥 📶 *Réduc de 10 % sur la chambre sur présentation*

de ce guide. Déco classique agréable pour des chambres tout confort évoquant l'époque où ce petit palais recevait les hôtes des ducs d'Urbino. Jardin avec fontaine et terrasse sur la superbe piazza Grande pour prendre le petit déj en profitant d'une vue grandiose sur le palazzo dei Consoli, les toits de la vieille ville et la campagne alentour. Tarifs raisonnables compte tenu des prestations, et service pro charmant.

Où dormir dans les environs ?

Campings

⛺ *Camping di Gubbio – Camping Villa Ortoguidone :* *fraz. Cipoletto 49, loc.* **Ortoguidone***, à Gubbio.* ☎ *075-927-20-37.* ● *info@gubbiocamping. com* ● *gubbiocamping.com* ● *À 3,5 km au sud de Gubbio par la SS 298, direction Perugia (panneau à droite, puis continuer 1,5 km). Ouv de Pâques à mi-sept. Pour 2 pers avec tente et voiture, compter 23 €* au Camping di Gubbio et *24-31 € selon saison* au Camping Villa Ortoguidone. Cernés de prairies, ces 2 campings occupent le même terrain (à côté d'un stade de foot et de terrains de tennis) et partagent la même réception. Le 1er est municipal et jouit d'un bel environnement naturel : larges bandes de pelouse jalonnées de nombreux bouleaux (peu d'ombre). Les places du 2d camping, privé lui, sont bien ombragées par des bâches tendues. Installations assez sommaires mais sanitaires bien tenus. Piscine, tennis...

Prix moyens

🛏 *Casa Vacanze Fonte al Noce :* *fraz. Nerbisci, à Gubbio.* ☎ *075-925-57-28.* 📱 *347-644-37-21.* ● *fonteal noce@fontealnoce.it* ● *fontealnoce.*

it ● *À env 7 km au nord-ouest de Gubbio. Apparts (2-8 pers) 70-190 € selon saison et nombre de pers ; min 2 nuits (1 sem juil-août).* 📶 Perchés sur une colline verdoyante regardant la plaine agricole et, au loin, les montagnes, une quinzaine d'appartements duplex tout confort (salon, cuisine, cheminée...), dispatchés dans quelques jolies maisons de pierre d'un vieux hameau médiéval. Déco de bon goût, style campagnard. Jeux pour enfants, grande piscine, tennis, terrains de sports, spa... Accueil aux petits soins. Une adresse à la fois simple et élégante, pour passer de bonnes vacances au vert et en famille.

🛏 *La Rocca Hotel :* *Monte Ingino, à Gubbio.* ☎ *075-922-12-22.* ● *laroc cahotel.net* ● ♿ *À 5 km de Gubbio, en haut du Monte Ingino. Accès en voiture, ou à pied par le téléphérique. Résa impérative. Doubles 85-90 € selon saison, petit déj inclus.* Pour ceux que la vie d'ermite fait frémir, cette bâtisse austère en pierre, assise face à la basilica de Sant'Ubaldo, abrite des chambres confortables et bien tenues. Vue panoramique sur Gubbio et sa vallée pour certaines, nos préférées. Une adresse pas franchement chaleureuse mais sérieuse.

Où manger ?

Très bon marché

🍽 ● *La Cresceria* (plan A1, *30*) : *via Cavour, 23.* 📱 *334-117-88-81. Tlj sf mar. Menu 9 € ; plats 5-6 €.* 📶 Cadre rustiquo-bohème avec tables et

chaises dépareillées. À la carte, de bonnes *crescia farcita,* ces galettes de pain sans levain fourrées de bons produits frais locaux. Également une belle sélection de charcutaille, fromages, bons petits plats simples du coin et autres desserts maison. Leur menu comprenant une *crecia* + un verre de vin + un dessert est vraiment avantageux, bravo ! Accueil jeune et sympa.

🚬 *Fabiani* (plan A1, 31) : piazza dei 40 Martiri, 26 b. ☎ 075-927-46-39. ● info@ristorantefabiani.it ● Tlj sf mar. Pizze 6-8 €. Grandes salles pittoresques avec poutres, voûtes et pierres apparentes. On s'y installe pour dévorer leurs énormes *pizze*, réputées pour être les meilleures de la ville. Pour le reste, passez votre chemin ! Plaisante terrasse couverte à l'arrière.

De bon marché à prix moyens

|●| 🍷 *Osteria dei Re* (plan A1, 32) : via Cavour, 15 b. ☎ 075-922-25-04. ● info@osteriadeire.com ● Tlj sf mer 8h30-15h, 18h-minuit. Résa conseillée le soir. Plats 4-16 €. Ce tout petit resto a pour spécialité l'« assiette du Roi » *(piattone del Re)*, qui constitue à elle seule un condensé avantageux de la gastronomie paysanne locale : jambon, omelette, *bruschette*, flageolets, *torta al testo*, fromages, pommes de terre *al forno*... Pas vraiment raffiné mais bien goûtu, et de quoi satisfaire tous les appétits à prix doux. Sinon, kyrielle d'autres plats typiques. À dévorer dans une belle salle voûtée ou en terrasse sur la piazza en été.

|●| 🚬 *Alla Balestra* (plan B1, 33) : via della Repubblica, 41. ☎ 075-927-38-10. ● info@ristorantealaballestra.it ● ♿ Tlj sf mar. Résa conseillée. Menus 13-29 € ; plats 7-17 €. Solide cuisine traditionnelle qui remporte les suffrages des gens du cru. On se régale de savoureuses viandes *alla brace*, leur spécialité, mais aussi de plats aux truffes *(gnocchetti)* et de pizzas (le soir)... Grande et belle salle survolée par quelques voûtes et flanquée d'une agréable terrasse.

|●| *Picchio Verde* (plan B2, 34) : via Savelli della Porta, 65. ☎ 075-927-66-49. ● rist.picchioverde@libero.it ● Tlj sf mar.

Menus 15-28 € ; plats 9-23 €. Les grandes salles dépouillées sont certes un peu sonores, mais dès qu'on passe devant la grande cheminée où se préparent les savoureuses viandes grillées selon des recettes traditionnelles, les narines frémissent et la salive monte ! Également de bonnes pâtes maison pour les fauchés. Service efficace et portions généreuses.

|●| *Federico da Montefeltro* (plan B1-2, 35) : via della Repubblica, 35. ☎ 075-927-39-49. ● info@federicodamontefeltro.it ● Tlj sf jeu. Menu 16 € ; plats 9-15 €. Un resto de bonne tenue au service impeccable. Délicieuse cuisine régionale bien troussée, à savourer dans une salle chaleureuse à la déco très classique, ou dans l'agréable jardin à l'arrière dès que la saison le permet.

Chic

|●| *Taverna del Lupo* (plan B1, 36) : via G. Ansidei, 21, et via della Repubblica, 17. ☎ 075-927-43-68. ● mencarelli@mencarelligroup.com ● Tlj sf lun. Résa conseillée. Menus 20-55 € ; plats 12-25 €. La bonne table de Gubbio, installée dans une grande salle voûtée au style médiéval raffiné. Côté fourneaux, les livres de gastronomie ombrienne donnent le ton, et la carte des vins est renversante. Gentille terrasse dans la ruelle. On recommande !

|●| *La Locanda del Cantiniere* (plan B2, 37) : via Dante, 30. ☎ 075-927-68-51. ● info@locandadelcantiniere.it ● Résa conseillée. Plats 10-22 €. 2 petites salles cosy aux tons rouges et aux murs parsemés de toiles contemporaines ; le tout dominé par de petites voûtes en brique. Lumières tamisées et ambiance intime, idéale pour un graillou en amoureux. À la carte, juste quelques plats hauts en saveur – agrémentés de quelques pointes d'exotisme – mitonnés avec les bons produits frais de saison, sélectionnés dans le terroir local. Une cuisine originale qui change du régime traditionnel. Service souriant. On est séduit !

OMBRIE

Où boire un verre ? Où déguster une glace ?

🍷 *Bar Don Navarro* (plan A1, 50) : piazza Bosone, 2. ☎ 075-927-14-88. ● donnavarro@alice.it ● Tlj sf lun

7h-23h30 (minuit ven-sam). Gentil bistrot de village plein d'ambiance avec sa terrasse sur cette jolie placette de la vieille ville. Beau choix de bières. Fait aussi des pizzas, histoire de mettre un peu de solide dans le liquide !

🍷 *Buvette des Giardini Pensili* (plan B1, 51) : *dans les jardins du palais ducal. Accès par un passage voûté via Federico da Montefeltro, face au Musée diocésain, à gauche dans la montée au palais ducal. De mi-mars à fin oct, tlj 9h-19h.* Quelques tables à l'ombre, sauf si vous préférez vous accouder au parapet pour savourer la vue sur la ville et sa vallée. Prépare aussi *crescia, foccacia...* Vraiment plaisant !

🍷 *Martintempo Lounge Bar* (plan A-B1, 52) : *via Baldassini, 42.* ☎ 075-927-14-00. *Tlj sf lun.* Affalé dans des canapés sous de vénérables vieilles poutres, on sirote des verres de vins italiens et autres cocktails sur fond de musique branchée. Une belle adresse, très en vogue dès l'*aperitivo.*

🍷 *Fusion Café* (plan B2, 53) : *via Gioia, 3.* ● *info@fusioncafe.it* ● *Tlj sf lun 18h-2h.* L'endroit où il se passe quelque chose à Gubbio à la nuit tombée. Les soirs les plus chauds, l'ambiance « djeun » festive s'étend aux ruelles voisines !

🍦 *Bar 5 Colli* (hors plan par A1, 54) : *piazza Empedocle, 9. Accès par la via Parruccini, puis la via Alcuino di York (pas loin à pied).* Au dire des villageois, le meilleur glacier de Gubbio, avec une terrasse ombragée par 2 arbres. Et ce ne sont pas les nombreux *ragazzi* en scooter, qui se donnent des rendez-vous galants ici, qui diront le contraire !

🍦 *La Gelateria* (plan A-B2, 55) : *via della Repubblica, 21. À côté de l'office de tourisme.* Parmi les glaciers du centre historique, celui-ci tire son épingle du jeu avec ses délicieux parfums de saison, sans oublier les grands classiques du genre.

Où acheter de bons produits ?

🛍 *Fatica Giancarlo Alimentari* (plan A2) : *via della Repubblica, 19.* ☎ 075-927-37-92. *Juste à côté de l'office de tourisme. Tlj 9h-13h, 15h-20h.* Connue de longue date, cette épicerie fine est le lieu idéal pour se procurer charcuteries, fromages, huiles d'olive, pâtes, vins, truffes, *biscotti...* De quoi se confectionner un pique-nique ou d'autres bons souvenirs !

À voir

– *Important :* très escarpée, la vieille ville compte *deux ascenseurs,* l'un reliant la via Baldassini à la piazza Grande, et l'autre la via XX Settembre à la via Federico da Montefeltro. Sinon, procurez-vous la *Turisticard (4 €),* qui donne droit à un audioguide décrivant (en italien ou en anglais) une soixantaine de sites en ville, et à des réductions dans certains musées, pour prendre le téléphérique, ou encore chez ses partenaires (restos, boutiques...).

🍴🍴🍴 *Vue d'ensemble de la vieille ville* (hors plan par A1) : depuis le viale Parruccini, superbe vue d'ensemble avec le théâtre en premier plan et la cité médiévale en fond, adossée à la montagne. Encore plus beau en fin de journée, au soleil couchant ou quand les monuments commencent à s'illuminer.

🍴 *Teatro romano* (plan A1-2) : *viale del Teatro Romano, 8 a.* ☎ 075-922-09-92. *Tlj 10h-19h30 (9h-18h30 nov-mars). Entrée : 3 €, visite de l'Antiquarium del Teatro romano comprise ; réduc. Feuille explicative en français.* Au milieu d'une grande prairie partiellement ombragée par des pins (tables de pique-nique), cet amphithéâtre rappelle que la ville avait une position importante dans l'Antiquité – au Ier s av. J.-C. notamment, date de sa construction. Avec ses 70 m de diamètre, il pouvait alors accueillir près de 6 000 personnes. Aujourd'hui, les vestiges des gradins se remplissent toujours de spectateurs lors des spectacles d'été...

🏃🏽 *Antiquarium del Teatro romano* (plan A1-2) : *viale del Teatro Romano, 8 a.* ☎ 075-922-09-92. Ⴟ *Tlj 10h-19h30 (9h-18h30 nov-mars). Entrée : 3 €, visite du Teatro romano comprise ; réduc. Feuille explicative en français.* Ce musée archéologique bien fait est construit sur les vestiges d'une grande villa romaine – la *domus di Scilla* – dont on admire, au **rez-de-chaussée,** de beaux restes de mosaïques, notamment l'étonnant monstre mi-femme, mi-poisson capturant les compagnons d'Ulysse... L'**étage,** lui, recèle une belle petite collection d'objets archéologiques (céramiques, bronzes, etc.) mis au jour lors des fouilles de la ville antique et de sa nécropole.

🏃 *Chiesa di San Francesco* (plan A2) : *piazza dei 40 Martiri.* ☎ 075-927-34-60. *Tlj 8h-12h, 15h30-19h30.* Construit au XIIIe s, cet édifice en pierre blanche – massif et sans fioriture – est flanqué d'un élégant campanile octogonal. À l'intérieur, dans les absides, belles fresques fin XIIIe s-début XIVe s. Le reste, remanié à la fin du XVIIIe s, n'est pas passionnant.

🏃 *Piazza dei Quaranta Martiri* (plan A1-2) : elle porte ce nom en hommage aux 40 habitants de Gubbio exécutés par les nazis en août 1944 en représailles de la mort de deux officiers allemands. Cette piazza marque le cœur de la ville basse avec ses étonnantes *logge dei Tiratori* (XVIIe s) à l'étage d'un ancien hôpital où, sous les arcades, les artisans faisaient sécher et étiraient les pièces d'étoffe qu'ils venaient de tisser... La place accueille le marché tous les mardis matin.

🏃🏽🏃 En montant la très commerçante **via della Repubblica,** on arrive à un ascenseur ou à des escaliers permettant d'accéder à la **piazza Grande** (plan B1). Cette vaste et élégante esplanade du XVe s offre une très belle vue sur la plaine et les toits de la ville basse. Elle est bordée par deux superbes bâtiments du XIVe s : d'un côté le **Palazzo del Podestà** (mairie), et de l'autre le **Palazzo dei Consoli,** haut de 60 m et surmonté d'un beffroi. Véritable cœur de la vieille ville, l'ensemble demeure l'une des réalisations médiévales les plus grandioses et les plus ambitieuses de son temps. Et puis quelle élégance !

🏃🏽 *Museo civico di Palazzo dei Consoli* (plan A-B1) : *piazza Grande.* ☎ 075-927-42-98. *Tlj 10h-13h, 15h-18h (14h30-17h30 nov-mars). Fermeture billetterie 30 mn avt. Entrée : 5 € ; réduc.* Le musée est installé à l'intérieur du *palazzo dei Consoli,* bâtiment gothique massif, haut de 60 m, surmonté d'un beffroi et doté d'une loge panoramique. Élevé au centre de la ville, qu'il domine de toute sa majesté, ce palais représentait la grandeur du pouvoir politique de Gubbio au XIVe s.
– D'abord, on pénètre dans la monumentale **sala dell'Arengo** (salle de l'Assemblée) coiffée d'une formidable voûte en berceau. Là, tout autour, sont disposées quelques pierres tombales et urnes cinéraires retrouvées dans les environs, et de belles photos colorées de la fameuse *festa dei Ceri.* Dans une autre salle, voici les fameuses *tables eugubines* (300-100 av. J.-C.), composées de sept plaques de bronze découvertes par un berger près du théâtre, en 1444. Des générations de chercheurs se sont escrimées à déchiffrer les mystérieux caractères gravés en langue ombrienne (un alphabet écrit de droite à gauche, dérivant de l'étrusque), pour découvrir qu'il s'agissait d'une description de cérémonies divinatoires et sacrificielles...
– Ensuite, un escalier raide mène au **1er étage,** où l'on découvre des collections de monnaies et de céramiques. Au fond de la salle des céramiques à droite, un petit couloir permettait aux édiles municipaux d'observer secrètement la salle de l'Assemblée. Dans ce même couloir, notez les toilettes pas très intimes, datant de la construction du palais.
– Au **2e étage,** une autre salle monumentale avec de curieuses fontaines abrite la pinacothèque. Là, quelques restes de fresques qui recouvraient autrefois les murs du palais, et des peintures sur bois et sur toile, essentiellement de l'école Ombrienne (XIIIe-XIXe s). Notez le *Crucifix* en bois de l'école du Giotto, réalisé par le Maestro della Croce di Gubbio (XIVe s), et une *Immacolata Concezione* de Signorelli (XVIe s)...

OMBRIE

– Enfin, au niveau de la pinacothèque, une *loge* offre un panorama fantastique sur les toits de tuiles de la ville basse et la campagne alentour. Ouf !

🍴 *Duomo* (plan B1) : via Federico da Montefeltro. Tlj 10h-17h (16h oct-mars). C'est une construction du XIIIe s à nef unique, assez dépouillée mais monumentale, qui ne manque pas d'allure. Plusieurs autels latéraux, surmontés de tableaux de la Renaissance, accompagnent les dépouilles des évêques de Gubbio. Notez la chapelle de la *Madonna di Loreto* (XVIIe s) et les orgues baroques, qui tranchent avec le reste de la déco intérieure. Du Duomo, accès possible au Museo diocesano par un passage.

🍴 *Museo d'Arte Palazzo ducale* (plan B1) : via della Cattedrale, 1. ☎ 075-927-58-72. Tlj sf lun et j. fériés 8h30-19h30. Fermeture billetterie 30 mn avt. Entrée : 5 € ; réduc. Face au portail ogival du Duomo s'ouvre une belle cour Renaissance à arcades donnant accès à ce musée aménagé sur plusieurs niveaux dans un palais du XVe s.
– Au *rez-de-chaussée,* plusieurs salles montrant des peintures (XIVe-XVIIIe s), d'un intérêt mineur.
– Au *1er étage,* la longue et immense *salle C,* avec ses deux cheminées et meublée à la mode du Quattrocento, tout en clair-obscur, est consacrée à Federico da Montefeltro, l'un des plus célèbres *condottiere* de la Renaissance, duc d'Urbino, né à Gubbio. Là, une vidéo (en italien) imaginant une discussion entre Federico et Gentile, autour de la problématique du pouvoir et de la guerre, est projetée sur une toile. Les acteurs sont incroyablement ressemblants et le mode de projection leur donne une présence étonnante. Attenante, la *salle B1* présente la reproduction du tout petit cabinet de travail de Federico (l'original est exposé au Metropolitan Museum of Art de New York), réalisée entre 2002 et 2009 par des artisans de la ville en utilisant les méthodes et les outils de l'époque : un époustouflant travail de marqueterie en trompe l'œil et de belles fresques au plafond évoquant la vie à la cour de Federico.
– Un escalier en colimaçon mène enfin au *sous-sol,* où se trouve une longue salle voûtée avec explications techniques sur les vestiges des constructions antérieures (Xe-XIVe s) à l'édification du palais : murets, canalisations d'eau, four, etc., mis au jour lors des dernières fouilles archéologiques...

🍴🍴 *Museo diocesano* (plan B1) : via Federico da Montefeltro, 1. ☎ 075-922-09-04.
● museogubbio.it ● Accès par un ascenseur depuis la via XX Settembre. Juin-sept, tlj sf lun 10h-18h ; oct-mai, jeu-dim 10h-17h. Entrée : 5 € ; réduc. Le ticket permet d'obtenir une réduc dans les autres musées diocésains d'Ombrie (Assise, Spolète...). Ce musée est un vrai labyrinthe sur trois niveaux ! À côté d'un ensemble lapidaire (colonnettes, chapiteaux, stèles...), il présente une collection de reliquaires, des fragments de fresques des XIIIe-XVe s, de belles peintures sur bois (poignant Christ souffrant) et des retables en bois peints souvent anonymes. Au niveau le plus bas, ne manquez pas le tonneau qui renfermait, pour l'usage des moines de la cathédrale, l'équivalent de 387 barriques contenant chacune 52 l de vin de messe ! Également des expos temporaires d'artistes contemporains. Depuis le musée, accès possible au Duomo par un passage.

🍴🍴 Redescendre par la *via Galeotti* (plan A-B1). Tout en voûtes, fraîche et romantique, elle se faufile entre les vieilles demeures et débouche via Remosetti, puis *via dei Consoli* (plan A-B1), l'une des plus pittoresques de la ville, et sur le *Palazzo del Bargello* (plan A1), construit en 1300, qui domine la *fontana dei Matti* et abrite des expos temporaires. Passer ensuite devant la *chiesa*

PLUS ON EST DE FOUS, PLUS ON RIT !

La légende veut que, lorsqu'un individu fait trois fois le tour de la fontana dei Matti et feint de se baptiser avec son eau, il acquiert la citoyenneté eugubine et obtient ainsi le titre de matto *(fou) de Gubbio. Le mot « fou » prend ici un sens léger, plein de gentillesse et dépourvu de mauvaises pensées.*

San Domenico (plan A1), qui abrite derrière son élégante façade quelques belles fresques. Remontant la *via Gabrieli (plan A1)*, vous atteindrez la *porta Metauro* et le *Palazzo del Capitano del Popolo*. Prolongez votre visite en flânant dans cet univers médiéval, empruntant au hasard ruelles et escaliers. Églises, palais et humbles demeures baliseront votre promenade.

🥾 *Via Baldassini (plan A-B1) :* en contrebas de la piazza Grande. C'est ici que se trouve le plus bel ensemble de maisons du XIIIe s, avec leur porte... de la Mort !

🥾🥾 🥾 *Funivia Colle Eletto (téléphérique ; plan B2) :* via San Girolamo. ☎ 075-927-38-81. ● funiviagubbio.it ● Juin, tlj 9h30-13h15, 14h30-19h (dim 9h-19h30) ; juil-août, tlj 9h-20h ; le reste de l'année, horaires très variables (voir site internet). A/R :

AUX PORTES DU PARADIS

En regardant bien les façades des maisons, vous apercevrez une seconde porte jouxtant l'entrée principale, plus petite et un peu surélevée, le plus souvent murée. Selon la légende, elle ne servait qu'au passage des cercueils et s'appelait la porta della Morte. L'âme, entrée par la grande porte, quittait ainsi la maison.

6 € ; réduc. Maintenant que vous connaissez tous les monuments de la ville, amusez-vous à les reconnaître en empruntant, debout à deux dans une nacelle métallique, ressemblant furieusement à la cage de votre canari, le téléphérique qui conduit à la chiesa di Sant'Ubaldo, perchée en haut du Monte Ingino. Si vous souffrez du vertige, abstenez-vous en cas de vent !

🥾 *Gola (gorge) del Bottaccione (hors plan par A1) :* strada Statale Eugubina da Porta Castello. 🏠 328-136-74-18. ● fernanda.clementi@teletu.it ● À la sortie de la ville, en direction de Scheggia. Centre ouv sur résa. Sam-dim slt 10h-13h, 15h-17h30. Ce défilé anodin est célèbre dans le milieu scientifique, car Walter Alvarez y trouva dans les années 1970 la justification de sa théorie selon laquelle une météorite aurait été à l'origine de l'extinction des dinosaures, voilà 65 millions d'années. Dans une couche d'argile, une concentration extrêmement élevée d'un métal rarissime sur terre, l'iridium, prouve qu'à cette époque-là un corps céleste important a percuté notre planète.

🥾 *Basilica di Sant'Ubaldo (hors plan par B1) :* Monte Ingino. Accès par la Funivia Colle Eletto (téléphérique), en voiture ou à pied (5 km) en sortant par la porte Sant'Ubaldo, derrière le Duomo de Gubbio. Tlj 7h30-20h. Ubaldo Baldassini, saint patron de Gubbio, fut régent de la ville de 1130 à 1160. Contrairement aux autres évêques de l'époque, il ne s'intéressait pas aux biens matériels, vivait chichement et refusait tout népotisme. Cela lui valut une immense popularité, encore renforcée lorsqu'il convainquit l'empereur Frédéric Barberousse de ne pas mettre la ville à sac. Son corps momifié, coiffé de sa tiare, est exposé (juste derrière le maître-autel) dans cette église du XIIIe s, à l'agencement plutôt dépouillé, qui

VOLONTÉ DIVINE

Sant'Ubaldo avait légué son anneau épiscopal à son serviteur. À la mort du saint homme, le serviteur partit, cachant dans son bâton l'anneau auquel était collé un peu de la peau du doigt. Le 30 juin 1161, sur le site actuel de Thann, en Alsace, il ne put reprendre son bâton, enraciné ! À cet instant, le comte Engelhard de Ferrette aperçut trois lumières au-dessus de la forêt. Y voyant la volonté divine, il fit vœu de construire une chapelle sur les lieux du prodige. La chapelle devint la collégiale de Thann, où est conservée la relique. Et l'analyse de l'ADN a confirmé qu'elle provenait bien de la dépouille de Sant'Ubaldo à Gubbio...

lui est dédiée, devenue un véritable lieu de pèlerinage. Sur la droite, les trois *ceri* (cierges) portés en procession le 15 mai (voir « Fêtes et manifestations »).

– Après ce moment de recueillement, notez que vous êtes sur le flanc du Monte Ingino, à 827 m d'altitude, et qu'il y fait plus frais qu'en ville : c'est un bel endroit pour un pique-nique, des tables vous tendent d'ailleurs les bras. Sur place, également un joli cloître en brique avec puits central, et un petit musée.

Fêtes et manifestations

– **Procession du Christ mort :** *Vendredi saint.* Les membres de la confrérie de la Santa Croce défilent en fin d'après-midi, encadrés de chanteurs qui psalmodient le *Miserere.*

– **Festa dei Ceri :** *15 mai.* ● *ceri.it* ● Voici LA fête, la vraie, dont l'origine remonte à la nuit des temps. Les *ceraioli* (porteurs de cierge) revêtent un pantalon blanc et une chemise de couleur selon le saint : une jaune pour Ubaldo (protecteur des maçons), une noire pour Giorgio (protecteur des artisans) et une bleue pour Antonio (protecteur des paysans). Leurs statues trônent sur d'énormes *ceri* (c'est-à-dire « cierges », pièces de bois formées de deux prismes octogonaux) de 300 kg et de près de 4 m de haut chacun, portés par de solides équipes également à leurs couleurs. S'engage alors une course folle dans les rues de la ville, avant l'ascension du Monte Ingino. La foule suit avec une extraordinaire ferveur ce rite annuel, mélange troublant de mysticisme religieux et de rites païens. Les dimanches suivants se déroulent la **festa dei Ceri Mezzani** puis la **festa dei Ceri Piccoli.** La première met en scène des équipes d'adolescents, la seconde des équipes d'enfants, avec des *ceri* moins lourds, mais la course est tout autant chargée d'émotion. Pour ces trois fêtes, nous conseillons vivement d'arriver la veille pour bien prendre connaissance des lieux et des horaires, ainsi que, bien sûr, de réserver une chambre d'hôtel longtemps à l'avance. Le programme est immuable. La journée commence à 5h30 avec le « réveil des capitaines ». À 8h est célébrée la messe à l'issue de laquelle a lieu le tirage au sort des capitaines qui guideront la fête 2 ans plus tard. La procession des porteurs se met en branle à 10h30. Une heure plus tard, c'est la « levée des cierges » avant leur dépôt à 14h sur d'antiques piédestaux. Le défilé des porteurs s'ébranle à 16h30. Le départ de la course frénétique est fixé à 18h, piazza Grande, avant l'ascension du Monte Ingino. Petit détail : cette course n'est pas une compétition, et l'ordre d'entrée dans l'église est toujours le même.

– **Palio della Balestra :** *dernier dim de mai.* Concours de tir à l'arbalète – reine des armes eugubines – entre les représentants de Gubbio et de Sansepolcro vêtus de parures médiévales, sur une cible placée à 36 m. Pendant le concours, les *sbandieratori* jonglent avec les bannières. Après la compétition, un cortège parcourt la vieille ville. Le gagnant reçoit un étendard appelé *Palio.* Cette fête remonte à l'an 1461.

– **Torneo dei Quartieri :** *14 août.* Reconstitution médiévale d'un jour de fête par les habitants. Superbes costumes. Toutes les catégories sociales sont représentées.

– **L'arbre de Noël le plus grand du monde :** *7 déc-10 janv.* ● *alberodigubbio. com* ● Dessiné sur les pentes du Monte Ingino avec près de 1 000 ampoules et 20 km de câbles.

PARCO NATURALE DEL MONTE CUCCO (PARC NATUREL DU MONT CUCCO)

Le parc naturel du Monte Cucco, c'est une succession de falaises, de grottes – dont l'une des plus longues au monde ! – et de gouffres vertigineux. Le tout dominé par la silhouette massive du Monte Cucco, culminant à 1 566 m d'altitude. Renommé pour son relief karstique et sa nature préservée, le site s'apprécie vraiment en randonnée pédestre. Sur ses 10 480 ha, il compte plus de 120 km de sentiers balisés de tous niveaux, que l'on parcourt au chant des pinsons dans des forêts sillonnées de petites rivières. Sur le versant est, on peut croiser des blaireaux, des porcs-épics et même, avec un peu de chance... des loups !

Adresse utile

🛈 *Info Point Parco del Monte Cucco :* via Valentini, 31, à **Costacciaro.** ☎ 075-917-10-46. • *parco montecucco.it* • *discovermontecucco. it* • *Ouv mai-juin w-e slt 9h-12h30 ; en été, tlj 9h-12h30, 15h-17h ; sept w-e* slt 9h-12h30, 15h-17h. Fermé nov-avr, permanence tél slt. Dispose de cartes et d'une brochure (en italien ou en anglais) décrivant une dizaine de balades à pied ou en voiture.

Où dormir ? Où manger ? Où boire un verre ?

🛏 🍴 🍷 *Albergo Monte Cucco di Tobia :* loc. Val di Ranco, via del Ranco, 6, à **Sigillo.** ☎ 075-917-71-94. • *alber gomontecucco@gmail.com* • *alber gomontecucco.it* • *Ouv Pâques-nov.* Doubles 54-57 € selon saison, petit déj inclus. Plats 6-11 €. Au cœur du parc et au départ des sentiers, dans le bel écrin de verdure d'un fond de vallon parsemé de hêtres centenaires et de fleurs des prés. Chambres simples et nickel, toutes avec salle de bains et vue sur la campagne. Resto-bar sur place, servant *crescia*, pâtes, pizzas *(le soir le w-e slt)* et autres bons petits plats de viande dans une salle rustique soignée, où s'est incrusté un gros arbre ! Également une agréable terrasse pour boire un verre. Bref, un vrai paradis pour randonneurs et parapentistes !

🛏 *Agriturismo Borgo Umbro :* loc. Termine, à **Costacciaro.** ☎ 075-917-01-19. 📠 331-319-25-38. • *info@ borgoumbro.it* • *borgoumbro.it* • *En bordure d'un parc. Resto (sur résa) ouv le soir slt, plus le midi w-e. Selon confort et saison, doubles 55-85 €, apparts (2-4 pers) 100-130 €, petit déj compris. Plats 8-17 €.* 📶 Nichés sur une colline émergeant de la campagne, une douzaine de chambres et quelques appartements répartis dans plusieurs maisonnettes médiévales, qui composaient jadis un hameau avec sa chapelle. Espace, bon confort et charmante déco rustique avec pierres apparentes. Piscine, location de VTT, cours de cuisine... Bon resto de terroir, où les viandes grillées et autres ingrédients de saison sont à l'honneur.

À voir. À faire

Pour les randonneurs, les principaux départs de sentiers sont situés en altitude (de part et d'autre du mont Cucco), il est donc préférable d'être motorisé. En flânant autour du mont Cucco, vous pourrez aussi admirer de nombreuses ailes de couleurs vives dans le ciel : l'endroit est en effet très apprécié des parapentistes.

🥾🥾 *Val di Ranco :* pour les routards motorisés qui n'ont pas beaucoup de temps. À Scheggia, prendre vers Rome et Sigillo (10 km) puis tourner à gauche en direction du mont Cucco. Environ 9 km de montée par une bonne route avec de superbes vues sur la vallée. En haut, à 1 100 m d'altitude, nombreux départs de sentiers et possibilité d'hébergement et de restauration (lire ci-dessus).

🥾🥾 *Pian delle Macinare :* pour les routards motorisés qui aiment flâner. À Scheggia, prendre la direction de Rome et Sigillo, puis, dès la sortie du village, prendre tout de suite à gauche la petite route qui passe devant l'hôtel *La Pineta.* C'est parti pour 11 km de montée sur une petite route, parfois asphaltée mais essentiellement empierrée, qui traverse la forêt avec de beaux points de vue sur la vallée jusqu'au pied de l'autre versant du mont Cucco. Une fois arrivé, possibilité de pique-niquer et resto en saison. Beaucoup de départs possibles pour les randonneurs et notamment pour atteindre l'ermitage du mont Cucco *(eremo San Girolamo)*.

🎿🎿 *Le tour du mont Cucco :* pour les routards motorisés qui ont beaucoup de temps et qui veulent allier découvertes spirituelles et visions vertigineuses. Cet itinéraire, qui forme une boucle d'environ 100 km, est décrit dans le sens qui nous semble le plus aisé, mais on peut aussi l'effectuer dans l'autre sens. À Scheggia, prendre à droite vers Rome puis, quelques centaines de mètres plus loin, tourner à gauche en direction d'Isola Fossara, que l'on rejoint par 10 km d'une belle route qui longe la rivière. De là, en direction de Serra San Abbondio, une route de 20 km aller-retour conduit au **monastero di Fonte Avellana** (☎ 072-173-02-61 ; ● *fonteavellana.it ●* ; *visites guidées slt, lun-sam à 10h, 11h, 15h, 16h et 17h ; dim et j. fériés, ttes les 30 mn, 10h-12h, 15h-17h30),* dont l'origine date d'avant l'an mille et qui hébergea Dante Alighieri. En route, vous remarquerez la petite *abbaye Badia di Sitria,* fondée par saint Romuald voilà près de 1 000 ans. Pour une très belle vue d'ensemble du monastère, il suffit de continuer encore un peu sur la route qui monte après celui-ci. De retour à Isola Fossara, reprendre la route vers Sassoferrato. Environ 2 km après Sassoferrato, tourner à droite en direction de l'*eremo San Girolamo* (ermitage San Girolamo) et passer le village de Pascelupo (sans y entrer, sinon demi-tour difficile !). L'ermitage, perché en dessous des falaises, apparaît peu après, sur la droite. Il ne se visite pas et n'est pas accessible en voiture. L'itinéraire se corse un peu pour atteindre *Bastia* par les chemins de traverse : continuer la route jusqu'au village de Perticano, à droite toute après le pont ; au bout de 2 km, contournement du hameau de Rucce. Arrivé à Viacce, encore quelques kilomètres, puis prendre la petite route à droite pour atteindre Bastia. De là, une route qui se transforme en 7 km de piste permet de rejoindre directement celle menant à *Val di Ranco.* Conseil d'ami : si vous roulez en 4x4 ou avec votre propre voiture et que celle-ci ne craint absolument plus rien, lancez-vous, les paysages sont superbes ! Les autres joueront la carte de la prudence (cette piste est plus que chaotique) et regagneront tranquillement Fossato di Vico.

– Le parc comporte d'autres sites spectaculaires accessibles seulement à pied, comme le **ravin du rio Freddo,** où l'on peut faire du rafting, ou la **grotta di Monte Cucco** *(visite guidée sur résa :* ☎ *075-917-10-46 ;* ● *grottamon tecucco.umbria.it ●).*

OMBRIE

LA VALLÉE OMBRIENNE

Entre le Tibre à l'ouest et les Apennins à l'est, la vallée ombrienne déploie ses charmes d'Assise à Spolète. Ses douces collines fertiles se parent de petits bourgs médiévaux, perdus entre les chênes, les oliviers, les vignes et les prairies de coquelicots. Au couchant, quand les rayons obliques soulignent arbres et bâtiments, c'est un spectacle d'une rare douceur

qu'offrent vallée et collines baignées d'une lumière dorée. Mais si cette vallée attire autant de pèlerins, c'est que la ferveur religieuse l'occupe tout entière et que saint François d'Assise est au détour de chaque chemin. C'est ici qu'il fonda l'ordre des Franciscains, tandis que sainte Claire créait celui des Clarisses. Ici, les défunts parlent aux saints, les saints prêchent aux oiseaux et les Vierge pleurent des larmes de sang. Le territoire dans son intégralité reçoit de nombreux visiteurs, pieux pénitents ou touristes curieux. Si Assise demeure l'attrait principal de la vallée, il est de nombreuses bourgades environnantes qui offrent peut être davantage d'authenticité.

ASSISI (ASSISE)   (06081)   28 250 hab.

● Plan p. 454-455

OMBRIE

◎ Alanguie au pied du Monte Subasio, ancrée dans ses vieilles pierres depuis des siècles, Assise offre au regard du visiteur ses nombreuses églises, sa magnifique basilique Saint-François, son imposante Rocca et ses ruelles médiévales pentues, qui ont inspiré maints artistes italiens. La ville, fondée par la tribu des Umbrii, devient un important municipe de l'Empire romain, avant de décliner suite aux grandes invasions. Sa renaissance date du Moyen Âge. Berceau de saint François et de sainte Claire, Assise connaît alors bien des périodes fastes durant lesquelles la fine fleur de l'art toscan et ombrien s'y précipite. Elle rivalise avec sa puissante voisine, Perugia, qui finit par l'asservir avant de tomber elle-même aux mains de l'Église. Aujourd'hui inscrite au Patrimoine mondial de l'Unesco, Assise est parcourue chaque année par des millions de visiteurs, dont une grande majorité de pèlerins ! Pour espérer un peu de tranquillité, mieux vaut donc éviter la haute saison, à savoir les mois de mai, août, septembre, octobre et décembre.

Arriver – Quitter

En train

🚉 **Stazione** (gare ; hors plan par A1) **:** via Borsi, à **Santa Maria degli Angeli.** ☎ 89-20-21 (n° Vert). ● treni talia.it ● Dans la vallée au pied de la colline d'Assise. **Bus-navette** ttes les 30 mn (ligne C, 5h35-23h) pour rejoindre le centre historique : piazza Giovanni Paolo II (plan A1-2), largo Properzio (plan D3) ou piazza Matteotti (plan C-D2). Trajet : 20-30 mn. Billets de trains en vente à la gare, ainsi qu'à l'agence de voyages **Stoppini** (plan C2, **4** ; corso Mazzini, 31 ;

☎ 075-81-25-97 ; tlj sf sam ap-m et dim 9h-12h30, 15h30-19h).
➤ **Perugia** (Fontivegge ; 25 mn), **Spello** (10 mn) **et Foligno** (20 mn) **:** 10-20 directs/j.
➤ **Trevi** (25 mn), **Spoleto** (35 mn), **Terni** (1h05) **et Narni-Amelia** (1h15) **:** 3-7 directs/j. et d'autres avec changement à Foligno.
➤ **Roma** (Termini ; 2h20) **:** env 6 directs/j. et d'autres avec changement à Foligno.
➤ **Firenze** (S. M. Novella ; 2h35) **:** env 8 directs/j. et d'autres avec changement à Terontola-Cortona.

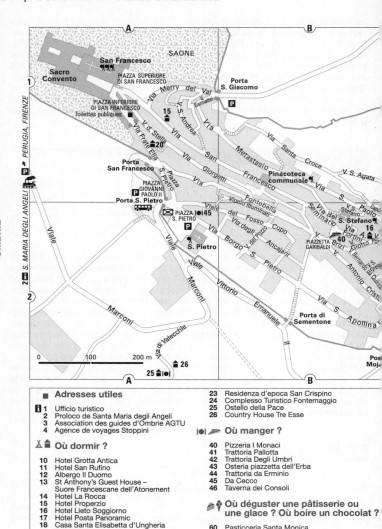

■ **Adresses utiles**

i 1 Ufficio turistico
2 Proloco de Santa Maria degli Angeli
3 Association des guides d'Ombrie AGTU
4 Agence de voyages Stoppini

⚐ ⛺ **Où dormir ?**

10 Hotel Grotta Antica
11 Hotel San Rufino
12 Albergo Il Duomo
13 St Anthony's Guest House –
    Suore Francescane dell'Atonement
14 Hotel La Rocca
15 Hotel Properzio
16 Hotel Lieto Soggiorno
17 Hotel Posta Panoramic
18 Casa Santa Elisabetta d'Ungheria
19 Hotel Ideale
20 Hotel Sorella Luna
21 Hotel Umbra
22 Nun Assisi Relais

23 Residenza d'epoca San Crispino
24 Complesso Turistico Fontemaggio
25 Ostello della Pace
26 Country House Tre Esse

|●| 🍴 **Où manger ?**

40 Pizzeria I Monaci
41 Trattoria Pallotta
42 Trattoria Degli Umbri
43 Osteria piazzetta dell'Erba
44 Trattoria da Erminio
45 Da Cecco
46 Taverna dei Consoli

🍰🍦 **Où déguster une pâtisserie ou
une glace ? Où boire un chocolat ?**

60 Pasticceria Santa Monica

🍸 **Où boire un verre ? Où sortir ?**

70 Bibenda

En bus

🚌 **Arrêts de bus** (fermate) **: piazza** **Matteotti** (plan C-D2), **Porta Nuova** (plan D3) ou **piazza Giovanni Paolo II** (plan A1-2). Infos : **Umbria Mobilità**,

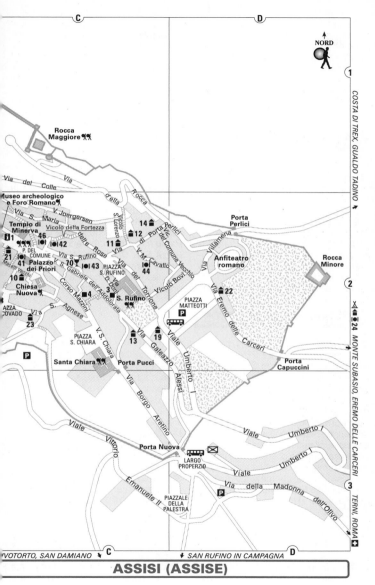

ASSISI (ASSISE)

☎ 800-512-141 (n° Vert) ; ● umbriamobi-lita.it ● **Sulga,** ☎ 800-099-661 (n° Vert) ; ● sulga.it ● **Sena,** ☎ 057-724-79-34.

➢ **Perugia** (1h) **:** env 7 bus/j. sf dim.
➢ **Aeroporto di S. Egidio Assisi** (35 mn) **:** env 4 bus/j. sf dim.

➢ **Spello** *(30 mn)* **et Foligno** *(45 mn) :* env 10 bus/j. sf dim. À Foligno, changement pour Bevagna.

➢ **Montefalco** *(40 mn) :* env 1 bus/j. au départ de la piazza Garibaldi à Santa Maria degli Angeli. Sinon, plus de bus en changeant à Foligno.

➢ **Norcia** *(1h40)* **et Cascia** *(2h10) :* env 1 bus/j. au départ de la piazza Garibaldi à Santa Maria degli Angeli.

➢ **Roma** *(stazione Tibertina ; 3h05) :* env 2 bus/j. avec la compagnie *Sulga.* De là, env 1 bus/j. (sf w-e) poursuit jusqu'à l'**aeroporto Roma-Fiumicino.**

➢ **Siena** *(1h40),* **Firenze** *(2h25)* **et Pisa** *(4h) :* env 1 bus/j. au départ de la piazza Garibaldi à Santa Maria degli Angeli, avec la compagnie *Sena.*

➢ **Napoli** *(5h15)* **et Pompei** *(6h) :* env 1 bus/j. avec la compagnie *Sulga.*

Circulation et stationnement

🅿 La circulation dans les ruelles du centre historique est malaisée et limitée au temps de poser les bagages à l'hôtel. Après cela, on peut garer son véhicule *gratuitement* sur les routes d'accès aux portes de la ville (bien vérifier les panneaux), et marcher un peu. Sinon, il existe plusieurs *parkings payants,* juste à l'extérieur des remparts – pour la plupart – mais à deux pas du *centro storico (compter 1,05-1,75 €/h ou 10-18 €/j.).* Ainsi, le parking

Mojano *(plan C2)* est le plus spacieux, couvert et relié au centre-ville par des escaliers mécaniques. Celui de la **piazza Matteotti** *(plan D2)* est le seul à l'intérieur des remparts et le plus cher. Également le parking de **Porta Nuova** *(plan D3),* celui de la **piazza Giovanni Paolo II** *(plan A1),* ou encore ceux de **Porta San Giacomo** *(plan B1)* et de **Ponte San Vetturino** *(hors plan par A1),* les plus proches de la basilique, presque toujours complets.

Adresses et infos utiles

🛈 **Ufficio turistico** *(plan C2,* **1***) :* piazza del Comune, 22. ☎ 075-813-86-80. ● *comune.assisi.pg.it* ● *Lun-sam 8h-14h, 15h-18h ; dim 10h-19h en été, 9h-17h en hiver.* 📶 Plan de la ville en français avec ses monuments, liste des hébergements dans le coin, infos transports et loisirs verts (sentiers de randonnée pédestre...), agenda culturel et plusieurs petits guides intéressants en français sur les châteaux, les monuments romans et franciscains autour d'Assise. Accueil compétent et sympa.

🛈 **Proloco de Santa Maria degli Angeli** *(hors plan par A1,* **2***) :* piazza Garibaldi, 12. ☎ 075-804-45-54. ● *prolocosanta mariadegliangeli.com* ● *À gauche de la basilique, sous les arcades. Tlj 10h-13h, 15h30-18h30.* On peut vous aider dans votre recherche d'hébergement...

■ **Association des guides d'Ombrie AGTU** *(plan C2,* **3***) :* via Dono Doni, 18 b. ☎ 075-81-52-28 ou 27. ● *asso-guide.it* ● *16 juin-16 août et 16 nov-14 mars, tlj sf dim 9h-12h ; 15 mars-15 juin et 17 août-15 nov, tlj sf dim 9h-17h (12h sam).* Visites guidées

(1-10 pers) : ½ journée (2h30) 120 €, journée 240 €. Pour visiter non seulement Assise et ses environs, mais aussi toute l'Ombrie, ses villes et sa campagne, avec un guide francophone.

✉ **Poste** *:* largo Properzio, 4 *(plan D3)* et piazza San Pietro, 4 *(plan A2). Tlj sf dim, mat slt.*

✚ **Hôpital** *(hors plan par D3) :* via V. Muller, 1. ☎ 075-81-39-273.

■ **Farmacia Antica dei Caldari** *(plan C2) :* piazza del Comune, 44. ☎ 075-81-25-52. *Lun-ven 8h30-13h, 15h30-20h.* Également la **Farmacia Rossi,** via Portica (angle de la piazza del Comune).

■ **Police** *(carabinieri ; plan C2) :* piazza del Comune. ☎ 075-804-02-10. *Dans le palazzo del Populo.*

🚕 **Taxis** *:* les stations se trouvent piazza San Francesco *(plan A1),* piazza Giovanni Paolo II *(plan A1-2)* et piazza Santa Chiara *(plan C2),* ou à la gare ferroviaire de Santa Maria degli Angeli. ☎ 075-81-31-00 ou 075-81-26-06 ou 075-8126-00.

– **Marchés** *:* sam mat, via Borgo Aretino *(plan C3) ;* lun mat, devant la *basilique Santa Maria degli Angeli (hors plan par A2). Marché aux antiquités* *2ᵉ dim du mois, piazza Garibaldi, à Santa Maria degli Angeli.*

Où dormir ?

– **Important :** les possibilités d'hébergement abondent à Assise, mais il est indispensable de réserver bien à l'avance, quelle que soit la période de l'année, saint François drainant les foules. Par ailleurs, l'hébergement n'y présente pas le meilleur rapport qualité-prix.

Dans le centro storico

Bon marché

🏠 *Hotel Grotta Antica (plan C2, 10) :* via Macelli Vecchi, 1. ☎ 075-81-36-20. • *info@grottaantica.com* • *grottaantica.com* • *Double 55 € ; petit déj 5 €.* 🛜 Dans une ruelle calme, cet hôtel-resto familial propose des chambres simples, à la déco plutôt vieillotte, mais bien tenues et toutes avec salle de bains. Bon accueil. Les fauchés apprécieront !

🏠 *Hotel San Rufino (plan C2, 11) :* via di Porta Perlici, 7. ☎ 075-81-28-03. • *info@hotelsanrufino.it* • *hotelsanrufino.it* • *Doubles 55-60 € selon saison ; petit déj 5 €. Parking payant.* 🛜 Un tarif très honnête pour des chambres d'une sobriété monacale et sans grand charme mais impeccables, plutôt spacieuses et d'un assez bon confort. Autre atout : le quartier, joli, hors du flux touristique et encore habité par des familles. Les proprios possèdent aussi à quelques pas l'*Albergo Il Duomo (plan C2, 12 ; vicolo San Lorenzo, 2 ; ☎ 075-81-27-42 ; • ilduomo@hotelsanrufino. it • ; mêmes tarifs).* Un peu plus vieillot mais très correct également.

🏠 *St Anthony's Guest House – Suore Francescane dell'Atonement (plan C2, 13) :* via G. Alessi, 10. ☎ 075-81-25-42. • *atoneassisi@tiscali.it* • *Congés : nov-mars. Double 65 €, petit déj compris. Parking gratuit (un atout !).* En arrivant, n'ayez pas peur du double portail grillagé : sonnez, parlez et d'aimables Franciscaines américaines vous ouvriront avec le sourire ! Une trentaine de lits dispatchés dans des chambres de 1-3 personnes, toutes

avec salle de bains... et crucifix ! Simple et nickel pour une ambiance quasi monacale. Certaines avec balcon et vue superbe sur les toits d'Assise. Chapelle, bibliothèque et joli jardin panoramique.

🏠 *Hotel La Rocca (plan C2, 14) : via di Porta Perlici, 27.* ☎ 075-81-22-84. • *hotelarocca.it* • *hotelarocca.it* • ♿ *Doubles 64-71 € selon saison. Parking payant (préférer le parking de la ville plus haut qui est gratuit).* 🛜 Un hôtel confortable, pratique et propre, à défaut d'être vraiment charmant. Terrasse au 2ᵈ étage, avec vue panoramique sur la vallée. Resto sur place. Bon accueil en français.

🏠 *Hotel Properzio (plan A1, 15) : via San Francesco, 38.* ☎ 075-81-51-98. • *info@hotelproperzioassisi.it* • *hotel properzioassisi.it* • *Doubles 50-114 €, petit déj inclus.* 🛜 *Réduc de 10 % sur le prix de la chambre sur présentation de ce guide.* À deux pas de la basilique San Francesco, dans un coin qui redevient calme une fois les portes du sanctuaire fermées, tout petit hôtel d'une dizaine de chambres confortables, proprettes et décorées sur une note moderne dans les tons rouges et gris. Salles de bains de style plus ancien mais nickel. Un bon rapport qualité-prix. On recommande !

Prix moyens

🏠 *Hotel Lieto Soggiorno (plan B2, 16) : via Arnoldo Fortini, 26.* ☎ 075-81-61-91. • *info@lietosoggiorno.com* • *lietosoggiorno.com* • *Doubles 60-85 € selon saison, petit déj compris.* 🛜 Une jolie petite adresse proposant une poignée de chambres agréables et proprettes, décorées chacune à sa façon dans un style pimpant. Quant à la suite (plus chère), avec son arche servant d'alcôve, elle ne manque pas d'allure ! Accueil familial gentil.

🏠 *Hotel Posta Panoramic (plan B2, 17) : via San Paolo, 11-19.* ☎ 075-81-25-58. • *info@hotelpostaassisi.it* • *hotelpostaassisi.it* • *Double 85 €, petit déj inclus.* 🛜 Tout près de la piazza del Comune et de son incroyable temple romain, une trentaine de chambres fonctionnelles et propres. Choisir celles donnant sur l'arrière avec balcon et vue formidable sur les toits et la plaine. Resto sur place. Accueil serviable et gentil.

🛏 *Casa Santa Elisabetta d'Ungheria* (plan C2, **18**) : piazza del Vescovado, 5. ☎ 075-81-23-66. ● info@casateriziario.org ● fratfrancescanasantaelisabetta.com ● ♿ Ouv Pâques-oct. Double env 80 €, petit déj compris. ½ pens possible. 🛜 Une maison franciscaine du XIVᵉ s, décorée de fresques. Une soixantaine de lits répartis dans des chambres fonctionnelles et nickel pour 2-5 personnes ; toutes avec 1 ou 2 salles de bains... et crucifix de rigueur ! Vue sur la place ou sur le jardin. Chapelle, salle de lecture, et belle terrasse panoramique au 3ᵉ étage. Accueil sympa et pro. Une adresse idéale en famille.

🛏 *Hotel Ideale* (plan C2, **19**) : piazza Matteotti, 1. ☎ 075-81-35-70. ● info@hotelideale.it ● hotelideale.it ● Double env 110 €, petit déj inclus. Parking gratuit (un atout !). 🛜 Hôtel situé dans la partie haute de la vieille ville, avec terrasse et magnifique jardin panoramique. Une dizaine de chambres tout confort et récemment rénovées dans un style contemporain qui nous plaît. Accueil familial sympa (en français). Une belle adresse. On aime !

🛏 *Hotel Sorella Luna* (plan A1, **20**) : via Frate Elia, 3. ☎ 075-81-61-94. ● info@hotelsorellaluna.it ● hotelsorellaluna.it ● Doubles 85-100 € selon saison, petit déj inclus. Parking payant. 🛜 Apéritif offert sur présentation de ce guide. Tout proche du saint des saints, bel hôtel récent d'une quinzaine de chambres confortables, à la déco et aux aménagements contemporains qui s'intègrent admirablement dans cet univers de vieilles pierres. Belles salles de bains avec douche à l'italienne. Microterrasse commune aux beaux jours. Accueil souriant et pro.

🛏 *Hotel Umbra* (plan C2, **21**) : via degli Archi, 6. ☎ 075-81-22-40. ● info@hotelumbra.it ● hotelumbra.it ● Dans une venelle partant de la piazza del Comune, au niveau de l'office de tourisme. ♿ Doubles 95-130 € selon confort, petit déj compris. Parking payant. 🖳 🛜 Géré par la même famille

depuis belle lurette, l'hôtel semble un peu d'une autre époque. Une vingtaine de chambres spacieuses, confortables et soigneusement tenues, toutes dotées d'un mobilier dépareillé plus ou moins ancien. Certaines avec balcon donnant sur les toits et la campagne d'Assise, nos préférées. Terrasses verdoyantes avec vues panoramiques. Accueil gentil.

De chic à très chic

🛏 *Nun Assisi Relais* (plan D2, **22**) : via Eremo delle Carceri, 1 a. ☎ 075-815-51-50. ● reception@nunassisi.com ● nunassisi.com ● Doubles à partir de 290 €, petit déj inclus. 🛜 Cet ancien couvent du XIIIᵉ s renferme une petite vingtaine de chambres ultra-confort, au design bien affûté qui se fond dans les vieux murs en pierre. Joli jardin intérieur pour musarder aux beaux jours. Au sous-sol, piscine-spa pittoresque, bordée par les antiques colonnes – encore en place – de l'amphithéâtre romain de la ville ! Resto sur place. Une adresse de charme, originale et superbe ; idéale pour une « retraite » en amoureux.

🛏 *Residenza d'epoca San Crispino* (plan C2, **23**) : via Sant'Agnese, 11. ☎ 075-815-51-24. ● info@assisiwellness.com ● assisibenessere.it ● Doubles 150-330 € selon confort et saison, petit déj inclus ; réduc dès 2 nuits. Parking payant. 🛜 Un endroit d'exception, logé dans un ancien couvent du XIVᵉ s. Au choix, des suites datant du XIIIᵉ s (en bas) ou du XVIIIᵉ s (en haut). Certaines possèdent une vue magnifique sur la vallée, d'autres donnent directement sur le joli jardin. Toutes sont soigneusement meublées, mêlant le cachet de l'ancien au confort moderne.

Hors les murs, mais à portée de pieds un peu courageux !

De bon marché à prix moyens

🛖 🛏 🍽 *Complesso Turistico Fontemaggio* (hors plan par D2, **24**) : via

Eremo delle Carceri, 24. ☎ *075-81-23-17 ou 075-81-36-36.* ● *info@fonte maggio.it* ● *fontemaggio.it* ● ♿ *À 1 km à l'est du centre-ville (panneau « Eremo delle Carceri »). Env 25 € pour 2 avec tente et voiture. Doubles 22 €/pers en AJ et 54 € à l'hôtel ; apparts (4-6 pers) 120-140 € ; petit déj 4 €. Au resto (ouv aux non-résidents tlj sf mer), plats 5-20 €.* 🛜 *Réduc de 10 % pour le camping sur présentation de ce guide.* En pleine nature, sur un immense terrain planté d'arbres de toutes essences, dont certains centenaires. Le camping – bien à part du reste de la structure – est plutôt rustique, et les emplacements sont bien dispersés en terrasses avec vue sur la plaine. Côté chambres et appartements, c'est fonctionnel, pas très grand mais très correct. Quant au resto, *La Stalla*, il s'agit en fait d'un self-service. Dans une longue salle voûtée en hiver avec grosse cheminée qui cuit les viandes et les convives, il prend ses quartiers sur une immense terrasse aux beaux jours. Ambiance genre cantoche, toujours pleine à midi ; les habitués du cru se sont passé le mot. Pas de la grande gastronomie, mais plus qu'honnête pour le prix. Une bonne adresse à dimensions variables.

🏠 ▮●▮ ***Ostello della Pace*** *(plan A2, 25) : via di Valecchie, 4.* ☎ *075-81-67-67.* ● *info@assisihostel.com* ● *assisiho stel.com* ● *À 15 mn à pied de l'arrêt de bus piazza Giovanni Paolo II. Sur la route entre Santa Maria degli Angeli et Assise. Ouv mars-oct. Réception 16h-23h30. Lit en dortoir (4-8 pers) 18 € ; doubles 40-50 € selon confort ; petit déj inclus. Repas (sur résa) 7-11 €.* 🛏 🛜 Au calme dans un joli coin de nature, cette ancienne ferme du XVIIIe s a été reconvertie en AJ agréable et proprette. Vastes dortoirs avec belle vue sur la vallée et sur Assise, tous avec sanitaires à l'étage. Également des doubles pratiques, avec ou sans salle de bains, selon votre budget. Jardin agréable parsemé de chaises longues sous les arbres. Accueil en français.

🏠 ***Country House Tre Esse*** *(plan A2, 26) : via di Valecchie, 41.* ☎ *075-81-63-63.* ● *info@countryhousetreesse.com* ● *countryhousetreesse.com* ● *À 1 km au sud d'Assise, sur la route entre Santa Maria degli Angeli et Assise. Doubles 70-85 €, petit déj compris. ½ pens possible.* 🛜 Dans un hameau accroché à la pente qui dévale d'Assise, une ancienne maison paysanne entourée d'un jardin en terrasses fleuri et arboré, avec belle piscine panoramique. D'un côté, vue imprenable sur Santa Maria degli Angeli, sa basilique et la vallée, et, de l'autre, petite vue sur Assise, là-haut... Chambres réparties dans la maison principale et 2 dépendances du jardin, assez confortables et meublées à l'ancienne. Une belle adresse de charme à prix raisonnable.

Où manger ?

De bon marché à prix moyens

🍕 ***Pizzeria I Monaci*** *(plan B2, 40) : via A. Fortini, 10.* ☎ *075-81-25-12. Pizze 6-10 €.* Accueil familial complice et attentionné dans cette vraie pizzeria napolitaine. Au menu, de belles pizzas généreusement garnies et cuites au feu de bois. À engloutir dans des salles voûtées sur 2 niveaux. Bon rapport qualité-prix.

▮●▮ ***Trattoria Pallotta*** *(plan C2, 41) : vicolo della Volta Pinta, 3.* ☎ *075-81-26-49.* ● *pallota@pallottaassisi.it* ● *Tlj sf mar. Menus 18-28 € ; plats 8-18 €.* Dans une venelle s'ouvrant face à l'étonnant temple de Minerve. Délicieuse cuisine familiale soignée, voire un brin raffinée, où les viandes grillées goûteuses sont à l'honneur. Également des pâtes maison pour les fauchés. Le tout servi avec gentillesse par les femmes de la maison dans une élégante et grande salle voûtée. Cave bien garnie et vins au verre. On s'est régalés à prix juste !

▮●▮ ***Trattoria Degli Umbri*** *(plan C2, 42) : piazza del Commune, 40.* ☎ *075-81-24-55.* ● *trattoriadegliumbri@alice.it* ● *Tlj sf jeu. Plats 8-16 €. Café offert sur présentation de ce guide.* Jolie petite salle toute simple avec toiles colorées aux murs. Dans l'assiette,

OMBRIE

de bons petits plats bien savoureux, mitonnés avec des ingrédients frais de saison et des viandes triées sur le volet. Belle carte des vins. Une table plébiscitée par les gens du cru pour se réconcilier avec les restos des lieux touristiques. Accueil aimable.

l●l Osteria piazzetta dell'Erba *(plan C2, 43) : via San Gabriele dell'Addolorata, 15.* ☎ *075-81-53-52.* ♿ *Tlj sf lun. Plats 11-16 €.* Au calme et à l'écart de la foule, une petite salle aux vénérables voûtes en brique avec mobilier coloré et grand casier à bouteilles design. Dans l'assiette, juste quelques mets gastronomiques originaux et hauts en saveur, au prix où la concurrence propose ses sempiternelles spécialités ombriennes. Agréable terrasse dans la ruelle arborée. Service efficace et décontracté. On en redemande !

l●l Trattoria da Erminio *(plan C2, 44) : via Montecavallo, 19.* ☎ *075-81-25-06.* ● *info@trattoriadaerminio.it* ● *Tlj sf jeu. Plats 9-15 €. Café offert sur présentation de ce guide.* Bonne petite table familiale et authentique. À la carte, spécialités d'Assise et de sa région, copieuses et bonnes à défaut d'être vraiment originales. Pas mal de grillades, donc, à dévorer dans une belle petite salle voûtée et haute de plafond.

l●l Da Cecco *(plan A2, 45) : piazza San Pietro, 8.* ☎ *075-81-24-37.* ● *ris torantedacecco@hotmail.fr* ● *Plats 8-18 €.* 🛜 Dans un quartier où l'on ne trouve guère que de pâles enseignes destinées à apaiser la faim du pèlerin pressé, *Da Cecco* fait figure d'exception avec ses petites salles en enfilade joliment voûtées, et sa cuisine honorable et sans chichis déclinant les spécialités d'Assise et d'Ombrie. Même s'il nous paraît un peu cher, de ce côté de la ville, a-t-on vraiment le choix ? Service attentionné.

l●l Taverna dei Consoli *(plan C2, 46) : via della Fortezza, 1.* ☎ *075-81-25-16.* ● *info@tavernadeiconsoli.it* ● *Tlj sf mer. Congés : 15 janv-15 fév et 20-30 juin. Menus 20-25 € ; plats 9-20 €. 2 digestifs max offerts sur présentation de ce guide.* Accueil familial sémillant en français dans ce resto réputé pour sa belle terrasse dominant la piazza del Comune. Mais les places y sont chères ! Au menu, cuisine régionale bien tournée, concoctée avec de bons produits frais de saison. Également des pâtes maison pour les budgets serrés.

Où dormir ? Où manger dans les environs ?

– **Conseil :** les lecteurs motorisés avides d'air pur se reporteront également à nos adresses du Parco regionale del Monte Subasio plus loin.

De bon marché à prix moyens

🛏 **l●l Agriturismo Malvarina :** *via Pieve di Sant'Apollinare, 32, à Assisi.* ☎ *075-806-42-80.* ● *info@malva rina.it* ● *malvarina.it* ● *À 6 km au sud-est d'Assise. Repas le soir slt (sur résa). Double 95 €, petit déj compris ; apparts (4 pers) 120-150 €. Menu 35 €.* 🛜 *Apéritif, digestif ou café offert sur présentation de ce guide.* Amateurs d'authenticité, *andiamo !* Sur une vaste propriété agricole à flanc de colline, cette vieille ferme pittoresque aux murs de pierre enrobés de végétation a été reconvertie en réception-resto, décorée de bric et de broc avec de vieux objets. À dispo, une petite quinzaine de chambres dispatchées dans plusieurs dépendances modernes au beau milieu des arbres et des chants d'oiseaux. Confortables, douillettes, cosy, et toutes différentes dans leur déco, de style rustique élégant. Piscine. Côté fourneaux, on vous mitonne de délicieux plats traditionnels avec les produits bio de l'*azienda agricola* (huile d'olive, miel, lentilles, fromages, charcuterie...). Accueil familial adorable. On aime !

🛏 **Agriturismo Paradiso 41 :** *loc. Paradiso, 41, à Assisi.* 📱 *328-706-55-61 ou 339-755-55-65.* ● *info@para diso41.it* ● *paradiso41.it* ● *À env 5 km au nord-est d'Assise par la SS 444. Double env 85 €, petit déj compris. Table d'hôtes 20 € (sur résa).* 🛜 Au sommet d'une colline, en pleine campagne, ce vieux bâtiment agricole rénové abrite désormais une petite dizaine de chambres. Déco simple en bois clair, papiers peints à fleurs, quelques meubles anciens de-ci, de-là, et de belles salles de bains avec douche à l'italienne. Piscine à traitement naturel. Table d'hôtes qui tient ses promesses avec les bons produits de la ferme (pâtes maison réalisées avec le blé élevé dans l'exploitation...). Accueil sympa. Une adresse pour passer de bonnes vacances au vert.

|●| Perbacco : _via Umberto I, 14, à_ **Cannara.** ☎ _074-272-04-92._ 🍴 _À 12 km au sud d'Assise ; juste à l'entrée du centre historique, après le pont. Tlj sf lun, le soir slt plus dim midi. Résa conseillée en fin de sem. Menus 18-25 € ; repas env 30 €._ Osteria familiale moderne au cadre original mais sans ostentation, pour une cuisine largement innovante ou plus sagement classique, réputée dans la région. Salle carrée animée, au décor d'anges sympa. Belle carte des vins.

Où déguster une pâtisserie ou une glace ? Où boire un chocolat ?

🍴 ☕ 🍦 **Pasticceria Santa Monica** _(plan C2, 60) : via Portica, 4._ ● _pastic ceria.smonica@libero.it_ ● _Tlj 9h (12h janv-mars)-20h._ 📶 Voici de délicieuses pâtisseries qui pourraient même bien tenter ceux qui n'ont aucun penchant pour le sucré ! À accompagner d'un café ou d'un chocolat chaud, leur spécialité aussi. Également des glaces appétissantes en diable. À déguster dans un décor de bonbonnière avec pierres apparentes.

Où boire un verre ? Où sortir ?

🍸 Assis à l'une des terrasses de la belle **piazza del Comune** _(plan C2),_ on sirote en journée avec vue sur le flux touristique. Et en fin d'après-midi, tout Assise s'y retrouve pour l'_aperitivo_. Cette place demeure l'un des rares lieux animés en soirée.
🍸 **Bibenda** _(plan C2, 70) : vicolo Nepis, 9._ ☎ _075-815-51-76._ ● _bibendaassisi@ gmail.com_ ● _Tlj 12h-22h. Congés : janv-fév._ 📶 Un bar à vins à la déco moderne sous de vénérables voûtes en brique. Bon choix de nectars ombriens et italiens, dont certains au verre. À savourer avec des planches de charcuterie et fromages locaux. Une adresse côté découverte.

OMBRIE

À voir. À faire

🎨🎨🎨 **Basilica di San Francesco** _(plan A1) : piazza di San Francesco, 2._ ☎ _075-81-90-01._ ● _sanfrancescoassisi.org_ ● _Tlj 8h (6h pour la chiesa inferiore et la tombe)-18h50 (18h en hiver). Visite guidée en français (sur résa). Donation bienvenue._
Premier lieu de culte dédié au saint, cette basilique du XIIIe s est en fait composée de deux églises superposées, construites dans la superbe pierre blanche et rose du Subasio, aux effets lumineux. C'est là que saint François fut enterré, sur cette colline alors appelée _colle d'Inferno_ (colline de l'Enfer) car on y exécutait les condamnés à mort. Depuis, le lieu a pris le nom de « colline du Paradis ».
– **Chiesa inferiore (1228-1230) :** de prime abord, l'intérieur, assez cosy, apparaît sombre, car on ne voit devant soi que la nef réservée aux prières. Mais la nef principale s'ouvre à gauche et c'est l'éblouissement ! Ses fresques formidables – qui racontent la vie de Jésus et de saint François – troublèrent même l'agnostique Hippolyte Taine. Dans la chapelle Saint-Martin (la 1re à gauche), Simone

Martini, l'un des premiers artistes à introduire la perspective, a retracé la vie du saint : *Saint Martin renonçant aux armes* et le *Rêve de saint Martin*. Puis, dans l'abside baignée d'un clair-obscur où toutes les sources de lumière concourent à une belle harmonie, c'est une inimaginable orgie de fresques ! Juste au-dessus du maître-autel, un ensemble attribué à Giotto représente la Chasteté, la Pauvreté, l'Obéissance et le triomphe de saint François. Dans le transept droit, ce sont des scènes de la vie de l'Enfant Jésus, dont le

> ## UN AVANT-GOÛT DE JUGEMENT DERNIER ?
>
> *Le 26 septembre 1997, la basilique San Francesco faillit disparaître lors du tremblement de terre qui secoua Assise. En effet, située à 20 km de l'épicentre : tympan effondré, fresques de Giotto et Cimabue réduites à l'état de puzzle (400 000 morceaux éparpillés sur le sol !), nef jonchée de débris... et quatre personnes sous les décombres. Depuis, les plaies ont guéri, mais il reste quelques cicatrices, car une partie des fresques est irrémédiablement perdue.*

chef-d'œuvre de Cimabue : une Vierge entourée de quatre anges et de saint François. Dans le transept gauche, Pietro Lorenzetti a peint la Passion, notamment une *Grande Crucifixion* et l'*Entrée de Jésus à Jérusalem*.

Au centre de la nef, par un petit escalier, on accède à la **crypte** en forme de croix, redécouverte en 1818, au centre de laquelle repose saint François. Sous un éclairage propre au recueillement, on ne peut être qu'impressionné par la ferveur et la dévotion des fidèles...

– **Salle des reliques :** dans le chœur, un escalier mène à l'église supérieure en passant par les bâtiments monacaux de style Renaissance. C'est dans l'harmonieux et lumineux cloître de Sixte IV que se trouvent le **museo del Tesoro e la collezione Perkins** *(tlj 10h-17h30 ; fermé nov-mars ; entrée : obole)*. Nombreux objets de culte, qui représentent chacun de belles œuvres d'art. Noter l'énorme tabernacle du XVIe s aux influences classiques. Exceptionnelle collection de retables, de reliquaires et de crucifix des XIIIe-XVIIe s, de livres enluminés et de peinture religieuse des XIVe-XVIe s, le tout essentiellement réalisé par d'obscurs maîtres connus des seuls spécialistes. Et encore une superbe tapisserie flamande du XVe s, un remarquable panneau byzantin peint au XIIIe s, évoquant avec force dorure quatre miracles de saint François... Bref, un vrai trésor qu'envieraient beaucoup de musées !

– **Chiesa superiore** (1230-1253) **:** *tlj 8h30-18h50 (18h nov-mars).* Sous son clocher roman et derrière la belle rosace de sa façade gothique, c'est une église plus haute, plus simple, plus lumineuse, mais tout aussi richement décorée que la *chiesa inferiore*. Les fresques de l'église supérieure marquent la formidable hégémonie artistique de Giotto. La nef, du plus pur style gothique, en présente deux cycles indépendants. Le premier – grandiose ! – retranscrit en 28 scènes la vie de saint François. À voir notamment de part et d'autre de l'entrée : *François parlant aux oiseaux* et le *Miracle de la source*, chefs-d'œuvre qui marquèrent les artistes de la Renaissance. Et puis aussi la *Révélation de saint François devant le crucifix de San Damiano* (exposé à deux pas dans la basilica di Santa Chiara), la *Rencontre de saint François avec Satan*... Le second cycle, en hauteur, illustre quant à lui des épisodes de la Bible. Enfin, n'oubliez pas de jeter un coup d'œil dans le transept gauche, où se trouvent les très belles fresques de Cimabue...

➢ Promenade dans les bois du **Bosco di San Francesco** : *départ piazza di San Francesco, devant la basilique supérieure, puis via Ponte dei Galli.* ☎ 075-81-31-57. ● *visitfai.it/boscodisanfrancesco/* ● *Tlj sf lun 10h-19h (16h oct-mars). Fermé janv-fév. Entrée : 5 €.* Une agréable balade dans un paysage rural de 64 ha, sillonné de sentiers. Au détour des bois, champs cultivés et clairières, on découvre, çà et là, les ruines d'un monastère du XIIIe s avec chapelle et moulin, une vieille tour...

🏃 **Abbazia di San Pietro** (plan A2) : *piazza San Pietro.* ☎ 075-81-23-11. *Tlj 7h30-19h.* Belle, haute et sobre, cette église bénédictine du XIIIe s est dotée de trois nefs supportées par des piliers massifs. Son chœur surélevé au bout d'un plan incliné ascendant, sa coupole et sa pénombre mystique demeurent une invitation à la méditation. Si vous avez traîné vos mouflets durant toute cette journée d'art et de religion, accordez-leur une récompense : à gauche du chœur, belle crèche *(presepio)* permanente, peuplée de santons variés. Des feux brillent dans les foyers et sur les collines, et les gens du cru offrent fromages, saucissons et tartes maison à l'enfant qui est né ! Enfin, l'église est accolée à un monastère dont on peut visiter les souterrains...

🗝 *Pinacoteca Communale – palazzo Vallemani (plan B1) :* via San Francesco, 12. ☎ 075-815-52-34. Tlj (sf lun janv-mars) 10h-13h, 14h30 (14h nov-fév)-19h (18h mars-mai et sept-oct, 17h nov-fév). Entrée : 5 € ; réduc. Billet combiné avec *la Rocca Maggiore et le museo archeologico e Foro romano : 8 € ; réduc.* Installé dans un palais du XVIe s dont on admire les intérieurs (salle des Vices et Vertus, bibliothèque avec ses fresques en trompe l'œil au plafond, et d'autres de style grotesque...), ce petit musée municipal abrite essentiellement une collection de fresques (XIIIe s), réduite mais de tout premier ordre. Celles-ci proviennent de divers édifices de la ville et des environs. Curieuse représentation de *Saint Julien assassinant ses parents,* et gracieuse *Vierge à l'Enfant* du Giotto, inscrite dans une perspective... l'air de rien !

🗝 *Chiesa di San Stefano (plan B2) :* via San Stefano. ☎ 075-81-30-85. Tlj 8h30-21h30 (18h30 sept-mai). Érigée au XIIe s, cette église est l'une des plus charmantes d'Assise, et l'une des rares qui soit demeurée dans son état d'origine. Sa nef unique et sobre et ses fenêtres étroites en forme de meurtrières lui confèrent une atmosphère un rien mystique.

🗝🗝🗝 *Piazza del Comune (plan C2) :* harmonieux mélange de styles, avec le *temple romain de Minerve* (Ier s) transformé en église aux intérieurs baroques bardés de dorures (un bel exemple de recyclage qui a contribué à préserver la façade antique à colonnes), la *Torre del Popolo* (XIIIe s), le *Palazzo del Capitano* (XIIIe s) et le *Palazzo dei Priori* (XIVe s), qui abrite l'hôtel de ville. Ici, sur cette place animée qui représente le cœur d'Assise, se trouvait le forum antique, dont on peut admirer les quelques vestiges au musée ci-dessous.

🗝 *Museo archeologico e Foro romano (Musée archéologique et forum romain ; plan C2) :* via Portica, 2. ☎ 075-815-50-77. Tlj 10h-13h, 14h30 (14h nov-fév)-19h (18h mars-mai et sept-oct, 17h nov-fév). Entrée : 4 € ; réduc. Billet combiné avec *la Rocca Maggiore et la Pinacoteca Communale – palazzo Vallemani : 8 € ; réduc.* Le forum antique se trouve au-dessous de ce qui est aujourd'hui la piazza del Comune. Ce musée est donc une sorte de galerie souterraine permettant d'admirer – sous la place – les vestiges du forum, dont les portes d'accès au fameux temple de Minerve, toujours debout. Également quelques éléments d'architecture mis au jour lors des fouilles *in situ* : morceaux de colonnes, stèles, urnes funéraires, sarcophages, fragments de statues... Un vrai voyage, facilité par des reconstitutions en images de synthèse donnant une bonne idée du site d'origine, avec son temple, bien sûr, mais aussi ses boutiques, sa fontaine, son tribunal...

🗝 *Chiesa Nuova – Santuario casa paterna di San Francesco (plan C2) :* piazza Chiesa Nuova. ☎ 075-81-23-39. Tlj 8h30-12h, 15h-18h (17h nov-mars). Église de la Renaissance, édifiée sur les ruines de la maison natale de saint François grâce à la générosité du roi d'Espagne Philippe III. On y voit la « prison » du saint, espace étroit où il fut reclus par son père, qui n'admettait pas que son fils dilapide son patrimoine en réparant d'humbles chapelles. Dans le chœur, des fresques évoquent le martyre des missionnaires franciscains. Très viandard, tout ça !

🗝 *Oratorio di S. Francesco Piccolino (plan C2) :* à côté de la chiesa Nuova. Selon la tradition, le saint serait né dans cette modeste étable en pierre brute... ça ne vous rappelle pas quelqu'un ?

OMBRIE

🏃🏃 *Basilica di Santa Chiara* (plan C2-3) : piazza Santa Chiara. ☎ 075-81-22-82. *Tlj 6h30-12h, 14h-19h (18h nov-mars).* Sa sobre façade à rosace fut réalisée sur le modèle de la basilica di San Francesco avec, en plus, une alternance de pierres blanches et roses, et un énorme et curieux arc-boutant qui la prolonge. À l'intérieur, se démarquant de l'austérité générale, voici des fresques de l'école de Giotto et d'artistes ombriens (XIIIᵉ-XIVᵉ s). Et ne manquez pas – dans la chapelle à droite en entrant – le crucifix devant lequel saint François priait en 1205, lorsque Dieu s'adressa à lui, lui demandant de réparer son église en ruine. À toute heure, des pèlerins y sont en adoration. Dans la crypte, à côté des quelques reliques de saint François *himself*, on trouve le tombeau de la Santa Chiara, à laquelle cette église est dédiée, ainsi que divers de ses objets personnels. Sainte Claire (1193-1253), très jeune, quitta sa riche famille pour rejoindre l'idéal de pauvreté de saint François. Elle passa sa vie dans la solitude, la prière et la pénitence au sanctuaire de San Damiano...

🏃🏃 *Cattedrale di San Rufino* (plan C2) : piazza San Rufino. ☎ 075-81-22-83. *Lun-ven 7h30-12h30, 14h30-19h (18h nov-mars) ; sam-dim et août 7h30-19h.* Bel exemple d'architecture romane du XIIᵉ s. Sa façade est l'une des plus jolies du pays. Grande finesse des sculptures du portail, de la frise de colonnettes, de la rosace et des lions (dégustant quelques païens, semble-t-il). L'intérieur, baroque quant à lui, est beaucoup plus banal. Sous l'autel, on trouve le sarcophage de San Rufino, premier évêque et martyr d'Assise, mort en 238.
– Sur place, *Museo diocesano* : ☎ 075-81-27-12. ● *museiecclesiastici.it/sanru fino* ● *De mi-mars à mi-oct, tlj sf mer 10h-13h, 15h-18h (10h-18h dim et j. fériés en août) ; de mi-oct à mi-mars, tlj sf mer 10h-13h, 14h30-17h30. Entrée : 3,50 € ; réduc.* Conservez votre ticket pour obtenir une réduc dans les autres musées diocésains (Spoleto, Gubbio...). Belle crypte du XIᵉ s et puits romain au centre des vestiges d'un cloître de style carolingien. Le tout agrémenté d'un sarcophage romain, de fresques des XIIIᵉ-XIVᵉ s, et d'autres œuvres picturales sur le thème de San Rufino et San Francesco.

🏃🏃 🚶 *Rocca Maggiore* (plan C1) : via della Rocca. ☎ 075-815-52-34. *Tlj 10h-20h (19h avr-mai et sept-oct, 16h30 nov-fév, 17h30 mars). Fermeture billetterie 45 mn avt. Entrée : 5,50 € ; réduc. Billet combiné avec le Museo archeologico e Foro romano et la Pinacoteca Communale – palazzo Vallemani : 8 € ; réduc.* Édifiée au XIVᵉ s sur les ruines d'une forteresse de l'empereur Frédéric Barberousse, détruite par un soulèvement populaire en 1198. De la première tour, prendre un très beau passage étroit de 105 m de long (attention aux claustrophobes). Après cela, une dernière grimpette par un escalier de pierre en colimaçon et, là-haut, la récompense : un panorama de toute beauté sur Assise et la campagne ombrienne. En revanche, les grands claustrophobes et les sujets au vertige réfléchiront à deux fois avant de se lancer à l'assaut de la forteresse... dommage pour eux, car ils avaient là l'occasion de visiter enfin un site à Assise sans aucun rapport avec saint François ou l'Église !

Manifestations

Les fêtes religieuses abondent à Assise. Les païens égarés ici se contenteront des Calendes de mai !
– *Semaine sainte :* théâtre le Jeudi saint, processions le Vendredi saint (silencieuse, éclairée par les torches de centaines de fidèles) et le dimanche de Pâques.
– *Festa del Calendimaggio :* 3 j. début mai. Grande fête annuelle, défi entre les deux parties du centre historique (sopra et sotto). La ville se couvre de bannières et la foule se pare de rutilants costumes médiévaux pour s'affronter lors de joutes artistiques et sportives.
– *Processions de la Fête-Dieu* (Corpus Domini) : 9ᵉ dim après Pâques. Certaines rues du quartier Porta Perlici s'habillent d'un immense tapis de fleurs (voir plus loin, à Spello, l'Infiorata).

– **Festa del Voto :** *vers le 22 juin.* Commémoration du miracle de l'Hostie : alors que, le 22 juin 1240, des soldats sarrasins à la solde de l'empereur donnaient l'assaut au couvent de Saint-Damien, sainte Claire les en aurait éloignés en leur montrant l'hostie consacrée.

– **San Francesco Patrono d'Italia :** *début oct.* Célébration solennelle de saint François. Un grand moment de ferveur et de liturgie.

DANS LES ENVIRONS D'ASSISE

Dans les environs proches encore plus qu'à Assise, le tourisme se fait monomaniaque, car il marche sans mollir dans les pas de saint François.

🎗🎗 **Basilica di Santa Maria degli Angeli :** *piazza Porziuncola.* ☎ *075-805-11.* ● *porziuncola. org* ● *À env 4 km au sud d'Assise. Tlj 6h15-12h50, 14h30-19h30, plus 21h-23h juil-sept pour la prière silencieuse. Sam vers 21h15, retraite aux flambeaux.* De très loin, comme émergeant de la plaine verdoyante, on aperçoit cette gigantesque église édifiée

> ### UN SUJET ÉPINEUX
>
> *Par une nuit où saint François était en proie à la tentation (on ne sait pas laquelle...), il se jeta dans les buissons de roses près de sa chapelle. Les épines se détachèrent au contact de sa « sainte peau », et, depuis, la roseraie produit des tiges sans épines...*

au XVᵉ s, mais dont aujourd'hui seuls le dôme et les murs sont encore d'origine. Car le reste s'effondra lors d'un tremblement de terre au XIXᵉ s, et la façade de style néo-Renaissance date des années 1920... Mais le plus étonnant demeure que cette basilique ne fut construite que pour servir d'écrin protecteur – juste sous sa coupole – à la **Porziuncola,** cette mignonne petite chapelle du IVᵉ s, fort modeste, qui abrita saint François durant 3 ans, au début de sa « mission ». À l'intérieur de cette dernière, ne ratez pas le magnifique retable de l'Annonciation, et, à l'extérieur, sur le mur de l'abside, le fragment d'une fresque attribuée au Pérugin : la *Crucifixion...* Autre chapelle sous la protection de l'auguste basilique : la minuscule **cappella del Transito,** où, le 3 octobre 1226, le saint passa de vie à trépas. Vous noterez que, alors que celui-ci voulait mourir en regardant Assise, le peintre, sur une fresque à droite de l'humble édifice, l'a immortalisé le regard tourné vers l'entrée d'une maison proche !

🎗 **Santuario di San Damiano :** *via San Damiano, 85.* ☎ *075-81-22-73.* ● *assisiofm. org* ● *À 1,5 km au sud d'Assise. Tlj 7h-12h, 14h-19h (18h en été).* Le sanctuaire de Saint-Damien (VIIIᵉ-IXᵉ s), planté au beau milieu des cyprès et des oliviers, joua un rôle primordial dans la vie de saint François. En 1205, il s'y arrêta pour prier et, dans la ferveur de ses oraisons, il entendit Dieu lui parlant par l'entremise du crucifix (aujourd'hui une copie ; l'original étant exposé dans la basilica di Santa Chiara – voir plus haut). C'est également ici que saint François élabora la majeure partie du *Cantique des créatures,* expression de son amour de Dieu... Atmosphère étrange dans la chapelle, où la fresque de l'abside domine quelques vieilles stalles en bois. Dans la chapelle à droite de l'entrée, crucifix de l'artiste sicilien Frate Innocenzo da Palermo (1637). Au niveau supérieur, dans le dortoir, nombreux sont ceux qui se recueillent devant l'humble paillasse où sainte Claire – qui fonda ici l'ordre des Clarisses vers 1212 – dormait, jusqu'à sa mort en 1253... Également un mignon petit cloître.

🎗 **Santuario francescano del Sacro Tugurio di Rivotorto :** *via Sacro Tugurio, à Rivotorto.* ☎ *075-806-54-32.* ● *santuariorivotortoassisi.org* ● *À 4,5 km au sud-est d'Assise. Tlj 8h-12h, 14h30-19h.* Encore un imposant monument-coquille abritant l'un des lieux fréquentés par saint François, à savoir un ensemble de deux masures modestes reliées entre elles par un auvent. C'est là que le saint s'installa avec ses premiers compagnons (de 1208 à 1211 environ, mais pas en continu), après avoir

OMBRIE

obtenu l'approbation orale de la Règle par le pape Innocent III. Le galetas *(tugurio)* témoigne de la façon de vivre du groupe de frères, dans la simplicité et la pauvreté. Dans l'une des cahutes, statue de saint François dormant... Et, tout autour de l'église protectrice, des scènes des derniers moments de la vie du Christ sont représentées dans 14 tableaux peints par Cesare Sermei (XVIIᵉ s), malheureusement mal éclairés, ce qui contraste avec la mise en joyeuse des quelques vitraux.

🍴 ***Eremo delle Carceri :*** voir plus loin dans le Parco regionale del Monte Subasio.

➤ ***Sentiero francescano della Pace :*** saint François, chassé d'Assise par son père, alla trouver refuge à Gubbio. Par la suite, le moine itinérant arpenta fréquemment ce *chemin franciscain de la Paix,* que plusieurs générations de pèlerins ont ensuite parcouru, découvrant des paysages parmi les plus représentatifs et les plus beaux d'Ombrie. L'office de tourisme distribue un plan-guide avec la description des étapes. La seule bourgade proposant un choix d'hébergements étant *Valfabbrica,* au tiers du parcours, les bons marcheurs parcourent l'itinéraire (une quarantaine de kilomètres) en 2 jours ; le 1ᵉʳ pour la mise en jambes *(env 4h30)* et le 2ᵈ pour les choses sérieuses *(env 9h)* !

OMBRIE

PARCO REGIONALE DEL MONTE SUBASIO (PARC RÉGIONAL DU MONT SUBASIO)

🍴 Le mont Subasio, de par sa forme caractéristique en dos de tortue, se distingue immédiatement des monts environnants. Culminant à 1 290 m d'altitude, il attire les adeptes du parapente et offre, depuis son plateau sommital dénudé par l'homme au cours des siècles, une vue exceptionnelle sur toute la région. Autour, entre Assise, Spello, Nocera Umbra et Valtopina, le parco regionale del Monte Subasio s'étend sur 74 km² où vivent le loup et le sanglier. À découvrir lors de belles randonnées à pied, à VTT ou à cheval... C'est aussi un endroit très couru pour... le bronzage ! Ne riez pas : quand il fait beau, le plateau est envahi par les chaises longues et les corps s'offrant au soleil. En cas d'indigestion de fresques et de monuments religieux, c'est l'endroit qu'il vous faut !

Où dormir ? Où manger dans les environs ?

De bon marché à prix moyens

🏠 🍴 ***Albergo Il Tartufaro :*** *via Balciano, 18, à* **Valtopina.** ☎ 074-275-00-32. ● *tartufaro@tartufaro.it* ● *tartufaro.it* ● ♿ *À env 12 km au nord de Foligno. Resto tlj sf mar. Doubles 50-80 €, petit déj inclus. Repas 20-25 €.* 📶 Une auberge de campagne à flanc de colline, avec de belles chambres, toutes simples, dans une totale tranquillité et avec piscine pour barboter. Quant au resto, il suffit de voir le parking un dimanche midi pour comprendre que l'adresse est bien connue localement ! Accueil souriant.

🏠 🍴 ***Agriturismo Il Castello :*** *fraz.* ***Costa di Trex,*** *24, à Assisi.* ☎ 075-81-36-83. 📠 333-328-22-25. ● *info@agriturismoilcastello.com* ● *agriturismoilcastello.com* ● ♿ *À env 4 km à l'est d'Assise par la SS 444, direction Gualdo Tadino (panneau à droite). Double env 65 €, petit déj compris. ½ pens possible. Menu 16 €.* 📶 Perdues dans un hameau de campagne, voici des chambres spacieuses, propres et assez confortables, aménagées dans une ferme rénovée dominant de belles collines. Préférez celles avec vue sur la vallée. Terrasse ombragée. Côté fourneaux, cuisine qui fait la part belle aux produits frais de l'*azienda agricola* (huile d'olive, agneau...) ou de la région (soupe d'épeautre, tagliatelles au sanglier...). Accueil aimable et discret.

🏠 **Agriturismo La Contessa :** *loc. Madonna dei Tre Fossi,* 47 c, Costa di Trex, à Assisi. ☎ 075-80-23-09. ● *lacontessa.assisi@tiscali.it* ● *lacontessaassisi.it* ● À env 10 km au nordest d'Assise par la SS 444, direction Gualdo Tadino, puis à droite au niveau de Piano delle Pieve (panneau) ; 4 km de petite route (portail de gauche). Doubles 70-90 €, petit déj compris ; apparts (2-4 pers) 490-1 350 €/sem selon taille et saison. Menus 15-25 €, boisson comprise. Perchées sur une colline en pleine nature, ces quelques maisons aux murs en pierre brute abritent de jolies chambres et des appartements tout confort. Piscine. Départ de sentiers, avec de beaux coins pour piqueniquer. Repas 100 % bio et 100 % maison, avec de la viande d'agneau, de veau et de porc élevés en liberté. Accueil simple et sympa. Une bonne adresse, côté nature et découverte.

🏠 ▮❙▮ **Agriturismo La Tavola dei Cavalieri :** *fraz. Santa Maria di Lignano,* 104, à **Assisi.** ☎ 800-17-56-50 (nº Vert). ● *latavolaborgo@gmail.com* ● *cavalieri.mobi* ● À env 13 km au nordest d'Assise par la SS 444, direction Gualdo Tadino, puis à droite au niveau de Piano delle Pieve (panneau) ; 7,5 km de petite route. Doubles 80-130 € selon confort et saison, petit déj compris. Menus 30-40 €. Une adresse de charme, classe sans prendre de grands airs, dans un endroit perdu en pleine nature, au départ de sentiers et avec vue sur le Subasio. Une douzaine de superbes chambres chaleureuses, confortables et décorées avec goût dans un style rustico-chic. Piscine avec petit bain et cascade. Cuisine à base des bons produits frais de la ferme (légumes de saison, pâtes maison, viandes d'agneau, de cochon...), y compris le vin et la bière élaborée d'après une recette trouvée dans les vieux manuscrits d'un ancien monastère. Accueil pro et souriant.

▮❙▮ **Da Giovannino :** *loc.* **Ponte Grande di Assisi,** 89 a, à Assisi. ☎ 075-81-36-98. ● *info@ristorantedagiovanninoassisi.it* ● À env 5 km à l'est d'Assise, au bord de la SS 444, direction Gualdo Tadino. Tlj sf lun. Plats 5-14 €. 📶 Le fameux *Giovannino* – authentique resto-bar de pays – adore la bonne chère et vous la fait partager dans des proportions pantagruéliques ! Pâtes fraîches et *tosta al testo* pas chères du tout. On s'est aussi régalés des viandes bien goûteuses dans une salle simple mais soignée. Également une terrasse couverte sur route.

OMBRIE

À voir. À faire

➤ Le mont lui-même est parcouru par une piste parfaitement carrossable que nous vous conseillons de parcourir d'Assise vers Spello.

🥾 **Eremo delle Carceri :** via Eremo delle Carceri, 38. ☎ 075-81-23-01. ● *eremocarceri.it* ● À env 4 km au sud-est d'Assise. Tlj 6h30-19h (18h nov-mars). Fermeture 30 mn avt. L'ermitage, qui attire de nombreux pèlerins dont beaucoup en robe de bure, est accroché à la montagne, à 800 m d'altitude, au milieu d'une belle forêt touffue. C'est ici que saint François se retira pour méditer, après avoir entendu la parole de Dieu. Lui et ses frères s'y retrouvaient et y dormaient dans l'humilité la plus totale. On peut voir leurs cellules *(carceri)* et explorer le cœur du sanctuaire, agencé façon labyrinthe aux portes étroites. Les alentours de l'ermitage sont parcourus de quelques sentiers offrant d'agréables balades avec vue formidable sur la plaine. Parfois, au couchant, lorsque la lumière devient féerique, on peut, tel saint François, se sentir débordé d'amour pour la nature ombrienne !

🥾🥾🥾 **Monte Subasio :** la route panoramique (une piste sur une large partie, mais en très bon état) qui relie l'eremo delle Carceri au village de **Collepino,** près de Spello, traverse les croupes dénudées du Subasio. Allant tantôt le long de la vallée ombrienne, qu'elle domine de près de 900 m, tantôt de l'autre côté, elle offre des vues réellement époustouflantes sur toute la région, en particulier sur les Apennins. Ces paysages, d'une sérénité incomparable, aident à comprendre pourquoi ces terres ont vu naître tant de personnages mystiques. Cette route peut se parcourir en voiture, à VTT ou à pied. Dans les deux derniers cas, assurez-vous qu'une distance de 20 km, pimentée par près de 1 000 m de dénivelée vers le haut puis vers le bas, ne vous fait pas peur, sans parler de l'absence d'ombre !

SPELLO (06038) 8 710 hab.

● Plan *p. 469*

À quelques kilomètres au nord de Foligno, la coquette bourgade de Spello, bâtie comme Assise sur les contreforts du mont Subasio, s'appelait *Iula Hispellum* sous les Romains. Elle subit l'invasion d'Attila et de Totila avant de tomber aux mains des Longobards. Au cours du XIIe s, Spello obtint enfin son statut de commune libre. Aujourd'hui, elle est une alternative calme aux foules d'Assise et un lieu de séjour

PAS DE PRÉCIPITATION...

Le bienheureux Andrea Caccioli, l'un des premiers disciples de saint François, est né à Spello. Il est devenu célèbre en faisant – par la seule force de la prière – tomber la pluie dans une région où régnait la sécheresse, puis apparaître une source dans un couvent de clarisses ! Il eut aussi le privilège, dit-on, de serrer contre lui l'Enfant Jésus, apparu avec une armée d'anges.

idéal. Ses vieilles ruelles grimpent autour des monuments plantés au flanc de sa colline, d'où l'on aperçoit la belle vallée ombrienne entourée d'autres hauteurs plantées d'oliviers. Les routards, amateurs du Pinturicchio ou non, trouveront ici matière à enchantement, et profiteront de cette sérénité propre à l'Ombrie.

Arriver – Quitter

En train

🚆 **Stazione** (gare ; hors plan par B3) : via Marconi. ☎ 89-20-21 (n° Vert). ● trenitalia.it ● Dans la vallée, à 5 mn à pied de la Porta Consolare.
➢ **Perugia** (Fontivegge ; 50 mn), **Assisi** (10 mn) **et Foligno** (10 mn) : 10-20 directs/j.
➢ **Trevi** (15 mn), **Spoleto** (25 mn), **Terni** (1h) **et Narni-Amelia** (1h10) : 3-7 directs/j. et d'autres avec changement à Foligno.
➢ **Roma** (Termini ; 2h10) : env 6 directs/j. et d'autres avec changement à Foligno.
➢ **Firenze** (S. M. Novella ; 2h40) : env

8 directs/j. et d'autres avec changement à Terontola-Cortona.

En bus

🚌 **Arrêts des bus** (fermate) : piazza della Repubblica (plan B2) et via Centrale Umbra (plan B3). Infos : **Umbria Mobilità,** ☎ 800-512-141 (n° Vert). ● umbriamobilita.it ●
➢ **Assisi** (30 mn) : env 10 bus/j. sf dim au départ de la via Centrale Umbra (plan B3).
➢ **Foligno** (15 mn) : env 10 bus/j. sf dim au départ de la piazza della Repubblica (plan B2). À Foligno, changements pour Bevagna, Montefalco, Trevi, Spoleto...

Circulation et stationnement

🅿 La circulation automobile est difficile et déconseillée dans l'enceinte de

la vieille ville, qui se découvre volontiers à pied. Ceux qui y logent doivent

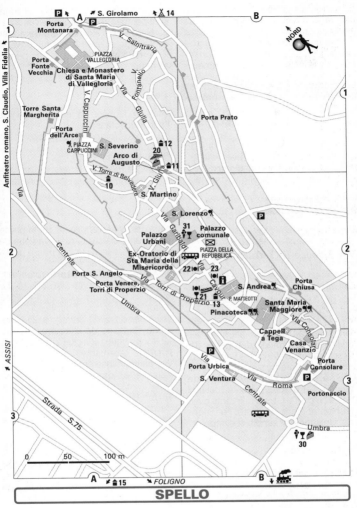

SPELLO

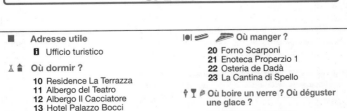

■ **Adresse utile**

🛈 Ufficio turistico

☒ 🏠 **Où dormir ?**

10 Residence La Terrazza
11 Albergo del Teatro
12 Albergo Il Cacciatore
13 Hotel Palazzo Bocci
14 Campeggio Subasio
15 Agriturismo Torre Quadrana

|●| 🍽 🍕 **Où manger ?**

20 Forno Scarponi
21 Enoteca Properzio 1
22 Osteria de Dadà
23 La Cantina di Spello

🍸 🍷 🍦 **Où boire un verre ? Où déguster une glace ?**

30 Il Giardino di Spello
31 Bar Giardino

demander à leur hôtel un *pass* de stationnement. Sinon, on trouve plusieurs parkings gratuits autour des murailles du *centro storico*, vers les vieilles portes de la ville. Celui de la **Porta Consolare** est le plus près des monuments principaux, mais les rues qui y mènent sont pentues. Au contraire, les parkings du Nord – vers **Porta Montanara** – en sont éloignés, mais la rue qui traverse le centre historique est moins pentue au retour.

Adresses et infos utiles

🛈 **Ufficio turistico** (plan B2) : piazza Matteotti, 3. ☎ 074-230-10-09. ● prospello.it ● Jeu-dim 10h-12h, 15h30-17h30 (sam ap-m slt). Plan de la ville avec liste des hébergements, restos et monuments principaux. Vend aussi un guide de Spello en français.

Infos randonnées pédestres le long de l'aqueduc romain...
✉ **Poste** (plan B2) : piazza della Repubblica. Tlj sf sam ap-m et dim.
▪ **Taxis :** 🗋 334-570-42-18.
– **Marché** (plan B3) : mer mat, via Martin Luther King, vers la Porta Consolare.

Où dormir ?

Bon marché

🛏 **Residence La Terrazza** (plan A2, **10**) : via Torre di Belvedere, 37. ☎ 074-265-11-84. ● info@laterrazzadispello. it ● laterrazzadispello.it ● Double 50 €, petit déj 5 € ; appart 4 pers 100 €. *Parking.* Accueil chaleureux, authentique et pétulant de la proprio, une charmante *mamma* qui prend plaisir à vous servir le plus copieux des petits déj maison, dans le jardin où l'on profite d'un beau panorama sur la campagne. À dispo, une bonne quinzaine de chambres et d'appartements rutilants et de bon confort, tous différents avec meubles anciens ou plutôt fonctionnels. Une adresse simple et sympa.

Prix moyens

🛏 **Albergo del Teatro** (plan A1, **11**) : via Giulia, 24. ☎ 074-230-11-40. ● info@ hoteldelteatro.it ● hoteldelteatro.it ● Ouv avr-nov. Doubles 85-95 € selon saison, petit déj compris. Parking gratuit. 🛜 Une dizaine de chambres spacieuses, sobres et soignées. Tout confort, avec parquet ou poutres pour certaines. Vue plongeante sur la plaine verdoyante ou sur la ruelle, à vous de voir. Petit déj servi sur la terrasse panoramique. Accueil agréable.

🛏 **Albergo Il Cacciatore** (plan A1, **12**) : via Giulia, 42. ☎ 074-230-16-03. ● info@ilcacciatorehotel.com ● ilcac ciatorehotel.com ● Doubles 75-90 € selon saison, petit déj compris. Hôtel d'une vingtaine de chambres confortables, pratiques et nickel à défaut d'être vraiment charmantes. Certaines avec vue panoramique époustouflante sur la vallée verte, nos préférées. Agréable terrasse avec la même vue pour le petit déj.

🛏 **Hotel Palazzo Bocci** (plan B2, **13**) : via Cavour, 17. ☎ 074-230-10-21. ● info@ palazzobocci.com ● palazzobocci.com ● Congés : janv-fév. Doubles 90-130 € selon confort et saison, petit déj inclus. Parking. 🛜 Apéritif maison offert sur présentation de ce guide. Vous recherchez du rêve et du charme ? Voici un palais du XVIIIe s avec ses fresques et son mignon jardin méditerranéen suspendu. Une vingtaine de chambres confortables et toutes différentes, avec de beaux volumes et parfois le charme des fresques et des voûtes originales. Accueil gentil et pro.

Où dormir dans les environs ?

Camping

⛺ **Campeggio Subasio** (hors plan par A1, **14**) : via del Campeggio, loc. La Sportella, à Spello. ☎ 075-801-06-55. 🗋 347-539-74-95. ● info@ campeggiosubasio.com ● À 6 km au nord de Spello. Ouv de juin à mi-sept.

Compter 25 € pour 2 pers avec tente et voiture. Un beau petit camping de montagne tout en terrasses pour se la couler douce en pleine nature, sous les pins ! Simple, mais tout est là : douches chaudes, BBQ, bar, mini-*market,* et même des tables de pique-nique.

Bon marché

⌂ *Agriturismo Torre Quadrana (hors plan par A3, 15) :* via Limiti, 39. ☎ 333-294-59-87. ● *torrequ@tiscali.it* ● *agriturismotorrequadrana.com* ● À env 5 km à l'ouest de Spello, direction Cannara, face à la tour du même nom. *Double 55 €, petit déj compris. Table d'hôtes 20 €. Parking gratuit.* Dans la plaine agricole, au beau milieu des champs, cet *agriturismo* familial propose 7 chambres nickel et de bon confort, réparties dans la grande maison principale ou dans une dépendance rustique assez charmante, avec terrasse privée. Jardin et sa grande piscine. Menu mitonné avec les bons ingrédients frais de la ferme, et servi dans une salle décorée de vieux outils agricoles. Accueil chaleureux.

Où manger ?

Sur le pouce

🥖 *Forno Scarponi (plan A1, 20) :* via Giulia, 43. Tlj sf dim. *Moins de 5 €.* Toute petite boulangerie réalisant aussi des parts de pizzas et autres petits gâteaux secs traditionnels, à engloutir en explorant le *centro storico.* Une adresse de qualité très locale.

De très bon marché à bon marché

|●| 🥖 ☎ *Enoteca Properzio 1 (plan B2, 21) :* via Torri di Properzio, 8 a. ☎ 074-230-16-88. ● *properzio@enoteche.it* ● Tlj 12h-minuit. *Panino 8 €, plat 10 €, verre de vin compris.* Petite cave à vins fraîche et voûtée à la déco contemporaine qui se fond à merveille parmi les vieilles pierres apparentes. Dans l'assiette, des bricoles simples mais hautes en saveur ! *Bruschette,* assiettes de charcuterie-fromage, soupes, sans oublier les délicieux *panini* réalisés avec de bons produits sélectionnés avec soin. Une bonne adresse pour s'initier aux vins régionaux et même en acheter.

|●| *Osteria de Dadà (plan B2, 22) :* via Cavour, 47. ☎ 074-230-13-27. Tlj sf dim soir. *Menus 12-20 € ; plats 8-12 €.* Une demi-douzaine de tables, tout au plus, déco de bric et de broc, vieilles poutres et ambiance à la bonne franquette. Pour une expérience culinaire vraiment sympa, laissez-vous tenter par les plats du jour. Des assiettes froides ou chaudes sont aussi proposées comme plat unique. Une adresse incontournable pour ne pas se ruiner. On recommande !

De prix moyens à chic

|●| *La Cantina di Spello (plan B2, 23) :* via Cavour, 2. ☎ 074-265-17-75. ● *info@lacantinadispello.com* ● Tlj sf lun. *Plats 8-18 € ; repas 25-40 €.* Superbes salles avec voûtes en brique et luminaires originaux. Ici, on sert même l'eau de Spello, plate ou gazeuse, gratuitement incluse avec le couvert. Côté fourneaux, savoureuses spécialités régionales bien maîtrisées et mitonnées avec de bons ingrédients de saison, triés sur le volet. Accueil dynamique et sympa. C'est sûr, on reviendra !

Où boire un verre ? Où déguster une glace ?

♥ ☎ 🥖 *Il Giardino di Spello (plan B3, 30) :* via Centrale Umbria, 36. ☎ 074-245-92-41. ● *vincenzorici@tiscali.it* ● Tlj sf lun 7h-1h. Dans la ville basse, à l'écart du flux touristique mais à deux pas de la Porta Consolare, ce bar-*pasticceria-gelateria* sert les meilleures glaces de la ville, généreuses, aux parfums classiques et de saison. Également quelques tables dans une déco moderne avec la TV pour prendre un café tranquillou et dévorer quelques

OMBRIE

bonnes pâtisseries. Une adresse d'habitués.

🍸 ♟ *Bar Giardino* *(plan B2, 31)* : *via Garibaldi, 10. Tlj sf mer 7h-23h. Gelateria et snack sur une immense terrasse bien ombragée avec une vue* plongeante sur la campagne et les collines proches. Idéal pour poser une fesse, un cornet de glace ou un café à la main. Également quelques bricoles à grignoter : planche de charcuterie-fromage, *bruschetta, torta al testo...*

À voir

Pour entrer dans Spello, il faut franchir l'une de ses portes fortifiées d'origine romaine, dont la plus emblématique demeure certainement la **Porta Consolare** *(plan B3)* avec ses trois arches surmontées de statues (Iᵉʳ s av J.-C.). Ensuite, cette petite ville fortifiée livre des ruelles médiévales pleines de charme. L'idéal est donc de les arpenter de long en large pour mieux s'imprégner de la belle atmosphère des lieux.

🏃🏃 *Chiesa Santa Maria Maggiore* *(plan B2)* : *piazza Matteotti.* ● *smariamag giore.com* ● *Tlj 8h30-12h30, 15h-19h (18h nov-mars).* En 1600, il y avait à Spello 2 000 habitants pour 100 églises, dont 22 consacrées à la Vierge ! La plus importante – Santa Maria Maggiore – célébrait alors tous les événements de la vie de Marie... On n'y entre vraiment que pour ses éblouissantes fresques peintes en 1500 par le Pinturicchio, qui se trouvent à gauche en entrant, dans la *cappella Baglioni (entrée : 2 €).* Elles représentent l'Annonciation, la Nativité et la Dispute du Temple. Les tons vifs et les visages expressifs des personnages tranchent avec ce que d'aucuns appellent « la mièvrerie du Pérugin ». On sait que les deux peintres travaillèrent ensemble dans l'atelier du Pérugin, et les historiens d'art parlent d'une complémentarité plutôt que d'une rivalité. Cependant, cette chapelle peut être interprétée comme une réponse aux fresques du *Nobile Collegio del Cambio* (guilde du change) à Perugia, que le Pérugin avait terminées quelques mois auparavant... Ici, il s'agit sans doute de l'une des plus belles réalisations du Pinturicchio, qui, certain de son succès, a même glissé son autoportrait dans un tableau accroché chez Marie, dans la scène de l'Annonciation ! Son grand sens de la décoration et de l'ornementation lui permet de recentrer la scène picturale, fragmentée en petits épisodes... Le Pérugin a signé, quant à lui, les fresques de la *Pietà* et de *La Madonna col Bambino*, situées dans le chœur de cette église, de part et d'autre du baldaquin.

🏃🏃 *Pinacoteca comunale* *(plan B2)* : *piazza Matteotti.* ☎ *074-230-14-97.* ● *siste mamuseo.it* ● ♿ *Avr-sept, tlj sf lun 10h30-13h, 15h-18h30 ; fév-mars et oct-nov, vendim 10h30-12h30, 15h-17h ; déc-janv, tlj sf lun 10h30-12h30, 15h-17h. Entrée : 4 € ; réduc.* L'œuvre maîtresse de ce petit musée est une *Madonna col Bambino* à l'histoire assez rocambolesque. Volée il y a plus de 35 ans en Allemagne et retrouvée fin 2004, on crut longtemps que son auteur était le Pinturicchio. Mais, une fois l'œuvre rentrée au bercail, des études ont révélé qu'elle était d'un certain Andrea d'Assisi detto l'Ingegno. Face à la Madone – enchâssée dans son triptyque originel aux couleurs orangées pas banales –, on peut voir la reproduction en noir et blanc qui fut exposée en son absence. Et, pour continuer dans les histoires curieuses, on admire aussi la statue de bois polychrome d'une *Madone à l'Enfant* du XIIIᵉ s, dont on a dérobé le « gamin » en juin 2008 ! L'avis de recherche est lancé ! Également une *Pietà* du XVIᵉ s, et encore diverses œuvres religieuses d'artistes locaux des XVIᵉ-XVIIIᵉ s.

🏃 *Chiesa di Sant'Andrea* *(plan B2)* : *via Cavour. Horaires variables (se renseigner).* Cette église du XIᵉ s, sanctuaire franciscain à croix latine et à nef unique, abrite encore d'autres œuvres du Pinturicchio, notamment un grand tableau représentant une Vierge à l'Enfant. À gauche en entrant, dans la chapelle du baptistère, fresque de l'école de Foligno.

🏃 *Chiesa di San Lorenzo* *(plan A-B2)* : *via Garibaldi.* Église à l'intérieur baroque plus ou moins réussi. Le baldaquin est une réplique de celui que le Bernin conçut pour Saint-Pierre de Rome.

🪓 *Piazza Cappuccini (plan A1) :* conduite au sommet de la colline, là même où se trouvait l'*acropole antique*. Il en reste quelques vestiges, dont un petit arc romain qui en gardait jadis l'entrée. Mais l'intérêt de cette grimpette réside davantage dans la vue sur les collines et la vallée du Topino qu'offre la place. Puisque vous êtes parvenu au sommet de la ville, il ne vous reste plus qu'à entamer la descente par l'autre côté du tertre...

Manifestations

– *Via Crucis d'autore :* *Vendredi saint.* Des peintres contemporains interprètent la thématique religieuse et exposent dans toute la ville.
– *Infiorata di Spello :* *40 j. après Pâques, le j. de la Fête-Dieu.* Spectacle haut en couleur, drainant une foule considérable. Pour profiter au mieux de la fête, préparez-vous à une nuit blanche ! Arrivez dans la soirée et observez les artistes à l'œuvre. Chaque groupe travaille à la constitution de son tableau : certains préparent les pétales, d'autres les broient ou les effilent, et les plus virtuoses composent les tableaux. L'inspiration est libre : scènes bibliques, motifs géométriques, allégories, symboles religieux. Puis, très tôt le matin, presque seul dans les ruelles, parcourez le trajet de la procession en vous extasiant sur cette beauté éphémère que va fouler la procession.
– *Fête de l'Olive et de la Bruschetta :* *1re sem de déc.*

OMBRIE

FOLIGNO   (06034)   57 200 hab.

Carrefour entre les mers Adriatique et Tyrrhénienne, Foligno s'est trouvée très tôt des dispositions pour le commerce et l'artisanat. Aujourd'hui encore, même si son *centro storico* n'est pas dénué d'intérêt – un beau musée, une belle église, et une vie assez authentique –, elle demeure un pôle commercial et industriel qui est loin d'avoir le charme des autres villes de la vallée.

Arriver – Quitter

En train

🚆 *Stazione (gare) :* viale Mezzetti. ☎ 89-20-21 *(n° Vert).* ● trenitalia.it ● Pour rejoindre le centre-ville : 15 mn à pied en remontant le viale Mezzetti puis, à droite, le corso Cavour.
➤ *Spello (10 mn)*, *Assisi (20 mn) et Perugia (45 mn) :* 10-20 directs/j.
➤ *Trevi (10 mn)*, *Spoleto (20 mn)*, *Terni (45 mn) et Narni-Amelia (1h) :* 6-17 directs/j.
➤ *Roma (Termini ; 2h) :* env 13 directs/j.
➤ *Firenze (S. M. Novella ; 2h45) :* env 6 directs/j. et d'autres avec changement à Terontola-Cortona.

En bus

🚌 *Arrêt des bus (fermata) :* viale Mezzetti, devant la Stazione FS. Infos : **Umbria Mobilità,** ☎ 800-512-141 *(n° Vert).* ● umbriamobilita.it ● Achat des tickets de bus dans les kiosques de la gare ferroviaire.
➤ *Spello (15 mn) et Assisi (45 mn) :* env 10 bus/j. sf dim.
➤ *Perugia (50 mn) et Spoleto (50 mn) :* env 5 bus/j. sf dim.
➤ *Bevagna (20 mn) et Montefalco (30 mn) :* env 7 bus/j. sf dim.
➤ *Trevi (20 mn) :* env 8 bus/j. sf dim.

Circulation et stationnement

🅿 On déconseille d'entrer en voiture à l'intérieur du *centro storico*, classé | ZTL *(Zona Traffico Limitado)* et ouvert aux seuls véhicules autorisés. Sinon, les amendes pleuvent, par le biais des caméras de surveillance ! Le mieux est donc d'utiliser les *parkings gratuits de l'area Plateatico,* au sud-ouest immédiat du vieux centre, ou, plus proches des centres d'intérêts, les *parkings payants* (env 1 €/h) de Porta Romana, juste à côté de l'office de tourisme.

Adresses et info utiles

🛈 *Ufficio turistico :* corso Cavour, 126. ☎ 074-235-44-59. ● comune. foligno.pg.it ● *Dans une des principales artères du centre historique, proche de la gare ferroviaire et tt près de la Porta Romana. Tlj sf sam-dim 9h-13h, 15h-19h.* Plan de la ville et une foule d'infos sur les villages de la Valle Umbria (brochure en français) : sites historiques, loisirs verts, agenda culturel, routes des Vins et de l'Huile d'olive... Accueil enthousiaste et charmant en français.

✉ *Poste :* via G. Piermarini. De la Porta Romana, c'est la 3e à droite dans le corso Cavour. Tlj sf sam ap-m et dim.

– *Marché :* mar mat et sam mat, autour du Parco dei Canape, juste au sud du centro storico.

Où dormir ?

Bon marché

🏠 *Casa Beata Angelina :* via N. Alunno, 31. ☎ 074-234-26-88. ● info@casa beatangelina.it ● casabeatangelina.it ● *À 10 mn à pied de la gare. Dans une rue perpendiculaire à la via Umberto I. Double 60 €, petit déj inclus. Parking gratuit.* Monastère tenu par des sœurs clarisses, dont l'ensemble des bâtiments et plus particulièrement le cloître valent le coup d'œil. Chambres impeccables. Un bel endroit, mais, revers de la (sainte) médaille : fermeture des portes à 23h !

Prix moyens

🏠 ❙●❙ *Hotel Italia :* piazza Matteotti, 12. ☎ 074-235-04-12. ● info@hote litaliafoligno.com ● hotelitaliafoligno. com ● ♿ *Doubles 75-90 € selon saison, petit déj compris. ½ pens possible. Au resto, menus 18-25 €, plats 9-16 €. Parking.* 🖥 🛜 *Café ou digestif offert sur présentation de ce guide.* Une quarantaine de chambres tout confort. Certaines romantiques à souhait, avec voûtes et fresques, d'autres sobres, classiques et spacieuses, et quelques-unes encore d'allure moderne un peu lourdingue. Attenant, resto *Via del Forno,* au cadre élégant, sous de vénérables petites voûtes. Cuisine du cru savoureuse et d'un rapport qualité-prix honnête. Une adresse de qualité pour un accueil tout gentil.

Où manger ? Où déguster une glace ?
Où boire un verre ?

🚄 🍴 ☕ *Vapoforno :* piazza San Domenico, 10 a. 📱 389-127-30-44. ● vapoforno@yahoo.it ● *Ouv tlj.* Une petite boulangerie-pâtisserie concoctant de bonnes parts de pizzas et *focaccia,* en plus des classiques petits gâteaux secs traditionnels. À dévorer en terrasse aux beaux jours, accompagnés d'un café.

❙●❙ *Il Cavaliere :* via XX Settembre, 39. ☎ 074-235-06-08. ● ristoranteilcava liere.foligno@gmail.com ● *Dans une rue débouchant sur la piazza della Repubblica. Tlj sf lun. Plats 9-15 € ; repas env 30 €.* La bonne table de Foligno s'ouvre sur plusieurs salles élégantes et voûtées, aux murs parsemés de toiles contemporaines colorées. Les classiques ombriens figurent à la carte, avec un supplément pour les truffes. Également des pâtes maison pour les fauchés. Bon rapport qualité-prix. On s'est régalés !

🍺 ☕ *Central Bar :* piazza della Repubblica, 3/6. ☎ 074-235-03-21. ● gio-p42@libero.it ● *Tlj 6h30-minuit.* En été, une grande terrasse devant le Duomo pour une agréable pause café.

🍦 *Gelateria Le 4 Bonta :* via Mazzini, 92/94. 📱 333-727-11-11. ● gio-p42@

libero.it ● *Tlj 10h-minuit.* Les meilleures glaces artisanales de Foligno se lèchent ici ! Parfums aux fruits de saison ou saveurs classiques, à vous de choisir.

À voir

⚷ Duomo di San Feliciano : *piazza della Repubblica. Tlj 7h-12h30, 16h-19h.* Construite au XIIIe s, cette cathédrale a subi maintes modifications qui lui donnent un aspect composite intéressant et lui valent une caractéristique inhabituelle : elle possède deux façades, une pour la nef et une latérale, pour le transept gauche. Cette dernière – de style roman – a été sauvegardée : elle est splendide, avec son portail ouvragé, ses fenêtres à fines colonnettes et ses trois rosaces délicates, le tout ciselé dans des pierres blanches et roses. Les dernières transformations du Duomo datent de 1734 et de 1808, ce qui explique la déco intérieure combinant les styles néoclassique et baroque avec – au-dessus du maître-autel – un baldaquin monumental rappelant celui de Saint-Pierre de Rome.

⚷⚷ Museo della Città – Palazzo Trinci : *piazza della Repubblica, 25.* ☎ 074-233-05-84. ♿ *Tlj sf lun 10h-13h, 15h-19h. Entrée : 6 € ; réduc. Feuillet explicatif en français.*
La visite vaut surtout pour le palais lui-même, construit par les Trinci – seigneurs guelfes tenant Foligno entre 1305 et 1439 – avec le souci d'affirmer leur puissance. Il recèle de nombreuses fresques de style gothique flamboyant. D'abord, dans la *loggia,* une belle représentation du mythe de Romulus et Remus. De là, jetez un coup d'œil au superbe escalier gothique, l'ancienne entrée du palais, aux fresques géométriques. Ensuite, effets de perspective saisissants dans une *chapelle* peinte par Ottaviano Nelli. Puis la *camera delle rose* représente les arts libéraux, les planètes et les âges de la vie. Sans oublier les fresques du corridor, soutenu par une arcade menant au Duomo. Notez-y les expressions des visages, particulièrement intenses. Le sujet est délibérément emprunté à la culture française du roman courtois, afin de révéler la culture internationale des Trinci. Signe de la mégalomanie des maîtres de céans, la *salla dei Imperatori* lie la famille Trinci aux grandes figures de l'histoire : l'empereur Auguste (le seul personnage assis) ou Scipion l'Africain. Enfin, jetez un coup d'œil au magnifique plafond à caissons en bois de la *salle du pape Sixte IV...*
Ce formidable palais abrite aussi le *Musée municipal de Foligno,* aux collections bien mises en valeur malgré leur intérêt secondaire. Une *section archéologique* regroupe céramiques funéraires, petits bronzes, éléments d'architecture (stèles, statues, bas-reliefs de sarcophage...) des périodes umbri et romaine (du VIe s av. J.-C. au IIIe s). Également une *pinacoteca* avec des peintures de l'école de Foligno (XIVe et XVIe s), essentiellement des fresques provenant des églises de la ville, et quelques œuvres de Nicolò di Liberatore (dit l'Alunno), artiste le plus important du cru.
Enfin, le *museo multimediale dei Torni, delle Giostre e dei Giochi* (musée multimédia des Tournois, des Joutes et des Jeux) expose divers objets sur ce thème cher à Foligno (voir la *Giostra de la Quintana* dans « Manifestations »), ainsi que des mannequins richement vêtus, dont certains à cheval.

Manifestations

– Giostra de la Quintana *(Joute de la Quaintaine) :* juin et sept. ● quintana.it ●
Fête s'inspirant d'un concours hippique datant du XVe s, précédée, la veille, d'un cortège de 600 personnes costumées défilant dans les rues. La joute entre les 10 quartiers de la ville fut codifiée en 1613 : les cavaliers au galop doivent enfiler sur leur lance trois anneaux de plus en plus petits suspendus à la main d'un guerrier en bois représentant le dieu Mars, la *Quintana.* Une bonne occasion de faire la fête en costume d'époque, et surtout de ripailler ! Une semaine après a lieu la

Giostra della Quintanella, même fête déclinée pour les enfants, où les chevaux sont remplacés par des vélos !

– *Notte Barocca* : fin août-fin sept. ● *folignocity.com* ● Musique baroque, danse et théâtre.

– *I Primi d'Italia* : fin sept ou début oct. ● *iprimiditalia.it* ● Réunion de grands chefs autour des recettes les plus extravagantes, dites « d'auteur », pour agrémenter les *primi* : pâtes, riz, polenta... Cours de cuisine au programme.

DANS LES ENVIRONS DE FOLIGNO

🕏 *Abbazia di Santa Croce in Sassovivo* : *via Sassovivo.* ☎ *074-235-06-20. À 4 km à l'est de Foligno. Tlj 8h30-19h30.* Fondée au XIe s sur un versant verdoyant du mont Serrone, dominant la vallée du torrent Renaro, cette ancienne abbaye vaut le détour pour son adorable et élégant cloître du XIIIe s, avec puits central et cerné de 128 colonnettes, réplique exacte du cloître de l'abbaye Santi Quattro Coronati à Rome, dont dépendait alors Sassovivo... Fermée par Pie VII, l'abbaye rouvrit dans les années 1950 avec une communauté de moines bénédictins fuyant le régime communiste de Prague. Ils occupent toujours les lieux...

BEVAGNA   (06031)   5 160 hab.

● Plan *p. 477*

À 8 km au sud-ouest de Foligno, au milieu d'une plaine verdoyante, **COUP DE CŒUR** pour Bevagna, petite bourgade qui cache son charme médiéval derrière ses vieilles murailles ! Rien n'aura été épargné à l'antique *Mevania,* construite le long de la via Flaminia : ni les invasions des Goths et des Lombards, ni les exactions des troupes papales et impériales, ni les pillages orchestrés par les ambitieux Trinci de Foligno et les veules Baglioni de Perugia, ni, enfin, le tremblement de terre de 1997 qui endommagea quelques monuments aujourd'hui restaurés. La bourgade mérite un détour dans votre périple en Ombrie pour goûter l'atmosphère, ô combien agréable, de la place Filippo Silvestri, véritable cœur de la cité depuis le XIIe s.

Arriver – Quitter

En bus

🚌 *Arrêt des bus* (fermata ; plan A2) : *piazza Gramsci. Infos : Umbria*

Mobilità, ☎ *800-512-141 (n° Vert).* ● *umbriamobilita.it* ●
➢ *Foligno* (20 mn) et *Montefalco* (20 mn) : env 7 bus/j. sf dim.

Circulation et stationnement

🅿 Les ruelles médiévales de Bevagna ne s'explorent qu'à pied. L'accès en voiture n'a donc aucun intérêt ; il n'est de plus réservé qu'aux seuls habitants. On trouve facilement une place dans

les *3 grands parkings gratuits* aux entrées du *centro storico* : devant *Porta Guelfa* (plan A1), *Porta Cannara* (plan B1) et *Porta Todi* (plan B2).

Adresse utile

ℹ *Ufficio turistico* (plan A1-2) : *piazza Filippo Silvestri, 1.* ☎ *074-236-16-67.*

● *prolocobevagna.it* ● Avr-déc, tlj sf lun 10h-13h, 15h-18h ; janv-mars, ven-sam

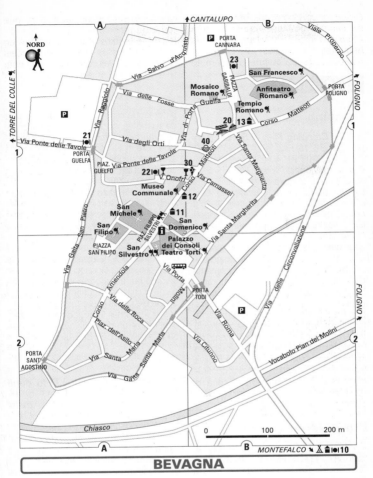

BEVAGNA

	Adresse utile	21	La Tavernetta di Porta Guelfa
🇮	Ufficio turistico	22	Spirito Divino
		23	Osteria Antiche Sere

🏕 🏠	Où dormir ?
	10 Camping Pian di Boccio
	11 Albergo Il Chiostro di Bevagna
	12 Hotel Palazzo Brunamonti
	13 Residenza d'epoca L'Orto degli Angeli

❦	Où boire un café ? Où déguster une glace ?
	30 Gran Caffè Garibaldi

🍴 🥖	Où manger ?
	20 La Bottega del Forno

❦	Où acheter de bons produits ?
	40 La Casareccia

OMBRIE

slt, aux mêmes heures. Plan-dépliant en français pointant les monuments et lieux d'intérêt du village, liste des hébergements du coin *(B & B, agriturismo...)*, agenda culturel, infos route des Vins Sagrantino, et encore une foule de renseignements sur les villages de la Valle Umbra (brochure en français)... Visites guidées en français *(sur résa).* Accueil compétent et sympa.

Où dormir ?

Camping

⚠ 🏠 ⚫ *Camping Pian di Boccio (hors plan par B2, 10) :* via Pian di Boccio, 10. ☎ 074-236-03-91. ● info@piandiboccio. com ● piandiboccio.com ● ♿ À env 5 km de Bevagna, direction Montefalco, puis à droite après le pont (panneaux). Ouv avr-sept. Selon saison : compter 19-25 € pour 2 avec tente et voiture ; apparts (2-8 pers) 70-280 € ; apparts (2-4 pers) à l'agriturismo 70-140 €. 🖵 🛜 (payants). Situé dans la campagne – au point central exact de l'Ombrie ! –, c'est un grand terrain bien équipé, avec des emplacements dans un sous-bois largement ombragé. Sanitaires nickel. Également des appartements modulables tout confort dans des maisonnettes en dur, avec cuisine, terrasse et jardinet privé. À l'extrémité du terrain, encore d'autres appartements du même tonneau à la ferme, car vous êtes ici chez des producteurs d'huile d'olive (en vente à la réception avec des confitures maison...). Piscines, petit lac, terrains de sport, jeux pour enfants, mini-*market* et resto-pizzeria. Bon accueil.

Prix moyens

🏠 *Albergo Il Chiostro di Bevagna (plan A1, 11) :* corso Matteotti, 107. ☎ 074-236-19-87. ● info@ilchiostro dibevagna.com ● ilchiostrodibevagna. com ● ♿ Congés : janv-fév. Double 80 €, petit déj-buffet compris. Parking privé gratuit. 🖵 🛜 Réduc de 10 % sur le prix de la chambre sur présentation de ce guide. Situé sur le côté de la chiesa di San Domenico, cet ancien couvent dominicain du XVII° s garde son identité pittoresque sans négliger le bon confort de ses hôtes. Au 1er étage, une quinzaine de grandes chambres sobres au carrelage ocre et au mobilier sombre, toutes avec vue sur les collines alentour. Cloître gentiment décati et salle capitulaire avec fresques du XIVe s. Accueil sympa.

🏠 *Hotel Palazzo Brunamonti (plan A-B1, 12) :* corso Matteotti, 79. ☎ 074-236-19-32. ● hotel@brunamonti.com ● brunamonti.com ● ♿ Réception à l'arrière : vicolo A. B. Brunamonti, 3. Doubles 90-120 € selon confort, petit déj compris. 🛜 Ce palais qu'habita la poétesse Alinda Bonacci Brunamonti est aujourd'hui transformé en un bel hôtel d'une quinzaine de chambres confortables et élégantes : belles armoires anciennes et lits en fer forgé, certaines possédant même un plafond voûté... Fresques dans la salle du petit déj. Accueil pro.

Chic

🏠 *Residenza d'epoca L'Orto degli Angeli (plan B1, 13) :* via Dante Alighieri, 1. ☎ 074-236-01-30. ● ortoangeli@ ortoangeli.it ● ortoangeli.it ● Doubles 130-350 € selon confort et saison, petit déj inclus. 🛜 Un bel hôtel de charme d'une quinzaine de chambres et suites tout confort, aménagées avec goût et élégance dans 2 palais reliés entre eux par un joli jardin suspendu sur une arche. Dans le palais du XVIIe s (construit sur les restes du théâtre romain et de maisons médiévales), les chambres ont un côté un peu plus rustique que dans celui du XVIe s, qui exhibe l'élégance de ses fresques et autres meubles de style. Bon accueil. Une adresse formidable !

Où dormir dans les environs ?

Prix moyens

🏠 *Agriturismo Poggio delle Civitelle :* loc. Madonna della Valle.

☎ 074-238-18-43. 🖨 338-153-76-79. ● info@poggiodellecivitelle.com ● poggiodellecivitelle.com ● À env 7 km au nord-ouest de Bevagna (20 mn *en voiture). Selon saison, doubles 80-110 €, petit déj inclus.* 🛜 Grande propriété agricole perdue dans les collines campagnardes. Plusieurs vieux bâtiments rénovés livrent des chambres et des appartements fonctionnels et nickel. Également des maisonnettes en bois de bon confort, à la lisière d'un sous-bois. Pelouses, piscines, jeux pour enfants, ânes et chevaux... Resto de terroir sur place. Accueil prévenant. Une bonne adresse pour se mettre au vert.

Où manger ?

Sur le pouce

🍴 🍴 *La Bottega del Forno (plan B1, 20) : corso Matteotti, 42.* ☎ *074-236-12-02.* ● *labottegadel fornobevagna@virgilio.it* ● *Tlj sf dim ap-m et mer. Moins de 5 €.* Parts de tarte, petits gâteaux secs traditionnels et autres morceaux de pizzas et *crecia farcita* ; c'est bon et on bâfre en explorant les ruelles de Bevagna !

De bon marché à prix moyens

🍴 *La Tavernetta di Porta Guelfa (plan A1, 21) : via Raggiolo, 2.* 📠 *333-430-07-22.* Juste hors les murs, jouxtant Porta Guelfa. *Tlj sf lun, le soir slt. Plats 9-13 €. CB refusées.* L'adresse idéale pour les indécis : son menu riquiqui avec quelques *antispasti*, 1 *primo*, 2 *secondo* et quelques *dolce* leur facilite sacrément la tâche ! Cuisine de saison qui change chaque jour, servie à prix justes. Ambiance simple et conviviale, un peu comme dans une vieille auberge de bord de route où l'on aurait caser quelques longues tables en bois dans une toute petite salle. Accueil familial gentil et souriant.

🍴 🍷 *Spirito Divino (plan A1, 22) : via Onofri, 2.* ☎ *074-271-80-10.* ● *info@ spiritodivino.net* ● *Tlj sf mer, le soir slt, plus à midi le w-e. Plats 8-9 €.* Voûtes et vieilles poutres dans ce resto à la fois rustique et élégant, où les bouteilles de vins sont omniprésentes dans la déco. Car le lieu est une formidable *enoteca* ! Et pour mettre du solide dans le liquide, un chef de talent propose quelques bons petits plats originaux à base de saveurs du terroir. Un vrai régal ! Rapport qualité-prix très honnête.

🍴 *Osteria Antiche Sere (plan B1, 23) : piazza Garibaldi, 10.* ☎ *074-236-19-38.* ● *info@spiritodivino. net* ● *Ouv tlj. Plats 8-12 €.* De bons petits plats ombriens tout simples, choisis et cuisinés selon le marché et l'humeur du chef, avec un souci de fraîcheur absolue. À déguster dans une microsalle chaleureuse, colorée et voûtée, ou sur l'agréable terrasse avec, d'un côté, vue sur la vieille Porta Cannara, et, de l'autre, sur les restes d'un temple romain ! Accueil sympa.

Où boire un café ? Où déguster une glace ?

🍷 🍦 *Gran Caffè Garibaldi (plan A-B1, 30) : corso Matteotti, 66.* ☎ *074-236-17-33. Tlj 7h-minuit.* Largement fréquenté par des habitués, cet établissement de quartier délivre depuis 1884 le breuvage roi et des *gelati* artisanales. Quelques chaises dans la rue principale pour ne rien manquer du défilé des touristes. Accueil authentique.

Où acheter de bons produits ?

🛍 *La Casareccia (plan B1, 40) : corso Matteotti, 56.* ☎ *074-236-19-69. Tlj sf dim ap-m et lun.* Ici, on fabrique en famille des pâtes vendues en sachet. Également de bons produits régionaux : huile d'olive, sauces aux truffes, miel, vins... Une institution locale !

OMBRIE

À voir

🏃🏃 Piazza Filippo Silvestri *(plan A1-2) :* les bâtiments civils et religieux qui bordent cette place datent tous du Moyen Âge, ce qui confère à l'ensemble une belle unité. Seules la fontaine du XIXe s et la colonne romaine de San Rocco ne sont pas de la même époque. Le pouvoir temporel a légué le **Palazzo dei Consoli,** petit palais qui repose son grand âge sur des arcades en ogive. Un ample escalier donne accès à son 1er étage aux belles fenêtres géminées. À l'intérieur se trouve le *teatro Torti* (voir plus loin).

🏃 Chiesa di San Michele *(plan A1) : piazza Silvestri.* Construite au début du XIIIe s, l'église fut l'objet de nombreuses refontes. De sa prime jeunesse, la façade conserve le portail et la très belle corniche sculptée de têtes d'animaux ; recyclage de corniches romaines en guise de montants. À l'intérieur, colonnes à chapiteaux dépareillés d'origine romaine, chœur surélevé ménageant l'espace d'une grande crypte à l'acoustique sublime.

🏃🏃 Chiesa di San Silvestro *(plan A2) : piazza Silvestri.* Érigée au XIIe s, elle est demeurée inachevée, comme le montre sa façade. Très beau portail et intérieur roman d'une grande sobriété, dont la solennité est renforcée par le clair-obscur, la perfection des proportions et l'élévation du chœur, auquel on accède par une monumentale volée de marches. Sous le chœur, la crypte.

🏃 Chiesa di San Domenico *(plan A1-2) : piazza Silvestri.* **Fermée pour restauration** *jusqu'à une date indéterminée (se renseigner).* Cette église du XIIIe s abrite une fresque et un tableau de l'artiste local le plus connu, Ascensidonio Spacca (XVIe s). Dans l'abside, également des fresques inspirées par Giotto (XIVe s)...

🏃 Teatro Torti *(plan A2) : piazza Silvestri, à l'intérieur du Palazzo dei Consoli. Une dizaine de visites guidées/j. (infos à l'office de tourisme).* Mignon petit théâtre de 270 places construit en 1886 dans le Palazzo dei Consoli. On y découvre un superbe rideau réalisé par Domenico Bruschi à la fin du XIXe s, et un autre réalisé par Luigi Frappi en 1994 lors de la restauration des lieux. Ici se déroulent des représentations théâtrales, des concerts et tous les événements culturels de la ville.

🏃 Chiesa di San Filippo *(plan A1-2) : piazza San Filippo. Demander la clé à l'office de tourisme.* Construite en 1725. Décoration en stuc et fresques de 1757 attribuées à Domenico Valeri.

🏃 Museo comunale *(plan A1) : corso Matteotti, 70.* ☎ *074-236-00-31. Avr-sept, ven-dim 10h30-13h, 15h-18h ; oct-mars, ven-dim 10h30-13h, 14h30-17h. Entrée : 5 € ; réduc.* Aménagé dans le Palazzo municipale, ce musée abrite une collection d'objets archéologiques et surtout quelques peintures des XVIIe-XVIIIe s. La salle du Conseil est décorée de portraits des célébrités locales, de l'époque romaine au XXe s. Le reste du bâtiment est occupé par la bibliothèque municipale et les archives.

🏃 Chiesa di San Francesco *(plan B1) : piazza San Francesco.* Bâtie au XIVe s à l'endroit le plus élevé de la ville, elle montre une façade on ne peut plus sobre. À l'intérieur, remodelé au XVIIIe s,

L'HOMME QUI MURMURAIT À L'OREILLE DES OISEAUX

Saint François, alors qu'il approchait de Bevagna, abandonna ses compagnons pour se précipiter vers un groupe d'oiseaux en tout genre. Il les salua et, s'apercevant que les volatiles l'écoutaient, leur dit qu'ils devaient entendre la parole de Dieu qui leur avait donné des plumes pour les vêtir, des ailes pour voler et tout ce dont ils ont besoin pour vivre. Les oiseaux, pour lui témoigner leur joie, auraient piaillé en chœur tout en agitant les ailes !

dans une chapelle à droite du chœur, scellée au mur et protégée par une grille, voici la pierre sur laquelle saint François était juché lorsqu'il fit son fameux speech aux oiseaux...

🏃 Bevagna conserve aussi de nombreux **vestiges romains,** du temps où elle s'appelait *Mevania*. Étonnants restes d'un **temple** *(piazza Garibaldi ; plan B1)* intégrés dans les murs extérieurs d'une maison privée ; **mosaïques des thermes** *(via delle Terme Romane ; plan A1)* à visiter avec l'office de tourisme ; et puis les vestiges d'un **amphithéâtre** *(vicolo dell'Amfiteatro ; plan B1)* colonisé par les maisons médiévales dans une ruelle en courbe...

Manifestation

– **Mercato delle Gaite :** 2de quinzaine de juin. ● ilmercatodellegaite.it ● Atmosphère médiévale avec joutes et concours entre les quatre *gaite* ou quartiers de la ville. Tout le centre devient alors une foire où sont présentés d'anciens métiers : souffleurs de verre, tisseurs de soie, ferronniers, fabricants de cierges...

DANS LES ENVIRONS DE BEVAGNA

🏃 **Torre del Colle :** *à env 3 km au nord-ouest de Bevagna*. Il s'agit d'un minuscule village fortifié du XIe s, planté sur une colline dominant la campagne. Vraiment pittoresque et charmant avec sa tour, son église, son école, accessibles seulement à pied par quelques ruelles étroites, après avoir franchi le modeste portail ouvert dans le rempart, genre porte de grange ! Le village compte quelques habitants, et on y trouve aussi un petit hôtel éclaté dans plusieurs maisons *(Ostello Diffuso Turris Collis :* 🖥 *328-681-32-64 ;* ● *ostellodiffuso.com* ●).

MONTEFALCO   (06036)   5 750 hab.

« Mont du Faucon » ou « Balcon de l'Ombrie », cette charmante bourgade fortifiée, perchée sur une colline au milieu des oliveraies et des vignobles, offre de très beaux points de vue et comblera les amateurs de la peinture *a fresco*. Gozzoli, le Perugin, Melanzio et quelques autres encore, inspirés sans doute par le charme de Montefalco et de la campagne environnante, y ont semé quelques graines de leur génie. Et visiblement cela a rendu cette terre extrêmement féconde : pas moins de huit saints y ont vu le jour ! Mais, au-delà des nourritures spirituelles, les amateurs des plaisirs de la table trouveront leur bonheur dans ce véritable terroir à saveurs, qui recèle notamment un grand vin de réputation nationale, le fameux *Montefalco.*

Arriver – Quitter

En bus

🚌 **Arrêt des bus :** *viale della Vittoria, au niveau du parking. Infos : **Umbria***

Mobilità, ☎ *800-512-141 (n° Vert).* ● *umbriamobilita.it* ●

➢ **Bevagna** *(20 mn)* **et** **Foligno**

(30 mn) : env 7 bus/j. sf dim.
➢ *Trevi (30 mn)* **et** *Spoleto (50 mn) :* 1-3 bus/j. sf dim.
➢ *Assisi (40 mn) :* env 1 bus/j. sf dim

jusqu'à la piazza Garibaldi, à Santa Maria degli Angeli. Sinon, plus de bus en changeant à Foligno.

Circulation et stationnement

🅿 Le petit centre de Montefalco s'explore aisément à pied et y circuler en voiture n'a aucun intérêt. Au bas de l'enceinte médiévale, on trouve

2 parkings gratuits : via della Vittoria et via Matteotti. Également des *places de parkings payantes* le long des remparts.

Adresses et info utiles

🛈 *Ufficio turistico – La Strada del Sagrantino :* piazza del Comune, 17. ☎ 074-237-84-90. ● *stradadelsagrantino.it* ● Tlj sf dim-lun 9h30-13h, 14h-18h30. Ce bureau appartient à un consortium de producteurs locaux de vins, d'huile d'olive et de produits typiques, et propose notamment des visites de caves et autres séances de

dégustation... Également quelques infos touristiques, plan du village, agenda culturel, et des infos sur les villages de la Valle Umbra (brochure en français)...
✉ *Poste :* corso Mameli, 70. Tlj sf sam ap-m et dim.
– *Marché :* lun mat, sur le parking de la viale della Vittoria.

Où dormir ?

– *Conseil :* pour des adresses plus abordables, prenez la clé des champs !

De prix moyens à chic

⌂ *Hotel Oro Rosso :* corso Mameli, 18/20. ☎ 074-237-88-29. ● *mariaanto nietta@ororossohotel.it* ● *ororossohotel. it* ● Doubles 80-105 € selon saison, petit déj-buffet compris. 📶 Dans les murs, à deux pas de la belle piazza delle Comune, où il fait bon flirter au soleil couchant, hôtel propret et cosy d'une petite dizaine de chambres ; toutes différentes, un brin design, mais la rose est bien kitsch quand même ! Accueil authentique et chaleureux. Une adresse qui nous plaît !
⌂ *Villa Pambuffetti :* viale della Vittoria,

20 (entrée par la via Alunno). ☎ 074-237-94-17. ● *info@villapambuffetti.it* ● *villapambuffetti.it* ● ♿ Doubles 120-180 € selon confort, petit déj-buffet compris. Parking. 📶 Apéritif maison offert sur présentation de ce guide. Au pied de Montefalco, dans un joli parc aux arbres séculaires, cette élégante villa de caractère avec piscine livre une douzaine de chambres confortables. Déco soignée, façon vieille demeure familiale, avec meubles anciens et tissus colorés. Si les moins chères ne sont pas immenses, en revanche, dans la catégorie supérieure, coup de cœur pour la « petite tour » offrant une superbe vue sur la vallée. Un bel endroit reposant et intime, jouissant d'un accueil charmant.

Où dormir dans les environs ?

⌂ *B & B La Cardoncina :* Case Sparse, 45, loc. *Pietrauta,* à Monte-falco. ☎ 074-237-80-98. ● *lacardon cina@libero.it* ● *lacardoncinavacanzei numbria.it* ● À env 1,5 km de Monte-falco, direction Bastardo, route à droite (panneau) en arrivant à Pietrauta. Ouv

avr-sept. Doubles 55-75 €, copieux petit déj inclus. CB refusées. 📶 Accueil authentique et généreux en français dans ce *B & B* installé sur une propriété au milieu des oliviers, avec vue panoramique sur la plaine et ses villages, et jardin fleuri où se niche la piscine. En tout, 3 chambres confortables avec tissus de Montefalco, poutres apparentes et même kitchenette pour certaines. Une très bonne adresse.

🏠 *B & B San Marco :* via Case Sparse, 67, loc. *San Marco, à Montefalco.* ☎ *074-237-79-84.* 📱 *329-29-37-670.* ● *info@bbsanmarco.it* ● *bbsanmarco. it* ● *À 5 km de Montefalco et 1,5 km de San Marco, direction Todi. Double 60 €, bon petit déj maison inclus.* 🖥 📶 *Apéritif et café offerts, réduc de 10 % sur la chambre pour un séjour de plus de 3 nuits ou dîner en famille offert pour un séjour de 1 sem sur présentation de ce guide.* Tenu par un couple francophone chaleureux, ce *B & B,* installé au vert dans une ancienne ferme, est idéal pour un séjour découverte car vos hôtes dispensent d'excellents conseils. En tout, 4 chambres de tailles différentes, lumineuses, mignonnes et proprettes, dont 2 se partagent la même salle de bains (idéales en famille) et 1 avec cuisine. BBQ, salle TV avec cheminée, jardin où les enfants sont rois. On recommande !

🏠 *Agriturismo Tenuta San Felice :* loc. San Felice, à *Giano dell'Umbria.* ☎ *074-290-533.* ● *tenutasanfelice@libero.it* ● *tenutasanfelice. com* ● 🚗 *Aller jusqu'à Bastardo et suivre Massa Martana, puis à gauche l'abbazia San Felice, et continuer env 2 km (panneau). Double 55 € ; apparts (3-4 pers) 75-85 € selon taille et saison ; petit déj 5 €.* En pleine campagne, dans une vieille bâtisse de caractère à côté d'un gros hangar agricole, voici des chambres de bon confort, au mobilier rustique et têtes de lit joliment peintes par la famille. Également des appartements dotés de meuble-cuisine, dont un avec une grande chambre sous les toits. Jolie piscine. Selon la saison, on peut observer le processus de fabrication de l'huile d'olive, du vin ou du fromage. À deux pas en chemin, bon resto de terroir, *Il Buongustaio,* mijotant les produits de la ferme et autres viandes goûteuses.

🏠 *Agriturismo I Mille Ulivi :* loc. *Fabbri di Montefalco,* 16, à Montefalco. 📱 *340-343-08-57* ou *347-486-72-46.* ● *info@imilleulivi.it* ● *imilleulivi.it* ● *À env 4 km au sud-est de Montefalco. Selon saison, doubles 60-80 €, petit déj inclus, apparts (4 pers) 85-105 € ; 2 nuits min, ½ pens obligatoire en août. Table d'hôtes le soir 20 €.* 📶 *Café et digestif offerts sur présentation de ce guide.* En haut d'une colline verte dominant des oliveraies à perte de vue, voici 4 chambres et 2 appartements tout confort, joliment aménagés et bien propres. Piscine, découverte des animaux de la ferme (chevaux, ânes, oies, poules...). Bon resto sur place utilisant les produits de l'*azienda agricola* (huile d'olive, vin bio...). Accueil familial authentique et charmant en français. On est séduit !

Où manger ? Où boire un verre ?

Sur le pouce

🍴 🥘 🍷 *Pasticceria Beddini :* largo Bruno Buozzi, 4 a. ☎ *074-237-82-09.* ● *info@pasticceriabeddini.it* ● *Ouv tlj. Moins de 5 €.* Juste à l'extérieur des remparts, cette boulangerie réalise de bonnes parts de pizza, mais aussi des petits biscuits traditionnels et autres appétissantes pâtisseries. Quelques chaises à l'intérieur pour se poser, le temps d'un café. Une adresse très locale.

🍴 *Antica Norcineria :* piazza del Comune, 11. ☎ *074-237-88-04. Tlj sf dim ap-m 7h-13h, 16h-19h30. Moins de 5 €.* Une épicerie fine préparant à la demande de délicieux *panini* avec des produits (charcuterie, fromages...) bien sélectionnés. À dévorer en découvrant le village.

De bon marché à prix moyens

🍽 *Il Falisco :* via XX Settembre, 14. ☎ *074-237-91-60. Menus 12-18 € ; carte 15-20 €.* À côté de la chiesa Sant'Agostino, un petit resto évoquant les films de l'école réaliste des années 1950, avec, tous les jours, les mêmes papys qui y jouent aux cartes ! Cuisine du cru, simple et sans prétention. Belle terrasse partiellement ombragée, avec vue sur Assise.

|●| ♈ **L'Alchimista :** *piazza del Comune, 14.* ☎ *074-237-85-58.* ● *info@montefalcowines.com* ● *Tlj sf mar. Plats 9-14 €.* On se délecte en goûtant les vins du coin dans cette *enoteca* servant aussi de bons petits plats à prix justes, mitonnés avec des ingrédients « km 0 » sublimés par la créativité du chef. Boutique-salle chaleureuse, et magnifique terrasse sur la grande place. Bien aussi pour prendre l'*aperitivo,* accompagné de quelques *antipasti* bien troussés.

Où acheter une bonne bouteille dans les environs ?

Les vins de Montefalco demeurent les plus prisés d'Ombrie, grâce au *rosso di Montefalco* et à 2 vins particuliers : le *sagrantino* (vin rouge sec) et le *sagrantino passito* (un vin doux rouge, idéal pour le dessert). Le *sagrantino,* cépage qui serait originaire de Catalogne ou de Syrie, n'existe qu'ici. La **Settimana enologica** (Semaine œnologique, généralement la 3e semaine de septembre) et la **festa dell'Uva** (fête des Vendanges) permettent de déguster ces crus.

⚜ **Cantina Colle del Saraceno :** *via Todi, 37c, loc. Pietrauta, à Montefalco.* ☎ *074-237-95-00.* ● *cantinabotti.* com ● *À 3 km de Montefalco, direction Todi, sur la gauche un peu après la sortie de Pietrauta (panneau « Sagrantino e Olio »). Tlj sf dim.* Sur leur petit vignoble familial de 10 ha, Francesco et Maila (qui parle un français parfait) produisent avec passion le fameux *Montefalco-Sagrantino,* mais aussi du blanc *Grechetto,* du rouge *Galdino* et un autre vin sucré, le *Passito.* Leur credo : produire peu (25 000 bouteilles par an) mais bien, et le plus naturellement possible. Ils tiennent également une petite exploitation d'huile d'olive... Accueil charmant et dégustations accompagnées d'explications en français sur le processus de fabrication.

À voir

♜♜ Piazza del comune : appelée autrefois *campo del Certame* (champ de bataille), cette élégante place pentagonale est dominée par le *Palazzo comunale,* hôtel de ville de la fin du XIIIe s, qui a moins bien vieilli que le vin. Précédée d'un portique, cette bâtisse un peu massive est surplombée par la *torre comunale,* d'où l'on jouit d'une vue couvrant quasiment toute l'Ombrie *(visite payante).* D'autres édifices civils (palais nobiliaires) et religieux (San Filippo Neri et Santa Maria di Piazza) achèvent de donner à l'ensemble sa belle atmosphère médiévale.

♜♜ Museo civico San Francesco : *via Ringhiera Umbra, 6.* ☎ *074-237-95-98.* ● *museodimontefalco.it* ● *De la piazza del Comune, dos au Palazzo comunale, prendre la 1re à gauche ; c'est un peu plus bas à droite. Juin-août, tlj 10h30-13h, 15h-19h ; avr-mai et sept-oct, tlj sf lun 10h30-13h, 14h-18h (14h30-17h oct) ; nov-mars, mer-dim 10h30-13h, 14h30-17h. Entrée : 7 € ; réduc. Feuillet explicatif en français.*

– D'abord, cette **ancienne église franciscaine** du XIVe s a été transformée en musée à la fin du XIXe s. En entrant dans l'édifice, on est happé par la profusion de fresques aux couleurs chaudes ! Temps fort de la visite : les fresques de l'abside centrale relatant la vie trépidante de l'incontournable saint François – réalisées par Gozzoli au XVe s –, d'une qualité et d'une fraîcheur de ton fabuleuses. Contrairement à la basilique d'Assise, où Giotto représenta la vie au Moyen Âge, Gozzoli donne ici une version Renaissance, avec un grand soin apporté aux détails, comme la texture des vêtements (soie, tissus damassés, fourrures, chaussures en feutre) ou encore aux mets (carafes de vin, eau, gâteaux, etc.)... À l'opposé, vers l'entrée de l'église, ne ratez pas non plus la magnifique *Nativité,* surmontée d'un beau *Père éternel* du Pérugin, avec ce rapprochement improbable des couleurs des habits et ces coiffures féminines élaborées qui constituent l'une de ses signatures. À côté, Tibère d'Assise, quant à lui, signe une émouvante *Madone à l'Enfant* et une curieuse *Madone du Secours,* sujet récurrent dans les églises augustiniennes. La scène de la Vierge chassant le diable devant une mère repentie et son enfant peut surprendre : elle avait pour but de faire baptiser rapidement les nouveau-nés dans une période de forte mortalité infantile...

– *À l'étage,* allez voir la très belle pinacothèque, qui abrite également une section consacrée à l'histoire locale. Parmi les œuvres du XIIIe au XVIIIe s, remarquez *Saint Vincent de Saragosse, Santa Illuminata, saint Nicolas de Tolentino,* peint par Antoniazzo Romano (XVe s), dont les personnages cernés de dorure ont l'air... ailleurs ! Également une *Madone à l'Enfant* de 1470, où l'on distingue des influences byzantines, et encore une *Madone du Secours* avec un gourdin à la main, de Francesco Melanzio.

– *Au sous-sol* enfin, dans la petite section lapidaire, un bel Hercule romain portant gourdin et peau de lion, stèles funéraires et autres éléments d'architecture de la même époque. Sans oublier quelques vieilles pierres du Moyen Âge et une petite section plus contemporaine sur le vin.

OMBRIE

TREVI
(06039)   8 450 hab.

La *Trebia* des Anciens, située sur une hauteur escarpée au beau milieu des oliveraies, domine la vallée de l'Ombrie du haut de ses 412 m. Cette petite altitude en fera sourire certains, mais elle confère un charme supplémentaire à ce joli labyrinthe de venelles médiévales et de murailles antiques. Et l'on passe forcément au pied de Trevi quand on vient

LA LENTEUR, C'EST LA SANTÉ

Ne dit-on pas qu'à l'heure de la sieste on peut entendre les ronflements des habitants dans toute l'Ombrie ? Trevi, qui se veut un modèle de sérénité, fait partie des villes città slow ! *Aux antipodes du fast-food et du stress urbain associé, on y milite aussi pour les productions locales et le bien-vivre.*

se balader en amoureux (de la nature) sous les saules pleureurs d'un cours d'eau enchanteur, le Clitunno.

Arriver – Quitter

En train

🚉 **Stazione** (gare) : viale della Stazione, à **Borgo Trevi.** ☎ 89-20-21 (n° Vert). ● trenitalia.it ● *Dans la vallée, à env 3 km du centre historique.* Env 3 bus/j. pour rejoindre Trevi (piazza Garibaldi), ou le taxi (📱 329-498-55-24), ou une grimpette à pied pour les plus courageux !
➤ **Perugia** (50 mn), **Assisi** (25 mn) et **Spello** (15 mn) : 2-5 directs/j., et d'autres avec changement à Foligno.
➤ **Foligno** (20 mn), **Spoleto** (15 mn),

Terni (40 mn) et **Narni-Amelia** (45 mn) : 6-13 directs/j.
➤ **Roma** (Termini ; 1h50) : 6-10 directs/j.

En bus

🚌 **Arrêt des bus :** piazza Garibaldi. Infos : **Umbria Mobilità,** ☎ 800-512-141 (n° Vert). ● umbriamobilita.it ●
➤ **Foligno** (20 mn) : env 12 bus/j. sf dim.
➤ **Montefalco** (30 mn) : 1-3 bus/j. sf dim.

OMBRIE

Circulation et stationnement

◩ Vu l'étroitesse des ruelles de Trevi – que l'on parcourt sans souci à pied –, on conseille d'abandonner son auto dans le *parking gratuit* de la *via Sotto il Monte* (au pied des remparts sur la droite en montant). Également un *parking payant* sur la *piazza Garibaldi,* encore plus près du *centro storico.*

Adresse utile

🛈 *Ufficio turistico :* villa Fabri, via delle Grotte, 2. ☎ 074-233-22-69. ● *info@ trevi turismo.it ● Dans une rue débouchant sur la piazza Garibaldi.* Tlj 10h-13h, 14h30-17h30. Plan du village et de ses environs avec leurs sites intéressants, agenda culturel, liste des producteurs d'huile d'olive (la spécialité de Trevi), infos sur la route des vins Sagrantino et sur les villages de la Valle Umbra (brochure en français)...

Où dormir ?

Prix moyens

🛏 *Il Terziere :* via Salerno, 1 (angle via Coste). ☎ 074-27-83-59. ● *info@ilter ziere.com ● ilterziere.com ●* ♿ *À deux pas de la piazza Garibaldi, donc accessible en voiture.* Doubles 70-85 €, petit déj inclus. 📶 Juste à l'extérieur du centre historique, une douzaine de belles chambres assez spacieuses et confortables, à la déco tendance moderne-fonctionnelle. Certaines, nos préférées, avec balcon sur la vallée. Terrasse, petit jardin et charmante piscinette où se rafraîchir par grande chaleur. Resto sur place. Accueil familial souriant et pro.

🛏 *Hotel Antica Dimora alla Rocca :* piazza della Rocca, 1. ☎ 074-23-85-41. ● *info@hotelallarocca.it ● hotelal larocca.it ●* Doubles 65-80 € selon confort et saison, petit déj inclus. 📶 En plein *centro storico,* cet élégant palais du XVIIe s renferme une vingtaine de belles chambres confortables et douillettes, à la déco et aux couleurs discrètes. Les standard sont plutôt petites, et les plus intimes – nos préférées ! – se trouvent sous les toits. Également une quinzaine de chambres du même tonneau dans d'autres vieux palais voisins. Accueil sympa et pro. Bon rapport qualité-prix-prestige !

Où dormir dans les environs ?

Prix moyens

🛏 *Agriturismo I Mandorli :* loc. Fondaccio, 6, à *Bovara di Trevi.* ☎ 074-27-86-69. ● *info@agriturismoimandorli.com ● agriturismoimandorli.com ●* ♿ *À env 4 km au sud de Trevi.* Résa obligatoire. Selon saison, doubles 60-70 €, petit déj inclus ; apparts (2-4 pers) 65-145 €. 📶 (à la réception). Propriété agricole de 52 ha et 5 500 oliviers, tenue par la même famille depuis la fin du XVIIe s (demandez à voir l'antique pressoir !). Plusieurs bâtiments formant comme un hameau – un peu bohème – dans un écrin de verdure en terrasses. À dispo, 3 chambres pratiques, agréables et nickel, et 3 appartements bien équipés donnant chacun sur un jardin arboré privatif. BBQ, buanderie, jolie piscine et jardin-terrasse avec vue formidable, de Montefalco à Spoleto ! Produits de la ferme au petit déj. À l'automne, on peut participer à la cueillette des olives. Bel accueil authentique en français.

🛏 *Casa Giulia Country House :* loc. Corciano, 1, à *Bovara di Trevi.* ☎ 074-27-82-57. ● *info@casagiulia.com ● casa giulia.com ●* ♿ *À env 4 km au sud de Trevi.* Doubles 90-115 € selon confort et saison, petit déj inclus ; appart (4 pers) 700-860 €/sem selon saison. 📶 La *signora* Petrucci vous accueille gentiment et en français dans sa superbe demeure en brique rose – propriété familiale depuis 1600 – située dans un très beau parc planté de grands pins, de cèdres du Liban et de marronniers. Au choix, une grosse poignée de chambres stylées, spacieuses et agréables. Fresques du XVIIe s. Piscine avec vue sur la campagne.

Où manger ?

Sur le pouce

� *Marcelleria Allegretti :* via Lucarini, 9. ☎ 074-278-09-78. ● marcelleria. allegretti@gmail.com ● Devant la piazza Garibaldi. Tlj sf dim ap-m 8h-13h, 16h-20h. Moins de 5 €. C'est la boucherie-charcuterie du village, préparant sur demande de bons *panini* pas chers avec jambon, saucisson ou fromages, élevés dans le cru. À dévorer sur les bancs de la place ou en découvrant le vieux centre. Une adresse simple et efficace.

De bon marché à prix moyens

|●| *Maggiolini :* via San Francesco, 20. ☎ 074-238-15-34. ● info@ristoran teilmaggiolino.it ● À 50 m de la piazza Mazzini. Tlj sf mar. Plats 7-14 € ; repas 15-25 €. Petit resto proposant des spécialités régionales et locales bien tournées, sans oublier les desserts maison. À déguster sous un plafond voûté, dans une cave profonde, loin des ardeurs du soleil, ou sur la petite terrasse dans la ruelle. Bonne carte des vins. Ambiance assez feutrée.

|●| *Osteria La Vecchia Posta :* piazza Mazzini, 14. ☎ 074-238-16-90. ● came relavecchiaposta@gmail.com ● Tlj sf jeu (hors juil-août). Plats 7-19 € ; repas 25-30 €. Réduc de 10 % sur l'addition sur présentation de ce guide. Juste quelques tables sur la charmante *piazzetta* avec vue sur le beau *municipio*, et plusieurs jolies salles cosy, aux tons chauds. Dans l'assiette, cuisine traditionnelle bien maîtrisée et savoureuse, qui fait la part belle aux charcuteries, fromages et autres viandes et gibiers du terroir local, sélectionnés avec soin. Pâtes maison et desserts originaux. Service pro. Assurément la bonne table de Trevi !

Où boire un verre ? Où déguster une glace ?

🍷 ✦ *Bar Chalet :* piazza Garibaldi, 1. ☎ 074-27-82-91. Tlj sf mar. À la lisière de la vieille ville, c'est un bar de pays avec ses quelques trognes avinées, bien connu aussi pour ses délicieuses glaces artisanales. Agréable terrasse sur cette grande place moderne.

Où acheter de bons produits ?

– *Mercatino del Contadino :* piazza Mazzini, 4e dim de chaque mois 9h-13h. C'est un marché paysan, du producteur au consommateur. Si vous pouvez cuisiner, ne manquez pas le céleri noir *(sedano nero)* de Trevi, une variété exclusive que vous pouvez aussi déguster dans certains restos de la ville. Également de l'huile d'olive, la grande spécialité de Trevi.

À voir

🎋 *Piazza Mazzini :* Trevi, comme les autres villes d'Ombrie, possède sa place centrale où se dresse depuis le XVe s le Palazzo comunale, dominé par une tour à l'horloge érigée deux siècles auparavant.

🎋🎋 🏃 *Complesso museale San Francesco :* largo Don Bosca, 14. ☎ 074-238-16-28. ● sistemamuseo.it ● Nov-mars, ven-dim 10h30-13h, 14h30-17h ; avr-sept,

OMBRIE

tlj sf lun (hors août) 10h30-13h, 14h30-18h (15h-19h août) ; oct, jeu-dim 10h30-13h, 14h30-17h. Entrée : 4 € ; réduc.
Installé dans l'ancien couvent Saint-François (XVe s), ce musée est équipé d'une billetterie unique au monde, car décorée d'une fresque de la Crucifixion du début du XIVe s ! Passée cette première émotion, dans la *pinacoteca,* ne manquez pas la *Madonna col Bambino* incomplète du Pinturrichio et la monumentale *Incoronazione della Vergine e Santi* de Giovanni di Pietro (dit « Lo Spagna »). Puis encore des peintures des XIVe-XVIIIe s.
On passe ensuite dans la **chiesa di San Francesco,** de style gothique et remplie d'œuvres d'humbles artistes oubliés : buffet d'orgue (XVe s) richement décoré ; fresques des XVe-XVIe s, dont celles de l'abside racontant l'histoire de la Vierge ; statues en bois polychrome et autres toiles... Le regard ne sait plus où se poser !
Étape suivante : le **musée de la Civilisation de l'huile,** assez didactique, qui retrace l'histoire du fruit de l'arbre considéré comme le symbole de la paix. Les enfants apprécieront les belles maquettes d'une exploitation agricole, le pressoir actionné par un âne (pas un vrai !) et la reconstitution des conditions de vie des journaliers du secteur au début du XXe s. Enfin, une petite **section archéologique** montre céramiques néolithiques, stèles et statues romaines, sarcophage, matériel funéraire, armes, squelette, etc., le tout essentiellement mis au jour sur le site de Pietra Rossa...

🍴 **Chiesa Madonna delle Lacrime :** *via Madonna delle Lacrime. À quelques centaines de mètres en contrebas du village.* Église des XVe-XVIe s assez banale et dépouillée, mais bien connue pour son *Adorazione dei Magi e Santi Pietro e Paolo* du Perugin, sous un baldaquin en perspective avec, en arrière-plan, un troupeau de mouton et ses pasteurs, ainsi que des soldats à cheval. Et ne manquez pas dans le transept de gauche la fresque du Spagno : *Trasporto di Cristo al Sepulcro,* dont les traits du visage de Jésus sont inspirés d'une œuvre de Raphaël.

Manifestation

– **Festa di Olio** *(FestivOl) : pdt un w-e début nov.* C'est la fête de l'huile nouvelle, pendant laquelle les visiteurs ont accès au vieux pressoir pour goûter le cru de l'année sur des *bruschette.* Une *festa* qui s'adresse à ceux qui aiment « le bon, le beau, le classique, le moderne, le son, le silence, l'huile, l'huile et l'huile » !

DANS LES ENVIRONS DE TREVI

◈ 🍴 **Tempietto sul Clitunno :** *via del Tempio, 1, loc.* **Pissignano.** ☎ 074-327-50-85. *Sur l'ancienne route entre Trevi et Spoleto, au niveau de Pissignano, près d'une antique cheminée d'usine (panneau discret). Mar-sam 14h15-19h45 (17h45 nov-mars). Entrée : 2 € ; réduc.* L'histoire de cette petite église en forme de temple corinthien, bâtie aux IVe-V[e] s à l'emplacement d'un édifice païen, reste très incertaine. Quoi qu'il en soit, le site et l'édifice – classé au Patrimoine mondial de l'Unesco en 2011 – sont charmants. À l'intérieur, petite abside avec fronton et corniche, sans oublier le tabernacle en forme de temple, dominé par une fresque représentant le Christ.

🍴 **Fonti del Clitunno :** *viale Fonti del Clitunno, 7.* ☎ 074-352-11-41. ● fontidelclitunno. com ● *Sur l'ancienne route entre Trevi et Spolète. Horaires très variables (se renseigner). Entrée : 3 € ; réduc.* Les sources du Clitunno ont été célébrées, entre autres, par Pline le Jeune, Virgile et lord Byron. Une grande paix émane de cette étendue d'eau bordée de verdure, où cygnes et canards barbotent à l'ombre des saules. Un cadre bucolique pour une balade historique, malheureusement un peu gâchée par le bruit de la route.

SPOLETO (SPOLÈTE)   (06049)   38 630 hab.

> ● Plan *p. 490-491*

Spolète, accrochée à une colline baignée par le Tessin, vous réserve de belles émotions historiques et culturelles issues de près de trois millénaires d'histoire. Saint François lui-même aimait y séjourner et fonda un ermitage sur le Monteluco qui domine la ville. Le charme du site est hélas altéré par la route remplaçant l'antique via Flaminia, mais l'époque moderne nous a aussi apporté le rayonnement du passionnant Festival des deux mondes.

Arriver – Quitter

En train

🚂 **Stazione** *(gare ; hors plan par C1) : piazza della Stazione.* ☎ 89-20-21 *(n° Vert).* ● *trenitalia.it* ● *Un peu en dehors de la ville.* Nombreux bus pour rejoindre le centre ; sinon, 30 mn à pied.
➢ *Perugia (1h), Assisi (35 mn) et Spello (25 mn) :* 4-7 directs/j., et d'autres avec changement à Foligno.
➢ *Foligno (20 mn) :* 11-19 directs/j.
➢ *Trevi (15 mn) :* 6-13 directs/j.
➢ *Terni (30 mn) et Narni-Amelia (35 mn) :* 6-16 directs/j.

➢ *Roma (Termini ; 1h40) :* 9-13 directs/j.

En bus

🚌 **Arrêt des bus** *(plan C1) : piazza della Vittoria.* Infos : **Umbria Mobilità,** ☎ 800-512-141 *(n° Vert).* ● *umbriamobilita.it* ●
➢ *Cascia (1h) :* 3-4 bus/j.
➢ *Norcia (55 mn) :* 4-7 bus/j.
➢ *Montefalco (40 mn) :* env 2 bus/j. sf dim.

Circulation et stationnement

🅿 Le centre de Spoleto est classé *ZTL (Zona Traffico Limitato),* et il n'est pas permis d'y circuler en voiture sans autorisation. Il existe **3 parkings payants** *(1-1,20 €/h ; max 8 €/j.),* reliés au *centro storico* par des parcours piétons mécanisés : le **parking Spoletosfera** *(plan B4)* est raccordé à la *piazza della Libertà (plan B3),* le **parking Posterna** *(plan B2)* à la *piazza*

Campello (plan C3), et le **parking Ponzianina** *(plan D2)* à la *Rocca (plan D3),* tous avec des étapes intermédiaires. Les places de stationnement et autres **parkings gratuits** se trouvent en grande périphérie, et vous risquez de marcher un moment. On en trouve un au croisement de la *via Nursina* et de la *via Lettere (hors plan par C1)...*

Adresses et infos utiles

🛈 **Ufficio turistico** *(plan B3) : piazza della Libertà, 7.* ☎ 074-321-86-20 *ou* 21. ● *comunespoleto.gov.it* ● *Avr-sept, lun-sam 9h-13h30, 15h-19h, dim 10h-13h, 15h-17h30 ; oct-mars, lun-sam 9h-13h30, 14h30-18h15, dim 9h30-13h, 15h-17h.* Plan de la ville, itinéraires de trek urbain (en italien et en anglais), visites guidées le week-end, infos loisirs

verts (sentiers de randonnée pédestre et parcours VTT du coin...), agenda culturel, renseignements sur les villages de la Valle Umbra (brochure en français)...
✉ **Poste** *(plan B3) : viale Matteotti, 2. Tlj sf sam ap-m et dim.*
➕ **Hôpital** *(ospedale ; plan A3) : via Madonna di Loreto, 3.* ☎ 074-321-01.

490

OMBRIE

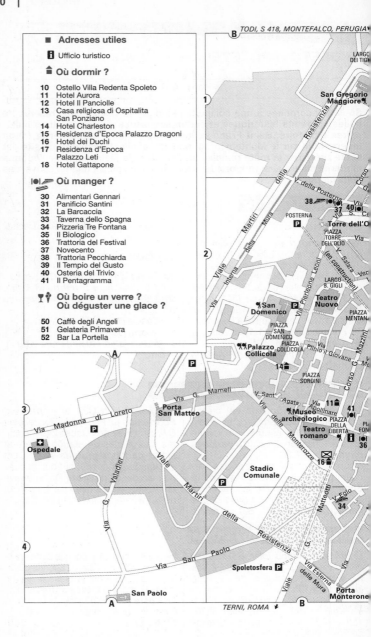

Adresses utiles

Ufficio turistico

Où dormir ?

10 Ostello Villa Redenta Spoleto
11 Hotel Aurora
12 Hotel Il Panciolle
13 Casa religiosa di Ospitalita San Ponziano
14 Hotel Charleston
15 Residenza d'Epoca Palazzo Dragoni
16 Hotel dei Duchi
17 Residenza d'Epoca Palazzo Leti
18 Hotel Gattapone

Où manger ?

30 Alimentari Gennari
31 Panificio Santini
32 La Barcaccia
33 Taverna dello Spagna
34 Pizzeria Tre Fontana
35 Il Biologico
36 Trattoria del Festival
37 Novecento
38 Trattoria Pecchiarda
39 Il Tempio del Gusto
40 Osteria del Trivio
41 Il Pentagramma

Où boire un verre ?
Où déguster une glace ?

50 Caffè degli Angeli
51 Gelateria Primavera
52 Bar La Portella

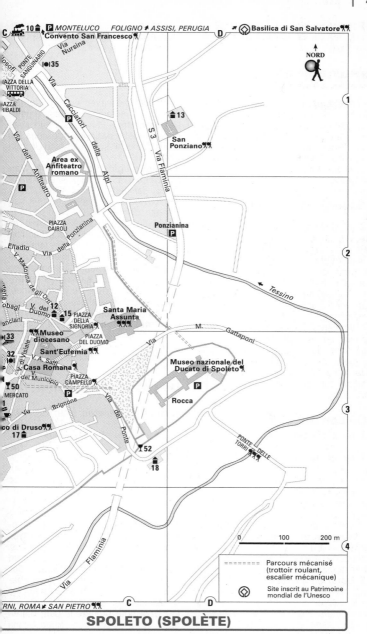

SPOLETO (SPOLÈTE)

C 10 ⌂ P MONTELUCO   FOLIGNO ↗ ASSISI, PERUGIA   ↗ ⊗ Basilica di San Salvatore
Convento San Francesco

NORD

PONTE SANGUINARIO
Via Nursina
PIAZZA DELLA VITTORIA
PIAZZA GARIBALDI

P

13
San Ponziano

Area ex Anfiteatro romano

P

Via Cacciatori delle Alpi
S 3
Via Flaminia

PIAZZA CAIROLI

Ponzianina
P

Eltadio
Via della Ponzianina
V. Madonna de gli Ori

Tessino

33
Museo diocesano
32
Sant'Eufemia
V. A. Saffi
Casa Romana
del Municipio
50
MERCATO
1
co di Druso
17

12
V. del Duomo
15 PIAZZA DELLA SIGNORIA
Santa Maria Assunta
PIAZZA DEL DUOMO

M.
Gattaponi

Museo nazionale del Ducato di Spoleto
P
Rocca

PIAZZA CAMPELLO

Via del Ponte
Brignone
52
18

PONTE DELLE TORRI

0   100   200 m

----- Parcours mécanisé (trottoir roulant, escalier mécanique)
⊗ Site inscrit au Patrimoine mondial de l'Unesco

RNI, ROMA ↗ SAN PIETRO   C   D

■ **Police municipale** (plan C1) : piazza della Vittoria. ☎ 074-322-10-30.
🚕 **Taxis :** ☎ 074-322-58-09.

– **Marché :** mar mat, piazza d'Armi (hors plan par C1), et ven mat, via Cacciatori delle Alpi (plan C1-2).

Où dormir ?

– **Important :** lors du *Festival dei Due Mondi*, réservez vos chambres très longtemps à l'avance et préparez-vous à débourser quelque 20 % plus cher. Pour vous aider, par téléphone et e-mail uniquement, un centre de résa : **Con Spoleto** (☎ 074-322-07-73 ; ● info@conspoleto.com ●).

Auberge de jeunesse

🛏 |●| **Ostello Villa Redenta Spoleto** (hors plan par C1, **10**) : via di Villa Redenta, 1. ☎ 074-322-49-36. ● info@villaredenta.com ● villaredenta.com ● Lits en dortoir 20-24 €/pers, doubles 56-70 €, petit déj compris. Repas env 10 €. Juste au nord du *centro storico*, au bord d'une route assez passante mais dans un joli parc arboré, ces 2 bâtiments anciens abritent une AJ privée d'une cinquantaine de lits répartis dans des chambres de 2-7 personnes, pratiques et soignées. Salle de bains et TV dans la plupart. Une bonne adresse pour les fauchés et les familles.

De bon marché à prix moyens

🛏 **Hotel Aurora** (plan B3, **11**) : via dell'Apollinare, 3. ☎ 074-322-03-15. ● info@hotelauroraspoleto.it ● hotelauroraspoleto.it ● ♿ Doubles 45-110 € selon confort et saison, petit déj compris. 📶 Une vingtaine de chambres plus ou moins spacieuses, confortables et décorées sur des notes colorées. En été, petit déj servi sur la *piazzetta*. Accueil familial sympa. Un bon rapport qualité-prix en plein centre.

🛏 **Hotel Il Panciolle** (plan C2, **12**) : via del Duomo, 3. ☎ 074-34-56-77. ● info@ilpanciolle.it ● ilpanciolle.it ● Résa indispensable. Doubles 70-90 € selon saison, petit déj inclus. Parking gratuit. 📶 Quelques chambres fonctionnelles, bien équipées et propres, dont certaines avec vue au dernier étage, nos préférées. Parties communes proprettes. Fait aussi resto avec belle terrasse panoramique sous les arbres. Accueil sympa et pro. Un bon plan.

🛏 **Casa religiosa di Ospitalita San Ponziano** (plan D1, **13**) : via della Basilica di San Salvatore, 2. ☎ 074-322-52-88. ● info@sanponziano.it ● san ponziano.it ● ♿ À 10 mn à pied de la vieille ville. Double env 70 € ; petit déj 5 €. Parking gratuit. Un peu excentrée, le couvent San Ponziano – tenu par des sœurs – affiche une fusion réussie d'architecture ancienne (le monastère avec son cloître et sa fresque du Trecento dans la salle de conférences) et moderne (escaliers métalliques, verrière...). À dispo, une trentaine de chambres fonctionnelles et nickel ; toutes avec salles de bains. Ambiance assez monacale mais belle vue sur le *centro storico*. Une bonne adresse !

De prix moyens à chic

🛏 **Hotel Charleston** (plan B3, **14**) : piazza Collicola, 10. ☎ 074-322-00-52. ● info@hotelcharleston.it ● hotel charleston.it ● Doubles 69-120 € selon confort et saison, petit déj compris. Parking payant. 📶 Apéritif maison et café offerts sur présentation de ce guide. Accueil chaleureux « comme à la maison » dans cet hôtel installé dans un édifice de caractère du XVIIᵉ s. Chambres tout confort, à la déco résolument moderne qui se marie bien avec quelques notes anciennes (cheminées, poutres...) de-ci, de-là. Si les standard sont un peu tristounes, préférez celles de la gamme au-dessus, plus spacieuses et décorées avec un peu plus d'élégance. Terrasse avec tonnelle sur la *piazza* pour prendre le petit déj en été. Salon avec bar et cheminée. Sauna (payant).

🛏 **Residencia d'Epoca Palazzo**

Dragoni *(plan C2, **15**) : via del Duomo, 13.* ☎ *074-322-22-20.* ● *info@palazzodragoni.it* ● *palazzodragoni.it* ● ♿ *Congés : nov-mars. Doubles 125-150 € selon confort, petit déj compris. Parking gratuit.* 🛜 *Dès l'entrée, on est plongé en plein Quattrocento !* Magnifiques plafonds et mobilier de style dans ce palais abritant une quinzaine de chambres confortables et qui conservent une atmosphère historique. D'autres sont nettement plus modernes : à vous de voir ! Salle de petit déj s'ouvrant par des arcades vitrées vers la cité médiévale.

🛏 **Hotel dei Duchi**, *4. viale Matteotti, 4.* ☎ *074-34-45-41.* ● *info@ hoteldeiduchi.com* ● *hoteldeiduchi. com* ● *Doubles 90-140 € selon confort et saison, petit déj compris.* 🛜 *Ce bâtiment moderne – juste à l'entrée du centro storico, c'est vraiment là son intérêt – livre des chambres de bon confort, à la déco standardisée. Accueil serviable et pro.*

De chic à très chic

🛏 **Residenza d'Epoca Palazzo Leti** *(plan C3, **17**) : via degli Eremiti, 10.* ☎ *074-322-49-30.* ● *info@palazzoleti.com* ● *palazzoleti.com* ● *Doubles 100-270 € selon confort et saison, petit déj compris.* 🛜 *Café offert sur présentation de ce guide.* Une vieille demeure de caractère ancrée – avec son petit jardin panoramique à la française – sur le rebord de la vieille ville, en surplomb de la vallée verdoyante. Une dizaine de chambres de charme ultraconfortables et douillettes, décorées avec des meubles anciens sur une note tout élégante. Bon rapport qualité-prix hors saison.

🛏 **Hotel Gattapone** *(plan C3, **18**) : via del Ponte, 6.* ☎ *074-322-34-47.* ● *info@hotelgattapone.it* ● *hotelgattapone.it* ● *Doubles 80-190 € selon confort et saison, petit déj compris. Parking gratuit.* 🛜 *Réduc de 10 % sur la chambre août et oct-mars hors réveillons sur présentation de ce guide.* Accroché à la falaise dominant le Tessin, cet hôtel abrite une quinzaine de chambres avec vue sublime sur le ponte delle Torri. Son allure extérieure modeste contraste avec l'intérieur, dont l'aménagement joue habilement avec le contemporain et l'ancien, révélant une vraie personnalité qui évoque plus une maison privée. C'était d'ailleurs ce qu'il était au début du XXᵉ s, quand le peintre Francesco Santoro venait chercher ici l'inspiration. Puis elle a été transformée en hôtel de charme dans les années 1960, et ses proprios ont gardé l'esprit des lieux. Accueil stylé pro.

OMBRIE

Où dormir dans les environs ?

Camping

🏕 **Campeggio Monteluco :** *loc. San Pietro.* ☎ *074-322-03-58.* ● *campeggiomonteluco@libero.it* ● *campeggiomonteluco.com* ● *Proche du centre-ville, juste derrière l'église San Pietro ; suivre la direction de Monteluco. Ouv avr-sept. Selon saison, compter 19-25 € pour 2 avec tente et voiture.* Petit camping sommaire d'une cinquantaine d'emplacements répartis en terrasses sous les arbres, avec petite vue sur la vallée. Sanitaires rustiques. Bien qu'on soit dans le vert, on entend au loin la rumeur de la via Flaminia qui passe en contrebas. Bar et pizzeria bon marché, visiblement bien appréciée par les gens du cru qui font le déplacement.

De bon marché à prix moyens

🛏 |●| **Agriturismo Bartoli :** *fraz. Patrico sul Monteluco, 10.* ☎ *074-322-00-58.* ● *agriturismobartoli@ yahoo.it* ● *agriturismobartoli.com* ● *Suivre Monteluco, puis Patrico. Congés : 10 janv-1ᵉʳ mars. Double 70 €, petit déj compris. ½ pens possible. Repas 15-25 €. Parking gratuit.* 🛜 *(à la réception). Café ou digestif offert sur présentation de ce guide.* Propriété de 120 ha, au milieu de nulle part, que la famille Bartoli habite depuis 1840 et où

OMBRIE

ils élèvent moutons, vaches et cochons à 1 050 m d'altitude. Une dizaine de chambres fonctionnelles, soignées et agréables. Resto ouvert à tous avec grandes tablées où sont servis les produits de la ferme : viandes, légumes, huile d'olive, fromage, safran, truffes... De nombreux sentiers traversent la propriété et, par beau temps, le panorama sur la plaine ombrienne s'étend jusqu'à Perugia. Un endroit de rêve pour les bambins : air pur, chats, chiens, chevaux... Accueil authentique et chaleureux.

🏠 **Fattoria biologica Patrice :** fraz. **Uncinano,** 148, à **San Martino in Trignano.** ☎ 348-582-08-85. ● patrice@patrice.it ● patrice.it ● ♿ À env 10 km au nord-ouest de Spoleto ; suivre la direction d'Acquasparta jusqu'à San Giovanni di Baiano, tourner à droite vers San Martino in Trignano, traverser le village, puis route à droite (panneau), et continuer quelques km jusqu'au petit panneau indiquant la route menant à la propriété. Double 55 €, petit déj inclus. ½ pens possible. CB refusées. 🛜 Loin du monde civilisé, dans le chant des oiseaux et le murmure du vent dans les arbres, une exploitation de 42 ha entourée de vignes, de champs et d'oliviers. Une dizaine de chambres simples et pratiques, toutes avec salle de bains. La famille Niclas, franco-italienne, vous accueille à sa table et vous montre sa pratique de l'agriculture biologique (vin, charcuterie, huiles, confitures, pain, viandes). Produits en vente sur place et dans plusieurs magasins bio de la région. En automne, on participe à la cueillette des olives, pour goûter le soir même l'huile obtenue ! Excellent accueil.

🏠 **Agriturismo L'Ulivo :** loc. **Bazzano di Sotto,** 63. ☎ 074-34-90-31. ● info@agrulivo.com ● agrulivo.com ● ♿ À 5 km de Spoleto, en direction de Foligno et Trevi. Sortir en direction de Bazzano. Résa obligatoire. Apparts (2-3 pers) 275-715 €/sem selon saison. Parking gratuit. Réduc de 10 % sur la chambre janv-fév et oct-nov sur présentation de ce guide. À deux pas d'un gentil hameau médiéval avec son château en ruine, cet agriturismo produit de l'huile d'olive bio et propose – juste au pied de son oliveraie de 310 ha – 4 appartements simples mais bien équipés et nickel, aménagés dans d'anciens bâtiments agricoles. Notre préféré se trouve dans une ancienne tour pittoresque perchée sur la colline, dominant la piscine. Agréable jardin. Accueil discret mais attentif.

Où manger ?

Sur le pouce

🍽 **Alimentari Gennari** (plan C3, **30**) : piazza del Mercato, 15. ☎ 074-322-11-55. Tlj sf sam et dim ap-m 6h-14h20, 16h-21h. Moins de 5 €. Au coin de la piazza animée, cette épicerie fine réalise à la demande de délicieux panini, garnis avec charcuterie, fromage et autres bonnes choses de la vitrine réfrigérée. Une adresse de quartier tenue par un monsieur dynamique et sympa.

🍽 **Panificio Santini** (plan C3, **31**) : via Arco di Druso, 10-16. ☎ 074-34-66-69. Tlj 7h-20h. Env 5-10 €. Boulangerie de quartier réalisant des pâtisseries et biscuits secs traditionnels, mais aussi tartes et pizzas vendues al taglio. Également une belle vitrine d'antipasti, avec charcuterie, fromages, quiches, et quelques plats du jour simple et bien ficelés, du genre poulet aux olives ou rôti de porc-pommes de terre. Quelques tables dans une salle voûtée. Bien aussi à l'heure du petit déj. Une adresse à dimension variable qui nous plaît.

De bon marché à prix moyens

🍽 **La Barcaccia** (plan C3, **32**) : piazza Fratelli Bandiera, 5. ☎ 074-322-50-82. ● info@ristorantelabarcaccia.it ● Menus 12-18 € ; plats 8-15 €. Ambiance familiale, la mamma aux fourneaux et monsieur, dynamique et accueillant, qui virevolte en salle parmi sa clientèle d'habitués et cherchera sûrement à vous placer ses plats du jour ! Cuisine simple, typique et copieuse, servie dans une grande salle claire décorée de nombreuses affiches d'art contemporain. Petite terrasse sur la paisible placette.

|●| 🍴 ***Taverna dello Spagna*** *(plan C3, 33) :* via Fontesecca, 7. ☎ 074-342-01-88. ● tavernadellospagna@hotmail.it ● *Tlj sf mar. Menu env 16 € ; plats 7-18 €.* 📶 De bonnes pizzas correctement garnies. Et des spécialités traditionnelles mitonnées avec de bons ingrédients frais de saison « km 0 » et un peu revisités à l'indienne (quelques plats veg'), tout comme la déco de la longue salle, d'ailleurs. Accueil gentil.

🍴 ***Pizzeria Tre Fontana*** *(plan B4, 34) :* via Egio, 15. ☎ 074-342-11-44. ● info@ristorantetrefontana.it ● *Tlj sf mer. Pizze (le soir slt) 6-9 €.* 📶 Grande salle voûtée et haute de plafond. On y dévore de délicieuses pizzas à pâte fine, généreusement garnies et cuites au feu de bois. Également de la tambouille traditionnelle, mais on ne l'a pas testée.

|●| ***Il Biologico*** *(plan C1, 35) :* via Cacciatori delle Alpi, 1. ☎ 074-34-01-64. ● info@ilbiologico-spoleto.com ● *Tlj sf dim 8h30-20h (15h jeu). Résa conseillée. Menu unique env 13 €.* Fatigué des agapes ombriennes ? Au fond de leur boutique bio, les proprios, formés par de grands noms d'Italie et d'ailleurs, improvisent chaque jour un menu végétarien à la manière des grands chefs, exclusivement composé de produits bio, servi sur quelques tables dans le coin resto. Une adresse du midi succulente mais inadaptée aux grosses faims.

|●| ***Trattoria del Festival*** *(plan B3, 36) :* via Brignone, 8. ☎ 074-322-09-93. ● info@trattoriadelfestival.com ● ♿ *Tlj sf jeu. Congés : fév. Menus 12-25 € ; plats 7-16 €. Café offert sur présentation de ce guide.* Petite *trattoria* sans prétention, plébiscitée par les villageois. Plusieurs salles avec de belles voûtes en brique et une déco un rien fouillis mais qui, avec de vieilles chansons en fond sonore, crée une atmosphère vintage sympa. Grand choix de *bruschette*, soupes, *pasta* et viandes grillées. Accueil un peu chiffon !

|●| ***Novecento*** *(plan B2, 37) :* via Porta Fuga, 20. 📱 338-162-26-12. ● info@9centocasualrestaurant.com ● *Tlj sf lun.*

Plats 8-16 €. Ambiance assez cosy, façon « ma cabane au bord du lac », avec bibliothèque, canoë suspendu... Les fourneaux débitent de bons petits plats ombriens soignés, concoctés avec de bons produits savoureux, puisés dans le terroir local. Service efficace et pro.

|●| 🍴 ***Trattoria Pecchiarda*** *(plan B2, 38) :* vicolo San Giovanni, 1. ☎ 074-322-10-09. ● info@ristorantepecchiarda.it ● *Tlj sf jeu. Menus 12-35 € ; plats 8-23 €.* Vieille institution familiale de quartier, installée dans un cadre chaleureux, avec véranda et vaste jardin-terrasse. Dans l'assiette, cuisine traditionnelle de Spolète – très honnête et copieuse – à base de bonnes viandes du cru. Également quelques plats de poisson et des pizzas en soirée. Accueil tout gentil. Une adresse d'habitués qui tourne bien.

De prix moyens à chic

|●| ***Il Tempio del Gusto*** *(plan B3, 39) :* via Arco di Druso, 11. ☎ 074-34-7121. ● info@iltempiodelgusto.com ● *Tlj sf jeu. Menus 22-35 € ; grandes assiettes 12-18 €, plats 9-14 €.* La bonne table de Spoleto. Une charmante terrasse sur la placette tranquille, le glouglou de la fontaine, des bougies, des nappes blanches et un ballet de serveuses de noir vêtues... et si c'était LA soirée romantique de votre voyage ? Au menu, cuisine inventive inspirée par le terroir local, savoureuse et belle à voir, déclinée notamment sous la forme de grandes assiettes bien garnies pour ne pas se ruiner. Quelques petites salles intimes. Un vrai coup de cœur aux prix étonnamment raisonnables. Foncez !

|●| ***Osteria del Trivio*** *(plan B2, 40) :* via del Trivio, 16. ☎ 074-34-43-49. ● info@osteriadeltrivio.it ● *Tlj sf mar. Plats 8-15 €.* Un resto de quartier mis sur la fraîcheur des produits, sélectionnés dans le terroir ombrien, pour une cuisine bien maîtrisée, originale même, et surtout pleine de goût. À déguster dans des salles voûtées aux murs pastel, sous de vieilles poutres. On aime !

|●| ***Il Pentagramma*** *(plan B3, 41) :* via Martani, 4. ☎ 074-322-31-41. ● info@ristorantepentagramma.com ● *Tlj sf dim soir et lun midi. Menus 16-20 € ;*

plats 10-23 €. Lancé en 1959 par le créateur du Festival des deux mondes et la nièce de Toscanini. Aux murs, des dédicaces de nombreux artistes, comme Vittorio Gassman et Sophia Loren... Menu joliment mis en musique pour des spécialités régionales bien

tournées mais pas données. Belle et douce ambiance en salle, aux couleurs chaleureuses avec vieilles affiches aux murs. Quelques tables en terrasse dans la ruelle. Service impeccable mais accueil un rien guindé.

Où boire un verre ? Où déguster une glace ?

Ɏ Caffè degli Artisti (plan C3, **50**) : piazza del Mercato, 32-34. ☎ 074-322-50-71. ● caffeartistispoleto@alice. it ● Tlj 7h-3h. 📶 Parmi les nombreuses terrasses de cette charmante place animée, l'ambiance de celle-ci ne faiblit pas tout au long de la journée, sur fond de musique. Bien dès l'heure du 1er café jusqu'au dernier verre, en passant par l'*aperitivo*. On aime !

Ɏ Gelateria Primavera (plan C3, **51**) : piazza del Mercato, 7.

☎ 074-34-85-80. Tlj 10h-22h. De délicieuses *gelati* pleines de goût à lécher en explorant le *centro storico*. Quelques tables en terrasse sur la jolie place pour poser une fesse.

Ɏ Bar La Portella (plan C3, **52**) : via del Ponte. L'endroit idéal pour se requinquer en revenant d'une balade de l'autre côté du Ponte delle Torri (vieil aqueduc). Terrasse avec meubles de jardin en plastique, mais la vue vaut tous les coussins du monde !

À voir. À faire

– **Spoleto Card :** ● spoletocard.it ● Carte valable 7 jours donnant un accès gratuit à sept musées, le transport dans certains bus et parfois à des visites guidées gratuites de la ville. En vente dans les musées concernés (9,50 €, réduc).

Dans le centro storico

Ɏ Chiesa di San Gregorio Maggiore (plan B1) : piazza Garibaldi, 34. ☎ 074-34-41-40. Avr-oct, tlj 8h30-12h30, 15h30-19h ; nov-mars, tlj 8h-12h, 15h30-18h. Édifiée au XIIe s, elle domine la piazza Garibaldi de son puissant campanile dont la base est constituée de gros blocs de pierre taillés à l'époque paléochrétienne. À l'intérieur, belle architecture romane dépouillée à trois nefs, soutenues par des colonnes, avec chœur surélevé en haut d'une volée de marches. Quelques vestiges de fresques dans l'abside. Crypte sombre et humide, soutenue par une forêt de colonnes antiques dépareillées. Les chapelles latérales baroques sont des ajouts postérieurs. La tradition voulant que, sous l'église, se trouvent les os de milliers de chrétiens tués par les Romains en 304 en même temps que saint Grégoire, une *chapelle des Innocents* a été consacrée ; visible depuis le porche du XVIe s à travers une grille, et décorée de fresques sanguinolentes évoquant ces martyrs.

Ɏ Torre dell'Olio (plan B2) : via Porta Fuga, 41. Ne se visite pas. À voir en passant, c'est une tour défensive du XIIIe s, dont la légende prétend que l'huile bouillante jetée de son sommet a mis en déroute l'armée carthaginoise. Or l'incursion d'Hannibal en Ombrie, c'était en 217... soit un bon millier d'années avant l'érection de l'édifice ! C'est tout le charme des légendes...

Ɏ Chiesa di San Domenico (plan B2) : piazza San Domenico. ☎ 074-322-32-40. Avr-oct, tlj 8h30-12h30, 15h30-19h ; nov-mars, tlj 9h30-12h, 15h30-17h. L'église (XIIIe-XIVe s), aux murs sobres en pierre blanche et rose, mérite une petite halte pour ses quelques œuvres d'art : dans la chapelle à droite du chœur, magnifiques fresques relatant la légende provençale de sainte Marie Madeleine (XIVᵉ s) ; également une toile du XVIIᵉ s de Giovanni Lanfranco, puis, dans la chapelle à gauche du chœur, le « clou » de la visite demeure, justement, l'un de ceux de la Crucifixion, c'est du moins ce qu'affirme la tradition !

🏃🏛 Palazzo Collicola – Arti visive *(plan B3)* : *piazza Collicola, 1.* ☎ *074-34-64-34.* ● *palazzocollicola.it* ● *Tlj sf mar 10h30-13h, 15h30-19h (14h30-17h30 nov-mars). Entrée : 6,50-9 € selon expos temporaires ; réduc.* Spoleto Card acceptée. Un musée dédié à l'art contemporain avec, au **rez-de-chaussée,** la collection permanente qui regroupe principalement de grandes œuvres d'artistes italiens et internationaux du XXᵉ s, parmi lesquels : une foule de Calder, Moore, Colla, Lewitt... À l'**étage,** voici le palais, dans un état proche de ce qu'il était à l'origine, avec ses fresques, des plafonds peints et quelques meubles et tableaux. Étonnante longue galerie entièrement peinturlurée. Le **2ᵉ étage,** quant à lui, accueille les expos temporaires.

🏃 Piazza della Libertà *(plan B3)* : dominée par la façade du *Palazzo Ancaiani* (XVIIᵉ s), elle permet de jeter un coup d'œil – à travers les grilles – au plus beau vestige de l'antique *Spoletum* : un théâtre romain datant des premières années de l'empire, utilisé par le festival pour des spectacles de danse. Visite possible en passant par le Museo archeologico (voir ci-après).

🏃 Museo archeologico e Teatro romano *(plan B3)* : *via Sant'Agata, 18.* ☎ *074-322-32-77. Tlj 8h30-19h30. Entrée : 4 € ; réduc ; gratuit moins de 18 ans.* Spoleto Card acceptée. Installé dans le palazzo Corvi, ce musée présente une belle collection d'objets archéologiques découverts lors des fouilles menées en ville et dans les environs.
– **Au 3ᵉ étage :** sur le thème « Spoleto et la Valnerina » (vallée de la Nera), une foule de céramiques provenant de nécropoles et de sanctuaires, le tout de l'âge du bronze à la période romaine (IVᵉ s av. J.-C.-IVᵉ s apr. J.-C.) : bols, plats, lampes à huile, fioles, et aussi quelques petits bronzes.
– **Au 2ᵉ étage :** du matériel mis au jour dans les fouilles opérées à Spoleto, essentiellement dans la nécropole sous la piazza d'Armi (VIIᵉ s av. J.-C.) : outils, lances, céramiques, et puis ce curieux jeux d'enfant – *sonaglio* – en bronze ; sans oublier la paume d'un sceptre – pièce la plus importante du musée – en fer et bronze (une fabrication difficile à l'époque) avec des motifs de petits chevaux, appartenant à un dirigeant local de l'époque.
– **Au 1ᵉʳ étage :** sur le thème « Spoleto et son habitat » (dès le IXᵉ s av. J.-C.), des céramiques et objet (bijoux...) en bronze encore découverts dans des tombes. Voir la modélisation de deux sépultures du VIᵉ s, découvertes sous la plazza d'Armi, où les objets funéraires sont positionnés à leur emplacement d'origine par rapport aux corps... Puis la présence romaine est évoquée à travers quelques éléments d'architecture, amphores...
– **Au rez-de-chaussée :** tête de statues en marbre, fragments de bas-reliefs, lampes à huiles, stèles, etc. Et accès au **teatro romano,** sa scène et ses gradins.

🏛🏛 Arco di Druso *(plan C3)* : *via dell'Arco di Druso.* Juste avant de pénétrer sur la piazza Mercato, l'arc de triomphe de Drusus, érigé en l'an 23 pour vanter les mérites du fils de Tibère, mort d'une chute de cheval au retour d'une campagne chez ces horribles Teutons, marquait jadis l'entrée du forum romain. L'antique via Flaminia passait juste à côté.

🏃 Casa romana *(plan C3)* : *via di Visiale, 9.* ☎ *074-323-42-50. Tlj sf mar 11h-19h (16h30 nov-mars). Entrée : 3 € ; réduc.* Spoleto Card acceptée. Les quelques belles mosaïques au sol de cette demeure hypothétiquement impériale (elle aurait appartenu à la mère de l'empereur Vespasien) ne réjouiront que les férus d'Antiquité. La structure du bâtiment est moderne.

🎭🎭 ***Museo diocesano e basilica di Sant'Eufemia*** *(plan C3) : via Aurelio Saffi, 13.* ☎ 074-323-10-22. ● *spoletonorcia.it* ● *Avr-sept, tlj sf lun-mar 10h-18h, oct-mars, 10h30-16h30. Entrée : 6 € ; réduc. Spoleto Card acceptée. Conservez le ticket pour obtenir une réduc dans les autres musées diocésains d'Ombrie (Assise, Gubbio...). Feuille explicative en français.* Installé dans le palais épiscopal du XVI⁶ s, ce ***musée*** regroupe des œuvres du XIII⁶ au XIX⁶ s. Ensemble de triptyques médiévaux et Renaissance de tout premier plan. Vous apprécierez notamment les magnifiques visages de la *Vierge à l'Enfant allaitant* (1485) de Filippino Lippi, et l'impressionnant buste en bronze d'Urbain VIII (1640) par le Bernin. Au fond de la dernière salle, on passe par une petite chapelle à coupole du XVII⁶ s, couverte de fresques dans sa partie supérieure, pour ensuite accéder à la ***basilica di Sant'Eufemia,*** datant du début du XII⁶ s. Il s'agit de la seule église romane d'Italie centrale qui possède encore une galerie en hauteur, à l'époque réservée aux femmes. Un escalier raide donne accès à la partie inférieure montrant une élégante sobriété. Notez le curieux pilier à section cubique, finement sculpté : une récup' romaine.

🎭🎭🎭 ***Cattedrale di Santa Maria Assunta*** *(Duomo ; plan C2-3) : piazza del Duomo.* ☎ 074-323-10-63. *Tlj 8h30-12h30, 15h30-19h (17h30 nov-mars).* Construit de 1175 à 1227, le Duomo, à la ***façade*** précédée d'un portique Renaissance dominé par un élégant campanile, capte le regard fasciné de tous ! Au-dessus de la rosace centrale, belle et lumineuse mosaïque de Solsterno (1207), de style byzantin, représentant le Christ entouré de la Vierge et de saint Jean. L'***intérieur*** a été remodelé au XVIII⁶ s : restauration de la coupole et dégagement de la rosace, ce qui donne davantage de lumière dans l'édifice, doté de son beau pavement d'origine. On y découvre un grand nombre d'œuvres.
– Juste en entrant, sur la droite, dans la *cappella del Costantino Eroli,* une fresque du Pinturicchio : une *Madonna col Bambino,* entourée de deux saints et de deux arbres avec, en arrière-plan, un village fortifié en bord de mer.
– À droite du chœur, l'un des plus anciens *crucifix* peints sur parchemin collé sur bois (1187), seule œuvre d'Alberto Sotio parvenue jusqu'à nous, aux bleus et rouges d'une grande subtilité. Le Christ paraît étonnamment détendu ; même pas mal !
– Dans l'abside, fresque monumentale racontant la vie de la Vierge, de Fra Filippo Lippi. Commencée en 1467, elle fut terminée en 1469 par les élèves du peintre, car celui-ci mourut sans pouvoir achever l'œuvre. Son fils Filippino fut chargé de construire son tombeau, qui se trouve dans le transept droit.
– À gauche du chœur, la *cappella della Santa Icona* : en 1155, les armées de Frédéric II Barberousse saccagèrent la ville et, se repentant, l'empereur lui offrit une icône de style byzantin que l'archevêque de Spolète présente chaque année à la foule qu'il bénit. Dans la même chapelle, sur la droite, une lettre autographe de saint François d'Assise au frère Léon (en latin, traduite en français) appelle au recueillement.

🎭 ***Piazza della Signoria*** *(plan C2) :* en contrebas du Duomo, on y découvre – dans un petit écrin de verdure – une jolie vue sur les toits de la ville.

🎭 ***Piazza Campello*** *(plan C3) :* agrémentée de l'impressionnante *fontana del Mascherone* (XVII⁶ s), elle est aménagée en jardin et complétée par une promenade offrant de belles vues entre ses arbres.

🎭🎭 ***Rocca Albornoziana – Museo nazionale del Ducato di Spoleto*** *(plan C-D3) : piazza Campello, 1.* ☎ 074-322-49-52. ● *roccadispoleto.beniculturali.it* ● *museoducato.beniculturali.it* ● *Tlj sf lun 9h30-19h30 (18h30 oct-mars, 13h45 dim). Fermeture billetterie 45 mn avt. Entrée : 7,50 € ; réduc. Spoleto Card acceptée.* La Rocca, vaste quadrilatère de 140 m de long et de 40 m de large, fut témoin d'une histoire beaucoup plus mouvementée que ne le sera la visite ! Au XIV⁶ s, les possessions papales d'Ombrie étaient sous la coupe du gibelin seigneur de Viterbe, Giovanni di Vico. Le Saint-Siège confia au cardinal Albornoz la restauration du pouvoir pontifical : mission accomplie en 1354 à l'issue de la bataille d'Orvieto. Afin d'asseoir le pouvoir papal, Albernoz confia alors à Gattapone la construction de cette forteresse, qui accueillit des personnages importants, parfois tristement célèbres comme Lucrèce Borgia et son frère César...

ROCCA'LCATRAZ

Cette forteresse fut une prison de haute sécurité de 1817 à 1982. Elle a accueilli de nombreux membres de la Mafia (du moins ceux que l'on avait réussi à arrêter) ainsi qu'Ali Ağca, qui tenta d'assasiner le pape Jean-Paul II en 1981.

– *Le musée :* on entre d'abord dans la cour d'honneur trouée d'un puits et agrémentée – à l'étage – d'une galerie où se succèdent les armoiries des papes. Ensuite, une quinzaine de salles réparties sur deux étages autour de cette cour évoquent l'unité culturelle de la région telle que l'ont façonnée les événements historiques, en commençant au milieu du IVe s avec la communauté chrétienne, puis en abordant le monachisme, le duché lombard de Spolète, l'Empire et la papauté, le Quattrocento, etc., le tout évoqué à travers quelques objets archéologiques mis au jour dans des tombes des environs ou provenant des églises locales : sarcophages, bijoux, armes, éléments d'architectures (stèles, bas-reliefs, chapiteaux de colonnes...), fresques et autres objets religieux (crucifix, statues, retables...). Entre les salles des deux étages, on passe par la *camera pinta,* dans la tour principale de la forteresse, montrant une série de fresques (XIVe-XVe s) qui représente des scènes de chevalerie. Elles ne sont qu'en partie conservées mais valent le coup d'œil en raison de leur belle facture et de l'originalité du sujet : les images profanes étaient fort rares à cette époque dévote. Là, dans une petite alcôve, voir les latrines !

Hors l'enceinte du centro storico

🎥🎥🎥 *Ponte delle Torri (plan D3) :* via del Ponte. Depuis la Rocca, il ne vous reste plus qu'à poursuivre votre chemin jusqu'à ce grandiose aqueduc (230 m de long pour 80 m de haut) du XIIIe s. Enjambant le torrent Tessino, il permet de gagner à pied le Monteluco et la *chiesa di San Pietro.* Goethe évoque dans son *Voyage en Italie* ce pont aux 10 puissantes arcades qu'il a foulé de ses pieds. Attention au vertige ! Arrivé au milieu du pont-aqueduc, une fenêtre aménagée dans la structure vous offre une vue impressionnante sur la vallée. Et, de l'autre côté, le *fortilizio dei Mulini* dresse ses ruines à flanc de colline, d'où dévale la source qui alimentait l'ouvrage d'art.

🎥🎥 *Chiesa di San Pietro (hors plan par C4) :* via San Pietro. ☎ 074-34-97-96. *Franchir le pont-aqueduc et, sur l'autre rive du Tessin, prendre à droite sur 800 m. Avr-oct, tlj 9h-20h ; nov-mars, tlj 9h-12h, 15h30-17h.* Bâti fin XIIe-début XIIIe s sur une hauteur dominant la ville, ce chef-d'œuvre de l'art roman est précédé d'un imposant escalier. La *façade* est magnifique, sculptée de bas-reliefs animaliers, sorte de B.D. de l'époque, véhiculant des idées aux gens qui ne savaient pas lire. *Intérieur* du XVIIIe s, avec une nef très dépouillée et un chœur moderne joliment arrangé autour de l'autel sous lequel repose San Giovanni di Spoleto, martyrisé en 887.

◎ 🎥🎥 *Basilica di San Salvatore (hors plan par D1) :* via Basilica di S. Salvatore – piazza San Salmi. ☎ 074-321-86-20. *À 20 mn à pied de la piazza della Vittoria ; accès au-dessus du cimetière. Tlj 9h30-12h30, 15h-16h30.* Classée au Patrimoine mondial de l'Unesco en 2011, San Salvatore nous vient du IVe s, époque où les chrétiens appréciaient de ne plus systématiquement être la pâture des lions du cirque. Surplombé par une coupole, l'élégant chœur, avec ses hautes colonnes dépareillées – encore de la récup de matériel antique –, est resté inchangé. Il y règne une atmosphère étrange...

🎥🎥 *Chiesa di San Ponziano (plan C-D1) :* via della Basilica di San Salvatore. ☎ 074-322-52-88. *Tlj 9h30-19h30 (17h30 nov-mars). Si c'est fermé, le gardien n'est jamais loin.* Le 14 janvier de chaque année, le crâne de saint Pontien, martyr décapité en 175, est porté en procession. Au cœur d'un petit ensemble monastique, son église (XIIe-XIIIe s) présente une *façade* romane à deux niveaux avec campanile latéral, typique de l'Ombrie. À l'*intérieur,* customisé au XVIIIe s, voir surtout au fond à gauche la magnifique *crypte* du Xe s bien mise en valeur par son éclairage, avec ses belles fresques du XVe s. Remarquer aussi les deux étranges colonnes effilées...

➤ Des sentiers permettent *balades et randonnées* dans des paysages offrant de sublimes panoramas. En demander le plan à l'office de tourisme. Parmi les plus notables : *Monteluco* (2 km aller et 400 m de dénivelée), le *Monte Fionchi* (9 km aller et près de 1 000 m de dénivelée) et *San Pietro in Valle* (17 km aller et plus de 1 000 m de dénivelée).

Manifestations

– *Vini nel Mondo :* w-e le plus proche du 2 juin. ● *vininelmondo.org* ● Des viticulteurs de toute l'Italie viennent présenter leur vin. On commence par acheter un verre et, après, on fait le tour des exposants, avec dégustations à la clé. Le samedi soir, nuit blanche devant la cathédrale avec, notamment, un concert.
– *Festival dei Due Mondi :* chaque année de fin juin à mi-juil. Billetterie : piazza della Libertà, 10. ☎ 074-322-16-89. ● *festivaldispoleto.it* ● Fondé en 1958 par Gian Carlo Menotti, compositeur italo-américain qui voulait rassembler le meilleur des jeunes talents américains et italiens. Concerts de musique classique, sacrée et jazz, opéra et danse, en plein air sur la piazza del Duomo, dans les églises, les théâtres et à la Rocca. Les billets coûtent autour de 30 €. Mais on peut débourser plus de 100 € pour une bonne place aux spectacles les plus recherchés... et réserver au plus tard en avril !

DANS LES ENVIRONS DE SPOLETO

🏃 *Convento di San Francesco d'Assisi* (hors plan par C1) : au *Monteluco.* ☎ 074-34-07-11. À env 7 km à l'est de Spoleto. Accès en bus au départ de la gare ou de la piazza della Vittoria (en été slt). Tlj 9h-12h, 15h-18h. Une fort belle route grimpe jusqu'au Monteluco (850 m), sillonné de sentiers de balades et de randonnées au milieu des forêts. Là-haut, à côté d'une grande prairie idéale pour la bronzette ou le pique-nique, un lieu saint, fief des anachorètes, ces petits hommes tonsurés appréciant la vie en solitaire, le convento di San Francesco d'Assisi. On y voit l'oratoire fondé en 1218 par saint François *himself,* et le couvent primitif : un couloir sur lequel s'ouvrent les cellules. Remarquez la hauteur des portes et imaginez-vous menant ici une vie de prières, sur votre bat-flanc avec une paillasse et quelques pots pour tout mobilier !

LE SUD DE LA VALLÉE DU TIBRE

Traversé par l'autoroute du Soleil, celle qui mène de Florence à Rome, le sud de la vallée du Tibre ne compte plus ses visiteurs. Il faut dire qu'il les mérite, avec ses airs de fraîcheur champêtre et sa belle lumière. Frontière du territoire étrusque, comme Perugia au nord, il abrite en son fertile territoire quelques exemples probants de ces temps révolus. Le Tibre rejoint Todi, puis serpente vers l'ouest, à la recherche d'un nouveau lit. Rencontrant le barrage de Corbara, il s'élargit et se transforme en lac artificiel, autour duquel l'agritourisme fait bon commerce. Du temps des Romains, les marchandises

OMBRIE

étaient acheminées de Rome à Città di Castello en passant par ici. Bifurquez pour une halte dans la vieille ville d'Orvieto, fière cité perchée sur une falaise de tuf volcanique, jalousée maintes fois pour sa magnifique cathédrale. Si vous avez boudé les fresques tout au long du voyage, vous jetterez cette fois un œil à celles de Fra Angelico et de Luca Signorelli dans la cappella di San Brizio. Un seul regard suffit ici pour comprendre le cheminement du Moyen Âge à la Renaissance.

TODO (06059) 16 980 hab.

● Plan *p. 503*

Bâtie par les Étrusques sur des collines jumelles, l'antique *Tuder* (d'un vieux mot étrusque signifiant « frontière ») fut remodelée par les Romains, qui comblèrent la vallée les séparant afin d'en faire une place forte unique. De cette époque antique, il reste quelques vestiges dont de belles murailles. Aujourd'hui, ce gros bourg perché, ceint de remparts médiévaux et sillonné de rues pavées à l'ancienne, constitue une belle étape.

OMBRIE

Arriver – Quitter

En train

🚂 **Stazione** *(gare ; hors plan par B1) :* via Stazione Ponterio, à **Ponte Rio.** *Desservie par la compagnie* **Ferrovia Centrale Umbra** *(FCU). Infos :* ☎ 800-512-141. ● *umbriamobilita.it* ● À env 6 km au nord-est de Todi. De là, **bus B ou C** pour rejoindre le centre-ville (15 mn). Ponte Rio est située sur la ligne Terni – San Sepulcro.
➢ **Perugia** *(Sant'Anna ; 50 mn)* **et Terni** *(55 mn) :* 5-12 directs/j. Pour **Città di Castello,** changement à Perugia.
➢ Connexion avec les trains du réseau national **FS-Trenitalia** à **Perugia** et **Terni.** *Infos :* ☎ 89-20-21. ● *trenitalia.com* ●

En bus

🚌 **Arrêts de bus** *(plan A2) :* piazza della Consolazione. *Infos :* **Umbria Mobilità,** ☎ 800-512-141 *(n° Vert).* ● *umbriamobilita.it* ● De là, petite grimpette à pied jusqu'au *centro storico* par la *serpentina della viale,* ou minibus orange *(tlj sf dim).*
➢ **Orvieto** *(2h) :* env 1 bus/j. sf dim.
➢ **Terni** *(1h50) :* 2-3 bus/j.

Circulation et stationnement

🅿 Classé *ZTL (Zona Traffico Limitado),* le *centro storico* n'est accessible qu'aux seuls véhicules autorisés. Et la circulation y demeure interdite en juillet-août, ainsi que tous les dimanches de l'année. Aussi conseille-t-on de se garer à l'extérieur des murs, dans le *parking gratuit (plan A2)* en contrebas de la chiesa Santa Maria della Consolazione, d'où l'on gagne le vieux centre à pied ou en minibus. Pour les moins courageux, également un **parking payant** *(plan A2)* Porta Orvietana, relié au *centro storico* par un funiculaire, puis 5 mn de marche *(ouv 7h-minuit ; 0,80-1,20 €/h ; 6 €/j.).* 0,90 €/h la 1ʳᵉ heure, 0,60 € ensuite, max 6,60 €/j.

Adresses et info utiles

🛈 **Ufficio turistico** *(plan A1) :* piazza del Popolo, 38. ☎ 075-8956-227. ● *visitodi.eu* ● *comune.todi.pg.it* ● *Lun-sam 9h30-13h, 15h-18h ; dim*

10h-13h. Plan de la ville avec ses principaux monuments, petit guide en français sur Todi et la vallée du Tibre, infos loisirs verts dans les environs, agenda culturel...

✉ **Poste** *(plan A1) : piazza Garibaldi, 6. Lun-sam mat slt.*

– **Marché** *(hors plan par B2) : sam mat, viale del Crocifisso, vers la Porta Romana.*

Où dormir ?

Bon marché

⌂ **Casa per Ferie – Monastero S. S. Annunziata** *(plan B1, 10) : via San Biagio, 2.* ☎ *075-894-22-68.* ● *monasterotodi@smr.it* ● *monastero. smr.it* ● *Couvre-feu à 23h. Double 60 €, petit déj compris. ½ pens possible.* 🛜 Installée dans un couvent du XVᵉ s avec fresques et meubles anciens, une belle pension religieuse d'une cinquantaine de chambres simples mais parfaitement tenues par les sœurs de Marie-Réparatrice. Toutes avec salle de bains, prie-Dieu et crucifix au mur. Repas dans le réfectoire d'époque avec les sœurs ! Terrasse et beau jardin. Un bon rapport qualité-prix-accueil.

Prix moyens

⌂ **Residenza d'epoca San Lorenzo Tre** *(plan A1, 11) : via San Lorenzo, 3 (au 2ᵉ étage).* ☎ *075-894-45-55.* ● *info@sanlorenzo3.it* ● *sanlorenzo3. it* ● *Dans la ruelle s'ouvrant au bas de l'escalier du Duomo. Résa indispensable. Doubles 95-110 € selon confort et saison, copieux petit déj inclus.* 🛜 *Réduc de 10 % sur le prix de la chambre sur présentation de ce guide.* En plein centre historique, une vieille maison de famille abritant 8 belles chambres confortables (sans TV !) et dotées de meubles anciens. Les plus chères jouissent d'une belle vue panoramique sur la vallée verte. Délicieux jardin pour se prélasser à l'ombre, et terrasse sur le toit pour se dorer la pilule. Accueil dynamique et sympa en français. Une vraie adresse de charme.

⌂ **Hotel Villa Luisa** *(hors plan par B2, 12) : via Cortesi, 147.* ☎ *075-894-85-71.* ● *villaluisa@villaluisa.it* ● *villaluisa. it* ● ♿ *À env 1 km de la Porta Romana,* direction Terni. Doubles 85-95 € selon confort et saison, petit déj compris. Parking gratuit.* 🖵 🛜 Le bâtiment en brique, moderne et massif, n'a aucun charme mais il est planté dans un beau jardin avec piscine et terrasses. Une petite trentaine de chambres nickel et classiques au confort standardisé, avec balcon pour certaines. Bon accueil pro.

De prix moyens à chic

⌂ **Locanda degli Alberti** *(plan B2, 13) : via G. Matteotti, 38.* ☎ *075-894-49-04.* ● *info@locandadeglialberti. it* ● *locandadeglialberti.it* ● *Doubles 90-135 € selon confort et saison, petit déj inclus.* 🛜 Petit hôtel de charme aménagé dans une maison du XIIIᵉ s, rénovée avec un escalier design en tôle, bien assorti aux vieilles poutres et carrelage ancien en terre cuite. Juste 7 belles chambres confortables, douillettes et élégantes dans leur sobriété. Toutes différentes dans leur volume, les plus petites étant les moins chères. Une très belle adresse, mais dont les prix dérapent un peu.

⌂ **Hotel Fonte Cesia** *(plan A2, 14) : via L. Leonj, 3.* ☎ *075-894-37-37.* ● *fontecesia@fontecesia.it* ● *fonte cesia.it* ● ♿ *Doubles 90-175 € selon confort et saison, petit déj inclus. Parking payant.* 🛜 Dans un ancien palais Renaissance communiquant avec l'ancienne église Saint-Benoît (XIIIᵉ s) transformée en centre de conférences, une quarantaine de chambres bien équipées, à la déco très classique. Également quelques belles suites dans un cadre d'époque luxueux, avec cheminée. Agréable salon avec voûte en brique et fauteuils bien tentants. Sur place, resto-pizzeria *Le Cisterne,* doté d'une belle terrasse. Accueil charmant.

OMBRIE

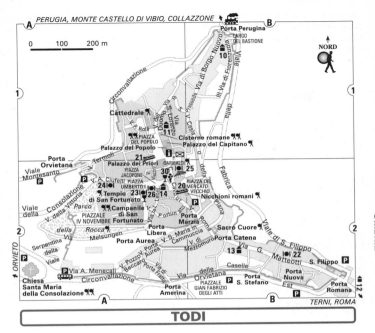

PERUGIA, MONTE CASTELLO DI VIBIO, COLLAZZONE

TODI

	Adresse utile
🖪	Ufficio turistico

🛏 **Où dormir ?**

10 Casa per Ferie – Monastero S. S. Annunziata
11 Residenza d'epoca San Lorenzo Tre
12 Hotel Villa Luisa
13 Locanda degli Alberti
14 Hotel Fonte Cesia

|●| �　　 **Où manger ?**

20 Le Roi de la Crêpe
21 Salsamenteria Principi
22 Trattoria « da Piero e Silvana »
23 Vineria San Fortunato
24 Pane e Vino
25 Cavour
26 Jacopone « da Peppino »

🍸 ♟ **Où boire un verre ? Où déguster une glace ?**

30 Bar-gelateria Pianegiani

Où manger ?

Sur le pouce

�　 **Le Roi de la Crêpe** (plan A2, **20**) : corso Cavour, 37. ☎ 075-894-52-97. Tlj sf mar 12h-minuit. Moins de 5 €. La dernière coqueluche de Todi ! Tout petit local avec comptoirs et chaises hautes. À la carte, de délicieux panini tout chauds réalisés avec des ingrédients de bonne qualité pour seulement quelques euros. Également des hamburgers, tramezzini, crêpes sucrées et salées... Le chef prend son travail très à cœur et reçoit régulièrement des récompenses culinaires. Une adresse avec laquelle il faut compter.

�　 **Salsamenteria Principi** (plan A1-2, **21**) : piazza del Popolo, 1-2. ☎ 075-894-23-13. ● info@principisalsamenteria.it ● Tlj 8h-13h30, 15h30-20h. Moins de 5 €. En plein centro storico, cette épicerie fine réalise – à la demande et pour quelques euros – de bons *panini* au jambon, saucisson, fromage... Également d'autres bons produits du terroir local à acheter : huile d'olive, vin, pâtes...

De bon marché à prix moyens

I●I Trattoria « da Piero e Silvana » (plan B2, **22**) : via Matteotti, 91. ☎ 075-894-46-33. ● *danielatodi@libero.it* ● *Tlj sf mer. Menus 16-20 € ; plats 6-12 €.* À l'écart du flux touristique, on aime bien cette petite *trattoria* de quartier mitonnant une bonne cuisine familiale simple et goûtue, avec les produits du terroir local. À engloutir dans une salle avec pierres apparentes et vieilles poutres, ou en terrasse sur la rue en pente, qu'il faut ensuite remonter jusqu'à la piazza del Popolo, ouf ! Accueil familial sympa. Une excellente adresse à prix copains.

I●I � Vineria San Fortunato (plan A2, **23**) : piazza Umberto I, 5. ☎ 075-372-11-80. ● *vineriasanfortunato@gmail.com* ● *Tlj sf mer. Plats 8-12 €.* ☎ Cadre moderne avec casiers à bouteilles dans tous les coins, pour ce bar à vins flanqué d'une charmante terrasse dans les escaliers du tempio San Fortunato. À l'ardoise, juste quelques plats du cru bien tournés et tous les jours différents. Solide sélection de vins ombriens et italiens, dont certains servis au verre. Un succès fou dès l'*aperitivo*, où les planches de charcuterie-fromage virevoltent pour accompagner les savoureux nectars ! Accueil sympa.

I●I Pane e Vino (plan A2, **24**) : via Ciufelli, 33. ☎ 075-894-54-48. ● *paneevinotodi@libero.it* ● *Tlj sf mer. Plats 9-18 €. Digestif offert sur présentation de ce guide.* Étroite terrasse ombragée et plusieurs petites salles mignonnes comme tout. L'accueil sympa du proprio prédispose à vous laisser conseiller sur les *primi* et autres viandes, arrangées selon des recettes traditionnelles soignées. Ne passez pas non plus à côté de l'assortiment d'*antipasti* – un repas à lui seul – ni des charcuteries, servies avec du pain maison ! Belle cave de vins ombriens, avec possibilité d'en acheter.

I●I ⛶ Cavour (plan A-B2, **25**) : corso Cavour, 21. ☎ 075-894-37-30. ● *cavour.gardeniablu@hotmail.fr* ● ♿ *Ouv tlj. Congés : fév. Menu 17 € ; plats 6-12 €.* ☎ *Café offert sur présentation de ce guide.* Formidable terrasse panoramique sur plusieurs niveaux avec vue sur les toits et la campagne ! Également quelques salles où il règne un petit côté usine. Dans l'assiette, cuisine du coin – simple et honnête – qui fait la part belle aux viandes. Également quelques plats froids pour les petites faims, et des pizzas. Accueil dynamique. Un rendez-vous des gens du cru à midi.

I●I Jacopone « da Peppino » (plan A2, **26**) : piazza Jacopone, 3. ☎ 075-894-23-66. ● *ristorantejacopone@libero.it* ● *Tlj sf lun. Plats 9-16 €.* Vieille institution familiale servant des plats couleur locale, dont de bonnes pâtes et des viandes copieuses, sous de vénérables voûtes en brique. Une bonne vieille adresse qu'affectionnent les habitués.

Où dormir ? Où manger dans les environs ?

🏠 I●I B & B Torre Sangiovanni : vocabolo Castello, 26 g, fraz. **Collevalenza.** ☎ 075-88-73-64. 🖩 349-446-64-42. ● *info@torre-sangiovanni.it* ● *torre-sangiovanni.it* ● ♿ *À env 8 km au sud-est de Todi. Resto tlj sf mer. Doubles 75-105 € selon confort, vue et saison, petit déj inclus. Menus 18-45 € ; plats 11-14 €. Parking gratuit.* 🖵 ☎ *Réduc de 10 % sur le prix de la chambre (sf août) ou digestif ou café offert sur présentation de ce guide.* Dans un gentil

village fortifié, une quinzaine de chambres avec meubles anciens et tout le confort d'aujourd'hui, dispatchées dans plusieurs maisons du XIIᵉ s. Déco chaleureuse avec pas mal de bondieuseries. Côté plaisir des papilles, sérieux petit resto aux spécialités traditionnelles un rien revisitées. Accueil charmant. Une belle adresse.

🏠 I●I La Mulinella : loc. Pontenaia, 29, fraz. **Vasciano.** ☎ 075-894-47-79. À 4 km au sud de Todi. Partir direction

*Terni, puis juste après l'*Hotel Luisa, *prendre à droite la route du stade ; c'est à côté. Resto tlj sf mer. Double 65 €. Menus 18-28 €. Parking gratuit.* Cuisine paysanne – *tutti fatti in casa !* – offrant de belles saveurs pour un bon rapport qualité-prix. Vaste terrasse avec jeux pour enfants, et vue sur Todi là-haut. Loue aussi des chambres sans chichis mais très correctes. Une bonne adresse d'habitués.

Casale Il Poggetto : *Petroro (à 8 km du centre de Todi). Représenté par* Loc'appart ● locappart.com ● *Apparts pour 6 pers à partir de 100 €/j.*

en basse saison. Murs en pierre, cheminées, boiseries et tomettes, piscine... Les 2 appartements de *Casale Il Poggetto* ont tout pour plaire en toute saison. Confortables et spacieux (100 et 110 m^2), ils sont le lieu idéal pour des excursions journalières et pour partir à la découverte de l'Ombrie (balades à pied ou à vélo, à travers les villages et vignobles des alentours). Le petit plus : une grande terrasse à *gazebo* avec cuisine ouverte et barbecue à disposition, offrant une superbe vue panoramique sur la campagne environnante.

Où boire un verre ? Où déguster une glace ?

Bar-gelateria Pianegiani *(plan A2,* **30***) : corso Cavour, 40.* ☎ 075-894-23-76. *Tlj 6h30-minuit. Congés : fév.* Réduc de 10 % sur présentation de ce guide. Beaucoup s'accordent à dire qu'on sert ici les meilleures glaces de la ville. Le soir, sur sa belle terrasse, l'animation bat son plein, couvrant les glouglous de la Fonte Cesia.

À voir

– **Important :** le billet combiné **Circuito museale di Todi** *(7 €, réduc)* permet l'accès au *museo della Città,* aux *Cisterne romane,* au *museo lapidario* et au *campanile di San Fortunato.* En plus des quatre sites précédents, le billet **Todi Unica** *(10 €, réduc)* donne aussi l'entrée au *palazzo Vescovile,* à la *chiesa della Nunziatina* et à la *cripta della Cattedrale.*

Piazza del Popolo *(plan A1) :* sur le site de l'ancien forum romain furent érigés au XIIIe s ces trois magnifiques palais témoignant alors de la vitalité communale. Le **palazzo del Popolo,** bâtiment austère surmonté de créneaux, comporte une galerie à arcades au rez-de-chaussée. À sa gauche, le **palazzo del Capitano** renferme les collections du museo della Città. À leur droite, le **palazzo dei Priori,** doté d'une tour trapézoïdale, est orné de l'aigle-symbole de la ville, en bronze fondu en 1340. La légende veut en effet que le lieu où fut construite la ville ait été indiqué aux fondateurs par un tel oiseau...

Museo della Città – palazzo del Capitano *(plan A1) : piazza del Popolo.* ☎ *075-894-41-48. Avr-oct, tlj sf lun 10h-13h30, 15h-18h ; nov-mars, tlj sf lun 10h30-13h, 14h30-17h. Fermeture billetterie 20 mn avt. Entrée : 4 € ; réduc.* Histoire de la ville des Étrusques à la Renaissance, archéologie, numismatique, tissus et céramiques... Mais la visite vaut surtout pour la **pinacoteca :** belle collection de maîtres mineurs du Cinquecento et du Seicento, surtout originaires de Todi (comme Pietro Sensini et Andrea Polinori), et de Giovanni di Pietro (dit « Lo Spagna »). Noter, dans la salle des céramiques, les fresques du XVIIIe s représentant les gloires nées dans la ville.

Cisterne romane *(citerne romaine ; plan A1) : via del Monte, 2. Accès par une ruelle face au Palazzo del Capitano. Avr-oct, tlj sf lun 10h-13h, 15h-18h ; mars et nov-déc, ven-dim 10h30-13h, 14h30-17h ; janv-fév, sam-dim 10h30-13h, 14h30-17h. Fermeture billetterie 20 mn avt. Entrée : 2 € ; réduc.* Une enfilade de

12 salles souterraines – à 8,50 m de profondeur – dont une partie seulement est ouverte à la visite. En sortant, remarquer le puits qui communique avec la citerne.

⚲ Cattedrale *(plan A1) :* piazza del Popolo. ☎ 075-894-30-41. ● chiesaditodi.it ● *Tlj 10h (9h30 dim)-13h, 15h-18h.* Construit au XIIᵉ s, le Duomo domine l'ensemble civil de la piazza del Popolo du haut de son escalier. Ornée de rosaces, sa **façade** en marbre rose et blanc mérite qu'on s'attarde sur la délicatesse de ses éléments sculptés. À l'**intérieur**, les amateurs apprécieront les chapiteaux finement ciselés, mais, surtout, sur la contre-façade, *Le Jugement dernier,* fresque du XVIᵉ s de Ferraù de Faenza (même si certains pensent qu'il s'agit d'une pâle copie de celle de Michel-Ange à la chapelle Sixtine de Rome). On peut aussi visiter la crypte abritant quelques stèles et statues, dont la plus importante demeure cette belle *Vergine col il Bambino* en bois du XIIᵉ s.

⚲ Piazza Garibaldi *(plan A1-2) :* cette place jouxtant la piazza del Popolo possède une terrasse offrant une très belle vue sur les environs, et en particulier sur les monts Martani. Sur la terrasse juste en contrebas se dresse un arbre de 33 m de haut, connu comme le *cyprès de Garibaldi.* Il fut planté en juillet 1849, lorsque, après l'échec de la République romaine, Todi accueillit Garibaldi pourchassé par les Autrichiens.

⚲ Nicchioni romani *(niches romaines ; plan B2) :* piazza del Mercato Vecchio. Ces quatre niches, datant d'Auguste, sont hautes de plus de 6 m. Imaginez les statues qu'elles pouvaient accueillir !

⚲ Chiesa Sacro Cuore *(Convento Padri Cappuccini ; plan B2) :* via Cesia o della Piana, 2. Horaires variables. Si c'est ouvert, on peut y admirer une œuvre de Fiorenzo Bacci, sculpteur né à Todi en 1940 : *Apparizione di Maria a Fra Raniero da San Seplocro.* Dans ce beau bronze, Marie, auréolée des couleurs pastel du mur sur lequel s'appuie l'œuvre, est reliée au saint homme porteur de l'Enfant Jésus par une draperie s'élevant jusqu'aux cieux.

⚲ Tempio di San Fortunato *(plan A2) :* piazza Umberto I. Avr-oct, tlj sf lun 9h-13h, 15h-19h ; nov-mars, tlj sf lun 10h-13h, 14h30-17h. Élevé entre 1292 et 1462, cet édifice, gigantesque pour la bourgade qu'est Todi, mêle éléments romans et gothiques. La façade, au majestueux portail délicatement ciselé, est l'œuvre de Lorenzo Maitani, maître d'œuvre du Duomo d'Orvieto. La légende veut que les Orviétans, craignant que cette nouvelle œuvre n'éclipse leur cathédrale, aient rendu l'artiste aveugle pour l'empêcher de terminer son travail. Sans doute réus-

CHANGEMENT DE CAPE

Jacopone da Todi n'a pas toujours vécu en indigent. Né dans une famille noble, il mena une vie mondaine et épousa Vanna, aussi riche que lui. Vanna mourut durant une fête, lors de l'effondrement d'une tribune. Sur le corps, le veuf trouva un cilice (vêtement de crin porté en pénitence) et comprit que Dieu lui faisait signe. Il se jeta dans la dévotion et la pauvreté en rejoignant l'ordre franciscain. Il s'éleva contre la vie fastueuse du pape Boniface VIII, lequel l'excommunia et le fit emprisonner.

sirent-ils à l'effrayer, car la façade est restée inachevée... Vous trouverez un peu de fraîcheur à l'intérieur, cela va sans dire, mais surtout – dans la 4ᵉ chapelle de droite – de belles fresques peintes en 1432 par Masolino da Panicale *(Vierge à l'Enfant et deux anges)* ainsi que, dans une crypte austère et sans âme dont l'entrée se situe à gauche du chœur, le tombeau massif en marbre du poète franciscain Jacopone da Todi (1230-1306).

⚲⚲ ⁂ Campanile di San Fortunato *(plan A2) :* accès par le Tempio di San Fortunato. Avr-oct, tlj sf lun 10h-13h, 15h-18h ; nov-mars, tlj sf lun 10h30-13h, 14h30-17h. Fermeture billetterie 20 mn avt. Entrée : 2 € ; réduc. Vue panoramique sur quasiment toute l'Ombrie. On reconnaît en particulier le profil du Monte Subasio, avec Assise sur son flanc. Cela vaut bien l'ascension des 150 marches !

🎍 *Parco della Rocca (plan A2) :* agréable parc ombragé où se trouvent les ruines du château fort (XIVᵉ s).

🎍🎍 *Chiesa Santa Maria della Consolazione (plan A2) : viale della Consolazione. À pied, du parco della Rocca, descendre par la serpentina del Viale. Avr-oct, tlj sf mar 9h-12h30, 15h-18h30 ; nov-mars, tlj sf mar 9h30-12h30, 14h30-17h.* Ce joyau de la Renaissance, construit d'après des dessins de Bramante, a fêté en 2008 son demi-millénaire. Bâti en forme de croix grecque, l'édifice est coiffé d'un dôme. À l'intérieur, qui surprend par son volume (la lanterne se trouve à près de 50 m de haut !), statues des 12 apôtres sculptées par Scalza.

🎍🎍🎍 *Vue d'ensemble de la ville (hors plan par B2) :* la route de Pontenaia offre une vue admirable sur la ville et sa colline, surtout en fin d'après-midi. Cyprès, peupliers, oliveraies, prairies et remparts composent un tableau idyllique.

Manifestation

– **Todi Festival :** *fin août-début sept. Infos :* ● *todifestival.it* ● Il ravira les amateurs de théâtre et de ballet.

DANS LES ENVIRONS DE TODI

🎍 *Monte Castello di Vibio :* à 12 km au nord de Todi. Perché à 422 m d'altitude, ce village médiéval – très bien conservé – avait pour mission principale de défendre les approches de Todi. Petites ruelles tortueuses avec beaucoup de cachet. Ici, on s'enorgueillit du tout petit *Teatro della Concordia,* en bois, qui date du XIXᵉ s. Il serait le plus petit édifice du genre au monde, avec seulement 99 sièges. *Visite : piazza Teatro della Concordia.* ☎ *075-878-07-37.* ● *teatropiccolo.it* ● *Sam-dim et j. fériés (tlj juil-août et à Noël) 10h-12h30, 15h30-18h30 (16h-19h avr-août). Entrée : 5 € ; réduc. Voir aussi le programme des représentations.*

🎍 *Collazzone :* à 20 km au nord de Todi. Petit village perché à 469 m d'altitude. De ses rues médiévales, qui semblent ne pas avoir bougé d'un iota, on peut jouir de jolis panoramas. À l'intérieur de la chiesa di San Lorenzo, remarquez une *Madonna Lignea* polychrome du XIIIᵉ s.

🎍 *Foresta fossile di Dunarobba (forêt fossile de Dunarobba) :* voc. Pennicchia, 46, à **Dunarobba.** ☎ 074-494-03-48. ● *forestafossile.it* ● À 17 km au sud de Todi par la SP 379. *Avr-juin et sept, tlj sf lun 10h-13h, 14h-18h ; juil-août, tlj sf lun 10h-13h, 16h-19h ; oct, tlj sf lun 10h-13h, 15h-18h ; nov-mars, tlj sf lun 10h-13h, 14h-16h30. Entrée : 5 € ; réduc. Visites guidées slt. Feuille explicative en français.* Au milieu d'un champ, non loin de Dunarobba, émerge un groupe d'une cinquantaine de troncs gigantesques datant de la fin de l'ère tertiaire. Ce phénomène géologique, connu depuis 1637, a longtemps gêné l'extraction de tourbe et de lignite. Voisins du séquoia, ces arbres pouvaient atteindre jusqu'à 100 m de haut ! On n'en découvre donc que de petits tronçons fossilisés, car vieux de 2,5 millions d'années ! Évidemment, une fois à l'air libre, ces troncs doivent être protégés, et les toitures de tôle gâcheront le plaisir des photographes. Trois sont d'ailleurs inclus dans une structure à température et humidité constantes. Petite expo d'intérêt limité.

OMBRIE

ORVIETO

(05018)

20 870 hab.

• Plan *p. 510-511*

Orvieto trône magnifiquement sur son rocher de tuf et de pouzzolane, témoins d'une activité volcanique vieille de mille siècles. Une tribu s'installa ici dès l'âge du fer, avant que les Étrusques n'y créent la cité de *Velzna*, détruite par les Romains pour édifier leur propre ville, *Urbe Vetus*... Annexée par les États pontificaux au milieu du XVe s, Orvieto devient un séjour favori des papes, plus sûr que Rome. Possédant l'un des plus beaux *duomo* d'Italie et un vin célèbre, la ville est devenue très touristique tout en conservant son charme. On peut flâner longuement, sans but précis, dans ses ruelles médiévales qui réservent toujours des surprises. Et profitez-en pour déguster ce vin d'Orvieto, jadis très apprécié du pape Paul III Farnèse, dans sa version rouge, blanc moelleux *(abboccato)* ou blanc sec !

Arriver - Quitter

En train

Stazione *(gare ; plan D1)*: *piazza della Stazione*, à **Orvieto Scalo.** ☎ 89-20-21 *(n° Vert)*. • trenitalia.it • À env 4 km du centre historique dans la ville basse moderne. Funiculaire (voir « Circulation et stationnement ») ou bus n° 1 pour rejoindre la vieille ville.

➢ **Roma** *(Termini ou Tibertina ; 1h30)* et **Firenze** *(S. M. Novella ou Rifredi ; 2h30)*: 10-17 directs/j.

➢ **Perugia** *(Fontivegge ; 2h)*: env 10 trains/j. avec changement à Terontola-Cortona.

En bus

Gare routière *(plan D1)*: *piazza della Stazione*, à **Orvieto Scalo.** *Infos*: **Umbria Mobilità,** ☎ 800-512-141 *(n° Vert)* ; • umbriamobilita.it • **Cotral,** ☎ 800-174-471 ; • cotralspa.it • Devant la gare ferroviaire. Certains bus passent aussi piazza Cahen *(plan C1-2)*, dans le centre historique.

➢ **Todi** *(2h)*: env 1 bus/j. sf dim.

➢ **Perugia** *(1h50)*: env 2 bus/j. sf dim.

➢ **Amelia** *(1h15)*, **Narni** *(1h30)* et **Terni** *(2h10)*: env 6 bus/j. sf dim.

➢ **Viterbo** *(1h30)*: env 4 bus directs/j. sf dim avec la compagnie *Cotral*.

Circulation et stationnement

☒ Ne pas chercher à entrer dans la vieille ville – classée *ZTL (Zonna Traffico Limitado)* – car la circulation y est interdite à certaines heures de la journée, ou seulement permise aux véhicules autorisés. **Stationnement gratuit** au *parcheggio della Funicolare (plan D1)*, derrière la gare ferroviaire. De là, le funiculaire *(ttes les 10 mn ; lun-ven 7h20-20h30, w-e 8h-20h30 ; puis bus n° 1 ttes les 40 mn 20h30-minuit ; A/R env 2 €, bus vers le centre compris)* mène à la *piazza Cahen (plan C1-2)*. Puis bus A ttes les 10 mn pour la *piazza Duomo (plan B2-3)*, et bus B ttes les 20 mn pour la *piazza della Repubblica (plan A-B2)*. Également des **parkings payants** plus proches du *centro storico* : sur la *piazza Cahen (plan C1-2)* et la *via Roma (plan C2)* ; paiement aux horodateurs *(0,60 €/h)*. Et enfin le parking *Campo della Fiera (plan A2)*, relié à la vieille ville par un escalier mécanique *(tlj 7h-minuit ; 1 €/h, 10 €/j.)*.

Adresses et infos utiles

🛈 Ufficio turistico (plan B3) : piazza del Duomo, 24. ☎ 076-334-17-72. ● orvieto.regioneumbria.eu ● Lun-ven 8h15-13h50, 16h-19h ; w-e et j. fériés 10h-13h, 15h-18h. Plan de la ville en français avec ses principaux monuments et musées, infos routes des Vins Etrusco-Romano et de l'Huile d'olive, agenda culturel, visites guidées en italien et en anglais...

✉ Poste (plan B2) : largo Maurizio Ravelli, 4, donnant sur le corso Cavour, 122. Tlj sf sam ap-m et dim.

✚ Hôpital (ospedale Santa Maria della Stella ; hors plan par D1) : loc. Ciconia. ☎ 076-330-71. Derrière la gare ferroviaire. Urgences médicales : ☎ 118.

■ Police municipale (plan C2) : via Roma. ☎ 076-334-37-24.

🚕 Taxis (plan D1) : à la gare. ☎ 076-330-19-03.

– Marchés (plan B2) : jeu mat et sam mat, piazza del Popolo. Marché aux antiquités 2e w-e du mois, piazza della Repubblica.

Où dormir ?

– Important : il est INDISPENSABLE de réserver votre hébergement à l'avance, car la ville est très courue des Anglo-Saxons, et aussi bien appréciée des Italiens en week-end. En conséquence, les prix grimpent d'année en année et le rapport qualité-prix n'est plus vraiment au rendez-vous.

– Petit détail piquant : la basse vallée du Tibre est aussi très prisée des moustiques. Prenez vos précautions !

Bon marché

🛏 Hotel Posta (plan B2, **10**) : via L. Signorelli, 18. ☎ 076-334-19-09. ● hotelposta@orvietohotels.it ● orvietohotels.it ● Doubles 56-70 € selon confort, petit déj inclus. CB refusées. 📶 (réception et jardin). Aménagées dans le palazzo Guidoni – vieille demeure seigneuriale du XVe s –, une vingtaine de chambres simples mais agréables, fraîches et bien tenues. Avec ou sans salle de bains selon votre bourse. Rapport qualité-prix honnête et accueil sympa.

🛏 Istituto San Salvatore (plan B2, **11**) : via del Popolo, 1. ☎ 076-334-29-10. ● istitutosuoresansalvatore@tiscalinet. it ● istitutosansalvatore.it ● 🕯 Couvre-feu à 22h30. Doubles 48-80 € selon saison ; pas de petit déj. Parking gratuit (un atout !). Très belle demeure tenue avec beaucoup de gentillesse par des sœurs dominicaines. Une dizaine de chambres pratiques, nickel et sans fioriture.

Seules les doubles ont chacune une salle de bains privée. Joli jardin et terrasse avec vue sur la ville basse et les collines. Si votre chambre y donne, réveil avec les oiseaux !

🛏 Casa Religiosa di Ospitalità Villa Mercede (plan B3, **12**) : via Soliana, 2. ☎ 076-334-17-66. ● info@villamercede.it ● villamercede.it ● Double 70 €, petit déj compris. Parking gratuit (un atout !). À deux pas du Duomo, dans le palazzo Buzi dessiné par Scalza au XVIe s, les pères mercédaires (un ordre 8 fois centenaire créé à l'origine pour racheter les chrétiens prisonniers des « infidèles ») proposent des chambres proprettes, spacieuses et simples, mais non sans une certaine élégance. Si vous n'avez pas la vue sur le grand jardin avec tennis et les collines, consolez-vous avec les belles fenêtres Renaissance du mur d'en face !

🛏 Camere e Appartamenti Valentina (plan B2, **13**) : via Vivaria, 7. ☎ 076-334-16-07. 📱 393-970-58-68. ● valentina.z@tiscalinet.it ● bandbvalentina. com ● Doubles 50-100 € selon saison, petit déj compris ; apparts (2-5 pers) 75-180 € selon nombre d'occupants et saison. Parking payant. 📶 Sous le même toit, 6 chambres doubles et 2 appartements, dont le plus grand se trouve sous les toits. Quelle que soit l'option choisie, les hébergements sont aérés, de bon confort et plaisants avec leur déco rustico-bourgeoise. Bon accueil souriant.

OMBRIE

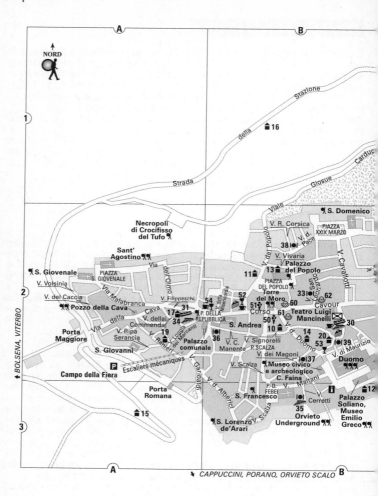

NORD

Stazione

della

Strada

Viale

Glosue

Carduc

🛏 16

Necropoli
di Crocifisso
del Tufo ⚲

Sant'
Agostino ⚲⚲

S. Domenico ⚲

V. R. Corsica

PIAZZA
XXIX MARZO

V. Pace

38 |●|

V. Vivaria

Palazzo
del Popolo

V. del Popolo

S. Giovenale ⚲

V. Volsinia

PIAZZA
S. GIOVENALE

Via del'Olmo

11 🛏

PIAZZA
DEL POPOLO

13 🛏

33 |●|

62

V. Cavallotti

V. del Caccia

Via Matabranca

V. Filippeschi

Torre
del Moro

Corso

Cavour

60

V. San Leonardo

⚲⚲ Pozzo della Cava

Via della Cava

52

54

51 ⚲

50 ⚲

61

Teatro Luigi
Mancinelli

30 |✂|

31

17

34

P. DELLA
REPUBBLICA

S. Andrea

10 🛏

14 🛏

20 |●|
53 🛏 39

V. del Duomo

Porta
Maggiore

V. della
Commenda

19

V. Ripa
Serancia

Via dei Mercanti

Palazzo
comunale

36 |●|

V. C.
Manente

V. Signorelli

P.SCALZA

V. di Maurizio

S. Giovanni

P

Via Ranieri

Escaliers mécaniques

V. dei Magoni

V. Scalza

|●|37

Duomo
⚲⚲⚲

Campo della Fiera

Porta
Romana

V. Garibaldi

V. d'Alberici

Museo civico
e archeologico
C. Faina ⚲

V. di Maitani

Palazzo
Soliano,
Museo
Emilio
Greco ⚲⚲

📋 12

🛏 15

S. Francesco ⚲

P.D.
FEBEI

V. Maitani

Cerretti |●|

B

35

Orvieto
Underground ⚲⚲

S. Lorenzo
de'Arari ⚲

V. Scalza

↑ BOLSENA, VITERBO

■	**Adresse utile**
🇮	Ufficio turistico

🛏 **Où dormir ?**

10 Hotel Posta
11 Istituto San Salvatore
12 Casa Religiosa di Ospitalità
Villa Mercede
13 Camere e Appartamenti
Valentina
14 B & B La Magnolia

15 B & B Casa Sèlita
16 Podere Sette Piagge
17 Hotel Filippeschi
18 Hotel Corso
19 Hotel Palazzo Piccolomini
20 Hotel Duomo

|●| ✂ ✂ **Où manger ?**

30 La Terra Nostra
31 Marcelleria Filippeschi
32 L'Antica Rupe

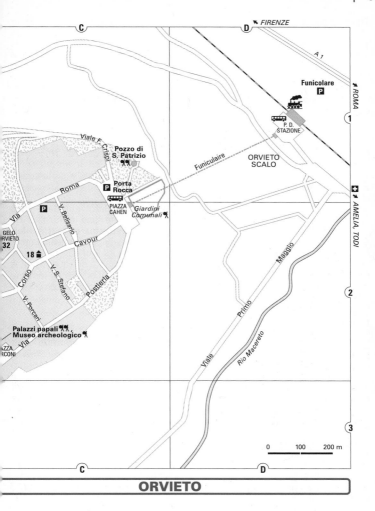

ORVIETO

OMBRIE

OMBRIE

Prix moyens

🛏 **B & B La Magnolia** (plan B2, **14**) : via Duomo, 29. ☎ 076-334-28-08. 📱 349-462-07-33. ● info@bblama gnolia.it ● bblamagnolia.it ● Selon saison : doubles 60-80 €, petit déj inclus ; apparts (2-5 pers) 70-130 €. 📶 En plein centre et tout proche du Duomo, on est séduit par ces 6 chambres tout confort à la déco simple mais de bon goût et chaleureuse. Également 2 appartements de même style, avec cuisine et jolie terrasse pour le plus grand. Accueil sympa.

🛏 **B & B Casa Sèlita** (plan A3, **15**) : strada di Porta Romana, 8. ☎ 076-334-42-18. 📱 339-225-40-00. ● info@casa selita.com ● casaselita.com ● À 5 mn à pied de la vieille ville par l'ascenseur. Congés : 25 nov-15 mars. Résa indispensable bien à l'avance. Doubles 70-90 € selon saison, copieux petit déj compris ; réduc dès la 2e nuit. Parking gratuit (un atout !). 📶 Apéritif maison offert sur présentation de ce guide. Dans un charmant petit coin de campagne – lové dans l'épingle à cheveux d'une route finalement peu bruyante –, juste sous les remparts d'Orvieto. En tout, 5 chambres confortables, décorées avec sobriété et élégance. Terrasse privée pour chacune, ouverte sur la vallée. Accueil chaleureux en français.

🛏 **Podere Sette Piagge** (plan B1, **16**) : strada della Stazione, 24. ☎ 076-339-33-61. ● info@poderesettepiagge. it ● poderesettepiagge.it ● Congés : fév et nov. Double 80 €, petit déj inclus. CB refusées. Parking gratuit (un atout !). 📶 Café offert sur présentation de ce guide. Installé dans la verdure sur les contreforts de la ville haute et en retrait d'une route passante qui reste discrète, cet ancien relais de poste abrite des chambres impeccables et confortables, à la déco sobre mais plaisante. Joli jardin avec piscine. De là, un charmant chemin pentu mène à la piazza Cahen en 15 mn à pied. Excellent accueil en français.

🛏 **Hotel Filippeschi** (plan A2, **17**) : via Filippeschi, 19. ☎ 076-334-32-75. ● info@hotelfilippeschi.it ● hotelfi lippeschi.it ● Congés : sem de Noël. Doubles 90-110 € selon saison, petit

déj inclus. 🖥 📶 Réduc de 10 % sur le prix de la chambre (à spécifier au moment de la résa) sur présentation de ce guide. Un hôtel qui hésite entre déco standard bien d'aujourd'hui et quelque chose de plus chic et classique. L'ensemble est par conséquent un poil hétéroclite, mais ça fonctionne ! Une quinzaine de chambres agréables, confortables et bien tenues, dont celles donnant sur rue demeurent un peu bruyantes. Bon accueil.

🛏 **Hotel Corso** (plan C2, **18**) : corso Cavour, 339-343. ☎ 076-334-20-20. ● info@hotelcorso.net ● hotelcorso. net ● ♿ Doubles 80-110 € selon saison, petit déj inclus. Parking payant. 📶 Petit hôtel d'allure plutôt standard mais offrant pourtant une quinzaine de chambres avenantes et tout confort dans les tons abricot. Parties communes aux couleurs tout aussi chaudes. Une adresse calme, à quelques minutes à pied de l'animation. Petite terrasse au-dessus du corso. Accueil pro.

Chic

🛏 **Hotel Palazzo Piccolomini** (plan A2, **19**) : piazza Ranieri, 36. ☎ 076-334-17-43. ● info@palazzopicco lomini.it ● palazzopiccolomini.it ● Doubles 100-110 € selon saison, petit déj inclus. 📶 Dans le cadre grandiose de ce vénérable palais du XVIe s situé hors des sentiers touristiques, une cinquantaine de chambres tout confort et élégantes. Déco discrète et sobre, tirant sur le moderne tout en mettant en valeur l'architecture ancienne. Bon rapport qualité-prix-charme. Accueil pro.

🛏 **Hotel Duomo** (plan B2, **20**) : vicolo Maurizio, 7. ☎ 076-334-18-87. ● info@orvietohotelduomo. com ● orvietohotelduomo.com ● ♿ Doubles 90-140 € selon confort et saison, petit déj compris. Parking payant. 🖥 📶 Réduc de 10 % sur présentation de ce guide. Tout près du Duomo. Passé la réception assez impersonnelle, cet hôtel livre des chambres standard dans leur déco, mais en définitive plutôt agréables, confortables et spacieuses. Dans les étages, les plus chères ont vue sur le Duomo. Accueil cordial.

Où manger ?

Sur le pouce

🍴 🍴 🍴 🍴 **La Terra Nostra** (plan B2, **30**) : largo Maurizio Ravelli, 6. ☎ 327-810-60-86. À côté de la poste. Lun-sam 8h-19h30, dim 8h30-13h. Moins de 5 €. Excellente boulangerie-pâtisserie de quartier bien connue des villageois pour ses bons biscuits secs traditionnels, ses appétissantes parts de tartes ou de pizzas, sans oublier les panini... Quelques tables dedans et dehors pour faire une pause, avec un café.

🍴 **Marcelleria Filippeschi** (plan A2, **31**) : via Filippeschi, 31-33. ☎ 076-334-17-17. Tlj sf dim 7h30-13h30, 17h-20h. Moins de 5 €. « La nostra qualità per la vostra soddisfazione ! », tel est le credo de cette boucherie-charcuterie du centre historique, qui réalise – à la demande – des panini tout simples avec du jambon, du saucisson ou du fromage, coincés entre 2 tranches de pain. Simple, délicieux et pas cher.

Bon marché

🍴 🍴 **L'Antica Rupe** (plan C2, **32**) : vicolo San Antonio, 2 a. ☎ 076-334-30-63. ● anticarupe@live.it ● Tlj sf lun. Plats 6-13 €. 🛜 À l'étage, une longue salle agréable et soignée, avec des casiers à bouteilles pour cloisonner l'espace. À la carte et sur l'ardoise, délicieuse cuisine traditionnelle maîtrisée, qui s'envole avec quelques touches originales, le tout concocté avec les bons produits frais du cru. Également de grandes et généreuses pizzas (le soir). Accueil familial pro et sympa. Une belle adresse de quartier pour toutes les bourses. C'est sûr, on reviendra !

🍴 **Trattoria del Moro** (plan B2, **33**) : via San Leonardo, 7. ☎ 076-334-27-63. ● info@trattoriadelmoro.info ● Tlj sf mar. Congés : fin juil et nov. Plats 7-13 €. 🛜 Chaleureux labyrinthe de salles jaunes et fraîches, aux murs chargés de casiers à bouteilles et de photos colorées de la fameuse Fête-Dieu. On se régale des quelques suggestions du jour – locales et régionales – bien goûteuses et un brin originales. Propose aussi des pâtes pour les fauchés. Belle carte des vins. Bon rapport qualité-prix et accueil gentil tout plein.

🍴 **Pizzeria Charlie** (plan A2, **34**) : via Loggia dei Mercanti, 14. ☎ 076-334-47-66. ● info@pizzeriacharlieorvieto.it ● Tlj sf mar. Congés : janv. Pizze 6-8 €. 🛜 Digestif offert sur présentation de ce guide. On y dévore de délicieuses pizzas copieusement garnies de bons ingrédients frais, qui demeurent pour beaucoup les meilleures d'Orvieto. Petites salles contemporaines assez anonymes, et grande cour-terrasse aux beaux jours.

🍴 🍴 **Al San Francesco** (plan B3, **35**) : via B. Cerretti, 10. ☎ 076-334-33-02. ● cramst@cramst.it ● 🥄 Ouv tlj. Plats 6-13 €. Ambiance de cantoche – mais avec de belles voûtes – pour ce grand self-service fréquenté en masse à midi par les gens qui travaillent dans le quartier. Le soir, beaucoup plus intime, surtout en terrasse ouverte sur la place tranquille. Dans les assiettes, cuisine typique honnête, et des pizzas (le soir). Accueil dynamique et pro.

Prix moyens

🍴 **Trattoria La Palomba** (plan B2, **36**) : via C. Manente, 16. ☎ 076-334-33-95. 🥄 Sur la piazza della Repubblica, prendre la via Garibaldi – passant sous une des arches – puis la 1re ruelle à gauche. Tlj sf mer. Congés : juil. Résa conseillée. Plats 9-17 € ; repas 25-30 €. Cette trattoria familiale à la déco rustico-classique régale ses amateurs de succulentes spécialités d'Orvieto, comme le sanglier, ou encore la palomba, plat typique des jours de fête... Vini della casa pas chers et service tout sourire. Très bon rapport qualité-prix. Une excellente adresse à ne pas rater.

🍴 **Trattoria La Pergola** (plan B2, **37**) : via dei Magoni, 9 b. ☎ 076-334-30-65. ● lapergolaorvieto@gmail.com ● Tlj sf mer. Congés : dernière sem de fév. Plats 8-15 € ; repas 25-30 €. Petite salle colorée plaisante avec des luminaires et des étagères design, le tout flanqué, à l'arrière, d'une délicieuse terrasse sous pergola. Une petite carte et quelques suggestions du jour pour une excellente cuisine de marché, qui pioche volontiers dans les recettes traditionnelles, mais pas nécessairement celles que vous trouverez partout. Petite sélection de bières artisanales. Service efficace et discret. Une très bonne adresse.

I●I Osteria Numero Uno (plan B2, **38**) : via Ripa Corsica, 2 a. ☎ 076-334-18-45. ● info@osterianumerouno.eu ● ♿ Tlj sf lun (et mar hors saison). Plats 10-16 € ; repas 25-30 €. 🛜 Réduc de 5 % sur un repas complet sur présentation de ce guide. Derrière l'enseigne « Vino e Cucina » se cachent plusieurs salles à la déco hétéroclite et aux murs constellés d'affiches de vieux films. Juste quelques bons petits plats savoureux à l'ardoise, renouvelés chaque jour selon le marché et l'humeur du chef. Accueil souriant.

De chic à très chic

I●I Il Giglio d'Oro (plan B2, **39**) : piazza del Duomo, 8. ☎ 076-334-19-03. ● ilgigliod'oro@libero.it ● Tlj sf mer. Plats 12-22 € ; repas 40-60 €. Le resto le plus prestigieux d'Orvieto ! Des risottos, des pâtes maison, diverses préparations traditionnelles de viande, et même du poisson, le tout revisité avec soin et originalité par un vrai chef renommé. De plus, sauf à préférer la salle très classe, on mange aussi en terrasse face au Duomo !

Où dormir ? Où manger dans les environs ?

Camping

⛺ **Il Falcone** : loc. **Vallonganino, 2 a**, à **Civitella del Lago-Baschi**. ☎ 074-495-02-49. ● info@campingilfalcone.com ● campingilfalcone.com ● À env 16 km à l'est d'Orvieto par la SS 448, direction Todi. Ouv avr-sept. Selon saison : 19-26 € pour 2 avec tente en voiture ; bungalows (4 pers) 55-75 €. 🛜 (payant). Un très beau terrain perché dans une oliveraie, peu ombragé mais avec jolie vue sur la vallée. Petite piscine. Très paisible.

Prix moyens

🛏 **Agriturismo Cioccoleta** : loc. **Bardano**, 34, à Orvieto. ☎ 076-331-60-11. ● info@cioccoleta.it ● cioccoleta.it ● ♿ À env 4 km au nord-ouest d'Orvieto. Doubles 70-85 € selon saison, petit déj inclus. 🛜 Réduc de 10 % sur le prix de la chambre sur présentation de ce guide. Près d'Orvieto et déjà dans la campagne, voici 8 belles chambres, simples, spacieuses et fort bien tenues par un jeune couple sympa. Vraiment une adresse de qualité !

🛏 **Agriturismo San Giorgio** : loc. **San Giorgio, 6**, à Orvieto. ☎ 076-330-52-21. ● agrisgiorgio@libero.it ● agriturismosangiorgio.net ● ♿ À env 6 km au nord-est d'Orvieto. Résa nécessaire. Apparts (3-6 pers) 85-155 € (à la sem slt en été). Graziella et Mario mettent à votre disposition, à plusieurs kilomètres de leur ferme, un fabuleux petit coin de nature, au milieu d'une grande forêt protégée, près d'un torrent et de nombreux sentiers. Dans un très ancien moulin (arc romain et mur étrusque !), plusieurs appartements agréables et spacieux avec mobilier de qualité, cuisine bien équipée, cheminée et bois à dispo. Piscine et VTT. Un de nos gros coups de cœur !

🛏 **I●I Fattoria di Titignano** : loc. **Titignano, 7**, à Orvieto. ☎ 076-330-80-00 ou 22. ● info@titignano.com ● titignano.com ● À env 25 km à l'est d'Orvieto Todi par la SS 79 bis, direction Todi. Double 90 €, petit déj inclus. ½ pens possible. Menu 25 €. 🛜 Isolé dans la nature, c'est un charmant hameau médiéval surplombant le lac, avec sa cour pavée et son église, aujourd'hui transformé en hôtel. Chambres confortables mais néanmoins très simples. Grande tablée commune pour les repas. De plus, en plein parco regionale fluviale del Tevere, le lieu est propice aux promenades à pied ou à vélo dans les forêts de la propriété viticole. Piscine et tennis. Une adresse vraiment étonnante, mais pas vraiment calme quand elle accueille des mariages.

🛏️ I●I *Tenuta di Corbara : loc. Corbara, 7, à Orvieto.* ☎ 076-330-40-03. ● info@tenutadicorbara.it ● *tenutadi corbara.it* ● ♿ *À env 15 km au sudest d'Orvieto, direction Terni. Doubles 80-120 €, petit déj inclus. ½ pens possible. Repas 25-30 €.* 🛜 Immense exploitation agricole dispersée sur une vallée entière. Plusieurs hectares à flanc de colline, parsemés de petites maisons habillées de calme et, tout en haut, celle de *Caio,* avec son superbe panorama et sa piscine. Chambres fraîches dans leur extrême sobriété, dont une avec salle de bains privée sur le palier. Produits de la ferme servis à table. Possibilité de promenades à cheval et à pied.

Très chic

🛏️ *La Badia di Orvieto : loc. La Badia, 8, à Orvieto.* ☎ 076-330-19-59. ● info@labadiahotel.it ● *labadiahotel. it* ● *À env 4 km au sud-ouest d'Orvieto, direction Bolsena et Viterbo. Doubles 170-260 € selon confort et saison ; petit déj inclus.* 🛜 Retirée dans la verdure, cette abbaye du XIIe s est aujourd'hui transformée en hôtel de luxe où, dans un écrin de vieilles pierres, tout n'est que raffinement et sérénité. Les chambres les moins onéreuses sont un peu trop standard pour le prix. Piscine.

OMBRIE

Où déguster une glace ? Où boire un verre ?

🍦 *Il Gelato di Pasqualetti (plan B2, 50) : via del Duomo, 14.* 📱 329-837-69-59. ● info@ilgelatodipasqualetti.it ● Les meilleures *gelati* d'Orvieto ! Goûtez leurs glaces aux fruits frais (pamplemousse, pêche, melon...) ; les crèmes glacées ne sont pas mal non plus ! *Également une succursale piazza del Duomo, 14.*

🍦 *L'Officina del Gelato (plan B2, 51) : corso Cavour, 79.* ☎ 076-345-00-06. ● lofficinadelgelatorvieto@gmail.com ● Des glaces façon sicilienne, un peu plus sucrées que la normale mais onctueuses et originales avec leurs petits fruits confits. On aime !

🍷 🚭 *Bar Montanucci (plan B2, 52) : corso Cavour, 23.* ☎ 076-334-12-61. ● barmontanucci@libero.it ● *Tlj 7h-minuit. Congés : mai.* 🖵 🛜 Salle à la déco boisée façon chalet suisse ou aux murs tapissés de journaux, et terrasse à l'arrière. Très fréquenté tout au long de la journée par les habitués du quartier, un bar-salon de thé avec en-cas, pâtisseries et petits chocolats à foison.

🍷 *Cantina Foresi (plan B2, 53) : piazza del Duomo, 2.* ☎ 076-334-16-11. ● info@cantinaforesi.it ● *Ouv tlj.* Emplacement de choix – au coin de la place du Duomo – pour la terrasse de cette *enoteca,* idéale pour goûter aux nectars du cru en grignotant quelques bricoles : *panini,* assiettes de charcuterie-fromage...

🍷 🚭 *Bar Il Sant'Andrea (plan A-B2, 54) : piazza della Repubblica, 27.* ☎ 076-339-31-33. ● goodnigh tdrinks@gmail.com ● *Tlj 6h30-minuit.* Salle contemporaine ou terrasse cernée de verdure sur la jolie place. Un rendez-vous animé des jeunes, des moins jeunes et des familles tout au long de la journée.

Où acheter de bons produits ?

🛒 *Carraro (plan B2, 60) : corso Cavour, 101.* ☎ 076-334-28-70. *Tlj sf dim ap-m.* Bonne épicerie fine familiale où nombre de villageois aiment à s'approvisionner en charcuteries, fromages, pâtes... La qualité est de mise, tout comme les prix justes.

🛒 *Dai Fratelli (plan B2, 61) : via Duomo, 11.* ☎ 076-334-39-65. *Tlj sf mer ap-m.* Beau choix de fromages et de charcuteries ; en revanche, les nez délicats seront mis à rude épreuve, car ces produits – hauts en saveur – exhalent toutes leurs odeurs sans pudeur !

🛒 *Enoteca La Loggia (plan B2, 62) : corso Cavour, 129.* ☎ 076-334-16-57.

• *info@enotecalaloggia.it* • *Tlj sf dim.* Caviste proposant une foule de vins régionaux, mais aussi toscans voisins, et même quelques bonnes étiquettes italiennes et françaises.

À voir. À faire

– **Carta Unica Orvieto :** • *cartaunica.it* • *20 € ; réduc.* Achat piazza del Duomo, 23 *(plan B3 ; à côté de l'office de tourisme)*, au parcheggio della Funicolare *(plan D1)* et aux billetteries des principaux monuments. Donne l'accès aux neuf sites suivants : le **Duomo,** les trois sites du **museo dell'Opera del Duomo (MODO),** le **museo archeologico nazionale,** le **museo civico archeologico « Claudio Faina »,** la **torre del Moro,** le **pozzo San Patrizio,** le **pozzo della Cava,** les **necropoli di Crocifisso del Tufo** et **Orvieto Underground.** Permet un voyage gratuit en funiculaire et le libre accès aux bus A et B pour circuler dans la vieille ville. Et donne droit à des réductions dans les hébergements, restos et commerces partenaires.

OMBRIE

Dans les murs

🍴🍴🍴 **Duomo** *(plan B2) :* piazza del Duomo. ☎ 076-334-24-77. • *opsm.it* • *Tlj nov-fév, 7h30-13h30, 14h30-17h30 ; mars et oct, 7h30-18h30 ; avr-sept, 7h30-19h30. Entrée : 3 €.* Carta Unica Orvieto acceptée. *Billet combiné (valable 3 j.) avec le Museo dell'Opera del Duomo (MODO), qui comprend le Palazzo Soliano (Museo Emilio Greco), les Palazzi Papali et l'ex-chiesa di Sant'Agostino : 5 € ; réduc.* Le Duomo d'Orvieto, qui a ébloui des générations de voyageurs, est sans conteste le plus beau de toute l'Ombrie et certainement l'égal des monuments florentins les plus élégants. Entre 1290, date à laquelle Fra Bevignate entreprend sa construction pour abriter les reliques du miracle de Bolsena, et 1330, où il est terminé par Lorenzo Maitani, artiste dont les sculptures en façade évoquent l'Ancien et le Nouveau Testament, quelque 300 architectes, sculpteurs, peintres et mosaïstes ont travaillé sur ce fabuleux joyau de l'art gothique italien.

– De la **façade,** on ne sait ce qu'il faut admirer le plus : les mosaïques, la rosace, les bas-reliefs... Des mosaïques, vous apprécierez sans doute la richesse de la polychromie qui, les jours de beau temps, contribuent à réaliser de belles photos, surtout en fin de journée. Faut-il dresser l'inventaire de toutes ces mosaïques, attirer votre attention sur la beauté du *Couronnement* ou l'ancienneté du *Baptême du Christ* ? De la rosace (œuvre d'Andrea Orcagna), entourée d'un carré et de niches abritant les statues des apôtres et des prophètes, on soulignera l'extrême délicatesse des sculptures, qui en fait un véritable joyau. Des bas-reliefs ornant les quatre pilastres (surmontés des symboles des évangélistes) et illustrant les principales scènes de la Bible, il serait facile de parler inlassablement, tant sont époustouflantes de réalisme ces images gravées dans la pierre. Parmi celles-ci, *Le Jugement dernier* et sa cohorte d'affreux personnages (pilastre au bout à droite), rivalisant de laideur et de brutalité, méritent d'être regardé à la loupe (la scène est quasi à hauteur d'œil). Notez la terreur sur les visages des pauvres pécheurs...

– Les **murs latéraux** alternent travertin blanc et basalte gris-bleu, d'où un effet de rayures que l'on retrouve un peu partout dans la ville.

– L'**intérieur** de la cathédrale est divisé en trois nefs soutenues par de grandes colonnes alternant elles aussi travertin et basalte, et portant de riches chapiteaux dépareillés. Admirez aussi la charpente apparente du toit, recevant la lumière des hauts vitraux allongés ; les fonts baptismaux, sur la gauche en entrant, à côté desquels se trouve une *Vierge à l'Enfant* de Gentile da Fabriano ; le buffet d'orgue richement orné ; le groupe sculpté de la *Pietà* d'Ippolito Scalza ; les vitraux en albâtre tamisant la lumière ; les fresques du chœur...

– La *cappella del Corporale,* à gauche du chœur, entièrement couverte de fresques, abrite – tout au fond – une copie du fameux reliquaire du miracle de Bolsena, un incroyable petit chef-d'œuvre de l'orfèvrerie siennoise datant de 1300, en or, argent et émaux de Limoges. Notez la subtilité des verts et des bleus. L'original se trouve au musée des Palazzi Papali, juste derrière le Duomo. À voir d'urgence !

MARQUÉ AU SUAIRE ROUGE

C'était en 1264. Doutant de manière éhontée que le pain se tranformât en corps du Christ et que le vin en devînt le sang, un prêtre, alors qu'il célébrait la messe à Bolsena, près d'Orvieto, vit l'hostie saigner. Miracle ! Depuis, le Corporale *(le suaire ensanglanté par l'hostie) est porté en procession lors de la Fête-Dieu (Corpus Domini), en juin.*

– La *cappella di San Brizio,* à droite du chœur, est décorée de fresques illustrant l'Apocalypse, qui appartiennent aux sommets absolus de l'art italien et dont l'intensité dramatique a inspiré Michel-Ange pour la décoration de la chapelle Sixtine à Rome ! Fra Angelico et Benozzo Gozzoli ont peint la voûte en 1447, et Luca Signorelli les murs de 1499 à 1504. Ce dernier a enrichi l'œuvre par plusieurs épisodes comme les *Prophéties* et la *Fin du monde.* La composition est particulièrement saisissante, et étonnamment moderne comme lorsque les personnages sortent du cadre en s'enfuyant face aux démons. Notez l'expression des visages désemparés et déformés par une indicible terreur, et regardez à gauche, dans la scène de l'Antéchrist : Signorelli s'y est représenté lui-même, aux côtés de Fra Angelico, tous deux en noir – couleur qui tranche avec la tonalité générale. Ils émergent littéralement de la mêlée de démons et d'humains condamnés à l'Enfer... Sigmund Freud lui-même fut très impressionné par ces personnages de noir vêtus, au point d'en oublier le nom de Signorelli et d'analyser ce trou de mémoire dans sa *Psychopathologie de la vie quotidienne.*

– Les *portes* montrent que la création pour le Duomo continue. Dès le début du XXe s s'est fait jour la nécessité de remplacer les vieilles portes en bois altérées par les siècles. Après plusieurs concours, différents artistes ont été dépositaires de cet honneur, mais seul Emilio Greco vit son projet mené à bien en 1964...

🦚🦚🗡 *Palazzi Papali* (MODO ; plan B2) *:* piazza del Duomo, 26. ☎ 076-334-35-92. ● museomodo.it ● opsm.it ● Contourner le Duomo par la droite. Avr-sept, tlj 9h30-18h ; oct-mars, tlj (sf lun nov-fév) 10h-17h. Entrée : 4 € ; réduc. Billet combiné (valable 3 j. ; 5 €, réduc) comprenant l'entrée du Duomo et des 2 autres sites du museo dell'Opera del Duomo (MODO) : palazzo Soliano (museo Emilio Greco) et l'ex-chiesa di Sant'Agostino. Carta Unica Orvieto acceptée.

– Au *rez-de-chaussée,* on explore les dessous du Duomo, une galerie voûtée exposant quelques outils pour la construction d'un tel édifice, à côté d'éléments d'architecture... Ensuite, collection de fresques des XIVe-XVe s issues de divers édifices religieux. Examinez donc le travail sur la matière réalisé par ces peintres peu connus.

– À l'*étage,* éblouissante *Maestà,* autrefois positionnée sur la lunette de la porte principale du Duomo (celle qui s'y trouve aujourd'hui est une copie), peintures et sculptures des XIIIe-XIVe s, mosaïques et peintures maniéristes des XVIe-XVIIe s, et de beaux objets liturgiques. Là, ne manquez pas la *Santa Maria Maddalena* de Luca Signorelli (1504) dans son habit de lumière, les mosaïques dorées de Pietro di Pucco (1388), des panneaux de marqueterie (XVe s) assez touchants malgré les trous des vers, et cette *Madonna col Bambino* sur bois de Simone Martini (XIVe s), avec un cadre plus rigolo que les personnages eux-mêmes. Enfin, dans le trésor du Duomo, voici le *reliquario del Corporale* (1300), pièce maîtresse du cortège de la Fête-Dieu : sublime !

🗡 *Museo archeologico nazionale* (plan B2) *:* piazza del Duomo, 26 (dans les Palazzi Papali). ☎ 076-334-10-39. Tlj 8h30-19h30. Entrée : 3 € ; réduc. Billet combiné avec les necropoli di Crocifisso del Tufo : 5 € ; réduc. Carta Unica Orvieto acceptée. De très beaux objets (céramiques, bronzes...) en provenance des nécropoles étrusques des environs et reconstitution des tombes *Golini,* deux tombeaux excavés dans le tuf, avec leurs fresques évoquant le passage dans l'au-delà.

OMBRIE

🎎 *Palazzo Soliano – museo Emilio Greco* (MODO ; plan B2-3) : *piazza del Duomo.* ☎ *076-334-35-92.* ● *museomodo.it* ● *opsm.it* ● *Mêmes horaires et billets que les palazzi Papali.* Carta Unica Orvieto *acceptée.* À sa mort, le créateur des portes du Duomo, Emilio Greco (1913-1995), a légué à la ville 60 œuvres graphiques et 32 sculptures, pour la plupart des bronzes, mais aussi quelques marbres, dont nombre de nus féminins gracieux. Parmi les pièces remarquables, le bas-relief original du *Monument au pape Jean XXIII* de la basilique Saint-Pierre de Rome, avec son sens aigu de la fragilité humaine et de la transcendance de l'idée de Dieu.

🎎 *Museo civico archeologico « Claudio Faina »* (plan B2) : *piazza del Duomo, 29 (dans le palazzo Faina).* ☎ *076-334-12-16.* ● *museofaina.it* ● *Avr-sept, tlj 9h30-18h ; oct-mars, tlj (sf lun nov-fév) 10h-17h. Entrée : 4,50 € ; réduc.* Carta Unica Orvieto *acceptée.* Des collections numismatiques, de nombreux vases attiques et étrusques, des petits bronzes votifs, ainsi que quelques sarcophages et urnes cinéraires sont présentés dans ce musée dédié à Mauro Faina, un archéologue passionné de la fin du XIXe s. L'essentiel des pièces exposées fait partie de sa collection privée, qui fut reprise et complétée – après sa mort – par son neveu Eugenio Faina. Le tout dans les intérieurs grandioses de ce palais du Moyen Âge.

🎎 *Chiesa di San Lorenzo de'Arari* (plan B3) : *piazza Santa Chirara. Horaires variables.* C'est en 1291 que les frères mineurs du couvent Saint-François, importunés par la fréquence et la ferveur des offices de cette modeste église romane, obtinrent qu'on la déplaçât pour la reconstruire sur son emplacement actuel ! Derrière son humble façade se cachent quelques fresques du XIVe s : *La Vie et le Martyre de saint Laurent* (dans la nef centrale) et *Le Christ donnant la bénédiction du haut de son trône entouré de quatre saints* (dans l'abside).

🎎 🚶 *Pozzo della Cava* (plan A2) : *via della Cava, 28.* ☎ *076-334-23-73.* ● *pozzodellacava.it* ● *Tlj sf lun 9h-20h. Fermeture billetterie 15 mn avt. Congés : mi-janv. Entrée : 3 € ; réduc.* Carta Unica Orvieto *acceptée.* Le proprio des lieux trouva, en creusant dans sa cave, un atelier de céramiques des XVe-XVIe s, et un énorme trou dans le tuf de 36 m de profondeur qui, pendant 25 siècles, connut des utilisations variées. En effet, ce puits, initialement creusé par les Étrusques, fut agrandi en 1527 sur ordre du pape Clément VII, puis bouché en 1646 à la suite d'un fait divers scabreux... Aujourd'hui, l'ensemble est aménagé pour la visite, avec des cartels en français. On y voit entre autres des *butti*, ces vide-ordures du Moyen Âge (une aubaine pour les archéologues !), un four à céramique, des citernes étrusques reconverties en caves médiévales (exemple de la réutilisation perpétuelle des lieux), une fosse encore mal identifiée qui pourrait être un tombeau transformé en foulon (bac où l'on rendait les tissus plus compacts et plus moelleux), ainsi que des cavités plus grandes qui resteront à jamais mystérieuses...

🎎 *Chiesa di San Giovenale* (plan A2) : *via Volsinia.* ☎ *076-334-16-96. Tlj 9h-12h, 16h-19h.* Flanquée d'un campanile, une charmante église à trois nefs avec arcs romans, bâtie dès 1004 en remplacement d'une église primitive dédiée à saint Juvénal, évêque de Narni. Elle abrite les beaux vestiges de nombreuses fresques, récemment restaurées. Depuis le parvis, jolie vue sur la campagne alentour.

🎎 *Ex-chiesa di Sant'Agostino* (MODO ; plan A2) : *piazza San Giovenale.* ☎ *076-334-44-45.* ● *museomodo.it* ● *opsm.it* ● *Mêmes horaires et billets que les palazzi Papali et le palazzo Soliano (museo Emilio Greco).* Carta Unica Orvieto *acceptée.* Lorsque les pères augustins trouvèrent l'église Santa Lucia trop petite, ils voulurent en bâtir une nouvelle, et ce fut un échec (c'est la structure accolée à l'église). En remplacement, Sant'Agostino fut construite. Elle est aujourd'hui le lieu d'exposition des statues Renaissance (sauf deux, plus tardives) en marbre blanc, ôtées du Duomo en 1896 pour lui redonner son aspect d'origine. Également un bel ensemble de dessins maniéristes de Franceschini (1648-1729). Et, seule tache colorée dans l'édifice : une morbide tête de saint Jean-Baptiste en terre cuite polychrome, d'Ippolito Scalza (XVIe s).

🔨 **Piazza della Repubblica** *(plan A-B2)* : c'est ici que se trouvait le forum romain, lui-même implanté sur des structures étrusques plus anciennes. Au sud, elle est fermée par la masse imposante du ***Palazzo comunale,*** édifié au XIIIᵉ s avant d'être reconstruit au début du XVIIᵉ s. À sa gauche, voici la **chiesa di Sant'Andrea e Bartolomeo,** dominée par un surprenant campanile dodécagonal reconstruit en 1926. À l'intérieur, belle chaire agrémentée de mosaïque du XIIIᵉ s et restes de fresques des XIVᵉ-XVᵉ s. Visite guidée possible des souterrains passant sous l'église et la place, avec un archéologue *(sur résa : 🖥 328-19-11-316 ; 5 €/pers).*

🔨🔨 **Torre del Moro** *(plan B2)* : corso Cavour, 87. ☎ 0763-344-567. Mai-août, tlj 10h-20h ; mars-avr et sept-oct, tlj 10h-19h ; nov-fév, tlj 10h30-16h30. Entrée : 2,80 € ; réduc. Carta Unica Orvieto accepté. Construite à la fin du XIIIᵉ s et haute de 47 m, elle doit son nom soit à une tête de Sarrasin qu'on y installait et contre laquelle les doux chevaliers du Moyen Âge brisaient leur lance lors des joutes de la Quintaine, soit à Raffaele di Sante, dit « il Moro », qui vécut au XVIᵉ s et donna son nom au quartier. En haut, sur la terrasse, après 240 marches d'ascension (170 si vous avez pris l'ascenseur !), formidable vue à 360° sur les toits de la ville et la région alentour.

🔨 **Piazza del Popolo** *(plan B2)* : c'est la plus grande place d'Orvieto, dominée par le ***palazzo del Popolo,*** édifice de style romano-gothique au majestueux escalier extérieur, revêtu de tuf comme bon nombre de bâtiments de la ville, et transformé en centre de congrès *(ne se visite pas).* De l'autre côté de la place, la petite **Chiesa San Rocco** renferme quelques vestiges de fresques du XIVᵉ s.

🔨 **Chiesa di San Domenico** *(plan B2)* : piazza XXIX Marzo. Tlj 10h-12h30, 15h-18h30. Construite au XIIIᵉ s dans le style gothique, elle fut entièrement transformée par d'innombrables remaniements. Mais peu importe, car vous ne venez ici que pour la tombe-monument du cardinal Guillaume de Braye, de l'ordre des Templiers, réalisé par Arnolfo di Cambio en 1282 (à gauche en entrant).

🔨🔨 🏃 **Pozzo di San Patrizio** *(plan C1)* : viale Sangallo. ☎ 076-334-37-68. Mai-août, tlj 9h-19h45 ; mars-avr et sept-oct, tlj 9h-18h45 ; nov-fév, tlj 10h-16h45. Entrée : 5 € ; réduc. Carta Unica Orvieto accepté. Dépliant en français. Ce puits, d'une profondeur de 53 m, constitue l'un des temps forts de la visite d'Orvieto. Le pape Clément VII, cherchant à assurer à la ville l'alimentation en eau dont elle aurait besoin en cas de siège, ordonna son creusement en 1527. Achevé en 1537, il demeure depuis une source d'admiration ! Éclairé par 70 fenêtres, remarquez l'étonnant escalier formé d'une double rampe hélicoïdale : une descendante et une montante de 248 marches chacune. Du coup, comme les porteurs d'eau d'antan, on progresse sans croiser personne. Enfin, sachez que, si ce puits fut baptisé du nom de saint Patrick, c'est en référence à la légende du gouffre gémissant que Dieu aurait indiqué au saint irlandais pour l'aider à convaincre ses ouailles de l'existence du Purgatoire...

🔨 **Giardini comunali** *(plan C1-2)* : piazza Cahen. Tlj 8h-19h30 (16h30 oct-avr). Après toutes ces pierres, un peu de verdure vous fera du bien... Sous des arbres multiséculaires, profitez du beau panorama sur les collines voisines.

Sous les murs

🔨🔨 🏃 **Orvieto Underground** *(plan B3)* : billetterie piazza Duomo, 23 (à gauche de l'office de tourisme). ☎ 076-334-06-88. 🖥 339-733-27-64. ● orvietounderground.it ● Tlj. Visites guidées (1h) en italien tlj à 11h, 12h15, 16h et 17h15 ; en anglais – avr-sept slt –, départs 15 mn plus tard ; en français, sur résa si le nombre de pers le justifie. Entrée : 6 € ; réduc. Carta Unica Orvieto accepté. Orvieto compte dans son sous-sol un dédale d'environ 1 200 cavités, dont 440 cartographiées. Leur creusement dans la roche volcanique était très organisé, selon le fil de la roche et toujours vers le bas, afin de ménager les fondations des bâtiments en surface. Au cours des siècles, ces grottes ont connu de nombreux usages : citernes, carrières, lieux de travail (à l'abri du soleil), caves à vin, à fromage et autres aliments, moulins à huile, et même abris

OMBRIE

antiaériens durant la Seconde Guerre mondiale. Points d'orgue de la visite : un vieux moulin à huile, d'anciens pigeonniers (leurs occupants étaient appréciés pour leur viande autant que pour leur fiente, servant d'engrais) et ce curieux puits étrusque rectangulaire, mesurant 80 sur 120 cm pour une profondeur estimée entre 50 et 80 m. Un homme de l'époque – haut de 1,45 m en moyenne – pouvait y descendre en s'aidant des seuls petits trous percés dans la roche comme d'une échelle ! Bref, une visite étonnante, qui ne permet d'explorer qu'une infime partie des souterrains d'Orvieto, la majorité des grottes appartenant toujours à des privés qui s'en servent de cave sous leur maison...

Hors les murs

🏹 **Necropoli di Crocifisso del Tufo** *(nécropole du Crucifix du Tuf ; plan A2) : loc. La Conce.* ☎ *076-334-36-11. Accès à pied en 20 mn env. Tlj 10h-18h (19h en été). Entrée : 3 € ; réduc. Billet combiné avec le Museo archeologico nazionale : 5 € ; réduc. Carta Unica Orvieto acceptée.* Après la visite, vous saurez tout de la société égalitaire des Étrusques : les tombeaux, du IVe s av. J.-C., sont organisés comme une petite cité. Ils ont tous la même taille (4 m sur 3 m) et portent, à l'entrée, le nom du mort et celui de son père.

➢ **Anello della rupe** *(anneau de la falaise) : 5 points d'accès répartis autour de la ville ; plan à l'office de tourisme.* Une superbe balade de 3h vous permet de faire le tour de la ville au pied de ses remparts. Si la roche de tuf volcanique constitue, à elle seule, un rempart naturel, l'homme n'hésita pas à perfectionner et à renforcer cette fortification originelle pour se protéger des multiples ennemis. Église troglodytique, aqueduc médiéval, nécropoles et vénérables portes agrémentent cette promenade avec vue sur la campagne alentour.

Manifestations

– **Festa della Palombella :** *dim de Pentecôte, à midi.* Instituée au XVe s, elle se déroule au pied du Duomo. C'est une occasion solennelle, dont le peuple tirait naguère de bons ou de mauvais augures pour l'année agricole.

– **Fête-Dieu** *(Corpus Domini) : 2e dim après la Pentecôte.* Fête la plus importante d'Orvieto, durant laquelle on célèbre le corps et le sang du Christ, tout en commémorant le miracle de Bolsena. À cette occasion, le fameux *reliquario del Corporale,* abritant un suaire, est porté dans toute la ville, précédé d'un cortège de 400 figurants en costume médiéval. Un grand moment de ferveur religieuse, à ne rater sous aucun prétexte !

– **Umbria Folk Festival :** *mi-août.*
● *umbriafolkfestival.it* ● Concerts de musique traditionnelle autour de la piazza del Popolo.

OUVREZ, OUVREZ LA CAGE AUX OISEAUX

Chaque dimanche de Pentecôte à midi, pour commémorer la descente de l'Esprit saint, une innocente et blanche colombe subit la frayeur de sa vie. La pauvrette est enfermée dans une cage décorée de rubans dans laquelle on ajoute quelques fusées de feu d'artifice. À midi pile, on fait glisser le tout le long d'un filin tendu entre la lanterne de la chiesa San Francesco et la piazza Duomo... en ayant bien sûr allumé les fusées ! La colombe arrive toujours entière et vivante, paraît-il... La tradition veut que le dernier couple marié dans le Duomo soit chargé de la recueillir.

OMBRIE

– **Umbria Jazz Winter :** *Noël-Nouvel An.* ● *umbriajazz.com* ● Au teatro Luigi Mancinelli, au palazzo Soliano et au museo Emilio Greco. Fêtes et concerts tard dans la nuit. Saint-Sylvestre animée.

LES VALLÉES DE LA NERA ET DE SES AFFLUENTS

Les collines prennent ici plus d'altitude et la forêt devient plus dense. Des falaises abruptes apparaissent au tournant des routes, dotées de vieilles tours et de châteaux en ruine, tandis que vous longez la profonde vallée creusée par la rivière Nera. Au bout commence la chaîne des Apennins, culminant à 2 476 m avec le Monte Vettore. À ses pieds, le parc des monts Sibyllins, considéré au Moyen Âge comme le royaume des démons, des nécromanciens et des fées. L'antre de la Sibylle et ses légendes côtoient le savoir-faire très empirique des moines de Preci, qui pratiquaient déjà la chirurgie au XIIIᵉ s. La nature y demeure sauvage, à l'image de ces bergers de Castelluccio, aux visages brûlés par le soleil de montagne. La fière tribu des Sabins occupait autrefois ce territoire, avant qu'il ne tombât dans l'escarcelle des Romains, des Ostrogoths, des Byzantins puis des Lombards. Le pape, bien sûr, prit la relève. C'est d'ailleurs ici que saint Benoît de Nursie jeta les bases du monachisme occidental et que sainte Rita de Cascia reçut les stigmates du Christ. Certes, un tel palmarès de saints attire les foules pieuses. Mais comment résister à d'autres formes de mysticisme face aux plateaux immenses et dégagés de Castelluccio qui rappellent étrangement le Tibet ? Vous l'aurez compris, ces vallées ont bien des secrets à vous dévoiler !

OMBRIE

LA VALNERINA

La Valnerina, c'est le nom de la vallée de la Nera que nous suggérons de remonter à la rencontre de ses eaux vives nées dans les monts Sibyllins. Avant de mêler son cours à celui du Tibre, dont elle est le principal affluent, la rivière arrose un large bassin où l'homme a implanté ses industries. Par conséquent, la région de Terni manque singulièrement de charme avec toutes ses grandes routes qui se croisent et ses grosses structures industrielles qui occupent l'espace. C'est dans le haut du parcours de la Nera que le voyage se fait vraiment plaisant. Elle creuse son lit dans une vallée encaissée où l'on rencontre, ici et là, de charmantes bourgades propices à une petite halte.

AMELIA (05022 ; 11 920 hab.)

🎭🎭 COUP DE CŒUR pour ce tranquille bourg perché, entouré de très vieux remparts et parsemé d'une centaine de palais souvent décrépis, qui domine la vallée du Tibre aussi bien que celle de la Nera.

OMBRIE

Adresse et info utiles

ℹ️ Ufficio turistico : *piazza A. Vera.* ☎ 074-498-14-53. ● *turismoamelia.it* ● *amerino.regioneumbria.eu* ● *comune. amelia.tr.it* ● *De mi-juin à mi-sept, tlj 9h (10h w-e)-13h, 15h30-18h30 ; de mi-sept à mi-juin, tlj sf dim 9h-13h, 15h30-18h30 (sf lun et sam).* Plan du village en français avec ses principaux points d'intérêt, liste des hébergements dans le coin, agenda culturel... Accueil sympa.

– **Marché :** *lun mat, via Rimembranze, juste à l'extérieur du* centro storico.

Où dormir ? Où manger ?

🛏️ Appartamenti Monica : *via della Repubblica, 142.* 📱 *347-181-07-68.* ● *monicads@katamail.com* ● *Apparts (4-6 pers) 80-120 € selon taille ; réduc dès la 2ᵉ nuit.* Au cœur de la ville fortifiée, dans une vieille maison réhabilitée, 6 beaux appartements aménagés avec sobriété et bon goût, en utilisant des matériaux de qualité. Tout confort (cuisine ouverte sur le salon...). Mezzanine ou terrasse sur les toits pour certains. Un excellent rapport qualité-prix-accueil.

🍴 La Locanda del Conte Nitto : *via Angeletti, 7.* ☎ *074-498-18-36.* ● *info@ locandadelcontenitto.it* ● *Plats 10-16 €.* La bonne table du village ! Perdue dans le *centro storico,* une élégante grande salle où poutres, voûtes et vieilles pierres sont bien mises en valeur pour une ambiance chaleureuse, assez intime. Dans l'assiette, juste quelques plats du jour savoureux, mitonnés selon des recettes raffinées – siciliennes (le chef vient de là-bas, dis !) et locales – qui subliment le goût des bons ingrédients frais, choisis avec soin chez les producteurs du cru. Accueil affable et sincère. Une adresse incontournable.

À voir à Amelia et dans les environs

🎭🏃 Amelia – l'une des plus anciennes villes d'Italie – est ceinte de **remparts** élevés aux VIIᵉ-VIᵉ s av. J.-C. avec de gros blocs de pierre simplement ajustés (pas de ciment), et percés de portes élégantes. À l'intérieur des murs, voir la **loggia del Banditore** *(piazza Marconi),* tribune typiquement médiévale d'où étaient lues les annonces à la population ; la **cattedrale** (XVIIᵉ s), décorée de fresques de Luigi Fontana et flanquée d'une tour à 12 côtés du XIᵉ s ; le petit **teatro,** de style vénitien, avec son plan en forme de fer à cheval (XVIIIᵉ s). Egalement trois sites intéressants à visiter avec le ticket *Amelia Circuito Museale (infos :* ☎ *074-497-81-20 ; horaires variables ; entrée : 7 €, réduc) :* le **museo civico archeologico e pinacoteca « E. Rosa »** *(piazza A. Vera, 10),* connu notamment pour son élégante statue en bronze antique du général romain Germanicus, de 2 m de haut ; l'énorme **cisterna romana** *(piazza matteotti, 75)* et le **palazzo Petrignani** *(via Duomo).*

🏃 **Lugnano in Teverina :** *à env 12 km à l'ouest d'Amelia.* Ce charmant village, protégé derrière ses remparts, renferme la collégiale *Santa Maria Assunta* du XIIᵉ s *(tlj 8h30-12h, 16h30-19h),* délicieuse église qui, à elle seule, mérite une petite halte.

NARNI (05035 ; 19 930 hab.)

🏃 Narni bénéficie d'une situation pittoresque, en haut d'une colline dominant la Nera, à l'endroit où cette rivière se fraie un passage vers le Tibre à travers une gorge étroite. Si elle est, comme sa voisine Terni, très industrielle dans la vallée, elle possède un centre médiéval bien conservé qui se découvre avec grand plaisir.

– Il existe un **grand parking** au pied du *centro storico,* payant dans certaines parties et gratuit dans d'autres... Puis des ascenseurs vous hissent jusque là-haut.

Adresse utile

🛈 Office de tourisme : *piazza dei Priori, 3.* ☎ *074-471-53-62.* ● *comune. narni.tr.it* ● *Tlj sf sam ap-m et dim-lun 9h30-12h30, 16h30-19h.* Plan du village avec ses centres d'intérêt, liste des hébergements, infos sur les sites historiques de la via Flaminia, agenda culturel...

Où dormir ? Où manger ? Où boire un verre à Narni et dans les environs ?

🏠 ⦿⦿ Ostello Sant'Anna : *via Gatta-melata, 74.* ☎ *074-471-52-17.* ● *info@ ostellocentrosperanza.it* ● *ostellocen trosperanza.it* ● *Lits en dortoir 22-34 €/ pers selon confort ; double 48 € ; petit déj inclus. Repas (sur résa) 12 €.* Perchée au bord du *centro storico,* cette institution religieuse propose une vingtaine de lits répartis dans des chambres – pratiques et nickel – pour 2, 4 ou 6 personnes, avec ou sans salle de bains. Une bonne adresse pour ne pas se ruiner.

⦿⦿ ♈ Osteria del Fondaco : *via Gari-baldi, 7.* ☎ *074-471-71-34. Ouv tlj. Plats 6-15 €.* Carte légère à midi avec des petits plats rapides et pas chers, du genre *tosta al testo, panini...* Le soir, c'est plus sérieux, avec des spécialités traditionnelles très honnêtes et pleines de goût. Et entre les 2, l'*osteria* fait aussi bar-salon de thé ; idéal pour une pause café accompagnée d'une pâtis-serie maison. À dévorer en terrasse sur rue, ou dans une salle contemporaine.

⦿⦿ Da Sara : *strada Calvese, 55-57, loc.* **Moricone.** ☎ *074-479-61-38. À env 10 km de Narni par la SS 3, direc-tion Roma ; puis tourner vers Calvi et continuer jusqu'à Moricone ; resto au bord de la route à la sortie du hameau. Tlj sf mer. Repas 20-25 €.* En bas, le bar de pays, et à l'étage, la salle de resto, avec terrasse aux beaux jours. On ne vient pas dans ce petit resto qui sem-ble figé dans le temps pour sa déco inexistante, mais pour passer, sans se ruiner, un moment simple et bon, comme la cuisine. Celle-ci est mijotée à partir de produits de saison venant, pour beaucoup, de l'exploitation fami-liale des proprios. Accueil gentil.

OMBRIE

À voir

🏹 Ponte d'Augusto : *dans la descente en direction de la* superstrada *vers Perugia (petit parking avec belvédère).* De son passé romain (elle fut l'une des premières colonies romaines établies en Ombrie), Narni n'a conservé que peu de choses. Le pont d'Auguste, du temps de sa jeunesse, parvenait allègrement à enjamber la Nera avec ses 130 m de long. Il en reste une belle arche.

🏹🏹 La ville médiévale : ramassée autour de la **piazza dei Priori,** où se trouve le **palazzo del Podestà,** et du **duomo San Giovenale,** bâti au XIe s en croix latine à trois nefs, complété au XVe s par une quatrième.

🏹 Museo della Città e del Territorio : *via Aurelio Saffi, 1.* ☎ *074-471-71-17. Avr-sept, tlj sf lun 10h30-13h, 15h30-18h30 (18h avr-juin et sept) ; oct-mars, ven-dim 10h30-13h, 15h-17h30. Entrée : 5 € ; réduc.* Installée dans le *Palazzo Eroli,* ce musée présente une configuration un peu déroutante. D'abord, une **section archéolo-gique et historique** – du néolithique au Moyen Âge, en passant par la période romaine et paléochrétienne – montrant des éléments d'architecture (colonnes, cha-piteaux, stèles...), des céramiques, des statues, et puis ce bel autel ciselé (VIIIe-IXe s), vasque de fontaine en bronze, etc., le tout replacé dans le contexte de la ville. Puis la *pinacothèque* expose des œuvres des XIVe-XVIIe s, dont quelques belles toiles du Maestro della Dormitio di Terni et du Maestro di Narni. Mais le clou demeure la sublime *Incoronazione della Vergine* de Domenico Ghirlandaio, montrée dans une salle bunker climatisée et en clair-obscur. Remarquez la finesse des traits des visages.

🎭 🚶 ***Narni sotterranea :*** *via San Bernardo, 12.* ☎ *074-472-22-92.* 📱 *339-104-16-45.* ● *narnisotterranea.it* ● *Visites guidées (1h) en italien avr-14 juin : sam à 12h, 15h, 16h15 et 17h30, dim à 10h, 11h15, 12h30, 15h, 16h15 et 17h30 ; 15 juin-15 sept : lun-ven à 12h et 16h, sam à 12h, 15h, 16h15 et 17h30, dim à 10h, 11h15, 12h30, 15h, 16h15 et 17h30 ; nov-mars : sam à 15h, dim à 11h, 12h15, 15h et 16h15. Entrée : 6 € ; réduc. Livret explicatif en français.* On trouve dans Narni et ses environs des citernes et un aqueduc souterrain construits par les Romains, mais ici ce sont les sous-sols d'un ancien monastère dominicain à la longue histoire que l'on découvre. En grande partie détruit pendant la Seconde Guerre mondiale, c'est une équipe de jeunes spéléologues qui redécouvre l'une des entrées des souterrains en 1979. À force de creuser et de dégager terre et végétation folle, ils mettent au jour dans une première pièce l'ancienne église sur laquelle le monastère fut construit au XIVe s. On peut aujourd'hui y admirer de belles fresques, malheureusement abîmées par des infiltrations d'eau... Quelques années plus tard, ils trouvent une autre entrée qui, elle, avait été sciemment murée. Derrière celle-ci se cachait la salle où, durant plusieurs siècles, s'était tenu le tribunal de la Sainte Inquisition. Quelques copies d'instruments de torture de l'époque sont là pour vous rappeler ce qui se passait dans ces lieux... et, juste à côté, la cellule des prisonniers aux murs couverts des graffitis laissés par l'un d'entre eux. La visite se termine dans l'église du monastère où, au début des années 2000, on a mis au jour la crypte de l'ancienne église du XIIe s, ainsi qu'à un niveau différent une mosaïque byzantine de 14 m de long du VIe s, derniers vestiges d'une église plus ancienne encore. Si vous parlez l'italien, la visite est vraiment intéressante, sinon cela peut sembler long, même avec l'histoire des lieux traduite en français.

🎭 🚶 ***Rocca Albornoz :*** *strada di Feronia.* 📱 *342-615-78-75.* ● *roccadinarni.it* ● *Sam 10h30-12h30, 15h30-18h30 ; dim et j. fériés 10h30-18h, ferme 1h plus tard en été, 1h plus tôt en hiver. Fermeture billetterie 45 mn avt. Entrée : 6 € ; réduc.* On monte à la forteresse surtout pour la vue panoramique parfaite sur la ville et la vallée de la Nera.

À voir dans les environs

🎭 🚶 ***Carsulae :*** *via Carsoli, 8, à* **Terni.** ☎ *074-433-41-33.* ● *carsulae.it* ● ♿ *À env 15 km au nord-est de Narni. Tlj 8h30-19h30 (17h30 oct-mars). Fermeture billetterie 30 mn avt. Entrée : 5 € ; réduc. Feuille en français.* Carsulae rumine sa grandeur passée dans une superbe solitude campagnarde. Promenant votre mélancolie au milieu de ses ruines, vous reconnaîtrez ici le *forum,* là la **basilique,** ailleurs l'*amphithéâtre.* Séparant Carsulae en deux, la fameuse *via Flaminia,* qui reliait jadis Rome à Rimini, a conservé son pavement antique avec ses traces de chariots. Légèrement excentrée, une porte, marquant l'entrée de la ville, se tient encore debout malgré son grand âge. Au-delà commence la zone des morts, avec ses tombeaux de belle taille. Cela ne vaut pas Pompéi mais, pour peu qu'on ait un minimum d'intérêt pour l'Antiquité romaine et un brin d'imagination, c'est l'occasion d'une belle promenade romantique au pied de verdoyantes collines.

CASCATA DELLE MARMORE
(CASCADE DES MARMORE)

🎭 🚶 ***La visite :*** *loc. Marmore.* ☎ *074-46-29-82.* ● *marmore.it* ● *Les lâchers d'eau étant réalisés tantôt à des fins touristiques, tantôt pour la production* *hydroélectrique, horaires complexes : voir site internet. Entrée : 10 € ; réduc. Sur place, 2 terrasses panoramiques : le belvédère supérieur et le belvédère inférieur – reliés entre eux par un sentier escarpé et éclaboussé (40 mn de marche) ou une route (15 mn de voiture) – avec une billetterie à chaque niveau. Les w-e et j. fériés avr-oct, liaison par bus entre les 2 belvédères, comprise dans le prix.*

Si cette incroyable cascade n'attira que peu les grands peintres, elle s'avéra une source d'inspiration intarissable pour les écrivains de différentes époques. Côté romains, Virgile dans *L'Énéide* et Cicéron en furent les chantres... Côté romantiques, lord Byron, qui avait un petit penchant pour l'Italie, en chante la beauté dans son long poème *Le Pèlerinage de Childe Harold...*

Cette chute d'eau, contrairement à ce que l'on pourrait penser, n'est pas un cadeau de la nature, mais le fruit du travail de l'homme. Au IIIᵉ s av. J.-C., le consul Manlius Curius Dentatus décida de ménager une brèche dans un barrage naturel de travertin derrière lequel s'accumulaient des eaux qui inondaient la plaine de Rieti. Il en résulta cette chute d'une hauteur totale de 165 m en trois sauts, qui subit encore quelques aménagements entre 1546 et 1788. Aujourd'hui, elle écoule les eaux de la rivière Velino et celles du lac de Piediluco, dans un spectacle époustouflant, surtout au moment des lâchers d'eau. Du belvédère inférieur, on est rafraîchi par les embruns et, du belvédère supérieur, on approche de la première chute d'eau qui fait 80 m de haut. Entre les deux, un petit sentier complété, à mi-parcours, par une boucle permettant de frôler l'eau à de multiples endroits. Tentez d'aller jusqu'au *balcon des Amoureux,* via un petit tunnel creusé dans la roche (prévoir un imperméable car c'est la douche assurée !). Enfin, pour les plus courageux, une troisième terrasse a été aménagée sur le mont Pennarossa, sur l'autre rive de la Nera, presque au-dessus de l'entrée du belvédère inférieur. Encore quelques marches... et une vue imprenable ! Bonnes chaussures nécessaires (terrain glissant).

¶ *Lago di Piediluco :* un agréable lac semblable à ceux du Jura, à ceci près que les villages perchés tout autour, tel *Labro,* fièrement campé sur sa colline, sont bien typiquement italiens.

Où camper dans les environs ?

⋀ *Camping Lago di Piediluco :* via dell'Ara Marina, 2, à **Piediluco.** ☎ 349-498-74-23 ou 328-109-93-96. ● cam pinglagodipiediluco@gmail.com ● cam pinglagodipiediluco.com ● À quelques km du village. Ouv w-e avr-mai et tlj juin-sept. Selon saison et taille, 13-21 € pour 2 avec tente et voiture. ☎ Sur les berges du lac de Piediluco, un camping au vert, ombragé et bien tenu. Également des bungalows. Activités sportives, du nautisme au vélo en passant par le tennis et la pétanque. Resto-bar-pizzeria. Grande piscine juste à côté.

⋀ *Camping Cascata delle Marmore :* via della Cascata, 34, à *Marmore.* ☎ 074-46-71-98. ☐ 333-421-78-17. ● camping.marmore@hotmail.it ● campinglemarmore.com ● À côté du parking du belvédère supérieur. Ouv de Pâques à mi-sept. Selon saison, 19-23 € pour 2 avec tente et voiture. Réduc sur le billet d'accès à la cascade. ☎ Installé dans un écrin de verdure ombragé mais cerné par les parkings et l'agitation touristique générée par la cascade, un camping fonctionnel, et *basta* !

FERENTILLO (05034 ; 1 960 hab.)

¶ Situé là où les versants de la vallée s'évasent, le village de Ferentillo est un bon point de séjour pour rayonner dans la région, car c'est à partir de là que l'on quitte vraiment l'industrieuse et industrielle Terni pour s'enfoncer peu à peu dans de somptueux paysages de montagne. C'est aussi sur ce territoire que deux moines fondèrent un ermitage devenu, au fil des siècles, la belle abbaye de San Pietro in Valle.

Où dormir à Ferentillo et dans les environs ?

🏠 I●I *Agriturismo La Pila :* loc. *La Pila,* 3. ☎ 074-478-07-93. ● *agri turismolapila@tiscali.it* ● *agrituris molapila.com* ● À env 1 km au nord-ouest de Ferentillo. Doubles 50-60 € selon saison, certaines avec coin cuisine (10 € en plus). Repas env 20 €. D'un côté la maison des proprios et de l'autre, dans une annexe rose saumon légèrement à l'écart, d'agréables chambres. Déco sobre, beaux espaces et fraîcheur font qu'on s'y sent bien. Jolie piscine dans un bout de jardin coquet, en contrebas duquel se trouvent les vieux tracteurs et des coins où la nature a repris ses droits.

🏠 I●I *Residenza d'epoca Abbazia San Pietro in Valle :* via Case Sparse, 4. ☎ 074-478-01-29. ● *abbazia@san pietroinvalle.com* ● *sanpietroinvalle.*

com ● ♿ Congés : 3 nov-24 mars. Doubles 125-195 € selon confort et saison, petit déj inclus. Repas env 35 €. ⬚ 🛜 Café offert sur présentation de ce guide. Une partie de l'ancien monastère est devenue un hôtel de charme, dont la terrasse panoramique s'ouvre sur une nature sereine et d'une beauté sauvage, que l'on croirait à des lieues de tout endroit habité. Chambres simples et belles. Suites somptueusement meublées, dont celle du duc Faroaldo, avec poutres apparentes et, pour certaines, lit à baldaquin. Petit déj servi sous les arcades du cloître. Sauna, salle de lecture et billard. Les bénédictins trouvaient la paix intérieure par la prière, mais avec le luxe ça fonctionne aussi !

À voir

🔦🔦 *Museo delle Mummie* (musée des Momies) : via della Rocca, loc. Precetto (crypte de la chiesa San Stefano). 📱 335-654-30-08 ou 328-686-42-26. ● *mummiediferentillo.it* ● Tlj 10h-13h, 15h-18h (19h30 avr-sept, 17h novfév). Entrée : 3 € ; réduc. Billet combiné avec l'abbazia di San Pietro in Valle : 5 € ; réduc. Lorsque l'église actuelle fut bâtie au XVIIe s, l'église primitive du XIIIe s fut transformée en cimetière et utilisée comme tel jusqu'à la création, au XIXe s, d'un cimetière hors du village. Or, la nature minérale particulière du sol, associée à la présence de champignons, a permis la momification de certains des cadavres inhumés : il fallait pour cela qu'ils soient à l'abri de toute infiltration d'eau. Dans le cas contraire, le processus habituel suivait son cours, ce qui explique la collection de crânes... Ainsi, quelque 25 momies sont exposées dans des vitrines et les conditions du décès de chacune de ces personnes vous sont racontées. Les expressions, parfaitement préservées, sont étonnantes et, parfois, même les vêtements ont été conservés ! Une visite impressionnante.

🔦🔦🔦 *Abbazia di San Pietro in Valle :* via Case Sparse, 4. 📱 328-686-42-26 ou 335-654-30-08. ● *mummiediferentillo.it* ● Tlj (w-e slt oct-mars) 10h-13h, 15h-17h (18h avr-sept, 16h30 oct-fév). Entrée : 3 € ; réduc. Billet combiné avec le museo delle Mummie : 5 € ; réduc. Au tout début, il semblerait qu'il y ait eu à l'emplacement de l'église un temple païen, dont on peut encore admirer les quelques vestiges, ainsi qu'une villa romaine. Puis Lazare et Jean – deux moines syriens arrivés on ne sait comment dans les parages – décidèrent de fonder ici un ermitage... Pour honorer leur mémoire, le duc de Spoleto, Faroaldo II, fit construire, sur le lieu même du petit sanctuaire, une abbaye dans laquelle il finit par se retirer en 720, évincé du pouvoir par son intrigant de fils. Ainsi commença, il y a bien longtemps, l'histoire de San Pietro in Valle, qui connut par la suite de sombres heures avec les ignobles Sarrasins, qui la détruisirent à la fin du IX° s. Reconstruite au début du XI° s, puis embellie par des cycles de fresques au Moyen Âge et à la Renaissance (on en admire aujourd'hui de larges sections), elle n'a depuis, bien que passant de main en main, pas trop subi l'usure du temps et les outrages des hommes, ce qui lui vaut d'être considérée comme l'une des plus belles abbayes d'Italie centrale. Elle trône au beau milieu d'un paysage sublime sur le plateau du Monte Solenne, dominant la vallée. Seuls les extérieurs et l'église se visitent ; les bâtiments conventuels ayant été transformés en hôtel (voir ci-avant). Ainsi, l'intérieur de l'église, à nef unique et éclairé de petites fenêtres, devait être merveilleux quand les fresques étaient encore pimpantes. De cette jeunesse perdue, de beaux vestiges demeurent toutefois, qui feront tomber les âmes sensibles en pâmoison ! Les autres porteront leur regard sur les murs de la nef où se déploient de magnifiques fresques relatant des épisodes de l'Ancien et du Nouveau Testament. Certaines figurations sont encore lisibles, telles la *Création du Monde,* le *Péché originel,* le *Baptême du Christ,* le *Calvaire...*

LA HAUTE VALLÉE DE LA NERA

Entre Ferentillo et Triponzo, connu depuis la nuit des temps pour ses sources sulfureuses, la route SR 209 vous permet de découvrir tour à tour trois villages perchés. Les environs offrent toutes sortes d'activités sportives (rafting, escalade, VTT, randonnée pédestre, trekking avec des mulets...). Non loin de Triponzo, une association écologique pourra vous aiguiller vers un tourisme compatible avec le développement durable. *Infos :* **Legambiente,** *piazza Giovanni XIII, à* **Borgo Cerreto.** 347-671-23-40. ● *legambiente. it* ●

CHARLATANS ET SALTIMBANQUES

Petite leçon d'étymologie. La tradition des charlatans est née au XVI° s, dans le village de Cerreto di Spoleto, proche de Triponzo... En effet, ses habitants avaient l'habitude de quitter leur village pour vendre des onguents, des herbes, ou pour accomplir des pseudo-guérisons. Habiles avec les mots et avec les mains, les cerretani étaient connus comme les ciarlatani, *des charlatans. Et, pour attirer le public sur la piazza, ils sautaient sur des bancs...* salt' in banco ! *C'est l'origine de «* saltimbanque ».

OMBRIE

🏛 ***Sant'Anatolia di Narco :*** petit bourg médiéval construit autour d'un château du XII° s et ceint d'une muraille du XIV° s. Il abrite désormais un écomusée consacré au chanvre *(museo della Canapa ; horaires variables),* situé à côté de l'église. On y trouve des métiers à tisser, des rouets, des tissages blancs et bleus typiques d'Ombrie et du linge ancien donné par les habitants.

🏛 ***Castel San Felice et abbazia di San Felice di Narco :*** en contrebas de cette bourgade fortifiée au sommet d'un piton rocheux, petite abbaye bénédictine du XII° s, dont on remarque les colonnes et mosaïques de l'autel. Elles sont d'époque romaine et furent réutilisées au Moyen Âge. Pour visiter l'abbaye, inutile de grimper jusqu'au village (cela vous évitera d'encombrer le minuscule parking et des manœuvres pénibles) ; de la route principale, en face de celle qui monte au village, une petite route mène à l'abbaye (panneau).

🏛🏛 ***Vallo di Nera :*** ce village est considéré comme l'un des plus beaux d'Italie et l'un des mieux conservés de la Valnerina. On y découvre un ensemble de maisons en pierre et, au centre, l'*église franciscaine de Santa Maria* datant du XIIIe s *(si elle n'est pas ouv, demander la clé à la maison portant le n° 3)*. De style gothique simple, elle a conservé toutes ses décorations murales et des peintures réalisées par un élève du Giotto (épisodes de la vie de Jésus, de la Madone et de saint François). Sur les murs de la nef, des ex-voto en fresques. Sur le mur de droite, près de l'autel, une procession de pénitents en blanc, une bise de la réconciliation remarquable, couronnée par un angelot à deux têtes, et, enfin, une série de cochons noirs, propres à la région de Nursie, race disparue depuis.

CASCIA (06043) 3 260 hab.

Cascia doit sa renommée au safran et à sainte Rita, patronne des causes perdues et des cas désespérés, pour qui un sanctuaire fut consacré en 1947. Cette sainte populaire a ses fidèles dans le monde entier, et plus de 2 millions de pèlerins viennent lui rendre visite chaque année. Si elle profite largement de ce tourisme religieux, la région cherche également à promouvoir les activités sportives dans la campagne environnante.

Arriver – Quitter

En bus

🚌 *Arrêt de bus :* largo Elemosina. Infos : **Umbria Mobilità,** ☎ 800-512-141 (n° Vert). ● *umbriamobilita.it* ●

Juste en contrebas de la piazza Garibaldi (office de tourisme).
➤ *Norcia (20 mn) :* 1-3 bus/j. et d'autres avec changement à Serravalle.
➤ *Roma (Tiburtina ; 3h) :* 1-2 bus/j.

Circulation et stationnement

🅿 Les ruelles pentues de Cascia ne se visitent qu'à pied. On conseille donc d'abandonner son auto dans le *grand parking payant La Molinella (piazzale Papa Leone XIII),* au pied du village. De là, un ascenseur et des escalators vous hissent jusqu'à la basilique.

Adresse et info utiles

ℹ *Ufficio turistico :* piazza Garibaldi, 1. ☎ 074-37-14-01. ● *lavalnerina.it* ● Tlj (sf dim déc-avr) 9h-13h, 15h30-18h30. Plans du village et de la Valnerina avec leurs lieux d'intérêts respectifs, infos loisirs verts (randonnée pédestre, VTT, rafting, parapente, équitation, balade avec un âne...), agenda culturel et religieux...
– *Marché :* mer mat, piazza Garibaldi et piazzale San Francesco.

Où dormir ? Où manger ?

🏠 |●| *Hotel Cursula :* viale Cavour, 3. ☎ 074-37-62-06. ● info@hotel cursula.com ● *hotelcursula.com* ● 🅿 Juste à l'entrée de Cascia. Doubles 55-120 € selon confort et saison, petit déj compris. Plats 8-14 € ; repas 25-30 €. 🛜 Toutes les chambres sont impeccables et agréables, mais les *superior* avec parquet et déco contemporaine demeurent plus élégantes.

OMBRIE

Sur place, le *ristorante della Locanda Giustini* propose des plats traditionnels savoureux, dont un formidable risotto aux truffes ! Accueil familial gentil et pro.

🛏 I●I **Agriturismo Casale S. Antonio :** *loc.* **Casali Sant'Antonio.** ☎ 074-376-819. 📱 333-321-23-44. ● *info@casalesantantonio.it* ● *casa lesantantonio.it* ● *À 3 km au sud de Cascia, direction Monteleone di Spoleto.* Doubles 50-65 € *selon saison, petit déj compris.* Repas *(sur résa)* 15-25 €. Une vraie ferme dans la campagne, sur les hauteurs, avec une belle vue sur la vallée. Chambres simples et nickel, certaines avec coin cuisine, d'autres avec coin salon et mezzanine. Resto accommodant à merveille les produits bio de l'*azienda agricola*. Départ de sentiers. Bon accueil.

I●I **L'Appennino :** *piazzale Dante, 6.* 📱 388-805-5527. *Tlj sf jeu.* Menu 14 € ; *plat 6 €.* Donnant sur un parking, un resto sans prétention qui attire une foule d'habitués à l'heure du déjeuner. Cuisine familiale simple et bonne, avec quelques spécialités locales rustiques, comme les tripes. Une bonne petite adresse pour ne pas se ruiner, où tout est fait maison.

À voir

OMBRIE

🎋 **Basilica di Santa Rita :** *via Teresa Fasce.* ☎ 074-375-091. ● *santaritadacas cia.org* ● Basilica *: avr-oct, tlj 6h30-20h ; nov-mars, tlj 6h45-18h.* Monastero *: visites guidées, avr-oct, tlj à 8h (dim slt), 8h30 (dim slt), 9h, 9h45 (dim slt), 10h30 (10h15 dim), 11h15, 12h (dim slt), 14h30, 15h30, 16h45 et 17h30 ; nov-mars, tlj à 10h (10h15 dim), 11h15, 14h30 et 16h30.* Derrière cette façade austère – typique de la période mussolinienne – vous attend un intérieur étonnamment chatoyant, avec son autel d'inspiration Art déco et ses fresques très colorées du début des années 1950, proches de celles des Mexicains Siqueiros et Diego Rivera. Consacré par Pie XII en 1947, le sanctuaire abrite, dans une chapelle à gauche, le corps intact de sainte Rita, objet de toutes les dévotions ! Dans la partie inférieure de la basilique (accès à l'extérieur, par le côté) se trouve également la relique du « Miracle eucharistique », sous forme des pages d'un livre de prières taché du sang qui, en 1330, aurait coulé d'une hostie consacrée… Jouxtant le sanctuaire, le monastère renferme la cellule où Rita vécut et mourut en 1457, ainsi que l'oratoire où elle reçut les stigmates.

🎋 **Museo comunale di Palazzo Santi :** *piazza Aldo Moro.* ☎ 074-375-10-10. *Ouv 10h30-13h, 15h-18h (16h-19h juil-août) : tlj août et déc-janv, ven-dim avr-juil et sept, w-e mars et oct-nov. Fermé en fév.* Entrée *: 3 € ; réduc.* Installé dans le **palazzo Santi,** le musée propose notamment un ensemble de statues de bois polychromes caractéristiques de l'art religieux médiéval… Le ticket donne aussi accès à la **chiesa di Sant'Antonio** *(via San Antonio),* au pied du *centro storico.* Construite au XIVe s, cette église est connue pour ses fresques de Nicolà di Siena représentant la passion du Christ (1461), dans le chœur. Dans la nef, épisodes de la vie de Sant'Antonio Abbate, du début du XIVe s.

🎋 **Roccaporena di Cascia :** *à env 5 km de Cascia.* ☎ 074-375-45-34. ● *rocca porena.com* ● Il s'agit du petit bourg où sainte Rita naquit, devint épouse, mère et veuve. Sur place, maison natale, maison maritale, église locale… à réserver aux fervents pèlerins ou aux voyageurs fascinés par la dévotion poussée à l'extrême.

➢ Les amateurs de balades se procureront à l'office de tourisme de Cascia la brochure **Passegiate in Valnerina,** qui détaille plusieurs itinéraires de randonnée pédestre de difficulté variable, dont beaucoup en boucle. Le plus difficile demeure l'ascension du *Monte Meraviglia* (1 392 m) avec ses 450 m de dénivelée…

DANS LES ENVIRONS DE CASCIA

🏛 *La Biga etrusca di Monteleone di Spoleto :* à 18 km au sud de Cascia, direction Leonessa. ☎ 074-37-04-21. Si c'est fermé, s'adresser au bar. Ce petit village perché à près de 1 000 m d'altitude sur une colline verdoyante fut habité dès l'Antiquité. Pour preuve, un char *(biga)* en bois étrusque, recouvert de bronze martelé mettant en scène des épisodes de la victoire d'Achille sur Hector, fut trouvé dans les environs en 1902. Aujourd'hui, seule une copie est visible, agrémentée d'une petite expo, car l'original est exposé depuis 1903 au Metropolitan Museum of Art (MET) de New York. L'objet est vraiment beau et la copie de qualité.

LA BIG BAGARRE DE LA BIGA

Quand, en 1902, Isidoro Vannozzi prit sa pioche pour agrandir sa maison, il ne savait pas qu'il allait trouver un tombeau étrusque du VIᵉ s av. J.-C. ni qu'un vrai trésor allait lui glisser entre les doigts. Il construisit un nouveau mur avec les pierres du tombeau et vendit les objets à vil prix. Parmi eux, la biga, achetée par un antiquaire de Cascia, qui passa ensuite par Rome puis Paris, avant d'être acquise par le MET de New York. Mais, en 2005, la presse américaine dévoila les objets frauduleusement achetés par le MET au début du XXᵉ s avec, en tête de liste, la biga de Monteleone ! Depuis, la commune a monté l'Operazione recupero biga et la bataille juridique fait rage...

NORCIA E IL PARCO NAZIONALE DEI MONTI SIBILLINI (NURSIE ET LE PARC NATIONAL DES MONTS SIBYLLINS)

🏛🏛🏛 À cheval sur l'Ombrie et les Marches, au pied du mont Vettore, ce très beau parc constitue la seule zone vraiment sauvage de l'Italie centrale. Pendant des siècles, on disait le massif peuplé de fées et de la mystérieuse Sibylle. Aujourd'hui, c'est un refuge pour le loup, l'aigle royal, le faucon pèlerin et le hibou grand-duc. Accros des versants escarpés, des vallées profondes et des cirques glaciaires, vous êtes ici chez vous ! C'est la petite ville de Norcia (4 940 habitants) qui en constitue la clé d'accès. Petite ville mais grand renom, car d'une part saint Benoît, patriarche des moines d'Occident, y naquit en 480, d'autre part le simple nom de *Norcia* fait saliver tout gourmet italien : sa foire à la truffe noire *(Nero Norcia, dernier w-e de fév et 1ᵉʳ w-e de mars)* constitue une occasion unique de goûter à toutes sortes de spécialités à base de truffes, mais aussi à moult cochonnailles, fromages et produits céréaliers.

Arriver – Quitter

En bus

🚌 *Arrêt de bus :* Porta Ascolana. Infos : **Umbria Mobilità,** ☎ 800-512- 141 *(n° Vert).* ● umbriamobilita.it ●
➢ *Cascia (20 mn) :* 1-3 bus/j. et d'autres avec changement à Serravalle.
➢ *Spoleto (55 mn) :* 3-5 bus/j.

Adresses utiles à Norcia

🛈 *Ufficio turistico :* via Alberto Novelli, 1 (angle piazza San Benedetto). ☎ 074-382-81-73. ● comune.norcia.pg.it ● Au rdc de la *mairie. Mai-sept, tlj 10h-13h, 15h-18h ; oct-avr, tlj sf w-e 10h-13h.* Plan du village avec ses principaux monuments et musées, agenda culturel, infos sur toute la province de Perugia... *Casa del Parco* sur place.

🏠 *Casa del Parco (Maison du parc) :* à l'office de tourisme. • *sibillini.net* • *Mêmes tél et horaires.* Plan du parc avec des explications en français sur ses curiosités, infos sur les sentiers de randonnée pédestre, circuits VTT,

etc., et les autres moyens de l'explorer. Également une autre *casa del Parco* à *Preci (via del Mulino, borgo Garibaldi ;* 📱 *329-042-87-17),* à *Castelluccio (oratorio del Sacralento, via Sacramento ;* ☎ *074-382-81-73),* et plusieurs autres dans la région des *Marches* (Visso, Castelsantangelo sul Nera...).

✉ *Poste :* corso Sertorio, 63. *Tlj sf sam ap-m et dim.*

Où dormir ?

À Norcia et dans les environs

Bon marché

🏠 |●| *Casa Religiosa di Ospitalità San Benedetto :* via delle Vergini, 13, à *Norcia.* ☎ *074-382-82-08.* • *info@monasterosantantonionorcia. it* • *monasterosantantonionorcia.it* • Proche de la chiesa San Giovanni et du Tempietto. Ouv avr-oct. Accueil 9h30-22h. Doubles 55-60 € selon saison ; petit déj 4 €. ½ pens possible. Repas 17-20 €. CB refusées. Monastère assez austère et sans charme, tenu par des sœurs bénédictines. Chambres simples mais impeccables, toutes avec salle de bains. Seul petit problème pour les dormeurs au sommeil léger : la cloche matinale peut les réveiller !

Prix moyens

🏠 *B & B Nonna Rosa :* loc. *Fiano di Abeto,* à *Preci.* ☎ *074-393-80-24.* 📱 *339-379-97-27.* • *info@nonna-rosa.it* • *nonna-rosa.it* • À 8 km au nord de Norcia, direction Preci (panneau à gauche). Doubles 60-70 €, petit déj compris. CB refusées. Parking. 🖥 📶 Réduc de 10 % sur la loc de VTT sur l'ex-ferrovia Spoleto-Norcia et sur la descente en raft de la rivière Corno sur présentation de ce guide. En tout, 5 chambres confortables et toutes mignonnes, meublées à l'ancienne avec chacune sa propre tonalité. Joli petit jardin pour se détendre et des

kilomètres de nature pour se balader. Petit déj maison servi dans la cuisine de style rustique. Accueil gentil et plein de bons conseils pour découvrir le parc. Un lieu de toute quiétude pour un bon rapport qualité-prix.

🏠 *Agriturismo La Cascina di Opaco :* loc. *Case Sparse,* à *Norcia.* 📱 *380-471-25-64.* • *info@agriturismolacas cinadiopaco.it* • *agriturismolacascina diopaco.it* • ♿ À env 2 km au sud de Norcia, direction Castelluccio (panneau à droite dans la « zone industrielle »). Doubles 70-80 €, petit déj inclus. Parking. 📶 Dans une *azienda agricola* adossée à la montagne boisée et dominant champs et prairies. Au choix, 6 belles chambres confortables et impeccables dans une bâtisse récente, avec grande salle commune dotée d'une étonnante cheminée centrale. Déco sobre mais fraîche et avenante : carrelage, murs blancs, lits en fer forgé... Terrasse et jardin. Accueil sympa en français.

🏠 |●| *Agriturismo Casale nel Parco :* loc. *Fontevena, 8,* à *Norcia.* ☎ *074-381-64-81.* 📱 *335-658-67-36.* • *agriumbria@casalenelparco.com* • *casalenelparco.com* • À 1 km au nord de Nursie, direction Preci, sur la droite (panneau). Résa indispensable. Doubles en ½ pens 60-80 €/pers. Au resto : menu 35 €, plats 7-13 €. Les chambres et le resto se trouvent dans une ancienne ferme complètement rénovée, plantée au bord d'une petite route. Une quinzaine de belles chambres à la déco épurée, rehaussée de quelques touches colorées coquettes. Salon avec piano et petite cuisine au cas

OMBRIE

OMBRIE

où il faudrait faire manger des petits. Belle piscine donnant sur le Monte Patino. Sur place, bon resto de terroir mitonnant des plats traditionnels avec les produits de l'exploitation agricole. Accueil authentique et chaleureux.

À Castelluccio

Prix moyens

🏠 *Taverna Castelluccio :* via Dietro la Torre, 8. ☎ 074-382-11-58. ● info@ tavernacastelluccio.it ● tavernaca stelluccio.it ● Ouv mai-oct. Doubles 60-80 € selon saison, petit déj inclus. ½ pens possible. 🛜 Réduc de 10 % sur l'addition et de 5 % sur le prix de la chambre sur présentation de ce guide. Au bord du vieux village avec vue sur l'infini, établissement d'une quinzaine de chambres pratiques et de bon confort, pas toujours spacieuses mais

agréables et nickel. Resto sur place. Accueil sympa.

🏠 I●I *Agriturismo Antica Cascina Brandimarte :* via Libia, 58. ☎ 074-382-11-94. ▪ 331-825-07-61. ● info@anticacascinabrandimarte. it ● anticacascinabrandimarte.it ● Doubles 80-100 € selon saison, petit déj inclus. ½ pens possible. Au resto, plats 9-20 €. 🛜 En bordure du vieux village perché, dans une vieille maison joliment restaurée, une dizaine de charmantes chambres tout confort et douillettes, décorées avec goût (lits à baldaquin...). Certaines avec une vue panoramique formidable, et les autres, au niveau inférieur, donnant sur la rue. Belle salle de resto mansardée où l'on déguste les bons produits locaux (charcuterie, fromage, viandes...), déclinés dans des recettes typiques, savoureuses et soignées ; mais pas données ! Accueil pro et sympa.

Où manger ?

À Norcia

– *Important :* négliger une halte gastronomique à Norcia est impensable car vous êtes ici au cœur du pays des truffes noires, des truites de la Nera, des lentilles et des *salumi* !

Sur le pouce

🍴 🏵 *Fratelli Ansuini di Mastro Peppe :* via Anicia, 105. ☎ 074-381-66-43. ● info@norcineriaansuini.it ● Tlj sf jeu 8h-13h30, 15h30-20h. Moins de 5 €. Une insolente charcuterie artisanale débordante de saucissons, jambons et fromages. Et, pour goûter à tout ça, on vous confectionne – à la demande – de savoureux *panini* gastronomiques pour seulement quelques euros. Foncez !

Bon marché

I●I 🍷 🍴 *Il Cenacolo :* via G. Marconi, 4. ☎ 074-381-71-19. Tlj sf jeu. Plats 9-10 €. 🛜 Agréable salle aux couleurs contemporaines, et mobilier simple en bois sombre ; le tout flanqué d'une

gentille terrasse plébiscitée par les habitués. Dans l'assiette, quelques délicieuses suggestions du jour concoctées par un chef qui assure ! *Antipasti* avec charcuterie locale, *pasta* en guise de *primi*, et 1 ou 2 *secondi* de viandes locales. Que de saveurs ! Bien aussi pour boire un verre et lécher une glace. Accueil dynamique et pro. On aime !

I●I 🚄 *Trattoria Taverna del Boscaiolo :* via Bandiera, 9. ☎ 074-382-85-45. ● info@tavernadelboscaiolo. it ● ♿ Tlj sf lun (tlj en août). Menus 20-25 € ; plats 6-24 €. 🛜 Café et digestif maison offerts sur présentation de ce guide. Dans une vénérable cave voûtée aux fresques en trompe l'œil. Cuisine régionale de bonne facture, spécialisée dans les viandes grillées, avec ou sans truffe selon votre bourse. Pizzas en soirée. Accueil charmant.

Prix moyens

I●I *Taverna de Massari :* via Roma, 13. ☎ 074-381-62-18. ● info@tavernade massari.com ● Ouv tlj. Menus 25-40 € ; plats 9-19 €. Cuisine typique et raffinée, servie dans plusieurs belles salles, dont l'une – agréable – en sous-sol. Terrasse sympa sur la placette. Belle carte des vins. Avec le menu à 25 €, on en a pour son argent !

l●l *Trattoria dal Francese :* via Riguardati, 16. ☎ 074-381-62-90. *Derrière la basilica San Benedetto. Tlj sf ven (tlj en été). Plats 8-22 €.* La *trattoria* « du Français » appartenait à un émigré qui, après une pause en France, revint dans sa ville natale y fonder cet excellent resto. Les gens du pays le surnommèrent « le Français » jusqu'à la fin de sa vie. L'enseigne est restée, tenue par la descendance, et l'on y déguste de la cuisine traditionnelle soignée, avec ou sans truffe selon vos moyens. Pâtes et viandes grillées goûteuses. Petite carte des vins.

À Castelluccio

De bon marché à prix moyens

l●l 🚄 *Bar-trattoria Del Capitano :* via Pian Grande, 5. ☎ 074-382-11-82. *Tlj sf mar (tlj mai-sept). Plats 6-12 €.* D'abord, un bar de pays avec ses habitués un brin gouailleurs au comptoir. Ensuite, une salle modeste et sans prétention où l'on vous sert – avec le sourire – une cuisine familiale typique, simple et bonne... avec aussi de la truffe, pardi ! Également des pizzas en soirée. Une adresse authentique.

l●l *Agriturismo Antica Cascina Brandimarte :* voir plus haut « Où dormir à Castellucio ? ».

À voir. À faire

➤ Les amateurs de balades se procureront à l'office de tourisme la brochure *Passeggiate in Valnerina,* qui détaille plusieurs itinéraires de difficulté variable, dont beaucoup en boucle.

🦌 *Norcia :* sur la *piazza San Benedetto,* cœur de la ville, se trouvent les plus beaux édifices, malheureusement très endommagés par le tremblement de terre d'octobre 2016. La *basilica di San Benedetto,* d'architecture gothique et étonnamment dépouillée, abrite dans sa crypte les ruines d'une maison romaine qui, selon la légende, aurait vu la naissance de saint Benoît et de sa vertueuse sœur, sainte Scholastique... À côté, de la fastueuse période de l'indépendance que connut Nursie aux XIIIe et XIVe s, le *Palazzo comunale* n'a conservé qu'un antique portique. En face, le *museo civico diocesano « La Castellina »* (☎ 074-382-87-11 ; *mai-sept, tlj 10h-13h, 16h-19h ; oct-avr, tlj sf lun 10h-13h, 15h-18h ; entrée : 5 € ; 6 € avec le Criptoportico romano ; réduc),* installé dans un austère palais bâti au XVIe s par Vignola à la demande de Sa Sainteté Jules III, renferme des sculptures sur bois peint et sur pierre (XIIIe-XVIe s) et quelques peintures, sans oublier la petite collection archéologique.

🦌 *Abbazia di Sant'Eutizio :* loc. Piedivalle, à *Preci.* ☎ 074-39-96-59. ● abbazia santeutizio.it ● À env 15 km au nord de Norcia. Tlj 10h-18h (19h en été, 17h j. de fête). Dès le Ve s, des moines syriens élevèrent dans ce site idyllique un oratoire, bientôt fréquenté par le futur saint Benoît. L'actuelle abbaye, bâtie à flanc de colline, date du début du XIIIe s. Elle abrita une véritable école de chirurgie qui pratiquait différentes opérations dont la castration qui, à partir du XVIe s, a permis d'obtenir les voix aiguës si particulières dont raffolaient les auditeurs d'opéra de l'époque... Visitez l'église avec sa nef très dépouillée, et admirez la rosace finement sculptée. Le chœur est surélevé avec les cendres de saint Eutizio derrière le maître-autel. En dessous, crypte assez lumineuse, soutenue par deux grosses colonnes. Sur place, également un petit musée exposant les instruments de chirurgie des moines *(juil-août, tlj 9h30-12h30, 15h-18h ; dim 10h-18h ; sept-juin, sur résa slt)...*

🦌🦌🦌 *Castelluccio et le Piano Grande :* à 30 km à l'est de Nursie. Un site de sérénité et de beauté auquel on accède par une route magnifique s'élevant graduellement au-dessus de la vallée. Tel un amphithéâtre bordé de montagnes souvent enneigées, le Piano Grande, plaine d'origine karstique, forme un paysage différent de tout ce que vous pourrez voir en Italie, qui nous a évoqué le Tibet, les Andes ou encore le Grand Nord. De fin mai à mi-juin au moins, il se pare de ses plus belles couleurs pour la *fiorita,* tapis chaque jour différent de coquelicots, de pâquerettes, de renoncules, de jacinthes ou de bleuets que l'on vient voir partout. Dominant cette plaine, le mignon petit village de Castelluccio, perché sur une colline à 1 452 m d'altitude, semble un peu perdu dans cette immensité naturelle. Il est renommé pour ses lentilles blondes d'appellation contrôlée, cultivées dans la plaine, et pour sa ricotta. Lorsque le temps se couvre, Castelluccio flotte au-dessus d'une mer de nuages, et en hiver il est déserté car pris dans la neige. En explorant ses ruelles étroites, voir la vieille porte et la petite église du XVIᵉ s...

☆☆☆ *Parco nazionale dei Monti Sibillini :* en voiture, on a un bel aperçu du site en poursuivant la route de Castelluccio vers *Castelangelo sul Nera,* où l'on rejoint la rivière Nera, puis jusqu'à *Visso,* un gros bourg au centre médiéval conservé, d'où l'on peut revenir à Norcia, via Preci. On peut admirer en cours de route tous les élevages de truites. À pied, faites-vous détailler les itinéraires de randonnée si vous souhaitez explorer la richesse du parc. Parmi les sentiers les plus populaires, celui de la gorge de l'*Infernaccio,* bien moins terrifiante que son nom ne le laisse présumer, en 3h30 aller-retour à partir de *Montefortino* (à 75 km de Norcia par Acquasante). Le très beau *lago di Pilato* (des buffles auraient tiré le corps inerte de Pilate jusqu'aux profondeurs de ce lac « démoniaque ») est accessible par deux itinéraires différents, l'un facile et l'autre moins. Le premier, partant de Foce, hameau de Montemonaco à 77 km de Norcia, se parcourt en 5h aller-retour. L'autre, partant de Forca di Presta à 33 km de Norcia, passe par *Forca Viola* et le *Monte Vettore* et nécessite 8h aller-retour.

➤ De nombreux itinéraires de différents niveaux de difficulté s'offrent aux adeptes du ***VTT.***

➤ Les amateurs de ***balades à cheval*** trouvent à Castelluccio des propositions de randonnée à la journée ou à la demi-journée.

– *Deltaplane et parapente* se pratiquent aussi à Castelluccio, y compris si vous êtes débutant. C'est un paradis pour le vol libre, et des adeptes y convergent du monde entier.

– On pratique enfin le ***rafting*** à ***Serravalle di Norcia.*** Une descente de 7 km réalisée en 2h, idéale en famille.

HOMMES, CULTURE, ENVIRONNEMENT

BOISSONS

Les appellations et les différents types de vins

On fait du vin en Italie depuis l'Antiquité ! Colons grecs, romains, puis étrusques, tous s'y sont adonnés avec passion, mais c'est à l'époque médiévale que la viticulture a pris une place importante autour des grandes abbayes. Aujourd'hui, l'Italie est même devenue le premier producteur mondial avec près de 49 millions d'hectolitres par an ! L'Italie a mis tardivement de l'ordre dans ses vins en créant, en 1963 puis en 1992, quatre catégories correspondant à des appellations contrôlées. Les **IGT** *(indicazione geografica tipica)* sont des vins de pays portant une indication géographique. Les **DOC** *(denominazione di origine controllata* ; l'équivalent de nos AOC) doivent être conformes à des critères stricts (zone de production définie, type de raisin, méthodes de culture et de vinification). Quant aux prestigieuses **DOCG** *(denominazione di origine controllata e garantita),* accordées par le président de la République sur avis du ministère de l'Agriculture et des Forêts, elles subissent une réglementation encore plus contraignante. Les DOCG accompagnent ainsi les grands noms du vin italien : *barolo, brunello di Montalcino, vino nobile di Montepulciano, chianti classico, sagrantino di Montefalco...*

Les vins de Toscane

Symbole du renouveau des vins italiens, la Toscane est aujourd'hui l'une des régions productrices les plus dynamiques du pays, celle qui a su se remettre en question il y a une trentaine d'années et caracole aujourd'hui en tête des ventes ! Il est loin le temps du mauvais chianti vendu en flasque...
La Toscane a beau fournir moins de 5 % de la production nationale, près de la moitié de celle-ci correspond à des DOC et DOCG !
Pas moins de six appellations ont droit à la DOCG, le top du top en Italie ! La première d'entre elles est le *chianti,* qui couvre un large territoire de collines entre Florence et Sienne. On dit du chianti que c'est un vin « polyvalent » : jeune, il accompagne les charcuteries, les pâtes et la viande blanche ; vieilli, il se marie avec les viandes rouges et le gibier. On le sert à température ambiante (donc souvent chaud) ; nos palais y sont peu habitués. C'est dans le cœur de cette région que nous trouvons le *chianti classico,* reconnaissable au coq noir *(gallo nero)* qui figure sur le col des bouteilles (l'emblème de la Ligue du Chianti médiéval, qui défendit âprement ses droits !). Pour les puristes, rien de ce qui se fait en dehors du secteur du *chianti classico,* qui couvre 7 000 ha, n'est véritablement du chianti. L'essentiel du chianti, en termes de production et de superficie (23 000 ha), ne serait donc pas du chianti ! Propos un peu exagérés qui ne sont pas sans expliquer la naissance d'un deuxième consortium, à côté du *chianti classico,* le *chianti putto.* Il regroupe les autres dénominations : *colli Fiorentini, Rufina, Montalbano, Montespertoli, colli Senesi, colli Aretini* (d'Arezzo), *colli Pisane* (de Pise). De couleur rouge rubis, le chianti devient grenat en vieillissant. Charpenté, son parfum est intense. Les chiantis de base sont des vins à boire jeunes et frais. Sans faire une fixation sur le *chianti classico* (il y a de très bons chiantis parmi les *chianti putto*), soyez plutôt attentif à ce que vous dit l'étiquette. S'il s'agit d'une *riserva,* cela signifie que votre vin a vieilli 2 ans avant d'être commercialisé : une autre garantie de qualité !

Un autre vin rouge fait la renommée de la Toscane : le *nobile di Montepulciano.* C'est un vin de garde plutôt généreux en bouche, souvent très puissant. Privilégier la *riserva* (3 ans de vieillissement)...

Le troisième « vin star » toscan est certainement le *brunello di Montalcino.* Il s'agit d'une véritable petite merveille... C'est un vin de grande garde, qui peut vieillir sans problème 25 ans avant d'atteindre son acmé. La *riserva* ne peut être vendue avant 5 ans. Un minimum, car ce vin

UN VRAI FIASCO !

Le fiasco (« fiasque »), bouteille recouverte d'une enveloppe de paille, ne se retrouve guère que sur les tables pour entretenir le folklore. Elle fut pourtant à l'origine du succès du chianti et servait à protéger les bouteilles lors du transport. Cet emballage a quasiment disparu au profit des bouteilles « bordelaises », plus sérieuses. Sachez d'ailleurs que la plupart des housses de paille sont aujourd'hui importées des Philippines !

exige beaucoup de patience... Le *brunello,* d'un prix élevé, est dur et tannique. Très complexe, il ne déçoit qu'exceptionnellement. D'autres appellations ont droit au titre honorifique de DOCG, comme le *Morellino di Scansano* et le *Montuccio Sangiovese,* deux appellations de Maremme qui se distinguent par des vins fruités moins puissants que les traditionnels toscans, ou encore le *Val di Cornia Rosso* et le *Suvereto* produits sur la côte tyrrhénienne. Enfin, le *carmignano,* tout petit vignoble d'à peine 120 ha à l'ouest de Florence, produit un excellent rouge nettement moins cher que les précédents ; et le *vernaccia di San Gimignano,* un vin blanc généralement sec. Très doux, il peut être légèrement poivré. Vous aurez plus de chance de le rencontrer à l'autel de l'église du coin que dans votre verre ! À l'origine, il s'agit en effet d'un vin de messe.

Un voyage en Toscane est l'occasion idéale de tester par ailleurs certains vins de pays. Ceux qui découvriront un *tignanello* (Antinori), un *ornellaia* (Tenuta dell'Ornellaia) ou un *sassicaia* (Tenuta San Guido) ne jugeront plus de haut le vin italien...

Chianti : la légende du Coq noir

Au Palazzo Vecchio de Florence, sur les panneaux du plafond du salon des Cinquecento, on peut admirer une peinture de Vasari représentant un coq noir *(gallo nero).* Une évocation en fait qui rappelle l'époque où Florence et Sienne n'arrêtaient pas de se battre pour agrandir leur territoire. Un jour, la sagesse l'emporta : au lieu de continuer ces luttes meurtrières, les deux villes misèrent le sort des conquêtes sur deux coqs. Au chant du coq choisi par chaque cité, un cavalier devait partir en direction de l'autre ville et le point de rencontre déterminerait la frontière. Sienne la magnifique se devait d'avoir le plus beau coq. On choisit un superbe coq blanc qui fut bichonné et nourri comme... un coq en pâte ! Florence, ville naissante et pauvre, n'avait qu'un coq noir et maigre qu'il lui fut difficile d'entretenir. Le jour J, le pauvre coq florentin se mit à chanter tant il avait faim, alors que l'aurore n'était pas encore levée, pendant que son alter ego faisait la grasse matinée. C'est, paraît-il, la raison pour laquelle le territoire de Florence est bien plus étendu que celui de Sienne. Depuis, le coq noir est l'emblème des caves de certains chiantis, dont celles du *Consorzio del Gallo Nero.* L'estampille « Gallo Nero » est désormais le label du *chianti classico.*

Le vin santo et la grappa

Un peu partout en Toscane vous sera proposé, en guise de dessert, un verre de **vin santo** accompagné des *biscotti di Prati (cantucci)* qu'il faut tremper dans cet élixir suave. Celui-ci s'obtient par la vinification de raisins séchés à l'ombre après avoir été suspendus aux poutres des greniers. D'une couleur ambre foncé, doré, le « vin pour les saints » (à l'origine consommé par les prêtres) séduit par sa douceur qui compense une forte teneur en alcool. Il accompagne aussi très bien un assortiment de *crostini.*

La ***grappa*** est le nom italien du marc... donc de l'eau-de-vie obtenue par la distillation du marc de raisin. Sa teneur en alcool avoisine les 45° et elle n'est donc pas à conseiller aux plus inexpérimentés ! La grappa n'est pas toujours médiocre, contrairement à certaines idées reçues. Que les sceptiques trempent leurs lèvres dans la *grappa de brunello di montalcino* pour réviser leur jugement ! Cet alcool se retrouve un peu partout en Italie... y compris dans votre café (il s'agit alors d'un *caffè corretto*).

Les vins d'Ombrie

Justice a enfin été rendue aux vins d'Ombrie, dont la montée en gamme est assez récente même si son passé viticole remonte... aux Étrusques. Et pourtant, son grand voisin toscan continue encore de lui faire de l'ombre. À ce titre, cette région peut être comparée à la Bourgogne. La *Borgogna italiana* a, en effet, du mal à s'affirmer face au *Burdigala italiana* (le Bordelais italien), la Toscane.

Une larme de vin d'Ombrie vient s'ajouter aux tonneaux italiens (moins de 2 % de la production, pour être précis). Près de 20 % de la production correspondent à des appellations. Deux seulement ont droit au titre honorifique DOCG, le *torgiano rosso* et le *sagrantino di Montefalco.* Les autres sont des DOC (*Assisi, colli Altotiberini, colli Amerini, colli del Trasimeno Grechetto, colli Martani, colli Perugini, Orvieto, Lago di Corbara* et *Montefalco*).

Montefalco est perchée comme un faucon sur son repaire (d'où son nom). Des remparts ne datant pas d'hier entourent cette petite ville de 5 000 âmes. Elles se penchent depuis un bail sur les vignes et oliviers qui ont poussé à flanc de colline. Un tout petit territoire de 155 ha où fleurissent deux appellations. La première, le *sagrantino di Montefalco,* est un cépage unique en Italie, qui donne un vin à la robe rubis foncé, aux arômes de fruits rouges et un goût de terroir très prononcé, surtout pour la version « sec ». On peut le trouver très tannique, mais il existe des assemblages très réussis qui le rendent plus doux. À propos de vins fruités et intenses, les amateurs de vins d'apéritif opteront pour le *sagrantino passito,* obtenu à partir de grappes mûres, un vrai délice. Voir à Montefalco « Où acheter une bonne bouteille dans les environs ? ». Quant au *Torgiano rosso riserva,* produit au sud-est de Pérouse, il tire son nom de la tour de Janus *(turris Janis)* érigée dans le coin. Il peut être blanc, rosé ou rouge. Le *torgiano* est bien parfumé et devient au fil des années charpenté et gras à souhait. Une valeur sûre étonnamment abordable.

L'*orvieto* est le vin blanc le plus connu de la région. On le trouve dans les parages d'Orvieto, aussi bien en Ombrie que dans le Latium voisin. Les goûts évoluant, les vignerons du coin le proposent aujourd'hui davantage sec *(secco)* que demi-sec (*amabile* ou *abboccato*), au grand dam de certains traditionalistes. Sachez encore que l'*orvieto,* tout comme le chianti, peut être *classico* s'il provient d'un terroir à proximité immédiate d'Orvieto. Ses caractéristiques (très aromatiques avec des nuances de miel) en font l'un des vins blancs les plus agréables d'Italie. Les caves où il vieillit sont creusées à même la falaise. Elles contribuent certainement à sa qualité constante. Pour varier les plaisirs tout en restant dans les blancs, vous pouvez également essayer le *grechetto* produit dans les environs du lac Trasimène, à l'arrière-goût légèrement amer et idéal par grosses chaleurs estivales.

Les autres appellations (vins blancs et rouges) se rencontrent autour du lac Trasimène *(colli del Trasimeno),* sur les collines de Pérouse *(colli Perugini),* au nord des Apennins (*altotiberini,* dont les vignes dominent la vallée du Tibre).

Le marquis Piero Antinori, autre aristocrate mais Toscan cette fois-ci (l'aristocratie domine depuis longtemps le domaine viticole, en Ombrie comme en Toscane), se fait remarquer depuis une vingtaine d'années avec son *castello della Sala.* Ce domaine produit des vins de table remarquables, comme le *cervaro,* un des meilleurs vins blancs italiens... à condition de le laisser vieillir. La maison produit un bon vin rouge (le *pinot nere*) et un délicieux vin doux, le *muffato,* qui vaut bien certains de nos sauternes.

Le café

Tout le monde connaît l'incontournable *espresso,* mais rares sont les Italiens qui le demandent tel quel. En effet, certains le souhaitent *ristretto* (serré), ou au contraire *lungo* (préciser *una tazza grande,* ça fait toujours une gorgée de plus). D'autres le veulent *al vetro* (dans un verre), *doppio* (double), ou bien *macchiato* (« taché » d'une goutte de lait froid, tiède ou chaud). Le café au lait se demande : *caffè latte, latte macchiato.* À ne pas confondre avec le fameux *cappuccino, espresso* coiffé de mousse de lait et saupoudré, si on le demande, d'une pincée de poudre de cacao. Sublime quand il est bien préparé ! À moins que vous ne préfériez le *caffè corretto,* c'est-à-dire « corrigé » d'une petite liqueur ou eau-de-vie. Souvent servi avec un petit verre d'eau plate ou *frizzante* (gazeuse). Mieux vaut le boire debout au comptoir, à l'italienne... Car assis, vous le paierez bien plus cher !

L'eau

L'eau du robinet est potable, mais son goût médiocre fait qu'elle n'est jamais servie dans les restaurants, où l'on vous facture systématiquement de l'eau minérale. Précisez *naturale* si vous souhaitez de l'eau plate, *frizzante* ou *minerale* pour de l'eau gazeuse. Si vous tenez vraiment à l'eau du robinet, demandez *acqua del rubinetto,* mais c'est plutôt mal vu, et on vous cataloguera illico touriste radin !

CINÉMA

La Toscane offre un cadre privilégié pour le cinéma en raison de l'exceptionnelle beauté de ses paysages. **Roberto Benigni,** originaire de Castiglion Fiorentino, a tourné les premières scènes de *La vie est belle* à Arezzo (à 15 km au nord de sa ville natale). Autre figure cinématographique de la région : **Franco Zeffirelli,** né à Florence. Premier assistant de Visconti au début des années 1950, il réalisa

PAPARAZZO

En 1959, Fellini sort son chef-d'œuvre, La Dolce Vita, avec Marcello Mastroianni. On y raconte les tribulations d'un photographe pour vedettes, plutôt sans foi ni loi. Dans le film, il s'appelle Paparazzo. Ce qui donne, au pluriel, paparazzi. Ce nom propre deviendra vite un nom commun.

ensuite de nombreux films, dont *Un thé avec Mussolini,* qui a pour cadre sa Toscane natale. **Paolo et Vittorio Taviani,** eux, sont nés dans le village de San Miniato, dans la province de Pise. Ils consacrent leur premier documentaire au massacre perpétré par les nazis dans la cathédrale de ce village et, en 1982, ils tournent *La Nuit de San Lorenzo* au même endroit. Ensuite se dérouleront plusieurs autres fictions dans la région : à Florence et à Pise *(Les Affinités électives, Good Morning Babilonia)* et à San Gimignano *(Le Pré)...*

Auteur de nombreux films, essentiellement comiques, sur le ton de la critique sociale, **Mario Monicelli** a tourné à Florence *Mes chers amis,* avec Philippe Noiret et Ugo Tognazzi, et *Pourvu que ce soit une fille,* dans la campagne siennoise. À Florence également se déroule l'action de *Metello* et de *La Viaccia (Le Mauvais Chemin* avec Jean-Paul Belmondo et la belle Claudia Cardinale) de **Mauro Bolognini,** originaire de Pistoia. **Luigi Comencini,** quant à lui, tourna *La Ragazza,* film psychologique et historique qui recrée l'atmosphère de l'après-guerre en Toscane. Et **Bernardo Bertolucci** choisit cette région en 1996 pour *Beauté volée* avec Liv Tyler, l'histoire d'une jeune Américaine qui va émoustiller les sens quelque peu endormis d'un groupe d'artistes locaux. **Marco Tullio Giordana,** avec *Nos meilleures années,* retrace l'histoire de deux frères et de leur famille dans l'Italie de la fin des années 1960, grande crue de Florence en 1966, lutte contre la mafia...

Mais il ne faut pas oublier que la Toscane a aussi inspiré des réalisateurs du monde entier, dont *James Ivory (Chambre avec vue)*, *Ridley Scott (Hannibal,* et *Gladiator,* dont une scène mythique se déroule juste au sud de Pienza), ***Brian De Palma*** *(Obsession).* Sans oublier ***Kenneth Branagh,*** qui a tourné le magnifique *Beaucoup de bruit pour rien* dans la région du Chianti, ***Jane Campion,*** dont le *Portrait de femme* (avec Nicole Kidman) se situe à Lucca, ***Anthony Minghella,*** qui a fait de nombreuses prises à Pienza pour *Le Patient anglais.* L'adaptation cinématographique du best-seller américain *Sous le soleil de Toscane* a été tournée à Cortone par Audrey Wells. Et si l'on remonte dans le temps, on peut rappeler aux nostalgiques des années 1960 que ***Gérard Oury*** a filmé de nombreuses scènes du *Corniaud* à Pise et dans sa région.

En 2008, la petite ville médiévale de Talamone (près d'Orbetello, à l'extrémité sud du parc naturel de la Maremme) a vu débarquer toute l'équipe de tournage du ***22e James Bond,*** *Quantum of Solace,* pour quelques secondes du prégénérique du film. D'autres scènes d'action furent tournées dans la montagne près de Carrare, capitale mondiale du marbre.

En 2008 toujours, est sorti le film *Miracle à Santa Anna,* adaptation au cinéma du roman de James McBride par le réalisateur *black-american* ***Spike Lee.*** C'est l'histoire d'une tragédie qui se déroula pendant la Seconde Guerre mondiale dans la région de la Versilia. Les nazis massacrèrent 560 innocents à Stazzema, village situé dans les montagnes autour de Pietrasanta. Spike Lee voulut que le film soit tourné sur les lieux mêmes du drame. Le massacre a été classé crime de guerre, et le gouvernement fédéral allemand s'est excusé officiellement près de 63 ans après les faits... Bref, Santa Anna di Stazzema fut l'Oradour-sur-Glane de l'Italie.

La ville de Montepulciano (62 km au sud-est de Sienne) attira en 2009 le réalisateur ***Chris Weitz*** et son équipe pour le tournage du deuxième volet de la saga *Twilight,* intitulé *Tentation.* Enfin, au Festival de Cannes 2010, Juliette Binoche reçoit la palme de l'interprétation féminine pour son rôle dans le film de l'Iranien ***Abbas Kiarostami,*** *Copie conforme,* dont l'action se passe à Lucignano (à une trentaine de kilomètres au sud d'Arezzo). L'actrice enchantée déclara : « La Toscane reste un lieu où le miracle est possible. » Récemment, c'est *Tale of Tales* (2015) de Matteo Garrone avec Salma Hayek et Vincent Cassel qui a été tourné, pour quelques scènes, en Toscane. Concernant les courts-métrages, *Deux jours d'été* (2014, par ***Dal Canto*** et ***Anita Galvano***) raconte comment un jeune garçon vit la fin de ses vacances dans la campagne toscane. On y retrouve l'ambiance si particulière de cette région.

– Pour les adeptes, la région regorge de festivals de cinéma tout au long de l'année dans diverses villes. Pour en savoir plus : ● *mediatecatoscana.it* ●

En ce qui concerne l'Ombrie, on ne peut pas dire qu'elle ait, pour l'heure, inspiré beaucoup de réalisateurs. Quelques scènes d'*Une journée particulière* de ***Scola*** (1977), avec Sofia Loren et Marcello Mastroianni, ont été tournées à Orvieto. ***Begnini*** y tourna quelques scènes du film *Pinocchio,* à Città di Castello (dans la haute vallée du Tibre), ville de naissance de la *bellissima* Monica Bellucci. En 2014, *Les Merveilles* d'***Alice Rohrwacher*** ont été tournées en partie en Ombrie et en Toscane, puis dans le Latium ; le film a reçu le Grand prix au festival de Cannes.

CUISINE

CAFFÈ ? TRATTORIA ? ENOTECA ? RISTORANTE ? OÙ MANGER ? COMMENT S'Y RETROUVER ?

– *Rosticceria :* correspond au traiteur français. Vend des plats à emporter avec parfois quelques tables et chaises pour soulager les jambes fatiguées.
– *Alimentari :* épiceries disposant d'une vitrine réfrigérée regorgeant de bons produits, et pouvant vous confectionner un délicieux sandwich pour quelques euros.
– *Tavola calda :* sorte de cantine où l'on sert une restauration rapide, offrant un nombre assez limité de plats déjà cuisinés à un prix très abordable.

– **Pizzeria :** les vraies *pizzerie* possèdent un four à bois, qui n'est généralement allumé que le soir. Également de bonnes pizzas dans certaines boulangeries *(panificio)*, vendues à la part.

– **Trattoria :** c'est un restaurant à gestion familiale, l'équivalent du bistrot français proposant une cuisine *casalinga*. Choix restreint de plats, censé garantir une plus grande fraîcheur de la cuisine.

– **Osteria :** à l'origine, endroit modeste où on allait pour boire et qui proposait un ou deux plats pour mettre un peu de solide dans le liquide... L'appellation a été reprise par des restaurateurs (transformée parfois en « *hosteria* » pour faire plus chic !) pour donner un goût d'antan tout en appliquant des tarifs moins modiques... On la compare à nos brasseries.

– **Ristorante :** resto gastronomique. Dans cette catégorie, on trouve tout et son contraire, surtout la note salée en fin de repas. Attention à ne pas vous laisser appâter par la déco guindée, par la terrasse avec vue plongeante ou par les serveurs rabatteurs.

– **Caffè :** les Italiens consomment plutôt debout au comptoir après avoir acquitté le montant (bien moins cher qu'en France) de leur boisson à la caisse à l'entrée. On économise ainsi le service. À table, le prix de la consommation est largement majoré !

– **Enoteca** *(bar à vins)* **:** on y mange et on y boit ! Les œnothèques s'enorgueillissent d'une riche sélection de vins, servis au verre ou à la bouteille, ainsi que d'un excellent choix de fromages et de charcuteries. Certaines se révèlent de véritables restos. D'autres accueillent les œnophiles à l'heure de l'apéro, pour grignoter au comptoir, un ballon à la main. C'est vraiment le meilleur moyen de découvrir les vins de la région.

ET L'*APERITIVO* ?

Originaire de l'Italie du Nord, c'est une formule magique pour marier tous les plaisirs à moindres frais ! À l'heure fatidique de l'*aperitivo,* certains établissements proposent ainsi un buffet de petits plats typiques accessibles dès le premier verre payé. *Spritz* ou verre de vin, qu'importe le flacon. Très convivial, nourrissant et nettement meilleur qu'un bol de cacahuètes ; bref, une formule qui a du succès !

MARCHÉS ALIMENTAIRES

Véritable institution dans les villes et villages italiens, le *mercato* a lieu une à plusieurs fois par semaine. On y trouve les excellents produits du terroir local : charcuterie, fromages, vins, huile d'olive, miel, fruits, légumes, etc., mais aussi des petits traiteurs qui étalent d'alléchants *antipasti.* Idéal pour se constituer un excellent pique-nique à prix juste, ou rapporter chez vous quelques souvenirs gourmands. Nous indiquons donc le plus souvent possible les jours de marché.

LES SPÉCIALITÉS CULINAIRES DE TOSCANE

La cuisine toscane est simple mais variée. Sobre, rigoureuse, voire sévère, elle n'est pas sans faire penser aux Toscans eux-mêmes. Au Moyen Âge, les Florentins se sont révoltés face à la hausse des taxes. Ils ont simplement cessé de payer la gabelle, l'impôt sur le sel. Une conséquence encore bien présente car le pain présenté dans les restaurants n'est jamais salé. À la Renaissance, la cuisine florentine s'est enrichie de produits étran-

QUAND LA CUISINE FAIT RECETTE

Le premier livre de recettes connu (De Re Coquinaria) *est celui d'un « Italien », le célèbre cuisinier officiel de l'empereur Tibère, Apicius, né vers 25 av. J.-C. Richissime et amateur de festins, il consacra sa vie et sa fortune à la recherche culinaire, parfois très excentrique !*

gers provenant d'Amérique, à commencer par la tomate... devenue incontournable !

À Florence

Les anciennes recettes flo-rentines se retrouvent dans la *ribollita*, la *pappa al pomodoro*, la *bistecca*... Des plats remis à l'honneur au cours des fêtes et chez les restaurateurs désireux de partir à la redécouverte du passé gastronomique de leurs régions, sous la poussée du mou-vement *Slow Food* (voir plus loin la rubrique « Le succès du *Slow Food* »). De plus en plus, on peut

POURQUOI « TOMATE » SE TRADUIT PAR *POMODORO* ?

Les grands navigateurs découvrirent la tomate chez les Aztèques, au Mexique. Elle avait bien la forme d'une pomme et valait le prix de l'or car elle était par-ticulièrement difficile à conserver. D'où son nom en italien.

voir aussi afficher sur les menus la mention « locavore », qui consiste à faire tra-vailler les petits producteurs locaux de la région. Comme en France et dans de nombreux pays, désormais.

On trouve également encore à Florence, au coin d'une rue, quelques tripiers venus s'installer avec leur camionnette de fortune pendant les pauses-déjeuner... du côté de la piazza Sant'Ambrogio, de la via Cimatori, de la piazza Romana. Si vous êtes curieux, allez donc faire un tour au marché San Lorenzo vers 8h, vous verrez que certains sont déjà attablés avec un sandwich aux abats... Rien ne vous empêche de goûter ces tripes délicieuses plus tard en soirée, avec un verre de vin de pays, c'est plus facile à faire passer.

À Sienne

On déguste à Sienne une cuisine toscane légèrement plus relevée qu'à Florence et souvent avec des herbes aromatiques (une tradition qui remonte à la période étrusque). Ici, les gens adorent les champignons *(funghi)*. Les spaghettis sont souvent à l'huile et aux *peperoncini,* à mi-chemin entre le poivron et le piment, très parfumé, dont l'odeur « colle aux pâtes ». Bien sûr, goûtez aux célèbres *tortellini alla panna* (à la crème) et aux *pici,* spécialité de pâtes creuses de forme cylindrique qui ressemble à de gros spaghettis.

Quelques plats typiques : *acquacotta* (champignons frits au pain grillé, fromage *pecorino,* œufs, céleri, oignons, tomates), *bistecchine di maiale* (porc à la braise avec une sauce à l'ail, sauce tomate et vin rouge), *chiocciole alla senese* (escar-gots cuits dans une sauce au vin et à la tomate, ail, estragon, piments), *lepre e cinghiale in dolce e forte* (lièvre et sanglier au vin rouge, pignons de pin, raisins secs, amandes effilées, fruits confits, miel et une once de... cacao).

Et en Toscane en général

Pour simplifier, on pourrait dire que trois cuisines se rencontrent en Toscane : celle des terres, que vous retrouverez à Florence, à Pistoia, à Lucca, à Sienne et dans le Chianti ; celle de la côte, que vous goûterez notamment à Livourne et à Casti-glione de la Pescaia et qui fait une belle place au poisson ; et celle de la Maremme, symbolisée par le sanglier *(cinghiale).* Les ingrédients essentiels sont : le pain sans sel *(filone)* – présent dans beaucoup de recettes classiques, depuis l'*antipasto* jusqu'au *dolce* –, l'huile d'olive, omniprésente (les grands domaines viticoles pro-duisent toujours de l'huile d'olive), et certaines herbes aromatiques comme le romarin, l'origan, le thym, la sauge et le fenouil.

Antipasti

– **Les crostini :** tartines croustillantes, garnies en principe de crème de foie de volaille, mais en réalité on en trouve de toutes sortes en fonction de l'inspiration du cuisinier. Elles sont de toutes les fêtes.

– **La bruschetta :** tranche de pain grillée, frottée à l'ail et recouvertes d'huile et de tomates coupées en petits morceaux. On la sert le plus souvent dans sa version régionale, la *fett'unta.*

– **La charcuterie :** impossible de ne pas connaître le *lardo di colonnata* ! À l'origine, il s'agissait de la nourriture des pauvres tailleurs de pierre de la région de Carrare. Il est aujourd'hui très recherché, notamment par les grands chefs qui se l'arrachent à prix d'or. Le *lardo di colonnata* se mange sur des morceaux de pain grillé. Délicat, il tire son nom de sa blancheur marmoréenne et ses veines rosées qui évoquent des colonnes de marbre. À savourer également : la *finocchiona,* un saucisson aromatisé de graines de fenouil sauvage, et les divers *prosciutti...*

I primi

– Ici, un peu moins qu'ailleurs cependant, la **pasta** occupe une place de choix. On trouve souvent des *tagliolini al tartufo* (fines tagliatelles aux truffes) ou les *spaghetti al ragù* avec une sauce proche de la bolognaise. Les *pappardelle al sugo di lepre* (sorte de lasagnes avec une sauce au lièvre) sont une petite merveille qui ne demande pas moins de 2h30 de préparation !

– Le *risotto toscano* est préparé avec du foie de poulet, de l'oignon, de l'ail, du persil et du céleri.

– **Les minestre e zuppe :** la *ribollita* est une soupe épaisse à base de légumes, dont le *cavolo nero* (chou noir). Le nom originel est *minestra di pane.* Son nouveau titre, *ribollita,* tient au fait que la soupe est cuisinée pour quelques jours et, à partir du deuxième, est réchauffée et rebouillie. Et, bien sûr, le plat n'a rien à voir avec celui du premier jour.

À noter, d'autres soupes : l'*acquacotta* (bouillon agrémenté de coulis de tomates, cèpes, ail, persil et servi avec des tranches de pain huilé), les *minestre di farro* (épeautre), *di ceci* (pois chiches), *di fagioli* (haricots), et la *zuppa di vongole* (soupe de coques, sur la côte généralement).

– **La pappa al pomodoro :** une soupe épaisse réalisée avec des tomates bien mûres, du pain toscan et du basilic. Un des incontournables de la cuisine toscane, au même titre que la *ribollita.* Une variante, la **panzanella,** une salade avec du pain rassis qu'on a laissé tremper, des tomates, des concombres et des oignons.

I secondi

– **La bistecca :** pour les amateurs de viande rouge, c'est une merveille. Attention aux prix souvent mentionnés *per un'etto* (pour 100 g), à moins qu'il ne soit précisé que c'est au kilo. Compter entre 200 et 400 g par personne. La *bistecca* est une viande de très grande qualité – la *chianina* – provenant d'un élevage bovin du val di Chiana (région au sud d'Arezzo). Cette tranche de bœuf épaisse, comprenant l'aloyau et le filet, se cuisine à la braise et se consomme saignante, voire bleue. La *bistecca* donne lieu à une *sagra* (foire), qui se déroule les 14 et 15 août à Cortona. Des milliers de *bistecche* sont alors cuites au charbon de bois sur un gril immense (14 m) en plein cœur de la ville.

– **Le gibier :** le lièvre est cuisiné avec les fameuses *pappardelle al sugo di lepre* ou à l'aigre-doux *(lepre in dolce e forte).* Le sanglier est omniprésent en Toscane (plus rarement à Florence), à tel point que, dans le bourg médiéval de Capalbio, on lui organise une petite fête le 2e week-end de septembre. Le lapin « façon chasseur » *(coniglio alla cacciatora)* est apprécié des voraces Toscans.

– **Les abats :** la *trippa fiorentina,* le *lampredotto* ou encore la *zampa alla parmigiana* témoignent du goût des Toscans pour les abats. Succulents quand ils sont bien relevés.

– **Le poulet** *(pollo) :* le *pollo alla toscana,* le *pollo alla diavola* (à la diable) ou les *colli di pollo ripieni* sont des recettes que vous rencontrerez sur les cartes des restos de la région.

– **Des fritures :** cervelli e carciofi fritti, pollo e coniglio fritto.

– **Le poisson :** on trouve des spécialités de poisson principalement sur la côte, comme le *cacciucco alla livornese* (bouillabaisse locale), le *baccalà* (l'incontournable morue) *alla livornese,* la *baccalà con i ceci,* les *calamari in zimino* ou encore le *tonno e fagioli.*

I contorni (les légumes)

Sachez que, lorsque vous commandez un plat de viande ou de poisson, il n'est quasi jamais accompagné de légumes. Ceux-ci se demandent séparément (et en supplément) si vous en désirez.
– Les *fagioli* (haricots) constituent la véritable « viande des pauvres » *(carne dei poveri)*. Importés en Italie après la découverte de l'Amérique, ils sont l'une des bases de l'alimentation toscane. On les utilise pour enrichir les soupes et potages, ou en guise de *contorni* pour accompagner les viandes (la *bistecca* notamment) et le gibier. Les plus fréquents portent le nom de *cannellini* (à ne pas confondre avec... les cannellonis). Petits et blancs, ils n'ont rien à voir avec les *fagiolini di Sant'Anna,* qui sont récoltés fin août et ont des allures de serpent (ils peuvent atteindre 40-50 cm).
– En dehors des *fagioli,* vous rencontrerez les *patate in umido* (pommes vapeur en ragoût), le fameux *cavolo nero* (chou noir), les *funghi porcini* (cèpes) et quantité d'autres légumes.

I dolci (les desserts)

– *Le bugie :* beignet frit saupoudré de sucre qu'on prépare surtout au moment du carnaval.
– *Le zuccotto :* gâteau glacé à la crème d'amande et au chocolat, spécialité de Florence.
– *Le castagnaccio :* mélange de farine de châtaigne, le tout cuisiné dans un four et agrémenté de pignons, d'huile, de romarin et de raisins secs.
– *La colomba :* brioche aux fruits confits et amandes en forme de colombe, qu'on mange traditionnellement à Pâques.
– *Le panforte :* spécialité de Sienne. Riche en épices, fruits confits et amandes. Consommé traditionnellement à Noël, on en trouve désormais toute l'année en Toscane.
– *Les biscotti di Prato* (ou *cantucci*) *:* biscuits secs parfumés aux amandes que l'on trempe dans un verre de *vin santo.* Les Siennois ne sont pas en reste avec leurs délicieux *ricciarelli* (comparables aux calissons d'Aix sans le nappage de sucre glace) et autres *cavalucci* (gâteaux secs parfumés à l'anis).

LES SPÉCIALITÉS CULINAIRES D'OMBRIE

Solitaire et raffinée, voilà comment la cuisine de ce « petit pays » pourrait être définie. Solitaire : la Toscane voisine ne l'a guère influencée, de même que les autres régions limitrophes, à commencer par le Latium. Raffinée : les sceptiques cesseront de l'être après avoir découvert certaines spécialités régionales. En *antipasto,* les excellentes charcuteries de Norcia, ville située dans les hauteurs de la

> ### UN TARTUFO, EN PRENDRE PLEIN LA TRUFFE !
>
> *Drôle de jeu de mots ! En italien, la truffe se dit tartufo et le verbe truffare signifie « tricher, tromper ». Rien d'étonnant puisque, depuis longtemps, certains fripons de restaurateurs faisaient passer la fausse truffe pour de la vraie...*

Valnerina, se déclinent en une grande variété de saucissons (de porc ou de sanglier, souvent aux formes cocasses...), de *prosciutto* et de *capocolli* alléchants. Elles sont accompagnées de *crescia,* des tartines garnies de divers pâtés, et de tourtes salées. Moins convaincante, la *torta al testo,* entre la pizza et la galette, faite d'une pâte non salée fourrée de jambon donc un peu fade. Des *primi* bien plus goûteux : la *minestra di farro* (soupe d'épeautre) et les pâtes locales *(strangozzi, umbricelli)* aux sauces consistantes, comme celle aux cèpes *(funghi porcini)* ou aux viandes diverses. Parmi les *secondi,* les côtelettes de porc, d'agneau ou le poulet à la broche sont souvent proposés. Côté viandes rouges, vous y rencontrerez la tendre *razza chianina*. Moins connus (et en accord avec le cadre médiéval des villes ombriennes), les plats et daubes à base de gibier (sanglier, lapin), les volailles rares (faisan, pigeon) en sauté ou en ragoût, le *friccò* (fricandeau) à base de viandes blanches ou d'agneau, ou les *salsicce* (saucisses) grillées. Il faut absolument goûter à la *porchetta*, jeune cochon désossé et rôti à la broche avec des herbes... un délice ! Bien que dépourvue de toute façade maritime (un cas unique en Italie), l'Ombrie n'ignore pas le poisson. Ceux des torrents, des rivières et du lac Trasimène vous surprendront par leur saveur, comme la truite *(trota),* le brochet *(luccio),* la carpe et l'anguille. Une autre originalité : les multiples façons d'apprêter la truffe (noire ou blanche), comme dans ces plats qui font l'unanimité dans la plupart des menus, tels les *strangozzi al tartufo* (pâtes de type tagliatelles, mais sans œufs sur lesquels on râpe de la truffe noire). La truffe est chère, par conséquent sa présence dans de nombreux produits (l'huile, les saucissons, les biscuits, le chocolat et même la grappa !) augmente sacrément les prix. Mais d'autres mets locaux bien plus simples subissent une inflation lorsqu'ils sont étiquetés bio ou « manger équilibré ». À commencer par les cèpes, habituellement présentés en sauce pour les pâtes, et que l'on propose désormais comme légume en accompagnement. Les lentilles de Castelluccio (d'appellation contrôlée s'il vous plaît !), l'épeautre bio ou les fèves *(fave),* souvent servis avec de la pancetta (poitrine de lard), subissent le même sort.

Enfin, un avis aux fins gourmets soucieux de leur bourse : le succès touristique aidant, certains restaurateurs peu scrupuleux font payer le prix fort pour un mélange d'olives noires pilées et de trompettes-de-la-mort (plutôt goûteux, il faut le reconnaître) que l'on fait passer pour de la truffe noire. De même pour quelques lamelles d'une truffe blanche dite « estivale » très peu savoureuse. Ou encore pour des mets agrémentés de sauces *al sagrantino,*

UNE ADDITION TROP SALÉE !

Dans les années 1530, le pape Jules II avait besoin de financer ses campagnes. Loin de la mer, on imposa à Pérouse un impôt sur le sel. Les Perugini décidèrent alors de se passer de cette denrée et, depuis, ils ne salent plus leur pain. Une tradition qui s'est répandue dans toute la région et que les Ombriens se font une fierté de conserver.

faites avec des vins d'origine bien plus lointaine que les hauteurs de Montefalco... Vous voici prévenu de quelques dérives marketing liées aux produits locaux à forte valeur ajoutée. Du reste, la cuisine ombrienne est un vrai régal !

Les *Baci* (baisers) de Pérouse sont des bouchées en chocolat, enrobant une noisette et enveloppées dans un petit message d'amour. Elles sont confectionnées par la grande chocolaterie industrielle de Pérouse, la *Perugina,* appartenant au groupe Nestlé. La ville est si fière de cette gourmandise qu'elle organise chaque année une grande fête en son honneur, l'*Eurochocolate.*

LES FROMAGES DE TOSCANE ET D'OMBRIE

– Le **pecorino** se décline de multiples façons selon la provenance régionale : *siciliano, romano, sardo...* et *toscano.* Ce dernier a longtemps été le seul à garnir la table du peuple. Plus qu'un simple fromage, le *pecorino* était la « viande des pauvres » ! Et pourtant, dans la Garfagnana (nord-ouest de la Toscane), on n'hésite pas – aujourd'hui encore – à s'en servir pour pratiquer la *ruzzola* (sorte de pétanque, mais à la place des boules, on lance... des fromages de la taille d'une tomme !). On le produit dans différentes zones de Toscane : la Maremme, le Valdichiana, le Casentino, la région de Sienne *(pecorino senese)* et celle des crêts de Sienne *(pecorino delle Crete senesi).* Le secret du *pecorino* est dans les herbes savoureuses et parfumées de Toscane qui donnent au lait son goût inimitable, et dans le choix des races de brebis. Il peut être consommé frais *(fresco)* ou affiné *(semi stagionato* ou *stagionato).* On trouve parfois aussi du *pecorino con le pere* (poire), à l'automne, ou *con bacceli* (fèves), au printemps.

– En dehors du *pecorino,* il existe en Ombrie la **caciotta,** un autre fromage de bre-bis qui peut être parfumé aux truffes *(al tartufo),* à l'oignon *(alla cipolla)*... D'ailleurs, dans cette même région, on trouve le *pecorino dell'Umbria.* Y a-t-il une contrée du centre ou du sud de l'Italie qui n'ait pas son *pecorino* ?

L'HUILE D'OLIVE

Les oliviers reçoivent ici (comme dans le sud de la France, d'ailleurs) les mêmes attentions et les mêmes soins que les pieds de vigne. Comme pour le vin, il y a des crus, et les goûteurs d'huile doivent avoir les mêmes qualités que les œnologues. De même qu'il existe différents crus dans la même variété, il y a également diffé-rentes qualités dans la même variété. Celles-ci dépendent du sol des plantations, de leur exposition et du type de presse utilisée pour l'extraction. Les meilleures huiles se font avec des olives noires, transformées avec des presses de pierre, mais elles sont de plus en plus rares. Actuellement, les presses automatiques en acier sont naturellement les plus utilisées. L'huile la plus recherchée est celle de première pression à froid, elle a pour nom *Extra Vergine.* Elle possède moins de 1 % d'acidité. Viennent ensuite les huiles de deuxième pression à froid ou à chaud : *Sopra Vergine* et *Fina Vergine.* Dans toute la région du Chianti, de nom-breuses *aziende agricole* produisent leurs propres huiles. Toutes sont vraiment excellentes.

Quant à l'huile d'olive ombrienne, qui n'a rien à envier à sa voisine toscane, elle béné-ficie d'un climat idéal pour le développement des fruits. Trois variétés sont utilisées : *moraiolo, frantoio* et *leccino,* et la cueillette se fait d'octobre à décembre, ce qui rend le produit final plus piquant s'il s'agit d'une récolte précoce, ou plus rond quand l'olive est plus mûre.

LA PIZZA

Si la Toscane et l'Ombrie ne sont pas le vrai royaume de la pizza, on trouve tout de même des *pizzerie* traditionnelles un peu partout. Les bonnes pizzas sont cuites au feu de bois et préparées par un pizzaiolo (les meilleures pâtes lèvent jusqu'à une trentaine d'heures).

> ### PIZZA ROYALE !
>
> *C'est en l'honneur de la reine Margue-rite de Savoie, femme d'Humbert Ier (fin XIXe s), qu'un Napolitain, Raffaele Esposito, prépara, lors d'une réception, une pizza spéciale. Sans ail, évidem-ment, rapport à l'haleine ! On décida alors de rendre hommage à la nation nouvellement unifiée, en évoquant le drapeau italien : tomate pour le rouge, mozzarella pour le blanc et basilic pour le vert. La Margherita était née.*

LA *PASTA* ET BASTA !

L'Antiquité nous prouve que l'Italie est le berceau de la *pasta* : le bas-relief de Cerve-teri (célèbre nécropole étrusque au nord de Rome), qui représente différents instru-ments nécessaires à la transformation de la *sfoglia* (feuille) en tagliatelle, ou encore le livre de cuisine d'Apicius, où nous retrouvons l'ancêtre de la lasagne, la *patina.*

Au travers de ces témoignages étrusques et romains, les *mac-cheroni* pourraient revendiquer la paternité de la *pasta.* Mais cet italianisme n'est pas si incontes-table que cela. La Sicile arabe (IXe-XIe s) n'est pas pour rien, en effet, dans l'introduction de la *pasta secca* en Italie, les Arabes

> ### MARCO POLO A BIDONNÉ !
>
> *Partout, on prétend que Marco Polo a rapporté les pâtes grâce à son voyage en Chine. Des chercheurs, italiens bien sûr, prétendent avoir trouvé des machi-nes à spaghettis dans les ruines de Pompéi. D'ailleurs, un médecin de Ber-game parle des pâtes dans un récit du XIIIe s, avant le voyage de Marco Polo.*

semblant avoir inventé la technique de séchage pour se garantir des provisions lors des déplacements dans le désert. Le savoir-faire aurait ensuite rayonné à travers l'Italie.

Pâtes et sauce tomate : une grande histoire d'amour

Pendant des siècles, les pâtes furent l'apanage des tables royales et aristocratiques. Il fallut attendre l'invention des pâtes sèches pour qu'elles se démocratisent et passent au rang d'aliment populaire. Sain, simple et nourrissant, le plat de pâtes mit néanmoins du temps à conquérir son public. C'est seulement à la fin du XVIIIe s, quand on eut l'idée d'associer pâtes et tomate, qu'elles connurent le succès. Il faut dire que l'alchimie est parfaite. La magie de la sauce tomate, c'est qu'elle est la seule à s'accorder à toutes les pâtes, longues ou courtes, lisses ou striées, plates ou tarabiscotées.

Les pâtes courtes

Il en existe une grande variété, surtout depuis l'invention des pâtes sèches industrielles, les machines permettant toutes sortes de fantaisies.
Outre les *fusilli* (originaires de Campanie) et les *farfalle* (originaires de Bologne), on retrouve surtout dans nos assiettes des pâtes traditionnelles : *penne, maccheroni, tortiglioni, giganti, bombardoni...* (à noter que les *penne rigate* représentent à elles seules près du quart du marché des pâtes sèches, juste derrière les spaghettis).

Les *spaghetti,* ou les pâtes longues

On les classe en fonction de leur largeur.
– Les larges et plates : comme les **fettuccine,** les **tagliatelle...** À utiliser de préférence avec des sauces au beurre, à la crème, aux coulis de courgettes, de poivrons, de tomates... Les **scialatielli,** plates et épaisses, en version avec ou sans persil ajouté à la pâte, sont une spécialité de la Campanie. Les **strangolapreti** (littéralement, « étouffe-prêtre ») sont originaires de la Basilicate.
– Plus larges encore : les **pappardelle** jusqu'aux **lasagne** (connues comme *lagane* dans le Sud, et que l'on fait cuire au four).
– Les longues et fines : comme les **linguine,** les **linguinette,** les **fettuccelle** et bien sûr les **spaghettis...** Elles raffolent des sauces à base d'huile mais sont finalement assez polyvalentes...
– Les ultrafines : les **vermicelli, cappelletti** (dites également **cappellini,** c'est-à-dire « fins cheveux »), **capelli d'angelo** (cheveux d'ange), que l'on utilise principalement en soupe et en bouillon.

GELATI (GLACES)

Comment parler des *dolci* sans évoquer les glaces *(gelati),* si réputées ? Pour la petite histoire, on sait que la glace existait déjà en Chine et au Moyen-Orient bien avant notre ère : des glaces fruitées étaient servies aux banquets d'Alexandre le Grand. Les khalifes de Bagdad adoraient déguster des fruits mélangés à de la neige, appelant ce mélange *sharbet,* qui signifie « glaçon fruité » en arabe. C'est Marco Polo qui aurait rapporté cette trouvaille en Italie, et sa consommation se serait développée à la cour des Médicis à Florence sous le nom de *sorbetti,* grâce au bien nommé Bernardo Buontalenti.

LE SUCCÈS DU *SLOW FOOD*

Ce mouvement culinaire, né en Italie en 1989 (le siège de l'association se trouve à Bra, dans le Piémont), défend les valeurs de la cuisine traditionnelle (particulièrement celles des petites *trattorie* du terroir) et sauvegarde les bons produits et les plats de tradition.

Le retour du bien-manger et la volonté de préserver la biodiversité sont apolitiques. Le *Slow Food* n'est pas contre la modernisation à condition qu'elle soit au service du goût. L'idée, c'est aussi de respecter la nature et d'attendre la bonne saison pour apprécier un légume ou un fruit.

La carte des restaurants qui suivent ce mouvement est souvent remplacée par l'ardoise, et l'esprit qui règne dans ces lieux est différent : ici, on prend le temps de cuisiner, de déguster... et d'apprécier.

Pour plus de renseignements, consulter le site ● *slowfood.com* ●

Dans le sillage du *Slow Food,* on trouve aujourd'hui le mouvement international du **Cittaslow** (« Ville lente »), créé en 1999 dans la ville de Greve in Chianti en Toscane. Les communes détentrices du label s'engagent à ralentir le rythme de vie de leurs citoyens et à promouvoir une certaine qualité de vie en privilégiant, notamment, la convivialité, l'équilibre alimentaire et le développement durable. La Toscane et l'Ombrie en comptent plusieurs. Pour plus de renseignements :
● *cittaslow.org* ●

PETIT LEXIQUE CULINAIRE

Bistecca alla fiorentina	bifteck épais assaisonné de poivre et d'huile d'olive
Casalinga (alla)	comme à la maison, « ménagère »
Dolci	desserts
Fagioli	haricots blancs
Funghi	champignons
Gamberetti	crevettes
In umido	en ragoût
Maiale	porc
Mela	pomme
Melanzana	aubergine
Minestrone	soupe aux légumes avec riz ou pâtes et des haricots blancs
Noci	noix
Panna	crème épaisse ou chantilly
Peperoni	poivrons verts ou rouges
Pesce	poisson
Pollo	poulet
Pomodoro	tomate
Ragù	sauce à la viande
Risotto	riz cuisiné
Sarde	sardines
Torta	gâteau, tarte
Tortelli	raviolis farcis de fromage frais et d'herbes
Vitello	veau
Vongole	palourdes, coques ou clovisses
Zucchine	courgettes

CURIEUX, NON ?

– L'addition est traditionnellement majorée du **pane e coperto** (1-3 € par personne).
– Les Italiens ont l'habitude le matin de se contenter d'un café et d'un croissant sur le zinc au lieu d'un copieux petit déjeuner.

– Si vous voulez prendre un petit café au comptoir comme de nombreux Italiens, il vous faudra d'abord payer avant de consommer.

– N'oubliez pas la petite pièce de 0,10 € quand vous avancez votre ticket sur le comptoir pour un *espresso* : l'attente risque sinon d'être longue.

– Vous passerez pour un touriste si vous commandez un cappuccino après 11h.

– La bouteille d'eau minérale est généralement apportée d'office sur la table, entraînant un supplément de 1 à 3 €.

– La *pasta* fait partie intégrante du repas, qu'on mange en *primi,* avant le plat principal.

– Dans tous les hôtels, un cordon – signalé par un discret panneau – pend au long du mur de la douche ou de la baignoire. Un dispositif de sécurité imposé par la loi : en cas de malaise, une traction déclenche une sonnerie à la réception. Mais vu le nombre de clients qui pensent que c'est le cordon de la ventilation voire une corde à linge... il est plutôt rare que quelqu'un prenne la peine de se déplacer.

– Dans les églises, les sacristains sont souvent remplacés par des tirelires électriques (en général 1 €) pour éclairer les chefs-d'œuvre sans forcer la main.

– La **sieste (il pisolino)** fait partie des traditions italiennes depuis l'Antiquité (particulièrement dans le sud du pays). En été surtout, la ville s'endort après le déjeuner. Les boutiques ferment, la circulation ralentit et les travailleurs de la sixième heure (sieste vient de *sexta hora*) sont l'exception. Cette coutume a cependant tendance à disparaître.

> ## LA *FRENCH TOUCH*
>
> *Un proverbe italien prétend : « Quand vient l'heure de la sieste, seuls les chiens et les Français se promènent. » À méditer...*

– **La passegiata :** l'une des images les plus évocatrices est sans nul doute cette coutume venue du Sud. La *passeggiata* (littéralement « la promenade ») est le petit tour que font bras dessus, bras dessous les Italiens en fin de journée, juste avant le coucher du soleil. C'est également le moment de la journée où la queue devant les glaciers s'allonge à vue d'œil.

– **Chants traditionnels :** moins connus en France que les chants corses, les chants toscans polyphoniques n'en sont pas moins beaux ! Les groupes, mixtes ou non (cela peut se réduire au simple duo), accompagnés le plus souvent par un accordéon – jadis c'était le luth, la viole ou la cornemuse (*zampogna* ou *surdulina*) –, se mettent à l'unisson pour chanter des ballades *(ballate),* des textes narratifs *(cantastorie),* des chants à couplets *(stornelli)* ou des comptines *(filastroce).*

ÉCONOMIE

La Toscane et l'Ombrie constituent deux régions parmi les plus riches d'Italie. Le taux de chômage y est plus bas que dans le reste du pays (moyenne nationale en 2015 : 12,4 %). Ces deux provinces conjuguent parfaitement passé, présent et futur. Tradition et modernité s'allient pour donner des merveilles, aussi bien dans le domaine de la gastronomie que dans ceux de l'habillement, de l'ameublement ou du patrimoine artistique.

Distretti industriali et savoir-faire familial

Contrairement aux régions du nord de l'Italie, la Toscane et l'Ombrie ont été oubliées par l'hyperindustrialisation du « miracle économique » des années 1970, et ont trouvé leur propre « style ». L'industrie représente tout de même 34 % des emplois, ce qui fait de la région l'une des plus industrielles d'Europe (le complexe industriel de Terni). Bien sûr, l'industrie lourde est présente dans les secteurs de la sidérurgie, de la chimie (Montecatini) ou de la métallurgie (souvenez-vous de ces petits deux-roues fabriqués à Pontedera par la famille Piaggio, symbole de liberté en 1946 et appelés « Vespa »). Mais, aujourd'hui, c'est le modèle des *distretti industriali* (« districts industriels ») qui soutient en grande partie l'économie toscane. Ces districts regroupent des petites et moyennes entreprises familiales qui misent sur un savoir-faire artisanal local.

Le « *made in Italy* »

Cette spécialisation les pousse à travailler en réseau, mais aussi à rechercher la perfection afin de se démarquer des concurrents. Cette émulation a permis à des entreprises familiales de devenir des industries prestigieuses, et a donné naissance au « made in Italy », symbole de qualité et de bon goût. **Troisième fournisseur mondial d'habillement,** après la Chine et le Japon, l'Italie réalise 60 % de son chiffre d'affaires à

DÉLOCALISATION LOCALE

À Prato, 3ᵉ ville chinoise d'Europe, on assiste depuis quelques années à un nouveau phénomène : des milliers d'ouvriers chinois et leurs familles viennent travailler dans les usines de textile tenues par leurs compatriotes. Eh oui ! les Italiens ne sont pas les seuls à travailler en famille ! On compte quelque 60 000 immigrés chinois.

l'étranger. Les noms de Roberto Cavalli, Gucci, Fendi, Ferragamo, Tacchini ou Tod's vous disent quelque chose ? Ces entreprises familiales ont à peu près toutes connu le même destin : un savoir-faire hérité de père en fils, une petite boutique utilisant des matières premières locales de qualité, puis l'ouverture à l'international ; le nom de famille devient une marque renommée luxueuse, et les créations sont parfois considérées comme des œuvres d'art. De plus, ces grands noms de la mode dynamisent l'économie en continuant à passer commande à leurs petites sœurs. L'*industrie textile de Prato* (où 3 millions de mètres de tissu sont produits chaque jour) et les artisans peaussiers de Florence ou de Grosseto restent leurs principaux fournisseurs.

Les **ressources du sol** sont aussi exploitées... comme le marbre de Carrare (voir la rubrique « Marbre »), la géothermie de Larderello, dans les monts métallifères, ou encore l'*industrie du papier de Lucques.* Certaines villes tirent leurs ressources en majorité de ces districts, comme à Quarrata (région de Pistoia), où l'ameublement et la menuiserie représentent 80 % de leurs revenus.

Agriculture et gastronomie

L'agriculture a aussi son rôle dans la prospérité de la région, bien qu'elle n'occupe que 4 % de la population. Certaines productions sont reconnues mondialement (voir plus haut la rubrique « Cuisine »)...
Et la pêche dans tout ça ? Malgré la longueur de la côte, la pêche reste marginale. La Toscane a préféré concentrer ses efforts sur la terre, maîtriser l'irrigation, assainir les marécages des plaines de l'Arno et de la Maremme, et en faire des collines verdoyantes et fécondes. Quant à l'Ombrie, elle est la seule région en Italie qui ne possède pas de littoral.

Tourisme et tertiaire

Depuis les années 1970, la Toscane est surtout devenue une région tertiaire (62 % des actifs) avec le développement du tourisme et des activités commerciales. Sienne, Pise et Florence vivent principalement du tourisme. D'autres villes toscanes sont de plus en plus visitées : San Gimignano, Volterra, Lucca... Le tourisme en Toscane représente une part importante du tourisme en Italie, lequel se classe, rappelons-le, au 4ᵉ rang européen après la France, l'Espagne et l'Allemagne.

ENVIRONNEMENT

En Italie, les scandales écologiques sont nombreux et la Mafia n'est jamais loin. En septembre 2009, suite aux déclarations d'un mafieux repenti, des épaves de navires, avec à leur bord des fûts remplis de produits toxiques et radioactifs, ont été retrouvées au fond de la mer. Des gens étaient payés pour saborder ces bateaux en pleine mer. Depuis quelques années, la Mafia investit massivement dans les énergies renouvelables. Initialement, ces organisations criminelles officiaient surtout dans le sud de l'Italie, mais elles sont aujourd'hui également présentes en Toscane et en Ombrie (plus discrètes, mais plus riches). La Camora, particulièrement, très active dans la gestion des déchets, s'est diffusée récemment au centre nord de l'Italie. On parle alors d'Ecomafia (constructions de logements abusifs ne respectant pas les chartes, dumping environnemental, évasions fiscales...).

Des initiatives courageuses

Au milieu de toute cette corruption, la communauté italienne et certains dirigeants défenseurs de l'environnement retroussent leurs manches et proposent des solutions alternatives. Une petite ville de Toscane, Capannori, à environ 30 km de Pise, est considérée comme la pionnière dans le domaine de l'écologie mondiale car elle a adopté une stratégie zéro déchets pour l'horizon 2020. L'initiative a été pensée, dès le début des années 2000, de manière à supprimer les déchets à la source plutôt que de devoir les gérer à grands frais (la communauté a contesté à l'époque la mise en place d'incinérateurs, chers et dangereux). Si vous passez par Capannori, vous ne verrez donc pas de poubelles dans les rues ! Chaque foyer bénéficie de sacs et containers avec un code couleur à suivre par type de déchet. Et si on se trompe, on vient tout nous réexpliquer ! C'est devenu un cas d'école, désormais plus de 120 communes italiennes ont rejoint le mouvement Zero Waste Europe (ça s'est aussi exporté en Espagne, en France et ailleurs), présidé par Rossano Ecolini, l'initiateur du projet de Capannori.

Autre exemple, la Mafia camorienne contrôle une partie du marché des sacs plastique « bio », qui sont en fait illégaux et non dégradables. Une campagne de sensibilisation est aujourd'hui menée pour contrer ce trafic : #UnSaccoGiusto, qui demande aux consommateurs d'apprendre à reconnaître un bon sac plastique légal d'un sac issu du trafic. Rien de plus simple, il faut juste vérifier que le sac comporte le logo d'un organisme certificateur. Si ce n'est pas le cas, nous sommes tous invités à signaler un sac qui semblerait illégal en envoyant un mail à ● *unsaccogiusto@legambiente.it* ● *legambiente.it/unsaccogiusto* ●

LA MAFIA ET LES DÉCHETS

La gestion des déchets se révèle une activité idéale pour la Mafia : d'abord, elle emploie une main-d'œuvre peu qualifiée. Ensuite, les camions utilisés nécessitent des investissements lourds (argent recyclé). Le tri sélectif est payé cher... mais sera non effectué à terme. Enfin, c'est encore la Mafia qui gérera la dépollution des sols.

Préserver avec passion

La Toscane, l'Ombrie, et plus généralement l'Italie, sont des régions où les gens sont très attachés à leur art de vivre, leurs traditions et leur environnement. Nous pouvons apprécier l'effort que certains fournissent pour préserver des savoir-faire ancestraux, comme les Butteri, ces cow-boys italiens du parc naturel de Maremme qui perpétuent une lignée de bovins quasi-mythique depuis l'époque étrusque. À Carrare également, on n'exploite pas le marbre, on le cultive (ce sont les ouvriers qui le disent !). À Viareggio encore, on s'attache quotidiennement à protéger les baleines et les dauphins du sanctuaire Pelagos. D'autre part, le tourisme vert, très fructueux en Italie et particulièrement en Toscane-Ombrie, avec ses nombreux agritourismes, nous offre plein de possibilités de découvrir le pays en respectant sa nature et en évitant de jeter son argent dans la poche des mafieux. L'association AITR, l'équivalent du label ATR français, regroupe les initiatives de tourisme responsable italiennes. Un de ses membres, AddioPizzo Travel, tente de développer le tourisme durable en refusant de verser de l'argent à la Mafia... • *aitr.org* •

GÉOGRAPHIE

La géographie, qu'elle soit humaine, économique ou électorale, réserve à la Toscane et à l'Ombrie une position charnière entre le Nord et le Mezzogiorno. Presque enclavées au nord et à l'est par les montagnes des Apennins et ouvertes sur la vaste plaine du Latium romain, ces régions sont trop diverses pour former un ensemble homogène.
– *Au nord et au nord-est, les Apennins* dessinent un paysage de croupes à vallées étroites peu propices à l'agriculture extensive. Dans ces reliefs tourmentés de schiste et d'argile, terre de prédilection du chêne et du châtaignier, l'homme a développé l'élevage et la polyculture. La paysannerie y est ancrée dans une tradition forestière où ramassage des champignons et bûcheronnage assurent un complément de revenus, comme dans le Casentino, une des régions les plus sauvages d'Italie.
– *Au sud, du côté de Sienne,* vers l'abbaye du monte Oliveto, on trouve les fameuses *Crete senesi,* qui datent de l'époque où toute la région était recouverte par la mer, il y a entre 5 et 2 millions d'années. Ces terres fertiles descendent doucement vers le *val d'Orcia* en mouvements doux et réguliers, permettant la culture du blé, du tournesol, de l'olivier et de la vigne, avant de buter contre la région volcanique de l'Amiata. À l'ouest, les *montagnes métallifères* marquent la limite entre Maremme et Toscane, par-delà les vertes vallées et les forêts de la Montagnola et du val de Merse, terres de bûcheronnage et d'exploitation du bois.
– *Au centre, entre Sienne et Florence, la région du Chianti* est une terre non seulement de vignes, mais également d'arbres fruitiers et d'oliviers. C'est son substrat, constitué à la fois de dépôts sableux, cailloux, argileux et gréseux, associé aux microclimats provoqués par la grande variété d'exposition des parcelles, qui fait la fortune de ce vin constitué à plus de 90 % de cépage *sangiovese.*
– *À l'est,* la majeure partie de l'*Ombrie* non montagneuse est constituée d'une vallée alluvionnaire empruntant le cours du Tibre, lui-même alimenté par un grand nombre d'affluents perpendiculaires définissant autant de vallées dont les coteaux sont plantés d'oliveraies ou de vignobles. À l'ouest de ce paysage, le val di Chiana définit un patchwork de cultures le plus souvent maraîchères.
– *Le val d'Arno :* axe principal (pour ne pas dire unique) de la région, il concentre à lui seul la majeure partie de l'habitat des deux régions. Traversé de part en part par l'autoroute du Soleil (A 1), c'est le cœur de l'activité toscane.

Le fleuve Arno

Comme l'a si bien dit Jean Giono : « C'est un torrent qui a du caractère... C'est un fleuve comme un chat est un tigre. » Long seulement de 241 km, l'Arno prend sa source au Mont Falterona (1 385 m), dans les Apennins, puis il décrit une boucle vers le sud, traverse Florence et coule vers l'ouest en passant par Empoli, Pontedera et Pise. Puis, en fin de parcours, il descend vers la mer Ligure où il se jette à 10 km au nord de Livourne. À Florence, ce fleuve marque la séparation entre les deux rives : l'Oltrarno (rive gauche) et Lungarno (rive droite).
Construite au fond d'une vallée encaissée, Florence fut engloutie, le *4 novembre 1966,* par les eaux dévastatrices de son fleuve. Il fallut presque remonter à l'an 1333 pour trouver le souvenir d'une telle catastrophe naturelle. Dans le

quartier de l'église Santa Croce, le niveau des eaux atteignit 5 m ! Les portes en bronze du baptistère de la piazza del Duomo furent défoncées par le courant, certains panneaux arrachés et retrouvés à plus de 2 km ! De nombreux chefs-d'œuvre exposés dans les églises de la ville furent défigurés par la boue mazoutée et rongés par l'humidité. D'ailleurs, on peut encore voir sur certains tableaux les dégâts de la crue (en particulier le *Christ en Croix* de Cimabue, dans le musée accolé à la basilique de Santa Croce, qui, bien que restauré, est resté endommagé). On remarque aussi à certains endroits de la ville, notamment sur les places, un trait ou une discrète plaque commémorative avec le niveau de l'eau en 1966 : impressionnant !

Chaque année en octobre et en novembre, le niveau de l'Arno monte irrésistiblement, sans provoquer d'inondation. Cependant, certains observateurs estiment que les risques d'une nouvelle catastrophe ne sont pas totalement écartés. Malgré les travaux de canalisation entrepris après 1966 et la construction de digues, Florence ne serait toujours pas, selon eux, à l'abri d'une nouvelle inondation destructrice. Vers 1503-1504, Léonard de Vinci avait présenté à la cité de Florence un projet de déviation de l'Arno pour construire une sorte de canal reliant la ville des Médicis à la mer. Le souci de Léonard était le même qu'aujourd'hui : éviter les terribles inondations !

HISTOIRE

Histoire vraie ou légende ?

108 ans après le Déluge, Noé naviguant sur le Tibre découvrit la vallée de la Chiana. Il s'y plut, s'y installa, eut une descendance, et notamment un certain Crano, qui aurait fondé **Cortona (Cortone)** et un petit royaume appelé **Turrenia**. Ce serait la première appellation antique connue de la Toscane. Le roi Crano eut à son tour des descendants qui durent s'enfuir en Grèce, où ils fondèrent la ville de Troie. De retour en Turrenia, on les aurait surnommés « Étrusques » en souvenir de Troie... C'est une belle hypothèse !

Les Étrusques

Berceau de la civilisation étrusque, l'actuelle Toscane connut à partir du IIe millénaire av. J.-C. deux vagues successives d'envahisseurs. Les Indo-Européens vinrent en effet se mêler aux éléments méditerranéens indigènes (la population « villanovienne ») pour donner naissance à des peuples très diversifiés sur les plans culturel, linguistique et technique. Si les Phéniciens et les Grecs (775 av. J.-C.) eurent également un rôle civilisateur considérable, les premiers à tenter l'unification politique et culturelle de la péninsule italienne furent les Étrusques.

L'alphabet étrusque

L'écriture apparaît en Étrurie (Toscane actuelle) aux alentours de 700 av. J.-C., au moment où les contacts entre les Étrusques et les Grecs, qui sont arrêtés au sud de l'Italie, se font plus intenses.

Pour adapter l'alphabet grec aux exigences de leur langue, les Étrusques le modifièrent en procédant à des suppressions et des ajouts qui entraînèrent des variantes dans les différentes zones de l'Étrurie. Avec 13 000 inscriptions en langue étrusque, le vocabulaire était donc très pauvre. On a cru faire une découverte décisive avec l'apparition mystérieuse de la pierre de Cortone, une plaque de bronze sur laquelle sont gravées 40 lignes de texte qui correspondent à une sorte de contrat. Cependant, l'étude de ce texte n'a apporté qu'une maigre contribution aux études réalisées sur la langue étrusque.

Géopolitique étrusque

Les 12 cités étrusques (Cerveteri, Chiusi, Cortone, Orvieto, Pérouse, Populonia, Roselle, Tarquinia, Véies, Vetulonia, Volterra et Vulci) formaient le cœur de leur civilisation, qui n'avait pour équivalent que celles d'Athènes ou de Phénicie. Cette civilisation n'avait cessé de s'épanouir et d'essaimer son pouvoir depuis le nord de Ravenne (en Émilie-Romagne) jusqu'au sud du territoire romain pendant près de huit siècles (du XIe au IIIe s av. J.-C.). Elle s'appuyait sur de petites cités-États dirigées par des oligarchies familiales. Les 12 cités se jalousaient leur autonomie, et aucun commandement commun ne pouvait prendre la direction des affaires politiques et militaires. Leur seule force provenait de la mer. L'île d'Elbe accouchait chaque année de 10 000 t de minerai, transformé dans les hauts-fourneaux de Populonia par leurs esclaves. Les Grecs et les Phéniciens y accouraient et lestaient leurs navires pour ensuite transformer le matériau en armes. Le *monte Amiata* fournissait quant à lui du cuivre, de l'étain et du plomb argentifère.

De 616 à 509 av. J.-C., l'Étrurie domina Rome et lui donna même deux rois, dont Tarquin l'Ancien. L'alliance fonctionna à merveille avec Carthage, mais en 474 av. J.-C. ce furent les Syracusains qui sonnèrent le glas de l'Étrurie. Les Étrusques y perdirent la domination des routes commerciales. Comme la scène se passait à Cumes et que, depuis 509 av. J.-C., Rome n'était plus sous leur jurisprudence, ils furent acculés et ne purent communiquer avec leurs positions de Campanie. Les amis d'hier sont les ennemis d'aujourd'hui ! Les Syracusains ne se bornèrent pas à leur flanquer une déculottée ; ils vinrent même jusque sur leurs terres chercher l'embrouille. Dans le même temps, les Étrusques virent également leurs territoires au nord menacés par les Gaulois. Le vaisseau des « Tusques » (sobriquet donné par les Romains) avait pris l'eau de toutes parts, et Rome eut désormais les coudées franches pour se jeter sur sa dépouille.

À la recherche de la civilisation étrusque...

Le Moyen Âge n'a pas été très riche en découvertes étrusques. Il fallut attendre le XVIe s – quasiment 1 000 ans après leur âge d'or – pour que les Étrusques sortent de l'ombre. Les Médicis, et notamment Laurent le Magnifique, figurent parmi les premiers à s'y intéresser. Dans l'œuvre de Michel-Ange, pour ne citer que lui, de nombreuses références y font allusion, comme la *Pietà* de la cathédrale de Florence, où l'on repère un personnage qui a enfilé une tête de loup. Celui-ci est clairement inspiré des nombreuses fresques des nécropoles qui présentent le « Dieu du monde d'en bas » des Étrusques. Mais le tournant des recherches apparaît à la fin du XVIIIe et au XIXe s. Ce sont les Anglais qui se passionnèrent pour l'étude de cette civilisation. Un noble, Thomas Coke, donna le *la*, et vers 1760, James Byres publia un ouvrage richement illustré ; un véritable manuel du parfait étruscologue. À la fin des guerres napoléoniennes, les premières aventurières anglo-saxonnes, de parfaites *ladies,* parcoururent la campagne toscane pour visiter les tombeaux et constater, déjà, la détérioration des nombreuses peintures. Plus tard, la guerre inventa la télédétection. À partir de photographies prises de montgolfière puis de clichés effectués en 1944, on constata des taches plus ou moins sombres révélant au sol la présence de tumulus.

L'Empire romain

Après la mort de César, le monde romain connut un moment de flottement avant qu'Octave (futur empereur Auguste), son neveu et fils adoptif, ne puisse s'imposer. Pour la première fois, toutes les terres bordant la Méditerranée appartenaient à un même ensemble politique. Octave, à qui le Sénat avait reconnu une autorité souveraine en lui décernant le titre d'*Augustus* le 16 janvier 27 av. J.-C., allait tenter d'en faire un État unifié et d'y instaurer un ordre nouveau. Il commença par garantir les frontières et réorganiser l'administration des provinces. La longueur de son règne (47 ans !) lui permit d'édifier, lentement mais sûrement, la nouvelle civilisation impériale (lui et ses successeurs prendront le titre d'*Imperator*) qui tentait de concilier la satisfaction des besoins nouveaux et le respect de l'ancien patrimoine culturel romain.

CHAUVE QUI PEUT !

César était très préoccupé par la perte de ses cheveux. Il fit voter par le Sénat une loi l'autorisant à porter en permanence une couronne de lauriers, pour cacher sa calvitie. Un attribut certes honorifique mais surtout pratique. Il ramenait sur son front les rares cheveux qui lui restaient à l'arrière. Cléopâtre, qui était de mèche, lui préparait une décoction à base de graisse d'ours et de souris grillées. Et dire qu'on croyait qu'elle avait du nez !

Le « *siècle d'Auguste* » vit le triomphe de la littérature latine classique : Virgile, Tibulle, Properce, Ovide et Tite-Live.

L'âge d'or de l'Empire romain et son déclin

L'apogée de l'Empire romain se situe autour du règne des empereurs de la dynastie des Antonins : Nerva, Trajan, Hadrien, Antonin et Marc Aurèle, période qui va de l'an 96 à l'an 192 apr. J.-C.

En 180, le fils de Marc Aurèle, Commode – qui ne méritait pas un tel pseudonyme –, se tourna vers un régime absolutiste et théocratique. On assassina beaucoup dans l'Empire romain à cette époque, et être empereur devint presque une garantie de ne pas mourir dans son lit ! Sous Marc Aurèle, les Barbares s'agitaient aux limites de l'Empire (Orient et Germanie), et certaines garnisons commençaient à devenir nerveuses, allant parfois jusqu'à se soulever.

À partir des années 230, l'Empire romain subit un assaut généralisé de la part des Barbares. À plusieurs reprises, Alamans, Francs, Goths et Perses ravagèrent les provinces. Pourtant, l'Empire se maintint, tant son organisation était solide. Ainsi, avec Aurélien et les autres empereurs illyriens (268-285), l'Empire sembla trouver un second souffle. Le dernier empereur, Dioclétien, marqua le siècle avec sa tétrarchie.

POLTRON

À l'époque romaine, les peureux qui ne voulaient pas aller à l'armée se coupaient le pouce (polex truncatus = « pouce coupé »), ce qui les empêchait de manier les armes et donc de combattre. Le mot est resté !

Essor de la chrétienté

Le 25 juillet de l'an 306, Constantin Ier fut proclamé premier empereur chrétien par ses légions de Germanie. Au même moment à Rome, Maxence, porté par sa garde prétorienne, devenait lui aussi empereur ! Le choc final se produisit le 28 octobre 312, à la bataille du Pont-Milvius. Constantin aurait alors vu une croix dans le ciel avec les mots *In hoc signo vinces* (« Par ce signe tu vaincras »). C'est effectivement après cette bataille, dont il sortit vainqueur, que Constantin favorisa la religion chrétienne par l'édit de Milan en 313.

Enfin, le 20 mai 325, pour la première fois de son histoire, l'Église chrétienne triomphante rassembla librement à Nicée tous les évêques de l'Empire romain en un concile œcuménique qui devait régler le délicat problème de la Sainte-Trinité.

Peu de temps après son baptême, Constantin mourut, en 337. Sa dépouille fut ensevelie dans l'église des Saints-Apôtres de Constantinople. À sa mort, Rome, qui n'était plus résidence impériale depuis 285, vit s'élever les premières basiliques chrétiennes grâce aux donations de l'empereur. Elles s'installèrent aux abords de la ville, sur les emplacements des cimetières chrétiens devenus lieux de pèlerinage.

LE DIMANCHE AU SOLEIL

Constantin donna au monde le « dimanche férié » en ordonnant que ce soit un jour de repos obligatoire. Ce jour, célébré par les adeptes du culte solaire, suivi longtemps par Constantin lui-même, correspondait au « jour du Seigneur » chrétien. Par cette loi – qui fut comme un pont jeté entre deux religions – se trouvait aussi officialisé le découpage en semaines qu'ignorait le calendrier romain.

Quand l'Église prend goût au pouvoir

Débuts et expansion de l'Église romaine

Théodose le Grand fut le dernier empereur à régner sur l'ensemble du territoire de l'empire, de 379 à 395. Il le partagea entre ses deux fils : Honorius pour l'Occident et Arcadius pour l'Orient. Sous le règne de Théodose, le christianisme devint religion d'État, mais ce dernier connut quelques déboires avec l'Église : saint Ambroise l'excommunia pour avoir massacré 700 insurgés en l'an 390. Ainsi, pour la première fois, l'État romain se soumit à la puissance de l'Église.

Rome perd sa toute-puissance

Sous le règne d'Honorius, le 24 août 410, les **Wisigoths,** le roi Alaric à leur tête, pénétrèrent dans Rome. Honorius était alors dans sa résidence à Ravenne et refusa d'accorder à Alaric l'or et les dignités qu'il convoitait. En représailles, les Wisigoths pillèrent Rome. La chute de la ville, inviolée depuis plus de huit siècles, provoqua un énorme retentissement, faisant douter des les païens de sa puissance. Huit ans plus tard, le roi Wallia obtint de l'Empire – ou plutôt de ce qu'il en restait ! – le droit d'installer ses Wisigoths en Aquitaine : c'était la première fois qu'un royaume barbare s'établissait sur le sol romain !
Puis ce fut au tour des **Vandales,** cousins germains – ou plutôt germaniques – des Wisigoths, qui, après avoir pris Carthage en 439, pillèrent Rome pendant 15 jours en 455, sans toutefois massacrer la population ni incendier la ville, selon un accord passé avec le pape Léon Ier ! Vinrent ensuite les **Ostrogoths** – les Goths de l'est – qui, eux, occupèrent toute l'Italie, la France méridionale jusqu'à Arles et l'ex-Yougoslavie.

Naissance des guelfes et gibelins

En 843, l'empire de Charlemagne est divisé entre ses trois petits-fils. Les Francs occidentaux s'étant retirés, c'est au tour des Francs orientaux d'étendre leur empire sur la moitié nord de la péninsule italienne. **Frédéric Ier Barberousse** entérine son héritage en prenant Naples en 1162, et en faisant reculer les hordes de Vikings qui avaient envahi la région. Cependant, sur la question politique se greffe un abcès religieux : la querelle des investitures. En 1059, le pape Nicolas II décide que l'élection du souverain pontife doit être soustraite à l'influence de l'empereur. Il s'ensuit une longue lutte entre le Saint Empire romain germanique et le Saint-Siège. Elle n'aboutira qu'en 1122, avec le concordat de Worms : le pouvoir spirituel est dévolu à la seule autorité religieuse.
En Bavière, les ducs se font appeler les *Welfs* (d'où les « guelfes ») et défendent leur bout de gras bec et ongles pour pouvoir s'installer dans la Ville Éternelle (Rome). Mais les seigneurs de Souabe (les *Waiblingen,* d'où les « gibelins ») ne l'entendent pas de cette oreille et veulent, eux aussi, pouvoir influer sur la nomination du vicaire

de Jésus-Christ. Le débat se transposera en Italie, et plus particulièrement en Toscane, où les partisans du pape et de Charles d'Anjou, les guelfes, s'opposent aux partisans de Barberousse, les gibelins. Sur le cours de l'Arno et dans les environs de Sienne, les cités s'organisent en minirépubliques indépendantes, gouvernées par une aristocratie « locale » tantôt guelfe tantôt gibeline. C'est dans cet état d'esprit de rivalité, ponctué d'actions punitives, que s'épanouit la Renaissance.

L'âge d'or de la Toscane

Les compagnies commerciales de Florence, de Pise ou de Lucques jouissaient dans l'Europe médiévale d'une place primordiale. **La région de Toscane était le cœur névralgique de l'économie de la péninsule italienne.** Ses satellites étaient les foires de Champagne et du Lyonnais, les villes hanséatiques du nord de l'Europe, les comptoirs commerciaux de Lon-

> ### ORIGINE DE LA BANQUE
>
> *Au Moyen Âge, les prêteurs sur gage travaillaient sur un comptoir (il banco). C'est l'origine de ces établissements financiers. Quand ils faisaient faillite, ils étaient obligés de casser, de rompre ce comptoir (banco rotto). D'où le mot « banqueroute » !*

dres et les îles de la Méditerranée. Ses ports : Gênes, Venise et Pise. Au XIIIe s, cette dernière connut un essor fantastique grâce aux industries drapières. Mais elle attira la jalousie de ses proches et, en 1284, sa flotte se fit littéralement damer le pion par les Génois. Du coup, Pise tomba dans la sphère d'influence de Florence, qui concentra alors tous les pouvoirs. **Le val d'Arno devint le Manhattan de l'Italie.** La plupart des commerçants étaient des banquiers qui supportèrent l'industrie lainière naissante. L'une des plus grandes familles de l'époque, les Borromeo, provient de San Miniato, petite bourgade équidistante de Pise et de Florence. La victoire de Charles d'Anjou donna un coup de fouet au dynamisme naissant. Les hommes de Florence et de Sienne qui l'avaient soutenu eurent alors les coudées franches pour pouvoir s'imposer dans le domaine du commerce, de la banque, de la frappe de la monnaie, de l'assurance, de la poste, de l'information et du renseignement.

Florence était désormais le siège où convergeaient les commandes, les lettres de change, les chèques (qu'ils furent les premiers à adopter) ; l'Arno était bordé d'entrepôts. Tout ce qui était vendable était acheté. Les denrées alimentaires locales, comme l'huile et les vins, partaient à destination de l'Aragon, des pays du Nord et des côtes tunisiennes ; la soie, les produits tinctoriaux, le poivre provenaient de Chine et du Moyen-Orient et étaient redistribués dans l'ensemble de la chrétienté ; les métaux et les armes achetés en Pologne, en Scandinavie et à Londres étaient écoulés en petite quantité sur le chemin du retour ; les laines (sous forme de toison) d'Angleterre, du Pays basque ou de Bourgogne passaient dans les « petites mains » pisanes puis étaient réexportées. Cette puissance commerciale se montrait tentaculaire ! Ainsi, pour armer les troupes d'Édouard Ier et d'Édouard II, les Italiens prêtèrent-ils aux souverains 122 000 livres sterling gagées sur les mines d'argent du Devon. Tout le monde y trouvait son compte, les Italiens étaient exempts d'impôts et de droits de douane, et les souverains pouvaient concrétiser leurs ambitions de puissance.

À la fin du XIVe s et au début du XVe s, plusieurs éléments vont amorcer le déclin économique de la Toscane. La peste noire, tout d'abord, puis le lourd passif des rois de France, incapables de rembourser les dettes de la guerre de Cent Ans. Enfin, la fermeture des routes commerciales orientales, en raison de la prise de Constantinople par les Turcs en 1453, fit chanceler l'édifice. Henri VIII, en mauvais termes avec le pape, et Louis XI bannirent les Italiens. Les causes externes exacerbaient une situation intérieure instable. Florence fut acculée.

Les Génois tentèrent tant bien que mal de résister en essayant de contourner l'Afrique pour trouver une route maritime directe avec la Chine et supplanter ainsi les routes de la soie, terrestres mais dangereuses. Parmi eux, le fils d'un tisserand, cabaretier à ses heures, s'embarqua sur un bâtiment en 1476 pour l'Angleterre. Peu après le détroit de Gibraltar, le navire sombra, attaqué par un corsaire à la solde du roi de France. Le jeune homme gagna à la nage les côtes de la péninsule Ibérique. Il s'appelait Cristoforo Colombo... Christophe Colomb ! De ses déboires naquit son rêve de trouver une route plus courte, mais par l'ouest, afin d'atteindre Cathay (la Chine) et Cipangu (le Japon)...

La Renaissance (XVe-XVIe s)

Dès le XIIIe s, puis au XVe s sous le règne de Laurent le Magnifique, Florence devint une ville de grande tradition festive. Plusieurs fois par an, la ville cédait à la fête, au cours de laquelle exotisme et fantaisie se déployaient avec faste et magnificence. Aux XIVe, XVe et XVIe s, elle fut, avec Venise sa rivale, la seule république d'Italie dont la gouverne revenait aux riches plutôt qu'aux nobles.

> **FLORENTINER**
>
> *La Renaissance née à Florence s'intéressait bien plus aux arts qu'à la guerre et la haine. C'était le règne de la tolérance. Les homosexuels vivaient sans être méprisés. D'ailleurs, avoir des relations avec des personnes du même sexe donna même un verbe : « florentiner ».*

C'est une des raisons pour lesquelles les Médicis, bourgeois issus du peuple, régnèrent si longtemps. Ville de dialogue et d'échange d'idées, Florence accordait une part importante à la critique. On organisait des concours publics où s'affrontaient les goûts, les styles et les idées !

L'archétype humain de la Renaissance, le génie universel complet de cette époque faste, n'est autre que **Léonard de Vinci** (1452-1519), né près du village de Vinci, entre San Miniato et Pistoia. À la fois peintre, dessinateur, ingénieur, inventeur, humaniste... il est le symbole intellectuel et artistique de l'âge d'or de la Toscane.

La littérature s'épanouit aussi avec des poètes comme **Laurent de Médicis, Pétrarque, Pogge** et des écrivains comme **Boccace** et **Dante.** Tous abandonnèrent le latin pour le toscan, langue jugée plus vivante, moins rigide.

En politique, l'art de gouverner fut réinventé et décrit en 1513 par le Florentin **Niccolò Machiavelli** (**Machiavel** ; 1469-1527) dans *Le Prince.*

On a l'habitude d'appeler la Renaissance italienne du XVe s le Quattrocento, et celle du XVIe s le Cinquecento.

Les Médicis en Toscane

Les Médicis étaient, pense-t-on communément, médecins apothicaires depuis le XIIe s. Le succès et la fortune rapides les transformèrent en hommes d'affaires, puis en banquiers.

Florence, aux XIVe et XVe s, était régie par une Constitution oligarchique : le pouvoir se trouvait dans les mains de la famille la plus influente de la cité. Quand l'occasion se présenta, **Cosme l'Ancien** (1389-1469) ne la laissa pas passer : profitant du fait que la famille en place était déstabilisée, il prit le pouvoir à la mort de son père en 1429, et ne le céda qu'à sa propre mort (et encore, à son fils Pierre...). Il n'exerça pas lui-même les magistratures, il les confia à ses partisans dévoués. Mais il fut bel et bien le personnage politique le plus important de Florence. Homme

> **AH ! LES BOULES !**
>
> *Six boules rouges sur fond doré, surmontées du lys royal ajouté quand le roi de France anoblit la famille : voici les armoiries des Médicis ! La légende dit qu'Évrard de Médicis, chambellan de Charlemagne, tua l'oppresseur Mugel avec sa massue, de laquelle pendaient six boules qui imprimèrent six taches ensanglantées sur son bouclier d'or. D'autres pensent qu'il s'agit de pièces de monnaie ou encore de poids pour peser l'or : hypothèse la plus vraisemblable.*

d'État d'une grande habileté, il fut également un mécène remarquable (**Brunelleschi, Fra Filippo Lippi, Donatello** firent partie des artistes qu'il favorisa) et surtout un excellent homme d'affaires. Il amplifia l'héritage déjà considérable que lui avait légué son père, en particulier une compagnie bancaire et commerciale qui prêtait de l'argent aux rois et aux princes et qui n'avait pas moins de 10 filiales dans la péninsule et à l'étranger. Sans jamais quitter son image de marchand, par sa modestie et sa simplicité il sut conquérir le cœur des Florentins. À sa mort, ils lui donnèrent le titre de « Père de la Patrie ».

Son fils, Pierre le Goutteux, eut moins de prestige et ne resta au gouvernement que 5 ans. À sa mort, son fils aîné, **Laurent le Magnifique** (1449-1492), prit la relève. Son surnom de Magnifique ne lui vint pas de sa beauté (il était même plutôt laid !) mais de sa générosité (surtout financière...) envers les Florentins (*magnifico* : « généreux »). Son frère Julien et lui étaient tellement aimés dans la cité que lors de l'attentat qui coûta la vie à Julien, en 1478, le peuple sortit spontanément dans les rues en criant le nom des Médicis, ce qui contribua grandement à sauver la vie de Laurent. Intransigeant, Laurent le Magnifique sut pourtant charmer son monde et exerça un véritable ascendant sur son entourage. Mais, moins avisé que son grand-père, il laissa s'affaiblir la compagnie familiale, et des filiales firent faillite. Son mécénat manqua d'ampleur ; les grands artistes de sa génération (Alberti et Botticelli, par exemple) furent soutenus par d'autres que lui. En revanche, son œuvre d'écrivain est d'une indéniable qualité. Très à l'aise avec les princes, il fut traité par eux comme un des leurs ; il faut dire que sa Cour était des plus brillante. Son fils Pierre prit la succession, mais fut chassé en 1494, lors de la venue en Italie du roi de France, Charles VIII.

Exilés, les Médicis gardèrent cependant des partisans dans Florence, et, si leur fortune était touchée, elle ne fut pas anéantie. Ils furent toujours traités en égaux par les grands, et, au début du XVIe s, deux Médicis devinrent même papes sous les noms de Léon X et de Clément VII. En 1512, ils se réinstallèrent au pouvoir pour 15 ans. Après 3 ans de république, ils revinrent aux affaires grâce aux armées pontificale et impériale. À partir de 1530 et pendant 207 ans, Florence fut gouvernée par les Médicis, qui portèrent désormais le titre prestigieux de duc, puis de grand-duc de Toscane. Le premier duc, Alexandre, fut assassiné en 1537 par son cousin Lorenzino, plus connu sous le nom de Lorenzaccio (le mauvais Laurent), qui finira lui aussi assassiné.

En dehors de ces querelles de famille, les Médicis se débrouillèrent plutôt bien. Des alliances consolidèrent leur pouvoir, les heureuses épouses étant choisies parmi les plus grandes familles européennes. Les mariages du reste de la famille ne furent pas moins prestigieux. N'oublions pas les **reines de France, Catherine et Marie de Médicis,** respectivement femmes d'Henri II et d'Henri IV.

Le règne des Médicis s'arrêta avec la mort sans descendance du dernier d'entre eux, Jean-Gaston de Médicis en 1737. François Ier (duc de Lorraine et époux de l'impératrice Marie-Thérèse d'Autriche) prit les rênes du grand-duché de Toscane. En réalité, le gouvernement fut confié à plusieurs régents, et en 1765 il passa aux mains de Pierre-Léopold Ier. Ce dernier lança plusieurs réformes, comme l'abolition de l'Inquisition, souhaitant réellement améliorer la vie des Toscans.

L'unification de l'Italie ou « *Il Risorgimento* »

Du rêve à la réalité

Quand Bonaparte se lança dans sa campagne d'Italie, le 11 avril 1796, il ne se doutait guère qu'il serait à l'origine de l'émergence du sentiment nationaliste. En 1799, il reprit Florence et en donna le commandement à sa sœur Élisa Baciocchi. Quant à l'Ombrie, les Français tentèrent de soutenir son économie. L'occupation de l'Italie par les troupes napoléoniennes dura jusqu'en 1814. Entre le Vatican et Napoléon, les relations n'étaient pas au mieux : le pape Pie VII refusait d'accorder l'annulation du mariage de Jérôme Bonaparte et d'Élisabeth Paterson ; de son côté, Napoléon voulait contrôler l'Église tant en France qu'en Italie.

Le traité de Paris, en 1814, livra l'Italie aux Autrichiens, mais le mouvement nationaliste devint de plus en plus actif, et dès 1821 eurent lieu les premières insurrections, notamment à Turin. En 1825, un Génois, *Mazzini,* créa le Mouvement de la jeune Italie ; la conscience de faire partie d'une même nation était désormais dans le cœur de tous les Italiens. Même le pape Pie IX, fervent lecteur des philosophes, adhéra aux théories de Vincenzo Gioberti, prêtre philosophe et homme politique qui prôna l'idée d'une fédération... sous la direction du pape. Mais il fut aussi un sympathisant des idées de Mazzini qui, lui, souhaitait une république. En 1848, toutes les villes italiennes connurent une certaine agitation, et le roi de Piémont-Sardaigne, Charles-Albert Ier – qui n'avait pourtant aucune sympathie pour ces mouvements –, déclara la guerre à l'Autriche. La cause italienne fut rapidement écrasée, même si Venise résista jusqu'en août 1849. De ces événements allait sortir la leçon suivante : peu importe la forme que prendrait une Italie unifiée, royaume, fédération ou république, l'essentiel était d'expulser d'abord les Autrichiens, et ça ne pourrait se faire qu'avec une aide extérieure.

Les acteurs de l'Unité

Camillo Benso Cavour créa en 1847 le journal *Il Risorgimento,* modéré mais libéral. Appelé à jouer des rôles ministériels sous le roi Charles-Albert et son successeur et fils Victor-Emmanuel II, il devint le véritable maître de la politique piémontaise. Il fonda une société dans laquelle un autre jeune homme allait très vite se distinguer dans cette marche vers l'indépendance. Né en 1807, *Giuseppe Garibaldi* fut contraint de s'exiler au Brésil en raison de ses sympathies pour Mazzini. Après ce séjour aux Amériques, où il prit part à une insurrection brésilienne et combattit pour l'Uruguay, il revint en Italie, d'abord en 1848, échouant militairement, puis en 1854 au côté de Cavour. Et petit à petit se dessina la force qui allait renvoyer les Autrichiens de l'autre côté des Alpes.

Le 14 janvier 1858, un autre événement se produisit : la tentative d'assassinat de Napoléon III par Orsini. Avant d'être exécuté, il écrivit à Napoléon III pour le supplier d'intervenir en faveur de l'unité italienne. Impressionné par la teneur de la lettre, l'empereur conclut un accord avec Cavour : la France fournirait 200 000 hommes pour aider à la libération, mais, en échange, le Piémont céderait la Savoie et le comté de

LA CASTIGLIONE

On la surnommait « la plus belle femme du siècle ». Elle fut envoyée par Cavour, père-fondateur de l'Italie, pour séduire Napoléon III afin de le convaincre de favoriser l'unité italienne. Sitôt dit, sitôt fait. Elle devint la maîtresse de l'empereur à 18 ans (lui en avait 47 !). Napoléon III devint bizarrement un grand défenseur de l'unification de l'Italie.

Nice. En 1859, Garibaldi leva une armée de 5 000 chasseurs et vainquit les Autrichiens à Varese et à Brescia. L'année suivante, il s'empara de la Sicile et de Naples grâce aux Chemises rouges, une armée formée de volontaires internationaux. Élu député par la suite, Garibaldi – natif de Nice – ne tarda pas à entrer en conflit avec Cavour au sujet de la cession du comté de Nice aux Français, puis à propos du problème des États pontificaux.

Les premiers pas de l'Italie naissante

Victor-Emmanuel II fut proclamé roi d'Italie en mars 1861. Son royaume comprenait – outre le Piémont et la Lombardie – la Romagne, Parme, Modène, la Toscane, le royaume des Deux-Siciles, les Marches et l'Ombrie. Restait le problème de la Vénétie et de Rome, laissé en suspens à la mort de Cavour. Victor-Emmanuel II prit la tête de l'armée italienne pour tenter de récupérer Venise. Ce fut un échec cuisant, mais, par un extraordinaire tour de passe-passe diplomatique (et la défaite des Autrichiens à Sadowa contre les Prussiens), Venise fut remise aux mains de Napoléon, qui, à son tour, la céda aux représentants vénitiens ! Après un vote de

647 246 voix contre 69, Venise intégra l'union italienne et le roi déclara : « C'est le plus beau jour de ma vie : l'Italie existe, même si elle n'est pas encore complète... » Il faisait allusion à Rome, que les Français, pas plus que le pape, n'avaient l'intention d'abandonner... Puisque la « Cité éternelle » était encore occupée en 1865, Florence fut donc désignée comme capitale de cette union naissante. La ville en profita pour se moderniser et lancer de grands chantiers d'aménagement urbain. Le 18 juillet 1870, le XXIe concile œcuménique proclama l'infaillibilité du pape. Bien que les forces armées françaises se fussent retirées du territoire dès le mois de décembre 1861, les forces pontificales se composaient largement de Français.

Le 16 juillet 1870, Napoléon III eut la malencontreuse idée de déclarer la guerre aux Prussiens, et, le 3 septembre, la nouvelle de la chute de l'Empire français parvint en Italie. Les troupes pontificales baissèrent les armes devant les Italiens, et Rome rejoignit la jeune nation pour reprendre son statut de capitale. Le gouvernement italien proposa un acte, connu sous le nom de loi des Garanties papales, où l'Italie reconnaissait l'idée d'une Église libre dans un État libre, la personne du pape étant considérée comme sacrée. Il lui fut accordé annuellement une somme de 3 225 000 lires, les propriétés du Vatican et du palais du Latran, ainsi que la villa de Castel Gandolfo. Il put aussi entretenir une petite force pontificale : les fameux gardes suisses. Ce transfert de pouvoir fut un désastre économique pour Florence, qui s'était beaucoup endettée et qui dut attendre le début du XXe s pour retrouver son souffle.

De 1870 à nos jours

L'entrée dans le XXe s

Tout d'abord, un régime parlementaire ainsi qu'un système des élections furent institués. Dix ans à peine après la fin des luttes pour l'unité, la droite se retrouva en minorité, et la gauche arriva au pouvoir. La colère monta en Toscane et en Ombrie, car les conditions de vie dans ces régions étaient misérables. C'est alors que des mouvements socialistes et anarchistes se développèrent et que la région devint (et resta) un réservoir de votes pour les partis de gauche. L'Italie connaissait alors de grosses difficultés : le fossé économique et culturel entre le Nord et le Sud continuait à se creuser, et la population rurale se montrait illettrée à 80 %. Au début du XXe s, l'ouvrier italien était l'un des plus mal payés d'Europe, et quand il pouvait travailler, il travaillait plus qu'ailleurs !

Avec l'unification, la croissance démographique connut son taux le plus haut. C'est aussi à ce moment que l'émigration fut la plus forte : entre 1876 et 1910, environ 11 millions de personnes émigrèrent, surtout vers l'Amérique du Nord.

« L'Italie fasciste »

Au terme de la Grande Guerre (1914-1918), la paix rendit à l'Italie Trieste, le Trentin, le Haut-Adige et l'Istrie, mais l'après-guerre fut accompagné de grèves et d'une succession de gouvernements, créant un terrain favorable à la montée du fascisme. Mussolini et ses Chemises noires donnèrent un temps l'illusion d'une prospérité, qui profita surtout à la petite bourgeoisie. Les représailles fascistes furent plus violentes qu'ailleurs, en Toscane et en Ombrie, dans ces régions rebelles de gauche qui n'avaient pas peur de critiquer le gouvernement. Engagé dans la conquête

LES LECTURES CACHÉES DE BENITO

Mussolini écrivit une quinzaine d'ouvrages. Il créa même un journal. Les Italiens le considéraient comme un intellectuel. Son fils Romano avoua que le Duce avait, en fait, une véritable passion pour... Mickey. Il en dévorait tous les albums et visionnait les films. Il invita même Walt Disney à Rome, en 1935, alors que l'Union sacrée avec l'Allemagne était officielle.

éthiopienne et rejeté par les démocraties occidentales, Mussolini finit par s'allier avec Hitler, après avoir été son plus fervent adversaire. Il fit notamment capoter la première tentative d'*Anschluss* (intégration de l'Autriche à l'Allemagne) en 1934, en massant ses chars à la frontière autrichienne. Beaucoup plus faible que son allié allemand, le régime fasciste italien rencontra au sein du pays une résistance ouverte dès 1941-1942.

La ville de Florence n'attendit même pas les Alliés pour se libérer du joug allemand en août 1944. C'est un soulèvement presque spontané de sa population qui la mena à la liberté !

Littéralement occupée par les Allemands, l'Italie fut la première des forces de l'Axe à subir l'assaut des Anglais et des Américains dès 1943. Mussolini fut tué en 1945 par des partisans italiens. Après la Seconde Guerre mondiale, l'Italie était dans une situation dramatique : usines, réseau de chemin de fer, villes, tout n'était que ruines.

QUAND MUSSOLINI VOULUT EXCOMMUNIER HITLER

Mussolini avait peur que le Führer envahisse les régions germanophones d'Italie du Nord. En 1938, il demanda au pape d'excommunier Hitler, qui était de religion catholique. Et puis les deux leaders fascistes se rencontrèrent à Rome. Peu après, ils signèrent le « Pacte d'acier » entraînant l'Italie dans la guerre.

L'après-guerre et les « années de plomb »

Devenue république par référendum en juin 1946, après l'abdication de Victor-Emmanuel III et la mise à l'écart de son fils Umberto II, l'Italie a connu une vie politique particulièrement agitée. La Première République italienne, il est vrai, a rencontré toutes sortes de difficultés : terrorisme d'extrême gauche (les Brigades rouges) et d'extrême droite, de type néofasciste, corruption généralisée grippant les rouages de l'État et touchant les plus hauts responsables gouvernementaux, scandales divers (la loge secrète P2 et ses relations avec les banquiers du Vatican)... Sans parler des remous sociaux, de la crise économique... L'Italie paraissait ingouvernable, livrée aux jeux d'alliance (et surtout aux retournements d'alliance).

Après l'embellie du « miracle économique » des années 1960, l'Italie revient sur terre et se réveille avec la gueule de bois. Une vague d'attentats d'une violence inouïe (et sans précédent) déferle sur toute la péninsule. Mais déjà, en 1968, la révolte gronde dans les universités italiennes. Des universités, la contestation se propage au monde ouvrier, qui entre dans une période de grève générale, entraînant d'impressionnantes manifestations à travers le pays. À l'orée des années 1970, la tension sociale est maximale et le pays se révèle être une véritable poudrière. Il ne manque plus que l'étincelle. Cette étincelle interviendra le 12 décembre 1969, avec l'attentat de la piazza Fontana à Milan provoqué par un mouvement d'extrême droite.

Puis en septembre 1970, ce sont les Brigades rouges *(le Brigate rosse),* mouvement d'extrême gauche, qui se lanceront dans une lutte armée et violente contre le pouvoir. Dès le printemps 1979, l'État italien durcit le ton et adopte une série de mesures exceptionnelles afin d'éradiquer le terrorisme. Cette stratégie portera rapidement ses fruits puisqu'en

GAMBIZZAIONE

De gamba = « jambe ». Dans les années 1970, les terribles Brigades rouges n'hésitaient pas à tirer dans les jambes d'opposants pour les punir, sans pour autant les tuer. Ce procédé inventé par la Mafia signifiait que l'étape suivante serait la mort.

avril 1981 Mario Moretti, l'un des chefs historiques des Brigades rouges, est arrêté. L'année 1983 est marquée par l'ouverture des grands procès : plus de 4 000 activistes de gauche sont condamnés. En dressant un bilan, les « années de plomb » (de 1969 à 1986 environ) auront provoqué près de 14 600 attentats, 415 morts et 1 180 blessés.

L'Italie de Berlusconi

Silvio Berlusconi, ancien chanteur sur des bateaux de croisière, commence une carrière dans l'immobilier, qui se poursuivra avec la construction de l'empire médiatique qui modèlera l'image de l'Italie nouvelle. Début 1994, il s'engage en politique, en créant le parti de centre droit Forza Italia. Il gagne les élections en 1994 mais son gouvernement ne tiendra que 8 mois. Ce n'est qu'en 2001 qu'il parvient à nouveau au poste de président du Conseil.

Après s'être éloigné du pouvoir quelque temps, chassez le naturel, il revient au galop ! L'année 2009 est marquée par ses frasques multiples. Des manifestations géantes sont organisées dans tout le pays. 2011 est marquée par l'exaspération des Italiens vis-à-vis d'un président du Conseil mouillé, entre autres, dans le scandale du *Rubygate* et autres soirées privées *(Bunga bunga)* dans ses villas près de Milan et en Sardaigne.

L'Italie après Berlusconi

Mario Monti prend alors les commandes de l'État en décembre 2011. Il jouit d'une certaine popularité malgré une politique de réformes et d'austérité pénible mais nécessaire... jusqu'en décembre 2012, où il démissionne.

Renzi « le démolisseur »

Au lendemain des élections législatives des 24 et 25 février 2013, aucune majorité politique ne se dégage ; le président Napolitano nomme en avril Enrico Letta, de centre-gauche, à la tête d'un nouveau gouvernement formant une coalition d'unité nationale inédite, réunissant des hommes politiques de gauche comme de droite. En février 2014, un nouveau président du Conseil est désigné : *Matteo Renzi* (parti démo-crate ; natif et ancien maire de Florence), le nouvel « homme pressé » de la gauche. Âgé de seulement 39 ans, il est le plus jeune chef du gouvernement jamais nommé ! Le président a, lui, laissé sa place en février 2015 à Sergio Mattarella, réputé pour son sens de la justice (il combat ardemment la Mafia) et ses bonnes relations avec le gouvernement... Plus de 2 ans après sa nomination, Matteo Renzi est engagé – tam-bour battant – dans un vaste plan pour réformer l'économie et le pays. Surnommé « *il rottamatore* » (le démolisseur), en référence à sa volonté d'envoyer la vieille classe diri-geante à la casse, Renzi bouscule donc l'Italie tout en restant populaire... Mais c'était sans compter la montée en puissance du mouvement populiste *5 Stelle,* dont deux jeunes représentantes ont remporté les mairies de Rome et de Turin en juin 2016. Ces victoires sont annonciatrices du « NON » à 60 % au référendum du 4 décembre 2016 qui a provoqué la démission du jeune président du conseil. Une véritable claque pour Matteo Renzi et un avenir incertain pour le pays.

Quelques dates

Avant J.-C.

– **900 :** installation dans la région (en plus de l'Ombrie et du Latium) des Étrusques. Ils donnent le nom de Tusci à la région.
– **753 :** fondation de Rome.
– **509 :** Brutus chasse les Étrusques et fonde la république.
– **500 (environ) :** installation des Étrusques dans la plaine du Pô.
– **390 :** incursion de Gaulois jusqu'à Rome et dévastation des villes étrusques.
– **295 :** Rome bat les Étrusques à Sentinum.
– **254 :** chute de Volsinies (Orvieto), dernière cité étrusque libre.
– **59 :** fondation de Florentina (Florence).
– **20 :** fondation de Sienne.

Après J.-C.

– **250 :** introduction du christianisme par des marchands orientaux.
– **1065 :** Pise conquiert la Sicile et devient le premier port de Méditerranée.

– *1115-1200 :* lutte des empereurs germaniques contre la papauté. Les cités toscanes acquièrent leur indépendance.

– *1224 :* développement du christianisme avec saint François d'Assise.

– *1284 :* Gênes bat Pise et prend sa place en Méditerranée. Florence prend alors le dessus et met les villes de Toscane sous sa coupe, à l'exception de Lucques et de Sienne.

– *1350 :* construction de la tour de Pise.

– *1400-1500 :* apothéose de la Toscane. Époque dorée de la Renaissance et de l'humanisme.

– *1494-1498 :* les Français de Charles VIII entrent à Florence, les Médicis sont chassés et Savonarole prend le pouvoir.

– *1512 :* les Médicis reviennent au pouvoir.

– *1513 :* Jean de Médicis devient le pape Léon X.

– *1523 :* Jules de Médicis devient pape sous le nom de Clément VII.

– *1532 :* publication du *Prince* de Machiavel.

– *1537 :* Cosme Iᵉʳ est élu duc de Florence et réunit les différentes cités de la région.

– *1737 :* fin des Médicis, remplacés par la maison de Habsbourg-Lorraine.

– *1806 :* occupation de la Toscane par les troupes de Napoléon et création de trois départements rattachés à l'Empire.

– *1809-1814 :* résurrection du grand-duché de Toscane pour Élisa Bacciochi, sœur aînée de Napoléon.

– *1814-1848 :* le grand-duché est dirigé par les Habsbourg, et s'agrandit en 1847 du duché de Lucques.

– *1860 :* c'est la montée du *Risorgimento*. L'expédition des Mille, ou Chemises rouges, conduite par Garibaldi.

– *1861 :* proclamation de l'unité italienne.

– *Février 2014 :* nouveau président du Conseil, Matteo Renzi (parti démocrate). Natif de Florence, dont il a été maire en 2009, il accède à 39 ans à la tête du gouvernement italien.

– *2016 :* alors que la crise migratoire se poursuit, les réformes du gouvernement Renzi – qui reste populaire face à la montée du parti populiste *5 Stelle* – commencent à porter leurs fruits, avec notamment une baisse du chômage, engendrée par la libéralisation du marché du travail, le *Job Act*... Mais la tendance s'inverse en fin d'année et, le 4 décembre 2016, Matteo Renzi présente sa démission suite au « NON » du référendum pour une réforme constitutionnelle. Le 11 décembre, Paolo Gentiloni, ministre des affaires étrangères, est désigné pour lui succéder.

MUSSOLINI ET LA FAMILLE

Le Duce eut cinq enfants de sa femme officielle. Lui qui prônait la famille traditionnelle, il eut en parallèle une autre épouse, Ida, qui lui donna un fils, Albino. Agacé par l'acharnement amoureux d'Ida, il la fit interner ainsi que son fils. Ils moururent tous les deux en asile. Mussolini eut de nombreuses maîtresses, dont une belle juive qui le rendit fou. Il l'était déjà !

LITTÉRATURE

Le lien entre Toscane et littérature est essentiellement florentin. **Dante,** grand poète devant l'Éternel, est né à Florence en 1265 et a écrit la plus belle partie de son œuvre pour une certaine Béatrice, croisée deux fois en tout et pour tout, et à qui il n'a jamais adressé la parole (ah, l'amour !). On doit à cette femme mystérieuse l'existence de la *Vita nuova,* et son ombre flotte sur *La Divine Comédie.*

Son œuvre sera commentée par **Boccace,** qui aura comme égérie la fille illégitime du roi de Naples, Maria de Conti d'Aquino, la *Fiammetta* de son récit. De 1349 à 1353, il écrit *Le Décaméron,* œuvre magistrale dans laquelle 10 personnages se réfugient à la campagne pour fuir l'épidémie de peste de 1348 qui sévit à Florence.

De son côté, son ami **Pétrarque,** originaire d'Arezzo, aimait d'un amour platonique (décidément !) Laure de Noves, rencontrée en Avignon. Elle lui inspira plus de 300 poèmes, essentiellement des sonnets (317), regroupés dans le *Canzoniere*. Le recueil célèbre cet amour impossible et a donné forme au « pétrarquisme ».

Quant à **Machiavel,** homme politique par tradition familiale, excellent négociateur et philosophe, il est écarté du pouvoir lorsque Florence se soumet aux Médicis (1512). Il dédie tout de même *Le Prince* à Laurent de Médicis, qui ne lut même pas l'ouvrage (il aurait pu en prendre de la graine !). Selon lui, le pouvoir n'est pas compatible avec la morale et mieux vaut être craint qu'aimé.

Les siècles suivants sont plutôt calmes côté littérature toscane.

Cependant, dans la vague du roman noir italien des années 2000, **Nino Filasto,** fin connaisseur des milieux de l'art florentin *(Cauchemar de dame)* et de la politique – il est avocat de formation –, propose des livres sombres à la frontière du fantastique *(L'Éclipse du crabe)*.

SANS MENTIR !

On doit à Carlo Collodi, journaliste florentin du XIXe s, la plus mythique des marionnettes : Pinocchio. On dit que, à la suite de dettes de jeu, il commença l'écriture des aventures du petit garçon désobéissant, d'abord publiées en feuilleton. Les bonnes valeurs du travail et de la famille prônées dans ce chef-d'œuvre ont été traduites en 400 langues et dialectes depuis 1881. Voilà un bon exemple pour les enfants pas sages !

MARBRE

La Toscane est le plus gros producteur au monde de marbre ! Les gisements sont situés au nord-ouest de la région, dans les Alpes apuanes. Ces montagnes renfermeraient encore aujourd'hui environ 5 millions de kilomètres cubes de marbre à exploiter... En Toscane, plus de 2 millions de tonnes sont extraites chaque année sur environ 300 carrières. La région de Carrare est la plus réputée, avec ses 150 carrières, 3 000 ouvriers et une production annuelle de 1,2 million de tonnes. Elle donne un marbre blanc de renommée mondiale. On l'appelle le **statuario.** Il est niché au cœur de la matière, sous les couches externes où s'enchevêtrent les veines de la roche.

Les Romains ont été les premiers à couvrir de marbre les sols et murs de leurs palais. La Renaissance fut également une grande consommatrice de marbre, notamment celui de la région de Sienne, très coloré (de couleur jaunâtre).

Pour couper les énormes blocs cubiques, les Romains utilisaient le martèlement avant même le sciage manuel. On utilise depuis 1800 un fil hélicoïdal à couper le marbre. Dans les années 1970, les carriers utilisaient un câble tranchant fait de tungstène mélangé à de la poudre de diamant. Résultat : on peut couper 15 cm de marbre en une heure. Cette méthode est toujours appliquée de nos jours. Pour le transport des blocs, on les fixait naguère à des rondins de bois savonnés (la *lizzatura*) que les marbriers poussaient jusqu'à la mer. Aujourd'hui le transport se fait à l'aide de grues modernes et de treuils spéciaux.

En dehors du marbre blanc *(statuario),* le plus beau et le plus recherché, surtout pour la sculpture, il existe **plusieurs variétés** : le *bardiglio chiaro* ou *cupo,* le marbre gris, ou, proche du turquoise, la *breccia violetta,* la *breccia medica* et l'*arabescarto.* Le *cipolinacci di Carrara* est une variété de marbre rayé de veines verdâtres. La région

FROID COMME DU MARBRE

À Colonnata, dans la région de Carrare, la spécialité, c'est le lard de cochon. Pour le conserver au froid et permettre sa maturation, il est enfermé dans des coffres de marbre, afin qu'il s'affine. Le marbre est froid car il a une faible transmission thermique.

de Prato (en Toscane toujours) produisait (car la mine est épuisée) la *serpentine,* un superbe marbre vert que l'on retrouve dans l'église San Miniato al Monte, à Santa Maria Novella et dans le campanile de Giotto à Florence. Quelle que soit la variété utilisée, sans le marbre de Carrare, la colonne Trajane, le Panthéon d'Agrippa, la statue de David de Michel-Ange, la fontaine des Néréides, les chevaux de Marly, l'arche de la Défense (Paris), Notre-Dame-des-Naufragés à l'extrémité de la pointe du Raz (Bretagne) et les ex-tours du World Trade Center à New York n'auraient pas vu le jour, pour ne citer qu'eux...

Aujourd'hui le marbre de Carrare est concurrencé par le granit, moins cher, et par les pierres de synthèse, mais il reste une valeur sûre, inégalable en qualité et en beauté.

MÉDIAS

Votre TV en français : TV5MONDE, partout avec vous

Avec ses 11 chaînes et ses 14 langues de sous-titrage, TV5MONDE est distribuée dans plus de 190 pays du monde par câble, satellite et sur IPTV. Vous y retrouverez de l'information, du cinéma, du divertissement, du sport, du documentaire... Grace aux services pratiques de son site de voyage (● *voyage.tv5monde.com* ●), vous pouvez préparer votre séjour et, une fois sur place, rester connecté avec les applications et le site ● *tv5monde.com* ● Demandez à votre hôtel le canal de diffusion de TV5MONDE, et contacter ● *tv5monde.com/contact* ● pour toutes remarques.

Presse et radio

– Deux grands quotidiens nationaux se partagent le gâteau : *Il Corriere della Sera* et *La Repubblica.* Mais il existe une flopée de journaux locaux, parfois pour toute une région, ou simplement pour une ville (*La Nazione* à Florence ou *Il Tirreno* à Livourne). La presse spécialisée talonne de près ces journaux généralistes, ainsi qu'un choix de livres de poche.

– Il existe plus de 1 300 stations de radio, pour la plupart locales, réparties sur tout le territoire. La radio d'État, la *RAI (Radio Audizione Italia),* est toute-puissante, mais on compte aussi des dizaines de radios libres plus originales...

Télévision

On aurait quasiment pu glisser ce chapitre au niveau pollution visuelle, vu le peu d'intérêt que présente la télévision italienne. En Italie, difficile de parler télé sans évoquer le groupe *Fininvest* de « Monsieur Télévision », Silvio Berlusconi. Le monopole d'État ayant été levé en 1975, les chaînes privées ont envahi le petit écran. En ce qui concerne les programmes, on vous laisse découvrir. Vous ne serez pas déçu du voyage...

DES RONDEURS ET DES JEUX

Les veline *sont ces potiches pulpeuses qui ont envahi les plateaux de la télévision italienne, à l'époque de Berlusconi. Avec leur forte poitrine, leur décolleté ouvert jusqu'au nombril et leur jupe courte, elles n'ont généralement pas droit à la parole. Ce sont les reines des jeux débiles. L'une d'entre elles est quand même devenue ministre (de l'Égalité des chances !).*

PATRIMOINE CULTUREL

Petit B.A.-BA à l'usage des visiteurs « musévores »

– *Chiuso* est un petit mot italien signifiant « fermé » et qui décore parfois la porte d'un musée qui devrait être ouvert. La crise est telle qu'il n'est pas rare de voir certains horaires réadaptés en fonctions de nouvelles coupes budgétaires...

– En principe donc, les musées sont ouverts en été de 9-10h à 18-19h (pour certains jusqu'à 22h le vendredi) et fermés le lundi (parfois le mardi ou le mercredi). Les horaires changent fréquemment, selon la saison et l'année. Parfois viennent s'ajouter des travaux de rénovation dans l'un ou l'autre musée, qui ferme alors temporairement. Ne boudez donc pas votre guide préféré si vous trouvez porte close, c'est indépendant de notre volonté. Sachez également que les billetteries ferment généralement 30-40 mn avant le musée lui-même.

– De nombreux sites à ciel ouvert sont accessibles de 9h à l'heure précédant le coucher du soleil. Le mieux est, dès votre arrivée dans une ville, de vous renseigner à l'office de tourisme, qui publie une liste des sites et musées mise à jour très régulièrement (notamment à Florence et à Sienne).

– **Tarifs :** les prix des sites et musées demeurent élevés. Les étudiants en histoire de l'art ou en architecture peuvent entrer gratuitement dans les musées. Quant aux jeunes de 18 à 25 ans, ils bénéficient de réductions dans bon nombre de musées et sites nationaux. Munissez-vous donc toujours de votre carte d'identité. Pour les jeunes de moins de 18 ans, c'est gratuit dans la grande majorité des musées. En revanche, depuis 2014, le gouvernement italien a *annulé la gratuité pour les personnes de plus de 65 ans.* En période de crise, il n'y a pas de petits profits ! Seule concession, la gratuité pour tous le 1er dimanche du mois dans les musées d'État. Par ailleurs, la *Nuit des musées* (en principe deux fois par an) devrait permettre à tous de visiter les musées pour 1 € symbolique.

– **Avertissement :** méfiez-vous des sites internet fantaisistes proposant des réservations à prix exorbitants avec des marges énormes.

– De nombreux petits musées locaux ont vu le jour grâce à la volonté de certains de mettre en valeur leur région (vestiges étrusques témoins de son riche passé historique). Malheureusement, les difficultés de gestion ont entraîné la fermeture momentanée ou partielle de certains. Il existe pour chaque microrégion présentée dans ces pages un site internet correspondant, comme celui du Chianti (● chiantivaldarno.it ●), avec une description pour chaque musée et site.

Infos pratiques

– **Les audioguides en français :** ils sont disponibles la plupart du temps à l'accueil des musées (moyennant finance : en général autour de 3-4 €). Si vous avez les moyens, profitez-en, car ils s'avèrent bien utiles pour comprendre toute la complexité de l'art italien.

– **Tenue correcte exigée dans les églises,** et un minimum de discrétion, ce qui semble parfois échapper à certains visiteurs ; alors évitez shorts, marcel et jupes courtes, et éteignez vos téléphones portables.

Les sites incontournables en Toscane

– *Florence :* la galerie des Offices, la galerie de l'Académie, le palais Pitti avec la Galerie palatine et le jardin de Boboli, le Duomo et son baptistère, le Ponte Vecchio, le musée du Bargello, le Palazzo Vecchio.

– *Sienne :* le Duomo et l'incontournable Piazza del Campo, la pinacothèque nationale, le musée de la Ville.

– *Pise :* la célèbre tour, le Duomo et le baptistère.

– *San Gimignano :* le Duomo et le Palazzo comunale.

L'AMOUR À DOUBLE TOUR

Les amoureux ont pris l'habitude de sceller leur amour en accrochant un cadenas sur les grilles du buste de Cellini, sur le Ponte Vecchio de Florence. Ils jettent ensuite la clé dans l'Arno ! Depuis quelques années, la ville interdit cette pratique, sous peine d'une très forte amende (160 €), car le poids des cadenas abîme les grilles. Qu'à cela ne tienne, les amoureux cadenassent désormais le ponte alle Grazie !

– *Volterra :* le musée étrusque Guarnacci et la piazza dei Priori.
– *Lucques :* les ruelles du centre-ville et la balade sur les remparts.
– *Carrare :* les carrières de marbre et les *Ateliers Nicoli.*
– *Pitigliano :* les ruelles médiévales et les nécropoles étrusques des environs.

Les sites incontournables en Ombrie

– *Pérouse :* la Galerie nationale de l'Ombrie.
– *Città della Pieve :* les fresques du Pérugin.
– *Assise :* la basilique Saint-François.
– *Orvieto :* la cathédrale.
– *Spolète :* le Ponte delle Torri.
– *Gubbio :* les palais Pretorio et dei Consoli.

Syndrome de Stendhal

L'expression a été inventée par une psychiatre florentine. Il ne s'agit pas d'une maladie comme les autres, mais d'une crise psychique violente constatée auprès d'un certain nombre de touristes à Florence. Celui qui a donné son nom à ce syndrome visitait la ville le 22 janvier 1817. Dans l'église de Santa Croce, un moine lui ouvrit les portes de la chapelle Niccolini abritant les fresques du Volterrano. En sortant, son cœur battait si fort qu'il dû s'asseoir et lire des vers du poète Foscolo pour se rassurer. « J'avais besoin de la voix d'un ami partageant mon émotion. » Comme leur illustre prédécesseur, certains voyageurs manifestent des réactions d'hypersensibilité et de souffrance psychique face aux œuvres d'art : crise de panique (peur de mourir ou de devenir fou), sensation de dépersonnalisation (dépression totale ou euphorie). Comme Stendhal, ils sont victimes de troubles somatiques (perception troublée de la réalité, amnésie, vertiges). La majorité des victimes ne sont pas mariées et voyagent seules, et le pourcentage de femmes célibataires entre 26 et 40 ans est élevé. Il y aurait en gros trois raisons pour expliquer le « syndrome de Stendhal ». D'abord, la crise touche des personnalités très sensibles (et créatives). Elle peut se produire face à une œuvre d'art, mais d'autres lieux chargés d'histoire peuvent provoquer le même type de réactions (il existe aussi un « syndrome de Jérusalem »). Ensuite, le voyage est déstabilisant, souvent épuisant pour ces touristes qui veulent tout voir d'une ville, tout faire en très peu de temps. Enfin, le troisième facteur, c'est l'œuvre d'art en elle-même. Cette dernière a un tel pouvoir qu'elle peut toucher l'inconscient de la personne. La crise ne dure pas longtemps, et les victimes du « syndrome » retrouvent vite leur état normal. Inspiré, le cinéaste Dario Argento en a tiré un film d'horreur intitulé *Le Syndrome de Stendhal,* sorti en 1996.

Quelques notions de peinture

La Toscane : berceau de la Renaissance ?

La cité des Médicis apparaît aujourd'hui à la fois initiatrice et dépositaire de la Renaissance italienne dans l'imaginaire occidental. Une affirmation qui mérite quelque peu d'être nuancée.
C'est à Assise, à la fin du XIIIe s et au début du XIVe s, au sein de la basilique franciscaine, que le célèbre peintre florentin Cimabue et son élève Giotto vont révolutionner la peinture occidentale. Le chantier d'Assise fut une aventure extraordinaire, car les plus grands peintres italiens de l'époque (siennois, romains, florentins...) s'y retrouvèrent pour partager leurs expérimentations au service de la toute nouvelle idéologie franciscaine dédiée à une foi sincère, faite d'humilité et de proximité, sentiments parfaitement incarnés par le naturalisme « giottesque ». Les personnages semblent être des portraits d'époque, développés au sein d'un cadre architectural et d'une nature environnante bien plus proches de la réalité qu'auparavant.
Cependant, le XIVe s n'est pas le triomphe de la peinture « giottesque ». Si, à Florence, les héritiers de Giotto sont nombreux, le courant artistique dominant est siennois,

mené par Simone Martini et les frères Lorenzetti, qui couvrent de fresques les palais de Sienne et influencent tout l'art occidental via Avignon, où se réfugient un temps la papauté et certains peintres siennois. Or, l'art siennois est très ornemental, gothique, à l'image de ce qu'on trouve en Europe au même moment. Ses représentants sont Pisanello, Masolino ou Gentile Da Fabriano. Toujours pas de Florentins à l'horizon.

Entre-temps, la grande peste de 1348 a, en partie, dévasté la glorieuse génération siennoise et orienté les représentations picturales vers plus de pessimisme. Mais les survivants veulent croquer la vie à pleines dents, et l'économie redémarre.

C'est seulement au début du XVe s que l'assistant de Masolino, le Florentin Masaccio, va reprendre à son compte l'ancienne leçon de Giotto (soit près d'un siècle après !). Dans la chapelle Brancacci de Florence, on peut admirer ces deux grands artistes et apprécier la modernité sculpturale et réaliste de Masaccio. De là découle toute la première génération florentine (plus toscane que florentine, en fait) de la première moitié du Quattrocento (Fra Angelico, Filippo Lippi, Andrea del Castagno, Piero della Francesca, Paolo Uccello, Donatello, Ghiberti, Brunelleschi...), pleine d'équilibre, d'harmonie, de majesté et de puissance. Les couleurs sont froides, et le dessin ciselé. À cette époque, le nombre d'artistes majeurs se formant ou travaillant à Florence est impressionnant. Viendront ensuite Ghirlandaio, Verrocchio, Botticelli... Bref, le Quattrocento florentin constitue une véritable explosion picturale, architecturale et sculpturale.

Période florissante de la Renaissance

Le Quattrocento est en réalité la période la plus féconde de l'art florentin. Mais, alors que Rome, dès le début du XVIe s, reprend la main en faisant travailler les plus grands artistes, l'année 1504 voit séjourner ensemble à Florence et pour quelques mois les trois figures artistiques centrales de ce siècle : **Léonard de Vinci** (le plus âgé), **Michel-Ange** (né à Caprese, au nord d'Arezzo) et **Raphaël** (originaire d'Urbino, dans les Marches).

De ces trois génies, Raphaël est certainement celui qui incarne le mieux l'idéal de la Renaissance.

Cet équilibre ne se retrouve ni chez Léonard de Vinci ni chez Michel-Ange. Son amour de l'expérimentation et son génie scientifique conduisent Vinci à un certain « inachèvement ». Pour ce qui est de Michel-Ange, il privilégie le dessin au détriment de la couleur, apportant un sens tragique aux destinées humaines, ouvrant ainsi la voie au baroque. Le pape en personne, Jules II, ne s'est pas trompé ; il va jusqu'à bouleverser l'ordonnance des

LÉONARD, DILETTANTE ?

De Vinci était doué dans tant de matières qu'il toucha à tout, sans faire des œuvres cohérentes entre elles. Au total, il n'acheva qu'une quinzaine de tableaux et encore moins de statues. Il dessina plein de plans sans ériger un seul bâtiment. Il conçut de nombreuses machines géniales sans en construire une seule. Il résuma son œuvre à la fin de sa vie : « J'ai perdu mon temps ! »

travaux au Vatican pour lui confier les fresques du plafond de la chapelle Sixtine !

Le XVIe s et le maniérisme

La génération suivante se devait d'innover, avec un retour aux sentiments, à l'émotion, le cadre architectural devenant secondaire et anecdotique : on utilise des couleurs froides, auparavant jamais associées, comme le fait Michel-Ange à la chapelle Sixtine. Comme lui également, on s'affranchit du réel, l'anatomie et les mouvements deviennent subjectifs, au service d'une émotion qui prime. Là encore, Florence prédomine avec **Pontormo** et **Rosso Fiorentino** (qui accepte l'invitation de François Ier à Fontainebleau, où il est à l'origine du maniérisme français, dit « bellifontain »), ou les élèves d'**Andrea del Sarto,** immense artiste lui aussi. Parmi les maniéristes, citons **Beccafumi,** le **Parmigianino**...

Quelques peintres qui ont mis la Toscane à l'honneur

– **Giotto di Bondone, dit Giotto** *(1266-1337).* Né à Colle di Vespignano dans une famille paysanne. Peintre et architecte, il innova dans l'art de la fresque en se démarquant des peintres du Moyen Âge et en assurant aux œuvres une meilleure conservation. Giotto représente l'homme et cherche à introduire des décors. Il orne la chapelle de la Madeleine de la basilique inférieure San Francesco d'Assise. À partir de 1320-1325, son œuvre se rapproche du gothique. Rénovateur de l'art pictural, son atelier a rayonné dans toute l'Italie. Son œuvre n'a eu d'influence sur l'Europe qu'à partir de la seconde moitié du XIVe s.

– **Donatello ou Donato di Niccolò di Betto Bardi** *(1386-1466).* Né à Florence, il fit preuve d'un talent précoce : à 16 ans seulement, on lui demanda son avis sur les projets présentés pour la porte du baptistère ! En 1404, il entra dans l'atelier de Ghiberti, côtoya Uccello et acquit une belle réputation qui s'étendit au-delà de Florence. Il a notamment réalisé, pour la seigneurie de Florence, un bronze de Judith et Holopherne.

– **Sandro di Mariano Filipepi, dit (Sandro) Botticelli** *(1445-1510).* Né à Florence, il est considéré comme le plus grand peintre de son époque. Son surnom vient de *botticello,* qui signifie « petit tonneau », attribué à son frère aîné ou à l'orfèvre chez qui Sandro fut mis en apprentissage. Vers 1460, il entre dans l'atelier de Fra Filippo Lippi, où il apprend la peinture, l'orfèvrerie, la gravure, la ciselure et les émaux, avant d'ouvrir son propre atelier à Florence. En 1468, il peint *L'Adoration des Rois mages,* mais c'est le tableau représentant *La Force* qui lui apporte,

> ## LA « SANS PAREILLE »
>
> *Une des plus belles femmes de la Renaissance, Simonetta Vespucci, était la cousine du navigateur Amerigo Vespucci. Sa grâce, son sourire triste, l'or de sa chevelure inspirèrent les maîtres du Quattrocento, surtout Botticelli, qui en fit son modèle de prédilection. On dit d'elle qu'elle galvanisait les timides, intimidait les audacieux (les Médicis) et fut aimée par l'un d'entre eux, Julien, frère de Laurent le Magnifique. Elle mourut en 1476 à l'âge de 23 ans, emportée par la tuberculose.*

en 1470, une certaine reconnaissance. En 1481 et 1482, l'artiste travaille à Rome à la réalisation de fresques pour la chapelle Sixtine. Il reçoit des commandes de toutes les grandes familles de Toscane. Botticelli utilise la technique de la détrempe alors que la peinture à l'huile est couramment employée à Florence depuis 1475. En 1482, il peint la fresque *Le Printemps* pour la famille Médicis. En 1485, il réalise *La Naissance de Vénus,* qui représente pour la première fois une femme non biblique nue. Dans la dernière période de sa vie, son art se consacre exclusivement aux thèmes religieux.

– **Michelangelo Buonarroti, dit Michel-Ange** *(1475-1564).* Né à Caprese, près d'Arezzo. Il est à la fois sculpteur, peintre, architecte et poète. Lié aux Médicis par son père, il fait montre de son talent dès son plus jeune âge. Entre 1501 et 1504, il sculpte un *David* géant en marbre pour la seigneurie de Florence. Son premier tableau est le *Tondo Doni* (galerie des Offices, Florence), dans lequel il a essayé d'appliquer à la peinture la matière de la sculpture.

> ## IMPERFECTIONS AU PLUS-QUE-PARFAIT
>
> *Michel-Ange a eu l'audace de rompre, en sculpture, avec la tradition romaine. Il n'a pas hésité à faire grossir une main pour qu'un buste ait l'air élancé. Pour donner l'idée d'une qualité physique, il l'a imposée en proportionnant une partie du corps par rapport à une autre. S'il a toujours réussi à faire en sorte que la statue conserve des traits humains, aucune n'est anatomiquement exacte !*

– **Giovanni Cimabue** *(vers 1240-1302).* Ce peintre marque la période de transition entre la peinture du Moyen Âge, sous les influences byzantines et gothiques, et la révolution de Giotto, dont il était, comme par hasard, le maître. Le style de Cimabue naît en opposition avec les peintures de Constantinople. Il développe le *chiaroscuro,* technique unique à l'époque, ce qui donne à l'image une vibration inconnue à l'art byzantin. Le style propre de l'artiste est superbement illustré dans les décorations de la basilique supérieure à Assise (les fresques de l'histoire de la Vierge, scène de l'Apocalypse, histoire de saint Pierre) et le *Crucifix* de Santa Croce à Florence, sérieusement endommagé lors de l'inondation de la ville en 1966.

– **Paolo di Dono, dit Paolo Uccello** *(1397-1475).* À 10 ans, il travaille avec le jeune Donatello à l'atelier de Ghiberti, pendant la construction de la première porte du baptistère. Puis il quitte Florence pour Venise, où il se spécialise dans l'art des vitraux et des mosaïques. À son retour, la ville a subi la révolution artistique de Masaccio. C'est alors qu'il travaille à *La Création* et au *Déluge* (1445-1450), la décoration du cloître de Santa Maria Novella. Ses chefs-d'œuvre restent les épisodes de la *Bataille de San Romano* : les trois panneaux étaient une décoration du Palazzo Medici mais se sont dispersés aujourd'hui aux Offices, au Louvre et à Londres.

– **Fra Giovanni da Fiesole, dit Fra Angelico** *(vers 1400-1455).* Cet artiste du début de la Renaissance réalise ses premières œuvres au moment de la mort de Masaccio. Moine dominicain, il s'oriente de par sa formation de miniaturiste vers une composition suave et courtoise de l'art gothique. Toutefois, sa peinture garde un ton de propagande car son souhait est l'élaboration d'un humanisme chrétien... Ses principales œuvres sont *Le Couronnement de la Vierge* (vers 1434), aujourd'hui au Louvre, sa superbe *Annonciation* (vers 1434) du musée de Cortone, ainsi que les fresques au couvent San Marco (1440) qui racontent les épisodes de la vie de Jésus et les fresques du *Jugement dernier* (1447) à la cathédrale d'Orvieto. Il mourra en 1455, lors d'un séjour romain pour décorer les chambres du Vatican.

– **Tommaso di Ser Giovanni di Mone Cassai, dit Masaccio** *(1401-1428).* Selon Léonard de Vinci, il a renouvelé la peinture florentine, qui déclinait après la mort de Giotto par de viles et stériles imitations du grand maître. Masaccio développe le travail sur le naturalisme : par son œuvre, nombreux sont ceux qui le considèrent comme l'inventeur de la perspective et, à ce titre, le premier peintre de la Renaissance italienne. Sa courte vie (il meurt à l'âge de 27 ans) lui permettra malgré tout de réaliser quelques chefs-d'œuvre, comme *La Trinité* à Santa Maria Novella à Florence et le polyptyque du Carmine de Pise (1426). Il meurt à Rome, après avoir accompli le polyptyque de Santa Maria Maggiore, *La Madone de la neige,* et les fresques de la chapelle du cardinal Branda Castiglione.

– **Piero della Francesca** *(vers 1416-1492).* Peintre et mathématicien toscan, il développe l'art de la perspective et de la géométrie. Son talent reconnu partout, il devient l'un des portraitistes les plus appréciés de son temps. Vers 1466, il achève les fresques du chœur de l'église Saint-François à Arezzo, *La Légende de la Sainte Croix.* Il réalise aussi les peintures religieuses de *L'Assomption* dans l'église Santa Chiara à Sansepolcro, sa ville natale, *Jésus devant Pilate* à la cathédrale d'Urbino (1469) et *Le Baptême du Christ,* aujourd'hui à la National Gallery. L'écrivain Vasari nous raconte que le peintre, frappé de cécité, dut interrompre sa carrière.

– **Pietro Vannucci, dit le Pérugin** *(vers 1448-1523).* L'art du peintre ombrien reflète les doux paysages du lac Trasimène. Sa peinture va se distinguer par la conscience du paysage et la conquête de l'espace, grâce aux travaux élaborés avec Léonard de Vinci. En 1478, il réalise les fresques pour l'église du Cerqueto à Pérouse. Il travaille avec Botticelli à la décoration de la chapelle Sixtine, où il accomplit son œuvre la plus importante : *La Remise des clés à saint Pierre.* De retour dans sa région natale, il y reste jusqu'à sa mort. Parmi ses œuvres majeures, citons les fresques du *Collegio del Cambio* de Pérouse.

– **Raffaello Sanzio, dit Raphaël** *(1483-1520).* Célèbre peintre de la Renaissance, il naquit en Ombrie, à Urbino. Il fit d'ailleurs son apprentissage auprès du Pérugin, qu'il supplanta rapidement. Lors de son séjour à Florence, il assimila les études de Léonard de Vinci en matière d'anatomie, ainsi que les techniques de Michel-Ange.

Appelé à Rome en 1508, il y devint le peintre officiel de la papauté et signa bientôt son œuvre majeure dans les trois *Stanze* du Vatican (1509-1511). Il peignit plusieurs Vierges, dont la plus célèbre est *La Madone à la chaise* (1514-1515).

– **Gerardo Dottori** *(1884-1977)*. Un des artistes les plus importants du courant futuriste, surtout connu pour sa technique dite « de l'aéropeinture ». Pendant la Grande Guerre, il écrit *Parole in libertà,* et à son retour des tranchées, il fonde la revue futuriste *Griffa.* Entre-temps, il signe le *Manifeste futuriste de l'aéropeinture* (1941) et tente de faire connaître son art. Son œuvre est construite autour de perspectives aériennes, de formes qui semblent être en mouvement et de couleurs vibrantes. Dottori s'est toujours inspiré du paysage ombrien, et cela jusqu'à sa mort, en 1977.

L'école siennoise

– **Duccio di Buoninsegna** *(vers 1255-1318)*. Peintre toscan considéré comme le fondateur de l'école siennoise. Dès 1278, il décore les tablettes de bois de la *Biccherna* à l'Office financier. Des commandes similaires suivent jusqu'en 1295, à l'exception des années 1280, ce qui permet d'établir sa participation aux travaux de décoration de la basilique supérieure Saint-François. C'est en 1308, avec la création de *La Maestà* pour l'autel majeur de la cathédrale de Sienne, que l'artiste atteint sa plus haute gloire.

– **Simone Martini** *(vers 1284-1344)*. Peintre originaire de la ville, il réalise très jeune, en 1315, les fresques de *La Maestà* pour le Palazzo Pubblico de Sienne. Sa plus grande œuvre reste la décoration, par des fresques et des vitraux, de la chapelle de San Martino dans la basilique inférieure Saint-François à Assise (vers 1317).

Quelques noms de la sculpture

– **Donatello** *(1386-1466)*. Il fait ses premiers pas dans le contexte de la sculpture florentine, et se lie d'amitié avec Brunelleschi. Tous deux partent ensemble pour Rome, afin d'étudier l'art classique. L'expérience acquise lors de ce voyage se développe dans ses compositions, telles que la statue de *Saint Jean l'Évangéliste* (1415), celle de *Saint Georges* (1416) ou le *Sacrifice d'Isaac* pour le Campanile. En 1425, il ouvre un atelier avec Michelozzo : leur partenariat produit les fonts baptismaux de Sienne et les tombeaux de l'antipape Jean XXIII et du cardinal Brancacci. Ses derniers chefs-d'œuvre sont le *David* (vers 1430) et la *Cantoria* (1439). Toujours à Florence, il s'occupe à décorer la Sacrestia Vecchia de San Lorenzo (1435-1443), avant de se déplacer à Padoue, où il reste une dizaine d'années. Lorsqu'il revient à Florence, malgré son âge avancé, il poursuit son activité.

– **Michelangelo Buonarotti, dit Michel-Ange** *(1475-1564)*. Cet artiste polyvalent pourrait être cité dans chacune de nos rubriques artistiques, car il a déployé ses talents tour à tour en peinture, en sculpture et en architecture ! Ses principales sculptures sont la *Pietà* (1499), le *David* et les *Esclaves,* statue destinée au tombeau de Jules II mais aujourd'hui conservée à la Galerie de l'Académie à Florence.

Quelques noms de l'architecture

– **Filippo Brunelleschi** *(1377-1446)*. Il donne naissance à la figure moderne de l'architecte, qui dessine et exécute le projet. En 1404, il entre dans la corporation des Orfèvres, mais son goût pour les maths et pour l'étude des monuments anciens le conduit vers l'architecture ! On lui doit le célèbre dôme de l'église Santa Maria del Fiore, dont il gagne le concours en 1418. Une réalisation tenue pour impossible à l'époque. Il s'occupe ensuite de l'hôpital des Innocents (1419), de la chapelle des Pazzi (1429) et des sacristies des églises San Lorenzo (1420) et Santo Spirito (1435), sans oublier le Ponte a Mare de Pise.

– **Michelozzi Michelozzo di Bartolomeo** (1396-1472). L'enseignement de Brunelleschi et sa formation de sculpteur lui permettent d'apprendre les deux grandes notions de l'architecture : la perspective et l'utilisation des arcades. Cosme l'Ancien lui commande la construction de son propre palais (palais Medici-Riccardi, 1444-1459), ainsi que la restructuration du couvent dominicain San Marco. L'édification du palais avait d'abord été confiée à Brunelleschi, mais Cosme refusa les plans du maître pour accepter ceux de l'élève, plus sobres... ainsi naquit le modèle du palais florentin à trois niveaux! Ses autres œuvres sont les villas médicéennes aux alentours de Florence, celles de Trebbio, Cafaggiolo et Careggi, qui donnent aux châteaux médiévaux une interprétation architecturale renaissante.

Petite chronologie artistique

– **1173 :** construction de la tour de Pise.
– **1265 :** *Crucifix* de S. Domenico à Arezzo, par Cimabue.
– **Vers 1280 :** Cimabue décore la basilique inférieure d'Assise.
– **1285 :** réalisation de la *Madone Rucellai* de Duccio.
– **1290 :** construction de la cathédrale d'Orvieto.
– **1296 :** Giotto réalise les fresques de *L'Histoire de saint François* à Assise. Construction du Duomo à Florence.
– **1308 :** la *Maestà* de Duccio.
– **1315 :** les fresques de la *Maestà* au Palazzo Pubblico de Sienne, par Simone Martini.
– **Vers 1317 :** les fresques de Simone Martini à la basilique inférieure Saint-François, à Assise.
– **1320 :** les fresques de Giotto commencent à la chapelle Bardi. Début de la construction de la cathédrale Santa Maria del Fiore à Florence, avec Giotto comme maître d'œuvre.
– **1338 :** fresques d'Ambrogio Lorenzetti au Palazzo Pubblico de Sienne.
– **1401 :** Ghiberti remporte par concours la porte nord du baptistère à Florence, puis la troisième en 1425 (surnommée la « porte du Paradis » par Michel-Ange).
– **1415 :** statue de *Saint Jean l'Évangéliste* par Donatello.
– **1419 :** construction de l'hôpital des Innocents par Brunelleschi.
– **1420 :** Brunelleschi commence la construction de la coupole du dôme de Florence (terminée en 1438).
– **1425-1428 :** fresques de la chapelle Brancacci dans l'église du Carmine à Florence par Masalino et Masaccio.
– **1426 :** Masaccio réalise le polyptyque du *Carmine* à Pise.
– **1429 :** construction de la chapelle des Pazzi à l'église Santa Croce par Brunelleschi.
– **Vers 1430 :** le *David* de Donatello.
– **1434 :** *Le Couronnement de la Vierge* de Fra Angelico.
– **1435 :** Donatello commence la décoration de la Sagrestia Vecchia de San Lorenzo à Florence. Construction de l'église Santo Spirito par Brunelleschi.
– **1440 :** fresque du couvent San Marco par Fra Angelico.
– **1444 :** Michelozzo entreprend la construction du palais Medici-Riccardi (terminé en 1459).
– **1447 :** fresques de Fra Angelico à la cathédrale d'Orvieto.
– **1452 :** achèvement des portes du baptistère de Florence par Ghiberti.
– **1466 :** fresques de Piero della Francesca à l'église San Francesco à Arezzo.
– **1468 :** *L'Adoration des Rois mages* par Botticelli.
– **1469 :** *Jésus devant Pilate* de Piero della Francesca.
– **1473 :** *L'Adoration des Mages* du Pérugin.
– **1478 :** le Pérugin réalise les fresques pour l'église du Cerqueto.
– **1481 :** *La Remise des clés à saint Pierre* du Pérugin.
– **1485 :** *La Naissance de Vénus* de Botticelli.

– *1499 :* Michel-Ange termine la *Pietà*.
– *1500-1504 :* le Pérugin peint *Le Mariage de la Vierge*.
– *1500-1506 :* retour de Léonard de Vinci à Florence, où il peint *La Joconde*.
– *1501-1504 :* Michel-Ange sculpte le *David*.
– *1514-1515 : La Madone à la chaise* par Raphaël.
– *1530 : Vierge à l'Enfant* de Michel-Ange à la chapelle Médicis de l'église San Lorenzo, à Florence.
– *1600 :* essor de l'art baroque.
– *1637 :* la chiesa d'Ognissanti, à Florence, est achevée dans le pur style baroque florentin ; fresques du palais Pitti par Pierre de Cortone.
– *1684-1686 : La Création de l'homme,* fresque du palazzo Riccardi à Florence par Luca Giordano.
– *1700 :* naissance de l'art rococo en Italie. En Toscane et à Rome, le baroque continue de dominer.
– *1804-1810 :* Mausolée de Vittorio Alfieri, en l'église Santa Croce à Florence, par Antonio Canova.
– *1848 :* création du mouvement des Macchiaioli à Florence.
– *1870 :* réaménagement des murailles de Lucques en jardins par Élisa Baciocchi (sœur de Napoléon).
– *1924 : Aeropeinture* de Gerardo Dottori.
– *1967 :* création du mouvement de l'*Arte Povera*. Exposition « Oggetti in meno » (« Objets en moins ») de Michelangelo Pistoletto.

PERSONNAGES

Panthéons toscan et ombrien

La Toscane et l'Ombrie n'ont pas été avares de personnages hauts en couleur. Il n'y eut pas que les Médicis et les artistes de la Renaissance qui naquirent sur ces terres bénies des dieux et des muses.
– *Saint Benoît (480-547).* Né à Nursie, au pied des Apennins, il est le fondateur du monachisme occidental, et en particulier de l'ordre des Bénédictins. Élevé dans une famille de nobles romains, il se rend à Rome, qu'il déteste, par peur de « tomber dans l'abîme des vices »... À la recherche de la solitude, il se retire dans la grotte du Sagro Speco avant de fonder l'ordre des Bénédictins vers 529 à Monte Cassino. Sa fête est le 11 juillet.
– *Saint François d'Assise (1182-1226).* Fils d'un riche drapier de la ville qui lui donna son nom, il mena la « dolce vita » avant de découvrir sa vocation à l'issue d'une guerre avec Pérouse où il fut blessé et fait prisonnier. Pieds nus, une simple étoffe sur le dos, une corde pour ceinture, il passa alors le reste de sa vie à prêcher et à recruter des fidèles. Surnommé *Il Poverello,* il aida sainte Claire à fonder l'ordre des Clarisses et créa le sien : les frères mendiants, devenus plus tard les franciscains. Très mystique, saint François serait même parvenu à recevoir les stigmates du Christ. Il fut canonisé en 1228. Le jour de sa fête, le 4 octobre, est devenu celui de la Journée mondiale des animaux, en souvenir de l'amour qu'il portait aux oiseaux (« mes frères ailés ») avec qui il dialoguait.
– *Durante Alighieri, dit Dante (1265-1321).* Originaire de Florence et grand poète devant l'Éternel. Son inspiration lui vint d'une femme, Béatrice, dont il fut follement amoureux toute sa vie (sans jamais lui avoir adressé un seul mot). La mort prématurée de celle-ci donna le jour à *La Vita Nuova,* alternant lettres intimes et poèmes. Membre du Conseil des Cent, prieur et ambassadeur, il fut banni et entama une vie d'errance entre plusieurs villes italiennes. Il rédigea *Le Banquet,* et surtout de nombreuses épîtres exhortant les Italiens à mettre fin à leurs querelles permanentes. Condamné à l'exil, il eut tout le loisir de peaufiner son chef-d'œuvre, *La Divine Comédie.* Poème épique en trois volets (*L'Enfer, Le Purgatoire* et *Le Paradis*), il est la consécration parfaite et aboutie de l'humanisme chrétien au XIIIe s. Sa tombe se

trouve près du couvent franciscain de Ravenne, où Dante passa la fin de sa vie. Après avoir longtemps réclamé les restes du grand écrivain, Florence se contente de fournir l'huile nécessaire à l'alimentation de la lampe qui veille le tombeau...

– **Pétrarque** (1304-1374). Francesco Petrarca représente à merveille la Renaissance franco-italienne, humaniste et esthétique. Originaire d'Arezzo, il vit d'abord à Carpentras (non loin d'Avignon, où résident alors les papes), se réfugie à Fontaine-de-Vaucluse en 1338, avant d'aller continuer ses études à Montpellier. Délaissant le droit pour la poésie, il écrit et voyage beaucoup entre le Midi, les Flandres, la Rhénanie et sa Toscane natale. Son *Canzoniere,* recueil de poésie lyrique en italien, devient le modèle de la poésie courtoise en Italie et en France (Ronsard s'en inspirera). À la mort en 1348 de

LE GÉNIE DES MUSES

Béatrice pour Dante, Laure de Noves pour Pétrarque, Simonetta Vespucci pour Botticelli, elles furent des muses au sens grec du mot, c'est-à-dire des inspiratrices de génie. De ces passions platoniques, de ces feux d'amour courtois pour des femmes quasi invisibles et irréprochables sont nés des chefs-d'œuvre comme La Divine Comédie *et* le Canzoniere. *La relation de Pétrarque et de Laure est du même ordre que celle de Don Quichotte et de sa Dulcinée, Tristan et Yseult, Héloïse et Abélard. Pouvoir occulte des femmes, creuset de l'inspiration artistique !*

sa muse française, Laure de Noves, il cesse de voyager, devient ambassadeur des Visconti, vit à Milan, Padoue et Venise (1362), où il passe 5 ans. Enfin, en 1367, il se retire à Arqua près de Padoue. Il y passe la fin de sa vie. Il y meurt en 1374 d'une crise d'apoplexie. Sa fille le retrouve la tête reposant sur un livre ouvert...

– **Boccace** (1313-1375). Giovanni Boccaccio, dont le lieu de naissance reste incertain, est issu d'une riche famille de négociants. La nostalgie de la « dolce vita » de sa jeunesse l'amènera à créer un chef-d'œuvre, *Le Décaméron,* qu'il rédige certainement entre 1349 et 1353. L'ouvrage est présenté sous forme de nouvelles que se racontent en 10 jours 10 jeunes gens *(la onesta brigata)* ayant fui la peste, réfugiés dans une enceinte protégée. Chacune des 100 nouvelles, presque des contes, met en place dans une nature bien présente toutes sortes de personnages, souvent ecclésiastiques, dans des positions tant physiques que morales assez délicates, ou peu conformes aux règles de la société. Pasolini a superbement adapté à l'écran quelques contes du *Décaméron.*

– **Sainte Catherine de Sienne** (1347-1380). Caterina Benincasa, issue d'une famille de teinturiers, aurait eu 24 frères et sœurs ! Ses visions, apparues dès son plus jeune âge, lui font penser qu'elle a une mission à accomplir ici-bas : ramener le pape Grégoire XI d'Avignon à Rome. Mission accomplie en 1377. Enterrée à Rome, Catherine est canonisée par son compatriote Pie II en 1461. Puis, en 1939, Pie XII lui donne le titre de patronne de l'Italie, et en 1970, Paul VI celui de docteur de l'Église. Ironie du destin : Catherine ne savait pas écrire et dictait à cinq secrétaires ses paroles inspirées lors de ses crises d'extase et de transe. Ainsi est né son livre majeur, le *Dialogue ou Traité de la Divine Providence.* Dans ce traité mystique, elle classifie les larmes humaines en cinq catégories bien distinctes ! Sa fête est le 29 avril.

– **Sainte Rita de Cascia** (1381-1457). Née à Roccaporena, près de Cascia (région de Pérouse), Rita s'est senti toute jeune une vocation religieuse mais fut contrainte au mariage par ses parents. Après la mort violente de son mari et de ses fils, elle est admise au couvent des augustines. La réputation de ses miracles lui vaut le surnom de « sainte des causes désespérées ». Les gens accouraient la voir, car lui parler suffisait à régler les problèmes les plus compliqués. Elle reçut les stigmates du Christ : une épine dans le front qui, s'infectant, causa sa mort. Elle fut canonisée au XXe s. Sa fête est le 22 mai.

– **Savonarole** (1452-1498). Originaire de Ferrare, il entre jeune dans les ordres et devient dominicain. Écœuré par la corruption ambiante, il passe son temps à prêcher. Bologne le chasse. Il se réfugie à Florence, où il attire les foules. Lorsque les Français entrent dans la ville en 1494 et que Pierre le Malchanceux (un Médicis) s'enfuit, il profite du pouvoir vacant pour installer sa

LE BÛCHER DES VANITÉS

Vers 1490, Savonarole, le prédicateur fou, exigea que l'on brûlât ce qui représentait (pour lui) la vanité des hommes : robes, bijoux, parfums, portraits de femmes... Botticelli, lui-même fanatisé, brûlera plusieurs de ses toiles. Mais le célèbrissime Printemps *en réchappa de justesse !*

théocratie. Dieu devient la source de toute loi. Il est nommé roi de Florence, et les écrits et tableaux licencieux sont brûlés sur des « bûchers des vanités » (qui feront des émules durant plusieurs siècles). Naturellement, une fois confronté au pape Borgia, il est excommunié. Mais il continue de plus belle ses critiques sur la curie. Finalement arrêté, puis jugé pour hérésie, il est condamné à mort et brûlé sur la place publique.

– **Amerigo Vespucci** (1454-1512). Né à Florence, il est célèbre pour son prénom légué à l'Amérique ! Son oncle, proche du clan Médicis, est envoyé à Paris en 1478 comme secrétaire d'ambassade. Amerigo l'accompagne. Son séjour parisien lui permet alors de rencontrer un certain Bartolomé Colomb, venu solliciter une aide financière auprès du roi Louis XI pour son frère, un certain Christophe... avec un projet de découverte d'une nouvelle route pour les Indes. De retour dans sa ville natale, le Florentin se met au service des Médicis, qui l'envoient quelques mois plus tard à Séville, comme commissaire aux comptes. Peu porté sur le travail de bureau, on le retrouve au service du roi de Castille et du roi Manuel Ier du Portugal naviguant le long des côtes de l'actuelle Amérique du Sud. Il est l'un des premiers à avoir compris que Christophe Colomb avait découvert un autre continent. Tandis que ce dernier en disgrâce était reclus et enchaîné à Valladolid, Vespucci publie un récit sur la découverte d'un nouveau monde. Les moines de l'abbaye de Saint-Dié (Lorraine) furent les premiers à recevoir ce livre. Ne sachant pas comment nommer ce nouveau continent, ils choisirent le prénom de l'auteur : Amerigo. Une immense erreur historique irréparable et injuste...

– **Pic de La Mirandole** (1463-1494). L'homme universel de cette époque est bien Giovanni Pico della Mirandola. Né à Mirandola (province de Modène), doué pour les études et doté d'une mémoire phénoménale, il aborde avec succès tous les sujets : philosophie, sciences, littérature, mathématiques et arts. Ses connaissances lui donnent une vision globale du monde, où toutes les sciences et les philosophies connues convergent vers le christianisme. Ses 900 thèses sont condamnées par la curie, comme les œuvres de Galilée... Trop avant-gardiste. Il écrit également des poèmes en toscan. Laurent le Magnifique le protège de l'Inquisition, mais il meurt empoisonné par son secrétaire, à seulement 31 ans ! C'est Savonarole qui prononce l'oraison funèbre. Sa tombe se trouve dans la basilica di San Marco à Florence.

– **Machiavel** (1469-1527). Niccolò Machiavelli est né à Florence, où son père était médecin. Il fut le témoin du règne glorieux de Laurent le Magnifique, de l'arrivée des Français et de la théocratie de Savonarole. Après de sérieuses études de droit, il devient chef de la chancellerie de la ville à la mort de Savonarole ; à ce titre, il fréquente toutes les

UNE RÉPUTATION INJUSTE

Machiavel a un nom évoquant le cynisme en politique. En fait, il n'a jamais cherché le pouvoir personnel. Ses penchants politiques vont plutôt vers l'humanisme, même s'il sut décrire l'absolutisme. Assez mal vu par les puissants, il mourut d'ailleurs dans le dénuement.

cours d'Italie et de France. Mis en disgrâce en 1512, lors du renversement de la république par les Médicis, il se réfugie avec sa famille dans la propriété de son père. Il met à profit son temps libre et ses connaissances pour rédiger le best-seller planétaire des hommes de pouvoir : *Le Prince* (1513). Sa tombe se trouve dans l'église Santa Croce (« Panthéon des gloires italiennes ») à Florence, à côté de Galilée et Michel-Ange.

– **Galilée** *(Pise 1564-près de Florence 1642)*. Astronome, opticien et mathématicien, Galilée fait partie de ces savants qui maîtrisaient plusieurs sciences. En perfectionnant la lunette optique, il se rend compte que la Terre tourne autour du Soleil. Mais selon la Bible, la Terre est immobile. Aïe ! Il est alors jugé, puis condamné à la prison à perpétuité. Sa peine est commuée ensuite en résidence surveillée dans sa villa d'Arcetri, près de Florence, où il passe la fin de sa vie. La papauté mit plus d'un siècle à entendre ses partisans. Et il fallut attendre le concile Vatican II (1962 !) pour que Galilée soit lavé de toute accusation.

– **Giacomo Puccini** *(1858-1924)*. Né à Lucques (Lucca), issu d'une famille de longue tradition musicale de cinq générations de musiciens. Sa ville natale continue de lui rendre hommage à travers un festival qui présente, chaque soir, toute l'année, des airs extraits de ses plus grands succès : *Manon Lescaut, La Bohème* (considéré comme l'un des meilleurs opéras romantiques), *Tosca* (une première approche du vérisme) et *Madame Butterfly*, qui fut accueilli avec une grande froideur lors des premières représentations. Ce grand fumeur, représenté devant le musée qui porte son nom avec une cigarette à la main, meurt à Bruxelles des suites cardiaques dues à un cancer de la gorge. *Turandot,* son dernier opéra, demeure inachevé.

– **Roberto Benigni** *(né en 1952)*. Bouffon comique, volubile, délirant et irrévérencieux, il est originaire de Castiglion Fiorentino. Il a tourné quelques scènes de *La vie est belle* à Arezzo. Avant ce film, qui lui a valu le grand prix du jury à Cannes et trois oscars, il a réalisé d'autres films moins connus en France et en a tourné de nombreux, notamment avec Fellini *(La Voce della Luna)* ou des films américains, comme avec Jim Jarmusch *(Down by Law)*. On l'a vu aussi à l'écran dans *Astérix et Obélix contre César*...

> ## UN SAINT AUX MOLLETS D'ACIER
>
> *Gino Bartali était un grand champion cycliste avec Fausto Copi, pendant la dernière guerre. Une vedette adulée et très pieuse. Mais on a récemment appris qu'il profitait de ses courses pour transporter des faux papiers sous sa selle. Au total, il sauva 800 Juifs.*

– **Monica Bellucci** *(née en 1964)*. La belle Monica voit le jour à Città di Castello, dans la haute vallée du Tibre. Elle se lance dans une carrière de mannequin pour financer ses études de droit, qu'elle abandonne pour signer avec une agence prestigieuse. S'orientant vers la comédie, elle rencontre Francis Ford Coppola, qui lui donne un rôle dans *Dracula* (1992). Après quelques films en Italie, elle arrive en France. En 1996, elle joue dans *L'Appartement* de Gilles Mimouni, aux côtés de son ex-époux, Vincent Cassel. Elle est alors nommée pour ce rôle au césar du meilleur espoir féminin. Depuis, elle alterne avec succès les films français et américains...

POPULATION

À en croire les recensements, le vieillissement de la population touche la péninsule de façon alarmante. Entre 2008 et 2011, le nombre de naissances a en effet connu une sérieuse baisse. Et même si la courbe remonte un peu depuis 2012, le taux de fécondité restant particulièrement faible (1,4 enfant par femme), avec un taux de croissance démographique de 0,2 % en 2015 et une espérance de vie qui s'allonge (86 ans pour les femmes, 81 ans pour les hommes), la moitié de la population italienne risque d'avoir plus de 65 ans dans un quart de siècle ! Le changement des mentalités est l'une des principales causes de ce déclin démographique. La famille nombreuse a perdu son aura chez des jeunes qui commencent à travailler de plus en plus tard et qui, face à la difficulté de trouver un emploi et un logement, restent chez papa-maman jusqu'à la trentaine bien avancée. À cela s'ajoutent le déclin religieux et l'augmentation du nombre de femmes à exercer un emploi. Mais si les nouvelles conditions de vie font qu'il y a de moins en moins de bébés, l'enfant reste roi dans ce pays culturellement maternel.

La population italienne continue à augmenter (faiblement) uniquement grâce à l'immigration, qui elle augmente régulièrement. Les travailleurs pauvres de la Roumanie, du Maroc, de la Tunisie, d'Albanie et récemment la venue considérable d'immigrants d'Afrique fuyant leurs pays en grande instabilité politique (comme le Nigeria, le Mali, la Côte d'Ivoire, le Pakistan ou la Syrie) sont de plus en plus nombreux à gagner l'Italie. Celle-ci est devenue, malgré elle, la porte d'entrée de l'Europe pour les émigrants du continent africain. Et les accords avec la Turquie, conduisant à la presque fermeture de l'accès à la Grèce, ont, depuis début 2016, accéléré le flux de migrants avec ces *boat people* en provenance de Lybie, chavirant trop souvent avant d'avoir pu atteindre les côtes de la désormais malheureusement célèbre île de Lampedusa...

SITES INSCRITS AU PATRIMOINE MONDIAL DE L'UNESCO

Organisation
des Nations Unies
pour l'éducation,
la science et la culture

En coopération avec
le centre du patrimoine mondial de l'UNESCO

Pour figurer sur la liste du Patrimoine mondial, les sites doivent avoir une valeur universelle exceptionnelle et satisfaire à au moins un des 10 critères de sélection. La protection, la gestion, l'authenticité et l'intégrité des biens sont également des considérations importantes.

Le patrimoine est l'héritage du passé dont nous profitons aujourd'hui et que nous transmettons aux générations à venir. Nos patrimoines culturel et naturel sont deux sources irremplaçables de vie et d'inspiration. Ces sites appartiennent à tous les peuples du monde, sans tenir compte du territoire sur lequel ils sont situés. Infos :
● whc.unesco.org ●

– *Centre historique de Florence.* Inscrit en 1982. Symbole de la Renaissance et réputée pour sa créativité artistique, Florence est l'une des plus belles villes du monde. Ses monuments principaux : le Duomo, Santa Croce, la galerie des Offices et le Palazzo Pitti.

– *Centre historique de San Gimignano.* Inscrit en 1990. Ville perchée connue pour ses 14 tours, pouvant atteindre jusqu'à 50 m de haut.

L'ITALIE, CHAMPIONNE DU MONDE !

Sur plus de 1 000 sites répertoriés par l'Unesco au Patrimoine mondial de l'Humanité, l'Italie remporte la première place avec près de 50 monuments ou lieux. La France n'est pas si mal placée avec 38 au compteur !

– *Centre historique de Sienne.* Inscrit en 1995. La Piazza del Campo constitue le centre névralgique de cette sublime cité médiévale.

– *Centre historique de Pienza.* Inscrit en 1996. Conçue comme une ville idéale, Pienza représente la première application du concept humaniste de l'urbanisme Renaissance.

– *La piazza del Duomo à Pise.* Inscrite en 1997. Ensemble célèbre dans le monde entier avec ses quatre chefs-d'œuvre de l'architecture médiévale : la cathédrale, le baptistère, le campanile (la célèbre tour penchée) et le cimetière.

– *La basilique Saint-François à Assise.* Inscrite en 2000. Assise est le lieu de naissance de saint François. Elle est étroitement associée au travail de l'ordre des Franciscains.

– *Paysage de la vallée de l'Orcia.* Inscrit en 2004. Arrière-pays agricole de Sienne et de Pienza offrant des paysages vallonnés sublimes, façonnés par l'homme aux XIVe et XVe s et qui reflètent à la perfection l'esthétisme Renaissance. A inspiré de nombreux artistes de la Renaissance, et plus récemment les cinéastes.

– *Les villas et jardins des Médicis en Toscane.* Inscrits en 2013. Douze villas et deux jardins situés principalement autour de Florence. Témoignages laissés par les Médicis, famille indissociable de la Renaissance italienne.

les ROUTARDS sur la FRANCE 2017-2018

(dates de parution sur • *routard.com* •)

Découpage de la FRANCE par le ROUTARD

Autres guides nationaux

- Hébergements insolites en France (mars 2017)
- La Loire à Vélo
- La Vélodyssée (Roscoff-Hendaye)
- Nos meilleurs campings en France
- Nos meilleures chambres d'hôtes en France
- Nos meilleurs restos en France
- Les visites d'entreprises

Autres guides sur Paris

- Paris
- Paris balades
- Restos et bistrots de Paris
- Le Routard des amoureux à Paris
- Week-ends autour de Paris

les ROUTARDS sur l'ÉTRANGER 2017-2018

(dates de parution sur • routard.com •)

Découpage de l'ESPAGNE par le ROUTARD

Découpage de l'ITALIE par le ROUTARD

Autres pays européens

- Allemagne
- Angleterre, Pays de Galles
- Autriche
- Belgique
- Budapest, Hongrie

- Capitales baltes (avril 2017)
- Crète
- Croatie
- Danemark, Suède
- Écosse
- Finlande
- Grèce continentale
- Îles grecques et Athènes
- Irlande

- Islande
- Madère
- Malte
- Norvège
- Pologne
- Portugal
- République tchèque, Slovaquie
- Roumanie, Bulgarie
- Suisse

Villes européennes

- Amsterdam et ses environs

- Berlin
- Bruxelles
- Copenhague
- Dublin
- Lisbonne
- Londres

- Moscou
- Prague
- Saint-Pétersbourg
- Stockholm
- Vienne

les ROUTARDS sur l'ÉTRANGER 2017-2018

(dates de parution sur • routard.com •)

Découpage des ÉTATS-UNIS par le ROUTARD

Autres pays d'Amérique

- Argentine
- Brésil
- Canada Ouest
- Chili et île de Pâques

- Costa Rica (nouveauté)
- Équateur et les îles Galápagos
- Guatemala, Yucatán et Chiapas

- Mexique
- Montréal
- Pérou, Bolivie
- Québec, Ontario et Provinces maritimes

Asie et Océanie

- Australie côte est + Red Centre
- Bali, Lombok
- Bangkok
- Birmanie (Myanmar)
- Cambodge, Laos
- Chine

- Hong-Kong, Macao, Canton
- Inde du Nord
- Inde du Sud
- Israël et Palestine
- Istanbul
- Jordanie
- Malaisie, Singapour

- Népal
- Shanghai
- Sri Lanka (Ceylan)
- Thaïlande
- Tokyo, Kyoto et environs
- Turquie
- Vietnam

Afrique

- Afrique du Sud
- Égypte

- Kenya, Tanzanie et Zanzibar
- Maroc

- Marrakech
- Sénégal
- Tunisie

Îles Caraïbes et océan Indien

- Cuba
- Guadeloupe, Saint-Martin, Saint-Barth

- Île Maurice, Rodrigues
- Madagascar
- Martinique

- République dominicaine (Saint-Domingue)
- Réunion

Guides de conversation

- Allemand
- Anglais
- Arabe du Maghreb
- Arabe du Proche-Orient
- Chinois

- Croate
- Espagnol
- Grec
- Italien
- Japonais

- Portugais
- Russe
- G'palémo (conversation par l'image)

Les Routards Express

Amsterdam, Barcelone, Berlin, Bruxelles, Budapest, Dublin, Florence, Istanbul, Lisbonne, Londres, Madrid, Marrakech, New York, Prague, Rome, Venise.

Nos coups de cœur

- Les 50 voyages à faire dans sa vie (nouveauté)
- Nos 52 week-ends dans les plus belles villes d'Europe
- France   - Monde

RÉPARER LES VIES

HANDICAP
INTERNATIONAL

VOYAGEZ CONNECTÉ
AVEC
Le Routard

DÉCOUVREZ EN MAGASIN
LA SÉLECTION DES PRODUITS
VOYAGE & CONNECT DU ROUTARD

GAMME ADAPTATEURS & BATTERIES

GAMME RETRACT & NOMADE

GAMME VOYAGE & CONNECT

DEA CRÉATEUR, FABRICANT ET DISTRIBUTEUR DEPUIS 2002 D'ACCESSOIRES TÉLÉPHONIE, D'AUDIO BLUETOOTH ET DE PRODUITS NOMADES ET CONNECTÉS EST FIER DE VOUS PRÉSENTER LA SÉLECTION DES PRODUITS DU ROUTARD

routard assurance
Voyages de moins de 8 semaines

RÉSUMÉ DES GARANTIES*	MONTANT MAXIMUM DES GARANTIES
FRAIS MÉDICAUX (pharmacie, médecin, hôpital)	100 000 € U.E. / 300 000 € Monde entier
Agression (déposer une plainte à la police dans les 24 h)	Inclus dans les frais médicaux
Rééducation / kinésithérapie / chiropractie	Prescrite par un médecin suite à un accident
Frais dentaires d'urgence	75 €
Frais de prothèse dentaire	500 € par dent en cas d'accident caractérisé
Frais d'optique	400 € en cas d'accident caractérisé
RAPATRIEMENT MÉDICAL	Frais illimités
Rapatriement médical et transport du corps	Frais illimités
Visite d'un parent si l'assuré est hospitalisé plus de 5 jours	2 000 €
CAPITAL DÉCÈS	15 000 €
CAPITAL INVALIDITÉ À LA SUITE D'UN ACCIDENT**	
Permanente totale	75 000 €
Permanente partielle (application directe du %)	De 1 % à 99 %
RETOUR ANTICIPÉ	
En cas de décès accidentel ou risque de décès d'un parent proche (conjoint, enfant, père, mère, frère, sœur)	Billet de retour
PRÉJUDICE MORAL ESTHÉTIQUE (inclus dans le capital invalidité)	15 000 €
ASSURANCE RESPONSABILITÉ CIVILE VIE PRIVÉE	
Dommages corporels garantis à 100 % y compris honoraires d'avocats et assistance juridique accidents	750 000 €
Dommages matériels garantis à 100 % y compris honoraires d'avocats et assistance juridique accidents	450 000 €
Dommages aux biens confiés	1 500 €
FRAIS DE RECHERCHE ET DE SAUVETAGE	2 000 €
AVANCE D'ARGENT (en cas de vol de vos moyens de paiement)	1 000 €
CAUTION PÉNALE	7 500 €
ASSURANCE BAGAGES	2 000 € (limite par article de 300 €)***

* Les garanties indiquées sont valables à date d'édition du Guide Le Routard. Par conséquent, nous vous invitons à prendre connaissance préalablement de l'intégralité des Conditions générales mises à jour sur www.avi-international.com ou par téléphone au 01 44 63 51 00 (coût d'un appel local).
** 15 000 euros pour les plus de 60 ans.
*** Les objets de valeur, bijoux, appareils électroniques, photo, ciné, radio, mp3, tablette, ordinateur, instruments de musique, jeux et matériel de sport, embarcations sont assurés ensemble jusqu'à 300 €.

PRINCIPALES EXCLUSIONS* (communes à tous les contrats d'assurance voyage)
- Les conséquences d'événements catastrophiques et d'actes de guerre,
- Les conséquences de faits volontaires d'une personne assurée,
- Les conséquences d'événements antérieurs à l'assurance,
- Les dommages matériels causés par une activité professionnelle,
- Les dommages causés ou subis par les véhicules que vous utilisez,
- Les accidents de travail manuel et de stages en entreprise (sauf avec l'option Sports et Loisirs Plus),
- L'usage d'un véhicule à moteur à deux roues et les sports dangereux : surf, rafting, escalade, plongée sous-marine (sauf avec l'option Sports et Loisirs Plus).

**Souscrivez en ligne
sur www.avi-international.com
ou appelez le 01 44 63 51 00***

AVI International (SPB Groupe) - S.A.S. de courtage d'assurances au capital de 100 000 euros - Siège social : 40-44, rue Washington (entrée principale au 42-44), 75008 Paris - RCS Paris 323 234 575 - N° ORIAS 07 000 002 (www.orias.fr). Les Assurances Routard Courte Durée et Longue Durée ont été souscrites auprès d'un assureur dont vous trouverez les coordonnées complètes sur le site www.avi-international.com.

INDEX GÉNÉRAL

LISTE DES CARTES ET PLANS

Nous tenons à remercier tout particulièrement Loup-Maëlle Besançon, Thierry Bessou, Gérard Bouchu, François Chauvin, Grégory Dalex, Fabrice Doumergue, Cédric Fischer, Carole Fouque, Michelle Georget, David Giason, Claude Hervé-Bazin, Emmanuel Juste, Dimitri Lefèvre, Fabrice de Lestang, Romain Meynier, Éric Milet, Pierre Mitrano, Jean-Sébastien Petitdemange et Thomas Rivallain pour leur collaboration régulière.

Emmanuelle Bauquis
Jean-Jacques Bordier-Chêne
Michèle Boucher
Sophie Cachard
Lucie Colombo
Agnès Debiage
Émilie Debur
Jérôme Denoix
Flora Descamps
Louise Desmoulins
Tovi et Ahmet Diler
Clélie Dudon
Sophie Duval
Alain Fisch
Roman Fossurier

Bérénice Glanger
Adrien et Clément Gloaguen
Marie Gustot
Bernard Hilaire
Sébastien Jauffret
Jacques Lemoine
Amélie Mikaelian
Caroline Ollion
Martine Partrat
Odile Paugam et Didier Jehanno
Émilie Pujol
Prakit Saiporn
Jean-Luc et Antigone Schilling
Caroline Vallano

Direction: Nathalie Bloch-Pujo
Contrôle de gestion: Jérôme Boulingre et Adeline Cazabat Barrere
Secrétariat: Catherine Maîtrepierre
Direction éditoriale: Catherine Julhe
Édition: Matthieu Devaux, Olga Krokhina, Gia-Quy Tran, Julie Dupré, Emmanuelle Michon, Sarah Favaron, Ludmilla Guillet, Coralie Piron, Flora Sallot, Elvire Tandjaoui, Quentin Tenneson, Clémence Toublanc et Sandra Vavdin
Préparation-lecture: Magali Vidal
Cartographie: Frédéric Clémençon et Aurélie Huot
Fabrication: Nathalie Lautout et Audrey Detournay
Relations presse France: COM'PROD, Fred Papet. ☎ 01-70-69-04-69.
● *info@comprod.fr* ●
Direction marketing: Adrien de Bizemont, Clémence de Boisfleury et Charlotte Brou
Contacts partenariats: André Magniez (EMD). ● *andremagniez@gmail.com* ●
Édition des partenariats: Élise Ernest
Informatique éditoriale: Lionel Barth
Couverture: Clément Gloaguen et Seenk
Maquette intérieure: le-bureau-des-affaires-graphiques.com, Thibault Reumaux et npeg.fr
Relations presse: Martine Levens (Belgique) et Maureen Browne (Suisse)
Régie publicitaire: Florence Brunel-Jars

Pour que votre pub voyage autant que nos lecteurs,
contactez nos régies publicitaires:
● *fbrunel@hachette-livre.fr* ●
● *veronique@routard.com* ●

Remarque importante aux hôteliers et restaurateurs

Les enquêteurs du *Routard* travaillent dans le plus strict anonymat. Aucune réduction, aucun avantage quelconque, aucune rétribution n'est jamais demandé en contre-partie. Face aux aigrefins, la loi autorise les hôteliers et restaurateurs à porter plainte.

Avis aux lecteurs

Le Routard, ce n'est pas comme le bon vin, il vieillit mal. On ne veut pas pousser à la consommation, mais évitez de partir avec une édition ancienne. Les modifications sont souvent importantes.

Les réductions accordées à nos lecteurs ne sont jamais demandées par nos rédacteurs afin de préserver leur indépendance. Les hôteliers et restaurateurs sont sollicités par une société de mailing, totalement indépendante de la rédaction, qui reste donc libre de ses choix. De même pour les autocollants et plaques émaillées.

Avec routard.com, choisissez, organisez, réservez et partagez vos voyages !

✓ Rejoignez la plus grande communauté francophone de voyageurs : plus de **2 millions** de visiteurs !

✓ Échangez avec les routarnautes : forums, photos, avis d'hôtels.

✓ Retrouvez aussi toutes les informations actualisées pour choisir et préparer vos voyages : plus de 200 fiches pays, une centaine de dossiers pratiques et un magazine en ligne pour découvrir tous les secrets de votre destination.

✓ Enfin, comparez les offres pour organiser et réserver votre voyage au meilleur prix.

Les **Routards** *parlent aux* **Routards**

Faites-nous part de vos expériences, de vos découvertes, de vos tuyaux. Indiquez-nous les renseignements périmés. Aidez-nous à remettre l'ouvrage à jour. Faites profiter les autres de vos adresses nouvelles, combines géniales... On adresse un exemplaire gratuit de la prochaine édition à ceux qui nous envoient les lettres les meilleures, pour la qualité et la pertinence des informations. Quelques conseils cependant :
– Envoyez-nous votre courrier le plus tôt possible afin que l'on puisse insérer vos tuyaux sur la prochaine édition.
– N'oubliez pas de préciser l'ouvrage que vous désirez recevoir, ainsi que votre adresse postale.
– Vérifiez que vos remarques concernent l'édition en cours et notez les pages du guide concernées par vos observations.
– Quand vous indiquez des hôtels ou des restaurants, pensez à signaler leur adresse précise et, pour les grandes villes, les moyens de transport pour y aller. Si vous le pouvez, joignez la carte de visite de l'hôtel ou du resto décrit.
– N'écrivez si possible que d'un côté de la lettre (et non recto verso).
– Bien sûr, on s'arrache moins les yeux sur les lettres dactylographiées ou correctement écrites !
En tout état de cause, merci pour vos nombreuses lettres.

122, rue du Moulin-des-Prés, 75013 Paris

● guide@routard.com ● routard.com ●

Routard Assurance 2017

Née du partenariat entre *AVI International* et le *Routard, Routard Assurance* est une assurance voyage complète qui offre toutes les prestations d'assistance indispensables à l'étranger : dépenses médicales, pharmacie, frais d'hôpital, rapatriement médical, caution et défense pénale, responsabilité civile vie privée et bagages. Présent dans le monde entier, le plateau d'assistance d'*AVI International* donne accès à un vaste réseau de médecins et d'hôpitaux. Pas besoin d'avancer les frais d'hospitalisation ou de rapatriement. Numéro d'appel gratuit, disponible 24h/24. *AVI International* dispose par ailleurs d'une filiale aux États-Unis qui permet d'intervenir plus rapidement auprès des hôpitaux locaux. À noter, *Routard Assurance Famille* couvre jusqu'à 7 personnes, et *Routard Assurance Longue Durée Marco Polo* couvre les voyages de plus de 2 mois dans le monde entier. *AVI International* est une équipe d'experts qui répondra à toutes vos questions par téléphone : ☎ 01-44-63-51-00 ou par mail ● routard@avi-international.com ● Conditions et souscription sur ● avi-international.com ●

Édité par Hachette Livre (58, rue Jean-Bleuzen, CS 70007, 92178 Vanves Cedex, France)
Photocomposé par Jouve (45770 Saran, France)
Imprimé par Lego SPA Plant Lavis (via Galileo Galilei, 11, 38015 Lavis, Italie)
Achevé d'imprimer le 16 janvier 2017
Collection n° 13 - Édition n° 01
84/5843/2
I.S.B.N. 978-2-01-279901-1
Dépôt légal : janvier 2017

PAPIER À BASE DE
FIBRES CERTIFIÉES